注册国际投资分析师考试指定用书（2024）

投资组合管理

国际投资专业人士学习平台
瑞士投资专业人士培训中心　编著
中　国　证　券　业　协　会

中　国　证　券　业　协　会　编译

中国财经出版传媒集团
中国财政经济出版社
北京

图书在版编目（CIP）数据

投资组合管理／国际投资专业人士学习平台，瑞士投资专业人士培训中心，中国证券业协会编著；中国证券业协会编译．--北京：中国财政经济出版社，2024.7

注册国际投资分析师考试指定用书．2024

ISBN 978-7-5223-2954-3

Ⅰ．①投…　Ⅱ．①国…②瑞…③中…　Ⅲ．①投资-经济管理-注册会计师-资格考试-教材　Ⅳ．①F830.59

中国国家版本馆 CIP 数据核字（2024）第 055276 号

责任编辑：郁东敏　　　　责任校对：胡永立

封面设计：中通世奥　　　　责任印制：党　辉

投资组合管理

TOUZI ZUHE GUANLI

中国财政经济出版社 出版

URL：http：//www.cfeph.cn

E-mail：cfeph@cfeph.cn

社址：北京市海淀区阜成路甲 28 号　邮政编码：100142

营销中心电话：010-88191522

天猫网店：中国财政经济出版社旗舰店

网址：https：//zgczjjcbs.tmall.com

北京鑫海金澳胶印有限公司印刷　各地新华书店经销

成品尺寸：185mm×260mm　16 开　45.75 印张　710 000 字

2024 年 7 月第 1 版　2024 年 7 月北京第 1 次印刷

定价：98.00 元

ISBN 978-7-5223-2954-3

（图书出现印装问题，本社负责调换，电话：010-88190548）

本社质量投诉电话：010-88190744

打击盗版举报热线：010-88191661　QQ：2242791300

前　言

注册国际投资分析师（CIIA）考试由注册国际投资分析师协会（Association of Certified International Investment Analyst，ACIIA）主办。ACIIA是由欧洲金融分析师联合会、亚洲证券分析师联合会以及欧洲、亚洲、大洋洲和拉丁美洲的近30个国家和地区的投资分析师组织，于2000年6月联合成立的国际性专业机构，其宗旨是推行投资分析领域的国际标准。CIIA考试涵盖了投资分析师应当掌握并熟练运用的各类专业知识，其专业水准得到了注册国际投资分析师协会各成员国家和地区，以及部分其他专业组织的广泛认可，通过CIIA考试是具有在不同国家或地区从事金融服务业工作能力的重要标志之一。

中国证券业协会于2001年成为ACIIA的会员，此后开始推动引入CIIA考试，并于2006年3月11日在我国组织了首次CIIA考试。CIIA考试作为我国证券行业多层次人才教育培训体系的重要组成部分，对促进证券行业专业人员提升专业素养和国际视野，积极服务资本市场高水平制度型开放具有积极意义。同时，CIIA考试充分尊重不同国家或地区的投资分析专业人员学习和工作的法律环境和语言环境，允许使用中文参加考试，非常适合我国从事投资分析、财富管理、企业融资以及投资银行等工作，特别是需要在不同国家和地区工作的专业人士报考。截至2024年6月，我国境内共有2288人通过了CIIA考试。

近期，注册国际投资分析师协会发布了2024版注册国际投资分析师考试教材，新版英文教材在逻辑结构和层次上重新进行了梳理，更新了部分内容，主要包括：一是各本教材中局部内容调整。根据理论知识和市场实践发展，更新各本教材的局部内容，如《公司财务》中增加租赁相关内容，《衍生产品估值与分析》中增加多种期货合约、套期保值的介绍，更新期权定价模型、套利关系的内容，细化信用衍生品的介绍等。二是新编《投资组合管理》，增加现代投资组合理论、有效市场假说与行为金融、多因子模型和因子投资、客户目标及投资策略、资产负债管理、国际投资、可持续投资、绩效度量与评价、投资经理的选择、股票投资组合管理、交易所交易基金、另类投资、金融科技和数据分析等内容，重新梳理了章节构成。三是优化逻辑、体例，考虑教材内容体系庞大，各本教材对部分章节知识的排布顺序进行了调整，使内容由浅入深、循序渐进，增强逻辑性，重新编排了章、节、小节、知识点编号。四是更新了数据、案例，增加了一些新的企业经营案例、年报分析案例等，更新了各类图表、案例中的数据，时间信息与近期市场进程同步。

为便于报考人员学习、掌握相关知识体系，中国证券业协会组织专家对英文原版教材进行了翻译。在历时数月的 2024 版《注册国际投资分析师考试指定用书》翻译工作中，专家们对整套 7 本教材逐字逐句研读、斟酌、修订，力求信、达、雅，但由于编译工作浩繁，时间紧张，书中难免有所疏漏、不足甚至错误之处，恳请读者批评指正。

如有任何意见和建议，欢迎发送邮件至 zybzb@ sac. net. cn。

中国证券业协会

2024 年 7 月

目　　录

第1章　现代投资组合理论

1.1　风险/收益框架

风险和收益是金融领域的基本概念。风险/收益框架处理投资者愿意接受的风险水平和他们可以预期的潜在收益之间的关系。收益指的是投资者在特定时期内从投资中获得的损益，而风险关注的是投资收益所具有的不确定性。该框架指出，风险水平较高的投资通常应提供更高的潜在收益，而风险水平较低的投资往往会提供较低的预期收益。

关键变量是必要报酬率，即投资者要求作为时间、预期通货膨胀率和收益不确定性补偿的投资收益率。时间补偿是未来消费和当前消费之间的交换比率。必要报酬率可分为三个部分：

必要报酬率 = 实际无风险利率 + 通货膨胀溢价 + 风险溢价

实际无风险利率代表着货币的纯时间价值。除了实际无风险利率之外，投资者通常还需要得到通货膨胀率的补偿，因为他们不希望自己的购买力随着时间的推移而下降。因此，必要报酬率应包括通货膨胀溢价。对于通货膨胀溢价，重要的是对通货膨胀的预期，因为通货膨胀是不能预先观测到的。最后考虑到这样一个事实，即任何现金流和投资收益都是不确定的，投资者通常要求一个风险溢价来奖励他们承担额外的风险。

实际无风险利率加上通货膨胀溢价被称为名义无风险利率。将风险溢价加到名义无风险利率中，就得到必要报酬率。

1.1.1　收益率基础知识

1.1.1.1　收益率衡量方法

衡量收益率的方法有两种：通常收益率和对数收益率。这两种方法各有其优缺点，可以近似相互转换得到收益率数值。

（1）通常收益率。通常收益率是最常见的衡量收益率的方法，也被称为算术收益率、简单收益率或持有期收益率。各个术语可以互换使用。本章谈到通常收益率时，会用大写字母 R 来表示。典型地，现代投资组合理论（MPT）和资本资产定价模型（CAPM）使用通常收益率。

通常收益率通过取期末价值和期初价值之间的差额除以期初价值来衡量一项投资在给定时期内价格的百分比变化。

$$R_{t-1,t}=\frac{P_t-P_{t-1}}{P_{t-1}}$$

式中，$R_{t-1,t}$——资产从 t－1 期到 t 期的收益率；P_{t-1}——资产在 t－1 期的价格；P_t——资产在 t 期的价格。

【例 1－1】 一个投资者在 t＝0 期以 350 欧元购买一盎司黄金，在 t＝1 期以 400 欧元售出。在此期间，投资者的收益率为：

$$R_{0,1}=\frac{400-350}{350}=0.1429=14.29\%$$

然而，大多数金融资产都有股息或利息形式的现金流。如果在期末直接支付股息或利息，则收益率等于：

$$R_{t-1,t}=\frac{(P_t+D_t)-P_{t-1}}{P_{t-1}}$$

式中，D_t——在 t 期支付的股息。

【例 1－2】 一个投资者在 t＝0 期以 100 欧元购买一只股票；在 t＝1 期获得 10 欧元的股息支付；同时，股票价格为 105 欧元。在此期间，投资者的收益率为：

$$R_{0,1}=\frac{(105+10)-100}{100}=0.15=15\%$$

然而，在大多数情况下，在期中会支付股息。例如，美国按季度支付股息就很常见。对于具有期中现金流的股息，必须假设这些现金流在该期间的剩余时间内是如何使用的。最简单的方法是假设它们以给定的利率再投资。当产生任意次数 k 的期中股息支付时，一般形式的结果为：

$$D_{t-1,t}=\sum_{j=1}^{k}D_{\tau j}\cdot(1+R^*_{\tau j,t})^{t-\tau j}$$

$$R_{t-1,t}=\frac{(P_t+D_{t-1,t})-P_{t-1}}{P_{t-1}}$$

式中，j——现金流（股息或利息支付）发生的第 j 次（j＝1，2，…，k）；$D_{\tau j}$——在 τ 期发生的第 j 次股息支付；τ 在 t－1 和 t 之间（$t-1\leqslant\tau_j\leqslant t$）；$R^*_{\tau j,t}$——在 τ_j 期和 t 期之间再投资的年化收益率。一般来说，$R^*_{\tau j,t}$设定为所考虑期间的无风险利率。

【例 1－3】 一个投资者在 t＝0 期以 100 欧元购买一只股票；在 t＝0.5 期获得 10

欧元的股息支付，在剩余时间内，以年化 4% 的无风险利率进行再投资；在 t = 1 期，该股票的价格为 105 欧元。在此期间，该投资者的收益率为：

$$R_{0,1} = \frac{(105 + 10 \times 1.04^{0.5}) - 100}{100} = 0.152 = 15.2\%$$

对于股票等金融资产，假设现金流直接再投资于同一资产可能更符合实际。在这种情况下，公式可以重写为：

$$R_{t-1,t} = \frac{\left(P_t + D_\tau \cdot \frac{P_t}{P_\tau}\right) - P_{t-1}}{P_{t-1}}$$

式中，P_τ——在 τ 期（现金流发生时）资产的价格。

（2）对数收益率。衡量收益率的第二种方法通常被称为对数收益率，也称为连续复利收益率，使用对数计算来衡量。它计算期末价格与期初价格之比的自然对数，从而确定资产价值的比例变化。与通常收益率相比，这种方法直接考虑了复利效应，因此在处理多期时间序列时往往是首选。本章提到对数收益率时，会用小写字母 r 来表示。

对数收益率可以很容易地使用自然对数（ln）以及资产的期末价格和期初价格来计算：

$$r_{t-1,t} = \ln\left(\frac{P_t}{P_{t-1}}\right) = \ln(P_t) - \ln(P_{t-1})$$

与通常收益率类似，股息或利息等现金流支付也可以添加到该公式中。这是现金流发生在 t 期（或紧挨着发生在 t 期之前）的公式：

$$r_{t-1,t} = \ln\left(\frac{P_t + D_t}{P_{t-1}}\right) = \ln(P_t + D_t) - \ln(P_{t-1})$$

对于在期中发生的现金流，就像对于通常收益率的情况一样，必须假设在剩余期间（t − τ）现金流是如何再投资的。公式中的现金流数额必须进行相应的调整。

如前所述，可以将对数收益率转换为通常收益率。这个过程使用了指数函数：

$$R_{t-1,t} \cong e(r_{t-1,t}) - 1$$

为了更好地理解收益率衡量的两个概念，可以看看它们之间是如何相互关联的。首先来看看，如果要决定越来越频繁地增加通常收益率，那么会发生什么。如果在持有期内按 $\frac{R_{0,1}}{2}$ 的利率计算复利两次，而不是按照 $R_{0,1}$ 的利率仅计算复利一次，实际收益率（$R_{0,1}^{eff}$）受到的影响是什么？年实际收益率与通常收益率之间的关系如下：①

---

① 连续复利会导致更高的未来价值：随着利息的不断支付，利息之上会有更多利息（即利滚利）。

$$R_{0,1}^{eff} = \left(1 + \frac{R_{0,1}}{2}\right)^{2 \times 1} - 1$$

【例 1－4】 假设在 t＝0 期以 100 的价格购买一只股票 A，并持有到 t＝1 期。在 t＝1 期，得到了 10%的股息。股票的价值没有变化，仍然是 100。由此可以计算出实际收益率：

$$R_{0,1}^{eff} = R_{0,1} = \frac{100 + 10 - 100}{100} \times 100\% = 10.00\%$$

现在，假设在 t＝0 期以 100 的价格购买一只股票 B，并持有到 $t_{0.5}=0.5$ 期。在 $t_{0.5}=0.5$ 期，得到 5%的股息。股票 B 的价格没有变化，股息用于再投资。现在，持有 1.05（＝1＋5/100）单位的股票 B。在 t＝1 期，再获得 5%的股息。由此可以计算出股息和实际收益率：

$$D_{0.5} = 100 \times 0.05 = 5$$

$$D_1 = 105 \times 0.05 = 5.25$$

$$R_{0,1}^{eff} = \frac{100 + 5}{100} \times \frac{105 + 5.25}{105} - 1 = 1.05 \times 1.05 - 1 = 10.25\%$$

此外，可以看到，这与根据上面公式得到的结果是相同的：

$$R_{0,1}^{eff} = \left(1 + \frac{R_{0,1}}{2}\right)^{2 \times 1} - 1 = \left(1 + \frac{0.10}{2}\right)^{2} - 1 = 1.05^2 - 1 = 10.25\%$$

更一般地，如果增加支付频率，并决定按 $\frac{R_{0,1}}{m}$ 的利率支付 m 次利息，实际年收益率确定如下：

$$R_{0,1}^{eff} = \left(1 + \frac{R_{0,1}}{m}\right)^{m \cdot 1} - 1$$

随着 m 的增加，$\left(1 + \frac{R_{0,1}}{m}\right)^{m \cdot 1}$ 收敛于 $R_{0,1}$ 的指数，可以得到：

$$R_{0,1}^{eff} = \lim_{m \to \infty}\left(1 + \frac{R_{0,1}}{m}\right)^{m \cdot 1} = e^{(R_{0,1})} - 1$$

式中，e＝2.71828。

在极限条件下，可以推导出对数收益率的一般计算公式：

$$r_{0,1} = \lim_{m \to \infty} R_{0,1} = \ln(1 + R_{0,1}^{eff})$$

因此，对于每个离散时间的速率（或简单的速率），都有一个由上述方程定义的连续时间的速率。但不应忘记，连续复利只近似于对无穷短期间有效的离散速率。事实上，对于价格上的一个微小差异（如果期限很短，通常是这样），可以得到以下关系：

$$\ln(1 + R_{t-1,t}) = \ln\left(\frac{P_t}{P_{t-1}}\right) \cong \frac{P_t - P_{t-1}}{P_{t-1}} = R_{t-1,t}$$

这两种收益率的衡量只是近似相等的。但收益率越大（不论正或负），两个衡量方法之间的差异就越大，如表 1－1 所示。

表 1－1　　通常收益率与对数收益率的转换

t＝1 期的价格（基期 t＝0，价格 100）	通常收益率	对数收益率
50	－50%	ln（0.50）×100%＝－69.3%
80	－20%	ln（0.80）×100%＝－22.3%
90	－10%	ln（0.90）×100%＝－10.5%
95	－5%	ln（0.95）×100%＝－5.1%
97	－3%	ln（0.97）×100%＝－3.0%
99	－1%	ln（0.99）×100%＝－1.0%
100	0%	ln（1.00）×100%＝0.0%
101	1%	ln（1.01）×100%＝1.0%
103	3%	ln（1.03）×100%＝3.0%
105	5%	ln（1.05）×100%＝4.9%
110	10%	ln（1.10）×100%＝9.5%
120	20%	ln（1.20）×100%＝18.2%
150	50%	ln（1.50）×100%＝40.5%

当价格变化较大（不论正或负）时，通常收益率和对数收益率之间的差异越来越大，如图 1－1 所示。

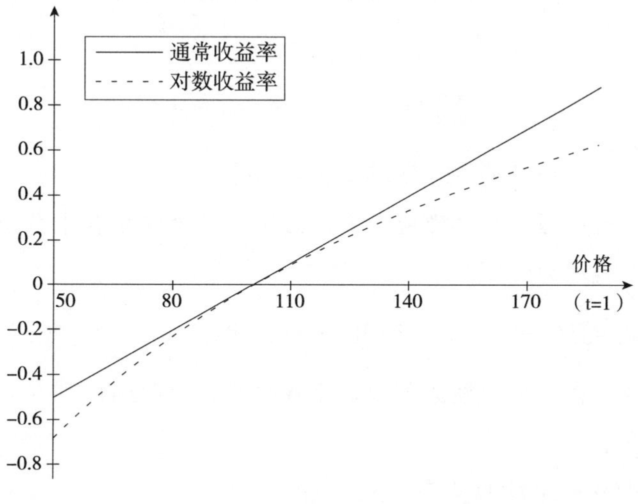

图 1－1　近似化通常收益率和对数收益率

收益率数据中相对较大的差异让人想知道为什么要用对数收益率来计算。原因是当面对多期收益率时，与算术收益率相比，对数收益率具有更好的数学特性。对数收益率在时间维度上是可加的，而通常收益率则不是。相反，在计算横截面上（例如，一个投资组合）的收益率时，对数收益率是不可加的，而通常收益率则是可加的。因此，每种计算收益率的方法都有其优势。更多内容在后续章节中介绍。

1.1.1.2　累积收益率和平均收益率

金融时间序列在本质上通常是多期的。例如，股票价格有每日、每周、月度或季度的数值。每个时期之后都是另一个时期。这些时期通常必须汇总为每年甚至多年的范围。多期收益率的计算是非常重要的，下面进行讨论。首先介绍累积收益率和平均收益率的计算。此外，还将说明，随时间变化的平均收益率（时间序列平均）的计算方法不同于多个资产投资组合的平均收益率（横断面平均）的计算方法。

（1）累积收益率

累积收益率，也称为总收益率，是指一项投资在一个特定时期内的总损益，考虑到从一个时期到下一个时期的复利效应。累积收益率对投资者来说很重要，因为考虑到所有的价格变化、现金流和再投资，可以概览一项多期投资的整体绩效。

为了计算累积收益率，通常是通过价格变化和收益或股息的再投资，从期初价值开始，追踪多个时期的收益率。换句话说，在计算累积收益率时，需要考虑复利效应。这就是对数收益率计算方法比通常收益率计算方法有优势的地方。

对数收益率直接考虑复利效应，提供了长期投资绩效的精确表示法。对数收益率在时间维度上是可加的，允许在多个时期内轻松地加总收益率。累积对数收益率可以表示为：

$$r_{0,T} = \sum_{t=1}^{T} (r_{t-1,t}) = r_{0,1} + r_{1,2} + \cdots + r_{T-1,T}$$

式中，$r_{t-1,t}$——从 t－1 期到 t 期的对数收益率。

通常收益率不直接考虑复利效应，因此必须通过乘法组合来考虑收益的复利。累积通常收益率可以表示为：

$$R_{0,T} = \prod_{t=1}^{T}(1 + R_{t-1,t}) = (1 + R_{0,1}) \cdot (1 + R_{1,2}) \cdot \cdots \cdot (1 + R_{T-1,T})$$

由于这一特性，在计算长期累积收益率或总收益率时间序列时，经常使用对数收益率来衡量收益率。

（2）随时间变化的平均收益率

投资者持有的资产期限通常要超过一个时期，因此会对投资的平均收益率感兴趣。以两年的投资期限为例，其年平均收益率是多少？

对数收益率很简单。如前所述，连续复利收益率在时间维度上是可加的。因此，可以使用所考虑时期内对数收益率的算术平均值。

$$\bar{r} = \bar{r}_{0,T}^{(a)} = \frac{1}{T} \cdot \sum_{t=1}^{T} r_{t-1,t}$$

式中，$r_{t-1,t}$——从 t - 1 期到 t 期的对数收益率；T——持有期间的复利计算期；(a) ——算术平均值。

【例 1 - 5】 设有三只股票 A、B 和 C，持有两个时期；每个时期的期末价格如表 1 - 2 所示。

表 1 - 2　　三只股票 A、B 和 C 持有两个时期的价格与对数收益率

股票	t = 0 期	时期 1		时期 2	
	价格	价格	对数收益率	价格	对数收益率
A	100 欧元	110 欧元	9.53%	121 欧元	9.53%
B	100 欧元	150 欧元	40.54%	121 欧元	-21.48%
C	100 欧元	200 欧元	69.31%	121 欧元	-50.25%

这三种资产在两期获得相同的收益，因为期初和期末价值相同。使用对数收益率，可以得到：

$$\bar{r}_{0,2} = \frac{1}{2}(r_{0,1} + r_{1,2}) = \frac{1}{2} \times \left[\ln\left(\frac{P_1}{P_0}\right) + \ln\left(\frac{P_2}{P_1}\right)\right]$$

$$\bar{r}_{0,2} = \frac{1}{2} \times [\ln(P_1) - \ln(P_0) + \ln(P_2) - \ln(P_1)] = \frac{1}{2} \times [\ln(P_2) - \ln(P_0)]$$

$$\bar{r}_{0,2} = \frac{1}{2} \times \ln\left(\frac{P_2}{P_0}\right)$$

当取前一节所使用的数值时，可以得到：

$$A: \frac{1}{2} \times \left[\ln\left(\frac{110}{100}\right) + \ln\left(\frac{121}{110}\right)\right] = \frac{1}{2} \times (9.53\% + 9.53\%) = 9.53\%$$

$$B: \frac{1}{2} \times \left[\ln\left(\frac{150}{100}\right) + \ln\left(\frac{121}{150}\right)\right] = \frac{1}{2} \times [40.54\% + (-21.48\%)] = 9.53\%$$

$$C: \frac{1}{2} \times \left[\ln\left(\frac{200}{100}\right) + \ln\left(\frac{121}{200}\right)\right] = \frac{1}{2} \times [69.31\% + (-50.25\%)] = 9.53\%$$

9.53% 是股票 A、B 和 C 在时期 1 和时期 2 的平均对数收益率。可以将对数收益率的平均值近似转换为通常收益率：

$$e^{0.0953} - 1 = 10\%$$

并表明该结果是正确的：

$$100 \times (1 + 10\%)^2 = 121(\text{欧元})$$

计算通常收益率的平均收益率要稍微复杂一些。首先，最直观但最不好的方法是也取所考虑期间的通常收益率的算术平均值，即持有期收益率之和除以持有期间的复利计算期数：

$$\overline{R}=\overline{R}_{0,T}^{(a)}=\frac{1}{T}\cdot\sum_{t=1}^{T}R_{t-1,t}$$

式中，$R_{t-1,t}$——通常收益率；T——持有期间的复利计算期数；（a）——算术平均值。

下面的例子表明，这不是一种合适的方法。

【例 1-6】 设有三只股票 A、B 和 C，被持有两期；各个时期期末价格如表 1-3 所示。

表 1-3　三只股票持有两期

	t=0 期	时期 1		时期 2	
	价格	价格	期末收益率	价格	期末收益率
A	100 欧元	110 欧元	10%	121 欧元	10%
B	100 欧元	150 欧元	50%	121 欧元	-19.3%
C	100 欧元	200 欧元	100%	121 欧元	-39.5%

这三种资产在两期获得相同的收益，因为期初和期末价值相同。然而，根据算术平均值$\frac{1}{2}\times\left(\frac{P_1-P_0}{P_0}+\frac{P_2-P_1}{P_1}\right)$，得到：

$$A:\frac{1}{2}\times\left(\frac{110-100}{100}+\frac{121-110}{110}\right)=\frac{1}{2}\times(10\%+10\%)=10\%$$

$$B:\frac{1}{2}\times\left(\frac{150-100}{100}+\frac{121-150}{150}\right)=\frac{1}{2}\times(50\%-19.3\%)=15.33\%$$

$$C:\frac{1}{2}\times\left(\frac{200-100}{100}+\frac{121-200}{200}\right)=\frac{1}{2}\times(100\%-39.5\%)=30.25\%$$

这似乎表明股票 C 有更好的绩效，但并非如此。

计算通常收益率平均值更合适的方法是取所考虑期间内通常收益率的几何平均值［使用（g）表示几何平均值］：

$$R_{0,T}^{(g)}=\sqrt[T]{(1+R_{0,1})\cdot(1+R_{1,2})\cdot\cdots\cdot(1+R_{T-1,T})}-1$$

$$R_{0,T}^{(g)}=\sqrt[T]{\frac{P_1}{P_0}\cdot\frac{P_2}{P_1}\cdot\cdots\cdot\frac{P_T}{P_{T-1}}}-1=\sqrt[T]{\frac{P_T}{P_0}}-1$$

$$R_{0,T}^{(g)}=\sqrt[T]{(1+R_{0,T})}-1=(1+R_{0,T})^{\frac{1}{T}}-1$$

这是因为通常收益率是可乘的，而不是可加的。

【例 1-7】 续例 1-6 的数据，根据上面的公式，可以得到三只股票的收益率如下：

$$A:\sqrt[2]{\frac{P_1}{P_0}\times\frac{P_2}{P_1}}-1=\sqrt[2]{\frac{110}{100}\times\frac{121}{110}}-1=10\%$$

$$B:\sqrt[2]{\frac{P_1}{P_0}\times\frac{P_2}{P_1}}-1=\sqrt[2]{\frac{150}{100}\times\frac{121}{150}}-1=10\%$$

$$C:\sqrt[2]{\frac{P_1}{P_0}\times\frac{P_2}{P_1}}-1=\sqrt[2]{\frac{200}{100}\times\frac{121}{200}}-1=10\%$$

应该注意到，几何平均的一个结果是，在某个时期给定一个市场百分比增长，下个时期下降相同的百分比，这并不会导致在这两个时期的平均收益率为零。

【例 1 -8】 在第一年，一只股票价格上涨了 $R_{0,1}=10\%$。在第二年，股价下跌了 10%，即 $R_{1,2}=-10\%$。

这两年的平均年收益率 $[\overline{R}_{0,2}^{(g)}]=\sqrt[2]{(1+0.10)\times(1-0.10)}-1$

$=\sqrt{0.99}-1=0.995-1=-0.5\%$

（3）横截面平均收益率

到目前为止，在时间维度上研究了单个资产的收益率。在这种情况下，当计算多期收益率时考虑复利效应是很重要的。在计算多期平均收益率时也是如此。对数收益率被证明是特别实用的，因为它们在时间维度上是可加的。另外，通常收益率在时间维度上是可乘的，因此更难计算。

但是收益率并不需要总是在时间维度中取平均值。有时必须计算多个资产横截面的平均收益率。在讨论现代投资组合理论（MPT）时，这种情况尤为重要。

平均投资组合收益率考虑在一个时间区间取所有单个资产收益率的平均值。单个资产收益率的权重通常由投资组合中资产的权重决定。

在这种情况下，随着时间推移所产生的复利效应不太重要。横截面上的可加性更为重要。然而，对数收益率只在时间维度上是可加的，而在横截面上则不是。相反，通常收益率在横截面上是可加的，但在时间维度上则不是。因此，为了计算投资组合的收益率，建议使用通常收益率而不是对数收益率。投资组合收益率的加权平均值的计算公式为：

$$R_{t-1,t}^{P}=\sum_{i=i}^{N}x_{i,t-1}R_{i,t-1,t}$$

其中，$R_{t-1,t}^{P}$——由 N 个资产组成的投资组合的通常收益率；$x_{i,t-1}$——t - 1 期投资组合中资产 i 的权重；$R_{i,t-1,t}$——资产 i 从 t - 1 期到 t 期的通常收益率。

总之，由于对数收益率在时间维度上是可加的，因此对数收益率在加总多期收益率方面确实具有优势。而当在横截面上平均化收益率时，通常收益率则具有优势。在实践中，人们经常可以观测到这两者是一起使用的。例如，如果要计算多个资产投资组合随时间变化的收益率，那么可以通过以下方法进行：

- 先跨资产加总，然后跨时间加总：首先可以使用每种资产的通常收益率来计算投资组合通常收益率。这些收益率可以近似地转换为对数收益率，然后再求和得到累积的投资组合收益率。
- 先跨时间加总，然后跨资产加总：每个资产不同时期的对数收益率可以加总，以得到每个资产的累积收益率。然后将这些收益率转换为通常收益率，以计算其投资组合收益率。
- 仅使用通常收益率：在这种情况下，为了计算出单个资产或投资组合的累积收益率，通常收益率必须通过（几何上）乘法连接，以考虑复利效应。

1.1.1.3　收益率的时间度量

在某些情况下，收益率的持有期限会小于 1 年，例如每日、每月或每季度。然而，在实践中，收益率通常是按年来进行比较的。因此，为了使不同时间范围的收益率具有可比性，应该计算年化收益率。同样，通常收益率和对数收益率之间的计算也存在差异。

（1）年化通常收益率

考虑在给定的天数内获得通常收益率 R_τ，其期间少于 1 年。这个期间可以用年数来表示：

$$\tau = \frac{天数}{360}$$

如果要把利率 R_τ 表示为年化的通常收益率，那么可以使用以下公式：

$$R_{年化} = (1 + R_\tau)^{1/\tau} - 1$$

一年中的实际天数取决于日数惯例。在上述公式中，假设一年有 360 天（每个月有 30 天）。这通常被视为年化收益率的标准。然而，这个简化的假设可能并不总是足够好。大多数金融工具采用 3 种可能的天数惯例：一年可以有 360 天、365 天或者是实际天数（闰年为 366 天）。360 天、365 天或实际天数的惯例也因国家而异。

【例 1－9】设定 12 月 31 日一只股票价值为 100 欧元，3 月 31 日价值为 110 欧元。如果一年为 360 天，该股票的年化通常收益率为：

$$R_{年化} = \left(\frac{110}{100}\right)^{1/\tau} - 1 = \left(\frac{110}{100}\right)^{1/0.25} - 1 = 46.41\%$$

（2）年化对数收益率

由于对数收益率在时间维度上是可加的，如果 r_τ 是在 τ 期内获得的对数收益率，则相应的年化收益率为：

$$r_{年化} = \frac{1}{\tau} \cdot r_\tau$$

【例 1－10】 设定 12 月 31 日股票价值为 100 欧元，3 月 31 日价值为 110 欧元。该股票的对数收益率为：

$$r_{年化} = \frac{1}{90/360} \times \ln\left(\frac{110}{100}\right) = \frac{1}{0.25} \times \ln\left(\frac{110}{100}\right) = 38.12\%$$

然后，可以将对数收益率近似转换为通常收益率：

$$R_{年化} = e^{0.3812} - 1 = 46.4\%$$

1.1.1.4　货币的时间价值

货币的时间价值是金融中的一个基本概念，即货币在不同的时间点具有不同的价值。这背后的原理是资金在投资时有可能获得收益的概念。现在的现金流入可以投资，而一年后的现金流入现在还不能投资。因此，现在的现金通常比未来相同数量的现金更有价值。

计算未来发生的现金流的现值，被称为贴现现金流。计算现在发生的现金流的未来价值，被称为复利化。

（1）复利计算期等于持有期

如上所述，现在收到 1 元比明天收到 1 元更有价值。[①]

这两个 1 元都通过利息的概念联系在一起，可以写为：

$$1 + R_{t-1,t} = \frac{P_t}{P_{t-1}}$$

或者：

$$P_t = P_{t-1} \cdot (1 + R_{t-1,t})$$

这是货币时间价值的基本方程，因为它定义了 P_{t-1} 以 $R_{t-1,t}$ 的利率投资在 t 期的未来价值：

$$\textbf{未来价值} = \textbf{现值} \times (1 + \textbf{利率})$$

通常称 $(1 + R_{t-1,t})$ 项为从 t－1 期到 t 期的资本化因子。也可以写为：

$$P_{t-1} = \frac{1}{1 + R_{t-1,t}} \cdot P_t$$

即：

$$\textbf{现值} = \frac{1}{1 + \textbf{利息率}} \times \textbf{未来价值}$$

---

① 一个明显的例外是当利率为负值时。

上述公式定义了如果 P_t 在给定期间的收益率为 $R_{t-1,t}$，则在给定期间期末所收到的现值。

$\frac{1}{(1+R_{t-1,t})}$项通常被称为从 t－1 期到 t 期的贴现因子。

（2）复利计算期短于持有期

到目前为止，一直在考虑一个时期（持有期）的收益率，在期末计算利息并加到本金中。但是，如果持有期与复利计算期（复利计算期即计算利息并计入本金的期间）不同会发生什么？

首先考虑复利计算期短于持有期的情况。例如，在持有期间，可以支付两次利息（时期 1 和时期 2），如图 1－2 所示：

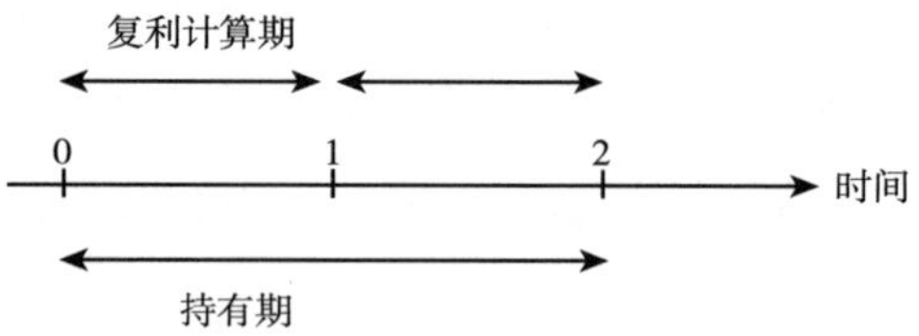

图 1－2　复利计算期短于持有期

在这种情况下，在 0 期投资的本金将在 1 期获得利息收入（等于 $R_{0,1}$），在 2 期支付另一笔利息（等于 $R_{1,2}$）。但是在 1 期收到的利息（等于 $R_{0,1}$）可以再投资到 2 期，这就产生了所谓的复利或利滚利（等于 $R_{0,1} \cdot R_{1,2}$），在 2 期收到。在计算持有期收益率时，必须考虑这一点：

$$R_{0,2} = (1 + R_{0,1}) \cdot (1 + R_{1,2}) - 1 = R_{0,1} + R_{1,2} + (R_{0,1} \cdot R_{1,2})$$

忽略复利相当于设定 $R_{0,1} \cdot R_{1,2}$项等于零。

【例 1－11】 如果投资者以 10% 的年利率将 100 元存入其银行账户，他将在第一年年底收到 10 元。在第二年结束时，他将再次收到对应于本金支付的利息 10 元，加上额外对应于第一年利息的利息 1 元（10 元的 10%）。

两年以上的持有期收益率 =（100 + 10 + 10 + 1）/100 － 1 = 21%

如果忽略了复利，持有期的收益率 =（100 + 10 + 10）/100 － 1 = 20%

更一般地说，如果 $R_{t,t+1}$是从 t 期到 t＋1 期（一个时期）的收益率，并且一个时期的收益可以立即再投资，则从 0 期到 T 期（T 个时期）的实际收益率由各期收益率的乘积给出，即：

$$R_{0,T} = (1 + R_{0,1}) \cdot (1 + R_{1,2}) \cdot (1 + R_{2,3}) \cdot \cdots \cdot (1 + R_{T-1,T}) - 1$$

【例 1－12】 在一个银行账户中存入 100 元，第一年的利率为 7%，第二年为 9%，第三年为 10%。利息金额在每年年末记入贷方，并立即考虑计入下一年的利息计算。

到第三年末的账户价值 = 100 × 1.07 × 1.09 × 1.10 = 128.29（元）

因此，这三年的实际收益率为 28.29%。

一种特殊情况是所有利率相等的情况，即：$R_{0,1} = R_{1,2} = \cdots = R_{T-1,T}$。在这种情况下，可以得到：

$$R_{0,T} = (1 + R_{0,1})^{T} - 1$$

$$1 + R_{0,T} = (1 + R_{0,1})^{T}$$

表 1－4 显示在不同利率和不同持有期的情况下，以单利与复利利率初始投资 100 元的终值情况。

表 1－4　复利的影响　（单位：元）

时期（年数）	单利利率	复利利率	单利利率	复利利率	单利利率	复利利率
利率	2%	2%	7%	7%	10%	10%
1	102.00	102.00	107.00	107.00	110.00	110.00
2	104.00	104.04	114.00	114.49	120.00	121.00
3	106.00	106.12	121.00	122.50	130.00	133.10
4	108.00	108.24	128.00	131.08	140.00	146.41
5	110.00	110.41	135.00	140.26	150.00	161.05
6	112.00	112.62	142.00	150.07	160.00	177.16
7	114.00	114.87	149.00	160.58	170.00	194.87
8	116.00	117.17	156.00	171.82	180.00	214.36
9	118.00	119.51	163.00	183.85	190.00	235.79
10	120.00	121.90	170.00	196.72	200.00	259.37
15	130.00	134.59	205.00	275.90	250.00	417.72
20	140.00	148.59	240.00	386.97	300.00	672.75

很容易看出，忽略复利会导致很大的误差，特别是在计算长期高利率的情况下。

（3）复利计算期长于持有期

现在考虑复利计算期长于持有期的情况。例如，持有期给定为一定的天数，其天数小于一整年。该持有期可以用年数表示为：

$$\tau = \frac{\text{天数}}{360}$$

对于 180 天的情况，持有期为半年，如图 1－3 所示。

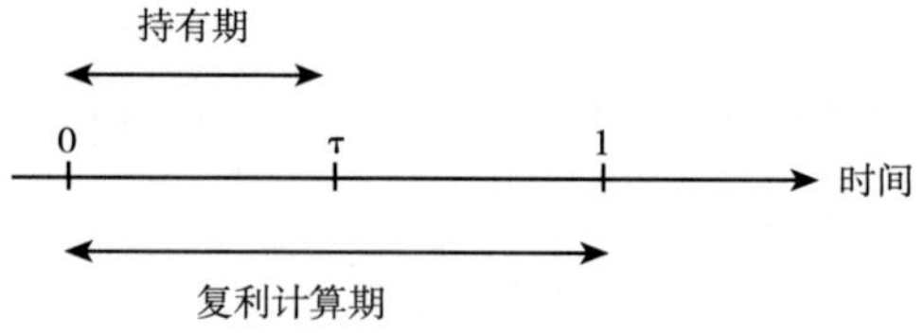

图 1－3 复利计算期长于持有期

在这种情况下，在 0 期投资的本金将在 1 期获得利息收入（等于 $R_{0,1}$）。但是从 0 期到 τ 期的投资收益率是多少？可以得到：

$$R_{0,\tau} = (1 + R_{0,1})^{\tau} - 1$$

其中，τ 是相对于总时期（0 期到 1 期）的长度来测量的。

【例 1－13】一个投资者购买的是一种无风险债券，预计一年期的收益率是 5%。半年后，一个朋友问她，到目前为止，她的投资收益率是多少。答案是：

$$R_{0,0.5} = (1 + R_{0,1})^{\tau} - 1 = 1.05^{0.5} - 1 = 2.47\%$$

1.1.2 风险基础知识

前文展示了如何根据过去的数据（给定投资的结果已知，即事后）来计算收益率。

但从投资者的角度来看，更重要的是要考虑事前收益率，即对未来收益率的事前预期。① 现代投资组合理论和大多数现代金融的关键步骤是要描述以概率形式表示的事前收益率。也就是说，把收益率作为随机变量，计算预期收益率［表示为 E(R)］及其相应的风险（通常用偏离均值的方差和标准差来衡量，或其他基于收益率概率分布的衡量方法）。为了量化风险，需要知道或假设收益率的分布。

1.1.2.1 收益率的概率分布

一个样本空间（也称为事件空间）可以被定义为一个被观测到的随机变量的所有可能结果（或可能的“自然状态”）的集合。对于样本空间的每个状态，可以关联一个表示为 π_S 的数字，并称之为状态发生的概率。②

---

① 否则，每个投资者都会把其全部财富投资到一种收益率最高的资产上。

② 直观地说，如果从样本空间中随机生成一个“事件”，那么概率 π_S 给出了从 100% 中事件发生的“概率数”。根据这个解释可以得出，p（s）必须在 0～1 之间（因为没有一个事件可以有负的概率，并且发生的概率不超过 100%）。此外，样本空间中所有事件的概率之和应等于 1（因为所有可能的事件都应该在样本空间中，如果随机生成一个事件，那么该事件会有 100% 的概率从样本空间得到）。

【例 1 - 14】 当一个人抛两次硬币时，样本空间由 4 个结果组成：{(H、H)、(T、T)、(H、T)、(T、H)}。可以很容易地验证该样本空间是否包括了所有可能的状态。对于每个状态，可以关联一个 1/4 的概率，因为每个状态发生的概率都是相同的。

然后，可以将一个概率分布函数定义为一个函数 p (s)，它与状态发生的概率 π_s 相关联。

【例 1 - 15】 如果举前面的例子（抛两次硬币），概率分布函数将是一个不连续的函数，表示如图 1 - 4。

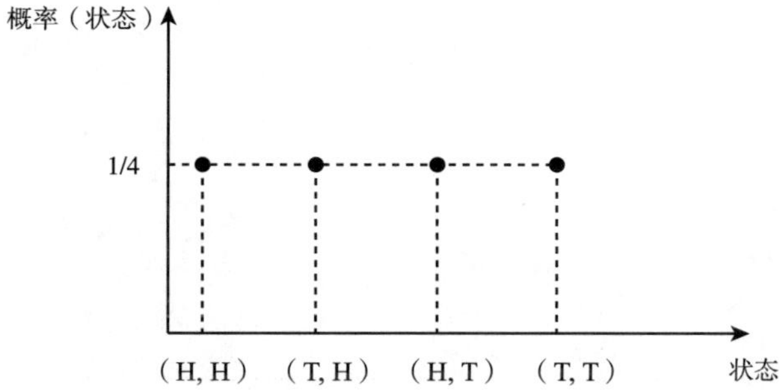

图 1 - 4　抛硬币的概率分布函数

在形式上，自然状态应该被定义为包括所有可能的结果，从而使其概率之和等于 1。表示无限个个体结果的一种可能方法是将其进行分类。

尝试将这些概念应用于收益率上。为了给自然状态分配概率，首先需要定义状态本身。当考虑金融资产时，一种方法是将状态定义为给定期间内的收益率范围。

例如，某投资者考虑在英国股市投资一年，他对预测明年英国市场的收益率感兴趣。唯一可用的信息是市场指数（FTSE 全股指数）的年收益率（如表 1 - 5 所示）。

表 1 - 5　英国股票的年收益率

年份	收益率	年份	收益率	年份	收益率	年份	收益率	年份	收益率	年份	收益率
2020	-12%	2010	11%	2000	-8%	1990	-14%	1980	29%	1970	-8%
2019	14%	2009	25%	1999	21%	1989	29%	1979	3%	1969	-15%
2018	-13%	2008	-33%	1998	11%	1988	7%	1978	3%	1968	43%
2017	9%	2007	2%	1997	20%	1987	4%	1977	38%	1967	29%
2016	12%	2006	13%	1996	12%	1986	22%	1976	-3%	1966	-9%
2015	-3%	2005	18%	1995	19%	1985	16%	1975	140%	1965	6%
2014	-2%	2004	9%	1994	-10%	1984	25%	1974	-55%	1964	-10%
2013	17%	2003	17%	1993	23%	1983	23%	1973	-31%	1963	15%
2012	8%	2002	-25%	1992	15%	1982	24%	1972	13%	1962	-2%
2011	-7%	2001	-15%	1991	15%	1981	6%	1971	42%	1961	-3%

根据表1-5，投资者可以计算出年收益率小于或等于零的年份数量以及年收益率大于零的年份数量，然后除以可用数据的总数（=64）。这样得到，在42/64×100%=66%的情况下收益率大于零，在22/64×100%=34%的情况下收益率小于或等于零。这定义了一个（非常简单的）离散分布，可以写为：

$$\begin{cases} \text{Prob}(R \leqslant 0) = 0.34 \\ \text{Prob}(R > 0) = 0.66 \end{cases}$$

在图形上，概率分布通常用直方图表示（见图1-5），其中横轴表示可能的结果、纵轴表示概率。[①] 因此，与R≤0相关的长方形面积为0.34（或所有长方形总面积的34%），与R>0相关的长方形面积为0.66（或所有长方形总面积的66%）。

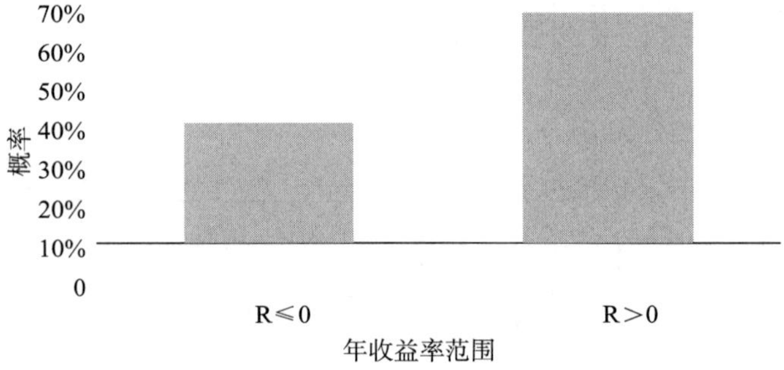

图1-5 两类收益率的直方图

这些信息是有用的，但为了作出更精确的推断，必须将数据划分为更窄的范围。例如，可以考虑以下范围：小于或等于-15%、在-15%~0之间、在0~15%之间、在15%~30%之间，以及超过30%。

采用同样的方法可以得到以下分布：

$$\begin{cases} \text{Prob}(R \leqslant -15\%) = 0.16 \\ \text{Prob}(-15\% < R \leqslant 0) = 0.22 \\ \text{Prob}(0 < R \leqslant 15\%) = 0.27 \\ \text{Prob}(15\% < R \leqslant 30\%) = 0.28 \\ \text{Prob}(R > 30\%) = 0.07 \end{cases}$$

这也可以用直方图来表示（见图1-6）。

如果仍然希望作出更精确的推论，就必须考虑更窄的收益率范围。这种改进可以一直持续下去。如果结果的数量具有代表性并且足够多，可以包括所有可能的结果，

① 请注意，概率是由长方形的面积表示的，而不是高度。否则，当时间间隔的宽度不同时，图像就会失真。

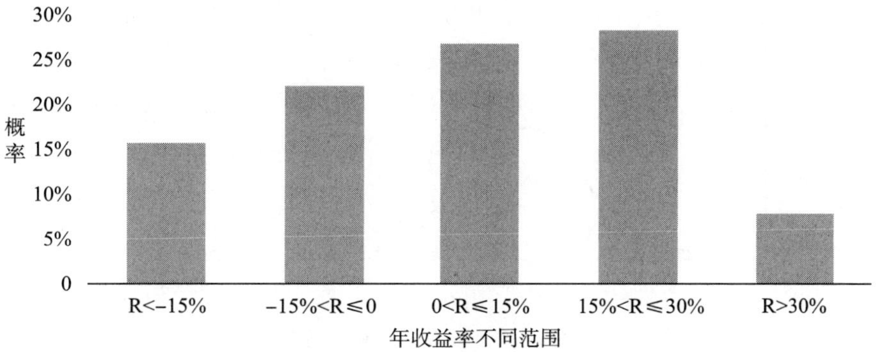

图 1－6　五类收益率的直方图

那么可以无限地选择更窄的范围进行分类。[①] 然后，可以得到一个连续的概率分布，用一条曲线来表示（见图 1－7）。[②]

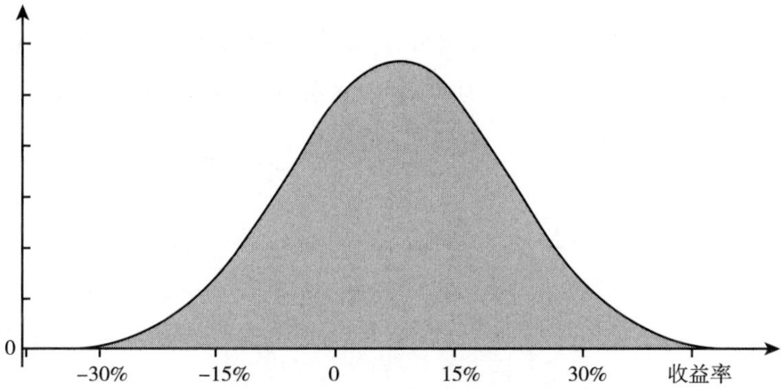

图 1－7　极限情形：连续分布

这条曲线的方程称为分布的概率密度函数，被表示为收益率的函数。

当构建直方图时，可以说收益率在给定范围内的概率表示为与给定范围相关的（相对）面积。该原理可应用于连续分布。实现给定收益率 R^* 的概率可以被估计为在 R^* 附近的一个非常小的范围内的概率密度曲线下方的面积。更一般地说，收益率 R 小于给定值 R^* 的概率可以表示为从 $-\infty$ 到 R^* 的曲线下方的面积。它被称为从 $-\infty$ 到 R^* 的概率密度的积分，对应于图 1－8 中的阴影区域。

同样地，非阴影区域表示收益率大于 R^* 的概率，即 1 减去收益率小于 R^* 的概率。因此，连续分布的一个重要性质是其曲线下方的总面积有界且等于 1。

---

① 请注意，在该例中，实际上受到了观测数量（64）的限制。为了考虑更窄的时间范围，可能必须通过延长衡量时期来增加样本或者考虑更短的时间段（例如，使用同一时期的月度收益率将提供 $64 \times 12 = 768$ 个观测值）。

② 在图中绘制了一个服从正态分布的概率分布。但是还有许多其他不同的连续分布的例子。

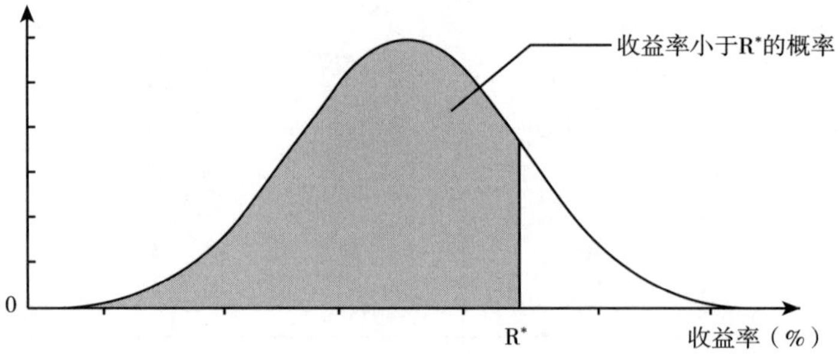

图 1－8　概率分布和上界

因此，随机变量 R 取值大于 R^* 的概率为：

$$\text{Prob}[R > R^*] = 1 - \text{Prob}[R \leqslant R^*]$$

上述关系是基于所有结果的概率之和为 100% 这一事实，因此一个事件发生的概率等于 100% 减去该事件不发生的概率。

更正式地说，可以将概率密度的积分定义为累积分布函数。此函数取值为 0 ~ 1 或 0 ~ 100% 。图 1－9 描述了一个服从标准正态分布的累积分布函数。

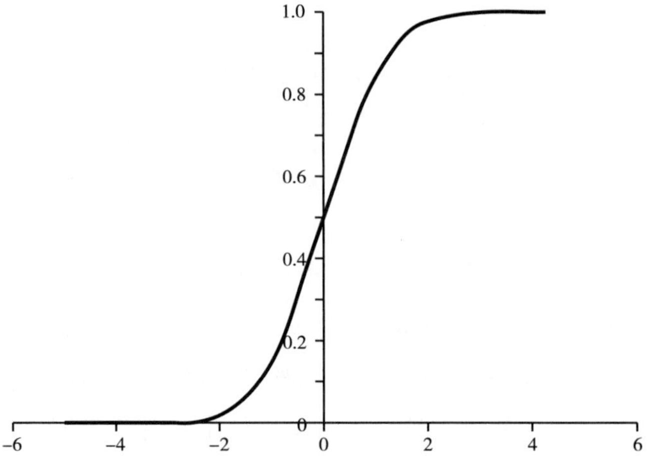

图 1－9　累积分布函数

如前所述，收益率的概率分布是指可能的结果的范围及其相关的概率。给定一个概率分布，用一些重要的矩来描述收益率的概率分布特征。最重要的包括：

- 一阶矩——均值：它是所有可能结果的期望值，是所有可能的结果的加权之和，权重为其各自发生的概率。均值提供了一种集中趋势的衡量标准，并经常被用作资产的预期收益率。
- 二阶矩——标准差（波动率）：它衡量收益率偏离均值的离散度或波动率，通常用于量化与投资收益率相关的风险水平。标准差越高，说明价格序列中的收益率波动越大。

- 三阶矩——偏度：它衡量收益率的概率分布的不对称性。一个正的偏度表明该分布有一个较长的右尾（非常大的收益率发生的概率更高）；负的偏度表示左尾较长，这是具有潜在大损失（大尾风险）的资产的典型情况。
- 四阶矩——峰度：它衡量一个概率分布的尾部的厚度。峰度高，表示有厚重的尾巴，意味着上下有极端收益率的可能性更高。

理解收益率的概率分布对于理解预期收益率以及与收益率分布相关的风险很重要。分析这些矩有助于对潜在的投资收益率作出更好的预期。例如，图 1－10 显示了每年投资收益率的分布以及更高阶矩对分布的影响。假设所有分布的均值为 10%。

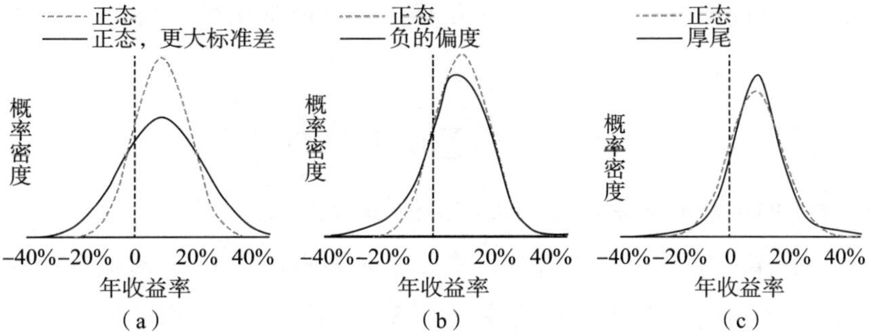

图 1－10　不同分布的概率密度（虚线表示服从正态分布，均值为 10%，标准差为 10%）

为了进行比较，虚线表示收益率服从正态分布，标准差为 10%。在图（a）中，第二个分布有更大的标准差（20%）。因此，与只有 10% 标准差的分布相比，第二个分布更广泛——存在更低和更高的收益率。

在图（b）中，有一个收益率分布的偏度为负，可以看到相较于正态分布，该收益率分布更有可能有较大的正收益率而不是负收益率。此外，最有可能的数值（即分布的“峰值”）也会向左移动。

最后，图（c）显示峰度高于正态分布的收益率分布。可以看到，该分布的主体比正态分布更窄，但尾巴更厚，因此被称为“厚尾”。

关于投资组合理论，前两个矩尤为重要。均值通常用作资产的预期收益率，而标准差（波动率）则用来衡量资产的风险。重要的是，所有的计算都要用到通常收益率。

为了计算均值，通常使用算术平均值。给定收益率分布，收益率分布的均值可以根据如下公式计算：

$$\mu = \overline{R} = \sum_{i=1}^{n} p_i \cdot R_i = E(R)$$

从事前的角度来看，标准差（波动率）将收益率分布的风险用偏离均值的离差来衡量。这是一种风险衡量标准，包括上升和下降的风险（当然只有后者是不好的）。最简单的方法是取每个状态 i 发生的概率 p_i，计算所有以概率为权重进行加权的离差之和：

$$\sum_{i=1}^{n} p_i \cdot [R_i - E(R)]$$

但是这些离差之和会是零。因此，取离差的平方来衡量波动率。这些离差的平方之和被称为方差：

$$Var(R) = \sigma^2 = \sum_{i=1}^{n} p_i \cdot [R_i - E(R)]^2$$

由于在同一维度单位中比较偏差更方便，因此最常用的是标准差，即方差的平方根：

$$\sigma = \sqrt{Var(R)} = \sqrt{\sum_{i=1}^{n} p_i \cdot [R_i - E(R)]^2}$$

资产收益率的标准差通常被称为资产的波动率。

【例 1－16】 假设有两个投资都持续在一个时期内，在 t＝1 期都有两种可能的自然状态，每种状态都有 50% 的机会发生（见表 1－6）。

表 1－6　　具有不同标准差的投资

项目	t＝1	简单收益率
投资 1	95 元　115 元	－5%　15%
投资 2	90 元　120 元	－10%　20%

两个投资在 t＝1 期的期望价值均等于 105 元，其期望收益率为 5%，但标准差不同：

$$\sigma_1 = \sqrt{0.5 \times (-5\% - 5\%)^2 + 0.5 \times (15\% - 5\%)^2} = 10\%$$

$$\sigma_2 = \sqrt{0.5 \times (-10\% - 5\%)^2 + 0.5 \times (20\% - 5\%)^2} = 15\%$$

第二个投资比第一个投资的风险更大。第二个投资的标准差更大，表明预期收益率在均值周围的分布比第一个投资更宽。因此，不接近均值的可能性更高。

金融中常用的连续概率分布服从正态分布。资产收益率通常被假定为服从正态分布的收益率。在图形上，正态分布是一个钟形曲线（见图 1－11），它有几个重要的特征：

- 完全由其均值和标准差来描述。
- 围绕其均值对称，因此，正态分布的均值、中位数和峰值在同一点上。
- 服从正态分布的变量的可能值有 68% 的概率在均值附近的 1 倍标准差范围内

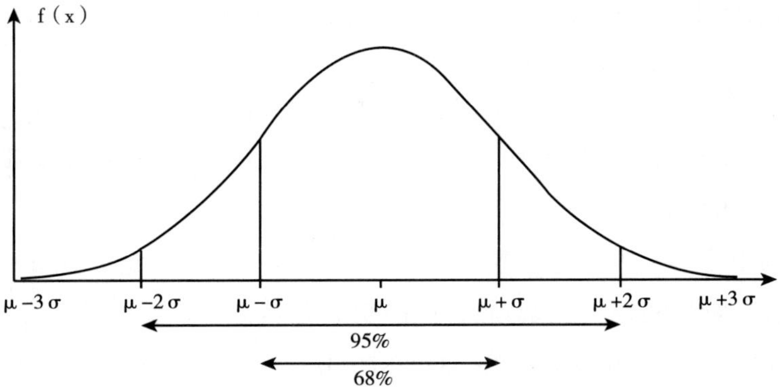

图 1－11　正态分布

(±1σ)，有 95% 的概率在均值附近的 2 倍标准差范围内（±2σ），有 99% 的概率在均值附近的 3 倍标准差范围内（±3σ）。

对于每一个均值和标准差，正态分布的形状都是不同的。现在，每次计算正态变量（服从止态分布的变量）低于某个临界值的概率时，就必须计算一个新的积分(曲线下方的面积)。幸运的是，这是不必要的，因为可以变换正态变量，使其均值为 0、标准差为 1。这个过程称为标准化。

图 1－12 所示的这个分布称为标准正态分布，是通过将随机变量 R 减去其均值，再除以其标准差进行转换得到的：

$$U = \frac{R - \mu_R}{\sigma_R}$$

通过这样做，可以将具有如下密度函数的任意变量 R 转换为标准正态变量（单位变量）U：

$$f(R) = \frac{1}{\sqrt{2 \cdot \pi} \cdot \sigma_R} \cdot e^{-\frac{(R-\mu_R)^2}{2 \cdot \sigma_R^2}}$$

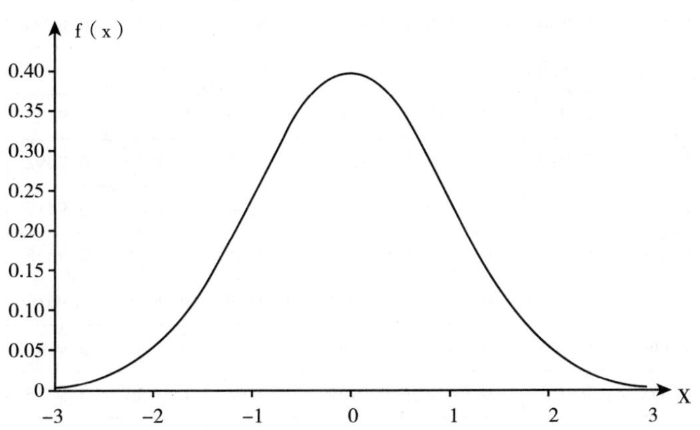

图 1－12　标准正态分布

U 具有如下的密度函数：

$$f(U)=\frac{1}{\sqrt{2\cdot\pi}}\cdot e^{-\frac{U^2}{2}}$$

也就是说，正态变量均值为 0、标准差为 1。这非常有用，因为存在表示为N(x)的标准正态变量积分的数值表。

表 1－7 列出了当 x 为正值时 N(x) 的数值。根据该表，应使用线性插值法。例如，如果想求出 N(0.6278) 的数值，那么可以写为：

$$N(0.6278)=N(0.62)+0.78\times[N(0.63)-N(0.62)]$$
$$=0.7324+0.78\times(0.7357-0.7324)=0.7350$$

对于 x 的负值，必须记住 N(－x)＝1－N(x)，因为正态分布围绕着其均值（0）是对称的。

表 1－7　　N（x）的值［即，当 Z＞0 时，概率（x＜Z）］的数值

Z	0	0.01	0.02	0.03	0.04	0.05	0.06	0.07	0.08	0.09
0.0	0.5000	0.5040	0.5080	0.5120	0.5160	0.5199	0.5239	0.5279	0.5319	0.5359
0.1	0.5398	0.5438	0.5478	0.5517	0.5557	0.5596	0.5636	0.5675	0.5714	0.5753
0.2	0.5793	0.5832	0.5871	0.5910	0.5948	0.5987	0.6026	0.6064	0.6103	0.6141
0.3	0.6179	0.6217	0.6255	0.6293	0.6331	0.6368	0.6406	0.6443	0.6480	0.6517
0.4	0.6554	0.6591	0.6628	0.6664	0.6700	0.6736	0.6772	0.6808	0.6844	0.6879
0.5	0.6915	0.6950	0.6985	0.7019	0.7054	0.7088	0.7123	0.7157	0.7190	0.7224
0.6	0.7257	0.7291	0.7324	0.7357	0.7389	0.7422	0.7454	0.7486	0.7517	0.7549
0.7	0.7580	0.7611	0.7642	0.7673	0.7704	0.7734	0.7764	0.7794	0.7823	0.7852
0.8	0.7881	0.7910	0.7939	0.7967	0.7995	0.8023	0.8051	0.8078	0.8106	0.8133
0.9	0.8159	0.8186	0.8212	0.8238	0.8264	0.8289	0.8315	0.8340	0.8365	0.8389
1.0	0.8413	0.8438	0.8461	0.8485	0.8508	0.8531	0.8554	0.8577	0.8599	0.8621
1.1	0.8643	0.8665	0.8686	0.8708	0.8729	0.8749	0.8770	0.8790	0.8810	0.8830
1.2	0.8849	0.8869	0.8888	0.8907	0.8925	0.8944	0.8962	0.8980	0.8997	0.9015
1.3	0.9032	0.9049	0.9066	0.9082	0.9099	0.9115	0.9131	0.9147	0.9162	0.9177
1.4	0.9192	0.9207	0.9222	0.9236	0.9251	0.9265	0.9279	0.9292	0.9306	0.9319
1.5	0.9332	0.9345	0.9357	0.9370	0.9382	0.9394	0.9406	0.9418	0.9429	0.9441
1.6	0.9452	0.9463	0.9474	0.9484	0.9495	0.9505	0.9515	0.9525	0.9535	0.9545
1.7	0.9554	0.9564	0.9573	0.9582	0.9591	0.9599	0.9608	0.9616	0.9625	0.9633
1.8	0.9641	0.9649	0.9656	0.9664	0.9671	0.9678	0.9686	0.9693	0.9699	0.9706
1.9	0.9713	0.9719	0.9726	0.9732	0.9738	0.9744	0.9750	0.9756	0.9761	0.9767
2.0	0.9772	0.9778	0.9783	0.9788	0.9793	0.9798	0.9803	0.9808	0.9812	0.9817

续表

Z	0	0.01	0.02	0.03	0.04	0.05	0.06	0.07	0.08	0.09
2.1	0.9821	0.9826	0.9830	0.9834	0.9838	0.9842	0.9846	0.9850	0.9854	0.9857
2.2	0.9861	0.9864	0.9868	0.9871	0.9875	0.9878	0.9881	0.9884	0.9887	0.9890
2.3	0.9893	0.9896	0.9898	0.9901	0.9904	0.9906	0.9909	0.9911	0.9913	0.9916
2.4	0.9918	0.9920	0.9922	0.9925	0.9927	0.9929	0.9931	0.9932	0.9934	0.9936
2.5	0.9938	0.9940	0.9941	0.9943	0.9945	0.9946	0.9948	0.9949	0.9951	0.9952
2.6	0.9953	0.9955	0.9956	0.9957	0.9959	0.9960	0.9961	0.9962	0.9963	0.9964
2.7	0.9965	0.9966	0.9967	0.9968	0.9969	0.9970	0.9971	0.9972	0.9973	0.9974
2.8	0.9974	0.9975	0.9976	0.9977	0.9977	0.9978	0.9979	0.9979	0.9980	0.9981
2.9	0.9981	0.9982	0.9982	0.9983	0.9984	0.9984	0.9985	0.9985	0.9986	0.9986
3.0	0.9987	0.9987	0.9987	0.9988	0.9988	0.9989	0.9989	0.9989	0.9990	0.9990
3.1	0.9990	0.9991	0.9991	0.9991	0.9992	0.9992	0.9992	0.9992	0.9993	0.9993
3.2	0.9993	0.9993	0.9994	0.9994	0.9994	0.9994	0.9994	0.9995	0.9995	0.9995
3.3	0.9995	0.9995	0.9995	0.9996	0.9996	0.9996	0.9996	0.9996	0.9996	0.9997
3.4	0.9997	0.9997	0.9997	0.9997	0.9997	0.9997	0.9997	0.9997	0.9997	0.9998
3.5	0.9998	0.9998	0.9998	0.9998	0.9998	0.9998	0.9998	0.9998	0.9998	0.9998
3.6	0.9998	0.9998	0.9999	0.9999	0.9999	0.9999	0.9999	0.9999	0.9999	0.9999
3.7	0.9999	0.9999	0.9999	0.9999	0.9999	0.9999	0.9999	0.9999	0.9999	0.9999
3.8	0.9999	0.9999	0.9999	0.9999	0.9999	0.9999	0.9999	0.9999	0.9999	0.9999
3.9	1.0000	1.0000	1.0000	1.0000	1.0000	1.0000	1.0000	1.0000	1.0000	1.0000
4.0	1.0000	1.0000	1.0000	1.0000	1.0000	1.0000	1.0000	1.0000	1.0000	1.0000

【例 1-17】假设考虑一只平均连续复利收益率为 11.5%、波动率为 31% 的股票，收益率低于或等于 0、在 0~15% 之间和在 15% 以上的概率各是多少？

$$\text{Prob}[r \leqslant r^*] = \text{Prob}[r \leqslant 0]$$

$$= \text{Prob}\left[\frac{r - 11.5\%}{31\%} \leqslant \frac{0 - 11.5\%}{31\%}\right]$$

$$= \text{Prob}\left[\frac{r - 11.5\%}{31\%} \leqslant -0.3709\right]$$

因为 $\frac{(r - 11.5\%)}{31\%}$ 服从均值为 0、标准差为 1 的标准正态分布，可以得到：

$$u = \frac{r - 11.5\%}{31\%}$$

其中，“u”是一个标准正态变量。概率变为：

$$\text{Prob}[r \leqslant 0] = \text{Prob}[u \leqslant -0.3709] = 35.53\%$$

即，在持有期间，亏损的概率为35.53%。同样地，收益率超过15%的概率为：

$$\text{Prob}[r > 15\%] = \text{Prob}\left[\frac{r - 11.5\%}{31\%} > \frac{15\% - 11.5\%}{31\%}\right]$$

$$\text{Prob}[r > 15\%] = \text{Prob}[u > 0.1129] = 1 - \text{Prob}[u \leqslant 0.1129] = 45.50\%$$

这意味着，收益率在0～15%之间的概率为：

$$\text{Prob}[0 < \tilde{r} < 15\%] = 1 - \text{Prob}[\tilde{r} < 0] - \text{Prob}[\tilde{r} > 15\%] = 18.97\%$$

最后一个概率计算使用的事实是所有概率之和等于1。

当在财务分析中应用正态概率分布来衡量不确定结果时，应谨慎进行：

- 概率估计受抽样误差的影响。例如，当使用历史收益率时，考虑的是整个历史收益率总体中的一个小样本，因此可能对未来收益率的集中趋势和分散有错误的估计。
- 正态分布最多是对资产收益率分布的合理近似估计，但肯定不是一个完美的模型，它对现实的模拟是不精确的。
- 股票价格不是连续变化的，也不是以小幅递增变化的。
- 许多投资策略，如那些涉及期权或动态交易规则的投资策略，往往会导致收益率不服从正态分布。

不能假设通常收益率和对数收益率都服从正态分布。假设对数收益率服从正态分布意味着通常收益率服从对数正态分布。

1.1.2.2　作为风险衡量标准的波动率

如前所述，当考虑一个具有给定数量状态的单期模型时，收益率的事前波动率是通过考虑所有状态的实现收益率与其期望值的离差并以各状态发生的概率为权重进行加权来计算的，即：

$$\sigma = \sqrt{\text{Var}(R)} = \sqrt{\sum P_{\text{状态}i} \cdot [R_{\text{状态}i} - E(R)]^2}$$

因此，要计算波动率，就需要有每种自然状态发生的概率。

当使用实际数据时，通常可用的信息有哪些？如果只观测到作为一个随机变量的收益率的连续实现值（即在时期1、时期2、时期3的收益率等），那么该如何计算出波动率呢？

一个简单的解决方案包括考虑将所有过去的观测值都视为随机变量的实现值。[①] 每个过去的收益率都被赋予同等权重，这就给出事后的波动率：

---

① 这意味着假设收益率生成过程随时间变化具有平稳性。

$$\sigma = \sqrt{Var(R)} = \sqrt{\frac{1}{N-1}\sum_{t=1}^{N}[R_t - E(R_t)]^2}$$

如果收益率 R_t 随着时间的变化是可加的，那么这将是正确的。但已知通常收益率随着时间的变化是可乘的。① 不过，现代投资组合理论（MPT）在计算资产和投资组合收益率的方差和标准差时，通常使用独立和同分布假设下的通常收益率。

或者，方差也可以使用对数收益率来计算：

$$Var(R) = \sigma^2 = \frac{1}{N-1}\sum_{t=1}^{N}[r_t - E(r_t)]^2$$

其中，r_t——t 期和 t+1 期之间的对数收益率，计算结果为：

$$r_t = r_{t,t+1} = \ln\left(\frac{P_{t+1}}{P_t}\right) = \ln(1 + R_{t,t+1})$$

【例 1-18】 表 1-8 在第一列中列出了一组 12 个通常收益率，可以据此计算对数收益率及其方差。

表 1-8　　对数收益率及其方差的计算

R	$r = \ln(1+R)$	$[r - E(r)]^2$
0.100	0.095	0.018
-0.120	-0.128	0.008
0.030	0.030	0.005
-0.560	-0.821	0.610
0.300	0.262	0.092
0.150	0.140	0.032
0.180	0.166	0.042
-0.130	-0.139	0.010
-0.050	-0.051	0.000
-0.090	-0.094	0.003
0.020	0.020	0.004
0.040	0.039	0.006
	$E(r) = -0.040$	$\sigma^2 = 0.0754$　$\sigma = 27.46\%$

第三列允许计算方差（通过将各项求和并除以 11），最终给出波动率。如果在计算波动率时使用通常收益率，则得到的标准差为 21.57%。

① 即，有连续两期的收益率 $R_{0,1}$ 和 $R_{1,2}$，可以得到总收益率 $(1 + R_{0,1}) \cdot (1 + R_{1,2}) - 1$，而不是 $(R_{0,1} + R_{1,2})$。

在实践中经常遇到的一个问题是，波动率样本的时间单位与所需的时间单位不同。例如，我们可能用36个月的收益数据估算出波动率为6%（这里的时间单位是月份，得到的6%是月波动性），但我们对年波动率感兴趣。

假设计算波动率的收益是独立同分布的，那么应用的规则如下：波动率与时间的平方根成正比。

$$\sigma_T = \sqrt{\frac{T}{t}} \cdot \sigma_t$$

其中，σ_T——在T长度的时间间隔内观察到的波动率。

图1-13说明了这一点。基于日收益计算的波动率小于基于月收益或年收益的波动率。在图中，二次关系由虚线显示。为了使波动率更易于比较，必须通过$\sqrt{\frac{T}{t}}$因子将其年化。

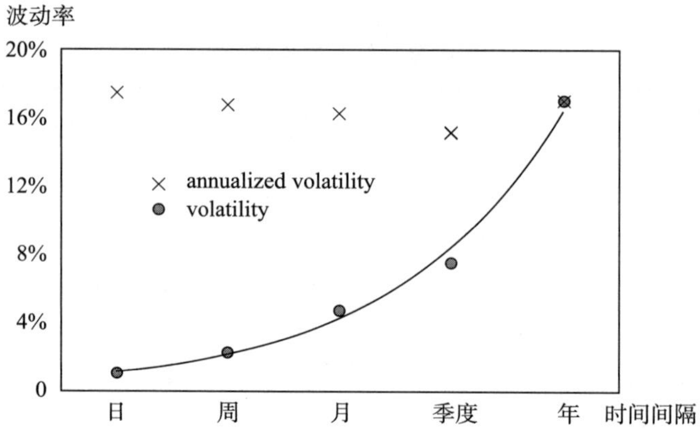

图1-13　标准普尔500指数自1988—2023年的波动率

【**例1-19**】ABC股票的月波动率为3%。它的年波动率是多少？

$$\sigma_{1Y} = \sigma_{12M} = \sqrt{\frac{12}{1}} \times 3\% = 10.39\%$$

因为一年可以视为12个月。这样的规则导致方差与时间成正比。

$$\sigma_T^2 = \frac{T}{t} \cdot \sigma_t^2$$

其中，σ_T^2——在长度为T的时间间隔内观察到的方差。

在通过日收益率计算波动率时，通常假设一年大约有250个交易日。因此，年化波动率变为：

$$\sigma_T = \sqrt{250} \cdot \sigma_t$$

1.2　现代投资组合理论

投资组合理论，也称为现代投资组合理论（MPT），由哈里·马柯威茨在 20 世纪 50 年代末提出，主要关注投资组合背景下风险与收益之间的权衡。投资组合理论为金融中的其他重要概念提供了基础，例如下一章将讨论的资本资产定价模型（CAPM）。

投资组合理论表明，理想的投资不仅是选择预期收益最高的资产，还必须考虑风险和多样化等方面。它是寻找理想投资组合的指南，涉及投资组合的构建和选择。

在马柯威茨提出的投资组合模型之前，投资者没有特定的投资组合风险衡量标准。这个模型通常被认为是现代投资组合理论的起源。马柯威茨因其获得了 1990 年诺贝尔经济学奖。

1.2.1　投资组合的收益与风险

投资组合是一篮子证券。它本质上是由投资组合权重定义的，即投资于每项资产中投资组合总价值的比例。

假设我们考虑投资于 N 种资产。让 x_i 代表资产 i（i = 1，2，…，N）的投资组合权重（以百分比或相对数值）。那么，一个投资组合就是通过权重向量 $(x_1, x_2, \cdots, x_N)$ 来完全定义的，由于我们谈论的是比例，通常情况下：

$$\sum_{i=1}^{N} x_i = 1$$

请注意，某些资产的权重可能为零，即这些资产没有投资。同时，资产权重也可能为负，这对应于卖空。此外，通过使用期货等衍生品，还可以构建一个杠杆投资组合，其投资敞口超过 100%。在杠杆投资组合的情况下，权重的总和通常大于 1，因为衍生品不必完全融资。

例如：假设有一个权重为（0.50，0.60，－0.10）的投资组合。这意味着，如果投资 1 000 欧元，将有 500 欧元投资于资产 1，有 600 欧元投资于资产 2，初始资本（1 000 欧元）与两个多头头寸（1 100 欧元）之间的差额是通过卖空资产 3 的收益，价值为 100 欧元。

我们基于上一章关于风险/收益框架的结果为基础来确定投资组合的收益和风险。到目前为止，我们已经解决了单一资产的收益和风险计算。现在，增加了投资组合的视角。焦点不再是单一资产，因此必须考虑各种资产的联动性和内在联系。

1.2.1.1 投资组合收益

为了计算投资组合的收益，必须考虑各个资产的收益及其在投资组合中的权重。投资组合的收益是各个资产收益的线性组合。

事后投资组合收益是组成投资组合的证券实现普通收益的加权平均值。使用通常收益率很重要，因为只有通常收益率在横截面上是可加的：

$$R_P = \sum_{i=1}^{N} x_i \cdot R_i = x_1 \cdot R_1 + x_2 \cdot R_2 + \cdots + x_N \cdot R_N$$

其中，R_P——组合的通常收益率；R_i——资产 i 的通常收益率；X_i——资产 i 在组合 P 中的相对权重；N——可选资产的数量。

【例 1 – 20】 假设有三种证券 A、B 和 C，它们在上年实现的收益分别为 10%、11% 和 15%。一个投资组合对这三种资产进行了等额投资。上年该投资组合实现的收益率是多少？

$$R_P = \frac{1}{3} \times 10\% + \frac{1}{3} \times 11\% + \frac{1}{3} \times 15\% = 12\%$$

同样，投资组合预期收益率是各个证券预期收益的加权平均，以各个证券的比例为权重：

$$E(R_P) = \sum_{i=1}^{N} x_i \cdot E(R_i) = x_1 \cdot E(R_1) + x_2 \cdot E(R_2) + \cdots + x_N \cdot E(R_N)$$

【例 1 – 21】 假设有三种证券 A、B 和 C，它们在明年的预期收益分别为 10%、11% 和 15%。一个投资组合对这三种资产进行了等额投资。那么，这个投资组合明年的预期收益是多少？

$$E(R_P) = \frac{1}{3} \times 10\% + \frac{1}{3} \times 11\% + \frac{1}{3} \times 15\% = 12\%$$

在处理对数收益时，收益计算会变得稍微复杂一些。尽管对数收益在合并多个时期的收益时具有可加性，但在计算投资组合的加权收益时，它们并不保持这种可加性。因此，不能简单地取加权对数收益率。① 相反，通常会将对数收益率转换回近似的通常收益率，然后再进行处理。②

$$R_P \cong \sum_{i=1}^{N} x_i \cdot (e^{r_i} - 1) = x_1 \cdot (e^{r_1} - 1) + x_2 \cdot (e^{r_2} - 1) + \cdots + x_N \cdot (e^{r_N} - 1)$$

---

① 投资组合的对数收益率可以通过 $r_P = \log\left(\frac{\sum_{i=1}^{N} x_i \cdot P_{i,t+1}}{\sum_{i=1}^{N} x_i \cdot P_{i,t}}\right)$ 来计算，其中 P_i 是资产 i 的价格。

② 这种转换只能大致得到相同的结果。然而，在实践中通常是这样做的。

其中，R_P——投资组合的通常收益率；r_i——资产 i 的对数收益率；x_i——资产 i 在投资组合 P 中的相对权重；N——可选资产数量。

为了计算预期收益，必须使用相应的预期对数收益率 $E(r_i)$，而不是已实现的对数收益率 r_i。然而，在实践中，$E(r_i)$ 通常设定等于 r_i。

1.2.1.2　投资组合风险

投资组合风险通常定义为投资组合收益的波动率，即投资组合收益率的标准差。波动率的计算已在上一章关于收益/风险框架中介绍了。然而，之前的波动率仅针对单一资产单独计算。但在处理投资组合时，计算波动率变得更加复杂，因为还需要考虑资产间的联动性。

联动性或者相关性的度量是量化两个或多个资产之间关系程度的统计工具，因为收益率通常并非完美联动。

协方差是一种衡量两种或多种资产在组合中联动性的指标。它提供了一种视角来解释一个资产的变化是如何与另一个资产的变化相关联的。协方差是一种绝对度量，用于衡量一段时间内证券的联动性。正协方差表明两种资产的收益变动方向相同，而负协方差则表明它们的变动方向相反。

两种证券 X 和 Y 的收益率 R_X 和 R_Y 之间的协方差定义为：

$$\sigma_{X,Y} = Cov(R_X, R_Y) = E\{[R_X - E(R_X)] \cdot [R_Y - E(R_Y)]\}$$

其中，E[.]表示期望运算符。直观来说，协方差是衡量两个收益联动性或共变程度的一个度量。

由协方差推导出的，两种证券 X 和 Y 的收益率 R_X 和 R_Y 之间的相关系数定义为协方差除以标准差的乘积。相关系数可以如下计算：

$$\rho_{X,Y} = Corr(R_X, R_Y) = \frac{\sigma_{X,Y}}{\sigma_X \cdot \sigma_Y} = \frac{E\{[R_X - E(R_X)] \cdot [R_Y - E(R_Y)]\}}{\sqrt{E\{(R_X - E[R_X])^2\}} \cdot \sqrt{E\{[R_Y - E(R_Y)]^2\}}}$$

不难看出，当 $R_X = R_Y$，即 X = Y 时，两者的相关系数等于 1；而当 $R_X = -R_Y$，即 X = -Y 时，两者的相关系数等于 -1。因此，资产 X 和 Y 的相关系数落在 -1 和 +1 之间。

如图 1-14 所示，相关系数为 1 时两种资产之间呈正向、完全线性的正关联；相关系数为 -1 时，两种资产之间呈负向、完全线性的负关联；最后，相关性为 0 意味着两种资产之间没有线性关系。

现在我们已经了解了协方差和相关系数的统计概念，我们可以考虑计算投资组合的方差和标准差。让我们首先考虑由两种资产组成的投资组合。投资组合的方差可以

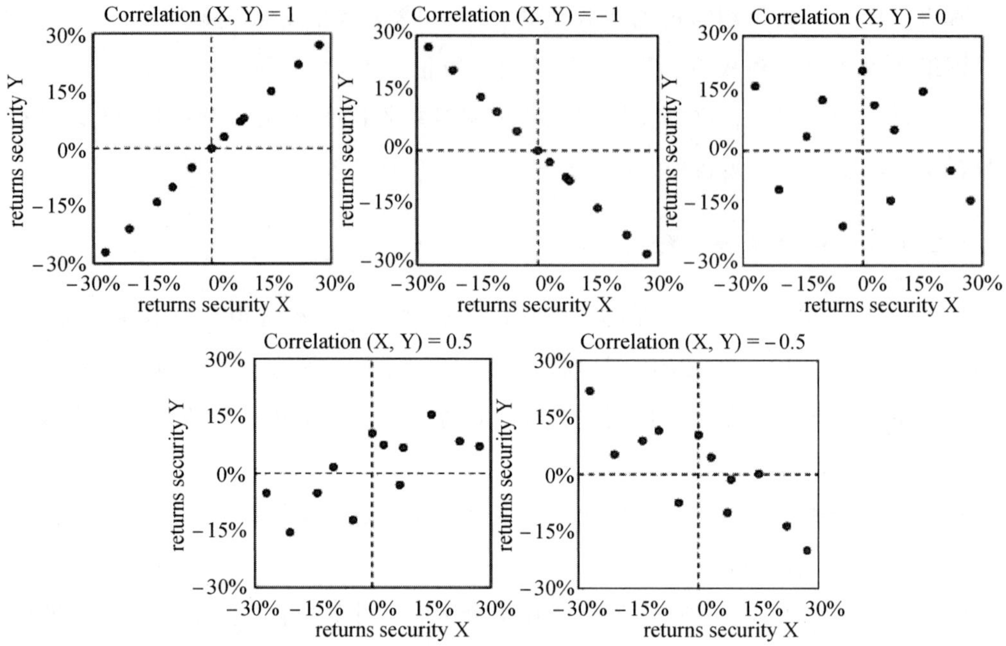

图 1 – 14 不同相关系数下两种证券收益的散点图

计算为：

$$\sigma_P^2 = x_1^2 \cdot \sigma_1^2 + x_2^2 \cdot \sigma_2^2 + 2 \cdot x_1 \cdot x_2 \cdot \sigma_{12}$$

$$\sigma_P^2 = x_1^2 \cdot \sigma_1^2 + x_2^2 \cdot \sigma_2^2 + 2 \cdot x_1 \cdot x_2 \cdot \rho_{12} \cdot \sigma_1 \cdot \sigma_2$$

如果相关系数为 $\rho_{12} = 1$，那么投资组合的方差等于投资组合中各资产标准差的加权平均值 $(x_1 \cdot \sigma_1 + x_2 \cdot \sigma_2)^2$。

在大多数情况下，相关系数小于 1。因此，投资组合的风险（标准差）通常不等于组合中资产的标准差的加权平均值，因为还有一个取决于投资组合中资产的相关系数 $\rho_{1,2}$ 的额外项。实际上，由于 $\rho_{1,2}$ 总是在 –1 到 +1 之间，投资组合的风险只能小于（$\rho_{1,2} < 1$）或等于（$\rho_{12} = 1$）投资组合中资产标准差的加权平均值。

一般来说，可以证明，在一个有 N 资产的投资组合中，投资组合的方差和波动率为：

$$\sigma_P^2 = \sum_{i=1}^{N} \sum_{j=1}^{N} x_i \cdot x_j \cdot \sigma_{i,j} = \sum_{i=1}^{N} \sum_{j=1}^{N} x_i \cdot x_j \cdot \rho_{i,j} \cdot \sigma_i \cdot \sigma_j$$

$$\sigma_P = \sqrt{\sigma_P^2}$$

让我们用三种资产的例子来说明这一点。

【例 1 – 22】 我们考虑一个包含三种资产 A、B 和 C 的等权重投资组合。我们知道 $\sigma_A = 15\%$、$\sigma_B = 18\%$ 和 $\sigma_C = 25\%$。如果 $\rho_{AB} = 0.5$、$\rho_{AC} = 0.7$，并且 $\rho_{BC} = 0.55$，那

么投资组合的标准差计算如下：

$$\sigma_P = \sqrt{\frac{1}{3} \times (0.15^2 + 0.18^2 + 0.25^2 + 2 \times 0.05 \times 0.15 \times 0.18 + 2 \times 0.7 \times 0.15 \times 0.25 + 2 \times 0.55 \times 0.18 \times 0.25)}$$

$$= 16.55\%$$

如果 $\rho_{AB} = 0$、$\rho_{AC} = 0.1$，并且 $\rho_{BC} = 0.8$，那么投资组合的标准差为：

$$\sigma_P = \sqrt{\frac{1}{3} \times (0.15^2 + 0.18^2 + 0.25^2 + 2 \times 0.0 \times 0.15 \times 0.18 + 2 \times 0.1 \times 0.15 \times 0.25 + 2 \times 0.8 \times 0.18 \times 0.25)}$$

$$= 14.79\%$$

而如果简单相加，则为 19.33%。因此，组合资产显著降低了风险。

图 1－15 进一步说明了相关性在投资组合选择中的重要性。图中计算了由两种资产 A 和 B 构成的投资组合的标准差，这两种资产的预期收益分别为 5% 和 7%，波动率分别为 10% 和 12%。该投资组合由每种资产 50% 组成。因此，其预期收益率为 6%。其标准差当然取决于 A 和 B 之间的相关系数。图 1－15 表示的是随着 ρ_{AB} 的变化，投资组合风险如何变化。

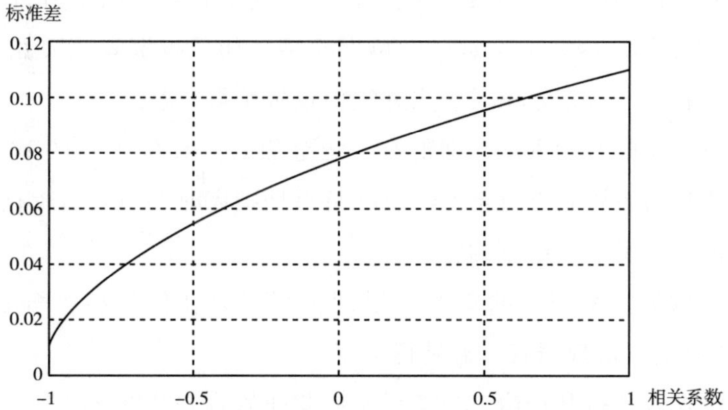

图 1－15　相关系数对投资组合标准差的影响

通过将多种资产组合在一起以降低风险的做法被称为多元化。正如图 1－15 所示，各个资产间的相关系数越低，多元化的益处就越大。如果相关系数为 +1，投资组合的风险就是各个资产的加权平均风险，此时多元化没有益处。但我们稍后会回到这一点。

1.2.1.3　风险厌恶与风险溢价

投资组合模型的一个基本假设是，投资者基本上是风险厌恶的，这意味着在两种具有相同收益率的投资之间选择时，他们会选择风险较低的投资。

进一步来说，为了接受某一投资所附带的风险，即可能无法获得预期收益的风险，投资者会要求以预期收益的超额形式作为补偿。这种额外的预期收益被称为风险溢价。风险溢价的大小取决于投资所附带的风险大小以及投资者每承担一单位风险所要求的额外收益。每单位风险的风险溢价与投资者的平均风险规避程度有关。高度风险规避的投资者要求较大的风险溢价，而中性风险（无风险规避）的投资者即使没有溢价也愿意承担风险。需要注意的是，由于收益不是有保障的，风险溢价本身也不确定：它采取超额收益（超过无风险利率的收益）的预期形式。

1.2.2 有效前沿

本章是投资组合理论的核心，展示了如何从一系列可行的投资机会中构建高效投资组合。最优投资组合位于所谓的有效前沿上，由那些在给定风险水平下提供最大预期收益的投资组合组成。①

为了简化这一过程，我们将作出以下假设：

·投资期限是已知的，比如说一年。在 $t=0$ 这个日期，投资者选择一个投资组合；在 $t=1$ 将其清算。因此，这是一个单期模型。如果投资者想要在多个时期保持投资，他就应该在每个时期结束时卖出并重新投资所得收益。

·投资者有一定的初始资本，即他有一定金额的资金可在 $t=0$ 这个日期进行投资。这笔资金将保持投资状态直至 $t=1$。在持有期结束时，他卖出所有资产，然后将资金用于消费或再投资于一组新的资产。

·存在一定数量（N 个）的资产（原则上可以是任何类型：固定收益、股票、房地产等）；所有资产仅根据其收益进行估值。

·资产的预期收益按其均值、方差以及彼此间的协方差以概率形式定义，即假设典型投资者只关心资产和投资组合收益的概率分布上的前两个矩。这可以理解为一种有用的简化，或与期望效用理论完全兼容，前提是满足以下两个假设之一：二次效用函数或资产收益的正态分布。

鉴于这些假设，我们必须定义投资者的目标。尽管每个人都会选择事后收益最大的投资组合，但投资决策必须在事前的不确定性下进行。在 $t=0$ 时刻，只知道资产收益的均值、方差和协方差的预期。

根据这些信息，投资者可以计算任何特定投资组合的概率特征（预期收益和方差）。

---

① 这个定义也可以反过来表述为在给定预期收益水平下提供最低风险。

但投资者应该如何对这些备选投资组合进行排名呢?

占优概念有助于作出必要的决策。根据该概念，任何理性投资者都将根据以下两个原则行事：

1. 面对风险水平相同（方差）的投资组合，典型的投资者会选择（更喜欢）预期收益率最高的投资组合；若典型的投资者不满足，他会偏好更高而不是更低的收益率。

2. 面对预期收益率相同的投资组合，他会选择方差最小（或标准差最小）的投资组合，我们可以说典型投资者是风险厌恶的，他本质上不喜欢风险。

这两个标准仅解决有限情境下的选择问题。以投资组合 A 和 B 为例：如果 $E(R_A) > E(R_B)$ 和 $\sigma_A < \sigma_B$，则显然在两个维度上（更高的预期收益、更低的风险）A 都比 B 更受青睐，任何理性的投资者都不会选择 B。可以说，投资组合 A 优于投资组合 B。

【例 1－23】 表 1－9 显示了两项投资在时点 0 和时点 1 的价值（其中两种可能的发生概率相等）。

表 1－9　　投资项目 A 和 B 的时点价值

投资项目	t = 0	t = 1	收益率
投资 A	EUR 100	EUR 95　EUR 115	－5%　+15%
投资 B	EUR 100	EUR 90　EUR 110	－10%　+10%

这段时间的预期收益分别为 $R_A = 5\%$ 和 $R_B = 0$，预期标准差分别为 $\sigma_A = 10\%$ 和 $\sigma_B = 10\%$。这是上述占优属性的一个有限案例：与投资组合 B 相比，投资组合 A 提供了更高的收益，风险相同。因此，A 优于 B。

但情况并非总是这么简单。在更常见的情况下，投资者可以获得更高的预期收益，但只能以接受更高风险为代价。没有任何资产能够优于另一个。应该选择哪个投资机会呢?

【例 1－24】 表 1－10 显示了两种投资在时点 0 和时点 1 的价值（其中两种可能的发生概率相等）。

表 1－10　　投资 A 和 B 的时点价值

项目	t = 0	t = 1	收益率
投资 A	EUR 100	EUR 95　EUR 115	－5%　+15%
投资 B	EUR 100	EUR 90　EUR 130	－10%　+30%

该时期的预期收益分别为 $R_A = 5\%$ 和 $R_B = 10\%$，预期标准差分别为 $\sigma_A = 10\%$ 和

$\sigma_B=20\%$。因此，投资 A 不处于占优的情形，因为 $E(R_A)<E(R_B)$ 和 $\sigma_A<\sigma_B$。

理解了预期收益和风险之间的权衡后，我们现在可以考虑有效前沿。

1.2.2.1　两种资产的有效前沿

考虑一个投资者，他可以选择将其财富投资于两种风险资产{$[E(R_A),\sigma_A]$,$[E(R_B),\sigma_B]$特征化}。如果我们用 x_A 表示他在风险资产 1 中投资的财富的相对金额，用 $x_B=(1-x_A)$ 表示他在风险资产 B 中投资的财富的相对金额，那么整个投资组合的预期收益由下式给出：

$$E(R_P)=x_A\cdot E(R_A)+(1-x_A)\cdot E(R_B)$$

而投资组合的风险为：

$$\sigma_P^2=x_A^2\cdot\sigma_A^2+x_B^2\cdot\sigma_B^2+2\cdot x_A\cdot x_B\cdot\sigma_A\cdot\sigma_B\cdot\rho_{A,B}$$

正如我们之前所学，与预期收益不同，投资组合的方差不是各个资产方差的加权平均。因为投资组合的方差小于资产的加权方差（完全相关的情况除外），所以非完全相关的资产组合比单个资产本身提供了更好的风险—收益权衡。

图 1－16 显示了在不同相关系数（$\rho_{A,B}$）水平下，预期收益 E(R) 与标准差之间的权衡。

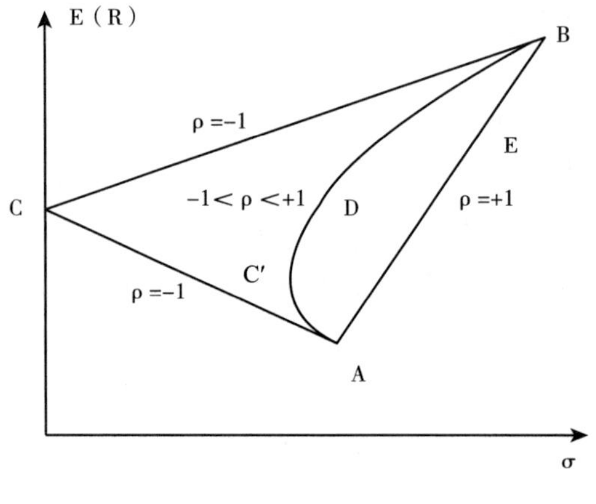

图 1－16　有效前沿（两个风险资产）

· 如果相关性完全正相关（$\rho_{A,B}=+1$），那么多样化并无益处。两个资产的投资组合会形成一条直线。[①]

· 如果 $-1<\rho_{A,B}<+1$，那么存在多样化的益处，投资组合的集合形成一个抛物

---

① 注意，在这种情况下，由 A 和 B 组成的投资组合的标准差是 σ_A 和 σ_B 的加权平均。

线。该抛物线由以下方程定义：

$$\sigma_P = \sqrt{x_A^2 \cdot \sigma_A^2 + (1 - x_A)^2 \cdot \sigma_B^2 + 2 \cdot x_A \cdot (1 - x_A) \cdot \rho_{A,B} \cdot \sigma_A \cdot \sigma_B}$$

其中，x_A 是在 A 中投资的比例，$1 - x_A$ 是在 B 中投资的比例。

· 如果相关性完全负相关（$\rho = -1$），多样化的好处最大；可以创建一个有正收益的无风险投资组合（点 C）。

一般而言，点 C、C′和 A 被定义为在给定相关性水平下波动性最低的投资组合。这些点通常被称为全局最小方差投资组合（GMVP）。

在之前关于占优概念的讨论中，只有从全局最小方差投资组合（GMVP）开始，抛物线/直线上部的组合才是有效前沿的一部分。有效前沿展示了那些提供最佳风险—收益权衡的投资组合的集合，为给定的风险水平（标准差）提供最高预期收益。

为了找到全局最小方差投资组合，必须找到最小化投资组合方差的权重 x_A 和 x_B。在相关系数 $\rho_{A,B} = -1$ 的特殊情况下，可以获得完美对冲。必须找到解决以下问题的资产权重：

$$\sigma_P^2 = x_1^2 \cdot \sigma_1^2 + x_2^2 \cdot \sigma_2^2 + 2 \cdot x_1 \cdot x_2 \cdot \sigma_1 \cdot \sigma_2 \cdot \rho_{1,2} = 0$$

由于完全负相关，该问题简化为：

$$\sigma_P = x_1 \cdot \sigma_1 + x_2 \cdot \sigma_2 = 0$$

这使得我们能够确定最优权重 x_1 和 x_2。

$$x_1 = \frac{\sigma_2}{\sigma_1 + \sigma_2};\ x_2 = \frac{\sigma_1}{\sigma_1 + \sigma_2} = 1 - x_1$$

【例 1-25】 我们希望在以下两个风险资产中找到最优权重，以构建一个标准差为零的投资组合：$E(R_A) = 5\%$，$\sigma_A = 13.7\%$，$E(R_B) = 29.5\%$，$\sigma_B = 30\%$，以及 $\rho_{AB} = -1$。

$$x_A = \frac{30\%}{13.7\% + 30\%} = 68.65\% \qquad x_B = \frac{13.7\%}{13.7\% + 30\%} = 31.35\%$$

确定这种零风险投资组合的预期收益：

$$E(R_P) = x_A \cdot E(R_A) + x_B \cdot E(R_B) = 68.65\% \times 5\% + 31.35\% \times 29.5\% = 12.68\%$$

1.2.2.2　N 个资产的有效前沿

从两种资产的特例出发，我们将风险资产的集合扩展到 N 个。我们假设全额投资，意味着所有财富都需要分配给风险资产。然而，对资产进行卖空是可能的。

可行的投资组合集呈现如图 1-17 所示。所有灰色点代表由 N 个资产集构建的可行的投资组合。所有投资组合都位于一个边界上或在该边界内，这个边界被称为最小方差前沿。在这个边界上，有一个特定的投资组合，其资产权重将方差最小化。它被称为全局最小方差投资组合（GMVP）。

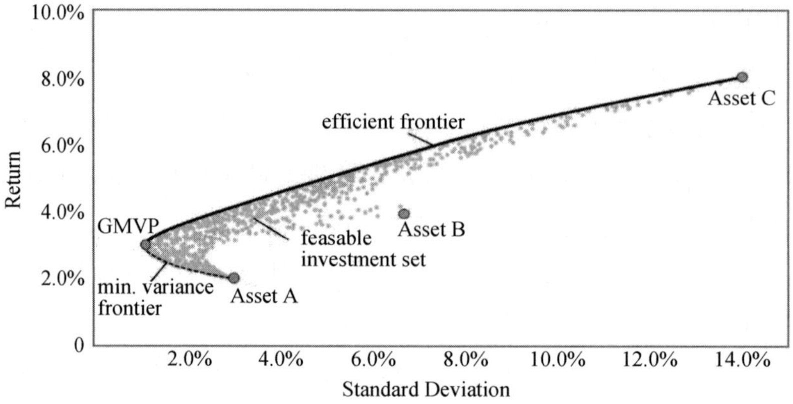

图 1－17　可行的投资组合集

注：该图展示了用三种资产和仅多头约束生成的可行投资组合集。这些投资组合（灰点）是使用资产随机生成的。

然而，并非边界上的所有投资组合都是"最优"的。根据有效前沿定理，候选组合的数量可以显著减少。该定理指出，投资者会从一系列投资组合中选择其最优投资组合，以便：

（1）在不同的预期收益水平上提供最小风险。

（2）在不同的风险水平上提供最大的预期收益。

让我们再次考虑我们的可行集。理性投资者应该只选择位于最小方差前沿上的投资组合。

但是，对于位于最小方差前沿下部的任何投资组合，都可以应用第二条规则。对于每个投资组合，我们都可以在最小方差前沿上找到另一个投资组合，它在相同的风险下有更高的预期收益。因此，我们必须限制最小方差前沿：理性投资者应该只选择位于边界上部的投资组合。这个最小方差前沿的上部被称为有效前沿。在图 1－17 中，有效前沿被表示为实心黑线，而边界的次优部分则用虚线表示。

有效前沿可以视为最佳投资组合的集合。因此，我们已将投资集从全部可行集限制到有效前沿。

在 N 资产案例中，计算有效前沿通常通过解决一个最优化问题来完成。[①] 对于每个预期收益水平，我们必须找到提供最小方差水平的资产权重。[②] 使用的公式是之前介绍的：

---

① 通常由计算机程序完成。

② 或者，人们也可以固定方差，寻找在该方差水平下最大化预期收益的资产权重。

$$E(R_P)=\sum_{i=1}^{N}x_i\cdot E(R_i)$$

$$\sigma_P^2=\sum_{i=1}^{N}\sum_{j=1}^{N}x_i\cdot x_j\cdot\sigma_{i,j}=\sum_{i=1}^{N}\sum_{j=1}^{N}x_i\cdot x_j\cdot\rho_{ij}\cdot\sigma_i\cdot\sigma_j$$

为了找到有效前沿，必须对多个预期收益水平进行多次最优化。每次固定不同水平的预期收益 R_{fixed} 时，必须迭代进行以下最小化：

$$\min_{x_i}\sigma_P^2\ \text{s. t. } E(R_P)=R_{fixed}\quad \sum_{i=i}^{N}x_i=1$$

全局最小方差投资组合作为一个特例，可以通过同样的最小化过程找到，但不需要考虑关于预期收益的条件。在考虑杠杆投资组合时（例如使用期货），原始的最小化可忽略 $\sum_{i=i}^{N}x_i=1$ 约束，但保留了收益约束。

1.2.2.3　加入无风险资产的有效前沿

使投资组合理论发展成为资本资产定价模型（CAPM）的最重要因素之一是引入无风险资产。

无风险资产有确定的收益。也就是说，预期收益总是实际收益。① 因此，如果投资者在 t=0 购买该资产，他可以确定其在 t=1 的价值。

由于无风险资产没有风险，其一个关键特征是其标准差为零。这意味着无风险资产的收益率（R_F），与任何风险资产的相关性为零。

我们现在看看如果引入无风险资产，有效前沿会发生什么变化。

投资者现在有机会将其部分财富投资于无风险资产，并将其余部分投资于此前的有效前沿（仅由风险资产构建的有效前沿）上的一个风险组合。

这意味着添加一个无风险资产可以改善之前的有效前沿。当从无风险资产向此前的有效前沿画出一条切线时，就产生了一个新的改善后的最优机会集。因此，这条直线就是新的有效前沿。新的有效前沿是无风险资产和切点投资组合 T 的组合，并且在仅包含风险资产的此前有效前沿中占据优势地位（切点投资组合本身除外）。切点投资组合 T 是抛物线上斜率与直线相等的位置。

---

① 事实上，在考虑无风险资产时存在几个问题：（1）资产被假设为无风险意味着不仅其收益是可预见的，而且不存在违约风险。因此，只有国内政府债券被视为无风险。（2）另一个问题是时间范围，即使是无违约风险的政府债券也因利率波动而存在一定的价格风险，因此只有到期时间为 T=1 的国债才真正无风险。（3）还有一个问题是，无风险资产必须是零息债券，否则在再投资票息时会存在利率风险。在现代投资组合理论（MPT）中，由于它是一个单期模型（因此，不会支付中间期的票息），可以避免这个问题，但实际上，投资者必须购买一个与其投资期限完全匹配的零息国债。任何其他资产即使借款人信用等级为 AAA 或债券与期限仅一日之差，也不是无风险的。

新的有效前沿如图 1－18 所示，为一条从 R_F 经过 T 的直线。

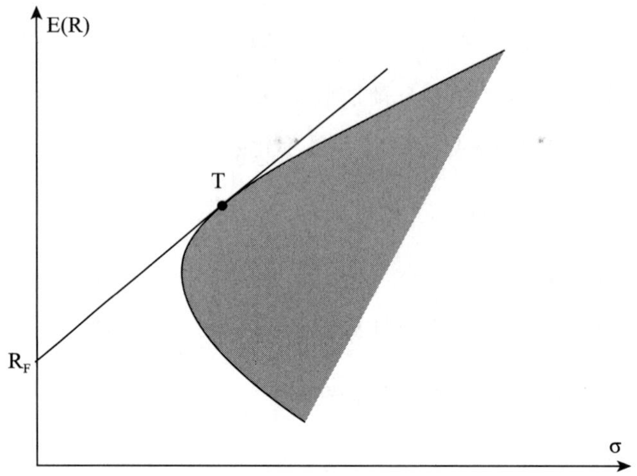

图 1－18　N 个风险资产＋一个无风险资产

在 R_F 和 T 之间，投资者将其部分财富投资于无风险资产，部分投资于切线投资组合。对于普通投资者来说，这种情况相对典型：投资者的财富只有一小部分会投资于有风险的债券和股票。

超出切线投资组合 T 的投资组合，是投资者以无风险利率借款并在切线投资组合中投资超过 100% 的杠杆投资组合。注意，要做到这点，投资者需要能够以无风险利率借入资金。

现在我们考虑一个投资者，他可以选择在风险资产｛由 $[E(R_1), \sigma_1]$ 特征化｝和无风险资产｛由 $[(R_F, \sigma_F = 0)]$[①]特征化｝之间投资其财富。你可以将风险资产视为切线投资组合 T 的一个例子。

如果我们用 x_1 表示其在风险资产中投资的财富相对金额，用 $x_2 = (1 - x_1)$ 表示其在无风险资产中投资的财富相对金额，那么整个投资组合的预期收益率为：

$$E(R_P) = x_1 \cdot E[R_1] + (1 - x_1) \cdot R_F$$

投资组合的方差为：

$$\sigma_P^2 = x_1^2 \cdot \sigma_1^2 + (1 - x_1)^2 \cdot \sigma_F^2 + 2 \cdot x_1 \cdot (1 - x_1) \cdot \rho_{12} \cdot \sigma_1 \cdot \sigma_F$$

由于 σ_F 为零，上述方程简化为：

$$\sigma_P^2 = x_1^2 \cdot \sigma_1^2$$

因此，在无风险资产和一个有风险资产的情况下，投资组合的方差仅与投入有风

① 可以解释为一个投资组合。

险资产的初始财富的金额成比例。组成的投资组合的波动率变为：

$$\sigma_P = \sigma_1 \cdot x_1$$

从这里我们得到：

$$x_1 = \frac{\sigma_P}{\sigma_1}$$

记住，σ_1 是有风险资产的标准差，σ_P 是最终投资组合的标准差。在下一步中，我们将 x_1 替换到收益率方程中，如下所示：

$$E(R_P) = \frac{\sigma_P}{\sigma_1} \cdot E(R_1) + \left(1 - \frac{\sigma_P}{\sigma_1}\right) \cdot R_F = R_F + \left[\frac{E(R_1) - R_F}{\sigma_1}\right]\sigma_P$$

所有可能投资的集合，在这种情况下对应于有效前沿，是连接所考虑的两种资产的两点的直线，有些作者称之为资本配置线或资本市场线（CAL）（见图 1 – 19）。

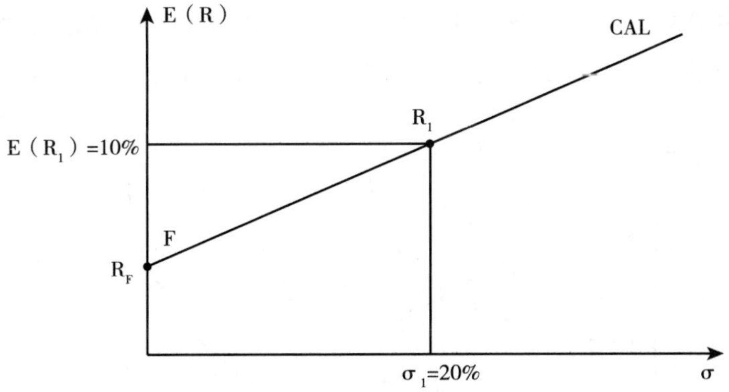

图 1 – 19　资本配置线（CAL）

CAL 有四个部分：

（1）F 是投资者仅持有无风险资产（$x_1 = 0$）的点，因此标准差为零。

（2）从 F 到 R_1 的段落是所有同时在有风险和无风险资产（$0 \leqslant x_1 \leqslant 1$）上做多的投资组合的轨迹。

（3）在 R_1 中，所有投资组合都投资于有风险资产（$x_1 = 1$）。

（4）在 R_1 之后，风险资产占投资组合财富的份额超过 100%（即 $x_1 > 1$、$x_2 < 0$）。这意味着投资者以无风险利率借款购买风险资产。

资本配置线（CAL）的斜率，等于收益风险之比。

1.2.3　投资组合选择

为了确定在均值—方差模型下任意投资者的最优投资组合选择，必须引入无差异曲线的概念。这些曲线是均值—标准差平面上的点轨迹，通常以波动率（标准差）为横轴，预期收益为纵轴绘制，每个点代表特定的资产或投资组合，投资者对这些点持中立态度。这些曲线是等高线（就像地图上的等高线），所指的等级是投资目标满足感的等级。同一曲线上的两个投资组合的满意度是相等的。风险的变化正好与他想要的额外收益相匹配，因此使他保持相同的“效用”水平（或“满意度”）。

那么，我们对无差异曲线了解多少呢？

第一，它们是向上倾斜的（根据占优属性，如果投资者是厌恶风险的，风险的增加应该通过预期收益的增加来得到奖励）。

第二，位于更远（更高）的西北方向（更靠近左上角）的曲线对应于更高的效用水平，即在被代表的投资者看来更令人向往的投资组合。因此，在下面的图中，投资者更喜欢 A 和 B 而不是 C 和 D，但他在 A 和 B 之间是无差别的。

图 1－20 尽管只绘制了三条无差异曲线，投资者实际上拥有无限数量的曲线。再想想地理地图上的等高线，每个水平（或高度）都可以画出一条曲线。

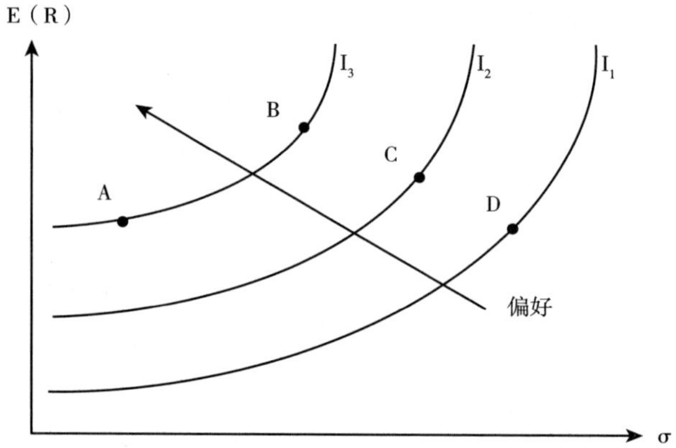

图 1－20 无差异曲线和效用水平

第三，斜率是风险厌恶的度量：投资者是风险厌恶者，即他们不愿意进行公平赌博（公平赌博是指预期收益为零、赢和输的机会相等的游戏）。投资者越是风险厌恶，他们就越希望获得更多额外的预期收益，即对于一定水平的风险，他们要求更高的风险溢价。这等同于说，对于更加风险厌恶的投资者来说，无差异曲线更为陡峭。

对于风险从 σ_1 增加到 σ_2，投资者 2 所需的预期收益增加［从 $E_2(R_1)$ 增加到 $E_2(R_2)$］小于投资者 1［从 $E_1(R_1)$ 增加到 $E_1(R_2)$］。更加风险厌恶的投资者 1，将需要更大幅度的预期收益的增加来接受风险增加（见图 1－21）。

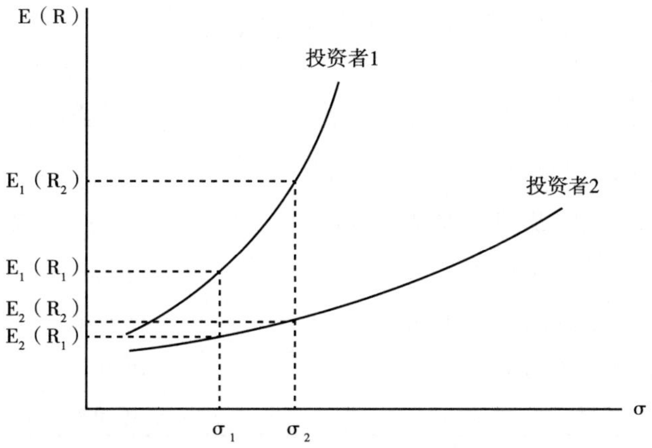

图 1-21　无差异曲线与风险厌恶

在许多应用中，将无差异曲线建模为预期收益的正函数和风险的负函数是方便的，因此常采用以下表示法①：

$$U = E(R) - \frac{1}{2} \cdot \lambda \cdot \sigma^2$$

其中：U——效用水平（越高越好）；σ——投资组合标准差（风险）；λ——风险厌恶系数衡量了对风险的厌恶程度。该系数越高，投资者越厌恶风险。

根据这一规定，对于特定的投资者（即特定的风险厌恶系数），可以确定预期收益和标准差的组合，这些组合产生相同的效用水平，因此位于同一无差异曲线上。表 1-11 显示了基于风险厌恶系数为 2 的几种组合，这些组合都提供 4% 和 3% 的效用水平。通过所有这些预期收益和风险的组合绘制一条曲线，形成一个对应于 4% 效用水平的无差异曲线，以及一个对应于 3% 效用水平的第二条无差异曲线。

表 1-11　　具有相等风险厌恶的风险收益组合（λ=2）

E (R)	σ	U	σ	U
4.0%	0.00%	4%	7.07%	3%
4.5%	5.00%	4%	8.66%	3%
5.0%	7.07%	4%	10.00%	3%
5.5%	8.66%	4%	11.18%	3%
6.0%	10.00%	4%	12.25%	3%
6.5%	11.18%	4%	13.23%	3%
7.0%	12.25%	4%	14.14%	3%

① 然而，这并非唯一可能的表示方式。显然，效用应取决于其他参数（如财富水平、年龄等）。

续表

E (R)	σ	U	σ	U
7.5%	13.23%	4%	15.00%	3%
8.0%	14.14%	4%	15.81%	3%
8.5%	15.00%	4%	16.58%	3%
9.0%	15.81%	4%	17.32%	3%
9.5%	16.58%	4%	18.03%	3%
10.0%	17.32%	4%	18.71%	3%
10.5%	18.03%	4%	19.36%	3%
11.0%	18.71%	4%	20.00%	3%

为了进行最佳投资组合选择，我们现在将迄今为止所学的关于有效前沿和投资者效用偏好的知识结合起来。

1.2.3.1　风险资产的投资组合选择

假设目前没有无风险资产，只有风险资产。因此，有效前沿是一个抛物线。投资者根据他们的效用偏好选择他们偏好的投资组合，并相应地尝试最大化他们的效用。

我们可以在同一图上绘制无差异曲线和有效前沿（见图 1 - 22）。无差异曲线越靠近图形的左上方，投资者获得的效用就越多（即 $I_3 > I_2 > I_1$）。因此，投资者从一组 N 资产中获得的最大效用是在有效前沿和无差异曲线的切点处［投资组合（T)］。

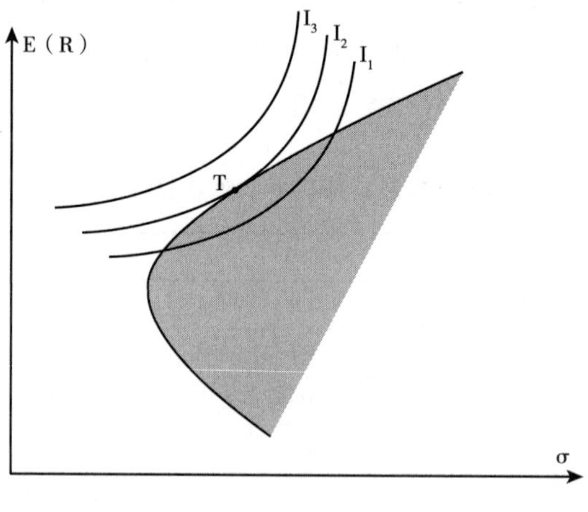

图 1 - 22　某投资者的最优投资组合

投资者将选择投资组合 T，因为它是给他带来最高效用的投资组合。换句话说，投资者在给定有效前沿的情况下最大化他的效用。

他在 I_3 的满意度会更高，但那里没有可行的投资组合。相反，存在无数可以获

得 I_1 满意度的投资组合，但选择这些投资组合之一时，投资者并没有最大化其效用。此外，在 I_1 上，除了两个投资组合外，其他都是不在有效前沿上的。

不同的投资者可能有不同的风险厌恶程度，因此他们的无差异曲线形状也不同。这意味着不同投资者的切点也会有所不同，如图 1－23 所示。每个切点投资组合 T_1 和 T_2 都是最大化投资者个人效用函数的投资组合。

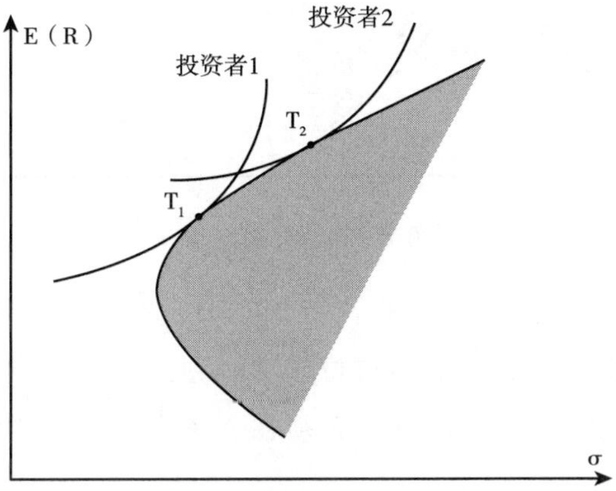

图 1－23　两位投资者的最优投资组合

1.2.3.2　含无风险资产的投资组合选择

在加入无风险资产的情况下，资本配置线（CAL）成为新的有效前沿。对于投资者来说，效用的最大化保持不变。唯一改变的是有效前沿。最优的投资组合选择将是个人无差异曲线与 CAL 相切的点。

请记住，尽管所有投资者的风险资产组合可能相同（切线组合 T），但投资者可能会根据他们各自的风险厌恶程度和无差异曲线，向这一组合分配更多或更少的资金。投资者试图最大化他们的个人效用。图 1－24 清楚地表明了这一点。如果资本配置线（CAL）对两位投资者来说是相同的，尽管如此，投资者 1 更倾向于在无风险资产中投资更多，而投资者 2 则在切线组合中采取杠杆化位置。这导致了两个不同的最优组合，即投资者 1 的组合 P 和投资者 2 的组合 Q。

1.2.3.3　市场缺陷

市场上可能存在一系列缺陷，我们在此仅举例说明卖空限制和不同的借贷利率。

（1）卖空限制

通常情况下，投资者无法按其希望的任何数量进行卖空。对于图 1－25 中的投资者 1（I_1）那样的风险厌恶型投资者来说，这并不会改变任何事情，他的最佳投资组

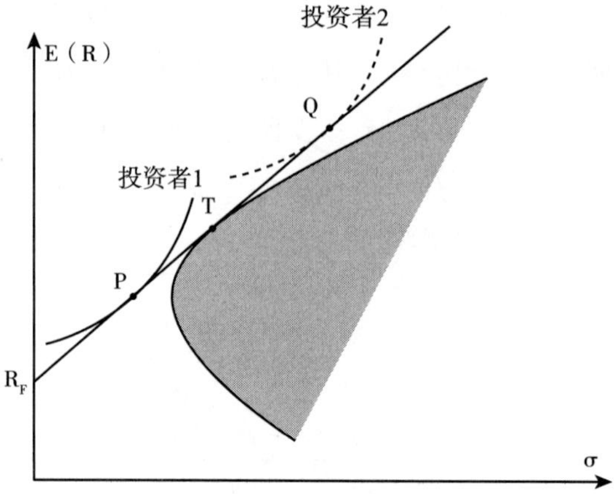

图 1－24 分离定理

合仍然是 P。另外，一个寻求风险的投资者 2（I_2），在卖空限制下会有一个不同的最佳投资组合。他的最佳投资组合 Q 不再位于 CAL 上，而是位于仅包含风险资产的有效前沿上。通常，当达到 T 时，投资者必须在 N 个风险资产的有效集合中选择纯粹的 N 个资产组合。

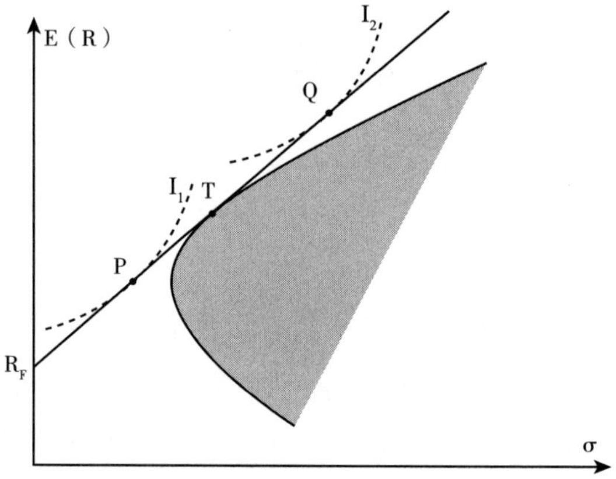

图 1－25 卖空限制

（2）不同的借贷利率

投资者通常无法以其贷款的相同利率进行借款。在这种情况下，有效前沿不会是一条直线，而是由三个部分组成。

投资者将不得不以比他可以借出的利率（R_{low}）更高的利率（R_{high}）贷款。因此，有效前沿将呈现图 1－26 所示的形式：

从最低风险投资组合开始时，投资者部分投资于无风险资产和市场投资组合。因此，有效集合的第一段是 R_{low} 至 T_1。在 T_1 时，投资组合完全投资于风险资产。从 T_1

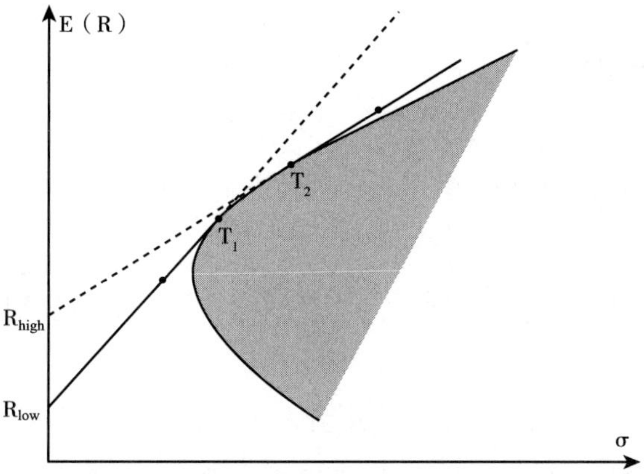

图 1－26　不同的借贷利率

到 T_2，投资者持续完全投资于 N 个风险资产，该段是 N 个资产的有效集合。从 T_2 开始，投资者开始对其投资组合进行杠杆操作（贷款）。但他在 R_{high} 进行贷款。因此，相关的直线是从 R_{high} 发出并在 T_2 处切线的那一条。

1.2.3.4　马柯威茨方法的四个步骤

在其经典文章中，马柯威茨展示了投资者可以通过考虑风险与收益之间的关系来优化他们的投资组合。他介绍了多元化的概念，并证明了选择最优投资组合还必须考虑风险方面，如方差。

马柯威茨的投资组合选择方法分为四个步骤：

（1）第一步，投资者指定他想要考虑的资产集合以及他的投资期限。

（2）第二步进行安全性分析，以确定所考虑资产的预期（预先）收益、波动率和相关系数。

（3）第三步是使用第二步计算的数据来计算有效前沿。如果使用无风险资产，有效前沿是一条线，否则，它将是一条曲线。

（4）最后一步是根据每个投资者的风险厌恶程度确定最佳投资组合。

这种方法的优势在于前三步是独立于被考虑的投资者的，并且只需执行一次。[①] 只有第四步需要针对每位投资者考虑。然而，这个过程仍然很长：如果我们有 N 种资产，我们必须计算 N 个预期收益、N 个波动率和［N·（N－1）］/2 个相关系数来确定有效前沿。

---

① 对于具有相同时间范围和对资产风险、收益及协方差预期相同的投资者。

1.2.4 参考文献

马柯威茨，H.《投资组合选择》，《金融杂志》，1952 年，第 7 卷，第 77 – 91 页。

1.3 资本资产定价模型（CAPM）

本章接马柯威茨有效前沿的内容，并引入了资产定价的基石模型——资本资产定价模型（CAPM）。CAPM 不仅适用于股票定价，理论上也适用于所有风险证券，如公司债券，以及其他投资，例如房地产。

尽管 CAPM 是一个广泛认可的资产定价均衡模型，但由于简化假设，它也存在一些限制。它常因过分简化金融市场的复杂性而受到批评，并未完全捕捉到影响资产回报的所有相关因素，这导致了套利定价理论（APT）的产生。

CAPM 基于一些简化假设：

（1）所有投资者都是均值—方差优化者，这意味着他们都按照现代投资组合理论（MPT）所描述的方式选择自己的投资组合。

（2）所有投资者具有同质化（即相同的）预期。[①] 这意味着所有投资者对资产的收益、方差和相关性有相同的预期，这些预期被用来构建有效前沿。这一严格假设源自有效市场假说，该假说认为所有相关信息都会即时反映在资产价格中，因此所有市场参与者都已知晓。

（3）市场是完美的：没有套利机会，没有交易成本，没有买卖差价，资产存在无限量且可无限细分。所有资产都是公开交易的。

（4）没有卖空限制。

（5）所有投资者可以以相同的无风险利率贷款和借出。

（6）所有投资者拥有相同的持有期。该模型不考虑周期结束后会发生什么。

（7）存在众多投资者，每个投资者都是价格接受者。这意味着每个投资者的个人财富与总财富相比只是一小部分。这确保了没有任何单一投资者能够影响市场价格。

我们稍后将看到，放宽其中几个假设后，可以使模型更适用于现实世界，而不改变从模型中得出的主要含义或结论。

---

① 根据 Lintner（1969 年）在《金融与数量分析杂志》上的论文，一个有着不同预期的 CAPM 版本同样成立。

资本资产定价模型（CAPM）已将投资组合理论的洞见与简化假设结合起来了，形成了一个均衡模型。

1.3.1　分离定理与市场投资组合

我们现在对所学的投资组合理论进行扩展。分离定理（或称为“两基金定理”）指出，投资者的风险资产的最优组合可以在不了解其对风险和收益偏好的情况下确定。

根据上述假设，有效前沿是一条连接无风险资产和切线投资组合的线。我们之前已经将这条线称为资本配置线（CAL）。

既然我们还假设所有投资者拥有相同的预期，他们都面对着相同的有效前沿，包括相同的切点投资组合，因此，即使不知道个别投资者的具体风险—收益偏好，我们也知道他们都会选择这个独特有效前沿上的投资组合。换句话说，所有投资者，无论他们的偏好如何，都选择无风险资产与唯一切点投资组合的结合。这意味着相关的切点投资组合 T 对所有投资者来说是相同的，所有投资者持有投资组合 T 和无风险资产 R_F 的不同组合。

分离定理意味着市场上交易的所有现有风险资产都必须包含在切点投资组合中。因此，切点投资组合 T，作为最优风险投资组合，可以被称为市场投资组合，并常被表示为 M。

让我们现在考虑一个不属于 M 的资产。由于所有投资者持有相同的风险投资组合，如果某一资产不是市场投资组合的一部分（例如，因为其风险收益特性不够吸引人），那么没有人会持有它，它也就没有需求。因此，如果那个特定资产确实存在，就会有它的供给。有供给而无需求的资产不能处于均衡状态。因此，由于这种资产的供给超过了对它的需求，该资产的市场价格将下降，直到其预期收益上升到使得投资该资产变得可取的水平。这种调整过程必须持续到供给等于需求。这在本例中不仅意味着每一种资产都必须是市场投资组合的一部分，而且意味着该资产在 M 中的权重与其市值占总市值（所有现有资产的总市值）的比例相同。

1.3.2　资本市场线（CML）

对所有投资者来说，有效前沿是所有有效投资组合的集合。根据现代投资组合理论和假设存在无风险资产，我们知道所有有效投资组合都是无风险资产与市场投资组合以不同比例搭配而形成的组合。位于 R_F 与 M 之间的位置可以通过投资一定数量的无风险资产和将其余部分投资于市场投资组合来实现。超出市场投资组合 M 的位置可以通过在无风险资产中占空头头寸（相当于贷款）并在市场投资组合 M 中投资超过 100% 来实现。

所有这些组合的轨迹被称为资本市场线（CML），之所以这样命名，是因为所有理性投资者的最佳投资组合都位于这条线上（见图 1-27）。

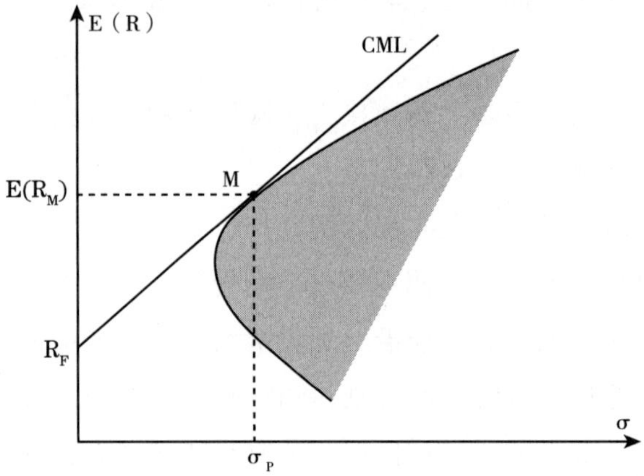

图 1-27　资本市场线（CML）

CML 是市场投资组合和无风险资产所有可能组合的轨迹。使用几何学，我们可以证明：

$$\text{CML 的斜率} = \frac{E(R_M) - R_F}{\sigma_M}$$

即点（0，R_F）和点［σ_M，E（R_M）］之间的垂直距离除以水平距离。换句话说，就是市场超额收益与无风险利率之差，除以市场风险，即市场标准差。该斜率代表单位风险溢价，即一单位风险的价格。资本市场线上的所有投资组合集合为投资者提供了可实现的最高的夏普比率，意味着预期收益与风险之间实现了最具吸引力的权衡。

适用于所有有效组合的 CML 方程可以写为：

$$E(R_P) = R_F + \left[\frac{E(R_M) - R_F}{\sigma_M}\right] \cdot \sigma_P$$

或者：

$$E(R_P) - R_F = \left[\frac{E(R_M) - R_F}{\sigma_M}\right] \cdot \sigma_P$$

在上述方程中，$E(R_P) - R_F$ 可以解释为有效组合 P 的风险溢价。方程右侧的括号内，即$\left[\frac{E(R_M)-R_F}{\sigma_M}\right]$，可以被认为是市场风险的价格。

因此，任何有效组合 P 的风险溢价是该组合的风险（通过其标准差衡量）与市场风险价格的乘积。

这意味着，有效组合的均衡预期收益取决于 R_F、市场风险的价格以及这些投资组合的风险。

由于资本资产定价模型（CAPM）假设所有投资者具有相同的条件，例如时间范围、信息集、无风险利率等，我们得到了一个对所有投资者都适用的均衡状态。资本市场线（CML）的斜率完全由投资者所要求的单位风险回报来定义。因此，如果投资者厌恶风险程度增加或减少，CML 的斜率将会改变，因为他们会要求更高或更低的单位风险溢价。这意味着 N 个风险资产的有效集合的形状也会发生变化。例如，假设投资者变得更加厌恶风险：他们将要求更高的收益作为承担一定风险水平的补偿。这反过来将把整个有效前沿向上推。切点，即市场组合，将拥有更高的风险收益比率，其组合也将发生变化。资本市场线将向上倾斜，即拥有更高的斜率（均衡无风险利率可能会改变；很可能会降低）。

1.3.3　证券市场线（SML）

资本市场线（CML）描述了有效投资组合的风险与回报的权衡。处于资本市场线上的投资组合投资于无风险资产和一个风险投资组合，即市场投资组合。由于简化的假设，所有投资者选择相同的市场投资组合，这是可行投资集的组合。尽管市场投资组合是有效的，但构成市场投资组合的个别资产不必位于资本市场线上。资本市场线并不说明任何单个风险资产的预期必要收益。单个资产的必要收益不是由资产的总风险决定的，而更多的是由该资产的系统性风险决定的。这就是证券市场线（SML）适用的地方。

资本市场线展示了投资组合预期收益与波动率之间的线性权衡。而证券市场线则展示了单一资产的预期收益与其系统性风险之间的权衡。

证券市场线（SML）聚焦于单一资产，并确定它们的预期收益。① 根据资本资产定价模型（CAPM），投资者持有的风险资产均是市场投资组合中的资产。因此，在考虑单一资产时，投资者只关心该资产对市场投资组合的影响。

这有一些重要的含义：单一资产的总风险不再重要，因为大部分风险会被多元化

① 证券市场线（SML）关注个别资产，但这些发现也适用于投资组合。

分摊。投资者将无法要求对这种可分散风险提供更高的要求收益。更具体地说，只有资产的系统性风险对资产定价是相关的，而资产的系统性风险可通过其与市场投资组合的协方差来衡量。这显示了对市场投资组合风险的贡献。对市场风险（系统性风险）的贡献越大，投资者要求的投资资产收益率就越高。

这种关系可以通过证券市场线（SML）来展示。附录中展示了一种正式的推导。

$$E(R_i)=R_F+[E(R_M)-R_F]\cdot\beta_i$$

其中 β_i（贝塔）定义如下：

$$\beta_i=\frac{\sigma_{iM}}{\sigma_M^2}=\frac{Cov(R_i,R_M)}{Var(R_M)}$$

贝塔系数大于1意味着该单一证券的收益波动性超过市场投资组合的收益波动性；贝塔系数小于1则意味着该证券的收益波动小于市场指数的波动。相关的风险度量是资产与市场投资组合的协方差。

资本资产定价模型认为，资产的均衡回报不取决于该资产的总风险量，如通过其标准差或方差所衡量，而是取决于资产与市场投资组合的协方差。因此，与市场不相关的风险证券（即 $\beta=0$）不会产生比 R_F 更高的预期收益。相反，一个相对波动性较低的证券仅因为其与市场的强协方差就可以拥有高预期回报（$\beta>1$）。

请注意：

· 根据定义，市场投资组合的贝塔系数为1。相反，贝塔系数为1的证券的预期回报率就是市场投资组合的预期回报率 $E(R_M)$。

· 根据定义，无风险证券的贝塔值为0。相反，贝塔值为0的证券的预期收益率是无风险利率 R_F。

· 正如我们稍后所见，公司可以通过改变资产组合或通过债务融资来影响其贝塔风险。

· 拥有负贝塔值的证券（如果这类证券存在的话!）可以被视为对冲工具或保险政策：当市场表现不佳时，这种证券预期表现良好，反之亦然。这类证券的预期收益率低于 R_F。

· 投资组合的贝塔值是其每个资产贝塔值的加权平均值：

$$\beta_P=\sum_{i=1}^{N}x_i\beta_i$$

证券市场线（SML）如图1－28所示。

预期收益率显示在垂直轴上，而以贝塔衡量的风险显示在水平轴上。SML的斜率反映了经济中的风险厌恶程度：投资者的风险厌恶程度越大，SML的斜率越陡，任何股票的风险溢价越高，股票的预期（要求的）收益率也越高。

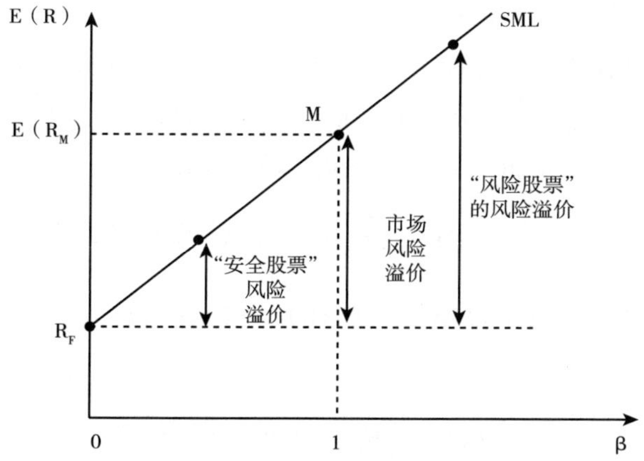

图 1－28　证券市场线（SML）

如果没有风险规避，证券市场线（SML）将是水平的。随着风险厌恶程度的增加，风险溢价也随之增加，因此 SML 的斜率也增加（见图 1－29）。

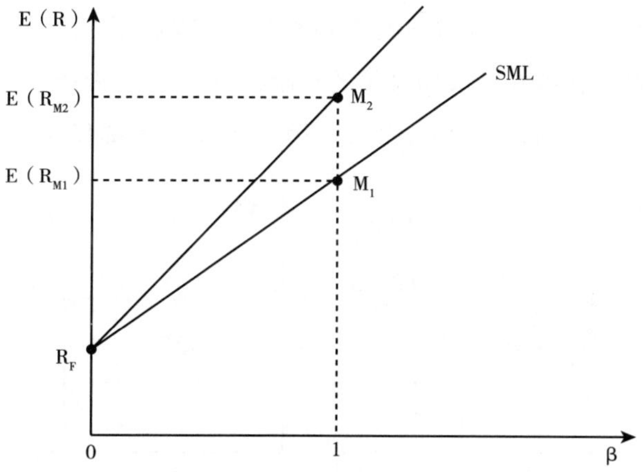

图 1－29　风险厌恶程度增加的 SML

1.3.3.1　资本市场线与证券市场线的联系

资本市场线与证券市场线之间有什么联系？资本市场线代表有效投资组合的预期收益，作为其收益的标准差所衡量的波动率的函数。而证券市场线则绘制了单个资产的预期收益，作为其对市场波动敏感性的函数。证券市场线的用处在于其评估单个资产的能力：一个定价正确的资产将正好位于证券市场线上。

请注意，资本市场线的所有有效投资组合也位于证券市场线上，但反之则不成立。这是因为风险资产组合将根据证券市场线预测的 β 值成比例地获得预期回报。然而，除非它复制了市场投资组合，位于证券市场线上的每个投资组合并不一定是有效的，因此不一定位于资本市场线上。

我们知道，有效投资组合是完全多元化的（因为它们是市场投资组合和无风险资产的组合）。设一个投资组合 P 为有效的。资本市场线（CML）方程为：

$$E(R_P) = R_F + [E(R_M) - R_F] \cdot \beta_P$$

$$= R_F + [E(R_M) - R_F] \cdot \frac{\rho_{PM} \cdot \sigma_P \cdot \sigma_M}{\sigma_M^2}$$

如果投资组合 P 位于资本市场线（CML）上，我们有 $\sigma_P = 0$ 或 $\rho_{PM} = 1$。如果是 $\rho_{PM} = 1$，那么：

$$E(R_P) = R_F + [E(R_M) - R_F] \cdot \frac{\sigma_P}{\sigma_M}$$

$$= R_F + \frac{E(R_M) - R_F}{\sigma_M} \cdot \sigma_P$$

图 1－30 直观地显示了资本市场线和证券市场线之间的联系。一个给定的资产 A 可能是风险资产的可行集的一部分，因此是市场投资组合 M 的一部分。然而，该资产并不在有效前沿上，也就是所谓的资本市场线（CML）。对于资产 A 的定价，只有系统性风险是相关的，意味着对市场风险的贡献，这是通过资产 A 的贝塔值来衡量的。在我们的案例中，资产 A 的贝塔值小于 1，因此为投资者提供了较低的预期回报。

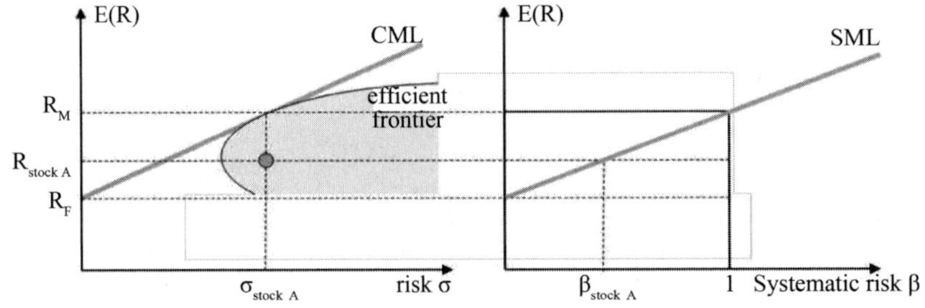

图 1－30 资本市场线和证券市场线的联系

1.3.3.2 标准差与贝塔作为风险衡量标准

我们目前面临着衡量投资组合风险的两种指标：标准差（或方差）和贝塔值。哪类理性投资者会将收益的方差视为适当的风险衡量标准？而哪类理性投资者会将收益的贝塔值视为合适的安全风险衡量标准？

如果理性的风险厌恶型投资者只持有一种证券，他将会把其投资组合收益的方差视为适当的风险衡量指标。在这种情况下，该证券的方差就成了其投资组合收益的方差。另外，对于持有多元化投资组合的资产，任一资产对投资组合风险性的贡献是其系统性或不可分散的风险。因此，对于一个合理多元化的投资组合，衡量单个资产风险的适当指标是该资产收益相对于市场投资组合收益的变动情况，这通过单个证券的贝塔值来衡量。因此，对于持有多元化投资组合的投资者而言，衡量单个证券风险的适当指标是其贝塔值。

1.3.3.3 被高估和被低估的证券

正如之前讨论的，证券市场线可以用来检测观察到的价格与理论价格之间的差异。某些证券价格错误的事实本身就意味着违反了 CAPM 背后的假设。通常情况下，并非所有投资者对各个股票都有相同的了解。此外，他们计算的基础数据也不一定相同。因此，股票估值可能会出现差异。如果模型真实地反映了现实，这将意味着市场处于不平衡状态。然而，CAPM 基于一系列非常严格的假设，这使得证券市场线难以完全复制现实。尽管如此，市场参与者可以利用上述概念来尝试检测错误定价的资产。

检测错误定价资产的一种方法是计算通常所称的 alpha（α）。对于给定的 beta（β），它是证券市场线预测的给定证券的理论收益与投资者根据预测和证券分析模型所期望的收益之间的差异。

α 值由以下等式给出：

$$\alpha_i = E(R_i) - E_{CAPM}(R_i)$$

将 E_{CAPM}（R_i）基于 CAPM 代入等式，得：

$$\alpha_i = E(R_i) - \{R_F + [E(R_M) - R_F] \cdot \beta\}$$

对于任何不等于零的 α，投资者会认为该证券定价错误。如果 α_i 为正数，投资者将买入证券；如果 α_i 为负数，投资者将卖出证券。在图 1－31 中，资产 A 定价被低估，而证券 B 被高估。根据计算，投资者应该卖空 B，做多 A。如果他大量买入和卖出，或者其他投资者也有相同预期，则被低估的资产价格将上涨，直到资产再次回到 SML 上。同样，被高估的资产价格将下降，直到资产的风险收益点落在 SML 上。

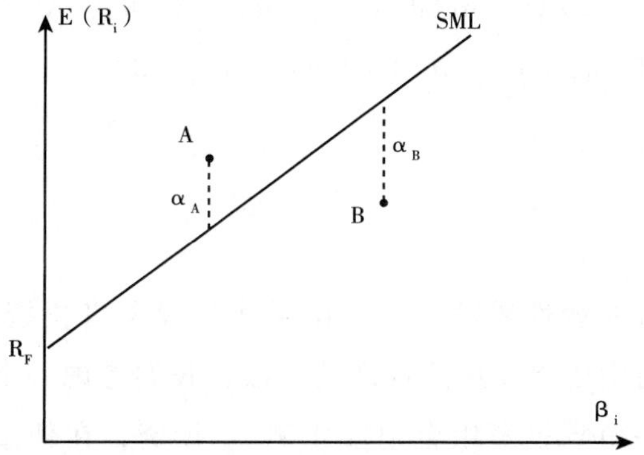

图 1－31 被高估和被低估的证券

【例 1-26】贝塔为 0.8 的股票报价为 460 欧元。一年后，您预期其价格将上升到 590 欧元。市场收益率为 12%，无风险利率为 4%。使用 CAPM 验证股票是否被正确定价？或者是否在 SML 之上还是之下。根据计算，您会买入还是卖出股票？

基于 SML 的股票的预测收益率为：

$$E_{CAPM}(R) = R_F + \beta \cdot (R_M - R_F)$$

$$= 0.04 + 0.8 \times (0.12 - 0.04) = 0.104 = 10.4\%$$

股票的预期收益率为：

$$E(R) = \frac{590 - 460}{460} \times 100\% = 28.3\%$$

股票的 $\alpha = 28.3\% - 10.4\% = 17.9\%$。CAPM 预测的收益率为 10.4%，这与您 28.3% 的预期不一致。因此，如果您的预期是正确的，那么该股被市场低估了（其阿尔法值为正并且在 SML 之上），您应该购入它。

1.3.4　参考文献

[1] Aljinović, Z., & Džaja, J. Testing CAPM Model on the Emerging Markets of the Central and Southeastern Europe. Croatian Operational Research Review (CRORR), 2013, Vol. 4.

[2] Black, F. Capital Market Equilibrium with Restricted Borrowing, Journal of Business, 1972, 45 (3), 444-455.

[3] Black, F., Jensen, M. C., & Scholes, M. The Capital Asset Pricing Model: Some Empirical Tests. Studies in the Theory of Capital Markets, 1972, 81 (3), 79-121.

[4] Fama, E. F., & MacBeth, J. D. Risk, Return, and Equilibrium: Empirical Tests. Journal of Political Economy, 1973, 81 (3), 607-636.

[5] Zarifhonarvar, A. The Capital Asset Pricing Model: A New Empirical Investigation, ZBW - Leibniz Information Centre for Economics, 2023.

1.3.5　附录

资产对市场风险（系统性风险）的贡献越大，投资者投资该资产所要求的收益率就越高。为了推导适用于单个风险资产的函数，我们考虑一个特定的投资组合，我们将其表示为 P。它在市场投资组合中按比例 x_M 投资，在任意风险资产 j 中按比例 $(1 - x_M)$ 投资。使用我们之前的结论，可以计算组合 P 的预期收益率 μ_p 和方差 σ_p^2。

$$\mu_p = x_M E(R_M) + (1 - x_M) E(R_j)$$
$$= x_M \mu_M + (1 - x_M) \mu_j$$
$$\sigma_p^2 = \alpha^2 \text{var}(R_M) + (1 - x_M)^2 \text{var}(R_j) + 2\alpha(1 - x_M) \text{Cov}(R_j, R_M)$$
$$= x_M^2 \sigma_M^2 + (1 - x_M)^2 \sigma_j^2 + 2x_M(1 - x_M)\sigma_{jM}$$

通过改变投资比例 x_M，我们获得了投资于资产 j 和市场组合的投资组合序列。图 1－32 中的点状曲线反映了平均值和标准差对应的点的轨迹，是占优的（因此称为占优边界）。事实上，由于构建的投资组合并不是最优的分散化投资组合，它们永远无法在占优边界上。当 $x_M = 1$ 时，组合的轨迹与有效边界相切，在这种情况下，组合 P 仅由市场投资组合组成，因而是有效的。

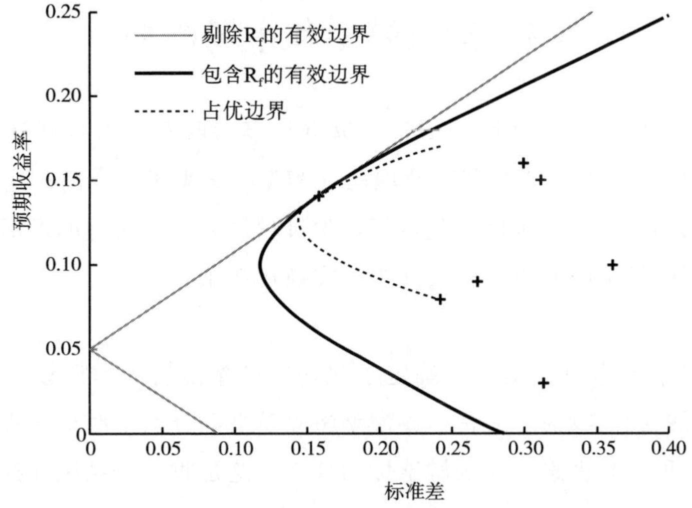

图 1－32　有效边界和占优边界

我们可以使用这个结论得出，任意资产的预期收益与其与市场投资组合的协方差之间的重要关系。在 $x_M = 1$ 处的相切，表明占优边界的斜率必须等于资本市场线的斜率。

$$\left.\frac{\partial \mu_p}{\partial \sigma_p}\right|_{x_M = 1} = \frac{\mu_M - R_F}{\sigma_M}$$

我们现在需要得到偏导数$\frac{\partial \mu_p}{\partial \sigma_p}$的值。首先将其分解为：$\frac{\partial \mu_p}{\partial \sigma_p} = \frac{\partial \mu_p}{\partial x_M} \Big/ \frac{\partial \sigma_p}{\partial x_M}$

并且得到以下两个等式：

$$\frac{\partial \mu_p}{\partial x_M} = \mu_M - \mu_j$$

$$\frac{\partial \sigma_p^2}{\partial x_M} = 2\sigma_p \frac{\partial \sigma_p}{\partial x_M} = 2x_M \sigma_M^2 - 2(1 - x_M)\sigma_j^2 + 2(1 - 2x_M)\sigma_{jM}$$

当 $x_M = 1$ 时，投资组合 P 的标准差等于市场组合的标准差，即 $\sigma_p = \sigma_M$。我们利用这个结果，得到以下等式：

$$\frac{(\mu_M - \mu_j)\sigma_M}{\sigma_M^2 - \sigma_{jM}} = \frac{\mu_M R_F}{\sigma_M}$$

从最后一个等式中，我们可以解出任意风险资产 j 的期望收益率，并得到单个证券或非有效投资组合的 CAPM 的核心等式：

$$\mu_i = R_F + \frac{(\mu_M - R_F)}{\sigma_M} \cdot \frac{\sigma_{iM}}{\sigma_M}$$

$$\text{单位风险价格} = \frac{\mu_M - R_F}{\sigma_M}$$

1.4　指数模型和市场模型

指数模型，特别是市场模型（MM），提供了事后收益的经验描述。它们不如资本资产定价模型（CAPM）或套利定价理论（APT）框架那样全面，建立在假设更少的基础上，但它们提供了一种确定收益率产生过程的方法。它们的灵活性和易用性也导致其许多因素模型和因素投资在实践中更多被运选用。

定义如下：

· 指数模型（也称因素模型）确定了收益的产生过程，即假设一种机制，可以确定实际的、观察到的收益。通常这些模型将收益来源分解为两个随机部分：一部分收益是证券对各种共同因素变动的敏感性的补偿，这是收益的系统性部分；另一部分是证券的完全特有（特殊性）的部分。当使用一个或多个指数近似替代与其对应的因素（最显著的是市场指数的收益率）来解决因素度量问题时，因素模型就变成了指数模型。

· 单指数模型或单因素模型通常使用一个市场指数作为一个因素，通常是一个分散化的股指，如瑞士绩效指数（SPI）、标准普尔 500 指数（S&P500）或东京证券交易所股价指数（Topix）。在这种情况下，人们通常使用“市场模型”一词。市场模型和 CAPM 之间有着密切的联系，市场指数现实中与市场投资组合概念自然对应。①

· 多指数模型或多因素模型是单指数模型的扩展，并扩展了解释收益率相关的因素的数量。多因素模型构建了套利定价理论（APT）的收益生成过程，在因素投资领域得到了广泛的应用。

---

① 然而，回顾一下，理论上，市场投资组合包括债券或房地产以及股票，因此，SPI 或标准普尔 500 指数等股指不是整个市场的适用近似值。但在实践中，市场投资组合通常用股票指数来近似表示。

不同形式的因素模型或指数模型具有以下显著区别：

· 指数/因素的数量：单因素模型与多因素模型。

· 用收益（R_i）或超额收益（超过无风险利率部分：$R_i - R_F$）表示。[①]

· 指数/因素的预期值是否标准化为零。例如，如果该因素是通货膨胀率，变量可能是通货膨胀率本身（预期值通常为正），也可以被标准化（通货膨胀率与其平均通货膨胀率之间的偏差），这使得该因素的预期值等于零。

· 方程式中是否有常数项。方程式中常数项的使用受上一点的影响。如果因素被表示为偏离其均值，那么（并且只在这种前提下）常数项等于资产预期收益。

1.4.1　单因素模型

因素模型或指数模型以一元或多元回归的形式表达。首先从标准（一元）回归方程式形式开始介绍：

$$R_i = \alpha_i + \beta_i \cdot R_{指数} + \varepsilon_i$$

一元回归方程只有一个系统因素，这里用 $R_{指数}$ 表示。当只有一个因素时，我们通常称之为单因素模型。当因素收益由一个指数表示时，称它为单指数模型。对于特定时期 t 而言，单指数模型可以写成：

$$R_{i,t} = \alpha_i + \beta_i \cdot R_{指数,t} + \varepsilon_{i,t}$$

其中，$R_{i,t}$——投资组合 i 在时间 t 的收益率；$R_{指数,t}$——指数在时间 t 的收益率。在下面的讨论中，我们将尽可能省略这些下标。

理论上讲，单指数模型能够根据任何可能的单一指数或因素构建而成。然而，实证表明，当指数是市场本身时，单指数模型的最佳结果是通过广泛的市场指数的收益率来近似得到。从 CAPM 的角度来看，这一结果并不令人惊讶。使用市场收益率为单一因素的单指数模型通常被称为市场模型。

市场模型可以写成：

$$R_{i,t} = \alpha_i + \beta_i \cdot R_{M,t} + \varepsilon_{i,t}$$

这个等式表明特定资产 i 的收益由三个部分构成：

· α_i是资产 i 收益率的非随机部分。如果市场收益率为零，这是资产的预期收益率。

$$R_{M,t} = 0 \rightarrow R_{i,t} = \alpha_i + \varepsilon_{i,t}$$

因此，$E(R_{i,t}) = \alpha_i$。

① 有时也会使用未预期到的收益率［$R_i - E(R_i)$］。

· $\beta_i \cdot R_{M,t}$是资产 i 的收益率的一部分，该部分取决于市场收益率的变化。β_i 是度量资产收益率 i 对市场指数收益率变化的敏感性指标。这表明$\Delta R_{i,t} = \beta_i \cdot \Delta R_{M,t}$。

· $\varepsilon_{i,t}$是资产 i 在时间 t 的收益率的随机因素，也被称为特有收益率或随机误差项或公司特有的收益率，这表明它是资产收益率中不能由指数（或在这种情况下的市场）解释的部分。

此外，特有收益率应遵循经典线性回归模型的假设。

· 特有收益率对所有观测结果的期望值为零，方差为常数，即：

$$E(\varepsilon_i) = 0 \quad \text{和} \quad E(\varepsilon_i^2) = \sigma_{\varepsilon i}^2$$

· 不同公司的特有收益率在统计上是独立的，也就是说 ε_i 和 ε_j 对于所有不同的 i 和 j 的协方差为零：

$$\sigma_{\varepsilon i \varepsilon j} = 0 \quad \forall i \neq j$$

后一种假设至关重要，因为它代表了因素模型的关键假设：所有资产的共同点是它们对市场收益率变化的敏感性程度，而其他一切都是每种资产特有的。

· 特有收益率服从正态分布。①

· 此外，我们隐含地假设特有收益率独立于市场收益，因此与市场收益率不相关，可以表示为：

$$Cov(\varepsilon_i, R_M) = E\{[\varepsilon_i - E(\varepsilon_i)] \cdot [R_M - E(R_M)]\}$$

$$Cov(\varepsilon_i, R_M) = E\{\varepsilon_i \cdot [R_M - E(R_M)]\}$$

$$Cov(\varepsilon_i, R_M) = 0$$

上述假设将在本节的所有讨论中使用。如果这些假设不成立，使用市场模型可能就是不适宜的。

还应注意的是，上述市场模型除了事后形式外，它还可以以预期的事前形式表示：

$$E(R_i) = \alpha_i + \beta_i \cdot E(R_M) \quad \text{或} \quad \alpha_i = E(R_i) - \beta_i \cdot E(R_M)$$

因为随机误差项总是被假定均值为零。

在图 1－33 中，上述方程式由一条（回归）线表示。

图 1－34 描绘了资产收益 $R_{i,t}$与市场收益 $R_{M,t}$的关系。选取的截距项（α_i）和斜率（β_i）使得各点与回归直线的距离的平方和最小。通常使用普通最小二乘（OLS）回归作为估计线性回归模型的参数方法。这是一种找到最佳拟合直线（或多元回归情况下的超平面）的技术，该技术使观测到的因变量与线性方程预测值之间的差的平方和最小。

---

① 在某些情况下正态分布误差的要求可放宽。然而，正态分布的特有收益率更适合于进行推理和预测。

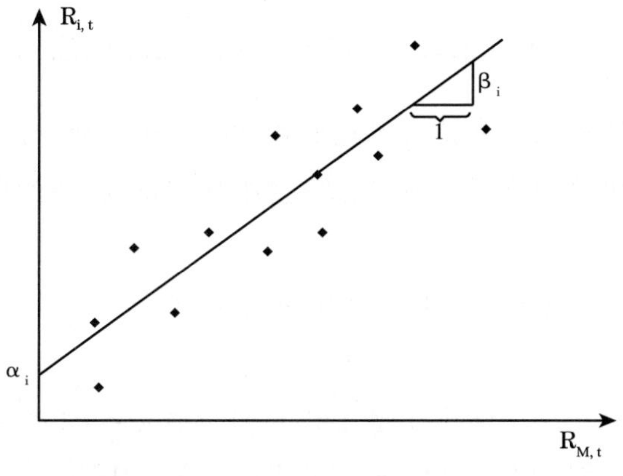

图 1-33　单指数模型回归估计

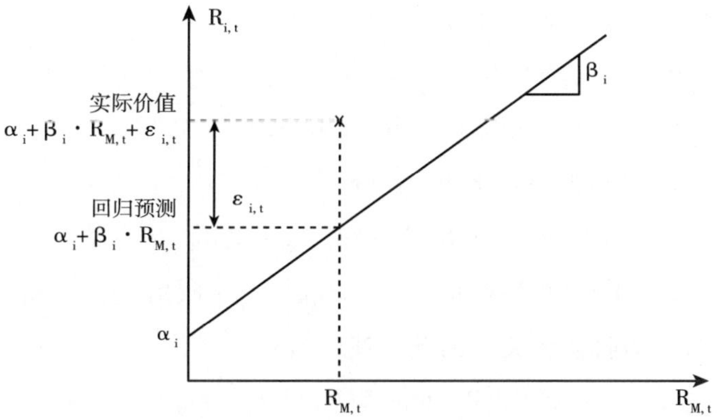

图 1-34　一元回归估计和残差

如果我们仔细观察，可以发现 $R_{i,t}$中被回归模型解释的部分是$\alpha_i+\beta_i \cdot R_{M,t}$，而无法解释的部分由干扰项$\varepsilon_{i,t}$表示。

【例 1-27】 如果$\alpha_i=2\%$、$\beta_i=1.5$，那么计算如表 1-12 所示。

表 1-12　　计算过程

$R_{M,t}$	$\varepsilon_{i,t}$	$R_{i,t}$
10%	3%	2% +15% +3% =20%
-6%	4%	2% -9% +4% = -3%
0%	2%	2% +2% =4%

如上所述，如果市场收益率为零，α_i是证券 i 的预期收益率。那么，它就是回归的常数项。另外，系数β_i度量的是资产收益率对市场收益率变动的敏感性。在图 1-34 中，它指的是回归线的斜率。

1.4.1.1 将方差分解为系统性风险和可分散的风险

将方差分解为系统性风险和特有风险对指数模型很重要，因为只有系统性风险才具有相关性。系统性风险是度量来自指数模型中的因素/指数的风险。

（1）单个证券的分解

在单一市场模型中，证券 i 的收益率由下式给出：

$$R_{i,t} = \alpha_i + \beta_i \cdot R_{M,t} + \varepsilon_{i,t}$$

取期望值，并回顾：一是随机变量之和的期望值是各期望值之和；二是α_i和β_i是常数［因此 $E(\alpha_i) = \alpha_i$和 $E(\beta_i) = \beta_i$］；三是 $E(\varepsilon_i)$等于 0：

$$E(R_i) = \alpha_i + \beta_i \cdot E(R_M)$$

证券 i 收益率的方差由下式给出：

$$\sigma_i^2 = E\{[R_i - E(R_i)]^2\}$$

$$\sigma_i^2 = E\{[\alpha_i + \beta_i R_M + \varepsilon_i - \alpha_i - \beta_i E(R_M)]^2\}$$

$$\sigma_i^2 = E\{(\beta_i[R_M - E(R_M)] + \varepsilon_i)^2\}$$

$$\sigma_i^2 = E\{\beta_i^2[R_M - E(R_M)]^2 + 2\beta_i[R_M - E(R_M)]\varepsilon_i + \varepsilon_i^2\}$$

$$\sigma_i^2 = \beta_i^2 E\{[R_M - E(R_M)]^2\} + 2\beta_i E\{[R_M - E(R_M)]\varepsilon_i\} + E(\varepsilon_i^2)$$

特有收益项与市场收益无关。因此，我们有：

$$\sigma_i^2 = \beta_i^2 E\{[R_M - E(R_M)]^2\} + (E\varepsilon_i^2)$$

这个方程式告诉我们 R_M 方差对 R_i 方差的影响取决于斜率系数β_i，可以重写为：

$$\sigma_i^2 = \underbrace{\beta_i^2 \cdot \sigma_M^2}_{\text{市场风险}} + \underbrace{\sigma_{\varepsilon_i}^2}_{\text{残余风险}}$$

式中，σ_i^2——资产收益的总方差；$\beta_i^2 \cdot \sigma_M^2$——市场风险或系统性风险（也称为可解释方差）；$\sigma_{\varepsilon_i}^2$——特有风险或残余风险或非系统性风险，或不可解释方差（也被称为“可分散”风险，原因稍后会很清楚）。

【例 1 - 28】 您有表 1 - 13 所示的关于德国市场的信息：

表 1 - 13　德国市场信息

资产 i	β_i	σ_i
DAX 指数（DAX index）	1.00	0.0260
意昂集团（E. ON）	1.10	0.0363
德意志银行（Deutsche）	1.69	0.0585

我们想找到意昂集团和德意志银行收益率的特有风险。对于意昂集团，我们有：

$\sigma_{\varepsilon_1} = \sqrt{\sigma_1^2 - \beta_1^2 \cdot \sigma_M^2} = \sqrt{0.0363^2 - 1.10^2 \times 0.0260^2} \approx 0.0224$

对于德意志银行，我们有：

$\sigma_{\varepsilon_2} = \sqrt{\sigma_2^2 - \beta_2^2 \cdot \sigma_M^2} = \sqrt{0.0585^2 - 1.69^2 \times 0.0260^2} \approx 0.0387$

当然，这种分解的有效性取决于假设不同公司的特有收益在统计上是独立的。它还要求 R_M 和 ε_i 相互独立，这是正确设定回归方程的一个特性。

在市场模型下，我们还可以计算两种资产的协方差。回顾一下，资产 i 和 j 的收益率的协方差由下式给出：

$$\sigma_{ij} = Cov(R_i, R_j) = E\{[R_i - E(R_i)][R_j - E(R_j)]\}$$

用上面的计算结果替换 R_i、R_j、$E(R_i)$ 和 $E(R_j)$，得到：

$$\sigma_{ij} = E\{[\alpha_i + \beta_i R_M + \varepsilon_i - \alpha_i - \beta_i E(R_M)] \cdot [\alpha_j + \beta_j R_M + \varepsilon_j - \alpha_j - \beta_j E(R_M)]\}$$

$$\sigma_{ij} = E\{(\beta_i[R_M - E(R_M)] + \varepsilon_i) \cdot (\beta_j[R_M - E(R_M)] + \varepsilon_j)\}$$

将各项相乘，得到：

$$\sigma_{ij} = \beta_i \cdot \beta_j \cdot E\{[R_M - E(R_M)]^2\} + \beta_i \cdot E\{\varepsilon_i \cdot [R_M - E(R_M)]\} + \beta_j \cdot E\{\varepsilon_j \cdot [R_M - E(R_M)]\} + E(\varepsilon_i \cdot \varepsilon_j)$$

根据市场模型的基本假设，最后三项为零。因此，资产 i 和 j 收益率的协方差可以表示为：

$$\sigma_{ij} = \beta_i \cdot \beta_j \cdot E\{[R_M - E(R_M)]^2\}$$

可将其重写为：

$$\sigma_{ij} = \beta_i \cdot \beta_j \cdot \sigma_M^2$$

我们用下面例子说明这个结果。

【例 1－29】 表 1－14 是德国市场的摘要：

表 1－14　　德国市场概况

资产 i	β_i	σ_i
DAX 指数（DAX index）	1.00	0.0260
意昂集团（E. ON）	1.10	0.0363
德意志银行（Deutsche）	1.69	0.0585

意昂集团和德意志银行收益的协方差和相关系数是多少？

协方差由下式给出：

$\sigma_{12} = \beta_1 \cdot \beta_2 \cdot \sigma_M^2 = 1.10 \times 1.69 \times 0.0260^2 \approx 0.0013$

由此我们可以很容易地推断出相关系数：

$$\rho_{12} = \frac{\sigma_{12}}{\sigma_1 \cdot \sigma_2} = \frac{0.0013}{0.0363 \times 0.0585} \approx 0.59$$

（2）投资组合的分解

同样的方程式：

$$\sigma_i^2 = \beta_i^2 \cdot \sigma_M^2 + \sigma_{\varepsilon_i}^2$$

对于持有的投资组合和单个证券，已知：

$$R_P = \alpha_P + \beta_P \cdot R_M + \varepsilon_P$$

并且：

$$R_P = \sum_{i=1}^{N} x_i \cdot R_i$$

其中 x_i 是投资组合中资产 i 的权重，得到：

$$R_P = \sum_{i=1}^{N} x_i \cdot (\alpha_i + \beta_i R_M + \varepsilon_i)$$

$$R_P = \sum_{i=1}^{N} x_i \cdot \alpha_i + R_M \cdot \sum_{i=1}^{N} x_i \cdot \beta_i + \sum_{i=1}^{N} x_i \cdot \varepsilon_i$$

显然，N 种证券投资组合的贝塔系数是投资组合中股票贝塔系数的简单加权平均，其中权重是投资于每种证券的相对投资额：

$$\beta_P = \sum_{i=1}^{N} x_i \cdot \beta_i$$

由上可知：

$$\sigma_P^2 = \beta_P^2 \cdot \sigma_M^2 + \sigma_{\varepsilon P}^2$$

因此，可以将投资组合的方差分解为：

$$\sigma_P^2 = \left(\sum_{i=1}^{N} x_i \beta_i\right)^2 \cdot \sigma_M^2 + \sum_{i=1}^{N} x_i^2 \sigma_{\varepsilon_i}^2$$

上式中的最后一项可重新表示为：

$$\sigma_{\varepsilon P}^2 = \sum_{i=1}^{N} x_i^2 \sigma_{\varepsilon_i}^2$$

这表明投资组合的残差是投资组合中证券残差项的加权平均。请注意，在取平均值时，我们将投资组合的权重进行平方。

最后结果表明，当投资者试图通过增加投资组合中的股票个数来实现投资组合的分散化时，他降低了投资组合的特有风险。由于各股票的残差 $\sigma_{\varepsilon P}^2$ 是不相关的，因此随着 N 越来越大，投资组合的残差趋近零。然而，他的投资组合的贝塔系数并没有减少，因为它是各股票贝塔系数的加权平均。

1.4.1.2　与 CAPM 的联系

以下部分将市场模型与资本资产定价模型（CAPM）的渊源联系起来：

市场模型中的初始回归方程式如下：

$$R_i = \alpha_i + \beta_i \cdot R_M + \varepsilon_i$$

这表明某一资产的收益率与市场收益率的协方差是：

$$Cov(R_i, R_M) = Cov(\alpha_i + \beta_i \cdot R_M + \varepsilon_i, R_M)$$

$$Cov(R_i, R_M) = \beta_i \cdot Cov(R_M, R_M) + Cov(\varepsilon_i, R_M)$$

根据定义，残差与市场收益率不相关，因此第二项等于零。单个证券与市场收益率的协方差的表达式为：

$$Cov(R_i, R_M) = \beta_i \cdot \sigma_M^2$$

亦可以写为：

$$\beta_i = \frac{Cov(R_i, R_M)}{\sigma_M^2}$$

因此，市场模型中的贝塔与 CAPM 中的贝塔具有相同形式。前者有助于为后者提供了实证内容。

在 CAPM 中，我们使用与市场投资组合的抽象概念相关的先验贝塔，而在市场模型中，我们使用特定于所选市场指数的事后估计的贝塔。此外，在 CAPM 中，我们使用预期收益率，而在市场模型中，我们则使用实际收益率。这两个模型的共同解释变量都是市场投资组合的收益率，在市场模型中（以及 CAPM 的实证形式中），它采用市场指数的形式。

这种共性表明了两种模型之间存在直接关系。如果我们接受市场指数作为市场投资组合的适用度量标准，那么，β_i 的定义与其在 CAPM 中的定义是对应的，这样，市场模型的运用可以实证估计 β。

在市场化模型中，β 系数表示资产收益对指数变化的敏感程度。可以用回归的最小二乘法（OLS）估计 β 系数，其中回归所得的常数是 α。

假设有一组单一资产收益序列和市场指数收益序列。如果将资产收益与市场收益进行比较，我们会得到如图 1-35 所示的散点图。我们知道加上或减去一个残差项后，这些点应该在一条直线上。鉴于此，我们希望画出一条与这些点拟合最好的直线，即是我们希望的回归方程的残差平方和最小。

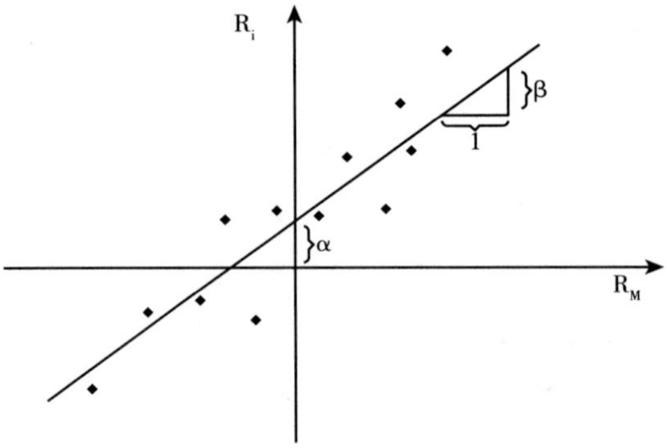

图 1 – 35 用回归分析估计 β

【例 1 – 30】 表 1 – 15 列出了股票市场指数（以 M 表示）和投资组合（以 i 表示）的 30 组收益数据。

表 1 – 15 **估计 α 和 β** （单位：%）

t	$R_{M,t}$	$R_{i,t}$	$R_{M,t}-E(R_M)$	$R_{i,t}-E(R_i)$	$[R_{M,t}-E(R_M)]\cdot[R_{i,t}-E(R_i)]$	$[R_{M,t}-E(R_M)]^2$
1	1.9837	-2.8920	1.8580	-1.5473	-0.0287	0.0345
2	-0.4484	-1.4669	-0.5741	-0.1222	0.0007	0.0033
3	-1.8301	-1.5515	-1.9558	-0.2067	0.0040	0.0383
4	-1.4178	-6.5201	-1.5434	-5.1754	0.0799	0.0238
5	-1.7042	-8.7879	-1.8298	-7.4431	0.1362	0.0335
6	-4.6031	-5.4707	-4.7288	-4.1260	0.1951	0.2236
7	4.5779	2.0986	4.4522	3.4434	0.1533	0.1982
8	1.6255	5.8628	1.4998	7.2076	0.1081	0.0225
9	-3.9472	-10.7743	-4.0728	-9.4295	0.3840	0.1659
10	-3.2426	-8.7411	-3.3682	-7.3963	0.2491	0.1135
11	-3.3664	-10.6126	-3.4921	-9.2679	0.3236	0.1219
12	0.5693	-1.4477	0.4437	-0.1029	-0.0005	0.0020
13	3.3353	2.5510	3.2097	3.8957	0.1250	0.1030
14	-1.4239	-1.7480	-1.5495	-0.4033	0.0062	0.0240
15	-1.6261	-1.9809	-1.7518	-0.6361	0.0111	0.0307
16	3.7423	8.6251	3.6167	9.9698	0.3606	0.1308
17	-4.5111	-7.6572	-4.6368	-6.3125	0.2927	0.2150
18	-1.8398	-6.0547	-1.9655	-4.7099	0.0926	0.0386
19	3.0806	7.5542	2.9550	8.8989	0.2630	0.0873
20	-3.0676	-5.2470	-3.1933	-3.9022	0.1246	0.1020
21	2.7000	6.2042	2.5743	7.5489	0.1943	0.0663

续表

t	$R_{M,t}$	$R_{i,t}$	$R_{M,t}-E(R_M)$	$R_{i,t}-E(R_i)$	$[R_{M,t}-E(R_M)]\cdot[R_{i,t}-E(R_i)]$	$[R_{M,t}-E(R_M)]^2$
22	1.3727	0.3833	1.2471	1.7280	0.0215	0.0156
23	3.4203	-0.6167	3.2946	0.7280	0.0240	0.1085
24	2.6141	3.3802	2.4885	4.7250	0.1176	0.0619
25	-4.7804	-7.6248	-4.9061	-6.2801	0.3081	0.2407
26	3.3756	6.9062	3.2499	8.2510	0.2682	0.1056
27	3.6740	6.3474	3.5484	7.6922	0.2729	0.1259
28	4.6518	3.4624	4.5262	4.8071	0.2176	0.2049
29	-2.5041	-5.7860	-2.6297	-4.4413	0.1168	0.0692
30	3.3593	1.2625	3.2336	2.6073	0.0843	0.1046
	$E(R_M)=$ 0.1257	$E(R_i)=$ -1.3447			(=4.5061	(=2.8155

运用经典回归方程式，我们可以将 β 估计为：

$$\beta_i=\frac{\sigma_{iM}}{\sigma_{M2}}=\frac{\sum_{t=1}^{30}\{[R_{it}-E(R_i)]\cdot[R_{Mt}-E(R_M)]\}}{\sum_{t=1}^{30}(R_{Mt}-E[R_M])^2}\approx\frac{4.5061\%}{2.8155\%}\approx1.60$$

α 为：

$$\alpha_i=E[R_i]-\beta_i\cdot E[R_M]\approx-1.55\%$$

统计程序可以帮助计算 α_i 和 β_i 的值。此外，Microsoft Excel 可以分别使用其函数 ″= slope(.)″和 ″= intercept(.)″ 来可靠地估测 α 和 β。对 α 和 β 的估计如图 1 - 36 所示：

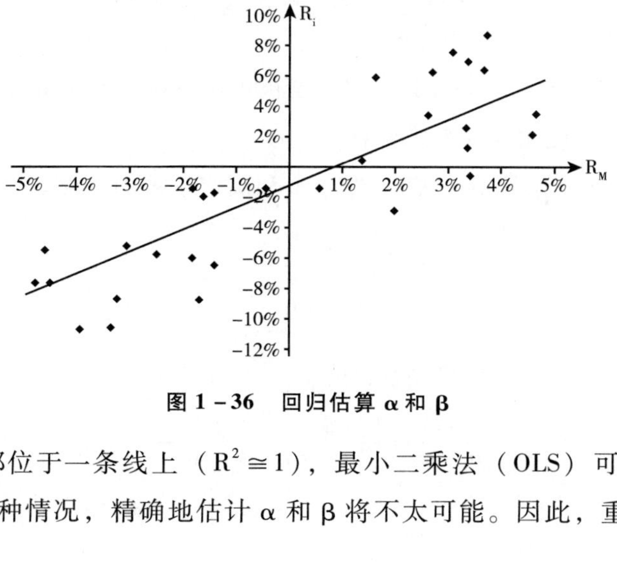

图 1 - 36 回归估算 α 和 β

如果所有点都位于一条线上（$R^2\cong1$），最小二乘法（OLS）可以完全确定 α 和 β。但如果不是这种情况，精确地估计 α 和 β 将不太可能。因此，重要的是不仅要关注这些参数的联合估计，还要注意参数估计的精度（见下一节）。精度的度量由下式给出：

$$\sigma(\beta)=\sigma_{\beta_i}=\sqrt{\frac{\sigma_{\varepsilon_i}^2}{\sum_{t=1}^{30}[R_{Mt}-E(R_M)]^2}}\cong\frac{\sigma_{\varepsilon_i}}{\sigma_M\cdot\sqrt{n}}$$

在我们的例子中，R^2 约为 74.7%，β 的精度为：

$$\sigma(\beta)=\sigma_{\beta_i}=\frac{\sqrt{\frac{1}{28}\cdot\sum_{t=1}^{30}[R_{it}-(\alpha_i+\beta_i\cdot R_{Mt})]^2}}{\sqrt{\sum_{t=1}^{30}[R_{Mt}-E(R_M)]^2}}\cong\frac{\sigma_{\varepsilon_i}}{\sigma_M\cdot\sqrt{n}}\approx 0.18$$

由于 β 估计值为 1.60，可以得出它显著大于 1 的结论。我们通过计算 t 统计值得出这个结论，具体计算如下：

$$t-stat(\beta):\frac{\beta_i-\beta_o}{\sigma_{\beta_i}}=\frac{1.6-1}{0.18}\cong 3.34$$

t 统计值高于 95% 置信区间的临界值为 1.96，我们可以评估它在统计上与 1 不同。

1.4.1.3　指数模型的质量：R^2 和 ρ^2

我们如何判断市场模型是否能很好地反映现实？如果接受资产收益率与市场收益率线性相关的假设，则模型解释力取决于因变量（R_i）的变动中可以被自变量（R_M）的变动解释的比例，或者是某一资产收益率的波动可以被市场收益率的变动解释的比例。

衡量模型解释力的指标称为决定系数，也称为回归的 R^2：

$$R^2=\frac{R_i\text{ 可解释的方差}}{R_i\text{ 总方差}}=\frac{\beta_i^2\cdot\sigma_M^2}{\sigma_i^2}=\frac{\beta_i^2\cdot\sigma_M^2}{\beta_i^2\cdot\sigma_M^2\cdot\sigma_{\varepsilon_i}^2}$$

$R^2=1$ 意味着单个资产收益变化可以完全被市场收益的变化解释。因此，$R^2=0.55$ 意味着 45% 的收益不能用此模型来解释。

请注意，因为不可解释的方差 $\sigma_{\varepsilon_i}^2$ 等于 1 和决定系数的差额。

因此，

$$R^2=1-\frac{\sigma_{\varepsilon_i}^2}{\sigma_i^2}$$

很容易证明，决定系数是相关系数的平方，如：

$$\rho_{iM}=\frac{\sigma_{iM}}{\sigma_i\cdot\sigma_M}=\frac{\beta_i\cdot\beta_M\cdot\sigma_M^2}{\sigma_i\cdot\sigma_M}=\frac{\beta_i\cdot\sigma_M}{\sigma_i}=\sqrt{R^2}$$

或者：

$$\rho_{iM}^2 = R^2$$

实际上，市场模型对单个资产的分析效果不佳。通常，市场指数收益率的变动对单个资产收益率变动的解释不到 50% （即 $R^2 < 50\%$）。市场模型对充分分散的投资组合的表现效果更令人满意，因为该模型能够解释大部分收益率变动。

1.4.1.4　指数模型的应用

以下部分将介绍关于市场模型及其适用性的三个专题。

（1） 预测未来贝塔

从投资的角度看，直接使用历史数据中得出的 β 来估计未来的 β，隐含地假设了 β 随时间推移能保持稳定。然而，实证分析表明，随着时间推移，投资组合 β 能保持稳定，而单个证券的 β 是不稳定的。鉴于此，必须运用比较复杂的方法来预测未来的 β。

一种简单的方法是将当期 β 对大量的历史 β 进行回归，以估计修正因素 A 和 B，具体如下：

$$\text{当期}\,\beta = A + B \cdot (\text{历史}\,\beta)$$

然后，使用 A 和 B 的估计值，我们可以得到：

$$\text{预测}\,\beta = A + B \cdot (\text{当期}\,\beta)$$

但这种方法并无显著的改进。没有理由假设当前 β 和历史 β 之间存在线性关系。即使这种线性关系确实存在，但随着时间推移，这种关系也不一定稳定。

此外，在预测 β 时，其他财务变量也具有一定的预测能力，如盈利的变化、现金流的变化、每股收益增长、市值（公司规模）、股利率、负债率等。例如，下式使用这些变量建立的回归模型：

$$\text{当期}\,\beta = A + B_1(\text{历史}\,\beta) + B_2(\text{盈利变动}) + B_3(\text{股利率})$$

实证研究表明，随着时间的推移（随着公司的发展和多样化），β 趋向于 1。因此，预测未来 β 应考虑这一点，并使用调整后的 β。例如，布卢姆（Blume）在 1975 年向美国市场提出的建议：

$$\beta_a = 0.66 \times \beta_h + 0.34 \times 1.0$$

β_a 为调整后 β，β_h 为历史 β。

（2） 计算有效边界

在计算有效边界时，市场模型表示的历史收益率和未来收益率之间的关系非常有用。这是最初构建市场模型的主要动机。

我们已经看到，使用市场模型：

$$R_i = \alpha_i + \beta_i R_M + \varepsilon_i$$

$$\sigma_{\varepsilon_i \varepsilon_j} = 0 \quad \forall i \neq j$$

这表示：

$$\sigma_i^2 = \beta_i^2 \cdot \sigma_M^2 + \sigma_{\varepsilon_i}^2$$

即：

$$\sigma_{ij} = \beta_i \cdot \beta_j \cdot \sigma_M^2$$

使用市场模型来获取现代投资组合理论（MPT）所需的输入数据，大量减少了计算有效边界所需的信息量，并降低了计算难度。

· 使用马柯威茨方法计算一组 N 只股票的有效边界，将需要估计 N 个预期收益、N 个方差和$(N^2 - N)/2$个协方差。

· 使用市场模型，我们只需要估计 N 个预期收益、N 个方差和（N + 1）项估计值（N 个敏感系数 β_i 和 1 个市场方差）；知道这些估计值，使我们能够求出所有的 σ_{ij}。

表 1 – 16 体现了 N（股票数量）在不同数值时的收益，市场模型更有优势。

表 1 – 16　　　　市场模型所需数据

N	马柯威茨	市场模型
1	2	4
2	5	7
3	9	10
4	14	13
5	20	16
10	65	31
50	1 325	151
100	5 150	301
1 000	501 500	3 001
2 000	2 003 000	6 001
5 000	12 507 500	15 001

这就解释了为什么市场模型与最初的马柯威茨模型相比，有了长足进步。

(3) 市场风险的组成部分

我们还可以使用市场模型将市场风险分解为三个部分：

· 世界市场风险：全世界所有股票市场收益率的变动（例如 1987 年股市崩溃）。

· 国家市场风险：是某一国家所有股票收益的变动。

·行业风险：是指影响一国经济中某一特定部门内所有企业的风险（如银行业、化工业等）。

因此，我们对世界股市、国内股市和某个行业使用不同的指数。请注意，这些指数并不是相互独立的，因为前者包括了后者。

计算过程分为三个步骤：

第一，使用回归方程式：

$$R_i = \alpha_i + \beta_i \cdot R_w + \varepsilon_i$$

计算总方差中由世界指数收益率解释的比例，表示为 $R^2(W)$，其中 W 代表世界指数。它由以下方程式给出：

$$R^2(W) = \frac{\beta_i^2 \cdot \sigma^2(R_w)}{\sigma^2(R_i)} = 1 - \frac{\sigma^2(\varepsilon_i)}{\sigma^2(R_i)}$$

第二，通过添入国内市场指数重新估计回归：

$$R_1 = \alpha_1 + \beta_{1_i} \cdot R_w + \beta_{2_i} \cdot R_N + \varepsilon_i$$

这一步骤将得到 $R^2(N)$，这是由两个指数（世界和国内）解释的比例。要获得纯粹的国内因素影响，需要减去总方差中已经由世界指数解释的部分，如下所示：

$$\text{国内部分} = R^2(N) - R^2(W)$$

第三，最后一步与第二步一样，添加代表行业部门的解释变量，并做回归估计：

$$R_i = \alpha_i + \beta_{1_i} \cdot R_w + \beta_{2_i} \cdot R_N + \beta_{3_i} \cdot R_I + \varepsilon_i$$

同样，$R^2(I)$是总方差中由三个指数解释的比例。为了获得纯粹的行业层面的作用，我们必须减去世界指数和国内指数已经解释的方差。

$$\text{行业部分} = R^2(I) - R^2(N)$$

剩余的方差是资产所特有的方差，因而是可分散的。它由以下公式给出：

$$\text{公司特有部分} = 1 - R^2(I)$$

在一个充分多样化的投资组合中，最后的方差应该趋于零。

1.4.2　多指数模型

本节提供了多指数模型的基本知识，但不再进一步介绍如何使用。可在套利定价理论（APT）、多因素模型和要素投资的章节中找到更多信息。

1.4.2.1　基本原理

任何单指数模型的基本假设都是：股价之所以同时变动，是因为它们与单一因素

（通常是市场指数）共同波动。但除了这个因素之外，还有其他影响因素会导致股票一起波动。考虑到证券之间协方差的其他来源，必须使用多指数模型。

多指数模型试图通过在一般收益率方程式中添加新项，以捕捉一些非市场因素对证券同时波动的影响。

$$R_i = \alpha_i + \beta_{i1} \cdot I_1 + \beta_{i2} \cdot I_2 + \cdots + \beta_{in} \cdot I_n + \varepsilon_i$$

与单指数模型一样，我们假设：

· 所有资产的残差项（误差项）的期望值均为0，即[E(εi) =0]。

· 任意两个不同指数之间的协方差等于0，即：

$$E[(I_j - \bar{I}_j) \cdot (I_k - \bar{I}_k)] = 0$$

· 任何资产的残余收益与每个指数的收益之间的协方差为0，即：

$$E[\varepsilon_i \cdot (I_j - \bar{I}_j)] = 0$$

· 并且假设，任意两种不同资产的残差项之间的协方差为0，即：

$$E[\varepsilon_i \cdot \varepsilon_j] = 0$$

最后这一假设意味着，除了选定的指数之外，没有任何因素可以解释任何两种证券之间的一起波动。估计模型无法强求达到这一条件，但如果情况不是这样，这将意味着存在其他因素（模型中没有考虑）可以部分解释证券的同时波动。

多指数模型最简单的形式是双指数模型。例如，假设两个指数分别是市场收益率（R_M）和未预期到的通货膨胀率（I），我们可以得到：

$$R_i = \alpha_i + \beta_{iM} \cdot R_M + \beta_{iI} \cdot I + \varepsilon_i$$

这两个 β 值分别为我们提供了资产收益对市场的敏感程度（传统 β）和非预期通货膨胀变动的敏感程度①。正如单指数模型一样，β 可以通过将股票收益率与未预期到的通货膨胀变动联系起来进行估计。

回归方法与单指数模型相同，但我们会得到一个拟合平面，指数大于两个时则是一个多维空间，而不是一条拟合直线。然而，回归原理仍然不变：我们得到的总是那些使拟合值与观察值的离差平方总和取得最小值的点的轨迹。

1.4.2.2　多指数模型中的方差分解

使用以前的模型，我们可以将 N 只股票的投资组合的方差写成：

$$\sigma_P^2 = \sum_{j=1}^{n} \beta_{P,j}^2 \cdot \sigma_j^2 + \sigma_{\varepsilon P}^2$$

---

① 非预期通货膨胀变动可以通过将实际通货膨胀与经济学家团队的预测结果进行比较，从而估计得出。然而需注意，这类数据经常产生问题，因为它不够精确，只有月度数据等。

与单因素模型的情况一样，一旦确定了所有参数，就可以使用马柯威茨的方法。

【例 1－31】 证券 i 的收益率由以下三因素模型产生：

$R_i = 5\% + 0.2F_1 + 1.1F_2 + 0.9F_3 + \varepsilon_i$

其中 F_1、F_2 和 F_3 之间不相关。如果 $E(F_1) = 4\%$，$E(F_2) = 3\%$，$E(F_3) = 2\%$，$\sigma_{F1} = 10\%$，$\sigma_{F2} = 11\%$，$\sigma_{F3} = 8\%$，$\sigma_{\varepsilon i} = 10\%$，我们想知道证券 i 的预期收益率以及标准差。

证券 i 的预期收益率由以下公式给出：

$E(R_i) = 5\% + 0.2E(F_1) + 1.1E(F_2) + 0.9E(F_3)$

$E(R_i) = 5\% + 0.2 \times 4\% + 1.1 \times 3\% + 0.9 \times 2\% = 10.9\%$

标准差为：

$\sigma_i = \sqrt{0.2^2\sigma_{F1}^2 + 1.1^2\sigma_{F2}^2 + 0.9^2\sigma_{F3}^2 + \sigma_{\varepsilon_i}^2}$

$\sigma_i = \sqrt{0.2^2 \times 0.10^2 + 1.1^2 \times 0.11^2 + 0.9^2 \times 0.08^2 + 0.1^2} = \sqrt{0.0302}$

$\sigma_i \approx 17.39\%$

与单因素模型一样，多因素模型中投资组合对特定因素的敏感程度是所有单个证券敏感程度的加权平均，其中权重等于投资于每种证券的比例。通过观察投资组合的收益是其组成每只证券收益率的加权平均值，就不难理解。

$$R_P = \sum_{i=1}^{N} x_i \cdot R_i$$

$$R_P = \sum_{i=1}^{N} x_i \cdot (\alpha_i + \beta_{iM} \cdot R_M + \beta_{iI} \cdot I + \varepsilon_i)$$

$$R_P = (\sum_{i=1}^{N} x_i \cdot \alpha_i) + (\sum_{i=1}^{N} x_i \cdot \beta_{iM} \cdot R_M) + (\sum_{i=1}^{N} x_i \cdot \beta_{iI} \cdot I) + (\sum_{i=1}^{N} x_i \cdot \varepsilon_i)$$

$$R_P = (\alpha_P + \beta_{PM} \cdot R_M + \beta_{PI} \cdot I + \varepsilon_P)$$

$$\alpha_P = \sum_{i=1}^{N} x_i \cdot \alpha_i$$

其中，$\alpha_P = \sum_{i=1}^{N} x_i \cdot \alpha_i$，$\beta_{PM} = \sum_{i=1}^{N} x_i \cdot \beta_{iM}$，$\beta_{PI} = \sum_{i=1}^{N} x_i \cdot \beta_{iI}$，$\varepsilon_p = \sum_{i=1}^{N} x_i\varepsilon_i$。

如果我们假设残差彼此不相关，就可以得到：

$$\sigma_{\varepsilon_p}^2 = \sum_{i=1}^{N} x_i^2 \cdot \sigma_{\varepsilon_i}^2$$

这个计算残差方差的方程式在多指数模型中也成立。如果残差是相关的，意味着要么我们没有选择合适的指数（例如，非预期通货膨胀变动对资产收益没有影响），要么需要增加新的解释变量。

1.4.2.3 多指数模型的应用

在 20 世纪 70 年代和 80 年代，研究人员开始质疑 CAPM 作为一种综合资产定价模型的有效性。他们发现，市场收益率之外的许多因素都会影响资产收益率。这导致了套利定价理论（APT）的进一步发展，该理论是将多指数模型视为收益产生的过程。此外，根据多指数模型，已经找到了许多相关的定价因素，并形成了一个完整的因素投资行业，也称为风险溢价投资。

1.4.3 参考文献

Blume, M. E. Betas and Their Regression Tendencies. Journal of Finance, 1975, Vol. 30, 785 - 795.

第 2 章　有效市场假说与行为金融

2.1　有效市场*

金融市场的信息效率仍然是当今金融领域的话题之一，有效市场是许多金融理论和模型的基础，对实际应用具有重要意义。因此，重要的是要了解信息效率和有效市场通常所理解的内容以及它们的后果。

【例 2－1】 用一个简单的例子可以很好地理解信息效率。图 2－1 显示了公司 X 过去的股价走势。假设该公司是一家制药公司。第 501 天的收盘价是 126 欧元。假设该公司宣布一项新药研究取得了惊人的突破。股价会如何反应？

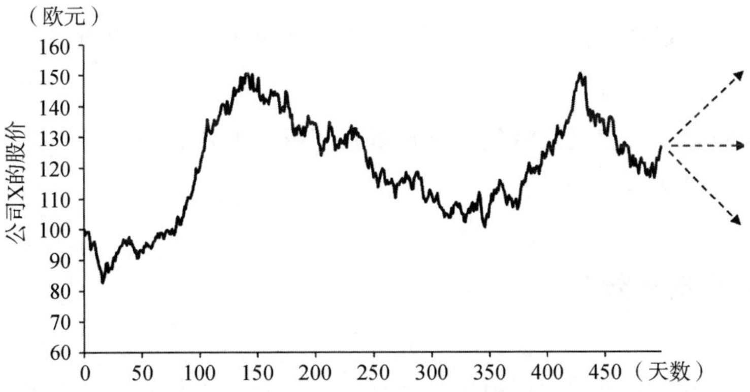

图 2－1　公司 X 的股价走势

作为 X 股的买卖双方之间的平衡，其股价很可能会上涨。投资者想买更多的股票，但任何卖家都只会愿意以更高的价格出售。股票价格相应上涨，供需匹配的均衡价格将达到更高的水平。因此，市场机制导致新信息迅速反映在市场价格上。在有效市场中，随着新信息的出现，这一过程会立刻发生。

这个例子很好地展示了市场机制导致了对相关信息的有效处理。一个重要的先决条件是市场具有竞争性。盈利前景使市场参与者尽快向市场提供新的信息。市场的效率取决于市场处理信息的准确性和速度。因此，市场机制应尽可能合理、快速、廉价和大量地发挥作用。

在信息有效的市场，易于处理的信息有望迅速反映在价格中。例如，这包括容易观测到的趋势或可以预期的事件（如股息公告或票息支付）。

更耗时或更复杂信息的处理可能无法快速或准确地反映在价格中。这是一个可能的收益来源。找到更好或更快的处理信息方式会对市场参与者有利。然而，从长远来看，这些收益应该会因竞争而减少，除非有优秀的人才提前洞察到这些变化。竞争不一定会使所有信息处理技术失效。高效信息处理技术的存在是市场有效运行的先决条件，信息处理技术仅涵盖其成本（时间的机会成本、基础设施成本等）就足够了。因此，这些技术将留存下来，并成为信息处理市场机制的基本组成成分。

在一个证券价格迅速根据新信息进行调整的金融市场中，证券的现价充分反映了该证券的所有信息，这样的市场通常被称为有效市场，或者更确切地说，是一个信息有效市场。

这种精确描述是有意义的，因为金融市场的目标就是将资本配置到最有希望的投资机会上，这被称为配置有效市场。要使市场具有配置效率，市场必须同时是内部有效和外部有效的。内部有效市场是指由于经纪人和交易商之间的激烈竞争，从而交易价格低、执行速度快的市场。外部有效市场就是这里所定义的信息有效市场。所有的外部因素都在市场定价机制中得到了有效处理。下文所说的有效市场，指的都是外部有效市场。

有效市场假说，为现代投资组合理论提供了理论基础，也是近十几年被动投资普遍流行的主要原因之一。

2.1.1　信息有效*

信息有效是指金融市场处理新信息的程度。要使市场具有信息效率，证券需要有效定价，市场需要快速、正确地处理新的相关信息。信息有效是有效市场假说的前提。然而，要使市场有效，几个假设必须成立，并且信息处理机制必须正常运行。

2.1.1.1　无套利及其他假设*

信息有效市场的基础是“无套利”（没有免费的午餐）条件，这表明，如果市场已经处理了所有可用的信息，利用这些可用信息无法获得无风险利润，那么市场就是信息有效的。这意味着市场价格总是能反映资产的真实价值。因此，没有系统的超额利润机会。或者换句话说，如果无套利条件成立，那么就没有无风险利润形式的“免费午餐”。资产价格预计会随机波动，并且只会对真正的新信息作出反应（Fama,

1970）。然而，即使没有套利，也有可能通过假设系统性风险获得比无风险利率更高的收益。承担此类风险的预期补偿是超过无风险利率的风险溢价。只有同时增加系统性风险，才能提高预期收益。

要使无套利条件有效，必须满足一些假设。

证券的定价是通过市场机制进行的，其均衡价格由市场供求决定。为了让市场尽可能有效地处理新信息，需要理性的市场参与者。然而，对于市场而言，并不需要每个市场参与者都根据理性预期进行交易。当所有市场参与者的平均预期是理性的就足够了。因此，市场中存在噪音交易者并不意味着是弱有效市场（Malkiel，2007）。

除了理性预期假设之外，还有一个前提是无套利限制，这意味着没有任何障碍可以阻止理性的市场参与者从价格低效中获利。因此，如果证券的价格尚未对消息作出反应或反应效率低下，市场参与者必须能够利用这种无效率。当然，市场机制的顺利运行可能存在诸多障碍，例如包括交易限制（当投资者无法进入市场或存在资本管制时）、高交易成本（显性和隐性交易成本）以及缺乏卖空或杠杆等。无套利限制也意味着除了有足够多的具有处理信息能力的竞争市场参与者外，他们还有足够的资金将价格推向有效的均衡价格。

2.1.1.2　市场的信息处理机制*

从价格低效中获利的动机推动了金融市场中的价格调整过程。市场参与者将搜寻任何可用且相关的信息以获取利润。通过这种方式，价格就会变得更加具有信息效率了。价格如何根据可用信息进行调整称为市场的信息处理机制。

市场参与者是根据新信息进行价格调整背后的推动力。因此，在有效市场中，当价格立即交易到公允水平时，任何价格变化都必须是对新信息到来的反应。这实质是要求证券价格遵循随机游走的论据，这意味着价格在大多数情况下是随机且不可预测的。

市场的信息处理机制是市场中参与者共同努力的结果。为了建立理性预期，市场参与者经常依赖于模型。模型有助于更好地理解新信息对证券（即股票、债券和其他金融资产）价格的边际影响。例如，对于股票，公司 X 的股价 P_0 是这样决定的：

$$P_0 = \sum_{t=1}^{\infty} \frac{E(D_t)}{(1 + R_t)^t}$$

式中：P_0——股票在 0 时刻的价格；E——期望算子；D_t——在时间 t 的股利支付；R_t——在时间 t 的贴现率。

任何想要对股票价格建立理性预期的市场参与者都需要考虑所有可用的信息，这些信息可能具有微观经济或宏观经济的性质。微观经济信息可能是公司未来现金流或股息估计、公司的财务政策、资本预算，或是进一步的产品开发。宏观经济信息可能是经济周期、通货膨胀（和公司的定价能力）、利率水平（作为贴现率的主要组成部分）、公司所在行业的竞争力等。像上式这样的股利贴现模型可以帮助将任何消息与股价联系起来。

【例2-2】这里用债券市场的例子来说明。考虑X公司的5年期零息债券，面值为1 000欧元，与该债券具有相同到期日和风险的另一债券的贴现率是3%（假设利率为固定的期限结构）。当前的债券头寸价值计算如下：

$$P_0 = \frac{1\ 000}{1.03^5} = 862.61(\text{欧元})$$

预期的现金流是5年后偿还的面值，按照3%的贴现率来进行贴现。贴现率反映了当前的利率水平和X公司的风险。或者换句话说，假设无风险的5年期零息债券收益率为1%，X公司需要额外支付2%来补偿投资者投资该债券所承担的额外的信用风险（也称为信用利差）。如果该公司突然发布了关于其生产设施发生火灾的坏消息，该公司的信用利差从之前的2%变为最新的6%，市场价格应该如何反应？

新的贴现率为7%，无风险利率仍为1%，信用利差扩大至6%，根据定价公式，得到一个新价格：

$$P_0 = \frac{1\ 000}{1.07^5} = 712.99(\text{欧元})$$

在有效市场中，市场的信息处理机制保证了债券价格的即时调整。一旦有关火灾的新信息出现，市场参与者就会开始交易，他们以之前862.61欧元的价格卖出（如果他们还没有持有债券，则为卖空），直至价格到712.99欧元时停止卖出。因为一旦达到新的有效均衡价格，市场价格就会再次有效，并且无法从这段信息中获得进一步的利润。

金融市场确实竞争非常激烈，信息的产生和处理非常快。对于市场上交易的所有证券，这一过程不断重复。然而，信息处理机制取决于市场参与者和其处理信息的方式，理性预期和无套利的限制是很重要的。换句话说，要使市场信息有效，需要有知识渊博的市场参与者、持有足够的资金、遵循合理的定价规则、不受限制地进入市场、使用良好的低延迟交易的基础设施、依赖于适当的监管政策和信息透明、公平和完整的尽职调查框架等。

信息处理机制也提出了一个众所周知的难题：只有当足够多的人认为市场无效时，市场才能达到有效。如果每个人都相信市场是完全信息有效的，没有人会想要收集和处理新的信息，因为无利可图。然而，由于没有人对新的信息作出反应，市场价格和市场一般预计会变得越来越低效。这再次激发了参与新信息处理的动机。要使市场信息有效，更重要的问题是信息处理机制整合新信息的速度（Grossman和Stiglitz，1980）。

2.1.2 有效市场假说*

资产反映某类信息的说法被称为有效市场假说（Efficient Market Hypothesis，EMH）。

有效市场假说意味着市场价格总是代表资产的真实价值，反映了所有相关的、可用的信息。如果市场是有效的，那么以现行市场价格购买或者出售任何资产都不会是正净现值（Net Present Value，NPV）的交易。换句话说，平均而言，买方为实际承担的风险支付了公平的补偿。投资资本所获得的收益总是与投资风险、货币的时间价值和策略的交易成本相匹配。在竞争激烈的资本市场中，大多数长期投资策略都只能补偿这些成本，没有“免费午餐”（或者至少没有“廉价午餐”）。

对此，法玛（Fama）在他的文章里给出了更为正式的表述，用数学表达式说明了投资者如何从信息中形成价格预期：

$$E(\tilde{P}_{j,t+1} \mid \Phi_t) = [1 + E(\tilde{r}_{j,t+1} \mid \Phi_t)]\, P_{j,t}$$

式中：E——期望值算子；$P_{j,t}$——证券 j 在时间 t 的价格；$\tilde{P}_{j,t+1}$——证券 j 在时间 t+1 的价格；$\tilde{r}_{j,t+1}$——证券 j 在 t+1 期内一期收益率；Φ_t——在时间 t 可以得到的信息集。

上述方程式表明，给定在时间 t 可以得到的信息集，证券 j 在时间 t+1 的期望价格等于 t 期的价格乘以 1 加上证券 j 在 t+1 期的期望收益率之和。问题在于，可用的信息集 Φ_t 由什么组成？答案取决于所考虑的市场假说的形式。

2.1.2.1 有效市场的形式*

在法玛（1970）最初的文章里，他根据已经反映在资产价格中的信息种类，把一般有效市场假说分为三种。因此，有效市场发展出了弱式、半强式和强式三种形式。

（1）弱式有效市场*

弱式有效市场假说表明，市场有效地反映了关于过去市场信息的所有公共信息。这个假说意味着，任何基于历史市场数据的技术性交易规则都不应有任何收益。因此，就没有动机去寻找这类技术规则或其他市场模式。虽然证券收益与历史市场数据无关，但弱式有效市场假说为更复杂的分析和投资方法（如公司基本面分析）留下了空间。

当谈到过去的市场信息时，讨论通常是关于技术性分析或技术性交易。技术性分析或技术性交易指的是试图根据历史价格走势的发展和模式来预测未来价格的行为。它本质上是在价格、波动性或成交量中寻找周期性和可预测的模式。技术性交易和技术性指标在投资领域中很常见，已经使用了几个世纪。[①] 下面将简要介绍这种类型的交易。

图 2－2 显示了公司 X 的股价模式，但它增加了一个上下通道，这是受到 Richard Donchian 的启发。上下通道是 20 天的最高和最低跟踪价格。趋势跟踪策略将在价格触及上（下）通道时做空（做多）。同样，均值回归交易者可以在价格触及下（上）通道时，使用相同的渠道做空（做多）。

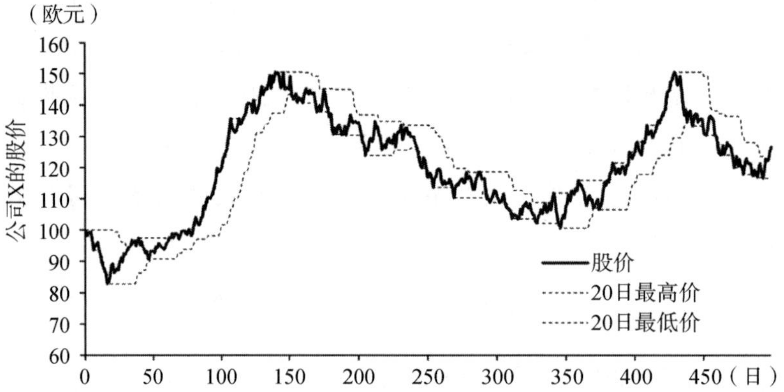

图 2－2　公司 X 股票的 Donchian 通道

同样，图 2－3 显示了相同的股价数据，但增加了 20 天的移动平均线。移动平均线通过计算过去 20 天的滚动平均价格来转换原始时间序列。穿越 20 天移动平均线的股价通常被用作交易的指标。从下方穿过是“买入”信号；而从上方穿过被认为是负面的，因此是“卖出”信号。这种策略是一种利用证券价格势头的流行方式。

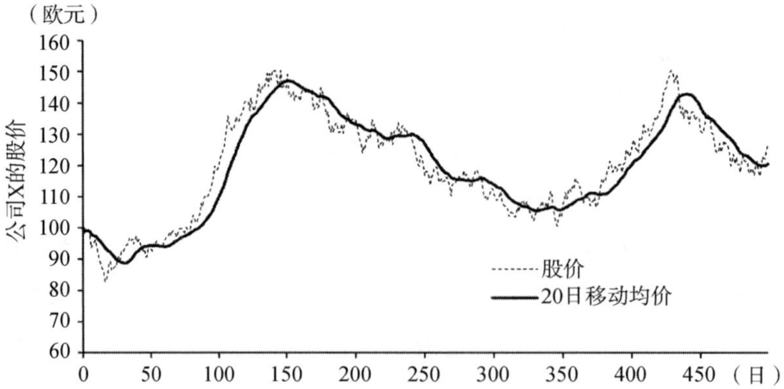

图 2－3　公司 X 股价的移动均价

① De la Vega（1688），Williams（1883），Wilder（1978），Hamilton（1922）.

如果资本市场是信息有效的，那么这种投资策略不可能产生正的超额收益。20 天移动均线的计算完全依赖历史股票数据。但由于在有效市场中，所有可用的信息都已经反映在实际股价中，所以历史数据对预测未来股票价格已经没有任何作用。

技术性交易的第三个例子是过滤规则（Filter Rules），它们是指示买卖信号的数学法则。例如，过滤法则可能会指示如果股价上升了 z%，应该买入股票；反之，如果股价下降了 z%，应该卖出股票。法玛和布卢姆（Fama 和 Blume，1966）比较了应用这种交易法则所获收益率和仅买入并持有 30 只道琼斯工业指数股票普通股所获得的收益率。表 2-1 比较了不同过滤水平下两种策略的平均收益率。

表 2-1　　30 只普通股的平均年收益率（1956—1962 年）

过　滤	过滤法则平均收益	买入并持有平均收益
0.005	0.115	0.104
0.010	0.055	0.103
0.020	0.002	0.103
0.050	-0.019	0.100
0.100	0.030	0.093
0.200	0.043	0.098
0.300	-0.005	0.064

与弱式有效市场假说一致，这些数据表明，根据过滤规则获得的收益并不比简单的买入并持有策略更好。只有在 0.5% 的过滤水平上，采用过滤法则的策略获得了 11.5% 的收益率，高于买入并持有策略 10.4% 的收益率。要想辨明这种差别在统计上是不是显著，需要更多的信息。如果这些结果进一步忽略交易成本，并且在所考察时期内、按照 0.5% 的过滤法则有 12 514 笔交易，则采用过滤法则的策略获得的年平均收益率是 -103.5% 而不是 11.5%。

进一步的研究，如斯凯里特和贝杰格沃茨（2008）证实，技术性交易策略几乎不可能获得显著的风险调整收益。他们的持续检验[①]表明，投资者绝不可能事前从一系列经典的技术性交易策略中选出未来表现最好的策略。他们的研究还表明，如果考虑交易成本，样本内的表现也完全被抵消。总之，他们的研究结果强烈质疑技术性交易策略的经济价值。其他许多研究也支持弱式有效市场假说。[②]

① 例如，他们衡量了不再是样本内而是样本外每六个月再平衡一次的投资组合的表现。因此，选择策略时用的是历史可获得的信息。

② Nisar & Hanif (2012), Neely & Weller (2011), Park & Irwin (2008).

同样重要的是要注意，简单技术性交易策略发现的模式有时会产生误导。事实上，结构并不一定意味着可预测性，T. F. Crack 和 O. Ledoit 的论文《不能用于预测的强健结构：股票市场的“罗盘”玫瑰》（《Journal of Finance》，1996）特别好地说明了这一点，文章在考察连续的收益序列后描述了一系列令人惊奇的模式，但这些模式与可预测性无关，而是由于市场微观结构效应，即归因于最小报价单位（股票价格的最小报价单位）。图 2－4 绘制了 t 日收益对 t＋1 日收益的关系图，似乎有可能从明显的可预测性中获利，但这是不可能的。

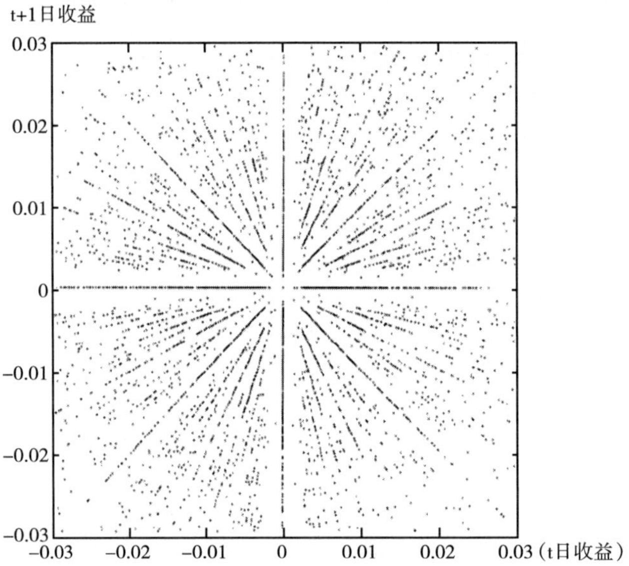

图 2－4 股票价格的“罗盘玫瑰”结构

（2）半强式有效市场*

如果市场价格体现了所有公共信息，那么这个市场是半强式有效的（Semi－strong－form Efficient）。半强式有效市场假说完全建立在弱式有效市场假说之上。此外，它还包括所有其他公共信息。因此，除了所有过去的市场信息外，它还包括所有的非市场信息，如财务报表信息、公司公告、政治新闻、分析师报告、宏观经济信息等。

半强式有效市场表明，对公共信息的分析不会获利，因为证券价格已经反映了所有这些公共信息。如果没有私人信息，就没有办法获得额外收益。

深受活跃投资者欢迎的公司基本面分析，就符合半强式有效市场假说。然而，该假说认为，由于所有公共信息都已经反映在价格中，因此没有必要分析公司或经济状况。虽然有一些证据支持弱式有效市场假说，但对于半强式有效市场来说，情况更加复杂。[①] 最近几十年来大量的学术文献表明，许多所谓的市场异象挑战了半强式有效市场假说。虽然一些人将这些异象视为市场不是半强式有效市场的证据，但其他研究人员将这些异象视为当前模型中尚未考虑到的风险因素。

（3）强式有效市场*

如果市场价格反映了所有信息，包括私人信息，则这个市场是强式有效的（Strong - form Efficient）。私人信息有两种形式：要么是来自公司员工的“内部”信息，要么是基于公开信息的私人评估（分析师的研究）。强式有效涵盖半强式有效，当然也涵盖弱式有效。强式有效意味着，市场上没有任何一类投资者拥有尚未反映在价格中的独家信息，所以没有哪类投资者可以产生持续超额收益。

强式有效市场假说条件苛刻，在金融研究中受到了最多的反对。强式有效市场假说成立意味着，即使是公司内部人士，例如公司的首席执行官（CEO），也无法成功交易其公司股票，因为股票价格已包括了刚刚在执行董事会桌上的私人信息。

2.1.2.2 检验市场有效性*

上面定义了完全有效市场和有效市场假说的三种形式，现在可以看看在现实中检验市场有效性的方法。

检验市场有效性的方法取决于所要考察的市场有效形式。

（1）弱式假说

要检验弱式假说的有效性，可以使用返回检验和统计检验（Backtesting and Statistical Tests），研究技术性交易是否可以产生统计上显著的超过机会或公平风险补偿的收益。

过度拟合和数据挖掘是检验交易规则时面临的主要问题。如果运用许多不同的交易规则来寻找足够长期内的模式，并优化每个模型参数，那么找到一个通过统计检验的交易规则的概率是相对较高的。尽管该交易规则的结果在样本内看起来可能很好，但当应用于新数据时，该交易规则的预测能力可能不会很高。[②]

（2）半强式假说

对这种形式的有效市场假说的检验可以分为两类：

一类是事件研究（Event Studies），是用来检验股票价格反映新信息的速度。有效市场假说的拥护者希望价格可以迅速反映信息，以至于投资者无法在新信息公开之后通过投资获得超额的风险调整后收益。

---

① Lakshmi & Roy（2013），Born et al.（2017），Jethwani & Ramchandani（2018）.

② Suhonen & Lennkh（2017），Harvey & Liu（2015）.

【例 2-3】 以图 2-5 为例，它显示了 X 公司在合并公告发出前后的股价变动情况。收购公告对目标企业的股东来说是个好消息，所以会导致股价上升。根据半强式有效市场假说，预计股价将立即上升。①

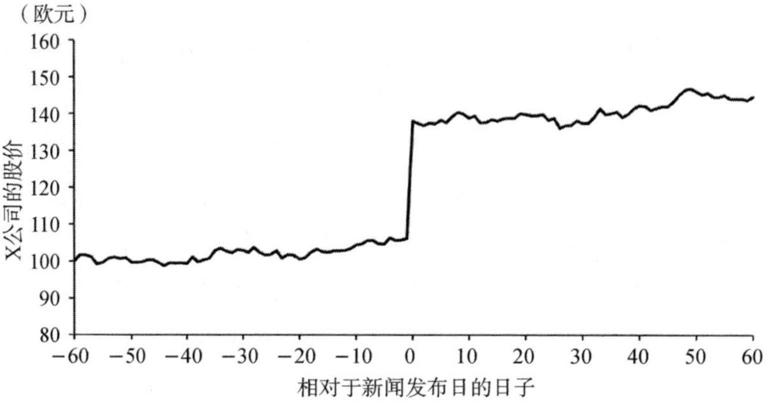

图 2-5　收购公告发布前后目标企业的价格模式

在公告日（第 0 天），可以观测到一个很大、正的超常收益。公告发出之后，股价立即不再大幅上涨。这一价格反应模式与半强式有效资本市场的观念一致。价格反应非常迅速（1 天内），完全是在新信息公布的当天（公告日）作出反应。

时间序列或截面收益率分析。形成投资策略，并检验超额风险调整后收益。半强式有效市场现在应该考虑超额收益。例如，在截面收益率分析中，股票的投资范围通过财务比率（市盈率、账面价值/市场价值）等标准进行过滤。这些信息可以从财务报表和市场数据中公开获得。如果市场是有效的，选择按照特定的财务比率从高到低排序，这些股票的收益率应该是相同的。

相反，许多投资策略被发现产生了很高的风险调整后收益。然而，检验需要确定什么是适当的风险调整。或者换句话说，检验高度依赖于所使用的基准检验模型。一个可能的基准模型是资本资产定价模型（CAPM）。值得注意的是，所有市场有效性检验都是以某一给定的基准收益模型为条件的。因此，所有这些关于市场有效性的研究都是对有效市场假说和所使用的基准模型的双重检验。超额收益的产生可能是由于市场不是有效的或基准不正确。

（3）强式假说

对强式假说的典型检验确实比较了不同可识别投资群体随时间变化的收益，以确

① Burgstahler et al.（1999）.

定某一群体的投资者是否持续获得超额风险调整后收益。[①]

2.1.2.3　市场有效的证据*

在学术界，对有效市场假说的相关性目前还没有一致性的看法。总之，可以说，大多数早期的实证研究表明市场至少是半强式有效的。但最近，“不是有效的”市场假说出现了更新。

对于大多数金融市场，一些经济和金融指标的预测能力和历史数据的规律性已经被有效揭示出来。在投资界，无论是通过动量（违反弱式有效市场假说的价格趋势）还是风险溢价投资者（违反半强式有效市场假说的截面股票过滤），这些市场异象（Market Anomalies）被广泛运用。然而，要想判别这些异象是实际机会还只是统计幻觉是很难的。学术界仍旧试图弄清楚这些异象是否能够证明市场不是有效的。

关于市场有效性的讨论可以自下而上和自上而下来进行。自下而上涵盖单个证券的有效定价，而自上而下则是在宏观经济层面进行运作。在这种情况下，讨论与有效市场假说相关的金融泡沫是合适的。1996 年，当时的美联储主席格林斯潘质疑如何判断市场参与者是否因此陷入了“非理性繁荣”，并导致资产价值上升。后来在形容网络崩溃时，就使用了这个词。而学者罗伯特·施勒也写了《非理性繁荣》一书，该书是在股市崩溃之前出版的，在某种程度上预测了对互联网革命期望的幻想。

回顾过去，通常很容易发现市场参与者的非理性行为，但当时的人们并不一定没有遵循理性决策。后见之明使人们很可能只看到最终导致泡沫破裂的信息。然而，这一信息并不是在事件发生时唯一可用的信息。因此，金融泡沫并不构成对有效市场假说的违反。

但是，有越来越多的行为主义理论来解释为什么市场参与者会采取非理性的行为[②]。在金融产业中也已经产生了一种强烈的、虽然还不是完全的共识，即为了更好地了解金融市场，应该更多地关注人性本身。

Grossman 和 Stiglitz（1980）曾写过一篇重要论文，讨论在市场均衡的情况下有效市场在理论上的不可能性。简而言之，他们观测发现，市场并不能持续保持均衡，因为获取信息需要成本。他们的思考逻辑很难被反驳。如果获取和处理信息成本较高，价格便无法完全和自由地传递信息。如果事实如此，那么从一开始就没人会有动机去收集和处理信息。因此，价格中就会不包含信息，市场就不能被称为是有效的。另一种说法就是，如果市场处于均衡状态，那么没有套利者可以根据他们独有的

---

① Biggerstaff（2020），Augusting et al.（2015），Vargus & Beneish（2001），Ahern（2016）.

② Andrei Shleifer. Inefficient markets：An introduction to behavioural finance. Oxford University Press，2000.

（但却是昂贵的）信息获取超额收益。因此，两位作者认为，应该存在一定程度的市场非均衡，此时价格只部分地反映了最知情市场参与者的信息。

正如之前所暗示的，在职业投资组合管理人的圈子里，有效市场假说并不是一个很流行的理论。因此，有效市场假说从未被华尔街广泛接受，直到今天关于证券分析在多大程度上可以提高投资业绩的争论仍在继续。然而，最终市场有效性问题归结为经验丰富的投资者能否持续获得超额利润，因果关联证据并不支持专业管理的投资组合能够持续击败市场的说法。

2.1.3　有效市场中的价格发现*

为了使市场是有效的，价格必须包含所有可用的信息。资产定价模型有助于了解信息如何影响证券价格。虽然定价的概念在理论上比较简单，但在实践中比较复杂。一般来说，任何资产的价格都应等于其贴现的预期未来现金流。这意味着，一方面，需要估计所有未来现金流的路径；另一方面，需要选择一个适当的贴现率，将这些未来现金流的风险纳入其中。

为了说清楚，可以考虑一种无风险债券，该债券在 T 年到期，票面价值 V，每年付息 C。此外，假设无风险利率为 r_{rf}，并且确信在债券的整个存续期内利率保持不变。那么，债券价格的计算公式如下：

$$P=\sum_{n=1}^{T}\frac{C}{(1+i)^{n}}+\frac{V}{(1+i)^{T}}$$

这是债券的一个简单的定价，其现金流是无风险和给定金额的，唯一的不确定性与贴现率有关，该贴现率在所有到期日 T 都保持不变。

现在考虑一种更复杂的证券，它在无限的期限内以随时间变化的不确定贴现率 ρ 支付不确定金额 D。这里可以把证券看作一家公司的股票，D 是不确定的股息。ρ 的不确定性来源于随时间变化的无风险贴现率和随时间变化的风险价格。在时间 t 的资产价格表示为：

$$P_t=\sum_{n=1}^{\infty}\left|\prod_{j=1}^{n}\frac{1}{1+E_t(\rho_{t+j})}\right|E_t(D_{t+n})$$

这种证券的价格更难计算。资产定价公式要求对 ρ 和 D 的未来路径形成预期。因此，ρ 和 D 这两个变量都受到微观经济和宏观经济因素的影响。微观经济因素是特定于证券或公司的。例如，销售数字取决于任何新开发的产品和未来的利润率。这两个例子都与 D 的未来预期有关。另外，负债较少的更保守财务政策可以降低违约风险，提高公司的信用评级，这将再次导致较低的贴现率。宏观经济因素是取决于整体经济的因素。经济增长、通货膨胀、利率或货币汇率对未来现金流及证券的风险均有直接影响。为了使市场对证券进行有效定价，不仅要处理微观经济信息，还要处理宏观经济信息。本节还强调对各种宏观经济驱动因素及其相互作用的理解。

2.1.3.1　微观经济变量*

微观经济变量与公司特有变量有关，许多这样的变量都会影响证券的价格。它们可以影响证券的现金流，或者它们通过贴现率影响风险并影响价格。在过去几年里，有关“环境、社会和治理”（ESG）的变量更加流行，是微观经济变量的好例子。

定量变量和定性变量之间有一个基本的区别。顾名思义，定量变量是可以清晰量化的。例如，来自公司的损益表、资产负债表或现金流量表的数据，为公司的经营业绩提供了分析的基础。

定性变量则不再关注财务报表中的硬数字，而是关注“软”标准。它们从财务报表的“硬性”数字转向“软”标准，像商业前景或管理质量等方面都很重要，但很难量化。所谓的代理变量通常用于评估这些定性变量。这意味着人们要寻找能够近似地描述定性方面的数据。例如，管理团队的信念可以通过跟踪执行经理的股票买卖情况来近似。经理人的买入行为可能被解读为积极的信号，而卖出自己的股票则被解读为对公司不利的信号。

2.1.3.2　宏观经济变量*

宏观经济变量对证券价格具有重要影响。基本的资产定价方程指出，任何金融资产的市场价格等于该资产未来现金流的现值。经济增长以及其他宏观经济变量都将影响定价公式的现金流及其贴现率。要理解金融价格，还需要了解驱动价格的宏观经济变量。

本节重点介绍一些最突出的宏观经济变量。它们是经济增长，以及四个关键的宏观经济价格，即通货膨胀、利率、汇率和风险价格。同时，分析师需要了解这些变量是如何相互作用的。为了使市场是信息有效的，所有这些变量都必须反映在证券的价格中。

（1）经济增长

经济活动或经济福利通常由国内生产总值（GDP）或是 GDP 的增长率表示。一个正的经济增长率表明经济运行良好，经济中的绝大多数主体也从中受益。在这样的环境下，企业未来利润将增加，从而可以派发更高的股息。此外，公司违约的风险也比较低。较低的风险反映在较低的风险溢价和相应较低的融资成本上。因此，良好的经济增长既会影响未来的预期现金流，也会影响资产定价公式中的贴现率。

GDP 可以是名义 GDP，也可以是实际 GDP。名义 GDP 与实际 GDP 之比即为 GDP 平减指数。GDP 数据通常按照季度计算和发布。人均 GDP 通常被用作衡量一个国家财富的指标，显示了一个国家每个人在每年创造的价值。如果 GDP 连续两个季度为负增长，则经济处于技术性衰退，衰退对经济不利，因为衰退时常伴随着企业倒闭的增加和失业率的上升。因此，政府和央行通常会通过其财政政策和货币政策来避免经济衰退。

由于 GDP 仅按季度观测，滞后时间较长且容易修正，市场参与者更倾向于“采购经理人指数”（PMI）和“非农就业人数”（NFP）等宏观经济数据，这些更高频率的数据来代表经济活动。

另一个重要的参数是潜在 GDP，它是指当一个经济体的所有生产要素（劳动力或资本）都得到充分利用时所能生产的 GDP 水平。在短期内，实际 GDP 会偏离潜在 GDP，产能过剩或不足。然而，有自我平衡的力量往往会使 GDP 恢复其潜力。然而，这一调整过程可能需要时间。结构性政策可以帮助扩大潜在的 GDP。

（2）通货膨胀

通货膨胀是指经济中的总价格水平（不同商品和服务的加权平均价格）。一个经济体中价格的变化率称为通货膨胀或通货紧缩（变化率为负）。

然而，个别商品和服务对通胀指数的贡献并不总是明显的。通常，当谈到通胀时，指的是消费者价格指数（CPI）或 GDP 平减指数的变化。CPI 是基于代表性家庭购买的一篮子商品和服务的加权平均价格。图 2－6 显示了截至 2019 年美国部分产业对 CPI 的贡献（Barlays，2019）。可以看到，其中最重要的类别之一是住房，其次是交通、食品和饮料等。

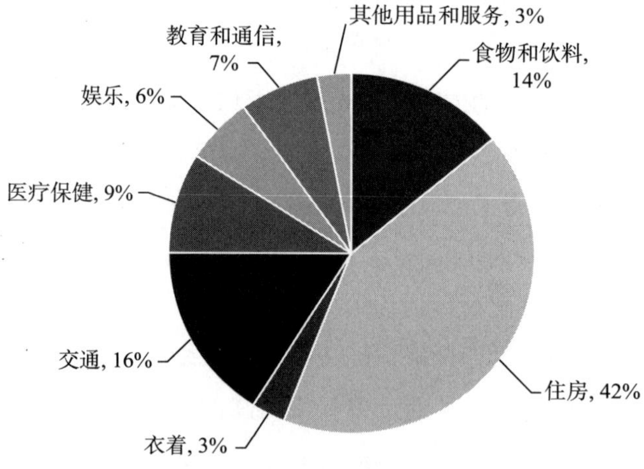

图 2－6　2019 年美国部分产业对 CPI 的贡献

GDP 平减指数是一个国家国内生产的所有商品和服务的加权平均价格。因此，GDP 平减指数包括已生产的商品和服务的价格，但不一定是在国内销售或消费的。另外，CPI 还包括不在国内生产的进口商品和服务的价格。根据所选择的通货膨胀指数，通货膨胀率可能会有所不同。考虑到这一点，后面会提到“通货膨胀”，而不确定具体的指数。

图 2－7 显示了 1980—2021 年瑞士和美国以 CPI 衡量的历史通胀率。通货膨胀是随时间而变化的，不同国家的通胀情况不同。在经历了长期的低通胀后，2021 年通胀开始再次上升。

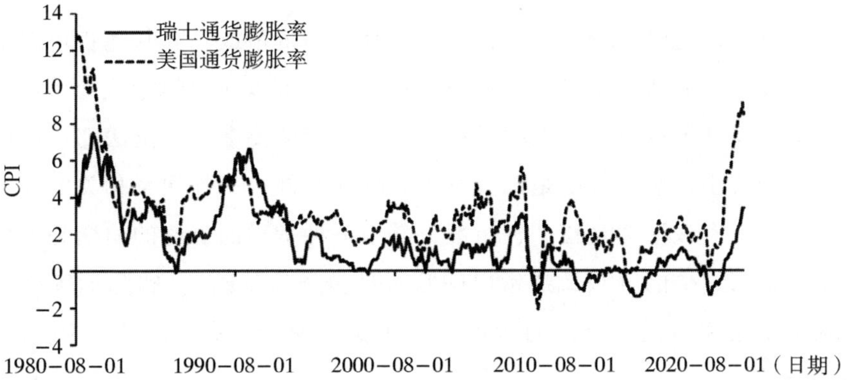

图 2－7　美国和瑞士的 CPI

（3）利率

对利率的讨论通常包括多个维度：风险、到期日、实际利率和名义利率。

关于风险，有无风险利率和风险利率的区分。违约概率可忽略不计的称为储蓄利率或者无风险利率（如美国政府债券）。风险利率是指证券不会产生预期现金流的概率为正。信用评级机构（例如穆迪、标准普尔）会关注公司和证券，以评估它们无法达到预期付款的可能性。优质和高评级证券的信用风险可忽略不计，中等评级证券的信用风险较低，非投资级证券的违约风险较高。风险较高的利率通常高于无风险利率（对于同一种货币）。这种差异被称为风险价差或信用利差。将 r_{rf} 定义为名义无风险利率，θ 定义为信用利差，风险名义利率 r 表示为：

$$r = r_{rf} + \theta$$

风险越大的证券往往有更高的 θ。θ 的水平取决于特殊的方面（公司或证券特有的），以及更一般的方面，如经济中的风险规避程度等。

利率可能有不同的期限。到期 T 的利率 i 预计每年平均可获得 i% 的利息。从期限上看，利率从隔夜到很长时间（50 年或更长时间）不等。央行通过设定参考利率

（例如美国的联邦基金利率或瑞士的 SARON[①]）的政策来控制短期利率，而长期利率更依赖于宏观经济环境。

最后，区分实际利率和名义利率是很重要的。定义 I_t^e 为年初对年度 t 的通胀预期。然后，t 年的名义利率由费雪方程给出。费雪方程指出，实际利率等于名义利率减去预期通胀：

$$r_t^{实际} = r_t^{名义} - I_t^e$$

例如，若名义利率 $r_t^{名义}$ 为 3.50%，预期通胀 I_t^e 为 2.20%，则实际利率 $r_t^{实际}$ 为 1.30%。

（4）汇率

汇率是关键的宏观经济价格之一，它是用另一种货币或一套其他货币来衡量一种货币的价格。双边汇率通常定义为每一单位基准货币可以换取的标价货币数量。在讨论瑞士法郎兑欧元的汇率时，该汇率是指购买一欧元需要多少瑞士法郎。在这种情况下，欧元是基准货币，瑞士法郎是标价货币。除此之外，另外两个相关的概念是有效汇率和实际汇率。有效汇率是指一种指数，其中一种货币的价值的演变是根据其他货币的加权平均值来评估的（权重通常以国际贸易份额为基础）。实际汇率是指两种货币（如果是有效汇率，则是更多的货币）的名义汇率经两种货币发行国的通货膨胀率调整后的指数。

【例 2－4】 表 2－2 展示 2013—2020 年瑞士和德国之间双边汇率演变的一个例子。2014 年底，1 欧元兑换 1.23 瑞士法郎；2015 年底，1 欧元兑换 1.07 瑞士法郎。因此，在 2015 年期间，瑞士法郎相对于欧元的名义汇率升值了 11.6%。与此同时，德国的通货膨胀率为 0.68%，而瑞士的通货膨胀率为 －1.14%。一旦加上德国的通胀，减去瑞士的通胀，就会得到 9.78% 的实际升值。相反，从 2016 年到 2017 年，瑞士法郎相对于欧元贬值（2016 年为 1.9%，2017 年为 1.8%，2018 年为 4.5%）。同期，瑞士的通货膨胀率仍然低于德国。这些趋势导致瑞士法郎在 2016 年和 2017 年分别实际贬值 2.7% 和 2.97%，在 2018 年实际贬值 5.5%。从 2013 年到 2020 年，瑞士名义汇率相对于欧元升值 13%。同期，德国物价上涨 7%，瑞士物价下跌 0.5%。因此，2013—2020 年，瑞士法郎对德国的实际升值幅度约为 6.5%。

① Swiss Average Rate Overnight，瑞士隔夜平均利率。

表 2-2　瑞士—德国双边汇率：实际对名义汇率

年份	汇率		价格指数（2013=100）		通货膨胀率（%）		实际汇率	
	水平	变化（%）	德国	瑞士	德国	瑞士	指数	变化（%）
2013	1.23		100	100			1.23	
2014	1.21	-1.6	101	100	0.77	-0.01	1.22	-0.82
2015	1.07	-11.6	101	98.9	0.68	-1.14	1.1	-9.78
2016	1.09	1.9	102	98.4	0.37	-0.44	1.13	2.71
2017	1.11	1.8	104	98.9	1.7	0.53	1.16	2.97
2018	1.16	4.5	106	99.9	1.94	0.93	1.23	5.51
2019	1.11	-4.3	107	100	1.35	0.36	1.18	-3.31
2020	1.07	-3.6	107	99.5	0.37	-0.73	1.15	-2.5

（5）风险价格

以风险厌恶程度衡量的风险价格关注个人或整个市场对风险情况的感知和行动。风险中性投资者的模型假设投资者在确定支付 100 欧元的资产与以 50% 的概率支付 0 欧元、以 50% 的概率支付 200 欧元的资产之间会表现出无所谓的态度。然而，经济主体往往是风险厌恶的（而且往往是损失厌恶的）。因此，相对于不确定的、具有相同预期价值的现金流，他们更倾向于赋予确定的现金流以更多的价值。现代投资组合理论表明，规避风险在开发投资组合中发挥着重要作用，可以在任何给定的风险承受能力水平下实现预期收益最大化。

风险规避是上述风险利差的两个组成部分之一。在存在风险的情况下，即使是风险中性的投资者，也会要求高于安全无风险利率的利率。假设无风险利率为 1%，考虑一种期限为 1 年、完全违约概率为 10% 的证券。风险中性的投资者会要求 12.22% 的利率，因为 $101 = 0.9 \times 112.22$。然而，规避风险的投资者会要求更高的利率。因此，上述风险溢价包括一个纯粹是信用风险的补偿部分，加上另一个与风险规避程度相关的部分。这两个组成部分可以相互影响，并有可能导致自我实现的危机。例如，高度的风险厌恶可能导致利率突然上升，并迫使原本有偿付能力的借款人破产。

（6）宏观经济变量的相互作用

研究宏观价格和经济活动之间的关系，可以更好地理解这些变量之间是如何相互作用的。现在介绍一些基本的相互作用。

第一个重要的关系是，两种不同货币的名义利率和对双边汇率的预期通过无抛补利率平价条件（UIP）联系起来。设 r_{at} 表示货币 a 在 t 期的一年期无风险名义利率；r_{bt} 表示货币 b 在 t 期的一年期无风险名义利率；$x_{a,b}^{t}$ 为期初基准货币 a 与标价货币 b 之间的汇率（定义为一单位货币 a 兑换货币 b 的单位数）；$E_t(x_{a,b}^{t+1})$ 为 t 期期初对 t+1

期期初的基准货币 a 与标价货币 b 之间的汇率的预期。那么，无抛补利率平价条件（UIP）表明：

$$E_t(x_{a,b}^{t+1}) = x_{a,b}^{t} \cdot \frac{1 + r_{bt}}{1 + r_{at}}$$

$$\frac{1 + r_{bt}}{1 + r_{at}} = \frac{E_t(x_{a,b}^{t+1})}{x_{a,b}^{t}}$$

或：

$$r_{bt} - r_{at} \approx \frac{E_t(x_{a,b}^{t+1})}{x_{a,b}^{t}} - 1$$

根据无抛补利率平价条件，与低利率货币相比，高利率货币预计会贬值。这种贬值应该正好弥补了利差。假设从均衡状态出发，而国家 a 意外地决定提高其利率。无抛补利率平价条件表明，货币 a 需要相对于货币 b 贬值，但考虑到从均衡开始，a 的贬值会导致偏离均衡。因此，在意外加息之后，货币 a 突然升值（这是 a 的价值跳升），然后缓慢贬值回到均衡。在这种设定下，除了跳升的那一刻，无抛补利率平价条件会持续成立。

第二个重要的关系是购买力平价（PPP）。设 I_{at} 和 I_{bt} 分别为 a 国和 b 国 t 期的通货膨胀率。同样地，$x_{a,b}^{t}$ 为 t 期期初基准货币 a 与标价货币 b 之间的汇率（定义为一单位货币 a 可以兑换货币 b 的单位数）。相对购买力平价（PPP）表明：

$$I_{bt} - I_{at} \approx \frac{E_t(x_{a,b}^{t+1})}{x_{a,b}^{t}} - 1$$

换句话说，预计汇率将根据通货膨胀率的差异进行调整。相对于低通胀国家，高通胀国家的汇率会随着时间的推移而贬值。

如果价格和预期只在长期内变动，那么相对购买力平价应该在长期内保持不变，但不一定在任何时刻都保持不变。请注意，如果比较人均收入水平差异很大的国家，购买力平价并不一定成立（即使从长期来看）。这是因为，当国家变得更富有时，实际汇率趋于升值。这种现象被称为巴拉萨—萨缪尔森效应。

第三个重要的关系是费雪效应，它将名义利率 r_{at} 和 r_{bt} 与通货膨胀率 I_{at} 和 I_{bt} 联系起来：

$$r_{bt} - r_{at} \approx I_{bt} - I_{at}$$

费雪效应表明，当其他因素保持不变时，国内通胀的上升会导致长期名义利率的同等上升。从无抛补利率平价条件和相对购买力平价可以很容易地建立费雪效应。注意，购买力平价是一种长期属性。因此，费雪效应也应该在长期发挥作用。

上述三种关系有助于理解利率、汇率和通胀在短期和长期是如何应对政策冲击的。这三种关系可以表述如下：

$$\frac{E_t(x_{a,b}^{t+1})}{x_{a,b}^{t}}-1\approx r_{bt}-r_{at}\approx I_{bt}-I_{at}\approx\frac{E_t(x_{a,b}^{t+1})}{x_{a,b}^{t}}-1$$

顺便说一下，在讨论宏观经济学中的短期或长期效应时，它们并不指特定的时间长度。短期通常与对某一变化的最初反应有关，而长期则描述向均衡条件的最终调整过程。在宏观经济模型中，许多价格都是“粘性的”，这意味着它们的调整速度缓慢。

【例 2 – 5】 为了说明上述关系，这里研究两个国家——德国（DE）和瑞士（CH）。在分析开始时，德国利率 r_{DE} 为 1%，瑞士利率 r_{CH} 为 0.25%。德国的通胀率 I_{DE} 为 3.50%。假设费雪效应成立，瑞士的通货膨胀率 I_{CH} 为：

$$I_{CH}\approx I_{DE}-r_{DE}+r_{CH}=3.50\%-1\%+0.25\%=2.75\%$$

此外，在分析开始时，即期汇率 $x_{欧元,瑞士法郎}$ 是 1.10（1 欧元兑换 1.10 瑞士法郎）。同时，套利投资者 X 在当地银行发现 1 年后交割的远期报价 $x^{t+1}_{欧元,瑞士法郎}$ 为 1.10，与即期汇率相同。他很快意识到，银行没有根据无抛补利率平价条件对远期利率定价。他进行以下交易以获得套利利润：

- 按 0.25% 的市场利率贷款 1 100 瑞士法郎；
- 将 1 100 瑞士法郎按 1.10 的即期汇率兑换为欧元，投资者得到 1 000 欧元；
- 将 1 000 欧元投资于 1 年内到期、收益率为 1% 的德国票据；
- 以当地银行 1.10 的利率，卖出 1 010 欧元 1 年期远期，以对冲汇率风险。投资者卖出 1 010 欧元是明智的，因为一年期票据投资的预期价值为 1 010 欧元（ = 1 000 × 1.01）。

这四笔交易产生以下利润，这些利润在一年内的远期日期实现：

从他的票据投资中，投资者获得 1 010 欧元。该金额随着到期的远期合同兑换回瑞士法郎，得到 1 010 × 1.10 = 1 111 瑞士法郎。投资者用这笔现金偿还其贷款 1 100 × 1.0025 = 1 102.75 瑞士法郎（包括贷款利息）。这给投资者带来了 1 111 − 1 102.5 = 8.25 瑞士法郎的利润。套利投资者 X 对这一利润非常满意，因为完全是以自筹资金方式交易的。

在与套利投资者 X 进行交易后，当地银行意识到其远期利率不符合无抛补利率平价条件，会迅速调整利率到：

$$\frac{1+r_{bt}}{1+r_{at}}=\frac{E_t(x_{a,b}^{t+1})}{x_{a,b}^{t}}$$

$$E_t(x_{a,b}^{t+1})=\frac{1+r_{bt}}{1+r_{at}}\cdot x_{a,b}^{t}=\frac{1.0025}{1.01}\times 1.10=1.09183$$

这个新的 1.09183 的远期报价保证了无套利条件，并且非常接近前面所示的近似公式。

2.1.3.3 经济政策反应

本节与前一节相关，介绍经济政策如何影响前面所讨论的产出和宏观经济价格。要在短期内干预经济，政策制定者有两种手段：货币政策和财政政策，这是经济稳定的两种重要手段。然而，自全球金融危机以后，各国央行不得不开始更多地采取非常规货币政策。了解经济政策制定者的内部运作有助于更好地理解经济预期是如何形成的。本节将深入探讨经济政策应对措施，并说明哪些结构性政策可以对增长产生持久的影响。

（1）财政政策

政府实施的政策行动都可以看作财政政策措施，其目标是保持稳定的经济增长和低失业率，并熨平周期性波动，这些通过税收和政府支出来实现。财政扩张会导致总需求的增加，而总需求的增加又会导致货币需求的增加。在货币政策不变的情况下，货币需求的增加会导致名义利率的上升，而名义利率的上升又会导致实际利率的上升，从而导致名义（和实际）货币升值。更高的实际利率和实际升值会对投资（即公司的资本支出）和净出口产生负面影响。因此，它们会减缓财政扩张的原始效应。这种现象被称为挤出效应。有证据表明，财政政策的永久性变化对产出没有长期影响，因为政府预算赤字的增加完全挤出了净出口。这表明，从长期来看，财政政策对产出没有影响，因为政府预算赤字的增加完全挤出了净出口。特别是在浮动汇率的情况下，随着货币升值，财政政策的效果不如货币政策有效。

（2）货币政策

货币政策措施包括各国央行为实现其目标而采取的行动。中央银行的主要目标是保持经济稳定，特别是保持物价总水平稳定。因此，大多数央行都设定了通胀目标（大多数央行将目标设定在2%～4%之间）。一些央行也有着其他目标，例如合理的经济增长或高水平的就业。中央银行的主要工具是它们的关键利率（美国的联邦基金利率或瑞士的萨隆利率），这是一种非常短期的“无风险”利率，可以用来刺激或减缓经济。

为了理解货币政策对经济的影响，现在来看一个例子。假设央行有意实施扩张性货币政策。为此，它降低了关键政策利率，这导致名义利率和实际利率立即下降。在浮动汇率制度下，汇率在名义上也会贬值。由于价格的黏性，名义贬值和名义利率的下降会导致实际贬值和实际利率的下降。较低的实际利率导致较高的投资和较高的消费。汇率的实际贬值导致净出口的增加，此时国内产品似乎相对便宜。因此，经济活动受到刺激。总之，短期政策反应导致更高的GDP增长、更低的利率和货币贬值。

请注意，假设不存在与货币贬值相关的负资产负债表效应。几个新兴市场经济体有很大一部分债务是以外币（主要是美元）计价的。在存在外币债务的情况下，货币贬值会导致债务的实际价值突然增加。这种负资产负债表效应（过度负债）会对经济活动产生负面影响，使货币贬值收缩。因此，一些新兴市场国家被认为存在对浮动的恐惧（相关讨论见 Calvo and Reinhart，2002）。

从长远来看，经济会恢复到均衡状态。当就业和工作时间高于正常水平时，工资就会增加。更高的工资，加上对商品和服务的高需求，会导致物价上涨，通货膨胀率开始上升。请记住，这是货币政策行动的最初目标。但价格上涨会通过费雪方程导致名义利率的上升，并导致实际汇率的升值。这些影响又会减少总需求，推动产出回到均衡水平。名义利率将缓慢恢复到初始水平，而汇率和价格水平预计将作出如图2－8所示的反应。

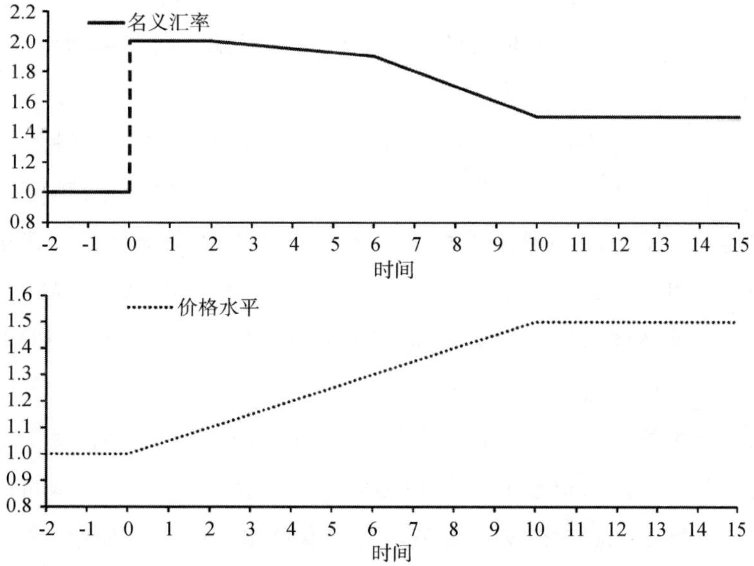

图 2－8　对货币政策外生性变化（政策利率从 3%降低到 2%）的反应

到目前为止，假设发生了一个外生性的政策变化。然而，政策往往是内生性的。例如，大多数央行通过调整利率来稳定产出和通胀。货币政策的泰勒规则表明，在其他条件相同的情况下，如果产出低于潜在水平，央行会降低利率；如果预期通胀高于央行的通胀目标，央行会提高利率。例如，该规则的一个变体为：

$$r_t = 2\% + I_t + 0.5(I_t - I^*) + 0.5(y_t - \bar{y})$$

式中，r_t——央行目标利率；I_t——时间 t 的通货膨胀率；I^*——央行的目标通货膨胀率；y_t——经济体 t 时间的产出对数值；$\bar{y}$——经济体潜在产出的对数值。

上式表示，央行对通胀每上升 1 个百分点就提高利率 1.5 个百分点，对每偏离潜在产出 1 个百分点就使利率上升 0.5 个百分点。

【例 2-6】 假设瑞士国家银行遵循上述泰勒规则。考虑到当前的通货膨胀率比 2%的通货膨胀目标高出 0.7%、瑞士的 GDP 比其潜在 GDP 低 1%，当前的参考利率（目标利率）应该是多少？

$r_{SNB} = 2\% + 2.7\% + 0.5(2.7\% - 2\%) + 0.5(-1\%) = 4.55\%$

货币政策的内生性有助于解释政策利率与长期利率之间令人困惑的关系。理论预测，永久性的货币扩张最终会导致更高的利率。因此，货币扩张应该会导致短期利率立即下降，但长期利率会上升。在大多数情况下，这一预测与数据相矛盾。这种解释与货币政策的内生性有关，也与央行很可能因为未来通胀的私人信息而改变利率的事实有关。因此，当市场参与者观测到政策利率的下降时，他们并没有推断出央行在对抗通胀方面比他们之前认为的更加温和。相反，他们的行为就像是央行在含蓄地透露有关未来通胀将低于预期这一事实的私人信息（有关细节和对美国的应用，见 Romer 和 Romer，2000）。

到目前为止，关注的是汇率灵活的市场。但有些国家是实行固定汇率制度的，这意味着它们的汇率与其他一些货币挂钩。这种缺失的灵活性会有影响。有了可靠的固定汇率，国内利率就不能偏离国外利率。这一点从 UIP 中就可以看出来。如果设定 $E_t(x_{a,b}^{t+1}) = x_{a,b}^{t}$，可以得到 $i_{at} = i_{bt}$（注意，如果钉住汇率制不完全可信，或者国内经济的信用风险与国外经济的信用风险不同，国内利率仍然可能与国外利率相偏离）。此时央行无法控制货币政策。

这种结果有时被称为“不可能三角”：在任何时候，一个经济体只能存在以下三种情况中的两种：（i）固定汇率；（ii）独立的货币政策；（iii）资本自由流动。

在固定汇率制下，财政政策反而能有效刺激产出。财政扩张导致产出增加。这反过来又增加了货币需求，从而推高了利率。但是，利率不能上升（因为 UIP）。因此，央行需要适应货币扩张，以保持利率和汇率不变。最后，不存在挤出效应，这使得财政政策在刺激产出方面极其有效。然而，请注意，持续的财政（和货币）扩张可能会与固定汇率不一致，最终导致货币危机（关于规范模型，见克鲁格曼，1979）。

从长期来看，高于潜力的产出会导致工资和价格的上涨。在名义汇率固定的情况下，实际汇率会升值。实际汇率的升值会导致净出口的减少。最终，扩张性财政政策并没有改变产出，而是改变了总需求的构成，国内需求增加，外国需求减少（例如，实际汇率升值往往伴随着当地房地产的繁荣）。如前所述，这种情况最终可能是不可持续的，并可能导致国际收支危机。

一些经济体有中间体制，既没有完全固定的汇率，也没有完全灵活的汇率，比如中国。在采用中间体制的经济体中，主要宏观经济总量的行为是上述各种行为的混合体。

（3）非常规货币政策

在全球金融危机之后，非常规货币政策措施已经变得流行起来，发达经济体的多家央行将政策利率降至接近零的水平。鉴于进一步降低政策利率的能力有限，这些央行采取了扩张性的非常规货币政策（日本央行在 20 世纪 90 年代末和 21 世纪初已经采取了其中一些政策来对抗通缩）。最常用的非常规货币政策工具包括：

- 负利率；
- 量化宽松政策；
- 收益率曲线控制；
- 前瞻性指引。

在非常规政策中，负利率可能是最非常规的。在全球金融危机之前，负利率被认为是不可能实施的。当时的假设是，在负利率的情况下，人们只会持有现金。但这场危机已经证明，即使是在更长的时间内，负利率也是可能的。例如，瑞士国家银行（SNB）于 2015 年实施了负的关键利率，并在 2022 年 8 月仍然采用负的关键利率。然而，在人们转向持有现金之前，关键利率的负利率可能是有限的。这个极限被称为有效下限。这样的限制导致央行诉诸运用更有创造性的工具。

通过量化宽松，央行开始从私人和公共部门购买金融资产，例如政府或公司债券，以降低利率和降低市场上的信用息差。这些购买大大增加了货币基础。量化宽松与央行资产负债表的大规模扩张有关。例如，美联储资产负债表从 2008 年的约 1 万亿美元上升至 2022 年年中的 9 万亿美元，同期欧洲央行资产负债表从 1.5 万亿欧元增长到 8.8 万亿欧元以上，瑞士国家银行资产负债表从大约 1 000 亿瑞士法郎增长到 1 万亿瑞士法郎（见图 2－9）。

与央行关键参考利率不同，量化宽松允许央行以较长期到期的利率为目标，从而有利于政府和企业的长期融资条件。量化宽松严重影响资产价格（包括股票等风险资产）和汇率。量化宽松可能会模糊财政政策和货币政策之间的区别，这就是为什么量化宽松也有作为政府预算融资手段的声誉。

类似的货币工具是收益率曲线控制，其目的是将长期利率保持在尽可能低的水平。由于央行通常只设定短期关键利率，长期利率仍取决于市场，收益率曲线控制专门购买长期政府债券来控制长期利率。例如日本央行设定了长期利率的最高上限，每当利率超过上限时，央行就会购买更多的政府债券，将利率推回到上限以下。在这种情况下，央行的信誉是关键。

通过前瞻性指引，央行传达了政策利率的未来路径。近年来，前瞻性指引被用来表明央行承诺保持低利率，并减少未来货币政策路径的不确定性。前瞻性指引可以以

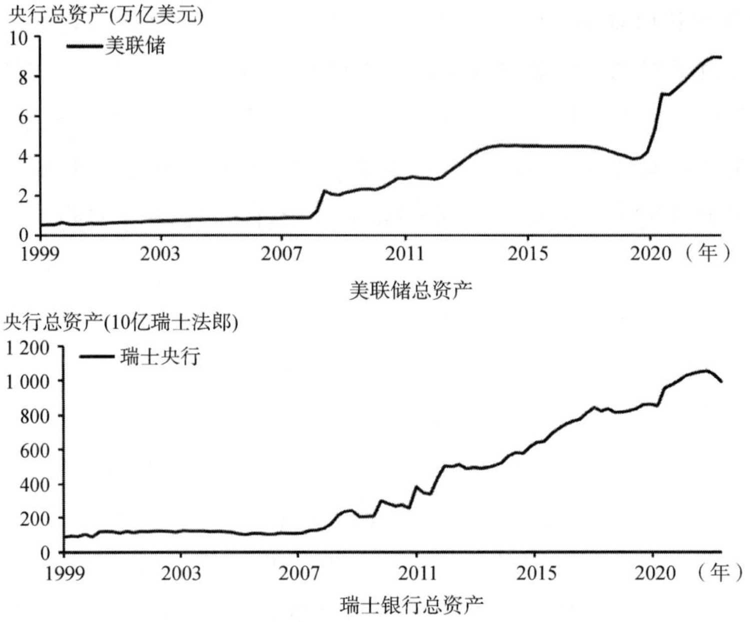

图 2-9　美联储、瑞士银行总资产变化

时间为基础（即央行表示，在某一特定日期之前不会提高利率）或基于经济状况（即央行表示，在某一指标达到某一目标之前不会加息）。通过修改利率期限结构，量化宽松可以强化前瞻性指引。

另一项创新与许多央行开始为准备金支付利息有关。这一创新对货币供给和通货膨胀之间的联系具有重要意义。至少上过一门经济学课的人，可能还记得米尔顿·弗里德曼（Milton Friedman）的那句名言："无论何时何地，通胀都是一种货币现象。"这句话的基础是同样著名的货币数量理论（QTM）方程：

$$M \cdot V = P \cdot Y$$

其中，M——货币数量；V——货币流通速度；P——价格水平；Y——实际GDP。

货币数量理论假设 V 和 T 变化不大。因此，P 的增长率是由 M 的增长率驱动的。正是因为货币数量理论方程，很多评论家错误地预测，在全球金融危机后，央行资产负债表的大规模扩张将导致通胀失控。

然而，这些评论家并没有意识到，货币数量理论方程假设的情况是，由于名义利率为正，经济主体希望节约资金。当利率接近于零时，持有货币没有机会成本，经济主体愿意持有任何数量的货币。这一特征打破了基础货币和价格水平之间的联系。而且，货币数量理论方程中的 M 指的是不支付利息的资产（既可以是货币，也可以是无息准备金）。如果准备金支付的利率接近于短期政府债券，那么准备金就不再由这些有息资产主导，经济主体也就没有了将准备金持有最小化的动机。这又一次打破了整体基础货币与物价水平之间的联系。在这种情况下，与之相关的是流通中的货币。所以，货币数量理论方程应该写成：

$$CV = PY$$

其中，C——流通中的货币。鉴于在后全球金融危机时期，发达经济体中流通的货币并没有快速增长，央行资产负债表的大规模扩张并没有导致高通胀也就不足为奇了（Miles 等，2017）。

【例 2－7】假设一个经济体遵循货币数量理论方程。经济处于均衡状态，货币数量 M 为 1 000，货币流通速度为 3。物价水平为 1.0，经济产出为 3 000。因此：

$$QTM = MV = PY = 1\ 000 \times 3 = 1 \times 3\ 000$$

央行现在希望通过货币刺激来提振经济，将货币数量增加 500（例如量化宽松）。假设货币流通速度保持在 3，经济产出增长 20%。这对通货膨胀有什么影响？

$$QTM = 1\ 500 \times 3 = P \times 3\ 600$$

$$P = \frac{1\ 500}{3\ 600} - 1.25$$

根据 QTM 和上述假设，50% 的货币增长（M）导致 25% 的价格增长（通胀）。

现在假设只有 50% 的新产生的货币将进入货币流通。通货膨胀率会是多少？

$$C = 1\ 000 + 50\% \times 500 = 1\ 250$$

$$QTM = CV = PY = 1\ 250 \times 3 = 3\ 600P$$

$$P = \frac{1250}{3\ 600} \times 3 = 1.0417$$

如果货币刺激没有进入流通货币，对通胀的影响就会显著降低，为 4.17%。

（4）结构性政策

良好的宏观经济政策，如财政政策和货币政策，有助于稳定产出，并使其尽可能接近其潜在水平。在理论上，良好的宏观经济政策对改变长期潜在增长没有影响；但糟糕的宏观经济政策可能会对其产生很大的负面影响。

当涉及影响潜在产出水平和长期增长时，结构性政策是很重要的。关于长期经济增长的驱动因素以及什么样的结构性政策可以促进经济增长，有大量的学术文献（关于经济增长的主要理论的优秀教科书，见 Jones 和 Vollrath，2021）。一般来说，高经济增长与良好制度的存在以及对人力和实物资本的高水平投资有关。但是，如何知道阻碍每个国家经济增长的具体制约因素是什么，以及如何确定哪种政策可以最有效地消除这些制约因素呢？

发现每个国家经济增长的主要障碍的一个很好的实用方法是 Hausmann 等（2005）开创的增长诊断法，Hausmann 等（2008）也进行了详细阐述。增长诊断法基于这样一种思想，即一个经济体不增长的原因有很多，这些原因中的每一个都会产生一组精确的症状，这些症状可以帮助确定某个特定国家的增长制约因素。一旦确定了这些制约因素，政策制定者就可以制定解决这些制约因素的增长战略。

该理论首先认识到，增长依赖于资产积累（不一定是实物资产；资产包括人力和社会资本、技术、制度等），如果（私人）资产回报高于资金成本，那么资产积累的激励就会更高。反过来，这种差异取决于三个要素：

- 社会投资回报率（δ）；
- 回报的独占性（1 − τ）；
- 资金的机会成本（ρ）。

然后可以用以下等式来总结经济增长的驱动因素：

$$\text{增长率} = f[\delta \cdot (1-\tau) - \rho]$$

社会投资回报率低的可能原因包括人力资本不足和基础设施较差；回报独占性低的可能原因包括高度扭曲的税收、糟糕的产权、较高的犯罪率和糟糕的法治环境；资金机会成本高的可能原因包括储蓄率低、国际金融体系运行不良、国内金融体系运行不良或货币政策过于紧缩等。

这些约束可以通过共同观测价格和数量来确定。例如，观测一个受教育水平较低的人口，并不足以说明缺乏教育是一种约束性的限制。如果教育确实是一种约束性限制，那么也应该观测到教育的高回报。Hausmann 等（2008）提供了更多的例子，并详细解释了增长诊断框架如何在实践中应用。

2.1.4　市场效率与投资政策*

有效市场的假设对最优投资行为有着深远的影响。根据信息有效的程度，主动寻找投资策略是徒劳的，而被动投资策略是可取的。

（1）对市场时机选择策略的影响

市场时机选择策略（Market Timing）试图在市场中准确定位，以便从价格波动中获得最佳利润。买入价值被低估的股票，卖出价格高估的股票，或者试图预测市场整体的走势。技术性分析或基本面指标经常被用作市场吸引力的指标。

技术性分析（Technical Analysis）主要包括衡量正的或负的趋势。突破水平（Breakout Level）也经常被使用，即衡量价格是否具有某种趋势，价格是刚刚突破还是低于一个重要的价格水平。在一个弱式有效市场上，使用历史市场数据无法实现附加值，因为这些策略所使用的历史价格信息已经反映在当前的价格中了。根据弱式有效市场假说，使用技术性分析选择市场时机的前景并不乐观。

此外，基本面指标可用于确定价格波动的时间。这些可能包括特定于上市公司的方面，也可能包括宏观经济方面。在弱式有效市场中，经风险调整后的收益就可能是这样的。然而，在半强式有效市场中，情况就不再是这样了。那么这些公共信息也会立即被处理并反映在价格中。

因此，市场时机选择是否值得取决于市场信息有效的形式。

（2）对证券分析的影响

基本面分析（Fundamental Analysis）使用来自公司的财务报表、收益和股利预期的信息来确定适当的股票价格。基本面分析是股权投资者最经常使用的方法，他们试图通过更好地分析公司的信息而不是市场信息来赚钱。基本面分析的目标是在市场中的其他主体认识到之前，对公司未来的业绩取得更深入的认识。

基本面分析通常基于公开可用的数据，例如公司的年报。如果市场是半强式有效的，基本面分析就不能获得更优绩效，因为所有公开可获得的信息已经反映到价格里了。

传奇投资者例如沃伦·巴菲特或彼得·林奇，几十年来一直使用基本面分析，并一直令人印象深刻地击败了市场。虽然这可以作为反对半强式有效市场的证据，但也可以说，有两个案例并不足以否定市场是半强式有效的。近几十年来，大多数活跃的投资者都未能超过他们的基准。

无论是否相信市场是半强式有效的，对任何公共信息的分析都是毫无用处的，因为这些公共信息已充分反映在价格中。

（3）市场有效性的启示*

对市场有效性的信任度决定了会采取哪种投资管理方式。如果市场是完全无效的，投资者应该积极利用每一个可以带来更高回报的机会，这包括技术性分析。市场有效性越高，作为一个活跃的投资者就越难获得额外的利润。弱式有效市场排除了技术性分析作为利润的来源；在半强式有效市场的情况下，所有基于公共数据的方法即通常所说的基本面分析都必须被忽略。

如果人们相信市场是半强式有效的或者是强式有效的，除了遵循被动投资策略外，别无选择。这些策略不会与市场抗争，而是代表一种简单的买入并持有策略。在有效市场中，被动的投资者以公平的价格购买证券，这些价格反映了所有可用的信息，并有望获得公平的风险调整回报，即市场回报。因此，综上所述，有效市场假说可以被认为是被动投资和 ETF 增长的最重要原因之一。

然而，有效市场假说并不等同于所有投资者都应该持有相同的投资组合配置。即使在有效市场中，合理的投资组合配置也应该考虑到投资者的情况。最佳职位因年龄、纳税等级、风险规避和就业等因素而异。在一个有效市场中，投资者的主要作用是根据这些需求调整投资组合，而不是击败市场。

投资者需要承认，投资并不简单。即使假设市场不是完全有效的，过去的经验也表明，要持续击败市场是非常困难的。在分析市场时需要有比较优势，以发现尚未完全反映在价格中的信息。收集和处理信息的成本很高。

2.1.5 参考文献

[1] Ahern, K. R. Information Networks: Evidence from Illegal Insider Trading Tips. Journal of Financial Economics, 2016, Vol. 125, Issue 1, pp. 26 -47.

[2] Augustin, P. et al. Informed Options Trading Prior to M&A Announcements: Insider Trading? 2015.

[3] Barclays. A User's Guide - Global Inflation - Linked Products, 2019.

[4] Biggerstaff, C. et al. Insider Trading Patterns. Journal of Corporate Finance, 2020, Vol. 64, Issue C.

[5] Born, J. A. et al. Trump Tweets and the Efficient Market Hypothesis. http://dx.doi.org/10.2139/ssrn.2973186, 2017.

[6] Burgstahler, K. et al. The Materiality of Earnings Surprise. http://dx.doi.org/10.2139/ssrn.170560, 1999.

[7] Calvo, G. and Reinhart, C. Fear of Floating, 2002, Vol. 117, Issue 2, pp. 379 -408.

[8] Carhart, M. M. On Persistence in Mutual Fund Performance. The Journal of Finance, 1997, Vol. 52 (1), pp. 57 -82.

[9] Crack, T. F. and Ledoit, O. Robust Structure without Predictability: The "Compass Rose" Pattern of the Stock Market. Journal of Finance, 1996, Vol. 51, Issue 2, pp. 751 -762.

[10] De la Vega, J. Confusion de Confusiones. Martino Fine Books, 1688.

[11] Fama, E. F. Efficient Capital Markets: A Review of Theory and Empirical Work. Journal of Finance, 1970 (25), No. 2, pp. 383 -417.

[12] Fama, E. F. and Blume, M. Filter Rules and Stock Market Trading Profits. Journal of Business (Supplement), 1966.

[13] Frazzini, A., Kabiller, D., and Pedersen, L. H. Buffett's Alpha

(No. w19681). National Bureau of Economic Research, 2013.

[14] Grossman, S. J. and Stiglitz, J. E. On the Impossibility of Informationally Effiicent Markets. American Economic Review, 1980, Vol. 70, No. 3, pp. 383 - 408.

[15] Gordon, M. J. Dividends, earnings, and stock prices. The Review of Economics and Statistics, 1959, pp. 99 - 105.

[16] Hamilton, W. P. The Stock Market Barometer. Wiley, 1. Edition, 1922.

[17] Harvey, C. R. and Liu, Y. Backtesting, 2015.

[18] Hausmann, R. et al. Growth Diagnostic. Harvard University. Center for International Development, 2005.

[19] Hausmann, R. et al. Doing Growth Diagnostics in Practice: A Mindbook. Harvard University. Center for International Development, 2008.

[20] Jethwani, K. and Ramchandani, K. Semi Strong Form of Efficiency of Stock Market: A Review of Literature, 2018.

[21] Jones, C. and Vollrath, D. Introduction to Economic Growth. W. W. Norton & C. New York, 2021.

[22] Krugman, P. A Model of Balance - of - Payment Crisis. Journal of Money, Credit and Banking, 1979. Vol. 11, No. 3.

[23] Lakshmi and Roy, B. Price Earning Ratio Effect: A Test of the Semi Strong Form of Efiicient Market Hypothesis in Indian Stock Market. http://dx.doi.org/10.2139/ssrn.2255389, 2013.

[24] Malkiel B. G. Random Walk down Wall Street, W. W. Norton and Company, 2007, pp. 246.

[25] Nisar, S. and Hanif, M. Testing Market Efficiency: Empirical Evidence from Developed Markets of Europe and North America. http://dx.doi.org/10.2139/ssrn.1983962, 2012.

[26] Park, C - H. and Irwin, S. H. The profitability of technical trading rules in US futures markets. http://dx.doi.org/10.2139/ssrn.722264, 2008.

[27] Romer, C. D. and Romer, D. H. Federal Reserve Information and the Bevavior of Interest Rates. American Economic Review, 2000, Vol. 90, No. 3, pp. 429 - 457.

[28] Scaillet, Ol and Bajgrowicz, P. Technical trading revisited: persistence tests, transaction costs, and false discoveries. Swiss Finance Institute, DP 2008. 5.

[29] Shiller, R. J. Irrational Exuberance, 2nd Edition, Princeton University

Press, 2005.

[30] Shleifer, A. Inefficient Markets: An Introduction to Behavioural Finance. Oxford University Press, 2000.

[31] Suhonen, A. and Lennkh, P. Quantifying Backtest Overfitting in Alternative Beta Strategies. The Journal of Portfolio Management, 2017, Vol. 43 (2), pp. 90 - 104.

[32] Vargus, M. E. and Beneish, M. D. Insider Trading, Earnings Quality, and Accrual Mispricing, 2001.

[33] Wilder J. W. New Concepts in Technical Trading Systems. Trend Research, 1978.

[34] Williams, A. W. How to win and how to lose, 1883.

2.2 行为金融

通过在决策中应用心理学洞察力，行为金融（Behavioural Finance）推进了传统金融范式。根据传统金融范式，所有投资者都是理性的，市场是有效的。行为金融可以帮助投资者更好地了解他们的偏见，并使他们能够获得更好的回报。行为金融学的科学基础是 Daniel Kahneman 和 Amos Tversky 的前景理论，其中包括均值方差分析。

在本节中，将学习以下内容：

- 作为行为金融学基础的前景理论。
- 可以观测到哪些典型的偏离理性决策的现象。
- 如何通过前景理论对这些观测结果进行建模。
- 可以观测到哪些典型的偏离有效市场的现象。
- 如何在金融市场中定位自己以获得更好的回报。

2.2.1 引言

行为金融学首次出现于诺贝尔奖获得者 Daniel Kahneman 和他的同事 Amos Tversky 进行心理风险研究以质疑传统金融背后的理性假设中。传统金融对 Kahneman 和 Tversky（1979）的发现的第一反应是，实验室实验对现实世界毫无意义。但随后 Barber 和 Odean 在一系列论文中（Barber 和 Odean，2013）表明，该领域的真正投资者（美国一家大型在线经纪人的投资者）表现出与 Kahneman 和 Tversky 实验室的学生相似的行为。第二个反应是投资者需要获得更多的金融知识，例如，通过聘请经验丰富的顾问，这些顾问知道该作出何种理性的决策，也知道客户倾向于作出哪些行为偏差，从而能够缓和这些偏差。这是行为金融的一个非常有价值的应用。因为研究表明，成为行为偏差的牺牲品会使投资者每年损失 5% ~7% 的回报——在极端情况下会迅速破产。

然而，在 Kahneman 和 Tversky 的研究结果被个人接受后，诺贝尔奖获得者罗伯特·席勒（Robert Shiller）等研究人员想知道行为偏差是否也可能导致市场异象，即偏离市场效率。来自传统金融的第一批学者声称，这不可能是真的，因为聪明的套利者会利用任何市场异象来消除非理性行为并恢复市场效率。但随后观测到所谓的“套利限制”如资金限制。

此外，在低效市场中很明显看似理性的行为首先会因赔钱而质疑其理性。例如，德米格尔（DeMiguel）等（2009）研究发现，在许多情况下，简单的启发式方法，比如在资产之间平均分配财富，可以获得与聪明的数学优化一样好的回报，比如马柯威茨的均值—方差运算。这清楚地表明，不能无条件地陈述理性或行为偏差等概念。市场是投资者追求各种策略的动态互动，没有适用于所有情况的独特最佳策略。

在本节行为金融学中，首先介绍主要的行为偏差，描述每一种偏差，并解释它是否在任何情况下或者仅在市场有效的情况下对投资者不利，特别是在后一种情况下，它可能不是一种行为偏差，而是一种聪明的启发式方法。然后，本节指出一些市场异象并解释哪些启发式可以从中受益。最后，本节回顾了那些著名的可以实现长期成功的投资者以及投资策略。

本节行为金融学将新研究成果的见解与实际应用相结合，作为主张的基础，使用前景理论来模拟投资者决策和市场行为。前景理论一个很好的特点是，它将均值方差分析作为一个特例。因此，行为金融不是传统金融的一个非传统替代选择，而是后者的一种进步。

通过区分市场观点和所适用的决策规则，可以将行为金融学领域分为四个部分。传统金融的观点是市场是有效的。那么均值方差规则将导致理性的决策。这种观点被称为“0 级行为金融学”，因为零意味着没有，即这种观点忽略了行为金融。第一级是坚持有效市场假说，但认识到投资者依赖其他决策规则，而不是均值—方差。史无前例，这是行为金融学的第一个领域。它开始研究偏离理性决策，即所谓的行为偏差。这一领域被称为“1 级行为金融学”。下一个层次，即第 2 级，是要认识到偏离看似理性的行为可能会产生市场异象，而在低效的市场中，均值—方差分析可能是非理性的。最后，行为金融学的第 3 级观点是认为市场可能不是有效的，并且某些启发式方法比均值—方差分析效果更好，从而引导投资者可以通过参考少数几种实现良好长期业绩但具有完全不同的短期回报特征的投资风格来完成投资。

图 2－10 总结了行为金融金字塔中的这一逻辑。只有在理解了所有较低层次之后，才有可能理解金字塔中的较高层次。

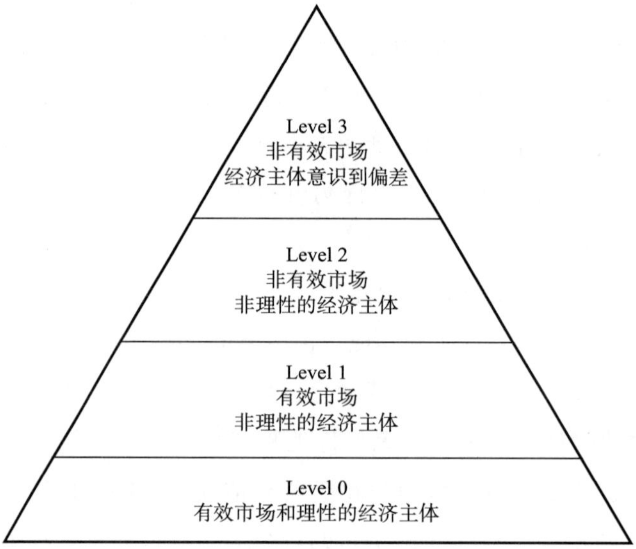

图 2－10　行为金融学金字塔

2.2.2　作为行为金融学基础的前景理论*

2.2.2.1　引言*

均值—方差分析是传统金融学基础的决策模型，而前景理论在行为金融学中发挥着核心作用。与均值—方差分析不同，前景理论分为两个阶段：编辑阶段和评估阶段。均值—方差分析假设决策问题已经以概率和收益的形式给出。而前景理论则描述了在此之前投资者如何将定性决策编码为定量决策问题。信息可能没有被理性选择；决策问题被狭隘地框定；前景理论投资者可能会使用所谓的心理账户，而不是将所有资产整合到一个账户中。正如将在下一节中看到的那样，在第一阶段，可能会发生许多偏离理性的行为，即所谓的行为偏差。

前景理论的评估阶段是基于以下这样的观测，即当个人评估不同的选择方案时，他们：

（1）相对于收益会强调损失，在收益领域是风险厌恶的，但在损失领域更偏好有风险的结果而不是确定的损失；

（2）相对于更确定的结果，对小概率结果发生的概率会高估。

第一个方面通过收益（$\Delta x>0$）和损失（$\Delta x<0$）的价值函数 $v(\Delta x)$ 建模；第二个方面由概率加权函数 $w(p)$ 建模。

例如，前景理论关于两种不确定情形选择的决策标准可以表示如下：

给定一个参考点 RP，结果为 x_1，…，x_n 且发生概率为 p_1，…，p_n 不确定情形 A 优于结果为 y_1，…，y_n 且发生概率为 q_1，…，q_n 不确定情形 B，当且仅当：

$$PT(x)=\sum_{i=1}^{n}w(p_i)v(x_i-RP)>\sum_{i=1}^{n}w(q_i)v(y_i-RP)=PT(y)$$

资产配置之所以产生这些不确定情形，是因为它的回报可以用直方图来描述。直方图是一系列结果（按其大小排序）与其相应发生概率的集合。

2.2.2.2　价值函数*

前景理论价值函数具有三个重要性质。第一，它被定义为相对于某个参考点的收益和损失。第二，对于低于参考点（损失）的收益，该函数比高于参考点（收益）的收益更陡峭。第三，价值函数在收益中是凹的，在损失中是凸的。Tversky 和 Kahneman（1992）建议使用以下分段幂函数来模拟这些属性：

$$v(\Delta x)=\begin{cases}(\Delta x)^{\alpha} & \Delta x\geqslant 0\\ -\beta(-\Delta x)^{\alpha} & \Delta x<0\end{cases}$$

其中，$\Delta x=x-RP$ 是与收益 x 相关的相对应的参考点 RP 的收益或损失。参数 β 反映了价值函数对损失的陡度，例如个人的损失厌恶。参数 α 反映了价值函数的曲率。当 $\alpha<1$ 时，它在收益中为凹而在损失中为凸。Tversky 和 Kahneman 观测到的中位数个体的偏好由参数 $\alpha=0.88$ 和 $\beta=2.25$ 给出。图 2－11 说明了价值函数：

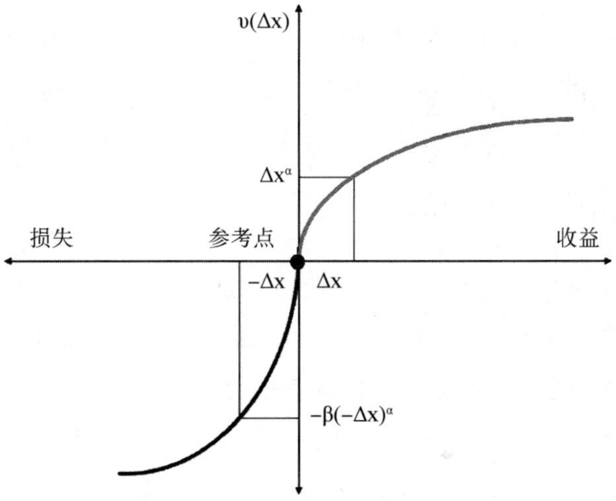

图 2－11　Tversky 和 Kahneman 的价值函数（1992）

(1) 收益与损失*

价值函数的第一个性质是，它是在收益和损失上定义的，而不是在最终财富上定义的。下面的示例总结了这一性质。

【例2－8】 损益与总财富的关系。在一个实验中，受试者被要求在两种博彩之间作出选择。其中一组受试者被赠予1 000美元，另一组被赠予2 000美元。

被赠予1 000美元的受试者必须在以下替代方案之间作出选择：

A：保证收益为500美元；

B：有50%的概率获得1 000美元，有50%的概率一无所获。

被赠予2 000美元的受试者必须在以下替代方案之间作出选择：

A′：保证损失500美元；

B′：有50%的概率损失1 000美元，有50%的概率没有任何损失。

第一组的典型答案是A，一个确定的回报；而第二组的答案是B′，一个赌博。事实上，如果赠款被视为评估收益的参考点，那么第一组人将A和B之间的选择视为在一个有收益的博彩和等于博彩预期价值的确定收益之间的选择。因此，在收益领域的风险规避意味着会选择确定的回报。第二组受试者则是在有损失的博彩和确定的回报之间选择。由于人们肯定不喜欢损失，因此选择了博彩。然而，从总财富的角度来看，即将初始赠款与回报相结合，替代方案是相同的。

(2) 损失厌恶*

价值函数的第二个性质是损失曲线比收益曲线更陡峭。如在损失100美元之后，损失厌恶的投资者需要收到超过100美元的补偿才能弥补先前损失。平均而言，它们甚至需要2倍补偿。

总而言之，如果结果涉及收益和损失，那么损失厌恶会对投资选择产生影响。然而，如果结果只涉及损失（或仅涉及收益），那么损失厌恶与哪个替代方案更具吸引力的问题无关。在这种情况下，关于替代方案吸引力的决定将仅取决于效用函数在损失（或收益）域中的曲率。

(3) 参考点*

某种回报，无论是正的还是负的，是收益还是损失，都取决于个人的参考点。典型的参考点是购买资产的价格或财富乘以某个基准的回报（如储蓄账户的回报或指数的回报）。以下例子说明了参考点与投资选择的相关性。

【例2－9】 参考点。假设有一只对冲基金在每个市场阶段都实现了正回报，有一只指数基金跟随市场的走势，并具有表2－3所示的回报：

表 2-3　基金回报

	市场	
收益	8%	-5%
概率	0.5	0.5
对冲基金	2%	1%
指数基金	8%	-5%

对冲基金或指数基金是否更具吸引力取决于投资者的参考点。为简单起见，假设 $\alpha=1$ 和 $\beta=2$。如果投资者的参考点是指数基金的回报，那么损失厌恶的投资者会更喜欢指数基金而不是对冲基金，因为当市场下跌时对冲基金的收益为 $6\%=1\%-(-5\%)$，无法弥补当市场上升时 $6\%=2\%-8\%$ 的潜在损失。如果同一个投资者的绝对参考点为零，则对冲基金似乎更具吸引力，因为它仅提供收益。典型的投资者会更喜欢对冲基金而不是指数基金，即：

$$PT(\text{对冲基金})=0.5\times2\%+0.5\times1\%=1.5\%$$

$$PT(\text{指数基金})=0.5\times8\%+0.5\times2\times(-5\%)=-1\%$$

如上所述，参考点的选择是在前景理论的编辑阶段完成的。正如上面的例子所示，它对评估阶段产生了严重的后果。

(4) 对风险的不同态度*

价值函数的第三个性质是在损益背景下不断变化的风险态度。在收益的背景下，个人表现出风险厌恶，即他们更喜欢确定的付款，而不是具有相同预期收益的博彩。但是，当面对损失时，个人是在寻求风险，也就是说，他们更喜欢赌博，而不是获得等于赌博的预期损失的确定损失。因此，面对损失，人们愿意赌博。

2.2.2.3　概率加权*

前景理论的另一个特点是概率加权。根据 Kahneman 和 Tversky 的说法，投资者对概率的反应是，非常罕见的事件被过高赋予权重，概率更高的事件被过低赋予权重。从心理学上讲，0~1% 概率的数学步骤是一个巨大的步骤，因为它是从不可能的事件到可能的步骤。从心理上讲，这肯定比从 49% 的概率到 50% 概率的变化更大，这可以被描述为从“非常可能”到“更有可能”的心理步骤。

Kahneman 和 Tversky 提出，心理概率权重 $w(p)$ 应该使用概率加权函数进行分析计算：

$$w(p)=\frac{p^{\gamma}}{[p^{\gamma}+(1-p^{\gamma})]^{\frac{1}{\gamma}}}$$

概率加权偏差由参数 γ 捕获，$0.27\leq\gamma\leq1$。参数越低，偏差越强。如图 2-12 所示，在 Kahneman 和 Tversky 的实验中，平均参与者的概率加权参数为 0.65。

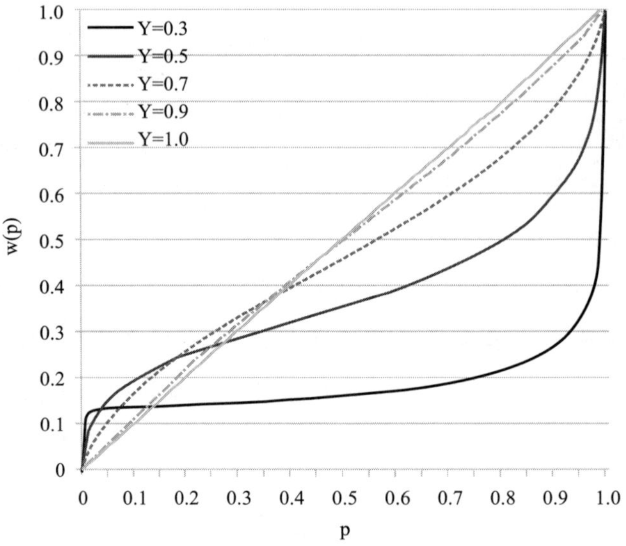

图 2－12　概率加权函数

人们对概率赋予过高权重的事实应该与人们高估概率的事实区分开来。例如，当人们被要求估计他们在飞机事故中死亡的可能性时，他们可能会高估这种可能性。相比之下，人们在知道真实概率但仍然表现得好像这些概率更高的情况下，他们会对概率赋予过高权重。

然而，对概率赋予过高权重的期望可能会导致违反“财富多好于财富少”的准则。下面的示例演示了这一点。

【例 2－10】 概率加权和“多比少好”原则。考虑一张彩票，从 99 到 99.9 有十种不同的收益，每个收益的概率为 10%。转换概率并根据每个收益计算前景理论效用。假设 PT 参数值为 $\alpha=0.5$，$\gamma=0.65$。结果如表 2－4 所示。

表 2－4　　　　违反“多比少好”准则的概率加权

	收益 x	概率 p	加权概率 w（p）	w（p）·v（x）
彩票	99.0	0.1	0.1787	1.7782
	99.1	0.1	0.1787	1.7791
	…	…	…	…
	99.8	0.1	0.1787	1.7854
	99.9	0.1	0.1787	1.7863
				17.8227
肯定的回报	100	1		10.0000

在这个例子中，在所有情况下，得到小于 100 的收益比肯定得到 100 的收益更好，这与“财富多好于财富少”的准则相矛盾。

为了解决上例所示的由概率加权引起的反直觉效应，Tversky 和 Kahneman（1992）提出了累积前景理论，该理论将概率加权应用于累积分布函数而不是概率中。然而，一种更简单的方法是，标准化决策权重 w（p），使它们加起来为 1，并且可以再次被解释为概率分布，即：

$$w^*(p_i) = \frac{w(p_i)}{\sum_{i=1}^{n} w(p_i)^*}$$

将表 2－4 中的概率权重替换为 $w^*(p_i)$，可以看到非理性被消除了，因为博彩现在有 10 个收益，每个收益的概率为 10%，这些收益都小于 100。

图 2－13 显示了标准普尔 500 指数从 1871 年到 2010 年的年回报率。可以看到，指数的回报分布比具有相同均值和标准差的正态分布具有较多的负收益。特别是，可以看到前景理论投资者会对负回报的概率赋予更高权重。因此，他可能会无缘无故地回避投资，这种偏差被称为“崩盘恐惧症”。

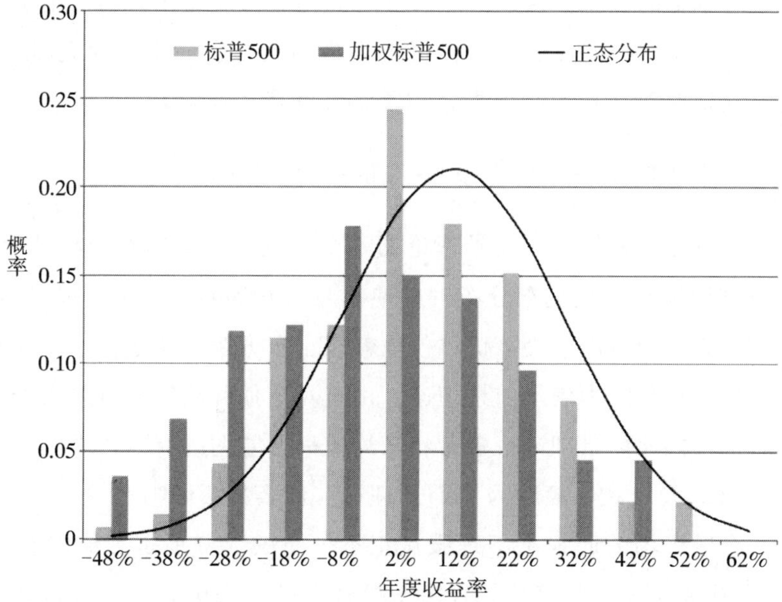

图 2－13　1871 年至 2010 年标准普尔 500 指数年度收益率的概率分布、加权概率和正态分布收益率

2.2.2.4　前景理论中的风险承担*

投资者通常同时这样做：在股票市场上他们承担风险，同时，他们购买健康保险或汽车保险为风险投保。如何解释这种行为？前景理论提供了一个解释。前景理论认为，投资者是否真正承担风险取决于其风险效用曲线的曲率和他所应用的概率加权程度。在形式上，冒险的定义是选择博彩而不是其预期价值。如果情况恰恰相反，那么投资者就被认为是厌恶风险的。

投资者在面对中小概率损益时的冒险行为总结如表 2－5。

表 2－5　　在面对中小概率的损益时的风险承担行为

概率	收益	损失
中等概率	不冒险	冒险
小概率	冒险	不冒险

在例 2－8 中，有中等概率，可以看到，由于价值函数的曲率不同，收益和损失之间的风险承担程度不同。对于小概率，概率加权函数将比价值函数的曲率更重要。由于它对极端收益赋予更高概率，因此会承担风险。

因此，投资者会选择收益非常高但不太可能获益的博彩，而不是选择有保证的但仅仅是博彩平均水平的收益。这是因为投资者对达到与收益相关的效用水平的概率赋予更高的权重。出于同样的原因，当投资者面临不太可能发生的损失时会购买保险，即向保险公司支付保费（肯定的损失）以抵御在博彩的风险。

2.2.2.5 前景理论一个特例——均值—方差分析*

下面将均值—方差分析作为前景理论的一个特例。在这里有两种情况需要考虑。如果收益（资产回报）服从正态分布，即使前景理论可能与均值—方差分析有许多差异，但使用前景理论得出的决策仍将仅依赖于正态分布的参数——均值和方差。因此，可以在均值—方差图中表示前景理论。由于对于任何给定的方差水平，前景理论的收益均值增加，因此前景理论投资者将从均值—方差图的有效边界中进行选择。这一论点由 Levy（2002）在一篇题为“前景理论：什么都不做吗?”提出。这个论点的唯一问题是，金融市场的回报率不是服从正态分布的。特别是，他们有太多的“厚尾”，即极端损失发生得太频繁，并且由于投资者是损失厌恶的，这将导致均值—方差理论和前景理论在资产配置上有着重要差异。这一点将在例 2－11 中展示。

在非正态分布回报的情况下，即使作出一些不切实际的假设，前景理论仍然可能会简化为均值—方差分析。这两种理论之间的这种联系是有启发性的，因为人们可以通过比较这些假设，从而寻求在共同的基础上讨论这两种理论。

在前景理论中使用以下价值函数，是可能的：

$$v(\Delta x)=\begin{cases}\Delta x-\frac{\alpha^{+}}{2}(\Delta x)^{2} & \Delta x\geqslant 0\\ \beta\left[\Delta x-\frac{\alpha^{-}}{2}(\Delta x)^{2}\right] & \Delta x<0\end{cases}$$

其中，Δx 被定义为相对于投资者参考点的投资组合回报。其中，对于 $\alpha^{-}<0$ 和 $\alpha^{+}>0$，函数是 s 形的，即收益为凹，损失为凸，就像 Kahneman 和 Tversky 的分段幂函数一样。此外，参数 $\beta>1$ 再次表示损失厌恶程度。因此，该公式是前景理论价值函数的适当设定。

分段二次价值函数的一个重要性质是，对于 $\beta=1$ 和 $\alpha^{+}=\alpha^{-}$，投资者的前景效用是：

$$PT(R)=\sum_{R_i\geqslant RP}^{n}p_i(R_i-RP)+\sum_{R_i<RP}^{n}p_i(R_i-RP)-\frac{\alpha}{2}\left[\sum_{R_i\geqslant RP}^{n}p_i(R_i-RP)^2+\sum_{R_i<RP}^{n}p_i(R_i-RP)^2\right]$$

因此，投资者的前景效用取决于参考点、风险厌恶程度以及回报的期望值及其二次项。如果参考点 RP 是投资者投资组合的预期回报，$RP=\mu(R)$，可以得到 $PT(R)+RP=\mu(R)-\frac{\alpha}{2}\sigma^2(R)$，这是一个非常简单的均值—方差目标函数。

总而言之，从一般前景理论的角度来看，当人们假设一个特殊的参考点（均值）、忽略损失厌恶并假设在损失领域没有风险厌恶时，就会产生均值—方差结果。最后，计算均值和协方差的概率不应被概率加权所扭曲。

【例 2－11】 比较基于均值—方差和前景理论的资产配置。假设有一位投资者在五种风险资产类别中寻求最佳资产配置：债券、股票、大宗商品和两只对冲基金。关于这些类别投资的预期回报，有四种情况："U" 形、"V" 形、双底衰退和战争情景。表 2－6 总结了四种情景下资产类别的预期回报。可以看到，当经济衰退即将结束时，股票表现良好；而当经济衰退长期存在时，债券表现良好；在战争中，两者都不好，但大宗商品的回报是好的；最后，对冲基金在所有场景中都表现中规中矩。

表 2－6　资产预期回报

场景	概率	债券	股票	大宗商品	对冲基金 1	对冲基金 2
"U" 形	40%	3%	10%	5%	2%	－6%
"V" 形	40%	－5%	20%	20%	－6%	－2%
双底衰退	19%	7%	－30%	－50%	1%	2%
战争	1%	－50%	－50%	20%	2%	10%

风险偏好和最优资产配置由均值—方差和前景理论决定。为了确保估计的风险偏好和由此产生的最佳资产配置仅取决于理论，投资者的风险偏好由相同的问题引出，

即“如果一项投资有50%的概率使初始财富翻倍（即收益率为100%）。这种情况下您愿意接受哪种负回报?”

投资者对这个问题的回答是相同的，但根据解释它的理论不同，它的含义不同。

假设投资者说他准备接受20%的损失。那么均值—方差偏好是“$u(x)=\mu(x)-\alpha\sigma^2(x)$”的投资者的效用将是“$\mu(x)=0.4-\alpha0.36$”。① 为了确定投资者的风险厌恶水平，可以求解 $0.4-\alpha0.36=u(0)$，其中 $u(0)=0$ 是客户不投资的效用，求解得到 $\alpha=1.11$。现在寻找一个能够使投资者效用最大化的投资组合。

在寻找最优投资组合时，在所有的理论中都应用了以下限制条件：

- 资产类别的权重需要加起来为1；
- 不允许卖空（权重必须大于0）；
- 对冲基金的最大投资组合权重为5%。②

对于风险规避为1.11的均值—方差偏好，可以得到71%的股票和29%的债券的最佳资产配置（见图2-14）。

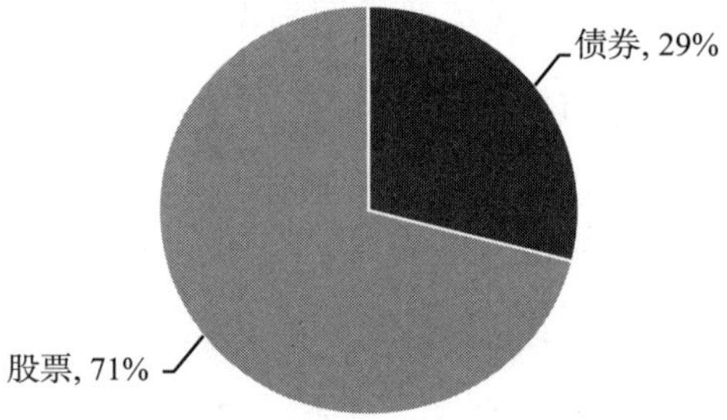

图2-14 具有均值—方差的最佳资产配置

现在假设，在使用前景理论时，投资者的偏好得到最好的估计。特别是，在计算最佳资产配置时，必须考虑投资者的损失厌恶。假设投资者的风险厌恶和概率加权与中位数投资者的风险厌恶和概率加权相似。从投资者对彩票问题的回答来看，人们估计损失厌恶度为4.12。对方程 $0.5\times1^{0.88}+0.5\times(-\beta)\times(0.2^{0.88})=0$ 求解，可以求得 β。请注意，假设投资者的参考点是0%，这意味着保留初始财富。与基于均值方差和期望效用的资产配置相比，基于前景理论的最佳资产配置包含更少的股票和更多的债券（见图2-15）。需要注意的是，如果使用分段二次价值函数而不是分段幂函数，这个结果不会改变。

---

① $0.4=0.5\times1+0.5\times(-0.2)$；$0.36=0.5\times(1-0.4)^2+0.5\times(-0.2-0.4)^2$

② 利用这一限制条件来解释对冲基金回报分配的不确定性。

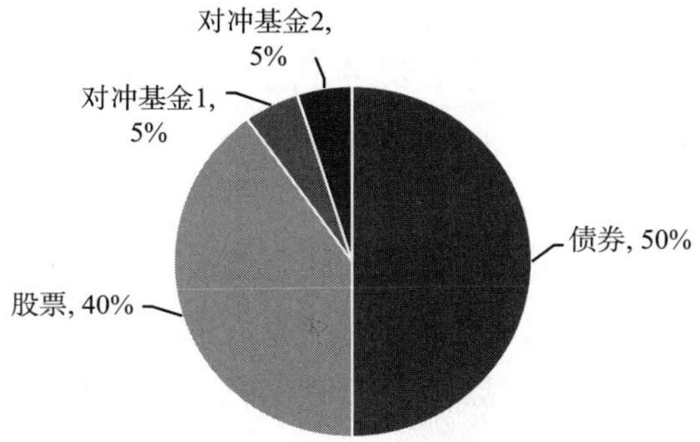

图 2 - 15　最优前景理论资产配置

2.2.3　行为金融学——第 0 级：传统金融*

传统金融是基于无限制套利（ULA）的假设。根据该假设，任何回报的可预测性都会被理性的投资者利用，从而被抹去。因此，正如诺贝尔奖获得者欧根·法玛（Eugen Fama）所宣称的那样，市场是有效的，即任何人不能打败市场。Fama 的有效市场假说（EMH）有三个层次——取决于哪些信息被认为对击败市场毫无用处。弱式有效市场中价格信息不能用于击败市场。半强式有效市场中没有任何公共信息可以用来超越市场。公共信息增强了宏观经济或企业特定数据等基本面数据。强式有效市场中内幕信息也是无用的。至少法律制度不相信后者，否则，他们不会禁止内幕信息交易。

无论何种形式的 EMH，它都意味着资产的回报是不可预测的，并且根据中心极限定理，它们是服从正态分布的。由于正态分布的特征在于其均值和方差，因此投资资产意味着组合正态分布。因此，Markowitz（1952）提出的均值—方差演算足以作出决策。最后，如果所有投资者都进行均值—方差分析（MVA），那么尽可能多的风险就会多样化。所有股票共有的风险存在，所谓的市场风险才会继续存在。Sharpe（1964）、Mossin（1966）和 Lintner（1965）将这种直觉形式化，建立了所谓的资本资产定价模型（CAPM），它显示了市场风险与高于无风险利率的股票回报之间的线性关系。

从历史上看，传统金融的这些基石并不是按这个顺序发展的，EMH 是在均值—方差分析之后出现的。但传统金融的逻辑在 ULA→EMH→MVA→CAPM 的顺序中更有意义。这是因为如果没有有效市场假说，均值—方差分析可能就不合理——这与传统金融学基于完全理性建立金融市场理论的目标相矛盾。

2.2.4　行为金融学——第 1 级：行为偏差*

2.2.4.1　引言*

本节基于市场是有效的假设。根据有效市场假说，可以认为，心理动机行为不是最佳的，而是有偏差的。本节的观点是，心理动机行为源于贪婪、恐惧、骄傲和后悔等情绪，而理性行为则不受情绪的影响，并遵循管理原则和最优化。这里从著名的过山车开始，它揭示了伴随股市过程起伏的情绪和行为（见图 2 – 16）。当然，同样的情况也适用于任何其他风险资产。

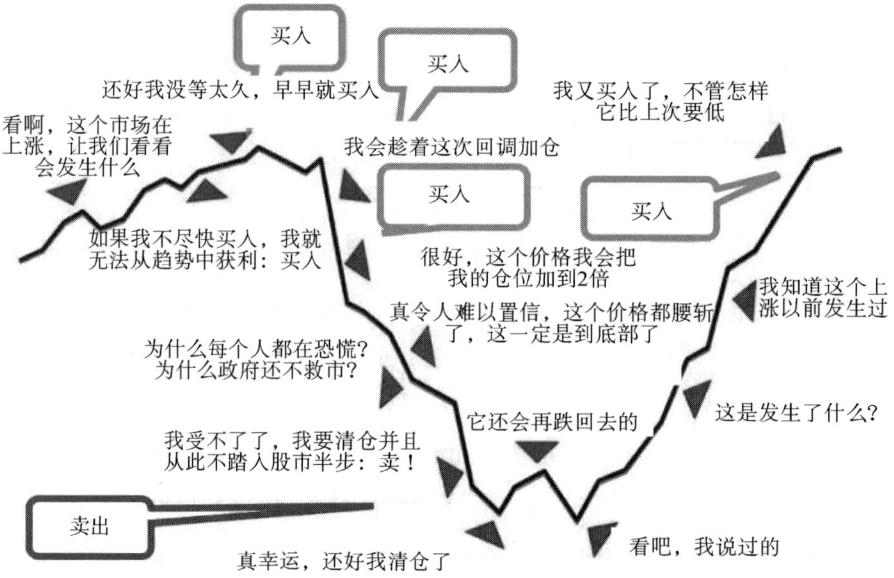

图 2 – 16　过山车

资料来源：BhFS。

在过山车开始时，投资者观测价格路径，并预计他观测到的小趋势将继续下去，这样他如果不投资，就会错过机会，因此，他选择买入。这种趋势确实还在继续，所以他的决定得到了证实，他感觉很棒。但随后价格开始下跌，第一反应是增加头寸，因为投资者仍然认为积极的趋势会持续下去。然而，价格进一步下跌——现在甚至低于投资者最初购买的价格。现在他的投资处于亏损状态，但由于他仍然相信投资情况是稳固的，他将更便宜的价格视为便宜的报价并购买了更多的股票。不幸的是，价格进一步下跌。现在，投资者不再确定投资是否有意义，他寻求外部帮助。价格进一步下跌，投资者再也无法忍受损失——他的情绪损失能力已经耗尽。因此，他卖掉了一切。虽然他不再投资，但价格横摆，突然间出现了强劲的反弹挑战了之前的决策，投资者内心自我挣扎，最终再次买入。

当然，投资者是情绪化的。他买东西是为了避免后悔。当他买更多股票时，他是贪婪的。当他损失太多时，他会绝望。最后，他有后见之明的偏向，因为他相信他本可以预测到价格走势。撇开情绪是好是坏不谈，这里的问题是结果，即行为是否是有效市场假说中的理性行为。根据有效市场假说，价格是不可预测的。但这并不意味着一个人是买入还是卖出就像押注一枚公平的硬币一样无关紧要。如上所述，由于 CAPM 的均衡论证，由此产生的随机游走具有正漂移，该论点指出，理性投资者需要因承担市场风险而获得补偿。因此，风险资产具有正的预期回报。因此，过山车上最好的做法是尽早购买，然后随着起伏而持有投资。

2.2.4.2　行为偏差列表*

过山车说明了一些行为偏差，并提出了一个重要的观点，即在有效市场假说的前提下，决策的成本很高。到目前为止，在实验室实验和现场数据中已经发现了更多的行为偏差。有太多的行为偏差，即使是行为金融学课程也无法解释它们。这里，根据前景理论的两个阶段（编辑阶段和评估阶段）来构建行为偏差。与给定的过山车示例一样，在假设市场是有效的情况下评估偏差，因此均值—方差分析是一个理性的决策规则。

（1）编辑偏差*

①可得性偏差和注意力偏差。要提到的第一个偏差是可得性偏差，根据这种偏差更容易获得的信息扮演着更重要的角色。有些信息不需要搜索，因为它会搜索我们！我们每天都在被信息轰炸。当一只股票获得非凡的回报（正或负）时，几乎可以肯定，媒体的大量宣传会引起我们的注意。事实上，Barber 和 Odean（2008）的一项著名研究表明，个人和机构投资者倾向于持有更多引人注目的股票，例如那些登上报纸头版或以电子推送形式出现的股票。但许多研究表明，无聊的股票比魅力股票能产生更高的回报。因此，应该避免可得性偏差。这种可得性偏差将注意力从相关信息上转移开来，这被称为注意力偏差。因此，注意力偏差是可得性偏差的另一面。无论如何，这些偏差扭曲了投资者投资组合中的股票构成的决策，投资组合中的股票不再是实现投资者目标的工具，而是作理性决策形成的投资组合。

②选择性感知。当人们想要根据均值和协方差来作出投资决策时，就需要根据这些统计数据形成预期。一些理性的方法可以做到这一点，但心理效应可能会欺骗我

们，使我们很难遵循这些方法。例如，投资者可能会“根据他们的特定框架来看待事物”，特别是他们对股票持普遍怀疑态度时，投资者将看到比平常数据更多的损失信息。

③确认偏差。与选择性感知类似，确认偏差是人们会解释信息以确认他们采取的行动，如那些投资于某家公司的人比那些没有投资的人会更积极地解读一篇关于该公司的文章。人们对金融市场的总体看法也是如此，投资者会更积极解释新信息。如果投资者要在连续的基础上形成期望，那么他必须意识到这种偏差。

④代表性偏差。大数定律在统计学中非常有用，它认为只要有足够多的观测值，产生随机过程的概率可以从已实现的观测值中推断出来。例如，多次投掷一枚硬币，人们观测到正面和反面的相对频率约为 50%。近似程度取决于投掷的次数。10 次后，相对频率分布在 50% 均值附近的方差仍然很高，而 100 次后的方差则很小。然而，当投资者形成预期回报时，他们通常缺乏耐心，仅使用很少的回报样本来猜测预期回报。他们认为，小样本已经可以代表预期回报，从而成为小数定律的牺牲品。这就是 Kahneman 和 Tversky 所称的代表性偏差。代表性偏差可能导致趋势追逐。

⑤赌徒谬误。赌徒谬误与代表性偏差相反，它来自对赌场的观察。赌场会记录以前的数据。这些信息其实无关紧要，但客户却将其作为其策略的输入量。一种常见的策略是押注在那些之前的抽签中不常出现的颜色。然而，这一策略并不比任何其他策略更成功。原因是红色和黑色数字的比例在每次抽注后保持不变，即每种颜色被抽中的概率是相等的。在赌徒谬误下，人们低估了长序列具有相同结果的概率。在金融领域，赌徒谬误可能会导致人们过早押注趋势逆转。趋势逆转的一个信号是新的历史新高（或历史低点）出现之后许多投资者卖出（买入），因为他们认为现在是价格下跌（上涨）的时候了。因此，他们可能会过早地出售获利资产。

⑥锚定效应。锚定效应通常被超市应用，使我们认为某种产品很便宜。诀窍是声称之前的价格更高，这设定了前景理论的参考点，消费者不会评估该物品是否值当前的价格，而是认为他们应该购买它，因为它很便宜。锚定偏差也发生在过山车中。在某个时候，价格跌破了投资者最初购买的价格，所以他认为现在购买更加合理。

形成价格或回报预期是一项非常重要且非常困难的任务，这可能很容易被上面列出的偏差所带偏。而且可能存在一种总体的偏差，即投资者可能过度自信，从而过于相信自己形成的预期是正确的。

⑦狭隘框架。根据均值—方差分析，人们应该形成一个受益于不同资产类别多样化效应的大投资组合。但在实践中，狭隘的框架和心理账户可能会阻碍形成这种完全的多样化。

不完全的多样化可能是由于收益是被框定为收益还是损失，正如 Kahneman 和

Tversky（1981）所说明的：假设人们必须从两个彩票中进行选择，即从每对彩票中选择一个。

第一个是从下列（A）和（B）中选择：

（A）2 400 美元的确定收益；

（B）25% 机会中奖 10 000 美元和 75% 的概率根本不会中奖。

第二个是从下列（C）和（D）中选择：

（C）7 500 美元的确定损失；

（D）75% 的概率损失 10 000 美元，25% 的概率根本没有损失。

博彩的最终收益是从两个彩票中所选择结果的组合收益。请注意，（A）和（B）之间的选择是收益之间的选择，而（C）和（D）之间的选择是损失之间的选择。然而，由于每个彩票的选择结果都是与另一个彩票的选择结果进行加总后计算总收益，所以单个彩票的结果是收益或者损失并不重要。但是，人们却对不同彩票区别对待，并且对两个彩票的收益割裂开来进行评估。因此，出现了收益框架或者损失框架。之所以选择彩票（A），通常是因为彩票（B）的预期收益为 2 500 美元，而额外的 100 美元不足以诱使人们冒险。彩票（D）通常比彩票（C）更受欢迎，因为它提供了避免损失的机会。关于这个问题的有趣之处在于，选择（B）和（C）会比选择（A）和（D）更好。选择（A）和（D）的组合收益是 75% 的概率为 -7 600 美元，25% 的概率为 2 400 美元；而选择（B）和（C）是 75% 的概率为 -7 500 美元，25% 的概率为 2 500 美元。因此，如果一个人选择（A）和（D），那么无论发生什么，他都会比选择（B）和（C）少 100 美元！

均值—方差分析避免了这一错误，因为单个资产的收益和损失被整合到投资组合的收益和损失中。但是，狭隘框架不仅发生在资产之间，也发生在时间段之间，如短视损失厌恶偏差。

⑧心理账户。心理账户类似于狭隘框架。Thaler（1985）将心理账户定义为个人用来组织、制定和评估决策的一组操作和策略。例如，人们将支出分为几类（住房、食品等），其支出有时受到隐性或显性预算的约束；人们还对安全和风险投资进行分类（Thaler，1999）。全球最大的财富管理银行瑞银（UBS）建议为投资者想要追求的每个目标建立一个投资组合。这种基于目标的财富管理方法就是使用心理账户效应。虽然心理账户可能是一个很好的操作方法或技巧，但从均值—方差的角度来看，它阻碍了多样化。更好的办法是设定一堆目标，投资者根据重要性对目标进行排序，然后将所有的财富安排在一个投资组合中，并进一步分析哪些目标已经实现，哪些目标触手可及，哪些目标处于风险之中（Bachmann，2018）。

⑨分割偏差。心理账户的一个可能后果是分割偏差。投资者倾向于在投资组合中的各类资产之间进行平均投资。因此，在这种趋势下，资产配置将随着资产在各种类别中的分组而变化。例如，如果投资简单分为对股票和其他资产的投资，投资者倾向于将其财富的50%投资于股票；如果投资问题表现在投资于本国股票、国外股票以及其他资产，投资者倾向于在每个类别中分别投资1/3，从而股票总占比为66%。但如果采用均值—方差分析，这种偏差不会发生。

（2）评估偏差*

假设期望能尽可能好地形成，但也要研究形成过程中可能出错的地方。本节从概率（即前景理论的概率权重）的错误表示开始分析，说明实现资产的所有多元化收益是多么困难。

①概率加权，即极端事件可能会在投资者的决策中得到太多的权重。当股市崩盘时，投资者因多年来都在回避风险，会得崩盘恐惧症。Kahneman 和 Tversky（1979）观测到，这种行为就好像投资者给小概率赋予过多权重，这也是前景理论的核心观点之一。许多投资者对极端事件发生的可能性反应非常敏感，却忽视了它发生的概率很小。即认为一个事件发生的可能性高于其真实的概率。这一原则也适用于罕见的积极事件，如在彩票中获得巨大收益的可能。Barberis 和 Huang（2008）的研究已经表明，一些投资者使用彩票思维来投资股票，概率加权设计不合理，平均都会赔钱。

②现时偏差。时间偏好随着时间的推移而逆转时可能是非理性的。当被问及在目前更偏好两周后得到100美元，还是两周零一天后得到102美元时，大多数人更喜欢后者。但是，当被问及他们更愿意今天得到100美元还是明天得到102美元时，大多数人想要今天得到100美元。因此，可能在两周后，他们大概率会后悔之前的选择。也就是说，虽然人们明白，原则上保持耐心是件好事，但对即时满足的渴望压倒了之前的推迟决定。这种偏好逆转代价高昂，因为计划需要修订。例如，投资者可能会开始一个储蓄计划，但后来他们会后悔并终止了它，即使代价是在签订合同时约定需要支付高额费用，或者过早退出不能收回全部资产净值。

③损失厌恶。Kahneman 和 Tversky（1979）的另一个重要发现是，人们对待损和益的态度和行为非常不同。当然，什么被视为收益取决于人们想要实现的目标，即取决于参考点。这个参考点很重要，因为损失比收益影响更大。例如，投资者在损失100元之后，需要获得比100元多，才能感受到充分得到了先前损失的补偿。一般而言，甚至需要2倍补偿。这种行为被称为损失厌恶。损失厌恶意味着在参考点存在极端程度的风险厌恶，阻碍了投资者从承担风险中获益。此外，参考点可能会随着时间的推移而变化（Arkes 等，2008）。收益后，人们倾向于提高参考点；而在损失之后，

他们更不愿意降低参考点。这可能会导致决策不一致。

④短视损失厌恶。Benartzi 和 Thaler（1995）研究了投资者如何汇总后续回报以评估跨期投资决策。如果投资者采用较短的评估周期，例如他每年都会评估投资组合的表现，那么投资问题就被狭隘地或短视地框定，因为跨期投资决策被框定为独立的一年期投资问题序列，于是他可能永远不会投资风险资产。但从长远来看，投资者是可能投资风险资产的，即使他可能是损失厌恶的。

【例 2 –12】 考虑一项有 50% 的概率获得 20% 回报的投资和一项有 50% 的概率损失 10% 的投资。在一段时期后，初始值为 1 000 的投资其价值可能是 1 200 或 900。因此，具有一个投资周期的投资者有 50% 的概率面临损失。如果损失超过收益的 2 倍多，他们就不会投资。经过两个周期后，有四种可能的结果：分别为 1 440、1 080、1 080 和 810。因此，拥有两个周期的投资者只会在 1/4 的情况下面临损失（810 <1 000）。这种概率下，即使损失比收益更大，他也会投资。

表 2 –7 显示，股票市场确实具有投资期限越长、损失的可能性越小的属性。

表 2 –7　　　1969—2019 年不同投资期限内 SPI 的亏损和收益

SPI	每日	每月	每年	3 年	5 年	10 年	20 年
损失	45%	37%	30%	21%	17%	7%	0%
收益	55%	63%	70%	79%	83%	93%	100%

资料来源：Fintool（2020）。

⑤处置效应。处置效应首先由 Shefrin 和 Statman（1985）发现，是投资者倾向于长期持有下跌股票，而过早出售获利股票。Odean（1998）的类似证据表明，个人投资者更有可能出售升值的股票，而不是已经下跌的股票。

对这一观测结果的一种解释是，投资者同时犯了两个错误：他们建立了两个心理账户——一个用于已实现的收益（或损失），另一个用于“账面”收益（或损失），以此为基础作出他们认为比之前的投资决策（购买资产）更好的决策（Barberis 和 Xiong，2012）。如果发生损失，投资者会将其保留为“账面”损失（投资者不出售资产），因为这似乎比出售资产和实现损失更低的效用损失更容易接受些。如果收益机会发生，如果收益实现（资产被出售），投资者的实现收益比保留为“账面”收益更好。

2.2.4.3 结论*

本节解释了传统金融学推荐的最重要的决策偏离。假设市场是有效的，可以发现这些启发式方法是否是非理性的，即是否存在所谓的行为偏差。此外，经验证据表明，这些偏差的代价是严重的。因此，可以用本杰明·格雷厄姆（Benjamin Graham）

的名言来结束本节：“投资者最大的敌人最有可能是他自己。”

2.2.5　行为金融学——第 2 级：市场异象*

2.2.5.1　引言*

根据有效市场假说，收益是不可预测的，且收益的自然对数是服从正态分布的，这是一个可检验的预测！检验这个假说的一个标准方法是 Jarque - Bera 检验。标普 500 指数历史悠久，是最具流动性的股票市场。运用 Jarque - Bera 检验方法对标普 500 指数进行检验的结果表明，在 99% 的置信水平上，该假说不成立。

图 2 - 17 给出了原因的提示。围绕均值水平附近的回报太多，而且分布的尾巴也太厚了——特别是在左侧，意味着跌幅频率大于右边。而起源于有效市场假说的一系列论证是基于数理推导的（特别是中心极限定理），因此我们可以得出结论，有效市场假说不成立——至少它不像传统金融学所声称的那样完美。收益经常不是相互独立的。

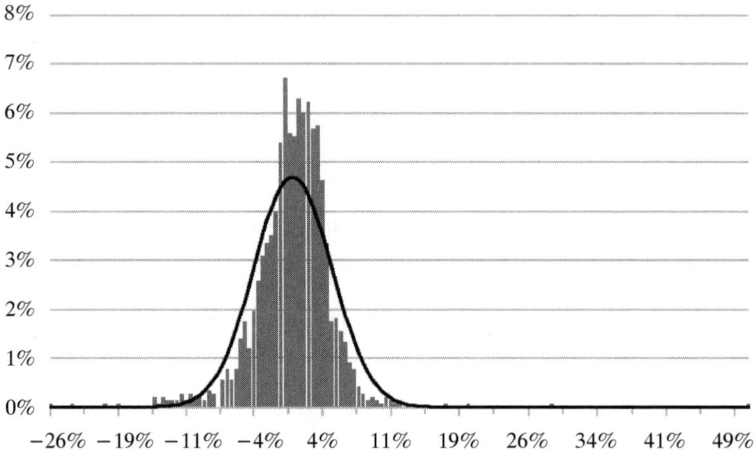

图 2 - 17　1871—2018 年标准普尔 500 指数月度对数回报率的经验和正态分布

事实上，在市场严重低迷的时候，大量的恐慌、羊群效应和被迫抛售，将导致市场进一步螺旋式下跌。类似地，当市场产生泡沫时，也会导致市场螺旋式上升，但幅度较小。不幸的是，投机泡沫和崩盘并不罕见。标普指数在 1871 年至 2018 年期间，出现了美国铁路泡沫（1873—1875 年）、美国股市繁荣（1920—1929 年）、美国企业集团泡沫（1960—1970 年）、1987 年 10 月的黑色星期一崩盘、互联网泡沫（1990—2003 年）以及由美国房地产泡沫（2000—2007 年）引发的金融危机。数据统计还不包括2020年的冠状病毒危机。因此，泡沫和崩盘是一种常见的现象，违反了收益服从正态分布的假设。

尤金·法玛（Eugene Fama）承认，泡沫和崩盘产生的超额回报极不可能服从正态分布，但他不认为这违反了有效市场假说，因为上述论点存在后见之明的偏差，而前瞻性泡沫和崩盘可能无法预测。为了反驳这一观点，Greenwood等（2019）写了一篇题为"Fama泡沫"的论文，在论文中展示了严重价格上涨带来的崩盘的可预测性。Jarrow等（2011）、Sornette和Cauwels（2014）以及Mikhail和Sebastien（2017）曾提出过其他能够预测市场崩盘的方法。

由于有效市场假说是从无限制套利的假设中得出的，这就提出了一个问题，为什么聪明的套利者不能利用泡沫和崩盘，从而使后者减少甚至消除。约翰·梅纳德·凯恩斯（John Maynard Keynes）观测到，这种套利是有风险的，特别是"市场可以保持非理性的时间比你保持偿付能力的时间长！"事实上，由于泡沫中价格上涨可能需要很多年，所以，当套利者年复一年地赔钱，甚至天真的投资者也通过顺应泡沫发财时，聪明的套利者也可能没有耐心等待最终的利润。此外，Brunnermeier和Nagel（2004）认为，一些理性的投资者可能会自己驾驭泡沫，并试图在泡沫破裂之前作出努力进一步推动泡沫扩大。也就是说，套利是有风险的，而且是有限制的，这为市场异象打开了大门。

投机泡沫只是市场异象的一个例子。本节将回顾和分析著名的市场异象，并说明正是前述的行为偏差导致了对有效市场的偏离。由代表性偏差导致的趋势外推、过度自信、羊群效应以及高估小概率，都是投机泡沫和市场异象产生的重要心理基础。

市场异象可以表现为时间序列异象和横截面异象。时间序列异象是指资产收益率的可预测性，而横截面异象是指某资产收益率高于其对市场组合的风险敞口。

2.2.5.2　套利限制*

传统金融学关于有效市场假说的论证是基于无限制套利（ULA）的。根据ULA，投资者不能期望获得超过市场的回报，这是无风险利率之外的唯一回报来源——传统金融理论的基石CAPM也是这么主张的。如果市场有异象，并且有可能获得超额回报，那么聪明的套利者会试图利用这一点。到目前为止，这是ULA理论。然而，类似投机泡沫，有时很难运用足够程度的套利策略来消除异象，特别是这些套利策略需要投入大量资金才能影响市场。事实上，市场既没有足够多的套利者，也没有足够多的资金。因此，资金流动性的缺乏（Brunnermeier和Pedersen，2009）也阻碍了市场效率的提升。

具有讽刺意味的是，对市场有效的信念可能会使潜在的资金提供者放弃那些试图利用市场异象的融资策略，从而使市场无法变得更有效。此外，正如投机性泡沫那样，套利策略的回报可能需要一段时间，而这段时间超过了资金提供者的耐心所允许的时间。最后，套利者本身可能是短视的，他们会采用那些增加市场异象的策略，例如利用泡沫或进行动量交易等。（这将在下文解释）。综上所述，市场异象可能会持续存在，套利策略可能永远不会像传统金融所希望的那样获得回报。

当然，这个说法并不是指无风险套利。无风险套利是对衍生品进行定价的基础。例如，看涨期权可以通过其标的物和债券进行复制。如果期权价格不等于复制投资组合的价值，那么可以直接利用这一点进行套利。事实上，自从布莱克和斯科尔斯（Black 和 Scholes）公布了复制期权的方法以来，期权即以理论价格在进行交易。然而，当套利产生一定的风险并且回报延迟时，就出现了上述有限套利的问题。

文献中比投机泡沫更明显的套利策略案例是臭名昭著的对冲基金美国长期资本管理公司（LTCM）。

据 Edwards（1999）报道，LTCM 试图通过利用美国等安全债券（他们借入的债券）与俄罗斯及东亚国家的风险债券（他们投资的债券）之间的利差来赚取超额回报。这种策略是一种标准的套利交易策略。然而，LTCM 的杠杆率非常高（是其权益资本的 20 倍），当利差扩大后，它无法筹集到足够的资金来满足追加保证金的要求。

2.2.5.3　时间序列异象*

投机泡沫是时间序列异象的一个例子——资产回报具有一定程度的可预测性。正如 Greenwood 等（2019）所表明的那样，沿着投机泡沫，过去的回报可以用来预测未来的回报。这与有效市场假说相矛盾。确切地说，这与弱式有效市场假说相矛盾，当市场是弱式有效时，价格信息不能用于预测回报。当满足半强式有效市场假说时，即使股价包括股息和收益等基本信息，也无法预测回报。下面还将解释一些市场异象，来提供反证。

（1）时间序列动量——“趋势是你的朋友”。

如果一项资产的价格倾向于继续向同一个方向发展，那么该资产的价格就具有时间序列动量，即在价格上涨（下跌）后更有可能获得正（负）回报。当市场有效时，这种情况不应该发生。然而，Gerber 等（2010）分析标准普尔 500 指数的月回报率发现，一阶自相关系数不是零，而是 28.50%。事实上，在 1 个月的正回报率之后，下个月的平均回报率约为 0.11%；而在 1 个月的负回报之后，下一个月回报率为 -0.06%。此外，在正回报月份之后一个月出现正回报的概率为 62.97%，出现负回报的概率为 48.25%。这些数字都是高度显著的。时间序列动量可视化的一个好方法是绘制方差比。如果标准普尔是有效的，其对数回报的方差应该在时间上呈比例增长，也就是说，如果 1 个月后对数回报的方差为 1%，那么 2 个月后为 2%，3 个月后为 3%，依此类推。这是从有效市场假说中得出的，因为 2 个月后的方差是 2 个月回报的方差加上两者之间协方差的总和。后者应为零，因为根据有效市场假说，价格不应具有可预测性。现在，一方面考虑给定投资期限的方差，另一方面考虑投资期限与另一期方差的乘积。那么两个实体的比率（称为方差比）应接近 1。

图 2 – 18 显示，在长达 50 个月的时间内，方差比率明显高于 1，表明时间序列动量存在。峰值持续 20 个月，即大约两年。该图还表明，从长远来看，可能会出现反转，从反转时起方差比就会低于 1。但这一发现并不显著，因此在下文使用不同的统计数据来分析反转。

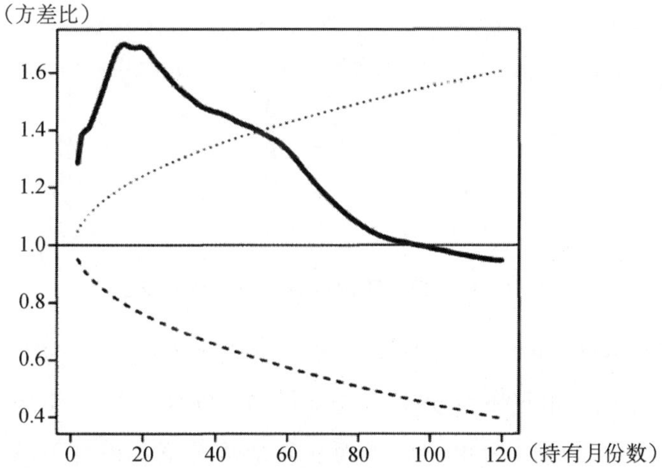

图 2 – 18　不同投资期限的对数标准普尔 500 月回报率的方差比和遵循随机游走原假设的置信区间

资料来源：Gerber 等（2010）。

（2）反转——“涨的必然跌”

违反弱式有效市场假说的第二种现象是反转，即价格有逆转方向的趋势。如表 2 – 8 所示，投资期限是反转的指标——但它太弱了。Greenwood 等（2019）的研究发现了反转现象。也就是说，在价格大幅上涨之后，它们更有可能下跌。尤其是市场下降后的条件收益率表现出更强烈的反转现象。即市场下跌幅度越大，后续反转的收益越高。表 2 – 8 将 1945 年至 2016 年期间标准普尔 500 指数的下跌分类为回调、修正、正常熊市和大崩盘。

表 2 – 8 显示，回调越深，之后可以获得的超额回报就越高。但是，这里有一个问题。例如，当经历了 10% 的下跌时，没有人知道这是否是结束，即无法判断这只

是一个回调，还是情况会继续恶化，例如，修正甚至熊市或大崩盘。然而，图 2 - 19 显示了这些转换的可能性：

表 2 - 8　CFRA 和标准普尔 500 指数数量、最大回调、持续时间和市场回调后的回报

下跌类型	数量	平均回调幅度	持续时间（个月）	恢复时间（个月）	正常预期收益	衰退之后的超额收益
回调（5.0% ~9.9%）	56	-7%	1	2	1.16%	5.84%
修正（10.0% ~19.9%）	21	-14%	5	4	2.33%	11.67%
熊市（>20%）	12	-33%	14	25	14.58%	18.42%
“正常”熊市（20% ~39.9%）	9	-26%	11	14	8.16%	17.84%
“大崩溃”熊市（>40%）	3	-51%	23	58	33.83%	17.17%

资料来源：斯托瓦尔（2017 年）。

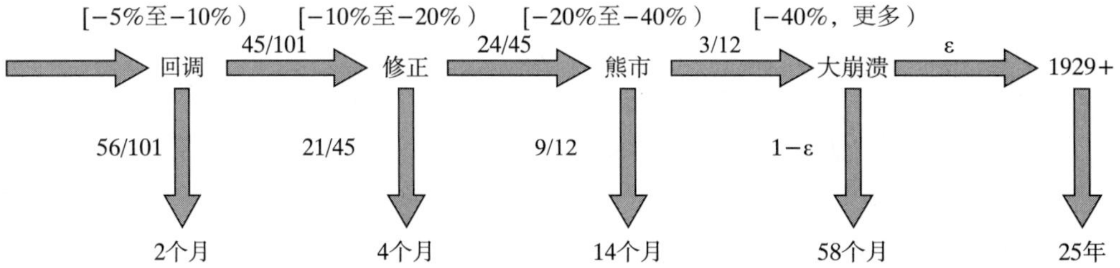

图 2 - 19　回调不同情景之间的转换路径

假设市场下跌不到 10%，处于回调状态，然后（在 2 个月内）反弹的概率约为 55%，而另 45% 的概率市场下跌更多，甚至达到 -20%，进入修正阶段。此时市场反弹的机会（在 4 个月内）为 46.6%，而在其余情况下，市场下跌会进一步恶化为熊市。然而，现在市场从熊市中反弹的机会是 75%，只有 25% 的概率会变得更糟，或出现大崩盘。在 1945—2016 年期间，发生过最糟糕的情况。但当然并不能保证这就是最糟糕的情形，也有可能会像 1929 年后一样，陷入严重衰退的情况。1929 年之后市场花了 300 个月，也就是 25 年才恢复。不过，跌幅越深，复苏的可能性就越大，人们可以从复苏中获得超额回报——这是反转的明显迹象。

到目前为止，解释异象使用的是低频价格数据，还存在许多纯粹基于价格投资策略，它们使用更高频数据——有时甚至是订单信息。这些信息不仅显示了交易价格，还显示投资者愿意以何种价格出售或购买。这些仅仅基于价格信息的投资策略被称为“技术性分析”。根据尤金·法玛（Eugene Fama）的说法，这是巫术，是行不通的，但有些人相信它。当然，技术性分析与弱式有效市场假说互相矛盾。但由于弱式有效市场只是一个假说，并不是一个数学定理或是像万有引力定律这样的自然定律，不是一个逻辑严谨正确的陈述，所以人们必须小心谨慎对待这种称之为巫术的论断。

(3) 基本面异象

基本面异象与半强式有效市场假说相矛盾，它基于价格和基本面信息。为了分析这种类型的异象，首先回顾一下已实现总收益的定义。已实现总收益是下一期价格加上最终的股息之和除以当期价格。通过比较风险资产（如公司股权）的已实现收益可以看到，在某些时期，已实现收益率高于无风险利率；而在其他时期，已实现收益率低于无风险利率；而平均而言，已实现收益率会较高。然而，这并不一定意味着风险资产比无风险利率更受青睐，因为投资者是风险厌恶的。风险资产的预期收益反映了风险厌恶的平均程度。事实上，风险资产的当期价格等于预期价格与以高于无风险利率的贴现率折现的股息之和。

例如，标准普尔 500 指数在 1887—2019 年期间的平均收益率比无风险利率年均高出 4.45%。因此，在这一时期，当投资者预期下一期的收益率时，他们的贴现率等于 4.45% 加上通货膨胀率，这段时期的平均通货膨胀率为每年 0.45%。因此，标准普尔 500 指数经通胀调整后的平均贴现率为每年 5%。为了简化问题，暂时假设该贴现率在所有年份都是固定的。那么，1871 年的价格等于 1872 年的预期价格与股息之和，并以 5% 贴现；而 1872 年的价格则是 1873 年的预期价格与股息之和，并再次以 5% 贴现。依此类推前向迭代，可以得到在任何一年，标准普尔 500 指数的价格等于所有未来股息以每年 5% 的贴现率贴现。

图 2-20 是标准普尔 500 指数变动路径。可以看到两点。首先，两条曲线具有相同的增长率，因为从长远来看，曲线不会彼此偏离。其次，实际价格波动幅度比基本价值大得多。这就是席勒（Shiller）著名的“过度波动”。价格波动远远超过基本价值！当然，也可以说贴现率会随着时间的推移而波动。人们可以通过选择可变的贴现率来生成虚线，以便在任何时间点，使该贴现率贴现的未来股息与价格相匹配。可以发现，有时投资者的风险规避程度更高，有时则更低。这就需要分析这些波动是理性的还是感性的，是否是情绪波动的结果。由于在过去的 150 年里，价格最终确实总是会回到以 5% 的固定贴现率贴现的简单基本价值，所以看起来对情绪或感性的解释更有可能是正确的。

将标普指数与其基本价值进行比较，可以得出一些可预测性的结论。从长远来看，两者会趋同。因此，如果标普 500 指数远高于基本面价值——就像它在世纪之交所呈现的那样——那么崩盘近在眼前。同样，也可以看出市盈率对回报有一定的可预测性。由于在任何一年，股票价格等于未来股息的贴现值，假设股息增长率不变为 g，从无穷级数求和公式中得到市盈率应该是 $P/D=(1+g)/(r-g)$，这就是著名的 Gordon（1959）公式。请注意，对于 $r=5\%$（如上文所示）和 $g=2\%$，可以得到 $P/D=34$。

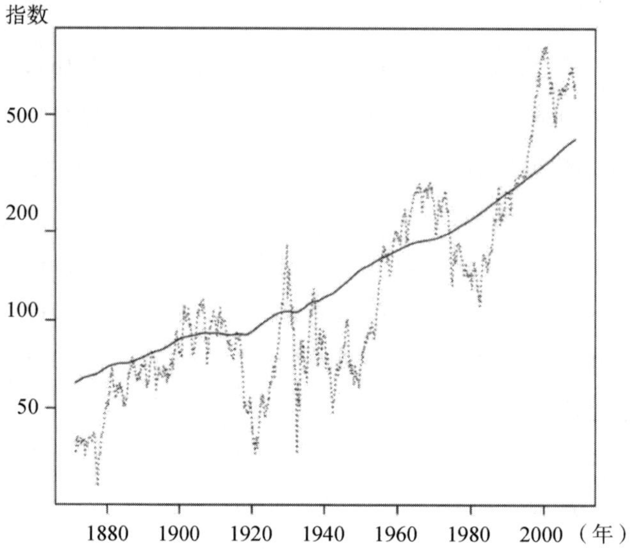

图 2－20 1871—2009 年经通胀调整后的标普价值（虚线）及其基本面价值（黑线）

资料来源：Gerber 等（2010）。

因此，戈登（Gordon）模型预测，如果实际市盈率高于此常数，则价格将会被修正，随后的回报率会更低；反之亦然。图 2－21 表明，这一预测在 Gerber 等（2010）的研究中是有效的。

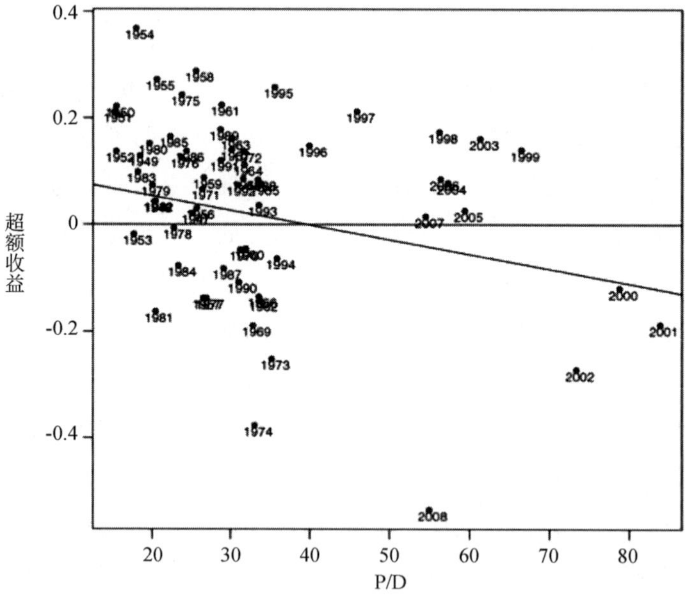

图 2－21 下一期年回报率为上一期价格股息率

资料来源：Gerber 等（2010）。

最后，公司可能会采取不需要立即分配股息的股息分配方案。因此，学者们建议用收益代替股息。基于收益的最著名的衡量标准是 Shiller 的周期性调整市盈率，即 CAPE 比率。如图 2 - 22 所示，它对回报也有一定的可预测性。

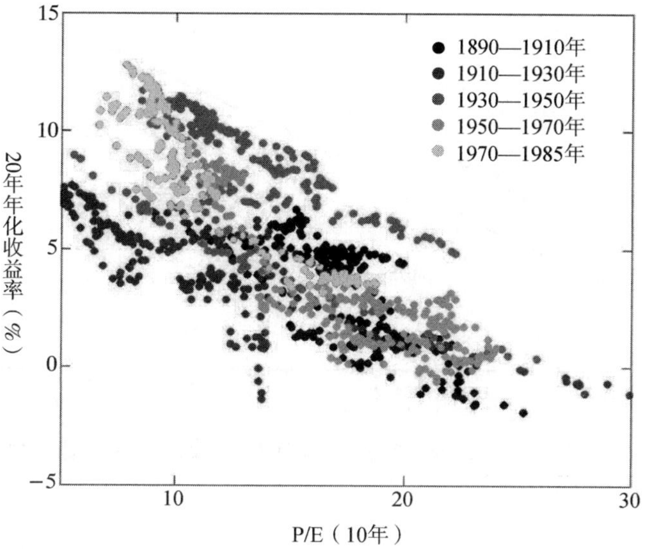

图 2 - 22　CAPE 比率和后续收益率

资料来源：Shiller（2005 年）。

2.2.5.4　横截面异象*

时间序列异象是指一种资产或一种资产类别的收益率随时间而变动的现象，而横截面异象则分析了几种资产或资产类别之间收益率的差异性。时间序列分析的基准是有效市场假说，该假说声称回报没有可预测性。横截面异象的基准是 CAPM。根据 CAPM，任何资产的回报率与超过无风险利率的市场回报率成正比。比例因子是贝塔系数，即资产收益率与市场收益率之间的协方差，与市场收益率的方差相关。因此，虽然大多数时间序列异象是指股票溢价的变化，但横截面异象分析了资产的贝塔系数对其回报的解释程度。

后者的标准方法是首先根据某种标准（例如市值）像标普 500 指数一样对资产进行排序。然后，将标准中得分较高的资产组合的回报率与得分较低的资产组合的回报率进行比较。最后，计算子投资组合的贝塔值，将每个子投资组合的回报率、贝塔值和证券市场线绘制在图上。通过这种方式，可以根据 CAPM 的收益率来比较实际收益率。两者之间的差异称为 alpha（α）。虽然所有资产的 α 总和为零，但人们想要弄清楚哪些资产具有正的 α，哪些资产具有负的 α。

图 2-23 是基于 1928 年至 2003 年期间的美国股票价格进行分析的结果。观测结果显示，低贝塔系数的股票具有正的 α，而具有高贝塔系数的股票具有负的 α。

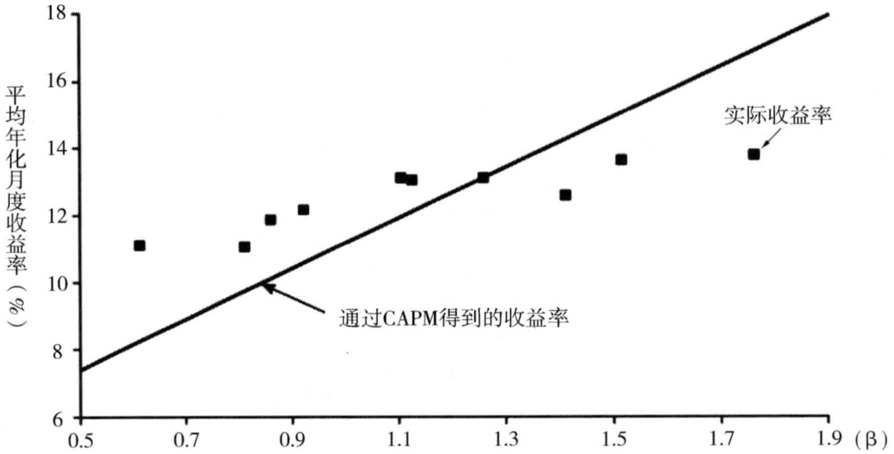

图 2-23　1928-2003 年美国股票中的低贝塔异象

资料来源：Fama 和 French（2004）。

对于低贝塔异象，已经给出了许多解释（Blitz 等，2013）。其中最具说服力的解释是由概率加权产生的"股票就像彩票"效应。高贝塔股票就像彩票：中签机会很小，但能获得极高的回报。行为投资者对这些股票支付太多，从而降低了他们的回报。

其他众所周知的 CAPM 异象是规模异象、价值异象和动量异象。Banz（1981）首次发现规模异象，即市值低的股票具有正的 α。有人可能会说，这是对流动性不足的补偿，但也有可能是分析这些股票的分析师较少，或这些股票的信息较少。众所周知，投资者厌恶模棱两可，也就是说，他们更喜欢概率为 50∶50 的彩票，而不是收益相同但概率未知的彩票。因此，他们希望因信息不充分而获得补偿。

价值异象是账面市值比高的股票具有正的 α 值。这种异象最初是由 Basu（1977）发现的，类似于 Graham 和 Dodd（1934）最初的说法。一种可能的行为解释是，投资者过于关注魅力股票，即那些账面市值比低的股票。因为这些投资者对趋势进行了外推，并且高估了低概率事件的发生可能性。随着时间的推移，价值投资者已经完善了分析标准。如今，这些标准被称为质量标准。例如，Novy-Marx（2013）认为盈利能力是衡量质量的一个标准，也包括 α。

正如 Carhart（1997）、DeBondt 和 Thaler（1985）所展示的，买入之前价格上涨的股票会带来 α。因此，横截面的动量也是一个很好的交易策略。

Fama 和 French 时常收集这些 α 的生成标准——称为因子，以建立一个新的 Fama-

French 因子模型。1993 年 Fama 和 French 提出了三因子模型，2015 年 Fama 和 French 提出了五因子模型，即目前所呈现的市场、账面市值比、规模、投资和盈利能力五因子。请注意，Fama 和 French 的分析永远不会包括动量效应，因为这是对有效市场假说最明显的违背。

Barberis 等（2016）研究发现，可以基于前景理论构建一个反转因子。即买入（卖出）那些过去收益率导致低（高）前景理论效用水平的股票，将获得超过指数的超额收益率。这些股票是 Fama - French 五因子模型无法识别的。从直觉上看，典型的投资者是适应性学习者，即他们购买（出售）喜欢（不喜欢）的东西——用前景效用来衡量。因此，常常是价格暂时偏离了基本面，之后被更理性的投资者进行了逆转。Thoma（2021）发现，外汇市场并不存在这样的情况，但前景理论因素在加密货币市场中解释力更强。这表明，不同的市场有不同的老练投资者。

2.2.5.5　结论*

我们应该注意到，对于所有因素，都有理性和行为学两方面的解释。Llmanen（2011）的观点比较平衡，总是给出理性和行为学两方面的解释。行为学的解释基于前景理论，即如果前景理论是市场的主导行为，市场异象就会发生。理性的解释是指市场不完善，例如，已经提到的规模效应。然而，市场变得越来越完善，异象仍然存在，这表明投资者心理因素对市场的影响比市场不完善更强。此外，不得不说，α 是依赖于时间的。例如，价值型股票可能有很多年甚至几十年没有正的 α。因此，上述有限套利问题是存在的。显然，这些市场异象并不会被理性套利者最终消除。

然而，本部分的重点不是解释异象，而是分析在面对异象时如何投资。我们已经看到，假设不存在这些异象（如有效市场假说），均值—方差分析是唯一的理性投资方法。但是，当人们承认存在市场异象时，均值—方差分析又有多好呢？均值—方差分析基于对均值和回报协方差的期望。如果这些信息的形成都是无条件的，即不考虑市场异象所指出的市场可预测性，那么结果就不可能是最优的。形成这些预期的一个更聪明的方法似乎是参考前瞻性市场，正如衍生品市场一样。例如，在分析看跌期权和看涨期权价格时，使用布莱克和斯科尔斯（Black 和 Scholes，1973）公式来观测市场假定的这些期权的到期波动率。

一个著名的指数是美国股市的波动率指数（VIX）。如图 2 - 24 所示，VIX 是顺周期的，即在危机发生时 VIX 上升，特别是在金融危机和新冠危机时期飙升。“尖峰”意味着它爆炸得如此之快，以至于使用均值—方差分析的投资者无法迅速作出反应来保护他的投资组合，然后锁定损失，因为崩盘发生后，波动率很高。因此，均值—方差投资者将在危机时期降低风险，这与我们学到的知识完全相反，例如前述分析的标普 500 指数的反转模式。

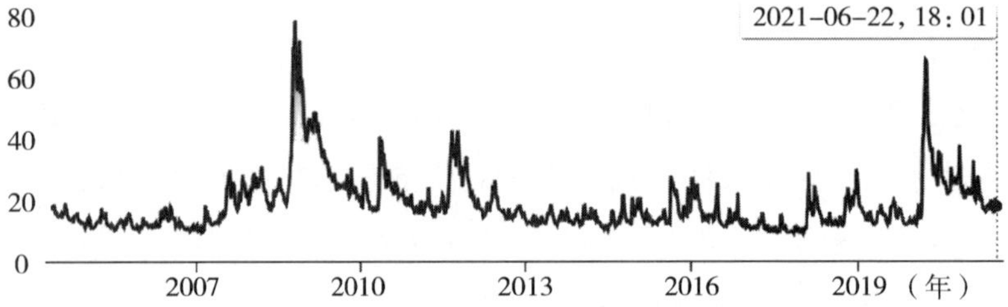

图 2-24　VIX 随时间的变化

资料来源：https：//www. google. com/search？client = firefox - b - e&q = VIX。

现在来分析当存在横截面异象时，均值—方差分析如何发挥作用。同样，这取决于期望是如何形成的。如果他们忽略了异象所隐含的可预测性，那么均值—方差投资就不是最优的。此外，由于均值—方差使用方差而不是贝塔作为风险度量，因此它不会从低贝塔异象中正确获取更高的回报。最后，它不会使用规模异象，因为预期回报和方差通常是独立于公司规模形成的。一个简单的配置规则，比如对各资产等权重（1/N）投资可能会更好，因为它对小盘股的配置权重会系统性更高。这也解释了 DeMiguel 等（2009）的发现。

前景理论呢？当市场出现异象时，它会比均值—方差分析做得更好吗？当然不是，因为正如上所述，它将均值—方差作为了一种特殊情况。上述市场无效率时，在均值—方差实现最优收益问题的基础上，前景理论加入了损失规避和加权小概率，这就导致了市场对崩盘的恐惧。前景理论投资者没有获得更高的回报，因为他们没有承担足够的风险。当我们将损失厌恶与短视相结合时，会产生相同的效果。因此，要为低效率市场的现实情况找到更好的投资规则，我们必须将行为金融学提升到一个更高的层次——第三层次：风格投资，这是下一个话题。

2.2.6　行为金融学——第 3 级：风格投资*

这是关于行为金融学的最后一节。因此，总结一下迄今为止所学到的知识是件好事。首先，已经看到，在无限套利的情况下，完全理性会导致市场有效。因此，对数收益服从正态分布，均值—方差分析会得出理性决策，在均衡状态下，只有承担了市场风险才有可能得到回报。如果投资者在这样的世界里有偏见，他们就会浪费资金。如果套利受到限制，非理性行为可能会导致市场异象，而像均值—方差分析这样看似理性的行为可能不再是最优的。经验证据表明，回报不服从正态分布，最终市场以外的其他因素会得到回报。但要获得这些回报，就需要持续投资。在长期，利用市场异象（如价值异象）收到回报是行不通的。学者们在进行回溯测试时发现“账面收益”与实际投资回报之间存在巨大差距。例如，Fama 和 French（1993，2016）发现，因子投资应该带来两位数的超额回报，但他们的基金顾问只能带来比市场平均收益率高出 2% 的年收益率。因此，明智的做法是将现实生活中的投资高手和基金作为自己投资策略的榜样。以下“名人堂”展示了一些非常优秀的现实生活中投资者的例子（见图 2－25）。

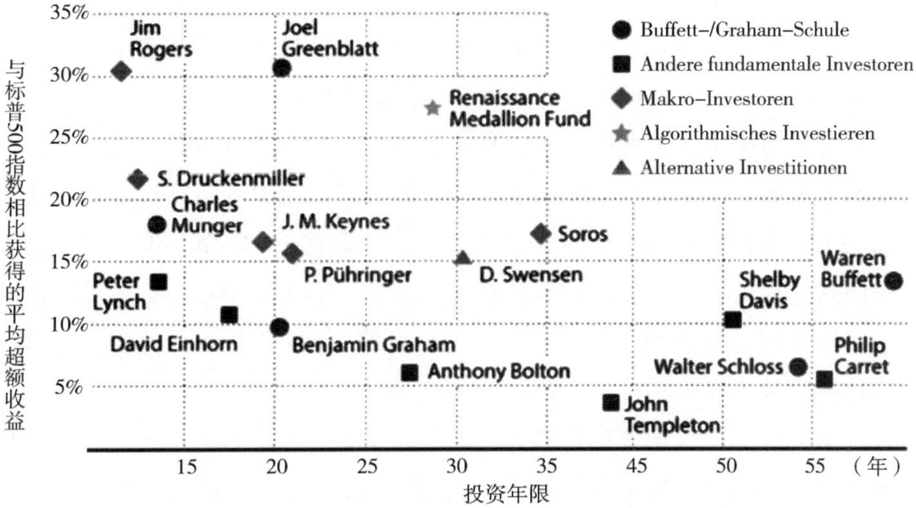

图 2－25　名人堂——多年来跑赢大盘的投资者

名人堂描绘了投资年限与高于标准普尔 500 指数的年度超额收益（再投资股息）之间的关系。自 1871 年以来，标普 500 指数这一基准年均涨幅为 7%。因此，沃伦·巴菲特（Warren Buffett）在过去 60 年里的年平均收益超过了该指数的 13%，财富以年平均收益 20% 的速度增长！因此，在 60 年前巴菲特投资 1 美元，现在他就赚了 1.2 美元$^{60}=56\ 347$ 美元。这里不用夏普比率来衡量，因为波动性不是长期投资者的良好风险控制的衡量标准。这里也不考虑银行费用，银行费用会通过托管费和管理费使年收益率下降多达 1%。通常情况下，长期投资者会采取逆向策略。因此，市场波动越大，他们的业绩就越好。特别是当市场崩盘和波动性增加的时候，长期投资者趁机增持头寸。因为只要它们存活下来就没有问题，例如，不要像 LTCM 那样杠杆化。因此，相比波动性或夏普比率，投资年数是衡量投资者风险管理水平的更好指标。例如，除了沃伦·巴菲特之外，乔治·索罗斯（George Soros）在 34 年的时间里每年收益超过市场的17%。沃伦·巴菲特是价值投资者，而乔治·索罗斯是外汇投资者，特别是后者对英格兰银行、法兰西银行或中国人民银行等国家银行下了巨大的赌注。吉姆·西蒙斯（Jim Simons）在他的文艺复兴奖章基金（Renaissance Medallion Fund）中也取得了令人瞩目的成功。到目前为止，该基金在28年内每年赚了27.5%！最后，彼得·普林格（Peter Pühringer）是最好的套利投资者之一，在过去22年中实现了17%的年超额回报率。

有效市场假说的支持者认为，图2-25中的这些投资者的成功很可能是由长久的运气引起的。尤金·法玛（Eugene Fama）给出了以下类比：假设有一个人要求100人站起来扔硬币，掷出“头”的人必须坐下来，掷出“尾”的人仍然站立。最可能的情况是，十轮过后，有几个人仍然保持站立。然而，这并不意味着下一轮过后他们仍然会站着。的确，应该预期，获胜的概率仍然是50%。

将投资类比抛硬币的主要问题是，从长远来看，没有投资者总是成功的，而是成功的投资者会采取类似于图2-25中不同形状的图标所代表的策略。因此，类似于投掷硬币的例子，假设最初一半的参与者戴着眼镜，但在10轮后，其中90%的人仍然站着，表明这些人比其他人拥有更多的技能。例如，名人堂中包括数量惊人的价值投资者和基本面投资者（套利交易员、外汇交易员等）。从这个意义上说，投资过程的系统性特征似乎与抛硬币相反。

通过仔细分析大投资者的投资行为，人们将发现几个值得考虑的规则。价值投资者，例如沃伦·巴菲特（Warren Buffett），根据一家公司的关键财务数据来确定公司的基本面价值。他们将该价值与市场价格进行比较，如果市场价格明显低于该价值，则购买股票，并在价差收敛至零后卖出股票。

人们可以推测，伟大投资者的回报并非纯粹是偶然的，而是基于对回报因素的巧妙利用。因此，确定这些因素在多大程度上可以产生伟大投资者的回报是有道理的。例如，Frazzini等（2013）发现，巴菲特的部分回报可以归因于市场、规模、质量、增长和低贝塔系数等因素。同样，Dockner和Krannner（2015）可以通过市场、成熟度和套利等动态因子从统计学上解释Peter Pühringer的部分收益。而类似的风格分解也曾对名人堂中成长性最好的投资者彼得·林奇（Peter Lynch）做过。也就是说，虽然Fama和French的因子回报并不现实，但它们仍然可以用来检测投资者所遵循的风格。然而，这些基于回归的研究提出了两个问题。首先，如何解释伟大投资者的实际回报与复制因子回报之间的差距？其次，是否多年前已经清楚应该使用哪些因子进行投资？或者这些策略是由伟大投资者发明的吗？也就是说，这些复制研究可能会受到后见之明偏见的影响。目前，其他潜在的伟大投资者目前正在开发基于众筹、维基组合和比特币的新策略，并在某些时候也会进行复制研究，认为这些收益本可以自动实现。然而，现在没有一个复制者知道这些新因子是什么？

因此，创新和创造力等个性特征对于伟大投资者的成功也至关重要。对于这个因素，正如 Accominotti 和 Chambers（2016）所研究的那样，约翰·梅纳德·凯恩斯（John Maynard Keynes）作为一位非常成功的股票投资者，他在外汇市场上却被简单的启发式方法（如利差和动量）击败。因此，可以判定伟大的投资者并非在所有市场都同样成功。投资者的个性必须与投资领域和风格相匹配。例如，众所周知，最优价值投资者常常是非常节俭的人，他们乘坐经济舱，购买二手车，这也符合他们购买廉价股票的投资风格。这意味着要想真正成功，投资风格和生活方式之间可能也必须相匹配。目前的研究（Ding - Hirschfeld 和 Hens，2021）展示了如何根据心理人格模型（如著名的 OCEAN - model）找到最佳匹配。

也就是说，有许多成功的投资风格利用了市场的低效率。正如过山车所表明的那样，最严重的偏见是在危机时突然终止投资，就违反了古老智慧“当你经历地狱时——继续前进!”因此，人们必须选择一种自己相信一种投资风格。在这里，建议人们可以相信一种投资策略，当然不仅仅包含传统金融推荐的臭名昭著的“买入并持有”。

2.2.7　参考文献

[1] Accominotti, O. und D. Chambers. If you are so smart: The currency trading record of John Maynard Keynes. The Journal of Economic History, 2016, Vol. 76 (2), pp. 342 - 386.

[2] Arkes, H., Hirshleifer, D., Jiang, D., and Lim, S. Reference Point Adaptation: Tests in the Domain of Security Trading. Organizational Behavior and Human Decision Processes, 2008, Vol. 105 (1), pp. 67 - 81.

[3] Bachmann, K., De Giorgi, E. G., and Hens, T. Behavioral Finance for Private Banking, 2nd edition, 2018, Wiley Finance.

[4] Banz, R. W.. The Relationship between Return and Market Value of Common Stocks. Journal of Financial Economics, 1981, Vol. 9 (1), pp. 3 - 18.

[5] Barber, B. M., and Odean, T. All that glitters: The effect of attention and news on the buying behavior of individual and institutional investors. The Review of Financial Studies, 2008, 21 (2), 785 - 818.

[6] Barber, B. M. and Odean, T. The Behavior of Individual Investors. Section 22 in Handbook of the Economics of Finance, 2013, Vol. 2, pp. 1533 – 1570, Elsevier.

[7] Barberis, N. and Huang, M. Stocks as lotteries: The implications of probability weigthing for security prices. American Economic Review, 2008, Vol. 98 (5), pp. 2066 – 2100.

[8] Barberis, N., and Xiong, W. Realization utility. Journal of Financial Economics, 2012, Vol. 104 (2), pp. 251 – 271.

[9] Barberis, N., Mukherjee, A. and Wang, B. 'Prospect theory and stock returns: An empirical test', The Review of Financial Studies, 2016, 29 (11), 3068 – 3107.

[10] Basu, S. Investment Performance of Common Stocks in Relation to Their PriceEarnings Ratios: A Test of the Efficient Market Hypothesis. Journal of Finance, 1977, Vol. 12 (3), pp. 129 – 56.

[11] Benartzi, S., and Thaler, R. H. Myopic loss aversion and the equity premium puzzle. The Quarterly Journal of Economics, 1995, Vol. 110 (1), pp. 73 – 92.

[12] BHFS. Behavioural Finance Solutions. Retrieved from https://bhfs.ch/, 2020.

[13] Black, F., and Scholes, M. The pricing of options and corporate liabilities. Journal of Political Economy, 1973, Vol. 81 (3), pp. 637 – 654.

[14] Blitz, D. C., Falkenstein, E. G., van Vliet, P. Explanations for the Volatility Effect: An Overview Based on the CAPM Assumptions, The Journal of Portfolio Management, 2013, Vol. 40 (3), pp. 61 – 76.

[15] Brunnermeier. M. K., and Nagel, S. Hedge funds and the technology bubble. The Journal of Finance, 2004, Vol. 59 (5), pp. 2013 – 2040.

[16] Brunnermeier, M. K., and Pedersen, L. H. Market liquidity and funding liquidity. The Review of Financial Studies, 2009, Vol. 22 (6), pp. 2201 – 2238.

[17] Carhart, M. M. On persistence in mutual fund performance. The Journal of Finance, 1997, Vol. 52 (1), pp. 57 – 82.

[18] De Bondt, W. F., and Thaler, R. Does the stock market overreact? The Journal of Finance, 1985, Vol. 40 (3), pp. 793 – 805.

[19] DeMiguel, V., Garlappi, L., and Uppal, R. Optimal versus Naive Diversification: How Inefficient is the 1/N Portfolio Strategy? The Review of Financial Studies, 2009, Vol. 22 (5), pp. 1915 – 1953.

[20] Ding - Hirschfeld, M., Hens, T. Personality Traits and Investment Styles (Unpublished doctoral dissertation). University of Zurich, 2021.

[21] Dockner, E. J., and Kranner, S. Kann man den Markt systematisch schlagen? Eine empirische Analyse des ZZ1 und ZZ2. ISK, WU - Wien, 2015.

[22] Edward, F. R. Hedge funds and the collapse of long - term capital management. Journal of Economic Perspectives, 1999, Vol. 13 (2), pp. 189 - 210.

[23] Fama, E. F., and French, K. R. Common risk factors in the returns on stocks and bonds. Journal of Financial Economics, 1993, Vol. 33, pp. 3 - 56.

[24] Fama, E. F., and French, K. R. The Capital Asset Pricing Model: Theory and Evidence. Journal of Economic Perspectives, 2004, Vol. 18 (3), pp. 25 - 46.

[25] Fama, E. F., and French, K. R. A five - factor asset pricing model. Journal of Financial Economics, 2015, Vol. 116 (1), pp. 1 - 22.

[26] Fintool. Sind Aktien nur ein Glücksspiel? Retrieved from http://www. findglocal. com/CH/Z% C3% BCrich/1678830555702916/Fintool——Geldwissenf% C3% BCr - alle, 2020.

[27] Frazzini, A., Kabiller, D., and Pedersen, L. H. Buffett's alpha (No. w19681). National Bureau of Economic Research, 2013.

[28] Gerber, Anke, Hens, Thorsten and Bodo Vogt. Rational investor sentiment in a repeated stochastic game with imperfect monitoring, Journal of Economic Behavior and Organization, 2010, Vol. 76 (3), pp. 669 - 704.

[29] Gordon, M. J. Dividends, earnings, and stock prices. The Review of Economics and Statistics, 1959, pp. 99 - 105.

[30] Graham, B., and Dodd, D. L. Security Analysis. New York: Whittlesey House, 1934.

[31] Greenwood, R., Shleifer, A., and You, Y. Bubbles for Fama. Journal of Financial Economics, 2019, Vol. 131 (1), pp. 20 - 43.

[32] Hens, T. Bewusster anlegen mit Evolutionary Finance. Finanz - und Wirtschaft. Retrieved from https://www. fuw. ch/article/bewusster - anlegen - mit evolutionaryfinance/, 2015.

[33] Ilmanen, A. Expected returns: An investor's guide to harvesting market rewards. John Wiley and Sons, 2011.

[34] Jarrow, R., Kchia, Y., and Protter, P. How to detect an asset bubble. SIAM

Journal on Financial Mathematics, 2011, Vol. 2 (1), pp. 839 – 865.

[35] Kahneman, D., and Tversky, A. Prospect Theory: An Analysis of Decision under Risk. Econometrica, 1979, Vol. 47 (2), pp. 263 – 291.

[36] Levy, M. and H. Levy. Prospect Theory: Much Ado About Nothing? Management Science, 2002, Vol. 48, Issue 10, 1334 – 1349.

[37] Lintner, J. Security prices, risk, and maximal gains from diversification. The Journal of Finance, 1965, Vol. 20 (4), pp. 587 – 615.

[38] Markowitz, H. M. Portfolio selection. The Journal of Finance, 1952, Vol. 7 (60), pp. 77 – 91.

[39] Mikhail, Z., and Sebastien, L. Stock Market Crashes: Predictable and Unpredictable and What to Do About Them (Vol. 13). World Scientific, 2017.

[40] Mossin, J. Equilibrium in a capital asset market. Econometrica, 1966, pp. 768 – 783.

[41] Novy – Marx, R. The other side of value: The gross profitability premium. Journal of Financial Economics, 2013, Vol. 108 (1), pp. 1 – 28.

[42] Odean, T. Are investors reluctant to realize their losses? Journal of Finance, 1998, Vol. 53, pp. 1775 – 1798.

[43] Sharpe, W. F. Capital asset prices: A theory of market equilibrium under conditions of risk. The Journal of Finance, 1964, Vol. 19 (3), pp. 425 – 442.

[44] Shefrin, H., and Statman, M. The Disposition to Sell Winners Too Early and Ride, 1985.

[45] Losers Too Long: Theory and Evidence. The Journal of Finance, Vol. 40 (3), pp. 777 – 790.

[46] Shefrin, H. M., and Thaler, R. H. The behavioral life – cycle hypothesis. Economic Inquiry, 1988, Vol. 26 (4), pp. 609 – 643.

[47] Shiller, R. J. Irrational Exuberance, 2nd Edition, Princeton University Press, 2005.

[48] Shiller, R. J. Online Data Robert Shiller. Home Page of Robert J. Shiller. Retrieved from http://www.econ.yale.edu/~shiller/data.htm, 2020.

[49] Sornette, D., and Cauwels, P. Financial bubbles: mechanisms and diagnostics. Swiss Finance Institute Research Paper, 2014.

[50] Stovall, S. Stock Market Retreats and Recoveries. AAII Journal October 2017.

Retrieved from https：//www. aaii. com/journal/article/stock – market – retreats – andrecoveries. touch，2017.

[51] Thaler，R. Mental Accounting and Consumer Choice. Marketing Science，1985，Vol. 4，pp. 199 – 214.

[52] Thaler，R. H. Mental accounting matters. Journal of Behavioral Decision Making，1999，Vol. 12（3），pp. 183 – 206.

[53] Thoma，A. Essays on Currencies. Ph. D. dissertation in Banking and Finance，University of Zurich，2021.

[54] Tversky，A.，and Kahneman，D. The Framing of Decisions and the Psychology of Choice. Science，1981，Vol. 211（4481），pp. 453 – 458.

第3章　多因子模型和因子投资

3.1　套利定价模型（APT）*

本章介绍的套利定价理论（APT）是资本资产定价模型（CAPM）之外的另一种资产定价模型。虽然CAPM将市场因素确定为唯一相关的系统性风险因素，但套利定价模型提供了更大的灵活性并且假设较少。基本上，套利定价模型所做的就是引入一个一般框架，它把资产回报解释为资产风险的线性函数，与一组多重风险因子有关。然而，套利定价模型并没有说明这些风险因子是什么、大小是多少。这与CAPM不同，CAPM则将市场因素确定为唯一相关的定价因素。

套利定价模型深深植根于多因子世界，其资产回报由假设无套利的多因子模型产生。该模型的灵活性意味着它在过去几十年里受欢迎的程度。对风险因子的研究始于1976年斯蒂芬·罗斯（Stephen Ross）提出的套利定价模型，并一直持续到今天。自那时以来，风险因子的数量稳步增加，至今仍在积极研究中。此外，在实践中形成了以风险因子和风险溢价为基础的因子投资。因子投资将是下一节的主题。首先，我们介绍多因子模型和套利定价模型的基础知识。

3.1.1　在多因子世界中的资产价格*

多因子模型从统计角度看待世界，或者更具体地说，从统计角度看待资产回报。多因子模型背后的一般思想是将所有与价格相关的信息汇总在一组指标中，称为因子，因子是与资产回报相关的变量或特征。多因子模型中的因子原则上可以采取任何形式，但在随后的套利定价模型中被定义为风险因子，然后这些因子被用来解释资产回报。多因子模型是通过使用资产和因子的历史数据进行线性回归训练的。这些因子被认为可以解释资产回报的系统性部分，只留下特殊的、可分散的风险。

我们以前见过单因子模型，资本资产定价模型（CAPM）就是其中之一，模型中市场组合是唯一相关的定价因素。对这一因子的敏感性、即权益β、定义了资产的预期回报。虽然CAPM是单因子模型，但其假设条件和均衡条件使其不仅是一个因子模型。根据CAPM，资产的预期回报只需要知道β和预期市场（超额）回报即可。

多因子模型是单因子模型的自然延伸，假设存在多个影响资产预期收益的因素。然后，资产回报由线性模型产生。这种线性模型被称为资产收益的收益生成过程。据此，资产i的收益为：

$$R_i = a_i + b_{i1} \cdot F_1 + b_{i2} \cdot F_2 + \cdots + b_{ik} \cdot F_k + \varepsilon_i = a_i + \sum_{k=1}^{k} b_{ik} \cdot F_k + \varepsilon_i$$

式中：R_i——资产i的收益；a_i——所有影响因子实际值都为0时，资产i的收益；b_{ik}——资产i对于因子k的敏感程度（系统性风险）；F_k——因子k的实际收益；ε_i——资产i的残差（收益中不能由因子解释的部分，只是公司特有的）。

在多因子模型中这些因素是先验已知的，通过时间序列回归找到每个证券产生资产收益的因子敏感系数b_{ik}。这些敏感系数既可以是正数，也可以是负数。虽然单因子回归模型的最佳拟合曲线呈直线，但是因子较多的回归会产生难以直观解释的最佳拟合平面或超平面。

此外，产生回报的过程并没有给出任何关于因子的最佳数量或性质的指示。因子的选择没有限制。

这个模型建立在以下几个假设上：

（1）资产i残差的均值等于0，即$E(\varepsilon_i)=0$；

（2）资产i和资产j的残差互不相关，即$Cov(\varepsilon_i,\varepsilon_j)=0$，意味着两个资产收益的共同变动完全可以由因子所解释；

（3）资产i的残差和因素互不相关，即$Cov(\varepsilon_i,F_K)=0$。

（4）任何两个不同的因子之间的协方差为0。

然而，因子（F_k）之间相对来说往往是相互关联的，这违背了第四个假设。特别是当涉及经济因素时，它们往往是（线性）相关的。理论上，最好的方法是只处理正交（即不相关）因子，然而，在实际应用中，在这方面经常作出妥协。

在建立因子模型时，需要作出以下几个决策：

（1）因子的数量：决定模型中有多少因子是重要的，但不是显而易见的。

（2）收益类型：该模型解释的是绝对收益还是超额收益？

（3）因子归一化：因子的分布情况如何？有些因子可能在零附近对称波动，有些因子可能严格为正值。人们可以使用标准化和规范化的方法使因子具有可比性。

（4）常数项：方程中是否有常数项a_i？这也取决于前两个要点中的选择。

所有的因素模型最后都是用简单或多元回归的方法来估计的。因此，回归结果在很大程度上取决于应用的数据。

3.1.2 套利定价理论介绍*

如上一节所述，多因子模型套利定价理论（Arbitrage Pricing Theory，APT）是决定资产均衡价格的另一种方法。

虽然市场因素通常是最重要的风险因子，但 CAPM 并不总是能很好地通过实证检验。此外，CAPM 还必须作出一些非常强有力的假设。这导致大量研究发现所谓的“市场异象”（Market Anomalies）。这种异常现象被理解为同时违反了有效市场假说（EMH）和 CAPM，它在时间维度和截面上都能被发现。

因此，套利定价模型试图通过将系统风险因素多元化从而对定价模型进行扩展，以此来弥合资产定价理论的差距。套利定价模型引入了一个解释资产预期回报的一般框架，它是建立在以下两个关键假设上：

（1）资产收益由多因素模型决定；

（2）不存在套利机会。

套利定价模型是一个多元的资产收益统计模型，而 CAPM 是一个基于均衡的模型。套利定价模型预计资产将获得取决于系统性风险因子的回报。这与金融学的传统观点一致，即风险越大，至少系统性风险越大，预期收益越大。根据套利定价模型，资产收益是由多因子模型产生的，这一类型的模型已经在前一节中介绍过了。到目前为止，多因子模型中的因子可以采取任何形式，并应用于时间序列回归。但当我们谈论套利定价模型时，这些因子只关乎系统风险，或者换句话说，这些因子是风险因子。然后，套利定价模型将资产的预期收益解释为这些风险因子的线性函数，当资产更多地暴露在风险因子下，通常预期会得到风险溢价的补偿。

第二个重要假设与无套利条件有关，它源自经济原理“一价定律”，也就是两个相同物品不能以不同的价格出售。应用到套利定价模型，这个原理就变为具有相同风险的两只证券不能有不同的预期收益。如果情况并非如此，套利者就会购买高收益的证券并卖空低收益的证券，以赚取无风险利润，这个过程被称为“套利”。它会一直持续到所有风险相同的证券的预期收益相等的均衡状态为止。套利定价模型中的无套利仅需要至少有一个聪明的投资者来利用任何能套利的情况即可成立，然而 CAPM 需要市场均衡才能成立。

套利定价理论还要求以下假设条件：

（1）分散化：必须有一个充分多元化的投资组合，以分散特异性风险。这意味着因子模型中的剩余成分预计为零，任何证券的特定风险都可以忽略不计。

（2）无市场摩擦（交易成本、空头头寸、资产可无限细分等）。

（3）金融市场上证券的数量远远大于产生资产收益的因子的数量。

与CAPM相比，套利定价模型成立的必要假设要弱得多，如果这些假设得到满足，套利定价模型假设预期资产收益是根据收益产生过程定价的，只有定价风险因子的敞口对收益是重要的。

3.1.3 套利定价理论及其推导*

在上述假设下，套利定价理论①指出，市场均衡时，每种资产的预期收益是：

$$E(R_i)=\lambda_0+b_{i,1}\lambda_1+b_{i,2}\lambda_2+\cdots+b_{i,k}\lambda_k=\lambda_0+\sum_{k=1}^{k}b_{i,k}\cdot\lambda_k$$

其中，$b_{i,k}$——资产i对因素k的敏感程度，λ_j——因素j的风险溢价。

进一步，可以证明：

$$\lambda_0=R_f$$

式中，R_f——无风险利率，并且：

$$\lambda_k=E(PF_k)-R_f$$

式中，PF_k——纯因子k组合的收益。

纯因子k组合是指对因子k的敏感度$b_k=1$而对其他因子的敏感度$bm(m\neq k)=0$的组合。当多因子模型中的因子相互独立（互不相关）时，纯因子组合就等于因子本身。根据以上假设，我们有：

$$E(PF_k)=R_f+0\times\lambda_1+0\times\lambda_2+\cdots+1\times\lambda_k+\cdots+0\times\lambda_k$$

$$E(PF_k)=R_f+\lambda_k$$

总结一下：

（1）由多因子模型识别的收益产生过程是套利定价模型的基础。

（2）均衡预期收益取决于风险因子。套利定价理论通过求解所有因子的风险溢价λ_j来解释在资产预期收益之间的变化。

（3）套利定价理论在横截面上确定预期收益，即相对于彼此而言，无套利假设保证了正确的定价。

（4）套利定价理论并没有规定因子的数量和性质，只给出了预期收益的结构。

（5）套利定价理论的均衡关系与资本资产定价模型的结构类似，但是前者考虑了风险的多种来源，而且这两个模型的前提假设不同。

---

① APT的正式推导在第1.7节的附录中。

但同样重要的是，要理解套利定价理论不仅仅是一个多因子模型的应用。套利定价模型和多因子模型不同，它在许多方面对多因子模型进行了扩展：

（1）套利定价模型只使用系统性风险因素，而多因子模型可以取任何类型的因子。

（2）套利定价理论决定均衡时的预期收益，是一个准确的关系式；而多因素模型以一种经验的、向后看的方式来确定已实现收益，且包含不确定的残差项（ε_i）。

（3）套利定价模型要求多因子模型对所有单个资产都成立，并确保所有资产在横截面上都有相应的定价，普通的多因子模型不存在这种截面关系。

（4）套利定价模型允许提取因子风险溢价，这是因子投资的基础。

【例3-1】假如有一个三因子模型（收益生成过程）决定了法国股票的收益率，三个因子分别是：长期利率（因子1）、工业生产（因子2）、汇率变动（因子3）。敏感性是通过回归分析得到的，结果如下：

股票	b_{i1}	b_{i2}	b_{i3}
家乐福（Carrefour）	-0.20	2.35	-0.98
赛诺菲（Sanofi-Aventis）	-0.45	2.21	-1.21
法国电力集团（EDF）	0.13	-1.08	-0.42
欧莱雅（L'Oréal）	-0.28	0.56	-0.02

与这些因子有关的风险溢价分别是 $\lambda_0=2\%$、$\lambda_1=4\%$、$\lambda_2=2\%$、$\lambda_3=1\%$。

这些证券的套利定价理论均衡预期收益是：

家乐福 $E(R)=2\%-0.20\times4\%+2.35\times2\%-0.98\times1\%=4.92\%$

赛诺菲 $E(R)=2\%-0.45\times4\%+2.21\times2\%-1.21\times1\%=3.41\%$

法国电力集团 $E(R)=2\%+0.13\times4\%-1.08\times2\%-0.42\times1\%=-0.06\%$

欧莱雅 $E(R)=2\%-0.28\times4\%+0.56\times2\%-0.02\times1\%=1.98\%$

让我们用例3-2说明套利定价理论。

【例3-2】假设收益是由一个双因子模型产生：

$$R_i=a_i+b_{i1}\cdot F_1+b_{i2}\cdot F_2+\varepsilon_i$$

假设有三只股票是根据套利定价理论定价的，具体如下表：

股　票	$E(R_i)$	b_{i1}	b_{i2}
法国巴黎银行（BNP Paribas）	5%	0.4	-0.3
赛诺菲（Sanofi-Aventis）	8%	0.6	0.3
阿尔斯通（Alstom）	9%	0.4	0.7

得到如下的方程式：

法国巴黎银行（BNP Paribas）　$5 = \lambda_0 + 0.4\lambda_1 - 0.3\lambda_2$

赛诺菲（Sanofi - Aventis）　$8 = \lambda_0 + 0.6\lambda_1 + 0.3\lambda_2$

阿尔斯通（Alstom）　$9 = \lambda_0 + 0.4\lambda_1 + 0.7\lambda_2$

求解方程组得到：

$E(R_i) = 5 + 3b_{i1} + 4b_{i2}$

其中：$\lambda_0 = 5$，$\lambda_1 = 3$，$\lambda_2 = 4$。

这也是在 $E(R_i)$、b_{i1}、b_{i2} 空间中的平面方程。这些证券的任何线性组合必然位于相同的平面上。违反了这一点，就违反了无套利条件。

现在让我们考虑一下，一只不按照套利定价理论定价的证券会怎么样（证券不在这个平面上）。

【例 3－3】 假设欧莱雅股票的预期收益率为 3.75%，$b_{i1} = 0.45$，$b_{i2} = 0.35$。我们将欧莱雅与一个组合 p 进行比较，该组合由 25% 的法国电力集团、25% 的赛诺菲以及 50% 阿尔斯通构成。该组合 p 对因子 1、因子 2 的敏感度为：

$b_{p1} = 0.25 \times 0.40 + 0.25 \times 0.60 + 0.50 \times 0.40 = 0.45$

$b_{p2} = 025 \times (-0.30) + 0.25 \times 0.30 + 0.50 \times 0.70 = 0.35$

所以，组合 p 的风险与欧莱雅的风险是一样的。组合的预期收益是：

$E(R_p) = 0.25 \times 5\% + 0.25 \times 8\% + 0.50 \times 9\% = 7.75\%$

也可以这么做，既然该组合必然位于上述平面上（套利定价理论方程式），我们可以由平面方程直接计算出它的预期收益：

$E(R_p) = 5 + 3 \times 0.45 + 4 \times 0.35 = 7.75\%$

由于不存在套利机会，风险相同的两个组合的预期收益不可能不相等。实际上，如果这种不相等的现象一旦出现，它将很快消失，因为套利者会马上介入，购买组合的同时卖空欧莱雅股票，以获得 4% 的套利利润。

【例 3－4】 假设投资者购买 1 000 欧元的组合 p，卖空 1 000 欧元的欧莱雅股票，其他数据如下表。

证券	初始现金流（欧元）	期末现金流（欧元）	b_{p1}	b_{p2}
组合 p	－1 000	1 077.50	0.45	0.35
欧莱雅股票	1 000	－1 037.50	－0.45	－0.35
套利组合	0	40.00	0.00	0.00

这个套利组合投资为零，没有系统性风险（b_{p1}，b_{p2}），净赚 40 欧元。在欧莱雅达

到法国电力集团、赛诺菲和阿尔斯通所在平面之前，套利者的投机活动都不会停止。

3.1.4　套利定价理论与资本资产定价模型之间的联系*

资本资产定价模型和套利定价理论不是相互排斥的模型，而是达到同一个事实的不同方法，二者有不同的假设。

CAPM 是基于马柯威茨（1952）的现代投资组合理论，是一种均衡模型。现代投资组合理论假设投资者有同质的行为（他们在一个均值—方差的世界中决定）、对风险和回报的预期是一致的，并在完整的市场中操作（所有类型的风险都是可交易的）。当厌恶风险的市场参与者遵循这些假设时，CAPM 决定了市场上出现的均衡价格。因此，CAPM 有一个具有上述假设的微观基础。这样的微观基础对于 APT 来说是不存在的。[①] 另外，APT 是无套利的模型，具有更宽松的假设。让我们首先回顾两个模型之间的关系。最简单的情况，收益是由一个单因子模型产生的，且这个因子是市场组合。这样，尽管资本资产定价模型和套利定价理论基于不同的假设，但都得出同样的均衡定价公式。但是因为只有一个风险来源，这种情况是微不足道的，也是无趣的。

令人更感兴趣的情况是，证券收益是由一个 k 因子模型产生的。如此一来，可以将一个证券的 β 值与它对 k 个因子的敏感性联系起来。在双因子模型中，根据协方差的性质，资产 i 的收益和市场组合 M 的收益的协方差是：

$$\begin{aligned}\mathrm{Cov}(R_i,R_M) &= \mathrm{Cov}[(a_i+b_{i1}\cdot F_1+b_{i2}\cdot F_2+\varepsilon_i),R_M]\\ &= [\mathrm{Cov}(F_1,R_M)\cdot b_{i1}]+[\mathrm{Cov}(F_2,R_M)\cdot b_{i2}]+\mathrm{Cov}(\varepsilon_i,R_M)\end{aligned}$$

等式两边同除以 σ_M^2，且根据资本资产定价模型定义 $\beta_i=\mathrm{Cov}(R_i,R_M)/\sigma_M^2$，我们有：

$$\beta_i=\left[\frac{\mathrm{Cov}(F_1,R_M)}{\sigma_M^2}\cdot b_{i1}\right]+\left[\frac{\mathrm{Cov}(F_2,R_M)}{\sigma_M^2}\cdot b_{i2}\right]+\frac{\mathrm{Cov}(\varepsilon_i,R_M)}{\sigma_M^2}$$

假设残差项与市场收益之间不相关，我们有：

$$\beta_i=\beta_{F1}\cdot b_{i1}+\beta_{F2}\cdot b_{i2}$$

其中，β_{F1}、β_{F2}——对应于因子 1、因子 2 的 β 值（相对于市场）。因为 β_{F1} 和 β_{F2} 是常数，且与证券投资比例无关（它们只依赖于因子与市场之间的相关关系），证券的 β 就是 b_{i1} 和 b_{i2} 的函数。因此，如果两个证券有不同的 β，原因就在于它们对因

① 然而，如果一个人要么像 Mayers（1972）那样承担背景风险，要么像 Hens 和 Naebi（2021）那样拒绝同质均值—方差行为，也可以形成 APT。

子的敏感性不同。

根据资本资产定价模型假设，证券 i 的预期收益与 β 相关：

$$E(R_i)=R_f+[E(R_M)-R_f]\cdot\beta_i$$

所以，在双因子的模型中，收益与两个因子的关系如下：

$$\begin{aligned}E(R_i)&=R_f+[E(R_M)-R_f]\cdot(\beta_{F1}\cdot b_{i1}+\beta_{F2}\cdot b_{i2})\\&=R_f+\{[E(R_M)-R_f]\cdot\beta_{F1}\}\cdot b_{i1}+\{[E(R_M)-R_f]\cdot\beta_{F2}\}\cdot b_{i2}\\&=R_f+\lambda_i\cdot b_{i1}+\lambda_2\cdot b_{i2}\end{aligned}$$

其中：

$$\lambda_1=[E(R_M)-R_f]\cdot\beta_{F1}$$

$$\lambda_2=[E(R_M)-R_f]\cdot\beta_{F2}$$

资本资产定价模型赋予风险溢价 λ_1 和 λ_2 另外的含义，它们被定义为纯因子组合的预期超额收益。假设因子 1 与市场收益正相关，这意味着 $Cov(F_1,R_M)$ 是正值。这样，β_{F1} 就是正值，又因为 $E(R_M)-R_f>0$，λ_1 也是正值，因此，b_{i1} 越大，证券的预期收益就越高。对于负的 β 值，反之亦然。这样的结果表明两个理论是一致的。然而，不应将资本资产定价模型视为套利定价理论的特例，因为它们的假设基础不同。

（1）在投资者的行为、市场组合的作用和达到均衡的方式三个方面，资本资产定价模型都进行了严格的假设。

（2）而套利定价理论在投资者行为方面的假设要弱得多，也没有强调市场组合的作用，风险有多重来源的假设也更加符合实际。

但是，套利定价理论理论上的明显优势（普遍性）在实证中并没有得到体现。资本资产定价模型对于预期收益决定的方式作出了非常精确的预测，而套利定价理论却没有说明产生资产收益的因子的数量和性质。在下一节中，我们将看到，尽管运用了复杂的统计技术对套利定价理论进行实证检验，迄今为止，学术界对套利定价理论因子的性质和数量仍然没有得出一致和肯定的结论。

3.1.5　套利定价理论的实证检验*

为 APT 识别风险因子并非易事。它需要一个实证检验，以确保所识别的因子也是 APT 的风险因子。由于 APT 理论是建立在资产收益的多因子模型上的，对其预测的任何检验都必须包括这样的因子模型。实际上，该检验是对均衡理论和所选因子模型对实际数据适用性的联合检验。这种检验通常被称为 Fama - MacBeth（1973）检验。对一个因子是否为 APT 的风险因子的实证检验涉及以下程序：

（1）风险因子：定义待检的风险因子的数量和特征。

（2）因子模型：通过多元回归（时间序列回归）分别估计每项资产的因子敏感性 b_{ik}。

（3）APT：从多因子模型中提取敏感系数 b_{ij}，并在横截面上估计因子风险溢价 λj，以验证资产定价。

然而，即使有这个检验，也可能很难解释结果，因为我们不能分辨出究竟是套利定价理论（第三步）失效，还是构建的模型（第一步和第二步）不好（如使用了错误的因子或因子数量）。

另外一个问题是很难决定到底在模型中使用哪些相关因素。因此，在估计套利定价理论模型时可以使用两种方法：

（1）运用经济理论和金融市场的知识来假定和指定看似适用的因子，这些因子可以来自现有的宏观经济和金融数据。但是，恰当选择适用的因子，既是一门科学，也是一门艺术。大多数文献都集中使用这一方法。

（2）使用统计技术，例如因子分析和主成分分析[①]，同时得出风险因素和资产对这些因子的敏感度。但是这些方法也有缺陷。首先，这些因子不是经济变量，必须将它们与现有变量作比较加以确定。其次，对因子的经济解释可能随着时间而改变，例如，因子 2 在一段样本期中的含义与在另一段样本期中的含义截然不同。最后，找到的相关因子的数量有可能随着分析所使用的股票数量变化而变化，但它应该与选取的样本无关。

研究 1 和研究 2 显示了风险因子的定义可以有很大的不同。在研究 1 中，这些因子是宏观经济变量和市场数据；研究 2 可能是在套利定价模型的背景下最著名的例子，其中的因子是公司基本面。

3.1.5.1 研究 1：经济因素*

Chen 等人（1986）利用以下宏观经济因素确定了证券之间的大部分协方差：

（1）长期国债与短期国债收益率之间的利差。该利差会影响远期付款相对于近期付款的价值。

（2）通货膨胀率影响贴现率和未来现金流的大小。

（3）信用评级较低的债券与国债之间的利差。该指标衡量市场对风险的反应。

---

① 这两种技术都从数据中提取了一组能最好地解释数据方差的指标，以便使剩余收益（剔除指数影响后的收益）的协方差尽可能小。

（4）工业生产增长率。工业生产的变化影响着投资者面临的投资机会和现金流的实际价值。

这种方法的问题在于：一是无须仅是以上四个因素；二是上述四个因素是正确的。因此，即使这些因素解释了大部分的方差，也不一定证实了套利定价理论。用于估计因素的样本可能不足够大或可能不具有代表性。不同的样本可能会产生与第一个样本完全不同的因素。

尽管如此，仍有可能找到与这些因素相关的风险溢价的证据。虽然 Chen 等人（1986）没有发现市场因素是一个重要因素的证据，但必须指出的是，市场指数往往被证明是一个（如果不是唯一的）相关因素。这表明，很难确定哪些因素决定股票收益。

3.1.5.2　研究 2：Fama－French 三因子模型

另一个使用预先指定的因素进行研究的例子是法玛和弗兰奇（Fama、French，1993）的工作。他们发现下列因素显著影响证券收益：

（1）市场收益率：资本加权的股票市场的收益率；

（2）SMB：小型股票组合和大型股票组合的收益率之差；

（3）HML：高账面价值与市值之比的股票组合和低账面价值与市值之比的股票组合的收益率之差。

从这些因素可以看出，反映公司规模和账面价值与市值之比差异的微观经济变量对收益的解释也非常重要。风险因子可以有多种形式，由于 APT 还没有确定相关的风险因子，因此很难对 APT 的经验性证据作出结论。

3.1.6　套利定价理论的一些应用*

在实践中，套利定价理论可以用于不同目的。本节介绍套利定价理论的两个应用：追踪指数和积极组合管理。

3.1.6.1　追踪指数

APT 可以用来建立一个密切跟踪指数的投资组合。跟踪指数的完全复制方法按照指数中股票所占比例购买每项资产。成本（交易成本、监控成本等）可能很高，而且对于大型指数来说效率很低。例如，如果投资者用这种方法持有富时 350 指数（FTSE 350），他必须持有 350 多种股票，而且为了精确复制指数还必须频繁调整，这就会导致大量的交易和监督成本。利用 APT 的结论，我们可以使用多因子模型来确定指数对于相关因子的敏感性。投资者因而可以持有股票数量少一些的组合，但组合对于这些因子的敏感性依然与指数相同。这样，就可以用较少的股票数量完全追踪指数。这通常被称作"因子复制"。现在，一些基金出于道德或其他原因（例如烟草公司）避免投资一些特定的股票。但同样，在进行因子复制时，人们并不清楚要选择哪些因子。

解决这个问题的一个方法是使用纯粹的统计上的风险因子。通过使用统计方法（如因子分析和主成分分析），可以估计出指数和资产的统计因子和敏感性。不必明确这些因子的含义，就可以把它们应用在复制过程中。

【例 3－5】 假定我们用因子分析法确定，股票对四个因子有如下敏感性：

股票	b_{i1}	b_{i2}	b_{i3}	b_{i4}
家乐福（Carrefour）	－1. 60	0. 42	1. 02	－4. 66
赛诺菲（Sanofi－Aventis）	0. 50	0. 12	0. 98	3. 88
巴黎 CAC 40 指数	－0. 55	0. 27	1. 00	－0. 39

可以构造这样一个组合：50% 投资于家乐福，另外 50% 投资于赛诺菲，且它对 4 种因素的敏感性与巴黎 CAC 40 指数相同。

$$b_{p1} = 0.5 \times (-1.60) + 0.5 \times 0.50 = -0.55$$

$$b_{p2} = 0.5 \times 0.42 + 0.5 \times 0.12 = 0.27$$

$$b_{p3} = 0.5 \times 1.02 + 0.5 \times 0.98 = 1.00$$

$$b_{p4} = 0.5 \times (-4.66) + 0.5 \times 3.88 = -0.39$$

3. 1. 6. 2 积极组合管理

积极组合管理需要对证券或者证券集合"下赌注"，也就是说，根据对一个或多个证券定价错误的判断来设计投资组合。可以使用套利定价理论来确定证券均衡的（或正常的）预期收益，然后与对该证券未来收益的预测进行比较。

第一种预期收益是套利定价理论给出的总收益。如果分析师预测一个股票的收益率将高于套利定价理论给出的收益率，投资者就会购买该股票。另外，如果分析师预测的股票收益将低于套利定价理论的结果，投资者就应该出售该股票。

另一种积极组合管理是基于对因子实际值的预期。如果分析师对一个纯因子组合的收益作出的预测高于套利定价理论的结果（λ），投资者就值得增加对该因子的风险敞口，他可以通过投资对该因子具有高度敏感性的证券来实现。

【例 3-6】我们有三个不相关的因子，它们的预期收益分别是 $E(F_1)=6\%$，$E(F_2)=4\%$，$E(F_3)=3\%$。如果分析师预测第一个因子的预期收益是 10%而不是均衡水平 6%，那么，投资于对因子 1 具有高度正敏感度的证券就是有利可图的。

3.1.7 参考文献

[1] Chen, R. et al. Economic Forces and the Stock Market. Journal of Business, 1986, Vol. 59, pp. 386-403.

[2] Fama, E. F. and French, K. R. Common risk factors in the returns on stocks and bonds. Journal of Financial Economics, 1993, 33, pp. 3-56.

[3] Fama, E. F. and MacBeth, J. D. Risk, Return, and Equilibrium: Empirical Tests. Journal of Political Economy, 1973, 83 (3), pp. 607-636.

[4] Hens, T and Naebi, F. Behavioral Heterogeneity in the CAPM with Evolutionary Dynamics. Swiss Finance Institute Research Paper No. 22-06, 2022. http://dx.doi.org/10.2139/ssrn.4003071, 2021.

[5] Mayers, D. Nonmarketable Assets and Capital Market Equilibrium under Uncertainty. In Studies in the Theory of Capital Markets, edited by M. C. Jensen, New York: Praeger, 1972, 223-248.

[6] Ross, S. A. The Arbitrage Theory of Capital Asset Pricing. Journal of Economic Theory, 1976, Vol. 13. pp. 341-360.

3.1.8 附录：APT 的正式推导过程

为推导出 APT 的均衡关系，我们假设收益产生过程如下：

$$R_i = a_i + \sum_{k=1}^{k} b_{ik} \cdot F_k + \varepsilon_i$$

证明套利定价理论均衡关系式成立的一个充分条件是存在一个充分分散的投资组合，它具有以下特点：

(1) 净投资为 0。

(2) 没有系统性风险。

既然该组合是充分分散的，那么就没有特有风险。根据不存在套利机会的条件，这个组合的预期收益必然等于 0。

令 x_i 代表该组合中投资于资产 i 的比例，n 代表可供投资的证券的总数量，我们可以更正式地写出组合的条件。既然该组合的净投资为 0，那么投资于不同资产的比例应该满足：

$$\sum_{i=1}^{n} x_i = 0$$

回忆一下，一个组合的系统性风险是构成组合的各资产风险的加权平均。一个不受因素 k 带来的风险影响的组合应该是：

$$\sum_{i=1}^{n} x_i \cdot b_{ik} = 0$$

既然这一组合是无风险的而且不需要投资，又因为不存在套利机会，则其预期收益必然为 0。

$$\sum_{i=1}^{n} x_i \cdot E(R_i) = 0$$

假设已知权重 x_i，余下的问题就是单个股票的预期收益是多少。市场上有 n 只股票，我们共有 n+2 个方程式和 n 个未知变量。当预期收益是它们相应风险敏感性的线性组合时，我们就得到方程组的解，即：

$$E(R_i) = \lambda_0 + \sum_{k=1}^{k} \lambda_k \cdot b_{i,k}$$

这就是套利定价理论的均衡关系式。以经济中有 n 个资产和 K 个风险因子为例来证明上述结果，需要求解下面的方程组：

$$\begin{array}{lllllll}
x_1 & +x_2 & +x_3 & \cdots & +x_n & =0 & (1) \\
x_1 b_{11} & +x_2 b_{21} & +x_3 b_{31} & \cdots & +x_n b_{n1} & =0 & (2) \\
x_1 b_{12} & +x_2 b_{22} & +x_3 b_{32} & \cdots & +x_n b_{n2} & =0 & (3) \\
\vdots & \vdots & \vdots & \vdots & \vdots & \vdots & \vdots \\
x_1 b_{1k} & +x_2 b_{2k} & +x_3 b_{3k} & \cdots & +x_n b_{nk} & =0 & (n+1) \\
x_1 E(R_1) & +x_2 E(R_2) & +x_3 E(R_3) & \cdots & +x_n E(R_n) & =0 & (n+2)
\end{array}$$

假设我们知道权重 x_i，我们有 n+2 个方程式和 n 个未知变量 $E(R_i)$。用套利定价理论关系式替换方程中的 $E(R_i)$，得到：

$$\sum_{i=1}^{n} x_i \cdot \left(\lambda_k + \sum_{k=1}^{k} \lambda_k \cdot b_{ik}\right) = 0$$

对 λ_0，λ_1，…，λ_k，合并同类项，得：

$$\lambda_0 \cdot \sum_{i=1}^{n} x_i + \lambda_1 \cdot \sum_{i=1}^{n} x_i \cdot b_{i1} + \cdots + \lambda_k \cdot \sum_{i=1}^{n} x_i \cdot b_{ik} = 0 \quad (1)$$

上面方程组第一行可以写成：

$$x_1 + x_2 + \cdots + x_n = \sum_{i=1}^{n} x_i = 0$$

用求和符号Σ写成上式，我们可以看到它等于式（1）中的第一项。由于它等于0，我们代入得到以下方程（2）：

$$\lambda_0 \cdot 0 + \lambda_1 \cdot \sum_{i=1}^{n} x_i \cdot b_{i1} + \cdots + \lambda_k \cdot \sum_{i=1}^{n} x_i \cdot b_{ik} = 0 \tag{2}$$

同样，我们可以将一开始的方程组中的第（2）行写成如下形式（记住：这是所有资产关于风险因子1的敏感系数的加权和）：

$$x_1 b_{11} + x_2 b_{21} + \cdots + x_n b_{n1} = \sum_{i=1}^{n} x_i b_{i1} = 0$$

仍旧用求和符号Σ表示，我们可以看到它等于（1）和（2）中的第二项。由于它等于0，我们代入得到以下方程（3）：

$$\lambda_0 \cdot 0 + \lambda_1 \cdot 0 + \cdots + \lambda_k \cdot \sum_{i=1}^{n} x_i \cdot b_{ik} = 0 \tag{3}$$

以同样的方式，我们用方程（2），并将0代入上述方程（3）。这就得到了最终的方程：

$$\lambda_0 \cdot 0 + \lambda_1 \cdot 0 + \cdots + \lambda_k \cdot 0 = 0$$

上述线性关系总是成立的，与系数λ_0，λ_1，…，λ_k的大小无关并满足我们的所有条件。简而言之，无套利条件成立。我们已经证明，在没有套利机会的情况下，如果资产收益是由线性多因子模型驱动的，那么资产的预期收益必须与其风险线性相关。

现在用它能做什么呢？上述推导表明，套利定价模型在某些假设下是成立的。唯一没有回答的问题是系数λ_0，λ_1，…，λ_k的大小。用于寻找系数的两步回归法是由Fama & MacBeth（1973）提出的。第一步是对每个资产的收益进行多因子模型的时间序列回归，以识别b_{ik}项。第二步，横截面回归，将b_{ik}项作为给定项，在所有资产中进行回归，以找到λ_k项。然而，随着时间的推移，回归系数通常不是很稳定。

直观上，λ_0，λ_1，…，λ_k是与风险因子k相关的风险溢价，通过考察某些类型的投资组合可以进一步了解系数。

假设一个组合对因子1、因子2没有敏感性。这样的组合的$b_{i1}=0$、$b_{i2}=0$，是无风险的组合。它的预期收益就是无风险利率R_f，因此$\lambda_0 = R_f$。

让我们考察一个只对因子1敏感而且敏感度为1的组合，$b_{i1}=0$，$b_{i2}=0$。由套利定价理论均衡等式，该组合的预期收益等于$\lambda_1 + \lambda_2$。因此，我们可以称，λ_1是只受因子1风险影响且单位风险为1的组合（纯因素1组合）的预期收益与无风险利率的差额，同理可推λ_2。

本节所有的分析可以写为一般化的形式，如果证券收益由一个有 k 个因子的多因子模型产生，那么资产的预期收益可以由 k 维空间来表示：

$$E(R_i) = \lambda_0 + b_{i,1}\lambda_1 + b_{i,2}\lambda_2 + \cdots + b_{i,k}\lambda_k = \lambda_0 + \sum_{k=1}^{k} b_{ik} \cdot \lambda_k$$

3.2　因子投资

正如我们在 3.1 中看到的，APT 没有提及因子模型中的风险因子的性质、数量和形式。因此，必须首先识别适当的风险因子。在本章中，我们将阐明识别多因子模型的不同方法。鉴于因子模型用途广且具有广泛的适用性，它们在业界和学术界中越来越受欢迎。自 1976 年引入 APT 以来，有数百个因子被确定为潜在的风险因子（Harvey，2016）。由于因子数量巨大，因此常被称为"因子动物园"（Cochrane，2011）。

然而，因素模型已成为投资领域的重要组成部分，并发挥不同的作用：

（1）因子模型有助于事前的风险因素分析，从而通过衡量风险因子而不是资产的风险贡献，可以更好地理解是什么决定了投资组合的风险。

（2）因子模型有助于事后的收益归因和基准检验，从而可以更好地解释和理解已实现收益的来源。

（3）因子模型有助于通过因子投资组合管理来建立更好的投资组合，从而聚焦于风险溢价而不是资产类别。

每当我们谈论因子模型时，我们都可以交替使用"因子投资"一词。由于"因子投资"比"模型"这个怪异的表达听起来更顺耳，所以这可能是"因子投资"在资产管理行业更受欢迎的原因。

根据 BARRA（1998），使用多因素模型进行证券和投资组合分析有以下几个优势：

（1）与其他方法（如简单的 CAPM 方法）相比，因子模型提供了更全面的风险分解，因此也分析了更完整的风险敞口。

• 根据模型，可以提供良好的直觉和结果的经济可解释性。

• 随着经济和个别企业的变化，因子模型可以进行调整来反映不断变化的资产特征。

（2）因子模型是灵活的模型，允许投资者有广泛的偏好和判断。

Ang（2014）为因子投资提供了一个非常直观的类比，他将因子投资类比于我们的日常饮食习惯。我们都吃不同的食物，如肉、面食、米饭、水果或蔬菜。那么，当被问到你吃了什么时，你会怎么回答？传统上，人们会列出盘子里所有的食物，如牛肉、面条和西兰花，但仅仅看食物的种类是不够的，我们的身体不会考虑这些东西，而是专注于营养，如蛋白质、碳水化合物、脂肪、维生素等。盘子里的每一种食物最终都是这些成分的混合，本质上，重要的是组成我们膳食的成分，即你吃了多少蛋白质、碳水化合物、脂肪或维生素以及摄入了多少卡路里。这些问题是健美运动员的正常追求，也更接近身体的运作方式。回答“这是一个苹果”还不够好。因子投资也在做同样的事情。它着眼于股票、债券或房地产等资产类别和证券的表面之下，并搜寻是什么因子推动了投资收益。资产最终不过是不同风险因子的组合。要了解资产回报，人们必须了解它们的基本组成部分，即风险因子。投资需要查看资产类别和资产标签，必须专注于具体的风险因子，这是因子投资的起点。

因子投资识别与风险因子相关的风险溢价。风险溢价背后的经济学原理来自 APT，它指出在均衡状态下，资产因承担这些因素风险而获得补偿。Ang（2014）认为，因子风险通常与糟糕时期承担下行风险有关。每一个风险因素都与对糟糕时期的不同认识有关，糟糕时期可以是经济不景气时期，比如高通胀、高失业率或低经济增长的时期，或者它们只是投资市场的糟糕时期（例如，股票或债券市场的下跌）。在不景气时期遭受损失的投资者，预计在景气时期将得到风险溢价的补偿。这就像写一份保险单，提供有吸引力的保险费，以承担发生不利事件时的风险。因子投资理论规定了不同类型的潜在因子风险，其中每个因子代表不同的糟糕时期或经历。正是通过忍受这些糟糕的经历，投资者获得了风险溢价。这些观点也与 CAPM 一致。CAPM 认为，最基本的风险因子是市场风险溢价，与市场的下行风险相关。

无论我们如何指定或定义风险因子，重要的是风险因子而不是资产。

3.2.1　因子投资的基本框架

在深入研究因子投资和因子模型如何应用于现实世界之前，我们先介绍其理论框架。

3.2.1.1　因子理论

因子模型的规范已在前一节中描述。资产收益的产生过程由下式给出：

$$R_i = a_i + b_{i1} \cdot F_1 + b_{i2} \cdot F_2 + \cdots + b_{ik} \cdot F_k + \varepsilon_i = a_i + \sum_{k=1}^{k} b_{ik} \cdot F_k + \varepsilon_i$$

其中，R_i——资产 i 的收益率；a_i——所有因子变现为零时的资产 i 收益率；b_{ik}——资产 i 对 F_k 的敏感性（或系统性风险）；ε_i——资产 i 的剩余部分（即收益率中无法由因子决定的部分）。

必须强调的是，资产 i 可以有多种解释。因子理论并不局限于单只股票的收益。

更广泛地说，资产 i 也可以包括一篮子证券，例如一个投资者的投资组合、共同基金或者 ETF。同样，因子理论并不仅仅局限于股票，因子投资框架与资产类别无关，而且用途非常广泛。正如我们稍后将看到的，因子模型适用于任何资产类型。例如，在资产管理行业，对公司债券采用因子投资越来越受欢迎（Houweling & Zundert, 2017）。

因子投资通过风险溢价的定义与 APT 相关。从上一章我们知道，因子模型是 APT 的基石。在无套利条件下，我们可以计算出与每个风险因子相关的准确的风险溢价。知道了某一个风险因子的均衡预期回报，我们就必须找到资产对这个风险因子的敏感性。

风险溢价表示因资产暴露于某一风险因子而产生的预期回报。APT 指出，市场上每一种可用资产的均衡预期回报为：

$$E(R_i) = \lambda_0 + b_{i,1}\lambda_1 + b_{i,2}\lambda_2 + \cdots + b_{i,k}\lambda_k = \lambda_0 + \sum_{k=1}^{k} b_{ik} \cdot \lambda_k$$

b_{ik}——资产 i 对因素 k 的敏感程度；λ_j——因素 j 的风险溢价；R_f——无风险利率，并且：

$$\lambda_k = E(PF_k) - R_f$$

为了说明这一点，假设一个由与经济增长相对应的 APT 决定的风险因子。在这种情况下，为了承担经济衰退（负增长）的风险，假设任何暴露于该风险因子的资产都会获得风险溢价（λ_k）。资产的均衡预期收益受影响的程度取决于资产对风险因子的敏感性（$b_{i,k}$）。或者换一种说法：在均衡状态下，对经济增长冲击更敏感的资产（如股票），可能比不那么敏感的资产（如债券）获得更高的预期回报。因此，经验证明的股票溢价（在这种情况下，溢价表明股票历史上获得了超过债券的超额回报）可能不是由于股票本身是一个比债券更好的工具，而是由于股票比债券更容易受到经济增长风险因子的影响。

【例 3-7】假设有两种资产：一种是股票市场指数的投资基金（A），另一种是房地产指数的 ETF（B）。市场指数（M）和经济增长风险（G）已被 APT 确定为仅有的两个相关风险因子。市场指数的风险溢价预计为 2%，经济增长风险为 1.4%。无风险利率目前为 1.1%。

两种资产对风险因子 M 的风险敏感性分别估计为 $b_{A,M}=0.95$ 和 $b_{B,M}=0.41$。对 G 因子的敏感性分别为 $b_{A,G}=0.72$ 和 $b_{B,G}=0.85$。资产的预期回报因其因子风险而受到怎样的影响？

$$E(R_A) = \lambda_0 + b_{A,M}\lambda_M + b_{A,G}\lambda_G = 1.1\% + 0.95 \times 2\% + 0.72 \times 1.4\% = 4.01\%$$

$$E(R_B) = \lambda_0 + b_{B,M}\lambda_M + b_{B,G}\lambda_G = 1.1\% + 0.41 \times 2\% + 0.85 \times 1.4\% = 3.11\%$$

因此，市场指数的均衡预期收益更大。这在很大程度上是由于股票市场风险敞口及其风险溢价。房地产指数对经济增长风险溢价的敞口更大，但对股票市场风险溢价的敞口更小。根据 APT，市场指数因此预计将获得 0.9%（=4.01% -3.11%）的超额回报。

对因子的风险溢价的直接关注导致一些从业者倾向于使用“风险溢价投资”这一术语，而不是“因子投资”。风险溢价投资强调了与 APT 方程的关系，而因子投资则更侧重于因子模型的规范。这意味着这两个词并没有好坏之分，它们的命名只是侧重于不同的领域。

Cazalet &Roncalli（2014）在其开创性的论文中，将风险因子投资定义为试图捕捉系统性风险溢价，而不是市场风险溢价。投资者的主要目标是通过在现有市场风险因子（即股票或债券）的基础上增加风险因子收获更高的预期回报。

Ang（2014）给出了除市场风险外可能存在其他风险因素的经济原因：“正是因为因子在环境中偶有亏损，所以暴露在因子风险中会有长期的回报。因子溢价是对投资者在糟糕时期忍受损失的奖励。”

3.2.1.2　因子的种类

收益产生的过程对风险因子的类型以及它们的数量都没有提及。自 1976 年引入套利定价理论（APT）以来，出现了三大类风险因子：宏观经济因子、基本面因子和统计因子。基本面因子在学术界和从业人员中最受欢迎。这是由于其在股票市场上的大量应用。Breeden 等人（1989）也证实，基本面因子模型在解释能力上优于其他两种类型。

（1）宏观经济因子模型

顾名思义，宏观经济因子模型从经济中找出相关的风险因子，如通货膨胀、利率、流动性条件、消费或经济增长（Pastor & Robert，2003）。例如，Chen 等人（1986）认为通货膨胀、经济产出、投资者信心和收益率曲线的变化等方面的意外情况是相关风险因子。其他因子可以包括市场微观结构或金融市场摩擦（包括流动性或交易成本）的综合变动的代理（Lo & Wang，2006）。此外，Baker 和 Wurgler（2006）以及 Hirshleifer 和 Jiang（2010）也提出了能解释投资者行为和情绪的因子。

所有提到的宏观经济因子都有一个共同点，即它们是时间序列的风险因素，也就是说，它们只是宏观经济的变量。[①] 例如，它们的结构与基本面风险因子不同，后者

① 然而，宏观经济变量通常是规范化、标准化的，或根据其预期进行基准测试。

通常在整个投资领域中横截面产生的。宏观经济因子模型是在独立的基础上完全指定的。此外，宏观经济因子模型往往只有几个因子。

如，一个有通货膨胀和 GDP 增长的双因子宏观经济模型可以是这样的：

$$R_i = a_i + b_{i\,INF} \cdot F_{INF} + b_{i\,GDP} \cdot F_{GDP}$$

式中，F_{INF}和 F_{GDP}是通货膨胀和经济（GDP）增长的风险因子，而 $b_{i\,INF}$和 $b_{i\,GDP}$是资产 i 对这两个风险因子的敏感性。

（2）基本面因子模型

基本面因子是最常见的。他们从基本面信息中建立因子，如市盈率、财务杠杆、收益增长率、账面价值与价格比率或市值。

与宏观经济因子模型相比，基本面因子模型往往有更大的因子集。基本面因子模型在截面上建立它们的因子，通常是根据特定的基本面指标，如市值或账面市值比率来分割资产范围。分割后，将分离谱一端的资产与另一端的资产进行比较。该因子最终反映了一个投资组合的超额收益，该组合在买入基本面指标最好的资产，卖出基本面指标最差的资产。根据指标的不同，风险因子可以是最好的对最差的，也可以是最差的对最好的。在实践中，对“最佳”和“最差”的定义有一定灵活性。分界线可以是任何任意的水平，如 10%、20%、25%、30% 等。因为资产集合被分成两部分，这两组资产被相互比较，所以基本面因子也被称为横截面因子。相反，在宏观经济因子模型中，这些因子是以时间序列的方式形成的。

Fama 和 French（1993）通过两个基本因子，即“小减大”（SMB）和“高减低”（HML），率先改进了 CAPM 的市场因素。SMB 代表了一个规模因子，根据市值将股票分为小盘股与大盘股。另外，HML 根据其账面市值比（B/M）对股票进行分为价值股和成长股。

Fama – French 三因子模型可以写成如下形式：

$$R_i = a_i + b_{i,M} \cdot F_M + b_{i\,SMB} \cdot F_{SMB} + b_{i\,HML} \cdot F_{HML}$$

或者这样的形式：

$$E(R_i) = \lambda_0 + b_{i,M} \cdot \lambda_M + b_{i,SMB} \cdot \lambda_{SMB} + b_{i,HML} \cdot \lambda_{HML}$$

现在的问题是我们如何计算因子的回报？为此，他们使用在纽约证券交易所、美国证券交易所和纳斯达克上市的股票研究了美国市场。规模因子的分界点是纽约证券交易所市值的中位数。对于账面市值比 B/M，分界点对应于测量的第 30 个和第 70 个百分点。使用双重排序，总共有六个投资组合（见表 3 – 1）。

Cazalet & Roncalli（2014）表明，例如，SV 组合对应的股票，其市值低于中位数，B/M 低于 30 分位数。现在，Fama – French 三因子回报是以下组合回报之间的差异：

表 3－1　双重排序组合

	Value	Neutral	Growth
Small	SV	SN	SG
Big	BV	BN	BG

$$SMB_t = \frac{1}{3}[R_t(SV) + R_t(SN) + R_t(SG)] - \frac{1}{3}[R_t(BV) + R_t(BN) + R_t(BG)]$$

$$HML_t = \frac{1}{2}[R_t(SV) + R_t(BV)] - \frac{1}{2}[R_t(SG) + R_t(BG)]$$

因此，SMB 因子计算一篮子所有小盘股的回报，并减去一篮子所有大盘股的回报，因此得名“小减大”。同样，HML 计算一篮子价值股的回报，并减去一篮子所有成长股的回报。

图 3－1 显示了所产生的 HML 因子随时间变化的表现。它清楚表明，从 1980 年到 2008 年全球金融危机期间，价值股的表现一直优于成长股。从那之后，成长股开始回击，其表现优于价值股。

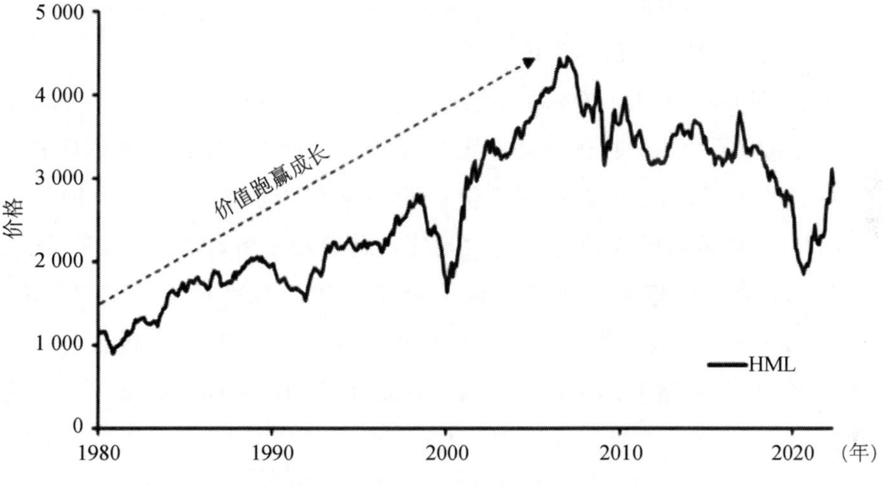

图 3－1　高减低（HML）因子的表现随时间推移而变化

资料来源：Kenneth French 数据库。

Fama French 三因子模型自发布以来已越来越受欢迎，已成为资产管理行业的基准框架。例如，晨星公司在其风格框中使用这个模型，它使用两个维度 SMB 和 HML，将所有股票和股票共同基金分别放在九个框中。图 3－2 显示了这样一个风格框的示例。

Carhart（1997）将 Fama－French 的三因子模型扩展为四因子模型。他引用 Jagadeesh & Titman（1993）首次发现的动量异象，将动量作为第四个因子引入模型。

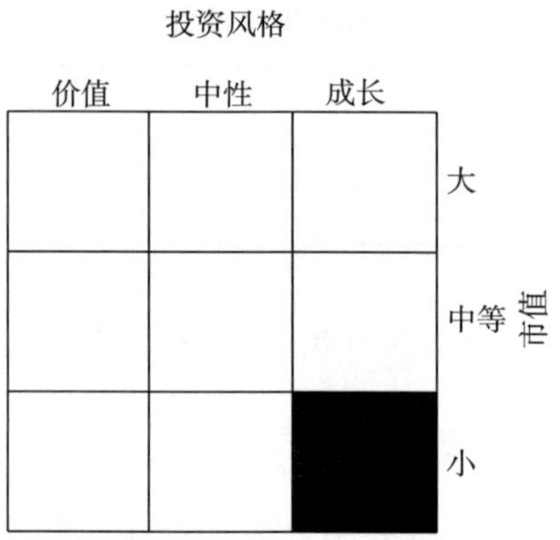

图 3-2 显示专注于小盘股和成长股的基金风格框实例

这个因子也被称为“涨—减—跌”（UMD）因子，因为它把股票分成了上涨和下跌的股票（传统上是 12 个月的范围，因此不包括最近 1 个月的时间）。

以下三个因子属于比较突出的因子：

• 流动性（LIQ）因子：Amihud 和 Mendelson（1986）发现，资产收益率是其买卖价差的一个递增和凹函数。Pastor 和 Stambaugh（2003）继续建议在四因子 Fama - French - Carhart 模型中包含流动性溢价因子。

• Quality - Minus - Junk（QMJ）因子：Asness、Frazzini 和 Pedersen（2013）介绍了一个新的质量因子。他们将优质证券定义为安全、盈利、成长和管理良好。质量与价值有着明显的不同。通过区分弱势价值股和强势价值股（或优质股），Piotroski（2000）认为，价值策略的成功是由优质股的强劲表现来解释的。例如，他认为，通过使用一些基于会计信息的过滤器，价值策略的年回报率可以提高 7.5%。同样，Novy - Marx（2013）表明，盈利公司的平均回报率明显高于不盈利的公司。由于这种策略的回报与价值策略的回报呈负相关，因此将这两种策略结合起来会产生更高的风险回报率。

• 投注贝塔（Betting against Beta，BAB）因子：Frazzini 和 Pedersen（2014）构建了一个做多低贝塔股票和做空高贝塔股票的投注贝塔（BAB）因子。因为受限的投资者会竞价购买高贝塔资产，所以高贝塔与低阿尔法有关。

但基本面因子模型并不局限于股票市场。近年来，学者们也在将因子模型应用于公司债券市场。[①] Jostova 等人（2013）记录了公司债券的动量因子。动量效应对高收益债券尤为重要。Bektic 等人（2016）将 Fama - French 的四个因子扩展到公司债券市场。Houweling 和 Zundert（2014）甚至引入了更多的因子，即规模、低风险、价值

① Correia et al.（2012），Haesen et al.（2015），Israel et al.（2016）.

和动量因子。他们提供的实证证据表明，他们的因子组合在公司债券市场上产生了经济上明显的超额收益。

（3）统计因子模型

统计因子模型从一般资产的协方差矩阵中得出因子。基本面因子和宏观经济因子模型都存在这样的问题，即它们的因子不是相互正交的。这意味着，因子的相关性不等于零。

统计学上的因子模型缓解了这个问题。例如，一些学者采用主成分分析（PCA）来提取因子。[①] 根据设计，得出的因子是相互正交的。当涉及金融建模时，这是一个非常重要的特征。但这种方法的缺点是，统计因子缺乏经济直观性。因此，它们很难解释。另外，这些因子可能是随时间变化的，这增加了复杂性。

为了缓解第一个可解释性问题，Xue（2003）提出了一个两步程序，他首先从PCA中估计特征，然后将经济因子映射到主成分上。这种方法可以保持统计因子的主要优势，但也增加了单个因子的可解释性。

3.2.1.3　因子动物园*

发现和解释新因子的学术论文数量一直在激增，以至于Cochrane（2011）提到了一个“新因子的动物园”。例如，Harvey等人（2014）在各种学术论文中统计了超过300个因子，而且它们的数量一直在成倍增加（见图3－3）。

所有这些风险因子的有用性和相关性是一个悬而未决的问题。大多数关于风险因子的文献都集中在预期收益的横截面上，特别是股票收益。这里的目的是通过因子收益来解释股票收益的整体分散性。因此要遵循的方法是基于Chan等人（1991）和Fama、French（1993）的研究。

他们是怎么做的呢？他们根据一些特征（主要是基本特征）形成分类因子组合，称为因子组合，并测试资产回报是否对这些新形成的因子组合敏感。你可以这样想，你试图用CAPM来解释你的资产回报，但未能解释整个收益的变化。然后你扩展到Fama－French三因子模型，虽然提高了解释能力，但仍然无法解释所有的收益变化。因此，你扩展到Carhart四因子模型，然后是五因子模型等。这个分析随着新因子的发现而不断重演。

这里有一个重要的说明：大多数的因子都不是相互正交的。这意味着这些因子在某种程度上是相互关联的，因此不能排除它们只是相同因子的不同代表。许多新发现

---

① Jones（2001），Connor & Korajczyk（1986），Connor & Korajczyk（1988）.

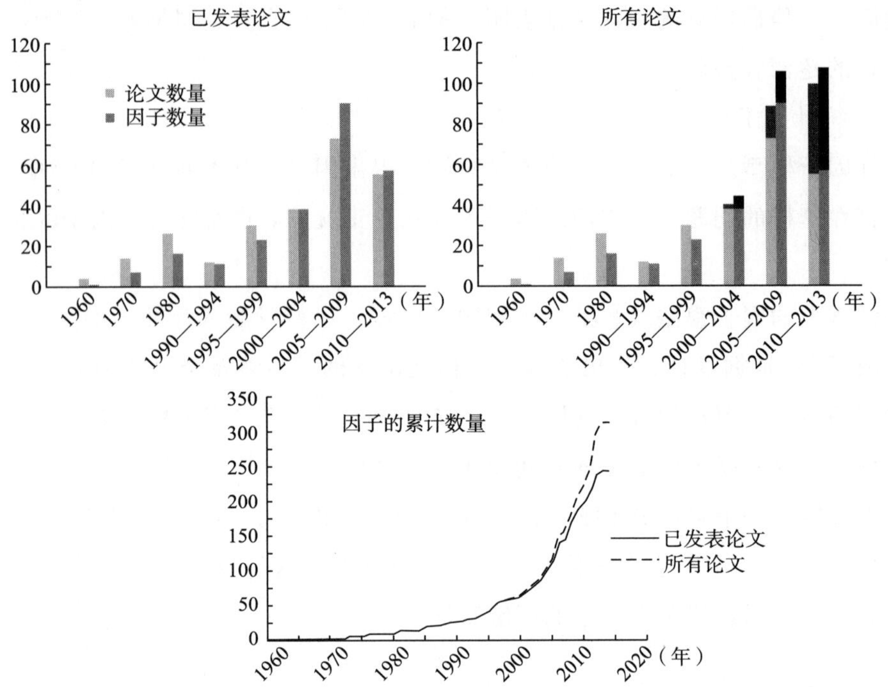

图 3－3　Cazalet 和 Roncalli（2014）的因子和论文［基于 Harvey 等人（2014）的研究］

的因子其实衡量的是相似的内容，但使用的基本排序标准略有不同。因此，值得怀疑的是，所有这些因子是否都是相关的风险因子，或者它们是否不是相同因子的代表，甚至是一些隐藏的因子。这种隐藏的因子可能是宏观经济因子或基本面因子更普遍化的形式。

3.2.2　风险因子分析和基准分析法*

因子投资框架已被金融业在不同层面采用。然而，最重要的两个领域是风险管理和投资组合管理的应用。本章讨论的是前者，而下一章将讨论后者。

因子模型是投资风险管理的一个关键要素，适用于风险管理过程的不同层面。风险因子分析是一个很好的例子，它说明了因子投资如何用于事前风险管理、收益分解和适当的收益基准——事后风险调整方法。

3.2.2.1　风险因子分析*

投资管理和投资组合管理是关于管理投资风险的。因此，投资风险可以以不同的形式出现：

- 绝对风险，它在独立的基础上判断风险。例如，一个瑞士股票投资组合经理如果全额投资，他的绝对风险是 100%。

- 相对风险是根据一个参考值或基准来衡量的。以前的同一个投资组合经理可能持有 7% 的银行股票，而他的基准包含 14% 的银行股票。因此，他在银行股中的相对行业权重是 -7%。

- 同行风险是相对风险的一个特例，瑞士股票投资组合经理与他的竞争对手进行比较。

了解投资组合的风险是投资管理最重要的部分之一，而风险因子分析是对投资组合进行风险管理最流行的方法之一。它利用风险因子将投资组合的风险分解为可以更好理解和管理的因子。

但首先，我们必须定义什么是风险。传统上，风险被定义为资产收益的标准差。计算它所需要的是资产的波动率和它们之间的相关系数。

在只有少数资产的教科书中，衡量投资组合或基准的标准偏差可能很简单，但对于由数千个组成部分组成的投资组合来说，这变得更加困难。计算协方差矩阵会变得很混乱，容易出现估计错误。一些证券可能有陈旧的价格，如小型非流动性债券或小盘股。此外，即使以今天的计算能力，计算一个完整的协方差矩阵也很耗时。以最常见的全球债券指数，彭博巴克莱全球综合指数为例。它由 28 000 多只单独的债券组成，需要计算 28 000 个波动率和近 4 亿个独特的相关项。① 所有这些努力只是为了计算基准的标准差。然后这个标准差可以与投资组合的标准差相比较，以确定投资组合的波动是否比基准大。不过，从风险管理的角度来看，这并没有太多的启示。这正是因子模型可以发挥作用的地方。

风险因子分析是如何利用因子模型来识别投资组合的事前风险的？风险因子分析将资产收益分解为因子收益，从而更好地了解投资组合的潜在风险。估计投资组合风险和风险贡献所需要的只是一个因子协方差。这个协方差比资产协方差小得多，因为通常只有几个因子被考虑进去，之前的计算也变得非常容易。

由于因子模型充分描述了资产收益，并且假设证券的特定风险在资产之间不相关，因此因子方差和协方差是确定投资组合风险所需的唯一信息。简言之：因子模型可用于风险因素的完整风险归因。

【例 3-8】 假定有两位投资组合经理，他们各自管理一个股票组合——PF_1 和 PF_2。他们的资产范围是下表中的 5 只股票。经理 1 在所有 5 只股票中的权重相同，而经理 2 只持有股票 A 和 D。现在，我们想比较这两种投资组合的风险。

---

① 债券数量截至 2022 年 8 月。N 种证券的总协方差数为“N·（N-1）/2”。

5 只股票和由这 5 只股票组成的 2 个投资组合的假设因子贝塔

股票	因子贝塔			权重	
	MKT	SMB	HML	PF 1	PF 2
股票 A	0.3	1.3	0.1	0.2	0.5
股票 B	0.1	0.2	0.8	0.2	0
股票 C	1.2	0.3	0.3	0.2	0
股票 D	0.2	0.1	1.2	0.2	0.5
股票 E	0.8	0.3	0.5	0.2	0
PF 1	0.52	0.44	0.58		
PF 2	0.25	0.7	0.65		

因子 Beta 是投资组合对因子的敏感性。这些因子取自 Fama - French 三因子模型。投资组合的因子 Beta 是每只股票的因子 Beta 的线性组合。因此，PF_1 相对于 MKT、SMB 和 HML 的因子 Beta 分别为 0.52、0.44 和 0.58。

此外，因子协方差矩阵计算如下表：

3 个 Fama - French 因子的月度相关性和年化标准差

指标	相关系数		标准差	
	MKT	SMB	HML	PF
MKT	1.00	0.19	0.07	0.18
SMB	0.19	1.00	0.03	0.09
HML	0.06	0.03	1.00	0.11

数据来源：Kenneth French's data library，https：//mba. tuck. dartmouth. edu/pages/faculty/ken. french/data_library. html.

接下来，我们将协方差矩阵与权重向量相乘，使用因子 β 来计算投资组合风险（标准差）。Maillard 等人（2009）给出了公式：

$$\sigma^2(x) = \sum_{i}^{n} x_i^2 \sigma_i^2 + \sum_{i}^{n} \sum_{j \neq i}^{n} x_i x_j \sigma_{ij}$$

其中，x_i——资产 i 中的投资组合权重；σ^2——资产 i 的波动性。

将上面的数字代入公式，可以进行简单的风险比较。投资组合 1 的标准差为 13.7%，比投资组合 2 的 12.0% 要高。真正的附加价值来自于对风险的分解。风险因子分析确定了不同因子对组合风险的贡献，如下表所示。投资组合经理 1 从市场因子中获得了超过一半的总风险。另外，投资组合经理 2 在三个因子中的风险贡献更为均衡，HML 占投资组合总风险的 39%。

因子权重和风险贡献

投资组合 1：

项目	MKT	SMB	HML	PF
权重	0.52	0.44	0.58	1.54
风险贡献（CTR）	7.9%	2.2%	3.7%	13.7%
CTR（%）	0.58	0.16	0.27	1.00

投资组合 2：

项目	MKT	SMB	HML	PF
权重	0.25	0.7	0.65	1.6
风险贡献（CTR）	2.9%	4.4%	4.7%	12.0%
CTR（%）	0.24	0.36	0.39	1.00

根据 Maillard 等人（2009 年）的研究，边际风险贡献 $\partial_{xi}\sigma(x)$ 的定义如下：

$$\partial_{xi}\sigma(x) = \frac{\partial\sigma_x}{\partial x_i} = \frac{x_i\sigma_i^2 + \sum_{j\neq i}x_j\sigma_{ij}}{\sigma^2(x)}$$

风险因子分析是事前投资组合风险分析的黄金标准。它可以有效估计当前投资组合的风险，并提供对重要风险因子的深刻理解。这种方法的一个关键优势，是它不需要投资组合本身的历史数据。因子模型是在可投资资产上训练出来的。对于投资组合的当前风险来说，所有重要的是关于每个单独资产的权重和它的风险因子分布。

使用风险因子分析也可以帮助进行投资组合的情景分析。投资组合的变化可以通过调整资产权重轻松地模拟出来。然后，因子模型能确定新的组合风险和风险因子的风险贡献。

业内最知名的因子模型有 Barra 风险模型①，其为许多资产类别提供预先训练好的因子模型，然后可以应用于最佳风险因子分析。看看谁在使用风险因子分析，一边是风险经理，另一边是投资组合经理。

3.2.2.2　使用因子风险进行基准测试*

要判断一项投资的实际收益是否良好，通常并不容易。如果不结合所涉及的风险来考虑，光看收益数字说明不了什么。如果承担了更多的风险，原则上也应该能够期待更多的收益。因子投资可用于适当的基准测试、计算风险调整后的收益，并对已实现的收益进行分解，以了解主要的收益驱动因子。

对已实现收益的评估需要一个公平的风险调整。在实践中，投资组合的收益经常

① 成立于 1975 年的 Barra 于 2004 年被 MSCI 收购。

与一些基准进行比较，通常是市场收益。选择市场收益作为基准是符合 CAPM 结论的。如果一个投资组合承担了类似于市场的风险，它应该获得市场投资组合的风险溢价。因此，以市场收益为基准已经成为专业资产和财富管理人的标准做法。

然而，这种方法有点过于简单化。根据 APT 的说法，潜在的多种风险因子应该有风险溢价。因此，投资组合的超额回报超过市场收益并不一定意味着产生了阿尔法（Alpha）。这也可能意味着已经采取了替代风险（风险因素），这些风险根据 APT 得到了公平补偿。因此，应将已实现收益与 APT 风格的多因子模型进行更好的比较，以确保确定的 Alpha 不是替代 Beta。

将因子模型应用于已实现的回报，同时提供了两种可能的应用：

• 基准测试（Benchmarking）：使用因子模型来确定投资组合是否产生有吸引力的风险调整收益（Alpha）。如果仍有一些显著的正收益没有被因子模型解释，那么收益很可能是 Alpha。

• 收益分解（Return Decomposition）：利用因子模型对已实现收益进行基准测试，可以对已实现收益进行分解。已实现的收益可分为来自各个因子的收益贡献。分析收益分解可以更好地理解投资策略。

这两个应用是相辅相成的。但和以前一样，最重要的决定是使用哪个因子模型。有关因子动物园的内容已经表明，有数百种因子可供选择。

为了进行基准测试，最好从一个简单的因子模型开始，然后用适合相应投资组合（投资风格、策略、资产类别等）的因子来扩展它。还应该说，不同的资产类别偏好不同的因子模型。对于股票而言，基本面风险因子通常是首选。所以，Fama - French 三因子模型或 Carhart 四因子模型是基准测试的第一选择。对于固定收益市场，宏观经济或基本因子也很常见。

对于收益分解，通常应用更多的因子。由于目标是了解已实现收益来自何处，更多的因子使分析更加细化。通常会选择与风险因子分析部分中类似的因素。

现在我们知道了因子模型的两个应用领域，让我们看一下三个例子。这三个例子都是把过去的收益放在风险因子的背景下，看是否有超额风险调整后的回报，以及哪些因子占主导地位。

（1）沃伦·巴菲特

沃伦·巴菲特（Warren Buffett）和他的投资公司伯克希尔·哈撒韦（Berkshire Hathaway）是最成功的投资者之一，实现的夏普比率为 0.79，其表现显著超过美国股市。Frazzini 等人（2018）应用不同的因子模型试图解释巴菲特的收益。他们的第一个模型是一个只有市场因子（MKT）的单因子模型。他们的第二个模型是 Carhart

（1997）的四因子模型。他们增加了下注贝塔（BAB）因子和 QMJ 因子。最后形成如下形式的六因子模型：

$$r_t - r_t^f = \alpha + \beta_1 MKT_t + \beta_2 SMB_t + \beta_3 HML_t + \beta_4 UMD_t + \beta_5 BAB_t + \beta_6 QMJ_t$$

表 3－2 列出了各种回归的结果，以及所有 Beta 的 t 统计量。

表 3－2　　伯克希尔股票的回归结果（1976－10—2017－03）

指标	单因子模型		四因子模型		五因子模型		六因子模型	
α	13.40%	－(4.01)	11.00%	(3.30)	8.50%	(2.55)	5.40%	(1.55)
MKT	0.69	(11.00)	0.83	(12.74)	0.83	(12.99)	0.95	－(12.77)
SMB			0.29	－(3.11)	－0.30	－(3.19)	－0.13	－(1.17)
HML			0.47	－(4.68)	0.31	(2.82)	0.30	(3.55)
UMD			0.06	(1.00)	－0.02	－(0.25)	－0.05	－(0.80)
BAB					0.33	(3.79)	0.27	(3.04)
QMJ							0.47	(3.06)
R^2	0.20		0.25		0.27		0.29	
风险敞口	0.69		1.07		1.15		1.81	

对于单因子、四因子和五因子模型，沃伦·巴菲特的 Alpha 显著为正。六因子模型中的 Alpha 值仍然很大，但在统计上不再显著。这意味着因子模型很好地描述了巴菲特的投资风格。不过，六因子模型的 R^2 也只有 29%，再加上剩余的大 Alpha，这表明巴菲特的成功可能是由于他独特的技能。

总之，因子模型回答了两个问题：沃伦·巴菲特是否产生了 Alpha，以及其战略的主要驱动力是什么。

有趣的是，UMD 在任何模型中都不显著。因此，巴菲特似乎没有在他的投资决策中使用动量因子。另外，结果表明，巴菲特将价值（HML）和质量（QMJ）因子的权重放得很高。SMB 为负值表明巴菲特似乎相比于小盘股，更青睐于大盘股。

此外，对 BAB 的敏感性是正的，这表明巴菲特更喜欢安全的公司。这也可以解释为什么六因子模型的总因子敞口为 1.81。换句话说，投资组合是高度杠杆化的。因此，巴菲特的回报似乎既不是运气，也不是魔力，而是对利用廉价、安全、优质股票的奖励。伯克希尔·哈撒韦公司能够得到如此多的高于市场的超额回报，其中一个途径就是通过其保险业务获得廉价杠杆，使其能够获得比大多数传统投资者更多的此类风险敞口。

（2）PIMCO

债券市场上的比尔·格罗斯（Bill Gross）就像股票市场上的沃伦·巴菲特一样。

比尔·格罗斯被称为"债券之王"，因为他是 PIMCO 最成功的总回报债券基金（TRF）的负责人。TRF 的年平均回报率为 4.3%，而其基准巴克莱美国综合债券指数仅为 2.9%。此外，20 年来，TRF 的夏普比率大于 1。格罗斯的战略描述为[①]："从某种程度上讲，我/我们公司倾向于做空波动性并以多种形式赚取'利差'，包括通过期权和期货，抵押贷款市场上提前偿付风险，在利率期限结构曲线上采用子弹和滚动策略，而不是标准利差的杠铃策略等。在很长一段时间内，这些做法得到了奖赏。"

Brooks 等人[②]（2019）详细分析了 TRF 的回报。[③] 他们使用了四因子模型来解释 TRF 的回报。该基金的基准——巴克莱美国综合债券指数被看作市场回报。为了反映格罗斯提到的套利交易，他们增加了一个由 5 年期美国高收益 CDX 组成的套利因子，还添加了以下两个因子：

- 低风险：久期中性因子——做多 2 年期和 5 年期，而做空 10 年期和 30 年期美国债券期货。

- 做空波动率：卖出 10 年期美国国债期货的 1 个月期、30 德尔塔的宽跨式期权（德尔塔对冲）。

表 3－3 中的回归结果表明，四因子模型有助于解释大部分平均收益，每个因子的风险敞口具有统计学意义。R^2 惊人地高达 88%。此外，所有 Beta 系数的总和达到 1.23，这表明格罗斯正在利用杠杆提高回报。

表 3－3　　PIMCO 总回报基金的回归结果（Brooks 等，2019）

	Alpha（ann.）	Market	Credit	Low－Risk	Short－Volatility	R^2
Coefficient	0.30%	1.06	0.06	0.07	0.04	88%
T－Stat	0.01	41.01	7.98	4.53	4.53	0.88

与沃伦·巴菲特（Warren Buffett）的回报调查结果一样，过去惊人的收益在很大程度上是因为在一小部分风险因子上赚取了风险溢价。尽管如此，这两位传奇投资者也在风险溢价的基础上增加了一些重要的 Alpha。

（3）瑞士彭森基金复制

另一个有趣的例子是使用因子投资来衡量公共养老基金的回报，例如 Ang（2014 年）对美国最大的养老基金 CalPERS 进行了研究。我们可以使用广泛代表了瑞士养老基金

① https：//www.pimco.com/insights/economic－and－market－commentary/investment－outlook/a－man－in－the－mirror/.

② Brooks J. et al. Superstar Investors. The Journal of Investing，2019，28（1）124－135.

③ https：//www.credit－suisse.com/ch/de/unternehmen/institutional－clients/global－custody/pensionskasse.html.

的收益的瑞士信贷养老指数（CSSP）对瑞士养老基金进行类似的研究。[①]

瑞士养老基金是受到严格监管的保守投资者。因此，假设他们不使用杠杆，而是进行充分投资。这意味着我们强制所有因素敏感性总和为1。

分析从一个简单的双因子模型开始，两个因子代表两个最重要的市场组合。第一个因子是以瑞士债券指数（SBI）为代表的瑞士投资级债券的总收益[②]；第二个因子是以瑞士法郎计算的MSCI世界指数（MSCI）的净收益。这样，这个双因子模型可以写成如下：

$$r_{PF} = \alpha + \beta_{SBI} \cdot r_{SBI} + \beta_{MSCI} \cdot r_{MSCI}$$

$$\beta_{SBI} + \beta_{MSCI} = 1$$

如表3－4所示，简单的双因子模型可以解释CSSP 67%的方差。此外，该模型显示，从因子贝塔来看，典型的瑞士养老基金配置了68%的瑞郎债券和35%的全球股票，这非常符合预期。

表3－4　　瑞士养老基金指数和因子复制（自己计算）

	两因子模型	四因子模型
α	0.05%	0.00%
βSBI	0.68	0.56
βMSCI	0.32	0.14
βSPI		0.19
βRE		0.11
R^2	0.67	0.72

第二步，将模型扩展为四因子模型。SBI和MSCI两个因子保留，并添加两个新因子。第三个因子是瑞士股票（SPI）的总回报，以瑞士绩效指数代表。由于瑞士养老基金是瑞士房地产的大投资者，因此第四个因子是瑞士房地产的总回报率（RE）。该模型可以写成四因子模型：

$$r_{PF} = \alpha + \beta_{SBI} \cdot r_{SBI} + \beta_{MSCI} \cdot r_{MSCI} + \beta_{SPI} \cdot r_{SPI} + \beta_{RE} \cdot r_{RE}$$

$$\beta_{SBI} + \beta_{MSCI} + \beta_{SPI} + \beta_{RE} = 1$$

式中，r_{SBI}——瑞士债券指数；r_{MSCI}——以瑞士法郎计算的MSCI世界指数的净收益；r_{SPI}——瑞士股票绩效指数；r_{RE}——瑞士房地产的总回收益率。

由于养老基金管理着多个资产类别的投资组合，这四个因子代表了最重要资产类

① https://www.credit-suisse.com/ch/de/unternehmen/institutional-clients/global-custody/pensionskasse.html.

② 在2008年之前，我们使用的数据来自瑞士信贷（Credit Suisse）的瑞士流动性指数（Liquid Swiss Index）。

别的四个市场因素。四因子模型改进了之前的两因子模型，解释了 0.72% 的方差。有趣的是，四因子模型将 SBI 的 Beta 降低的量几乎与新加入的 RE 因子的 Beta 相同。这似乎是有道理的，因为瑞士养老基金将瑞士房地产视为瑞士法郎债券的替代品。我们可以对股权敞口作出类似的观察，四因子模型对 MSCI 的贝塔值较低，因其配置了新的 SPI 因子。我们的四因子模型显示瑞士养老基金平均持有 19% 的瑞士股票以及 14% 全球股票，从这里我们可以看出在因子配置中表现着本土偏爱。

图 3－4 显示了瑞士信贷养老金指数的价格以及两个因子模型复制。

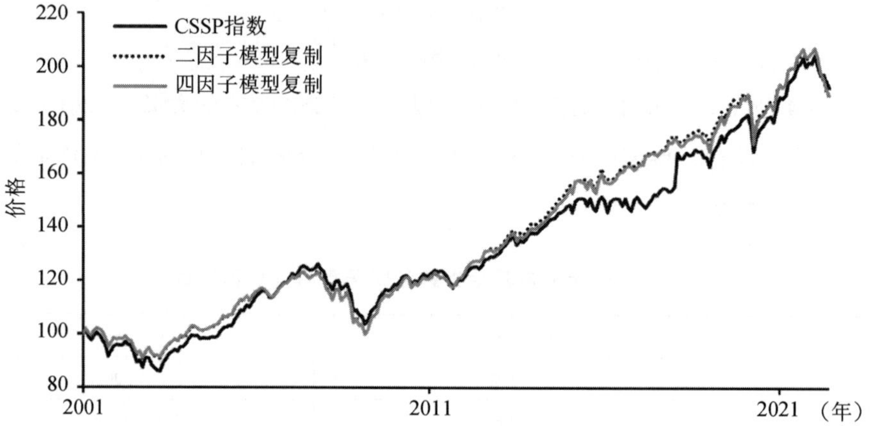

图 3－4　瑞士养老基金指数和因子复制（自己计算）

3.2.3　因子投资组合管理*

本部分介绍如何使用所学的因子投资知识找到最优投资策略和投资组合。大多数投资者的目标是获得有吸引力的投资绝对回报或者相对回报。虽然大多数投资者是根据市场回报来衡量的，但套利定价理论表明可能有更多的风险因子提供风险溢价。因此，作为一种投资策略的因子投资就是加入那些提供有吸引力的风险溢价作为补偿的风险因子。

3.2.3.1　建立因子模型

因子投资框架告诉我们，资产的预期回报[$E(R_i)$]直接与其因子风险溢价（λ_K）的敞口（$b_{i,K}$）相关。因子风险溢价是为承担因子 k 的风险而获得的预期（超额）报酬。

$$E(R_i) = \lambda_0 + b_{i,1}\lambda_1 + b_{i,2}\lambda_2 + \cdots + b_{i,k}\lambda_k = \lambda_0 + \sum_{k=1}^{k} b_{i,k} \cdot \lambda_k$$

公式表明，对于每个接近市场（市场指数或紧随市场指数的投资组合）进行投资的人来说，要赚取的溢价比市场溢价要多得多。因此，专注于因子投资或风险溢价投资的投资策略正试图建立能够捕获更多不同风险溢价的投资组合。

机构投资者在构建投资组合时一直在关注风险因素。沃伦·巴菲特早在价值被视为风险溢价之前就专注于价值投资。但是今天，人们更加自觉地承担因子风险。对于一些投资者来说，资产配置甚至演变成因子配置。投资者会选择配置不同风险溢价下的风险，而非配置资产类别。例如，投资者可能更愿意将 60% 分配给价值因子，将 40% 分配给动量因子，而不是 100% 分配给股票。这种新的资产配置形式被称为因子配置。但要使因子配置发挥作用，需要有基于因子的产品进行投资。基于最流行风险因子（如 SMB 和 HML 因子）的产品已经存在了相当长一段时间，但投资经理才刚刚开始利用更复杂或非常规的风险溢价。指数构建者和资产管理公司正在迅速迎头赶上，提供越来越多的风险溢价策略。他们经常标有“聪明贝塔”一词，这些产品是被动投资策略还是主动策略值得商榷。他们遵循被动实施，但主动押注于提供风险溢价的风险因子。

“因子动物园”已经表明有很多风险因素可供选择，这个问题在因子投资产品上也很明显。因此，因子策略通常分为宏观经济因子和风格因子。风格因子主要基于基本风险因子，但针对不同的资产类别提供了一些多样性。在固定收益中，因子更多地集中在利差、价值和动量上。在股票中，它们是如前所述的基本股票因子。

实施因子投资组合似乎很简单：

- 定义投资策略应基于的因子；
- 计算投资范围内每项资产的因子的贝塔值；
- 根据贝塔值买卖资产。

这听起来很简单，在实践中，却要困难得多，并且必须作出许多选择：

- 因子类型：宏观经济因子与基本面因子。
- 因子选择：有多少因子以及哪些因子。
- 方向性：只做多头与市场中性。只做多头的实施遵循一个基准（通常是市场指数）并根据风险因子评估而超配或减持资产（例如，SMB 超配小型股票和减持大型股票），市场中性是指在单个资产中做多和完全做空。
- 资产范围：选择资产类别和市场（国家指数、行业指数等）。
- 加权方案：对于因子配置，确定各个风险因素的权重。通常，风险因子的权重是相等的。
- 再平衡频率：更高的再平衡方案会导致更高的交易成本，降低了预期的风险溢价。

3.2.3.2 因子投资的例子

在资产管理行业中，因子投资具有很大的吸引力。下面我们将展示的三个例子。

（1）聪明贝塔（Smart Beta）

随着因子投资的普及，资产管理行业已将因子模型作为新的收入来源。资产管理行业已经开始推出交易所交易基金（ETF），创造了一个花哨的营销术语“聪明贝塔”（Smart Beta）。这些产品专注于 Beta，不会像追求 Alpha 的传统主动型基金那样试图把握市场时机。相反，他们试图提供低成本的因子 Beta 敞口。Smart Beta ETF 已经收获了很高的人气。截至 2022 年 8 月，最大的基金是先锋价值指数（VTV），其资产超过 1 000 亿美元。

过去，被动投资与市场 Beta 有关，提供进入不同市场（有时甚至是行业）的低成本通道。这可以被认为是一个单因子模型，这个因子是单一资产类别或行业。例如，有许多追踪标准普尔 500 指数或纳斯达克指数（更侧重于科技股）的 ETF。大多数情况下，ETF 成分股的加权方式是资本加权。

Smart Beta 的创新之处在于它使用不同的权重来跟踪给定的因子。例如，先锋价值指数 ETF（VTV）使用多种基本比率来确定价值，包括市净率（P/B）、远期市盈率（Forward P/E）、历史市盈率、股息率和市销率。

Smart Beta 产品通常跟踪资产类别中的风格因素，在没有杠杆的情况下实施，并且只实施多头。这意味着 Smart Beta 会根据资产对风险因素的敞口进行增持/减持过程。

作为第二个例子，iShares MSCI 美国最小成交量因子 ETF（USMV）希望通过投资于历史上表现出相对较低波动性的股票，提供对低波动性因子的敞口（见图 3-5）。

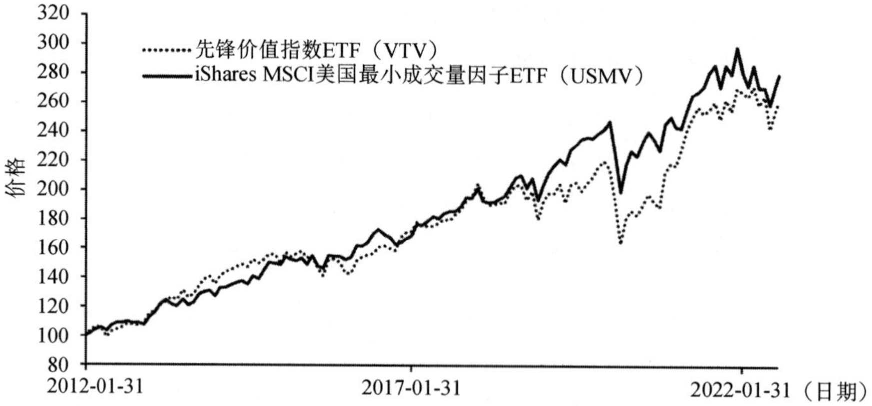

图 3-5 Smart Beta ETF 的比较

尽管产品以其风险溢价（价值、动量、最小成交量等）命名，但由于只做多头，它们的主要风险因素几乎总是市场因素。

（2）风险平价

布里奇沃特（Bridgewater）推广的风险平价框架也可以从因子投资的角度来看。风险平价是一种用于因子配置的宏观经济因子框架，它依赖于不同的资产类别作为其因子。一旦指定了因子，风险平价，顾名思义依赖于所有因子的等权重因子暴露。这背后的经济逻辑更加多元化。如将第一个因子定义为标准普尔 500 指数，并作为股票风险的代表；第二个因子是 10 年期美国国债的利率。这两个因素捕捉了股票和债券的两个市场风险因素。这可以写成如下：

$$R_i = \alpha_i + b_{sp500} \cdot F_{sp500} + b_{ust10} \cdot F_{ust10}$$

其中，$b_{sp500} = b_{ust10}$。

正如所见，风险平价方法是关于分散化的，因为它强制对所有风险因子进行均等的敞口。更具体地说，桥水著名的“全天候策略”试图更进一步平衡其投资组合风险的两个宏观经济因素——经济增长和通货膨胀，我们很容易看出这相当于一个二因子模型。

风险平价方法可以推广到任何因子模型。这被称为“因子风险平价”，最近得到了学术界的支持。①

（3）外汇套利

正如我们之前强调的那样，因子投资和因子模型并不局限于股票领域。一种非常突出的货币投资策略是所谓的外汇套利策略。本质上，该策略做多高利率国家的货币，做空低利率国家的货币。

根据无抛补利率平价（UIP），如果投资者风险中性并形成预期，从理性上讲，汇率变化将抵消各国利率差异带来的任何收益。然而，许多实证研究表明，汇率变化并不能弥补利率差异（Menkhoff et al.，2012）。然而，与之相反的情况成立并违反了 UIP：高利率货币倾向于升值，而低利率货币倾向于贬值。因此，套利交易形成了一种有利可图的投资策略，并引发了“远期溢价之谜”（Fama，1984）。

图 3-6 显示了 UBS 和 GS 计算的两个外汇套利指数的价格升值。它表明实施的细节很重要，例如投资领域或再平衡的频率。此外，该策略在 20 世纪 90 年代末和 2000 年早期直至 2008 年金融危机爆发前一直非常成功。此后该策略逐渐失去人气，因为它的回报率较低并且跟不上美国股市。

---

① Williams（2013），Erling & Möllenhoff（2016），Gnedenko & Yelnik（2016），Roncalli & Weisang（2012）.

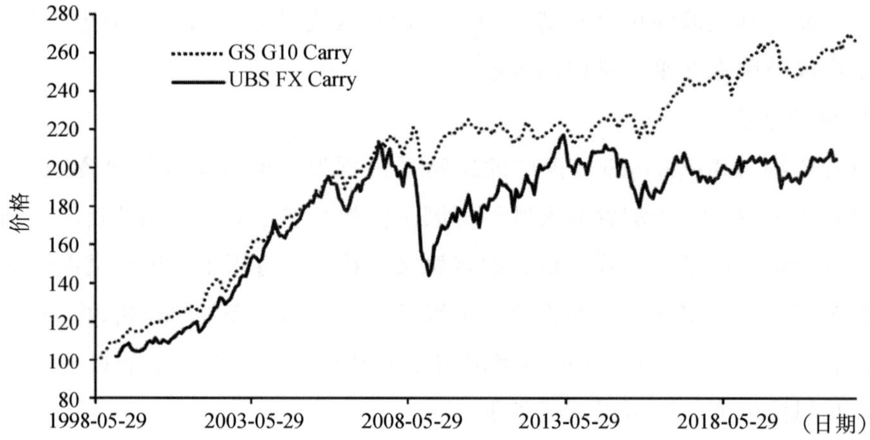

图 3－6 两个外汇套利指数的价格升值

3.2.4 参考文献

[1] Amihud, Y. & Mendelson, H. Asset pricing and the bid – ask spread. Journal of Financial Economics, 1986, Vol. 17, Issue 2. pp. 223 – 249.

[2] Ang, A. Asset Management: A Systematic Approach to Factor Investing. Oxford University Press, 2014.

[3] Asness, C. S., Frazzini, A., and Pedersen, L. H. Quality Minus Junk. http://dx. doi. org/10. 2139/ssrn. 2312432BARRA. (1998). Risk Model Handbook, 2013.

[4] Baker, M. and Jeffrey, W. Investor sentiment and the cross – section of stock returns, Journal of Finance, 2006 (61), 1645 – 1680.

[5] Bektic, D. et al. Extending Fama – French Factors to Corporate Bond Markets. http://dx. doi. org/10. 2139/ssrn. 2715727, 2016.

[6] Breeden, D. et al. Empirical Test of the Consumption – Oriented CAPM. Journal of Finance, 1989 (44), pp. 231 – 262.

[7] Brooks, J. et al. Superstar Investors. The Journal of Investing, 2019, 28 (1), pp. 124 – 135.

[8] Carhart, M. M. On Persistence in Mutual Fund Performance. Journal of Finance, 1997, 52 (1), pp. 57 – 82.

[9] Cazalet, Z. and Roncalli, T. Facts and Fantasies about Factor Investing. http://dx. doi. org/10. 2139/ssrn. 2524547, 2014.

[10] Chan, L. K. C. et al. The Fundamentals and Stock Returns in Japan, Journal of

Finance, 1991, 46 (5), pp. 1739 – 1764.

[11] Chen, N. et al. Economic Forces and the Stock Market. The Journal of Business, 1986, 59 (3): pp. 383 – 403.

[12] Cochrane, J. H. Presidential Address: Discount Rates. Journal of Finance, 2011, 66 (4), pp. 1047 – 1108.

[13] Connor, G. and Korajczyk, R. Performance measurement with the arbitrage pricing theory: A new framework for analysis. Journal of Financial Economics, 1986 (15), pp. 373 – 394.

[14] Connor, G. and Korajczyk, R. Risk and Return in an Equilibrium APT: Application of Anew Test Methodology. Journal of Financial Economics, 1988 (21), pp. 255 – 289.

[15] Correia, Maria, Scott Richardson, and Irem Tuna. Value Investing in Credit Markets. Review of Accounting Studies, 2012, Vol. 17, No. 3, pp. 572 – 609.

[16] Erling, M. and Möllenhoff, S. Factor Risk Parity with Portfolio Weight Constraints. http: //dx. doi. org/10. 2139/ssrn. 2615695, 2016.

[17] Fama, E. F. Forward and Spot Exchange Rates. Journal of Monetary Economics, 1984, 14 (3), pp. 319 – 338.

[18] Fama, E. F. & French, K. R. Common risk factors in the returns on stocks and bonds. Journal of Financial Economics, 1993 (33), pp. 3 – 56.

[19] Frazzini, A. and Pedersen, L. H. Betting against Beta. Journal of Financial Economics, 2013, 111 (1), pp. 1 – 25.

[20] Frazzini, A. et al. Buffett's Alpha. Financial Analysts Journal, 2018, 74 (4): 35 – 55.

[21] Gnedenko, B. & Yelnik, I. Dynamic Risk Allocation with Carry, Value and Momentum. Journal of Investment Strategies, 2016, Vol. 6 (1), pp. 25 – 45.

[22] Haesen, D. et al. Momentum Spillover from Stocks to Corporate Bonds. http: // dx. doi. org/10. 2139/ssrn. 2131032, 2015.

[23] Harvey, C. R. and Liu, Y. and Zhu H. The Cross – Section of Expected Returns . The Review of Financial Studies, 2016, Vol 29, No. 1, pp. 5 – 68.

[24] Hirshleifer, D. and Jiang, D. A financing – based misvaluation factor and the crosssectionof expected returns, Review of Financial Studies, 2010 (23), pp. 3401 – 3436.

[25] Houweling, Z. and Zundert, J. Factor Investing in the Corporate Bond Market. Financial Analyst Journal, 2017, Vol. 73, No. 2.

［26］ Israel, R. et al. Common Factors in Corporate Bond and Bond Fund Returns. http：//dx. doi. org/10. 2139/ssrn. 2576784, 2016.

［27］ Jagadeesh, N. and Titman, S. Returns to Buying Winners and Selling Losers：Implication for Stock Market Efficiency. The Journal of Finance, 1993, Vol. 158, No. 1.

［28］ Jones, C. Extracting factors from heteroskedastic asset returns. Journal of Financial Economics, 2001 （62）, pp. 293 – 325.

［29］ Jostova, G. et al. Momentum in Corporate Bond Returns. Review of Financial Studies, 2013, Vol. 26, No. 7, pp. 1649 – 1693.

［30］ Lo, A. W. and Wang, J. Trading volume：Implications of an intertemporal capital asset pricing model. Journal of Finance, 2006 （61）, pp. 2805 – 2840.

［31］ Maillard, Roncalli and Teiletche. On the properties of equally – weighted risk contributions portfolios. http：//dx. doi. org/10. 2139/ssrn. 1271972, 2009.

［32］ Menkhoff, L. et al. Currency Momentum Strategies. Journal of Financial Economics, 2012, 106 （3）, pp. 660 – 684.

［33］ Novy – Marx, R. The Other Side of Value：The Gross Profitability Premium. Journal of Financial Economics, 2013, 108 （1）, pp. 1 – 28.

［34］ Pastor, L. and Robert, F. S. Liquidity risk and expected stock returns. Journal of Political Economy, 2003 （111）, pp. 643 – 685.

［35］ Pastor, L. and Stambaugh, R. F. Liquidity Risk and Expected Stock Returns, 2003, Vol. 111, No. 3. pp. 642 – 685.

［36］ Piotroski, J. D. Value Investing：The Use of Historical Financial Statement Information to Separate Winners from Losers. Journal of Accounting Research, 2000 （38）, pp. 1 – 41.

［37］ Roncalli, T. and Weisang, G. Risk Parity Portfolios with Risk Factors. http：//dx. doi. org/10. 2139/ssrn. 2155159, 2012.

［38］ Williams, P. Factor Based Approaches to Risk Parity. http：//dx. doi. org/10. 2139/ssrn. 2398202, 2013.

［39］ Xue, H. Identifying Factors within the APT：A New Approach. http：//dx. doi. org/10. 2139/ssrn. 462561, 2003.

第 4 章　客户目标及投资策略

4.1　投资策略

在满足强制性约束条件的前提下，一系列能实现投资者目标的行为准则被称为投资策略（Investment Policy）。投资策略是对投资过程的必要约束，降低了不恰当行为发生的概率。通常而言，投资者的投资目标（Investment Objectives）是按照收益要求与风险承受能力来界定的。投资约束条件（Investment Constraints）是指各种限制性条件，例如投资期限、流动性、法律法规和税赋等方面。投资约束条件也可以是投资者自我施加的。

投资者开始投资之前，自身的一些其他要求必须得到满足。投资者在启动投资项目之前，必须有足够的收入，以支付生活成本和为应对意外事件提供最低的安全保障。

财务顾问在制定恰当的投资策略之前，必须认真了解每位投资者的独特情况。然而，考虑到一般投资策略的定义，应当在较宽泛的范畴内对投资者进行分类。

我们将会发现，组合投资中的许多分析是定性的，但是所有这些分析都是为了对风险与收益进行量化，并最终设计出能够满足投资者需要的有效组合。

在后面的章节中，我们还会发现，个人投资者和机构投资者之间有着显著差异，这体现在对风险的认识、对他们的分类标准以及强制性约束条件等方面。这就是我们需要在不同章节中分别讨论个人投资者和机构投资者的原因所在。

4.2　个人投资者

4.2.1　投资目标

投资者在作出资产配置决策之前，往往会征求财务顾问的意见。财务顾问为了提出合理建议，会收集有关投资者财务、税务、职业以及个人状况的信息。这些建议对于业绩具有重要影响，因此，在投资过程的这个阶段，财务顾问能够提供增值服务。

应当记住，业绩不仅意味着收益，而且意味着风险。因此，财务顾问在评估客户状况时，必须将这两方面的因素都考虑在内。在这个过程中，财务顾问要为特定客户确定最优投资政策，同时自身必须具备金融知识和心理学技巧。

（1）评估投资者的状况

财务顾问为了评估投资者的状况，需要经常与客户交换意见。在投资者与财务顾问通过面谈、午餐或其他活动进行沟通期间，会有发掘新信息的机会。客户的状况不是一成不变的，而是经常发展变化的。因此，投资者与财务顾问的沟通是一个长期过程，每隔一段时间，就应分析投资者的状况，确定恰当的投资方案。

在深入了解投资者状况的过程中，会出现很多障碍。其中之一就是客户不能或不愿提供有助于确定资产配置决策的全部信息。例如，某个客户可能在其他地方保有一些财富，但他不愿让财务顾问知道。再如，与海外客户的沟通只能集中在他拜访旅行期间，从而限制了财务顾问与客户的沟通时间，所以财务顾问只能集中于了解客户最主要的信息。

这种状况的后果就是信息不完全，于是只能基于这些不完全的信息帮助投资者作出重要的决策。经验与面谈技巧可以帮助财务顾问发现重要增量信息，尤其是在投资策略的后期调整阶段。然而，要提出成功的建议，在拜访客户前，进行系统的准备工作是十分关键的。

投资过程的最初阶段往往不会引起人们足够的重视，但这会造成严重的后果。财务顾问对客户实际与预期状况以及投资约束条件的评估，有助于客户明确其实际投资目标。财务顾问对金融市场性质（税前收益与风险、资本利得税和不同金融工具的收入等）的了解有助于他们作出最适合客户目标的投资方案。

本章，我们将专门讲述对投资者财务状况的评估。本章不涉及如何发掘和分析投资者的税务情况，也不涉及面谈技巧，尽管这些方面对确定与投资者职业和个人状况相一致的偏好或效用都是必需的。我们只会简略概括达到这一目的的各种方法。

（2）资产与负债分析

在沟通的早期阶段，财务顾问需要先了解客户的资产与负债，这可以以资产负债表的形式来表述（见表4-1），将资产列在左方，而负债列在右方。各种类型的金融与实际资产（不动产、股票、债券、银行保险与养老金产品、人力资本等）以及各种类型的负债（抵押贷款、债务等）都应包括在内。[①] 这可以帮助财务顾问全面了解客户状况。金融投资中，人力资本与具有税收优势的养老金产品的价值一般不能变

① 还可以用资产负债表和损益表来表示客户的财务状况。

现，因此，它们通常不列在资产负债表中。

表 4-1　个人投资者的资产负债表

资产	负债
不动产	抵押贷款
证券和商品	债务
银行保险与养老金产品	其他负债
人力资本	净值

如果资产负债表中包括人力资本，则意味着需要在负债方列上对应的负债，即未来每项支出的现值。

虽然不动产、银行保险与养老金产品以及人力资本等资产的估值并非显而易见的，但应进行保守的估计，以了解基本的状况。最重要的是，应当从价值、现金流量、流动性和税收等几个方面实现投资者净值的最大化。

不动产的估值在单独的模块讲解。在现阶段，我们只需知道，用于股票、债券和其他以市场价值定价的资产的特征定价模型（Hedonic Pricing Model），同样适用于分析不动产的历史业绩。这意味着，在资产配置决策中，不动产和其他可交易资产一样，可以以同样的系统组合方法来处理。然而，流动性问题对于不动产尤为重要。

养老金计划和银行保险产品是用精算方法来估值的。这一问题也被置于单独模块讲解。在资产负债分析中，养老金的未来支付应当按照现值来计算。

（3）人力资本

人力资本（Human Capital）代表投资者通过工作赚取收入的能力，它可以看作未来收入折现的总额。名义收入会随着职业发展而逐步提高，对此需要作出合理假定。通过调整折现率的方式，可以将假定情景的不确定因素考虑在内。

显然，如果用未来收入的总现值来评估人力资本，也必须用相似的方式来评估未来支出折现的总额并列报在负债方。由于不确定性的原因，支出的折现率应当低于收入的折现率。

【例 4-1】① 假定投资者在 25 岁时年收入为 70 000 瑞士法郎，每年名义收入增量中包括 2.5% 通货膨胀率与 0.5% 的实际增长率。直到 37 岁，该投资者每三年晋升一次，每次晋升会使得名义收入增加 20%。之后，他在 42 岁和 47 岁又晋升两次。不同年龄的名义收入见表 4-2。

① K. Spremann, S. Winhart. Humankapital in Portefeuille Privater Investoren. Zeitschrift fur Betriebswirtschaft, Gabler, 1997.

表 4－2　　投资者的年名义收入

年龄（岁）	25	30	35	40	45	50	55	60	65	66
收入（千瑞士法郎）	70	95	149	201	271	367	425	483	533	0

该情景必须符合这位投资者的实际情况。在任何一个阶段，工资的递增都可以停止或改变。25 岁时，未来职业与未来收入的不确定性最大，折现率也就最高。之后，折现率递减，直到最终值为止。未来每年所有名义薪资的折现之和即为人力资本，参见图 4－1。

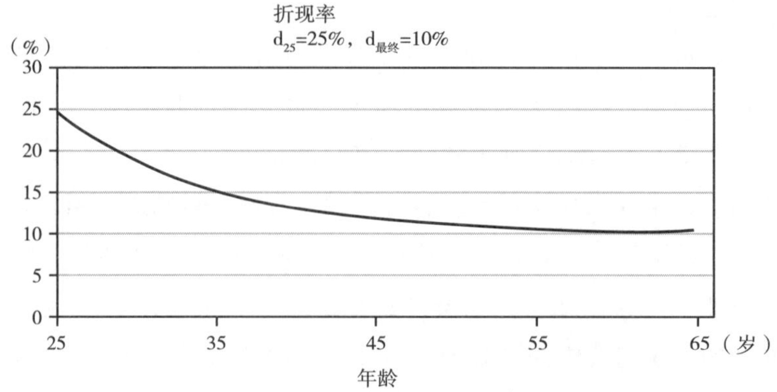

图 4－1　折现率从 25%渐进递减至 10%

图 4－2 是根据上述方案的收入与折现率计算的人力资本。虽然该投资者 25 岁时所有未来名义薪资的总额最高，但不确定性和折现率很高，从而降低了价值，此时为 1 092 000 瑞士法郎。随后该投资者人力资本的价值逐渐增加，在 49 岁时人力资本价值达到其峰值 2 986 000 瑞士法郎，之后逐渐减少，退休时为 0。

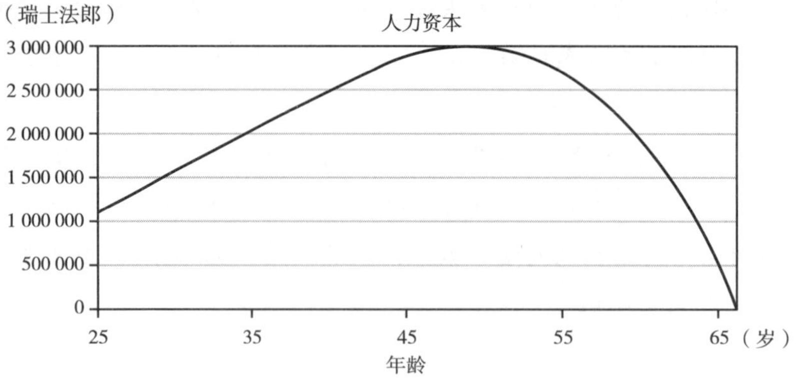

图 4－2　根据表 4－2 计算的个人的人力资本

人力资本不能变现，但它的确在资产配置决策中发挥了重要作用，并且在一定程度上可以通过人力资本投资决策与职业活动灵活性的安排，对人力资本予以管理。一方面，任何人都可以通过参加新的或继续培训项目，对自身的人力资本进行投资。由此付出的额外工作和努力可以看作投资。另一方面，如果某人在职业活动上具有更大的灵活性，就可以减少未来收入的不确定性。不确定性的减少可以降低折现率，进而增加人力资本的价值。

(4) 金融资本和总资本

我们可以假定将年收入的一定比例（盈余）用于储蓄。遗产继承也使储蓄增加。积累的储蓄就是金融资本（Financial Capital）。为了创造更多的收入，储蓄可以投资于多种形式的资产。

人力资本与金融资本相加之和是总资本（Total Capital）或总资产。为了简便起见，我们在现阶段不区分资产种类，养老金储蓄包括在金融资本中。退休后，理财收入是唯一的收入来源。

总资产(Total Assets) = 人力资本 + 金融资本(或储蓄)

【例 4-2】 利用表 4-2 中的收入数字。假定储蓄的年收益率为 4%，并讨论下列三种情景：

第一种情景，如图 4-3 所示，一名 25 岁的投资者拥有 100 万瑞士法郎人力资本，但只有 1 万瑞士法郎金融资本，并且没有遗产可以继承，则他 25 岁时的总资本为 101 万瑞士法郎。在退休时，同一个人的财务资本为 320 万瑞士法郎，但没有人力资本，因此总资产为 320 万瑞士法郎。

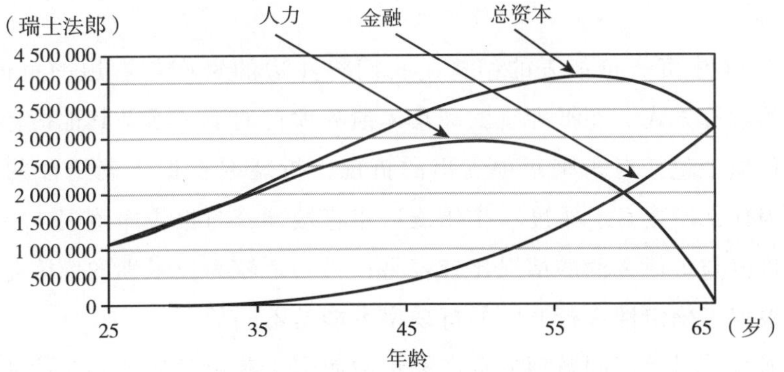

图 4-3　投资者 25 岁时储蓄为 1 万瑞士法郎，且没有遗产可以继承

第二种情景，如图 4-4 所示，该投资者在 25 岁时没有储蓄，但在 45 岁时继承了 200 万瑞士法郎遗产。

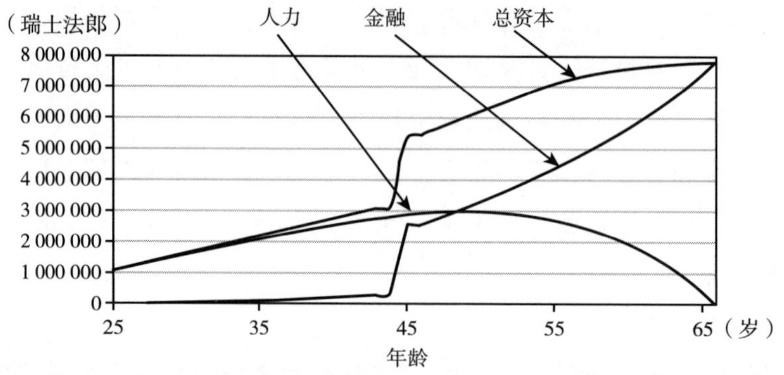

图 4－4 投资者 25 岁时没有储蓄，45 岁时继承了 200 万瑞士法郎遗产

第三种情景，如图 4－5 所示，该投资者在 25 岁时拥有 200 万瑞士法郎金融资本。

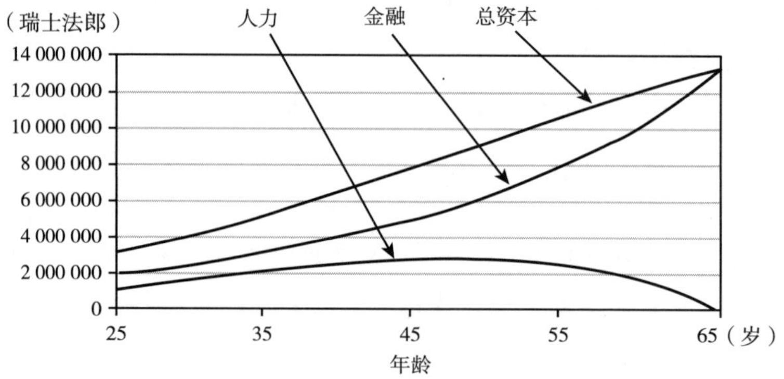

图 4－5 投资者 25 岁时拥有 200 万瑞士法郎金融资本

（5）负债

观察表 4－1 中资产负债表的结构，我们将左边的资产与右边的负债分开列示，负债是资产的融资方式。在抵押贷款和具体债务项目的下一项是其他债务。与人力资本相对应，负债中包括对未来每项支出的折现，折现率根据不确定性的大小进行调整。那么，为什么不按月、季度、半年或一年直接计算与报告净值呢？一个原因是分别估计资产价值与负债金额的情况比较容易；另一个较为技术性的原因是对于收入和支出而言，根据不确定性进行调整的折现率可能是不同的。

进一步而言，对于不同类型的资产和负债而言，其税务处理和法律法规的约束是不同的，这会影响旨在实现净值最大化的最优投资策略。对资产与负债分别予以处理，提供了一个系统性和清晰的分析框架。

清晰地识别负债有助于明确客户的财务状况。事实上，客户可能不了解一些最优化技术，或者财务顾问能够提供的一些服务。这种方法对于评估客户的客观风险厌恶度十分重要。

最后，在这种方法中，如果客户退休，人力资本就会消失，而留存的只有金融资本。[①] 另外，未来支出的现值仍然包含在负债当中。

（6）收益目标

个人投资者往往很难表达他们的投资目标。诸如“尽可能赚更多的钱”的表述太随意，不能提供任何有意义的指导，对投资者可能也并不恰当。在投资报告中，这样的表述肯定是不恰当的投资目标。之所以要作出投资报告，一个重要原因就是帮助投资者理解其个人需求、目标与约束条件。这有助于避免不恰当的投资策略。

对于个人投资者而言，收益目标可以是他们希望达到的目标，如购置新轿车或新住宅这样的有形目标，或者是难以恰当地量化的无形目标，例如财务独立性或财务状况。目标的优先性以及实现这些目标的期限对于收益要求与所承担的风险有着很大影响。

- 优先考虑的目标（High Priority Goals）。短期目标包括购置新轿车、新住宅或者筹集子女教育费用。通常而言，这些目标从感情上是优先考虑的，要实现这些目标的时间较短。因此，投资工具收益的波动性必须很小，例如，现金等价物，或者到期日接近目标实现日的固定收益工具。长期目标通常表示为某种形式的财务独立性，度量指标通常为在特定的未来时点每年可得到的现金规模。这个未来时点往往设定为 65 岁左右，此时已经没有工资收入。由于投资期限较长，投资策略可以比较激进，主要着眼于资本利得，而非投资产生的利息收入。

- 非优先考虑的目标。有一些目标，即使没有实现，后果也不严重。例如，额外的度假，拥有多余的资金用于迁居等。这些目标不是优先考虑的，因此可以是激进型投资甚至投机。

（7）风险承受能力

如上文所述，个人投资者所要实现的收益目标类型不同，愿意承受的风险大小也就不同。然而，个人投资者的风险承受能力取决于很多因素，大部分因素是个人投资者（相对于机构投资者）所特有的。例如，投资者个人的风险厌恶程度、投保覆盖范围、家庭状况（子女数量和子女年龄）、自身年龄、净值与现金储备、收入预期和投资期限等。在确定个人投资者总体风险承受能力时，所有这些因素都必须考虑在内。

---

① 迄今为止，由于银行保险和养老金产品是退休后仅存的收入来源，因此，它们被看作金融资本的一部分。此外，由于预期的养老金支付可以被折现和加总，因此，它们也可以被看作人力资本的一部分。无论属于人力资本还是金融资本，养老金资产的估值都要利用精算方法。

除了风险—收益目标外，投资约束条件也会影响投资计划。

4.2.2　投资约束条件

人的一生要受到周围环境的很多约束。一般而言，这些约束因素限制了行为的自由度。就构建投资组合而言，约束条件会排除或限制某些投资策略，从而减少了投资机会。因此，我们在将受到约束的投资组合业绩和不受约束的基准进行比较时，必须十分谨慎，因为这样的比较基本没有意义。

投资约束条件包括投资期限、流动性需求、税收因素、自我施加的需求、偏好以及操作性因素。

（1）投资期限

投资者的投资期限显然属于投资约束条件。一般而言，投资期限较长，投资者可以承受更大的风险，因而预期能够赚取高于平均水平的收益率。注意投资期限与流动性需求之间的关系。投资期限较长的投资者对流动性需求较低，可以进行风险较大的投资。因为在若干年之内，资金不要求收回，因此对流动性的需求较低。投资期限较短的投资者通常喜欢风险较低、流动性较强的资产，这是因为出现的损失在短期内很难弥补。

（2）流动性需求

流动性（Liquidity）可以被定义为资产按照接近市场价值的价格水平转化为现金的速度。流动性的大小主要取决于资产类型，它从现金等价物的几个小时，到上市公司股票的几天，到不动产的几个月不等。所要求的流动性可以区分为很多种类，例如：急用的现金、缴税用的现金、支持投资灵活性的现金。

流动性可以用来满足近期目标或者即将到来的纳税义务等需求。

（3）法律法规

通常而言，与个人投资者相比，法律法规对机构投资者更重要。但是，所有投资者必须遵守禁止内幕交易等法律。内幕交易是指基于非公开的相关信息买卖证券的行为。大部分内幕交易涉及公司的管理者。

法律法规发挥作用的另外一个领域是受托人（Fiduciary），即监管第三方投资组合（例如，全权代客买卖账户）的人，通常要服从法律法规的约束。受托人的投资决策应当符合投资者的意愿。受托人要履行其职责，必须提交规范的书面投资报告。

（4）税收

税收因素加大了组合管理的复杂性，国际投资尤其如此。由于税收对收益率有着很大影响，因此需要认真调查投资者的税收状况。在复杂的环境下，应有一名税收筹划师来确定该约束条件，设计税收最小的投资策略。

（5）自我施加的需求和偏好

一些投资者出于政治、生态和宗教等各种原因，不愿意投资于某些证券。财务顾问应当将投资者的偏好视作约束条件。

（6）操作性因素

投资者在寻求投资建议时，财务顾问要了解客户的约束条件，并在评估相关资产与负债时予以充分考虑，这是十分关键的。在有些情况下，正是这些约束条件的存在，使得不同的客户具有异常复杂且迥然不同的特征。通常情况下，约束条件相当复杂，难以纳入适合每类投资者的模型。因此，财务顾问必须分析每位客户的具体情况，评估约束条件会怎样影响资产配置决策。

4.2.3　基础货币

在多种货币的情况下，基础货币是客户用来衡量其投资业绩的币种。在另一节中，我们将介绍业绩分析，以及如何识别市场效应和货币效应对总体业绩的影响，这些效应是以基础货币来表示的。本节只是讲述投资过程开始前选择基础货币的重要性和原因。

货币是客户资产负债分析中的另一项风险因子。简而言之，如果客户的负债全部以美元计价，而资产却出现瑞士法郎的敞口，显然，由于未来货币汇率不确定，资产与负债就出现了另外一种不确定性。我们很容易将这一结论扩展到多币种的资产负债组合中。

在策略层次上，事实的确如此。然而，客户可能要求财务顾问基于另一层次提出建议，例如仅限于客户的部分资产。在这样的情况下，基础货币的选择就不那么明显，而是依赖于客户发出的指令。指令的基准就隐含着基础货币的选择。

4.2.4　风险厌恶

是将全部资产投资于新兴市场上的高收益债券，还是全部投资于短期政府债券，或者同时对两者进行投资，现代投资组合理论从风险和收益的角度描述和分析了这些投资机会。本部分将从资产配置决策的角度讨论风险的定义与理解。

（1）风险的形式

在特定时点上，资产无法弥补负债，即净值为负的风险，通常被称为亏空风险

(Short - fall Risk)。这种情况可能是暂时的，也可能是确定的，在这种情况下就面临破产。要量化风险，应当运用概率计算，将亏空风险定义为净值为负的概率。资产配置决策的目的，是在预期收益率与一系列约束条件给定的前提下，达到亏空风险最小化。

资产配置决策中还存在其他风险，即在特定时点上，约束条件不再得到满足。如果这种情况发生，由于主观意愿无法改变约束条件，投资过程将不得不予以调整，以体现约束条件。例如，流动性约束要求盈利（收入减去支出）为正。如果在某个时点上，收入无法弥补支出，必须出售一些资产以获取必要的现金，进而影响资产配置，这里的风险就是，出售的时机可能十分不利，即价格处于较低的水平上。

（2）客观风险厌恶

在作出资产配置决策之前，必须评估客户能够承担的客观风险。基于对构成投资组合的各种资产的收益率、波动性与相关性的预测，可以评估组合的风险。对大的投资组合而言，这些计算可能十分复杂，超出了一般投资者的能力范围。要量化一个客户的客观风险厌恶，必须评估亏空出现的概率及其后果。

虽然不存在清晰且唯一的评估客户承担风险能力的方法，但一般而言，净值（以总资产的百分比表示）越大，储备越多，客户客观上所能承担的风险就越大。

另一个客观评估风险厌恶的标准是观察收入盈余的规模。客户储蓄能力越强，他所能承担的风险就越大。现金匹配约束是最关键的一点。在年度盈余较大的时期里，由于客户不需要出售部分资产来获取现金，因此可以投资于风险更大的资产。

在最优资产配置领域，对于风险厌恶有很多理论性与实证性学术研究，效用函数是其中的关键。[①] 它可以助专家一臂之力，但对应用于客户却无能为力。尽管如此，这些方法可以在简化正式假定的前提下，推导资产配置模型。[②]

最后，要尽可能准确评估客户的客观风险厌恶，关键是要全面且清晰地把握其当前和预期的财务、税务、职业和个人处境的状况。

（3）主观风险厌恶

风险厌恶分析还应当反映投资者的偏好，以及决策中的主观因素。这通常较为复杂和隐蔽，并且经常随时间发生变化。对于不利的市场变动，客户如何理解并作出反应呢？这个问题的答案在一定程度上可以帮助财务顾问了解客户的主观风险厌恶：反应越差，风险厌恶程度就越高。

---

① 参见第1章：现代投资组合理论。

② Klaus Spremann. Asset - Allokation im Lebenszyklus und Vintage - Programm. Private Banking, 2nd Edition, NZZ Publications, 1996.

一般投资者的风险无法用波动性或者标准差来衡量。风险是从情绪角度被理解的。个人投资者对风险的通常看法是：

• 赔钱。这大概是个人表达风险最常用的方法。通常而言，个人投资者在收到存款报告或者损失的确已经发生后，才意识到风险。而一些人只有当资产价值低于初始水平或者更糟，在资产变现的时候，才意识到损失已然发生。

• 不熟知的投资工具。这是对未知世界的恐惧。个人投资者不愿意将资金投向没有准确了解，或者不熟悉其运作的工具。尤其是当他们听说，这一工具非常复杂或者风险很大时，更是如此。这通常体现在衍生产品或者对冲基金上。

• 反向投资。一些投资者如没有和大多数人保持一致，就会非常不舒服。对于他们而言，投资于曾经赔钱的项目是十分愚蠢的。他们更愿意投资于广受青睐的著名证券。财务顾问需要花费大量的精力劝说这些投资者采取价值导向型的投资策略。

• 已遭受的损失。个人不愿意投资于他们曾经遭受损失的领域，除了时间推移会减弱对损失的恐惧外，还可以通过教育来逐渐减少这种恐惧情绪。

• 好公司与好股票。通常认为，好公司（著名且受追捧的公司）股票的盈利能力好于那些管理方式较为传统或者市场知名度中等公司的股票。然而，股票投资收益率一般与公司的市场知名度无关。

在处理投资者如何看待风险时，需要高超的咨询技巧。这始于提出正确的问题和聆听个人的恐惧。之后是教育客户，帮助他改变对风险的认识。

评估个人风险厌恶的一个方法是运用评分体系。这些评分体系通常由向投资者提出的一系列问题构成，以了解他们面对特定情况的反应。

另一种非正规的方法是与客户保持定期联系，并且在熊市过后演示业绩，这有助于财务顾问就资产配置决策中的主观方面形成自己的判断。

客户希望如何被告知？他是否有时刻控制局面的倾向？他更偏好以哪种方式增加价值？客户认为在哪个领域的帮助最有意义？这些问题以及其他许多问题可以帮助财务顾问评估客户的主观风险厌恶。

4.2.5　投资者类别

结合客观和主观风险厌恶以及资产负债分析，可以将投资者划分为不同的种类。然而，实践中的财务顾问也根据投资者的文化、种族、社会经济因素以及心理特征的不同，来分析其目标客户。这种划分投资者种类的方法，目的是将他们的投资并入策略相符的大基金中，从而在不影响管理质量的前提下降低成本。

之后，投资管理可以根据客户类别及策略予以微调。提交给客户的投资报告反映了他的风险厌恶和其他特征标准。

4.2.5.1 关于个人投资者的人口结构

生命周期观点：个人的风险和收益偏好会随着投资者年龄的不同而有所变化。每位投资者对其承受风险的能力和意愿有着不同的感受。个人的生命周期可以划分为很多阶段。理解这些阶段十分重要，因为它们对个人风险和收益偏好具有很大的影响。

个人投资者的生命周期通常可以分为四个阶段（见图 4-6）。

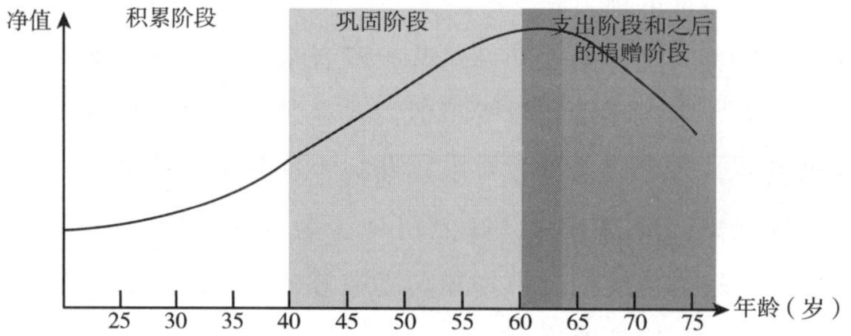

图 4-6 生命周期图

第一阶段：积累阶段。在积累阶段或者职业生涯的早中期，个人的净值相对于负债往往很小，尤其是存在抵押贷款余额或者其他尚未归还的贷款时，情况更是如此。此时投资的重点是满足子女教育或者购置大住宅等即期需求。然而，个人的投资期限非常长，并且赚取收入的能力也在增长，这使其能够承受高于一般水平的风险，希望能实现高于平均水平的收益。

第二阶段：巩固阶段。在巩固阶段，通常是职业生涯的中后期，收入超过支出，原因是工资收入增加而支出减少，子女已经离开家庭，抵押贷款已经偿清。将盈余进行投资的目的是提供未来退休后的收入。由于投资期限仍然很长，超过 20 年，因此应当建议适度风险的投资。

第三阶段：支出阶段。在支出阶段，生活费用不再来自于工资收入，而是来自于积累的资产产生的收益，例如养老基金或者个人投资。在很大程度上，投资者是财务独立的。由于对个人投资有着很大的依赖性，因此现在投资的重点应是风险较低的资产，但投资期限仍然是 10～20 年，因此防范通货膨胀成为重要的考虑因素。

第四阶段：捐赠阶段。在这个阶段，个人意识到他所积累的财富超过了他可能支出的规模。在这种情况下，多余的资产可以支援亲友或者用于慈善性质的捐赠。

4.2.5.2　个人投资者的心理特征

大部分研究着眼于用人口学或者社会人口学的方法来归类个人投资者，但显然，不同个体的投资行为差异很大。因此，分类方法应当能够指出投资者心理特征的差异。我们仅介绍两种最普遍应用的方法。

（1）巴恩沃尔（Barnewall）二向模型

这个模型将投资者划分为积极型投资者与消极型投资者，非常简单，但却十分有用。

消极型投资者（Passive Investors）是指那些没有积极赚取财富，而是消极积累财富的投资者。他们可能是继承遗产，或者用他人而非自己的资本去进行风险投资。消极型投资者通常是公司管理人员、政治家、银行家、撰稿人与继承企业的小企业主。进一步地说，投资者的财务资源越少，其成为消极型投资者的概率就越大。消极型投资者的共性，是他们对安全性的要求很高，不愿意承受超过平均水平的风险。

消极型投资者是财务顾问最容易应对的客户，因为他们倾向于授权给财务顾问，或者听取财务顾问给出的建议。他们厌恶风险，因此需要的是包含优质资产的、充分分散的投资组合。然而，由于知识有限，他们认为自身所面临的风险水平高于实际情形。因此，需要就他们不熟知的投资领域，对他们予以教育和劝解。消极型投资者的另外一个特征是希望博得他人的赞同；他们倾向于从众投资。

积极型投资者（Active Investors）是在他们有生之年赚取财富的投资者。他们用自己的资本去冒险，积极地创造财富。积极型投资者的风险承受能力远远高于消极型投资者。由于风险承受能力很高，他们倾向于掌控自己的投资，这是因为他们有充分的自信。积极型投资者通常是个体经营的咨询师与顾问、外科医生、小企业主和独立律师。

积极型投资者不愿意授权给别人，即使授权给别人，也愿意积极参与个人财富的管理。因此，对于财务顾问而言，这类客户极具挑战性。财务顾问必须一如既往地发挥专业特长，保持其业绩。由于愿意承担更大的风险，积极型投资者可能偏好于集中投资策略，而不愿意分散其潜在收益。

（2）贝勒德、比尔和凯泽（Bailard，Biehl & Kaiser）五向模型

贝勒德、比尔和凯泽五向模型根据个性的两个要素，将投资者分为五类（见图 4-7）。

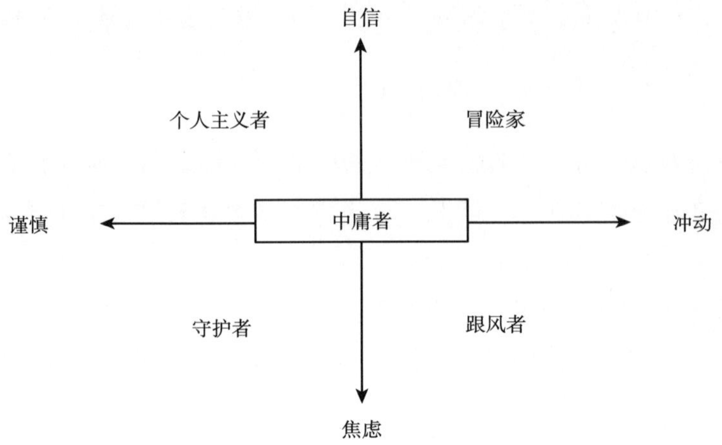

图 4-7 贝勒德、比尔和凯泽五向模型

资料来源：Bailard，Biehl&Kaiser。

冒险家（Adventurers）通常是企业家或者意志坚强的人。他们不仅不惧怕将自己所有的鸡蛋放在一个篮子里，反而非常喜欢这样做。他们自信且冲动。冒险家不愿意放弃对个人投资的控制，认为充分分散的组合不具挑战性，因而很难听取建议。他们可能是反复无常的，财务顾问的一个主要任务是劝说这些人，以更为系统的方式管理其投资组合。

守护者（Guardians）是指十分谨慎和焦虑地试图保有其财富的投资者。他们极其反感任何形式的风险，特别厌恶损失。守护者缺乏自信，因此如果他们选择财务顾问，将是很好的客户。对于守护者，财务顾问的挑战是要劝说他们，风险是可以管理的，并且除了全部投资于主权债券外，还有其他可以降低风险的方法。

跟风者（Celebrities）很担心落队。他们是时尚的追随者，他们十分冲动，但很焦虑。跟风者很难满意反向投资模式。然而，由于这类人总在追逐最新的消息，会创造庞大的交易额，因而很受经纪人青睐。跟风者通常是医生和牙医、运动明星与演艺明星。

个人主义者（Individualists）十分谨慎和自信，他们意志坚强，很清楚自己想要什么，他们试图作出经过深思熟虑的决策。对财务顾问而言，他们是理想的客户，因为这类人坚定如一、富有思想、见多识广又理性。问题是，他们只有当没有更多的时间来管理个人事务的时候，才会寻求建议。人们发现个人主义者多是独立律师、工程师与小企业主。

中庸者（Straight - arrows）是介于中间的投资者，代表了一般的投资者。他们不具备任何一种极端的个性。

4.2.6　确定投资组合结构

我们现在要做的，是将所了解的投资者情况转化为一个合理且连贯的投资组合策略，进而帮助投资者设计投资组合的结构。一些传统的投资组合策略方法可以更多地关注当前收益的产生、资本的增长或两者的结合。另一种有效的方法是仔细考虑了投资者风险承受能力的多资产总收益方法，比严格遵循传统的投资策略方法具备更大的灵活性。

4.2.6.1　传统的投资策略方法

（1）收益型

收益型（Income）投资组合策略蕴涵的道理，是只有收益才能够用于支出，任何资本利得都必须进行再投资。该投资策略并没有限制资产配置，投资组合可以由非常安全的投资构成，也可以主要由高收益股票构成，形成潜在的高风险/高收益，这里的风险是股利的降低。然而，典型的收益型组合包括一定数目的固定收益投资，重点强调收益最大化。显然，这一策略不具备较好的灵活性，通常不太适合个人投资者。通常，选择收益型策略的原因往往是由于法律法规的约束。

（2）成长型

成长型（Growth - Oriented）投资策略的投资重点是股票与不动产。创造收益的投资在组合中的作用并不重要。纯成长型组合的风险厌恶度通常很低，对流动性的需求不高。成长型投资策略适合投资期限很长的投资者，因为他们能承受该投资策略的高风险。

传统策略方法的优势在于，易于理解和定义。然而，他们对合适投资的定义过于狭窄，完全没有考虑风险投资和不动产等新的投资机会领域。

（3）收益与成长型

收益与成长型，即平衡型（Income and Growth Balanced）投资策略包括债券等创造收益的投资，以及股票和不动产等资本增值型投资。收益与成长型投资策略的理念，是只希望花费投资收益的投资者同样可以获益于收益和资产长期潜在、适度的增长。

4.2.6.2　总收益策略

在总收益方法（Total Return Approach）中，所有资产种类都包含在投资策略报告里。这使得组合经理能够十分容易地根据经济环境的变化而进行调整。采取这种策略，组合创造的收益变动很大。于是，对于那些依靠投资来支撑其生活模式的人们而言，这要求可用于花费的总收益应当被定义为总财富的一定比例，无论它来自收益还是出售本金所得。根据总收益方法，投资者不仅可以花费当期收益，也可以清算出售部分资产。于是可以得到：

总收益 = 当期收益 + 资本增值

总收益方法下，投资政策报告十分重要。下列项目应当在投资策略报告中明确说明：

• 资产种类。必须明确说明应当包括或者排除哪些种类的资产。

• 投资灵活性。必须明确组合经理在各种资产之间转换的灵活性。记住，选定的基准常常不包括交易成本。然而，为了优于基准表现，组合经理常试图改变资产配置，使得对高收益率资产的投资规模高于投资策略规定的水平。

4.3 机构投资者

过去几十年中，机构投资者的增长和新产品的不断涌现，加大了机构组合管理的复杂性。本部分讲解机构投资者的类型，他们的投资目标和投资约束条件。机构投资者包括养老基金、捐赠基金、保险公司与商业银行。

机构投资者与个人投资者在以下几个方面存在重要差异：

• 个人与机构对风险的定义通常不同。机构倾向于从概率和标准差角度来量化风险，而个人对风险的认识更为定性化。

• 机构根据其所服务的人群的利益来分类，而个人则是根据其个性来分类。

• 机构比个人面临更多的法律法规约束。

• 个人需要缴税，而机构经常可以享受免税待遇。

• 机构的投资期限通常不确定；而个人的投资是有期限的，并且随着其生命周期而变动。

现在，我们将详细考察养老基金、捐赠基金、保险公司与商业银行。

4.3.1 养老基金与员工受益基金

养老基金的目标与约束条件主要取决于向受益人（例如，员工与退休人员）提供的计划类型。我们必须区分确定受益型养老基金计划（Defined Benefit Pension

Plans）与确定缴费型养老基金计划（Defined Contribution Pension）。确定受益型养老基金计划比确定缴费型养老基金计划更为常见。

确定受益型养老基金计划承诺，员工退休后，向他们支付特定规模的收入流。雇主（被称作“计划发起人”，下文多称为公司）会定期向养老基金支付一定金额的缴费，缴费金额取决于公司员工的年龄和员工构成的精算假定。显然，风险存在于公司方。如果确定受益型养老基金计划业绩不好，公司必须增加缴费；但如果计划业绩有利，公司则可以减少缴费。这里的关键特征是确定发放的养老金与养老基金计划的资产价值无关，养老金的计算公式通常纳入员工工资与服务年限，例如过去五年平均工资水平的 80%。从融资的角度来看，雇主实际上向员工承担了一笔养老金债务，债务的清偿依靠不断补充的缴费或者养老基金的增值。在第二种情况下，每年要留出足够的资金，来匹配当年增加债务的估计现值。

确定受益型养老基金计划的最小收益目标（Minimum Return Objective）是要达到计划的精算收益率（Actuarial Rate of Return）。而精算收益率的确定则是基于对当期与未来工资水平、退休方案、预期寿命与公司的养老金公式等假定。重点是利用资产负债表方法实现养老基金资产现金流和负债现金流的匹配。

确定受益型养老基金计划的风险承受能力取决于计划的资金状况、定义的精算收益率以及公司的资产负债表。精算收益率用于确定养老金计划未来债务现值的折现率。

对于积累不足的计划，负债的现值高于资产现值，就必须选择能够创造收益的投资，即较为保守型的投资方法，以逐渐消除缺口。

对于超额积累的计划，负债现值低于资产现值，就应当采取较为激进型的投资方法，以减少公司对计划的缴费。此时，投资重点是资本增长型投资。无论哪种情况，防范通货膨胀对于养老基金的长期成功都是十分关键的。

十分重要的是，应当认识到计划发起人与养老基金具有明显的经济相关性。通常，计划发起人希望限制在发起人所处行业和经济困境情况下缴费增加的风险。降低这种风险的一种方法，是限制养老基金投资于与计划发起人所处行业相同的公司。

养老基金的投资期限取决于员工的年龄以及雇主的状况（即是在持续运营还是停业）。通常情况下的投资期限很长。如果员工普遍都很年轻，在养老金发放之前，就有更多的时间来积累财富。

养老金计划的流动性约束主要是员工平均年龄的函数。年轻员工多的养老金计划相较于老员工多的计划，对流动性要求较低。另外一个因素是已经退休员工的比例。

法律法规约束通常有很强的影响力。然而，许多国家的养老基金是免税的，因此，税收不是主要因素。于是，养老基金的资产组合通常更倾向于那些税前和税后收益率差别很大的资产。

确定缴费型养老基金计划不承诺向员工支付特定的收入流。员工收到的养老金金额受到员工在养老基金中缴费多少，以及基金投资收益率的影响。与确定受益型养老基金计划相比，确定缴费型养老基金计划中的雇主除了定期向养老基金缴费外，无须承担其他财务负担。员工的退休收入不是公司的债务。于是，员工承担了计划的投资风险。事实上，确定缴费型养老基金计划是雇主为其员工建立的税收递延型退休储蓄账户。

在很大程度上，确定缴费型养老基金计划主要存在于美国。这种养老基金越来越受到市场的青睐，因为由于法律法规约束的加强，确定受益型养老基金计划的发起人成本日益昂贵，风险也日渐加大。另外一个原因，是年轻的员工如果服务年限不够长，就只能得到很少的养老金，这令他们很不满意。他们更希望，即使转换职业，缴费也依旧属于其本人的资产。

通常情况下，单个员工在一定程度上可以选择本人在计划中的缴费如何投资。因此，目标与约束条件取决于其个人。

确定缴费型养老基金计划的投资政策与节税的个人退休账户是完全相同的。事实上，很多确定缴费型养老基金计划的提供者，就是向个人提供投资计划的共同基金和保险公司等机构。

确定缴费型养老基金计划没有最低收益目标。正如我们已经介绍过的，员工承担所有风险。

风险承受能力也是如此。风险承受能力归结为员工个人的风险承受能力与风险厌恶。尽管研究表明，员工更倾向于选择极为保守型的资产配置。

计划的投资期限与流动性需求取决于劳动力的平均年龄和公司员工的离职率。通常而言，投资期限很长且流动性约束可以较为正确地被预测。

同确定受益型养老基金计划相同，确定缴费型养老基金计划的法律法规约束很强，但税收不是主要因素。

4.3.2 捐赠基金

很多机构与组织向捐赠基金投资，要求其资金用于特定的非营利目的，例如慈善与教育机构、职业与宗教组织等，或者执行基金的特定目标。机构不是立即支出资金，而是进行投资，以获取未来的收益流。机构对当期收益的需求与创造不断增长的未来收益流的愿望之间，存在着内在矛盾。捐赠基金的管理者必须意识到这一矛盾。

通常将捐赠基金的投资目标与约束条件与养老基金相比较，但它们之间的差异多于相似点。相似点仅限于它们都是长期且免税的。捐赠基金的目标十分广泛，且通常较为定性化，这与个人投资者十分相像。

收益目标要在对当期高额收益的需求与对资本的长期保护之间进行权衡。应该采用总收益方法。基金的总收益率目标应当等于预期支出率与预期通货膨胀率之和。支出率即分配给受益人的预算占收益的比例。投资政策报告中说明的收益的主要目标是要保持资本的购买力，以及为当期预算目标保持稳定的实际收益流。

捐赠基金的风险承受能力主要取决于设定的收益目标，可以是总收益抑或总增长。另外一个考虑因素是捐赠基金在受益人预算中的重要程度。如果捐赠收益在预算中相对较少，风险承受能力就会较高；反之，如果捐赠基金收益在预算中的作用十分显著，风险承受能力就会较低。

投资期限一般很长。大部分捐赠基金不指定终止年限，也就是说，它们的预期寿命是无限期。

由于事先已知收益要求，基金即可相应地管理，因此，对流动性要求不高。然而，鉴于可能发生紧急情况，或者特定项目的资本捐赠需要大额支付，因此，对流动性也有一定的要求。

由于大部分捐赠基金是免税的，税收因素相对次要。因此，捐赠基金并不特别青睐于免税债券或者其他免税产品。

法律法规对捐赠基金的约束通常较少，因此在制定投资政策时法律法规不太重要。然而，捐赠者和受益人的税收状况可能会影响投资政策。

控制捐赠基金的受托人和委员会的投资技巧和知识水平差别通常会很大，于是形成形形色色的独特需求、情境与偏好。理性与逻辑的捐赠基金管理方法常常会被个人偏见、恐惧和其他情绪的因素压倒。

4.3.3　保险公司

迄今所考察的机构可以归结为两类：私人性质和非营利的机构投资者。下面，我们要考察的是两类追逐利润的机构——保险公司与商业银行，因此，策略报告中应当包括竞争和税收因素。同时，我们还将发现，资产与负债管理是这两类机构投资者决定投资策略的主导性因素。

保险业根据提供的产品可以划分为三类：人寿保险（Life Insurance）、健康保险、财产和责任保险。然而，就投资目的而言，我们只需要区分人寿保险和非人寿保险。

人寿保单的现金价值代表了人寿保险的负债。人寿保险公司在投保人生命周期内收取保费，并进行投资。投保人死亡后，保险公司向受益人支付赔偿金。人寿保险公司的目标，是投资收益率要高于向投保人承诺的收益率。从概念上看，这同确定受益型养老基金计划是相同的，即试图赚取高于精算收益率的收益。

如果保险公司能够赚取正的收益差，那么代表人寿保险竞争优势的盈余准备金就会增加。然而，如果收益差为负，盈余账户余额就会减少，相当于负差额部分的金额。不必说，保险公司管理层、监管机构与评级公司也会密切关注资金相对于负债是否足够。我们将会发现，与最低要求的准备金相比，盈余准备金的管理方式更为激进。

竞争的加剧增加了保险业中资产负债管理的重要性。

在谈及收益目标时，我们有必要区分最低要求的准备金与盈余准备金。对最低要求的准备金而言，收益目标是基于精算假设，管理方式比较保守。然而，盈余准备金的管理更为激进，原因是要赚取超额收益，以加强保险公司的竞争力。

人寿保险的风险承受能力相对较低。保险经常被称为准信托基金。强制的保守信托义务原则限制了人寿保险公司的风险敞口。为了限制风险敞口，管理层常常强制性地限制现金流量波动性、信用等级（必须是投资级债务）和资产类型等。

人寿保险的流动性要求通常较低。人寿保险公司的现金流出通常可以根据死亡率表格准确预测。然而，随着利率波动性的增加，投资者更倾向于退保，收回其现金价值，并投资于收益率较高的资产。这增加了评估流动性需求的复杂程度。

人寿保险的投资期限较长，但有逐渐缩短的趋势。这是因为投资人随时准备退保，以获取更具竞争力的利率与/或保单利益。由于利率变动，死亡率比退保率更易预测，这加大了保险公司资产负债管理的难度。

保险业的法律法规约束十分严格，从而限制了投资灵活性，成为影响投资策略的主要约束因素。保险公司为遵守法律法规，设立了内部审计制度。

税收通常较高，因而成为投资策略考虑的关键因素。

独特需求、情境与偏好根据不同保险公司提供的产品不同而有所差异。其他因素包括规模与盈余的数量。

非人寿保险（Non - life Insurance），即意外伤害保险（Casualty Insurance），包括健康保险、财产保险、责任保险与保证保险等。虽然意外伤害保险提供的产品不同，但投资策略十分相似。然而，意外伤害保险公司的投资政策在很多方面与人寿保险公司有所差异，这是因为它们的负债和风险要素迥然不同。例如，意外责任会面临通货膨胀风险，但并不直接受到利率风险影响。

人寿保险公司的现金流出基于死亡率表格在一定程度上是可以预测的。但非人寿保险公司的情况就不同了，严重灾害、事故或者法律诉讼事件所引起的现金流出是无法预测的。

最低收益目标是应付潜在的索赔。如同人寿保险公司，出于安全考虑，保险准备金进行的是低风险投资，例如投资级债券。然而，为了获取超额收益，盈余准备金通常投资于股票。财产和意外伤害保险公司的盈余账户余额比竞争对手更高时，就具有了竞争优势。

由于对索赔人负有受托责任，风险承受能力是较低到中等。保费收入受索赔概率和公司投资收益率的影响。如果由于索赔具有不确定性，使得资产与负债期限的匹配不能成为追求的目标，那么对资产与负债期限不匹配进行管理就应当成为目标。

流动性对于非人寿保险公司十分重要。由于责任的不确定性，对流动性的要求较高。这迫使非人寿保险公司保有短期证券组合，而固定收益投资的到期日则呈梯状分布。

由于负债期限较人寿保险公司要短，非人寿保险公司的投资期限比人寿保险公司短。

财产与意外伤害保险公司的法律法规约束少于人寿保险公司，但与其他机构投资者相比，仍然较高。

税收通常较高，因此是投资策略的重点考虑因素。

同人寿保险公司一样，独特需求、情境与偏好取决于不同投资公司提供的产品差异。其他因素包括规模和盈余金额。

4.3.4　商业银行

与我们考察的其他机构投资者不同，银行并不能轻易获取向客户提供贷款的资金。为了获取资金，它们必须向潜在储户提供具备竞争力的收益率。

银行的收益目标是资产风险与负债风险相匹配，实现贷款利率与借款利率之间的差额最大化。这个差额或者利差是银行的毛利。

风险承受能力。货币是商品，因此在很大程度上属于无差异产品。这意味着它的价格敏感度很高。这里的价格就是利率。利率的波动以及以借入负债和投资资产之间的利差衡量的利润最大化目标，说明了需要对资产和负债进行认真管理。事实上，银行是资产负债管理的早期开拓者。利率敏感性、投资期限短以及较高的流动性要求严重制约了银行的风险承受能力。

银行的行业性质决定了投资期限较短。为了创造足够的利息收入与利息支出的差额，它们一般投资于短期工具，以规避利率风险，避免投资被锁定在较长的时期内。进一步说，由于银行存款账户通常是短期的，为了降低风险，它们需要匹配其资产和负债的期限。对流动性的强烈要求也缩短了投资期限。

为了满足储户可能的提款，对流动性的要求会提高。银行的流动性有两个来源：第一个是内部流动性，即出售银行投资组合中流动性较强的资产，以筹集现金；第二个是银行外部流动性，是从中央银行借入资金的可能性。

法律法规约束十分强。中央银行等很多团体和机构都控制银行的运作。通常而言，控制重点是资产和负债之间的联系。

独特需求、情境与偏好主要取决于银行的规模、所在地、负债的结构以及管理资产与负债的技巧。

第 5 章　资产负债管理

5.1　资产配置

本章对一般的资产配置主题进行了概述。资产配置是关于顶层的、整体的投资策略，因此是投资者最重要的投资决策，它决定了大部分的投资组合最终的回报和风险特征。然而，选择正确的资产配置并不容易，没有一个放之四海而皆准的公式。相反，资产配置应该根据个人的目标、风险承受能力或投资范围进行调整。所有这些考虑因素在上一章都有描述。资产配置负责对资产进行实际投资，为了更好地平衡投资的风险和回报，资产配置者投资于广泛的资产类别，以实现更好的分散。

5.1.1　概述

5.1.1.1　定义

(1) 资产分类

当我们考虑到现有的大量资产时，就不难发现，某些资产子集通常通过一些金融或经济特征来定义，它们随时间可以同时具有如下特征的回报行为：

- 每个子集内部有一定的一致性；
- 每个子集之间的一些显著差异。

这一经验性的证据推导出了以下观点：每一种资产的回报可以首先通过子集的回报率作为第一代理，然后通过其在子集内的相对收益进行描述。

这种观点和将资产领域划分为不同子集（类别）的观点是很有用的，因为它为管理投资组合的过程构建了组织框架，提供了一个分析性的解释资产回报率及其波动性的视角。

(2) 资产配置

人们认识到资产回报可以使用其资产类别的回报作为第一代理，然后通过其类别内的相对回报来更好地解释。因此，对于一个投资组合来说，全球资产选择过程可以分解成以下两步有用的程序：

- 首先，必须确定不同资产类别在投资组合中的比重，这是资产类别的分配过程。
- 其次，必须在每个资产类别中选择资产，这是（类内）资产选择过程。

这个两步程序在投资组合构建方面并非没有危险，因为风险管理在这两步之中被打破。投资组合经理必须确保每种资产类别的风险特征与资产分配过程中使用的风险特征是一致的。此外，通常不可能在资产层面上考虑资产类别之间的分散化。

5.1.1.2　划分标准

（1）一般标准

当然，资产范围的划分没有单一的方法。目前倾向于把资产的明显财务特征作为划分标准。我们将在后面指出，这些看似清晰的标准在实践中是比较模糊的。如果我们专注于国内证券，首先想到的是通常的划分标准：

- 现金和等价物；
- 债券；
- 股票。

当然，这个清单还可以用房地产、私募股权、风险资本、对冲基金或其他来补充。如果需要进一步了解细节，债券随后还可以细分。例如，可以分为：

- 政府债券和公司债券；
- 短期、中期和长期债券……

也不乏进一步划分股票的标准，例如：

- 小型股票与普通股票；
- 行业和/或部门；
- 价值型与成长型股票……

所有这些标准都是基于资产的简单特征。然而，情况要比第一感受到的要模糊得多。例如，资产最初分为现金、债券和股票。根据现代金融学的观点，所有这些资产类型可以被定义为不同篮子的无风险零息债券，以及对公司所拥有的真实资产的期权（看涨期权、看跌期权）。因此，陷入困境的公司的债券的行为方式揭示了其部分股权特征。

资产类别可以定义为资产领域的子集，它们在收益水平上充分表现出了类内的一致性和类间的差异。在这里，现实印证了这个概念，在一些资产类别中存在着巨大的收益差异，如股票。下一部分“价值与增长”进行了很好的例证。

最后，如果投资者的投资不限于国内，债券和股票可以进一步按货币和国别划分。

（2）价值与成长

由于长期表现的不同，投资者将股票划分为不同的子类，通常被称为风格。两类主要风格是大盘股与小盘股、价值型股票与成长型股票。

人们通常任选一个市值来定义大盘股和小盘股的划分标准，如所有股票的中值。区分价值型和成长型股票的难度更大，其划分的基本概念很难精确定义。

定义价值型和成长型股票的一个传统方法①是将所有考虑到的股票按其账面价格比从高到低排列。所有账面价格高于中位数的股票都被视为价值型股票，而其他所有账面价格低于中位数的股票则被视为成长型股票。这种观点很受欢迎，因为它非常容易实施。然而，最初，人们对它有一个误解，因为它把价值和成长对立起来。因为其每单位价格股票的（账面）价值可以高于平均值，所以高账面市值比的股票被视为廉价股票，几乎已成共识②。与之相对，低账面市值比的股票应被视为昂贵的股票。虽然成长型股票可能与低账面市值比的股票相关，但并不是所有低账面市值比的股票具有高成长性。换句话说，这种风格定义所使用的标准是一种价值标准，而不是直接的成长标准。简单地将昂贵的股票视为成长型股票是很牵强的。

我们可以看到，在实践中，区分廉价和昂贵的股票以及高增长和低增长的股票需要两个标准（或一组标准）。这些主题价值的标准可以在以下股票比率中选择：

- 收益率；
- 账面市值比；
- 股息率；
- 当前收益率与历史平均收益率的比率。

这些比率的高（低）值代表着便宜（贵）的价值股。

成长标准，可以考虑以下数据：

- 历史收益增长；
- 预期收益增长；
- 盈利增长的变化。

同样，这些统计数据的高正（低或负）值意味着高（低）成长性的股票。

Bienstock 和 Sorensen（1992）提出了另一种有趣的方法。给定多种标准，他们首先定义了两组股票，这两组股票被认为是纯（廉价）价值股和纯（高）成长股。然后，利用统计技术，他们能够确定所分析的每只股票成为价值股的概率（P）。

① 如对于标普 - BARRA 价值和增长子指数的。

② 除了只考虑一个价值标准。

(1－p) 给出了同一只股票成为成长型股票的概率。这两个概率可以被解释为一只股票在两组股票之间的距离。p＝1 意味着所考虑的股票是一个纯粹的价值型股票，p＝0则是纯成长型股票的特征。最后，p＝0.5 表示该股票介于纯价值型股票和纯成长型股票之间。这种方法的好处是可以认识到每只股票都同时具有价值性和成长性。

5.1.1.3 收益和风险

(1) 历史事实

表 5－1 列出了美国金融市场几类资产的平均年度名义回报率。

表 5－1　美国金融市场的年平均回报率

资产类别 (1926—2021 年)①	几何平均	算术平均	年度标准差
普通股	10.5%	12.3%	19.5%
小公司股票	12.1%	16.3%	31.1%
长期企业债券	6.1%	6.4%	8.4%
长期政府债券	5.5%	6.0%	9.8%
中期政府债券	5.0%	5.2%	5.5%
美国国库券	3.3%	3.3%	3.1%
通货膨胀	2.9%	3.0%	4.0%

应该提到两个要点：

• 首先，最后一栏给出这些资产类别收益的年度标准差，显示了不同资产类别的短期波动性。换句话说，在短期内，对于谁是表现最好的资产类别，没有简单的答案。有时债券的表现超过了股票，有时相反。有时，小盘股的表现低于大盘股，有时相反。这些波动率表明，股票比债券的风险更大。

• 其次，前两栏展示了资产类别在整个时间内的平均回报，这显示了资产类别之间更明显的长期回报差异，特别是股票和债券之间。还请注意，所有资产类别的长期回报都高于通货膨胀率。换句话说，1926—2021 年，包括美国国库券，尽管只有较少的正实际收益，所有资产的实际回报都是正的。

请注意，这些统计数据往往是许多战略资产配置过程的基础，因为它们建立了对资产类别回报的长期预期。

(2) 战略性和战术性资产配置

与资产配置决策一样，通常也有短期角度和长期角度的区别。

① 参见 Ibbotson & Harrington (2021).

• 资产类别具有明显不同的长期回报，这表明投资者应该关注他在长期内的平均资产类别配置。由于资产类别配置的短期/长期投资组合风险并不是不变的，所以在投资组合风险和长期回报之间存在着权衡。战略性资产配置涉及对权衡的研究和如何选择有效的长期资产类别配置，它也是在长期内最优的平均资产类别配置。这种最佳的资产配置被称为战略配置，通常由战略基准来代表。

• 如果人们认为有可能预测资产类别的短期回报，那么积极管理短期资产类别配置可能是最佳选择。我们的目标是通过战术性配置来提高证券组合相对于战略基准收益的回报率。战术性资产配置是指所有照顾到资产类别短期配置的积极投资决策。

因此，资产配置过程通常被分为两个不同的过程，即注重长期的战略性资产配置过程和试图利用短期机会的战术性资产配置过程。

5.1.1.4　资产配置的参与者

现在应该可以看出，因为资产配置不是一个单一的同质化问题和过程，所以许多不同的人群都参与其中。

• 战略性资产配置是投资委员会（养老基金的投资委员会或资产管理公司的首席投资官）的责任。为决定资产配置，委员会通常会咨询该领域的专家（投资顾问、研究分析员或精算专家）。专家们帮助确保资产配置符合投资者的负债结构。

• 战术性资产配置和实施由投资组合经理负责。如果不是由内部团队实施，则由通常在外部机构的帮助下挑选和监督的外部投资组合经理负责。投资控制过程确保投资组合经理遵循战略性和战术性资产配置的指导方针。在大多数情况下，战术性资产分配过程是分散的。

5.1.1.5　战略性资产配置的演变

资产配置行业已经走过了漫长的道路。在大多数情况下，人们的关注点纯粹是在资产方面。在 1952 年马柯威茨提出现代投资组合理论之前，大多数投资组合都是通过选股来选择的。① 选股只涉及从那些被认为具有最高回报潜力的证券中构建一个投资组合。直到现代投资组合理论，投资组合和资产配置的决策过程中会同时考虑收益和风险。从那时起，投资和资产类别的所有背景、投资的风险以及投资之间的相互关联性（相关结构）都会被考虑在内。在现代投资组合理论的基础上，学者们最终开发出进一步的理论，试图解决原始理论的一些缺陷。

---

① 现代投资组合理论是以哈里·马柯威茨的工作为基础的。他因其在投资组合选择方面的发现而获得诺贝尔经济学奖。参见 Markowitz H. Portfolio Selection. The Journal of Finance，1952，Vol. 7：77－91.

虽然所有这些理论都主要集中在资产方面，但近几年和几十年来，人们越来越接受资产配置也应包括负债。这推动了资产负债管理的发展，它是纯投资组合理论的补充。更多内容在资产负债管理（ALM）一节中会有介绍。资产负债管理对个人投资者来说不是一个问题，但对银行、保险公司或养老基金等机构来说却非常重要。在很长一段时间里，这些机构主要关注资产方面，因为其更简单，更方便，而且养老基金往往会间接地受法规的鼓励。[①] 在资产配置过程中忽视负债方，在财务上是危险的，因为资产的风险可能与负债方的风险承担能力不匹配。因此，机构投资者的资产配置决策往往也包含了负债方面的内容，如利率风险（久期）。

现在，资产负债管理（ALM）考虑的是大多数机构投资者战略性资产配置的一部分。[②] 如今，养老金计划在其盈余水平上衡量风险，而不仅仅是在资产方面。银行和保险公司在其整体资产负债表上进行专业的久期和信用风险管理。总而言之，在资产类别和资产之间进行分配时，现代战略性资产配置也纳入了负债方面的风险维度。

5.1.2 资产配置的类型

5.1.2.1 战略性资产配置

（1）仅有资产的资产配置

与养老基金、银行或保险公司等机构投资者不同，许多个人投资者在其资产配置中并无重大负债需要考虑。因此，这种情况只需根据投资者的风险意愿和风险承受能力，组合出一个最佳的能够实现其财务指标的投资组合即可。

投资组合最终回报的最大部分归功于战略性资产配置，因此，它非常重要，比实际选择个别股票或债券重要得多。[③] 配置的目的是实现平衡的风险回报率。在这里，资产类别之间没有特别强的关联性是一个优势。这样做的效果是，通过混合资产类别，可以降低投资组合的风险。这种分散化效应从长期来看可以带来更好的风险—收益组合。换句话说，就是更高的风险调整后的回报。

我们已经看到，不同的资产类别也带来了不同的长期收益和不同的风险，无论是波动性风险还是极端风险。股票往往有较高的回报，但波动性也明显较高。在经济疲

---

① 例如，在瑞士，养老基金的负债在 1985 年至 2002 年间被固定在 4% 的特定比率上。2003 年 1 月 1 日，这一比率被改为 3.25% 。

② 规章制度的变化，如美国引入的 FASB87，在某种程度上有助于改变这种观点。

③ 人们普遍认为，投资组合的回报至少有 80% 归功于战略资产配置组合。

软时期，它们往往会失去业绩。债券在长期内的平均回报率较低，但风险也较小。此外，在经济危机期间，利率往往会下降（中央银行降低利率，通货膨胀减弱等），这使得债券通常是很好的投资组合保护。

在确定长期战略性资产配置时，需要考虑包括个人（收益目标、风险能力、风险意愿、时间范围等）以及市场（资产类别的预期收益和风险及其协方差结构）在内的所有方面。

（2）有资产和负债的资产配置

在存在大量负债的情况下，资产配置不应该被孤立地选择，而应该与负债保持一致，这就是资产负债管理（ALM）的作用。它构建投资政策（资产配置）的方式，是使得用于支付负债的资金的短缺风险降到最低，同时又能获得不错的超额回报（盈余）。然而，其主要目标是赚取高于最低要求的风险调整后的回报，即回报至少要覆盖负债。

ALM 是传统资产配置和投资组合优化任务的延伸。最佳投资组合并不仅仅基于资产的绝对风险和协方差结构，更基于与负债有关的相对风险。因此，其结果将不是一个传统的市场投资组合，而是旨在实现“负债中性”投资组合的战略性资产配置（SAA）。以负债为基准意味着战略性资产配置应该围绕负债的一般风险因素来建立，如利率敏感性（久期）、货币风险、通货膨胀和增长风险、信用风险等。ALM 策略是风险免疫策略或负债驱动的投资策略。在 ALM 章节会有更多关于它们的介绍。

带有 ALM 的 SAA 初看可能不太常见，但再看会发现它是有意义的。举例来说，一家寿险公司有长达 30 年甚至 50 年的长期负债。利率的任何下降都会大大增加这些负债的现值。[①] 因此，寿险公司的 SAA 也必须有很长的期限；否则，该公司就会面临严重的利率风险。因此，寿险公司非常积极地投资于期限很长的政府债券（超过 30 年的期限）也就不足为奇了。

（3）最佳的资产配置

在各个资产类别之间进行最终的资产配置决策时，应考虑以下几个方面：

- 长期目标/指标（回报目标、正净盈余、净利润等）；
- 资产配置者（个人、投资委员会、养老金计划发起人等）的风险厌恶程度；
- 各类资产的预期长期回报；
- 资产类别（和任何负债）之间的协方差结构。

尽管理论上所有资产配置最佳决策都应该考虑所有的这些因素，但明显没有最佳

① 负债的现值是预期的未来现金流折现到当前日期。适当的折现率与一般的利率直接相关。当利率下降时，贴现率也随之下降。较低的贴现率会使负债的现值增加。

算法可以同时实现所有目标。常见的方法是试图通过采用优化程序找到最优的资产配置。考虑到长期目标和风险厌恶的程度，优化者需要寻找一个资产组合，以保证长期回报或盈余的目标在短期和长期内都不太可能落空。如果分配者依赖这样的资产分配优化，他们也需要注意一些问题：

- 任何资产配置优化都对资产类别的收益预期非常敏感。预期收益的细微变化会使优化配置发生巨大变化。出于模拟的目的，人们通常会采用资产类别和负债类别二者的历史收益以及历史协方差结构。

- 过去可能不代表未来。制度经常会有变化，例如，宏观经济政策的变化导致预期收益在一段时间内不稳定。[①] 但制度的转变也会改变未来的投资组合协方差结构。如何处理这种制度变化的问题很微妙。如何纠正中央银行政策的未来变化、新政府、退休规则的变化或人口变化？这项任务需要每个领域的专家。

顺便说一句，战略性资产配置几乎不持有任何现金。[②] 一方面，现金或货币市场票据（如 T－Bills）的长期回报率只是高于通货膨胀率，它们提供的实际回报低。对于具有长期视野的投资者来说，像现金这样的短期投资就没有什么吸引力。另一方面，对于任何依赖 ALM 的投资者来说，现金的利率风险和期限都很小，因此在长期负债的期限匹配方面没有什么用处。

5.1.2.2 战术性资产配置

战术性资产配置与积极的投资管理技术有关，所有这些技术都是为了在战略性资产配置方面创造超额业绩。在这个意义上，战略性资产配置是所有战术调整的基准。战术性资产配置的目的是通过成功预测资产和资产类别的回报率来选择资产配置组合，以达到战胜这一基准的目标。投资组合的调整通常是指对资产类别权重的调整。

战术性的资产配置技术很多。它们在预测资产类别收益的方法、预测窗口、构建投资组合以及实施资产类别组合方面都有所不同。

- 预测技术可以是定性的（判断）或定量的。定性方法建立在专家的广泛经验之上，并依赖于他们对经济和市场的主观评估。定性预测是灵活的，可以快速调整以适应不断变化的市场条件。另外，定量方法遵循一套严格的规则，这个规则规定了当任何输入变量发生变化时如何进行分析。例如，当股票市场下跌超过 x% 时，增加股票配置 z%。这样的规则可能会在历史数据中找到依据，并期望市场以一种“买入下跌”的行为进行均值回归。

---

① 比如货币（以货币存量增长而不是短期利率为目标）或财政政策或汇率制度的结构性变化。

② 这并不排除出于战术原因而持有更多的现金，例如，当预期债券和股票的收益为负时。

- 与战术资产配置相关的时间范围是短期到中期的。通常情况下，投资委员会定期开会（每周、每月或每季度），讨论战术配置的调整。对市场预测的时间通常是几周到几个月。

- 投资组合的构建涉及复杂的技术，如均值—方差优化或依赖投资专家特别评估等更简单的方法。近年来，越来越多的资产配置者采用了“基本面量化”方法。换句话说，这是一种介于定量和定性之间的方法。大量的量化指标由专家进行评估，然后转化为酌情行事的投资决策。

资产配置的实施通常被委托给内部或外部投资组合经理。他们或者直接进行证券交易，如股票或债券，或者间接地通过投资基金、ETF 或委托。有时，通过使用衍生品叠加的方式来调整资产配置甚至更为有效。使用（利率）互换、股票、债券期货或货币远期是调整投资组合主要风险因素的一种有效和廉价的方式。

（1）预测技术

大多数战术性资产配置模型的核心是认为资产类别的未来表现有某种程度的可预测性。资产类别可能提供随时间变化的风险补偿，这导致：在一个特定的时间点上，某些资产类别相对于其他资产类别来说是便宜的或昂贵的。战术性资产配置的目标是便宜的资产类别，而昂贵的资产类别的权重较低。一个资产类别是便宜的还是昂贵的并不是微不足道的。在实践中，已经形成了许多不同的方法。

一种流行的方法是依靠资产类别的风险溢价。正如在“多因素模型和因素投资”一章中概述的那样，风险溢价策略是衡量一个资产类别吸引力的一种方法。风险溢价策略的例子有息差（carry）、价值和动量策略。息差衡量的是当前资产类别的收益率的相对吸引力。例如，股票的息差是风险调整后的股息收益率，债券的息差是风险调整后的到期收益率（加上滚动收益）。价值通常将资产类别的价格与经济增长联系起来。一类资产的价格与经济增长或其他估值措施有关。动量策略从相对资产类别回报的正自相关获利。换句话说，过去的赢家资产类别也更有可能成为明天的赢家。

同样地，我们可以衡量资产类别的长期相对超额回报，并称之为风险溢价。它需要：

- 现金的短期利率；
- 股票市场的长期预期股票收益率；
- 长期政府债券的到期收益率。

对于这种战术性资产配置模型的美国版本，可以使用 3 个月的国库券、标准普尔 500 指数的收益率或 20 年期现券国债。风险溢价（预期的相对超额收益）的衡量方法为：

- 股票/现金风险溢价 = 长期预期股票收益 - 现金短期利率
- 债券/现金风险溢价 = 长期政府债券的到期收益率 - 现金短期利率①
- 股票/债券风险溢价 = 长期预期股票收益 - 长期政府债券收益率

为了确定这些风险溢价的预测能力，人们度量风险溢价和未来相对收益之间的相关性，它被称为信息系数。只有当信息系数为正时，战术性资产配置模型才可能盈利。正的信息系数意味着高于（低于）平均的风险溢价后会有高于（低于）平均的相对收益。高于（低于）平均的股票/债券风险溢价倾向于具有相对于债券的更好（更差）的股票业绩。信息系数的值为 +1，表明风险溢价有完美的预测能力；如果数值为 0 表示风险溢价没有预测能力。

表 5 - 2 总结了就随后的相对收益而言，不同时间范围内的三种风险溢价的信息系数②：

表 5 - 2　信息系数：美国市场的风险溢价与随后的相对收益的对比（1951—1989 年）

时间范围	股票/现金	债券/现金	股票/债券
1 个月	0. 18	0. 15	0. 15
3 个月	0. 27	0. 22	0. 25
12 个月	0. 37	0. 37	0. 43

由于所有的信息系数都是正的，一个正的风险溢价往往伴随着一个正的后续相对回报，反之亦然。③ 在考察长的时间范围（12 个月而不是 1 个月）时尤其如此。然而，这并不意味着一个年度投资策略会带来更好的业绩。因为在月度策略中，人们可以成功地利用不同资产类别的相对业绩的年内涨跌。

除了这些风险溢价的方法，还有许多其他的战术性资产分配置方法。其中大多数都依赖于预测指标或记分卡。在风险溢价方法中增加更多的指标可能会更好地理解资产类别的相对表现。但由于有很多这样的指标，我们在此只提及如下几种类型：

- 宏观经济指标：零售额的变化、价格指数、单位劳动成本、失业率……
- 情绪指标：机构现金持有量、投资者情绪调查……
- 技术指标：风险溢价的近期趋势、股票市场回报率的变化、市场价格动量、市场广度……

一个著名的指标是巴菲特指标，以投资者传奇人物沃伦 · 巴菲特命名。它将市场数

---

① 如，股票市场的收益率（市盈率的倒数）等。

② 基本资料改编自 "Tactical Asset Allocation: A Review of Current Techniques" by Charles H. DuBois in Active Asset Allocation, edited by Robert D. Arnott and Frank J. Fabozzi, Irwing Professional Publishing.

③ 在这种情况下，0. 06（0. 08）的信息比率在 10%（5%）的水平下是统计上显著的。

据与宏观经济数据联系起来，是美国股市总估值与国内生产总值的比率（见图 5－1）。该比率显示了相对于当前经济表现而言，未来的预期回报有多好。该指标可以代表股票市场的风险溢价有多好。从历史上看，人们认为，巴菲特指标离其长期平均值有 2 个标准差标志着股票市场过于昂贵，而债券市场具有潜在吸引力。

图 5－1　巴菲特指标和指数趋势线

然而，使用越来越多的指标容易形成数据挖掘的偏向。测试的指标越多，你就越有可能发现某个潜在的指标与随后的相对表现之间的一些虚假的相关性。因此，对任何指标的质疑是很重要的。一个指标在经济上是否有意义？应先从一个经济上合理的理论开始，然后用统计工具对其进行测试，这比先测试后找合理性更好。

（2）投资组合构建

最佳投资组合的构建遵循与寻找最佳股票组合相同的规则。最重要的是，预测技术的结果必须成为投资组合优化过程的一部分，我们应该增加（降低）那些预计会比基准表现更好（更差）的资产类别的权重。

同样地，最佳投资组合的构建通常也需要实施风险控制，这将保证该投资组合遵循上述规则。例如，风险模型提供的最大权重偏差或事前跟踪误差。此外，还需要制定一个程序，规定如何在超出风险限额时调整投资组合。权重调整是适时的、系统性的，或者是根本没有调整？

（3）实施

战术性资产配置可以通过三种不同的方式实施。

• 实物方式（直接使用现金、债券和股票）；

• 合成方式（使用现金、债券期货和股票期货）；

• 混合方式（直接使用现金、债券和股票，按照战略基准权重建立投资组合，同时叠加债券和股票期货，以实现战术性资产配置模型给出的主动权重偏差）。

在后两个选项中，使用期货有几个优势，即交易成本低、流动性好，而且在执行方面方便快捷。[①] 此外，对于第三种选择，它们的使用不会干扰包括股票和债券组合在内的基础资产的管理。就缺点而言，使用期货意味着每日的后台操作和创造流动性储备。[②] 另外，如果使用的衍生品与需要对冲的标的物或需要增加的风险敞口不完全匹配，就可能出现代理错误。关于使用衍生品的更多信息见“5.3　对冲策略”。

5.1.2.3　动态资产配置

（1）定义

动态资产配置是指调整资产配置的投资技术。最著名的动态资产配置方法是投资组合保险。静态和动态投资组合保险将在关于对冲策略的章节中详细讨论。但也有其他方法，如止损法或恒定权重再平衡等。下面简要介绍两种动态资产配置技术——购买投资组合保险和技术上出售投资组合保险（恒定权重再平衡）。

（2）投资组合保险

投资组合保险的目的是重塑投资组合的整个收益分布，打破其收益对称性，为负收益提供一个下限。投资组合保险通过建立一个较低的下限来限制股票组合的损失。无论市场如何变化，投资组合都不会跌到低于下限。投资组合保险可以通过以下方式实现：使用期权、期货或简单地调整资产配置。[③] 在此提及的原因，是动态投资组合保险也可以通过资产分配方法来实现，即在现金和股票之间进行动态分配。动态投资组合保险也称为动态德尔塔对冲。该对冲策略当股市上涨时增加股票，当市场下跌时减少股票。改变现金和股票之间的资产配置的触发因素是股票市场水平的变化。[④]

然而，动态德尔塔对冲需要支付若干成本，它们与以下各方面相关：

- 资产类别之间的交易。这种交易取决于股票市场的事后波动性。
- 投资组合永远不会完全暴露在股票市场上。从长远来看，这是有成本的。因为长期的股票回报率是正的，而且大于现金的回报率。[⑤]

这种动态实施的投资组合保险也存在着风险。在股票市场突然大幅下跌（崩盘）的情况下，人们可能无法足够快地改变资产配置以实现德尔塔对冲。如果发生这种情况，则投资组合保险失败。

（3）恒定权重再平衡（或恒定混合策略）

恒定混合策略的基础是在股票和债券之间保持一个固定的资产分配比例，例如，

---

① 这种优势是不可忽视的，因为战术性资产配置的特点往往是换手率较高。

② 在第三种方案的情况下，这些储备金会使得债券和股票组合的积极回报受损。

③ 关于不同的投资组合保险技术的更详细描述将在后面的对冲策略章节中给出。

④ 或者更准确地说，动态德尔塔对冲的德尔塔变化。

⑤ 投资组合的贝塔（德尔塔）一直小于1。

60% 的股票和 40% 的债券。当股票市场表现不佳时，投资组合中的股票比例就会下降到 60% 以下；反之，则股票比例必须增加。股票的比例随市场回报而动态调整。

与投资组合保险策略相反，恒定权重再平衡是一种出售投资组合保险的策略（而不是购买保险）。其原因是风险会随着市场的下跌而增加。这种方法预期资产类别是均值回归的。或者换句话说，当其中一个资产类别表现过好时，预计它在未来会表现不佳；反之亦然。恒定权重再平衡是一种逆向策略，而投资组合保险则是一种动量策略。

【例 5－1】 某投资者的初始投资为 100 瑞士法郎。他想采用为期 2 年的 60：40 的恒定混合策略。无风险利率是 5%（2 年到期的零息债券）。$S_0=100$ 瑞士法郎，$r=5\%$，$T=2$，$V_0=100$ 瑞士法郎。表 5－3 说明了在熊市的情况下，2 年内的 60：40 的恒定混合策略。

设 V_t 为投资组合在时间 t 的总价值，$P_{stock,t}$ 和 $P_{bond,t}$ 是股票和债券在时间 t 的价格，$A_{t-1,t}$ 和 $B_{t-1,t}$ 是股票和债券组合在到达时间 t 但再平衡前的价值，而 A_t 和 B_t 是重新平衡后的股票和债券组合在时间 t 的价值。

应该注意的是，在重新平衡后，A_t 和 B_t 占 V_t 的比例始终为 60%～40%。

表 5－3　熊市情况下，2 年内的 60：40 的恒定混合策略表现　（单位：瑞士法郎）

t	$P_{stock,t}$	$P_{bond,t}$	$A_{t-1,t}$	$B_{t-1,t}$	V_t	A_t	B_t
0	100.00	90.48			100.00	60.00	40.00
1	97.06	90.86	58.24	40.17	98.40	59.04	39.36
2	94.85	91.24	57.70	39.53	97.22	58.33	38.89
3	94.08	91.62	57.86	39.05	96.91	58.15	38.77
4	90.73	92.00	56.08	38.93	95.00	57.00	38.00
5	87.58	92.39	55.02	38.16	93.19	55.91	37.27
6	83.22	92.77	53.13	37.43	90.55	54.33	36.22
7	78.23	93.16	51.08	36.37	87.45	52.47	34.98
8	74.97	93.55	50.28	35.13	85.41	51.25	34.16
9	73.19	93.94	50.03	34.31	84.33	50.60	33.73
10	70.29	94.33	48.60	33.87	82.47	49.48	32.99
11	66.52	94.73	46.83	33.13	79.96	47.97	31.98
12	64.84	95.12	46.76	32.11	78.88	47.33	31.55
13	63.00	95.52	45.98	31.68	77.67	46.60	31.07
14	59.41	95.92	43.94	31.20	75.14	45.08	30.06
15	57.24	96.32	43.44	30.18	73.62	44.17	29.45
16	54.36	96.72	41.95	29.57	71.52	42.91	28.61
17	52.64	97.13	41.55	28.73	70.28	42.17	28.11
18	50.42	97.53	40.39	28.23	68.62	41.17	27.45

续表

t	$P_{stock,t}$	$P_{bond,t}$	$A_{t-1,t}$	$B_{t-1,t}$	V_t	A_t	B_t
19	48.86	97.64	39.90	27.56	67.46	40.48	26.98
20	45.53	98.35	37.72	27.10	64.82	38.89	25.93
21	42.99	98.76	36.72	26.03	62.75	37.65	25.10
22	39.02	99.17	34.18	25.21	59.38	35.63	23.75
23	35.64	99.58	32.54	23.85	56.39	33.84	22.56
24	33.33	100.00	31.64	22.65	54.30		

例 5－1 显示了恒定混合策略的机制。在每个时期之后，资产配置被重新平衡到目标权重。这是在战略性资产配置中经常使用的一种策略。战略性资产配置经常被设定为一个很长的时间段。随着市场的波动，投资经理偶尔会进行再平衡，以更接近战略性资产配置。与投资组合保险相反，这种策略没有下限。报酬结构有一个凹形的形式（见图 5－2）。

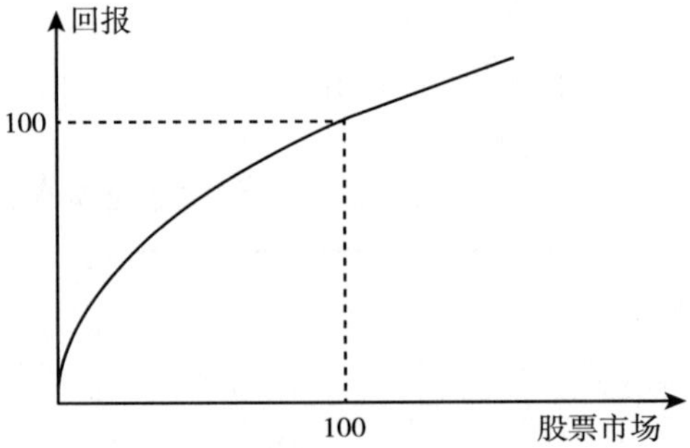

图 5－2 恒定混合战略回报

最后，人们在争论，重新平衡的规则应该是什么？它应该是定期进行吗？① 还是在权重失衡达到预先规定的水平时进行？② 这个预先指定的水平应该以绝对值来确定，还是以不同资产类别的相对收益的波动性为基础？对这些问题的回答基本上是经验性的。回溯测试显示了过去的最佳规则。然而，同样的规则在未来会一定有效是不确定的。

5.1.3 参考文献

[1] Bienstock, S. and Sorensen, E. H. Segregating Growth from Value: It's not Always either/or. Salomon Brothers, 1992.

① 每月、每季度或每年。

② 例如，股票资产的权重到达 55% 或 65%。

[2] Ibbotson, R. G. and Harrington, J. P. Stocks, Bonds, Bills, and Inflation, 2021.

5.2　资产负债管理

资产负债管理（ALM）是传统资产配置的自然延伸，传统资产配置主要关注资产方，也就是投资组合。对于那些拥有大量未来负债的机构来说，在管理资产方时也要考虑这些负债，这一点至关重要。这就是资产负债管理的作用。资产负债管理是负债管理、投资组合管理和风险管理的核心。它调整资产负债表的资产方（或投资组合）使其与预期的、未来的负债相适应。

资产负债管理对于任何有大量未来负债的人来说都是至关重要的。这包括一些很大的行业，如金融业和养老金计划。[①] 银行、保险公司和养老金计划都有大量的未来负债，在管理资产负债表的资产方或投资组合时需要考虑这些负债。因此，这些角色处于资产负债管理的最前沿。而且，有严格的监管要求它们做资产负债管理。

资产负债管理保证投资组合与负债方相一致。投资必须以这样的方式组织，即把无法偿付任何负债导致破产的风险降到最低，而同时使得超额收益最大化。不同于要么更注重风险最小化，要么更注重超额收益，总体来说，资产负债管理是通过投资的方式使利润（盈余）最大化，同时将不能偿付负债的风险降到最低。

5.2.1　引言

进行资产负债管理对人们来讲是常态。在工作期间，我们赚取收入并为以后储蓄。这些储蓄进入私人资产（房子、投资组合等）和养老金资产，以备支付退休后的所有费用。这些预期的支出就是所谓的未来负债。平衡收入、消费、储蓄资产和未来的负债，就是资产负债管理。

管理资产和负债平衡不仅对个人很重要，对机构组织也很重要，特别是对于金融和养老金计划行业，其在未来有出现大量金融负债的可能，因此需要有效地投资其资产，以确保所有的负债都能得到偿付，并在此基础上获得利润。根据负债的性质和时间，应该选择不同的资产进行投资。例如，如果一项负债是 1 年期的固定付款，如资产投资于股票或 30 年的债券就会有很大的市场风险和利率风险，此时 1 年期的贴现债券是一种更好的投资选择，因为它可以完全覆盖未来的负债。

---

① 可以说，资产负债管理是任何类型的公司甚至是每个人的财务规划中的资产负债表优化的一个组成部分。然而，本节的重点特别是（固定收益）养老金计划等金融机构的专业资产负债管理。

资产负债管理的核心概念是盈余。资产负债管理的主要目标是确保资产始终至少足以覆盖负债。缓冲，即资产超过未来负债的现值，也称为盈余，表示如下：

$$SP_t = A_t - L_t$$

其中，SP_t——时间 t 的盈余；A_t——时间 t 的资产现值；L_t——时间 t 的净负债现值。

【例 5－2】假设 10 年后的负债金额为 1 100，当前资产价值为 1 000。考虑到未来负债的适当贴现率是1%，那么当前的盈余是多少？

$$SP_t = A_t - L_t = 1\ 000 - \frac{1\ 000}{(1+0.01)^{10}} = 4.1843$$

盈余为正意味着有足够的资产来支付预期的负债。如果盈余为负数，则存在无法支付到期负债的风险，即有违约风险。因此，测算的主要目标是确保没有负盈余。然而，由于资产和净负债的价值都会改变，盈余会受到短期和长期波动的影响，这种风险被称为盈余风险。了解盈余风险的敏感性和对盈余风险的管理是资产负债管理的关键。

以下讨论在资产负债管理背景下的主要风险因素、使用资产负债管理的重要机构和几类资产负债管理模型。

5.2.1.1 风险敏感性

如前所述，盈余受资产或负债的现值变化的影响。因此，资产负债管理必须对资产和负债的关键价值驱动因素有一个很好地把控。我们将利率风险、流动性风险、货币风险和资本市场风险等区分开来讨论。

利率风险是最重要的风险之一，因为它通过多种渠道影响资产和负债的价值。它对资产的影响是显而易见的：一个包含债券的资产配置收益会直接受利率的影响。利率上升导致债券价格下降，同时也会对股票价格产生负面影响。根据贴现现金流模型（DCF），股票的价值是所有贴现的未来现金流的总和。由于这些现金流需要折现，而折现率取决于利率水平，较高的利率会导致较低的股票贴现价格。利率对负债的影响也同样是通过贴现率体现的。为了计算未来负债的现值，未来的现金流需要以适当的贴现率进行贴现。这一利率直接受市场利率变化的影响。因此，利率的上升不仅降低了资产的价值，也降低了负债的价值。

流动性风险是指一个机构不能偿付到期的现金流负债的风险。流动性风险一般与盈余水平无关。当资产的现值高于负债的现值时，这并不总能保证在需要时能随时得到资金。因此，资产配置必须保证也有足够的短期流动性（现金或货币市场工具）来满足流动性需求。

货币风险是资产和负债不以同一货币计价的结果。例如，一家欧洲公司必须以欧元支付债务，但却以美元进行了大量投资。如果美元贬值，资产方会受到负面影响，而对负债方则没有影响。因此，汇率会对盈余产生重大影响。

资本市场的风险集中在资产方面。每当资本市场下跌时，资产方价值减少的程度往往比负债方要大。这是因为通常情况下，资产的很大一部分是投资在股票上，尽管经济状况很好，股票的价格也会波动。

其他的风险是很多的，而且往往是针对公司的。例如，养老金计划有许多重要的个人风险。例如，预期寿命、对养老金计划的缴款或监管变化（如退休年龄）。由于养老金计划向每个退休人员支付年金，退休人员的预期寿命的变化对负债的价值来说是很重要的。随着他们寿命越长，负债就越大。养老金计划的缴款通常与退休时的工资挂钩，这些工资并不是事先就知道的，而是取决于通货膨胀或实际工资增长等方面。[①]

5.2.1.2　机构

如上所述，资产负债管理是公司一个关键的风险管理工具，它通过将资产分配与公司负债相匹配来管理风险。原则上，资产负债管理与所有类型的有未来负债的公司都有关。

虽然某种形式的资产负债管理对大多数公司来说是必要的，但在某些行业中资产负债管理至关重要，甚至是法规要求的。这些行业是银行、保险公司和养老金计划。对于这三个行业来说，ALM 是其业务的核心。

银行的传统业务是筹集资本并将其借出。它们廉价融资，从借出的资金中赚取超额利差。融资来源是人们的储蓄余额以及短期和长期债券。在资产方面，银行把钱借给公司、购房者或其他银行。由于银行资产负债表的大部分是由固定收益工具组成的，因此，资产和负债的现值直接取决于利率水平和信贷利差。如果利率或信贷利差上升，资产和负债的价值都会下降。盈余（银行的权益）受影响的程度取决于对利率和信用风险的敏感性。资产负债管理确保资产负债表上的资产和负债是一个最佳的风险组合。因此，银行非常关注其贷款的久期（利率风险）。如果资产久期严重偏离了负债的久期，银行就有很高的盈余风险。

【例 5－3】 假设一家银行的现金账户上有 2 000 万元（无利率风险），还发行了 8 000万元的抵押贷款。这些抵押贷款的修正久期为6.5。银行通过储户的储蓄（无利

---

① 这里对养老金计划的讨论涉及的是固定收益计划。

率风险）为自己融资 5 000 万元，通过长期债券融资 3 000 万元（修正久期为 10）。银行的权益（盈余）为 2 000 万元。资产负债表的规模为 1 亿元。净修正久期缺口（MD_{Δ}）可以直接计算为：

$$MD_{资产} = 20\% \times 0 + 80\% \times 6.5 = 5.2$$

$$MD_{负债} = 50\% \times 0 + 30\% \times 10 = 3.0$$

$$MD_{\Delta} = 5.2 - 3.0 = 2.2$$

银行资产负债表的久期缺口（MD_{Δ}）是 +2.2，这意味着资产的利率风险比负债的风险大。现在，假设利率（r）出人意料地上升了 150bp，损失和股本回报率（ROE）可以计算如下：

$$R_{\Delta} = -1 \cdot MD_{\Delta} \cdot \Delta r = (-1) \times 2.2 \times 1.5\% = -3.3\%$$

$$收益 = -3.3\% \times 100 = -3.3\text{（百万元）}$$

$$ROE = -3.3/20 \times 100\% = -16.5\%$$

例 5 - 3 显示了利率的变化如何对银行的股权部分产生巨大影响。因此，银行必须有一个明确的计划来管理资产久期与负债久期之间的差距。除了银行的内部准则和方法，也要考虑监管方面的问题。对银行来说，最重要的法规是指导欧洲和瑞士银行的《巴塞尔协议Ⅲ》框架。

保险公司与银行有类似的问题。保险业务主要是一种责任驱动的业务，因此资产负债管理是保险业务中的一个基本要素。每个保险单都只不过是保险公司的一项未来的责任。对于人寿保险来说，这种责任可能发生在遥远的将来，而对于其他保险公司来说则不太远。利率风险也是突出的盈余风险之一。特别是，对于那些有很长期限负债的人寿保险公司来说（通常是在未来 30 年或更久）。他们需要确保期限差距保持在合理的范围内，不会危及公司的未来。从保险费被收取后，它们就成为保险公司的资产。这些资产必须足够大，以保障在一个最终的保险事件中被支付。资产负债管理盈余风险并优化资产配置以满足保险公司的目标，即最小的盈余风险、最大的盈余，或在大多数情况下是两者的混合。除了内部准则外，还有一项欧洲保险公司必须遵守的准则，即偿付能力准则Ⅱ。

在过去的几十年里，大多数发达国家的养老金计划都有强劲的增长。经济增长和老龄化社会导致越来越多的养老金资产被储蓄。这些资产是未来养老金领取者的收入来源。从资产负债管理的角度来看，未来的养老金支付是养老金计划的负债。这些负债至少要由实收储蓄和资产回报来覆盖。因此，养老金计划是一种典型的资产负债管理业务。

养老金计划有许多不同的特点，其中最重要的是固定收益（DB）计划和固定缴款（DC）计划之间的区别。[①] 在固定收益计划中，养老金计划承诺在受益人退休后，根据预先确定的福利公式（基于年龄、最后工资和服务年限等方面），向受益人提供终身付款。付款可以是名义上的，也可以是按通货膨胀调整的。养老金计划存在不按预期支付的风险。固定缴款计划不承诺任何养老金支付，养老金计划只是支付资产的保管人[②]，它以资产经理的方式管理资产。最终的养老金支付情况是由最终储蓄金额和从中获得的收入决定的。

总之，根据养老金计划的类型，无论是固定收益计划还是固定缴款计划，盈余风险分布是不同的。在固定收益计划中，养老金计划拥有全部盈余风险（寿命风险、金融市场风险、利率风险、通货膨胀风险等）。因此，资产负债管理应该在养老金计划内进行。然而，对于固定缴款计划，盈余风险是由养老金领取者承担的，尽管他自己不能直接影响其计划的资产配置。

目前，当我们谈论养老金计划时指的是固定收益计划。如前所述，资产的现值和负债的现值之间的差异决定了养老金计划在某一特定时间点的盈余。然后，资产负债管理确保养老金负债可以得到偿付。资产负债管理通过制定正确的政策来做到这一点。

• 投资政策：选择一个资产配置，以减少和优化盈余风险，同时，也可以提供一些超额回报，增加盈余。考虑的因素包括：股票、债券、分配，资产的利率敏感性（久期），信用风险，货币风险，以及其他市场风险和违约风险等。

• 负债政策：在这个领域，因为条例和劳动法有很多相关规定，调整负债的灵活性是有限的。然而，设定一个适当的贴现率，定义一个合适的保险金设计，并对计划进行其他调整（例如，对未来工资增长、未来通货膨胀、预期寿命等的估计）是很重要的。

• 融资和缴费政策：养老金计划要确定一个适当的资金比率，这将影响投资政策的灵活性、所需的缴款，以及储备金/盈余在不同时期和不同年代的分配。[③]

然而，在实践中，养老金政策通常不会频繁改变，至少在短期内不会。模拟可以帮助理解政策变化的潜在影响。特别是变量和政策的复杂互动。然而，在一个养老金

---

① 养老金计划可以属于国家（国家养老金），也可以属于一家公司或者属于一个专门为其他公司管理养老金计划（职业养老金）的私人实体。

② 对养老金计划的缴款，无论是 DB 计划还是 DC 计划，都可以采取直接的工资递延（也被称为“递延补偿”）的形式或作为放弃的收入。见 Hustead & Mitchell（2001）.

③ 较低的资金比率要求给了养老金计划更多的灵活性和风险能力。此外。缴费可以根据计划的需要进行调整。任何超额的盈余和储备可能允许提供一些“缴费假期”。然而，严格的监管往往对养老金计划管理的灵活性设置限制。

计划或公司内部，通常有许多不同的利益集团，它们目标有可能相反，如一家公司可能希望人们为计划作出更多的贡献，而人们则希望公司贡献更多。

5.2.1.3　ALM 模型的类型

ALM 模型模拟了外生变量和政策变化对主要目标的影响。这些目标主要是盈余和盈余风险。然而，对所有这些变量之间相互关系建模并不是不费吹灰之力的。这些模型的类型可以粗略地分为以下几组：

在简单的序贯模型中，人们可以通过改变某个政策变量来取得优化目标变量，直到达到最佳结果。例如，人们调整投资政策和资产配置，直至久期风险、流动性风险以及因此而导致的盈余风险最小。因子风险模型有助于理解盈余如何对风险因子（利率风险、货币风险等）变化发生反应。在“5.3 对冲策略”中，我们将看到驾驭这些因子风险的方法。

综合模型考虑不同政策变量之间的联系和反馈。供款和/或筹资政策可能与特定的投资策略有关。例如，竭力获取较高融资比率的政策也许会与一项风险更高的策略相挂钩，最终导致附带假期供款的策略。这些变量之间的相互关系往往必须依靠历史背景或专家意见来估计。

动态综合模型使用计算机来模拟策略决定在一段时间内的效果。每个策略变量都取决于其他变量在前一个时期的状态，从而模拟出更多动态的、跨时空的依赖性结构。虽然这些模型可以使人们更深入地了解养老金计划复杂、连续的运作情况，但它也引入了额外的模型不确定性和潜在的蝴蝶效应①。

选择正确的 ALM 模型类型并不容易。有时，最好的办法是使用许多不同的模型，看看不同的模型如何反应。通常，这些模型只能在有限的范围内模拟现实。

5.2.2　资产和负债的建模

如前所述，资产负债管理（ALM）确保资产足以覆盖任何负债。资产价值超过负债价值的数额被定义为盈余。盈余是资产负债管理的核心数据。然而，为了计算盈余，必须对资产和负债进行适当的估值。本部分对资产和负债的估值进行深入探讨。

5.2.2.1　负债的建模

确定负债的价值对于良好的资产负债管理是极其重要的。然而，负债可以有许多

① 蝴蝶效应是指小事件或变化最终会对其他方面产生巨大影响的情况。

不同的形式。对于银行来说，它们主要是不同的金融工具，如储蓄账户、货币市场工具或债券。它们的估价相对简单，如用一个当前的市场价格，或者可以简单地推导出它的价值。

对于保险公司来说，估价情况要困难得多。根据保险类型的不同，精算师必须估计一个事件发生的概率以及预期的支付金额。事件发生的概率是通过统计模型和大量数据来估计的。例如，对人寿保险主体人预期寿命的估计，或对财产和意外保险主体人车祸概率的估计。通过对客户进行分类并查看过去的索赔，保险公司可以对预期付款进行统计估算。概率加权支付被贴现后可以获得这些保险索赔的现值。所有这些个人负债的评估需要大量特定领域的知识、良好的历史数据、模型和精算师。

为了对负债的估值有一个更直观的了解，可以深入了解养老金计划，或者更具体地说，了解固定收益（DB）计划或基金[①]。养老金计划的负债估值有各种必须考虑的因素，它们以福利以及人口和经济方面的形式出现（见表5-4）。

表5-4　养老金债务因素

福利	人口假设	经济假设
退休津贴	死亡率	通胀率
死亡抚恤金	残障率	工资涨幅
残障津贴	退休年龄	利率
	人口动态	投资收益率

固定收益计划的主要目的是在退休时根据明确界定的福利公式（退休津贴），在退休时提供终身的养老金支付。最著名的两个福利公式是定额给付公式和与薪资关联的收益公式，前者为每个服务年限支付固定数额的退休金，后者支付的金额与雇员的最终（或平均）工资有关。然而，除了退休付款，通常养老金计划中还包括其他福利，最重要的是在死亡（死亡抚恤金）或残障（残障津贴）时的福利。在估算一个计划的负债时，也需要模拟这些福利。

人口假设可用来预测参与者不再享受计划的时间与方式（人口动态）以及退休后需要发放福利的时间跨度（死亡率模式）。这些假设必须考虑包括预期死亡率与残障率、退休年龄或因更换工作而退出计划的因素。我们通常在过渡模型[②]中预估和总

① 虽然养老金计划可以采取任何形式，但养老基金是一个独立自主的法律实体，其从雇主和/或雇员的缴款以及投资资产的回报中产生资产，这些资产可用于支付养老基金对其受益人的负债。

② 过渡模型估计了计划中某个人改变当前状态的概率，状态分为在职的、前任的、残疾的、领取养老金的、窗口期的或死亡的。估计的概率是从在职到退休者、从退休者到死、从在职到残疾的概率等。

结这些动态。

经济假设也是非常重要的。工资增长或通货膨胀等变量会对养老金福利产生重大影响（如果它们根据通货膨胀或最终工资而调整）。然而，更重要的往往是利率和投资回报率，它们直接影响所有现值计算中使用的贴现率。由于其长期性，养老金负债有很长的期限，对贴现率非常敏感。如何选择一个合适的贴现率一直处于争辩中。精算和经济估值有很大的不同。一般地，精算师根据资产的预计回报率选择贴现率，同时考虑覆盖养老金负债。如果部分养老金资产投资于股票，贴现率就包含了股权风险溢价。相反，许多经济学家认为，对未来的养老金支付贴现率应是无风险利率（或接近于无风险利率），因为它反映了养老金计划发起者的低融资成本。

此外，应该提及的是，政治和监管对负债估值的所有不同领域都有很大影响，尤其是有特定行业的监管要求和负债处理标准的，如保险公司和养老金负债。

（1）养老金负债的估值

一般来说，负债的价值等于未来现金流出的现值。这种计算需要两方面的信息：预期的现金流出和贴现率，前者相当于支付的概率加权期望，后者反映了特定期限和风险（信用利差）的适当利率。

看一下固定收益计划的估值。在一个给定的时间 t，负债的预期贴现值取决于以下几点：预期的最终工资、该人一直在该公司待到退休（从时间 T 开始）的可能性，以及该人领取养老金的年数。个人负债价值计算如下[①]：

$$L_t = \alpha_t \cdot W_t \cdot RF_{t,T} \cdot \prod_{t,T} \cdot a_{x,w} \cdot d_{t,T}$$

$$a_{x,w} = \sum_{t=0}^{w-x} \frac{p_{x,t}}{(1+r)^t}$$

式中，α_t——时点 t 时服务年限的应计系数[②]；W_t——退休人员在时间 t 的工资；$RF_{t,T}$——时点 t 的重估价值因子。由于养老金福利是由退休前的最终工资决定的，因此，$RF_{t,T}$根据直至退休日期（时间 T）的任何预期收入增长来调整当前的工资[③]。$\Pi_{t,T}$是时点 t 的保留因子，它描述了员工坚持养老金计划直到退休的概率。

人们为何不在退休前坚持养老金计划的主要原因有两种：职员的更替和死亡。年金的支付时间从退休年龄 x 开始直至预期死亡时间 w，$a_{x,w}$是退休年龄 x 时的年金因

① 参见 Blake（2006）。

② 退休金福利的应计系数随着服务年限的增加而增加。例如，假设一个人每多工作一年，应计系数就增加 2%。缴费 10 年后，应计系数等于 $\alpha(t)=10\times2\%=20\%$。

③ 通常有两种重估系数的方法：累积福利债务法（ABO）不期望在退休前有任何工资增长，因此 $RF_{t,T}=1$。而预计福利义务法（PBO）假设至少有一个恒定的工资增长率 g，那么 $RF_{t,T}=(1+g)^{T-t}$。PBO 是积极的、持续的养老金计划的首选方法，反映了未来的经济现实，诸如实际工资增长或通货膨胀等经济现实。

子（不要与应计系数混淆），可以解释为每年支付 1 元年金前提下，支付时间内所有年金的现值。预期死亡时间是用基于死亡率统计数据的生存概率来估计的（统计数据见 5.2.5 附录）。年金因子被解释为养老金领取者预期从养老金计划中获得福利的时间。年金因子结合了以下几个方面的信息：生存概率（$p_{x,t}=p_x\times\cdots\times p_{x+t-1}$是一个 x 岁的人将生存到 x + t 岁的累积概率）、预期结束年龄 w（来自死亡率表）以及适当的贴现率（r 是贴现率）。最后，$d_{t,T}$是时点 t 和退休年龄 T 之间的贴现因子。如果利率恒定为 r，则 $d_{t,T}=\frac{1}{(1+r)^{T-t}}$。

【例 5-4】 假设一位女士参加最终薪金 DB 计划的年龄是 40 岁。该计划按照每年工作的应计利率等于 2% 来支付退休金（没有死亡和残障补助）。该员工已经为公司工作了 10 年，目前的工资是每年 25 000 欧元。预计在未来直至退休的 25 年内，收入每年增长 1%（以实际价格计算）。退休金计划所带来的收益根据每年的通货膨胀率进行调整，即实际价格测算下的退休金福利是固定的。实际贴现率假设为 r = 3%，若使用相同的利率，一位 65 岁的人在相应的死亡率表下的年金因子为 $a_{65}=18.73$。根据经验，该员工在正常退休年龄 65 岁时仍在世的概率是 95%。

利用以上信息，计算该员工养老金负债的现值如下：

$L=0.2\times25\ 000\times(1.01)^{25}\times95\%\times18.73\times(1.03)^{-25}=54\ 491$（元）

该员工可预期其最终工资 $=25\ 000\times(1.01)^{25}=32\ 061$（元）

根据工作年数，可预期的终身养老金（每年）$=20\%\times32\ 061=6\ 412$（元）

退休时，养老基金需要额 $=6\ 412\times18.73=120\ 097$（元）

养老基金用以补充终身养老金福利款。

养老基金需要额的实际现值 $=120\ 097\times(1.03)^{-25}=57\ 359$（元）

如果养老基金在之后 25 年内按 3% 的实际回报率投资，那么在退休时，养老基金就能够在她生存期间每年支付的年金为 6 412 元。由于她活到退休年龄的概率为 95%，我们必须用 0.95 乘以 6 412，等于 6 091 元。所以，只需要 54 491 元的现值，就可以在未来履行养老金的承诺了。

如果养老金计划覆盖了 i = 1，2，…，n 的参与人口，那么在某个时点 T，养老金负债的总实际现值（TL_t）就是养老金计划下每个成员养老金负债的加总：

$$TL_t=\sum_{i=1}^{n}L_{i,t}$$

（2）年金因子

一个承诺提供终身福利的养老金计划从技术上讲是一种终身年金。“只要年金领取者活着，它就会定期支付一笔钱，以换取年金领取者最初的保险费。”（Brown et al.，2001）

付款方式有多种类型，这笔支付可能是名义固定的（固定年金），也可能会以预先规定的固定名义上涨率逐级增加（等级年金），或是参照通货膨胀率调整以维持退休人员的生活水平（实际年金），或取决于一个具体资产组合的绩效（可变年金），甚至可以反映出年金产品提供者对死亡率、投资回报率以及费用方面的经验（参与式年金）。

如果是即期年金，年金福利的支付则始于年金产品的购买之时。若是递延年金，年金的定期支付则从某个预先指定的未来日期开始。

为了测算年金的福利支付，精算师使用等价原则，计算出预期支付给受益人的年金福利的现值。生命年金的应计现值（PVA）可由以下公式给出：

$$PVA_t = R \cdot a_{x,w}$$

$$a_{x,w} = \sum_{t=0}^{w-x} \frac{p_{x,t}}{(1+x)^t}$$

其中 x = max（年龄，退休年龄）。

式中，R——年金数额；$a_{x,w}$——年金因子，整合了如下信息：生存概率（$p_{x,t} = p_x \cdot \cdots \cdot p_{x+t-1}$是年龄为 x 的人活到 x + t 的累积概率）、预期死亡年龄 w（来自死亡率表）和适当的贴现率（r 是贴现率）。

【例 5－5】根据 5.2.5 附录，计算一名年龄为 119 岁的妇女的年金因子。假设每年年初支付年金，在她 121 岁可能进行最后一次支付，贴现率 r 为 3%。年金计算为 2.2346。

步骤 1：计算生存概率（提示：如果一个人还能在 T = 0 年存活下来，他只有在 T = 1 年时能生存）①。

$$p_{x=119,t=0} = 1$$

$$p_{x=119,t=1} = 1 - 0.258115 = 0.741885$$

$$p_{x=119,t=2} = 0.741885 \times (1 - 0.264504) = 0.54565$$

步骤 2：计算年金因子。

$$a_{x,w} = \sum_{t=0}^{w-x} \frac{p_{x,t}}{(1+x)^t} = \frac{1}{(1.03)^0} + \frac{0.741885}{(1.03)^1} + \frac{0.54565}{(1.03)^2} = 2.2346$$

生命年金因子对养老金负债的管理具有非常重要的意义。它们受年龄、性别、假定利率以及死亡率模型的影响。表 5－5 说明年金因子对关键变量的敏感性。

① 一个人只有在 T = 0 年存活下来，他才能在 T = 1 年存活下来。给定年份存活的概率是以之前所有年份的存活率为条件的。

表 5 – 5　**生命年金因子的敏感性**

男性				
利率		1.50%	3.00%	5.00%
年龄	65	20.13	16.91	13.80
	75	14.45	12.72	10.92
	85	9.11	8.35	7.52
女性				
利率		1.50%	3.00%	5.00%
年龄	65	22.72	18.73	14.99
	75	16.73	14.48	12.20
	85	10.80	9.77	8.65

注：本表由作者基于“5.2.5 附录”中死亡率数据的计算。

5.2.2.2　资产建模

在资产负债管理的背景下建立资产模型，解决了适当的资产配置问题。它的主要目标是使资产配置与负债的风险特征和流动性需求相一致。简而言之，负债构成了资产配置的基准。需要考虑的最重要的风险维度已经在第 5.2.1.1 节中介绍过了。这些风险是利率风险、流动性风险、货币风险、资本市场风险，以及其他一些个别风险。然后，资产负债管理必须决定哪些风险维度有价值，哪些没有价值。这一评估决定了在哪些方面应该主动偏离负债的风险结构。如果没有积极的风险打算，风险维度应该被完全对冲。所使用的对冲方法和工具将在“5.3 对冲策略”中讨论。

原则上说，资产配置可以利用所有的资产类别，但其在股票和债券之间的配置通常特别重要。债券提供了更多的确定性（投资的波动性较小），并且是调整资产和负债利率风险的一个简单方法。另外，股票更多地参与经济增长，并提供更好的中期通货膨胀和实际增长保护。

资产现值的计算通常比较容易。由于大多数资产都是在流动市场上交易的金融工具，其市场价格可以作为资产的现值，因此不需要进行任何复杂的计算。① 对于实物房地产等流动性较差的投资，我们可以使用其他估值或评估方法。

从养老金计划的负债方来看，典型的 DB 计划可以被看作员工给养老金计划

① 在计算资产和盈余的经济价值方面可能是如此。然而，在计算监管资产和盈余价值时，可能还有其他规则需要遵守。

的信贷。养老金计划从雇员那里借钱（缴费），并承诺以后偿还这些钱（福利设计/年金）。因此，养老金计划的负债类似于养老金计划所发行的（公司）债券，其期限和信用风险（通常信用风险较低）与养老金计划负债的期限和信用风险一样。

资产配置的实施情况如何？从上面的结论中可以看出，债券或更具体的公司债券是 DB 计划负债的一个自然对冲。因此，许多养老金计划持有较高比例的债券或类似债券的投资。这些投资包括政府债券、公司债券和抵押贷款等，其非常适用于匹配负债的利率（期限）风险。此外，债券组合的结构可以是这样的：债券的票息或偿还的面值还可以满足计划的所有短期和中期的流动资金需求。债券的到期日必须是深思熟虑的选择，投资的利率风险必须在负债的利率风险范围内加以考虑。[①] 此外，养老金计划有望在债券组合上获得风险溢价，因为与负债方相比，公司债券通常提供了一个信用增级。虽然信用利差可以成为提高资产回报率的一个有吸引力的方法，但大多数养老金计划只投资于高信用等级的债券，并且主要投资于本国货币债券（或将大部分货币风险对冲）。

股票在资产组合中具有不同的作用。因为股票的收益大致等于经济增长率，所以对于采用最终工资设计的 DB 计划来说，可以假设股票保证了未来的工资增长。此外，股票因为预计会获得比债券或现金更高的长期回报（正股票溢价）而受到欢迎。特别是在考虑到盈余和投资期限后，只要养老金计划允许，股票比率就会增加。在实践中，具有较高盈余和资金比率的养老金计划在资产配置方面有更大的灵活性。他们也倾向于在其投资组合中拥有更高比例的股票。

另类投资是另一个常见的资产类别。它们通常被包含其中，原因有二：一是它们不同的收益来源（阿尔法）；二是其预期与传统资产类别具有低相关性。另类投资提供了有利的多样化效应，以减少资产组合的整体波动性。在讨论另类投资时，可以想到房地产投资、对冲基金或商品等。然而，对另类投资的分配比例通常受到限制，如仅限于整体资产的 5% ~10%[②]。

图 5 -3 提供了按 AQR（2020 年）划分的个别资产类别的中期预期收益和风险特征。承担更多的风险，通常会有更多的回报。然而，相对于负债的风险特性，人们必须始终考虑到资产组合的回报和风险。

---

① 利率风险包括收益率水平、曲线陡峭度和曲率的变化风险。为了简单起见，利率风险通常只用修正的久期和凸性来近似计算。

② 近年来，由于低利率和住房市场的良好表现，瑞士的养老金计划不断增加对房地产的投资比例。

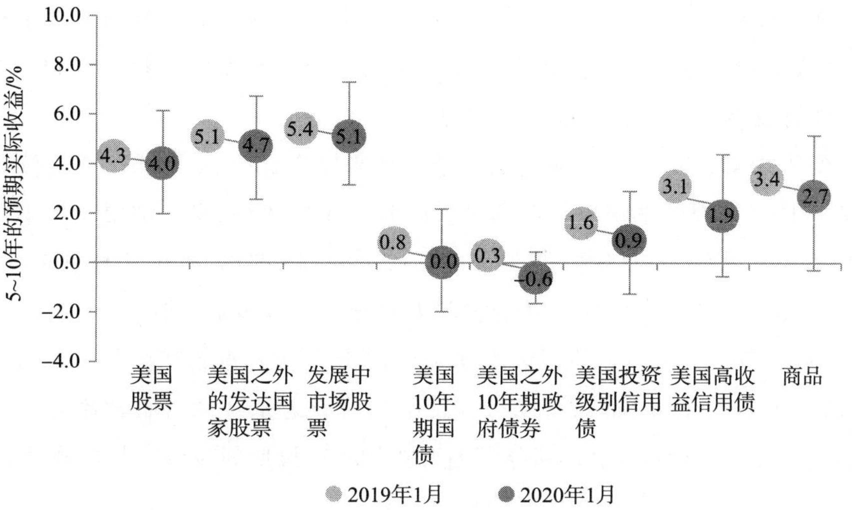

图 5－3 AQR 的资产类别的典型风险和收益假设

5.2.2.3 盈余和融资比率

资产负债管理的任务是使资产和负债实现和谐，从而将盈余和盈余风险维持在一个理想的水平。在本部分，我们将研究资产负债管理的主要目标、盈余、资金比率和其他目标。此外，我们还将讨论如何使用有效的盈余风险管理。

让我们从盈余开始。在特定时间点（t）时，盈余（SP_t）是当前时间所有资产的现值（A_t）和所有负债的现值（L_t）之间的差额。根据现值的计算方式，盈余使用不同的名称。如果采用的是公认的会计原则，它就是一个会计盈余。如果采用特定的监管会计原则，则它被称为监管盈余。[①] 如果采用市场价值，它被称为经济盈余。有关盈余的不确定性被称为盈余风险。

另一种盈余的表达方式是资金比率（FR_t），它等于资产与负债的比率：

$$FR_t = \frac{A_t}{L_t}$$

如果资金比率大于 100%，该计划被称为超额融资；如果小于 100%，被称为融资不足。理论上，公司和养老金计划的资金比率应该尽量接近 100%，此时，资产足够支付负债。而实际上，比如养老金计划，满足要求的一定程度上的浮动是被允许的，该比率的下限和上限通常是确定的。如果比率位于两者之间，则不需要采取任何

① 养老金计划、银行和保险都有不同的监管框架来计算盈余。

行动。然而，如果养老金计划显示筹资不足时，精算师和监管机构可以要求提高缴款额。[①] 在相反的情况下，当资金比率过高时，人们会说到资金过剩。这时，人们可以暂停缴款使得盈余减少，从而解决该问题。

为了便于理解，我们举个虚构的例子：如果资金比率低于 90% 或连续 3 年以上低于 95%，即可谓视为系统性资金不足。因此，雇员和/或雇主被要求增加对计划的供款。但是，如果资金比率超过 120% 和 150%，定期缴款可以分别减少 50% 和 100%。资产比率超过 180% 时，计划发起人有资格提取多余的资金。

图 5－4 是瑞士养老基金的历史平均资金比率，瑞士养老基金分为私营和公共养老基金（Zürcher Kantonalbank，2022），其中私营养老基金的筹资比率略高，但大多数年份的比率都在 100% 以上，部分原因可能是在审议期间投资市场的成功。

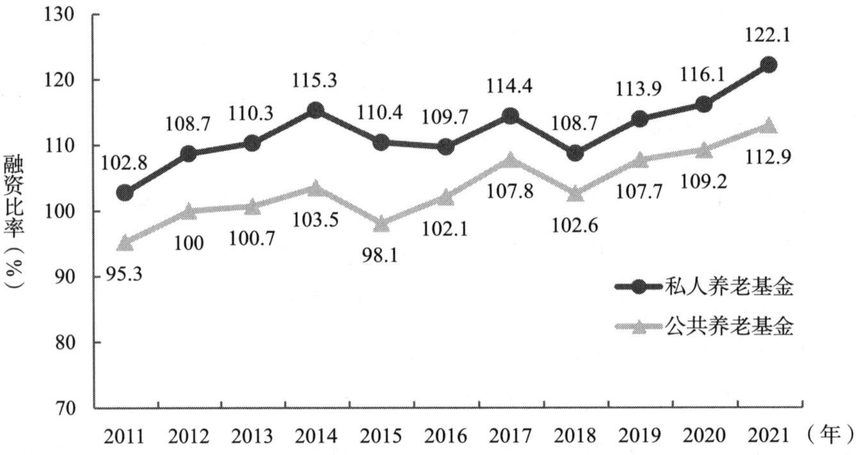

图 5－4　2011—2021 年瑞士养老基金的融资比率

资产负债管理的主要目标通常是盈余和融资比率（Muralidhar，2001）。然而，也可能存在其他目标。一个养老金计划同时追求多个目标并不罕见，其中一些侧重于资产（资产目标），一些侧重于负债（负债目标），但更多的是这两者的混合（资产/负债目标）。这些额外的目标可能与主要目标有类似的优先权，也可能是次要目标，在所有其他目标都实现后，它们就变得重要了。虽然有些目标是相辅相成的，甚至是相得益彰的，而另一些目标则更像是一种权衡。

例如，一个典型的目标组合，是在给定的目标波动率水平下，将一个人的亏损风险降到最低，同时又能使其投资收益最大化，其他因素可以加进来。表 5－6 列出了

① 养老金计划的偿付能力标准因国家和法规而异。对于欧洲的银行和保险公司，偿付能力规则分别由《巴塞尔协议Ⅲ》和偿付能力Ⅱ部分确定。这些监管框架往往是在国家法规之外的。

其中一些目标（Muralidhar，2001）。

表 5－6　　不同的目标概述

资产目标	负债目标
最大化投资回报率	最小化养老金支付短缺风险
最小化投资回报率的波动率	
资产/负债目标	最小化重估风险
最小化融资比率的波动率	
最小化融资比率的短缺概率	
最小化公司/员工供款	

为了实现最佳的资产负债管理，重要的是要清楚地定义目标是什么，目标的优先级，以及了解目标之间的关系。三个优先事项通常是盈余、资金比率和盈余风险。因此，需要研究的是这三者之间的关系以及如何度量盈余风险。根据 Leibowitz 等人（1996）的研究，一期盈余的变化由以下公式给出：

$$SP_1 - SP_0 = R_A \cdot A_0 - R_L \cdot L_0$$

$$SP_1 = SP_0 + R_A \cdot A_0 - R_L \cdot L_0$$

代入融资比率$\left(FR_0 = \dfrac{A_0}{L_0}\right)$可得：

$$SP_1 - SP_0 = L_0 \cdot (R_A \cdot FR_0 - R_L)$$

既然初始盈余可能是 0，我们可以度量盈余相对负债的变化值。该计算方法又被称为单期盈余回报率，定义如下：

$$R_{sp} = \frac{SP_1 - SP_0}{L_0} = FR_0 \cdot R_A - R_L$$

盈余回报率是融资比率调整后的资产收益率（$FR_0 \cdot R_A$）与负债收益率（R_L）的差额。由盈余回报率，可推导出盈余风险（波动率 σ_{SP}）：

$$\sigma_{SP} = \sqrt{(FR_0 \cdot \sigma_A)^2 - 2 \cdot (FR_0 \cdot \sigma_A) \cdot \sigma_L \cdot \rho_{AL} + \sigma_L^2}$$

其中，σ_A、σ_L——资产和负债的波动率；ρ_{AL}——资产和负债收益率之间的相关系数。

盈余风险是资产与负债波动率、融资比率、和资产/负债相关系数的非线性函数。如果负债是固定不变的（$\sigma_L = 0$），盈余风险与资产的波动率和融资比率成正比。

【例 5－6】 假设一项资产和一项负债的现值分别为 120 000 元和 100 000 元。预计资产的回报率和波动率为 4% 和 16%，负债的回报率和波动率为 4% 和 4%。资产和负债的波动率的相关系数0.72。盈余收益和盈余风险是多少？同时，请确定新的盈余和融资比率。

步骤1：计算盈余回报。

$$R_{sp} = FR_0 \cdot R_A - R_L = \frac{120\ 000}{100\ 000} \times 4\% - 4\% = 0.8\%$$

步骤2：计算盈余风险。

$$\sigma_{SP} = \sqrt{(1.2 \times 16\%)^2 - 2 \times (1.2 \times 16\%) \times 4\% \times 0.72 + 4\%^2} = \sqrt{0.04952} = 22.254\%$$

步骤3：计算新的盈余和融资比率。

$$SP_1 = 20\ 000 + 120\ 000 \times 4\% - 100\ 000 + 4\% = 20\ 800（元）$$

$$FR_1 = \frac{120\ 000 \times (1 + 4\%)}{100\ 000 \times (1 + 4\%)} = 1.2$$

盈余风险高于单独计算的资产和负债风险。虽然盈余增加了800，但由于资产和负债的回报率相同，资金比率没有变化。

5.2.3 资产负债管理策略的实施

资产负债管理策略的实施有几个步骤：首先，选定目标，通常的目标是优化盈余或融资比率；其次，对不同的策略选择进行分析，如融资和缴款策略、负债策略和投资策略。了解这些策略决定如何影响目标的实现是很重要的。

一旦选定目标，并作出了有关策略决定，就需要对资产进行最优投资。在这一点上，主动型和被动型资产负债管理策略就产生了。

被动型资产负债管理策略将尽可能地匹配其资产与负债的投资。这些策略通常被称为免疫策略。至少，资产和负债在最重要的风险维度应该是匹配的。免疫主要是使盈余风险最小。利率免疫在这方面尤为突出。要使利率风险免疫发挥作用，需要两个维度的匹配。首先，资产的现值应该总是至少等于负债的现值；其次，资产和负债的利率敏感性（修正后的久期）应该是相等的。或者用公式表示，利率免疫有以下条件成立：

$$A_t \geqslant L_t$$

$$\frac{dA_t}{dr} = \frac{dL_t}{dr} \qquad MD_A = MD_L$$

其中：A_t——t时刻资产的现值；L_t——t时刻负债的现值；MD_A——资产的修正久期；MD_L——负债的修正久期。

【例5-7】假设你的负债现值（L_t）为100 000欧元，修正久期为6.5。你的现金账户中目前有100 000欧元，想做利率风险免疫。有两种零息债券可供购买，其中一个债券（b1）的期限为15年，另一个债券（b2）的期限为2年。你需要投资所有的现金，这两种债券的最佳权重是什么？

利率风险免疫的第一个条件得到了满足，因为资产（A_t）和负债（L_t）的价值相等。那么，第二个条件：

$$w_{b1} \cdot MD_{b1} + w_{b2} \cdot MD_{b2} = MD_L$$

$$w_{b1} \cdot MD_{b1} + (1 - w_{b1}) \cdot MD_{b2} = MD_L$$

$$w_{b1} \cdot (MD_{b1} - MD_{b2}) + MD_{b2} = MD_L$$

$$w_{b1} = \frac{MD_L - MD_{b2}}{MD_{b1} - MD_{b2}} = \frac{6.5 - 2.0}{15.0 - 2.0} = 0.34615385$$

$$w_{b2} = 1 - w_{b1} = 0.65384615$$

债券1和债券2的权重分别是34.6%和65.4%。以修正久期度量的利率风险得到了免疫。

$$w_{b1} \cdot MD_{b1} + w_{b2} \cdot MD_{b2} = MD_L$$

$$34.6\% \times 15 + 65.4\% \times 2 = 6.5$$

如果这两个方面都得到满足，就不存在与利率变化有关的风险盈余①。这种免疫概念可以进一步扩展到更细化的利率风险（利率曲线的陡峭度或曲率的变化）和其他风险层面（货币风险、信用风险、资本市场风险等）。风险管理的方法将在“5.3 对冲策略”中讨论。资产和负债的风险和现金流匹配得越好，盈余风险就越低。在一个完美的免疫中，每个现金流和每个风险维度是完全相等的（完全现金流匹配）。

积极型资产负债管理策略放松了对最小化盈余风险的唯一关注，并增加了资产管理的灵活性。其中一组策略是负债驱动型策略（LDI）。负债驱动型策略放松了对盈余风险最小化的要求，并寻求资产组合的超额收益。它仍然控制盈余风险，但允许更多的灵活性。出发点仍然是被动型的资产负债管理策略。然而，在这里，盈余最大化时允许出现偏差。承担多大的主动风险取决于诸如风险容忍度、风险能力或投资范围等。在实践中，当涉及资产负债管理时，负债驱动型策略是规范的。然而，负债驱动型策略有很多方法和定义，其中却没有一个获得公认。

一种流行的方法是缓冲法。它把投资的风险能力与盈余直接联系起来。你的盈余越多，资金比率越高，你可以承担的风险就越大，你就越能偏离纯粹的被动执行。然而，如果你在投资方面亏损，你就必须相应地降低投资风险。缓冲方法是一种适应市

---

① 修正久期不是一个完美的衡量标准。事实上，与修正久期相匹配的盈余风险免疫仅仅是近似的，而且仅适用于利率曲线的轻微平行移动。

场的动态方法。然而，它依靠的是一种动量效应：当金融市场曾经一直良好时，盈余往往会增长；反之亦然。但在这种情况下增加风险预算必须假设市场继续强劲。反向缓冲的方法也是可以想象的。投资风险随着盈余缓冲的增长而减少，但在缓冲较小的情况下承担更多的风险是一个冒险的提议。

二分法是另一种负债驱动型方法①。它定义了两种独立的投资组合：一种是负债对冲型投资组合（LHP），是一个将剩余风险降至最低的投资组合；另一种是追求业绩型投资组合（PSP），它通过考虑自身收益前景和波动性、LHP 的对冲特性以及风险规避，使资金比率的效用最大化。然后，它将资金配置在低风险厌恶或低相对波动性的两种风险投资组合中，这会导致 PSP 的占比更高。追求良好的回报前景（用夏普比率衡量）会增加 PSP 的比重。

除了调整投资，养老金计划还可以根据盈余或融资比率改变缴费或福利设计。盈余越高，缴费越低，福利支付越高；反之亦然。表 5－7 显示了缓冲方法中动态调整的例子：

表 5－7　动态规则的示例

资产动态
融资比率（FR）每增加 1%，权益股的变化为 +a%。
如果 FR >110%，FR 每增加 1%，权益股的变化为 -b%。
缴款动态
如果 FR >120%，则 FR 每增加 1%，缴费率变化为 -c%。
如果 FR <90%，FR 每减少 1%，缴费率变化为 +d%。
负债动态
如果 FR >120%，FR 每增加 1%，养老金福利的变化为 +e%。
如果 FR <90%，FR 每减少 1%，养老金福利的变化为 -f%。

然而，我们并不总是能够通过在资产类别中分配资金来充分匹配资产和负债的风险特征。出于这个原因，衍生品被广泛应用于专业的资产负债管理。以利率风险为例。为了更好地管理利率风险，养老金计划，银行和保险公司使用期货和利率互换。利率互换可以定制，因此我们可以完全根据久期的需要调整利率互换的条款。在货币方面，我们可以使用外汇期货。在信用风险方面，市场上有各种信用衍生品（例如

① Martellini & Milhau（2020）。

总回报互换或信用违约互换）来管理整体信用风险。“5.3 对冲策略”将介绍一些有用的衍生品策略和对冲技术。

5.2.4 参考文献

［1］ AQR. 2020 Capital Market Assumptions for Major Asset Classes. https：//www.aqr.com/Insights/Research/Alternative – Thinking/2020 – Capital – Market – Assumptions – for – Major – Asset – Classes，2020.

［2］ Blake，D. Pension Finance. Wiley，New York，2006，pp. 194 – 196.

［3］ Brown，J. R. et al. The Role of Annuity Markets in Financing Retirement. MIT Press，Boston，2001，pp. 1.

［4］ Hustead，E. S. and Mitchell，O. S. Pensions in the Public Sector，University of Pennsylvania Press，Philadelphia，2001，pp. 6.

［5］ Leibowitz，M. L. et al. Return Targets and Shortfall Risk：Studies in Strategic Asset Allocation，Irwin，1996.

［6］ Martellini，L. and Milhau，V. Factor investing in liability – driven and goal – based investment solutions，2020.

［7］ Muralidhar，A. Innovations in Pension Fund Management. Stanford Economics and Finance，Stanford，2001.

［8］ Zürcher Kantonalbank. Schweizer Pensionskassenstudie，2022，pp. 6.

5.2.5 附录

表 5 – 8 用于计算人寿年金因子的死亡率表

年龄（岁）	男性	女性	年龄（岁）	男性	女性
65	0.007412	0.004056	93	0.113725	0.085471
66	0.008046	0.004309	94	0.122365	0.092725
67	0.008833	0.004681	95	0.130701	0.099800
68	0.009645	0.005132	96	0.138588	0.106581
69	0.010472	0.005624	97	0.145893	0.112940
70	0.011318	0.006149	98	0.152884	0.118778
71	0.012192	0.006756	99	0.159730	0.123991
72	0.013128	0.007407	100	0.164390	0.135454

续表

年龄（岁）	男性	女性	年龄（岁）	男性	女性
73	0.014137	0.008070	101	0.171002	0.141686
74	0.015245	0.008814	102	0.177574	0.147946
75	0.016546	0.009660	103	0.184105	0.154237
76	0.018029	0.010571	104	0.190592	0.160558
77	0.019772	0.011504	105	0.197033	0.166911
78	0.021819	0.012609	106	0.203425	0.173296
79	0.024243	0.013980	107	0.209766	0.179713
80	0.027132	0.015730	108	0.216051	0.186162
81	0.030503	0.017961	109	0.222275	0.192642
82	0.034415	0.020756	110	0.228433	0.199150
83	0.038881	0.024113	111	0.234518	0.205684
84	0.043946	0.027961	112	0.240524	0.212241
85	0.049647	0.032334	113	0.246442	0.218815
86	0.055969	0.037330	114	0.252263	0.225400
87	0.062945	0.042996	115	0.257976	0.231987
88	0.070548	0.049310	116	0.263568	0.238567
89	0.078743	0.056213	117	0.269026	0.245125
90	0.087317	0.063464	118	0.274334	0.251649
91	0.096087	0.070785	119	0.279475	0.258115
92	0.104922	0.078137	120	0.284428	0.264504

资料来源：德国精算师协会。

5.3 对冲策略

第一节介绍资产配置。第二节说明资产配置的最佳选择也应考虑负债结构，引入资产负债管理的概念。现在，本部分介绍对冲策略。当涉及调整资产配置时，这些策略尤其重要。在专业投资组合管理中对冲或衍生品的使用非常重要，在资产负债管理中更是如此。衍生品是一种高效且具有成本效益的工具，有时只需通过几笔交易就能改变资产配置的风险敞口。比起通过买卖股票和债券来调整整体资产配置，使用衍生品往往是一个更好的选择。本部分关于对冲策略的介绍，首先概述对冲策略的重要性，然后介绍线性和非线性对冲策略。

5.3.1 引言

原则上，对冲策略是指任何防护风险的手段。这些策略试图减少或甚至消除投资风险。其中一些策略可能很简单，如改善投资组合的多样化或增加止损限制，然而，现代对冲策略远远超出了这个范围。如今，衍生品是专业风险管理的中心。这些衍生品是引导投资组合风险的完美工具。

在传统的资产配置背景下，对冲几乎只与降低绝对风险暴露有关。例如，减少股票市场的风险敞口、减少投资组合的久期或减少外汇的风险敞口等。这里，关键词始终是“减少”。然而，在资产负债管理背景下，风险是相对于负债而言的。这也适用于以固定基准为衡量标准的投资组合。在这种情况下，投资风险可以被看作是对称的。与基准或负债结构的任何偏差，无论是正的还是负的，都可以理解为主动风险。因此，对冲不仅是为了减少绝对风险，也是为了减少相对风险。

如，你的投资目前有 20% 的外汇风险是以日元（JPY）计算的，但有 50% 的负债必须以日元支付。对日元的投资不足以转化为 30% 的相对货币风险。如果你想减少相对货币风险，必须多买 30% 的外汇风险[①]。

总之，作为一种风险管理策略，对冲不仅可以降低风险，也可以增加风险，这取决于投资组合的相对风险。

对冲策略的质量是指对冲与要匹配的风险的匹配程度和准确性。有了完美的对冲，你就可以消除期望的风险。

$$E(R_{完美对冲}) = E(R_A) - E(R_{对冲}) = 0$$

最基本的：对一项投资的完美对冲是卖出相同的投资。当预期你的股票会下跌时，可以卖掉它，这样就没有了持有该股票的风险，风险已经完全消失。然而，完美的对冲并不总是可能或可取的，与之相关证券交易可能是昂贵的[②]，过于耗时[③]，或者甚至被禁止[④]。

因此，在实践中，人们大多使用代理对冲。它使用与被对冲风险非常接近的金融

---

① 你可以通过将你 30% 的资产重新分配给以日元计价的资产，或者交易外汇衍生品来做到这一点，传统上是外汇远期或外汇期货。

② 交易标的证券的成本往往比交易衍生品的成本大。交易的成本包括显性交易成本（佣金、交易所费用等）和隐性交易成本，如买卖价差和滑点成本。所有这些成本在非流动性市场或大批量交易中会变得更大。

③ 假设你有一个 300 只股票和 400 只债券的投资组合。通过交易标的消除投资组合的风险，需要 700 个交易和许多小时的工作。这时，更可取的做法是通过一些衍生品交易来消除主要的风险因素。

④ 有时甚至禁止直接交易一项资产。这是由于法律、法规或资本控制的原因。这种情况通常发生在市场不允许自由进入的国家。例如，中国的股票市场或俄罗斯市场。

工具或衍生品。评估代理对冲与被对冲风险的契合程度是很重要的①。良好的代理对冲可以通过以下方式实现，比如：将非常相似的股票相互交换，如罗氏和诺华。自相矛盾的风险仍然存在，但大多数市场风险可以通过这种交易来对冲。大多数衍生品也是好的代理对冲，它们以其标的物为基础，如关于股票或股票指数的股票期货、基于货币汇率的外汇期货、基于债券的债券期货等。

对冲的质量主要取决于标的物与要对冲的风险的关联程度。对于非完美的对冲，总是存在着对冲不能如愿的风险，这种风险被称为基差风险。对于代理套期保值，公式是这样的：

$$E(R_{代理对冲}) = E(R_A) - E(R_{对冲}) \approx 0$$

作为危机对冲的瑞士法郎（CHF）就是一个有点松散的代理对冲的例子。由于瑞士法郎被人们当作避险货币，在市场下跌期间，瑞士法郎在历史上一直升值。用瑞士法郎对冲是希望这种升值关系在未来也能保持，这是很有可能的，但并不总是这样。

在实践中，完美的对冲是很少见的，更常见的是沿着最重要的风险维度积极管理风险，这称为风险因子对冲。作为第一步，最重要的是确定风险因子，或者用公式表示：

$$R_i = \sum_{k=0}^{n} \beta_{i,j} \cdot F_j + u_i$$

其中，F_j——风险因子的回报；$\beta_{i,j}$——风险因子 j 关于资产 i 回报的因子载荷；u_i——证券 i 的非因子特定回报。

风险因子可以很容易被对冲。最常见的是对股票市场、政府债券或货币汇率的 β 值。这些风险维度可以使用标准化的、流动性强的衍生品进行管理。② 因为风险因子对冲只需要关注少数风险因子，所以它通常是首选的对冲方法。

假设你有一个个人股票和债券的投资组合，你想对冲所有股票市场风险。因子分析显示其对股票指数的敏感性（β）为 0.6。这意味着你的投资组合在股票指数每上升 1 个百分点时就会波动 0.6%。如何对冲？你选择一种以股票指数为标的物的衍生品。该衍生品的支付与股票指数的表现反向，由于 β 值为 0.6，衍生品的最终交易价值是你投资组合规模的 60%。

在研究对冲策略时，要区分线性和非线性对冲策略。

线性对冲策略与要对冲的风险有线性关系。或者更确切地说，对冲策略的作用与

---

① 直观地说，人们可以使用两个投资之间的相关性。但是，相关性只说明了两种资产是否以相同的方式移动，但对移动的程度却一无所知。

② 在这种情况下，期货和期权是最常用的衍生品结构，但也有许多其他的风险管理的衍生品。例如，利率互换（IRS）、信用违约互换（CDS）、总回报互换（TRS）或远期等。

要对冲的资产正好相反。每当资产（或更具体的风险因子）的价值减少时，对冲的价值就会一对一增加。同样地，如果基础投资组合价值增加，对冲策略的价值也会一对一损失。

非线性对冲策略与资产之间有更复杂的关系。这种关系不再是对称的，这意味着对冲对资产价值下降和上升的反应方式不一样。这些策略经常使用期权或动态交易技术。

图 5－5 显示了线性和非线性套期保值的例子。在线性对冲的情况下，对于所有的股票指数水平，对冲策略的利润都是一样的（净利润为零）。对于非线性对冲，利润情况可能更复杂。例如，下行部分被对冲，而进一步的上涨仍然被保留下来（如投资组合保险的例子）。这种非线性是以期权费为代价的。因此，对冲的利润有可能是负值。

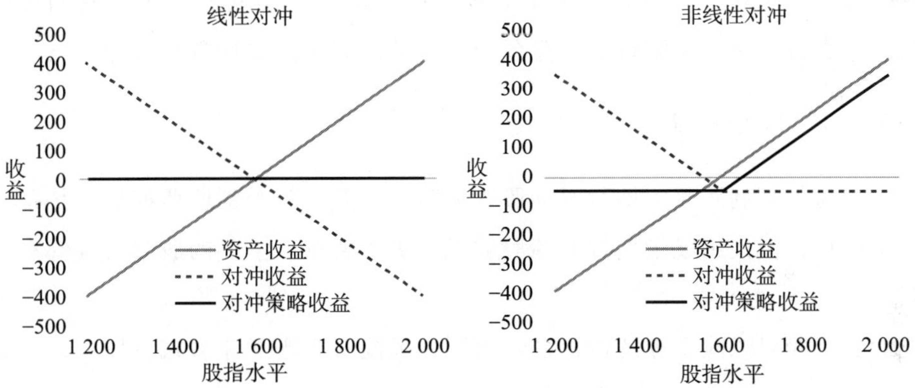

图 5－5　线性对冲和非线性对冲示意图

5.3.2　线性策略

线性对冲是指对冲工具和资产之间的关系。如果对冲工具的价值随资产线性移动，它就是一个线性对冲工具。因此，该工具到底与资产同步移动还是反向移动并不重要。在这里，我们将特别关注两种线性对冲工具：金融期货和利率互换[①]。

期货是一种线性衍生品，它用于在未来某个特定的日期以某个特定的价格购买或出售相关资产。由于预先指定购买价格，每当标的物的价格上涨时，期货合约就会一对一升值。期货合约使持有人有权以较低的、预先指定的价格购买标的物。标的物的

① 其他经常使用的线性衍生品有远期利率协议（针对短期利率）、远期（货币）或互换（总回报互换，信用违约互换等）以及其他。

价格上涨直接反映在期货合约的价值上。对于期货合约的卖家来说也是如此，但这一次，当标的物价格下跌时，期货的价值会增加。期货在规模、到期日和交割选择方面是标准化的。在实践中，期货很少会在到期时发生标的资产的实物交付。大多数期货是现金结算的，而且即使是实物交割的期货，也通常会展期。① 期货是最常用的衍生品之一，它在交易所进行交易，流动性强，交易成本低。它们有许多不同的标的物。与我们相关的是关于股票的期货、货币汇率的期货，以及利率和债券（尤其是政府债券）的期货②。

利率互换（IRS）是另一种线性衍生品，在优化资产配置和资产负债管理方面非常重要。IRS 是交换不同利率的衍生产品，一方支付长期利率，另一方支付短期利率（例如，10 年期利率对 6 个月期利率）。这两种利率（称为“腿”）之间的利率风险差异，使 IRS 成为管理利率风险的有效衍生品。IRS 的交易方式是场外交易，借助抵押品或通过中央结算方（CCP）进行清算。由于 IR 是部分标准化的，它们可以根据客户的风险进行定制，在银行和保险公司管理其利率风险方面备受欢迎。

5.3.2.1　股指期货

本节探讨如何利用股指期货对冲股票风险。虽然也有个别股票期货，特别是大公司的股票期货，但使用股指期货对冲股票风险更为普遍。主要的股票市场都有一个股指期货。

前面关于相对风险管理的讨论已经表明，风险管理既意味着减少风险，也意味着增加风险。因此，我们也将研究如何利用期货增加和减少股票风险。一般来说，如果你想增加股票风险，你就购买股指期货；如果你想减少风险，你就卖出股指期货。

假设有一个股票组合。这个投资组合的风险（σ_p）可以分为两部分：系统性风险（市场风险）和特异性残差风险。前者取决于投资组合关于市场风险（σ_m）的敏感性（β_m）。二者之间可通过以下公式联系起来：

$$\sigma_p^2 = \beta_m^2 \sigma_m^2 + \sigma_\varepsilon^2$$

既然具体的风险会因为多样化而减少，特别是对于大规模投资组合来说可能变得微不足道，那么我们必须特别处理系统性风险。这符合所学的风险因子对冲的概念，即唯一的风险因子是股票市场风险。股指期货可以用来对冲这种系统性风险。

---

① 现金结算意味着当未来合同到期时，只交换利润或损失。在实物结算中，卖方通常有权选择并交付其标的物。然而，这通常很少发生，期货头寸会被展期到下一个到期日更远的期货上。展期意味着现有头寸被抵消，并建立新的期货头寸。

② 除金融期货外，大多数商品也通过期货合约进行交易。

在这里，识别投资组合对风险因子股票市场的敏感性是对冲过程的第一步。对投资组合的收益（R_t）关于股指期货（F_t）收益率进行简单的线性回归，估计出最佳拟合的 β。

$$\frac{\Delta s_t}{s_t} = \alpha + \beta \cdot \frac{\Delta F_t}{F_{t,T}} + \varepsilon_t$$

知道了 β、需要对冲的金额以及期货合约的价值（$F_{t,T}$），能够计算出最佳的对冲比率（HR）：

$$HR = -\beta \cdot \frac{\text{需要对冲的金额}}{\text{合约价值}}$$

$$\text{合约价值} = \text{期货价格}(F) \times \text{合约规模}(k) \times \text{报价惯例}(qc)$$

在大多数情况下（如股票指数或货币），报价惯例被定义为每美元标的资产中的 1 美元。[①] 这种情况可以简化为：

$$\text{合约价值} = \text{期货价格}(F) \times \text{合约规模}(k)$$

一种特殊的情况是债券期货，其期货价格以名义价格的百分比来表示。在这种情况下，合约价值就变成了：

$$\text{合约价值} = \frac{\text{期货价格}(F)}{100} \times \text{合约规模}(k)$$

例如，法国股票市场的股票期货 CAC－40，其 FPV 为 10 欧元。当期货价格从 6 386变化到 6 387，期货价值增加 10 欧元。

在这种情况下，我们选择要对冲的金额为总投资组合（s_t）。HR 确定了能够对冲投资组合全部股票指数风险的期货合约数量（N_F）：

$$N_F = -\beta \cdot \frac{\text{对冲金额}}{F_{t,T}}$$

这是一个使用股票市场作为唯一风险因素的风险因子对冲的典型例子。人们使用线性回归确定对风险因素的敏感性，对冲比率决定了期货合约的最佳数量。如果不想对冲整个投资组合，对冲金额应作相应调整。

我们现在来看看对冲的两个例子，一个是针对股票价格下跌，另一个是针对股票价格。

【例 5－8】 假设投资者管理着一个法国股票投资组合，其总价值为 560 000 欧元，其 β 值（投资组合收益对 CAC－40 期货收益的回归）为 1.06。CAC－40 期货合约的报价为 6 386 欧元，合约规模为 10 欧元。投资者预计未来几天投资组合的价值将下降，为了保护他的整个投资组合（对冲金额）不受负收益的影响，他决定卖出 CAC－

---

① 在其他情况下，报价惯例被定义为每美元标的资产中的 1 美分（例如，对于一些农业和软商品）。

40 期货合约。

$$N_F = \beta \cdot \frac{-对冲金额}{FPV \cdot 期货价格} = 1.06 \times \frac{-506\ 000}{10 \times 6\ 386} = -9.295 \approx -9(份)$$

因此，投资者将以 6 386 欧元的价格卖出 9 份 CAC－40 期货。

投资者在若干天后通过买回 9 份合约来实现对冲。该投资组合已经下降了 －1.3%，CAC－40 期货合约从 6 386 欧元跌至 6 305 欧元。对冲的结果是：

- 基础投资组合损失 7 280 欧元：

$$收益_p = R_p \cdot MV(组合) = -1.3\% \times 560\ 000 = -7\ 280(欧元)$$

- 期货空头头寸获得 7 290 欧元的利润：

$$收益_F = (F_T - F_t) \cdot 合约规模 \cdot N_F$$

$$收益_F = (6\ 305 - 6\ 386) \times 10 \times (-9) = 7\ 290(欧元)$$

对冲产生了 +10 欧元的净利润，而未对冲的头寸的收益是 －7 280 欧元。该头寸属于过度对冲。这种差异可能是由于 β 值只是一个近似值，或者合同数量被四舍五入了。

与期货可以减少股票风险一样，期货多头也会增加股票风险。

【例 5－9】假设一个从事资产负债管理的投资者目前对股票的配置为零，但他的基准是欧洲股票市场的组合。因此，该投资者有一个负的相对股票风险头寸。现在应该使用 CAC－40 期货将这种主动股票风险减半。

基准（欧洲股票市场）关于 CAC－40 的 β 值（欧洲股票市场关于与 CAC－40 期货收益率回归）为 1.1，基准的市场价值为 800 000 欧元。该投资者预计股票价格将上涨，因此希望通过购买 CAC－40 指数期货将股票的减持减半。CAC－40 期货合约的报价为 6 386 欧元，合约规模为 10 欧元。

$$N_F = -\beta \cdot \frac{对冲金额}{期货价格 \cdot 合约规模} = -1.1 \times \frac{-\frac{800\ 000}{2}}{10 \times 6\ 386} = 6.89 \approx 7(份)$$

目前的股票减持为 80 万欧元。我们的目标是对冲该风险的一半，需要购买 7 份 CAC－40 期货。

投资者在几天后通过卖出 7 份合约来结束对冲。这个欧洲股票基准的价格确实上涨了 1.5%，CAC－40 期货合约从 6 386 上涨到 6 472。对冲的结果是：

- 基准投资组合的减持导致 12 000 欧元的相对损失：

$$收益_p = R_p \cdot MV(减持) = 1.5\% \times (-800\ 000) = -12\ 000(欧元)$$

- 做多 7 个期货的结果是盈利 6 020 欧元：

$$收益_F = (F_T - F_t) \cdot 合约规模 \cdot N_F = (6\ 472 - 6\ 386) \times 10 \times 7 = 6\ 020(欧元)$$

只有 50% 的股票减持被对冲。因此，期货的收益大约是基准减持损失的一半。

在使用股指期货进行风险管理时，你应该注意到一些缺点：四舍五入的误差可能很大[①]，投资组合和期货合约之间的敏感度（β）可能不是常数，或者存在基差风险[②]等。

许多投资经理不关心被对冲的金额，而是直接选择一个基准或指数的目标 β 值。投资组合的 β 大于 1 表示投资者希望承担比基准更多的股票风险；反之亦然。当直接使用目标贝塔时，最佳的期货合约数量可以按以下方式计算：

$$N_F = (\beta_{目标} - \beta_{实际}) \times \frac{对冲金额}{合约价值}$$

【例 5－10】 某投资组合的 β 值为 1.4（相对于 DAX 期货），总价值为 900 万欧元。投资组合经理希望通过卖出 DAX 期货将 β 值降至 0.9。DAX 期货的报价为 1 600 欧元，合约规模为 50。因此，该经理必须交易期货数量是：

$$N_F = (0.9 - 1.4) \times \frac{9\ 000\ 000}{50 \times 1\ 600} = -56.25 \approx -56(份)$$

5.3.2.2　外汇期货

外汇期货（FX futures）是管理货币风险的一种流行方式，这里的风险暴露既可以是绝对风险也可以是相对风险。外汇期货是关于外汇汇率的期货合约。然而，大多数外汇期货都是针对美元进行交易的，如欧元/美元、美元/加元、美元/瑞士法郎等。

因为全球多元化的投资组合包含以外币计价的股票和债券，所以货币风险暴露对冲是一项常见的任务。在进行资产配置或 ALM 时，外汇是需要考虑的最重要的风险因素之一。

当用股票期货进行对冲时，我们首先应用回归法估计风险因子的负荷（β）。因为投资组合和期货的标的物并不一样，这一步是必不可少的。因为货币风险因素可以直接使用匹配的期货合约（正确的货币对）来对冲，所以外汇期货对冲比较简单。然而，四舍五入和基差风险的问题依然存在[③]。

长话短说：你所需要的只是要对冲的外币金额（或投资组合的百分比）；由于可以假设 β 值等于 1，这时不需要回归。合约数量的计算公式为：

$$N_F = \frac{对冲金额}{合约价值}$$

---

① 当需要对冲的风险敞口相对于期货的合同规模较小时，四舍五入的错误就特别成问题。因此，一些期货提供迷你或微型合约，这些合约的规模远远小于正常的期货规模。

② 如果期货到期日与观察期结束时间不一致，那么衍生品与衍生品的标的物之间可能会出现偏差。

③ 在下面的例子中，由于期货合约的期限与投资期限完全吻合，所以基差风险被假定为零。然而，这种情况很少发生。因此，许多投资者使用外汇远期，而不是外汇期货。远期合约是可定制的，他们可以根据具体情况自主选择到期日。

同样，我们可以通过卖出期货合约减少风险暴露，也可以通过买入期货合约增加风险暴露。下面是一个减少货币风险（通过卖出期货合约）的例子。

【例 5－11】 某美国人拥有一个价值为 1 000 000 英镑（本金和利息）的债券组合，组合于9 月 17 日到期，这与 9 月英镑期货合约的到期日相吻合。然后这些钱将再次被转换为美元。在此之前，英镑风险应使用期货合约进行对冲。9 月英镑期货价格目前为 1.8550 英镑/美元，每份期货合约要求交付 62 500 英镑。

$$N_F = \frac{-1\ 000\ 000}{62\ 500} = -16(\text{份})$$

到期时，该人从债券中获得 1 000 000 英镑。该期货合约保证了外汇汇率为 1.8550。现货汇率的任何变化都将被期货合约的盈亏所平衡。因此，这个人收到了 1 855 000美元。

增加货币风险的方法是一样的，只是需要购买期货合约。

大多数期货合约是基于外国货币兑美元的汇率。不涉及美元的外汇期货的流动性不强。人们可以将以美元计价的外汇期货合约的多头头寸和空头头寸结合起来，形成一个合成的期货合约，用于对冲。然而，在这种情况下，外汇远期合约更为常见，因为它们可以从规模、到期日和货币等方面进行定制。

5.3.2.3　利率期货和互换

利率风险是专业风险管理的主要风险因素之一。因此，资产配置和 ALM 都大量使用了利率衍生品来管理利率风险。可以使用这些工具完成以下事项：

- 管理现有头寸的利率风险（包括绝对和相对风险）；
- 管理预期未来现金流的利率风险；
- 投机于利率变化（方向性交易）或利率期限结构的变化（例如，收益率曲线交易）。

利率风险管理中最常见的工具是利率期货、债券期货和利率互换。利率期货是短期利率的期货，通常是隔夜或最多6 个月。债券期货的标的是长期的政府债券（期限在 3～30 年的范围内），它的目标是较长期的利率。利率互换可以根据所需的任何期限范围进行定制，更加灵活。我们将简要地看一下所有这三种类型，并说明它们在利率风险方面对冲的可用性。

（1）利率期货

专注于短期利率的利率期货，通常被称为 STIR（Short－Term Interest Rate）期货。这些期货大多在 1～2 年的期限内有流动性，它们对利率变化的敏感性非常低。大多数合约的修正期限低于 0.50。STIR 期货经常被用来对冲汇率中的利率差、浮动利率的风险暴露（如抵押贷款），或中央银行的政策利率变化[1]。

一个 STIR 期货的合约规模由以下公式给出：

合约规模 = 1 000 000 ×0.01 ×修正久期

合约规模是指利率每变化 1 个百分点，一个 STIR 期货的变化值[2]。

STIR 期货使得我们能够锁定未来的短期利率。

【例 5 - 12】 你预计在 3 个月内（t_3）收到 1 000 万元。你还不知道接下来的 3 个月（从 t_3 到 t_6）的利率是多少。但现在，3 个月期的 STIR 期货可以帮助你确定这个利率水平。STIR 期货可以解释为 3 个月期的利率合约，合约的起始时间是期货到期日。3 个月期的 STIR 期货在 3 个月后到期，假定价格为 96.87，合约价值为 100 万元。如果你现在买入 10 份 STIR 期货，你可以锁定收到钱后 3 个月的隐含短期利率。年化利率为 3.13%（= 100 - 96.87）。

假设在到期日（t_3），期货交易价格为 97.35。现在市场利率降低到 2.65%（= 100 - 97.35）。如果没有对冲，你投资 3 个月到期时的市场利率将是 2.65%。但现在，你的对冲起了作用。期货赚了 0.48 点（= 97.35 - 96.87），补偿了较低的利率。每份 STIR 期货的合约规模为 100 万元。此外，每个点的价值是 2 500。请记住，对于 STIR 期货，1 个点相当于 1% 的利率变化。现在，由于 STIR 期货的期限是 3 个月：

每个点的价值 = 1 000 000 × 0.01 × 0.25 = 2 500（元）

t_3 对冲的利润 = 10（合约份数）× 0.48（点数）× 2 500（合约规模）= 12 000（元）

这个利润补偿了 2.65% 的低利率。在 t_3，我们投资 3 个月（直到 t_6），利率已经下降，我们将在 t_6 收到 2.65% × 0.25 × 10 000 000 = 66 250 元的报酬。最初 t_0 时，我们期望的报酬是 3.13% × 0.25 × 10 000 000 = 78 250 元。由于对冲，我们能够抵消这一损失。

（2）债券期货

债券期货以长期债券作为标的。债券期货的期限范围 从 3 年到 30 年。因此，它们是对冲长期利率风险的理想选择。

每个债券期货合约定义了一篮子债券，可以在期货到期时用于交割。例如，10 年期美国国债期货允许交割的债券包括：从交割月的第一天算起，6.5 年到 10 年的美国国债。因为理论上可以提交不同的债券，而且这些债券有不同的特性，所以要创建一个合成（虚构）债券。然后，通过一个转换系数，交割篮中的所有债券都被转

① 例如，以联邦基金利率为基础的联邦基金期货。

② 大多数 STIR 期货是以到期日为起点的贷款期货。例如，3 个月的欧洲银行利率期货交易从到期日至到期后 3 个月的 3 个月期欧元同业拆借利率。

换为这个合成债券。通过用转换系数调整可交割篮子中的所有债券价格并按价格排序，我们就能找到最便宜的交割债券（CTD），那么这个 CTD 成为期货合约的标的。大多数债券期货是以政府债券为标的的，因此违约风险很小。

股票市场风险的对冲策略涉及估计股票组合对股票指数的敏感性（这也是股指期货的标的）。β 系数被认为是敏感性，并被用来确定对冲系数。对利率风险的风险因子对冲可以通过两种方式进行：一是采用与股票相同的回归方法；二是采用分析方法，使用久期来计算出最佳对冲比率。

我们之前介绍过的回归法，对于用债券期货进行对冲来说并不可取，因为它假设了一个稳定的敏感性（β），但债券的风险特征随时间而变化，因此这对于债券来说是不现实的。一个 10 年期债券在一年后会变成 9 年期债券，而 5 年后会变成 5 年期债券。因此，最好遵循分析方法来对冲利率风险因子，这种分析方法使用修正久期作为价格（S）对利率变化（Δr）敏感性的近似。在实践中，敏感性是用资产 S 的修正期限（MD_S）来近似的：

$$\frac{\Delta S}{S} = -MD_S \cdot \Delta r$$

久期越长，利率特定变化的价格效应就越大。因此，如果投资者预期利率下降，他将增加其投资组合的绝对或相对久期（增加利率敏感性）；反之亦然。简而言之，修正久期能够用于度量敏感性，并可以进一步确定对冲比率。所以，债券期货的对冲比率（对冲整个投资组合的久期）是：

$$HR = -\frac{MD_P}{MD_F} \cdot \frac{\text{对冲金额}}{\text{合约价值}}$$

其中，对冲金额通常是投资组合的市场价值，合约价值是期货合约的价值。MD_P 和 MD_F 分别是组合和期货合约的修正期限。

然而，使用修正期限并不完美。它假设了利率期限结构[①]的平行变化，也省略了比如凸性[②]在内的更高阶近似。

更详细地说，期货合约的修正期限等于最便宜的交割债券（CTD）的修正期限[③]。然而，期货价格（作为期货合约价值中的一个要素）并不等同于 CTD 价格。因此，期货价格需要用转换系数（cf）来调整，这就引出了修正的债券期货对冲比率：

---

① 在整个收益率曲线上，利率的变化很少是相同的。在实践中，短期收益率通常更不稳定，与长期收益率的关联性较弱。

② 价格—收益关系具有凸性。这对于利率的巨大变化和长期限的利率而言更为重要。

③ 这只与债券期货有关，对利率期货没有影响。如果 CTD 发生变化，修正久期也会改变。

$$MD_F = MD_{CTD}$$

$$\text{合约价值} = \frac{MV_{CTD}}{cf_{CTD}}$$

其中，MV_{CTD}——CTD 头寸的市场价值。

由此可知，对冲比率可通过以下方式重新表述：

$$HR = -\frac{MD_P}{MD_{CTD}} \cdot \frac{\text{对冲金额}}{MV_{CTD}} \cdot cf_{CTD} = -\frac{MD_P}{MD_{CTD}} \cdot \frac{\text{对冲金额}}{\text{合约价值}}$$

这意味着我们既可以使用期货合约价值，也可以使用 CTD 的市场价值，其结果是一样的。例 5 - 13 说明了这一点。

【例 5 - 13】 假设以下是关于债券期货及其最便宜交割债券的信息。其对冲金额为 -200 000，其修正久期为 7.0，有：

$MD_F = MD_{CTD} = 7.5$　　$cf = 0.8$

合约价值 = 122 500　　$MV_{CTD} = 98\ 000$

对冲比率可以通过使用期货信息或 CTD 信息来计算：

$$HR = -\frac{7.0}{7.5} \times \frac{200\ 000}{122\ 500} = -\frac{7.0}{7.5} \times \frac{200\ 000}{98\ 000} \times 0.8$$

再来看两个例子：一个是空头对冲，另一个是多头对冲。

【例 5 - 14】 10 月，某投资者管理着一个市场价值为 40 000 000 欧元的债券组合，其修正久期是 8.20 年。该投资者预计利率会上升，希望对冲他的投资组合风险。12 月的欧洲债券期货（10 年期德国政府债券期货）的报价是 112.90，合约价值是 100 000欧元，最便宜的交割债券修正久期是 6.35 年，转换系数是 1.03。持有的合同数量（按久期法计算）为：

$$HR = -\frac{8.2}{6.35} \times \frac{40\ 000\ 000}{112.9 \times 1\ 000} = -457.52 \approx -458(\text{份})$$

因此，投资者决定以 112.90 卖出 458 份 12 月欧元债券期货合约。

在 12 月，利率确实上升了，而期货合约报价为 110.74。投资组合的损失为 970 000欧元。投资者以 110.74 的价格买回 12 月欧元基金期货，对其期货头寸进行平仓。

该对冲策略的结果是债券组合损失 970 000 欧元，期货空头盈利 989 280 欧元 $\left(=\frac{2.16}{100} \times 100\ 000 \times 458\right.$，其中 2.16 是卖出价 112.90 和买回价 110.74 之间的差额$\left.\right)$。总而言之，总收益为 19 280 欧元。

【例 5 - 15】 某投资组合经理预计 12 月中旬将赎回 1 000 万欧元的固定利息投资。他希望将这笔钱投资于德国债券市场，债券的修正久期 $MD_s = 6.00$。他预计利率会下降，因为当利率下降时，债券价格会上升，他不想踏空，错过目前较低的成本价格。

假设期货价格 $F_{t,T}=112.9$，最便宜的交割债券修正久期 $MD_F=6.35$，转换系数 = 1.03。合约规模为 100 000 欧元。

$$\text{需要持有的合约数量（通过久期法计算）(HR)} = -\frac{6.00}{6.35}\times\frac{-10\ 000\ 000}{\frac{112.9}{100}\times 1\ 000\ 000}=83.698\approx 84(\text{份})$$

因此，经理人决定以 112.90 的价格购买 84 份 12 月欧元基金期货合约。

12 月，利率下降了，期货合约的报价为 115.13，计划投资组合的价值增加了 182 000 欧元。该经理平掉了他的期货头寸。该策略的结果是损失 182 000 欧元，因为 12 月的投资组合现在价值是 10 182 000 欧元，期货头寸的利润为 187 320 欧元 $\left(=\frac{2.23}{100}\times 100\ 000\times 84\right.$，其中 2.23 是买入价 112.90 和卖出价 115.13 之间的差额$\left.\right)$。总的来说对冲后的总收益为 5 320 欧元。

除了对冲所有的利率风险敞口，我们还可以选择目标久期 $MD_{目标}$，这对套期保值率公式的改变不大。

$$HR=-\frac{\Delta MD}{MD_{CTD}}\cdot\frac{\text{对冲金额}}{\text{合约价值}}$$

其中，ΔMD——投资者选择的相对于组合修正久期的变化（$\Delta MD=MD_{目标}-MD_{实际}$），对冲金额为投资组合的市场价值。

（3）利率互换

利率互换（IRS）是线性利率衍生品，在优化资产配置和 ALM 方面非常重要。它们通常是银行、保险公司和养老基金对冲长期利率风险的首选工具。

IRS 是一种在两方之间交换不同利率的衍生品。一方支付固定的长期利率，另一方支付短期的可变利率（例如，10 年期利率对 6 个月期利率）。支付（接收）固定利率的一方被称为支付方（接收方）。这样的互换就被称为支付方互换和接收方互换。两种利率（也称为“腿”）之间的利率风险差异，使得 IRS 成为一种管理利率风险有效的衍生品。固定部分的修正久期（MD）比可变部分有更大的利率风险。

IRS 是场外交易，借助抵押品或通过中央清算方进行清算（CCP）。由于 IRS 只是部分标准化，它们可以根据客户的风险进行定制。IRS 在银行、保险公司和养老基金管理其利率风险方面非常受欢迎。

利用 IRS 进行风险对冲时，期限和互换方向的选择（支付方或接收方互换）很重要。设 MD_{IRS} 为 $MD_{多头分支}$ 和 $MD_{空头分支}$ 的净额。在接收者互换中（你收到的是长久期的固定付款），你有正的久期贡献。在支付方互换中（你支付长久期的固定付款），你有负的久期贡献。用IRS进行对冲直接导致：

$$MD_{接收方互换} = MD_{多头分支} - MD_{空头分支} > 0$$

$$MD_{支付方互换} = MD_{空头分支} - MD_{多头分支} < 0$$

$$MD_{支付方互换} = -MD_{接收方互换}$$

适当的对冲比率（HR）是：

$$HR = -\frac{MD_p}{MD_{IRS}} \times 对冲金额$$

与期货不同，这里不需要除以期货的合约价值。这是因为IRS没有一个标准的合同规模，但可以根据需要定制一个合适的规模。投资组合的修正久期（MD_p）除以IRS的修正久期（MD_{IRS}），接收方互换的MD为正，支付方互换的MD为负。

【例5-16】某投资者管理着一个市场价值为40 000 000欧元的债券组合，修正久期为8.20年。该投资者预计利率将上升，并希望对冲他的投资组合。他参与了一个期限为15年的IRS（支付方互换），多头分支的修正久期为14.2年，空头分支的修正久期为0.2年。对冲利率风险的支付方互换的最佳金额是：

$$HR = -\frac{MD_p}{MD_{支付方互换}} \times 对冲金额 = -\frac{MD_p}{-MD_{接收方互换}} \times 对冲金额$$

$$= -\frac{8.2}{-(0.2-14.2)} \times 40\ 000\ 000 = -23\ 428\ 571$$

名义值表明，你正在参与15年的支付方互换，其名义价值约为-23 428 571欧元。在实践中，这个数值会被四舍五入，比如说-23 500 000欧元。

5.3.3　非线性策略

在前面线性对冲策略的部分，我们探讨了期货和IRS。它们是具有线性回报特征的对冲工具。无论上涨还是下跌，对冲工具与被对冲的投资组合发生一对一变动。

本节将探讨非线性对冲策略。在这里，对冲策略和资产之间的关系不再是线性和对称的。这些策略通常需要期权或动态交易（Delta对冲）。

下文我们首先分析静态投资组合保险策略，包括著名的保护性看跌策略，然后分析动态投资组合保险，最后是其他对冲策略。

5.3.3.1　静态投资组合保险

海恩·利兰（Hayne Leland）和马克-鲁宾斯坦（Mark Rubinstein）最初在1976年9月提出了投资组合保险的概念。考虑这样一种情况：某投资者持有一个分散的股票组合，该组合与某一特定的股票指数高度相关，并假设该指数有相关的期权和期货。该投资者现在想保护他的投资组合不受市场意外下跌的影响，他能做什么？

有的解决方案使用了风险因子对冲和期货，使市场 β 接近于零。这种情况下的对冲是对称的。如果市场下跌，投资组合将保持其价值，市场上涨也是如此。投资组合对市场回报的变化是有免疫力的。

然而，有时候，投资者更喜欢不对称的投资组合保护。当市场下跌时，投资组合的价值不应下降到下限之下，但当市场上涨时，投资组合应能自由升值。这样的对冲策略被称为投资组合保险。

投资组合保险策略的目标是消除跌破特定下限的风险。下限水平可以由经理人选择。以下将介绍两种方法：一是保护性看跌策略；二是购买看涨期权和债券的方法。直到期权到期，这两种策略都不需要再次调整，因此它们被称为静态投资组合保险策略。

（1）保护性看跌策略

保护性看跌策略很容易理解，它是一个投资组合（S）和一个多头看跌期权的组合。在指定的到期日，当市场下跌时，多头看跌期权提供了保险，防止投资组合损失低于预先指定的下限值（Φ）。

看跌期权的价格为 P（S，T，K），现货价格为 S，到期时间为 T，执行价格为 K。执行价格等于预先指定的下限值（Φ）。到期时，看跌期权给出的权利是：不管投资组合发生什么变化，都有权利（而不是义务）以 K = Φ 的价格卖出相关的风险资产（S_T）。投资组合的价值（ST）可能低于/等于或高于底限值（Φ）。

- 如果 $S_T < K$，投资者将行使看跌期权，以较高的价格 K 出售资产。
- 如果 $S_T \geqslant K$，则看跌期权到期时没有价值，风险资产（S_T）可以按市场价格 S_T 出售，出售价格高于执行价格 K。

表 5 - 9 总结了两种情况下的投资组合价值：

表 5 - 9　　静态投资组合保险下的股票组合的终值

头寸	终值 $S_T < K$	$S_T \geqslant K$
投资组合价值（S）	S_T	S_T
指数看跌（P）	$K - S_T$	0
投资组合净头寸价值	K	S_T

保护性看跌策略中的看跌期权可以被视为投资组合的保险单。很明显，被保险的投资组合价值不会低于看跌期权的执行价格（K），该价格等于保险单的面值（Φ）。

建立保险的成本是看跌期权的成本，这取决于你愿意支付的保险费是多少，你可以选择一个较高或较低的保护水平（即选择 Φ）。图 5-6 说明了保护性看跌策略的回报情况。

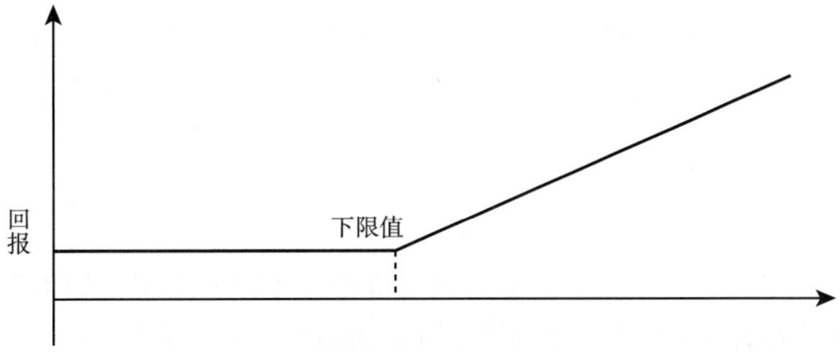

图 5-6　保险头寸的回报是投资组合期末价格的函数

【例 5-17】 你在道琼斯工业指数（DJIA）投资组合中投资了 100 000 美元，而道琼斯工业指数是 10 000。这个投资组合过去的收益很好，现在你想通过建立一个保护性看跌结构来保护这个投资组合。你买了一个看跌期货期权，以此保护你的投资组合不受可能出现的市场衰退的影响。这个看跌期权将反映你认为市场可能下跌的程度。你决定以 66.10 美元的价格购买执行价格为 9 700 的看跌期权。你的成本是 66.10 的 10 倍或 661.00 美元。

买入看跌期权后，投资组合的价值在执行价格上有了一个最低线。买入行权价为 9 700 的看跌期权，有效地将你的投资组合的价值锁定在 97 000 美元。如果道琼斯工业指数的价格高于期权执行价格，看跌期权不被执行；反之，投资组合的价值不受限制。如果你估计错了，市场上涨，你的损失为你所支付的看跌期权的价值。根据你选择的行权价，你承担的下跌风险会增加或减少。当道琼斯工业指数达到执行价格减去看跌期权价格即 9 633.90（=9 700-66.10），收支达到平衡。这时，未受保护的和看跌保护的投资组合收益相同。

下面，让我们分别看看用投资组合以外的资金和用投资组合中的资金为保护性看跌策略融资的情况。

①用投资组合以外的资金融资的保护性看跌策略。在建立保护性看跌策略时，一个重要的问题是买入多少份看跌期权。最简单的例子是看跌期权的资金不是来自于投资组合内部。在这种情况下，期权的价格与保护性看跌策略的价值没有关系。

假设有一个初始价值为 S_0 的投资组合和一个指数看跌期权，指数的初始水平为 I_0（并且投资组合的走势与指数一样，即 $\beta=1$），期权合约大小为 k，要购买的期权数量（N_p）为①：

$$N_p = \frac{\text{组合价值}}{\text{指数水平} \cdot \text{期权合约规模}} = \frac{S_0}{I_0 \cdot k}$$

【例 5－18】 一个 960 万欧元的投资组合投资道琼斯 STOXX 50 指数，假设该指数为 4800 点。经理希望为他的投资组合在未来 6 个月内提供保险。市场上存在该指数的期权合约，其合约规模为指数水平的 10 倍。因此，他需要购买的看跌期权的数量是：

$$N_p = \frac{9\ 600\ 000}{4\ 800 \times 10} = 200(\text{份})$$

接下来，经理人选择了一个合适的执行价格（下限）水平。因为购买看跌期权的费用是由投资组合之外的资金提供的，执行价格和下限相等。

假设经理选择的执行价格是 4 600 欧元，这将为他的投资组合提供 920 万欧元的保险。因此，保护性看跌策略包括购买 200 份 6 个月的看跌指数期权合约，执行价格为 4 600 欧元。

如果指数在 6 个月结束时跌至 4400。经理人的股票组合的价值将是 880 万欧元。由于每个期权合约的大小是指数水平的 10 倍，所以看跌期权的总价值是 40 万欧元。这使得保护性看跌策略回升到 920 万欧元。

②用投资组合内部资金资助的保护性看跌策略。当保护性看跌策略中期权费用需要由投资组合的内部资金来支付时，计算就会变得稍微复杂一些。

保护性看跌策略有两个步骤：首先，选择对冲比率 h 或执行价格水平 K。其次，确定风险资产和看跌期权的最佳组合权重。

假设投资组合的初始价值为 V_0，而投资者希望投资组合的年终价值高于某个下限 Φ，而这个下限又等于投资组合初始总值的 h 倍：$\Phi = h \cdot V_0$。

初始投资组合的资金可以分配给风险资产（S_0）或看跌期权，需要支付的期权费是 $P(I_0, T, K)$。这个费用等于看跌期权的数量乘以合约规模 k 和看跌期权的报价 P：

$$V_0 = S_0 + N_p \cdot k \cdot P(I_0, T, K)$$

前面的结果代入 N_p 得：

$$V_0 = S_0 + P(I_0, T, K) \cdot \frac{S_0}{I_0}$$

对于任何保护性看跌策略，需要通过适当的看跌期权来保护低于给定下限的投资组合价值。然而，看跌期权的最佳数量取决于 $P(I_0, T, K)$，因此间接地取决于执行

---

① 为简单起见，风险资产组合的任何中间现金流（如股息支付等）被假定为零。

价格（K）。给定下限，让我们寻找最优的期权执行价格水平，我们知道，到期时投资组合价值 V_T 是：

$$V_T = S_T (\text{如果 } I_T \geqslant K) \qquad V_T = S_0 \cdot \frac{K}{I_0} (\text{如果 } I_T < K)$$

此外，下限定义为：

$$\Phi = h \cdot V_0 = h \cdot S_0 \left(1 + \frac{P(I_0, T, K)}{I_0} \right)$$

令下限等于 V_T 所能达到的较低值，我们可以得到：

$$h \cdot S_0 \left[1 + \frac{P(I_0, T, K)}{I_0} \right] = S_0 \cdot \frac{K}{I_0}$$

求解对冲比率，我们有：

$$h = \frac{K}{I_0 + P(I_0, T, K)}$$

或者求解执行价格：

$$K = h \cdot [I_0 + P(I_0, T, K)]$$

然而，求解出执行价格水平 K 并非易事，因为最佳执行价格水平 K 取决于看跌期权的价格，而看跌期权的价格又取决于执行价格水平。为了找到给定下限值的最佳执行价格水平，必须通过迭代来求出 K 的数值解。

投资组合中风险资产的占比是 f，初始投资组合中投资于看跌期权的比例也是已知的：

- 投资于风险资产的百分比：$f = \dfrac{I_0}{I_0 + P(I_0, T, K)}$
- 投资于看跌期权的百分比：$1 - f = \dfrac{P(I_0, T, K)}{I_0 + P(I_0, T, K)}$

由此，我们可以计算出投资于风险资产的总价值为：

$$S_0 = f \cdot V_0$$

（2）买入看涨期权和债券

在上文中，看跌期权加上投资组合的结果是一个静态的投资组合保险策略。购买风险资产（S）的欧式看涨期权，再将剩余部分投资于无风险的零息债券，也可以获得同样的保险策略。含有多头看涨期权的投资组合保险策略并不像以前那样需要实际持有一个资产组合（S）[①]。

投资组合保险策略（假设投资组合的规模为 S_0）买入欧式看涨期权。此看涨期

① 由于购买多头看涨期权，会有现金支出。剩余的现金可以保留在现金账户并赚取利息。

权的价格为 C(S，T，K)，现货价格为 S，到期时间为 T，执行价格为 K 等于期望的下限值（Φ）。此外，下限的现值（$K \cdot e^{-r_f \cdot T}$）必须投资于无风险的零息债券，赚取连续的无风险回报率 r_f，其期限 T 与保护的期限相对应。

在时间 T，看涨期权提供了以预定价格 K 购买相关风险资产的权利（但不是义务）。看涨期权有两种情况：风险资产价格（S_T）可以低于或高于下限值（Φ = K）。

- 如果 $S_T < K$，那么这个看涨期权是没有价值的，因为我们可以通过在市场上以较低的价格获得这个风险资产。因此，投资组合的价值等于 K，这由零息债券来支付。
- 如果 $S_T > K$，则行使看涨期权，我们支付 K（来自于对零息债券的偿还）以获得价值为 S_T 的风险资产。因此，投资组合的价值 S_T 大于 K。

表 5 - 10 描述了看涨期权和债券组合在时间 T 时的价值：

表 5 - 10　　静态投资组合保护下的股票组合的终值

头寸	初始价值	终值	
		$S_T < K$	$S_T > K$
购买零息债券	$K \cdot e^{-r_f \cdot T}$	K	K
购买看涨期权	$C(S_0, T, K)$	0	$S_T - K$
净投资组合价值	$K \cdot e^{-r_f \cdot T} + C(S_0, T, K)$	K	S_T

很明显，这个投资组合在时间 T 的价值不会低于看涨期权的执行价格（K），这也是保险单的票面金额（Φ）。看涨期权加上债券可以被看作风险资产加上一个保险单，其最终状况与保护性看跌策略得到的结果一致。

【例 5 - 19】 假设拥有 100 欧元财富的投资者想要复制与给定的市场指数一样的回报。此外，他还想通过增加保护性看跌期权来加入下跌保护。为此，该投资者选择了执行价格为 100 的看跌期权。指数为 $I_0 = 100$ 欧元，到期时间为 1 年、执行价格为 100 欧元的看跌期权的价格为 2.81 欧元，1 年到期、执行价格为 100 欧元的看涨期权的价格为 7.69 欧元。1 年期的无风险债券支付连续的票面利率 $r_f = 5\%$。

由此，我们可以计算出对冲比率如下：

$$h = \frac{K}{I_0 + P(I_0, T, K)} = \frac{100}{100 + 2.81} = 0.9727$$

接下来，投资者计算风险资产的占比：

$$f = \frac{I_0}{I_0 + P(I_0, T, K)} = \frac{100}{100 + 2.81} = 0.9727$$

我们可以看到，$I_0 = K$ 的特殊情况下，对冲比率与投资于风险资产的比例是相同的。因此，投资者将把 97.27% 的财富投资于风险资产，并将剩余的 2.73% 投资于看跌期权。假设合约规模为 k = 1，看跌期权的数量计算如下：

$$N_p = \frac{S_0}{I_0 \cdot K} = \frac{f \cdot V_0}{I_0 \cdot K} = \frac{0.9727 \times 100}{100 \times 1} = 0.9727(\text{份})$$

投资者指数加看跌期权组合在一年后的回报模式如表 5－11：

表 5－11　　1 年后指数加看跌期权的回报模式　　（单位：欧元）

一年后指数报价	保险的投资组合价值	未保险的投资组合价值
75	97.27	75
80	97.27	80
85	97.27	85
90	97.27	90
95	97.27	95
100	97.27	100
105	102.13	105
110	107.00	110
115	111.86	115
120	116.72	120
125	121.59	125

投资组合的最低价值是 97.27 欧元，它是指数当前价值的 0.9727 倍。

投资者也可以投资于无风险的零息债券和看涨期权。根据上述数据，投资者将：

● 92.52 欧元投资于无风险的零息债券，这将保证他在一年内回报的下限是 $\Phi = 97.27$，因为 $92.52e^{0.05} = 97.27$ 欧元。

● 7.47 欧元投资看涨期权（买入 0.972 的看涨期权）。

一年后他的看涨和债券组合的收益模式如表 5－12：

表 5－12　　1 年后债券加看涨期权的回报模式　　（单位：欧元）

一年后指数报价	有保险的投资组合价值	未保险的投资组合价值
75	97.27	75
80	97.27	80
85	97.27	85
90	97.27	90
95	97.27	95
100	97.27	100

续表

一年后指数报价	有保险的投资组合价值	未保险的投资组合价值
105	102.13	105
110	107.00	110
115	111.86	115
120	116.72	120
125	121.59	125

这与保护性看跌策略中的情况相同（除了四舍五入的误差）。

事实上，我们刚刚重新发现了著名的欧式期权的看跌—看涨平价关系。

$$S_0 + P(S_0, T, K) = C(S_0, T, K) + K \cdot e^{-r_f \cdot T}$$

其中，S_0——标的资产价格；$P(S_0,T,K)$——看跌期权价格；$C(S_0,T,K)$——看涨期权价格；K——看跌和看涨的执行价格；r_f——无风险利率；T——到期时间。据此，持有风险资产和看跌期权等同于持有看涨期权和无风险债券。

这两种策略都被称为静态策略。一旦启动，它们不需要任何干预，无论市场如何变化，都能保证执行所选择的保护措施。

（3）滚动的投资组合保险和实际问题

前面介绍的静态组合保险存在着一系列问题，下文将介绍这些问题。

期权到期日与投资期限不匹配：看涨和看跌期权的期限通常比组合保险的投资期限短①。在到期时滚动期权是一个合适的选择，但会带来额外的成本和不确定性。滚动策略是用较短期限的期权一个接一个地进行对冲，而每个期权都会被新的期权取代（接近到期时）。因此，有效成本是路径依赖的（取决于标的物、波动率变化等），并且只有在支付最后一笔费用时才能知道成本的大小。滚动策略有很多种：固定执行价格策略、固定百分比策略、棘轮策略等。

在固定执行价格策略中，所有期权和保险期限内，执行价格保持不变。当一个期权到期时，投资者重新购买另一个具有同样的执行价格的期权。

【例 5－20】 某年 1 月 1 日，某投资者持有一只报价为 100 欧元的股票。他开始实施滚动式固定执行价格投资组合保险策略，购买了 1 个月期的看跌期权，执行价为 90 欧元，到期日为 2 月 1 日。我们将假设只有 1 个月期的期权可用，而且保险期为 12 个月。无论股票价格如何，在每个月的月初，他将通过购买新的 1 个月期的、执行价格是 90 欧元的看跌期权来延长保险策略。

① 此外，长期期权的流动性大大低于短期期权，这使得长期期权不可取或至少是昂贵的。

固定百分比策略是指在展期时将执行价格设定为当前股票价格的某个百分比。

【例5-21】 1月1日，某投资者持有一只报价为100欧元的股票。他开始了一个滚动的固定百分比的投资组合保险策略，购买了1个月期的看跌期权，执行价格为90欧元，到期日为2月1日。我们将假设只有1个月期的期权，保险期为12个月。在每个月月底，他将通过购买新的1个月期执行价格是当前股票价格的0.9倍的看跌期权来延续其保险策略。例如，在2月1日，如果股票价格上升到120欧元，他将购买1个月期执行价格为108欧元的看跌期权。如果股票价格下降到95欧元，他将购买1个月期执行价格为85.5欧元的看跌期权。

棘轮策略是前两种策略的混合体：最初，执行价格被设定为当前股票价格的固定百分比。在展期的时候，执行价格永远不能降低；只有当前股票价格的固定百分比高于上个月的执行价格时，行权价格才能提高。

【例5-22】 某年1月1日，某投资者持有一只报价为100欧元的股票。他开始实施滚动棘轮投资组合保险策略，购买了1个月期的看跌期权，执行价格为90欧元，到期日为2月1日。我们将假设只有1个月期的期权可用，并且保险期为12个月。在每个月月底，他将通过以下方式对他的保险进行展期：购买一个新的1个月期、执行价格为当前股票价格的0.9倍的看跌期权，但其最低执行价格等于前一个月的执行价格。例如，在2月1日，如果股票价格攀升至120欧元，他将购买1个月期执行价格为108欧元的看跌期权。在3月1日，如果股票价格下降到95欧元，因为看跌期权的执行价格不能降低，他将购买1个月期执行价格为108欧元的看跌期权。

美式期权与欧式期权：有时市场上只有美式期权可供选择。美式期权可能比欧式期权更贵。由于投资组合保险只关心到期时的投资组合价值，提前行使期权几乎没有任何价值。

期权的标准化：交易所交易的期权是高度标准化的，只有少数的标的物、执行价格和到期日可供选择。这三者都可能与需要保险的投资组合不符。

流动性：所需期权的流动性可能不足。流动性低直接关系到更高的执行成本。隐含的交易成本很高，而且有可能无法以合理的价格获得足够的期权。

没有可用的期权或标的物：不是每个市场或资产都有期权可用。例如，在瑞士，并非所有的证券都有上市的看跌期权。

基差风险：投资组合的总风险不是单个风险的总和①，而且为每个风险或证券购

---

① 形成投资组合可以减少所有资产的非系统性风险。这意味着投资组合的总风险（即其波动性）小于单个资产的风险（即波动性）之和。由于期权的主要价格因素是波动率的预期值，波动率的下降将导致期权的价格下降，也就是说，保险的价格会降低。这意味着投资组合的期权价格要小于每项资产的期权价格之和。

买看跌期权既昂贵又没有必要。在实践中，人们使用了市场指数的期权。然而，要对冲的投资组合与市场指数之间可能存在基差风险。

所有这些问题都突出表明，静态投资组合保险在实践中并不总是容易实现的，在实施过程中必须作出妥协，这有可能损害保险的质量或导致成本大幅提高。由于这些原因，其他动态投资组合保险策略被研究出来。

5.3.3.2 动态投资组合保险

动态投资组合保险是在保护性看跌期权策略的静态投资组合保险基础上，用动态对冲来代替多头看跌期权。在这种情况下，我们可以通过以下方式综合复制看跌期权，在股票和无风险债券之间进行动态分配，或者用期货对现有投资组合进行动态对冲。需要对冲的金额由标的投资组合的 Delta 决定，也被称为动态 Delta 对冲。

布莱克－斯科尔斯公式给出了一个股票指数的欧式看跌期权价格①：

$$P = Ke^{-r(T-t)}N(-d_2) - Se^{-y(T-t)}N(-d_1)$$

$$d_1 = \frac{\ln\left(\frac{S_t}{K}\right) + \left(r_f - y + \frac{\sigma^2}{2}\right) \cdot (T-t)}{\sigma \cdot \sqrt{T-t}}$$

$$d_2 = d_1 - \sigma \cdot \sqrt{T-t}$$

其中：N(x)——标准正态累积分布函数；K——执行价格；S——标的资产的价格；T——到期期限；t——当前时间；r——无风险利率；y——红利率；σ——标准差。

上述公式可以确定出 Delta，其衡量的是期权价格随着标的资产组合的变化而变化的程度，它是看跌期权的反应函数，随着时间的推移和期权投入的变化而动态变化。通过代入和变换，可以得到看跌期权的 Delta（Δ_P）：

$$\Delta_P = e^{-y\cdot(T-t)} \cdot [-N(-d_1)]$$

$$\Delta_P = e^{-y\cdot(T-t)} \cdot [N(d_1) - 1]$$

动态投资组合保险试图综合复制看跌期权对投资组合的影响。这些策略包括资产配置方法和期货策略。

（1）通过资产配置的动态投资组合保险

动态投资组合保险的目的是综合复制看跌期权。其中一个复制方法是动态地调整风险资产的投资水平，或者换句话说是资产配置。

---

① 该公式里有一个连续的股息收益率 y。

对于 Delta 对冲，一定比例（HR）的投资组合被转换成无风险零息债券①，这个比例的表达式是：

$$HR = -\Delta_P = (-1)e^{-y\cdot(T-t)}\cdot[N(d_1)-1]$$

它是由看跌期权的 Delta 决定的。如果标的股票下跌（增加），看跌期权的价值就会增加（减少），所以看跌期权的 Delta 是负的。对冲比率为 $-\Delta_P$。在未来的任何时候，股票和零息债券之间的比例必须根据最新的综合看跌期权的 Delta 值进行调整。因此被称为动态 Delta 对冲。

随着股票市场下跌，看跌期权的 Delta 的负值变大，更多的股票必须转移到无风险资产上。当所有的资产都是零息债券时，就达到了极限，这时看跌期权 Delta：$\Delta_P = -1$。

随着股票市场上涨，看跌期权的 Delta 负值变得越来越小，无风险资产又被转换为股票。当整个投资组合完全由股票组成时，就会达到极限，这时看跌期权的 Delta：$\Delta_P = 0$。

保险的成本来自于有风险资产和无风险资产的不断切换。这种在有风险和无风险资产之间的配置决策就像资产配置的动量策略。当股票市场表现不佳时，投资组合对股票的配置就会减少。

（2）包含期货的动态保险策略

使用期货可以达到与前面例子相同的效果。在实践中，由于交易成本的原因，最好是不断改变资产配置。它允许保持最初的风险投资组合不变，通过出售期货来进行动态 Delta 对冲。

与之前一样，合成看跌期权的 Delta 决定了必要的对冲金额，该金额是：

$$\begin{aligned} HR &= (-1)e^{-y\cdot(T-t)}\cdot[N(d_1)-1] \\ &= \Delta_P \end{aligned}$$

用期货对冲还需要期货合约关于市场的 Delta 值。期货合约的 Delta 可以从期货定价公式中得出，其中 r_f 是连续的无风险利率，y 是连续的股息收益率，期货的价格（$F_{t,T}$）和 delta（Δ_f）分别为：

$$F_{t,T} = S_t\cdot e^{(r_f-y)(T-t)} \qquad \Delta_f = e^{(r_f-y)(T-t)}$$

于是 $e^{-(r_f-y)(T-t)}$ 份期货和市场具有相同的敏感性。给定在时间 t 进行 Delta 对冲所需的标的资产头寸，我们可以得到在时间 t 进行 Delta 对冲的期货合约头寸：

---

① 开始时，该投资组合 100% 投资于风险资产。要投资于无风险的零息债券，必须出售股票。

$$HR_f = e^{-(r_f - y)(T-t)} \cdot HR$$

$$HR_f = e^{-(r_f - y)(T^* - t)} \cdot \{(-1)e^{-y \cdot (T-t)} \cdot [N(d_1) - 1]\}$$

$$HR_f = (-1)e^{(-r_f T^* + r_f t + yT^* - yt - yT + yt)} \cdot [N(d_1) - 1]$$

$$HR_f = (-1)e^{(-r_f T^* + r_f t + yT^* - yT)} \cdot [N(d_1) - 1]$$

$$HR_f = (-1)e^{-r_f(T^* - t)} \cdot e^{y(T^* - T)} \cdot [N(d_1) - 1]$$

其中，T^*——期货合约的到期日；T——期权的到期日。

为了确定对冲投资组合所需的期货数量，公式将更改为：

$$N_f = (-1)e^{-r_f(T^* - t)} \cdot e^{y(T^* - T)} \cdot [N(d_1) - 1] \cdot \frac{\text{对冲金额}}{\text{合约价值}}$$

【例 5-23】某经理拥有一个复制标准普尔 500 指数的价值为 9 000 万美元的投资组合。标准普尔 500 指数报价是 900，该经理想为他的投资组合价值提供保险，以防在未来 6 个月内投资组合跌破 8 700 万美元。该指数的年波动率为 25%，连续复利的无风险利率为每年 3%，指数的连续复合股息率 y 是每年 3%。

- 经理可以买入 1 000 份 6 个月期的标准普尔 500 指数的看跌期权合约，执行价格为 870。如果指数跌到 870 以下，看跌期权就会变成实值期权，并为经理对投资组合价值的下降进行补偿。举例来说，如果指数下降到 850，投资组合的价值将下降到 8 500 万美元。由于每个期权的价值是指数（合约价值）的 100 倍，看跌期权的总价值为 200 万美元。这使得整个投资组合的价值回到了 8 700 万美元。请注意，我们并没有考虑建立保险的初始成本。

- 经理人也可以创建一个合成期权。给定 $d_1 = 0.2802$，所需的看跌期权的 Delta 值是：

$$e^{-y \cdot (T-t)} \cdot [N(d_1) - 1] = -0.3839$$

因此，如果投资组合中的交易被用来创建期权，那么最初，投资组合的 38.39% 应该被卖出（将来还需要作其他调整）。

- 最后，经理人可以使用 9 个月期的标普 500 指数期货。在这种情况下，$T^* - t = 0.75$，对冲数量 = 90 000 000 美元，合约规模 = 250 份，每份合约价值 = 900 × 250 = 225 000 元，因此，做空的期货数量（因此忽略负号）为：

$$e^{-r_f(T^* - t)} \cdot e^{y(T^* - T)} \cdot [N(d_1) - 1] \cdot \frac{\text{对冲金额}}{\text{合约价值}} = 153.54$$

在动态 Delta 对冲中，调整 Delta 对冲的频率非常重要。在没有交易成本的情况下，连续的再平衡是最佳的。然而，随着交易成本增加，最佳的再平衡频率就会下降。

Etzioni（1986）研究了投资组合保险的三种非连续的再平衡规则：一是在不同长

度的定期时间间隔内进行再平衡（“时间”法则）；二是每当市场出现预先指定的波动时进行再平衡（“市场移动”法则）；三是当实际的股票和债券组合落后于要求的组合，而且其在任何方向上落后的程度都大于事先规定的滞后系数时，每天要进行再平衡（“滞后”法则[①]）。

使用蒙特卡罗模拟，标准偏差为 13%，恒定利率为 8%，股息率为 4%，并假设交易成本为 0.15%，买卖价差为 0.10 美元，他为一个 1 亿美元的投资组合提供一年的保险，结果如下：

根据这些结果，“滞后”策略似乎是最有效的。3% 的滞后得到最理想的成本/误差权衡，即如图 5－7 中表示的“最佳组合”。

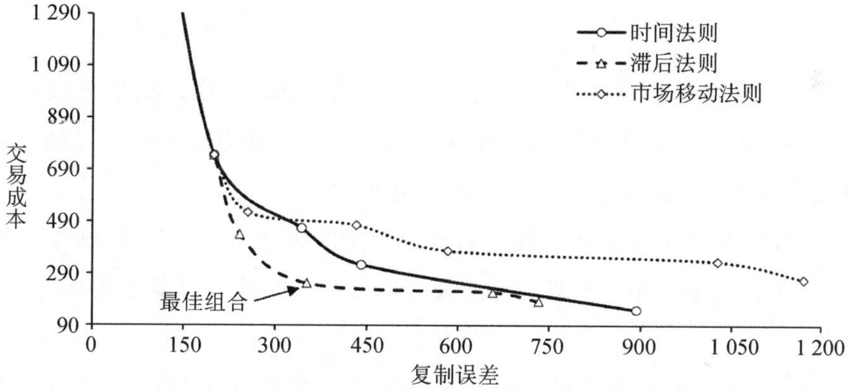

图 5－7　再平衡策略对交易成本和复制误差的影响

动态组合保险还存在一些其他问题：

- 它需要（在理论上）连续交易。
- 它不能采用跳跃式模型[②]（存在跳跃式模型，但其估计值不是很令人满意）。
- 它要求常数波动性（存在替代模型）。
- 利率应该既是借款利率又是贷款利率。
- 它因交易成本而崩溃（替代模型仍在开发中）。

这些问题是可以接受的，但我们必须平衡成本和复制质量，并且复制的恒定时间

---

① 请注意，“滞后”的法则只要求调整到“过度滞后”的程度，而不是完全调整到目前所需的组合。例如，如果我们将滞后定义为 ±2%，而当前头寸为 100，而所需头寸为 104，则再平衡过程需建立的头寸为 101.92[＝104 ×（1 －2%）]。

② 如果指数的波动率快速变化，或者指数出现大幅跳水，那么以合成方式创建指数看跌期权的效果并不理想。例如，在 1987 年 10 月 19 日，道琼斯工业指数跌了 500 多点。那些通过购买交易性看跌期权为自己投保的投资组合经理在这次暴跌中幸存下来。而那些选择合成看跌期权的人则发现，他们无法快速卖出股票或指数期货以保护他们的头寸。

间隔不是最佳的。这意味着，我们并不会总是选择保险。

诸如上述的投资组合保险计划有可能会增加波动性。当市场下跌时，投资组合保险人必须卖出股票来重新调整他们的头寸，而这可能会加剧下跌；那些使用期货合约的人不得不减少他们的期货头寸，推动期货价格下跌，同时也通过指数套利机制对股票产生卖出压力。当市场上涨时，上涨加剧的机理是类似的。

投资组合保险计划是否影响市场的波动性取决于市场能否吸收由投资组合保险产生的交易。如果投资组合保险交易只占所有交易的很小一部分，它就不可能产生任何影响。但随着投资组合保险的普及，它就有可能对市场产生不稳定的影响①。

5.3.3.3　替代方法

(1) 止损方法

止损方法是非常基础的方法。在其第一个组合（SL1）中，如果经理人想确保其投资的价值在T时刻有一个下限Φ，他就会投资一笔金额为$\Phi \cdot e^{-r(T-t)}$的支付连续回报率r的无风险资产，其余金额投资于风险资产组合。

【例5－24】某投资者拥有1股初始价值为100欧元的股票。他想为他的投资组合投保80欧元，为期2年。无风险利率是5%（2年后到期的零息债券）。使用的记号惯例如下：

$P_{股票,t}$——时间t的股票价格；$P_{债券,t}$——时间t的债券价格；$A_{t-1,t}$——在重新平衡前，到达时间t的股票组合的价值；$B_{t-1,t}$——在重新平衡前，到达时间t的债券组合的价值；A_t——重新平衡后，股票组合在时间t的价值；B_t——重新平衡后，债券组合在时间t的价值；V_t——投资组合在时间t的总价值。

$S_0=100$欧元，$r=5\%$，$T=2$，$\Phi=80$欧元，$V_0=100$欧元。表5－13说明了在熊市中，2年内没有进行再平衡的SL1保险。

表5－13　在熊市中，2年内没有进行再平衡的SL1保险

t	$P_{stock,t}$	$P_{bond,t}$	PV(Φ)	$A_{t-1,t}$	$B_{t-1,t}$	V_t	A_t	B_t
0	100.00	90.48	72.39			100.00	27.61	72.39
1	97.06	90.86	72.69	26.80	72.69	99.49	26.80	72.69
2	94.85	91.24	72.99	26.19	72.99	99.18	26.19	72.99
3	94.08	91.62	73.30	25.98	73.30	99.28	25.98	73.30

① 例如，布雷迪委员会（Brady Commission）关于1987年10月19日崩盘的报告估计，三家投资组合保险公司的卖出量几乎占到了纽约证券交易所卖出量的10%，占指数期货市场的21.3%。

续表

t	$P_{stock,t}$	$P_{bond,t}$	PV(Φ)	$A_{t-1,t}$	$B_{t-1,t}$	V_t	A_t	B_t
4	90.73	92.00	73.60	25.05	73.60	98.66	25.05	73.60
5	87.58	92.39	73.91	24.18	73.91	98.09	24.18	73.91
6	83.22	92.77	74.22	22.98	74.22	97.20	22.98	74.22
7	78.23	93.16	74.53	21.60	74.53	96.13	21.60	74.53
8	74.97	93.55	74.84	20.70	74.84	95.54	20.70	74.84
9	73.19	93.94	75.15	20.21	75.15	95.36	20.21	75.15
10	70.29	94.33	75.47	19.41	75.47	94.88	19.41	75.47
11	66.52	94.73	75.78	18.37	75.78	94.15	18.37	75.78
12	64.84	95.12	76.10	17.90	76.10	94.00	17.90	76.10
13	63.00	95.52	76.42	17.40	76.42	93.81	17.40	76.42
14	59.41	95.92	76.74	16.40	76.74	93.14	16.40	76.74
15	57.24	96.32	77.06	15.81	77.06	92.86	15.81	77.06
16	54.36	96.72	77.38	15.01	77.38	92.39	15.01	77.38
17	52.64	97.13	77.70	14.53	77.70	92.23	14.53	77.70
18	50.42	97.53	78.02	13.92	78.02	91.95	13.92	78.02
19	48.86	97.94	78.35	13.49	78.35	91.84	13.49	78.35
20	45.53	98.35	78.68	12.57	78.68	91.25	12.57	78.68
21	42.99	98.76	79.01	11.87	79.01	90.88	11.87	79.01
22	39.02	99.17	79.34	10.77	79.34	90.11	10.77	79.34
23	35.64	99.58	79.67	9.84	79.67	89.51	9.84	79.67
24	33.33	100.00	80.00	9.20	80.00	89.20		

在其第二种组合（SL2）中，经理人将所有资金都投资于风险投资组合。一旦风险投资组合的价值下降到 $\Phi \cdot e^{-r(T-t)}$，所有的资金就会被投资于无风险资产。请注意，如果运气不好，过早地达到这个水平，经理就没有任何机会参与股票的反弹。

【例 5－25】 某投资者拥有 1 股初始价值为 100 欧元的股票。他想为他的投资组合投保 80 欧元，为期 2 年。无风险利率是 5%（2 年到期的零息债券）。我们将使用与上述相同的符号惯例。

$S_0 = 100$ 欧元，$r = 5\%$，$T = 2$，$\Phi = 80$ 欧元，$V_0 = 100$ 欧元。表 5－14 说明了在熊市中，2 年内的 SL2 保险。

表 5－14　　在熊市中，2 年内的 SL2 保险

t	$P_{stock,t}$	$P_{bond,t}$	PV(Φ)	$A_{t-1,t}$	$B_{t-1,t}$	V_t	A_t	B_t
0	100.00	90.48	72.39			100.00	100.00	0.00
1	97.06	90.86	72.69	97.06	0.00	97.06	97.06	0.00
2	94.85	91.24	72.99	94.85	0.00	94.85	94.85	0.00
3	94.08	91.62	73.30	94.08	0.00	94.08	94.08	0.00
4	90.73	92.00	73.60	90.73	0.00	90.73	90.73	0.00
5	87.58	92.39	73.91	87.58	0.00	87.58	87.58	0.00
6	83.22	92.77	74.22	83.22	0.00	83.22	83.22	0.00
7	78.23	93.16	74.53	78.23	0.00	78.23	78.23	0.00
8	74.97	93.55	74.84	74.97	0.00	74.97	74.97	0.00
9	73.19	93.94	75.15	73.19	0.00	73.19	0.00	73.19
10	70.29	94.33	75.47	0.00	73.50	73.50	0.00	73.50
11	66.52	94.73	75.78	0.00	73.81	73.81	0.00	73.81
12	64.84	95.12	76.10	0.00	74.11	74.11	0.00	74.11
13	63.00	95.52	76.42	0.00	74.42	74.42	0.00	74.42
14	59.41	95.92	76.74	0.00	74.73	74.73	0.00	74.73
15	57.24	96.32	77.06	0.00	75.05	75.05	0.00	75.05
16	54.36	96.72	77.38	0.00	75.36	75.36	0.00	75.36
17	52.64	97.13	77.70	0.00	75.67	75.67	0.00	75.67
18	50.42	97.53	78.02	0.00	75.99	75.99	0.00	75.99
19	48.86	97.94	78.35	0.00	76.31	76.31	0.00	76.31
20	45.53	98.35	78.68	0.00	76.63	76.63	0.00	76.63
21	42.99	98.76	79.01	0.00	76.95	76.95	0.00	76.95
22	39.02	99.17	79.34	0.00	77.27	77.27	0.00	77.27
23	35.64	99.58	79.67	0.00	77.59	77.59	0.00	77.59
24	33.33	100.00	80.00	0.00	77.91	77.91		

只有当所有的财富都从有风险的资产转移到无风险的资产时，才会有一次再平衡。请注意，在这个例子中，最终的投资组合价值是低于下限的，因为我们只是在市场下跌后进行了再平衡，而不是在投资组合价值达到下限现值时进行再平衡。

(2) 恒定比例投资组合

费雪·布莱克和罗伯特·琼斯于 1986 年在高盛银行的一篇研究论文中介绍了这种方法①，其明确目标是“简化投资组合保险”。它要求选择在保险期间恒定不变的

① 该论文的修订版已经发表。见 Black 和 Jones (1987)。

下限（Φ）和乘数（m）。

缓冲（c）被定义为投资组合的价值（V_t）减去下限：

$$c = V_t - \Phi$$

在整个保险期间，此战略中保持以下关系不变：

$$A_t = m \cdot c$$

其中 A_t——t 时刻投资在风险资产的总金额，无风险资产的投资金额为：

$$B_t = V_t - A_t$$

在时间 1，初始的风险投资是 $A_{0,1}$，无风险债券投资是 $B_{0,1}$。总的投资组合的价值是：

$$V_t = A_{0,1} + B_{0,1}$$

接下来，新的缓冲是：

$$c_1 = V_1 - \Phi$$

因为 m 是常数，我们能够计算，风险资产投资的新价值是 $A_1 = m \cdot c_1$，无风险资产投资的金额是 $B_1 = V_1 - m \cdot c_1$。

让我们举例说明这一点。

【例 5－26】 某投资者拥有 1 股初始价值为 100 欧元的股票。他想为他的投资组合投保 80 欧元，为期 2 年。无风险利率是 5%（2 年到期的零息债券），假设乘数 m＝5。$S_0 = 100$ 欧元，$r = 5\%$，$T = 2$，$\Phi = 80$ 欧元，$V_0 = 100$ 欧元。

表 5－15 说明了在熊市中，2 年内的固定比例投资组合保险的情况。

表 5－15　　熊市中，2 年内的固定比例投资组合保险

t	$P_{stock,t}$	$P_{bond,t}$	$A_{t-1,t}$	$B_{t-1,t}$	V_t	c_t	A_t	B_t
0	100.00	90.48			100.00	20.00	100.00	0.00
1	99.29	90.86	99.29	0.00	99.29	19.29	96.44	2.85
2	96.48	91.24	93.71	2.86	96.58	16.58	82.88	13.70
3	91.64	91.62	78.72	13.75	92.47	12.47	62.35	30.12
4	86.82	92.00	59.07	30.25	89.32	9.32	46.58	42.74
5	85.89	92.39	46.08	42.91	89.00	9.00	44.98	44.02
6	83.12	92.77	43.53	44.20	87.73	7.73	38.65	49.08
7	79.25	93.16	36.86	49.28	86.14	6.14	30.68	55.45
8	75.15	93.55	29.09	55.68	84.78	4.78	23.90	60.88
9	73.37	93.94	23.33	61.14	84.47	4.47	22.35	62.12
10	68.52	94.33	20.87	62.38	83.25	3.25	16.25	67.00

续表

t	$P_{stock,t}$	$P_{bond,t}$	$A_{t-1,t}$	$B_{t-1,t}$	V_t	c_t	A_t	B_t
11	68.08	94.73	16.14	67.28	83.43	3.43	17.13	66.30
12	66.34	95.12	16.69	66.58	83.26	3.26	16.32	66.94
13	61.86	95.52	15.22	67.22	82.44	2.44	12.21	70.23
14	59.22	95.92	11.69	70.52	82.21	2.21	11.07	71.15
15	54.22	96.32	10.13	71.44	81.58	1.58	7.88	73.69
16	50.37	96.72	7.32	74.00	81.32	1.32	6.62	74.70
17	50.17	97.13	6.60	75.01	81.61	1.61	8.05	73.56
18	45.26	97.53	7.26	73.86	81.13	1.13	5.65	75.48
19	43.47	97.94	5.42	75.80	81.22	1.22	6.10	75.12
20	40.63	98.35	5.70	75.43	81.14	1.14	5.68	75.45
21	39.14	98.76	5.47	75.77	81.24	1.24	6.22	75.03
22	34.69	99.17	5.51	75.34	80.85	0.85	4.25	76.60
23	33.81	99.58	4.14	76.92	81.06	1.06	5.31	75.75
24	31.75	100.00	4.98	76.07	81.05			

设定符号的含义如下：

$P_{股票,t}$——时间 t 的股票价格；$P_{债券,t}$——时间 t 的债券价格；$A_{t-1,t}$——在重新平衡前，到达时间 t 的股票组合的价值；$B_{t-1,t}$——在重新平衡前，到达时间 t 的债券组合的价值；A_t——重新平衡后，股票组合在时间 t 的价值；B_t——重新平衡后，债券组合在时间 t 的价值；c_t——在时间 t 的缓冲。

初始缓冲是 $c_0 = V_0 - \Phi = 100 - 80 = 20$ 欧元。由于已知 $m = 5$，于是 $A_0 = m \cdot c_0 = 5 \times 20 = 100$ 欧元，$B_0 = V_0 - A_0 = 100 - 100 = 0$ 欧元。该投资组合是一个纯粹的股票投资组合。

一期后，风险资产的价值下降了 0.71%。我们有 $A_{0,1} = 100 \times (1 - 0.0071) = 99.29$ 欧元，$B_{0,1} = 0$ 欧元，而 $V_1 = A_{0,1} + B_{0,1} = 99.29$ 欧元。新的缓冲可以计算为：

$$c_1 = V_1 - \Phi = 99.29 - 80 = 19.29(\text{欧元})$$

已知 $m = 5$，于是 $A_1 = m \cdot c_1 = 5 \times 19.29 = 96.44$ 欧元，而 $B_1 = V_1 - A_1 = 99.29 - 96.44 = 2.85$ 欧元。应该重新调整投资组合。

这个过程一直持续到时间 T 为止。在每个时期，投资组合都要重新平衡。请注意，当风险投资组合的价格下降，风险投资组合的头寸就会减少。

表 5－16 说明了在牛市中，2 年内恒定比例的投资组合保险。

表 5 - 16　　　　牛市中，2 年内恒定比例的投资组合保险

t	$P_{stock,t}$	$P_{bond,t}$	$A_{t-1,t}$	$B_{t-1,t}$	V_t	c_t	A_t	B_t
0	100. 00	90. 48			100. 00	20. 00	100. 00	0. 00
1	103. 59	90. 86	103. 59	0. 00	103. 59	23. 59	117. 94	- 14. 35
2	106. 62	91. 24	121. 39	- 14. 41	106. 98	26. 98	134. 90	- 27. 92
3	110. 26	91. 62	139. 51	- 28. 04	111. 47	31. 47	157. 33	- 45. 87
4	113. 67	92. 00	162. 20	- 46. 06	116. 14	36. 14	180. 72	- 64. 57
5	117. 52	92. 39	186. 84	- 64. 84	122. 00	42. 00	209. 98	- 87. 98
6	120. 37	92. 77	215. 07	- 88. 35	126. 72	46. 72	233. 59	- 106. 87
7	125. 35	93. 16	243. 25	- 107. 32	135. 93	55. 93	279. 65	- 143. 72
8	128. 79	93. 55	287. 33	- 144. 32	143. 01	63. 01	315. 06	- 172. 05
9	132. 30	93. 94	323. 65	- 172. 76	150. 88	70. 88	354. 42	- 203. 54
10	137. 20	94. 33	367. 54	- 204. 39	163. 15	83. 15	415. 76	- 252. 60
11	141. 77	94. 73	429. 62	- 253. 66	175. 96	95. 96	479. 82	- 303. 86
12	146. 53	95. 12	495. 91	- 305. 13	190. 79	110. 79	553. 94	- 363. 15
13	150. 69	95. 52	569. 69	- 364. 67	205. 02	125. 02	625. 08	- 420. 06
14	152. 75	95. 92	633. 63	- 421. 82	211. 81	131. 81	659. 07	- 447. 25
15	154. 94	96. 32	668. 50	- 449. 12	219. 38	139. 38	696. 89	- 477. 51
16	159. 19	96. 72	716. 00	- 479. 50	236. 50	156. 50	782. 48	- 545. 98
17	161. 26	97. 13	792. 66	- 548. 26	244. 39	164. 39	821. 97	- 577. 58
18	164. 77	97. 53	839. 87	- 579. 99	259. 88	179. 88	899. 39	- 639. 52
19	166. 64	97. 94	909. 57	- 642. 19	267. 39	187. 39	936. 94	- 669. 55
20	168. 15	98. 35	945. 47	- 672. 35	273. 12	193. 12	965. 62	- 692. 49
21	170. 38	98. 76	978. 41	- 695. 39	283. 02	203. 02	1 015. 11	- 732. 08
22	173. 53	99. 17	1 033. 85	- 735. 14	298. 71	218. 71	1 093. 54	- 794. 83
23	177. 36	99. 58	1 117. 68	- 798. 15	319. 53	239. 53	1 197. 66	- 878. 13
24	181. 48	100. 00	1 225. 48	- 881. 79	343. 69			

在每个时期，投资组合被重新平衡。请注意，当风险资产的价格上升时，风险资产的头寸会增加。

因此，当风险资产的价格下降（上升）时，风险投资组合中的头寸会减少（增加）。与 SL2 策略一样，一旦达到下限，投资的全是无风险债券。正因为如此，动态资产配置策略的回报曲线是凸的（见图 5 - 8）。

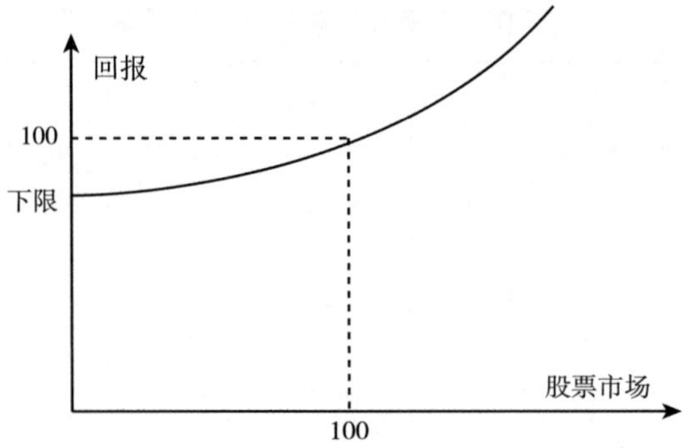

图 5－8　CPPI 策略的回报

这种策略非常灵活，可以随特定投资者的喜好进行调整。例如，改变倍数以调整该策略基金的激进程度，或者让下限按无风险利率增加。从例 5－26 我们可以看出，m =5 是非常激进的选择，这时 B_t（投资于安全资产的部分）是负的，这使得投资组合产生杠杆。

与看跌期权不同，该策略没有时间跨度，可以无限期地持续下去。

请注意，市场上流行着恒定比例投资组合保险的一个变形，即时间不变投资组合保护（TIPP）。每当风险投资组合的价值显著增加时，这种方法都会提高下限（这样我们就不会回到原来较低的下限，而是形成一个新的、更高的下限）。

5.3.4　参考文献

[1] Etzioni, E. Rebalance disciplines for portfolio insurance. Journal of Portfolio Management, 1986.

[2] Black, F. and Jones, R. W. Simplifying portfolio insurance, Journal of Portfolio Management, 1987.

[3] Estep, T. and Kritzman, M. TIPP insurance without complexity. Journal of Portfolio Management, 1988.

第 6 章　国际投资

6.1　引言

本章是对国际组合投资的理论和事实的概述。跨境交易越来越频繁，金融市场的全球化对贷款人（储蓄者、投资者等）和借款人（公司、政府等）双方都是有利的。在这个部分，我们将主要从投资者角度加以阐述，暂不考虑国际化的金融问题。

我们从评估国际分散化的好处谈起。与国内情形一样，多样化投资能使投资者降低组合风险，本章我们讨论不同金融市场的交叉相关性和国家风险，以及新兴市场的具体情况。最后一部分集中讨论外汇风险套期保值，提供货币风险套期保值的方法。此外，将会从理论论证和实证证据两方面讨论完全套期保值的问题。

6.2　国际风险分散

投资组合管理的一个基本原理是多样化，通过减少收益率变动性来减少风险。原因非常直观：组合中的证券越多，当某家公司陷入困境时，投资组合价值降低的可能性就越小。

总体来说，一个投资组合的总体风险将取决于以下因素：

- 投资组合包含的证券数量；
- 个别证券的风险；
- 风险之间互相独立的程度。

显然，纳入外国证券将促进投资组合进一步多样化。因为，潜在的证券数量增加了，而且不同国家之间风险完全相关的可能性很小。

当计划投资于外国证券时，经理需要估计所选择的投资工具的风险、收益和不同投资工具之间的交叉相关问题。事实上，对前两个因素进行估计时，如国内证券一样，经理可以运用标准程序。由于这些问题在前面已经详细研究过，在此不再提及。然而，交叉相关因素在国际投资中起着重要作用，我们将会对其进行详细研究。

6.2.1 计算外汇收益率和风险

典型的投资者感兴趣的是以其参考货币（Reference Curency）表示的投资收益率。参考货币通常是指投资者居住国家的货币（即投资者用来购买消费品的货币）。

我们用 R_{Dt} 表示资产的本币收益率，用 R_{Ft} 表示同一资产的外汇收益率。外汇的收益率仍然使用通常的定义。对于一个单项投资，如一种债券或股票，其外币收益率表示如下：

$$R_{Ft}=\frac{P_{Ft}-P_{Ft-1}}{P_{Ft-1}}+\frac{C_{Ft}}{P_{Ft-1}}$$

式中：P_{Ft}、P_{Ft-1}——期初和期末的资产价格（外币计值）；C_{Ft}——在时间 t 的最终现金流（如息票和股息）。

以参考货币计算的资产收益率为：

$$R_{Dt}=\frac{P_{Ft}\cdot S_t-P_{Ft-1}\cdot S_{t-1}}{P_{Ft-1}\cdot S_{t-1}}+\frac{C_{Ft}\cdot S_t}{P_{Ft-1}\cdot S_{t-1}}=(1+R_{Ft})\cdot(1+S_t)-1+\frac{C_{Ft}\cdot S_t}{P_{Ft-1}\cdot S_{t-1}}$$

其中：

$$(1+R_{Ft})=\frac{P_{Ft}}{P_{Ft-1}}\qquad(1+S_t)=\frac{S_t}{S_{t-1}}$$

S_{t-1} 和 S_t 表示在投资期初和期末，外币兑本币的汇率（使用大写字母“S”表示汇率，小写字母“s”表示相关期间汇率的百分比变化。）

为简化计算，假设这笔投资在投资期间不产生现金流，那么以本币计算的收益率可以写成：

$$1+R_{Dt}=(1+R_{Ft})\cdot(1+S_t)\tag{6-1}$$

式中：R_{Dt}——本币计值的收益率；R_{Ft}——外汇投资的收益率（计算如上）；S_t——相对于本币的价值变动①。

将上面的表达式加以变换，我们得到：

$$R_{Dt}=R_{Ft}+s_t+R_{Ft\cdot st}\cong R_{Ft}+s_t\tag{6-2}$$

公式（6-2）仅仅是一个近似，因为交叉项（$R_{Ft\cdot st}$）的值较小，予以忽略。然而，如果我们考虑收益率和贬值率②的连续复利形式，等式将严格成立：

$$\ln(1+R_{Dt})=\ln[(1+R_{Ft})\cdot(1+s_t)]=\ln(1+R_{Ft})+\ln(1+s_t)\tag{6-3}$$

---

① 本币的贬值率也可以被看作是外汇的升值率。当瑞士法郎（CHF）贬值时，外汇升值，外汇投资表现更好。

② 见第一章：连续复利收益率等于 ln(1+r)，其中 r 是持有期的简单收益率。

$$R_{Dt}^{inst} = R^{inst} + s^{inst}$$

因此，外汇投资的预期收益率有两个组成部分：投资于外汇的预期收益率和汇率的预期变化。从现在开始，为简化分析，我们将只考虑连续复利的收益率。

以 t－1 时期的信息为基础，t 时期的预期收益率等于：

$$E_{t-1}[R_{Dt}] = E_{t-1}[R_{Ft}] + E_{t-1}[s_t] \tag{6-4}$$

式中：$E_{t-1}[\cdot]$——条件预期算子，以 t－1 时期的信息为条件。

一个简单的分解可以推出方差。本币的收益率方差 $Var[R_{Dt}]$ 表示如下：

$$Var[R_{Dt}] \cong Var[R_{Ft}] + Var[s_t] + 2 \cdot Cov(R_{Ft,st}) \tag{6-5}$$

式中：$Cov[\cdot]$ 为协方差算子。

对于计算连续的复合收益率公式（6－5）是正确的，但如果是计算离散收益率，该式计算得到的是近似值。

如果我们考虑的是一个国际证券投资组合，而不是单一投资，当资产 i 的比例是 x_i 时，预期收益率 $[E(R_P)]$ 和方差 $[Var(R_P)]$ 的计算与国内投资组合是相似的：

$$E[R_{PD}] = \sum_{i=1}^{N} x_i \cdot E[R_{iD}]$$

$$Var[R_{PD}] = \sum_{i=1}^{N}\sum_{j=1}^{N} x_i \cdot x_j \cdot Cov[R_{iD}, R_{jD}] = \sum_{i=1}^{N}\sum_{j=1}^{N} x_i \cdot x_j \cdot \sigma_{ijD}$$

式中：$\sigma_{ijD} = Cov[R_{iD}, R_{jD}]$ 以及 $\sigma_{iiD} = Var[R_{iD}]$。

这些公式是标准化的。唯一的差别是，收益率 R_{Di} 以参考货币的形式表达，故含有前面讨论过的那两个组成部分。现在我们仔细研究组合的收益率。

假定投资于货币 i 的比例是 x_i。在这个假设下包含着 N 种不同货币计值的资产的投资组合，本币收益率由下式给出：

$$R_{pDt} = x_1 \cdot R_{1Dt} + x_2 \cdot R_{2Dt} + \cdots + x_N \cdot R_{NDt}$$

或者使用以本币定义的收益率：

$$R_{pDt} = x_1 \cdot R_{1Ft} + \cdots + x_N \cdot R_{NFt} + x_1 \cdot s_{1t} + \cdots + x_N \cdot s_{Nt}$$

为计算这种投资组合的预期收益率投资者需要预测外币收益率和汇率的相对变化：

$$E[R_{PD}] = x_i \cdot E[R_{iF}] + \cdots + x_n \cdot E[R_{FN}] + x_1 \cdot E[s_1] + \cdots + x_n \cdot E[s_N]$$

本币组合收益的方差比在单一外汇背景下更难分解因为它包含了大量的协方差项：

$$\begin{aligned} Var[R_{pDt}] = {} & x_1^2 \cdot Var[R_{1F}] + \cdots + x_1^2 \cdot Var[R_{NF}] + 2 \cdot x_1 \cdot x_2 \cdot Cov[R_{1F}R_{2F}] \\ & + \cdots + x_1^2 \cdot Var[s_1] + \cdots + x_1^2 \cdot Var[s_N] + 2 \cdot x_1 \cdot x_2 \cdot Cov[s_1 s_2] \\ & + \cdots + 2 \cdot x_1^2 \cdot Cov[R_{1F}s_1] + 2 \cdot x_1 \cdot x_2 \cdot Cov[R_{1F}s_2] + \cdots \end{aligned}$$

表6－1显示了包含在分散于N种货币的投资组合总方差中项的类型和数量，说明了国际分散投资组合方差的复杂性，表明方差不仅取决于个别证券和汇率的方差，还取决于很多协方差。

表6－1　总方差中包含的项的类型和数量

项	解释	项数
$Var(R_{iF})$	外汇收益率方差	N
$Cov(R_{iF}, R_{jF})$	外汇收益率协方差	N(N－1)
$Var(s_i)$	汇率相对变化的方差	N
$Cov(s_i, s_j)$	汇率相对变化的协方差	N(N－1)
$Cov(R_{iF}, s_i)$	外汇收益率和外汇所在国汇率相对变动的协方差	2N
$Cov(R_{iF}, s_j)$	外汇收益率和非外汇所在国汇率相对变动的协方差	2N(N－1)
总计		$4N^2$

6.2.2　相关性和分散化

为了使分析简明，我们准备考察一个只含有两项资产的投资组合。这个投资组合的方差等于：

$$Var[R_P] = x_1^2 \cdot Var[R_1] + x_2^2 \cdot Var[R_2] + 2 \cdot x_1 \cdot x_2 \cdot Cov[R_1, R_2]$$

注意，两种资产的协方差等于相关系数和各自标准差的乘积：

$$p_{x,y} = \frac{Cov[x,y]}{\sigma_x \cdot \sigma_y} \quad 即：Cov[x,y] = \sigma_x \cdot \sigma_y \cdot \sigma_{x,y}$$

因此，投资组合的方差可以写为：

$$Var[R_P] = x_1^2 \cdot Var[R_1] + x_2^2 \cdot Var[R_2] + 2 \cdot x_1 \cdot x_2 \cdot \rho_{R_1,R_2} \cdot \sqrt{Var[R_1] \cdot Var[R_2]} \tag{6-6}$$

假如资产之间不是完全相关（$p \neq 1$），投资组合的波动性将小于个别波动性的加权数[①]：

分散化带来的收益：$\sigma_{R_P} < x_1 \cdot \sigma_{R_1} + x_2 \cdot \sigma_{R_2} \Leftrightarrow \rho \neq 1$

无多样化带来的收益：$\sigma_{R_P} = x_1 \cdot \sigma_{R_1} + x_2 \cdot \sigma_{R_2} \Leftrightarrow \rho \neq 1$

只要股票的收益率不是完全正相关的，多样化就是有益的。不仅如此，相关性越

---

① 对于对数学感兴趣的人来说：这个公式可以重写为 $Var(R_P) = (x_1 \cdot \sigma_1 + x_2 \cdot \sigma_2)^2 + (\rho_{1,2} - 1) \cdot x_1 \cdot x_2 \cdot \sigma_1 \cdot \sigma_2$。为了可读性，这里的“R”被省略了。如果相关性等于1，则最后一项为零。如果相关性等于或大于－1且小于1，则第二项为负。

低，投资组合的方差越小。

上面的例子只包含两个抽象的股票。现在，假设我们从同一个市场选择股票，比方说从国内市场。显然，国内股票市场对于任何区域性（国内）的宏观或微观冲击都是敏感的。在这些冲击期内，证券之间的相关性会增加。例如，如果冲击是负面的（国内的政治危机），整个股市都会走低。因此，相关系数上升的概率很大，故而多样化效应就会降低。另外，国际多样化的投资组合对这些区域性的冲击并不会那么敏感。

因此，如果投资组合包含许多不同国家的多种资产，研究总方差中的各种协方差项就是有必要的。不同股票指数之间的相关因子见表 6 – 2。

表 6 – 2　　部分国家股票市场指数相关系数（1999 年 2 月—2023 年 6 月）

国家	法国	德国	日本	英国	美国	瑞士
法国	1.00	0.92	0.63	0.84	0.82	0.81
德国		1.00	0.60	0.78	0.81	0.78
日本			1.00	0.56	0.63	0.60
英国				1.00	0.79	0.76
美国					1.00	0.77
瑞士						1.00

这些数据显示，股票市场并不是（线性）独立的，因为相关性显著大于 0。世界各地的股票市场倾向于朝着相同的方向变动。另外，正相关关系远非完美。因此，通过国际分散化投资可以获得收益。

正如前面所看到的，其他类型的相关性也会影响投资组合的风险：货币变动之间的相关性以及货币和股票市场之间的相关性。表 6 – 3 从瑞士法郎的角度展示了汇率变动的相关系数矩阵。请注意，这些相关性是正的，并且略高于股票市场指数之间的相关性。这一结果意味着，汇率风险不能通过货币分散化来完全消除。

表 6 – 3　　国家即期汇率相关系数（1999 年 2 月—2023 年 6 月）

货币	欧元	日元	英镑	美元
欧元	1.00	0.16	0.56	0.36
日元		1.00	0.28	0.57
英镑			1.00	0.59
美元				1.00

最后，考察股市和货币之间的相关系数是有意义的。表 6 – 4 也从瑞士法郎的角

度提供了这些相关系数。我们观察到大部分这些相关系数是正的而且很小。正相关意味着外国股市指数的升高将与外国货币的升值相联系（即本币的贬值）。反之，负相关意味着外国股市指数的升高将与外国货币的贬值相联系。在后一种情形下，汇率变动会抵消股市指数波动，因而提供了自然套期保值（Nature Hedge）。从美国的角度计算出一个类似的矩阵，结果发现了负相关。因此，结果非常依赖于参考货币。

表 6－4 货币即期汇率—市场指数相关系数（1999 年 2 月—2023 年 6 月）

国家	欧元	日元	英镑	美元
法国	0.18	-0.16	-0.20	-0.01
德国	0.17	-0.14	0.19	0.00
日本	0.20	-0.33	0.25	0.00
英国	0.18	-0.14	0.00	-0.08
美国	0.23	-0.18	0.17	-0.15
瑞士	0.32	-0.04	0.31	0.12

这些相关系数可以帮助我们评估多样化的收益。然而，如果一个投资者希望使用历史数据得到有效集，并不需要确定所有这些协方差或相关系数项。

6.2.3 国家风险

国家风险可以被定义为，投资者在国外商业往来时面临的风险。这些商业往来联系可能包括投资于国外金融资产或直接在国外进行商业活动。换句话说，国家风险可能与一些事件相联系，这些事件影响着投资资产的价值。主要的风险来源有以下几种：

- 政治风险。这种风险与国家的政治体系稳定性有关。统治政党的改变可能引发大的政策变动或某些金融不稳定性，可能导致资产丧失或运营终止、资产价值下降、区域货币的不可兑换性、税收和关税升高等。现在仍有许多国家存在某种程度上的政治风险，比如巴基斯坦以及几乎所有的后苏联国家。甚至政治制度非常完善的国家也可能遭受政治风险。再比如，最近一次美国的总统选举引起了金融市场的波动，这有可能（或许已经）转而影响投资者，尤其是持有短期证券的投资者。
- 货币政策。政府可能执行不健全的货币和财政政策，这将导致高通货膨胀、高利率，结果使得借款成本上升，最终引起衰退。
- 整体经济环境。诸如高失业率、高通货膨胀及低工业生产率等因素可能导致社会不稳定和罢工，转而恶化投资环境。

• 其他。如国家参战的可能性、别国的经济制裁等。

因此，当决定投资于外国资产的时候，必须考虑这些风险，尤其是在所谓的新兴市场投资的时候。

6.2.4　新兴市场

正如我们已经提到的，国际多样化对投资者有益是因为它在降低投资风险的同时增加了预期报酬率。至今为止，我们探讨国际投资的时候并没有对投资的国家进行分类。投资者关注的市场基本有两种类型：第一类由发达国家组成，其含义从定义就可以看出；第二类市场正是我们在这部分将要描述的所谓新兴市场。

新兴市场投资各方面的文献非常多。为了解释在新兴市场投资的这种兴趣，我们将回答以下问题：什么是新兴市场？为什么它们对投资者具有吸引力？投资新兴市场的主要问题是什么？

6.2.4.1　定义

对于什么是新兴经济体或新兴市场，没有标准的定义。国际金融公司采用了以下划分方法来区分发达经济体和新兴经济体。如果人均国民总收入（GNI）低于 92 664 美元，则被认定为新兴市场。目前，大约有 155 个国家符合这一定义。最近，国际货币基金组织和一些市场指数提供商开始使用多种标准对市场进行分类。经常使用的标准包括：

• 规模和流动性：资本市场必须相对发达（规模和周转率很重要）且具有足够的流动性。然而，与发达市场相比，新兴市场的投资流动性通常较低，我们将在下文讨论这一点。

• 经济增长：与发达国家相比，新兴经济体的增长率较高。

• 市场准入和政治稳定：政治和经济环境必须相对稳定，经济必须充分以市场为导向。投资者需要能够相对容易地进入市场，他们的权利和所有权需要受到有效法律法规的保护。

对新兴经济定义以后，现在我们讨论其为什么会有投资吸引力。

6.2.4.2　投资新兴市场的收益

从定义上讲，新兴经济被认为会以快于发达国家的速度增长，显然这将使其具有投资吸引力。因为这能够带来更高的预期收益。但它们往往更不稳定，正如表 6 – 5

所示，在股票市场中存在高收益和高风险之间的权衡。

新兴经济具有吸引力的第二点是，新兴市场和世界市场的相关性很低（见表6－5)，这在许多研究中都有说明。正如我们以前提到过的，低的相关性有益于风险分散效应，使投资者能够获得组合风险降低的好处。

表6－5　新兴股票市场的收益和风险（标准差）

股票市场	年收益率	总风险	与世界的相关系数
世界	6.0%	15.7%	1.00
美国	7.0%	15.5%	0.97
阿根廷	7.2%	43.2%	0.47
巴西	7.9%	35.5%	0.66
智利	5.2%	24.1%	0.60
中国大陆	6.9%	26.1%	0.61
哥伦比亚	14.0%	31.3%	0.55
捷克	11.9%	25.5%	0.67
埃及	8.1%	31.9%	0.43
希腊	-9.7%	36.2%	0.68
印度	10.6%	26.5%	0.65
印度尼西亚	13.8%	29.7%	0.51
马来西亚	5.0%	17.1%	0.58
墨西哥	9.1%	23.7%	0.76
摩洛哥	5.4%	18.5%	0.36
秘鲁	14.9%	28.5%	0.55
菲律宾	6.5%	22.8%	0.52
俄罗斯*	6.7%	33.8%	0.64
南非	7.2%	25.8%	0.71
韩国	9.9%	27.3%	0.74
中国台湾	8.0%	24.1%	0.67
泰国	11.5%	26.2%	0.60
土耳其	2.2%	42.4%	0.55

注：净总收益，2000年12月至2023年6月，以美元计，*2022年3月至2023年6月无收益数据。

6.2.4.3　新兴市场投资的风险和限制

在考虑投资新兴市场时，投资者必须意识到可能的风险和限制。

风险的首要来源是流动性风险。在许多新兴国家，活跃投资者的数量远远低于大多数发达经济体，例如新兴市场缺乏机构投资者，而由于低收入和储蓄，私人投资者也不参与市场。这导致交易活动较少，有时投资者可能很难以公平的价格出售股票。流动性问题可以被认为是导致新兴市场高度波动的因素之一。

当我们讨论公平价格的时候，我们假定投资者熟悉会计体系并容易获得各种不同的信息，因此公平价格可以进行估计。不幸的是，新兴市场中的情形却并不总是如此。投资者获取某家特定公司的信息可能是困难的，而同样的信息在国内或发达国家却可以轻易获得。另外，复杂而未知的税收结构也会增加评价的难度。

另一个重要的风险来源是政治风险。例如，政府的不稳定不仅可能带来不确定性，而且在极端情况下，还可能改变公司的所有权权益，对其资产价格产生重大影响。或者政府可能会对外国所有权实施限制，这将立即对金融市场产生负面影响。有些国家对外国参与其资本市场施加限制，投资者可能无法购买合意数量的股票，还可能在购买或出售当地货币时遇到问题。这可能限制了在这些市场有效投资的能力。

最后但同样重要的是，在新兴市场投资通常更昂贵，因为交易成本往往远高于发达市场。此外，过时的基础设施和行政流程可能需要更长的结算时间和额外的中介机构。

总的来说，新兴市场由于潜在的更高增长和较低的金融效率水平，提供了重要的机会。这些市场的性质也意味着它们与发达市场的关联性较低，因此此类投资有助于分散投资组合的风险。另外，这些国家的政治稳定性较低，对所有权和投资者权利的保护较低，可靠的财务信息较少，以及在这些市场上交易的成本较高，这些方面都可能会产生负面影响。因此，在选择投资市场和确定投资规模时，应仔细考虑所有这些因素。

6.3 外汇风险套期保值

6.3.1 货币风险的有效管理

套期保值的目的是要减少风险敞口。对特定货币进行套期保值意味着建立一个货币头寸，使得任何基于原货币风险敞口的损益都可以全部或部分地由相应的外汇在套期保值头寸上的损益加以抵消。货币套期保值可以使投资者保护自身免受无法预见的货币波动风险的冲击。

套期保值的技术有很多。各种各样的金融工具可以被用于套期保值。下面介绍一些常见的方法。

6.3.1.1 远期市场

在远期市场，代理人在特定的汇率下买卖基础货币（Under Lying Currency），清算在随后的某个确定日期进行。如果合约约定购买基础资产，那么交易者被称作在合约中处于多头地位；反之，空头意味着卖出资产的义务。

远期市场是对货币风险敞口进行套期保值是最自然的工具之一。远期市场套期保值只需要在远期市场建立一个反向（抵消）的头寸：

- 货币多头头寸可以通过在远期市场上建立空头头寸（即卖出货币）来进行套期保值；这样就建立了一个空头套期保值；
- 货币空头头寸可以通过在远期市场上建立多头头寸（即买入货币）来进行套期保值；这样就建立了一个多头套期保值。

远期合约上的交割日应该与原头寸的平仓日相匹配。如果远期买卖的数量与原始头寸的数量相等，这样的套期保值被称为是完全套期保值。

【例 6－1】 假设一个瑞士投资者预期在一年后收到 2 000 万美元。兑换成瑞士法郎后，数量并不确定。然而，投资者可以卖出 2 000 万美元的远期以锁定预期现金流的瑞士法郎。最初的美元多头头寸被远期市场上的空头头寸抵消。让我们考虑一年后交割的 1.15 瑞士法郎兑换 1 美元的远期汇率。表 6－6 远期市场套期保值可能出现的不同结果。

表 6－6 远期市场套期保值可能出现的不同结果 （单位：瑞士法郎）

到期的即期汇率	初始现金流价值	远期合约的收益（亏损）	总现金流
0.70 瑞士法郎兑 1 美元	14 000 000	2 600 000	16 600 000
0.83 瑞士法郎兑 1 美元	16 600 000	0	16 600 000
0.96 瑞士法郎兑 1 美元	19 200 000	－2 600 000	16 600 000

注意，无论一年后的即期汇率是多少，这个瑞士投资者都会收到同样数量的瑞士法郎。初始头寸的任何汇率损益都会由远期市场上的相应汇率损益抵消。

一个需要偿还美元债务的借款者可以实施反向策略：他最初的美元空头头寸意味着买入美元远期。

远期合约的价格可以用抛补利率平价（Covered Interest Parity）① 来定价。无套利

① 如果这个方程不成立，那么投资者可以在没有风险和没有投资的情况下赚取利润。例如，如果远期价格过高，投资者可以借入一定数量的本币，将其兑换成另一种货币，获得另一种货币的利率并以远期价格将其卖出。在到期时，投资者赚取了其中的差价，将获得比他需要偿还贷款还多的收入。

条件告诉我们：

$$\frac{{}_{t-j}F_t}{S_{t-j}} = \frac{1 + R_{Dt-j}}{1 + R_{Ft-j}}$$

式中：${}_{t-j}F_t$——交割日为 t 在 t－j 时期的远期价格；S_{t-j}——t－j 时期的即期汇率；R_{Dt-j}——到期日为 t 的存款在 t－j 时期的国内利率；R_{Ft-j}——到期日为 t 的存款在 t－j时期的国外利率。

为消除套利机会，论公式必然成立。它同时也表明远期价格与货币市场条件紧密相连，这意味着使用货币市场交易可以复制出远期市场的套期保值。

6.3.1.2　期货和远期合约

货币远期和货币期货合约的区别类似于建立在其他任何基础资产之上的期货和远期合约之间的区别。表6－7简明扼要地说明了远期合约和期货合约的主要区别。

表6－7　远期合约和期货合约主要区别概述

特征	远期合约	期货合约
合约规模（数量）	根据顾客需要	标准化
交割日	根据顾客需要	标准化
交易	银行或者通过电话联系确立，买卖方的数量均有限	在很多买卖方中公开拍卖
参与者	银行、经纪人、跨国公司不鼓励公开投机	银行、经纪人、跨国公司鼓励有资格的公开投机
佣金	由银行的买卖差价确立	公开的小额经纪费，大宗交易可协商利率
安全保证金	已公开的小额保证金要求	需要信贷额度和额外初始的变动保证金
清算机制	由银行和经纪人决定，无单独的清算所运作	由交易清算所运作，市场按日清算
交割频率	在商品和服务的交易中，通常存在货币之间的交换。金融投资者通常会滚动到期头寸以保持套期保值	理论上，完全市场中不存在交割；事实上，实际交割不超过1%

资料来源：TuckerA. L. 、MaduraJ. and ChiangT. C. . International Financial Markets. WestPublishingCompany，1991.

与期货合约相比，远期合约提供更大的灵活性。顾客可以根据其具体需要订立特定的合约大小和特定的结算日期。另外，期货合约是标准化的。除其他的特点外，顾客不能选择交割日和精确的合约大小。

期货合约和远期的另一个区别是，期货合约要求一笔保证金（初始保证金）以弥补顾客的信用风险。通常，初始保证金只代表基础货币总价值的一小部分。这可以归结于每日结算制（Daily Settlement）（或者盯市）。如果在某交易日结束时，价格变化导致出现了损失，就会有保证金追缴（Margin Call）：交易者需要补充保证金账户才能重新启动第二天的交易。总的来说，投资者必须存入资金以保持所谓的维持保证金（Maintenance Margin）。这一程序的效用是使期货市场更加安全。在远期市场，并不是每日交割，因此，唯一的现金流发生于远期合约结算之时。因此，远期合约的风险比期货合约要大。基于此，只有被视为信用良好的投资者才能参与其中，并且通常需要提供某种形式的抵押品。

期货合约在套期保值方面的应用与远期合约类似。它需要建立一个对冲的头寸。为了实现完全的套期保值，对于一个初始的多头头寸，需要卖出与被保值头寸的规模和交割日尽量一致的期货合约。当然，一个初始的空头头寸需要购买期货合约。

6.3.1.3　货币市场套期保值

无抛补利率平价（Uncovered lnterest Parity）表明，相对于远期市场的另一选择是在货币市场上建立相应的头寸。货币市场套期保值可通过同时在两个不同的国家借贷来实现。

【例6－2】 续例6－1，一个瑞士投资者将在一年后收到2 000万美元。假设现在瑞士法郎和美元的年利率分别为0.93%和4.58%，而即期汇率为0.86瑞士法郎兑换1美元。为了实现货币市场的套期保值，这个瑞士投资者借入19 120 000美元＝20 000 000美元/1.0458。然后，他将这笔钱换成了16 450 000瑞士法郎（＝19 120 000美元×0.86瑞士法郎/美元）。到期时，这个投资者将会获得16 600 000瑞士法郎＝16 450 000瑞士法郎×0.93%，同时，他将使用原始头寸获得的20 000 000美元偿还20 000 000美元＝1.0458×19 120 000美元。表6－8展示了货币市场套期保值产生的损益恰好抛补了原始头寸的损益。

表6－8　　　　**货币市场套期保值产生的损益**　　　　（单位：瑞士法郎）

到期的即期汇率	初始现金流价值	货币市场套期保值的收益（亏损）	总现金流
0.70瑞士法郎兑1美元	14 000 000	2 600 000	16 600 000
0.83瑞士法郎兑1美元	16 600 000	0	16 600 000
0.96瑞士法郎兑1美元	19 200 000	－2 600 000	16 600 000
1.01瑞士法郎兑1美元	20 200 000	－3 600 000	16 600 000

这个结果与远期市场套期保值的结果非常相似。货币市场套期保值产生的损益刚好抵消了初始现金流的汇兑损益。例如，如果一年末的即期汇率为1.01瑞士法郎兑1美元，偿还20 000 000美元的本金和利息将花费20 200 000瑞士法郎。由于瑞士法

郎的投资收益是 16 600 000 瑞士法郎，所以套期保值产生了 3 600 000 瑞士法郎的损失。

注意到，货币市场和远期市场套期保值的总现流的等价关系并不是巧合，而是抛补利率平价所带来的结果。在先前的例子中，我们使用了初始即期汇率为 0.86，远期汇率为 0.83，而瑞士利率为 0.93%，美国利率为 4.58%，这些数据也是符合抛补利率平价原理的。

$$\frac{0.83}{0.86}=\frac{1.0093}{1.0458}$$

注意，在实际操作中，这一关系在大多数情况下成立；如果不成立的话，就存在套利的机会。因此，上述例子是符合实际的，只要抛补利率平价成立，则货币市场交易就能使投资者复制（或合成）远期合约。

6.3.1.4　货币期权

另一种投资者可以用来对货币风险敞口进行套期保值的金融产品是货币期权。与远期或期权合约相比，外汇期权给予的是一种在到期日或到期日前以确定汇率买卖特定货币的权利，而不是义务。

货币期权与建立在其他基础资产之上的期权具有相同的特征。尽管如此，要注意对外币的看涨期权等价于对本币的看跌期权。

如果投资者不确定经过套期保值的外汇现金流是否会实现，货币期权特别具有吸引力。

【例 6-3】 考虑一家公司在 3 月 1 日出价购买一个合约，并于年底用外币支付；另外，假定出价成功的宣告不会在 6 月 1 日前作出。在这 3 个月里，该公司并不知道是否会收到稍后发生的支付。假定公司希望确保在出价日和支付日之间汇率不会发生对其不利的变化，如果国外机构已经接受了该公司的出价，同时外汇却贬值了，那么不进行套期保值就是危险的。

一个明显的解决方法是卖出货币远期。然而，如果该公司出价失败，它仍然必须卖出货币。如果该货币升值，那么可能发生巨大的损失。管理这种外汇风险的方法是购买货币期权合约，货币期权合约给予持有者以确定汇率卖出外汇的权利（而不是义务）。如果公司没有成功，它只会损失期权的保费，而不会面临货币风险；而如果公司成功了，货币风险就得以避免。

上面的例子不仅适用于公司，还适用于任何不确定未来支付的投资者。同时还要注意，当货币朝有利的方向变化时，期权支付的非线性提供了收益的机会；而当货币朝不利的方向变化时，这种非线性又提供了一种保护。当然，这种特征意味着成本，即为了获得货币期权，投资者必须支付的溢价。

6.3.2　货币收益率的表现

本部分会列举一些外币收益率的例子，从而演示前文讨论的计算。表 6-9 列出了从瑞士投资者角度来看各个国外股票市场平均连续复利收益率的情况。

表 6-9　股票指数收益率（1999 年 2 月—2023 年 6 月）

国家	收益率		
	本地货币(a)	汇率(b)	瑞士法郎[1+(a)]·[1+(b)]-1
瑞士	5.0%	0.0%	5.0%
法国	5.0%	-2.0%	2.9%
德国	3.8%	-2.0%	1.7%
日本	4.4%	-2.7%	1.5%
英国	4.6%	-2.9%	1.6%
美国	6.5%	-1.9%	4.5%

资料来源：Bloomberg。

可以看出，瑞士货币相对于所有的货币都有升值趋势，从将瑞士法郎作为参考货币的投资者视角来看，这对外国股票市场的收益率产生了负面影响。表 6-10 演示了多货币收益率的几种特征，并提供了 1 月期欧洲美元存款收益率的统计指标。表中收益率以美元或者是瑞士法郎计。表中下半部分提供的是标普 500 股票指数收益率的相同统计指标。考虑的期限是 1 个月。对一个瑞士投资者来说，欧洲美元投资的波动性大都来源于似乎很难预测的汇率波动。在此部分中，进一步看到，汇率变化可以为资产波动提供自然的套期保值，尤其当持有期间较长时。

表 6-10　1999 年 2 月到 2023 年 6 月的月度数据

摩根大通美元 1 个月欧元存款指数	月度收益		
	美元	汇率	瑞士法郎
均值	0.2%	-0.1%	0.0%
标准差	0.2%	2.8%	2.8%
一阶自相关	0.97	-0.10	-0.09
二阶自相关	0.96	-0.03	-0.03
与汇率变动的相关系数	0.01		
与瑞士法郎收益率的相关系数	-0.08	0.44	

续表

标普500总收益指数	月度收益		
	美元	汇率	瑞士法郎
均值	0.7%	-0.1%	0.5%
标准差	4.4%	2.8%	4.9%
一阶自相关	0.00	-0.10	-0.02
二阶自相关	-0.07	-0.03	-0.01
与汇率变动的相关系数	-0.15		
与瑞士法郎收益率的相关系数	0.82	0.44	

资料来源：Bloomberg。

图6-1显示了以美元和瑞士法郎计价的欧洲美元投资月收益率。瑞士法郎的收益率明显有更高的波动性。

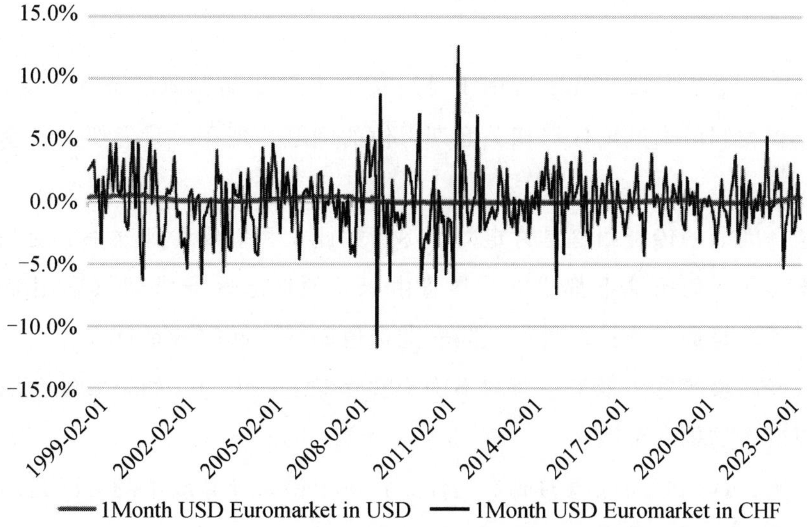

图6-1 欧洲美元投资1月期的月收益率

资料来源：Datastream。

图6-2演示了股票回报率的同种表现。再一次看到，汇率波动增加了收益率的波动率。尽管如此，瑞士法郎的波动率大大低于资产和汇率波动率的总和。这主要是因为汇率和资产收益率之间并非完全相关。

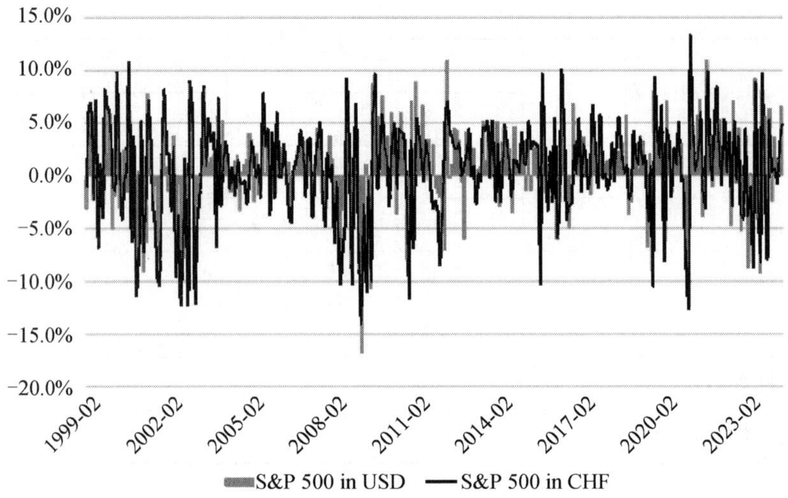

图 6－2　标准普尔 500 指数的月收益率

6.3.3　是一类资产 & 零和博弈吗?

在上文中，我们简要研究了可用于进行货币风险套期保值的最常见的金融工具。到目前为止，我们尚未讨论任何相关套期保值的问题。现在，我们要问：套期保值有价值吗?

对于这一问题的传统回答是肯定的。尽管如此，我们要看到这一法则并不具有普遍性，也不是在任何条件下都成立。尽管由于简便性原因通常建议采用完全套期保值，但其并不总是最佳选择。货币风险套期保值的好处和弊端是什么?

收益在于风险降低。未来结果的不确定性降低了；因而，如果实施套期保值，风险规避的投资者的福利会改善。

那成本呢?远期套期保值的成本是什么?一个错误计算成本的方法是用远期折价或者是远期升水来衡量成本。注意，后者的定义是：

$$\text{远期升水} = \frac{S_{t-1} - {}_{t-1}F_t}{S_{t-1}}$$

这种方法的谬误在于，相对比较应该是在以下两者之间进行：套期保值后每单位外币收到的本币数量${}_{t-1}F_t$和在没有进行套期保值的情况下收到的本币数量S_t，而且S_t是在未来清算日的未知的即期汇率。如果投资者没有进行套期保值，每单位外币实现的价值应该是S_t。按照经济学的常理，套期保值“真正”的成本是机会成本。因此，套期保值的成本等于：

$$\text{套期保值成本} = \frac{S_t - {}_{t-1}F_t}{S_{t-1}}$$

这个定义的问题在于，当投资者决定（全部或部分）进行套期保值的时候，无法确定套期保值的成本，因为未来的即期汇率 S_t 在 $t-1$ 时刻是未知的。因此，投资者应该基于套期保值的预期成本进行决策。预期成本由下式给出：

$$\text{预期成本} = E_{t-1} \cdot \frac{S_t - {}_{t-1}F_t}{S_{t-1}} = \frac{E_{t-1}(S_t) - {}_{t-1}F_t}{S_{t-1}}$$

预期成本依赖于远期汇率和预期的未来即期汇率之间的关系。这一关系可以写为：

$${}_{t-1}F_t = E_{t-1}(S_t) + \Pi$$

其中，Π 是风险升水项。

将这一表达式和预期套期保值成本联立，得到：

$$E_{t-1} \cdot \frac{S_t - {}_{t-1}F_t}{S_{t-1}} = \frac{E_{t-1}(S_t) - {}_{t-1}F_t}{S_{t-1}} = -\frac{\Pi}{S_{t-1}}$$

一个广为人知的经济理论假设，即汇率应该随着利率差异的补偿而变动。如果这个理论正确，应被称为未抛补的利率平价理论，那么溢价 Π 将因为 ${}_{t-1}F_t = E_{t-1}[S_t]$ 而为 0。因此，套期保值的成本（平均而言）等于 0。

总而言之，如果远期汇率是未来即期汇率的无偏估计，货币套期保值的预期成本为零且其提供了风险降低的好处。在这种情况下，对货币风险敞口进行套期保值总是最优的。这就是传统的货币套期保值的免费午餐观点，支持货币套期保值，因为投资者能够通过货币套期保值降低风险，而无须产生成本。

不幸的是，远期汇率似乎是未来即期汇率的有偏估计（$\Pi \neq 0$）。因此，套期保值可能是成本高昂的。只要市场参与者是风险规避的，我们就可以看到，升水项是非零的。预期套期保值成本依赖于升水的大小。帕罗特和舒尔曼（Perold & Schulman）① 发表了一项和免费午餐理论一致的研究。他们认为存在风险升水，但他们又说：

“无论从实际角度还是从名义角度，理论上很少直接预言究竟谁得到了升水，这些升水是大还是小，以及这些升水是否稳定……大量的研究都在寻找货币升水的证据。虽然近期的研究倾向于拒绝名义升水为零的假说，但偏离于零的幅度并不大。它们可以由时间差异升水来解释，但不能由静态升水来解释……有较为充分的理由相信，在较短的时期内，货币套期保值（即货币风险敞口）的预期收益率是非零的。然而，相信这些升水恒定为正或为负的理由却并不充分……从长期政策的角度看，相信货币风险套期保值并没有提高长期收益的观点缺乏基础。由于货币套期保值大大降低了风险，

---

① Perold & Schulman：“货币套期保值中的免费午餐：对投资策略和绩效评价的启示”，《金融分析》，1988 年，第 45－50 页。

因此长期（或者‘正常’）投资组合应该是进行过货币风险套期保值的投资组合。”

为了说明这一点，帕罗特和舒尔曼列举了表明货币套期保值好处的大量例子。他们提供了对货币风险进行完全套期保值（套期比为 1）的投资组合和未进行套期保值的投资组合的波动性的对比。

经套期保值（使用货币市场套期保值）后的报酬率计算如下：

$$1 + R_D^{hedged} = \underbrace{(1 + R_F) \cdot (1 + S)}_{\text{投资收益}} + \underbrace{(1 + R_{Dt-j}) - (1 + R_{Ft-j}) \cdot (1 + S)}_{\text{套期保值收益}}$$

其中，R_D^{hedged}——参考货币的套期保值收益；R_F——外国货币的投资收益；s——汇率的百分比变化；R_{Dt-j}——以参考货币计价的货币市场存款利率；R_{Ft-j}——在投资持有期内外国货币的贷款利率。

套期保值投资的收益等于初始投资的收益加上货币市场套期保值的收益。

这个公式适用于完全套期保值投资。这意味着套期保值的比例等于 1，即额外的投资和用于防范货币波动的套期保值投资相等。一旦汇率或初始投资的价值发生变化，套期保值就需要重新进行调整以保证套期保值的比例等于 1。上述公式未考虑重新调整，它只适用买入并持有的套期保值策略（即套期保值并不完美）。

表 6－11 显示了帕罗特和舒尔曼的部分结果（基于原始数据）。套期保值的收益根据上述公式计算得到，并假设按季度进行了重新平衡调整。

表 6－11　每季度实际收益率的波动率（1978—1987 年，从美国的角度）　（单位：%）

股票			
国家	未套期保值	套期保值后	风险降低百分比
美国	17.4	17.4	—
日本	24.9	16.7	32.8
英国	22.6	18.6	17.6
德国	24.3	20.3	16.4
债券			
国家	未套期保值	套期保值后	风险降低百分比
美国	14.4	14.4	—
日本	20.9	8.9	57.5
英国	18.9	12.4	34.6
德国	18.3	8.3	55.6

注意，风险的降低非常显著。从美国的角度，外国的股票和债券市场比国内的市场风险更大。尽管如此，如果外国投资进行了套期保值，外国市场可能比美国的市场风险更低。债券风险下降的好处似乎相对要大于股票。

支持套期保值的另一点是，国际多样化的投资组合风险降低了。在前文，我们说明了国际多样化提供了风险降低的好处。帕罗特和舒尔曼计算了货币套期保值的累积收益率。他们的计算结果在表6-12中，同样也是基于原始数据计算得到。

表6-12　　货币套期保值的累积收益结果　　（单位:%）

投资	100%美国	75%美国/25%非美国				
	波动率	未经套期保值的波动率	风险降低	经套期保值的波动率	风险降低	累积风险降低
股票	17.42	16.71	4.1	15.64	10.30	6.4
债券	14.38	14.10	1.9	12.53	13.00	11.4
65%/35%	14.14	13.87	1.9	12.48	11.30	9.6

在上面的例子中，套期保值似乎再次被证明是有所裨益的。比如，考虑一个股票组合：加入25%未经套期保值的外国证券波动率降低4.1%。对投资组合中的非美国成分进行套期保值，累积风险降低了6.4%，甚至大于国际多样化实现的风险降低程度。

与帕罗特和舒尔曼一样，恩和雷斯尼克（Eun & Resnick）[①] 分析了国际多样化投资的好处，尤其强调了货币套期保值问题。他们的理论框架是现代投资组合理论（马柯威茨的均值—方差理论）。和索尔尼科（Solnik）[②] 不同，他们并不单独考虑不同投资组合的样本内表现。首先，他们在历史数据的基础上建立投资组合：平均收益率和方差—协方差矩阵。这意味着只使用选择投资组合时已经知道的数据。投资组合的表现在期间结束时进行估计，使用的是实现的收益率。

一言以蔽之，投资组合的选择发生在每期事前，投资组合的表现在每期事后进行评价。显而易见，这种方法比样本内表现的单一评价要更加切合实际。这种方法还为投资组合经理考虑估计风险（Estimation Risk）问题提供了一个指引。

恩和雷斯尼克考察了1980年至1985年之间的周收益率。考虑的国家有七个：加拿大、法国、德国、日本、瑞士、英国和美国。建立的投资组合也多种多样：EOW是等权重组合（各个国家的权重相等），CET是确定等值切点组合（Certainty - Equivalent Tangency Portfolio）[③]，MVP是最小方差组合。表6-13显示了在组合选择发生在每期事前，各种投资策略的样本外表现（基于原始研究数据）。

---

① Eun&Resnick，“汇率不确定性，远期合约和国际投资组合选择”，《金融学期刊》，1988年第43卷，第197-215页。

② Solnik B，“为什么不进行国际分散化而非国内分散化?”，《金融分析师》，1974年，第48-54页。

③ CET策略包含这样一个假设：过去的收益率是未来收益率的最佳估计。

表 6－13　不同的事前投资策略的业绩（以每周百分比计）

投资策略	均值	标准差	sharpe 指数（$R_F=0$）
EOW 未经套期保值	0.315%	1.515%	0.214
CET 未经套期保值	0.198%	3.862%	0.084
MVP 未经套期保值	0.336%	1.545%	0.210
EOW 经套期保值	0.393%	1.054%	0.423
CET 经套期保值	0.466%	1.266%	0.399
MVP 经套期保值	0.500%	1.202%	0.429
纯美国投资组合	0.189%	1.744%	0.104

从表 6－13 我们可以观察到：

• 除未经套期保值的 CET 外，每一个国际投资策略均优于国内策略（消极的）。这倾向于肯定国际多样化的好处。

• 以过去收益率作为未来收益率预测指标的策略被其他策略胜出。

• 经过货币套期保值的策略胜于未进行套期保值的那些策略。

对恩和雷斯尼克而言，第二点是货币套期保值中“免费午餐”的另一种表达。

这些例子清晰地表明了套期保值是有利的。然而，前面的例子并不能充分证明完全套期保值的最优性，我们不应该自动假设完全套期保值外币投资是最优的选择。在接下来的部分，我们更详细地探讨这个主题。

6.3.4　全球投资组合中的货币问题/最优套期保值水平

在这一部分中，我们将要研究国际多样化投资的影响和对股票及债券进行套期保值。这样做的途径之一是计算六种资产的各种统计指标：国内股票和债券、对货币风险未经套期保值的外国股票和债券，以及对货币风险进行了套期保值的外国股票和债券。

乔里恩（Jorion）① 用美国数据提供了这样的一个分析，他使用了标准指数：标准普尔 500 指数、Salmon Brothers US Government 指数、摩根士丹利（Morgan Stanley）Capital International EAFE（欧洲、澳大利亚、远东）指数、Salmon Brothers Non－USD Bond 指数。对于经过套期保值的资产类别，没有现成的指数，因此乔里恩为分析需要不得不建立一些指数。他的方法是回到“次级指数”（SubIndices）②（国家指数）。

---

① Jorion P.，“在使用已经套期保值或未经套期保值的外国股票和债券条件下的资产配置”，《投资组合管理》，1989 年，第 49－54 页。

② 在每月月初，卖出 1 个月期的暴露的外汇风险数量。在月末，将头寸平仓。这种策略消除了大部分的汇率风险，但它仍然不是完全的套期保值——因为精确的套期保值数量是未知的。实践中，剩余的货币风险在短期时间间隔中暴露得很小。

对每一个次级指数，他使用1个月期滚动的套期保值计算套期保值收益率，然后使用次级指数建立国际指数。这些结果可见表6－14。

表6－14　　从月度数据得出的年度数据（1978年1月至1988年12月）

项目	美国		外国（未经套期保值）		外国（经套期保值）	
	股票	债券	股票	债券	股票	债券
平均收益率	15.8%	9.7%	22.9%	12.6%	20.9%	11.3%
波动率	16.5%	11.2%	17.2%	13.7%	13.1%	6.8%
与下列的相关系数：						
美国股票	1.00					
美国债券	0.29	1.00				
外国股票	0.43	0.23	1.00			
与下列的相关系数：						
外国债券	0.05	0.42	0.66	1.00		
经套期保值的股票	0.59	0.12	0.76	0.09	1.00	
经套期保值的债券	0.19	0.53	0.34	0.58	0.24	1.00
60/40美国混合	0.93	0.62	0.44	0.20	0.53	0.35
Beta with：						
60/40美国混合	1.28	0.58	0.63	0.22	0.58	0.20

注意，外国股票和债券有相对更好的表现。外国股票年收益率超过美国股票7.1%，然而波动率却没有显著增加。同时，这表明外国市场和货币之间存在很强的多样化效应。经套期保值的外国股票收益率超过美国股票5.1%，同时具有更低的风险水平。尽管如此，套期保值使收益率降低了2%。这意味着套期保值是成本高昂的，但是甚至在这种特定的情况下，成本相对于风险的降低来说还是较小的。

现在对比一下股票和债券。无论是股票还是债券，货币套期保值好像都是有益的。未套期保值的股票波动率等于17.2%，经过套期保值的股票波动率是13.1%。套期保值把波动率降低了24%。对债券而言，降低的幅度更大，债券的波动率从13.7%降低到了6.8%。这意味着降低了50%。

套期保值对债券风险的影响大于股票。这种现象是典型而无须惊讶的：它源于债券和股票的特定风险构成。让我们回到表6－10。在这个表中，股票和债券的区别相当明显。以本国货币表示的股票的风险大于债券。事实上，道琼斯工业收益率指数的标准差高出1个月期欧洲美元收益率标准差的16倍。尽管如此，当它们被兑换为另一种货币的时候，股票收益率的标准差仅是1个月期欧洲美元标准差的1.5倍。

大多数外国债券的风险源于汇率波动。因此，风险降低的空间更大，此时货币套期保值则显得大有裨益。另外，汇率波动并没有增加外国股票的风险。这源于股票高的标准差，甚至当以本币计量时也是如此。不仅如此，股票收益率和汇率的相对变化几乎不相关。这种特性意味着套期保值对于外国股票流动性的降低并不像对于外国债券那样低那么多。

这一结果表明，外国债券的货币风险套期保值对它们自身的流动性存在有趣的影响。然而，这种影响的大小将取决于投资组合中外币的财富比例，并且货币风险的套期保值并不总是有效的，这将在下一节中继续探讨。

6.3.4.1　投资于外国市场的财富比例

在现实中，投资组合经理经常受到限制。他们投资于外国资产的数量常常不能超过一定比例。甚至在他们不受限制的时候，人们也常常看到某种本币偏好（本国偏见）。当仅有小部分投资于外国证券的时候，一个国际多样化的投资组合的货币风险又是如何呢?

注意，投资者主要对其投资组合的风险感兴趣。大多数时间里，个别证券的风险是不相关的，因为这些风险可以通过部分多样化而消除。重要的是个别证券对投资组合总的风险的贡献程度。这种贡献可以用证券的贝塔系数衡量。

表 6－14 包含了含有 60% 股票和 40% 债券的纯美国投资组合的贝塔系数。贝塔系数可被解释为，当增加少量外国资产时，投资组合总的波动率的局部变化。资产的贝塔值越低，此种资产对投资组合总风险的贡献也越低。

一种资产的贝塔系数可以如下测量：

$$\beta_{asset}=\frac{Cov[R_{asset},R_{portfolio}]}{Var[R_{portfolio}]}=\frac{Corr(R_{asset},R_{portfolio})\cdot Std\ dev.(R_{asset})}{Std\ dev.(R_{portfolio})}$$

因此，贝塔系数依赖于变动性和相关系数。总的来说，低相关性意味着风险分散效应的存在。乔里恩（Jorion）[①] 发现了套期保值微妙的一面：套期保值提高了外国资产和美国资产的相关性。这种情况发生是因为大多数汇率变动与美国资产价格不相关，因而是可以多样化的。低的波动率和高的相关性都意味着套期保值很难降低系统风险（即贝塔值）。

比如，表 6－14 中的外国债券，波动率的降低伴随着与“60/40 美国投资组合”相关性从 0.20 增加到 0.35。这些互相排斥的效应综合在一起，仅使贝塔系数从 0.22 降低到 0.20。这种现象意味着套期保值对投资组合风险的影响有限。乔里恩对这一

---

① Jorion P.，“在使用已经套期保值或未经套期保值的外国股票和债券条件下的资产配置”，《投资组合管理》，1989 年，第 49－54 页。

点进行了说明，图 6 - 3 是其说明的重现。

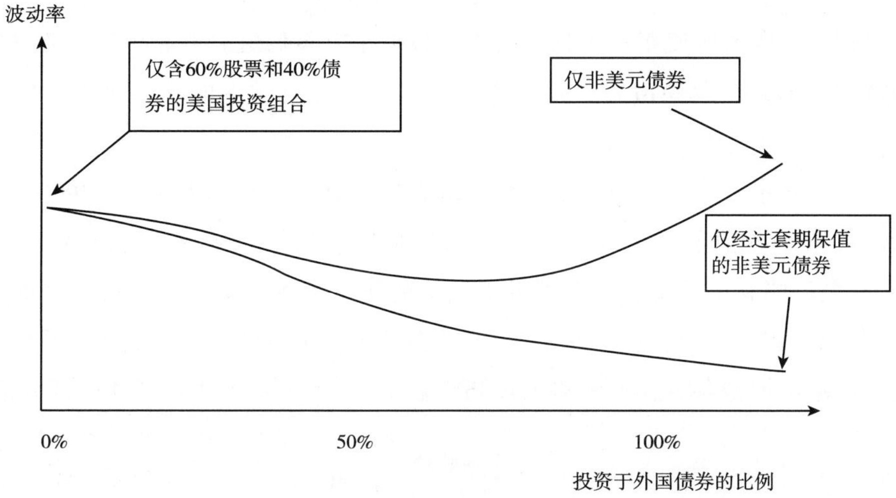

图 6 - 3　套期保值引起的外国和美国资产相关性的增加

"起点"是含 60% 股票和 40% 债券的纯美国投资组合，这种组合是美国养老基金的常见组合形式。然后，外国债券添加进来。如果包含的债券没有进行套期保值，图 6 - 3 中上方的线对应于投资组合的波动率，下面的线对应于经过套期保值的投资组合的波动率。注意，包含外国债券少于 1/3 的投资组合几乎没有受到货币套期保值的影响，即风险降低很不明显。

事实上，美国投资者仅将其投资组合的一小部分投资于外国证券。乔里恩提供了一个明显的例子：他考虑一个含有 10% 外国债券的投资组合，在风险敞口的情况下，整个投资组合的风险是 11.2%：进行货币套期保值以后，投资组合的风险是 11.1%。

当在一个仅有少数外国证券的全部投资组合背景中时，套期保值似乎显得并没有那么有利。如果套期保值成本高昂（并由此降低了投资组合的预期收益），并且如果投资组合中外国部分仅占全部财富的很小比例，那么投资者就不应该进行套期保值。然而，需要考虑到在某种情况下，汇率与市场变化之间的相关性不可忽视。想象一下，以出口为主的公司在股票市场占有较高比例，它们通常会受益于较低的汇率。此外，还要考虑到套期保值的成本不仅仅是远期汇率和当前即期汇率之间的差异，还包括未来汇率的变动。因此，如果脱离汇率未来发展情况来评价货币套期保值的真实成本是十分困难的。

6.3.4.2　时间依赖性

货币套期保值的另一个值得注意的问题是：货币套期保值随时间而变吗？

答案似乎是肯定的。其主要原因在于表达式“${}_{t-1}F_t = E_{t-1}[S_t] + \Pi$”中的“$\Pi$”是随时间变化的。帕罗特和舒尔曼的论点[①]是$\Pi$或多或少或为零，有时为正有时为负，同时偏离于零的幅度很小。在长期中，Π似乎有零均值。然而，如果偏离始终有相同的方向，那么套期保值要么是耗成本的，要么是有收益的（依赖于投资者的头寸状况）。

在表6－14中，我们看到货币套期保值意味着成本。在1978年至1988年，套期保值后的股票平均收益率减少了2%，同时套期保值后债券的平均收益率减少了1.3%。有人可能要争辩说，成本相对于风险的明显减少是微不足道的。然而，如果他考虑到次级区间（Sub－periods），结论就会发生根本性的改变。比如，乔里恩提供了在几个次级区间内各种投资策略的预期收益率。[②] 表6－15再现了他的部分结果。

表6－15　　平均收益率　　（单位：%）

次级区间	仅美国		外国（一般）		外国（经套期保值的）	
	股票	债券	股票	债券	股票	债券
1970—1980年弱势美元	18.5	6.6	19.9	9.3	15.9	6.0
1981—1984年强势美元	11.2	6.0	8.5	2.8	21.2	16.5
1985—1988年弱势美元	18.3	13.2	39.4	24.9	24.4	10.2

注意货币套期保值可以大大影响平均收益率。不仅如此，对平均收益率的影响依赖于考虑的区间。当美元相对外币倾向于升值时，套期保值通过防止外币损失而显得具有高收益。另外，当美元贬值时，套期保值减少了平均收益率（在区间1985—1988年外国股票降低了15%）。

如果远期汇率是未来即期汇率的无偏估计，那么进行套期保值的策略和不进行套期保值的策略二者之间的差异将不存在。经套期保值的收益率和未经套期保值的收益率之间存在巨大差异的事实再次表明，无偏远期汇率的假说是不实际的。它同时还表明，无抛补的利率平价（或者费雪国际平价定律）并不成立。

通过前述观察可以得出结论：货币的敞口可以产生或正或负的收益。因此，货币可以被纳入均值方差的分析框架，并被视为独立的投资资产。

这同时也表明，货币投机可能是有利可图的。下一部分讨论作为投机工具的远期

① Perold & Schulman，“货币套期保值中的免费午餐：对投资策略和绩效评价的启示”，《金融分析》，1988年，第45－50页。

② Jorion P.，“在使用已经套期保值或未经套期保值的外国股票和债券条件下的资产配置”，《投资组合管理》，1989年，第49－54页。

合约的用途。

6.3.4.3　使用远期合约的投机策略

事实上，观察到的远期汇率倾向于高估外币的贬值率或升值率。注意，大多数情况下，回归表示如下：

$$\ln(S_t) - \ln(S_{t-1}) = \alpha + \beta \cdot [\ln({}_{t-1}F_t) - \ln(S_{t-1})] + e_t$$

其中，F_{t-1}^{t}——在 t - 1 时刻用于在 t 时刻交割的远期利率。

回归产生了一个小于1的估计值 β（甚至为0）（参见 Froot 和 Thaler，1990）。这表明一个简单的投机策略可以实施：

- 每当观察到升水时，卖出远期合约（$F_{t-1}^{t} > S_t$）；
- 当存在贴水时，买进远期合约（$S_t > F_{t-1}^{t}$）。

如果外汇市场是有效的，并且投资者对外汇敞口头寸不要求任何风险升水，这样一个策略的收益率应该是零。相反，如果远期汇率包含一个风险升水，此种策略可以获得正的收益率。为了说明这一点，让我们假设存在一个升水，为了简化，这个升水被设定为正的常量。

在这个例子中，我们可以得出：

$${}_{t-1}F_t = E_{t-1}(S_t) + \Pi$$

其中，$\Pi > 0$ 是远期风险升水。

如果现在我们采用"投机"策略，卖出远期汇率，收益率将是：

$${}_{t-1}F_t - S_t = E_{t-1}(S_t) + \Pi - S_t$$

取预期收益率得到：

$$E_{t-1}({}_{t-1}F_t - S_t) = E_{t-1}[E_{t-1}(S_t) - S_t] + \Pi = \Pi > 0$$

另外，如果风险升水是负的（$\Pi' < 0$），只需要对前面的论述反向操作，买进远期合约。用 -1 乘以前一个方程得到：

$$E_{t-1}[S_t - {}_{t-1}F_t] = E_{t-1}[S_t - E_{t-1}(S_t)] - \Pi' = -\Pi' > 0$$

Adjaoute 和 Tuchschmid[①]计算了此"投机"策略的平均收益率和波动率。表6 - 16再现了他们的计算结果。

我们可以看到，虽然波动率很大，但收益率均值一直是非负的。注意，这里的夏普比率和那些权益投资的类似。对正的投机收益率的解释主要有两种：第一种提出市场非有效或投资者非理性；第二种更具有吸引力，使用的是风险升水理论。

---

① Adjaoute K. and Tuchschmid N.. The Relevance of Hedging Currency Risk in Internationally Diversified Stock Portfolios", HEC—University of Lausanne, Working Paper # 9506, 1995.

表 6-16 瑞士投资者月收益率和其他数据（1976—1994 年）

	BEF	CAD	DKK	FRF	NLG	DEM	ITL	USD	GBP	JPY
收益率（%）	0.28	0.35	0.34	0.17	0.26	0.20	0.30	0.12	0.17	0.64
标准差（%）	1.76	4.07	1.74	1.80	1.59	1.48	2.36	3.98	2.99	2.88
夏普比率	0.16	0.09	0.19	0.09	0.16	0.14	0.13	0.03	0.06	0.22

Adjaoute 和 Tuchschmid 还证明，这种策略与国际多样化的投资组合相结合，其表现要优于完全套期保值或未经套期保值的国际投资组合。这说明，不管是进行套期保值还是不进行套期保值，都有很高的成本。因此，远期汇率本身必须被看作是资产，同时在资产配置过程中必须将其纳入最优化问题。

6.3.5 布莱克关于一般货币套期保值的观点

索尔尼科（Solnik，1974）[1] 在一个同时整合了市场风险和货币风险的国际框架下扩展了国民（单一市场）资本资产定价模型。与最初的模型相似，他的模型给出了股票和货币的均衡预期收益率，其结果是全世界的投资者拥有相同的最优头寸。尤其是，他证明存在一个全球投资组合，这个组合包含着最优化货币套期保值的股票。

通过增加几个假设，布莱克（Black，1989）[2]发展了一个套期保值法则，这一法则与索尔尼科的均衡资本资产定价模型的国际版本相一致。布莱克的模型指出，应该进行套期保值的货币风险敞口的比例依赖于两个组成部分：世界市场投资组合的预期超额收益率以及在所有投资者和国家之间平均化的汇率波动率。因此，根据布莱克的模型，应该存在一个适用于所有投资者的普遍最优套期比[3]（Universal Optimal Hedging Ratio）。

尽管如此，布莱克的方法还是在几个基本前提方面遭到批评。他的模型建立在两个不切实际的假定上：（i）所有的投资者都有同样的风险容忍度；（ii）各个国家的国民财富严格等于股票市场价值。正如阿德勒和普拉萨德（Adler & Prasad，1992）[4] 证明的，布莱克套期比的普遍性并不是一个一般性的结果，而是直接源于强加在世界

① Solnik Bruno，1974. An Equilibrium Model of the International Capital Market，*Journal of Economic Theory*，1974，Vol. 8，pp. 500－524.

② Black Fisher. "Equilibrium Exchange Rate Hedging"，NBER Working Paper # 2947，1989.

③ 记住，资本资产定价模型的一个标准假设是，投资者对现有投资机会的收益率、方差和协方差具有相同的预期。

④ Adler and Prasad. On Universal Currency Hedges. Journal of Financial and Quantitative Analysis，1992，Vol. 27，pp. 19－38.

投资者身上的同质性初始假定。

此外，应用此技术的一个困难在于，布莱克套期比对于大量不稳定变量的变化非常敏感。当使用历史数据进行检验的时候，布莱克的模型显示，套期保值的货币比例范围在30% ~77%之间，依赖于世界市场投资组合的预期收益率。

这些原因解释了为何布莱克的模型虽然从理论角度看很有意思，但在实践中的意义却有限。

6.3.6 外包策略的运用

投资组合的货币风险管理有两种不同而具有争议的途径：货币风险的整合管理（Integrated Management）和货币外包（Currency Overlay）。这二者之间的选择主要由如下问题的答案所推动：货币管理与资产管理是应该联合进行还是分开进行？

在整合方法下，投资最优化在国家配置范围内整合货币风险敞口。布莱克的模型是整合方法的典型运用。在这个思路上讲，债券或者股票经理应该从资产选择和货币管理两方面同时获取高收益。虽然这在理论上是可行的，但在实践中，外汇市场有自身的动态性和风险收益均衡关系，且与股票和债券明显不同。因此，很难找到在投资过程中的各方面都一直成功的经理人。不仅如此，在板块投资趋势下，不同的货币混合在一个板块中，使这个问题变得更加复杂。

货币外包方法采用了完全不同的观点。在货币外包方法下，最优化过程在货币上分开进行，这些货币被看作是一个截然不同的资产类别。最优的区域，板块权重首先由传统经理决定。接着，第三方经理为了避免潜在的利益冲突，只对外汇风险敞口进行最优化。

货币外包市场起源于20世纪90年代，最初在美国养老基金领域发展，后来扩展到国外，尤其是荷兰、澳大利亚、日本和英国。市场迅速扩大的原因有三点。首先，大量的养老基金在那个时期开始扩大自己持有的国际权益。其次，养老基金倾向于雇佣从事专门业务的外部经理，比如货币管理。最后，一些公司如Frank Russel、Inter-Sech或WM公司的业绩报告表明，历史上当传统型的基金经理自己管理货币风险的时候，他们往往毁灭了价值。

货币外包的支持者宣称他们可以通过降低投资组合的总体货币风险敞口或者通过收益率提升来增加价值。尽管陈述不同，但他们均着眼于将货币风险从正常分布调整为有些偏态的分布（Skewed Distribution），从而限制了由于货币强烈波动引起的巨大损失，同时将总体分布微微移向右方（朝向更高的收益率）。

货币外包过程总体上以下面的方式结构化：在参考期间的开始，宣布需要管理的货币风险敞口。由养老基金任命的委员会根据套期比固定某种基准，然后将货币外包的实施交给内部或外部的经理来完成。需要进行套期保值的比例被称为策略套期比率，它对应于想得到的长期风险敞口，并且应当被看作一种中性立场。它的范围可以从非套期保值策略（零百分比的套期保值）到设置固定的套期比，而设定的套期比可以在整个货币风险①过程中部分或全部外包（100%套期保值）风险敞口。现在，我们来看看积极与消极外包方式的差异。

按惯例，货币外包政策可以被划分为“消极”方式和“积极”方式。

在消极方式下，实施内容仅包含监控货币风险敞口，并在必要时对其进行重新调整以确保有效套期比等于战略套期比。这个过程也许并不像它看起来那么简单。比如，一些投资采用了衍生工具的形式，而这会因为它们的非线性变化加大评估货币风险敞口的难度。

在积极方式下，货币经理通常会选择一个战术性的套期比率，而只要当市场预期存在良好的机会时，战术性的套期比就与战略套期比不同。积极的货币外包管理的步骤在本质上非常类似于那些管理其他类别投资组合的步骤。它们包括：

- 预测每种货币的收益率。这个过程通常包含设定基本和技术性的指标以提供综合的预测。基本方法通常建立在不同国家利率差异分析的基础上以决定它们各自的优势，同时建立在购买力评价对比的基础上以评估每种货币的公允价值，还建立在通过考察股市和公共赤字而得出的经济和政府信用的评价上。技术性分析通常作为辅助手段。回顾过去，货币收益率提供了技术性的预测，这种预测在彰显即将到来的变化或投机活动的程度可能是有用的。
- 建立一个最优的风险控制的投资组合。货币投资组合的建立过程以最优化和积极头寸限制为基础。最优化是在既定的风险水平下建立收益最大化的货币投资组合，而头寸限制在最初设定时是为了确保投资组合的构成代表了基准（Benchmark）。
- 实施这个投资组合。投资组合开始实施常常使用期货和远期，因为它们流动性高，交易成本低，同时现金流的管理容易。

当实施货币外包的时候，需要意识到投资者在受益于积极管理的时候并未失去对其投资组合一部分的控制，这是非常重要的。基准（策略套期比率）代表了风险控制，而管理过程（战术性的套期比率）代表了增加的价值。因此，一个适当基准的选择是货币外包决策的基本部分。既有的基准包括以下几种形式，投资者可以使用：

---

① 大部分实证研究表明，在长期情况下，零百分比或者100%的套期保值都不是有效的。作为一个拇指法则，建议的套期保值比例是40%～60%。

• 完全套期保值的基准。其优势是一些完全套期保值的指数可以公开获取用以对投资组合的建立与监控（如对美国投资者而言的 MSCI 指数）。其缺点是积极经理人的决策受到限制，因为他只能减小套期比，但却不能将套期保值的比例提高到 100% 以上。

• 未套期保值的基准。其优势和缺点类似于完全套期保值的基准（经理人不能将套期保值的比例减低到 0 以下）。

• 50% 的套期比。其优点是允许套期比向两边移动。

• 完全独立于基础投资组合的基准。这允许货币经理"押注"于完全与基础资产不相关的资产。主要的缺点是失控的风险很大，尤其是在事前风险方面。

货币外包的另一个重要方面是其产生的现金流的管理。这些现金流可正可负；这些现金流往往发生在期货或远期合约滚动交割或平仓时，或者发生在期权被买卖或执行时。这些现金流应该被包括在传统投资过程中，还是应该与货币外包经理相隔离？激进型的外包方案采用前一种方法，组合经理的业绩会受到影响；而非激进型的外包方案偏好第二种，为实施外包的经理的运营需要而牺牲"现金池"（Pool of Cash），然而这笔现金对于其他潜在收益更高的策略投资来说是不可用的。

6.4　国际股票

美国是迄今为止世界上最大的股票市场，但它占世界股票市场资本总额的比例远低于 100%（在过去几十年中，它在 40% ~60% 之间波动）。这意味着一个只持有美国股票的美国投资者将错过大约一半甚至更多的全球投资机会。尽管如此，在过去，各种形式的资本和货币管制限制了国际投资，很少有资产管理公司提供全球性服务，美国投资者在国际舞台上的缺席现象十分常见。然而，其他地方的情况有所不同。欧洲银行和私人投资者长期以来一直是国际投资者，这既是受到文化传承的影响，也是基于必要性的考虑（因为每个国家股市规模相对较小）。欧洲股票市场总共占世界股票市场资本总额的 30% ~40%，剩余部分则为太平洋股票市场和新兴市场承担。

有两个论点常被用于作为支持国际权益投资的证据：海外更高的潜在收益率，以及基于不同国家权益市场之间低相关性所产生的多样化效应。

海外更高的回报潜力主要是基于历史考虑。例如，让我们考虑以瑞士法郎为基础的投资者。在 2011 年至 2022 年期间，即使考虑了瑞士法郎的升值，瑞士股票市场也很少能够成为排名前列的股票市场。实际上，在这段时间内，它只有一次跻身前四名。因此，一个全球多元化的分散投资组合可能有助于投资者提高其国内股票投资组合的收益率。

拒绝海外投资可能会丧失重要的获利机会，尤其是从长期来看。例如，截至2022年底的12年期间，国际股票市场的年均收益率范围从以色列的-2.0%（最差情况）到丹麦的11.2%（最好情况）不等，其他所有国家及地区都处于这两者之间（见表6-17及图6-4）。在过去的12年里，投资者应该把他们的资金投入哪些市场呢？当然是丹麦。但现在的问题是预测下一个最佳收益率的市场，即未来十年或更长时期内的赢家。对于那些不愿意依赖运气的投资者而言，答案是进行分散投资。

表6-17　居前四位的股票市场年收益率

2011年		2012年		2013年	
爱尔兰	14.3%	比利时	36.0%	芬兰	41.9%
新西兰	6.1%	丹麦	27.9%	爱尔兰	37.1%
美国	1.9%	新加坡	27.6%	美国	28.0%
英国	-2.1%	德国	27.5%	德国	27.6%

2014年		2015年		2016年	
以色列	37.3%	丹麦	24.2%	加拿大	26.7%
美国	26.0%	爱尔兰	17.2%	新西兰	20.4%
新西兰	20.1%	比利时	12.8%	挪威	15.3%
丹麦	18.8%	以色列	11.0%	澳大利亚	13.4%

2017年		2018年		2019年	
澳大利亚	52%	芬兰	-2.5%	新西兰	35.9%
中国香港	30%	新西兰	-3.1%	爱尔兰	35.2%
新加坡	30%	美国	-4.1%	瑞士	30.1%
丹麦	29%	以色列	-4.6%	荷兰	29.9%

2020年		2021年		2022年	
丹麦	31.7%	澳大利亚	45.7%	葡萄牙	1.4%
荷兰	13.7%	荷兰	31.4%	中国香港	-3.6%
瑞典	13.4%	美国	30.2%	英国	-3.7%
美国	10.6%	加拿大	29.7%	丹麦	-3.7%

资料来源：摩根士丹利资本国际数据库。

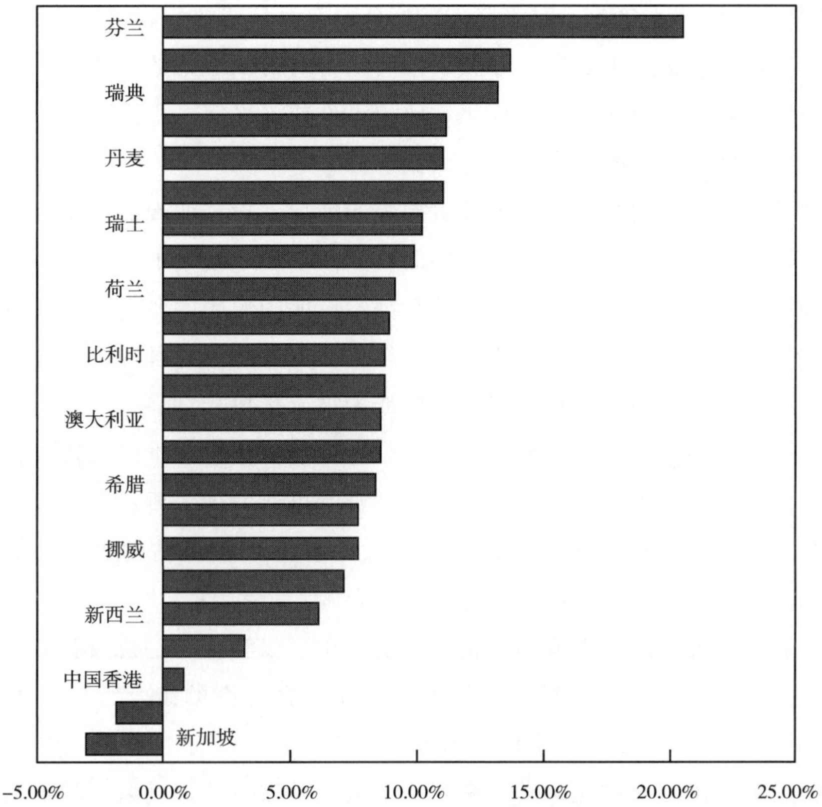

图 6-4　年均收益率（1993—2003 年）

当然，有人可能要争辩说，外国权益投资要比国内权益投资风险大，因为有货币风险。这正是第二个论点——多样化的用武之道。

由于外国股票市场的趋势通常不能与国内股票市场的任何牛市或熊市周期完全相关，因此超越一国范围而进行分散投资应该能够降低股票组合随时间的整体波动性。

在当今的世界经济中，国际股票市场之间的联系越发紧密，资本流动被放开，国家保护主义条例也减少了。因此，影响某一个市场或某一类市场的事件将波及其他市场，同时权益市场之间相关性也会增加。因此，如果真是这样（仍有一些争论），为什么还要麻烦地进行国际股票投资的多样化呢?

答案存在于市场运动的幅度而非方向。即使总的趋势是同时运动，仍有一些市场在历史上的某些时期表现要优于其他市场，而在剩余时期劣于其他市场。虽然过去的表现并不能说明未来的任何问题，但持续进行的国内和外国之间权益的多样化策略将有助于增加良好表现的机会，同时潜在地降低投资组合的总体波动率。

当然，也不能对地缘优势（Benefits of Geography）过分吹嘘，最终结果还与经济板块之间以及产业之间的多样化相关。这些因素比国家差别更加重要。注意，因为国际权益投资的目标是要寻找分布在全球经济中的好公司，而公司的所属国籍则是次要的。

现在，让我们回忆一下建立国际股票投资组合时需要考虑的几种特定风险。

• 政治风险。政治行为、政府变化、政治事件或不稳定、税法、货币或市场规则的变化，所有这些都将影响投资的价值或流动性。

• 流动性风险。流动性是价值不发生损失的情况下投资变现的容易程度。在较小的外国股市里，对于交易频率较低的股票而言，流动性风险增加了。

• 监管风险。很多海外证券市场的监管都不像四国集团的监管那样严厉，可能允许一些在其他地方被严格限制或禁止的交易行为。尤其是，外国的审计要求可能并不那么严格，而且内部交易的法规可能会更弱或未被严格执行。

• 信息风险。外国公司对其股东披露的信息可能更难为非本国的投资者获得，而且可能并不总是能够获得英文信息。因此，投资者可能发现，要获得用以寻找或投资于外国公司（这些公司对其长期价值提供最大的折价）被低估的股票的信息，或者对其在外国公司的投资进行监控，都是困难的。

• 交易成本。传统的经济成本，还有交易费用、保管费用、税收和其他收费大大增加了买卖外国证券的成本。投资与外国市场还包含更高的组合管理成本（更高的研究成本等）。这会对收益率产生负面影响。

• 货币风险。国际多样化自动带来了货币风险并需要管理其风险的专长。

当大部分投资者意识到全球多样化的收益时，他们还需要了解在当地市场直接交易所面临的挑战。这些包括非有效市场结算、不确定的保管服务及高成本的货币兑换等。此外，在一些外国市场中，外国投资者要购买普通股是不可能的或者程序上基本不可能。外国人购买股票仅限于移居外国的本国国民或者机构投资者。这解释了为什么投资者喜欢以间接手段投资外国，如存托凭证、ETF，或者共同基金。

存托凭证（Depositary Receipts）是作为一种允许国内投资者以可能的最有效形式在国内市场上交易某些国际证券的手段而发展起来的。简而言之，存托凭证是代表外国公司股份所有权的上市证券。每张存托凭证可能等于外国股份的一股、多股或一股的一部分。当外国经纪人或者外国银行在国内股市上购买某个公司的股份并将其转交给存托人的本地保管行后，保管行将通知存托行在另一个国家发行存托凭证，这样存托凭证就被创造出来了。这些存托凭证代表着存款证券并为其所支持。然而，存托凭证像其他任何证券一样，可在交易所或者场外柜台市场自由交易，还可以用来筹集资本。①

---

① 公司频繁地建立存款收据计划以通过更广泛和更分散化的投资者购买而扩大其股票的市场，提高其在本国之外的市场形象，或者使员工能轻易地投资于母公司。

美国存托凭证（ADRs）是希望直接投资于国际市场的美国投资者的投资选择。虽然本质上它们代表着外国股份的所有权，但是它们是在美国登记并交易的证券，同时它们以美元报价，也以美元发放股息。美国存托凭证起源于 1927 年，最早由摩根士丹利（Morgan Stanley）发行。如今，美国投资者可以购买来自 50 多个国家的超过 2 000 种美国存托凭证。

全球存托凭证（Global Depositary Receipts，GDRs）与美国存托凭证类似，不同的是它们由非美国银行发行并在全球市场上（如 Luxembourg）交易。

交易所交易基金（ETF）。交易所交易基金是一种开放式基金。ETF 的法律形式可以是公司、信托、开放式管理投资公司或单一投资信托，具体取决于其注册地的国家规定。ETF 涵盖股票指数、债券指数、大宗商品指数、汇率等多种资产。与传统的共同基金不同，后者一天只能进行一次（或者在某些情况下，甚至更少）买入或赎回，ETF 可以在股票交易时间内连续交易，类似于股票和债券。由于交易基金的价格可能偏离其“正确”价值（称为净资产值或 NAV），当买卖订单之间存在显著不平衡时，存在不同的机制以确保 ETF 尽可能接近其 NAV。

大多数 ETF 都是被动型的，即它们旨在尽可能精确地复制金融市场指数，并且通常具有非常低的总费用率。然而，越来越多所谓的主动管理型 ETF 出现，这些 ETF 采用积极的策略，旨在超越某个指数。

ETF，尤其是被动型 ETF，是建立对某个市场或资产类别风险敞口非常有效的方式。由于 ETF 与普通上市证券一样交易，因此可以做空，例如在没有期货可用的情况下对冲市场风险。

权益共同基金的职业化管理和广泛多样化也为投资于遥远而迥异的市场提供了一个渠道。这里一些基本的决策包括是否选择同时包含本国和外国股票的全球性基金，或者选择全部包含外国股票的国际基金，或者在积极和消极管理基金之间进行选择。各种方法各有利弊。

最后但同样重要的是，投资者为他们的投资组合获得一些国际风险敞口的另一个简单方法是购买在国际市场开展业务并从国外市场获得显著收入的跨国公司的证券。可口可乐、雀巢或 IBM 就是这类公司的典型代表。然而，各种研究表明，跨国公司只是真正的国际分散化投资的一个不完美的替代品。造成这种情况的原因有很多，其中包括这类公司可供投资的数量有限，它们必须遵守特定国家的法规，并受到某些国内因素的影响，从而减少了它们对分散化的贡献。

6.5　国际固定收益

随着国际金融市场的全球化，发行者不仅在国内发行债券，也在国外发行债券。例如，自1970年来，加拿大各省把美国证券市场作为融资的主要渠道。后来，欧元市场（伴随着由互换市场提供的大量流动性）开始被看作国际发行商的主要融资场所。

与国内债券相比国际债券有着完全不同的风险与收益，其价格不仅受到外国利率波动的影响，而且其价值变化依赖于外国汇率。因此，类似于我们在权益中所看到的，投资于国际固定收益增加了投资的机会集。比如，虽然美国债券市场规模仍然远远领先世界，但其他的债券市场代表着超过66%的全世界公开交易的债券，并且这一比例每年还在增加。如果一个美国投资者停留于国内债券市场，那么他将失去存在于其他市场的投资机会和风险分散的潜力。每个国家的经济通常处在经济周期不同的阶段，这导致年度投资的巨大变化。比如，通过对比主要债券市场的业绩，人们会注意到在长期中没有哪一个个别市场的表现会一直处于最佳状态（见表6－18）。因此，国际债券优于国内债券。

表6－18　　1992年以来年度最佳债券市场（以本地货币计）

年份	最佳市场	收益	美国排名
1999	日本	15.9%	6
2000	美国	13.5%	1
2001	美国	6.7%	1
2002	挪威	41.3%	21
2003	澳大利亚	37.4%	23
2004	韩国	26.4%	24
2005	加拿大	9.7%	2
2006	斯洛伐克	24.4%	32
2007	加拿大	23.7%	28
2008	日本	27.8%	3
2009	智利	37.4%	35
2010	南非	27.5%	15
2011	英国	15.0%	5
2012	爱尔兰	30.3%	31
2013	爱尔兰	16.4%	23

续表

年份	最佳市场	收益	美国排名
2014	泰国	10.0%	3
2015	俄罗斯	8.6%	19
2016	俄罗斯	37.3%	19
2017	波兰	26.1%	37
2018	日本	3.7%	7
2019	俄罗斯	34.0%	12
2020	意大利	17.6%	31
2021	以色列	2.1%	3
2022	智利	8.2%	8

资料来源：JP Morgan，LehmanBrothers。

高质量的国际债券投资组合的潜在收益（及损失）有三个来源：收入优势/劣势[①]、预期相对国内价格波动，以及预期的货币变动。这些因素中对每一个及互相之间关系的彻底理解是成功管理国际债券投资组合的基础和前提，因为投资组合业绩的实现主要包括建立对全球和区域经济因素以及个别证券的基本面价值评估，抓住基于全球利率周期差异的收益机会，以及利用多样化控制风险。

一个国际债券组合的关键决定常常是在个别债券和债券基金之间作出选择。前者没有费率，而且当投资者知道自己将收回本金的时间，这些债券提供了确定的到期期限。后者则提供了多样化效应、低交易成本（债券由于其规模可以更有效地交易）、月度分红（对一些基金而言）以及便利的收入再投资。

注意：

• 适用于公司债券的税收规则可能比适用于公司股票的税收规则复杂得多，尤其是对美国公民和居民而言。作为一般规则，投资者投资国际债券最便捷和简单的方法是通过美国共同基金购买这些债券，或者购买在美国登记并在股票交易所上市的债券。

• 在欧元于 1999 年 1 月引入后，国际债券的吸引力增加了。这样实际上是将原以欧盟 11 国各国货币计值的公开交易的债务兑换成了欧元。其结果是创建了规模和美国相当的债券市场。同时，几个国家废除了对机构投资者所持有组合的限制，使这些机构投资者可以在欧元区内分散其本国市场的风险。这个例子有些特殊，因为货币风险已不再存在。

① 这是唯一以国内货币表示的因素且在事前知悉。

6.6 管理国际投资组合

乍一看，管理国际投资组合好像是管理国内投资组合的一个简单扩展。虽然这从理论上讲是正确的，但国际性导致了许多实际操作的困难，尤其是在研究、执行、监控和全球代理方面，更不用说新兴市场货币交易中的限制。

综合组合经理常常利用来自各种委员会的信息和分析来决定投资过程中每一阶段的政策，这些政策混合了从上到下和从下到上的方法。

一些非常大的投资组合的经理也采用核心/卫星组合投资方法（Core/Satelites Portfolio Investment Approach），也就是将组合的一部分投资于低成本的指数复制基金（“核心”），剩余部分则进行更加积极的管理，寻求更高的回报（“卫星”）。通过这种方法，投资者受益于低廉的管理费用（因为核心部分的管理成本低）、有限的复制股权（因为卫星基金仅在评价了核心基金的构成后才进行选择）和投资于特定因素（例如“小盘股”或“价值股”）、行业、主题或地区的策略机会，这些行业、主题或地区暂时被视为非常有吸引力，但通常风险更高。

第 7 章　可持续投资

7.1　动机和目标

近几十年来，环境和社会问题在投资领域的重要性日益凸显，可持续性已成为讨论有关社会、经济和政治问题的一个决定性因素。鉴于评估气候变化的许多物理、短暂和政治风险并非微不足道，更不用说新兴国家和工业化国家人口变化的多维后果，已经在发挥作用的核心战略因素对许多公司来说非常重要。这些因素也被投资者确定为财务成功的长期驱动力，因此被整合到资产风险调整价格的计算中。这些挑战在未来全球层面具有重大意义，ESG（环境、社会和治理）数据和信息的实际整合正在成为私人和机构投资者的市场标准，这是理性选择的结果。

在这种情况下，可持续投资追求以下目标：

• 涉及可持续性的基本原理和“可持续发展”作为一种长期的演变趋势的设想；

• 在可持续投资战略的背景下解释不同的利益相关者利益及其对投资领域发展的影响；

• 说明主要的可持续投资战略及其在投资组合管理背景下的相关性；

• 评估将环境、社会和政府（ESG）数据和信息整合到投资决策流程中相关的重要驱动力、机会和挑战。

可持续投资战略采用从数据和信息中获得的所谓环境、社会和公司治理（ESG）指标，以满足因种族和财务因素而产生的具体投资要求。近年来，可持续投资战略日益差异化和专业化，并迅速成为投资行业的标准。与此同时，投资者和金融专家越来越了解 ESG 数据和信息的特点和潜在好处，并正在以一种越来越系统和结构化的方式采用它。在过去十年中，这些发展进展迅速。因此，对于金融分析师和投资组合经理来说，对投资领域的可持续性和 ESG 数据的坚实理解是一个重要的前提。

7.2　基础知识

7.2.1　了解可持续性

如今，对“可持续性”一词的理解仍然与一系列不同的元素有关，这些元素的真正含义仍然不清楚。[①] 在日常用语中，形容词“可持续的”通常被认为与“长期”“平衡”或“经济成功”意思相同。此外，可持续性往往具有个人的主观性，从而导致不同的解释。

回顾这个术语的历史发展，可持续性的知识概念最早记录在16世纪，与德国森林管理的法律要求有关。[②] 汉斯·卡尔·冯·卡洛维茨（Hans Carl von Carlowitz，1713）特别使用了这个词，他要求“……持续稳定和可持续的使用应适用于森林管理”[③]。这与萨克森州的银矿经营者尤其相关，他们在熔炉和隧道建设中需要广泛使用木材。

在现代，在一项经常被引用的研究中，当资源变得越来越稀少时，丹尼斯·梅多斯（Dennis Meadows）和其他人影响了人们对可持续发展的理解。[④] 然而，这个术语被广泛接受并理解可以追溯到1983年成立的世界环境与发展委员会。1987年，在挪威前总理格罗·哈莱姆·布伦特兰（Gro Harlem Brundtland）的领导下，该委员会发表了“我们共同的未来”报告，也被称为“布伦特兰报告”（Brundtland Report）[⑤]。它在代际正义的背景下对可持续发展的定义如下：

- 可持续发展是一种满足当前需要的发展，而不会造成子孙后代无法满足自身需要的风险；
- 从本质上讲，长期发展是一个对资源的利用、投资者的目标、技术发展的方向和制度变化可以相互和谐地运转的变化过程，它增加了现在和未来的潜力，以满足人类的需要和愿望。

在《布伦特兰报告》（1987年）发表后，对可持续发展的必要性的理解成为社

① 缺乏公认的标准也是监管工作使可持续投资标准化的主要驱动力。

② Fürstbischoff von Eichstätt，Bavaria（Johan Christoph von Westerstetten），1592.

③ http：//www. nachhaltigkeit. info/artikel/nachhaltigkeit_i_d_forstwirtschaft_1725. htm（有德语版本）。

④ D. Meadows，D. Meadows（1972）：Limits of Growth；D. Meadows，D. Meadows（2004）：Limits of growth – the 30 – year update.

⑤ http：//www. un – documents. net/wced – ocf. htm.

会和政治讨论的一个相关议题。联合国环境与发展会议是在 1989 年联合国可持续发展会议之后于 1972 年召开的（今天称为联合国可持续发展会议）。1992 年，举行的里约热内卢会议，在今天仍被视为国际环境问题努力道路上的一个里程碑。会议的主要目标是将《布伦特兰报告》变成可执行的措施，例如包含国家和地方层面 21 项执行战略的议程（见图 7－1）。

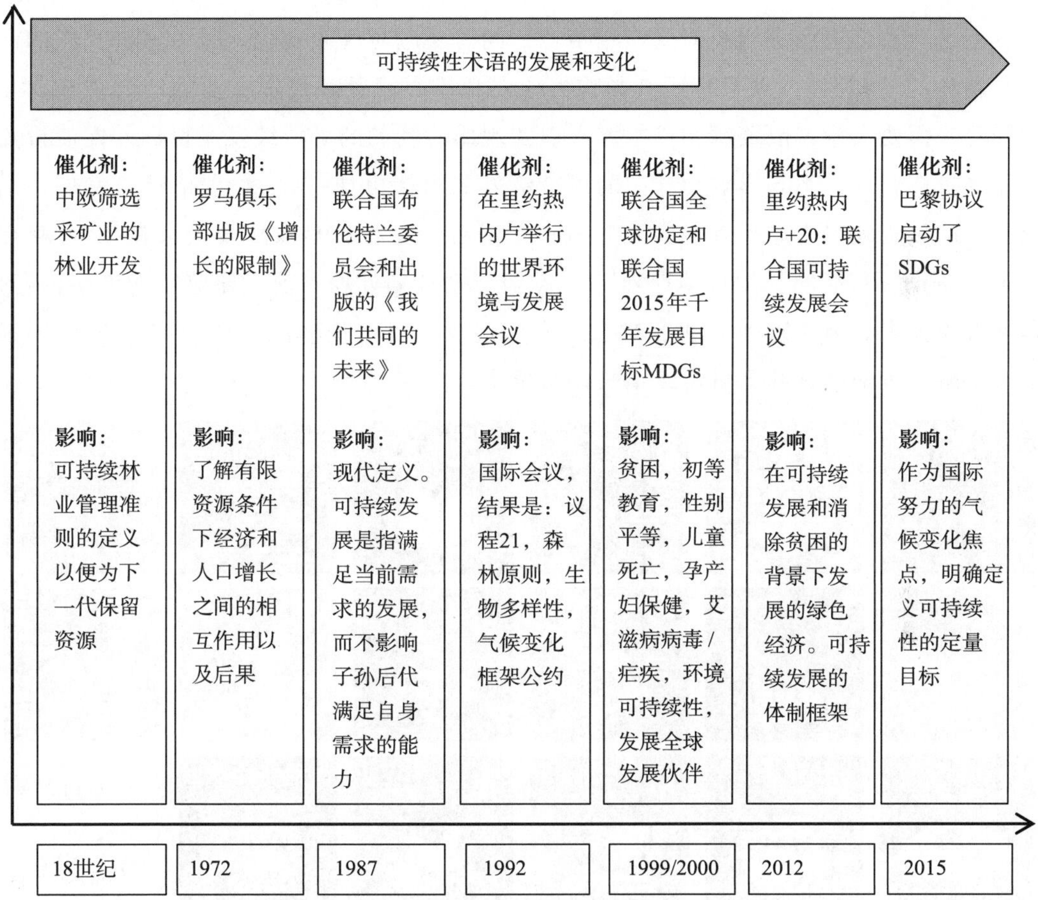

图 7－1　可持续性概念的发展

在随后的几年里，又进一步举行了全球气候会议，1997 年签署了《京都议定书》，工业化国家同意到 2012 年减少温室气体排放的有约束力目标。[①] 与此同时，在 20 世纪末前后发起了各种倡议，旨在鼓励企业对其业务采取可持续的办法。在这方面应特别提到联合国于 1999 年发起的《全球协定》的 10 项原则，其中为公司在人

---

① 2012 年，在里约热内卢会议召开 20 年后，再次在里约热内卢举行里约热内卢 +20 会议（http://www.unis.unvienna.org/pdf/2012/Rio20_brochure.pdf）。

权、劳工标准、环境保护和反腐败等领域制定了自愿准则。[1] 联合国可持续发展会议于 2012 年以“里约热内卢 +20”的名义举行，主要目标是重申 1992 年对可持续发展的政治承诺。

2015 年，联合国不仅达成了关于气候变化的《巴黎协定》，还启动了“2030 年可持续发展议程”，并被所有成员国通过。[2] 其核心是 17 个可持续发展目标（SDGs）(见图 7 - 2)。所有成员国都认识到，结束贫困和其他匮乏必须与改善健康和教育、减少不平等和促进经济增长的战略相结合，同时要应对气候变化、努力保护我们的海洋和森林。[3] 可持续发展目标因其影响力导向和雄心而受到投资行业的广泛关注。与此同时，需要大量财政资源和资本流入以实现雄心勃勃的可持续发展目标，促使投资行业将投资解决方案与影响力导向的可持续发展目标更加一致。[4] 据估计，发展中国家每年的融资缺口为 2.5 万亿美元。另一个最近的里程碑是欧盟委员会在 2018 年启动了“资助可持续增长的行动计划”[5]。欧盟行动计划处理当前欧盟监管的许多内容，包括披露要求、风险管理、基准要素或咨询过程，目的是修改、整合或将 ESG 因素纳入金融政策框架，并为可持续增长动员资本。

图 7 - 2 可持续发展目标（2015 年）

从经济的角度来看，各种理论模型已经建立以解释可持续性的概念，并支持在企业环境和从会计角度的应用。在这种背景下，经常提到三支柱模型和三底线模型。在

① http: //www.unglobalcompact.org/.

② https: //unfccc.int/process - and - meetings/the - paris - agreement/the - paris - agreement.

③ https: //sustainabledevelopment.un.org/sdgs.

④ UNCTAD (2014): https: //unctad.org/en/PublicationsLibrary/wir2014_en.pdf.

⑤ https: //ec.europa.eu/info/publications/180308 - action - plan - sustainable - growth_en.

三支柱模型中，经济、环境和社会问题被视为具有同等价值和平等水平的要素，应该设法纳入政治和金融讨论。从本质上，该模型旨在鼓励利益相关者群体内部的利益和谐统一，从而实现《布伦特兰报告》中所定义的可持续发展目标。三底线模型与三支柱模型紧密一致，但较少关注政治和宏观经济维度，而更多关注在三个相关的可持续性维度上对企业可持续性活动的实际评估。这两个概念留下了有关业务和战略目标冲突处理的一些问题，但仍然有价值，因为理论和实际模型已经进入企业界（特别是公司报告）。①

随着时间的推移，可持续发展的概念和可持续发展发生了变化，专注于相关的社会问题（森林管理、资源短缺、全球化、消除贫困等），并整合新的科学发现和政治信仰。在过去的十年里，这种信念已经迅速发展，即气候变化是主要的社会挑战，需要迅速和果断地关注社会、政治和经济焦点。2015 年巴黎协定达成，制定了一个全球框架，通过将全球变暖限制在 2 度以下，并努力限制在 1.5 度②，来避免危险的气候变化。从这个意义上说，从可持续性的角度来看，气候变化是最大的挑战，它也影响着社会和治理许多方面。可以指出，气候变化政策很可能在未来几年对金融市场产生更大的影响。

7.2.2　投资背景下的可持续性

可持续投资战略在过去 20 年里继续获得市场的青睐。如今，可持续投资战略有多种形式，而且更加复杂化和专业化。多年来，受需求习惯、社会和政治讨论的影响，对可持续投资战略的理解和定义也发生了相应的变化。可持续投资战略的含义没有统一或标准化的理解，这一事实往往会导致混乱，导致不透明，并可被视为更广泛一体化面临的障碍。③ 因此，确定可持续投资战略是一个重要的基石。这里使用可持续投资战略领域的领先组织提供的定义来对可持续投资战略的领域进行分类。④ 瑞士可持续发展金融协会通常使用“可持续投资”一词。

“可持续投资是指将环境、社会和治理因素（ESG）纳入投资选择和管理的投资

---

① J. Elkington.（1997）：Cannibals with Forks：the Triple Bottom Line of 21st Century Business；B. Willard（2002）：The Sustainability Advantage：Seven Business Case Benefits of a Triple Bottom Line/.

② https：//ec. europa. eu/clima/policies/international/negotiations/paris_en.

③ 欧盟可持续增长融资行动计划也通过引入可持续活动的分类来解决标准化问题。首先，确定的活动集中于环境/气候变化领域，而社会因素将在稍后引入；（https：//ec. europa. eu/info/files/190618 - sustainable - finance - teg - report - taxonomy_en）。

④ 瑞士可持续发展金融协会（https：//www. sustainablefinance. ch/）。

方式。可持续投资有许多不同的方式，包括一流投资、ESG 整合投资、排除投资和影响力投资。”

“可持续投资”一词还包括其他仍在使用的综合术语，如“负责任投资”“社会责任投资”“可持续和负责任投资”。比涵盖性术语更相关的是值得注意的事实，即更复杂、不断专业化和更广泛的可持续投资战略进一步促进了具有自己特定特点的不同子类别或不同方式的投资发展。如果想更精确地了解被广泛使用的术语“可持续投资战略”，并根据不同的客户需求对这个术语进行清晰分类，那么区分这种特点是有意义的。

7.3　可持续投资战略

7.3.1　历史发展

自从人们追求货币或明确的金融需求并在这些需求之上建立了市场经济体系之后，已经存在围绕投资领域伦理问题的争论。与可持续投资类型有关的第一个指标可以追溯到在原始投资形式中观测到的宗教信念，即伦理信念。来自伊斯兰教和基督教传统的教义很早就定义了由于伦理原因而禁止投资的领域，因为这些领域的投资被认为与基本的宗教信仰相冲突。[①] 这种考虑也在 20 世纪出现，当时菲利普 · L. 卡雷特（Phillip L. Carret）在美国创立了先锋基金，这是世界上最早的投资基金之一，并在投资基金中加入了伦理考虑。第一个现代可持续投资基金通常被认为是 Pax 世界基金，它成立于 1971 年，在其投资战略中考虑了伦理、社会、政治以及生态方面。可以认为，最初的概念和投资方式强烈地基于盎格鲁撒克逊人对投资领域的可持续性的理解，并以排除标准的形式大量使用了负面清单。历史事件如越南战争、种族隔离制度和环境灾难（如埃克森瓦尔迪兹号灾难或切尔诺贝利核泄漏）都对可持续投资方式的进一步发展和扩大产生了直接影响，这些投资方式在 20 世纪 50 年代、60 年代、70 年代和 80 年代继续强烈的基于规范和价值的排除标准和积极的股东参与（见图 7 -3）。

基于布伦特兰德的定义和三支柱原则的可持续投资战略直到 20 世纪 90 年代才真正开始实施。新的方式不再局限于排除标准的应用。许多可持续投资解决方案的提供商，如 1995 年在瑞士成立的可持续资产管理（SAM），不断整合系统流程，以确定在

① N. Schoon. Islamic finance - a history. www. assaif. org，2008.

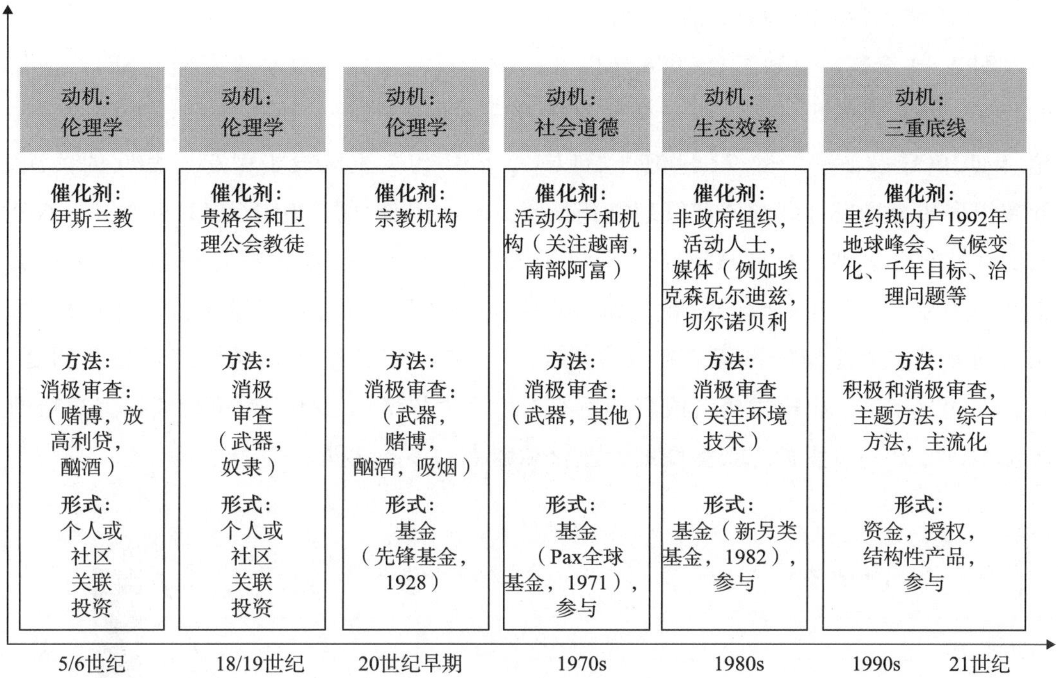

图 7－3　可持续投资战略的历史发展

相关可持续性问题领域领先的公司（正面清单筛选，一流投资）。这导致可持续性越来越多地被视为公司分析背景下的一个竞争因素，并超出了任何伦理考虑。基于正面清单标准（一流标准）的识别过程通常最初关注环境问题，随着透明度的提高、结构化报告的提供和公司 ESG 数据可用性的获得，相关的社会问题和公司治理问题也受到关注。在进入 21 世纪前后，一些专题投资战略以及旨在将 ESG 方面充分纳入传统投资战略的投资方式也越发重要。

在过去的 5～10 年里，可持续投资战略的进一步专业化已经超越了最初对股权资产类别的关注，转向了其他资产类别，如固定收益资产和另类资产。因此，如今可持续投资方式也应用于私募股权、基础设施投资、对冲基金策略。

7.3.2　市场驱动力

可持续投资战略近年来的增长率令人印象深刻。即便如此，仍然需要考察供应商和客户对此产生这种程度兴趣的实际潜在原因。与此同时，对供应商来说，可持续投资战略已经成为其投资产品范围内的标配，至少不是由于对声誉和营销的关注以及快速增长的需求。但是，可以分离出某些对可持续投资战略感兴趣程度和增长负有主要责任的驱动力。下面确定其中的五个驱动力。

1. 驱动力 1：需求和供给的增加

图 7 - 4 清楚地显示了自 2008 年以来，瑞士可持续投资战略投资额（SRI）增长的程度。最重要的是，例如由于全球治理丑闻（如 Enron①）或关于气候变化的新讨论（如 IPCC 报告②），自 21 世纪开始以来，ESG 相关主题投资引起了公众的关注，导致很多集合投资计划和资产管理委托投资。环境灾难（如 2010/2011 年英国石油公司的钻井平台灾难或福岛核灾难）促进了人们对可持续投资战略的兴趣。许多投资者开始关注过去几年的政治发展（如巴黎协定、欧盟融资可持续增长行动计划），重新指导或调整了他们的投资策略，以更系统地整合 ESG 因素。同样值得注意的是，在过去的 5 年里，机构投资者或资产所有者已经大幅增加了他们对可持续投资战略的风险敞口。这一事实标志着更高的专业化和越来越多的认同。

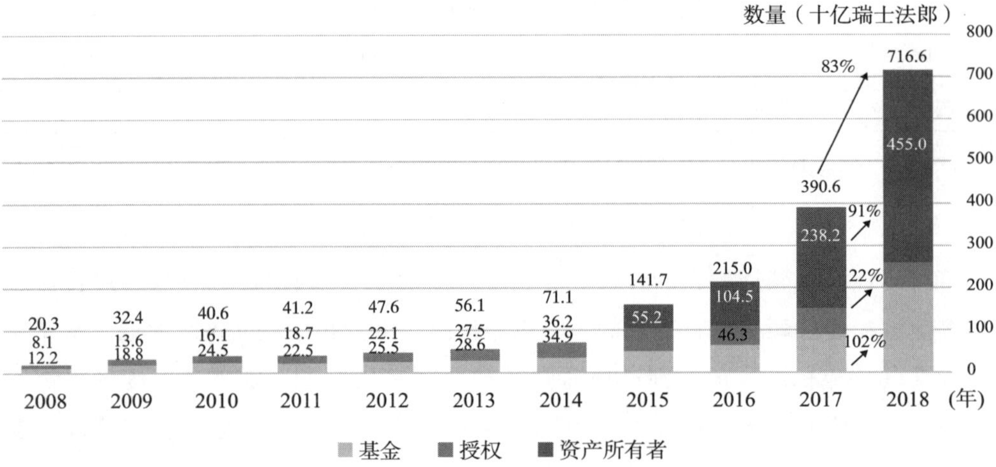

图 7 - 4 瑞士 SRI 的增长情况③

资料来源：Onvalues, FNG and SSF.

这种投资额的增长不仅在瑞士很明显，在整个欧洲和北美也已经收集了类似的数据。仅在 2009 年到 2017 年期间，欧洲采用一流标准投资方式的可持续投资策略的数量就增长了 440%，达到 5 850 亿欧元。④ 在美国，美国可持续和负责任投资论坛（USSIF）在 2017 年底共投资了 12 万亿美元（占美国专业管理的投资资产总额的 26%）。⑤ 在全球层面上，符合可持续投资战略的投资总额约为 30.7 万亿美元（见

① Munzig（2003）.

② www. ipcc. ch.

③ https：//www. sustainablefinance. ch/upload/cms/user/2019_06_03_SSF_Swiss_Sustainable_Investment_Market_Study_2019_E_final_Screen. pdf.

④ http：//www. eurosif. org/wp - content/uploads/2018/11/European - SRI - 2018 - Study. pdf.

⑤ www. ussif. org.

表 7－1)。[①] 可以看出，私人和机构投资者的需求一直在推动投资提供者进一步推广其现有的投资方案，并开发出创新方案。

表 7－1　　**可持续投资战略中的全球投资量**[②]　　(单位：亿美元)

地区	2016 年	2018 年
欧洲	12 040	14 075
美国	8 723	11 995
日本	474	2 180
加拿大	1 086	1 699
澳大利亚/新西兰	516	734
合计	22 838	30 683

注：2016 年的所有资产按 2015 年底的汇率兑换成美元。2018 年的所有资产按报告时的汇率兑换成美元。

可持续投资战略数量的明显增长产生了积极的反馈，而这反过来又增加了投资者的需求。可持续投资战略越来越受到传统投资者和机构投资者的关注，因为鉴于它们具有吸引力的增长率，它们不再被视为一种转瞬即逝的时尚现象，而是投资行业的核心元素。值得注意的是，机构投资者（特别是养老基金和保险公司）在过去几年增加对可持续投资战略的承诺，鼓励供应商提高其专业技术，促进可持续投资战略的进一步发展，同时减少进入障碍。因此，在这种情况下，对于可持续投资战略，指数化或增强型指数化解决方案在可持续投资战略的应用方面也获得了更大的牵引力。[③]

2. 驱动力 2：财务外信息报告标准

如果使用可持续性的三底线模型，那么在企业背景下这是标准化报告 ESG 绩效指标的基本前提，以便能够在可持续投资战略中实现这些方面的绩效。应当指出的是，目前在国际层面没有单一或强制性的财务外 ESG 信息报告。在国家层面，ESG 领域现有的法定报告职责，揭示了关于报告内容和形式的各种标准，例如自 2003 年以来法国存在法定报告职责。从自上而下的角度来看，自愿报告标准可以与强制性要求区分开来。

尽管在欧洲和国际层面有各种各样的法规，但对于需要对 ESG 的数据和信息进行强制性报告，仍然有广泛的共识。关于强制性要求，自 2014 年以来，欧盟会计指

① 全球可持续投资联盟，www. gsi－alliance. org.

② www. gsi－alliance. org.

③ https：//www. unpri. org/listed－equity/esg－integration－in－passive－and－enhanced－passive－strategies/15. article.

令（也称为非财务报告指令，即 NFRD）为拥有 500 名以上员工的大公司披露非财务和多样性信息制定了规则和标准。① 从 2018 年开始，这类欧盟公司必须在其年度报告中报告非财务方面的问题，如环境保护、社会责任、反腐败或多样性。虽然这种方法让公司在如何报告方面有了灵活性，但欧盟委员会已经明确规定了关于环境和社会信息披露的指导方针。② 那些正在编写有关报告的人（特别是怀有国际雄心的人）所面临的挑战主要在于要考虑各参与者的利益。尽管投资者和金融分析师迫切要求提高关键 ESG 数据和信息的透明度和可比性，但企业更关注的是收集信息所涉及的不成比例的成本。

因此，多年来，在国家和国际层面建立了相当多的自愿报告标准。1997 年起草的全球报告倡议（GRI）准则已在国际层面确立了作为可持续性领域最受重视和得到执行的报告标准之一。③ 随着时间的推移，GRI 的报告标准已经进一步发展，现在包含了关于 ESG 报告准则的粒度水平子标准（包括特定行业模板）（见图 7－5）。GRI 标准目前在全球超过 14 000 家公司中找到了自愿的应用。④

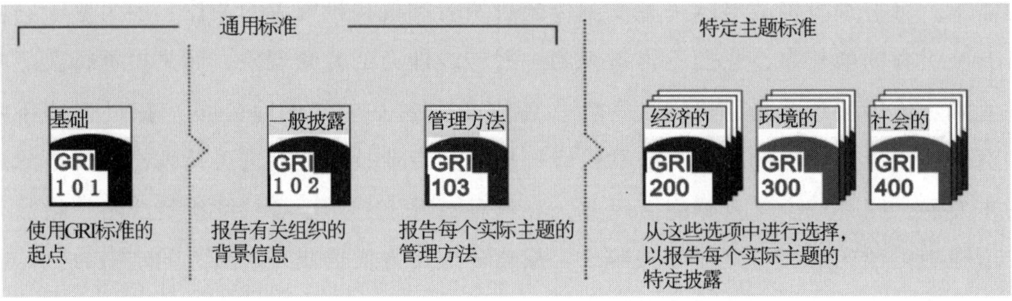

图 7－5　GRI 报告标准

除了 GRI 指南之外，还有各种举措旨在将 ESG 数据整合到传统的财务会计标准中。欧洲金融分析师联合会（EFFAS）已经在 2007 年准备了一个报告重大 ESG 指标的框架，主要是针对专业投资者和金融分析师的要求。⑤ EFFAS 关键绩效指标是在与欧盟委员会的合作中，在一般和特定行业层面制定的，是在与欧盟委员会的合作中，支持 ESG 在市场估值方面的共同努力。可持续发展会计准则委员会（SASB）也遵循

① https：//ec. europa. eu/info/business－economy－euro/company－reporting－and－auditing/company－reporting/nonfinancial－reporting_en.

② https：//eur－lex. europa. eu/legal－content/EN/TXT/PDF/？ uri＝CELEX：52017XC0705（01）&from＝EN.

③ www. globalreporting. org.

④ https：//www. globalreporting. org/standards/gri－standards－download－center/.

⑤ http：//www. effas－esg. com/？ page_id＝206.

了类似的目标。[①] 它为 10 个行业中的大约 80 个部门开发了一个框架，为这些行业提供了国际适用的行业具体标准。重点在于确定一套与经济和财务相关的可持续性方面和相关指标或衡量标准。[②] 在分析师和投资组合经理的分析、估值和投资过程中，需要整合财务相关的 ESG 因素，EFFAS 关键绩效指标、SASB 指标集合是一个很好的起点。另外，国际综合报告委员会（IIRC）正寻求在标准化报告框架内考虑 ESG，全面呈现公司的价值（见图 7－6）。[③] 因此，IIRC 不太关注从数据和信息中定义精确的 ESG 指标，而是制定了一个标准化的报告框架。在这个框架中，关于公司价值创造过程的（ESG）综合观点可以传递给不同的利益相关者。从这个意义上说，它也有助于公司在其价值链上定位与战略相关的 ESG 因素的整合。

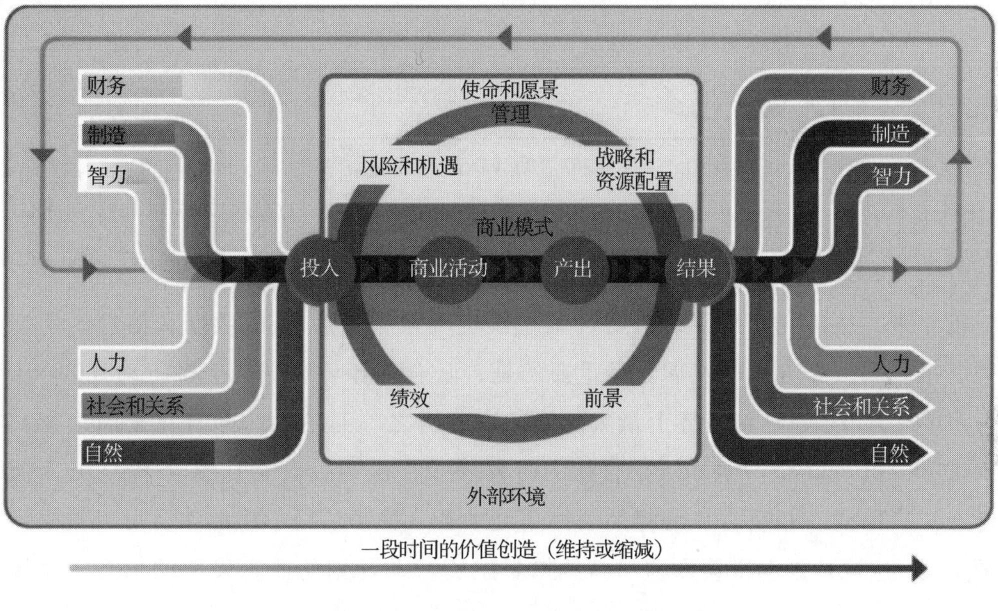

图 7－6　综合报告中的 IIRC 价值链视角

需要放在报告范围内的一个最新发展是气候相关财务披露工作组（TCFD）的工作。[④] 气候相关财务披露工作组（TCFD）由金融稳定委员会（FSB）于 2015 年成立，旨在制定自愿、一致的气候相关财务风险披露工作，供公司、银行和投资者向利益相关者提供信息。增加关于金融机构面临与气候有关的风险和机会的可靠信息的数量，将加强金融系统的稳定性，有助于更好地了解气候风险，并促进为向更稳定和可持续

---

① https：//www. sasb. org/.

② https：//www. sasb. org/standards－overview/materiality－map/.

③ 国际综合报告委员会：https：//integratedreporting. org/wp－content/uploads/2015/03/13－12－08－THE－INTERNATIONAL－IR－FRAMEWORK－2－1. pdf.

④ https：//www. fsb－tcfd. org/.

的经济过渡提供资金。2017 年发布的建议集中于与气候变化相关的信息披露的四个核心领域（见图 7－7）。

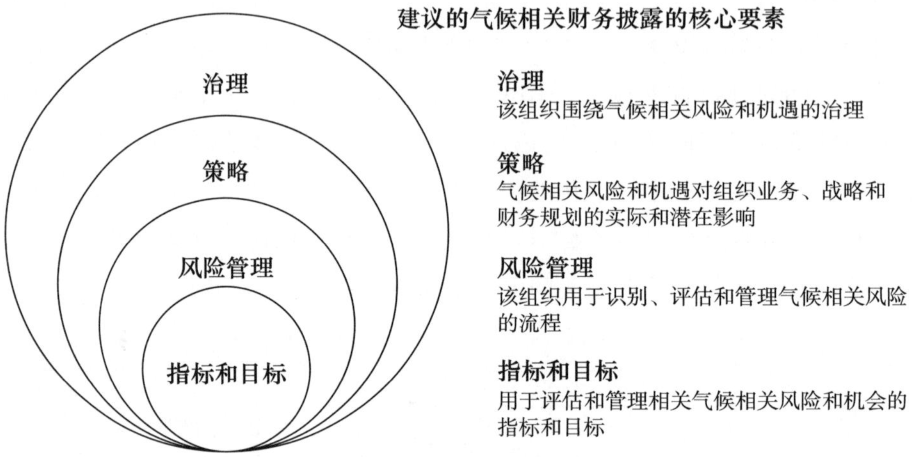

图 7－7　TCFD 焦点区域

资料来源：https：//www. fsb － tcfd. org/wp － content/uploads/2017/06/FINAL － 2017 － TCFD － Report － 11052018. pdf.

近年来，从信托和法律的角度强调在投资决策中考虑 ESG 数据和信息的研究也加强了报告和披露方面的发展。最重要的是，联合国环境规划署金融行动计划（UNEP Finance Initiative）与世界上最大的律师事务所之一菲尔德·布鲁克豪斯·德林格（Freshfields Bruckhaus Deringer）合作的研究表明，机构投资者在整合 ESG 方面通常不存在法律障碍。相反，从纯粹的法律角度来看，关于信托事项的整合可以被视为一项要求。① 这也是推动围绕欧盟可持续增长融资行动计划的监管发展的信念、立场或动力。

所有这些强制性的（主要是自愿的）举措都导致了可获得的（特别是可比较的）ESG 数据和信息数量的大量增加。多年来，这提高了公司关于 ESG 方面的透明度。在这种背景下，可持续投资战略从认识水平的提高中受益匪浅，其结果是，传统市场参与者现在越来越多地使用 ESG 数据进行投资决策。

---

① UNEP FI（2005）：A legal framework for the integration of environmental，social and governance issues into institutional investment；www. unepfi. org/publications/investment/index. html/.

UNEP FI（2009）：Fiduciary responsibility – Legal and practical aspects of integrating environmental，social and governance issues into institutional investment；www. unepfi. org/publications/investment/index. html.

UNPRI（2015）：Fiduciary duty in the 21st century；https：//www. unpri. org/download?ac = 1378.

CFA（2018）：The evolving fiduciary duty in an ESG world；https：//www. cfainstitute. org/ – /media/documents/survey/esg – survey – 2018. ashx.

3. 驱动力 3：通过国际部门倡议巩固可持续投资战略

对可持续投资战略的兴趣程度和数量日益增长，以及 ESG 信息的更高透明度和可用性，导致可持续投资战略不再被视为单纯的利基战略，而逐渐成为主流。事实上，机构投资者越来越认识到，可以在整个投资决策过程中整合 ESG 信息。在国家和超国家层面上，有许多举措旨在推动可持续投资战略走出其利基市场。值得一提的是从事特定可持续发展主题的投资者集合。碳披露项目（CDP）成立于 2000 年，是一个非营利组织，使用标准化问卷分析来自世界各地的公司关于温室气体排放、水消耗和气候战略的数据。[①] 全球超过 525 家机构投资者，总财富超过 96 万亿美元，已经自愿签署了 CDP（截至 2020 年初）。碳数据（包括定量数据和定性数据）以及气候战略的重要性，使气候变化迅速纳入传统投资战略框架内。

自 2006 年以来，联合国负责任投资原则（UN PRI）成功地就可持续投资的总体主题获得了广泛和众多投资者的大量关注。作为一个自愿的投资者倡议，联合国负责任投资原则（UN PRI）正在追求其愿景，即将 ESG 因素整合到传统的投资领域中，从而创造长期的附加值。自 2006 年成立以来，联合国负责任投资原则（UN PRI）已被越来越多的金融服务提供商、投资专家和机构投资者所采用，目前已成为全球可持续投资战略最重要的倡议和合作知识来源。现在有超过 2 800 个投资者签署了六项联合国负责任投资原则（UN PRI），在各种活动领域自愿承诺，通过整合整个投资流程的可持续性方面来促进投资战略的长期成功。签署人现在代表的投资财富超过 89 万亿美元（到 2019 年底）。通过信息获取、学习平台、跨投资主题和各种资产类别的最优实践实例，正在积极促进和支持跨各种工具和应用程序的可持续性方面的整合（见图 7－8）。与此同时，联合国负责任投资原则（UN PRI）网络也在促进有关最优实践信息的交流和提供。这是关键，因为缺乏关于实际解决问题的知识往往是更广泛地应用可持续投资战略的最大障碍。签署人还可以获得一个广泛的网络，帮助他们为自己的倡议（特别是那些已经参与相关领域的倡议）找到合作伙伴，帮助他们提高获得成功的机会或降低其实施成本。联合国负责任投资原则（UN PRI）目前是负责任投资领域最重要的全球倡议，其面临的最大风险是一些签署人会滥用联合国负责任投资原则（UN PRI）进行“漂绿”，或者只是将其视为一种营销工具。因此，执行联合国负责任投资原则（UN PRI）所需的报告透明度和质量（签署人必须每年报告）是该倡议的可信度和长期成功的保障。鉴于金融服务提供者和机构投资者（特别是养老金计划）对联合国负责任投资原则（UN PRI）的接受程度越来越高，联合国负

① www. cdp. net.

责任投资原则（UN PRI）签署人越来越多，可持续投资战略现在不再被视为不同的利基策略应用，而是作为传统投资决策过程的一部分稳步发展。①

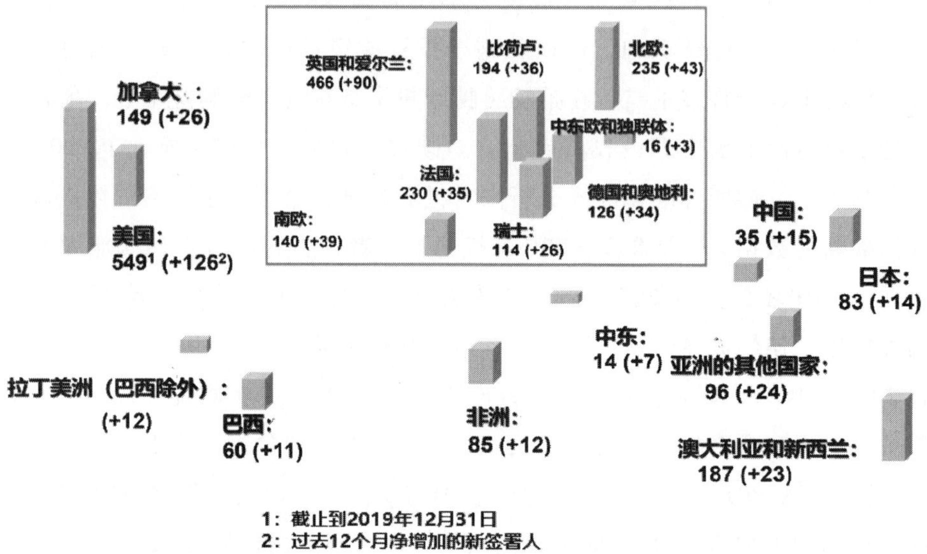

图 7-8 联合国负责任投资原则的制定

4. 驱动力 4：投资领域 ESG 数据的可用性不断提高

专业的 ESG 数据、信息和分析的市场已经发生了根本性的变化，近年来变得更加专业化。10～15 年前，由于报告标准薄弱，公司很少透露关于 ESG 数据和信息的详细信息。在投资背景下，ESG 数据及其整合方面的覆盖率和可比性较差。因此，无论其质量、可比性或可用性如何，ESG 数据和信息仅具备一些初始价值。一般来说，ESG 数据仅仅是由少数专门的评级机构和/或研究部门（独立的供应商或银行部门）通过问卷调查或可持续性报告直接从公司收集的。如今，有许多越来越专业的 ESG 数据服务提供商和评级机构，相互之间存在非常密集的价格竞争。此外，强制性的和被广泛采用的信息披露标准导致了可用的 ESG 信息大量增加。可以粗略区分：

- 可持续发展评级机构（收集公开数据并使用自己的方法产生专有的评级和排名）；
- 专业数据和 ESG 分析提供商（在特定领域的数据和分析，如关键环境数据、声誉风险）；
- 垂直整合研究提供商（在投资流程的每个阶段提供一系列的服务，如 ESG 数

① 参见 UNPRI（2020）.

据、评级、详细分析、参与服务、咨询等）；

• 传统的金融信息提供商（如彭博社、汤森路透，现今在现有的金融信息平台之上，整合 ESG 数据、信息和分析工具）。

这种发展以及更大程度的专业化最终导致了这样一个事实，即从投资的角度来看，ESG 数据和信息的附加值不再代表仅仅提供数据，而是代表更全面覆盖的、高水平的可比性，由于专业准备获得的高质量，在特定分析中对 ESG 数据的解释。如果 ESG 方面要更全面地整合到财务分析或投资决策流程中，这是关键。可以看出，ESG 数据和信息现在更容易获取，获取范围更广，价值相对较好，因此越来越多作为一种"商品"。可以认为，在过去的几年里，专业投资者的重点在很大程度上已从 ESG 数据的可用性转向数据质量和开发具有附加值的 ESG 分析。

一个竞争激烈的市场环境，包括垂直整合的研究提供商和已建立的金融信息提供商，已经进入了 ESG 数据市场，并且近年来市场因其带来的额外资源而发生了显著的改变。这直接导致了在金融危机期间和之后主要国际研究提供商和/或评级机构的整合浪潮的加速。最重要的是，汤森路透和彭博社进入 ESG 市场，使专业投资者更广泛和更容易获取 ESG 数据和信息。根据彭博社的数据，彭博社利用其专有的信息平台，接触到了 30 多万名金融和投资领域的专家（主要是分析师和投资经理）。彭博社在 2008 年启动了整合 ESG 数据的项目，2009 年正式启动，此后一直继续开发。[①] ESG 数据和信息以大约 120 个 ESG 数据点的形式出现，现在已经整合到信息平台中，并可供 11 500 多家公司进行比较和分析。2009 年，汤森路透（现今的 Refinitiv）在自己的信息平台上进行了类似的整合工作。尤其重要的是，在彭博社和汤森路透系统上，可以相当有效地将 ESG 数据与选定的财务信息进行比较和建模，为在现有和扩展的评价模型中考虑 ESG 数据奠定了有效的基础。[②] 以下是自 2005 年以来，ESG 数据和评级市场上的一些最重要的发展：

• 2005 年：Institutional Shareholder Services（ISS）接管 Investor Responsibility Research Center（IRRC）。

• 2007 年：RiskMetricsGroup 接管 Institutional Shareholder Services（ISS）。

• 2009 年：Risk Metrics Group 接管 KLD Research。

• 2009 年：彭博（Bloomberg）接管 New Energy Finance。

• 2009 年：Risk Metrics Group 接管 Innovest。

---

① http：//www. bloomberg. com/bsustainable/.

② Harvard Business Review. Is ESG – Data going Mainstream?，http：//blogs. hbr. org/leadinggreen/2009/05/is – esg – data – going – mainstream. html，2009.

- 2009 年：Jantzi Research 合并 Sustainalytics。
- 2009 年：汤森路透（Thomson Reuters）接管 Asset4。
- 2009 年：彭博（Bloomberg）宣布自己的整合 ESG 平台。
- 2009 年：Governance Metrics International（GMI）和 Audit Integrity 合并。
- 2010 年：Governance Metrics International（GMI）和 The Corporate Library 合并。
- 2010 年：MSCI 接管 Risk Metrics Group。
- 2012 年：Sustainalytics 接管 Responsible Research。
- 2014 年：MSCI 收购 Governance Metrics International（GMI）。
- 2015 年：Global Engagement Services（GES）和 Oekom Research 战略合作。
- 2017 年：Morningstar 收购 Sustainalytics 的 40% 股权。
- 2017 年：Genstar 收购 ISS。
- 2019 年：MSCI 收购 Carbon Delta。

总之，在过去的 15 年里，ESG 数据和信息的数量以及供应商的专业化发生了重大的变化。专业投资者和金融专家发现，在投资流程和投资决策的背景下，访问数千家公司的 ESG 数据并加以处理，更直接，也相对便宜。除数据的可用性外，关键是如何理解和处理 ESG 数据和信息，以改善价格风险。这与在国家和国际层面上对 ESG 数据的日益增长的需求（参见驱动力 2）和关于标准化的 ESG 报告有关。可以预期，ESG 数据的质量将随着时间的推移继续提高，并将越来越多地成为正式审计过程的一部分。①

5. 驱动力 5：提高公众对投资领域 ESG 方面的认识

2012 年欧洲高净值个人（HNWI）报告阐述了每两年一次的 HNWI 对可持续投资战略的看法、趋势和要求。② 2012 年的报告显示，这群人特别关注处理特定 ESG 主题的战略。最感兴趣的问题一般是可再生能源、清洁能源、水（稀缺性）和环境技术。投资者的这些优先事项有时可以追溯到人们对全球挑战和风险的理解，特别是公众对全球挑战和风险的意识。

因此，可持续投资战略往往越来越强烈地成为投资者核心需求的关键因素。可持续性可被视为一个主要趋势，可以根据若干主题驱动力来定义——主要是气候变化、资源短缺和人口增长。这一主题观点的特点是对与可持续性的主要驱动力有关的机会和风险因子的认识，其中往往最重视量化和避免风险。世界经济论坛（WEF）每年

---

① 范围 3 碳数据是一个例子，在未来几年可以预期更多的可用性和标准化：https：//ghgprotocol. org/sites/default/files/standards/Scope3_Calculation_Guidance_0. pdf。

② 2012 年 HNWI& 可持续投资研究：http：//www. eurosif. org/research/hnwi - a - sustainableinvestment/2012。

发表的关于全球风险的报告，有助于对全球风险有不同的看法，并包括对来自经济、政治、科学和公民社会领域的 1 000 名专家的调查。[1] 图 7 – 9 显示了关于影响力和可能性的十大主题。鉴于始于 2008 年的全球金融危机，与危机相关的风险被认为与其影响和再次出现的可能性高度相关，这并不令人惊讶。除此之外，高水平的显著性还归因于由可持续性（在社会变化和日益紧迫的环境问题的意义上）所构成的重要趋势的主要驱动力。根据世界经济论坛的报告，这些多方面的风险的结合增加了出现扭曲现象的危险，“……将造成一场具有潜在灾难性后果的完美风暴”。

按可能性排序的十大风险	按影响排序的十大风险
① 极端天气	① 气候行动失败
② 气候行动失败	② 大规模杀伤性武器
③ 自然灾害	③ 生物多样性丧失
④ 生物多样性丧失	④ 极端天气
⑤ 人为环境灾害	⑤ 水危机
⑥ 数据欺诈或盗窃	⑥ 信息基础设施崩溃
⑦ 网络攻击	⑦ 自然灾害
⑧ 水危机	⑧ 网络攻击
⑨ 全球治理失败	⑨ 人为环境灾害
⑩ 资产泡沫	⑩ 传染病

图 7 – 9　世界经济论坛全球风险认知（2020 年）

与科学研究和专家的调查完全不同，现今更广泛的公众对上述长期挑战和相关风险的意识和感知越来越增强。[2] 福岛和墨西哥湾（Deepwater Horizon 漏油事故）事件也引起投资者对金融和社会原因的反思。[3] 相关联的政治讨论和决定对经济和商业都有各种各样的影响。鉴于新的经济大国的崛起和全球人口的增长，与气候变化和能源供应有关的问题具有更大的意义。2019 年，“星期五为未来”运动成为一种全球现象，并因从年轻一代的视角提高人们对气候变化的意识而受到政治和公众的关注。[4]

私人和机构投资者都更有组织地分析和考虑气候变化（特别是）风险和机会，

① 世界经济论坛全球风险 2020 年：https：//www. weforum. org/reports/the – global – risks – report – 2020。

② www. trendsinsustainability. com/onlineanalysistool/.

③ https：//www. britannica. com/event/Deepwater – Horizon – oil – spill.

④ https：//fridaysforfuture. org/.

因为它们已经影响到公司和投资组合。来自瑞士可持续金融协会的一份报告从投资者的角度对这一发展的一些核心原因进行了解释和很好的概述。[①] 因此，投资者和资产经理一般对 ESG 的相关内容（特别是与投资战略相关联的与气候相关的风险和机会）有清晰的理解，这是最重要的，也是受托责任的一部分。

7.3.3　可持续投资战略：概述

直到最近几年，人们才对随着时间发展起来的各种可持续投资战略与现在相互依赖和满足各种投资者需求的投资战略进行了区分。在最高层面上，瑞士可持续金融协会区分了可持续投资方法在投资决策流程中的应用、环境和社会影响以及相对风险/回报预期（见图 7－10）。通过在这个层面上进行区分，瑞士可持续金融协会认为，在可持续投资战略的实际实施时（由于客户需求不同，必须以非常透明的方式提出），可持续性发展的内容和特点存在重大差异。

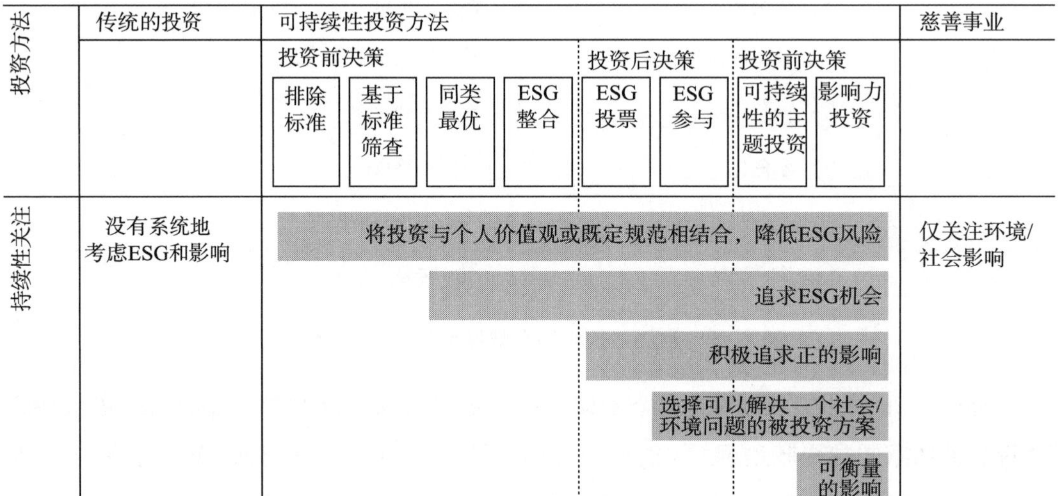

图 7－10　可持续投资战略的分类

资料来源：瑞士可持续金融协会（Swiss Sustainable Finance，2019）。

① 衡量投资组合中的气候相关风险（2019 年）：https：//www. sustainablefinance. ch/upload/cms/user/2019_03_04_SSF_Focus_Measuring_Climate_related_R isks_in_Portfolios_final. pdf。

为了进一步避免对国际术语和分类的混淆，Eurosif（2018）对其自身可持续投资战略分类与全球可持续投资联盟（GSIA）、联合国 PRI 和欧洲基金和资产管理协会（EFAMA）的分类进行了有用的比较（见表7－2）。

表7－2　　可持续投资分类的比较①

Eurosif	GSIA－等价物	PRI－等价物	EFAMA－等价物
根据投资范围的持股排除	负面清单/ 排除性筛选	负面清单/ 排除性筛选	负面清单 筛选或排除
基于规范的筛选	基于规范的筛选	基于规范的筛选	基于规范的方法 （筛选类型）
同类最优 投资选择	正面清单/ 同类最优筛查	正面清单/ 同类最优筛查	同类最优政策 （筛选类型）
可持续性主题投资 ESG整合	可持续性主题投资 ESG整合	可持续性主题投资 ESG事项整合	专题投资 （筛选类型）
对可持续性问题的参与和投票	公司参与和股东行动	主动所有权和委托（三种类型）： 主动所有权 委托（代理）投票 股东决议	参与（投票）
影响力投资	影响力/社区投资		

下面简短阐述瑞士可持续金融协会的分类方法：

（1）排除（负面清单）标准

使用一个或多个排除标准的方法会将公司、国家或事项排除在投资领域之外。排除标准类别包括基于公认规范（如联合国人权公约、国际劳工组织核心劳工标准、违反联合国全球契约原则）或反映道德价值判断（如武器生产、释放转基因生物、核技术）的规范筛选（见图7－11）。在整个投资流程中应用排除标准基本上减少了可用的投资领域，因为个别公司、个别经济领域或整个行业都被有意排除在外。在实践中，排除标准是以绝对方式以及与特定的营业额阈值结合起来应用的。②

① http：//www. eurosif. org/wp－content/uploads/2018/11/European－SRI－2018－Study. pdf.

② 最近使用阈值的一个例子是，全球最大的资产管理公司之一 Blackrock 在所有股权和固定收益方面的积极投资策略中，排除了收入超过25%的热能煤生产商；https：//www. bloomberg. com/news/articles/2020－01－14/blackrock－s－holdingsin－thermal－coal－companies－table。

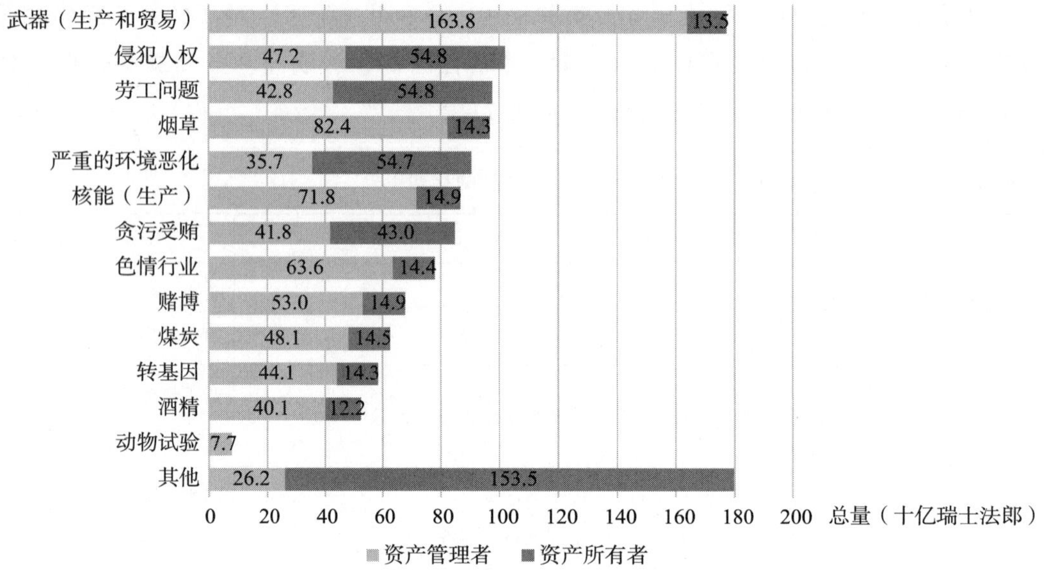

图 7-11 排除标准的应用情况①

负面清单标准的绝对应用将从投资领域中排除所有被捕获的公司（例如，被定义为武器生产的）。通过一个确定的营业额阈值（通常是5% ~10%），那些被定义为武器生产但只有一小部分营业额的公司将不会被排除。排除标准相对容易使用和沟通。另外，有必要考虑一个事实是根据排除标准的性质和数量，必须接受其与传统参考指数的偏离会更大。例如，对于机构投资者主要应用消极或期望的投资策略（负的多样化效应）。从风险和财务的角度来看，可以在承认存在低效市场的同时提出通过使用某些排除标准，降低环境和社会领域的负外部性内在化的风险。然而，通常很难确定内在化何时会发生。举例来说，许多机构投资者自愿承诺不投资于某些军事武器（重点是有争议的武器），但却不考虑任何其他负面清单标准或 ESG。关于投资领域的缩小，仅使用少量排除标准通常对多样化的影响很小。

（2）正面清单标准（一流标准）

基于正面清单标准的选择过程可以分为针对大盘股公司（市值超过 50 亿瑞士法郎的蓝筹股）或中小企业的方法。在专题投资战略中，后者具有更大的权重和意义。

多年来，各种评级机构和资产管理公司开发了许多专有流程，以确定哪些公司最符合可持续发展标准（一流标准）。个别流程有可能根据其方法和特点而有所不同，主要是关于对可持续性的基本理解、所考虑标准的数量，甚至是关于区域和/或行业的观点。尽管使用了其他数据来源，在分析和选择政府债券时使用了可比的方法。

---

① 瑞士可持续金融市场研究（2019 年）。

ESG 数据的广泛可用性使得如今大盘股公司（和各国）有可能广泛地执行这一选择流程。中小企业的情况并非总是如此。因此，这一领域的选择流程侧重于从相关主题的可持续性（如缺水、气候变化）的角度分析公司提供的产品和服务。挑战在于分析公司及其个体策略的主题披露（一般是其营业额水平的相关性），最重要的是认识到公司相对于竞争对手的定位范围可能提供特定主题领域的投资机会。这些选择流程可能需要大量的时间和/或费用，通常不能通过外部数据收集来实现自动化，而且还需要具备针对个体主题和行业的重要专业知识。

（3）ESG 整合

ESG 整合说明的是将使用 ESG 数据和信息的分析流程与财务分析模型和估值方法相结合的方法。ESG 整合的关键目标是明确地突出、发现或连接财务重要性与 ESG 数据和信息。

联合国负责任投资原则（UN PRI）对 ESG 整合的定义如下："在积极管理的背景下，对上市股票的综合分析是使用财务资料的环境、社会和治理数据来估计公司的基本价值。"目前能够在这一领域取得长期可信成功的提供者相对较少。可以区分进行微弱定性整合的实际例子。[①] 通常，在这方面的 ESG 数据和信息分析都反映在行业和/或公司层面的财务预测中。实际中很少有对估值模型进行系统和结构化的定量整合。在这种情况下，ESG 的数据与经济预测和财务估计有定量性的联系。

很明显，投资者对将 ESG 数据与财务预测相结合的综合方法有强烈的需求，而且这种需求正在增加。现在，投资者普遍认为，ESG 数据有可能对经营绩效产生重大影响。然而，根据个体 ESG 因素，实质影响可能差别很大，从财务角度来看有或多或少的直接相关性。此外，对 ESG 数据和信息的独立预测还处于起步阶段。关注于 ESG 整合的可持续投资方法为这些问题提供了最精确的答案。鉴于 ESG 的整合从根本上处理的不仅仅是可持续的投资者群体，这一方法变得更加重要，因为它们为投资者（特别是对那些主要受财务动机驱动的机构投资者）打开了视角。随着新方法的不断研究和建模，提高了对个体 ESG 主题和指标的质量和财务重要性的理解，这代表了这些因素能够纳入宏观经济模型、行业分析和现有评价方法（例如，现金流折现法）。

（4）可持续主题投资

瑞士可持续金融协会（2020 年）将主题投资定义为："为环境或社会主题上可持续发展的解决方案作出贡献的企业投资。""在环境领域，包括对可再生能源、能源效率、清洁技术、低碳运输基础设施、水处理和资源效率的投资。在社会领域，包括

① UNPRI. 关于 ESG 整合的指导和案例研究：股票和固定收益. https://www.unpri.org/download?ac=5962，2018。

对教育、卫生系统、减贫和解决老龄化社会问题的投资。”主题投资通常具有周期性，受到短期、中期趋势和有时是长期结构性发展的推动。从可持续投资的角度来看，主题投资直接处理可持续性挑战，并确定可能为这些挑战提供解决方案的商业模式。从这个意义上说，每一个可持续发展都被视为企业以竞争或创新的服务和产品来满足需求的市场机会。主题投资通常集中在公共股权资产类别内。当流动性较低、更多的私募股权主题投资方法被执行时，可能很难明确区分主题投资与影响力投资。

（5）影响力投资

瑞士可持续金融协会（2020 年）将影响力投资定义为：“这些投资旨在产生可衡量的、有益的社会和环境影响，同时也能产生财务收益。影响力投资可以在新兴市场和发达市场进行，并根据具体情况，瞄准从低于市场利率到高于市场利率的一系列回报。”因此，如图 7－12 所示，一个主要的区别因素是，纯粹的影响力投资方法认为财务回报不是投资策略的先决条件，而是一种附加价值。所有其他可持续投资方法都始于产生市场利率风险/回报的假设和雄心。

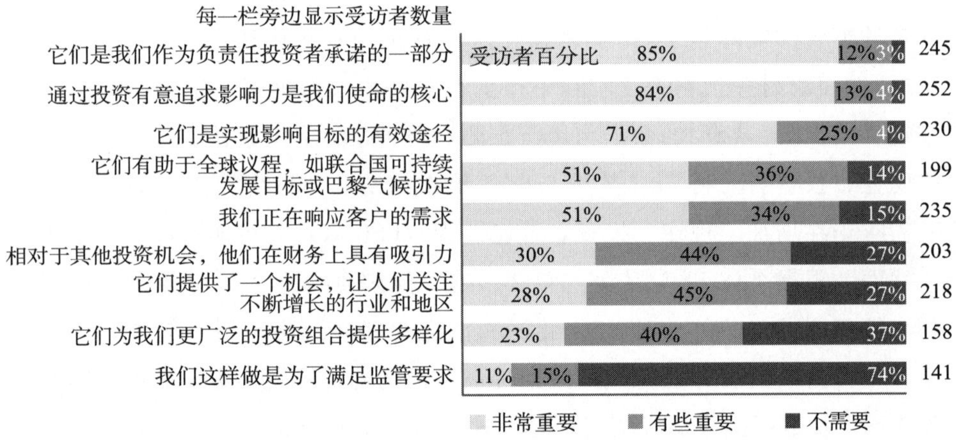

图 7－12　影响力投资的动机①

此外，经常需要和证明对投资所获得的影响力具有很高的问责制和透明度。关于透明度，有很多方法和选项。值得注意的是，私人和公共债务仍然是影响力投资中选择较多的工具或资产类别（见图 7－13），而其他相关资产类别（如股权）使用较少。要实现和达到可持续发展目标（特别是气候变化），影响力投资筹资方法会得到更广泛的关注。

① GIIN 年度影响力投资者调查（2019 年），https：//thegiin. org/assets/GIIN_2019% 20Annual% 20Impact% 20Investor% 20Survey_webfile. pdf。

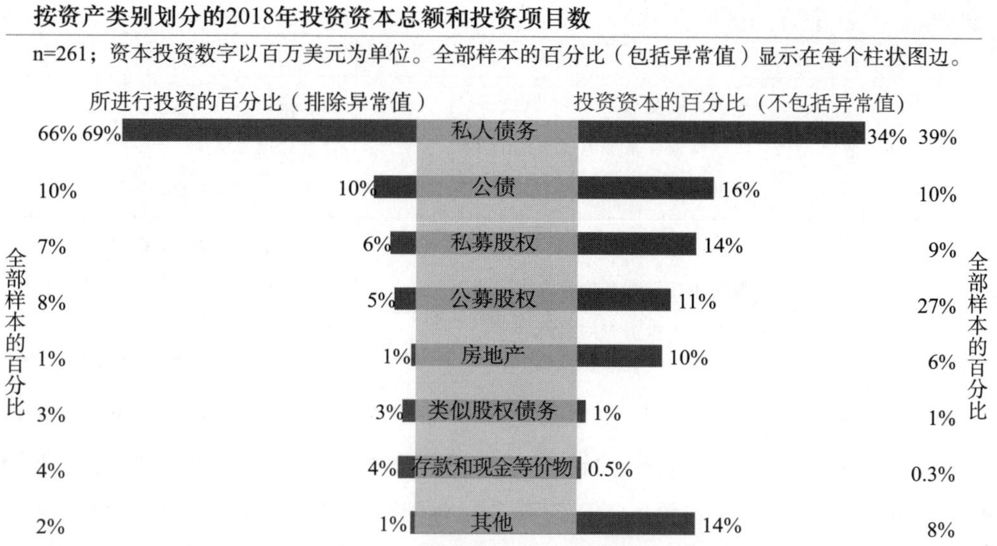

图 7－13　影响力投资的实施情况①

（6）ESG 参与和 ESG 投票

潜在的参与方法是指投资者是相关公司股票的直接所有者或信托人（股票方面）；或者，作为债务人，通常对公司的长期成功有兴趣，或者至少对避免导致债务违约的风险有兴趣。参与意味着投资者作为公司所有者的积极角色——这一角色通过其投票权和相应的参与权而合法化。参与可以被定义为与公司管理层就特定的 ESG 主题进行积极的交流或对话，目的是获得更大的透明度和/或说服公司采用某些做法或标准，或放弃某些其他做法或标准。② 投资者和公司之间的接触过程不需要具有对抗性。通常，许多以管理对话的形式进行的参与实践都是闭门进行的，并不公开给公众，而且持续的时间较长。这些流程有可能对公司和相关投资者都有利（见表 7－3）。

表 7－3　　参与流程的价值创造③

价值创造动力学	公司	投资者
交流 交换信息	明确期望，加强问责制 管理印象和重新平衡虚假陈述 定义业务背景	发出信号和定义 ESG 的期望 寻求详细和准确的企业信息 加强投资者的沟通和问责制

① GIIN 年度影响力投资者调查（2019 年），https：//thegiin. org/assets/GIIN_2019%20Annual%20Impact%20Investor%20Survey_webfile. pdf。

② UNPRI（2019）：参与如何为投资者和公司创造价值，https：//www. unpri. org/download?ac＝4637。

③ UNPRI（2019）：参与如何为投资者和公司创造价值，https：//www. unpri. org/download?ac＝4637。

续表

价值创造动力学	公司	投资者
学习 生产和扩散 知识	预测和检测与ESG相关的新趋势 收集反馈、基准测试和差距发现 开发有关ESG问题的知识	建立新的ESG知识 背景化投资决策 识别和扩散行业最佳实践
政治 获得 政治利益	注册内部专家 提高可持续性和确保资源安全 提高长期投资者的忠诚度	推进内部协作和ESFG整合 满足客户期望 建立长期关系

参与还包括系统地和积极地使用投票权，并积极地寻求将相关的ESG问题列入股东大会的议程。这些相对耗时的活动和流程通常被委托给专业供应商或资产管理者，他们根据客户的特定利益提供代理服务，并报告其参与结果。从机构投资者的角度来看，特别是从长远出发的养老金计划来看，以下参与方法在实施符合一般ESG投资政策的可持续投资方法方面具有某些优势：

- 可以针对当前和/或长期与战略相关的ESG主题（例如气候变化），以有针对性的方式与公司进行接触，并提出变化的（投资）理由。
- 可以与其他机构投资者合作形成网络或共享社区，以便通过联合投票力量来强调需求，同时分散成本。
- 参与方法可以很容易地以相对较低的运营成本应用于传统的投资方法（积极和消极投资）。

7.4　将ESG整合到投资流程中

7.4.1　投资流程中的ESG数据和原则

如何在一般投资流程中系统地考虑ESG信息的问题（见图7-14），对于理解实际应用、当前的主流化，特别是可持续投资战略的未来发展至关重要。

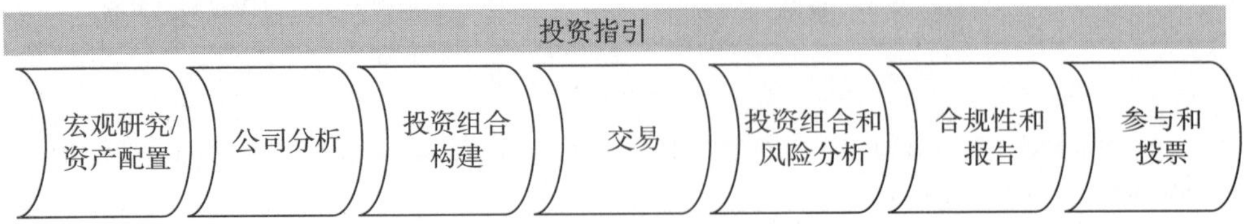

图7-14　投资流程

在这方面，重点不应仅仅是在投资决定之前的筛选过程，还应考虑投资准则的制定、事后风险控制的实施或参与流程的正式实施。下面通过简要介绍 ESG 相关方面，说明一般投资流程中的各个步骤。

7.4.1.1　投资指引

投资指引的制定确定了关于规划投资流程的主要目标，并描述了如何以一种结构化的方式在每个单独的阶段实施投资流程。投资指引的目的是确定一个投资目标，并协调参与者的责任，以实现投资目标。然而，尽管过去几年可持续投资战略发展迅速，ESG 原则或可持续投资信念的明确应用仍然很少被机构投资者在投资指引层面上很好地整合起来。这种情况（不是很罕见）会导致在后期实施阶段产生次优的透明度、更高的误解风险和可能的错误期望。

因此，制定投资指引应成为整合可持续投资战略的第一个起点。在这个阶段，重要的是要认识到各种可持续投资方法，如基本排除标准、影响力战略或参与方法，会有不同的操作组合管理影响。因此，投资指引必须明确全面可持续投资战略的实施措施，并使相关的目标/动机与预期的财务目标相协调。

自愿标准签署（例如联合国负责任投资原则）、战略调整或特定客户要求，往往是机构投资者战略层面上整合 ESG 的起点。如添加到现有的投资指引中，其结果是针对特定的 ESG 主题建立新的操作原则（关于气候变化的行业政策、农产品、代理投票准则）。联合国负责任投资原则（UN PRI）框架为如何根据个体机构的具体需要制定更正式的实施可持续投资方法的投资战略提供了一个良好的起点。[①] 在投资战略讨论中应考虑的要素有：

- 明确投资信念、价值观和规范；
- 对所选的可持续投资方法制定投资政策或原则（如排除标准、代理投票）；
- 根据财务和 ESG 因素，确定投资战略的目标；
- 定义执行框架，包括 ESG 的考虑因素（如经理选择、基准）。

7.4.1.2　宏观分析

宏观经济分析的目的是分析金融数据（利率趋势、增长率、通货膨胀预期、失业率等），并利用宏观经济分析来制定与投资类别（如资产类别、地区、行业、期限）定位或加权有关的预测和估计。

---

① UNPRI（2018）. Asset owners strategy guide. https：//www. unpri. org/download?ac＝4336.

相对广泛的共识，是环境和社会领域的许多全球挑战（如气候变化、缺水、粮食价格）对全球和国家层面的经济和社会都有直接和间接影响，进而影响资本成本、资本流动和整体经济增长。为了管理战略资产配置，很少有人将 ESG 数据和信息整合到有形的宏观经济情景和分析中。这可能与这样一个事实有关，即经济和 ESG 方面的不安全和可见性，使得为资产配置制定中/短期宏观经济结论框架具有挑战性。然而，专业人士关于这个话题的讨论得到了越来越多的关注。①

有人说，一个特别的例外是气候风险。在《巴黎协定》（2015 年）之后和在过去几年里气候风险无疑已经成为政治和经济相关的主要话题。因此，从资产配置的角度来看，对气候变化的机遇和风险的宏观经济分析正在迅速加强，并正在由专业的资产和财富经理执行。② 联合国可持续发展目标提供了一个框架，对宏观经济考虑因素和资产配置参数进行建模。③ 在此背景下，联合国负责任投资原则（UN PRI）（2018 年）坚持认为："根据其投资的性质，选择持有多样化投资组合、投资于各种资产类别和地区的资产所有者，将面临可持续发展目标的全球挑战。如果未能实现可持续发展目标，将在一定程度上影响所有国家和行业，从而造成宏观金融风险。"从这个角度来看，传统的宏观经济数据日益与可持续发展目标挂钩。④

可以应用在这个阶段的 ESG 考虑因素有：

- 了解可持续发展和相关监管变化如何影响经济增长；
- 在全球、区域和行业层面可持续发展目标的考虑因素和特定 ESG 趋势（例如由可持续发展目标来描述）；
- 不同资产类别和投资组合策略执行的影响（见表 7 -4）。

表 7 -4　　ESG 整合框架⑤

信托责任
SDGs 是世界上最紧迫的可持续性问题的表述，因此作为全球商定的可持续发展框架。SDGs 可以支持投资者了解与投资活动相关的可持续性趋势及其受托责任。

① UNPRI（2018）：资产所有者战略指南，https：//www. unpri. org/download?ac =4336。

② McKinsey. Climate risk and response：physical hazards and socioeconomic impacts. https：//www. mckinsey. com/business - functions/sustainability/our - insights/climate - risk - and - responsephysical - hazards - and - socioeconomic - impacts，2020.

③ 联合国负责任投资原则（UN PRI）（2017）：The SDG investment case，https：//www. unpri. org/download?ac =6248。

④ International Energy Agency. SDG 7：Data and projections. https：//www. iea. org/reports/sdg7 - dataand - projections#，2019.

⑤ UNPRI/PWC. The SDG investment case. https：//www. unpri. org/download?ac =5909，2017.

续表

	风险	机会
宏观	根据其投资的性质，选择持有多元化投资组合、投资于各种资产类别和地域的资产所有者将面临 SDGs 所代表的全球挑战。如果不能实现 SDGs，将在一定程度上影响所有国家和部门，从而造成宏观金融风险	实现 SDGs 将是全球经济增长的一个驱动力，长期投资者都会承认这是财务回报的一个结构性来源
微观	SDGs 提出的挑战反映出，存在非常具体的监管、伦理和运营风险，这些风险可能在跨行业、公司、地区和国家财务上是重要的	公司在全球范围内向更可持续的商业实践、产品和服务移动，提供了新的投资机会

7.4.1.3　公司分析

一旦进行了宏观经济分析，就会在可持续投资战略的框架内实施工具分析。可以在作为上市公司或其他发行人的个体投资工具的层面进行分析。这可以在所说明的筛选和整合方法的基础上实现（这需要必要的资源和专业知识），或者可以委托给外部服务提供商（通常是 ESG 评级机构）。

构建满足每个投资类别的投资指引中定义的 ESG 的投资领域要求，一种务实和简单的方法是对投资工具采用明确的排除标准，以便排除从可持续性的角度来看是不受欢迎的公司、行业或活动领域。以瑞士为例，主要的养老基金已将排除有争议的武器作为一种非正式的市场标准。[①] 执行正面清单选择标准更具挑战性，需要获得全面的 ESG 数据、很好地理解经济背景下 ESG 数据的来源和特征。在这两种情况下，都有必要注意筛选流程对投资领域的影响，以控制随后的投资组合执行层面上对投资领域的不受欢迎的结构影响和积极风险（跟踪误差）。

更高级的分析流程旨在将 ESG 分析与投资工具的财务分析相结合。ESG 分析与财务分析和估值相互关联，可以在整合公司估值的框架内进行，然后以定量和/或定性的方式将财务和 ESG 数据和信息结合在一起。专业整合框架在这个阶段的投资流程需要定义投资研究背景，明确说明不同资产类别的证券估值方法和在投资组合构建和风险管理背景下执行的方法论联系（特别是在投资流程的下一步）。

从调查来看，在投资分析中系统地整合 ESG 方面的主要动机似乎是风险管理目标。股票分析采用的是更先进的整合方法，而固定收益证券正在迎头赶上。自然，治

① SVVK - ASIR（2020），https：//www. svvkasir. ch/fileadmin/user_upload/201801_kontroverse_waffen_richtlinie_de. pdf.

理因素在专业投资者和一体化框架内更容易被接受，而环境因素（特别是气候变化和碳定价风险）和社会因素正在获得承认。从这个意义上说，专业投资者和客户方面的理解和专业知识都被视为进一步融入估值模型的主要障碍。[①]

7.4.1.4　投资组合创立

在考虑风险和回报特性的同时，创立流程需要投资组合经理决定单一资产组合中资产类别内区域、行业和个体投资产品的（战术）配置，以及多资产组合中各种资产类别的（战术）权重。如果适当考虑 ESG，投资组合优化方法和创立流程可以考虑在执行与投资战略相关的任务时的特殊要求或明确定义的限制（战略资产配置），这些限制可以被定义为排除（例如有争议的武器）、正面清单筛选（例如只关注一流标准的 ESG 公司）或甚至是单一指标（例如最优化碳风险暴露）。在这方面，当 ESG 的限制减少了可投资的投资领域而在参考指数中没有考虑到这些影响时，就会发生不同的权衡。在实践中采用三种方法：

- 在其他传统的投资组合创立流程中，会明显分离 ESG 元素。通常，会实施基本的筛选方法（例如，排除方法）。
- ESG 信息与定性或定量的方法（例如通过 ESG 分数，如一流标准）系统地整合到投资组合的创立和优化流程中。
- 专注于 ESG 最优化，而由此产生的投资组合应该在一个或多个 ESG 维度（如碳风险）上最优化，同时保持其他投资组合创立参数（如跟踪误差）基本不变。

7.4.1.5　交易

投资工具的实际买卖包括发出与每笔交易有关的指令、执行和进入结算。涉及主体通常是投资组合管理、交易、后台和中层部门。ESG 方面的整合可以基于对经纪人选择和评估流程的考虑，也基于成本效率性分析（在最优执行指南背景下）。然而，在这个级别之外，ESG 通常不会在这个流程的这个阶段发挥决定性的作用。

投资组合分析的基本目的是确定投资组合经理事后（即在决定投资之后）在多大程度上坚持和执行了投资策略和投资流程的既定框架。投资组合分析还确定了影响最终绩效的关键因素（归因）。

很多讨论都集中在这个问题上，因为许多 ESG 可以被视为类似于 Fama - French 三因素模型或其他已建立的多因子模型中的因子。这个问题仍然没有得到解答，一个

---

① CFA Institute. ESG integration in Europe, the Middle East, and Africa: markets, practices and data. https: //www.cfainstitute.org/ - /media/documents/survey/esg - integration - in - emea.ashx, 2019.

原因是没有标准化的、根据经验建立的ESG因子，而是有E、S和G指标的各种组合。这使得很难获得关于投资组合分析流程各步骤中绩效归因效应的科学和普遍结论，获得的结论是主观武断的或在非标准化的背景下建立框架。

然而，在投资组合分析的框架内，相关的是在分析中捕获投资流程各个阶段（事前）应用的ESG信息，并在系统归因的框架内提出。在作出投资决定后，也有可能在投资指引中定义为ESG追求和实施系统的投资组合监测。以下考虑因素非常重要：

- 对ESG风险和机会的变化和相互作用的投资组合分析；
- 监测和管理由所选择的可持续投资方法所产生的绝对风险和相对风险；
- 在投资组合背景下，特定ESG方面应获得更高权重或相关性，在这种情况下进行ESG暴露分析（例如碳排放、治理分数）。

7.4.1.6 行使投票权和参与权

从客户的角度来看，更经常的是从监管的角度，投票权的行使是机构投资者必须满足的主要要求之一。除此之外，在可持续投资方法中，投票权的行使越来越被认为是资产管理人的受托责任或管理工作的一部分。[①]

从监管的角度来看，机构资产管理人在所有更大的市场都需要进行积极、透明的代理投票。在瑞士，养老基金自2013年以来必须执行其对瑞士股票的投票权。[②] 美国证券交易委员会监管了所有共同基金和ETS的代理投票披露，而在欧洲，调整后的股东权利指令Ⅱ（2019）要求机构投资者和资产管理人大大提高投票和参与的透明度。[③]

市场上各种各样的供应商提供了一系列关于行使投票权的代理服务。在这种情况下，代理顾问的权力集中以及机构投资者和资产管理人的独立性引发了重要的问题，并增加了政治审查。[④] 虽然由于各种原因，代理执行等某些服务的委托和外包是合法的，但代理投票准则应由所有者而不是第三方制定、监督和调整。积极行使投票权和追求参与方式已成为在公司层面对ESG施加影响的相关工具，[⑤] 重点是避免可能影响

---

① https：//www. morningstar. com/insights/2019/03/29/manager - stewardship.

② Swisscanto. Auswirkungen der Stimmrechtswahrnehmung nach Annahme der Minder - Initiative. http：//www. anlagestiftung. ch/wp - content/uploads/2014/02/Stimmrechtswahrnehmung - _MinderInitiative_DE. pdf，2013.

③ PWC. The new shareholder rights directive. https：//www. pwc. ch/en/publications/2019/The - newShareholder - Rights - Directive_EN - web. pdf，2019.

④ Brannon. Diminishing the power of proxy advisory firms. https：//www. forbes. com/sites/ikebrannon/2019/07/11/diminishing - the - power - of - proxy - advisoryfirms/#522fbbc0452c，2019.

⑤ UNPRI. A practical guide to active ownership in listed equity. https：//www. unpri. org/download?ac = 4151，2018.

投资成功和/或声誉的 ESG 风险。

机构投资者越来越多地使用消极投资策略，特别倾向于使用使其能够通过与公司对话对 ESG 提出要求。[①] 从这个意义上说，对指数投资者严格复制基准的限制增加了参与实践或积极所有权的相关性或必要性，以遵守信托义务。允许指数投资者实施符合投资战略的可持续投资方法。[②]

从历史上看，积极投票和参与一直与股票所有权密切相关，而与固定收益证券联系较少。然而，最近固定收益参与的话题引起了更多的兴趣。固定收益投资者与发行人采取参与策略的动机是为了获得有关发行人 ESG 相关方面的更好信息，方便发行人更好地处理潜在被低估的 ESG 风险，并为与违约风险限制相关的主要投资创造更好的价值。[③]

7.4.1.7　报告

绩效的透明报告是投资流程中的一个关键因素。报告反映了投资指引，并基于历史数据展示结果，有助于形成基于未来的数据观点。全球投资绩效标准（GIPS）目前为绩效数据的报告和计算提供了一个既定的最优实践框架。[④]

符合这些标准的报告可以依赖于投资指引来实现，并在投资流程的每个阶段都整合 ESG。随着与 ESG 的相关性日益增强，以及资产所有者和私人客户对可持续投资战略的应用日益广泛，对更标准化和更系统的 ESG 报告的需求会逐步增加。因此，披露相关信息（如碳排放、有争议的行业或公司）是当今投资顾问及其客户迅速增加的要求。确定的投资战略实际如何执行的问责制、如何透明化、如何明确化被视为投资流程中的基本因素。与此同时，自愿标准和监管举措的透明度要求会主要反映在报告层面上。

7.4.2　绩效观测

近年来，大量的研究考察了可持续投资方法，或者更广泛地说，观测 ESG 数据

① UNPRI. How engagement creates value for investors and companies. https://www.unpri.org/download?ac=4637, 2018.

② UNPRI. How can a passive investor be a responsible investor?. https://www.unpri.org/download?ac=6729, 2019.

③ UNPRI. ESG engagement for fixed income investors: managing risk, enhancing returns. https://www.unpri.org/download?ac=4449, 2019.

④ http://www.gipsstandards.org/.

和信息是否为公司也为投资者带来了附加价值。重要的是要区分两种研究：一个是从数据和信息中得出一个或多个 ESG 指标对公司财务影响的研究，另一个是阐明可持续投资战略对资产组合总体绩效的影响的研究。

独立于科学研究的主体，对于积极的可持续发展战略是否对公司价值有积极的影响，仍然有不同的看法。因此，科学的观点似乎适合从一个更客观的角度来阐明这个问题。大多数研究（在较长时期内）在这方面有相当必然的联系。① 在公司层面上对 ESG 的观测和管理，要么会产生附加值，要么至少不会产生负的影响。在少数情况下，研究表明存在负面的联系，即可持续性需要经费。

汉堡大学（2018 年）的一项研究表明，长期来看，可持续企业可以成为赢家："我们发现存在高度显著的、正的、稳健的、双向的 ESG - CFP 相关性。环境和社会因素的相关性强度相对较高。"② 这反驳了可持续发展主动倡议在公司层面产生额外成本、对利润产生负面影响的说法。发表在《银行和金融杂志》上的一项研究结果也表明，企业的可持续性绩效与其资本成本之间的联系。③ 实证研究的核心发现，是更具可持续发展能力的公司具有更低的资本成本。这支持了《国际金融评论》中早期的一项研究，该研究证实了具有良好公司治理标准的公司与较低的资本成本之间的相关性。④

值得一提的是，这些科学发现也反映在由投资专家进行的实际公司评估中。哈佛商学院（2010 年）的一项研究和汉堡大学（2012 年）的一项调查发现：金融专家通过低估公司价值以惩罚可持续发展绩效不佳的公司；相反地，奖励进步的公司。⑤ 这是一个有效的假设，即随着 ESG 数据可用性增强，关注透明度和问责性的明确监管会通过市场参与者获得更高、更重要的相关性。因此，在科学层面上，一种共识似乎已经形成了，即在公司层面观测 ESG 被视为中长期在经济上是有益的，或者通过 ESG 至少使市场参与者得到了回报。从短期来看，目前普遍的考虑因素也与投资者相关，即 ESG 对公司价值的影响不那么明显，通常隐藏在其他影响因素背后。然而，

---

① T. Busch / G. Friede / M. Lewis / A. Bassen. Digging deeper into the ESG - corporate financial performance relationship, 2018; J. Margolis/J. Walsh. People and Profits? The Search for a Link Between a Company's Social and Financial Performance, 2001.

② T. Busch / G. Friede / M. Lewis / A. Bassen. Digging deeper into the ESG - corporate financial performance relationship, 2018.

③ El Ghoul et al. . Does Corporate Social Responsibility Affect the Cost of Capital?, Journal of Banking & Finance, 2011, Vol. 35 (9), pp2388 - 2406.

④ F. Zhou. Corporate governance and the cost of capital, International Review of Finance, 2014.

⑤ Bassen et al. Integrating Sustainability Reports into Financial Statements: An experimental Study, University of Hamburg; Germany Ioannis et al. The impact of Corporate Social Responsibility on Investment Recommendations, www. ssrn. com, 2010.

如果形成（对环境）的损害风险或从财务角度产生其他相关的商业风险，那么在资本市场中不遵守 ESG 标准很可能会受到惩罚。

在公司层面的调查结果只能部分或间接地应用于投资活动，对可持续投资战略的绩效也是如此。近年来的科学研究表明，在投资决策中观测 ESG 在很大程度上是有益的。[①] 从实际比较中可以明显看出，短期和中期可持续投资产品与可比的传统投资产品的绩效没有显著差异。然而，市场上存在着不同的可持续投资战略，这使得人们很难概括可持续投资战略的风险和收益特征。例如，有一种保留意见，即可持续投资会产生负的多样化影响，因此不太会产生良好的回报。更简单地说，更严格的方法，比如那些有综合负面清单标准和一流标准的方法，理论上比更广泛的方法更严格地限制了投资领域。与参考指数（跟踪误差）相比，有限的投资领域自然限制了投资机会，并带来更大的积极风险，这意味着这些产品提供的收益率与基准收益率相比有更大的波动。然而，在现实中可以看到，这种影响是有限的，因为尽管有筛选过程，但是可持续的投资通常是基于广泛多样化的投资领域来管理的。然而，与传统投资组合相比，对可持续投资组合的总体风险（波动性）进行的研究表明，相对于可比投资组合，可持续投资战略可能使总体风险降低。

值得强调的是，实际可持续投资基金的利润受多重绩效驱动力的影响。因此，在投资环境下独立观测 ESG 并不能保证更好的绩效，反之亦然。从实践的角度来看，一个坚实、稳健的投资流程、应用 ESG 信息的广泛知识、可持续投资方法、卓越的投资经验是相关的先决条件。从科学的角度来看，在投资决策流程中系统地考虑 ESG 并不会损害回报，而是可以提供额外的财务价值。

7.4.3 主流化和综合估值的情况

在未来，可持续的投资战略会如何发展？ESG 数据和信息的使用和相关重要性会不断改变，ESG 数据的数量将进一步增加，信息的质量将会更好。这种发展已经导致了这样一种情况，即如今金融分析师和投资组合经理对公司的评估方式已经理所当然地要考虑 ESG 数据和信息。目前的监管发展，如欧盟的可持续增长融资行动计划，明确地指向了这一方向，并得到了更广泛的自愿行业倡议的支持，陆续创立标准和发布指引。因此，在传统的投资流程中保持对 ESG 信息的使用，将在整个资产和财富

① G. Friede / T. Busch / A. Bassen. ESG and financial performance：aggregated evidence from more than 2000 empirical studies，2015；J. Kleine/M. Krautbauer/T. Weller. Nachhaltige Investments aus dem Blick der Wissenschaft：Leistungsversprechen und Realität，2013.

管理行业变得更加标准化。瑞士可持续发展金融协会（2020 年）对 ESG 整合和主流化的定义如下："在可持续投资的背景下，这是指作为投资决策流程的一个组成部分，确保环境、社会和治理因素得到充分考虑和研究支持。因此，这种分析可完全融入标准投资产品的整体财务分析中。"① 可持续投资战略因此变得更加广泛，通过报告的监管框架条件、重要行业组织（如欧洲金融分析师协会联合会，即 EFFAS）的战略议程，甚至现有主动倡议的进一步发展（如联合国负责任投资原则）得到见证。特别是在瑞士，其主要行业协会，如瑞士银行协会（SBA）和瑞士基金和资产管理协会（SFAMA）已经为各自成员成立了特定的可持续发展金融工作组，以进一步研制立场文件、标准和指引。② 这些会推动可持续投资战略进一步纳入主流。

在信息快速流动的环境中，应将 ESG 数据和信息更一致地整合起来，从而将现有的评估模型以及优势和劣势，扩展到一个潜在的实质性的水平。在过去的几年里，更系统化和结构化的方式整合 ESG 数据和信息增长很快（见图 7 - 15）。除了 ESG 整合的发展，具有特定的、面向价值和规范的可持续性要求的投资者群体，会首先转向筛选流程，并希望获得高水平的可衡量的可持续性信息。与此同时，某些排除标准也正在成为主流。一个例子是排除有争议的武器，继瑞士最大的养老基金集团之后，这几乎已经成为瑞士机构投资者的标准。③ 最近一个例子是，全球最大的资产管理公司宣布将在所有积极管理基金中剥离超过 25% 的收入来自热能煤的公司，总规模为 1.8 万亿美元。④ 因此，可持续投资元素将成为一种（新的）市场标准。可以认为，在整个投资决策流程中 ESG 数据和信息的整合将会有更多的进展。在投资背景下进一步将可持续投资作为一种新的范式，这是现实的。然而，除了强劲的主流化趋势之外，从金融和经济的角度来看，ESG 数据和信息对公司综合估值的影响仍然是一个具有挑战性的议题。

可以从不同角度解释人们对综合估值的兴趣。综合估值的最终目标是通过利用 ESG 数据和信息扩展相关信息集合来评估资产的现值，从而作出更有效的风险调整投资决策。一般来说，一个公司对实质性 ESG 的处理可以被视为更广泛意义上的管理质量或公司治理水平的总体反映，尽管这一点难以衡量。ESG 应用于评估管理质量仍

---

① Swiss Sustainable Finance（2020）.

② Swiss Banking Association. Position Paper Sustainable Finance，https：//www. swissbanking. org/library/positionspapiere/positionspapier - der - sbvg - sustainable - finance，2019.

③ SVVK - ASIR：https：//www. svvkasir. ch/fileadmin/user_upload/documents_eng/201801_controversial_weapons_policy_en. pdf，2018.

④ Bloomberg，https：//www. bloomberg. com/opinion/articles/2020 - 01 - 17/blackrock - s - climate - conscioustidal - wave - breaks - on - coal，2020.

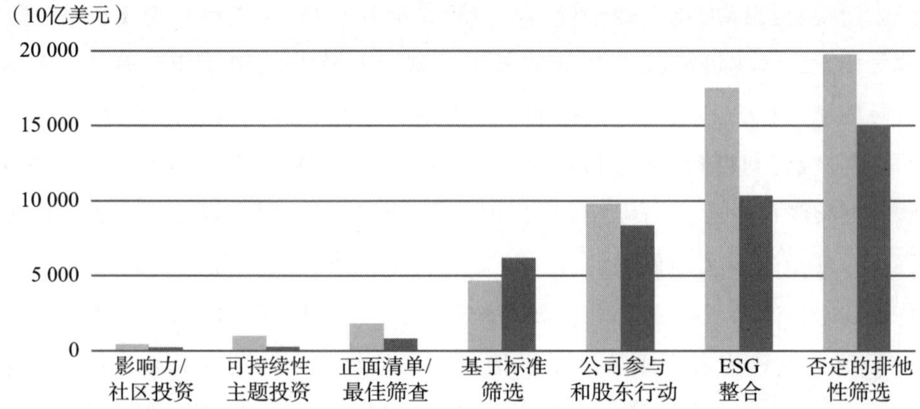

	影响力/社区投资	可持续性主题投资	正面清单/最佳筛查	基于标准筛选	公司参与和股东行动	ESG整合	否定的排他性筛选
2018年	444.26	1 017.66	1 841.87	4 679.44	9 834.59	17 543.81	19 770.96
2016年	248.47	276.16	818.01	6 195.40	8 385.17	10 353.20	15 063.57
2016—2018年增长率	79%	269%	125%	−24%	17%	69%	31%
CAGR	33.7%	92.0%	50.1%	−13.1%	8.3%	30.2%	14.6%

图 7－15　全球可持续投资战略

资料来源：GSIA，2019 年

然主要是定性分析和估值方法，但综合估值的目标显然是财务和财务外 ESG 的定量、可衡量的整合。因此，从估值和投资者的角度来看，需要问的问题是，ESG 数据和信息在多大程度上可能对资产的财务估值产生可衡量的实质性影响？如果有影响，影响有多大？从实证的角度来看，这个问题通常可以在不同的层次上得到解释。

一方面，从成本的角度看，更可持续的公司在运营层面上能更有效地处理可用的资源（例如，环境资本、人力资本等），从而可以实现竞争优势。另一方面，同样可以认为，在运营层面上，更可持续的公司在长期表现出更好的成长前景，因为它们使自己相对于竞争对手处于有吸引力的市场领域，能更有效地联系客户，并遵循更创新的商业模式。最终，可以在战略层面上认为，更可持续的公司更有可能化解所谓的尾部风险，因为它们系统地追求和管理由一系列不同利益相关者所关注的 ESG 信息。从投资的角度来看，三条推理线（成本、长期成长前景、尾部风险）中的每一条都取决于如何准确地量化公司层面重要 ESG 数据和信息，并系统地评估其对财务驱动力的影响。

鉴于无形资产在公司的资产负债表中发挥着重要作用，并且仅在一定程度上受到标准化资产负债表规定的制约（例如商誉），ESG 方面的整合当今比过去具有更大意义。在当今以知识和技术为基础的社会中，在财务外信息和对公司价值的无形要素具有影响的背景下，ESG 方面的重要性已经凸显。

因此，从这个角度来看，必须明确考虑有关研发、品牌认知、声誉、客户关系甚至员工培训的信息，并作为影响因素不断整合到公司估值模型中。也可以通过无形商誉平均占一家公司总价值的 2/3 这一事实来解释在估值模型中整合 ESG（见图 7－16），这意味着许多金融专家和投资者现在都含蓄地或明确地认为，更好地理解这一评估水平是有意义的。根据相关行业的不同，只有一小部分无形资产被披露；根据会计系统的不同，品牌价值或更一般的商誉，系统纳入资产负债表中的资产内。与此同时，分析师和投资者越来越意识到，无形资产和 ESG 考虑因素之间有着密切的联系。

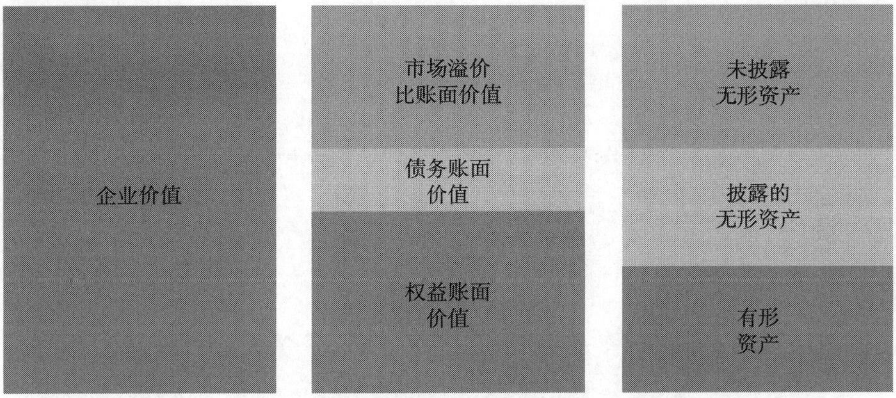

图 7－16　无形和非财务/财务外价值[①]

在股票方面，许多卖方经纪人近年来已经开始将 ESG 数据和信息整合到公司估值的框架内（见图 7－17）。首先，在这一背景下，ESG 符合上述三条推理线，作为经典资本资产定价模型（CAPM）方法中评估资本成本的影响因素，从而影响价格发展。[②] 其次，卖方经纪人还通过综合分析盈利能力（ROI）、特定 ESG 和竞争地位之间的联系，来寻求评估长期成长前景的方法。最后，还有一些经纪人从风险的角度寻求明确的 ESG 整合，从而分析有关 ESG 主题的行业和国家风险，并推导出评估个体公司的定量结果。更多的最新报告开始关注以综合方式整合 ESG 的三个重要推理线（成本、长期成长前景、尾部风险），与周转效应、成本影响和资本分配有关的估计值的结果都取决于对 ESG 的评价。从实践角度来看，近年来，主要的金融服务提供商推动了对 ESG 的综合考虑和评价。通过监管重点关注可持续发展（特别是气候变化），在投资行业加强 ESG 研究工作的背景下，预计关于估计和预测的定量建模工作将迅速增加。

---

① Global Intangible Finance Tracker（2018）.

② L. Pedersen et al.. Responsible investing：The ESG－efficient frontier. https：//www. aqr. com/Insights/Research/Working－Paper/Responsible－Investing－The－ESG－Efficient－Frontier，2019.

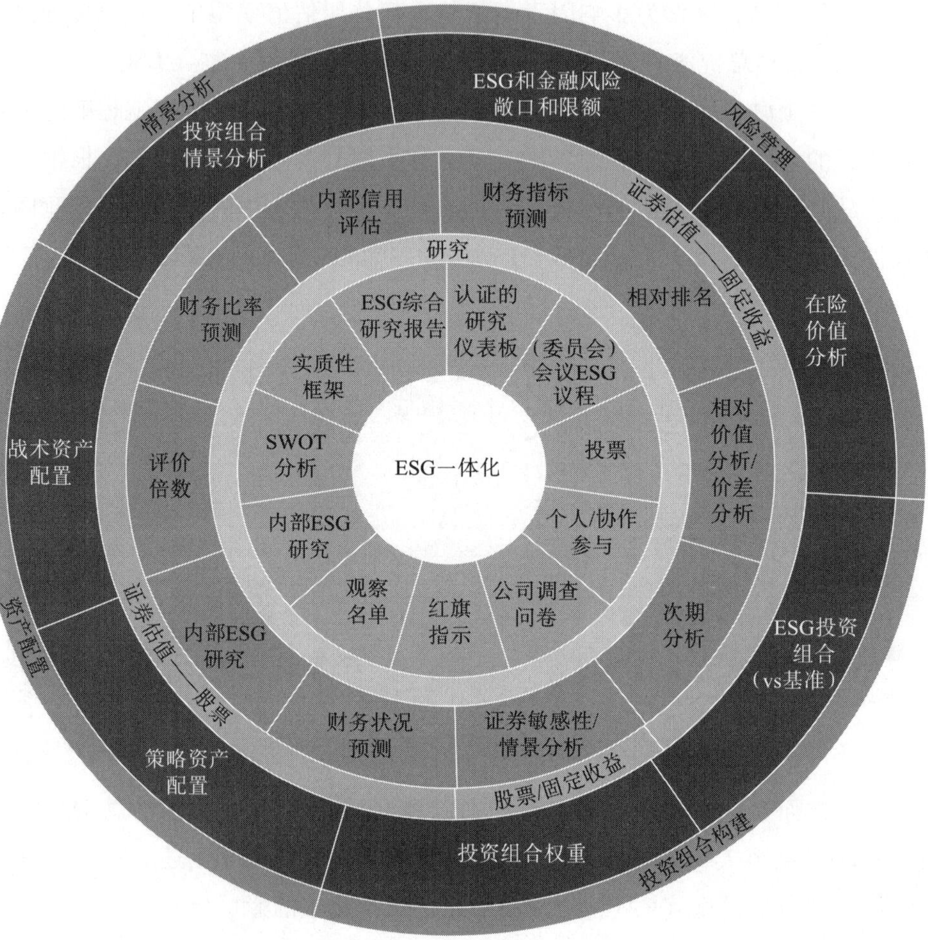

图 7－17　ESG 整合框架①

在实践中，现今普遍的共识是，ESG 数据代表相关信息，可以成为影响公司经济成功的价值驱动因素。预计，通过系统地考虑 ESG，可以加深对公司市场价值加权无形价值的了解。在估值模型中成功整合 ESG 的最大挑战之一是缺乏短期利润预期、可比财务衡量指标，以及中长期来自于 ESG 的机会风险的兼容性。因此，对于如何以及在何种理论框架条件下实现 ESG 整合，从而获得真正的附加价值，目前还没有实际的共识或正式的标准。经典的、最广泛使用的公司估值方法，例如现金流贴现模型，为 ESG 整合提供了良好的起点。然而，它们是否完全适合将长期的 ESG 影响因素整合到公司的财务价值中，是一个悬而未决的问题。尽管如此，随着可用的 ESG 信息质量变得更好以及新兴整合报告的重要性日益凸显，ESG 的使用将随着新的实践

① CFA Institute. Guidance and case studies for ESG integration: equities and fixed income. https://www.cfainstitute.org/-/media/documents/survey/guidance-case-studies-esg-integration.ashx, 2018.

和理论知识的增加而全面增加。

在不太了解实践中应用投资估值理论概念的情况下，可以简单区分绝对模型（重点关注现金流贴现来确定资产的现值）和相对模型（使用可比指标/倍数）。下面，简要阐述主要资产的估值原则。

7.4.3.1　股票

在常用的股票估值框架内，根据重要的 ESG 数据和信息，对预测的财务状况（如资本支出）、模型变量（如贴现率）、估值倍数和财务比率进行调整。ESG 与其行业重要性相关联的关键绩效指标，为随后根据估值框架调整财务指标提供了一个良好的起点。①

7.4.3.2　债券

固定收益的应用更明显，可以使用 ESG 数据和信息分析来调整信用评估。与股票估值类似，可以对预测的财务状况和比率（例如，关于可能受到未得到充分反映、但重要的 ESG 数据和信息影响的未来现金流）进行调整。此外，不同发行人之间价差的相对比较可能会受到重大 ESG 风险评估的影响。目前正在对固定收益证券中 ESG 数据和信息的估值和定价影响进行更多的研究和评估。②

7.4.3.3　私募股权

私募股权在可持续发展方面具有重要作用。因此，在过去几年里，ESG 数据和信息在私募股权投资中的重要性有所上升，这也就不足为奇了。虽然与公募股权领域相比，定量 ESG 数据的可用性相当有限，但可以认为，对 ESG 重要性的关注日益增加，与价值创造和投资估值的相关性不断加强（见图 7 - 18）。

7.4.3.4　基础设施

可持续发展问题往往在评估基础设施项目和投资方面发挥着核心作用，包括积极和消极的方面。此外，从不同的角度来看，基础设施投资往往可以与 17 个可持续发展目标中的许多目标联系起来，因此，它们与一般的可持续发展有关。与此同时，在

① EFFAS KPIs for ESG 3.0. https：//www. dvfa. de/fileadmin/downloads/Publikationen/Standards/KPIs_for_ESG_3_0_Final. pdf，2014；Sustainability Accounting Standards Board（SASB）materiality map（2020）：https：//materiality. sasb. org/，2020.

② Amundi. ESG investing in corporate bonds：mind the gap. https：//research center. amundi. com/page/Article/2020/02/ESG - Investing - in - Corporate - Bonds - Mind - the - Gap？search = true，2020.

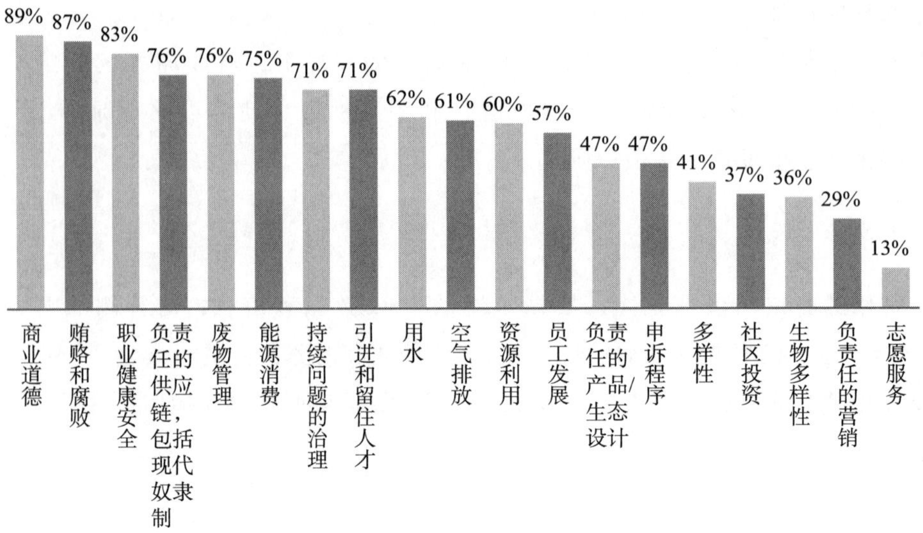

图7-18　对私募股权投资决策很重要的ESG问题[①]

全球机构投资者中，基础设施在低利率环境下作为收益来源的重要性有所增加。在这种情况下，实质性相关的ESG数据和信息在评估不同基础设施投资的价值和/或风险（保值）时变得很重要。[②] GRESB提供了关于实际资产/基础设施中实质性相关的ESG数据和信息的良好概述，这些信息可以整合到项目的估值中。[③]

7.5　链接

亚洲可持续和负责任投资协会，www. asria. org

碳披露项目，www. cdp. net

欧洲金融分析师协会联合会－ESG委员会，https：//effas. net/about－us/commissions/cesg－environment－social－and－governance. html

欧盟融资可持续增长行动计划，https：//ec. europa. eu/info/publications/180308－action－plan－sustainable－growth_en

格尔丹拉根论坛（网站有德语版本），www. forum－ng. org

① PWC. Private equity responsible investment survey 2019. https：//www. pwc. de/de/finanzdienstleistungen/pwc－private－equity－responsible－investment－survey－2019. pdf，2019；UNPRI. Integrating ESG in private equity. https：//www. unpri. org/download?ac＝252，2014.

② UNPRI. Primer on responsible investment in infrastructure. https：//www. unpri. org/download?ac＝4141，2018.

③ GRESB. https：//documents. gresb. com/，2020.

全球报告倡议，www. globalreporting. org

全球可持续投资联盟，www. gsi – alliance. org

GRESB，www. gresb. com

国际公司治理网络，www. icgn. org

瑞士可持续金融协会，www. sustainablefinance. ch

可持续发展会计准则委员会，www. sasb. org

可持续发展目标，https：//sustainabledevelopment. un. org/？ menu = 1300

气候相关财务披露工作组，https：//www. fsb – tcfd. org

欧洲可持续投资论坛，www. eurosif. org

国际综合报告理事会，www. theiirc. org

全球影响力投资网络，www. thegiin. org

联合国环境规划署融资倡议，www. unepfi. org

联合国负责任投资原则，www. unpri. org

美国 SIF：可持续和负责任投资论坛，www. ussif. org

第 8 章　绩效度量与评价

8.1　绩效度量和评价介绍

这一章是绩效度量和评价的概述，组织结构如下：8.1 解释绩效评价如何适应投资组合过程；8.2 ~ 8.5 详细描述绩效度量、绩效归因、绩效表现和绩效评价。8.2 解释如何度量投资组合的收益、基准和风险，同时讨论风险和收益度量是否能有效识别投资技巧。8.3 介绍具体投资的风险和收益归因以及投资组合管理的超额收益和积极型风险归因。8.4 描述展示风险收益图是需要考虑的不同方面。8.5 说明绩效评价是整个投资控制的一部分，并指出分析和解释投资业绩的过程能够对投资组合管理产生有价值的反馈。

绩效的定义很灵活，如果上下文满足这个定义，每个人都可以使用这个概念。然而，一般地说，绩效是给定时期活动的结果。基于这个定义，我们可以说，绩效评价是对过去和未来行动效率的量化和证明。更确切地，绩效评价度量了机构如何管理其目标以及其为利益相关者创造的价值。

在投资组合管理中，绩效评价是投资组合管理的一个组成部分。它包含所有关于度量、分析、报告、监督或检验所有投资组合管理结果或投资业绩的反复发生的监管和控制活动。业绩评价提供关于一定投资周期的投资组合的收益和风险信息，并为不同的利益相关者提供关于投资组合能否满足他们投资目标的有效性的反馈。

在现实生活中，图 8 - 1 显示的投资组合管理过程非常复杂，因为会涉及大量可能的金融工具、决策制定的相关人员（比如研究团队、资产配置团队和不同投资类别的专家）和并不透明的决策制定过程。因此，投资组合管理的结果和决定因素也不会一直是明显的。绩效评价使得这些更加透明，并且识别个体投资决策和负责人的投资决策的风险和收益归因。这些信息和结论为投资组合管理显著提高其未来投资决策绩效提供重要的反馈。

图 8 - 2 列出绩效评价的主要组成部分。他们关心投资绩效，不仅仅局限于收益，而且看重风险以及风险与收益的关系，即风险调整收益。通过这样做，绩效评价不仅考虑过去的行为而且考虑未来的行为。于是人们可以利用这个去分析过去（事前）

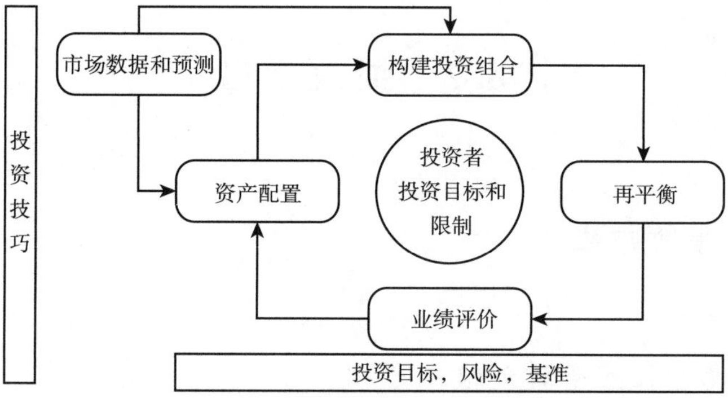

图 8－1　绩效评价是投资组合管理过程中的一部分

和未来（事后）绩效。进一步，人们既可以在绝对基础上进行不同的分析，即独立分析一个投资组合或过程的业绩，也可以在相对基础上进行分析，比如与一个基准或者投资目标进行比较来分析投资组合或者过程的业绩。

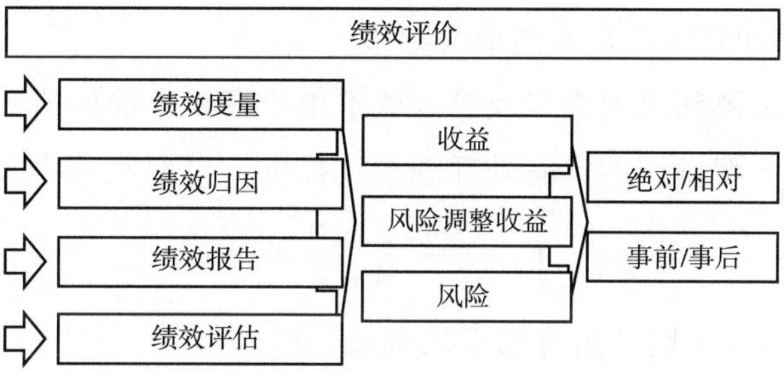

图 8－2　绩效评价的主要活动和侧重领域

绩效评价的活动为投资业绩相关的不同问题提供答案，每个活动解决不同的方面或问题。

业绩度量，是度量投资组合历史和预期收益与风险的过程。它回答诸如“投资过去的绩效怎样和未来的绩效可能如何”的问题。

绩效归因，识别和度量每个投资组合管理步骤，或者使用的金融工具对历史和预期收益和风险的贡献。它回答诸如“投资组合管理如何产生过去的业绩和产生预期未来业绩的来源是什么”的问题。

绩效报告，是为投资组合绩效提供信息和说明的过程，集中报告特定的投资周期中投资组合的收益和承担的风险。它回答诸如“将报告哪些绩效信息，以何种方式去报告”的问题。

绩效评估，使用以前较小评价活动产生的所有信息，综合分析投资组合的业绩。它着重识别和判断投资是否有技巧。它回答诸如“观察到的投资组合业绩是投资技巧的结果，或者仅仅是幸运”的问题。

8.2 绩效度量

8.2.1 度量收益率

8.2.1.1 度量收益率的介绍

（1）投资收益率的定义

收益率是一定期限内投资组合获得的以百分比表示的收益。这里收益涵盖资本利得或损失。通常，单个时期 t 的收益率是盈利和损失与平均投资资本的比值，即：

$$R_{p,t}=\frac{\text{收益或损失}}{\text{投资资本}}$$

式中：$R_{p,t}$——单期 t 组合的简单收益率。

在此，我们假设盈利或损失以及投入资本由投资组合的价值和投资组合进出的外部现金流决定。对于度量周期没有外部现金流投资，单期收益率公式是：

$$R_{p,t}=\frac{MV_{\text{期末},t}-MV_{\text{期初},t}}{MV_{\text{期初},t}}$$

式中：$MV_{\text{期初},t}$——t 期开始时的市场价值；

$MV_{\text{期末},t}$——t 期结束时的市场价值。

（2）外部和内部现金流

度量收益需要区分两种不同的现金流——外部现金流和内部现金流。

外部现金流是投资组合总额的增加和提取，对投资组合的盈利和损失没有影响，但改变相应的投资资本，比如现金的增加和提取或者证券的交割等。通常，投资组合管理者外部现金流的数量或发生的时间没有影响，这些由投资者决定。在选择充分的收益率度量时需要知道这一点。

内部现金流是投资组合内部的现金流，它对盈利和亏损有影响却不改变相应的投资资本，比如，买卖交易或者像红利或零息支付等公司行为。内部现金流是典型的投资管理者决策的结果。

如图 8 - 3 所示，投资组合体系的定义可以改变，比如，可以是单一投资组合、一个子投资组合、一个部门、一个资产类别甚至可以是一项单一投资。投资组合体系的改变也是相应现金流分类的改变。

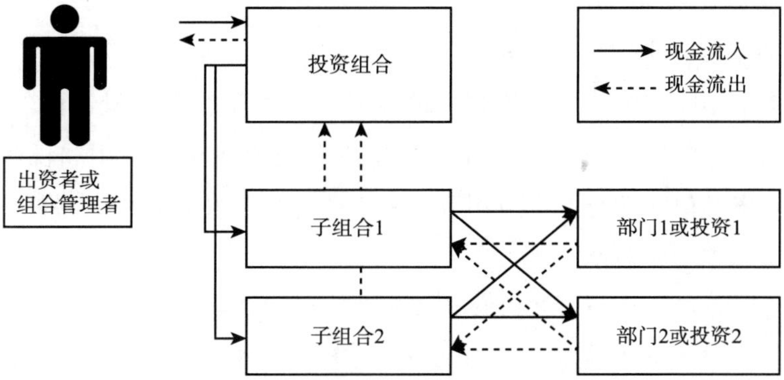

图 8－3　收益计算中的现金流

例如，如果人们考虑多资产类别的投资组合，现金从股票组合转移到固定收益组合对于子组合是外部现金流，但对于整体多资产投资组合而言是内部现金流。此外，现金流分类的改变是增加收益使用的技巧（比如，费用或税收）。

（3）盈利和亏损的度量

盈利和亏损的定义与投资组合相应的度量期限、期初的市场价值、期末的市场价值和相应的外部现金流有关。

为了计算投资组合的盈利和亏损，我们需要下列输入：

投资组合期末和期初的市场价值，它等于相应的估值时期投资组合对应的市场（或公允）价值。

外部现金流的数量和市场（或公允）价值，这依赖于真正的投资组合和需要做的分析。

盈利和亏损依赖于需要做的分析，但是和使用的收益计算方法无关。对于一个单期投资，可以计算如下：

$$\text{盈利或亏损} = MV_{期末,t} - MV_{期初,t} - NCF_t$$

$$= MV_{期末,t} - MV_{期初,t} - \sum \widetilde{C}_d + \sum \widetilde{W}_d$$

式中：NCF_t——t 期的净外部现金流；$\sum \widetilde{C}_d$——第 d 天的外部现金流入；$\sum \widetilde{W}_d$——第 d 天的外部现金流出。

【例 8－1】 盈利和亏损度量。

3 月 31 日：$MV_{期初,t} = 100.00$（欧元）

4 月 30 日：$MV_{期末,t} = 160.00$（欧元）

4 月 10 日：$\widetilde{C}_d = 50.00$（欧元）

盈利 = 160.00 - 100.00 - 50.00 = 10.00(欧元)

(4) 收益率度量中的费用和税收

净收益率是扣除相关费用和税收后的收益率。由于存在大量不同的费用和税收,在行业中应用不同的净收益率。另外,毛收益率是扣除相关费用和税收之前的收益率。与净收益率类似,在行业中应用不同的毛收益率。在行业中,最好的实践是报告至少是净交易成本的收益率。

【例 8-2】 管理费用和不可回收的预扣税。续例 8-1,还有如下信息:

4 月 20 日:收到红利支付 = 6.5(欧元)(扣除 3.5 欧元的不可回收的预扣税)

4 月 30 日:管理费用支付 = 5.0(欧元)

盈利和收益(净值) = 160.00 - 100.00 - 50.00 = 10.00(欧元)

盈利和收益(总值) = 160.00 - 100.00 - 50.00 + 3.50 + 5.00 = 18.50(欧元)

在例 8-2 中,为了计算毛收益率,我们需要进行重新分类,把管理费用和不可回收预扣税从内部现金流分到外部现金流中。

(5) 平均投资资本

投资资本是计算收益率的基础,是相应的度量期限内投资的平均金额。平均投资资本依赖于投资组合外部现金流流进和流出(金额和时机)。外部现金流的流入增加平均投资资本,而外部现金流的流出则减少平均投资资本。

通常,平均投资资本定义为相应的度量期限内的期初市场价值和时间加权的外部现金流之和。单期平均投资资本定义如下:

$$AIC_t = MV_{期初,t} + wNCF_t = MV_{期初,t} + \sum w\widetilde{C}_d - \sum w\widetilde{W}_d$$

式中:AIC_t——t 期的平均投资成本;$wNCF_t$——t 期的加权净外部现金流;$w\widetilde{C}_d$——第 d 天的加权外部现金流入;$w\widetilde{W}_d$——第 d 天的加权外部现金流出。

实际上,计算时间加权的外部现金流有很多种方法,不同的时间权重隐含着关于外部现金流再投资或融资和复利的不同假设,这使得尽管观察到的盈利和损失相同,但计算的收益率却不同。例如,如果人们忽略外部现金流,或者外部现金流的权重是 0,而不是按时间加权,平均投资资本和收益率就会不同。

【例 8-3】 使用外部现金流的日加权,管理费用和不可回收预扣税的平均投资成本净值。续例 8-2,外部现金流取日加权:

$$AIC_t = 100.00 + 50.00 \times \frac{30-10}{30} = 133.33(欧元)$$

外部现金流的日权重依赖于相应的度量期限内可获得投资金额的时间周期。在例 8-3 中,在 4 月的第 20~30 天之间,可以获得投资的外部现金流。

（6）简单收益率和连续复利

考虑到上面的计算单期 t 投资组合收益率的公式：

$$R_{p,t} = \frac{MV_{期末,t} - MV_{期初,t} - \sum \widetilde{C}_d + \sum \widetilde{W}_d}{MV_{期初,t} + \sum w\widetilde{C}_d - \sum w\widetilde{W}_d}$$

式中：$R_{p,t}$——简单收益率。

这里假设计算利息时使用单利的方式，这意味着利息只对本金在度量期期末支付，即利息不会再生息。当计算一个投资的单期收益时，使用简单收益率就已足够。在计算多期收益率时，仅仅把简单收益率叠加会产生正的偏误，因为它们不是可加的。

相比而言，连续复利（CCR）是连续支付的复利率。这里，利率在非常短的时间间隔内（瞬时）支付，产生的利息以同样的利率进行再投资。连续复利在统计上具备有趣的性质：可加性和对称性。在计算风险时经常用到。例如，简单收益率 -50% 可以被 100% 的收益率抵消，而 -69.31% 的连续复利被 69.31% 的收益率抵消，即收益率是对称的。

人们很容易把简单收益率转换成连续收益率，反之亦然：

$$r_{p,t} = \ln(1 + R_{p,t}), R_{p,t} = \exp(r_{p,t}) - 1$$

式中：$r_{p,t}$——单期 t 投资组合的连续收益率。

【例 8-4】 简单收益率和连续复利度量。续例 8-3：

$$R_{p,t} = \frac{160.00 - 100.00 - 50.00}{100.00 + 50.00 \times \frac{30-10}{30}} \times 100\% = \frac{10.00}{133.33} \times 100\% = +7.5\%$$

$$r_{p,t} = \ln(1 + 7.5\%) = +7.23\%$$

$$R_{p,t} = \exp(7.23\%) - 1 = +7.5\%$$

（7）基础货币和本国货币收益率度量

基础货币（Base Currency）是报告绩效信息所基于的货币。通常，这是投资者认为投资者绩效度量使用的货币。本国货币（Local Currency）是国际投资组合面额货币。为方便投资组合估值或者确定盈利和损失，人们应该使用合适的汇率把外部现金流转换成基础货币。完成这些转换后，所有的度量方法都可以使用。

忽略汇率影响的投资收益率是本国货币的收益率。例如，美元计价的股票 ABC，本国货币收益率是美元表示的收益率，即没有转换成基础货币。基础货币表示的收益率包含同期的货币收益率。单期的基础货币收益率计算如下：

$$R^{BC}_{p,t} = (1 + R^{LC}_{p,t}) \times \left(1 + C^{\frac{BC}{LC}}_{t}\right) - 1$$

式中：$R^{BC}_{p,t}$——t 期投资组合用基础货币表示的收益率；$R^{LC}_{p,t}$——t 期投资组合用本币表示的收益率；$C_t^{\frac{BC}{LC}}$——t 期的货币收益率。

【例 8－5】基础货币和本币收益率。

3 月 31 日：$MV_{期初,t}=100.00$ 美元（75.00 欧元）　美元/欧元＝0.750

4 月 30 日：$MV_{期末,t}=110.00$ 美元（88.00 欧元）　美元/欧元＝0.800

$$R_{p,t}^{LC}=\frac{110.00-100.00}{100.00}\times 100\%=10.00\%$$

$$C_t^{\frac{BC}{LC}}=\frac{0.800-0.750}{0.750}\times 100\%=6.66\%$$

$$R_{p,t}^{BC}=(1+10.00\%)\times(1+6.66\%)-1=17.33\%$$

（8）多期收益率度量

目前为止，讨论的收益率都是单期收益率。通常我们需要计算比 1 天或 1 个月更长期限的收益率，通过各个子时期单期收益率连续复合得到多期或累加收益率[①]。特定度量期限的多期收益率可以通过各个子期简单收益率（各期期限不一定相等）连续相乘得到：

$$R_{p,tot}=\prod_t(1+R_{p,t})-1$$

式中：$R_{p,tot}$——投资组合的多期或累计简单收益率。

$$r_{p,tot}=\sum_t r_{p,t}$$

式中：$r_{p,tot}$——投资组合的多期或累计连续复利。

此外，多期收益率通常表示为特定标准期限（比如 1 个月或 1 年）的平均收益率。例如，年化收益率是 1 年期限的多期收益率的几何平均（使用简单收益率）或代数平均（使用连续复利）。公式如下：

$$\textbf{每年简单收益率}=(1+R_{p,tot})^{\frac{1}{年的数量}}-1$$

$$\textbf{每年连续复利}=r_{p,tot}\times\frac{1}{年的数量}$$

【例 8－6】多期和年化收益率度量。

简单收益率分布如下：第一季度为 5.00%；第二季度为 10.00%；第三季度为 －5.00%；第四季度为 －8.00%；第五季度为 10.00%。

$$R_{p,tot}=(1+5\%)\times(1+10\%)\times(1-5\%)\times(1-8\%)\times(1+10\%)-1=11.04\%$$

$$\textbf{每年的简单收益率}=(1+11.04\%)^{\left(\frac{1}{5/4}\right)}-1=(1+11.04\%)^{\left(\frac{1}{1.25}\right)}-1=8.74\%$$

$$\textbf{每年的连续复利}=\frac{\ln(1+11.04\%)}{5/4}=\frac{10.47\%}{1.25}=8.38\%$$

① 多期收益率是时间权重的收益率，在 8.2.1.3 中讨论。8.2.1.2 中讨论的价值权重的收益率总是计算成单期的（比如 1 天、1 个月或自从初期以来）。

8.2.1.2　价值加权收益率度量

(1) 外部现金流发生时间对收益率的影响

货币的时间价值和金融市场的运动使得外部现金流的发生时间对于投资组合的盈利亏损和收益率有着重要影响。

例如，我们考虑两个出资者 A 和 B，3 月 31 日，他们投资权益指数基金 100 欧元。市场下跌后，他们都增加投资权益指数基金 50 欧元，出资者 A 在 4 月 10 日增加投资，出资者 B 在 4 月 3 日增加投资。图 8－4 描述权益指数在整个 4 月的变化，并标明出资者什么时候增加投资。图形表明出资者 A 选择的时机更好，它购买指数的价格比出资者 B 低。忽略货币的时间价值，显然，因为选择的时机更好，出资者 A 会比 B 获得更高的收益率。另外，和在 4 月初就投入所有资金相比，两个投资者都获得更高的收益率。

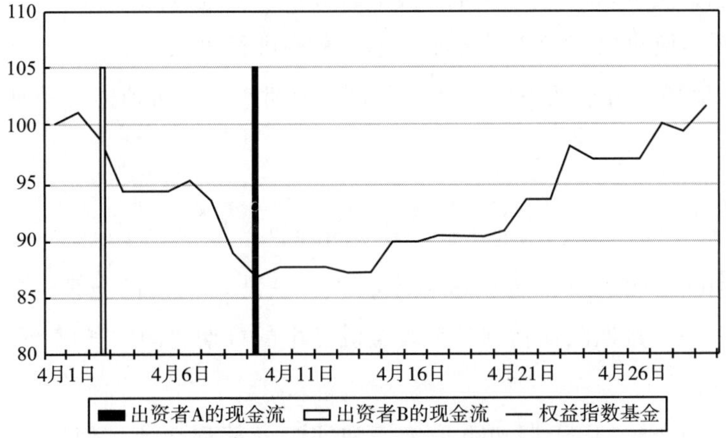

图 8－4　外部现金流发生时间的影响

这个例子说明，一般而言，投资者的收益基于两个决定：

• 出资者作出的追加或提取资金的时机选择。在例中是权益基金的买卖时机选择。

• 投资组合管理者作出管理决策：在相应的投资组合中如何配置资产和选择债券。在例中是在权益基金中进行资产配置。

为了区分这两个决定的影响，并度量决策者的贡献，我们需要考虑两个不同的收益率：

• 价值加权收益率（MWR），度量出资者的收益率，反映包括外部现金流时间效应的总收益率。

- 时间加权收益率（TWR），度量投资组合管理者产生的收益率，不受外部现金流发生时间的影响，这隐含着资产组合的管理者不能决定外部现金流发生的时间。

8.2.1.2 介绍业内计算价值加权收益率的不同方法；8.2.1.3 解释如何计算时间加权收益率；8.2.1.4 比较价值加权收益率和时间加权收益率的不同，并描述它们之间的关系。

（2）内部收益率方法

内部收益率（IRR）是一种价值加权收益率，因为内部收益率不是价值加权收益率的近似，它能准确计算价值加权收益率，所以又被称为真正的价值加权收益率。一定的度量期限内，内部收益率使得期末市场价值和期中现金流贴现后等于期初市场价值的收益率。由于它的复利性质，内部收益率也是使得期初市场价值和期中现金流换算为期末价值的收益率。这里，内部收益率隐含着关于再投资利率和融资利率的假设。

- 外部现金流可以以等于内部收益率的融资利率进行融资；
- 外部现金流可以以等于内部收益率的利率进行再投资。

当把期末市场价值和期中现金流贴现后等于期初市场价值时，单期 t 的年化内部收益率公式是：

$$MV_{期初,t} = \frac{MV_{期末,t}}{(1+IRR)^{Y_T}} - \sum \frac{\widetilde{C}_d}{(1+IRR)^{Y_{t-0}}} + \sum \frac{\widetilde{W}_d}{(1+IRR)^{Y_{t-0}}}$$

式中：IRR——单期 t 的内部收益率；Y_T——度量期限的长度［用年（365 天）表示］；Y_{t-0}——度量期限期初到外部现金流发生的日期之间的长度［用年（365 天）表示］。

我们用复利因子作用于期初市场价值和期中外部现金流，使之等于期末市场价值，得到单期 t 的年化内部收益率的公式是：

$$MV_{期末,t} = MV_{期初,t}(1+IRR)^{Y_T} + \sum \widetilde{C}_d(1+IRR)^{Y_{T-t}} - \sum \widetilde{W}_d(1+IRR)^{Y_{T-t}}$$

式中：Y_{T-t}——外部现金流发生的时间与度量期限期末之间的间隔长度［用年（365 天）表示］。

实际上，内部收益率不能用代数的方法直接从上述公式中求得，需要使用迭代的方法求解。开始猜测一个初始值，然后经过一个迭代和不断试错的过程，直到求得方程的解。

【例 8－7】 内部收益率的计算。使用例 8－1 中的数据：期末市场价值和中间外部现金流贴现等于期初市场价值，得到的年化（非年化）内部收益率是 141.79%（7.53%），如表 8－1 所示。

表 8 – 1　现金流贴现等于期初市场价值

31.03.2014	10.04.2014	30.04.2014
–100.00	–50.00	160.00
–48.81	←	
148.81	←	←
0.00		

$$\Rightarrow 100 = \frac{160.00}{(1+141.79\%)^{\frac{30}{365}}} - \frac{50.00}{(1+141.79\%)^{\frac{10}{365}}} = 148.81 - 48.81$$

复利作用于期初市场价值和期中现金流，使之等于期末市场价值，得到的年化（非年化）内部收益率也是 141.79%（7.53%），如表 8 – 2 所示。

表 8 – 2　复利作用于现金流等于期末市场价值

31.03.2014	10.04.2014	30.04.2014
–100.00	–50.00	160.00
→	→	–107.52
	→	–52.48
		0.00

$$\Rightarrow 160 = 100 \times (1+141.79\%)^{\frac{30}{365}} + 50 \times (1+141.79\%)^{\frac{20}{365}} = 107.52 + 52.48$$

考虑 8.2.1.2 提到的两个出资人 A 和 B，例 8 – 7 反映了出资人 A 的情形。对于出资人 B，4 月 30 日，投资组合的市场价值是 153.00 欧元，其年化（非年化）内部收益率是 28.26%（2.07%）。对比一下，权益指数基金的年化（非年化）内部收益率是 19.65%（1.49%），这证明出资人 A 和 B 分别获得 7.53%（1.49%）和 2.07%（1.49%）的正时间效应。

除了内部收益率同时考虑了外部现金流的金额和时间外，内部收益率有两个主要的缺陷：

- 内部收益率隐含着不现实的再投资和融资假设，所有外部现金流可以以等于内部收益率的利率进行融资和再投资。
- 内部收益率可能不是唯一解，可能有多个解；或者另一个极端，可能没有解。

（3）修正的内部收益率方法

修正的内部收益率（MIRR）是内部收益率的修正，它克服了内部收益率的两个缺陷：首先，通过给出假设取代内部收益率隐含的投融资假设；其次修正的内部收益率有唯一解。与内部收益率类似，修正的内部收益率也是一种价值加权收益率，因为这是计算价值加权收益率的准确方法，不是近似，所以又被称为“真正的”价值加权收益率。

给定度量期限，首先求得期初市场价值和期中现金流入的贴现之和、期末市场价值和期中现金流出的复利终值之和，修正的内部收益率是使得前者在期末变为后者的收益率。记住：假设外部现金流依照以下假设进行融资和再投资，修正的内部收益率是得到的收益率：

- 外部现金流入按给定的利率进行融资（不一定等于内部收益率）；
- 外部现金流出按给定的利率进行融资（不一定等于内部收益率）。

计算单期 t 的年化修正的内部收益率公式是：

$$\text{MIRR} = \left(\frac{\text{外部现金流出的未来值}}{\text{外部现金流入的现值}}\right)^{1/Y_T} - 1$$

$$\text{MIRR} = \left(\frac{MV_{期末,t} + \sum \widetilde{W}_d \cdot (1 + rir_{T-t})^{Y_{T-t}}}{MV_{期初,t} + \sum \widetilde{C}_d \cdot (1 + fr_{t-0})^{-Y_{t-0}}}\right)^{1/Y_T} - 1$$

式中：MIRR——单期 t 的修正内部收益率（年化）；rir_{T-t}——外部现金流出的时间与度量期限 T 期末之间［用年（365 天）表示］再投资利率；fr_{t-0}——外部现金流入的时间与度量期限 T 期初之间［用年（365 天）表示］融资利率。

【例 8－8】修正的内部收益率的计算。使用例 8－7 的数据：假设年融资利率是 5.00%，年（非年化）修正的内部收益率是 120.56%（6.72%），如表 8－3 所示。

表 8－3　贴现现金流入到现金流出复利终值

31.03.2014	10.04.2014	30.04.2014
−100.00	−50.00	160.00
−49.93 ←		
−149.93 →		160.00

$$\Rightarrow \text{MIRR} = \left(\frac{160}{100 + 50 \times (1 + 5.00\%)^{-10/365}}\right)^{\frac{1}{30/365}} - 1$$

$$\text{MIRR} = \left(\frac{160.00}{100.00 + 49.93}\right)^{\frac{1}{0.0822}} - 1 = 120.56\%$$

考虑 8.2.1.2 提到的两个出资人 A 和 B，例 8－8 反映了出资人 A 的情形。对比一下，出资人 B 的年化（非年化）内部收益率是 27.40%（2.01%），权益指数基金的年化（非年化）内部收益率是 19.65%（1.49%）。此外，比较例 8－7 中的内部收益率和例 8－8 中的修正的内部收益率，收益率的不同是因为融资利率的不同。修正的内部收益率使用的年融资利率是 5.00%，内部收益率使用年利率 141.79%。这意味着使用修正的内部收益率时 4 月 10 日外部现金流的现值高于内部收益率隐含的外部现金流的现值。更高的外部现金流的现值导致更高的平均投资资本，因此有更低的收益率。进一步，如果计算修正的内部收益率使用的融资利率和再融资利率等于内部收益率，那么 MIRR = IRR。

(4) 迪茨近似法

迪茨近似法（Original Dietz Method，ODM）是内部收益率的近似，假设外部现金流只发生在度量期限的正中间，所以外部现金流的权重是0.5。通过对平均投资资本给出明确假设，价值加权收益率存在唯一解，这同时克服了内部收益率的两个主要缺陷。

图8-5说明迪茨近似法中关于权重的假设，即所有的外部现金流只发生在度量期限的中点。

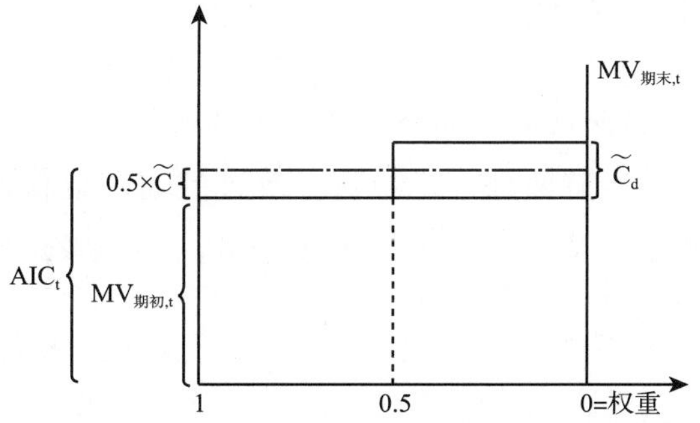

图8-5 依照迪茨近似法，现金流权重的图示

迪茨近似法对所有的外部现金流使用0.5的时间加权，即加权的外部现金流等于外部现金流的一半，因此平均投入资本的计算如下：

$$AIC_t = MV_{期初,t} + wNCF = MV_{期初,t} + \sum 0.5 \cdot \tilde{C}_d - \sum 0.5 \cdot \tilde{W}_d$$

基于此，使用之前公式，依照迪茨近似法，计算单期（非年化）价值加权收益率的公式是：

$$MWR_{ODM} = \frac{MV_{期末,t} - MV_{期初,t} - \sum \tilde{C}_d + \sum \tilde{W}_d}{MV_{期初,t} + \sum 0.5 \cdot \tilde{C}_d - \sum 0.5 \cdot \tilde{W}_d}$$

式中：MWR_{ODM}——依据单期t的迪茨近似法（非年化）价值加权收益率。

【例8-9】依据迪茨近似法的价值加权收益率计算

相关数据同例8-8，假设外部现金流一直发生在度量期限的中点，依据迪茨近似法的年化（非年化）价值加权收益率是155.18%(8.00%)。

$$\Rightarrow MWR_{ODM(非年化)} = \frac{160.00 - 100.00 - 50.00}{100.00 + 0.5 \times 50} \times 100\% = \frac{10.00}{125.00} \times 100\% = 8.00\%$$

考虑8.2.1.2提到的两个出资人A和B，例8-9反映了出资人A的情形。对比一下，出资人B的年化（非年化）内部收益率是33.39%(2.40%)，权益指数基金的年化（非年化）内部收益率是 19.65%（1.49%）。

依照迪茨近似法计算的价值加权收益率和内部收益率之间的不同表明：在波动性比较大的市场和较长的度量期限内，迪茨近似法的权重假设（尤其对重要的外部现金流）会导致明显误差。因此，在实际中，迪茨近似法并不常用。

（5）改进的迪茨近似法

改进的迪茨近似法（Modified Dietz Method，MDM）是内部收益率的一个近似方法，这里外部现金流是时间加权的。外部现金流的权重依赖于度量期限内外部现金流发生的时间点（假设外部现金流一直在一天结束时发生）。改进的迪茨近似法对于平均投资资本有明确的假设，因此改进的迪茨近似法有唯一解。这克服了内部收益率的两个重要缺陷。

图 8－6 说明改进的迪茨近似法如何选择权重的假设，即所有现金流的权重是现金可以投资的对应期。对所有的外部现金流，改进的迪茨近似法取 0～1 的日权重，这被称为时间加权。例如，如果 4 月 10 日有现金流流入，那么有 20 天或者度量期限长度的 2/3 可以投资。

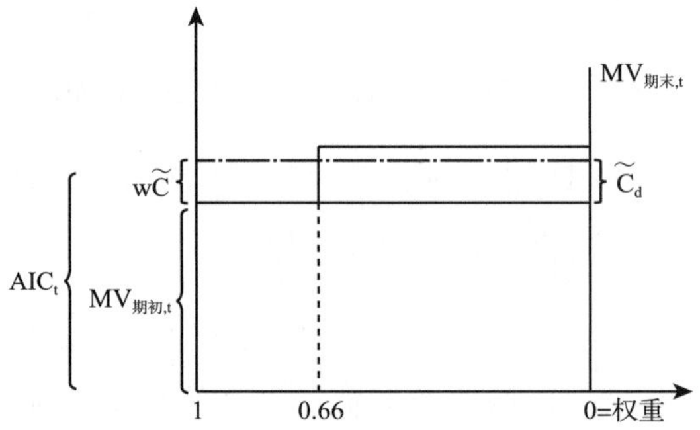

图 8－6　依照改进的迪茨近似法选择现金流权重的图示

使用之前的公式，依照改进的迪茨近似法，计算单期（非年化）价值加权收益率的公式是：

$$MWR_{MDM}=\frac{MV_{期末,t}-MV_{期初,t}-\sum\widetilde{C}_d+\sum\widetilde{W}_d}{MV_{期初,t}+\sum w\widetilde{C}_d-\sum w\widetilde{W}_d}$$

$$w\widetilde{C}_d=w_d\cdot\widetilde{C}_d\quad w\widetilde{W}_d=w_d\cdot\widetilde{W}_d\quad w_d=\frac{D_T-D_d}{D_T}$$

式中：MWR_{MDM}——依据单期 t 的改进迪茨近似法（非年化）价值加权收益率；w_d——日期 d 的时间权重；D_T——度量期限的长度（用天数表示）；D_d——度量周期开始到外部现金发生日之间的长度（用天数表示）。

【例 8－10】依据改进的迪茨近似法计算价值加权收益率。

相关数据同例 8－9，假设外部现金流发生在 4 月 10 日，依据改进的迪茨近似法年化（非年化）价值加权收益率是 141.16%（7.50%）。

$$\Rightarrow MWR_{MDM(非年化)} = \frac{160.00-100.00-50.00}{100.00+\frac{30-10}{30}\times 50}\times 100\% = \frac{10.00}{133.33}\times 100\% = 7.50\%$$

考虑 8.2.1.2 提到的两个出资人 A 和 B，例 8－10 反映了出资人 A 的情形。对比一下，出资人 B 的年化（非年化）内部收益率是 28.25%（2.07%）。假设投资组合只包含一份基金，权益指数基金的年化（非年化）内部收益率是 19.65%（1.49%）。

和依照迪茨近似法计算的价值加权收益率相比，内部收益率与依照改进的迪茨近似法的价值加权收益率的差距没有那么大。然而，在波动性比较大的市场和较长的度量期限内，这个差距会很显著。因此，在实际中，改进的迪茨近似法适用于比如 1 个月或 1 天等较短的期限，业内最好的应用要求 1 天的度量期。

当计算 1 天的价值加权收益率时，即使可能也很难确定外部现金流发生的准确时间。于是，在实际中，通常假设外部现金流发生的时间在日末（在这一天里是不可以用来投资的）或日初（这一天可以进行投资）。计算日价值加权收益率的简化公式是：

$$MWR_{D,日末} = \frac{MV_{期末,t} - MV_{期初,t} - \sum \tilde{C}_d + \sum \tilde{W}_d}{MV_{期初,t}}$$

$$MWR_{D,日初} = \frac{MV_{期末,t} - MV_{期初,t} - \sum \tilde{C}_d + \sum \tilde{W}_d}{MV_{期初,t} + \sum \tilde{C}_d - \sum \tilde{W}_d}$$

式中：$MWR_{D,日末}$——假设在日末发生现金流的日价值加权收益率；$MWR_{D,日初}$——假设在日初发生现金流的日价值加权收益率。

至于什么时候应该使用何种假设并没有一般规则，但是通常使用日末加权。与外部现金流的数量和对应的投资有关，使用某种加权假设，不能得到直观上的收益率，这时，要求人们能够具体分析调整权重，使之更好地反映实际交易。

8.2.1.3　时间加权收益率度量

(1) 真正的时间加权收益率

正如上面所讨论的，价值加权收益率依赖于两类投资决策：现金流的择时和管理。为了估计所有管理决策的效果，需要计算完全不受外部现金流发生时间影响的收益率。这一类收益率被称为“真正的”时间加权收益率（TWR）。时间加权收益率也称为投资组合管理者的收益率，可以用来评价管理者技能，因为它仅仅反映投资组合决策，不受与组合管理无关的择时决策的影响。于是时间加权收益率经常用于评价投资组合管理过程的质量，为潜在的客户提供绩效信息并用于决定基于绩效的管理费用。然而，如果和私募股权投资组合的情形类似，资产组合管理者能够控制外部现金流，那么价值加权收益率就是适合的度量收益率的工具。

时间加权收益率忽略了所有期中外部现金流的时间效应。图 8－7 表明，对于投资组合 A，在度量期中（从 t＝0 到 t＝3）发生两次外部现金流入：t＝1 时的外部现金流和 t＝2 时的外部现金流出。如忽略它们的时间影响，得到的时间加权收益率等于图 8－8 所描述的投资组合 B（具有相同的子时期收益率）的时间加权收益率，投资组合 B 在期中没有发生外部现金流。

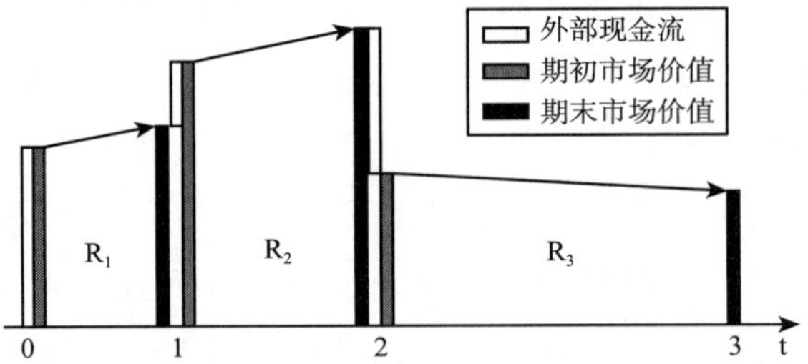

图 8－7　外部现金流在期中发生时，时间加权收益率的计算技巧

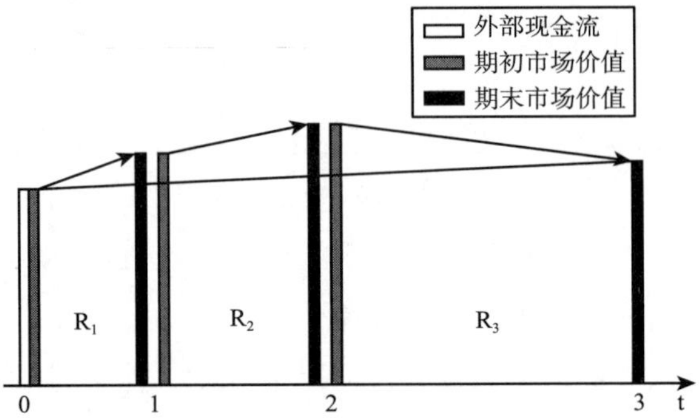

图 8－8　期中不发生现金流时，时间加权收益率的计算技巧

投资组合 B 的累积时间加权收益率（在图 8－8 中用深灰线标出）计算如下：

$$R_{p,tot} = (1 + R_1)(1 + R_2)(1 + R_3) - 1$$

既然在上面的例子中，期中没有现金流，子时期收益率（R_1、R_2 和 R_3）的简单计算公式是：

$$R_{p,t} = \frac{MV_{期末,t} - MV_{期初,t}}{MV_{期初,t}}$$

为了计算图 8－7 中投资组合 A 的时间加权收益率，人们必须把整个度量期分成子时期，子时期的起点和终点由现金流发生的时点决定，然后，可以计算每个子时期的收益率，并通过复利计算得到整个度量期的累积时间加权收益率。

与期中没有外部现金流的投资组合 B 不同，投资组合 A 有一些我们必须考虑的外部现金流。假设外部现金流在子时期结束时发生，计算子时期收益率的公式是：

$$R_{p,t} = \frac{MV_{期末,t} - MV_{期初,t} - \sum \widetilde{C}_d + \sum \widetilde{W}_d}{MV_{期初,t}}$$

【例 8-11】“真正的”时间加权收益率的计算。

使用例 8-10 中的数据，假设期中的现金流入相同，而且没有成本，投资组合的（非年化）时间加权收益率是 +1.49%。计算见表 8-4。

表 8-4　时间加权收益率的计算

日期	期中外部现金流	投资组合的市场价值	投资组合的时间加权收益率	权益指数基金市场价值	权益指数基金时间加权收益率
3 月 31 日		100.00		100.00	
4 月 10 日	50.00	136.71	-13.29%	86.71	-13.29%
4 月 3 日		160.00	17.04%	101.49	17.04%
4 月			1.49%	1.49	1.49%

$$\Rightarrow R_{p,tot} = \left(1 + \frac{136.71 - 100.00 - 50.00}{100.00}\right) \times \left(1 + \frac{160.00 - 136.71}{136.71}\right) - 1$$

$$R_{p,tot} = (1 - 13.29\%) \times (1 + 17.04\%) - 1 = 1.49\%$$

权益指数基金的（非年化）时间加权收益率等于一份基金的（非年化）收益率，等于权益价格（假设没有公司行为）的百分比变化，这里是 1.49%，价格从 100 变成 101.49。

考虑 8.2.1.2 提到的两个出资人 A 和 B，例 8-11 反映了出资人 A 的情形。对比一下，出资人 B 的非年化“真实”时间加权收益率也是 1.49%。这表明，基于如上假设，忽略外部现金流的时间效应会得到相同的时间加权收益率。

（2）时间加权收益率的近似方法

如果人们想计算“真实的”时间加权收益率，必须计算由外部现金流发生时间决定每个子时期的收益率，必须估算每个外部现金流发生时投资组合的价值。如果不仅需要计算投资组合的时间加权收益率，还需要计算子组合的、每个资产类别的甚至是每项投资的时间加权收益率，这时，我们需要进行大量的估值。收益率的计算费时费力，因此通常用近似的方法取代计算“真实的”时间加权收益率。

常用的近似方法是关联的价值加权收益率（Linked MWR），这个方法计算每个子时期的价值加权收益率，子时期通常是一个月或一天，然后把所有的子时期价值加权收益率进行链式链接（Chain - linking）得到整个度量期的时间加权收益率。一般情况下，近似误差很小，但随着外部现金流数目、金融市场波动性和度量期长度的增加，误差增加。在过去，业界惯例是计算季度或者月度价值加权收益率，现在通常计算日度价值加权收益率。

【例 8 - 12】表 8 - 5 包含一个投资组合在 2014 年 4 月到 6 月的信息，这个投资组合投资一个权益指数基金。投资组合“真实的”时间加权收益率等于权益指数基金的收益率 5.1%（假设全部资金投资在此基金，且没有交易成本）。除了用“真实的”时间加权收益率，也可以用改进的迪茨近似法月度收益率和把子时期价值加权收益率进行链式链接近似得到累积价值加权收益率。

表 8 - 5　　时间加权收益率计算中的对应组合价值

日期	权益指数基金收益率	现金流之前的市场价值	现金流	现金流之后的市场价值
3 月 31 日		100.00		100.00
4 月 10 日	1.00%	101.00	5.00	106.00
4 月 30 日	1.00%	107.06	0.00	107.06
5 月 31 日	1.00%	108.13	0.00	108.13
6 月 10 日	1.00%	109.21	5.00	114.21
6 月 30 日	1.00%	115.35	0.00	115.35

在上面的例子中。使用 4 月价值加权收益率（1.99%），5 月价值加权收益率（1.00%）和 6 月价值加权收益率（1.99%）得到累积价值加权收益率 5.07%。近似时间加权收益率和“真实的”时间加权收益率之间的差距非常小，如果认为这意味着近似时间加权收益率的误差非常小，比如 -0.03%，那么就错了。如果外部现金流很大、收益率较高或波动性大，近似误差会变大。例如，如果整个期间指数收益率从 1.00% 增加到 5.00%，误差将提高到 -0.19%，此外，如果现金流从 5.00 提高到 50.00，误差将提高到 1.31%。

8.2.1.4　价值加权收益率和时间加权收益率的区别与联系

对投资组合进行绩效评价时，区分这两种收益率的主要概念及性质很重要。在选择计算方法之前，人们需要明确分析的目的。实际上，目的不同就决定了人们是选择价值加权收益率或时间加权收益率还是二者的近似。了解这两种方法的特征将有助于决定选择哪种方法。

（1）价值加权收益率的特征

价值加权收益率（MWR）是使得期初市场价值和期中外部现金流在度量期末等于期末市场价值的复利率。价值加权收益率的主要特征是：

- 价值加权收益率受外部现金流发生时间、顺序和规模的影响，因此依赖于投资资本的变化。
- 价值加权收益率度量了出资人角度的收益率，假设出资人可以控制外部现金流。
- 价值加权收益率使用隐含的再投资和融资假设，而修正的内部收益率给出明确的假设。
- 使用价值加权收益率可以在同类和竞争者之间比较，调整的价值加权收益率是和基准之间的比较①。
- 作为一个单期收益率，价值加权收益率不适用于分解分析，它总是覆盖整个度量期，没有分解形式②。
- 价值加权收益率隐含的平均投资资本作为计算的一部分，可能随着假设的不同而有所改变。
- 价值加权收益率与盈亏一致，即代数符号上没有冲突，这使得我们可以从平均投资资本求得盈亏。
- 在投资组合管理行业，MWR的计算、分解和报告并不是惯例。
- 价值加权收益率只要求在度量期的期初和期末对投资组合进行估值，期中不需要估值。
- 价值加权收益率不能由全球投资绩效标准（GIPS）③ 详细解释，除非是投资组合管理者能够控制外部现金流的资产类别。

（2）时间加权收益率的特征

时间加权收益率（TWR）是投资组合在度量期期初投资的单位货币的增长复利率。时间加权收益率的主要特征是：

- 时间加权收益率不受外部现金流发生的时间、顺序和规模的影响，因此不依赖于平均投资资本的变化。
- 时间加权收益率从投资组合管理者的角度度量收益率，假设投资组合管理者

---

① 基于基准收益率的调整详细内容可见8.1.2.2。

② 子时期价值加权收益率的链式链接得到的是累积“真实的”时间加权收益率的近似，不是累积价值加权收益率的近似。价值加权收益率只针对整个度量期。

③ 全球投资绩效标准（GIPS）在8.1.4.3中介绍。

对外部现金流的变化无能为力。

- 时间加权收益率可以与基准、同类基金（Peer Group）或竞争者进行比较。
- 时间加权收益率与再投资或融资利率无关。
- 如果计算子时期的时间间隔长度相等，可以对时间加权收益率作分解分析。
- 时间加权收益率不隐含具体的平均投资资本，因为投资资本的变化没有影响。
- 时间加权收益率可能和盈亏不一致，代数符号可能不匹配，因此不能由近似的平均投资资本推出盈亏。[①]
- 时间加权收益率至少要求在投资组合发生的所有时刻对投资组合进行估值。
- 时间加权收益率的计算、分解和报告在投资组合管理界是一个惯例。
- 时间加权收益率的报告是全球投资绩效标准（GIPS）的核心之一。

价值加权收益率和时间加权收益率通常被看作两个不同和无关的度量。考虑到价值加权收益率覆盖了出资人的时机选择和投资管理者的管理决策，价值加权收益率显然包含时间加权收益率。

图 8－9 展示了价值加权收益率和时间加权收益率之间的关系。

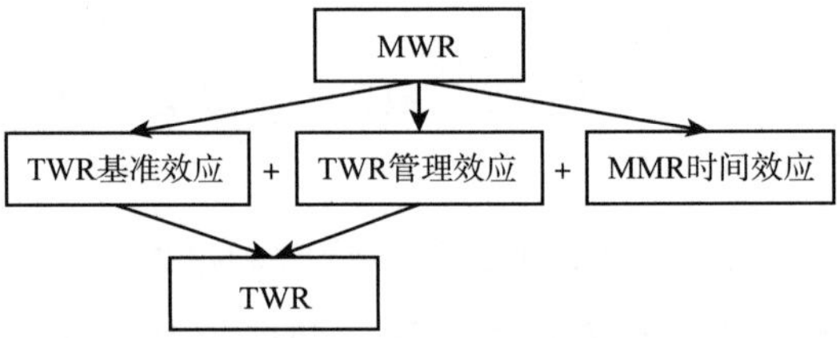

图 8－9　价值加权收益率（MWR）和时间加权收益率（TWR）之间的关系

价值加权收益率可以分解成反映主要投资决策的三个部分或收益率：

- 时间加权收益率基准效应，它是把初始资金投资到基准或投资策略的收益率，等于度量期内的时间加权收益率基准收益率。负责选择投资组合投资策略或者基准的决策者（通常是出资人）会引发这个效应。
- 时间加权收益率管理效应，是相对于基准，投资组合的资产配置和选择债券的决策产生的收益率。负责执行投资策略的决策者通常是投资组合管理者，他们引发这个效应。
- 价值加权收益率的时间效应，即在度量期内，由于基准策略和投资组合中积极资产配置或债券选择中投资的资金量的变化而产生的收益率。能够控制外部现金流的通常是出资人，他们能引发这个效应。

① 非直觉收益率的情形，比如代数符号不匹配时，通常和度量期中发生的外部现金流有关。

为了把价值加权收益率的时间效应完全分离出来，不仅有必要计算“真实的”时间加权收益率，还要计算“真实的”价值加权收益率。“真实的”时间加权收益率不受外部现金流的影响。最好是计算日“真实的”时间加权收益率，然后把所有的“日”“真实”时间加权收益率在整个度量期内取几何平均。相反的，“真实”的价值加权收益率覆盖所有外部现金流的时间效应，可以在整个度量期内使用内部收益率的方法或其改进方法进行计算。如果使用近似的方法，相对于所谓“真实的”收益率（时间加权收益率和价值加权收益率）就会产生残差收益率项，它所忽视的信息可能会对投资组合管理产生误导。

如果我们考虑 8.2.1.2 提到的投资者 A 并且假设全部投资指数权益基金，不考虑成本，价值加权收益率是 7.53%（使用内部收益率），时间加权收益率是 1.49%，于是价值加权收益率的时间效应是 6.04%。由于没有积极管理和费用，时间加权收益率可以分解成等于基准收益率（1.49%）的基准效应和 0.00% 的时间加权收益率管理效应。

8.2.2 基准

8.2.2.1 基准归因

绩效评价为投资组合是否达到投资目标作出反馈。为了方便进行定量的分析并得出结论，投资目标通常是一个参考点，或者可以和投资组合绩效进行比较的基准。根据分析和报告的目的不同，人们在投资组合管理中可以使用不同类别的基准，例如投资策略、指数、组合、投资或任何其他的参考（比如通货膨胀率或目标收益率）。

为了说明投资组合过程和投资决策的步骤是有效的，应用有效的基准很重要。例如通货膨胀率可以作为判断投资组合是否具有实际收益率的基准，但却不适合用于度量投资组合管理者的择股能力。有效的基准满足如下性质：

- 基准是具体的，所有的利益相关者都事先知道。
- 基准是代表投资者授权和其目标。
- 基准适用于相应的投资策略。
- 基准是可投资的，积极的投资组合管理者通过复制基准进行消极投资。
- 基准与事先定义的投资指引和限制不冲突。
- 基准是透明的，可以得到市场公开信息。
- 基准的收益率由独立的第三方机构计算。

通常，不可能构建出完全符合上面性质的基准。理解这一点很重要，因为所有人都期望：组合收益率与基准收益率的差只是因为进行积极投资管理决策而不同。绩效信息的使用者就会清楚基准和“可解释”收益率差的不合理程度。例如，“可解释”收益率差不是因为除息日的基准再平衡或企业结算，而是支付日的。

8.2.2.2　基准类型

实际中，可以使用四类基准，如何选择与使用者需要进行什么分析有关：

- 投资组合管理者的目标和预期收益率。
- 持有包含具有可比性的投资策略的投资组合的同类基金。
- 可以代表具体的资产类别或投资类型的指数。
- 代表具体投资策略的加权指数的成分。

预期收益率或目标是一类简单的基准，如在一定的展望期内，投资者想要达到的预期绝对收益率、养老基金为能够履行未来义务要求的最低收益率。这类基准很简便，但是不适用于度量投资组合管理过程的质量和效率。

如果需要把投资组合的绩效与包含可比较投资策略的其他投资组合进行比较，可以使用第二类基准。这类基准包括同类基金或投资管理者群，由具体的数据供应者构建和维护，反映一个绩效区间或者一群可比较共同基金或投资管理者的加权绩效。同类基金比较反映了，与同类基金或者参考投资组合相比，这个投资管理者的业绩如何。与目标收益率类似，这类基准很简便，但是不适用于度量投资组合管理过程的质量和效率。然而，这个基准给出了执行相似投资策略的投资组合的绩效范围和分布。

表 8 - 6 给出了管理欧洲权益投资组合不同管理者的同类比较，有价值的信息局限于给定区间内收益率的不同。如果人们仅仅关注表 8 - 6 中的信息，虽然对于投资组合管理者 ABC 来说 5 年的绝对收益率更高，但不能由此判断它的业绩长期看会比投资组合管理者 GHI 好，因为相应的基准显示收益率差异可能是由实际的投资委托差异引起的。

表 8 - 6　　同类基金业绩比较

投资组合管理者	基准	过去的毛收益率		
		12 个月	3 年	5 年
ABC	欧洲权益指数	5.5%	13.1%	20.2%
DEF	欧洲权益指数	6.2%	12.3%	n/a
GHI	欧元权益指数	4.8%	10.9%	18.6%
同类基金	**欧洲权益指数**	**5.5%**	**12.1%**	**19.4%**

第三类基准通常使用单个资产类别投资组合，比如欧洲股票或美国国债投资组合。通常，指数是一类资产类别或市场的平均价格水平。指数收益率描述了某一资产

类别或市场不同组成成分的加权价格随市场变化的情况。为了估计一个投资组合相对于特定指数的绩效，搞清楚这个指数是如何构建的很关键。假设这个指数是一个有效的基准，这类基准适合度量投资组合管理过程的效率和质量。

指数提供者的网页上经常会包含指数的成分和构造指数使用的详细方法，可能包含的内容有：

- 指数适合包含的债券或投资类别，如欧洲股票或者美国国债。
- 从相应的类别中选择成分债券或投资的规则，增添或删除某一成分债券或投资的规则。
- 再平衡指数的交易成本和税收，一般假设为 0。
- 实际选择的成分债券或投资。
- 指数中各成分的加权方式和自由浮动调整的政策和规则，比如，价格加权、等值加权、GDP 加权或资本加权。
- 证券或投资所得收益的处理方法，即价格指数或者总收益指数，业界中应用最好的是总收益指数。
- 收益、资本所得或其他税收的处理，指数是税前总额还是税后总额？如果是后者，税率是多少？
- 红利或利息收入的处理或再投资。
- 处理可选红利和资本总额的改变或拆分等其他公司行为。
- 组成债券或投资的定价方法。
- 指数的参考货币、汇率、货币兑换或对冲的政策和规则。

第四种类型的基准通常用于多期资产类别的投资，它是复合加权指数（也成为自定义指数或者混合指数），例如包含三个资本加权区域权益指数（北美、欧洲和亚洲）的全球权益投资组合基准，或者包含四类等权重资产类别指数（固定收益、权益、房地产和对冲基金）的多类资产基准。为了估计一个投资组合相对于自定义指数的绩效，人们需要明白：相应的基准是如何构建的？使用什么计算方法和再平衡规则？假设定制的基准是一个有效的基准，这一类型的基准适合度量投资组合过程的效率如何？

为了更好地反映投资授权或策略，定制的基准通常由个人投资者或投资管理者定制或定义。当构建定制基准时，需要定义和说明下面几点：

- 上面提到的真实的成分指数和相应的特征。
- 成分指数的加权方式，例如等权重、资本加权、风险加权或者跟踪具体优化投资组合的权重。
- 历史的或当前的成分指数的被动型加权方式。

• 再平衡规则和把成分指数权重调整到被动型权重的频率，例如每天、每月或临时。

• 债券获得的收益的处理，即使用指数价格或指数总收益率，业界中使用最多的是指数总收益率。

• 收益、资本所得或其他税收的处理，是税前总值还是税后净值；如果是后者，使用的税率是什么？

• 再平衡的交易成本或税收通常假设为 0。

• 指数的参考货币、汇率、货币兑换或对冲的政策和规则。

8.2.2.3 定制基准收益率的度量

包含单一指数的基准收益率的计算很简单，因为真实收益率等于具体度量期内指数价值的百分比变化。例如，使用下列计算收益率的公式计算单期 t 基准收益率：

$$R_{b,t} = \frac{IV_{期末,t} - IV_{期初,t}}{IV_{期初,t}}$$

式中：$R_{b,t}$——单期 t 的基准收益率；$IV_{期末,t}$——t 期期末指数价值；$IV_{期初,t}$——t 期期初指数价值。

通常，使用链式链接由子期基准或指数收益率产生多期收益率。这隐含外部现金流是无关的假设，于是可以忽略相应的时间效应。那么，在实践中，基准收益率是收益率的时间加权。

私募股权需要计算价值加权收益率，对于类似的资产类别，可能需要计算价值加权指数或基准收益率。经常使用的方法称为公开市场等价（Public Market Equivalent, PME）方法。在这里，基于时间加权，使用相关投资组合的外部现金流，把基准收益率转换成一种价值加权收益率，比如内部收益率（IRR）。为了得到公开市场等价基准外部现金流的价值加权收益率，必须首先计算考虑相关投资组合的真实外部现金流的期末公开市场等价基准价值。单期 t 期末的公开市场等价基准价值计算如下①：

$$MV^{PME}_{期末,t} = MV^{PME}_{期初,t} \cdot (1 + R_{b,t}) + \check{C}^{P}_{期末,t} - \check{W}^{P}_{期末,t}$$

式中：$MV^{PME}_{期末,t}$——t 期期末公开市场等价基准价值；$MV^{PME}_{期初,t}$——t 期期初公开市场等价基准价值；$\check{C}^{P}_{期末,t}$——t 期期末的投资组合的外部现金流流入；$\check{W}^{P}_{期末,t}$——t 期期末投资组合的外部现金流流出。

【例 8-13】 公开市场等价基准收益率的计算。

使用例 8-11 中的数据，假设相关投资组合的期中外部现金流被模拟为无成本基

---

① 在这一章，如果不另外指出，基准收益率指的是时间加权的基准收益率。

准的相应外部现金流，这个指数相当于前面提到的权益指数基金，基准的年化（非年化）内部收益率（IRR）是 147.79%（7.53%）。

这里，假设没有追踪误差，投资组合管理者投资的权益指数基金 100% 等于对应的权益指数，4 月的基准收益率等于投资组合的内部收益率（IRR）。假设没有追踪误差，投资组合管理者投资的权益指数基金 100% 等于对应的权益指数。相关数据见表 8 - 7。

表 8 - 7　　公开市场等价方法

日期	权益指数的时间加权收益率（TWR）	权益指数的指数价值	投资组合期中外部现金流	公开市场等价（PME）基准价值	公开市场等价（PME）现金流
3 月 31 日		100.00	100.00	100.00	-100.00
4 月 10 日	-13.29%	86.71	50.00	136.71	-50.00
4 月 30 日	17.04%	101.49		160.00	160.00
4 月	1.49%				

定制的基准是加权指数的组合，因此其收益率的计算有一点复杂，单期 t 的基准收益率等于成分指数收益率的加权之和，可以表示如下：

$$R_{b,t} = \sum_{\text{对所有指数}i} w_{b,i,t} \cdot R_{b,i,t}$$

$$\sum_{\text{对所有指数}i} w_{b,i,t} = 1$$

式中：$w_{b,i,t}$——t 期期初基准的成分指数的权重；$R_{b,i,t}$——t 期基准的成分指数的收益率。

【例 8 - 14】 单期定制基准收益率的计算。让我们考虑一个定制的基准。其中，权益指数占 30.0%，子时期的收益率是 5.00%；债券指数占 70.0%，子时期的收益率 1.00%。于是，基准的收益率是 2.20%。

$\Rightarrow R_{b,t} = 30.0\% \times 5.00\% + 70.0\% \times 1.00\% = 1.50\% + 0.70\% = 2.20\%$

基准权重与收益率的计算有关，为了计算一个定制基准的多期收益率，人们必须定义基准成分的权重如何随时间变化。① 投资组合管理中有三种再平衡规则：

- 无再平衡：这个购买持有策略假设，在整个度量期内，期初设定指数的权重，虽有指数的权重是浮动的，但不会再平衡让其等于中性权重，不同成分指数相应的权重只依赖其对应收益率而发生改变。

- 定期再平衡：这个再平衡策略假设，在整个度量期内，按照期初确定的频率，定期把指数的权重再平衡让其等于中性权重，频率可以是一年一次、一个月一次或一

① 多期基准收益率只和时间加权基准收益率有关。价值加权基准收益率一直是单期的，比如一天、一个月或者一年。

个季度一次。在子时期内，成分指数的权重会发生变化，变化的多少依赖于相应指数自身收益率的变化。在一个新子时期的开始，重新设置成分的权重为中性权重，在实际中，多资产类别基准的再平衡周期通常是一个月。

- 定制再平衡：这个再平衡策略是以上两种策略的混合，不是在固定的日期或固定的时间之后重新设置指数权重，而是基于特定的或在投资决策者作出决定之后。

如果定制的基准没有任何再平衡，其多期收益率的计算是简单直接的，它是成分指数累计收益率的加权之和，其中权重等于度量期期初时成分指数中性或被动型权重。

$$R_{b,tot没有再平衡} = \sum_{对所有指数i} w_{b,i,0} \cdot R_{b,i,tot}$$

$$\sum_{对所有指数i} w_{b,i,0} = 1$$

式中：$R_{b,tot没有再平衡}$——购买并持有的定制基准累积收益率；$w_{b,i,0}$——度量期期初基准的成分指数权重；$R_{b,tot}$——成分指数 i 的累积收益率。

如果一个定制基准需要定期再平衡，它的累积收益率的计算比较复杂，等于每单个子时期收益率的几何乘积，公式如下：

$$R_{b,tot定期再平衡} = \prod_{对所有的子时期t} (1 + R_{b,t}) - 1$$

$$\prod_{对所有的子时期t} (1 + \sum_{对所有指数i} w_{b,i,t} \cdot R_{b,i,t}) - 1$$

$$\sum_{对所有指数i} w_{b,i,t} = 1$$

式中：$R_{b,tot定期再平衡}$——定期再平衡的定制基准累积收益率。

【例 8－15】 多期定制基准收益率的计算。使用表 8－8 中的数据，每月进行再平衡的定制基准的第一季度收益率是0.67%，不需要进行再平衡的定制基准的第一季度收益率是 0.44%。[①]

表 8－8　不同再平衡规则下定制基准收益率的计算　（单位：%）

日期	月收益率		购买持有			每月再平衡		
			期初权重		收益率	期初权重		收益率
	权益指数	债券指数	权益指数	债券指数	基准	权益指数	债券指数	基准
1 月	5.00	－2.00	30.00	70.00	0.10	30.00	70.00	0.10
2 月	－10.00	2.00	31.74	68.53	－1.78	30.00	70.00	－1.60
3 月	5.00	1.00	28.83	71.24	2.15	30.00	70.00	2.20
第一季度	**－0.77**	**0.96**			**0.44**			**0.67**

① 购买持有再平衡的示例，2 月，权益指数的权重＝31.47%＝[30.00×(1＋5.00%)]/[30.00%×(1＋5.00%)＋70.00%×(1－2.00%)]。

两个收益率的差 0.23% 表明，每月再平衡是一类自动的资产配置决策，它买入绩效好的资产类别，卖出绩效差的资产类别。因此，如何定义定制基准的再平衡规则也是反映投资组合整体业绩的管理决策。

8.2.2.4　增值收益率度量

度量了投资组合和其基准的收益率后，下一步，计算度量期内所有投资组合管理决策产生的增值。有两种方式计算增值：算数增值和几何增值。

算数增值是投资组合与其基准收益率的绝对差，它表述了投资组合相对于基准的绝对超额收益率。单期 t，算数增值计算如下：

$$VA_{A,t} = R_{p,t} - R_{b,t}$$

式中：$VA_{A,t}$——单期 t 的算术增值。

相比而言，几何增值是投资组合与其基准收益率的相对差。单期 t，几何增值计算如下[①]：

$$VA_{G,t} = \frac{1 + R_{p,t}}{1 + R_{b,t}} - 1$$

式中：$VA_{G,t}$——单期 t 的几何增值。

当使用时间加权收益率（TWR）时，单个子时期（不一定长度相等）增值的复合可以得到度量期的多期增值。[②] 基于算数的多期增值计算如下：

$$VA_{A,tot} = R_{p,tot} - R_{b,tot}$$

式中：$VA_{A,tot}$——多期或累积算术增值；$R_{b,tot}$——多期累积基准收益率。

这里，需要重点指出的是，既然没有考虑复利效应，子时期算数增值的链式链接不等于整个度量期的累积算数增值[③]：

$$VA_{A,tot} \neq \prod_{\text{对所有子时期}t} (1 + VA_{A,t}) - 1$$

基于几何基础的多期增值计算如下：

$$VA_{G,tot} = \frac{1 + R_{p,tot}}{1 + R_{b,tot}} - 1$$

式中：$VA_{G,tot}$——多期或累积几何增值。

与算术增值不同，各子时期几何增值的链式链接可得到整个度量期的累积几何增值：

---

① 在本章，没有特殊说明，增值指的是算数增值。

② 多期增值的计算只能使用时间加权收益率，价值加权增值只适用于单期的情形，可以是一天、一个月、一年或者从开始以来。

③ 使用链式算法使得二者相等需要借助数学。

$$VA_{G,tot} = \prod_{对所有子时期t} (1 + VA_{G,t}) - 1$$

【例 8 - 16】 增值的计算。使用表 8 - 9 中的数据，第一季度的算术（几何）增值等于 9.64%（9.09%）。相关数据见表 8 - 9。

表 8 - 9 **算术和几何增值** （单位：%）

日期	投资组合收益率	基准收益率	算数增值	几何增值
1 月	5.00	2.00	3.00	2.94
2 月	5.00	2.00	3.00	2.94
3 月	5.00	2.00	3.00	2.94
第一季度	**15.76**	**6.12**	**9.64**	**9.09**

正如上面提到的，累积算术增值不等于子时期算术增值的链式链接：

$$\Rightarrow VA_{A,tot} = 9.64\% \neq +9.27\% = (1 + 3.00\%) \times (1 + 3.00\%) \times (1 + 3.00\%) - 1$$

8.2.3 风险度量

8.2.3.1 风险度量简介

(1) 投资风险的定义

业绩评估仅仅考虑收益率就忽略了其他同样重要的因素。在评价投资组合管理过程的质量时，人们必须也考虑和分析产生这些收益所承担的投资风险。

风险通常定义为不确定性的暴露。投资组合管理公司关心几种不同类型的风险。[①] 投资风险是其中一种，被定义为预期产出或是否满足投资目标或出资人预期的不确定性。风险的复杂性使得很难度量或估计投资风险。沿用现在投资组合原理的基本概念，出资人认为预期收益率是可取的，而收益的预期与其变动是不可取的。统计上的风险矩阵通常被用来对投资风险进行量化。使用风险矩阵能估计作出理性决策的目标概率，这是它的优势。

图 8 - 10 中的条形图展示了特定度量期内投资组合 A 的月收益率发生的频率。看起来收益率服从正态分布，反映正态分布的面积图支持这一观点。正态分布可以用投资组合的平均收益率和平均变化来描述。考虑到所有的情形覆盖 100% 的面积，可以

① 除了投资风险，与投资组合管理公司相关的其他类型的风险包括但不限于操作风险、合规风险、流动性风险和信用风险。

把面积分成不同子面积。图 8－10 展示了三个子面积，分别覆盖"收益率≤－2%""－2%＜收益率＜6%"和"收益率≥6%"。假设预期收益延续过去同样的模式，概率密度可以解释为真实的收益率落在给定范围内的预期概率。使用图 8－10 中的数据，真实的月收益率将小于－2%或大于 6%的概率是 15.865%，位于－2%和 6%之间的概率是 68.27%。

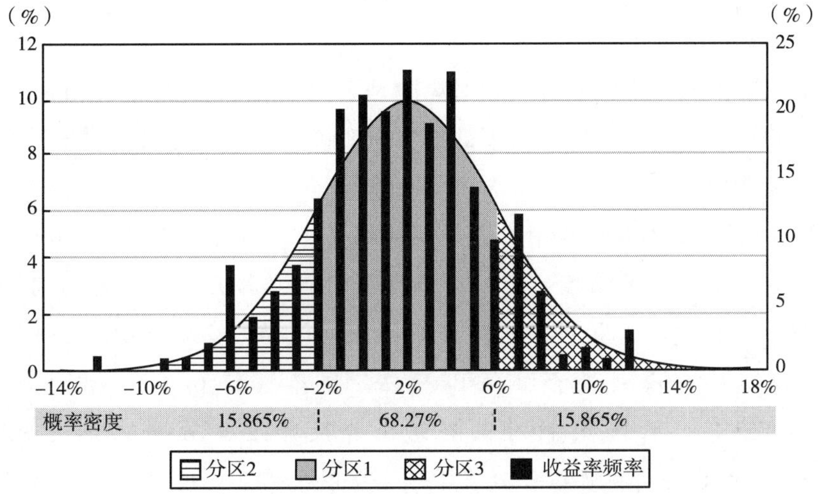

图 8－10　投资组合 A 的概率密度函数

投资风险有很多的形式，对应的定义和度量依赖于实际情景中遇到的问题。作为规则，在选择具体风险度量方法之前，需要先确定分析的目的。例如，如果投资的目的是在特定的时期内存一定数量的钱能够分期偿还一笔贷款，投资者主要担心不能存足够偿还贷款的钱，于是会更关注这种情形发生的概率。另一个风险的例子是积极风险。积极风险衡量的是偏离基准收益率的预期概率和大小，如果一个出资人想知道关于投资组合管理人积极管理的程度，他需要使用积极风险。

（2）绝对风险、下端风险和相对风险

投资者想做的分析可以在三种主要的风险度量形式中选择：绝对风险、下端风险和相对风险。

绝对风险是投资组合的真实和市场风险，用包含完整收益率分布的收益率的变化度量。绝对风险不需要任何背景或不需要比较，所以作为独立的情形考虑。例如，假设收益率服从正态分布，实际的收益率有 50%（50%）的概率低于（高于）预期的平均收益率。实际中，绝对风险有不同的度量方法，8.2.3.2 讨论了绝对风险的度量方法：方差、标准差、在险值、偏度和峰度。

下端风险是一类绝对风险，但与绝对风险不同，下端风险仅考虑风险分布的一部分。对于下端风险，只有低于某个参考或门槛收益率才被认为是有风险的。相比而言，绝对风险不区分“负的”风险（低于门槛的收益率）和“正的”风险（高于门槛的收益率）①。和绝对风险类似，下端风险不需要任何背景或者对照，所以只作为独立的情形考虑。例如，考虑图 8－10 中展示的正态分布的收益率，投资组合 A 的 100 个实际月收益率中有 16 个即 15.865% 的概率低于门槛收益率 －2%。在实际中，下端风险可以使用不同的度量方法。8.2.3.2 讨论了下端风险的度量：亏损概率、下端方差和下端标准差。

与绝对风险不同，投资组合的相对风险是不同风险水平的比较，不一定与收益率分布有关。相对风险度量一定背景下的或者有明确对照的相对风险，于是要求有一个用来对照的参考值。

【例 8－17】 考虑图 8－10 中正态分布的收益率，投资组合 A 的 100 个实际月收益率有 68 个即 68.27% 的概率位于 －2% 和 6% 之间。与另一个具有不同收益率分布的投资组合 B 进行比较，相对风险可能是收益率落在 －2% 和 6% 之间的概率比值（见图 8－11）。② 考虑到投资组合 B 对应的概率（57.62%），相对风险是 1.19（68.27%/57.62%）。1.19 的相对风险意味着投资组合 A 的实际月收益率落在（－2%，6%）的机会比投资组合 B 多 19%。③ 图 8－12 比较了两个收益率分布，表明投资组合 B 收益率分布更分散。

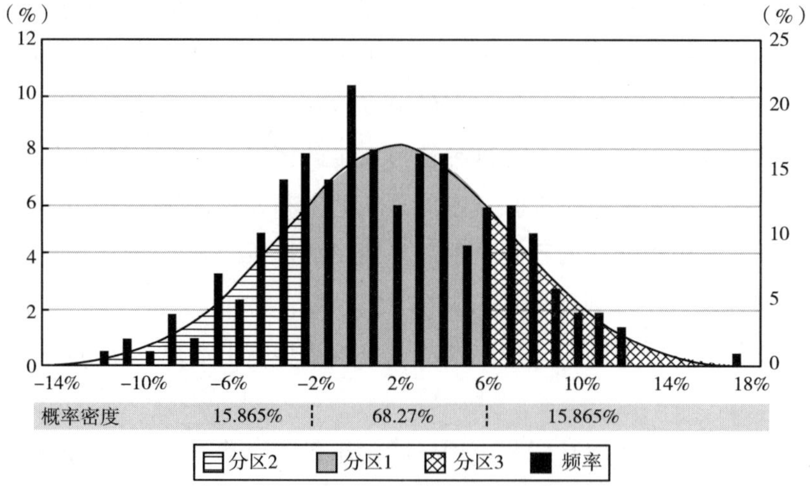

图 8－11 投资组合 B 的概率密度函数

① 与下端风险相对，上端风险认为只有高于某个参考或门槛收益率才是有风险的。

② 除了使用比值外，我们可以计算两个风险水平的绝对差，可以称为绝对的相对风险。

③ 注意到下面一点很重要，相对风险没有关于实际风险的指示。

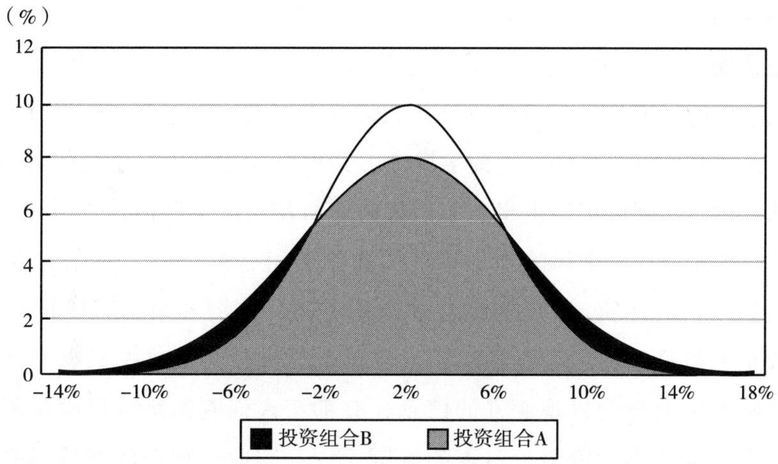

图 8-12　比较收益率分布

在投资组合管理中，通常不明确使用相对风险，但有时会暗示使用相对风险。比如，比较两个权益共同基金时，它们的预期收益相同，但绝对风险的水平不同。一个风险厌恶的投资者宁愿选择绝对风险比较低或者相对风险小于 1 的投资组合。然而，在投资组合管理中，经常应用“相对的”风险，尽管这里“相对的”概念不是指风险水平的比率，而是指投资组合相对基准的超额收益率。[①] 相对风险的这个解释指的是偏离基准或任何其他参考的风险，于是通常用来度量积极型投资组合管理的水平。在实际中，这类相对风险有不同的度量方法。8.2.3.2 讨论了下面几个相对风险度量：协方差、相关性、追踪误差和追踪标准误差。

在实际中，评价投资组合的业绩时，人们经常使用不止一种单一风险度量，而是混合使用不同的风险度量方法，这样能对收益率分布和预期投资风险有更全面的看法。例如，一个出资人可能使用绝对风险从市场上确定少数几个投资产品，然后使用相对风险选出最终投资的产品。进一步，在比较不同投资组合的业绩时，通常不止考虑两个维度的业绩：收益和风险，还结合使用业绩度量或者风险调整收益率。业绩度量被用于比较相似风险的可比较投资组合的收益率。8.2.3.3 讨论的业绩度量方法有：夏普比率（Sharpe Ratio）、特雷诺指数（Treynor Ratio）、詹森 α（Jensen's Alpha）、估价比率（Appraisal Ratio）、格雷厄姆—哈维测度（Graham & Harvey Measure）1 和 2、索提诺比率（Sortino Ratio）和信息比率（Information Ratio）。

---

① 在本章，除非特殊说明，相对风险指的是超额收益率的变动而不是指风险水平的比率，也可以称为超额或积极型风险。依赖于需要做的分析，超额收益率指的是投资组合收益率与无风险投资收益率的差，或者是与其他具有类似风险水平的投资收益率的差，也可以指投资组合收益率与基准收益率之差。后者又称为增值或积极型收益率。在本章，我们交替使用超额收益率、积极型收益率和增值。

（3）事后和事前风险

人们通常使用两种方式考虑和度量投资风险：事后（回测）和事前（前瞻）。

事后风险指的是事件发生后的风险，意味着出资人或者投资组合管理者实际经历的风险。相反，事前风险是事件发生前的风险，即出资人或投资组合管理者的预期风险。

使用基于时间序列的风险度量，事后风险分析特定度量期内投资组合历史收益率的离散程度。相比而言，事前风险预测特定结构投资组合的风险，并估计这个投资组合的收益率时间序列的性质。① 投资组合或产品不同，事后和事前风险的计算可能会产生不同的数字和解释。离散程度取决于潜在的假设和使用的样本数据。然而，比较事前风险和实际事后风险会发现额外的信息，有助于人们判断事前风险预测是否准确。

绩效评价通常关心投资组合过去的投资业绩，因此更加关注事后风险，以监督投资目标是否达到并且投资组合管理过程的参与人是否能履行最初的承诺。使用事前风险数字时，焦点集中于分析投资组合管理过程的质量高低、是否恰当、投资风格是否符合出资人的预期和投资目标。②

8.2.3.2 风险度量

（1）方差和标准差

如果人们认为投资组合的风险是投资组合相对于均值的离差，可以使用统计上的方差和标准差（方差开方）来度量风险。③ 作为事前风险的度量方法，方差是关于均值的二阶中心距，度量了收益率和其均值之间的偏离程度，是每个收益率和所有收益率均值之差的平方值的平均数。④ 在其他条件都相等的情况下，对于一个风险厌恶者，收益率偏差越大意味着投资风险越大。使用连续复利并假设数据是总体的样本⑤，收益率的历史方差和标准差计算如下：

$$\mathrm{Var}_p = \sigma_p^2 = \frac{1}{N-1} \cdot \sum_{t=1}^{N} (r_{p,t} - \bar{r}_p)^2$$

$$\sigma_p = \sqrt{\frac{1}{N-1} \cdot \sum_{t=1}^{N} (r_{p,t} - \bar{r}_p)^2}$$

$$\bar{r}_p = \frac{1}{N} \cdot \sum_{t=1}^{N} r_{p,t}$$

---

① 通常，人们使用不同证券和产品的历史收益率和相互之间的关系预测组合的性质，当极端事件发生时这种做法可能会有问题。

② 除非特别指出，本章的风险指的是事后风险。

③ 实际中，标准差通常被称为波动率，在这里我们遵循这个惯例。

④ 使用差的平方避免正负相互抵消的问题。

⑤ 在实际中，使用 n 即整个样本的个数作为分母是个惯例，对大样本数据这是个适当的假设。

式中：Var_p——投资组合收益率的方差；N——收益率样本的数目；$\bar{r}_p$——收益率均值；σ_p——投资组合收益率的标准差。

上面的公式假设收益率的一个周期，如日、周和月等。在实际中，为了方便比较，风险通常以年化的方式给出。由于年化方差和时间成比例（或者说标准差与时间的开方成比例），年化方差和年化标准差的计算如下：

$$Var_{p,年化} = t_0 \cdot Var_{p,非年化} \qquad \sigma_{p,年化} = \sqrt[2]{t_0} \cdot \sigma_{p,非年化}$$

式中：$Var_{p,年化}$——投资组合收益率的年化方差；$Var_{p,非年化}$——投资组合收益率的非年化方差；$\sigma_{p,年化}$——投资组合收益率的年化标准差；$\sigma_{p,非年化}$——投资组合收益率的非年化标准差；t_0——一年中观察的数目（月 =12、周 =52 或者日 =250）。

与收益率的方差不同，收益率的标准差以收益率为度量单位，更容易解释。假设人们使用图 8 - 11 所示的正态分布来解释预期的风险，标准差隐含着在正常市场条件下人们能预期真实的收益率是：

- 68.27% 的比例落在预期收益率均值加/减一个标准差之间。
- 95.45% 的比例落在预期收益率均值加/减两个标准差之间。

如果人们认为收益率服从图 8 - 13 所示的分布，月平均收益率 $\mu = 2\%$，月标准差 $\sigma = 4\%$，那么下面的解释是有效的：

- 在正常市场条件下，月实际收益率有 68.27% 的概率落在（-2.00%，6.00%）之间。
- 在正常市场条件下，月实际收益率有 95.45% 的概率落在（-6.00%，10.00%）之间。

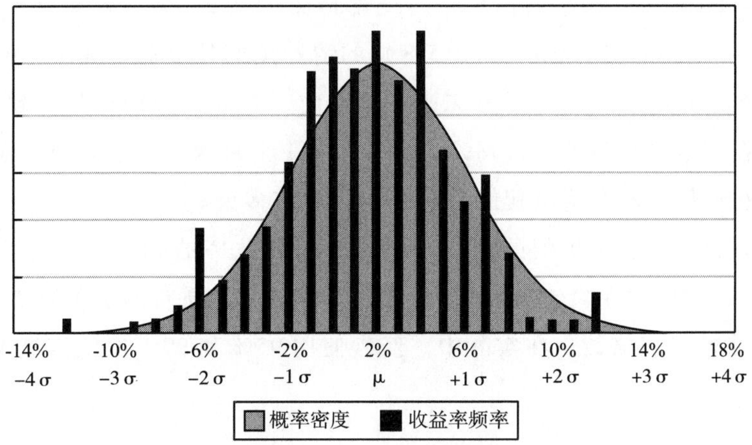

图 8 - 13　收益率标准差的解释

【例 8 -18】 标准差的计算。如果考虑投资组合的月连续复利，基准如表 8 - 10 所示，投资组合的年化标准差（收益率）是 2.28%（2.52%），基准的年化标准差（收益率）是 2.75%（4.07%）。[①]

表 8 -10　　计算标准差使用的月收益率

月数	投资组合收益率	基准收益率	月数	投资组合收益率	基准收益率
1	0.19%	0.25%	8	1.31%	1.75%
2	0.56%	0.75%	9	-0.75%	-0.75%
3	0.19%	0.25%	10	-0.50%	-0.50%
4	-0.25%	0.25%	11	-1.00%	-1.00%
5	0.56%	0.75%	12	0.00%	0.00%
6	0.56%	0.75%	13	1.31%	1.75%
7	0.19%	0.25%	14	0.56%	0.75%

（2）在险价值

如果人们关心的投资风险是损失超过一定数量的概率，这时，可以使用在险价值（VaR）度量。在险价值是在正常的市场条件下，人们预期的在给定置信水平、给定展望期内可能经受的最大损失，它可以是比例或绝对数值。换句话说，在险价值度量了在给定概率水平下，给定收益率分布，投资者在给定展望期内损失不会超过的期望绝对损失或百分比损失。如果其他都相同，对于风险厌恶的出资人，在险价值越高意味着投资风险越大。

图 8 - 14 表明：在险价值的统计含义是收益率分布的分位数。分区 2 覆盖了所有月收益率低于阈值 -6.00% 的情形，占全部情景的 2.275%。这意味着有 97.725%（=95.45% +2.275% 或 100% -2.275%）的情景预期月收益率高于 -6.00%，这意味着，100 个观测值中有 98 个，在未来 1 个月内，其最大预期损失不超过 -6.00%。换句话说，在正常市场条件下，98% 的概率，在 1 个月内，其最大预期损失不会超过 -6.00%。在险价值没有给出其他 2.00% 的损失有多大。

假设正态分布，在险价值的估计可以估计为收益率的标准差的倍数。比如在图 8 - 14 中，-6.00% 的在险价值对应的倍数是 2。这个性质有助于人们使用 Z 值（Z - Score）把概率转换成倍数。在实际中。经常使用 95% 和 99% 的固定概率，相应的 Z

① 在通常情况下，计算统计上的离差至少需要使用 36 个观测数据，作为示例，这里只使用 14 个观测数据。另外，假设使用整个样本的个数，令分母等于 n。

值分别是 1. 645 和 2. 326[①]。

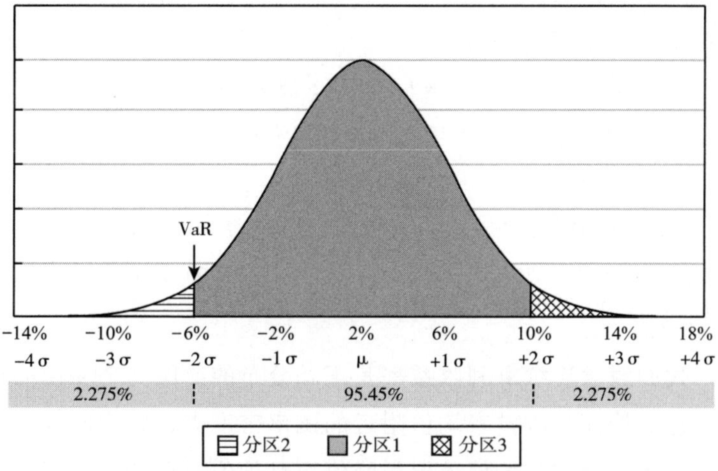

图 8－14　在险价值（VaR）

在险价值的计算步骤：首先模拟投资组合收益率的整体分布，然后计算给定置信水平对应的分位数。如果必需的输入是明确的而且是能获得的，在险价值的计算是简单直接的。假设服从正态分布的连续复利收益率，参数的或分析的百分比在险价值计算如下：[②]

$$VaR_{C,H,per}(\tilde{\mu},\tilde{\sigma}) = \tilde{\mu} - \tilde{\sigma} \times z$$

绝对数值的在险价值是：

$$VaR_{C,H,abs}(\tilde{\mu},\tilde{\sigma}) = MV \cdot (\tilde{\mu} - \tilde{\sigma} \cdot z)$$

式中：$VaR_{C,H,per}(\tilde{\mu},\ \tilde{\sigma})$ ——给定置信水平 C 下、在时间展望期 H 内，预期收益为$\tilde{\mu}$和预期标准差为$\tilde{\sigma}$的百分比在险价值；$\tilde{\mu}$——预期的连续复利收益率；$\tilde{\sigma}$——预期的连续复利收益率的标准差；z——置信水平 C 下的 Z 值；$VaR_{C,H,abs}(\tilde{\mu},\ \tilde{\sigma})$ ——给定置信水平 C 下、在时间展望期 H 内，预期收益为$\tilde{\mu}$和预期标准差为$\tilde{\sigma}$的绝对数值在险价值；MV——投资组合的市场价值。

---

① 1. 645(2. 326) 的 Z 值表明 90%(98%) 的收益率位于收益均值的 1. 645(2. 326) 倍标准差以内，这意味着有 10%(2%) 的时间收益率将位于这个范围之外（低于或高于）。因为 VaR 只关心低于 VaR 的数值，右尾是无关的。根据分布的对称性，收益率低于 VaR 的概率是 10%(2%) 的一半，即 5%(1%)。这就等价于寻找 95%(99%) 的置信水平的数值。对于图 8－14，Z 值 2.00 对应置信水平 97. 725%，即 95. 45% 的置信水平（包含两侧尾部）；2. 275% 对应观测值的右尾［(1－95. 45%)/2］。

② 参数方法除外，在业界使用的其他两个模拟收益率分布的常用方法：历史模拟（非参数）法和蒙特卡罗模拟法。

【例 8－19】 参数在险价值的计算。使用投资组合的历史收益率和标准差以及在例 8－16 中提到的基准，假设投资组合的市场价值是 100 欧元，投资组合的未来 12 个月内 97.725% 的置信水平下的 VaR：

$\Rightarrow VaR_{97.725\%,12个月,per}(2.52\%,2.28\%)=2.52\%-2.28\%\times2.00=-2.04\%$

$VaR_{97.725\%,12个月,abs}(2.52\%,2.28\%)=(2.52\%-2.28\%\times2.00)\times100.00=-2.04$

对于基准：

$\Rightarrow VaR_{97.725\%,12个月,per}(4.07\%,2.75\%)=4.07\%-2.75\%\times2.00=-1.43\%$

$VaR_{97.725\%,12个月,abs}(4.07\%,2.75\%)=(4.07\%-2.75\%\times2.00)\times100.00=-1.43$

（3）偏度和峰值

目前为止，我们假设连续复利收益率是正态分布的。图 8－14 中的正态收益率分布是钟形曲线，它的特征是收益率均值附近的概率密度大，距离收益率均值较远即分布的尾部密度小。正态分布在均值处取得峰值而且均值对称的，如果收益率服从正态分布，可以用收益率的均值和标准差来描述。

然而，通常收益率序列并不服从正态分布。实际上，有些金融工具和投资策略被设计成可以产生非对称收益率分布。比如，使用包含期权或期货等衍生产品的投资策略，它们的收益率分布不服从正态分布。

图 8－15 比较了三种投资策略的收益率分布（从左到右）：多头策略、多头策略＋看涨期权和多头策略＋看跌期权。如图所示，衍生产品的使用使得收益率分布不再是正态分布。对于非对称分布，只用标准差来描述分布是不恰当的，因此我们应该使用其他的统计量来更好地描述收益率分布的形状。

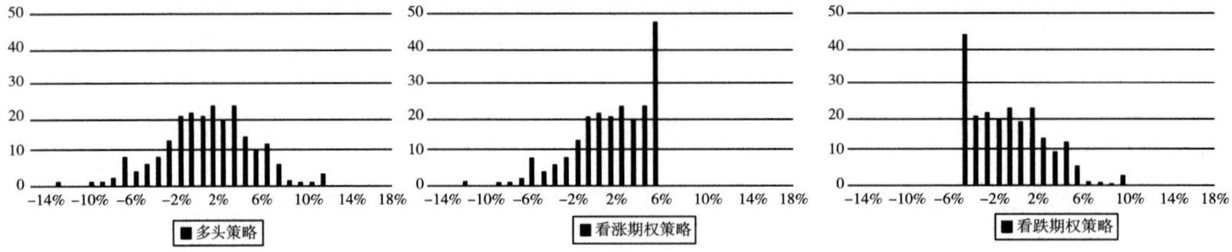

图 8－15　不同收益率分布比较

人们经常使用偏度来描述收益率分布并判断这个分布是否是正态的。它是关于均值的三阶中心矩，度量一个分布是否右偏或左偏，计算如下：

$$偏度=\frac{1}{N}\cdot\sum_{t=1}^{N}\left(\frac{r_{p,t}-\bar{r}_p}{\sigma_p}\right)^3$$

图 8－15 所示的包含看跌期权的策略其收益率服从一个正偏度分布，偏度大于 0，它的均值高于中位数而且相对于正态分布有更多的收益率落在右尾处。图 8－15 所示

的包含看涨期权的策略的收益率服从一个负偏度分布，偏度小 0，它的均值低于中位数而且相对于正态分布有更多的收益率落在左尾处。偏度的绝对值越大，收益率偏向左尾或右尾的概率越大。另外，正态分布的偏度是 0。

峰度是描述收益率分布的另一个统计量，可以用来判断一个分布是否是正态的，它是关于均值的四阶中心矩，用来判断一个分布是否是尖峰的，计算如下：

$$\text{峰度} = \frac{1}{N}\cdot\sum_{t=1}^{N}\left(\frac{r_{p,t}-\bar{r}_p}{\sigma_p}\right)^4$$

标准正态分布的峰度是 3。通常，可以调整一下上述定义，把上面的峰度减 3 使得正态分布的峰度是 0。这时，正的峰度（按照前面的定义，峰度大于 3）表示这个分布是尖峰的，与正态分布相比，更多的收益率位于均值附近，数值大的负收益率或正收益率发生的频率更高。相反，负的峰度（按照前面的定义，峰度小于 3）表示这个分布更平，与正态分布相比，更少的收益率位于均值附近，大的负或正收益率发生的频率更低。

（4）亏损概率

除了在险价值（VaR），人们经常使用亏损概率。在正常市场条件下，给定展望期、置信区间和收益率分布，亏损概率度量了亏损超出预期绝对或百分比损失的概率。在数学上，亏损概率计算一定阈值收益率或在险价值的置信区间，或者收益率低于阈值收益率或在险价值的概率。其他各项都一样，给定阈值收益率，对风险厌恶的出资人而言，亏损概率越大投资风险越大。

$$\text{亏损概率} = \frac{\text{收益率小于阈值收益率的个数}}{N}$$

假设连续复利收益率服从正态分布，给定阈值收益率或百分比在险价值下，所谓的参数或解析亏损概率计算如下：

$$SP(VaR_{per}) = \Phi(z, VaR_{per})$$

$$z = \frac{VaR_{per} - \widetilde{\mu}}{\widetilde{\sigma}}$$

式中：$SP(VaR_{per})$ ——给定百分比在险价值的亏损概率。

【例 8-20】 亏损概率的计算。使用例 8-18 中的数据，考虑表 8-11 中投资组合的月连续复利收益率和基准见下表，我们计算投资组合和基准的对于阈值收益率 0 的亏损概率。我们仅使用低于阈值收益率 0 的收益率，为方便计算，低于 0 的收益率被特别标出。投资组合的亏损概率是 28.57%（即 14 个观测值中有 4 个），基准的亏损概率也是 28.57%（=4/14×100%）。

表 8-11　计算亏损概率使用的月收益率

月数	投资组合收益率	基准收益率	月数	投资组合收益率	基准收益率
1	0.19%	0.25%	8	1.31%	1.75%
2	0.56%	0.75%	9	-0.75%	-0.75%
3	0.19%	0.25%	10	-0.50%	-0.50%
4	-0.25%	-0.25%	11	-1.00%	-1.00%
5	0.56%	0.75%	12	0.00%	0.00%
6	0.56%	0.75%	13	1.31%	1.75%
7	0.19%	0.25%	14	0.56%	0.75%

为了示例，我们假设表中的收益率服从正态分布，使用对应的投资组合的年化均值收益率 2.52% 和标准差 2.82%，基准的年化收益率 4.07% 和标准差 2.75%（看例 8-18），投资组合和其基准年化阈值收益率 0 的亏损概率分别是 13.45% 和 6.94%。

（5）下方差和下标准差

对非正态分布，方差和标准差不是非常好的描述统计量。在非正态分布下，人们期望分布上某点的收益率个数与正态分布下的不同。使用标准差度量风险意味着出资人关心收益率相对均值的偏差，并且认为收益率处于均值两侧的概率相同。然而，实际上，出资人通常关心收益率相对于一个参考或阈值收益率的偏差，而且只关心不利的收益率程度和个数，比如低于阈值的收益率。

标准差不能反映非正态分布的收益率和风险态度，因此人们使用下行风险度量。下行风险度量认为只有低于参考或阈值的收益率才是有风险的。

如果人们认为投资风险是投资组合收益率低于一定阈值的偏差，统计量下方差和下标准差通常被用于度量风险。作为一个事后风险度量，下方差（下标准差）是相对一定阈值的二阶下偏矩，度量收益率低于阈值的偏差或者均方偏差。[①] 假设其他都一样，对于风险厌恶者，收益率低于阈值的偏差越高，投资风险也大。假设数据是总体的一个样本，使用连续复利收益率，历史下方差（下标准差）计算如下[②]：

$$VaR_{D,p}(r_T) = \sigma^2_{D,p}(r_T) = \frac{1}{N-1} \cdot \sum_{t=1}^{N} \min\left[(r_{p,t} - r_T), 0\right]^2$$

$$\sigma_{D,p}(r_T) = \sqrt{\frac{1}{N-1} \cdot \sum_{t=1}^{N} \min\left[(r_{p,t} - r_T), 0\right]^2}$$

式中：$VaR_{D,p}(r_T)$ ——投资组合收益率低于阈值的下方差；$\sigma_{D,p}(r_T)$ ——投资

① 当令阈值是均值收益率时，下方差（标准差）称为半方差（半标准差）。

② 与方差和标准差类似，下方差和下标准差。

组合收益率低于阈值的下标准差；r_T——阈值收益率。

【例 8－21】 下标准差的计算。和【例 8－20】一样，考虑表 8－11 中的投资组合和其基准的月连续复利收益率，投资组合的相对阈值收益率 0 的年化下标准差是 1.11%，基准的下标准差是 1.11%。在计算中，我们只使用低于阈值 0 的收益率。

（6）协方差和相关性

协方差和相关性是度量不同投资组合收益率之间联系的描述统计量。作为相对风险度量，协方差和相关性度量不同投资组合收益率的共同变化，或者他们收益率的共同变化有多密切。

协方差度量两个投资组合收益率之间联系的方向和程度，也度量其收益率变化的幅度。[①] 假设数据是总体的一个样本，使用连续复利收益率，投资组合与其基准的历史协方差计算如下：[②]

$$Cov(r_{p,t},r_{b,t}) = \frac{1}{N-1}\cdot\sum_{t=1}^{N}[(r_{p,t}-\bar{r}_p)\cdot(r_{b,t}-\bar{r}_b)]$$

$$\bar{r}_b = \frac{1}{N}\cdot\sum_{t=1}^{N}r_{b,t}$$

式中：$Cov(r_{p,t}, r_{b,t})$——投资收益率和其基准收益率的协方差；$r_{b,t}$——单期 t 基准的收益率；$\bar{r}_b$——基准收益率均值。

正的协方差表明投资组合收益率和基准收益率变化的方向一致，即：投资组合较高（较低）的收益率对应基准较高（较低）的收益率。反之，协方差为负时，投资组合收益率和基准收益率变化的方向相反，投资组合的收益率较高（较低）时，基准的收益率通常较低（较高）。协方差的符号说明了投资组合的收益率和基准收益率之间线性关系的趋势。协方差为 0 表明收益率之间没有关系，协方差的幅度不容易解释，因此人们经常使用标准化协方差即相关系数。

相关系数度量两个投资组合一定时期收益率之间关系的方向和程度。假设数据是总体的一个样本，使用连续复利收益率，两个投资组合一定时期收益率的历史相关系数计算如下：[③]

$$Corr(r_{p,t},r_{b,t}) = \frac{Cov(r_{p,t},r_{b,t})}{\sigma_p\cdot\sigma_b}$$

式中：$Corr(r_{p,t}, r_{b,t})$——投资组合收益率与其基准收益率之间的相关系数；σ_p——基准收益率的标准差。

---

① 在这里和下面，投资组合和基准比较。

② 和方差类似，协方差是与时间成比例的。

③ 请注意：相关性和使用的收益率的时间段有关系。

相关系数表明收益率之间线性关联的程度，其大小表明线性关系的强度，取值范围是（-1，+1），-1表示完全递减（反向）的线性关系，+1表示完全相关的线性关系。当相关系数接近0时，线性关系很弱；当相关系数等于0时，收益率之间相互独立（不相关）。

【例8-22】协方差和相关系数的计算。使用例8-21的数据，考虑表中的投资组合和其基准的连续月复利收益率，投资组合收益率和其基准的收益率之间的年化协方差是0.000626，相关系数是0.9970。和协方差相比，相关系数更容易解释，此处二者接近完全相关。①

（7）跟踪误差方差和跟踪误差标准差

通常，跟踪风险或跟踪误差是偏离参考值的风险。度量跟踪误差的统计量描述了相对参考值的偏离，比如累积收益率之间的不同或两个投资组合一定时期收益率的相关系数。

实际上，跟踪误差通常用跟踪误差方差或跟踪误差标准差度量。它们都是度量不同投资组合超额收益率（一般是投资组合相对其基准的超额收益率）变化的描述统计量。换句话说，跟踪误差方差是投资组合超额（有时称为积极）收益率的方差，跟踪误差标准差是投资组合超额收益率的标准差。

作为事后风险度量方法，跟踪误差方差（跟踪误差标准差）是关于平均超额收益率的二阶中心矩，度量超额收益率相对其均值的偏离或者超额收益率与其差的平方的均值。假设其他都相同，对于风险厌恶者，超额收益率的偏差越高，相对或积极风险越高。假设数据来自总体分布的样本，使用连续复利收益率，一定时期超额收益率的跟踪误差方差（跟踪误差标准差）计算如下②：

$$TEVar(r_{p,t},r_{b,t}) = \frac{1}{N-1}\cdot\sum_{t=1}^{N}[(r_{p,t}-r_{b,t})-(\bar{r}_p-\bar{r}_b)]^2$$

$$TESD(r_{p,t},r_{b,t}) = \sqrt{\frac{1}{N-1}\cdot\sum_{t=1}^{N}[(r_{p,t}-r_{b,t})-(\bar{r}_p-\bar{r}_b)]^2}$$

式中：$TEVar(r_{p,t},r_{b,t})$——投资组合相对其基准的超额收益的跟踪误差方差；$TESD(r_{p,t},r_{b,t})$——投资组合相对其基准的超额收益的跟踪误差标准差。

【例8-23】跟踪误差方差和跟踪误差标准差的计算。使用例8-22的数据，考虑表中投资组合和其基准的连续月复利收益率，投资组合相对其基准的超额收益率的年化跟踪误差方差（跟踪误差标准差）是0.000026(0.51%)。

① 正如收益率序列表现的，完全的相关不代表两个收益率相同。

② 与方差和标准差类似，跟踪误差方差和跟踪误差标准差与时间成比例。

8.2.3.3　绩效度量

（1）夏普比率

夏普比率也称为收益—波动性比率，它是基于资本资产定价模型（CAPM）的绝对风险调整资本回报率，是投资组合超出无风险利率的超额收益率与投资组合收益率标准差（投资组合总风险）的比值。投资组合收益率减去无风险利率反映了承担额外风险需要获得的超出无风险利率的补偿。

夏普比率是单位总风险的超额收益率（相对于无风险利率），使用年化的复利收益率和年化的收益率标准差，夏普比率计算如下：

$$RVAR_P = \frac{\bar{r}_P - \bar{r}_f}{\sigma_P}$$

式中：$RVAR_P$——投资组合的夏普比率；$\bar{r}_f$——平均无风险利率。

【例 8－24】 夏普比率的计算。为了示例，我们考虑和比较几种不同的投资选择：无风险投资、四个投资组合（A、B、C 和 D）和其相应的基准①。表 8－12 给出计算不同绩效度量所需要的月连续复利收益率。

表 8－12　绩效度量计算使用的月收益率　（单位：%）

月	无风险投资	基准	投资组合 A	投资组合 B	投资组合 C	投资组合 D
1	0.17	0.25	0.38	0.23	0.25	0.19
2	0.17	0.75	1.13	0.68	0.75	0.56
3	0.17	0.25	0.38	0.23	0.25	0.19
4	0.17	-0.25	-0.13	-0.31	-0.06	-0.25
5	0.17	0.75	1.13	0.68	0.75	0.56
6	0.17	0.75	1.13	0.68	0.75	0.56
7	0.17	0.25	0.38	0.23	0.25	0.19
8	0.17	1.75	2.63	1.58	1.75	1.31
9	0.17	-0.75	-0.38	-0.94	-0.19	-0.75
10	0.17	-0.50	-0.25	-0.63	-0.13	-0.50
11	0.17	-1.00	-0.50	-1.25	-0.25	-1.00
12	0.17	0.00	0.00	0.00	0.00	0.00
13	0.17	1.75	2.63	1.58	1.75	1.31
14	0.17	0.75	1.13	0.68	0.75	0.56

① 在这里和本章的后面内容中，我们是用基准代替市场组合，这符合行业估计投资组合管理相对基准的绩效时的惯例。

使用表 8 - 12 中的收益率，得到表 8 - 13 中投资组合的年化收益率、标准差和夏普比率。如果总风险是绩效评价的唯一标准，投资组合 A 是优先选择的投资组合。

表 8 - 13　　**夏普比率**

	无风险投资	基准	投资组合 A	投资组合 B	投资组合 C	投资组合 D
年化收益率	2.04%	4.07%	8.25%	2.91%	5.68%	2.52%
年化标准差	0.00%	2.75%	3.35%	2.78%	2.18%	2.28%
夏普比率	—	0.74	**1.85**	0.31	1.67	0.21

使用表 8 - 13 中的数据，图 8 - 16 在收益/风险图中展示不同投资选择，夏普比率对应无风险投资和相应的投资组合之间直线的斜率。夏普比率越大，直线越陡峭，单位风险获得的超额收益越多。①作为一个绝对的风险调整收益度量指标，夏普比率考虑投资组合的总风险，不考虑与其他投资合并，如果作为总的投资组合进行比较时，适合使用夏普比率。

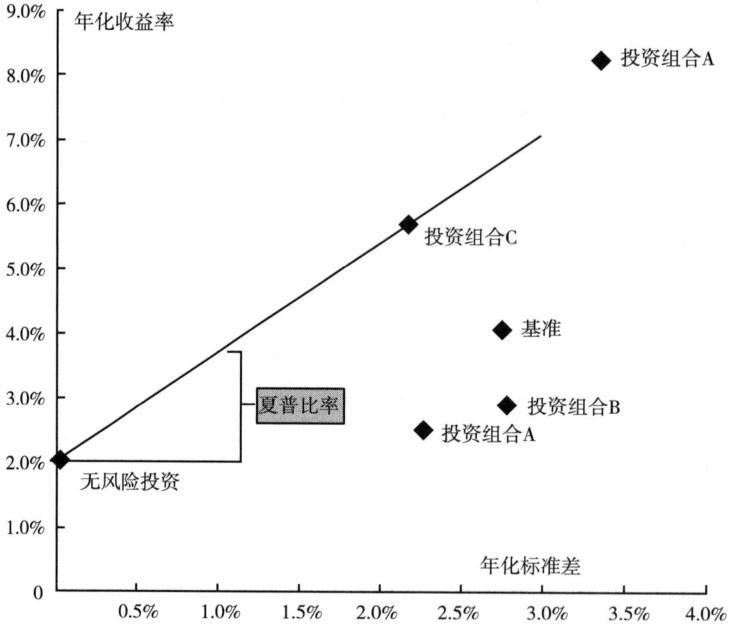

图 8 - 16　夏普比率

（2）特雷诺比率

特雷诺比率也称为收益—波动性比率，它度量了基于资本资产定价模型的绝对风

① 请注意，如果夏普比率是负的就很难解释了，因为此时，在其他条件都一样时，更高的风险导致更高的夏普比率。

险调整资本回报率，是投资组合超出无风险利率的超额收益率与投资组合 β 的比值。投资组合收益率减去无风险利率反映了承担额外风险需要获得的超出无风险利率的补偿。通过不同投资组合的合并，非系统性风险可以被分散掉，于是在这里不使用总风险，而使用反映系统性风险的 β。特雷诺比率适用于充分分散的投资组合，其对应的风险是系统性风险。

特雷诺比率是承担单位市场风险或系统性风险的超额收益率（相对于无风险利率），投资组合和市场组合收益率减去无风险利率反映了承担额外风险需要获得的超出无风险利率的收益。使用投资组合的 β 而不用总风险识别选股能力。使用年化的复利收益率和投资组合相对市场组合的 β。在实际中，市场组合通常是基准，特雷诺比率计算如下：

$$RVOL_p = \frac{\bar{r}_p - \bar{r}_f}{\beta_p} \qquad \beta_p = \frac{Cov(r_p, r_m)}{Var_m}$$

式中：$RVOL_p$——投资组合的特雷诺比率；β_p——投资组合的 β 或系统性风险；r_m——投资组合的收益率；Var_m——市场组合收益率的方差。

【例 8-25】 特雷诺比率的计算。使用表 8-12 的数据，得到表 8-14 中投资组合的年化收益率、投资组合关于基准 β 和特雷诺比率，在这里用基准代替市场组合。如果市场风险或 β 是绩效评价的唯一标准，投资组合 A 是优先选择的投资组合。

表 8-14　　特雷诺比率

	无风险投资	基准	投资组合 A	投资组合 B	投资组合 C	投资组合 D
年化收益率	2.04%	4.07%	8.25%	2.91%	5.68%	2.52%
β	—	1.00	1.19	1.01	0.77	0.83
特雷诺比率	—	2.03%	**5.21%**	0.87%	4.73%	0.58%

使用表 8-14 中的数据，图 8-17 展示在收益/风险坐标系下不同的投资选择，特雷诺比率对应无风险投资和相应的投资组合之间直线的斜率。特雷诺比率越大，直线越陡峭，单位市场风险或 β 获得的超额收益越多。[①] 作为一个绝对的风险调整收益度量指标，特雷诺比率考虑投资组合的市场风险，因此适用于比较不同投资组合的市场风险。使用 β 评价投资组合意味着单个投资组合的具体风险是无关的，因为在一个充分分散的投资组合里，它可以被分散掉。

① 请注意，如果特雷诺比率是负的，这很难解释，因为此时，在其他都一样时，更高的 β 导致更高的特雷诺比率。

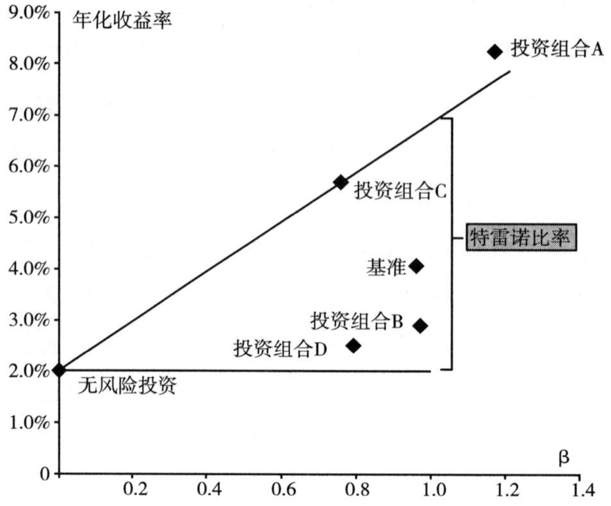

图 8－17 特雷诺比率

（3）詹森 α

詹森 α 度量了基于资本资产定价模型的绝对风险调整资本回报率。詹森 α 是投资组合超出无风险利率的超额收益率减去其超出无风险利率的市场组合风险调整超额收益率。詹森 α 超额收益分解成两部分：选股能力的贡献和承担市场风险的贡献。因此，詹森 α 可以用来判断是否有选股能力。

詹森 α 是超出无风险利率的市场风险调整超额收益率，投资组合和市场组合的收益率减去无风险利率，使用年化的复利收益率和投资组合相对市场组合的 β，市场组合通常是基准，詹森 α 计算如下：

$$\alpha_p = (\bar{r}_p - \bar{r}_f) - \beta_p \cdot (\bar{r}_m - \bar{r}_f) \text{或者} (\bar{r}_p - \bar{r}_f) = \alpha_p + \beta_p \cdot (\bar{r}_m - \bar{r}_f)$$

式中：α_p——投资组合的詹森 α；$\bar{r}_m$——投资组合的平均收益率。

【例 8－26】 詹森 α 的计算。使用表 8－12 的数据，得到表 8－15 中投资组合的年化收益率、投资组合关于基准的 β 和詹森 α，在这里用基准代替市场组合。如果市场风险调整的超额收益是绩效评价的唯一标准，投资组合 A 是优先选择的投资组合。

表 8－15　　詹森 α

	无风险投资	基准	投资组合 A	投资组合 B	投资组合 C	投资组合 D
年化收益率	2.04%	4.07%	8.25%	2.91%	5.68%	2.52%
β	—	1.00	1.19	1.01	0.77	0.83
詹森 α	—	0.00%	**3.79%**	－1.17%	2.08%	－1.20%

使用表 8－15 中的数据，图 8－18 展示在收益/风险坐标系下不同的投资选择，从无风险利率向市场组合和对应的投资组合分别画直线，詹森 α 是在投资组合 β 水平下两条直线之间的距离。詹森 α 越大，组合对应的直线越陡峭，单位市场风险或 β 获得的超额收益越多。作为一个绝对的风险调整收益度量指标，詹森 α 考虑投资组合的市场风险调整收益率，因此适用于比较不同投资组合的选股能力。[1]

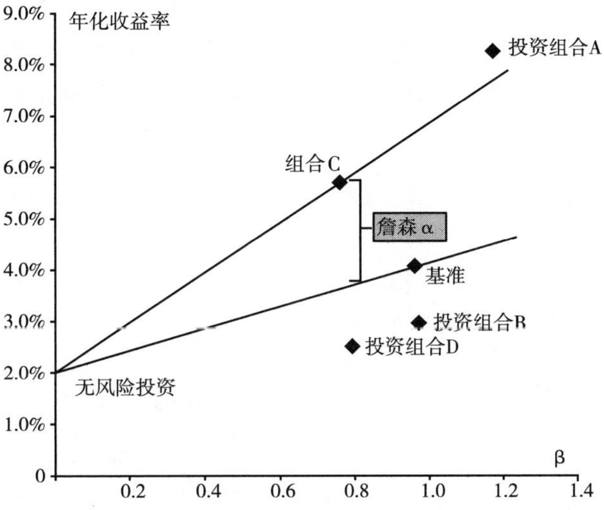

图 8－18　詹森 α

（4）索提诺比率

索提诺比率（Sortino Ratio）度量下偏风险调整收益率，它是投资组合超出阈值收益率的超额收益率与投资组合收益率的下偏标准差之间的比值。

索提诺比率可以被看作承担单位下偏风险的超额收益率（大于阈值收益率），使用年化的连续复利收益率和年化的下偏标准差。索提诺比率可计算如下：

$$SOR_p = \frac{\bar{r}_p - r_T}{\sigma_{D,p}(r_T)}$$

式中：SOR_p——投资组合的索提诺比率。

【例 8－27】 索提诺比率的计算。使用表 8－12 的数据，得到表 8－16 中投资组合的年化收益率、年化下偏标准差（对 0 的阈值收益率）和相应的索提诺比率。如果下偏标准差是绩效评价的唯一标准，投资组合 C 是优先选择的投资组合。

使用表 8－16 中的数据，图 8－19 在收益/风险图中展示不同投资选择，在阈值收益率和相应的投资组合之间画一条直线，索提诺比率对应这条直线的斜率。索提诺

① 只有在不同投资组合具有类似的 β 时进行比较是有意义的。

表 8－16　　索提诺比率

	无风险投资	基准	投资组合 A	投资组合 B	投资组合 C	投资组合 D
年化收益率	2.04%	4.07%	8.25%	2.91%	5.68%	2.52%
下偏标准差	0.00%	1.11%	0.55%	1.38%	0.28%	1.11%
索提诺比率	—	3.68	14.91	2.11	20.53	2.28

比率越大，直线越陡峭，单位风险获得的大于阈值收益率的超额收益越多。① 作为一个下偏风险调整收益度量指标，索提诺比率考虑投资组合的下偏风险，不考虑与其他投资合并。如果作为总的投资组合进行比较时，适合使用索提诺比率。

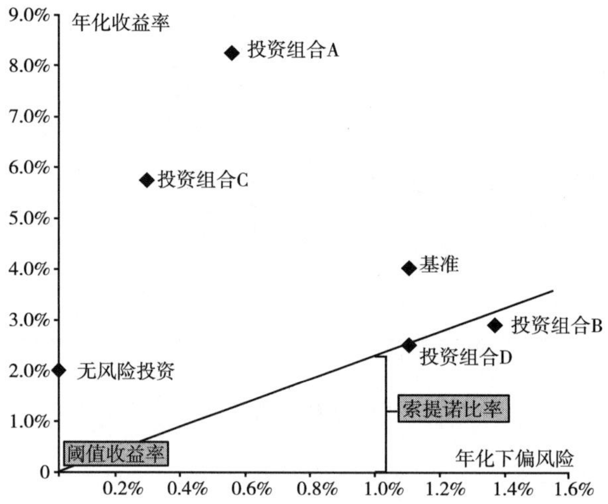

图 8－19　索提诺比率

(5) 信息比率

信息比率度量相对风险调整收益率，它是投资组合与基准相比的增值部分与投资组合收益率的跟踪误差标准差之间的比值。

信息比率可以被看作承担单位跟踪误差风险获得的超额收益率（大于基准收益率），使用年化的连续复利收益率和收益率的年化跟踪误差标准差，信息比率可计算如下：

$$IR_p = \frac{\bar{r}_p - \bar{r}_b}{TESD(r_{p,t}, r_{b,t})}$$

式中：IR_p——投资组合的信息比率。

【例 8－28】 信息比率的计算。使用表 8－12 的数据，得到表 8－17 中投资组合的年化收益率、年化跟踪误差标准差和相应的信息比率。如果信息比率是绩效评价的

① 请注意，如果索提诺比率是负的，这很难解释，因为此时，在其他条件都一样时，更高的风险导致更高的索提诺比率。

唯一标准，投资组合 A 是优先选择的投资组合。

表 8－17　　信息比率

	无风险投资	基准	投资组合 A	投资组合 B	投资组合 C	投资组合 D
年化收益率	2.04%	4.07%	8.25%	2.91%	5.68%	2.52%
年化跟踪误差标准差	—	0.00%	0.88%	0.25%	0.83%	0.51%
信息比率	—	0.00	4.73	－4.64	1.94	－3.06

使用表 8－17 中的数据，图 8－20 在收益/风险图中展示不同投资选择，在基准和相应的投资组合之间画一条直线，信息比率对应这条直线的斜率。信息比率越大，直线越陡峭，单位跟踪误差风险获得的大于基准收益率的增值越大。[①] 如果投资管理者拥有未能反映在市场价格中的信息，信息比率则是正的。信息比率考虑投资组合的跟踪误差，它适用于人们比较投资组合的积极管理能力的情形。[②]

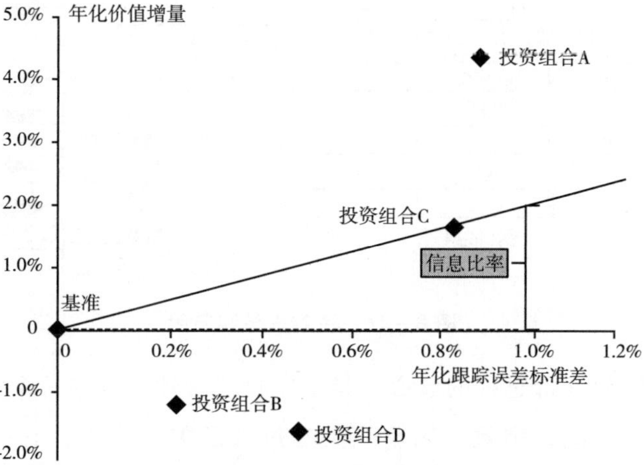

图 8－20　信息比率

8.3　绩效归因分析*

8.3.1　绩效归因简介*

8.3.1.1　绩效归因的定义

投资组合总的绩效度量指标估计投资组合的总绩效。如果人们对投资组合绩效的

① 请注意，如果信息比率是负的，这很难解释，因为此时，在其他条件都一样时，更高的风险导致更高的信息比率。

② 当不同的投资组合的基准相似时，对它们比较才是有意义的。

具体来源感兴趣，需要分析投资组合每个组成部分的绩效。基于广义的绩效定义，8.3.2 和 8.3.3 讨论收益归因和风险归因原理。

一般地，绩效归因定义为分析投资组合与其基准的绩效和增值部分的来源。应用到投资组合管理中，绩效归因是度量投资组合管理过程中每个步骤或金融工具对历史和预期收益与风险的贡献。广义的绩效归因包含：计算投资组合每个证券和环节的绩效、归因分析、把基准相应的业绩分解成管理效果。

如图 8－21 所示，我们区分收益风险贡献和收益风险归因。绩效贡献是与投资组合构成有关的业绩构成，绩效归因是面向决策导向的绩效的分解。

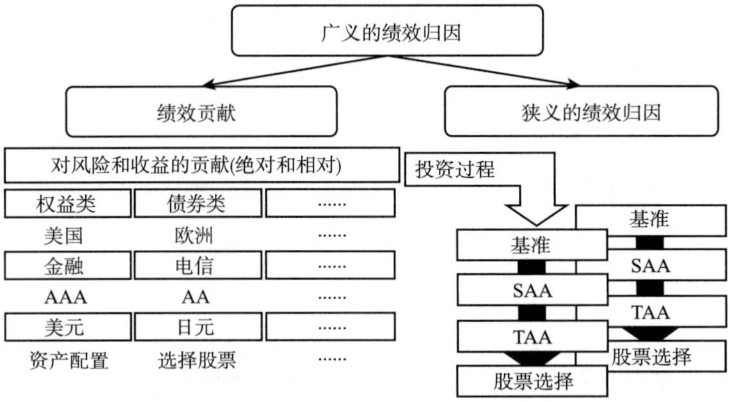

图 8－21　绩效贡献和归因

绩效归因是绩效评价过程的核心，是确定投资管理过程中每个决策步骤对风险和收益贡献的过程。因此，绩效归因不只关心过去还关心未来，它基于事前和事后分析，确定哪个决策（考虑投资类别和工具）和哪个决策人对收益和风险的贡献。

图 8－22 说明了绩效归因分析的不同层次和收益风险贡献的可能分配准则。很显然，绩效归因有很多方式。一方面，可以计算对投资组合或基准的绝对收益和风险贡献，也可以计算相对其基准的投资组合的收益和风险贡献。另一方面，绩效归因可以集中在过去（事后）或将来（事前）。总之，绩效归因定义为绝对或相对的历史或预期收益和风险的分解。

一般而言，绩效归因可用于度量下面因素对风险和收益的贡献：

- 部门和工具（即：资产类别、国家、货币或证券）；
- 因子（即：基本的或诸如 P/E 或红利率等股票具体特征）；
- 决策者（即：委托人、投资组合管理者或咨询师）；
- 投资活动（即：基准的定义、战略或战术资产配置，或证券的选择）。

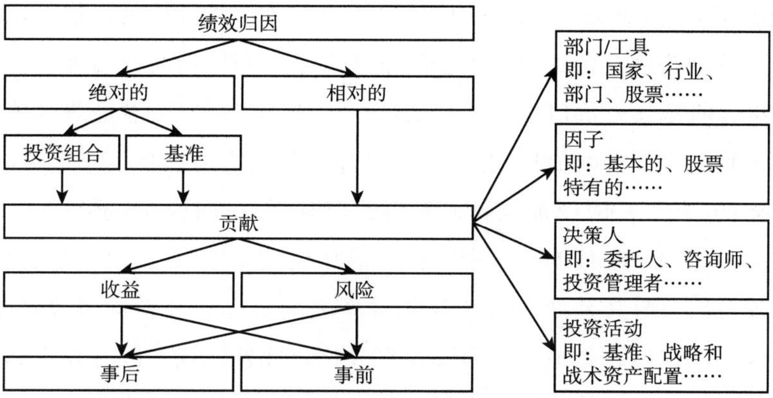

图 8－22　绩效归因分析的层次和分配准则

8.3.1.2　绩效归因的分类*

依据图 8－22，考虑投资组合的两个维度，来区分收益和风险归因。①

收益归因试图度量投资管理过程的每个步骤和使用的金融工具对历史收益率和预期收益率的贡献。我们区分收益贡献和收益归因，收益贡献或多或少取决于使用给定的投资组合带来的收益构成，而收益归因是决策导向的收益分解。

图 8－23 是对收益归因不同方法的总结，我们区分以单因子或基于代数的收益归因和多因子分析或基于回归的收益归因分析，前者主要应用于权益或多资产类别投资组合，后者主要应用于固定收益投资组合。②

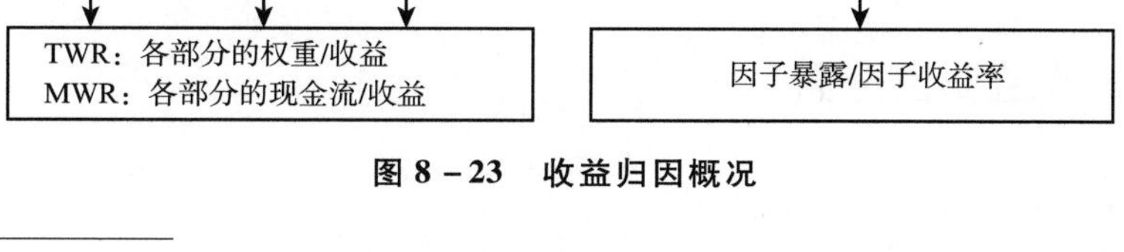

图 8－23　收益归因概况

① 与 8.2.3 类似，绩效可以从风险调整的角度分析。于是，人们可以把风险调整的收益率应用于绩效归因，这会为绩效评价提供额外的有用信息。尽管这具有价值，但在实际中，很少用到风险调整的绩效归因。在 8.3，我们只考虑收益和风险归因。

② 基于代数的单因子绩效归因主要应用于权益和多资产类别投资组合，因为在这里基于回归的多因子模型方法的解释准确性是有限的，投资是分层的而且投资过程的每个环节之间相互独立。基于回归的多因子模型因其解释的准确性主要应用于固定收益投资组合，因为在绩效分析中人们发现不同因子之间是相关的。

单因子或基于代数的收益归因使用单因子描述收益或者价值增加，比如一个部门或者资产类别的收益率。相比而言，多因子或者基于回归的收益归因使用不同因子的函数来描述组合收益或者价值增加，比如部门、货币、国家或者股票具体的基本面。

进一步，我们区分时间加权收益率（TWR）和价值加权收益率（MWR）的收益 & 损失（P & L）归因。时间加权收益率归因把时间加权收益率超额收益解释成投资组合与其基准时间加权收益率之间的差；价值加权收益率归因把价值加权收益率超额收益解释成投资组合与其基准价值加权收益率之间的差；收益 & 损失归因与价值加权收益率归因类似，但它是绝对值而不是百分比。此外，我们区分算术和几何的时间加权收益率归因。前者把价值增加解释为用占初始投资数量的百分比表示的绝对利润或绝对收益差，后者把价值增加解释为用占基准最终价值百分比表示的绝对利润或者相对收益差。此外，图 8－23 说明进行收益归因分析需要什么数据。

风险归因分析度量投资过程的每个步骤或使用的金融工具对历史或预期风险的贡献。我们区分风险贡献和风险归因，其中风险贡献或多或少使用几个给定的投资组合来分析风险构成。相比而言，风险归因是决策导向的风险分解。

图 8－24 是对风险归因分析的不同方法的总结，我们区分单因子或基于代数的风险归因分析和多因子或基于回归的风险归因分析，前者主要应用于多资产类别投资组合，后者主要应用于权益或固定收益投资组合。此外，图 8－24 给出进行风险归因分析需要的数据。继 8.2.3.2 讨论的不同风险度量方法，风险归因可以分析不同的风险度量，这个分析将决定选择什么风险度量方法。

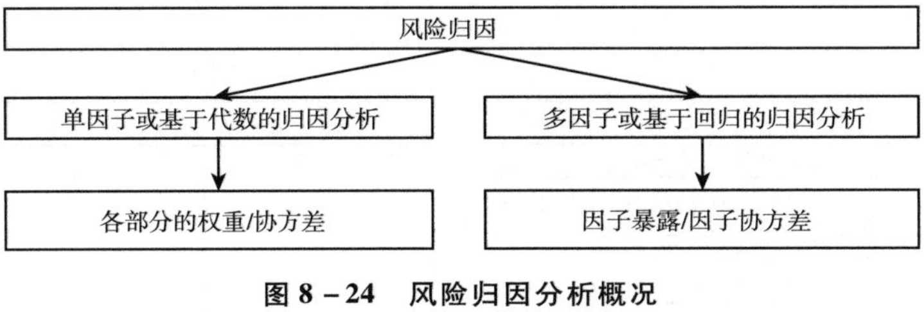

图 8－24　风险归因分析概况

8.3.2　收益归因分析*

8.3.2.1　收益归因分析简介*

（1）单期风险贡献度量*

度量贡献能为判断投资组合成分的收益率和权重对整个投资组合收益率产生什么贡献提供信息。投资组合的收益率是各个投资成分收益率贡献之和。假设收益率是简单收益率，单期投资组合的收益率计算如下：

$$R_{p,t}^{BC} = \sum_{i=1}^{N} CR_{p,i,t}^{BC} = \sum_{i=1}^{N} w_{p,i,t} \cdot R_{p,i,t}^{BC} \quad \sum_{i=1}^{N} w_{p,i,t} = 1$$

式中：$CR_{p,i,t}^{BC}$——在 t 期，以基础货币计价，投资组合第 i 个成分收益率对整体收益率的贡献；$w_{p,i,t}$——t 期期初投资组合第 i 个成分的权重①；$R_{p,i,t}^{BC}$——在 t 期，以基础货币计价，投资组合第 i 个成分的收益率。

类似的公式可以适用于基准，用来计算单期基准成分对整体收益的贡献：

$$R_{b,t}^{BC} = \sum_{i=1}^{N} CR_{b,i,t}^{BC} = \sum_{i=1}^{N} w_{b,i,t} \cdot R_{b,i,t}^{BC} \quad \sum_{i=1}^{N} w_{b,i,t} = 1$$

式中：$CR_{b,i,t}^{BC}$——在 t 期，以基础货币计价，基准的第 i 个成分收益率对整体收益率的贡献；$w_{b,i,t}$——t 期期初基准第 i 个成分的权重；$R_{b,i,t}^{BC}$——在 t 期，以基础货币计价，基准第 i 个成分的收益率。

【例 8－29】 收益率单期贡献的计算。让我们考虑包含三类国内资产的投资组合和其基准。表 8－18 列出了相应的数据和不同的收益贡献。

表 8－18　　收益率的单期贡献　　（单位：%）

资产类别（欧元）	投资组合			基准		
	权重	收益率	贡献	权重	收益率	贡献
现金	10.00	0.00	0.00	10.00	0.00	0.00
债券	80.00	1.00	0.80	70.00	0.50	0.35
权益	10.00	5.00	0.50	20.00	6.00	1.20
总计	**100.00**	**1.30**	**1.30**	**100.00**	**1.55**	**1.55**

（2）多期收益贡献度量

在前一章，我们讨论了单期的收益贡献度量。通常，我们分析多个子时期的收益率。考虑到 8.2.1.1（8）中的讨论和这里我们使用的是简单收益率，我们需要考虑计算多期收益贡献的复合效应。

为了把收益贡献度量扩展到多期，需要使用链接算法复合收益贡献。在下面的章节里，我们使用简单的链接方法：用当期的投资组合的收益乘以投资组合成分前期的累积收益贡献，然后加上当期投资组合成分的收益贡献。②

举一个简单的例子，假设有两期（1 期和 2 期），我们应该计算 1 期投资组合每个成分对收益的贡献，然后用接下来时期（2 期）投资组合的总收益乘以第 1 期每个

---

① 投资组合中有的成分具有高于平均值的收益率，有的成分具有低于平均值的收益率，我们使用投资组合成分在起初的权重，这样可以保证不高估前者对总体收益的贡献，不低估后者对总体收益的贡献。因为投资组合成分在期末的权重受其收益率的影响。

② Bruce J. Feibel. Investment Performance Mearurement, 2003.

成分的贡献，最后，加上同期（2 期）投资组合每个成分的贡献。

假设收益率是简单收益率，多期投资组合的收益计算如下：

$$RM_p^{BC} = \sum_{i=1}^{N} CRM_{p,i}^{BC} = \sum_{i=1}^{N} CRM_{p,i,t-1}^{BC} \cdot (1 + R_{p,t}^{BC}) + CR_{p,i,t}^{BC}$$

式中：RM_p^{BC}——整个度量期间，投资组合以基础货币计价的累计收益率；$CRM_{p,i}^{BC}$——整个度量期间，以基础货币计价，投资组合第 i 个成分对整个组合累积收益率的累积收益贡献；$CRM_{p,i,t-1}^{BC}$——以基础货币计价，直到 t 期开始，投资组合第 i 个成分对整个组合的累积收益率的累积收益贡献。

类似的公式适用于基准，用于计算基准成分的多期收益贡献：

$$RM_b^{BC} = \sum_{i=1}^{N} CRM_{b,i}^{BC} = \sum_{i=1}^{N} CRM_{b,i,t-1}^{BC} \cdot (1 + R_{b,t}^{BC}) + CR_{b,i,t}^{BC}$$

式中：RM_b^{BC}——整个度量期间，基准以基础货币计价的累计收益率；$CRM_{b,i}^{BC}$——整个度量期间，以基础货币计价，基准第 i 个成分对整个基准累积收益率的累积收益贡献；$CRM_{b,i,t-1}^{BC}$——以基础货币计价，直到 t 期开始，基准第 i 个成分对整个基准的累积收益率的累积收益贡献。

【例 8-30】 多期收益贡献分析的计算。考虑表 8-18 中基准的投资组合单期收益率和表 8-19 中第 2 期对应收益率，表 8-20 给出了多期不同的收益贡献。注意到每期权重和收益率是相同的。本例，计算债券对投资组合累计收益率的累计贡献，第 1 期的收益率贡献（0.80%）乘以第 2 期整个投资组合的总收益率（1.30%），最后，加上第 2 期的收益率贡献（0.80%）。

债券对投资组合的累计收益率的累计贡献 =1.61% =0.80% ×(1 +1.30%) +0.80%

表 8-19　　第 2 期的单期收益贡献　　（单位:%）

资产类别（欧元）	投资组合			基准		
	权重	收益率	贡献	权重	收益率	贡献
现金	10.00	0.00	0.00	10.00	0.00	0.00
债券	80.00	1.00	0.80	70.00	0.50	0.35
权益	10.00	5.00	0.50	20.00	6.00	1.20
总计	**100.00**	**1.30**	**1.30**	**100.00**	**1.55**	**1.55**

表 8-20　　多期收益贡献　　（单位:%）

资产类别（欧元）	投资组合		基准	
	收益率	贡献	收益率	贡献
现金	0.00	0.00	0.00	0.00
债券	2.01	1.61	1.00	0.71

续表

资产类别（欧元）	投资组合		基准	
	收益率	贡献	收益率	贡献
权益	10.25	1.01	12.36	2.42
总计	**2.62**	**2.62**	**3.12**	**3.12**

（3）价值增加贡献分析

投资组合的价值增加是投资组合成分（比如单个投资或其集合）价值增加之和，假设收益率是简单收益率，投资组合相对于其基准的单期算术价值增加计算如下：

$$VA_{p,t}^{BC} = \sum_{i=1}^{N} CVA_{i,t}^{BC} = \sum_{i=1}^{N} CR_{p,i,t}^{BC} - \sum_{i=1}^{N} CR_{b,i,t}^{BC} = \sum_{i=1}^{N} (CR_{p,i,t}^{BC} - CR_{b,i,t}^{BC})$$

式中：$VA_{p,t}^{BC}$——以基础货币计价，t 期投资组合的价值增加；$CVA_{i,t}^{BC}$——以基础货币计价，t 期投资组合第 i 个成分价值增加对投资组合价值增加的贡献。

多期价值增加计算为单期价值增加的复合贡献之和，价值增加的单期贡献由下期基准的累积收益率和投资组合的前期累计收益率复合而成：

$$VAM_{p}^{BC} = \sum_{i=1}^{N} CVAM_{i}^{BC} = \sum_{i=1}^{N}\sum_{t=1}^{T} CVA_{i,t}^{BC} \cdot (1 + R_{p,T-t}^{BC}) \cdot (1 + RM_{p,t-1}^{BC})$$

式中：VAM_{p}^{BC}——以基础货币计价，整个度量期内投资组合的累计价值增加；$CVAM_{i}^{BC}$——以基础货币计价，整个度量期内投资组合成分的价值增加对整个投资组合价值增加的累计贡献；$R_{p,T-t}^{BC}$——以基础货币计价，从当期 t 期末直到度量期期末基准的累积收益；$RM_{p,t-1}^{BC}$——以基础货币计价，度量期期末直到 t 期期初投资组合的累计收益。

【例 8－31】 多期价值增加贡献的计算。考虑表 8－18 和表 8－19 中投资组合和其基准的单期收益，表 8－21 和表 8－22 给出每个投资成分在相应期限的价值增加。与表 8－20 不同，表 8－23 包含不同投资组合成分的多期价值增加。本例，计算欧元债券对投资组合累计价值增加的累计贡献。对每个时期（在我们的例子中，期限 1 和期限 2），计算价值增加的复单期贡献。单期的价值增加不仅乘以下期基准的总收益，还乘以前期投资组合的总收益。

例中，对于第 1 期，欧元债券的价值增加贡献是 0.45%，下期基准的总收益是 1.55%，之前没有投资，不用乘以前期投资组合的总收益。

对于第 2 期，欧元债券的价值增加贡献还是 0.45%，前期（即第 1 期）投资组合的总收益是 1.30%，之后没有投资，我们不用乘以前期投资组合的总收益。

欧元债券的累积价值增加 ＝0.45% ×（1 ＋1.55%）＋0.45% ×（1 ＋1.30%）＝0.91%

表 8－21　**第 1 期价值增加的单期贡献**　（单位:%）

资产类别（欧元）	投资组合			基准			价值增加贡献
	权重	收益率	贡献	权重	收益率	贡献	
现金	10.00	0.00	0.00	10.00	0.00	0.00	0.00
债券	80.00	1.00	0.80	70.00	0.50	0.35	0.45
权益	10.00	5.00	0.50	20.00	6.00	1.20	－0.70
总计	**100.00**	**1.30**	**1.30**	**100.00**	**1.55**	**1.55**	**－0.25**

表 8－22　**第 2 期价值增加的单期贡献**　（单位:%）

资产类别（欧元）	投资组合			基准			价值增加贡献
	权重	收益率	贡献	权重	收益率	贡献	
现金	10.00	0.00	0.00	10.00	0.00	0.00	0.00
债券	80.00	1.00	0.80	70.00	0.50	0.35	0.45
权益	10.00	5.00	0.50	20.00	6.00	1.20	－0.70
总计	**100.00**	**1.30**	**1.30**	**100.00**	**1.55**	**1.55**	**－0.25**

表 8－23　**多期价值增加贡献**①　（单位:%）

资产类别（欧元）	投资组合		基准			价值增加贡献
	收益率	贡献	权重	收益率	贡献	
现金	0.00	0.00	0.00		0.00	0.00
债券	2.01	1.61	1.00		0.71	0.91
权益	10.25	1.01	12.36		2.42	－1.42
总计	**2.62**	**2.62**	**3.12**		**3.12**	**－0.51**

8.3.2.2　单因子或基于代数的收益归因分析*

（1）单期收益归因分析*

计算收益率及对收益和价值增加的贡献后，我们更多地关注是什么导致的价值增加。对于有效的绩效评价，收益和价值增加的分解应该伴随投资组合管理全过程。一个重要前提是人们想对投资组合管理过程产生有效的反馈。在实际中，通常假设有三个决策步骤②：

• 步骤 1：选择基准。这是一个把初始资金投资到某个基准或投资策略的决策。基准的选择包括选择基准或定制基准，可以用来度量投资组合管理过程的质量或价值增加。在实际中，通常使用定制基准，选择基准包括选择基准成分的权重和反映不同

① 请注意：投资组合成分层次的多期价值增加贡献不等于投资组合对应成分与其基准对价值增加贡献的差。其原因在于这里使用的复合链接方式。

② 请注意，真正的投资组合管理过程可能更加复杂，必要时，需作相应的调整。

基准成分的指数。①

• 步骤 2：资产配置。这是一个在度量期间内如何在投资组合和基准之间分配资产的决策，在度量期内，决策可能发生改变。它包括：投资组合管理者对投资组合结构的决策和基准结构的决策。在实际中，这些决策构成投资组合管理者价值增加的基础，因为管理者可以通过提高或降低投资组合成分相对于基准的相应权重而产生收益。

• 步骤 3：证券的选择。这是一个在度量期间内如何选择证券及其权重的决策。它包括：投资组合管理者在投资组合成分中选择什么样的投资结构，以及基准成分的基准结构如何。在实际中，这些决策构成投资组合管理者价值增加的基础，因为管理者可以通过提高或降低单个证券相对于基准成分中这些证券的相应权重产生收益。

收益归因分析是分析具体管理决策引起的价值增加的收益贡献，也称为管理效应。与决策选择的三个步骤类似，我们把管理效应分成三部分：

• 资产配置效应：由于提高或降低投资组合成分相对基准的相应权重引起的对价值增加的贡献。

• 证券选择效应：由于提高或降低单个证券相对于基准成分中这些证券的相应权重引起的对价值增加的贡献。

• 交互效应：根据投资组合成分业绩表现调整权重，表现好的其权重增加，表现差的其权重降低，交互效应是对由此引起的价值增加的贡献。

为了计算不同的管理效应，业界使用不同的单因子或基于代数的收益归因分析方法。这些方法的区别在于如何分解总的价值增加。主要的方法有：

• Brinson 和 Fachler 方法（BF 方法）②：在计算资产配置效应时，考虑机会成本数量为总的基准收益。

• Brinson，Hood 和 Beebower 方法（BHB 方法）③：在计算资产配置效应时，考虑机会成本数量为 0，它是 BF 方法的一个特例。

• Karnosky 和 Singer 方法（KS 方法）或者 Ankrim 和 Hensel 方法（AH 方法）④：考虑货币管理决策对价值增加的影响。

通常，收益归因的概念是可以调整的，以适应具体的投资组合管理过程和支持的方

---

① 基准成分是证券或投资的集合。我们可以把基准分成不同的成分。这些成分有一些共同的因子，这个因子可用于估计基准或投资组合的业绩。这样的因子很多，可以是国别、货币、部门、久期或 P/E。

② G. Brinson and N. Fachler. Measuring non – US Equity Portfolio Performance，1985.

③ G. Brinson，R. Hood and G. Beebower. Determinant of Portfolio Performance，1986.

④ D. Karnosky and B. Singer，Global Asset Management and Performance Attribution，1994；E. Ankrim and C. Hensel. Multi – currency Performance Attribution，1992.

法。一般来说，价值增加的分解方式和单个管理效应的度量方法会反映不同的利益相关者作决策的方式。在下一部分，我们讲解如何使用 BHB 方法和 BF 方法进行收益分解。

假设收益率是简单收益率，使用 BHB 方法的单期算术管理效应计算如下：

$$VA_{p,t}^{BC} = \sum_{i=1}^{N} VA_{i,t}^{BC} = \sum_{i=1}^{N} AAE_{i,t}^{BC} + \sum_{i=1}^{N} SSE_{i,t}^{BC} + \sum_{i=1}^{N} IAE_{i,t}^{BC}$$

$$AAE_{i,t}^{BC} = (w_{p,i,t} - w_{b,i,t}) \cdot R_{b,i,t}^{BC}$$

$$SSE_{i,t}^{BC} = w_{b,i,t} \cdot (R_{p,i,t}^{BC} - R_{b,i,t}^{BC})$$

$$IAE_{i,t}^{BC} = (w_{p,i,t} - w_{b,i,t}) \cdot (R_{p,i,t}^{BC} - R_{b,i,t}^{BC})$$

式中：$AAE_{i,t}^{BC}$——以基础货币计价，投资组合第 i 个成分在 t 期的资产配置效应；$SSE_{i,t}^{BC}$——以基础货币计价，投资组合第 i 个成分在 t 期的证券选择效应；$IAE_{i,t}^{BC}$——以基础货币计价，投资组合第 i 个成分在 t 期的交互效应。

【例 8-32】 使用 BHB 方法的单期收益归因分析。考虑表 8-18 和表 8-19 中投资组合和其基准的单期收益率，表 8-24 和表 8-25 包含使用 BHB 方法计算的三个单期管理效应。

表 8-24　使用 BHB 方法的第 1 期单期收益归因　（单位：%）

资产类别（欧元）	管理效应			价值增加贡献
	资产配置效应	证券选择效应	交互效应	
现金	0.00	0.00	0.00	0.00
债券	0.05	0.35	0.05	0.45
权益	-0.60	-0.20	0.10	-0.70
总计	**-0.55**	**0.15**	**0.15**	**-0.25**

表 8-25　使用 BHB 方法的第 2 期单期收益归因　（单位：%）

资产类别（欧元）	管理效应			价值增加贡献
	资产配置效应	证券选择效应	交互效应	
现金	0.00	0.00	0.00	0.00
债券	0.05	0.35	0.05	0.45
权益	-0.60	-0.20	0.10	-0.70
总计	**-0.55**	**0.15**	**0.15**	**-0.25**

表 8-24 和表 8-25 表明，关于欧元证券的积极资产配置和证券选择决策带来投资组合管理者的价值增加，关于欧元权益的积极资产配置和证券选择决策带来投资组合管理者的价值减少。进一步，交互效应是正的，因为投资管理者增加了表现好的欧元债券的权重，降低了表现差的欧元权益的权重。

假设收益率是简单收益率，使用 BF 方法的单期算术管理效应计算如下：

$$VA_{p,t}^{BC} = \sum_{i=1}^{N} VA_{i,t}^{BC} = \sum_{i=1}^{N} AAE_{i,t}^{BC} + \sum_{i=1}^{N} SSE_{i,t}^{BC} + \sum_{i=1}^{N} IAE_{i,t}^{BC}$$

$$AAE_{i,t}^{BC} = (w_{p,i,t} - w_{b,i,t}) \cdot (R_{b,i,t}^{BC} - R_{b,t}^{BC})$$

$$SSE_{i,t}^{BC} = w_{b,i,t} \cdot (R_{p,i,t}^{BC} - R_{b,i,t}^{BC})$$

$$IAE_{i,t}^{BC} = (w_{p,i,t} - w_{b,i,t}) \cdot (R_{p,i,t}^{BC} - R_{b,i,t}^{BC})$$

【例 8－33】使用 BHB 方法的单期收益归因分析。考虑表 8－18 和表 8－19 中投资组合和其基准的单期收益率，表 8－26 和表 8－27 包含使用 BF 方法计算的单期管理效应。

表 8－26　　使用 BHB 方法的第 1 期单期收益归因　　（单位：%）

资产类别（欧元）	管理效应			价值增加贡献
	资产配置效应	证券选择效应	交互效应	
现金	0.00	0.00	0.00	0.00
债券	－0.11	0.35	0.05	0.30
权益	－0.45	－0.20	0.10	－0.55
总计	**－0.55**	**0.15**	**0.15**	**－0.25**

表 8－27　　使用 BHB 方法的第 2 期单期收益归因　　（单位：%）

资产类别（欧元）	管理效应			价值增加贡献
	资产配置效应	证券选择效应	交互效应	
现金	0.00	0.00	0.00	0.00
债券	－0.11	0.35	0.05	0.30
权益	－0.45	－0.20	0.10	－0.55
总计	**－0.55**	**0.15**	**0.15**	**－0.25**

比较表 8－24 和表 8－25 与表 8－26 和表 8－27，我们发现：二者的不同在于投资组合成分层面上资产配置效益。这里，因为表现不好的资产类别（与基准总收益相比）的权重过高，欧元债券的资产配效应是负的（－0.11% 对 0.05%）；由于表现好的资产类别（与基准总收益相比）的权重过低，欧元权益的资产配置效应稍高一点（－0.45% 对 －0.60%）。

（2）多期收益归因分析*

在前面的章节里，我们讨论了对单期价值增加的收益贡献。通常，我们分析多期的收益和价值增加。考虑 8.2.2.4 的讨论，使用简单收益率，我们需要考虑计算多期收益归因的复合效应。

为了把收益归因分析扩展到多期，我们使用和对价值增加的多期贡献分析同样的链接算法，具体请看8.3.2.1中的（3）。使用简单收益率，投资组合多期的管理效应计算如下：

$$VAM_p^{BC} = \sum_{i=1}^{N} CVAM_i^{BC} = \sum_{i=1}^{N} AAEM_i^{BC} + \sum_{i=1}^{N} SSEM_i^{BC} + \sum_{i=1}^{N} IAEM_i^{BC}$$

$$AAEM_i^{BC} = \sum_{i=1}^{N}\sum_{t=1}^{T} AAE_{i,t}^{BC} \cdot (1 + R_{b,T-t}^{BC}) \cdot (1 + RM_{p,t-1}^{BC})$$

$$SSEM_i^{BC} = \sum_{i=1}^{N}\sum_{t=1}^{T} SSE_{i,t}^{BC} \cdot (1 + R_{b,T-t}^{BC}) \cdot (1 + RM_{p,t-1}^{BC})$$

$$IAEM_i^{BC} = \sum_{i=1}^{N}\sum_{t=1}^{T} IAE_{i,t}^{BC} \cdot (1 + R_{b,T-t}^{BC}) \cdot (1 + RM_{p,t-1}^{BC})$$

式中：$AAEM_i^{BC}$——以基础货币计价，投资组合第i个成分在整个度量期内的累积资产配置效应；$SSEM_i^{BC}$——以基础货币计价，投资组合第i个成分在整个度量期的累积证券选择效应；$IAEM_i^{BC}$——以基础货币计价，投资组合第i个成分在整个度量期的累积交互效应。

【**例8－34**】使用BHB方法和BF方法的多期收益归因分析。考虑使用BHB方法（表8－24和表8－25）和使用BF方法（表8－26和表8－27）计算的周期管理效应，表8－28和表8－29包含相应的多期管理效应。

表8－28　使用BHB方法的多期收益归因　（单位：%）

资产类别（欧元）	管理效应			价值增加贡献
	资产配置效应	证券选择效应	交互效应	
现金	0.00	0.00	0.00	0.00
债券	0.10	0.71	0.10	0.91
权益	－1.22	－0.41	0.20	－1.42
总计	**－1.12**	**0.30**	**0.30**	**－0.51**

表8－29　使用BF方法的多期收益归因　（单位：%）

资产类别（欧元）	管理效应			价值增加贡献
	资产配置效应	证券选择效应	交互效应	
现金	0.00	0.00	0.00	0.00
债券	－0.21	0.71	0.10	0.91
权益	－0.90	－0.41	0.20	－1.42
总计	**－1.12**	**0.30**	**0.30**	**－0.51**

（3）多币种收益归因*

迄今为止，我们一直在讨论单一币种的收益归因。在实际中，投资组合通常是国际投资，因此会涉及外国货币。这时，我们需要调整绩效归因分析使其能够覆盖币种管理效应。如果货币的对冲，而且币种管理效应与绩效分析无关，那么国际投资的绩效分析可简单通过分析按基础货币计价的收益率完成。表 8－30 展示前面讨论的欧元多资产类别投资组合的单期价值增加贡献，这里我们在投资组合和基准中增加 30% 的美元投资。表 8－31 给出使用 BHB 方法计算的相应管理效应。

表 8－30　第 1 期的单期价值增加贡献　（单位：%）

资产类别	投资组合			基准			价值增加贡献
	权重	收益率	贡献	权重	收益率	贡献	
欧元现金	7.00	0.00	0.00	7.00	0.00	0.00	0.00
欧元债券	56.00	1.00	0.56	49.00	0.50	0.25	0.32
美元债券	10.00	7.73	0.77	15.00	7.20	1.08	－0.31
欧元权益	7.00	5.00	0.35	14.00	6.00	0.84	－0.49
美元权益	20.00	12.00	2.40	15.00	13.07	1.96	0.44
总计	**100.00**	**4.08**	**4.08**	**100.00**	**4.13**	**4.13**	**－0.04**

表 8－31　使用 BHB 方法计算第 1 期的单期收益归因　（单位：%）

资产类别	管理效应			价值增加贡献
	资产配置	证券选择	交互效应	
欧元现金	0.00	0.00	0.00	0.00
欧元债券	0.04	0.25	0.04	0.32
美元债券	－0.36	0.08	－0.03	－0.31
欧元权益	－0.42	－0.14	0.07	－0.49
美元权益	0.65	－0.16	－0.05	0.44
总计	**－0.09**	**0.03**	**0.02**	**－0.04**

相比而言，如果人们关注外国货币和币种管理的效应，则需要调整收益归因分析。最直接的方法是把基础货币的收益率分解成本国货币的收益贡献和外国货币的收益贡献。这个方法的主要准则是以本国货币为基础的收益率是不可能达到的，因为这需要无成本货币对冲，而事实上并非如此。①

在以下部分，我们一种方法，它基于 Karnosky 和 Singerfa 提出的方法（KS 方法）与 Ankrim 和 Hensel 提出的方法（AH 方法）。这个方法认为货币收益率是真实的利率差或者相关货币与非预期“货币意外”（Currency Surprise）收益率之间的“远期溢

① 然而，在实际中，这样的归因分析通常是投资报告的一部分，它用来展示以本国货币和以外国货币为基础计算的投资贡献。

价”（Forward Premium）：

$$C_{i,t}^{BC/LC}=\frac{SP_{i,t期末}^{BC/LC}}{SP_{i,t期初}^{BC/LC}}-1=(1+FP_{i,t}^{\frac{BC}{LC}})\cdot(1+E_{p,i,t}^{\frac{BC}{LC}})-1$$

$$FP_{i,t}^{\frac{BC}{LC}}=\frac{1+RI_{BC,t}}{1+RI_{i,t}}-1$$

$$E_{p,i,t}^{\frac{BC}{LC}}=\frac{SP_{i,t期末}^{BC/LC}}{FR_{i,t期初}^{BC/LC}}-1=\frac{SP_{i,t期末}^{BC/LC}}{SP_{i,t期初}^{BC/LC}\cdot(1+FP_{i,t}^{\frac{BC}{LC}})}-1$$

式中：$SP_{i,t期末}^{BC/LC}$——t 期末货币 i 的即期汇率；$SP_{i,t期初}^{BC/LC}$——t 期初货币 i 的即期汇率；$FP_{i,t}^{\frac{BC}{LC}}$——t 期货币 i 的远期溢价；$E_{p,i,t}^{\frac{BC}{LC}}$——t 期投资组合的货币 i 的货币意外收益率；$FR_{i,t期初}^{BC/LC}$——t 期初货币 i 的远期汇率；$RI_{BC,t}$——t 期基础货币的累积利率；$RI_{i,t}$——t 期货币 i 的累积利率。

【例 8－35】 货币意外和远期溢价。考虑以欧元为基础货币的投资组合，远期溢价是－1.94%（美元利率高于欧元利率时为负），货币意外是 8.78%。

3 月 31 日：即期汇率，欧元/美元＝0.7500，$RI_{欧元,t}=1.00\%$，$RI_{美元,t}=3.00\%$

4 月 30 日：即期汇率，欧元/美元＝0.8000

$$C_t^{\frac{BC}{LC}}=\frac{0.8000-0.7500}{0.7500}\times100\%=6.66\%$$

$$FP_t^{BC/LC}=\left(\frac{1+0.00\%}{1+3.00\%}-1\right)\times100\%=-1.94\%$$

$$E_t^{BC/LC}=\frac{0.8000}{0.7500\times(1-1.94\%)}-1=\left(\frac{0.8000}{0.7354}-1\right)\times100\%=8.78\%$$

关于多币种收益归因分析实际计算是非常复杂的，因为还需要考虑复合和叉积运算。因此，我们只举例说明单期的和使用连续复利而不是简单收益率的计算。[①] 进一步，在下面部分，我们把远期溢价导致的收益贡献归于资产配置而不是货币管理决策，因为，远期溢价不能看作积极的货币管理决策。

没有货币对冲的投资组合的连续复制（CCR）定义为：

$$r_{p,t}^{BC}=\sum_{i=1}^{N}w_{p,i,t}\cdot r_{p,i,t}^{BC}=\sum_{i=1}^{N}w_{p,i,t}\cdot(r_{p,i,t}^{LC}+c_{i,t}^{BC/LC})=\sum_{i=1}^{N}w_{p,i,t}\cdot(r_{p,i,t}^{LC}+fp_{i,t}^{BC/LC}+e_{p,i,t}^{BC/LC})$$

$$=\sum_{i=1}^{N}w_{p,i,t}\cdot(r_{p,i,t}^{LC}+fp_{i,t}^{BC/LC})+\sum_{i=1}^{N}w_{p,i,t}\cdot e_{p,i,t}^{BC/LC}$$

对于基准：

$$r_{b,t}^{BC}=\sum_{i=1}^{N}w_{b,i,t}\cdot(r_{b,i,t}^{LC}+fp_{i,t}^{BC/LC})+\sum_{i=1}^{N}w_{b,i,t}\cdot e_{b,i,t}^{BC/LC}$$

---

① 请注意：使用 CCR 计算的收益率和价值增加与使用简单收益率计算的数字会稍有不同。

式中：$r_{p,t}^{BC}$——以基础货币计价，投资组合 t 期的收益率；$r_{p,i,t}^{BC}$——以基础货币计价，投资组合第 i 个成分 t 期的收益率；$r_{p,i,t}^{LC}$——以本国货币计价，投资组合第 i 个成分 t 期的收益率；$c_{i,t}^{BC/LC}$——货币 i 在 t 期的货币收益率；$fp_{p,i,t}^{BC/LC}$——在 t 期，投资组合的货币 i 的远期溢价；$e_{p,i,t}^{BC/LC}$——在 t 期，投资组合的货币 i 的货币意外；$r_{b,t}^{BC}$——以基础货币计价，基准 t 期的收益率；$r_{b,i,t}^{BC}$——以基础货币计价，基准第 i 个成分 t 期的收益率；$r_{b,i,t}^{LC}$——以本国货币计价，基准第 i 个成分 t 期的收益率；$fp_{b,i,t}^{BC/LC}$——在 t 期，基准的货币 i 的远期溢价；$e_{b,i,t}^{BC/LC}$——在 t 期，基准的货币 i 的货币意外。

远期溢价和本国货币收益率相加得到投资组合和基准成分的对冲或调整 CCR，可以定义为：

$$r_{adj,p,i,t}^{BC} = r_{p,i,t}^{LC} + fp_{i,t}^{BC/LC}$$

$$r_{adj,b,i,t}^{BC} = r_{b,i,t}^{LC} + fp_{i,t}^{BC/LC}$$

式中：$r_{adj,p,i,t}^{BC}$——假设对冲成基础货币，投资组合第 i 个成分的 t 期收益率；$r_{adj,b,i,t}^{BC}$——假设对冲成基础货币，基准第 i 个成分的 t 期收益率。

【例 8-36】 单期资产和货币贡献的计算。考虑表 8-30 中投资组合和基准的不同资产类别的收益率，欧元/美元的汇率、欧元的利率和美元的利率与例 8-33 相同，表 8-32 和表 8-33 给出适用上述公式计算的单期资产和货币贡献。[①] 比如，如果分析美元债券对投资组合收益率的贡献，可以取权重为 10%，然后乘以本币收益率（1.00%）和远期溢价（-1.96%）之和，得到资产贡献效应 10% ×（1.00% - 1.96%）= -0.10%。货币贡献是美元债券的权重（10%）乘以货币意外（8.41%），即：10% ×8.41% =0.84%。这两部分相加得到总贡献为 0.74%。

表 8-32　投资组合的单期收益贡献　（单位：%）

投资组合	投资组合								
	权重	$r_{p,i,t}^{BC/LC}$	$r_{p,i,t}^{LC}$	$c_{,i,t}^{BC/LC}$	$fp_{i,t}^{BC/LC}$	$e_{p,i,t}^{BC/LC}$	资产贡献	货币贡献	总收益贡献
欧元现金	7.00	0.00	0.00	0.00	0.00	0.00	0.00	0.00	0.00
欧元债券	56.00	1.00	1.00	0.00	0.00	0.00	0.56	0.00	0.56
美元债券	10.00	7.45	1.00	6.45	-1.96	8.41	-0.10	0.84	0.74
欧元权益	7.00	4.88	4.88	0.00	0.00	0.00	0.34	0.00	0.34
美元权益	20.00	11.33	4.88	6.45	-1.96	8.41	0.58	1.68	2.27
总计	**100.00**	**3.91**	**1.97**	**1.94**	**-0.59**	**2.52**	**1.39**	**2.52**	**3.91**

① 简单起见，这里我们假设投资组合的货币意外与基准的相同。

表 8-33 基准的单期收益贡献 （单位：%）

基准	权重	$r_{b,i,t}^{BC/LC}$	$r_{b,i,t}^{LC}$	$e_{,i,t}^{BC/LC}$	$f_{i,t}^{BC/LC}$	$e_{b,i,t}^{BC/LC}$	资产贡献	货币贡献	总收益贡献
欧元现金	7.00	0.00	0.00	0.00	0.00	0.00	0.00	0.00	0.00
欧元债券	49.00	0.50	0.50	0.00	0.00	0.00	0.24	0.00	0.24
美元债券	15.00	6.95	0.50	6.45	-1.96	8.41	-0.22	1.26	1.04
欧元权益	14.00	5.83	5.83	0.00	0.00	0.00	0.82	0.00	0.82
美元权益	15.00	12.28	5.83	6.45	-1.96	8.41	0.58	1.26	1.84
总计	**100.00**	**3.95**	**2.01**	**1.94**	**-0.59**	**2.52**	**1.42**	**2.52**	**3.95**

假设没有货币对冲，多币种投资组合相对其多币种基准的价值增加定义为：

$$
\begin{aligned}
Va_{p,t}^{BC} &= r_{p,t}^{BC} - r_{b,t}^{BC} \\
&= \left(\sum_{i=1}^{N} w_{p,i,t} \cdot r_{adj,p,i,t}^{BC} - \sum_{i=1}^{N} w_{b,i,t} \cdot r_{adj,b,i,t}^{BC}\right) \\
&\quad + \left(\sum_{i=1}^{N} w_{p,i,t} \cdot e_{p,i,t}^{BC/LC} - \sum_{i=1}^{N} w_{b,i,t} \cdot r_{b,i,t}^{BC/LC}\right)
\end{aligned}
$$

式中：$Va_{p,t}^{BC}$——以基础货币计价，t 期投资组合的价值增加。

公式的第一部分度量由于套期保值的资产配置和套期保值的证券选择引起的价值增加，第二部分度量货币管理带来的价值增加。后面的管理效应可以分为不同的部分，通常是货币选择和对冲选择。

包含货币对冲的投资组合的 CCR 定义为：

$$
r_{p,t}^{BC} = \sum_{i=1}^{N} w_{p,i,t} \cdot r_{adj,p,i,t}^{BC} + \sum_{i=1}^{N} w_{p,i,t} \cdot e_{p,i,t}^{BC/LC} + \sum_{i=1}^{N} h_{p,i,t} \cdot f_{p,i,t}^{BC/LC}
$$

$$
\sum_{i=1}^{N} h_{p,i,t} = 0
$$

对于基准：

$$
r_{b,t}^{BC} = \sum_{i=1}^{N} w_{b,i,t} \cdot r_{adj,b,i,t}^{BC} + \sum_{i=1}^{N} w_{b,i,t} \cdot e_{b,i,t}^{BC/LC} + \sum_{i=1}^{N} h_{b,i,t} \cdot f_{b,i,t}^{BC/LC}
$$

$$
\sum_{i=1}^{N} h_{b,i,t} = 0 \qquad f_{b,i,t}^{BC/LC} = e_{b,i,t}^{BC/LC}
$$

式中：$h_{p,i,t}$——在 t 期初，投资组合中货币 i 的对冲权重；$f_{p,i,t}^{BC/LC}$——在 t 期，投资组合中货币 i 的对冲收益率；$h_{b,i,t}$——在 t 期初，基准中货币 i 的对冲权重；$f_{b,i,t}^{BC/LC}$——在 t 期，基准中货币 i 的对冲收益率。

使用 BHB 方法，通过货币远期进行对冲的投资组合的管理效应计算如下：

$$Va_{p,t}^{BC} = \sum_{i=1}^{N} AAE_{i,t}^{Adj} + \sum_{i=1}^{N} SSE_{i,t}^{Adj} + \sum_{i=1}^{N} IAE_{i,t}^{Adj} + \sum_{i=1}^{N} CAE_{i,t}^{BC} + \sum_{i=1}^{N} HSE_{i,t}^{BC} + \sum_{i=1}^{N} CIAE_{i,t}^{BC}$$

$$AAE_{i,t}^{Adj} = (w_{p,i,t} - w_{b,i,t}) \cdot r_{adj,b,i,t}^{BC}$$

$$SSE_{i,t}^{Adj} = (r_{adj,p,i,t}^{BC} - r_{adj,b,i,t}^{BC}) \cdot w_{b,i,t}$$

$$IAE_{i,t}^{Adj} = (w_{p,i,t} - w_{b,i,t}) \cdot (r_{adj,p,i,t}^{BC} - r_{adj,b,i,t}^{BC})$$

$$CAE_{i,t}^{BC} = (w_{p,i,t} - w_{b,i,t}) \cdot e_{b,i,t}^{BC/LC} + (h_{p,i,t} - h_{b,i,t}) \cdot f_{b,i,t}^{BC/LC}$$

$$HSE_{i,t}^{BC} = \left(e_{p,i,t}^{\frac{BC}{LC}} - e_{b,i,t}^{\frac{BC}{LC}}\right) \cdot w_{b,i,t} + \left(f_{p,i,t}^{\frac{BC}{LC}} - f_{b,i,t}^{\frac{BC}{LC}}\right) \cdot h_{b,i,t}$$

$$CIAE_{i,t}^{BC} = (w_{p,i,t} - w_{b,i,t}) \cdot \left(e_{p,i,t}^{\frac{BC}{LC}} - e_{b,i,t}^{\frac{BC}{LC}}\right) + (h_{p,i,t} - h_{b,i,t}) \cdot \left(f_{p,i,t}^{\frac{BC}{LC}} - f_{b,i,t}^{\frac{BC}{LC}}\right)$$

式中：$AAE_{i,t}^{Adj}$——如果对冲成基础货币，投资组合中成分 i 在 t 期的资产配置效应；$SSE_{i,t}^{Adj}$——如果对冲成基础货币，投资组合中成分 i 在 t 期的证券选择效应；$IAE_{i,t}^{Adj}$——如果对冲成基础货币，投资组合中成分 i 在 t 期的交互效应；$CAE_{i,t}^{BC}$——以基础货币计价，投资组合货币 i 在 t 期的币种资产配置效应；$HSE_{i,t}^{BC}$——以基础货币计价，投资组合货币 i 在 t 期的货币和对冲选择效应；$CIAE_{i,t}^{BC}$——以基础货币计价，投资组合货币 i 在 t 期的货币交互效应。

【例 8-37】 使用 BHB 方法的多币种收益归因分析。使用表 8-32 和表 8-33 给出的投资组合和基准数据，表 8-34 和表 8-35 包含必要的输入数据和不同的资产管理和货币管理效应。①

表 8-34　　多期收益归因的输入数据　　（单位：%）

投资组合	投资组合				基准			
	权重	$r_{adj,p,i,t}^{BC}$	$e_{p,i,t}^{BC/LC}/f_{p,i,t}^{BC/LC}$	$r_{p,i,t}^{BC}$	权重	$r_{adj,b,i,t}^{BC}$	$e_{b,i,t}^{BC/LC}/f_{b,i,t}^{BC/LC}$	$r_{b,i,t}^{BC}$
欧元现金	7.00	0.00	0.00	0.00	7.00	0.00	0.00	0.00
欧元债券	56.00	1.00	0.00	1.00	49.00	0.50	0.00	0.50
美元债券	10.00	-0.97	8.41	7.45	15.00	-1.46	8.41	6.95
欧元权益	7.00	4.88	0.00	4.88	14.00	5.83	0.00	5.83
美元权益	20.00	2.92	8.41	11.33	15.00	3.87	8.41	12.28
欧元远期	10.00		0.00	0.00	20.00		0.00	0.00
美元远期	-10.00		8.25	8.25	-20.00		8.41	8.41
总计	**100.00**	**1.39**	**1.70**	**3.09**	**100.00**	**1.42**	**0.84**	**2.26**

① 请注意：由于使用不同的远期利率，在这里，投资组合的美元货币意外和基准的不同，对冲的选择产生正的贡献，因为投资组合的远期利率是 0.7390 欧元/美元，而不是 0.7354 欧元/美元。

表 8-35 基于 BHB 方法的多期收益归因分析 （单位:%）

投资组合	资产管理效应			货币管理效应			价值增加的贡献
	资产配置	债券选择	交互效应	货币配置	对冲选择	交互效应	
欧元现金	0.00	0.00	0.00	0.00	0.00	0.00	0.00
欧元债券	0.03	0.24	0.03	0.00	0.00	0.00	0.31
美元债券	0.07	0.07	-0.02	-0.42	0.00	0.00	-0.30
欧元权益	-0.41	-0.13	0.07	0.00	0.00	0.00	-0.47
美元权益	0.19	-0.14	-0.05	0.42	0.00	0.00	0.42
欧元远期				0.00	0.00	0.00	0.00
美元远期				0.84	0.03	-0.02	0.86
总计	**-0.11**	**0.04**	**0.03**	**0.84**	**0.03**	**-0.02**	**0.82**

8.3.2.3 多因子或基于回归的收益归因*

多因子或基于回归的收益归因把收益率和价值增加描述成不同因子的函数。在实际中，人们使用不同类型的回归方法，比如使用基于资本资产定价模型（CAPM）或套利定价模型（APT）的因子，或者使用基于简单或复杂、多元线性或二次特征曲线的回归模型。

运用简单或者多元线性或者二次回归的方法要求大量的收益数据才可能得到统计上具有显著性的结果。因此，这些方法不能很容易地运用于实际当中。但是，当投资组合财务数据不全时，就没有其他替代的方法。建立在回归基础上的方法有理论上的可行性，因为它们是建立在现代投资组合理论基础之上的。它们导致了有趣的理论结果并且最近公布的很多研究都是建立在回归模型基础上的。

在下文中我们关注单因子或基于代数的收益分布。

8.3.3 风险归因分析*

8.3.3.1 风险归因分析简介*

（1）风险贡献度量*

度量风险贡献能为判断投资组合成分的风险、权重或暴露和各成分之间的关系对整个投资组合收益率产生什么贡献提供信息。[①] 投资组合的风险是各个投资成分风险

① 8.3.3 基于文章 Davis and J. Menchero, 2010, “Risk Contribution is Exposure Times Volatility Times Correlation”。

贡献（例如单个投资和单个投资的任何集合）之和。使用方差度量风险[①]，假设投资组合各成分的权重是常数，投资组合的方差计算如下：

$$Var_p = \sigma_p^2 = \sum_{i=1}^{n}\sum_{j=1}^{n} w_{p,i} \cdot w_{p,j} \cdot Cov(r_{p,i}, r_{p,j}) = \sum_{i=1}^{n} w_{p,i} \cdot Cov(r_{p,i}, r_p)$$

$$= \sum_{i=1}^{n} w_{p,i} \cdot Corr(r_{p,i}, r_p) \cdot \sigma_{p,i} \cdot \sigma_p$$

式中：$Cov(r_{p,i}, r_{p,j})$ ——投资组合成分 i 的收益率和成分 j 的收益率之间的协方差；$Cov(r_{p,i}, r_p)$ ——投资组合成分 i 的收益率和投资组合总收益率之间的协方差；$Corr(r_{p,i}, r_p)$ ——投资组合成分 i 的收益率和投资组合总收益率之间的相关系数。

投资组合成分的方差贡献计算为：

$$CVar_{p,i} = w_{p,i} \cdot Corr(r_{p,i}, r_p) \cdot \sigma_{p,i} \cdot \sigma_p$$

式中：$CVar_{p,i}$——投资组合成分 i 对投资组合方差的贡献。

方差除以标准差得到投资组合的标准差：

$$\sigma_p = \frac{Var_p}{\sigma_p} = \sum_{i=1}^{n} w_{p,i} \cdot Corr(r_{p,i}, r_p) \cdot \sigma_{p,i}$$

投资组合成分 i 的标准差贡献计算如下：

$$CSD_{p,i} = w_{p,i} \cdot Corr(r_{p,i}, r_p) \cdot \sigma_{p,i}$$

式中：$CSD_{p,i}$——投资组合成分 i 对投资组合标准差的贡献。

【例 8－38】 风险的贡献。让我们考虑表 8－36 给出的包含债券和股票的投资组合，其收益率为月连续复利收益率。进一步，我们假设投资组合需要进行月度再平衡。投资组合的历史年方差（收益率）是 0.000147(1.75%)，债券的历史平方差是 0.000041(－0.17%)，股票的历史平方差是 0.005173(9.43%)。债券收益率和投资组合收益率之间方差是－0.272975，股票收益率和投资组合收益率之间的方差是 0.939649。债券方差贡献是－0.000017，股票方差贡献是 0.000164。投资组合年标准差贡献是 1.212%，债券标准差贡献是－0.140%，股票的标准差贡献是 1.352%。

表 8－36　　计算风险贡献使用的投资组合数据　　（单位:%）

月	$W_{p,债券}$	$W_{p,股票}$	$r_{p,债券}$	$r_{p,股票}$	$CR_{p,债券}$	$CR_{p,股票}$	r_p
1	80.00	20.00	0.10	－1.00	0.08	－0.20	－0.12
2	80.00	20.00	0.20	－3.00	0.16	－0.60	－0.44
3	80.00	20.00	0.00	1.00	0.00	0.20	0.20
4	80.00	20.00	－0.20	2.00	－0.16	0.40	0.24

① 风险贡献的度量方法也可以适用于其他风险度量。

续表

月	$W_{p,债券}$	$W_{p,股票}$	$r_{p,债券}$	$r_{p,股票}$	$CR_{p,债券}$	$CR_{p,股票}$	r_p
5	80.00	20.00	-0.10	3.00	-0.08	0.60	0.52
6	80.00	20.00	-0.30	-1.00	-0.24	-0.20	-0.44
7	80.00	20.00	0.10	0.00	0.08	0.00	0.08
8	80.00	20.00	0.00	1.00	0.00	0.20	0.20
9	80.00	20.00	0.20	-1.00	0.16	-0.20	-0.04
10	80.00	20.00	0.10	0.00	0.08	0.00	0.08
11	80.00	20.00	-0.30	5.00	-0.24	1.00	0.76
12	80.00	20.00	-0.20	4.00	-0.16	0.80	0.64
13	80.00	20.00	0.30	1.00	0.24	0.20	0.44
14	80.00	20.00	-0.10	0.00	-0.08	0.00	-0.08
累计			-0.20	11.00	-0.16	2.20	2.04

假设预期方差是历史方差，投资组合预期年方差和风险贡献是历史年方差的风险贡献。然而，投资组合各成分的权重为常数只是一种情景，在实际中，资产配置通常随着时间发生改变。为了反映资产配置发生改变的效应，计算历史风险贡献时需要考虑这种变化。这时需要使用收益贡献而不是投资组合成分的非加权收益率。

$$CVar_{p,i} = Cov(w_{p,i} \cdot r_{p,i}, r_p) = Cov(CR_{p,i}, r_p) = Corr(CR_{p,i}, r_p) \cdot \sigma(CR_{p,i}) \cdot \sigma_p$$

式中：$Cov(CR_{p,i}, r_p)$ ——投资组合成分 i 对投资组合收益率的贡献与投资组合投资率之间的协方差；$\sigma(CR_{p,i})$ ——投资组合成分 i 对投资组合收益率贡献的标准差。

方差贡献除以收益率的标准差得到投资组合标准差的贡献：

$$CSD_{p,i} = \frac{CVar_{p,i}}{\sigma_p} = \sum_{i=1}^{n} Corr(CR_{p,i}, r_p) \cdot \sigma(CR_{p,i})$$

（2）积极风险归因分析

积极风险是由于积极地进行投资组合管理带来的超额风险或相对风险。积极风险度量需要的信息包括：投资组合成分相对基准成分的权重或暴露、风险及其与投资组合相对其基准的积极风险的相关关系。投资组合的积极风险是各个组合成分的积极风险贡献之和，这里的组合成分可以是单个投资或单个投资的任意集合。使用跟踪误差标准差作为积极风险的度量，使用收益贡献而不是非加权收益率，投资组合相对基准的跟踪误差方差计算如下：

$$TEVar_p = \sigma^2(r_p - r_b) = \sum_{i=1}^{n} Cov(CR_{p,i} - CR_{b,i}, r_p - r_b)$$

$$= \sum_{i=1}^{n} Corr(CR_{p,i} - CR_{b,i}, r_p - r_b) \cdot \sigma(CR_{p,i} - CR_{b,i}) \cdot \sigma(r_p - r_b)$$

式中：$TEVar_p$——投资组合的跟踪误差方差；$Cov(CR_{p,i} - CR_{b,i}, r_p - r_b)$ ——投

资组合成分 i 的超额收益贡献和投资组合相对其基准的超额收益之间的协方差。

单个投资组合成分的跟踪误差方差贡献计算如下：

$$CTEVar_{p,i} = Corr(CR_{p,i} - CR_{b,i}, r_p - r_b) \cdot \sigma(CR_{p,i} - CR_{b,i}) \cdot \sigma(r_p - r_b)$$

式中：$CTEVar_{p,i}$——投资组合成分 i 对投资组合跟踪误差方差的贡献。

跟踪误差方差除以跟踪误差标准差得到投资组合的跟踪误差标准差。

$$CTESD_p = \frac{TEVar_p}{\sigma(r_p - r_b)} = \sum_{i=1}^{n} Corr(CR_{p,i} - CR_{b,i}, r_p - r_b) \cdot \sigma(CR_{p,i} - CR_{b,i})$$

投资组合成分 i 的跟踪误差标准差计算如下：

$$CTESD_{p,i} = Corr(CR_{p,i} - CR_{b,i}, r_p - r_b) \cdot \sigma(CR_{p,i} - CR_{b,i})$$

式中：$CTESD_{p,i}$——投资组合成分 i 对投资组合跟踪误差标准差的贡献。

【例 8 − 39】 积极风险贡献。让我们考虑例 8 − 36 给出的投资组合的数据，表 8 − 37 给出了包含基准及其两个成分：债券和股票的数据。这里，收益率为月连续复利收益率。进一步，我们假设基准需要进行月度再平衡。基准的历史年方差（收益率）是 0.000049(1.01%)，债券的历史平方差是 0.000026(−0.14%)，股票的历史平方差是 0.007450 (11.31%)。债券的方差贡献是 −0.000002，股票的方差贡献是 0.000051。基准的年标准差贡献是 0.701%，债券的标准差贡献是 −0.030%，股票的标准差贡献是 0.731%。

表 8 − 37　计算积极风险贡献使用的基准数据　（单位：%）

月	$W_{b,债券}$	$W_{b,股票}$	$r_{b,债券}$	$r_{b,股票}$	$CR_{b,债券}$	$CR_{b,股票}$	r_b
1	90.00	10.00	0.08	−1.20	0.07	−0.12	−0.05
2	90.00	10.00	0.16	−3.60	0.14	−0.36	−0.22
3	90.00	10.00	0.00	1.20	0.00	0.12	0.12
4	90.00	10.00	−0.16	2.40	−0.14	0.24	0.10
5	90.00	10.00	−0.08	3.60	−0.07	0.36	0.29
6	90.00	10.00	−0.24	−1.20	−0.22	−0.12	−0.34
7	90.00	10.00	0.08	0.00	0.07	0.00	0.07
8	90.00	10.00	0.00	1.20	0.00	0.12	0.12
9	90.00	10.00	0.16	−1.20	0.14	−0.12	0.02
10	90.00	10.00	0.08	0.00	0.07	0.00	0.07
11	90.00	10.00	−0.24	6.00	−0.22	0.60	0.38
12	90.00	10.00	−0.16	4.80	−0.14	0.48	0.34
13	90.00	10.00	0.24	1.20	0.22	0.12	0.34
14	90.00	10.00	−0.08	0.00	−0.07	0.00	−0.07
累计			−0.16	13.20	−0.14	1.32	1.18

投资组合相对其基准的年跟踪误差方差是 0.000030，债券和股票的跟踪误差方差贡献分别是 -0.000001 和 0.000031。投资组合相对其基准的年跟踪误差标准差是 0.547%，债券和股票的跟踪误差标准差贡献分别是 -0.027% 和 0.547%。

假设预期方差是历史方差，投资组合预期方差年方差和风险贡献是历史的年方差的风险贡献。然而，投资组合各成分的权重为常数只是一种情景，在实际中，资产配置通常随着时间发生改变。

8.3.3.2 单因子或基于代数的风险归因分析*

计算风险贡献和积极风险贡献之后，应更多地关注积极管理决策对积极风险的影响。与风险归因类似，为了对投资组合管理过程产生有效的反馈，风险归因分析应该伴随投资组合管理过程。在下面，我们使用 BHB 方法分框架分解投资组合额的积极风险：①

$$\begin{aligned}
TEVar_p &= \sum_{i=1}^{N} CTEVar_{p,i} = \sum_{i=1}^{N} CTEVar_{p,i}^{AAE} + \sum_{i=1}^{N} CTEVar_{p,i}^{SPE} + \sum_{i=1}^{N} CTEVar_{p,i}^{IAE} \\
&= \sum_{i=1}^{N} Cov(AAE_{p,i}, VA_p) + \sum_{i=1}^{N} Cov(SPE_{p,i}, VA_p) + \sum_{i=1}^{N} Cov(IAE_{p,i}, VA_p), \\
CTEVar_{p,i} &= CTEVar_{p,i}^{AAE} + CTEVar_{p,i}^{SPE} + CTEVar_{p,i}^{IAE} \\
&= Cov(AAE_{p,i}, VA_p) + Cov(SPE_{p,i}, VA_p) + Cov(IAE_{p,i}, VA_p)
\end{aligned}$$

式中：$CTEVar_{p,i}^{AAE}$——投资组合成分 i 的资产配置效应产生的对投资组合跟踪误差方差的贡献；$CTEVar_{p,i}^{SPE}$——投资组合成分 i 的证券选择效应产生的对投资组合跟踪误差方差的贡献；$CTEVar_{p,i}^{IAE}$——投资组合成分 i 的交互效应产生的对投资组合跟踪误差方差的贡献。

对跟踪误差方差的贡献除以对跟踪误差标准差的贡献，得到对投资组合的跟踪误差标准差的贡献。

$$\begin{aligned}
CTESD_{p,i} &= CTESD_{p,i}^{AAE} + CTESD_{p,i}^{SPE} + CTESD_{p,i}^{IAE} \\
&= \frac{CTEVar_{p,i}^{AAE}}{TESD_p} + \frac{CTEVarp_{p,i}^{SPE}}{TESD_p} + \frac{CTEVar_{p,i}^{IAE}}{TESD_p}
\end{aligned}$$

式中：$CTESD_{p,i}^{AAE}$——投资组合成分 i 的资产配置效应产生的对投资组合跟踪误差标准差的贡献；$CTESD_{p,i}^{SPE}$——投资组合成分 i 的证券选择效应产生的对投资组合跟踪误差标准差的贡献；$CTESD_{p,i}^{IAE}$——投资组合成分 i 的交互效应产生的对投资组合跟踪误差标准差的贡献。

---

① 详细的 BHB 方法请查看 8.3.2.2 的（1），风险归因框架也适用于其他绩效归因方法。另外，请注意 $VA_p = r_p - r_b$。

【例 8－40】 使用 BHB 方法的单因子或基于代数的风险归因分析*。这里，我们使用表 8－38 中投资组合的权重和连续复利收益率数据，基准的相应数据在表 8－37 中。

表 8－38　　使用 BHB 方法计算风险归因需要的投资组合数据　　（单位:%）

月	$W_{p,债券}$	$W_{p,股票}$	$r_{p,债券}$	$r_{p,股票}$	$CR_{p,债券}$	$CR_{p,股票}$	r_p
1	80.00	20.00	0.10	－1.00	0.08	－0.20	－0.12
2	80.00	20.00	0.20	－3.00	0.16	－0.60	－0.44
3	80.00	20.00	0.00	1.00	0.00	0.20	0.20
4	80.00	20.00	－0.20	2.00	－0.16	0.40	0.24
5	80.00	20.00	－0.10	3.00	－0.08	0.60	0.52
6	80.00	20.00	－0.30	－1.00	－0.24	－0.20	－0.44
7	80.00	20.00	0.10	0.00	0.08	0.00	0.08
8	80.00	20.00	0.00	1.00	0.00	0.40	0.40
9	80.00	20.00	0.20	－1.00	0.12	－0.40	－0.28
10	80.00	20.00	0.10	0.00	0.06	0.00	0.06
11	80.00	20.00	－0.30	5.00	－0.18	2.00	1.82
12	80.00	20.00	－0.20	4.00	－0.12	1.60	1.48
13	80.00	20.00	0.30	1.00	0.18	0.40	0.58
14	80.00	20.00	－0.10	0.00	－0.06	0.00	－0.06
累计			－0.20	11.00	－0.16	4.20	4.04

表 8－39 包含计算风险和积极风险贡献需要的收益贡献。

表 8－39　　收益贡献　　（单位:%）

月	$CR_{p,债券}$	$CR_{p,股票}$	$CR_{b,债券}$	$CR_{b,股票}$	$r_p - r_b$
1	0.08	－0.20	0.07	－0.12	－0.07
2	0.16	－0.60	0.14	－0.36	－0.22
3	0.00	0.20	0.00	0.12	0.08
4	－0.16	0.40	－0.14	0.24	0.14
5	－0.08	0.60	－0.07	0.36	0.23
6	－0.24	－0.20	－0.22	－0.12	－0.10
7	0.08	0.00	0.07	0.00	0.01
8	0.00	0.40	0.00	0.12	0.28
9	0.12	－0.40	0.14	－0.12	－0.30
10	0.06	0.00	0.07	0.00	－0.01
11	－0.18	2.00	－0.22	0.60	1.44
12	－0.12	1.60	－0.14	0.48	1.14
13	0.18	0.40	0.22	0.12	0.24

续表

月	$CR_{p,债券}$	$CR_{p,股票}$	$CR_{b,债券}$	$CR_{b,股票}$	$r_p - r_b$
14	-0.06	0.00	-0.07	0.00	0.01
累计	-0.16	4.20	-0.14	1.32	2.86

表 8-40 给出使用 BHB 方法分解积极风险贡献必需的管理效应。

表 8-40　　使用 BHB 方法需要的收益贡献和管理效应　　（单位：%）

月	$AAE_{p,债券}$	$AAE_{p,股票}$	$SPE_{p,债券}$	$SPE_{p,股票}$	$IAE_{p,债券}$	$IAE_{p,股票}$	$r_p - r_b$
1	-0.01	-0.12	0.02	0.02	0.00	-0.20	-0.07
2	-0.02	-0.36	0.04	0.06	0.00	-0.60	-0.22
3	0.00	0.12	0.00	-0.02	0.00	-0.02	0.08
4	0.02	0.24	-0.04	-0.04	0.00	-0.04	0.14
5	0.01	0.36	-0.02	-0.06	0.00	-0.06	0.23
6	0.02	-0.12	-0.05	0.02	0.01	0.02	-0.10
7	-0.01	0.00	0.02	0.00	0.00	0.00	0.01
8	0.00	0.36	-0.00	-0.02	0.00	-0.06	0.28
9	-0.05	-0.36	0.04	0.02	-0.01	0.06	-0.30
10	-0.02	0.00	0.02	0.00	-0.01	0.00	-0.01
11	0.07	1.80	-0.05	-0.10	0.02	-0.30	1.44
12	0.05	1.44	-0.04	-0.08	0.01	-0.24	1.14
13	-0.07	0.36	0.05	-0.02	-0.02	-0.06	0.24
14	0.02	0.00	-0.02	0.00	0.01	0.00	0.01
累计	0.02	3.72	-0.04	-0.22	0.00	-0.62	2.86

表 8-41 给出风险归因分解成投资组合和其基准的标准差以及由于不同的管理效应产生的跟踪误差标准差贡献。

表 8-41　　使用 BHH 方法的风险和管理效应贡献　　（单位：%）

资产	CSD_p	CSD_b	$CTESD_p$	$CTESD_p^{AAE}$	$CTESD_p^{SPE}$	$CTESD_p^{IAE}$
债券	-0.166	-0.030	0.039	0.082	-0.064	0.021
股票	2.376	0.731	1.607	2.082	-0.127	-0.347
总资产	2.209	0.701	1.646	2.164	-0.191	-0.326

表 8-41 表明，投资组合的年标准差（2.209%）之所以更高，主要因为在度量期的第二阶段股票的权重过高。大部分的跟踪误差标准差来自于对股票的积极决策（1.607%），这导致表 8-40 中的总累计资产配置效应为正（3.74% = 0.02% + 3.72%）。

8.3.3.3　多因子或基于回归的风险归因*

多因子或基于回归的风险归因把绝对导向的投资组合的风险解释成：暴露于比如市场因子、规模因子、风格因子等风险因子的部分和暴露于股票非系统性风险的部分。相对其基准投资组合，风险归因把积极风险描述成因子暴露风险（与基准不同）和股票非系统性风险。

使用多因子方法解释资产组合的收益率：

$$
\begin{aligned}
r_p &= \sum_{i=1}^{n} w_{p,i} \cdot r_{p,i} = \sum_{i=1}^{n} w_{p,i} \cdot \left(\sum_{l=1}^{m} b_{p,i,l} \cdot F_l + \varepsilon_{p,i}\right) \\
&= \sum_{i=1}^{n} w_{p,i} \cdot \sum_{l=1}^{m} b_{p,i,l} \cdot F_l + \sum_{i=1}^{n} w_{p,i} \cdot \varepsilon_{p,i} \\
&= \sum_{i=1}^{n}\sum_{l=1}^{m} w_{p,i} \cdot b_{p,i,l} \cdot F_l + \sum_{i=1}^{n} w_{p,i} \cdot \varepsilon_{p,i}
\end{aligned}
$$

$$
r_i = b_{p,i,1} \cdot F_1 + b_{p,i,2} \cdot F_2 + \cdots + b_{p,i,m} \cdot F_m + \varepsilon_{p,i} = \sum_{l=1}^{m} b_{p,i,l} \cdot F_l + \varepsilon_{p,i}
$$

式中：$b_{p,i,l}$——投资组合成分 i 的收益率对因子 1 的敏感性；F_l——因子 1 的收益率；$\varepsilon_{p,i}$——投资组合成分 i 的非因子或非系统性收益。

使用因子收益率计算投资组合的方差：①

$$
\begin{aligned}
Var_p &= \sigma^2\left(\sum_{i=1}^{n}\sum_{l=1}^{m} w_{p,i} \cdot b_{p,i,l} \cdot F_l + \sum_{i=1}^{n} w_{p,i} \cdot \varepsilon_{p,i}\right) \\
&= \sigma^2\left(\sum_{i=1}^{n}\sum_{l=1}^{m} w_{p,i} \cdot b_{p,i,l} \cdot F_l\right) + \sigma^2\left(\sum_{i=1}^{n} w_{p,i} \cdot \varepsilon_{p,i}\right) \\
&= \sum_{i=1}^{n}\sum_{l=1}^{m} w_{p,i} \cdot b_{p,i,l} \cdot Cov(F_l, F_p) + \sum_{i=1}^{n} w_{p,i}^2 \cdot \sigma^2(\varepsilon_{p,i}) \\
&= \sum_{i=1}^{n}\sum_{l=1}^{m} w_{p,i} \cdot b_{p,i,l} \cdot Corr(F_l, F_p) \cdot \sigma_l \cdot \sigma_p + \sum_{i=1}^{n} w_{p,i}^2 \cdot \sigma^2(\varepsilon_{p,i})
\end{aligned}
$$

式中：$Cov(F_l,\ F_p)$——投资组合的收益率和因子 1 的收益率之间的协方差；$Corr(F_l,\ F_p)$——投资组合的收益率和因子 1 的收益率之间的相关系数；σ_l——因子 1 的收益率的标准差。

单个投资组合成分的方差贡献计算如下：

$$
CVar_{p,i} = w_{p,i} \cdot \sum_{l=1}^{m} b_{p,i,l} \cdot Corr(F_l, F_p) \cdot \sigma_l \cdot \sigma_p + w_{p,i}^2 \cdot \sigma^2(\varepsilon_{p,i})
$$

---

① 这里，我们假设非系统性收益率$\varepsilon_{p,i}$相互之间不相关，其期望值 $E(\varepsilon_{p,i}) = 0$，而且非系统性收益率$\varepsilon_{p,i}$与因子收益率 F_l 之间相互独立。

方差除以标准差得到投资组合的标准差：

$$\sigma_p = \frac{Var_p}{\sigma_p} = \sum_{i=1}^{n}\sum_{l=1}^{m} w_{p,i} \cdot b_{p,i,l} \cdot Corr(F_l, F_p) \cdot \sigma_l + \frac{1}{\sigma_p} \cdot \sum_{i=1}^{n} w_{p,i}^2 \cdot \sigma^2(\varepsilon_{p,i})$$

单个投资组合成分的标准差贡献计算如下：

$$CSD_{p,i} = w_{p,i} \cdot \sum_{l=1}^{m} b_{p,i,l} \cdot Corr(F_l, F_p) \cdot \sigma_l + \frac{1}{\sigma_p} \cdot w_{p,i}^2 \cdot \sigma^2(\varepsilon_{p,i})$$

如果对投资组合相对期基准的积极风险感兴趣，我们使用类似于8.3.3.1中（2）描述的方法，使用多因子解释投资组合超出基准收益率的超额收益：[①]

$$\begin{aligned} r_p - r_b &= \sum_{i=1}^{n}(w_{p,i} \cdot r_{p,i} - w_{b,i} \cdot r_{b,i}) \\ &= \sum_{i=1}^{n}\sum_{l=1}^{m} w_{p,i} \cdot b_{p,i,l} \cdot F_l + \sum_{i=1}^{n} w_{p,i} \cdot \varepsilon_{p,i} - \sum_{i=1}^{n}\sum_{l=1}^{m} w_{b,i} \cdot b_{b,i,l} \cdot F_l - \sum_{i=1}^{n} w_{b,i} \cdot \varepsilon_{b,i} \\ &= \sum_{i=1}^{n}\sum_{l=1}^{m}(w_{p,i} - w_{b,i}) \cdot b_{p,i,l} \cdot F_l + \sum_{i=1}^{n}(w_{p,i} - w_{b,i}) \cdot \varepsilon_{p,i} \end{aligned}$$

式中：$b_{b,i,l}$——基准成分 i 收益率对因子 l 的敏感性；$\varepsilon_{b,i}$——基准成分 i 的非因子或非系统性收益。

使用因子收益率计算投资组合的跟踪误差方差：

$$\begin{aligned} TEVar_p &= \sigma^2\left[\sum_{i=1}^{n}\sum_{l=1}^{m}(w_{p,i} - w_{b,i}) \cdot b_{p,i,l} \cdot F_l + \sum_{i=1}^{n}(w_{p,i} - w_{b,i}) \cdot \varepsilon_{p,i}\right] \\ &= \sigma^2\left(\sum_{i=1}^{n}\sum_{l=1}^{m} w_{A,i} \cdot b_{p,i,l} \cdot F_l\right) + \sigma^2\left(\sum_{i=1}^{n} w_{A,i} \cdot \varepsilon_{p,i}\right) \\ &= \sum_{i=1}^{n}\sum_{l=1}^{m} w_{A,i} \cdot b_{p,i,l} \cdot Cov(F_l, r_A) + \sum_{i=1}^{n} w_{A,i}^2 \cdot \sigma^2(\varepsilon_{p,i}) \\ &= \sum_{i=1}^{n}\sum_{l=1}^{m} w_{A,i} \cdot b_{p,i,l} \cdot Corr(F_l, r_A) \cdot \sigma_l \cdot TESD_p + \sum_{i=1}^{n} w_{A,i}^2 \cdot \sigma^2(\varepsilon_{p,i}) \end{aligned}$$

式中：$w_{A,i}$——投资组合成分 i 的积极权重；$Cov(F_l, r_A)$——投资组合相对其基准的超额收益和因子 l 的收益率之间的协方差；$Corr(F_l, r_A)$——投资组合相对其基准的超额收益和因子 l 的收益率之间的相关系数。

单个投资组合成分 i 的方差贡献计算如下：

$$CTEVar_{p,i} = w_{A,i} \cdot \sum_{l=1}^{m} b_{p,i,l} \cdot Corr(F_l, r_p) \cdot \sigma_l \cdot TESD_p + w_{A,i}^2 \cdot \sigma^2(\varepsilon_{p,i})$$

跟踪误差方差除以跟踪误差标准差得到投资组合的跟踪误差标准差：

$$TESD_p = \frac{TEVar_p}{TESD_p} = \sum_{i=1}^{n}\sum_{l=1}^{m} w_{A,i} \cdot b_{p,i,l} \cdot Corr(F_l, r_A) \cdot \sigma_l + \frac{1}{TESD_p} \cdot \sum_{i=1}^{n} w_{A,i}^2 \cdot \sigma^2(\varepsilon_{p,i})$$

---

① 因为是自下而上的分析，我们简单假设 $b_{p,i,l} = b_{b,i,l}$，$\varepsilon_{p,i} = \varepsilon_{b,i}$。

单个投资组合成分的跟踪误差标准差贡献计算如下：

$$CTESD_{p,i} = w_{A,i} \cdot \sum_{l=1}^{m} b_{p,i,l} \cdot Corr(F_l, r_A) \cdot \sigma_l + \frac{1}{TESD_p} \cdot w_{A,i}^2 \cdot \sigma^2(\varepsilon_{p,i})$$

8.4　绩效报告*

8.4.1　绩效报告简介*

绩效报告是报告的一种。它广义上是关于信息的报告，具体在资产管理行业，它是投资业绩信息的报告。绩效报告也是投资报告的一种，它着重说明投资组合在度量期限内的业绩。

由于预期使用者和预期用途不同，绩效报告可能包含不同类型的信息和分析。由于大量的投资产品和需要的信息，定义和设计绩效报告的方式很多。图 8－25 说明决定绩效报告真实内容和设计的因素。

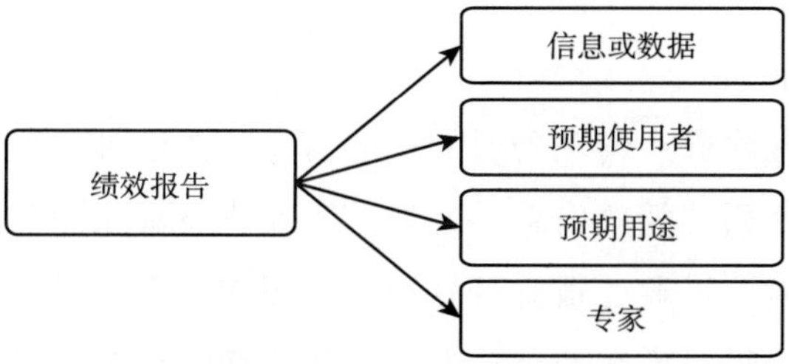

图 8－25　决定绩效报告内容和设计的因素

• 信息或数据。报告的信息的数据覆盖多种该投资绩效信息，比如绝对利润和损失、绝对或相对的收益和风险、事前和事后绩效分析，投资组合与其基准的比较业绩数据，复合的组合，同类投资或管理者影响投资组合增值或积极风险的管理。

• 预期使用者。投资报告的预期使用者多种多样，包括投资组合管理过程的所有参与者和利益相关者，比如潜在或已有的委托人、风险和合规主管、投资组合经理、投资协会的成员、高级经理、投资咨询者、监管者或税务当局。

• 预期用途。绩效报告的用途和目的很广泛，因此极大地丰富了报告的内容。比如：识别投资技巧，分析投资组合绝对绩效或相对绩效的来源，监管投资策略或共同协定的风险指导方针的执行，投资产品的绩效概述或者同类投资比较。

- 专家。绩效报告的专家很多，他们可能覆盖资产管理公司的绩效和风险管理部、监管部门的投资报告部、投资咨询师、投资控制者或投资人。

8.4.2　绩效报告的类型

我们可以根据投资报告用途对其进行分类。图 8-26 列出绩效报告的主要类型：销售导向的报告、管理导向的报告和监督导向的报告。

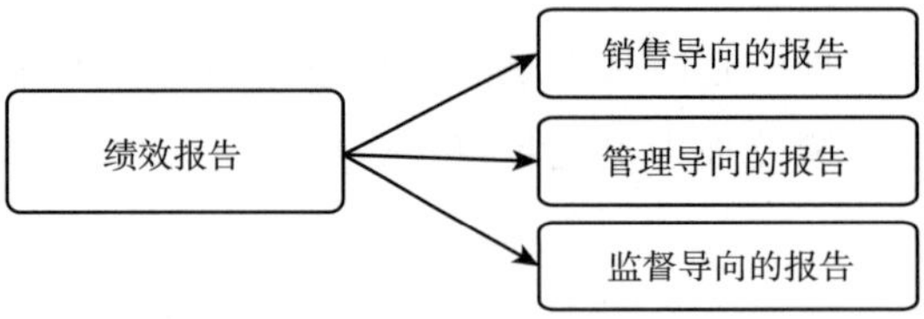

图 8-26　绩效报告的分类

销售导向的业绩报告在销售环节使用，基于销售过程的步骤，分为销售前、销售中和销售后绩效报告。

（1）销售前绩效报告

销售前绩效报告包含资产管理公司的一般信息和关于具体产品的总业绩信息。这些报告提供基于时间序列的绩效信息。比如：滚动收益和风险数据、持有的产品数据和信息。潜在的委托人可以通过报告更好地了解正在考虑的投资策略的投资产品。销售前绩效报告的目的是吸引潜在的委托人进一步详细讨论被提供的产品。这类绩效报告的例子是 GIPS 标准的合规报告和基金情况说明书。

（2）销售中绩效报告

销售中绩效报告具有比销售前绩效报告更详细的绩效信息。它的目的是为潜在的委托人提供额外的信息，使得他们能够更好地了解投资产品。这些报告提供由收益归因或风险分析得出的收益和风险特征的相关信息和数据。销售中绩效报告的目的是使得潜在的委托人确信正在考虑的投资产品符合他的需要、要求和预期。

（3）销售后绩效报告

销售后绩效报告不仅包含投资产品的详细业绩信息，也包含实际委托人投资组合的详细业绩信息。销售后绩效报告通常是更全面的投资报告的一部分。这些报告为委托人有效地理解个体投资组合过去的业绩提供必需的具体信息。通常，投资报告覆盖投资组合有关数据和信息，比如持有资产列表、交易列表、资产配置、收益和损失概况、现金流分析、滚动业绩时间序列分析和详细的收益和风险归因。销售后绩效报告的目的是为已经存在的委托者提供信息，使得他们能很好地了解过去的投资、取得的结果、承担的风险、花费的成本和税收。作为一个监管工具，销售后绩效报告也用于检查确定的投资策略是否真正被执行，说明相应的投资管理决策的质量。

（4）管理导向的绩效报告

管理导向的绩效报告用于管理过程及其各个子环节。在决策的每一步都需要进行绩效分析，对于要考虑的投资产品和组合，需要提供相关业绩数据和信息以支持管理决策。在投资组合管理过程中，人们可以在实际的投资组合管理过程中使用不同的绩效信息。例如：由于改变投资策略或组合资产配置产生的收益和风险分析，比较投资产品和竞争者的相关产品的风险和收益特征。管理导向的绩效报告支持或帮助投资组合管理过程的参与者评估过去的投资业绩并作出决策以提高未来业绩。

除了这种类型的管理导向的绩效报告外，存在其他的报告用于总的管理过程。相比而言，侧重点是不同的，在这里，重点不是个体投资组合或产品。从上而下的角度，高级经理需要整个资产管理机构、各个部门（比如固定收益、权益或多资产类别投资管理）、各个投资管理团队或各个投资组合经理的管理业绩和质量信息。这类报告提供的业绩信息将有助于判断机构内各个部门是否完成既定目标或者是否需要修正度量。要想了解机构内各部门的投资业绩概况，可以借助的有用工具是综合绩效报告，它包括具有相似特征的各类投资组合的时间序列绩效分析。例如总的综合报告、同类投资比较和详细的绩效分析。最后一个是审查观测名单上投资产品绩效的基础。管理导向的绩效报告的目的是为资产管理公司的高级经理提供支持和帮助，以评估过去的绩效并作出决策提高整个机构的未来业绩满足既定目标。

（5）监督导向的绩效报告

监管导向的绩效报告用于整个监管过程的各个环节。目前，制定具体的投资准则或限制以及对投资组合和产品的监管已经成为惯例。这些限制可以是类似绝对收益目标、在险价值、事前跟踪误差、事后跟踪误差和波动率等的收益风险指标。监管导向的绩效报告的目的是说明投资组合或决策符合投资政策或准则和监管要求。另外，监管导向的绩效报告有一个正效应，因为它们提高了投资活动和个体决策产生的收益和风险贡献的透明性，否则它们是不透明的。

三类绩效报告因预期用户和预期用途不同而有差异。但是总目的是相同的：产生或提高与投资决策、达到的效果、承担风险、成本和税收有关的透明度。于是，绩效报告是对投资管理过程的参与者和利益相关者的重要控制，它报告相关数字和分析，并给出相应的解释，这是讨论如何决策提高未来投资绩效的基础。

8.4.3　绩效报告最好的惯例*

8.4.3.1　全球投资绩效标准*

全球投资绩效标准（GIPS）是全球接受的呈给潜在资产管理委托人的最好的投资绩效报告业界标准。[①] 全球投资绩效标准的目的是提高透明度、提供披露、确保一致性和投资产品集合以及投资绩效报告的可比较性。

通过图 8－29 可以很好地解释全球投资绩效标准。假设出资人开始对投资经理做调查，他要求两个资产管理公司提供一个具体投资产品的业绩跟踪记录。图 8－27 表明：他从市场部专员那里拿回了什么？很极端的情形，只有单一的收益率数据。如果出资人只看两个年收益率数字：都是 5%，他很难决定选择哪个投资组合经理。为了得到正确的结论并最终作出决策，他还需要很多其他的数据和信息。

投资组合经理A	投资组合经理B
5%	5%

图 8－27　简单绩效跟踪记录

如果只考虑收益率，出资人不能得出有用的结论。实际上，下面各项都不是明显的：

- 这个收益率来自哪里？——一个模拟投资组合、一个全球投资绩效标准的成分、代表性投资组合、表现最好的投资组合或者最大的投资组合。
- 这个收益率属于对应资产管理公司管理的投资组合，还是某个投资组合经理为前一个雇主工作的跟踪记录？
- 收益率是总收益率还是净值收益率？计算收益率时是否反映不同的费用？
- 报告的时间周期是什么？从开始以来？还是过去的 12 个月？或者最好的历史业绩时期？
- 参考货币是什么？
- 收益率是怎么计算的？是货币加权收益率，还是时间加权收益率？如果是后者，使用的什么近似方法？
- 投资策略和投资目标是什么？
- 投资组合管理是否有具体的基准？如果有，基准的定义是什么？

---

① 请看全球投资绩效标准（GIPS）的最新版本，在网上能够找到。

没有回答这些问题，出资人很难比较不同的资产管理公司，很难比较他们的绩效跟踪记录。“随意选取”即故意选择某个投资组合或者观测期、使用样本投资组合或模拟投资组合、转移绩效跟踪记录、使用非标准的方法计算绩效，所有这些都能导致不同资产管理公司之间的绩效跟踪记录的不可比性。这就是为什么需要提出和发展一套指导资产管理行业如何为潜在的委托人计算和报告投资业绩的规则。

向潜在的委托人报告绩效时需要涉及的主要事项，即绩效跟踪记录的决定因素。我们虚构一个资产管理公司 XYZ。在这个例子中，潜在的出资人要求市场部专员报告投资产品 ABC 的历史绩效跟踪记录。如图 8－28 所示，从第 1 年到第 2 年，资产管理公司有三个投资组合涉及这个产品，在第一年末，投资组合 C 结束，在第二年末投资组合 B 终止。只有投资组合 A 贯穿整个时期，除了投资组合收益率外，图 8－28 还给出每年年初管理的资产。问题是：要给潜在的委托人提供哪个绩效跟踪记录？

年	第1年	第2年	第3年
投资组合A			
收益率	6.2%	–2.0%	4.2%
期初资产	10.0	10.6	10.4
投资组合B			
收益率	5.0%	–3.3%	
期初资产	100.0	105.0	
投资组合C			
收益率	4.1%		
期初资产	500.0		

图 8－28　绩效跟踪记录的决定因素的数据

对于资产管理公司，决定绩效跟踪记录有几种选择：

- 选择 1：样本或代表性投资组合；
- 选择 2：具有最长绩效历史的投资组合；
- 选择 3：所有现有投资组合收益率的等权重平均；
- 选择 4：管理过的所有投资组合收益率的等权重平均；
- 选择 5：所有实际投资组合收益率的资产加权平均；
- 选择 6：管理过的所有投资组合收益率的资产加权平均；
- 选择 7：模拟投资组合或模拟投资策略；
- 选择 8：具有最好绩效历史的投资组合。

在这个例子中，市场部专员决定采用选择 3，这第一眼看上去是合情合理的。图 8－29 中的指数累积收益率表明：选择 3 的绩效跟踪记录与投资组合 A 的绩效跟踪记录相同。

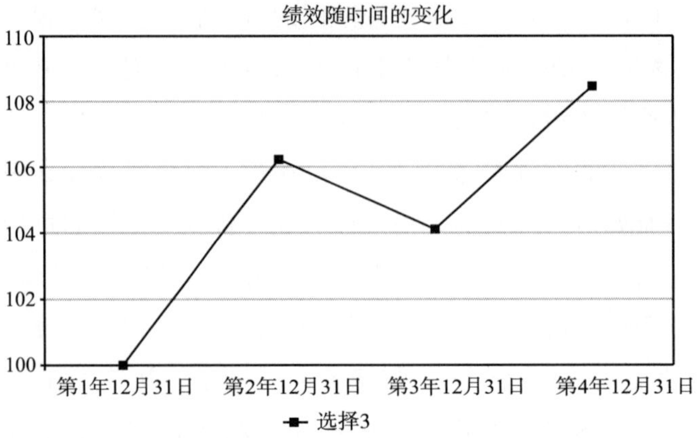

图 8－29　根据选择 3 的绩效跟踪记录

下一个问题是：潜在的委托人能否根据图 8－30 显示的绩效跟踪记录评估资产管理公司的质量。答案很显然是“不”，因为一家资产管理公司的绩效通常不等价于实际管理的投资组合的绩效，而等价于曾经管理的所有投资组合的绩效。在确定绩效跟踪记录时忽视中断的投资组合会导致“幸存者偏差”。幸存者偏差，即最好的一个幸存下来。在这里，它意味着忽视已中断的投资组合等价于忽视表现较差的投资组合，既然表现差的投资组合通常会被终止，绩效好的投资组合就会幸存下来。

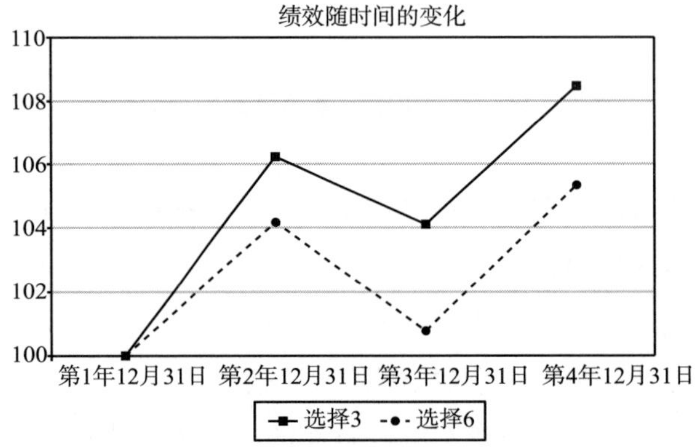

图 8－30　根据选择 6 的绩效跟踪记录

在我们的例子中采用选择 3，因为平均表现较差的投资组合 C 和 B 在第 1 年末和第 2 年末被终止了。绩效跟踪记录随着时间逐渐变好。于是遗漏某些组合，绩效跟踪记录得到改善。采用选择 4，加入已经终止的投资组合，这会导致三年累计收益率是 6.61%，而选择 3 的是 8.45%。

选择 4 看起来也是合理的，但是它没有考虑到投资组合 A、B 和 C 管理的资产随着时间在变化。不同的投资组合都是等权重的，这导致对小资产组合有利的偏误。例子中，在第 1 年，较大规模的投资组合 C 表现相对不好，其收益率是 4.10%，但因为是等权重，所以绩效跟踪记录得到改善。采用选择 6，考虑到不同投资组合管理的资产随时间发生变化，这会导致图 8－30 所展示的绩效跟踪记录，选择 6 的绩效跟踪记录比选择 4 差，因为在前两年表现差的投资组合 C 和 B 的权重大，影响了总绩效。选择 6 的累计收益率是 5.21%。

使用选择 6 的方式确定绩效跟踪记录符合全球投资绩效标准的原则，换句话说，展示可比较投资组合的资产权重综合绩效。现在的问题是：图 8－30 所示的绩效跟踪记录是否足够评价一个投资经理的质量。答案是“不能”。观测者需要投资经理和投资产品更多的信息。这些信息可能包括：基准收益率、管理这样产品的投资组合的数目、管理的资产、使用的计算方法和费用结构。

图 8－31 举例说明一个覆盖基本绩效信息的简单绩效报告必须是评价资产管理公司的质量和绩效的好的出发点。

	综合收益率	基准收益率	投资组合数目	综合资产
第3年	4.2%	4.8%	1	10.4
第2年	−3.2%	−1.5%	2	115.6
第1年	4.3%	3.3%	3	610.0

图 8－31　简单绩效报告

相比之下，图 8－32 给出一个平衡型成长综合指数的绩效报告范例，它符合全球投资绩效标准并覆盖其要求的最少信息。关于某个具体产品或综合指数的基本业绩信息使得潜在的委托人仅关注有意义的问题。

示例1
投资公司
平衡型成长综合指数
2010.01.01—2011.12.31

年	综合指数总收益率(%)	综合指数净收益率(%)	定制基准收益率(%)	综合指数3年标准差(%)	基准3年标准差(%)	投资组合数量	内部分散(%)	综合指数资产($M)	公司资产($M)
2002	−10.5	−11.4	−11.8			31	4.5	165	236
2003	16.3	15.1	13.2			34	2.0	235	346
2004	7.5	6.4	8.9			38	5.7	344	529
2005	1.8	0.8	0.3			45	2.8	445	695
2006	11.2	10.1	12.2			48	3.1	520	839
2007	6.1	5.0	7.1			49	2.8	505	1,014
2008	−21.3	−22.1	−24.9			44	2.9	475	964
2009	16.5	15.3	14.7			47	3.1	493	983
2010	10.6	9.5	13.0			51	3.5	549	1,114
2011	2.7	1.7	0.4	7.1	7.4	54	2.5	575	1,236

要求合规的示例1投资公司准备并提交了一份满足GIPS标准的报告。在第一阶段：2000年1月1日到2010年12月31日，示例1投资公司已经被独立认证，如果需要可以拿到认证报告。认证需要评估：1，公司是否符合GIPS标准关于在公司层面上构建综合指数的要求？2，公司是否设计政策和程序以给出符合GIPS标准的绩效计算和报告。认证不保证具体综合指数报告的准确性。

注：

1. 示例1投资公司是一个平衡型投资经理，它只投资美元证券。示例1投资公司是独立的投资管理公司，不隶属于任何母公司，投资组合估值、绩效计算、和准备的合规报告都可以应要求得到。
2. 平衡型成长综合指数包括投资于高市值股票和投资级别债券的机构平衡型投资组合，它的目标是通过充分分散化的投资策略提供长期资本增长和稳定收入。尽管投资策略允许股票的暴露在50%~70%，代表性的配置在 55%~56%。综合指数的最小账户是500万美元。
3. 定制基准是60%的美国股票指数YYY和40%的美国综合债券指数ZZZ，基准每月进行再平衡。
4. 估值计算和绩效报告使用美元。
5. 在所有交易到期之后扣除管理和保管费之间报告毛收益率。报告的综合指数和基准收益率需要扣除不可回收预扣税款。从每月的综合指数毛收益率中扣除最高费用的0.83%得到净收益率。管理费用预定如下：小于2 500万美元收费1.00%，剩余的0.60%。
6. 2000年2月构造这个综合指数，关于描述综合指数的详细清单可应要求提供。
7. 使用全年综合指数各投资组合的年毛收益的等权重标准差计算内部分散效应。
8. 三年的年标准差度量综合指数和基准收益率在过去36个月的波动。2002到2010年没有标准差，因为没有综合指数和基准的月收益率，而且在2011年之前没有要求

图 8－32　GIPS 合规绩效报告示例

总之，绩效评估的出发点应该一直是一个全球投资绩效标准的合规绩效报告，因为：

- 提高使用的绩效度量方法和绩效报告本身的透明度，让人们能够作出更好的

解读。

- 避免随意选取投资组合和时间周期。
- 提高不同投资产品和资产经理之间的可比性。
- 提高评价资产管理公司或具体产品质量的能力。
- 对绩效作出客观和基于事实的讨论，使得观察者能够注意力集中于必要的事项。

分析满足全球投资绩效标准的绩效报告的优势不只是为了出资人而是为了资产管理公司内部的高级经理。原因是：如果开展一场冠以投资绩效的讨论，高级经理和潜在的投资人处于同样的位置，他们都有可能问一些不必要的问题。所以有效的绩效评估应该基于满足全球投资绩效标准的综合考虑。通过该合规绩效报告，委托人和资产管理公司能够对投资管理公司和产品的绩效与质量给出有意义的评估。

8.4.3.2　投资报告的原则*

足够透明的绩效或投资报告允许观测者或使用者明白所提供的投资信息，但通常，提供给比如高级经理这样的已有的或内部委托人的绩效或投资报告是不够透明的。[①] 与全球投资绩效标准类似，投资报告准则（PIR）制定了设计和准备投资报告或绩效报告的准则，从而解决缺乏透明度的问题。

投资报告准则制定了投资报告必须遵从的五个原则。此外，它还推荐了确保投资报告有效性需要注意的其他方面：[②]

（1）报告的编制者与使用者之间就对投资报告的目的和需求进行交流

基于这一原则，有效的投资报告应反映如下几点：

- 投资报告的编制者和使用者之间要进行积极交流，报告的编制者要以委托协议的文件形式记录交流中所有关于报告的决定和内容，双方定期查看。
- 投资报告的目的和内容都是透明的，需要阐述清楚。
- 投资报告提供有关投资策略或投资风格变化的信息。

（2）控制过程、政策和程序需要形成文件并且遵守

基于这一原则，有效的投资报告反映如下几点：

- 投资报告是及时而准确的。
- 投资报告遵守所有适合的法律和监管。
- 根据透明准则明确和管理数据质量，明确控制流程，并记录在案以方便应要求查看。

---

① 在本节，投资报告和绩效报告可以互换。

② 请看："Principle for Investment Reporting" 2013 年第一版，6～7 页，在网上可以找到。

- 报告需要披露数据产生的方法，应要求可以查看。
- 编制者要一直坚持记录这个流程，并应要求可以查看。
- 编制者服从误差修正政策，应要求可以查看。
- 披露过去的投资报告中反映信息的错误材料，对“材料”的定义与使用者达成一致。
- 编制者有一个处理潜在利益冲突的政策，尤其是提供投资信息给第三方机构，这个信息可能对对方有利。编制者可以声明哪里存在利益冲突。充分划分职责确保重新给出一份公正准确的资产报告。
- 定期查看产品和控制流程。

（3）委托者的偏好要反映在投资报告文件中

基于这个原则，有效的投资报告应该反映如下几点：

- 投资报告的制定反映编制者和使用者一致同意了什么。
- 编制者在制定报告时应该考虑投资报告计划中的使用者或听众和信息的预期用途。

（4）清晰和透明地报告投资风险和结果

基于这个原则，有效的投资报告应该反映如下几点：

- 投资报告不改变没有披露给投资者的历史信息。
- 投资报告公正呈现所从事的投资、达到的效果、承担的风险和支付的成本。
- 投资报告与陈述的目的有关，并且报告资产和投资策略。
- 投资报告为使用者提供适当的可比较数据，比如指数数据、定制的基准、同行数据或者 GIPS 综合指数。这使得使用者能够评估投资的相对绩效。
- 投资报告提供有关已经经历的、预期的投资风险，包括对过去接受的假设的改变。
- 投资报告反映税收的一般影响和税收对绩效的影响。

（5）综合费用披露

基于这个原则，有效的投资报告反映：

- 投资报告关于支付给投资报告的编制者和第三方的费用和报酬（例如委托费、佣金）是透明的。第三方包括监管者、投资管理公司或咨询顾问。

绩效评估应该是有效的，应该是以满足投资报告准则的投资报告或绩效报告为基础。投资报告准则是一套规则，它在节约时间和资源的同时，能够更好地解读所呈现的信息，因此能更好地描述一个投资经理的投资绩效。

8.5　投资控制*

8.5.1　投资控制的定义和概述*

目前，对于资产管理公司来说，其全权管理的投资组合绩效是否拥有充分的和适当的管理信息变得越来越重要。如果关于其产品和投资经理的绩效和质量没有决策导向的信息，资产管理公司会发现其将越来越难以应对资产管理行业目前和将来的挑战。①

投资控制是一个活动领域，它是资产管理公司内部总控制的一部分，是发起投资管理流程的重要一环。通常，投资控制定义为关于投资组合和产品质量的独立监管，以保证达到既定目标。投资控制的目的是搜集、加工、检查和发布监管者必需的投资信息，用来支持总的业务目标。在这方面，投资控制的目标是在投资组合管理的框架下，构建和落实基础结构，使得这些流程（例如：预测、决策和执行）、质量和结果（例如：收益率）、风险（例如：使用衍生产品的）和费用或税收变得更加透明和易懂。绩效评估是投资控制的一部分，因为它产生、分析、呈现和解释投资绩效信息。②

如图 8 - 33 所示，投资控制是投资组合管理过程的一部分，它是这个过程的最后一步，分析整个过程的效果、投资业绩、与这个效果相关的决策、活动和环境。此外，投资控制还包含诸如合规监管或风险管理等其他和控制有关的活动。③

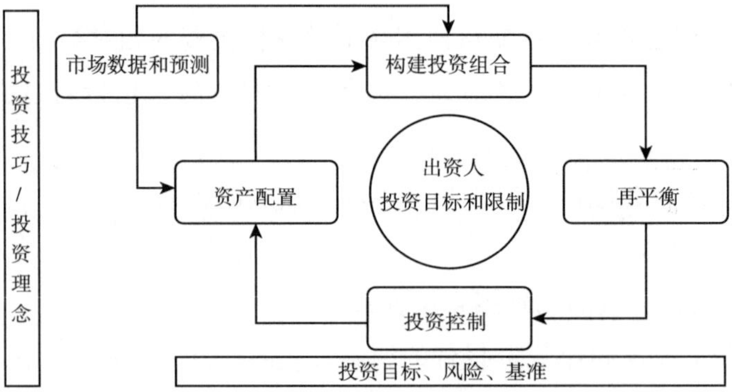

图 8 - 33　投资控制是投资组合管理过程的一部分

---

① 在下面，我们着重于资产管理公司，但对出资人和咨询者而言，投资控制的概念是同样的，因为他们具有相似的控制和监管需求。

② 绩效评估通常甚至被称为投资控制，反之亦然。

③ 在下面，我们着重于投资控制的一个环节：绩效评估。

此外，图 8－34 描述投资控制侧重的不同领域：

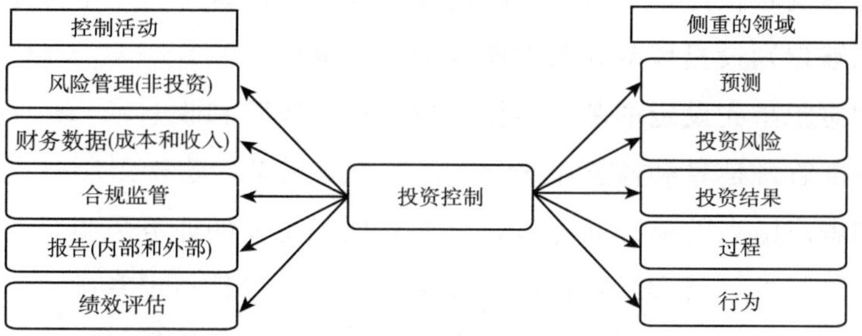

图 8－34　投资控制的控制活动和侧重的领域

- 预测是投资决策的基础。例如：投资策略和工具的长期、中期或短期预期，预期收益和风险（绝对或相对绩效），不同投资之间的预期相关性。

- 通过执行投资策略和投资金融工具承担投资风险。例如：事前（前瞻）和事后（历史）投资风险、绝对和相对风险（比如波动性、在险价值或跟踪误差）、绝对或相对风险的来源、不同类型的投资风险（市场风险、信用风险或流动性风险）、不同类型的风险因子（比如股票价格、货币、利率或商品）、投资组合、基准、综合指数和同行的风险。

- 达到的投资效果。例如：事前（前瞻）和事后（历史）投资结果、绝对和相对收益率、利润和损失、时间加权和价值加权的收益率、绝对或相对收益率的来源、费用和税收的影响、投资组合、基准、综合指数和同行的收益率。

- 参与投资组合管理的人的行为。例如，对透明度和披露的态度、如何处理误差修正、关于利益冲突方的规则和政策、职责划分的态度、交流沟通的方法（积极主动的还是消极被动的）、投资经理的报酬（基于绩效的费用和员工报酬）、遵守行业最好惯例。

投资控制的目的是提高投资组合管理过程和不同控制人的透明度，提高对投资组合和产品质量的影响。这对投资组合管理具有很大价值，因为它是讨论正确度量以及如何提高未来投资绩效的基础。

因此，投资控制的目的和目标是多样的，包括如下几点：

- 产生投资组合或产品的独立分析。

- 改善关于投资组合管理过程中不同的活动和决策及其对投资风险和收益的贡献的解读。

- 通过关于投资组合管理质量的事实和目标导向的绩效分析，提高对相关主题的关注。

- 在绩效审查的过程中，通过更多地使用客观信息，更少地使用主观信息，减少不基于事实的讨论。

- 提供能够反映目前投资管理过程和委托人需要的客户特定的或定制的分析。
- 产生能够识别投资风险和收益驱动的深度分析。
- 监管相对于事先设定的基准、极限或目标的风险和收益。
- 改进内部管理信息和监管系统。
- 识别和解决潜在的流程问题以在早期降低不想要的业务风险。
- 为正在进行的分析和结构性改变投资组合管理过程奠定基础。
- 执行诸如全球投资绩效标准或投资报告原则等行业最好惯例。
- 模拟一个在投资组合的参与者和利益相关人之间的对话，它不仅能够促进业务创新与改变，还能增强品牌和声望。

8.5.2 绩效评估的一般流程*

基于投资控制的一般定义，绩效评估是投资控制的一部分。绩效评估流程的设定依赖于资产管理公司的历史发展和具体环境（比如，管理的资产、委托人和客户群类型、组织内部的集中化程度、投资组合和产品的数目和类型）。但是，原则上，一般流程如图 8－35 所示。

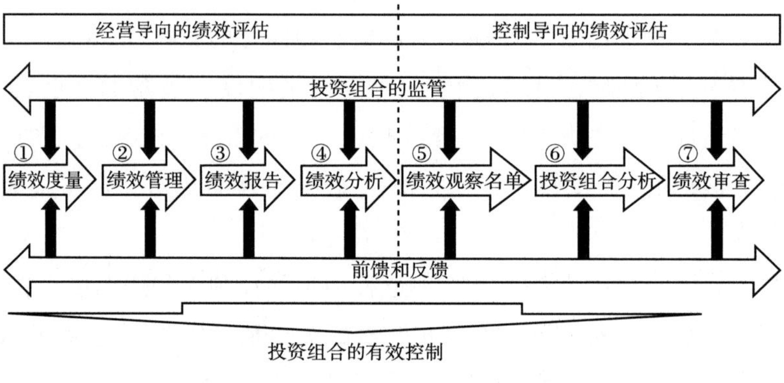

图 8－35 绩效评估的一般流程

绩效评估的一般流程是一个循环发生的过程，它使用的信息来自投资组合管理过程的不同参与者和利益相关者的反馈。它包含七个子过程，在图 8－35 中标注①～⑦。我们区分业务流程和控制过程，业务流程包括绩效度量、绩效管理、绩效报告和绩效分析，控制过程包括绩效观察名单、投资组合分析和绩效审查。①

前面 4 个步骤是审核和数据管理导向的，用于计算、储存、分析和报告具体的投

① 控制导向的子过程通常称为绩效评价，它更多侧重于投资绩效方面的分析，主要考虑投资控制。

资组合或产品、一组产品甚至整个资产管理公司的不同投资绩效指标。最后 3 个步骤是审查导向，提供了关于投资组合管理过程及其结果的定量陈述，并指出投资组合绩效是如何产生的。绩效观察名单识别有问题的投资组合和产品，它们会被投资组合分析师进一步分析并在绩效审查环节深入讨论。在这方面，提出改进建议并指出投资组合管理过程的可能结果是步骤⑤～⑦执行的控制导向分析的主要目标。

尽管图 8－35 中的箭头建议子过程是按顺序发生的，但是因为机构运转的反馈回路、相互作用和变化使得实际上并不是这样。许多绩效评估活动是每月一次，尽管通过引入在线工具（线上报告和线上管理信息系统）和更有力的 IT 系统，日度更新变得更加普遍。

另外，绩效评估过程本身是更全面地覆盖其他流程和活动的过程（极端的可以是整个资产管理组织）的一部分。绩效评估依赖于诸如数据管理或投资会计等过程，为单个绩效评估提供需要的数据和信息。作为一个数据和信息的提供者，绩效评估把投资绩效信息传递到下一个过程，比如给已经存在的委托人做投资报告，这个投资报告由运营部给出，它提供绩效数字或分析；比如基于投资组合的绝对或超额收益计算管理费用，这可以由金融部完成；再比如进行同行比较的市场调查，这由市场部完成。

在后面的章节中，为了知道不同的子过程是如何联系在一起的，为了能更好地理解绩效评估如何融入整个投资控制框架，我们进一步解释说明绩效评估过程。

（1）绩效度量

绩效评估的第一步是处理收益和风险度量，即：计算所有必需的收益和风险度量指标和数字，比如：总收益和净收益、时间或价值加权收益率、波动率或跟踪误差等。绩效度量一般侧重于总的投资组合层面并且是时间序列的分析。

（2）绩效管理

绩效管理一般包含基准的计算，更重要的，包含综合指数的构建和维护。综合指数是一些具有可比性的投资策略、投资目标或风格的投资组合的集合。为了评估一个或更多投资经理甚至整个资产管理机构的资产管理技巧，必须对不同的投资组合进行分类，把具有相似特征的归为一类，比如一个基准、一个投资策略或风格、一个综合指数。依据全球投资绩效标准构建和维护综合指数可能也是绩效管理过程的一部分。此外，满足全球投资绩效标准通常是一家资产管理公司有效投资控制的基础或者前提。

（3）绩效报告

绩效评估过程的这一步需要报告具体时期内总投资组合或产品的不同绩效。如果观察员对收益风险来源更详细的信息感兴趣，他能查看总投资组合的绩效信息，然后分析由绩效评估过程中的下一步提供的绩效归因。

图 8－36 和图 8－37 是展示一份全球股票综合指数业绩的绩效报告。绩效报告包含有助于全面了解一个投资组合或综合指数的有用的信息。

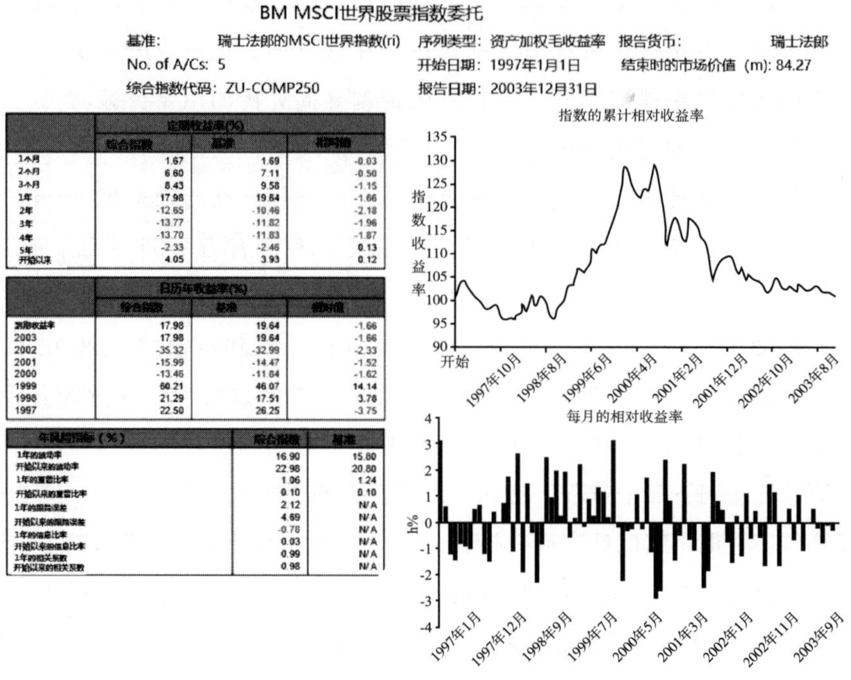

BM MSCI世界股票指数委托

基准：瑞士法郎的MSCI世界指数(ri)　序列类型：资产加权毛收益率　报告货币：瑞士法郎

No. of A/Cs: 5　开始日期：1997年1月1日　结束时的市场价值 (m): 84.27

综合指数代码：ZU-COMP250　报告日期：2003年12月31日

	定期收益率(%)		
	综合指数	基准	相对值
1个月	1.67	1.69	-0.03
2个月	6.60	7.11	-0.50
3个月	8.43	9.58	-1.15
1年	17.98	19.64	-1.66
2年	-12.65	-10.46	-2.18
3年	-13.77	-11.82	-1.96
4年	-13.70	-11.83	-1.87
5年	-2.33	-2.46	0.13
开始以来	4.05	3.93	0.12

	日历年收益率(%)		
	综合指数	基准	相对值
[illegible]收益率	17.98	19.64	-1.66
2003	17.98	19.64	-1.66
2002	-35.32	-32.99	-2.33
2001	-15.99	-14.47	-1.52
2000	-13.46	-11.84	-1.62
1999	60.21	46.07	14.14
1998	21.29	17.51	3.78
1997	22.50	26.25	-3.75

年风险指标（%）	综合指数	基准
1年的波动率	16.90	15.80
开始以来的波动率	22.98	20.80
1年的夏普比率	1.06	1.24
开始以来的夏普比率	0.10	0.10
1年的跟踪误差	2.12	N/A
开始以来的跟踪误差	4.69	N/A
1年的信息比率	-0.78	N/A
开始以来的信息比率	0.03	N/A
1年的相关系数	0.99	N/A
开始以来的相关系数	0.98	N/A

图 8－36　绩效报告示例——第一部分

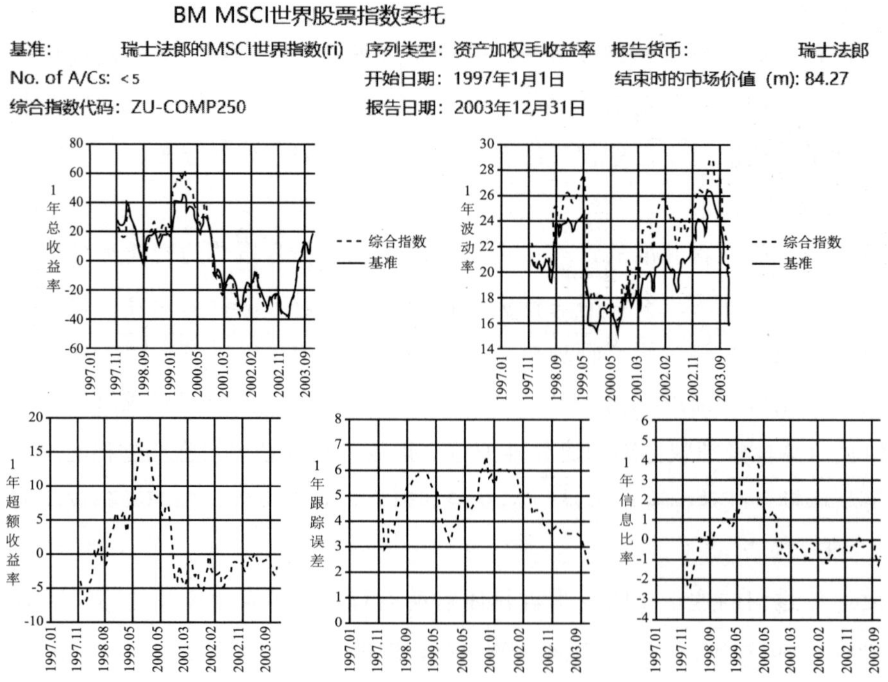

BM MSCI世界股票指数委托

基准：瑞士法郎的MSCI世界指数(ri)　序列类型：资产加权毛收益率　报告货币：瑞士法郎

No. of A/Cs: <5　开始日期：1997年1月1日　结束时的市场价值 (m): 84.27

综合指数代码：ZU-COMP250　报告日期：2003年12月31日

图 8－37　绩效报告示例——第二部分

与投资产品的多样性类似，不存在唯一的绩效报告。绩效报告的设计、结构和内容随着投资组合或产品及其用途的不同而不同。在设计和开始编制绩效报告之前，我们应该讨论和确定不同的内容，比如：

- 应该分析哪种产品、综合指数或账户？
- 应该考虑哪段时间周期？
- 应该报告哪个收益风险度量指标？
- 应该报告年化绩效还是滚动绩效？
- 应该报告毛收益还是净收益？

请注意，绩效对方法、时间周期和使用的输入数据都非常敏感，为了得到绩效的全貌，从不同的角度分析投资绩效非常关键。这意味着如果人们改变时间周期，甚至基金向前移动 1 个月，会使得一个显著表现不好的投资组合变成显著表现好的投资组合。

（4）绩效归因

绩效归因是绩效评估过程的核心。它确定投资组合过程中单个决策步骤对风险和收益的贡献。这样，绩效归因不仅关心过去还关心未来，它确定什么决策（考虑投资分类和工具）和什么决策者引起什么样的事前或事后的收益风险贡献。

如果人们考虑绩效归因的各层次分析和风险收益贡献的分配准则，正如 8.3.1.1 中（1）图 8－24 展示的那样，进行绩效归因分析有不同的方式；像图 8－38 的示例，准备和进行绩效归因分析是复杂的，需要很多的知识和经验，包括使用的软件、需要输入的数据和投资组合管理过程。与投资组合分析不同，绩效归因过程侧重于绩效归

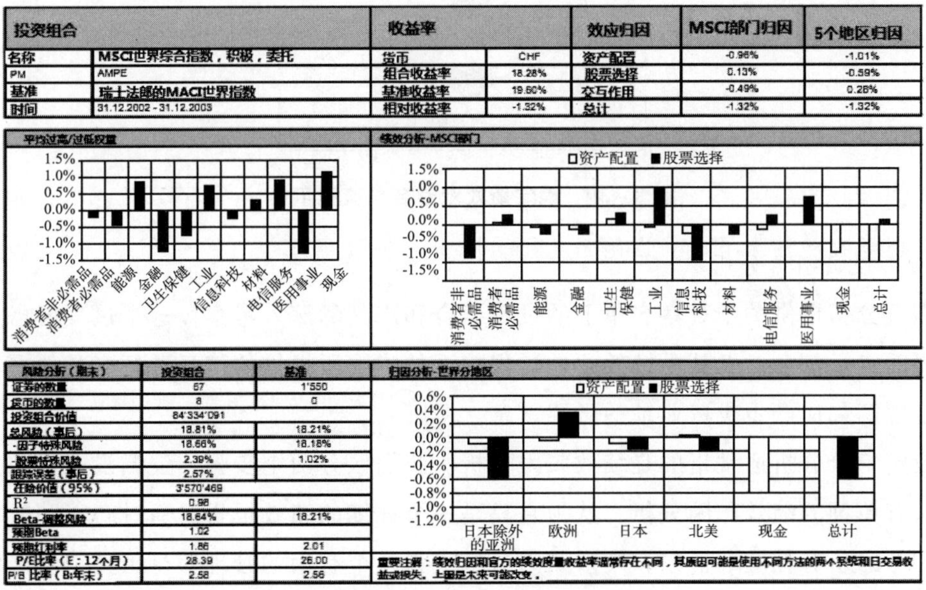

图 8－38　绩效归因报告示例

因的适当准备和展示。投资组合分析提供投资绩效信息的解释。

（5）绩效观察名单

绩效观察名单包括可能被监管和审查的投资组合或产品。为什么账户综合指数会在观察名单上，原因很多，可能是定性的，也可能是定量特征，比如相对于基准或同类投资绩效较差、太多或太少风险、委托人抱怨等。

确定绩效观察名单时，遵守如图 8－39 所示的流程。首先，根据单个投资组合或产品的历史或前瞻特征、事后风险限额或风险预算约束及其对委托人的反馈进行机械过滤。下一步，投资控制委员会选择看起来可能有问题的投资组合或产品，列入绩效观察名单。然后，在绩效审查会议上，详细讨论和分析每一个观察名单上的投资组合或产品。在讨论的过程中考虑很多因素，比如从投资合约和指导原则到事后风险分解等。经过绩效总结，可能会确定和执行相关的调整。如果投资绩效没有随时间而有所改进，这个严重的绩效问题将被通过升级过程报告给高级经理。

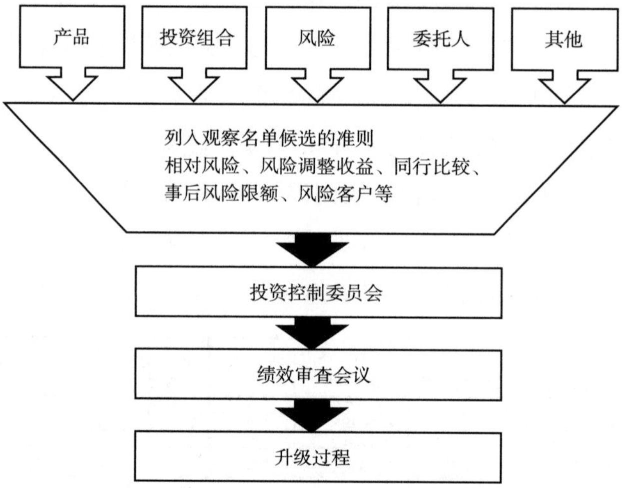

图 8－39 确定绩效观察名单流程示例

（6）投资组合分析

绩效分析提供关于观察名单上的投资组合和产品的深入考察，这个过程考虑所有可获得的定量信息，尤其是绩效评估过程前面的步骤所提供的信息，还有其他有助于更好地理解如何产生投资业绩的必要信息。

投资组合分析通常指的是绩效归因分析。我们区分两个步骤，强调没有任何定性判断只有单纯的绩效归因分析，认为它只是一个详细的绩效报告。通过解释绩效相关指标和考虑所有相应的情景，绩效归因分析成为一个有用的管理信息工具。定义绩效归因是投资组合或产品的定量评估，而投资组合分析是关于投资组合或产品的定性评价，这样我们把二者区分开来。

（7）绩效审查

绩效审查处理绩效观察名单上的投资组合或产品。它分析和讨论绩效问题出在哪里以及是否有必要纠正使得产品回到正确的轨道上。在绩效评估流程的这一步中，人们详细分析投资组合和产品，考虑各种信息，从投资合约和指导准则到事后风险分解。此外，一个典型的绩效审查可能包含以下几点：

- 投资绩效。绩效来自哪里？哪些决策产生了绩效？
- 投资约束。相关的投资约束是什么？它们对投资绩效有什么影响？投资经理在执行计划的投资策略时受到哪些约束？
- 投资决策和指导准则。指定的投资决策是什么？必须遵守的指导准则是什么？它们对投资绩效的影响是什么？
- 投资组合管理流程。投资组合管理流程、投资策略、投资指导准则、投资经理团队或其他的组织环境是否有什么改变？这对投资绩效的影响是什么？
- 基准。基准是合适的吗？基准是相对公平的吗？在投资组合和基准之间是否存在可解释的非基于决策的绩效差异？
- 同类投资。同类投资是否适当？可选择的投资产品是否遵从类似的投资策略？
- 费用和税收。考虑的相关费用和税收是什么？它们对投资绩效有什么影响？

8.5.3　绩效评估的陷阱*

投资控制和绩效评估是非常复杂的，因为它们需要处理复杂的问题和大量的信息与数据。这种复杂性加上缺乏适当的分析和相关知识与经验使得人们可能从绩效评估提供的信息中得出错误的结论。对投资绩效的错误解读可能使人们在评价决策者的质量和对决策过程作出反馈时给出有偏的甚至错误的管理决策。

在本节，我们讨论以错误的方法进行绩效归因分析的不同情形。8.3.1.1 中图 8－24 说明绩效归因分析的不同方法。绩效贡献和绩效归因之间存在差异，绩效评估应该使用反映真实投资管理流程的绩效归因分析。为了进行绩效归因分析，绩效分析师需要很好地理解整个投资组合管理流程，从而识别明显的和不太明显的决策和决策人。

在第一种情景下，如图 8－40 所示，我们用两种方式分解一个多资产类别投资组合的价值增加。第一个分解（左边）假设投资管理过程分为三个步骤：基准定义、资产配置定义和证券选择。另一个投资组合管理过程（右边）是一个更复杂的决策过程，包含六个步骤：（官方的）基准定义、（内部）基准定义、资产配置的定义、固定收益资产配置的定义、股票资产配置的定义和投资组合的实现或证券选择。考虑到不同的收益贡献，人们可能认为，三个步骤的投资组合经理不善于挑选股票，而执行六个步骤的投资组合经理善于挑选股票。在绩效归因分析中不考虑真正的投资过程可能导致错误的解释并得出错误的结论。

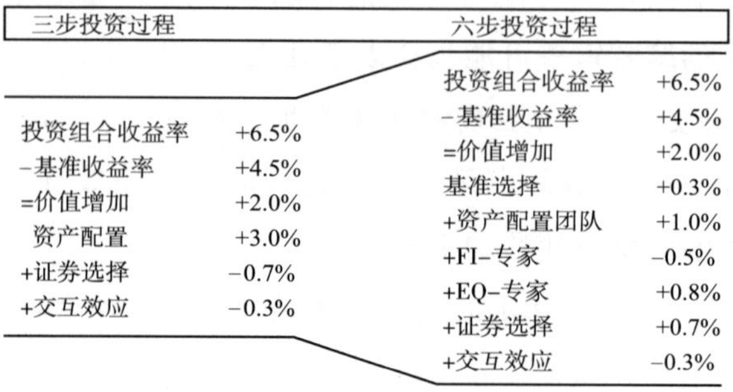

图 8-40　反映决策过程的所有步骤

在第二种情景下，如图 8-41 所示，我们考虑审查公共基金的绩效时经常观察到的情景。在我们的例子中，考虑一个欧洲股票共同基金，MSCI 欧洲指数是官方的（外部）基准。公共基金的产品管理把这个公共基金定为成长型产品，内部基准是欧洲成长指数。如果人们想度量投资经理的质量，为了度量这个基金相对于 MSCI 欧洲指数的绩效和分解其价值增加是不适当的，收益归因分析必须作出调整，相对于外部基准的价值增加分为三个效应：基准选择、资产配置和证券选择。这样的收益分解保证独立估计产品头寸的贡献和资产经理的贡献。在这种情景下，资产配置和证券选择效应的符号发生改变，这是因为我们把相应的基准变成欧洲成长指数。

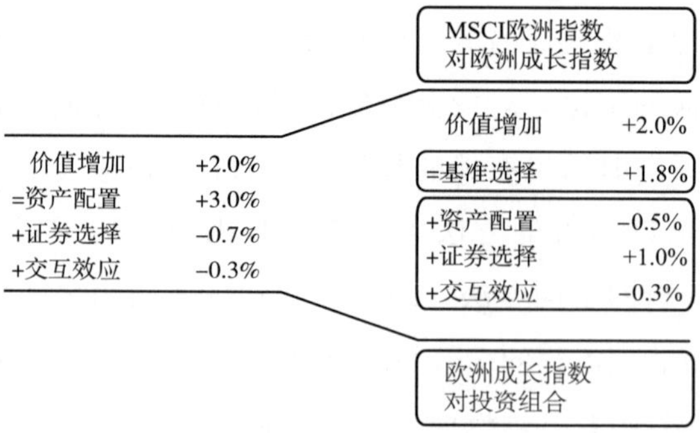

图 8-41　一个产品或投资组合经理是否在审查中？

另一个使用收益归因评价投资组合经理质量的缺陷是整个观察期的平均管理效应。通常，收益归因分析计算整个报告期不同管理效应的总数值，并不反映管理效应随时间的变化，比如每月计算一次。在图 8-42 中，我们比较整个时期的管理效应和基于每月计算一次的管理效应。总的数字表明投资组合经理非常不擅于挑选股票，但是擅于配置资产。然而，这是错误的，因为正的资产配置效应主要产生于前 2 个月，在接下来的 7 个月里，每月的资产配置效应都是负的。至于证券选择效应，情况类似但是反之亦然。在前 8 个月里，每个月的证券选择效应都是负的，最后 7 个月里持续为正的。现在有必要进一步分析这些数字如何能得到“正确的”结论。

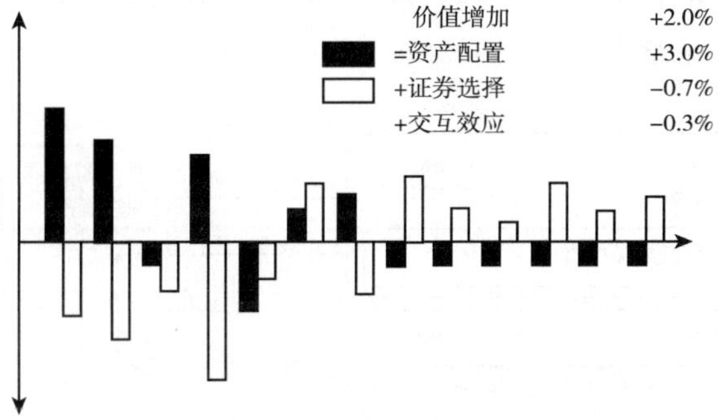

图 8 – 42　管理效应随时间变化吗？

在图 8 – 43 中，我们示例说明收益归因分析中经常犯的另一个错误，这种错误经常发生在产品覆盖不同的区域和国家的情形下。为了使绩效分析师在分解收益时能够选择不同的分割，比如国家和部门，收益归因分析软件通常是可调整的。分解收益时选择的分割方式不同，收益归因会产生不同的管理效应。在这个例子中，我们假设一个欧洲投资组合的经理遵从分部门法和分国家法，结果得到不同的管理效应。① 用错误的方式进行收益归因分析可能导致错误的解读和错误的结论。这再次表明，根据投资过程进行收益归因分析是必要的，这样才能得到有用的分析，才能对投资组合管理过程进行适当反馈。

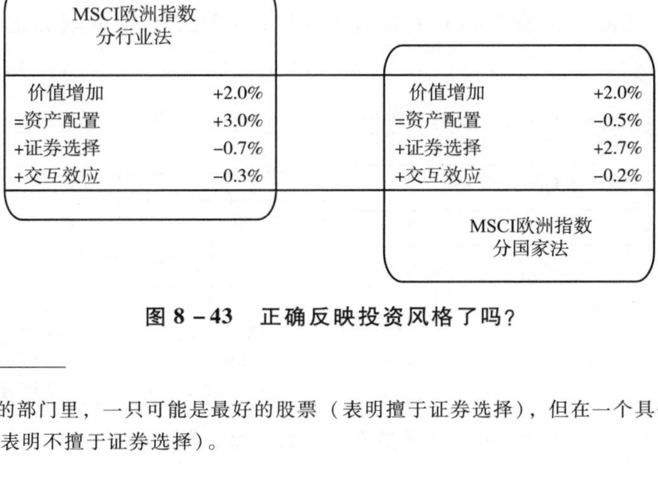

图 8 – 43　正确反映投资风格了吗？

---

① 在一个具体的部门里，一只可能是最好的股票（表明擅于证券选择），但在一个具体的国家里，它可能是表现最差的股票（表明不擅于证券选择）。

另外，在收益归因分析时，人们不得不既要考虑投资库又要考虑投资策略的执行。如图 8 - 44 所示，对于情景 A 和 B，人们必须确定某个决策是证券选择还是资产配置。情景 A 把 10% 的资金投资在中小市值上，人们必须确定这是证券选择还是资产配置。如果绩效分析以一种不正确的方式进行收益归因，将得到关于管理效应的误导信息。情景 B 把 10% 的资金投资于美国的生物科技股票，绩效分析师必须确定这是相对美国股票指数的证券选择还是相对于综合基准的资产配置，因为生物科技股票显然不是综合基准的一部分。

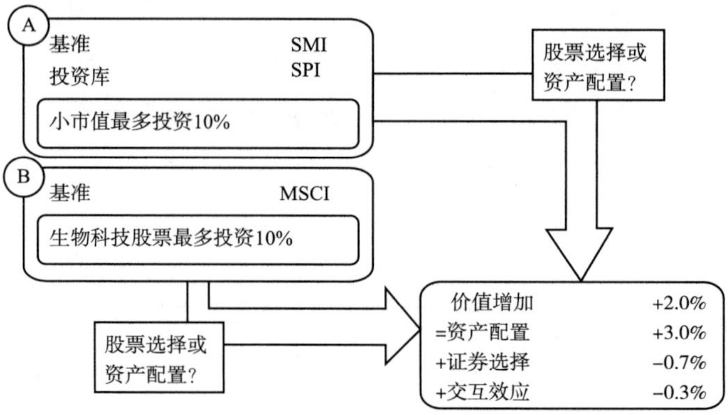

图 8 - 44　是否反映投资过程中的每个决策

收益归因分析的隐含假设是：投资组合经理没有指导原则的约束，比如没有投资组合中某一证券或投资类别的最小或最大权重约束。如果这个假设不成立，就存在投资组合经理不能投资基准等消极投资选择的限制。如图 8 - 45 所示，计算出的管理效应可能是误导的。实际上，投资的限制可能对价值增加产生正的或负的影响。例如，有些股票指数主要包含某个证券。假设指数的 30% 是一只证券。既然我们事先明确这只证券的权重最少可以降低 20%，那么这只股票最大权重限制是 10%。现在的问题是：谁来负责由于投资限制引起的收益贡献？在对某股票有一个最小权重限制的情景也是如此。

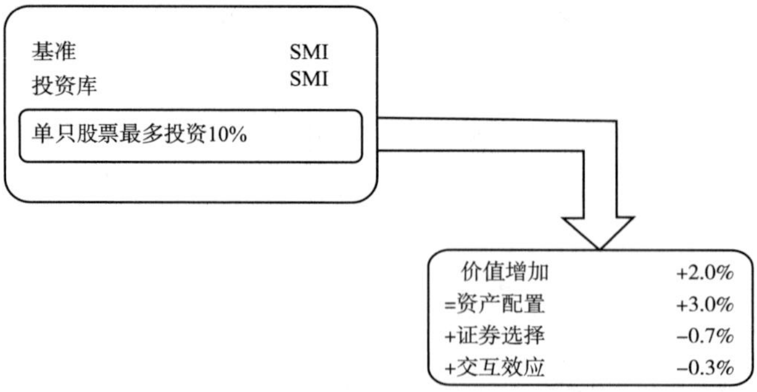

图 8 - 45　指导准则在多大程度上影响结果？

到此为止，我们仅仅讨论了收益归因分析相关的情景，但是风险归因分析存在类似问题。风险归因的问题更多。因为风险归因分析软件的可调整性比收益归因软件差得多。通常，风险归因软件根据具体的风险模型分解绝对风险或相对风险，风险模型有可能并不代表真实的投资过程。所以风险归因数据必须小心处理，因为不同的风险因子及其对整体绝对风险或相对风险的贡献与投资管理过程的步骤或不同的投资决策通常无关。图 8－46 表明：在理想的世界里，风险归因应该与收益归因有关系。

风险模型：全局	投资组合	跟踪误差
总风险（事前）	18.81%	2.57%
因子特殊风险	18.66%	1.50%
－地区	11.50%	0.18%
－ 国家	6.98%	0.83%
－ 行业	2.64%	0.77%
－ 基本	1.44%	0.78%
－ 货币	8.42%	0.27%
－ 协方差　(+/－)	9.35%	0.52%
股票特殊风险	2.39%	2.08%

MSCI分部门	资产配置	股票选择	交互效应	总计
消费者非必需品	0.00%	-0.86%	-0.03%	-0.89%
消费者必需品	0.05%	0.28%	0.03%	0.36%
能源	0.00%	-0.19%	-0.02%	-0.21%
金融	-0.10%	-0.21%	0.01%	-0.30%
卫生保健	0.20%	0.35%	-0.03%	0.52%
工业	-0.04%	0.99%	0.12%	1.07%
信息科技	-0.21%	-0.91%	0.01%	-1.11%
材料	0.01%	-0.28%	-0.08%	-0.35%
电信服务	-0.11%	0.21%	-0.08%	0.02%
公共事业	0.02%	0.74%	-0.41%	0.35%
现金	-0.78%	0.00%	0.00%	-0.78%
总计	**-0.96%**	**0.13%**	**-0.49%**	**-1.32%**

图 8－46　风险贡献和收益归因一致吗？

8.6　记号和缩写

符号	注释
$R_{p,t}$	单期 t 组合的简单收益率
$MV_{期末,t}$	是 t 期结束时的市场价值
$MV_{期初,t}$	t 期开始时的市场价值

续表 1

符号	注释
NCF_t	t 期的净外部现金流
$\widetilde{C}_d$	第 d 天的外部现金流入
$\widetilde{W}_d$	第 d 天的外部现金流出
AIC_t	t 期的平均投资成本
$wNCF_t$	t 期的加权净外部现金流
$w\widetilde{C}_d$	第 d 天的加权外部现金流入
$w\widetilde{W}_d$	第 d 天的加权外部现金流出
CCR	连续复利收益率
$r_{p,t}$	单期 t 投资组合的连续收益率
$R_{p,t}^{BC}$	t 期投资组合用基础货币表示的收益率
$R_{p,t}^{LC}$	t 期投资组合用本币表示的收益率
$C_t^{\frac{BC}{LC}}$	t 期的货币收益率
$R_{p,tot}$	投资组合的多期或累计简单收益率
$r_{p,tot}$	投资组合的多期或累计连续复利
MWR	价值加权收益率
TWR	时间加权收益率
IRR	单期 t 的内部收益率
Y_T	度量期限的长度［用年（365 天）表示］
Y_{t-0}	度量期限期初到外部现金流发生的日期之间的长度［用年（365 天）表示］
Y_{T-t}	外部现金流发生的时间与度量期限期末之间的间隔长度［用年（365 天）表示］
MIRR	单期 t 的修正内部收益率（年化）
rir_{T-t}	外部现金流出的时间与度量期限 T 期末之间［用年（365 天）表示］再投资利率
fr_{t-0}	外部现金流入的时间与度量期限 T 期初之间［用年（365 天）表示］融资利率
ODM	迪茨近似法
MWR_{ODM}	依据单期 t 的迪茨近似法（非年化）价值加权收益率
MWR_{MDM}	依据单期 t 的改进迪茨近似法（非年化）价值加权收益率
w_d	日期 d 的时间权重
D_T	度量期限的长度（用天数表示）
D_d	度量周期开始到外部现金发生日之间的长度（用天数表示）
$MWR_{D,日末}$	假设在日末发生现金流的日价值加权收益率
MDM	改进的迪茨近似法
$MWR_{D,日初}$	假设在日初发生现金流的日价值加权收益率
$R_{b,t}$	单期 t 的基准收益率
$IV_{期末,t}$	t 期期末指数价值

续表 2

符号	注释
$IV_{期初,t}$	t 期期初指数价值
PME	公开市场等价
$MV_{期末,t}^{PME}$	t 期期末公开市场等价基准价值
$MV_{期初,t}^{PME}$	t 期期初公开市场等价基准价值
$\check{C}_{期末,t}^{P}$	t 期期末投资组合的外部现金流流入
$\check{W}_{期末,t}^{P}$	t 期期末投资组合的外部现金流流出
$w_{b,i,t}$	t 期期初基准的成分指数的权重
$R_{b,i,t}$	t 期基准的成分指数的收益率
$R_{b,tot没有再平衡}$	购买并持有的定制基准累积收益率
$w_{b,i,0}$	度量期期初基准的成分指数的权重
$R_{b,tot}$	成分指数 i 的累积收益率
$R_{b,tot定期再平衡}$	定期再平衡的定制基准累积收益率
$VA_{A,t}$	单期 t 的算术增值
$VA_{G,t}$	单期 t 的几何增值
$VA_{A,tot}$	多期或累积算术增值
$R_{b,tot}$	多期累积基准收益率
$VA_{G,tot}$	多期或累积几何增值
Var_p	投资组合收益率的方差
N	收益率样本的数目
$\bar{r}_p$	收益率均值
σ_p	投资组合收益率的标准差
$Var_{p,年化}$	投资组合收益率的年化方差
$Var_{p,非年化}$	投资组合收益率的非年化方差
$\sigma_{p,年化}$	投资组合收益率的年化标准差
$\sigma_{p,非年化}$	投资组合收益率的非年化标准差
t_0	一年中观察的数目（月 = 12，周 = 52 或者日 = 250）
VaR	在险价值
$VaR_{C,H,per}(\tilde{\mu},\tilde{\sigma})$	给定置信水平 C 下、在时间展望期 H 内，预期收益为$\tilde{\mu}$和预期标准差为$\tilde{\sigma}$的百分比在险价值
$\tilde{\mu}$	预期的连续复利收益率
$\tilde{\sigma}$	预期的连续复利收益率的标准差
Z	置信水平 C 下的 Z 值
$VaR_{C,H,abs}(\tilde{\mu},\tilde{\sigma})$	给定置信水平 C 下、在时间展望期 H 内，预期收益为$\tilde{\mu}$和预期标准差为$\tilde{\sigma}$的绝对数值在险价值

续表 3

符号	注释
MV	投资组合的市场价值
$SP(VaR_{per})$	给定百分比在险价值的亏损概率
$VaR_{D,p}(r_T)$	投资组合收益率低于阈值的下方差
$\sigma_{D,p}(r_T)$	投资组合收益率低于阈值的下标准差
r_T	阈值收益率
$Cov(r_{p,t},\ r_{b,t})$	投资收益率和其基准收益率的协方差
$r_{b,t}$	单期 t 基准的收益率
$\bar{r}_b$	基准收益率均值
$Corr(r_{p,t},\ r_{b,t})$	投资组合收益率与其基准收益率之间的相关系数
σ_p	基准收益率的标准差
$TEVar(r_{p,t},\ r_{b,t})$	投资组合相对其基准的超额收益的跟踪误差方差
$TESD(r_{p,t},\ r_{b,t})$	投资组合相对其基准的超额收益的跟踪误差标准差
CAPM	资本资产定价模型
$RVAR_p$	投资组合的夏普比率
$\bar{r}_f$	平均无风险利率
$RVOL_p$	投资组合的特雷诺比率
β_p	投资组合的 Beta 或系统性风险
r_m	投资组合的收益率
Var_m	市场组合收益率的方差
α_p	投资组合的詹森 α
$\bar{r}_m$	投资组合的平均收益率
AR_p	投资组合的股价比率
σ_ε	投资组合相对基准的年化非系统性风险
ε_t	单期 t 投资组合的回归残差或者误差
$GH1_p$	投资组合的格雷厄姆—哈维绩效衡量指标 1
$GH2_p$	投资组合的格雷厄姆—哈维绩效衡量指标 2
SOR_p	投资组合的索提诺比率
IR_p	投资组合的信息比率
$CR_{p,i,t}^{BC}$	在 t 期、以基础货币计价、投资组合第 i 个成分收益率对整体收益率的贡献
$w_{p,i,t}$	t 期期初投资组合第 i 个成分的权重

续表 4

符号	注释
$R_{p,i,t}^{BC}$	在 t 期、以基础货币计价、投资组合第 i 个成分的收益率
$CR_{b,i,t}^{BC}$	在 t 期、以基础货币计价、基准的第 i 个成分收益率对整体收益率的贡献
$w_{b,i,t}$	t 期期初基准第 i 个成分的权重
$R_{b,i,t}^{BC}$	在 t 期、以基础货币计价、基准第 i 个成分的收益率
RM_{p}^{BC}	整个度量期间，投资组合以基础货币计价的累计收益率
$CRM_{p,i}^{BC}$	整个度量期间，以基础货币计价，投资组合第 i 个成分对整个组合累积收益率的累积收益贡献
$CRM_{p,i,t-1}^{BC}$	以基础货币计价，直到 t 期开始，投资组合第 i 个成分对整个组合的累积收益率的累积收益贡献
RM_{b}^{BC}	整个度量期间，基准以基础货币计价的累计收益率
$CRM_{b,i}^{BC}$	整个度量期间，以基础货币计价，基准第 i 个成分对整个基准累积收益率的累积收益贡献
$CRM_{b,i,t-1}^{BC}$	以基础货币计价，直到 t 期开始，基准第 i 个成分对整个基准的累积收益率的累积收益贡献
$VA_{p,t}^{BC}$	以基础货币计价，t 期投资组合的价值增加
$CVA_{i,t}^{BC}$	以基础货币计价，t 期投资组合第 i 个成分价值增加对投资组合价值增加的贡献
VAM_{p}^{BC}	以基础货币计价，整个度量期内投资组合的累计价值增加
$CVAM_{i}^{BC}$	以基础货币计价，整个度量期内投资组合成分的价值增加对整个投资组合价值增加的累计贡献
$R_{b,T-t}^{BC}$	以基础货币计价，从当期 t 期末直到度量期期末基准的累积收益
$RM_{p,t-1}^{BC}$	以基础货币计价，度量期期末直到 t 期期初投资组合的累计收益
$AAE_{i,t}^{BC}$	以基础货币计价，投资组合第 i 个成分在 t 期的资产配置效应
$SSE_{i,t}^{BC}$	以基础货币计价，投资组合第 i 个成分在 t 期的证券选择效应
$IAE_{i,t}^{BC}$	以基础货币计价，投资组合第 i 个成分在 t 期的交互效应
$AAEM_{i}^{BC}$	以基础货币计价，投资组合第 i 个成分在整个度量期内的累积资产配置效应
$SSEM_{i}^{BC}$	以基础货币计价，投资组合第 i 个成分在整个度量期的累积证券选择效应
$IAEM_{i}^{BC}$	以基础货币计价，投资组合第 i 个成分在整个度量期的累积交互效应
$SP_{i,t期末}^{BC/LC}$	t 期末货币 i 的即期汇率
$SP_{i,t期初}^{BC/LC}$	t 期初货币 i 的即期汇率
$FP_{i,t}^{\frac{BC}{LC}}$	t 期货币 i 的远期溢价
$E_{p,i,t}^{\frac{BC}{LC}}$	t 期投资组合的货币 i 的货币意外收益率
$FR_{i,t期初}^{BC/LC}$	t 期初货币 i 的远期汇率
$RI_{BC,t}$	t 期基础货币的累积利率
$RI_{i,t}$	t 期货币 i 的累积利率

续表 5

符号	注释
$r_{p,t}^{BC}$	以基础货币计价，投资组合 t 期的收益率
$r_{p,i,t}^{LC}$	以本国货币计价，投资组合第 i 个成分 t 期的收益率
$c_{i,t}^{BC/LC}$	货币 i 在 t 期的货币收益率
$e_{p,i,t}^{BC/LC}$	在 t 期，投资组合的货币 i 的货币意外
$fp_{p,i,t}^{BC/LC}$	在 t 期，投资组合的货币 i 的远期溢价
$r_{b,t}^{BC}$	以基础货币计价，基准 t 期的收益率
$r_{b,i,t}^{BC}$	以基础货币计价，基准第 i 个成分 t 期的收益率
$r_{b,i,t}^{LC}$	以本国货币计价，基准第 i 个成分 t 期的收益率
$e_{b,i,t}^{BC/LC}$	在 t 期，基准的货币 i 的货币意外
$fp_{b,i,t}^{BC/LC}$	在 t 期，基准的货币 i 的远期溢价
$r_{adj,p,i,t}^{BC}$	假设对冲成基础货币，投资组合第 i 个成分的 t 期收益率
$r_{adj,b,i,t}^{BC}$	假设对冲成基础货币，基准第 i 个成分的 t 期收益率
$Va_{p,t}^{BC}$	以基础货币计价，t 期投资组合的价值增加
$h_{p,i,t}$	在 t 期初，投资组合中货币 i 的对冲权重
$f_{p,i,t}^{BC/LC}$	在 t 期，投资组合中货币 i 的对冲收益率
$h_{b,i,t}$	在 t 期初，基准中货币 i 的对冲权重
$f_{b,i,t}^{BC/LC}$	在 t 期，基准中货币 i 的对冲收益率
$AAE_{i,t}^{Adj}$	如果对冲成基础货币，投资组合成分 i 在 t 期的资产配置效应
$SSE_{i,t}^{Adj}$	如果对冲成基础货币，投资组合成分 i 在 t 期的证券选择效应
$IAE_{i,t}^{Adj}$	如果对冲成基础货币，投资组合成分 i 在 t 期的交互效应
$CAE_{i,t}^{BC}$	以基础货币计价，投资组合货币 i 在 t 期的币种资产配置效应
$CHSE_{i,t}^{BC}$	以基础货币计价，投资组合货币 i 在 t 期的货币和对冲选择效应
$CHIAE_{i,t}^{BC}$	以基础货币计价，投资组合货币 i 在 t 期的货币交互效应
$r_{f,t}$	t 期的无风险利率
$r_{m,t}$	t 期市场组合的收益率
σ_α	詹森 α_p 的标准差
σ_β	β_p 的标准差
n	观察值的个数
R^2	决定系数

续表 6

符号	注释
$Cov(r_{p,i},\ r_{p,j})$	投资组合成分 i 的收益率和成分 j 的收益率之间的协方差
$Cov(r_{p,i},\ r_p)$	投资组合成分 i 的收益率和投资组合总收益率之间的协方差
$Corr(r_{p,i},\ r_p)$	投资组合成分 i 的收益率和投资组合总收益率之间的相关系数
$CVar_{p,i}$	投资组合成分 i 对投资组合方差的贡献
$CSD_{p,i}$	投资组合成分 i 对投资组合标准差的贡献
$Cov(CR_{p,i},\ r_p)$	投资组合成分 i 对投资组合收益率的贡献与投资组合投资率之间的协方差
$\sigma(CR_{p,i})$	投资组合成分 i 对投资组合收益率贡献的标准差
$TEVar_p$	投资组合的跟踪误差方差
$Cov(CR_{p,i} - CR_{b,i},\ r_p - r_b)$	投资组合成分 i 的超额收益贡献和投资组合相对其基准的超额收益之间的协方差
$CTEVar_{p,i}$	投资组合成分 i 对投资组合跟踪误差方差的贡献
$CTESD_{p,i}$	投资组合成分 i 对投资组合跟踪误差标准差的贡献
$CTEVar_{p,i}^{AAE}$	投资组合成分 i 的资产配置效应产生的对投资组合跟踪误差方差的贡献
$CTEVar_{p,i}^{SPE}$	投资组合成分 i 的证券选择效应产生的对投资组合跟踪误差方差的贡献
$CTEVar_{p,i}^{IAE}$	投资组合成分 i 的交互效应产生的对投资组合跟踪误差方差的贡献
$CTESD_{p,i}^{AAE}$	投资组合成分 i 的资产配置效应产生的对投资组合跟踪误差标准差的贡献
$CTESD_{p,i}^{SPE}$	投资组合成分 i 的证券选择效应产生的对投资组合跟踪误差标准差的贡献
$CTESD_{p,i}^{IAE}$	投资组合成分 i 的交互效应产生的对投资组合跟踪误差标准差的贡献
$b_{p,i,l}$	投资组合成分 i 的收益率对因子 l 的敏感性
F_l	因子 l 的收益率
$\varepsilon_{p,i}$	投资组合成分 i 的非因子或非系统性收益
$Cov(F_l,\ F_p)$	投资组合的收益率和因子 l 的收益率之间的协方差
$Corr(F_l,\ F_p)$	投资组合的收益率和因子 l 的收益率之间的相关系数
σ_l	因子 l 的收益率的标准差
$b_{b,i,l}$	基准成分 i 收益率对因子 l 的敏感性
$\varepsilon_{b,i}$	基准成分 i 的非因子或非系统性收益
$w_{A,i}$	投资组合成分 i 的积极权重
$Cov(F_l,\ r_A)$	投资组合相对其基准的超额收益和因子 l 的收益率之间的协方差
$Corr(F_l,\ r_A)$	投资组合相对其基准的超额收益和因子 l 的收益率之间的相关系数

第 9 章　投资经理的选择*

9.1　评估和挑选投资经理*

资产配置是投资过程中的重要一部分。在作出适当的资产配置计划后，下一个问题就是要找到合适的经理人和最符合每类资产的投资工具。

个人和机构投资者寻找投资经理的方式虽然不同，但是基本标准是相同的：他们希望所挑选的人值得信赖，能够有效投资。很多情况下，投资经理的挑选往往是根据不恰当的假设、不完全的信息或者缺乏投资实践人的建议做出的决定。典型地，一些机构投资者雇用的经理人是那些会进行最佳演示或者他们的销售人员最执着的人。还有一些机构投资者会选择历史记录最好或最低费用的投资经理。

出于效率考虑，投资经理的选择过程应该包含定量分析和定性分析，而且这两种分析同等重要。定量分析主要用于筛选投资经理的过程，确定可能的候选人，主要考察投资经理的历史绩效记录。定性分析的目的是防止投资者作出错误的选择，因为对投机经理过去业绩的量化评价并不能保证他们将来的业绩。

我们看一个例子，一家机构为了某一管理需求正在寻找一位新的投资经理（直接或通过基金），典型的选择过程如下：

第一阶段，在投资范围内进行筛选和评估。筛选过程从一个较宽的范围开始，然后逐渐缩小范围，找出那些可能符合特定要求的投资经理候选人。在评估阶段，要使用定量数据分析和面谈相结合的方法以决定投资经理是否适合特定投资的要求。这一阶段的分析内容包括：投资过程和投资理念、投资风格、投资方法、风险控制、与不同市场指数相比以及与同业相比的业绩记录，以及投资经理所属的组织情况等。在这一步中可运用一些统计指标，如年平均收益率、夏普指标、最差表现、标准差、阿尔法、贝塔值、跟踪误差以及 R^2（决定系数）等。这些指标的计算要跨越几个时期，包括最近的完整市场周期（熊市和牛市）。既要考察熊市时的业绩（相对于适用指数，投资经理保护投资资本的能力），也要考察持续牛市时的业绩。

将这些统计指标全部纳入评分系统中，投资机构便可以对投机经理进行评分，确定一个理想的候选人范围，这样才可以进入下一阶段。

对于候选投资经理的推荐通常采取正式报告的形式，报告建立在前一阶段获取的初始信息的基础上。这一阶段更综合、也更彻底，特别体现在以下分析上：投资过程和投资理念、投资风格、投资方法、风险控制、与不同市场指数相比以及与同业相比的业绩记录、内部组织结构的质量、考察备选经理的背景和查看投资文件等。前往投资经理的办公室进行拜访通常是这一过程的组成部分。

与推荐准备相关联，也有一个尽职调查小组对投资经理进行尽职调查。尽职调查一般包括对投资经理所管理的基金招募公告和其他经审计的财务报表的分析。对投资经理自身管理和经营能力的考察，以及聘请第三方服务机构（如基金管理机构、审计机构）提供能力调查通常也包括在内。

应该注意的是，相当一部分的投资经理不能通过这一程序。有些可能永远不合适，而有些在未来可能会变为合适的候选人，所以被列为待察名单。

最后阶段，会有一个委员会或者一组高级投资专家来进行最后的挑选。在这一阶段，为数不多的候选人通常被邀请作一个简短演示。加上前面几个阶段的工作，最终的决定将是在对其投资方法清晰认识和对其历史业绩详细分析的基础上作出的。

最后需要指出的是，此后还需对投资经理的投资行为进行持续监测，包括：定期监测和检查，通过定期正式会议（通常为每季度一次）、书面沟通或电话沟通等形式。一种常规的做法是，如果投资经理在同类风格的经理人中排位在后 1/4，资金将被抽回，而将资金或新资金转入排位前 1/4 的投资经理人的账户。

9.2　风格分析*

威廉·夏普更为人所知的是其赢得诺贝尔奖的资本资产定价模型和投资组合绩效指标，但他也提出了著名的风格分析方法。该方法是分析投资组合的一个非常有力的工具，从根本上改变了很多投资分析师和机构投资者评估投资基金和投资经理行为的方式。

如果一个投资经理人倾向于选择具有相同性质（例如，低市盈率股票、高市值股票、成长型股票、高分红股票等）的证券，或者在特定的市场条件下一贯地采用相同做法（例如，市场走低时抛出，市场走高时买入），那么就我们认为该投资经理采用了某种投资风格。

关注基金经理投资风格的主要理由是，具有相同理念（风格相近）的基金经理，平均来说，他们的投资业绩彼此之间很相似，而与整个市场或不同风格的基金经理差别较大。这些基金经理在投资组合性质和风险因素敞口等方面趋于一致，因此，不难预期他们会有相似的业绩。此外，调查结果也显示，90%的基金业绩可以用其资产配置来解释，而不是基金经理选择股票的能力。这也说明，了解哪种资产影响基金的业绩、影响的程度如何是非常重要的。

9.3 风格分析的方法*

现在让我们回顾风格分析的基础。为了简化，我们下面将考虑一个股票组合或者共同基金的例子，当然我们的分析也完全适用于其他种类资产。

有两种主要的风格分析方法：基于特性的分析方法和基于收益的风格分析。

基于特性的分析方法（又称为基于组合的分析方法）是最有力的并且最综合的方法。这种方法要求知道组合和基准的当期和历史持有的证券以及各证券权重。分析期间越长，分析就越有效。掌握了组合的资产构成才能进一步分析市盈率、市净率、红利率、波动率以及其他基本面特性。通过自下而上的方法，可以确定风险的各种来源，并在单个证券的层面上进行估计，之后再汇总到总的组合层面上。

虽然简单，这个方法却存在两个缺陷：第一，组合的构成往往是观察不到的，或者说，至少不是能经常观察到的。第二，观察单个证券时，很容易得出误导性的结论。例如，摩托罗拉公司通常百分百被划为高市值股票，但事实并不这么简单。因为摩托罗拉公司具有很强的国际性，它的股票表现很可能在很多方面与国际股票一样。

在这种情况下，基于收益的风格分析更有用。基于收益的风格分析是由威廉·夏普最先提出的统计技术，被称为“有效资产组合”和“归因分析”①，专门用于对证券投资基金的分析。

基于收益的风格分析和因素分析采用相同的收益分析方程，即多指数模型。多指数模型告诉我们组合收益与一系列因素的收益相关，通常是线性相关。单指数（市场）模型是估计风险资产收益的基本工具。这很容易理解，因为单指数模型将资产收益对于市场上所有因素的敏感度归结为一个指标（β）。但是，长期以来，投资者意识到资产收益会受多种因素的影响，其中有些因素只显著影响某个公司和与其相似的竞争者，而其他因素倾向于影响所有股票，尽管对不同股票的影响程度不同。例如，在多因素中，我们发现的因素包括未预期到的经济衰退，或者利率或商品价格的异动。因此，很难相信，仅凭一个指标就能够描述一只股票或者一个投资组合的收益

---

① William F. Sharpe, 1988, Determining a Fund's Effective Asset Mix, Investment Management Review, pp. 59－69; W. F. Sharpe, 1992, Asset Allocation: Management Style and Performance Measurement, Journal of Portfolio Management, pp. 7－19.

对于经济范围内不同性质变动的敏感度。

在多因素模型下，每一种资产不是仅有一个市场 β 系数，而是有一系列 β 系数。每一个 β 系数都给出了资产对于对应的风险因素的暴露程度。这构成了基于收益的风格分析的起点，目的在于确定一系列消极型指数中哪种组合最接近复制一段时期内一个基金的实际业绩。所选出的消极型指数通常代表了与众不同的投资风格和（或）特别的资产类别。

这种方法依赖于受约束回归的技术。假设基金收益信息很容易得到，而基金的资产持有情况很难及时获得，仅是基金的总收益和一组消极指数的总收益就可以满足进行收益的风格分析的要求。举例来讲，我们假设对一个组合 P 运用 N 个消极型指数进行基于收益的风格分析。要估计的模型如下：

$$R_{P,t} = \alpha_P + \beta_1 \cdot R_{1,t} + \cdots + \beta_N \cdot R_{K,t} + \varepsilon_{P,t}$$

式中：$R_{P,t}$——组合 P 在时间 t 的收益；$R_{K,t}$——指数 K 在时间 t 的收益；$\varepsilon_{P,t}$——误差项。

到目前为止，这个模型看起来很像传统的股票收益的多因素模型。下面加入约束条件。

首先，我们令所有的 β 系数为正。这意味着基金就所复制的指数而言只能是买入或无敞口。从经济含义上说，这个设定是合理的，因为大多数投资基金都不被允许出现空头。

$$\beta_i \geqslant 0 \qquad i = 1,2,\cdots,N$$

其次，令所有 β 系数的和为1。根据上述两个约束，任意一个 β 系数都不可能大于1。

$$\sum \beta_i = 1 \qquad i = 1,2,\cdots,N$$

这使得我们可以将 β 系数诠释为消极型指数组合（即基准）中的权重。因而，β 系数可以被作为基金收益 $R_{P,t}$ 与具有相同风格的消极组合的收益($\beta_1 \cdot R_{1,t} + \cdots + \beta_N \cdot R_{N,t}$)的差额，即作为风格选择的测量指标。这就是一个投资经理相对于基金的适用基准（风格）所创造的增值。最后，误差项 $\varepsilon_{P,t}$ 的波动表示基金的追踪误差，风格分析师需要对此进行最小化。

风格分析中一个重要的统计系数是 R^2，该系数量化了由不同种类资产构成的基准组合对于所评估的基金长期行为的解释程度。R^2 越高，风格分析采用的基准组合对于所评估基金的长期行为的解释程度就越高、越一致。

然而，R^2 低，不表示模型无效，而是一个预警信号。风格分析可能遗漏了很多内容，这就需要对基金的特性做进一步的研究。实践中，R^2 低通常原因如下：

- 风格分析的指数不合适，没有体现投资总面貌或者一个基金经理的风格。特别是，一个投资于衍生工具的基金其行为可能很难由传统（线性）指数很好地解释。

- 在风格分析的指数间过于频繁地轮动会导致风格不一致（这么说没有恶意，只是就回归模型而言）。

风格分析的使用应该着眼于两点：第一，作为理解一个组合“真正性质”的手段，而不是局限于公司和共同基金所标榜的风格。第二，与策略性资产配置一起，作为确保投资组合保持所希望的特性的一个手段。有必要再次强调，基于收益的风格分析并不是要取代传统分析的角色，而是代替其他根据过于宽泛的基准或者基金经理自称的风格等进行的分析。不同于基本面分析或者基于特性的风格分析，基于收益的风格分析与共同基金资产的实际持有情况并不直接相关，而是与组合的总体行为相关。

虽然基于收益的风格分析已经证明能够很有效地分析投资组合，但这种方法仍然具有局限性：

- 由于使用的数据是历史收益，很难对将来的风险和收益作出预测。
- 此方法倾向于缓慢地观察风格变化，但有时候可能完全察觉不到某些风格的变化。
- 在某些情况下，此方法表明的风格变化实际从未发生过。这种情况的产生可能因为证券自身性质的变化（例如，可转换基金经常在债券和股票之间转换，这取决于市场环境），或者由于所选取的指数之间高度相关。

普遍认为，基于组合的分析是一个比基于收益的风格分析更有力的工具。幸运的是，这两种方法并不互相排斥，而是可以一起使用来改善投资决策过程。基于收益的分析通常在前，然后是与基于组合的分析相关详细分析。也就是说，基于收益的分析可以用以定义呈现相同风格的基金的特定范围。然后，借助基于组合的分析来理解造成那些基金之所以不同的策略和风险敞口。此外，基于收益的分析可以说明一个组合是否变换了风格，而基于组合的分析有助于解释组合中或者投资策略中的哪些证券造成了这种风格变换。

9.4 风格分析：应用于不同资产类型*

下面举例说明对于不同资产种类和组合如何应用风格分析。

9.4.1 原始模型*

夏普（1992）在其论文中使用了一个含12种资产类别的模型进行风格分析。资产分类及定义如下：

- 短期国库券：3 个月内到期的现金等价物。以所罗门兄弟公司 90 天国债指数为代表。
- 中期政府债券：10 年内到期的政府债券。以雷曼兄弟公司的中期政府债券指数为代表。
- 长期政府债券：期限在 10 年以上的长期政府债券。以雷曼兄弟公司的长期政府债券指数为代表。
- 公司债券：穆迪评级不低于 Baa 或者标准普尔评级不低于 BBB 的公司债券。以雷曼兄弟公司的公司债券指数为代表。
- 抵押贷款相关联的证券：抵押支持和相关的证券。以雷曼兄弟公司的抵押支持证券指数为代表。
- 大盘价值股：标准普尔 500 股票指数中的高账面价值与价格之比的股票。以夏普/巴朗价值股指数为代表。
- 大盘成长股：标准普尔 500 股票指数中的低账面价值与价格之比的股票。以夏普/巴朗成长股指数为代表。
- 中盘股：剔除包括在标准普尔 500 指数内的股票、在美国股票市值排名中处于 80% 以上的股票。以夏普/巴朗中盘股指数为代表。
- 小盘股：排除包括在标准普尔 500 指数内的股票、在美国股票市场上市值排名在最后 20% 的股票。以夏普/巴朗小盘股指数为代表。
- 非美国债券：美国和加拿大之外的债券。以所罗门兄弟公司非美国政府债券指数为代表。
- 欧洲股票：欧洲股票和非日本太平洋区域股票。以 FTA 欧洲—除日本外太平洋指数为代表。
- 日本股票：日本的股票。以 FTA 日本指数为代表。

可以看到，每一种资产都有一个按市场价值加权的指数作为代表，该指数中涵盖了大量证券。这种选择是有意为之。在美国，一些低费用的指数基金将会追踪这些指标，这意味着基金的收益可以通过一个消极（指数类）的投资策略来复制。

然后，夏普针对一个随机挑选的基金——先锋集团受托混合型美国组合使用了三个回归模型，并进行了比较。第一个模型是一个简单回归模型（无约束）。第二个模型是限定贝塔之和为 1 的有约束回归模型。第三个模型是风格分析回归，该模型中贝塔全部为正，和为 1。

表 9 - 1 是回归分析结果。我们可以看到，对回归进行限制并不会对其解释能力

产生很大的影响（R^2 略低，但解释力仍然很高），但却为允许从资产配置方面更直观地解释结果，并为构建实际的和自然的基准创造了条件。

表 9－1　夏普对先锋集团受托混合型美国组合的风格进行分析的结果　（单位：%）

证券	无约束回归	有约束回归	二次规划
国库券	14.69	42.65	
中期债券	－69.51	－68.64	
长期债券	－2.54	－2.38	
公司债券	16.57	15.29	
抵押债券	5.19	4.58	
价值性股票	109.52	110.35	69.81
成长型股票	－7.86	－8.02	
中盘股	－41.83	－43.62	
小盘股	45.65	47.17	30.04
国外债券	－1.85	－1.38	
欧洲股票	6.15	5.77	0.15
日本股票	－1.46	－1.79	
合计	72.71	100.00	100.00
R^2	95.20	95.16	92.22

尽管这些结果非常好，但需要谨记，夏普风格分析并没有切实考察基金持有的资产情况。它仅仅是报告基金的行为。此外，当风格分析用于风险监控时，过去的平均敞口往往容易与现在的敞口混淆，这显然是错误的。用夏普风格分析进行风险监控的这个问题，有经验的使用者都很清楚，认为该方法本质上常常具有“后视镜”性质。

近年来，研究者们发现一些方法可以消除后视问题并能提高估计的准确度。最常用的方法是使用局部加权回归，其中非常重要的一点就是对近期的收益使用更高的权重（相对于点估计）。将收益进行加权提高了估计的精确度，因为这种方法将风险敞口发生变化与风格分析师感受到这种变化之间的时滞最小化了。

9.4.2　巴朗公司与共同基金*

巴朗公司是美国一家专门为投资管理提供工具的领先公司，并将自主的风格分析工具运用于对美国股票基金的分析。该工具使用了 9 类资产的模型。表 9－2 是以富达旗下共同基金为例，使用巴朗模型得到的结果。

表 9-2　　利用巴朗模型针对富达旗下共同基金进行的风格分析　　（单位:%）

基金	大盘成长	大盘价值	中盘成长	中盘价值	小盘成长	小盘价值	国际投资	债券	现金
富达高级平衡	26	19					12	37	6
富达高级股票成长	49		42				5	5	
富达高级股票收益	18	49		17			12	2	3
富达高级成长机遇	31	42	5				3	15	4
富达高级战略机遇 Init	8			33	39		5	15	
富达高级战略机遇 T	7			32	39		6	15	
富达资产经理	20	19	4		2	3	7	36	8
富达资产经理：成长型	25	28	7			4	11	24	
富达资产经理：收益型	6	12	1		1		2	49	28
富达平衡	14	16		6		6	13	39	5
富达蓝筹成长	41	16	23				17	2	
富达国会大街	70	10					8	3	9
富达对冲基金	7	28	30			11	18	7	
富达可转换证券	18	13	6		15	14	13		22
富达命运Ⅰ号	29	43	5				4	18	
富达命运Ⅱ号	31	40	6				4	18	1
富达纪律公平	31	26	28				11	4	
富达新兴国家成长	10		90						
富达股票收益	9	61		13		2	9	2	4
富达股票收益Ⅱ	17	57		9		1	12		5
富达外汇	60	30					2	2	8
富达成长—收益型	37	28		15			12	8	
富达成长型公司	42	3	47				7	2	
富达低价股		1		28	25	7	16	1	23
富达麦哲伦	21	26	29				16	7	
富达千禧年	2	6	89				2		
富达场外交易市场	26		69		4		1		
富达清教徒	18	39					10	20	12
富达退休成长	37	16	27		5		15		
富达 Sel 环境		33		10	47	11			
富达 Sel 服务	2	98							
富达 Sel 休闲	12		23	30	29		1	5	
富达 Sel 多媒体	13		51	1	15	1	8	10	
富达斯巴达市场指数	50	50							
富达斯巴达 U. S. 股票指数	50	50							
富达股票选择	30	20	32			2	15		

续表

基金	大盘成长	大盘价值	中盘成长	中盘价值	小盘成长	小盘价值	国际投资	债券	现金
富达趋势	5	12	52		20		11		
富达价值		42	4	15	11		21		7
富达全球	5	19			17		52		7

注：资产类型用巴朗指数代表。小盘股是市值在2.2亿美元以下的股票，大盘股为市值在30亿美元以上的股票，介于小盘股和大盘股之间的是中盘股。

9.4.3　对冲基金案例*

除了传统资产种类外，基于收益的风格分析还被成功地运用于对冲基金领域。这一分析方法在对冲基金领域特别有用，因为大多数对冲基金根本不会披露其持仓情况。

例如，哈比坦特（2000）建议使用三年的历史月度数据和九种投资风格分析对冲基金：可转换套利、做空、事件驱动、全球宏观、多空股票、新兴市场、固定收益套利、市场中性和管理期货。每一种风格都对应于瑞士信贷/特蒙特市值加权对冲基金指数。

图9-1展示了GAM（一个对冲基金的基金）分散性的结果。可以看到，该基金看起来更多地采用了可转换套利、全球宏观、多空持股和新兴市场等投资风格，几乎没有采用倾向做空、事件主导、固定收益套利或市场中性策略。该模型的R^2等于91.49%，是一个极好的结果。

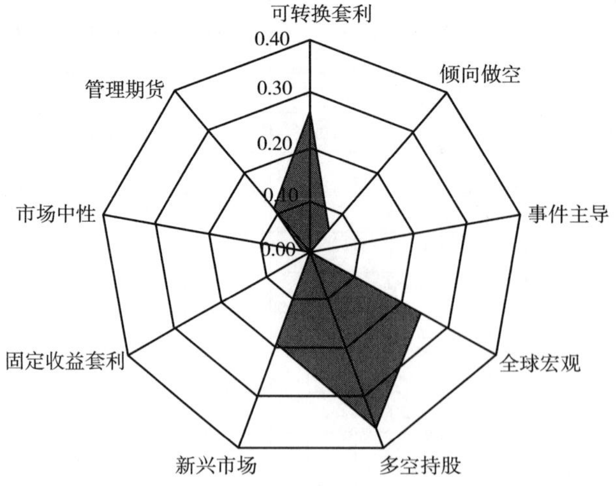

图9-1　2000年8月，GAM对冲基金风格分析结果

简单判断一个对冲基金风格或敞口的稳定性方法是创建滚动风格图。这种风格图通过画出一系列滚动时期的回归结果展示对冲基金的风格是如何变化的。积极的敞口分布区域图可以说明市场时机选择和板块轮换。由于基金经理可能转换资产种类或者板块，导致能最好解释基金收益的适用基准也要不断更换。

图 9－2 展示了 GAM 对冲基金风格分布的结果，正如我们预计的那样，随着时间的推移，对冲基金的风格发生了较大的变化。例如，事件驱动策略在 1997 年表现得非常活跃，但在 1998 年就逐渐消失，被可转换套利策略所取代。

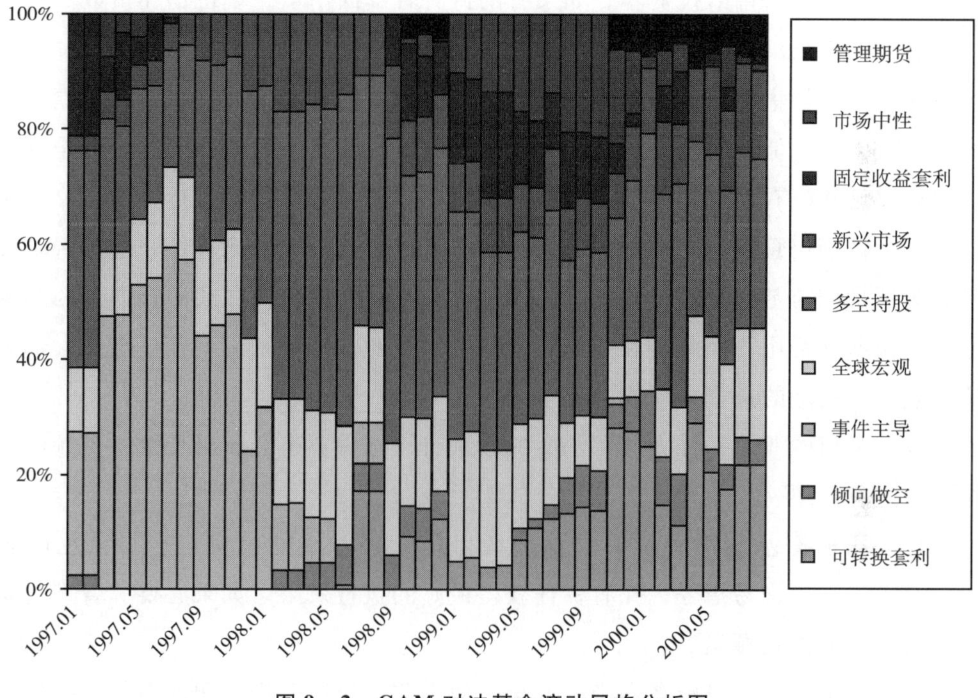

图 9－2　GAM 对冲基金滚动风格分析图

9.5　风险、控制与审慎问题：组织结构问题*

投资公司募集投资者的资金，并根据他们的投资目标，投资于各种资产。投资者拥有投资公司的份额。份额是一种有价证券，代表了投资者按照出资比例对公司投资的所有证券的所有权。通过这些证券所获得的股利、利息和资本利得，按照投资者所占的股份比例派发给他们。因此，在扣除费用前，只投资几百美元的投资者和投资数万美元的投资者的每单位美元的收益是一样的。

一般投资者能够投资的投资公司主要有三种类型：

- 共同基金是迄今最流行也最为人所熟知的一类。它们提供可赎回的证券，也就是说，投资者可以在任何时间以当时的资产净值将基金份额卖回基金。
- 封闭式基金公司的份额像股票一样可以公开交易。基金份额的数量是固定的，这导致封闭式基金的价格变化是由供给和需求决定的。当价格超过资产净值时，该基金就溢价交易；反之，当价格低于资产净值时，该基金就是折价交易。
- 单位信托购买一个固定的证券组合，并且一直持有，直到信托期满。信托终止后，证券的收益派发给其份额持有人。基金份额（单位）的数目是固定的，并且在首次公开发行中出售给投资者。如果有的持有者赎回单位，单位信托可以买回其份额，然后再向公众出售。

下面，我们就集中讨论第一类投资公司，也即共同基金。尽管在不同的国家，法人结构各有不同，但共同基金的组织结构大同小异。几乎所有的共同基金都是外部管理，他们自己并没有雇员，而是由一些关联机构或独立的受托人进行操作。

董事会被授权管理基金的相关事务，对份额持有人负有信托责任。它监督基金的活动，包括批准与基金管理公司签订的合同以及与其他服务商之间的合同。因为基金股东要支付各种费用，因此与服务商的合同也很重要。一般来说，董事会的大部分董事完全独立于基金的投资顾问或者主承销商。

同其他公司的股东一样，共同基金的股东有权选举董事会，对变更投资顾问或者基本政策进行投票。

管理公司根据基金招募说明书描述的目标管理基金的投资组合。它也向经纪人——交易商下达交易指令，并有责任获得最好的执行效果。如果必要，管理公司也可以聘请外部的投资顾问。

受托人有责任保护投资者资产的安全。他们监控资产管理公司的业绩，确保公司的所有行为和投资者的利益一致。

托管人通常是商业银行或者信托公司，负责安全保管共同基金掌控的资产，接受或者交割支付需要的证券与付款，跟踪处理被投资公司获得的利益（股利、红利等），并提供独立的监控。

过户代理保存基金持有者的账户记录，通过这些记录可以反映投资者每日购买行为、赎回行为以及账户余额。他要为投资者的投资出具过户证明和其账户清单，当投资者赎回（开放式基金）时和投资者在股票交易所买入/卖出基金单位（封闭式基金）时为其安排支付。同时，它还要负责股东地址的更换、丢失文件或账单的补发、定期发送账单等。

独立公共会计师和审计师为基金的财务报表提供公证。

最后，基金的份额通过两种方式销售给投资者：一是通过主承销商，一般他们不提出投资建议；二是通过外部分销商，会提供意见或者销售材料等，但收费较高。

9.6　风险、控制与谨慎问题：费用结构*

高度竞争的基金市场其定价和费用会呈现出极大的多样性。一般来说，共同基金的费用被分为两类：

- 份额持有人费用，是基金份额持有人在买卖基金单位时直接支付的费用。它们并不影响基金净值，也不影响其他的持有者。因此，它们并不影响基金公布的业绩，尽管投资者个人的收益率会受到影响。
- 年营运费用，是基金公司代份额持有人支付的费用。它们减少了基金净值，因此影响公布的基金业绩。

接下来，我们介绍有关费用的一些常见做法。

9.6.1　共同基金费用结构*

初始费用在基金成立时发生，包括基金招募说明书的准备和公布、基金单位证明的最初印制费用以及在股票交易所的上市费用，这些费用通常可以在基金成立最初的 5 个财务年度内直线摊销。

大多数基金在投资者购买份额的时候收取佣金，这被称为前端费用、发行佣金或者销售费。该费用以初始投资百分比的形式表示，并从初始投资中扣除。因此，这并不影响基金的业绩，但会影响投资者的收益率。在美国，法律上规定，这个比例不能超过原始投资额的 8.5%。大多数基金在招募说明书中规定了最高前端费用，但是实际费用远小于最高限值。实际中的费率可能会随时间变动，一般在年报或中报中体现出来。

当基金是由注册经纪人或者财务顾问售出时，前端费用通常作为销售佣金返还给他们，因为他们在投资者挑选符合投资目标的基金时提供了建议。只有在极少数的情况下，前端费用支付给基金经理用来弥补印制和存放基金单位证明的费用。

前端费用在某些特殊的情况下可以被降低：

- 基金的分红再投资到该基金中时，此项费用通常被免除。
- 投资的数额非常大。通常销售费被划为几级，随投资额的增加而逐步降低。在某些情况下，投资者可以通过权利积累（投资于同一家公司管理的其他基金的数额可以累计，然后适用对应的费用等级）或者出具意向书（例如，投资者保证在年内继续投资以达到销售费率等级所需的投资额）来实现。

- 一些有佣基金允许投资者在赎回后的6个月内重新购买同样数额的基金份额时可以免除销售费。
- 通过折扣经纪人购买基金。
- 投资者从一个基金转向另一个基金。

许多基金要求投资者在赎回份额的时候支付退出费，这也被称为后端费用、赎回佣金或者递延销售费。这种费用以赎回金额百分比形式表示，并且从赎回金额中扣除。因此，这种费用不影响基金的业绩，但是影响投资者的收益。如果有后端费用，后端费用往往取决于投资者持有基金份额的时间，持有的时间越短，费用就越高。投资者持有基金一旦达到一定的时间，通常是几年，这种费用就会被取消。

当不收取前端费用时，后端费用通常被用来补偿销售开支。它通常与12b－1费用（见下）结合起来。分销商先支付只有后端费用的基金的初始销售佣金，然后，由一直持续收取到份额转换时的12b－1费用来补偿。

12b－1费用仅存在于美国。其命名来源于1940年《投资公司法》中的一条条款，该条款授权共同基金可以直接用基金的资产来支付营销和分销费用（包括对销售人员的补偿）。12b－1费用以占被管理资产的固定百分比来表示，这会影响基金的业绩。只要投资者还继续持有基金，12b－1费用就被部分或者全部用来补偿出售基金给投资者的注册经纪人。实际上，这部分费用相当于支付给注册经纪人或者财务顾问一种年金，它鼓励注册经纪人将客户留在基金中。

法律规定，被用来支付营销和分销费用的12b－1费用不能超过基金年平均净资产的0.75%。此外，基金最多可支付年平均资产0.25%的服务费给那些为投资人账户提供持续服务的销售人员。因此，名义上免佣基金其实际费用可达到1%。

管理费是基金经理收取的用以补偿管理基金和挑选证券组合的一种持续性费用。顾问费是基金顾问收取的用以补偿为基金提供投资建议和推荐股票的一种持续性费用。这两种费用通常都是定期支付（按季或按年），并以占被管理资产的百分比来表示，直接从基金资产中扣除，因而会影响基金的业绩。如果是由同一个机构进行顾问和管理，就可以合并这两种费用，名为管理费用。

基金托管人因为要保管基金资产、处理支付以及其他职责，而向基金收取年托管费。此外，如果证券存放于别处，基金还要向外部存放机构支付费用。

最后，通常基金经理和托管人有权就它们所发生的下列费用得到补偿：

- 印刷年报和中报，对投资者发布公告（包括通过媒体公布基金价格）等的费用。

- 共同基金上市相关的费用。例如，在卢森堡，基金管理公司需要每季度支付相当于其净资产总额 0.06% 的税。
- 与共同基金分销许可证相关的费用。
- 年度或半年的审计费。
- 证券买卖费用。
- 托管人收取利息的佣金（根据兑现的利息总额）以及信托存款的佣金。

在美国，共同基金的一个优势是有严格的监管标准和披露的要求，其所有费用完全公开（见图 9-3）。而在其他地方，基金费用的确切名目很难找到，特别是明细费用。从基金招募说明书或者基金网页上或许可以获得一些有用的信息，但情况并非总是如此。特别地，如果想知道所有费用总的情况，必须索要费用率数据，也就是基金年营运总成本除以净资产。

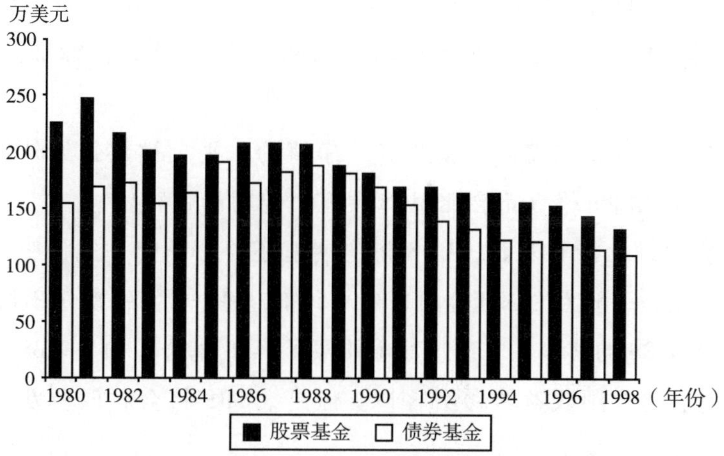

图 9-3　1980—1998 年美国基金投资者投资股票基金和债券基金的年平均成本变化趋势

另外一个有意义的数字是基金持有人总费用，它是基金购买者在一个年度内发生的所有费用（包括购买费用）之和，表示为占基金投资总额的一定百分比。对于免佣基金，基金持有人总费用就等于费用率。对于有佣基金来说，就必须加上销售费用。

9.6.2　案例：UBS 基金*

作为示例，我们看一下 UBS 基金管理公司所使用的费用结构。UBS 基金管理公司是欧洲一家领先的基金管理机构，最近重建了它的共同基金定价模型，从管理费用转变为总括费用系统。他们认为总括费用系统对投资者更加透明。需要区分三种情况。

- 当一个UBS的客户购买UBS的共同基金时，其内部客户顾问将负责收取发行佣金并提供服务，可以给顾客的发行佣金打一定的折扣。如果客户直接从位于卢森堡营业点处购买基金，理论上发行佣金可以免除。UBS每季将从基金资产中扣除一笔总括费用。总括费用大部分作为销售酬劳支付给内部客户顾问，剩余的部分用来补偿管理费用（在所发生的费用基础上，再加上足够的收益）、证券组合管理费用、营运费用（法律修订等），以及结算费用、托管和营销费用。第三方经纪人佣金、税、费并不包括在总括费用中，而是与总括费用分列，直接向基金投资者收取。最后，作为一般的原则，UBS没有赎回费。所以，当客户出售共同基金时不需要支付佣金。上述各程序中客户账户唯一可见的费用就是发行佣金，这部分费用减少了初始投资额。总括费用额是公开的信息，但鉴于它是在基金层面上扣减，所以直接减少了基金的资产净值，不会直接出现在投资者的账户中。
- 当一个非UBS客户通过外部分销商购买了UBS基金，标准过程会作如下调整：

（1）基金将在处于或者略高于基金资产净值的水平上被出售给外部分销商，然后，分销商可以以任何价格（不会比UBS便宜）出售给顾客。

（2）只要客户继续持有基金，UBS将定期返还给分销商一笔佣金。佣金的数额在分销协议中确定，一般为内部佣金的20%～50%，每季计算一次（不按时间比例）。

- 如果一个UBS的客户在二级市场上购买了UBS基金，如果UBS从降低的发行佣金中受益，它会将此项收益转移给客户。但是，UBS将会收取所发生的全部经纪费用。

9.6.3　美国基金费用结构的分析框架*

让我们用一个量化的框架来分析和比较不同的管理费用体系。为了简化数据符号，收益率以总收益率表示，即"1+净收益率"。总费用以每一美元基金投资和观察期末应支付的费用来表示，总费用函数F依赖于组合收益（RP）和基准收益（RB）。因此，如果投资于基金的金额是x，基金收取的美元费用为x·F(RP，RB)，投资者收到的美元金额为x·[RP－F(RP，RB)]。我们现在用这个模型来分析美国的投资基金。

在美国，1940年颁布的《投资顾问法》规定了允许支付给基金经理们的费用。

最初的法案禁止对注册的基金经理人根据基金每份额的资产净值的升值来进行补偿，除非所选的补偿基准已经对客户进行了充分的披露。

尽管没有确切的证据证明这种权利被滥用，美国证券交易委员会仍从国会争取到并在1970年开始对包括共同基金在内的所有投资公司实施完全禁止。因此，以业绩表现为基础的费用结构，例如那些用固定费用加超出指数表现的业绩提成模式，都被禁止使用。这解释了为什么“资产比例”管理费用占绝大多数，投资经理获得的是所管理的基金资产的一个固定比例费用。1997年，《纽约时报》估计，在5 400只股票和债券基金中，只有75只采用了不同的费用体系。在我们的模型中，这种固定比例费用可以表示为：

$$F(R_P;R_B)=b_1\cdot R_P$$

式中：b_1——非负常数，表示基本费用。

法案唯一的例外和被批准使用的以业绩为基础的费用是支点费，它是由基金根据基金组合实际收益（RP）和基准收益（RB）收取的费用，但它必须是对称的（即基金业绩低于基准时费用的降低方式与基金业绩高于指数时费用提高的方式相同）。线性的支点费到目前为止在实践中应用最为普遍。在我们的模型中，总费用可以表示为：

$$F(R_P;R_B)=b_1\cdot R_P+b_2\cdot(R_P-R_B)$$

这里，b_1、b_2为非负常数，分别表示基本费率和业绩提成调整费率。

在大多数情况下，支点费有一个最低值和一个对应的对称性所要求的最高值。也就是说，总费用随业绩调整的部分被限制在一定范围内。例如，如果我们假设总费用最低为零，最高值为$2\cdot b_1\cdot R_P$，那么总费用将是：

$$F(R_P;R_B)=\max\{0,\min[b_1\cdot R_P+b_2\cdot(R_P-R_B),2\cdot b_1\cdot R_P]\}$$

这个模型还可以有一些变形。有些基金会采取更低的最低费用，费用甚至为负数。还有一些基金的支点费使用更长的观察期（两年或三年）。

第二类重要的费用是（非对称性的）激励费。例如，对冲基金并不受支点费规定的约束，因为它们不是《投资公司法》的适用对象。对冲基金最为常见的费用结构是激励费高，基本费率低（b_2大，b_1小）：

$$F(R_P;R_B)=b_1\cdot R_P+\max[b_2\cdot(R_P-R_B),0]$$

不难看出，这个费用结构类似期权。可以说，基金经理购买了b_2份期权，根据组合的收益来决定是否换成基准的收益。这就好比是一个对基金收益的传统的看涨期权，唯一不同的是执行价格不是固定的，而是随着基准的变化而变化。

期权的这个类比告诉我们基金经理购买了一份看涨期权，同时通过控制基金而控制着这份看涨期权标的资产的波动。这会产生一些不良的副作用，它有可能鼓励投资顾问承担过量的风险，因为对于他们行为的不利结果他们可免于受到损失。这种费用结构还可能鼓励已经具有良好业绩记录的经理人不再承担风险，而是锁定收入，直到费用被支付为止（也就是他们执行了期权而又被给予一个新期权时为止）。

9.6.4　近期的发展趋势*

基金管理行业最近的一个趋势是同一共同基金向投资者提供不同类的基金份额。基金的结构是主体/供养结构：提供几种不同的基金，每种基金本身都有适用于某一特殊市场的费用结构和其他性质。这些供养基金都将其资产投资于另一个被称为主基金的基金。主基金然后将这些资产投资于证券市场。

通常：

- A 类基金份额收取前端费用。
- B 类基金份额收取后端费用，并随着投资年限的增加而逐年减少。也许是每年减少 1%，直到降到零。通常，含有 B 类份额的基金往往会提高它们的 12b－1 费用来补偿向投资者出售基金的经纪人。
- C 类基金份额不收取后端费用，通常也没有前端费用，而是由基金公司在投资者继续持有该基金的每一年里收取 1% 的费用（准确地说就是 12b－1 费用）。

不能归于任何特定类别的基金份额的费用在不同类份额之间按照净资产的比例进行分配。费用先是从相关类别的基金投资收入中扣减。可归于特定基金份额的费用直接从该类基金中扣除。

此外，还可以有机构客户份额和私人客户份额，其区别主要在于最低投资额（机构投资者的额度较高）和前端费用（私人客户费用较高）。

第 10 章　股票投资组合管理*

10.1　股票投资组合管理原则*

所有资产（以及股票）管理流程都依赖于几个构建模块，当使这些模块结合在一起时，就形成最终产品，即所管理的投资组合。三个主要的构建模块：

- 风险控制；
- 资产收益率预测；
- 投资组合创立。

本部分主要讨论这三个模块构建的原则。首先，说明用于评估风险的方法，关注风险定义和风险预测。其次，说明对未来资产收益率预测的一些综合考虑。最后，考虑投资组合创立方法，说明如何结合前两个模块来创建投资组合。

由于本章包含股票投资组合的积极管理和消极管理的内容，这里明确说明讨论的自我约束如下：

- 在对股票投资组合管理的说明中，关注单一国家的框架，因为不同国家之间的股票投资组合配置问题更像是资产类别之间的配置问题，而不是纯粹的股票投资组合管理问题。由于不考虑积极和消极股票投资组合管理的国际层面，所以也不再处理货币管理的问题。①②

- 当处理纯粹的股票投资组合管理问题时，重点关注基准的投资组合管理问题。在这个框架内，波动率作为风险衡量标准并不太严格。通过使用投资组合保险或战术配置等方法进行不同资产类别的配置，使绝对收益分配中所期望的不对称性③（经常由投资者提出）得到更彻底的解决。尽管投资者确实更喜欢正的相对收益率而不是负的相对收益率（相对于基准），但很难找到实现这种偏好的机会。在这个定义良好的框架内，能够使用现代投资组合理论的均值方差范式。

---

① 请注意，由于所有货币的衍生品和远期合约，投资组合的货币管理在很大程度上可以与其相关资产的管理分开。

② 国际股权管理详见国际投资和在险价值的内容。

③ 或者是一个正的偏态。

10.1.1　操作性风险*

在本节中，重点关注负责股票投资组合管理（相对于基准）的投资组合经理所感知到的风险。就绩效而言，很明显，管理人员必须根据所管理的投资组合收益率和基准收益率之间的差（即所谓的积极收益率）进行评估。[①] 对于投资组合经理而言，在均值方差范式中，这种以方差或标准差来衡量的积极收益率的波动性，被称为积极风险。

因为投资组合经理通常会与其他同行展开竞争，他们还面临另一种风险。如果其绩效低于同行的平均水平，那么拥有不同于同行的积极收益率可能是具有风险。本章只关注上面描述的积极风险。

请注意，投资者也承担积极风险（即其投资组合绩效可能与指定基准的绩效相偏离）。此外，与投资组合经理不同，投资者还承担基准的风险（即基准收益率的波动率超过无风险利率）。

10.1.1.1　广义追踪误差*

就积极收益率而言，应该清楚，其总体概率分布对投资者和投资组合经理都很重要。

- 如果投资组合与其基准之间的绩效存在系统性差异[②]，这与通常的平均高于或低于绩效的概念相对应。
- 关于积极收益率的波动率，被描述为积极风险。[③]
- 如果正的积极收益率和负的积极收益率之间存在不对称性[④]，那么就可以实现其对绩效优良相对于绩效不佳的偏好（一点也不令人惊讶）。

积极收益率的总体概率分布在广义上被称为追踪误差。遗憾的是，追踪误差的术语也经常用于更狭隘的意义上，只指以标准差评估的积极收益率的波动性。

10.1.1.2　狭义追踪误差*

狭义上的投资组合追踪误差是投资组合收益率与基准收益率之差的标准差。它是

---

① 使用积极收益率的术语有些不适当，因为所管理的投资组合和基准之间的收益率差异也是相关的，因此用于消极管理。

② 这是积极收益率概率分布的一阶矩。

③ 这与积极收益率概率分布的二阶矩有关。

④ 这与积极收益率概率分布的三阶矩有关。

衡量收益率之差波动性的指标。换句话说，它说明投资组合收益率在其基准收益率周围的波动性有多大或有多密切。

这个追踪误差的概念可以是向前看或向后看：

- 事前或前瞻性的追踪误差是向前看，预测在特定时期内投资组合与其基准之间收益率差的波动率。
- 事后或回顾性的追踪误差是向后看，衡量在过去特定时期内投资组合与其基准之间收益率差的波动率。

如果说一个投资组合的事前年度追踪误差为 2%，那就意味着该投资组合和基准之间的收益率差在未来 12 个月内的标准差预计为 2%。假设积极收益率服从正态分布，同时均值为零，这意味着：

- 有 2/3 的概率，在未来的 12 个月里，投资组合和基准之间的收益率差会落在 -2% ~ +2% 之间。
- 有 19/20 的概率，在未来的 12 个月里，投资组合和基准之间的收益率差会落在 -4% ~ +4% 之间。

请注意，这并不意味着收益率差是有界的。事实上，上面两句话也暗示着：

- 有 1/3 的概率，在未来的 12 个月里，投资组合和基准之间的收益率差会低于 -2% 或高于 +2%。
- 有 1/20 的概率，在未来 12 个月里，投资组合和基准之间的收益率差会低于 -4% 或高于 +4%。

同样地，说一个投资组合在指定时期内有 2% 的事后年追踪误差，就意味着在指定时期内使用适当的统计工具和数据进行了估计。下面将简要说明这些统计工具。

为了说明这一点，让我们考虑一个给定的投资组合 P，它相对于基准 B 有 N 个月的积极收益率观测值：

$$r_t^{P,B}\ (t=1,2,\cdots,N)$$

可以基于 N 个观测值，使用通常的标准差估计公式来估计投资组合的事后月追踪误差 $\sigma_m^{P,B}$：

$$\sigma_m^{P,B}=\sqrt{\frac{1}{N-1}\cdot\sum_{t=1}^{N}(r_t^{P,B}-r^{-P,B})^2}$$

式中：$r^{-P,B}=\frac{1}{N}\cdot\sum_{t=1}^{N}r_t^{P,B}$。

然后，可以将月追踪误差转换为年追踪误差 $\sigma_a^{P,B}$，应用以下公式：

$$\sigma_a^{P,B}=\sqrt{12}\cdot\sigma_m^{P,B}$$

这似乎很容易。然而，有必要提出一个重要的警告：上述统计公式的应用依赖于每月积极收益率随时间独立的假设。这是一个强有力的假设，但没有得到验证。现实可以很容易地找到不满足这个假设的例子，其特征是积极收益率的负（正）自相关性。当应用上述公式时，自相关性会导致对事后追踪误差的有偏估计，从而产生高估（低估）。

10.1.1.3　多因子模型方法*

要使事前追踪误差的概念具有可操作性，我们需要一个预测机制。多因子模型（MFM）的框架特别适合。

MFM 基于这样一个假设，即资产收益率是由其对一系列因子[①]收益率的共有但不同的敏感性以及每个资产的特定收益率成分决定的。

这可以用以下公式（线性组合）表示：

$$R_i = \sum_{j=1}^{NF} x_{i,j} \cdot F_j + E_i$$

式中：R_i——资产 i 的超额收益率[②]($i = 1, \cdots, N$)；$x_{i,j}$——资产 i 对因子 j 的风险敞口（每个 β 各自对应风险因子）；F_j——因子 j 的超额收益率($j = 1, \cdots, NF$)；E_i——资产 i 特定收益率（残差收益）。

使用向量符号，上式可以更简洁地重写为：

$$R_i = x_i' \cdot F + E_i$$

式中：$x_i' = (x_{i,1}, \cdots, x_{i,NF})$为资产 i 风险敞口的 1 × NF 向量，即 x 的向量（矩阵）转置；$F = \begin{bmatrix} F_1 \\ \vdots \\ F_{NF} \end{bmatrix} = (F_1, \cdots, F_{NF})'$为因子收益率的 NF × 1 向量。

这可以推广到投资组合 P，在这个框架中，组合 P 可以表示为每个资产的权重 w_i^P 的向量：

$$w_P' = (w_1^P, \cdots, w_N^P) \quad \sum_{i=1}^{N} w_i^P = 1$$

使用基本的线性代数，投资组合的收益率可以表示为：

$$R_P = x_P' \cdot F + E_P$$

---

① 资产收益率对共同因素的反应确认了这样一个事实：资产收益率往往是一起变动的，或者换句话说，它们是相关的。事实上，除了它们跟随市场的趋势外，人们可以很容易地观测到，规模较小的股票也倾向于一起变动，但其变动与市场（比如一个行业的股票、利率敏感的股票、小盘股等）不同。

② 资产的超额收益率是其总收益率减去同期的无风险利率。

式中：$x_{P,j}=\sum_{i=1}^{N}w_i^P\cdot x_{i,j}(j=1,2,\cdots,NF)$；$E_P=\sum_{i=1}^{N}w_i^P\cdot E_i$。

换句话说，投资组合对因子 j 的风险敞口是投资组合中资产风险敞口的加权平均值。同样，投资组合特定收益率也是其资产特定收益率的加权平均值。

给定关于因子收益率和资产特定收益率的直接随机假设①，可以证明投资组合的波动性以方差形式可以表示为：

$$V(R_P)=x_P'\cdot W\cdot x_P+s_P^2$$

$$s_P^2=\sum_{i=1}^{N}(w_i^P)^2\cdot s_i^2$$

式中：W——向量 F（即因子收益率）的协方差矩阵②；s_i^2——资产 i 特定收益率的方差。

本章重点讨论积极风险，即一个投资组合相对于其基准的风险。不失一般性，假设基准也是一个投资组合 B。投资组合相对于其基准的积极收益率为：

$$R^{P,B}=R_P-R_B$$

定义为追踪误差的积极风险是用标准差表示的积极收益率的波动性：

$$TE^{P,B}=\sqrt{V(R_A^{P,B})}$$

使用 MFM 方法，正式确定追踪误差的表达式为：

$$TE^{P,B}=\sqrt{(x_P'-x_B')\cdot W\cdot(x_P-x_B)+\sum_{i=1}^{N}(w_i^P-w_i^B)^2\cdot s_i^2}$$

或者，

$$TE^{P,B}=\sqrt{\sum_{i=1,j=1}^{NF}(x_{P,i}'-x_{B,i}')\cdot W_{i,j}\cdot(x_{P,j}-x_{B,j})+\sum_{i=1}^{N}(w_i^P-w_i^B)^2\cdot s_i^2}$$

请注意，本节不是要解释如何确定和估计 MFM 的。下一节将重点讨论如何使用 MFM 方法来预测事前追踪误差。

10.1.1.4　预测追踪误差*

在确定事前追踪误差方面，有复杂的统计技术来预测因子收益的协方差矩阵和所有股票的特定收益方差。它们的预测值分别表示为$\widetilde{W}$和$\widetilde{s}_i^2(i=1,\cdots,N)$。根据这些预测值与资产组合和基准的资产权重和因子风险敞口，我们就可以得到追踪误差的预测，或者换句话说，确定事前追踪误差：

$$\widehat{TE}^{P,B}=\sqrt{(x_P'-x_B')\cdot\widetilde{W}\cdot(x_P-x_B)+\sum_{i=1}^{N}(w_i^P-w_i^B)^2\cdot\widetilde{s}_i^2}$$

---

① 假设因子收益率和特定收益率是不相关的。此外，两种不同资产的特定收益率也被认为是不相关的。

② 其维度是 NF × NF。

最后一点值得一提。事前追踪误差是一种预测，因此它可能是准确的，也可能是不准确的。为了说明这一点，考虑一个有2%的事前追踪误差的投资组合，一年后，投资组合与其基准之间的绩效差异为 -4%。可以对这一事实提出以下两种解释：

- 首先，风险预测是正确的，一个非常不可能的（2个标准差）事件发生了。
- 其次，在很大程度上低估了风险预测值，使得 -4%的绩效不佳事件不太可能发生。

这两种情况都是合理的。然而，鉴于以前的事实，这两者很难区分。这导致人们观察到，MFM风险模型的用户很难评估该模型的表现，即它是否准确预测、低估或高估了未来的风险水平。

MFM框架的另一个好处，是当用方差表示时，它允许将事前和事后的积极风险分解为不同组成部分。使用前面的公式，得到：

$$
\begin{aligned}
(\widehat{TE}^{P,B})^2 = & \underbrace{(x'_{P,1}-x'_{B,1})\cdot\widetilde{W}_{1,1}\cdot(x_{P,1}-x_{B,1})}_{\text{因子1的直接风险贡献}}+\cdots \\
& +\underbrace{(x'_{P,NF}-x'_{B,NF})\cdot\widetilde{W}_{NF,NF}\cdot(x_{P,NF}-x_{B,NF})}_{\text{因子NF的直接风险贡献}} \\
& +\underbrace{\sum_{i=1,j=1,i\neq j}^{NF}(x'_{P,i}-x'_{B,i})\cdot\widetilde{W}_{i,j}\cdot(x_{P,j}-x_{B,j})}_{\text{所有因子的交互贡献}} \\
& +\underbrace{\sum_{i=1}^{N}(w_i^P-w_i^B)^2\cdot\tilde{s}_i^2}_{\text{特定贡献}}
\end{aligned}
$$

通过分析这些不同的组成部分，无论积极风险来源于对一个或几个因子的暴露，还是由于缺少多样化，人们都可以确定。

10.1.1.5　MFM和最优化*

对于大多数投资组合经理来说，开发MFM风险模型是不可能的，因为这需要大量的资源和专业知识。幸运的是，这些风险模型在商业上的价格都很合理。通过订购，投资组合经理会定期①获得以下通过风险模型所包含股票的数据：

- 对所有因子 $x_{i,j}$ 所有股票的因子风险敞口（$i=1,\cdots,N;j=1,\cdots,NF$）。
- 因子收益率的协方差矩阵预测 $\widetilde{W}$。
- 股票特定收益率的方差预测 s_i^2（$i=1,\cdots,N$）。

即能够预测追踪误差及其分解的所有必要信息。通常，风险模型的供应商也会提供执行所有风险计算的软件以及最优化工具，使充分考虑相关风险模型的所有信息来

① 通常是每月计算一次。

构建投资组合成为可能。

这些最优化工具求解以下问题：①

$$\underset{\{w_i^P:1,\cdots,N\}}{\mathrm{MAX}}\ \widehat{R}_A^{P,B} - v \cdot \widetilde{V}(R_A^{P,B}) \quad \sum_{i=1}^{N} w_i^P = 1$$

给定资产收益率的预测值，最优化工具确定资产权重集合，在减去 $v \cdot \widetilde{V}(R_A^{P,B})$ 项［$\widetilde{V}$ 为同一投资组合的预测风险（方差）］后，使最终投资组合的预测收益率最大化。参数“v”允许投资者用收益率来表示对预测风险的估值，投资者会在风险和承担风险的收益率之间进行权衡，给予风险一个比以前更大的负值。

这里可以看到，这种方法非常接近于在“现代投资组合理论”一章中讨论的选择投资组合的均值—方差方法。事实上，作为对同一最优化问题的求解，本章明确获得使夏普比率最大化的投资组合。“现代投资组合理论”一章，以风险资产的预期收益率和协方差为例，重点研究了投资组合多样化的最优方法，本章也通过处理收益率分布的估计问题来采用更适用的观点。

10.1.2 风险控制*

本节考虑两种主要的方法来间接或直接地控制投资组合的积极风险。第一种可以用最少的信息轻松实现，而第二种则需要使用风险模型。

10.1.2.1 最大权重偏差*

该方法包括在单个股票水平和/或一组股票水平上控制所管理的投资组合与其基准之间的最大权重偏差。例如，投资组合经理可以决定，其投资组合中不允许任何资产被赋予的权重比基准权重 $\underline{w}$ 大或小。换句话说，对于投资组合和/或基准中的所有股票，应遵守以下限制：

$$|w_P^i - w_B^i| \leqslant \underline{w} \qquad (i = 1, \cdots, N)$$

举一个通俗的例子，投资组合经理可以决定任何股票相对于基准的积极权重的绝对值不能超过 2.5%。

类似地，如果资产范围可以划分为 NC 个资产类别 $C_j(j = 1, \cdots, NC)$，投资组合经理也可以决定他不接受任何资产类别的权重比基准中的权重增加或减少的值大于 $\underline{c}$：

① 从技术上讲，这个最大化问题被称为二次程序（只要交易函数 TC 也是二次型和凸的）。

$$\left|\sum_{i\in C_j} w_P^i - \sum_{i\in C_j} w_B^i\right| \leqslant \underline{c} \qquad (j=1,\cdots,NC)$$

这些资产类别通常涉及国家、行业、价值/成长风格、大/中/小型股票，即具有独特收益行为特征的股票子集。通过限制这些资产类别的权重的调整幅度，可以限制投资组合与其基准之间收益率差的波动性。例如，投资组合经理可能不希望一个国家、一个行业/部门或价值型股票的百分比权重过高或过低。

有几点需要说明：

• 这种方法很简单，因为实现它仅需要如下信息：投资组合和基准中股票的权重，以及这些股票属于或不属于相关资产类别的事实。

• 常数限制值取决于股票或股票组合的潜在波动性以及投资组合经理的风险厌恶水平。对于给定的风险厌恶水平，资产收益率的波动性越高，被允许的权重变动幅度应该越低。

• 就风险而言，控制只是间接的，因为积极收益率的波动性本身并不是有针对性的。通过这些最大权重偏差，真正控制的是积极收益率对资产波动性的敏感性。换句话说，在最大权重偏差不变的情况下，所有资产的波动性翻倍，将导致积极收益率的波动性（即积极风险）翻倍。因此，对于资产波动性的变化而言，这种方法并非完美。然而，在资产波动性不变的情况下，最大权重偏差越小，最大积极风险就会越小。

• 对所有股票赋予单个最大积极权重偏差引发了一个有趣的问题。单个约束意味着波动较大的股票比波动较小的股票会有更大的积极风险。这再次说明，最大权重偏差只是风险的一个总代理指标。

• 相对于基准的最大权重增加和减少是被对称指定的。如果投资组合经理不能做空任何资产，那么这种对称性就被夸大了。在这种情况下，他在特定股票上所能达到的权重最大减少值是其在基准中的权重。

10.1.2.2 使用事前追踪误差*

如果投资组合经理能够使用风险模型，实施风险控制的一种简单而有效的方法是对所管理投资组合的事前追踪误差设置最大限制：

$$T\hat{E}^{P,B} \leqslant \underline{t}$$

与对前面的方法一样，这里也提出几点评论：

• 这种方法实现起来很简单，因为投资组合经理通常可以免除提供风险模型（包括所有的技术细节和复杂性）的负担。

- 同样，事前追踪误差的最大限制值取决于投资组合经理的风险厌恶程度。
- 与前面说明的方法相反，事前追踪误差的控制直接针对所管理投资组合的预测积极波动率。假设预测在某种程度上能够追踪真实波动率的变化，这意味着围绕基准的管理投资组合的偏差（以权重偏差来表示）会随着时间而变动，以适应这些变化的波动率。在波动率递增（递减）的时候，所管理投资组合的偏差相对于基准会越来越小（越来越大）。
- 控制事前追踪误差会考虑到（通过风险模型）股票波动性的差异，因此在控制风险方面做得更好。

可以考虑使用风险模型进行其他风险控制。可以增加对一个或几个因子的积极风险敞口或积极特定风险的额外限制。例如，投资组合经理可能希望限制其投资组合第 i 个因子的风险敞口，并同时设定一个最低限度的积极特定多元化水平：

$$|x_P^i - x_B^i| \leqslant \underline{x} \text{ 且 } \tilde{s}_{P,B} \leqslant \underline{s}$$

10.1.2.3　股票投资组合框架中的 MFM*

到目前为止，已经以一般术语讨论了 MFM 方法。本节希望在处理股票投资组合时，使因子特性更明确，从而以一种更合适的形式来重述该方法。讨论限制在一个国家的情况下。在单一国家股票投资组合模型的框架内，通常包括的因子有：

- 市场。
- 各种风格因子，如盈利率、股利率、市净率、价格动量、规模、收益修正等。
- 各种行业因子。

鉴于此，以向量的形式，MFM 可以表示为：

$$R_i = b_i \cdot R_m + y_i' \cdot S + z_i' \cdot I + E_i \qquad i = 1, \cdots, N$$

式中：b_i——股票 i 的贝塔①；R_m——市场（基准）的超额收益率；y_i——股票 i 对 NS 个风格因子的风险敞口向量；S——NS 个风格因子收益率向量；Z_i——股票 i 对 NI 个行业因子的风险敞口向量；I——NI 个行业因子向量。

例如，巴拉瑞士模型（BARRA Swiss model）②，它最初是利用 1985 年 1 月到 1989 年 12 月的数据，对有 250 只最大股票的大盘进行估计。该多因子模型由 8 个风格因子和 12 个行业因子组成。以下风格因子用于区分股票：

- 规模：大盘或小盘；

---

① 即股票 i 的市场因子风险暴露。

② 参阅 Beckers S.，Cummins P. 和 Woods C.（1993）关于巴拉瑞士模型的详细介绍。上述讨论与他们的论文关系紧密。

- 成功：使用价格动量最近成功或不成功；
- 收益率：高或低；
- 波动性：高或低的总体可变性；
- 价值：便宜或昂贵；
- 收益可变性：有低或高的收益或现金流波动；
- 成长性：有低或高的历史成长；
- 财务杠杆：有高或低的财务杠杆。

每只股票只属于以下12个行业中的一个行业：①

- 银行业；
- 保险业；
- 交通运输业；
- 百货业；
- 其他服务业；
- 机械业；
- 公用事业；
- 医药化工业；
- 食品饮料业；
- 电子行业；
- 建筑业；
- 其他行业。

在5年的估计时期内，所有横断面回归的调整后的R^2的均值为0.36。所有20个因子在同一时期内均具有统计学相关性。表10-1和表10-2给出可以用这种方法来实现的拟合结果。

表10-1　瑞士巴拉模型（Swiss BARRA Model），1992年8月回归结果

因子	相关系数	T-统计量
规模	-0.003	-1.06
成效	0.007	1.51
收益率	0.002	0.47
波动性	-0.005	-0.94
盈利波动性	0.011	1.73
成长性	-0.002	-0.32
杠杆	0.025	4.20
价值	-0.029	-3.93
银行业	-0.042	-4.40
保险业	-0.035	-5.19
交通运输业	-0.083	-3.37
百货业	-0.043	-2.39

① 行业因子风险敞口通常是虚拟变量（1或0），这取决于股票是否属于相关行业。在更复杂的MFMs（即美国BARRA）中，一只股票可能出现在多个行业；在这种情况下，它的行业因素风险敞口将为≥0及≤1，加起来为1。这些行业因子的风险敞口通常没有标准化。

续表

因子	相关系数	T－统计量
其他服务业	－0.049	－4.58
机械业	－0.055	－3.93
公用事业	－0.111	－5.73
化工业	－0.025	－2.76
食品和饮料业	－0.036	－3.29
电子行业	－0.076	－5.45
建筑业	－0.055	－3.20
混合型行业	－0.040	－3.08

表 10－2　瑞士巴拉模型（Swiss BARRA Model），因子收益率的显著性

因子	F－统计量	时间的百分比 Abs（T－统计量）>2
规模	7.30	45
成效	4.34	29
收益率	3.79	29
波动性	3.28	26
盈利波动性	2.47	24
成长性	2.31	17
杠杆	2.30	16
价值	2.07	18

请注意，1992 年 8 月的行业因子比风格因子更重要。随着时间的推移，这些因子共同控制了市场（市场是股票之间相关性的最强来源），这并不奇怪。然而，有实证证据表明，如果模型用市场因子进行估计，这些行业因子仍然比风格因子具有更强的解释力。

此外，通常假设市场收益率独立于其他因子收益率，并且股票特定收益率独立于所有因子收益率。根据这些假设，可以证明，积极收益率的方差可以表示为：

$$V(R_A^{P,B}) = (b_P - b_B)^2 \cdot V(R_m) + (y_P' - y_B', z_P' - z_B') \cdot \begin{bmatrix} W_{SS} & W_{SI} \\ W_{IS} & W_{II} \end{bmatrix} \cdot \begin{pmatrix} y_P - y_B \\ z_P - z_B \end{pmatrix} + (s_A^{P,B})^2$$

式中：W_{SS}——NS × NS 维风格因子协方差矩阵；W_{SI}——NS × NI 维风格因子与行业因子协方差矩阵；W_{IS}——NI × NS 维行业因子与风格因子协方差矩阵；W_{II}——NI × NI 维行业因子协方差矩阵。

例如，可以使用这个公式来分析 SMI 指数相对于 SPI 指数的追踪误差。① 下面的结果是基于截至 2000 年 12 月 29 日使用瑞士巴拉模型（Swiss BARRA Model）进行的风险分析。所分析的投资组合（P）是 SMI 指数，而基准（B）和市场组合是 SPI 指数：

- 预测贝塔 = 1.05
- 预测追踪误差 = 1.63

积极收益率的预测方差分解如下：

$$\widetilde{V}(R_A^{P,B}) = 2.64$$

$$(b_P - b_B)^2 \cdot \widetilde{V}(R_m) = 0.60$$

$$(y_P' - y_B') \cdot \widetilde{W}_{SS} \cdot (y_P - y_B) = 1.04$$

$$(z_P' - z_B') \cdot \widetilde{W}_{II} \cdot (z_P - z_B) = 0.90$$

$$2 \cdot (y_P' - y_B') \cdot \widetilde{W}_{SI} \cdot (z_P - z_B) = -0.77$$

$$(\tilde{s}_A^{P,B})^2 = 0.87$$

可以看到，追踪误差的三个较大贡献，依次递减，与风格因子积极风险敞口、行业和缺乏多样化有关。② 表 10－3 是风格因子风险敞口。

表 10－3　　风格因子风险敞口

因子敞口	SMI	SPI	差值
规模	0.121	0.015	0.106
成效	-0.039	-0.002	-0.037
收益率	-0.006	0.003	-0.009
波动性	0.042	0.004	0.038
盈利波动性	0.047	0.007	0.040
成长性	-0.028	-0.003	-0.025
杠杆	0.034	0.012	0.022
价值	-0.030	-0.006	-0.024

与 SPI 指数相比，SMI 指数稍微更专注于最近不太成功的大型股票。它对高收益、高价值、高成长型股票的影响略小。

行业权重如表 10－4 所示。

---

① 更准确地说，是跟踪误差的平方。

② 这并不奇怪，因为 SMI 指数只有 29 只股票。

表 10－4　　行业权重　　（单位:%）

行业权重	SMI	SPI	差值
银行业	20.30	19.03	1.27
保险业	15.50	13.49	2.01
交通运输业	0.31	0.53	－0.22
百货业	0.00	0.51	－0.51
其他服务业	5.17	6.43	－1.26
机械工业	0.40	1.87	－1.47
公用行业	0.00	0.52	－0.52
化工行业	35.86	33.36	2.50
食品/饮料业	14.10	12.36	1.74
电力业	6.90	7.55	－0.65
建筑业	1.00	1.50	－0.50
其他行业	0.46	2.85	－2.39

可以看到，失衡最严重的行业是化工行业、其他行业和保险业。

10.1.3　积极和消极管理*

10.1.3.2 将分别介绍积极和消极股票投资组合管理。在这里，简要地给出其定义。

10.1.3.1　定义*

投资组合管理的活动涉及证券市场上的交易。购买资产和负债是投资专业人员日常实践中固有的。区分以下两种类型的交易将有助于更好地理解消极管理和积极管理之间的区别：

- 第一类交易的目的是增加投资组合的期望收益率。[①] 在这些类型的交易中，对于期望收益率的提高，是含蓄还是明确地陈述、是否量化、是否实现，并不重要，重要的是预测收益率。通过交易提高投资组合的期望收益率意味着所购买资产的期望收益率高于所出售资产的期望收益率。至少，在买卖资产之间应该存在一个正的收益差的预期或预测。
- 第二类交易具有除了提高投资组合期望收益率之外的其他目的。第二类交易

① 也希望期望收益率能实现。

可能旨在控制投资组合的风险、筹集或投资现金。这些类型的交易可能依存于对风险、波动性等的预期，但不是依存于期望收益率。

有了上述交易的定义，现在可以将积极管理定义为有效使用两种类型交易的管理方法。换句话说，积极管理倾向于以绝对的或相对的方式增加所管理的投资组合的期望收益率。

相反，根据定义，消极管理只涉及第二种类型的交易。它不需要对资产收益率有任何预期或预测。

10.1.3.2　积极管理与消极管理*

尽管积极管理和消极管理的支持者之间的讨论一直很激烈，有时是对立的，[①] 但更现实的立场是认识到在投资管理领域两者都有一席之地。以下论点有助于澄清这个情况：

- 第一，积极的管理是提高市场效率的一个重要因素。正是通过所有参与积极管理的专业人员的所有努力，不断寻找证券中的潜力股，市场才如此（但不是完美的）高效。就资产相对评估而言，一个没有积极管理者的市场会像一个没有舵手的船一样只能随波逐流。对市场的积极管理正是经理施展才能的地方。

- 第二，积极的投资经理使用昂贵的资源和技能。一般从长期来说，如果市场完全有效，投资经理就无法在经济上维持生存。如果这样，那么主动的投资组合经理将无法提供正的积极收益率。换句话说，在均衡状态下，市场必须是最优的，但不是完全有效的，以便积极的投资经理能获得正的积极收益，从而证明他们的收入（管理费）是合理的。如果他们打算持续经营，至少非常需要这些收入来弥补其成本。

- 第三，必须记住，市场上如果只有积极的投资经理，根据其所管理投资组合的数量，会有一半的投资经理绩效突出，还有一半绩效不佳。有这么多绩效不佳的积极经理也不足为奇，因为市场包含所有积极经理对信息的解释，所以对任何积极经理的回报都与其相对地位有关，而与其绝对地位无关。换句话说，只有最好的积极经理才能期望提供正的积极收益率。

- 第四，有一些经验证据表明，成功的积极经理有长期绩效突出的经历。

- 第五，实证金融记录了一些系统的积极策略，至少在过去，这些策略可以提供正的积极收益率。这些策略都是基于所谓的异象。正如后面将描述的，目前尚不清楚这些异象是否存在效率低下的问题。

---

① 这当然是因为潜在的商业原因。

• 第六，尽管需要积极的投资经理来确保充分的市场效率，但这并不意味着每个投资经理都应该是积极的投资经理。存在相当一部分的市场被消极管理，但也能实现充分的市场效率。

换句话说，积极的投资管理对于市场有效运行是必要的。与此同时，没有证据表明，只要消极管理占整个市场的压倒性比例，就会妨碍市场有效运行。没有迹象表明目前已经达到了这样的状态。

与积极管理相比，消极投资管理相对于所管理投资金额的平均成本水平更低。消极投资管理具有巨大的规模经济效益。这意味着消极投资管理的管理费用会大大降低。此外，其他研究表明，与消极投资策略相关的无信息成本交易的交易总成本肯定更低。同样地，选择一个积极投资组合经理肯定比选择一个消极投资经理的成本更高、风险更大。消极投资管理的方法便于分析，并与管理的质量（即事后追踪误差的大小）相关联。

给定这些参数，投资者怀疑自己是否具有识别出一个成功的积极经理的能力，从而选择消极投资管理是完全合理的。与此同时，也有投资者认为自己能够识别出这样一个积极的投资组合经理，而且认为预期的突出绩效会证明所有额外的成本费用是值得的，这也是完全合理的。

总而言之，前面的论点应该给读者留下正确的印象，即这两种管理都有存在的空间，它们实际上是互补的。后文会更详细地介绍积极和消极股票投资组合管理。下面先说明投资者如何同时使用包含消极管理和积极管理的组合策略，特别是介绍大型养老基金投资者是如何将消极管理和积极管理结合起来运用的。

10.1.3.3　积极/消极管理相结合*

在过去，大型养老基金倾向于雇佣许多积极投资组合经理，委托其管理一个资产类别或跨资产类别投资组合。在许多情况下，如果不具有太大的相关性，不同投资组合经理的积极收益率就会多样化。最终结果是，总体绩效与基准绩效相差不大，但积极管理的成本很高。

针对这种令人不满意的情况，这些基金倾向于采取另一种投资结构，即核心/卫星办法。在这种新的结构下，把资产分为两部分：

• 一部分由被纳入养老基金全球战略基准指数的核心投资组合组成，因此只承担消极投资管理的成本。

• 另一部分是由一组更简约、更活跃和风险更大的投资组合（称为“卫星”）组成。这些积极投资组合的参考指数通常是养老基金全球基准的一些不相交的子集。

有了这样的结构，养老基金会：

- 降低其资产的管理成本，因为它为其中很大一部分（核心指数投资组合）支付消极投资管理费用。
- 对其积极投资组合基金经理之间的多样化影响较小，因为这些基金经理都在基金全球基准的不同部分运作。

请注意，这种结构给养老基金留下了在所有投资组合经理之间分配资产的重要问题。

10.2　股票投资组合管理*

10.2.1　积极管理*

10.2.1.1　一般原则*

(1) 超额收益率和风险

如前所述，积极管理的目的是创建投资组合，预期绩效会超过各自的基准。请注意，投资组合 P 的预期绩效是资产收益率的简单加权平均值：

$$\widetilde{R}_P = \sum_{i=1}^{N} w_P^i \cdot \widetilde{R}_i$$

可以证明，一个投资组合相对于其基准的相对绩效可以表示为：

$$\widetilde{R}_A^{P,B} = \widetilde{R}_P - \widetilde{R}_B = \sum_{i=1}^{N} (w_P^i - w_B^i) \cdot (\widetilde{R}_i - \widetilde{R}_B)$$

最后一个公式是有趣的，它表明在事前的基础上，投资组合绩效超过基准的唯一方法，是至少赋予一只预期绩效比基准更好的股票更大的权重，或赋予至少一只预期绩效比基准更差的股票以更小的权重。

实际上要使 $\widetilde{R}_A^{P,B}$ 严格为正，至少有一项资产必须满足如下条件：

$$(w_P^i - w_B^i) \cdot (\widetilde{R}_i - \widetilde{R}_B) > 0$$

这意味着：$w_i^P > w_i^B$ 和 $\widetilde{R}_i > \widetilde{R}_B$ 或者 $w_i^P < w_i^B$ 和 $\widetilde{R}_i < \widetilde{R}_B$ 必须成立。

还可以证明，投资组合的事前追踪误差可以表示为：

$$\widetilde{T}E_A^{P,B} = \sqrt{\sum_{i=1;j=1}^{N} (w_i^P - w_i^B) \cdot \widetilde{C}_{i,j} \cdot (w_j^P - w_j^B)}$$

其中，$C_{i,j}$——资产 i 和 j 收益率的协方差。

最后一个方程表明，为了寻求正的积极绩效，投资组合经理必须承担一些积极风险。如果不在所管理的投资组合与其基准之间以调低或调高一些股票权重的形式创造一定差距，就不可能期望有突出绩效，因此不可避免地接受正的事前追踪误差。请注意，只要存在严格的增持或减持（调高或调低权重），属于投资组合和基准的股票都会承担风险。这意味着所有不在投资组合中而在基准中的股票都承担积极风险。[①] 最后需要注意的是，积极期望收益率和事前追踪误差都取决于股票的积极权重，而不是取决于股票在投资组合中的绝对权重。

（2）最大化信息比率

积极管理是基于对所有股票的收益率预测。只要投资组合经理对自己的预测能力和他所承担的积极风险有一个清晰的认识，这些预测是隐含的还是明确的、是量化的还是非量化的，都不重要。对投资组合的收益率预测产生了应该遵循哪些原则的问题。

一个简单设想：投资组合的构建应该是有效的，也就是说，投资组合经理应该为每个单位的积极风险注入尽可能多的预期积极收益率。在采用这一原则之前，应该确保它不会导致投资组合经理承担不必要的积极风险。

投资组合经理通过采用最大化投资组合事前信息比率的积极管理基本原则，可以是有效率的，同时能控制积极风险水平。现在必须精确地定义这个新概念。投资组合 P 相对于其基准 B 的信息比率定义为投资组合预期积极收益率与其事前追踪误差之间的比率，即：

$$\widehat{IR}_A^{P,B} = \frac{\widetilde{R}_A^{P,B}}{\widetilde{TE}_A^{P,B}}$$

请注意，信息比率也是一个前瞻性的概念，因为它被定义为在一个指定的未来时期内两个期望值的比率。这一信息比率使用投资组合的积极风险水平对投资组合的预期积极收益率进行标准化，因此可以解释为每单位事前积极风险的预期积极收益率。[②]

现在想证明的是，最大化事前信息比率与选择追踪误差的水平无关。可以证明，对于任何给定的投资组合，都可以构造另一个具有相同信息比率和任何给定追踪误差的投资组合。

考虑一个投资组合 P，其事前信息比和追踪误差分别为 IR^* 和 TE^*。现在，对于任意水平的追踪误差 TE^0，必须证明存在一个具有相同信息比率 IR^* 但现在的追踪误差水平等于 TE^0 的投资组合。

---

① 因为这些股票的权重都被调低。

② 以与收益率具有相同维度的标准差进行衡量。

考虑一个投资组合 P(n)定义如下：

$$P(n)=B+n\cdot(P-B)$$

这个新的投资组合只是投资组合 P 的基准加上 n 倍的投资组合 P 的积极投资部分。可以证明：

$$\widetilde{R}_A^{P(n),B}=n\cdot\widetilde{R}_A^{P,B}$$

$$\widetilde{TE}_A^{P(n),B}=n\cdot\widetilde{TE}_A^{P,B}$$

因此，有：

$$I\widetilde{R}_A^{P(n),B}=I\widetilde{R}_A^{P,B}=IR^*$$

从这里开始，如果选择 n 等于 TE^0/TE^*，则投资组合 P(n)具有以下特征：

$$I\widetilde{R}_A^{P(n),B}=IR^*\text{ 且 }\widetilde{TE}_A^{P(n),B}=n\cdot\widetilde{TE}_A^{P,B}=\frac{TE^0}{TE^*}\cdot TE^*=TE^0$$

已经证明，给定任何投资组合 P，都有可能构造另一个投资组合 P(n)，具有相同的事前信息比率 IR^* 和一个预先指定的事前追踪误差 TE^0。这一结果很重要，因为它给了投资组合经理最大化事前信息比率的自由，同时又能选择他愿意承担的适当风险水平。

(3) 信息比率最大化和最优化

在前一节中，提到了多因子风险模型通常使用一个最优化工具，它通过求解以下问题来帮助建立投资组合：

$$\underset{\{w_i^P;i=1,\cdots,N\}}{MAX}\ \widetilde{R}_A^{P,B}-v\cdot\widetilde{V}(R_A^{P,B})\quad\sum_{i=1}^{N}w_i^P=1$$

下面将说明最优化工具的使用是完全符合最大化信息比率原理的。

用 O 表示最优化后的投资组合。根据最优化的定义，投资组合 O 的最大化函数值比其他任何投资组合 P 都要大。对于所有可能的投资组合 P，有：

$$\widetilde{R}_A^{O,B}-v\cdot\widetilde{V}(R_A^{O,B})\geqslant\widetilde{R}_A^{P,B}-v\cdot\widetilde{V}(R_A^{P,B})$$

假设有一个投资组合 Q 的信息比率严格高于投资组合 O。不失一般性，可以假设投资组合 Q 和 O 具有相同的事前追踪误差，因此其积极收益率的预期方差也相同：

$$I\widetilde{R}_A^{Q,B}>I\widetilde{R}_A^{O,B}\text{ 且 }T\widetilde{E}_A^{Q,B}=T\widetilde{E}_A^{O,B}\text{ 且 }\widetilde{V}(R_A^{Q,B})=\widetilde{V}(R_A^{P,B})$$

在相同的事前追踪误差下，投资组合 Q 能够达到更高的信息比率的唯一方法是表现出更高的预期积极收益率：

$$\widetilde{R}_A^{Q,B}>\widetilde{R}_A^{O,B}$$

通过从上面不等式的两边都减去 $v\cdot\widetilde{V}(R_A^{O,B})$，并认识到投资组合 Q 和 O 的积极收益率具有相同的预期方差，得到：

$$\widehat{R}_A^{Q,B} - v \cdot \widehat{V}(R_A^{Q,B}) > \widehat{R}_A^{O,B} - v \cdot \widehat{V}(R_A^{O,B})$$

最后一个不等式与投资组合 O 的最优化相矛盾，因此不可能找到一个信息比率严格高于最优投资组合 O 的投资组合 Q。换句话说，投资组合经理可以安全地使用最优化工具，并确保同时也最大化了其投资组合的信息比率。

（4）在投资组合中实现预期收益率

如前所述，积极经理的目标都是建立投资组合，根据他们对股票或股票收益率的预期，使事前信息比率最大化。下面讨论如何在投资组合中实现投资组合经理的预期收益率，以创造正的预期积极收益率。首先关注单只股票的收益率预测。

理解投资组合经理应该做什么的关键要认清这样一个事实，即他总是可以确保一只股票在投资组合和基准中具有相同的权重（$w_P^i = w_B^i$），从而抵消对单只股票 i 绩效的预期积极贡献；如果是这样，那么股票的预期积极贡献确实等于 0：①

$$\underbrace{(w_P^i - w_B^i)}_{=0} \cdot (\widetilde{R}_i - \widetilde{R}_B) = 0$$

换句话说，投资组合经理不能被迫建立一个具有负的预期积极贡献的股票头寸。在这些条件下，其目标是建立投资组合，让所有股票对积极收益率都有正或零的预期贡献。

假定投资经理始终可以持有基准并确保预期积极收益率为零，其目标是要建立具有正的预期积极收益率的投资组合。

$$(w_P^i - w_B^i) \cdot (\widetilde{R}_i - \widetilde{R}_B) \geqslant 0 \quad (i = 1, \cdots, N)$$

下面总结了投资组合经理应该如何根据其对投资组合中股票相对绩效的期望来增持或减持投资组合中的股票（调高或调低股票在投资组合中的权重）：

相对绩效	权重调高/调低	积极投资贡献
$\widetilde{R}_i > \widetilde{R}_B$	$w_P^i > w_B^i$	$\underbrace{(w_P^i - w_B^i)}_{>0} \cdot \underbrace{(\widetilde{R}_i - \widetilde{R}_B)}_{>0} > 0$
$\widetilde{R}_i < \widetilde{R}_B$	$w_P^i < w_B^i$	$\underbrace{(w_P^i - w_B^i)}_{<0} \cdot \underbrace{(\widetilde{R}_i - \widetilde{R}_B)}_{<0} > 0$
$\widetilde{R}_i = \widetilde{R}_B$	$w_P^i = w_B^i$	$\underbrace{(w_P^i - w_B^i)}_{=0} \cdot \underbrace{(\widetilde{R}_i - \widetilde{R}_B)}_{=0} = 0$
$\widetilde{R}_i ?\ \widetilde{R}_B$	$w_P^i = w_B^i$	$\underbrace{(w_P^i - w_B^i)}_{=0} \cdot \underbrace{(\widetilde{R}_i - \widetilde{R}_B)}_{=?} = 0$

① 请注意，它确实独立于投资组合经理对股票相对于基准的绩效预期。

前两行非常简单。为了创造正的积极贡献，投资组合经理应该增持一只预期绩效会高于基准的股票（调高权重）。同样，投资组合经理应该减持一只预期绩效会低于基准的股票（调低权重）。

第三种情况就不那么简单了。当投资组合经理期望一只股票的绩效与基准一样时，他应该将其权重设定在基准的水平上。这在一开始似乎令人惊讶，因为在所有情况下，无论股票权重是否调高、调低或保持不变，预期的积极贡献都等于零。那么，为什么这只股票应该相对于基准指数保持权重不变呢？答案可以直接从信息比率最大化的原理中得到。增持或减持这只股票可能不会影响投资组合的预期积极收益率，但它确实会对事前追踪误差产生不利影响。换句话说，它减少了信息比率，因为它保持分子不变，同时增加了分母。这种恶化直接违反了其最大化原理。

第四种情况与投资组合经理可能不知道一只股票绩效是否会优于或低于基准有关。与之前的情况一样，他应该在投资组合中中立地权衡这只股票，因为他同样不想在没有能够期待有额外的积极收益率的情况下承担额外的风险。

请注意，在考虑不同的资产类别时，本节在股票层面上讨论的关于实现投资组合预期收益率的所有内容都可以被推广。例如，如果一个资产类别①的预期绩效超过基准，那么应该调高其在所管理的投资组合中的权重。

(5) 股票权重调整幅度

到目前为止，已经讨论了如何实施主动管理，即一只股票在投资组合中的权重是否应该调高、调低或保持不变。但没有人提及股票权重调高或调低的幅度。对这个问题的最终回答要借助信息比率最大化原理。这一原理意味着有以下几个规则，可以帮助建立健全的投资组合，而不需要定量方法的明确帮助：②

- 给定两只股票具有与基准相同的正（负）预期相对收益率、收益率预测信心相同，对于风险越低的股票，权重调高（调低）的幅度越大。
- 给定两只股票具有与基准相同的正（负）预期相对收益率、风险水平相同，对收益率预测信心越低的股票，权重调高（调低）的幅度越小。
- 给定两只股票具有相同的风险水平和相同的收益率预测信心，对相较于基准的正（负）预期相对收益率越高的股票，权重调高（调低）的幅度越大。

尽管这些规则相对而言，对如何设置股票层面上的主动管理提供了一些精确性，但它们没有给出全面衡量的任何指示。这种衡量应该考虑到投资者的风险厌恶情绪，这样给定所承担的风险水平和投资组合的预期积极收益率，投资者感到很放心。

---

① 工业股或小盘股

② 对于所有这些规则，风险都是以边际贡献的方式来理解的。为了简化，还假设没有交易成本。

此外，必须记住，在投资组合中实现预期收益率必须尊重由投资组合经理选择或强加于其上的现行风险控制规则。

(6) 投资组合构建中的陷阱

当一个投资组合经理选择在不使用风险控制方法的情况下建立投资组合时，应该意识到这种做法中固有的一些陷阱：

- 首先，有一种建立同等加权的投资组合的普遍趋势。这可能意味着有未补偿的风险，特别是如果基准集中于少数股票时。例如，一个同等加权的 SMI 相对于 SPI 的追踪误差为 +5.33%。[①] 这是略小于实际 SMI 的追踪误差的两倍，其股票权重与 SPI 的权重一致。请注意，积极的特定风险来自于管理投资组合和基准之间的权重差，而不是来自在所管理投资组合中的绝对权重。例如，不放弃一只占基准比例为 12% 的股票，因为它不受欢迎，含有很多特定的风险。投资组合经理可能会选择简单调低权重持有，以避免风险过度。
- 有时，人们倾向于不推荐一个不受欢迎的行业中的股票。分析师并不认为这个行业的股票会跑赢大盘。但是，根据该行业在基准中的权重，投资组合经理可能不得不持有一些不希望持有的股票，从而实现多样化和避免风险。

10.2.1.2　使用因子模型的积极管理*

(1) 实现预期收益率

在多因子模型（MFM）的框架中，以形成对因子收益率和股票特定收益率预期，可以正式确认积极管理的收益率预测部分。当然，人们不需要作出所有这些预测。例如，投资组合经理可以限定自己仅预测因子收益率，而不预测股票特定收益率。

在 MFM 股票投资组合框架内，可以内置到积极投资组合中的预期收益来源主要有以下四个：

①基准时机选择[②]：投资组合和基准之间的贝塔值差异是积极收益的第一个来源。如果一个积极投资组合经理预测基准投资组合的收益率为正（$R_m>0$），则应该寻求投资组合实现超过基准的贝塔值（$\beta_P>\beta_B$）。同样，如果预测基准收益率低于无风险利率（$R_m<0$），则应该使得投资组合低于基准的贝塔值（$\beta_P<\beta_B$）。最后，如果投资组合经理对基准的超额收益率没有作出积极预测或者作出中性预测（$R_m=0$），则应该使投资组合的贝塔值等于基准的贝塔值（$\beta_P=\beta_B$）。否则，只会强加给投资者

① 截至 1996 年 8 月 30 日。

② 也被称为市场时机选择，因为大多数时候基准都是市场的代表。请注意，基准投资时机并不是一个纯粹的股票管理问题。它更多地与资产类别管理有关，因为它基本上是一个在现金和股票之间的资产类别分配问题。

一些积极风险，而没有任何获得收益的期望。

②风格因子选择：这里，积极收益的来源是投资组合和基准组合对风格因子的风险敞口的差异。如果一个积极的投资组合经理预测因子 j 的超额收益率为正（$S_j > 0$），则应该调大投资组合对风格因子 j 的风险敞口（$y_j^P > y_j^B$）。同样地，如果预测超额收益率为负（$S_j < 0$），则应该调小风险敞口（$y_j^P < y_j^B$）。如果没有作出积极预测或者作出中性预测（$S_j = 0$），则应该使投资组合和基准的因子风险敞口相等（$y_j^P = y_j^B$），从而避免承担无回报的积极风险。

③行业滚动轮换：积极收益的第三个来源是投资组合和基准之间的行业权重不平衡。如果一个积极的投资组合经理预测该行业超额收益率为正（$I_k > 0$），则应该调高第 k 个行业因子在投资组合中的权重（$z_k^P > z_k^B$）。同样，如果预测行业因子的超额收益率为负（$I_k < 0$），则应该调低权重（$z_k^P < z_k^B$）。如果没有作出积极预测或作出中性预测（$I_k = 0$），则投资组合与基准应使用相同的权重（$z_k^P = z_k^B$）。

④特定股票选择：积极收益的最后一个来源与股票的特定收益率挂钩。如果一个积极的投资组合经理预测股票 i 的特定收益率为正，则应该调高股票 i 在投资组合中的权重（$w_i^P > w_i^B$）。如果预测为负（$E_i < 0$），则应该调低权重（$w_i^P < w_i^B$）。同样，在中性预测或没有积极预测的情况下（$E_i = 0$），应该使用相同的权重（$w_i^P = w_i^B$）。

（2）投资组合构建的重要性

当投资组合经理在一个投资组合中列入权重不同于基准权重的股票时，就自动采用了对如下因子的积极风险暴露：

- 基准收益率；
- 风格因子收益率[①]；
- 股票所属行业因子收益率；
- 股票特定收益率。

需要注意非常重要的一点，即投资组合经理还对不包括在投资组合中的所有基准股票采用积极风险敞口，因为根据定义这些股票被调低了权重。就说明所采用的积极风险而言，这些股票与投资组合中出现的股票一样重要。

还要注意的是，投资组合经理很少能找到一个列入投资组合中的股票会使他要预测收益率的因子风险敞口正确，而使他没有预测收益率的因子风险敞口为零。

例如，投资组合经理可能喜欢一只股票是因为：

- 股票的特殊特点；

① 只要股票对风格因子的敞口异于零。

- 股票属于投资组合经理预期绩效突出的行业；
- 投资组合管理的质量。

同时，投资组合经理不喜欢一只股票是因为：

- 需要大额投资资金，而投资组合经理预期小型股会更好；
- 股票贝塔值小（$\beta<1$），而投资组合经理预期会有牛市。

这说明了投资组合经理确定积极投资组合中股票的头寸时所面临的困境。事实上，这只股票同时提供了期望的和不期望的因子风险敞口。由于喜欢的原因，投资组合经理想增持这样的股票（调高其在投资组合中的权重）；而由于不喜欢的原因，投资组合经理想减持（调低股票权重）。幸运的是，这种困境可以通过慎重构建投资组合来解决。

给定股票的预期收益率，投资组合经理的工作是找到一组股票，他期望这些股票平均绩效良好，如果赋予其足够的权重，会使得由此产生的投资组合表现出尽可能多的可行性：

- 对于期望收益率为正的因子，积极风险敞口为正；
- 对于没有预测或期望收益率为零的因子，积极风险敞口保持中性；
- 对于期望收益率为负的因子，积极风险敞口为负；
- 正的或负的股票积极权重取决于投资组合经理是否预期股票特定收益率为正或为负；
- 特定投资风险分散化。

在大多数情况下，不可能实现所有这些目标。然而，谨慎构建投资组合是很重要的，否则投资组合经理最终可能会破坏以收益率表示的通过隐含接受其他收益率为负的风险敞口所作出的所有良好预测的效果。

一个有趣的例子是，投资组合经理仅预测因子收益率，而放弃预测股票特定收益率。投资组合经理不可能在没有达到积极权重的同时实现特定股票的积极因子风险敞口。原因是没有现存证券会提供纯粹的因子风险敞口而没有特定收益率成分。这意味着，尽管投资组合经理只押注于各种因子，但他不仅要承担与各种因子相关的积极风险，还要承担积极投资组合的特定风险。这最后一个风险来源预计不会得到补偿，因为投资组合经理对股票特定收益率没有任何看法。当在这个框架内建立积极投资组合时，必须确保特定风险的充分多样化，以便投资组合特定收益率的噪声不会超过投资组合因子的相关收益率。

(3) 最优化

在多因子模型（MFM）框架内进行最优化通常意味着有最优化工具可用。如前所述，最优化工具求解以下问题：

$$\underset{\{w_i^P:i=1,\cdots,N\}}{MAX}\ \widetilde{R}_A^{P,B}-v\cdot\widetilde{V}(R_A^{P,B})\quad \sum_{i=1}^{N}w_i^P=1$$

投资组合经理应该把股票预期收益率数据输入最优化工具中。通常可以通过以下两种等价的方式来完成：①

- 直接提供预期收益率，即 $\widetilde{R}_i(i=1,\cdots,N)$。
- 间接提供预期因子收益率，即 $\widetilde{S}_j(j=1,\cdots,NS)$ 和 $\widetilde{I}_k(k=1,\cdots,NI)$，以及预期股票特定收益率，即 $\widetilde{E}_i(i=1,\cdots,N)$。

为了保持一致，即为了使最优化工具最后获得相同的最终优化投资组合，这两组预期收益率必须满足以下条件：

$$\widetilde{R}_i=y_i'\cdot\widetilde{S}+z_i'\cdot\widetilde{I}+\widetilde{E}_i\quad(i=1,\cdots,N)$$

最后有必要指出：当预期收益率的量化不是来自标准化后的量化方法，而是来自对判断方法的更松散的评估时，在使用最优化工具时必须小心。这个工具通常对单个预期收益率中的微小变化非常敏感。由于这个微小的变化，人们可能会得到一个出乎意料的不同投资组合。

10.2.1.3　基本面分析*

基本面分析无疑是更普遍的积极投资方法。其主要目标是识别价值被高估或被低估的证券。必须非常精确地理解这些定价不当的证券的含义。分析师要宣布股票价值被高估或被低估，必须对该证券有看法，这些看法必须：

- 不同于市场的观点；
- 被认为更接近（难以发现的）现实。

在这些条件下，当前股票的价格很可能反映了市场观点，而不会代表分析师观点的差异。随着未来发展，希望分析师的观点会比市场的观点更好，市场会意识到自己定价不当，并根据分析师对股票的新看法重新调整股票价格。这种价格调整相当于股票超出市场正常预期收益率的短期异常回报。这种异常回报的预期应该纠正分析师对股票相对错误估值的主观看法，通过设定积极权重将其纳入投资组合。

为了使这种情况顺利展开，需要满足两个条件：

- 首先，分析师必须正确理解股票上的相关差异；

---

① 我们还假设投资组合经理对市场收益率没有预测（$\widetilde{R}_m=0$）。

• 其次，新证据应该能提醒市场注意其错误看法，市场应该对这些新信息作出正确的反应。

第二个条件很重要，因为它提出了一个有趣的时机选择问题，因为通常很难预测新证据何时会出现，以及市场何时会对此作出调整。

当然，分析师也可能是错的。这样，预期的好消息就不会到来，预期的异常回报也就不会实现。在赋予股票积极的投资权重后，很明显，投资组合会受该股票其他消息的影响，自然承担波动性和由此产生的风险。

本节的目的并不是要详细说明基本面分析，因为其他部分会介绍。然而可以说，投资组合管理的主要焦点通常是对当前和未来（成长）时期的收益和股息进行预测。分析师的角色是确定市场是否高估/低估了当前收益和/或未来成长，是否高估或低估了所考虑股票的价值。

当然，有很多方法可以更精确地预测特定股票收益率：

• 对宏观经济环境的预测显然有助于更好地了解一家公司在不久的将来所处的经营环境。对周围经济（及其需求成分）的实际增长、通货膨胀、利率和货币将如何演变的看法，肯定会对不同的行业和不同的公司产生不同的影响，这取决于其活动和财务杠杆等。

• 除了宏观经济分析的影响之外，对一个行业结构的看法也可能非常有帮助。对当前和未来的收益率水平都很重要的因素包括：一个行业受保护或不反对新竞争对手的进入、现有竞争的强度、公司产品在行业内的位置、替代产品的存在和在开发线上未来产品的发展。

最后，对公司的详细分析当然是不可避免的。分析的很大一部分与对公司财务报表（资产负债表、损益表）的仔细研究有关。虽然这样的研究是基于过去的数据，但可以用来更好地评估未来。

还要注意的是，所有这些分析还应该针对所研究公司面临的风险给出更好的观点，以便投资者判断：给定其必须承担的风险，寻求预期的异常回报是否值得。

10.2.1.4　自上而下/自下而上的分析方法*

本节简要说明在基本面分析实践中使用的两种用于预测股票收益率的一般方法。最后，讨论在构建投资组合时遇到的一些问题。

（1）自上而下的方法

自上而下的方法首先依赖于对实际经济活动的演变、通货膨胀、利率期限结构和汇率等一般性经济情况的分析。从经济学家给出的一般情况分析中，投资策略师和分析师推导可能发生的金融情景，预测如下可获得的主要资产类别的绝对绩效：

- 现金；
- 短期债券；
- 中期债券；
- 长期债券；
- 股票。

他们还推荐一个资产配置，即为每个资产类别赋予权重。此外，负责特定市场的分析师提供：

- 对不同行业或部门相对绩效的隐性预测；
- 对特定股票相对吸引力的隐性预测。

这些隐性预测通常通过股票的行业/板块名单公布，投资组合必须买入或卖出的股票实现其相对基准的减持或增持（即调低或调高其权重）。这正是投资组合构建层面的问题。

（2）自下而上的方法

自下向上的方法首先依赖于对股票非常详细的和彻底的初步分析，以确定那些在随后年份应该表现出强劲成长的股票。由于进行这样的分析可能任务繁重，如果不加选择地应用于大量的股票，将消耗大量的资源，通常首先使用一些筛选方法来确定最有可能的候选股票。后续详细的初步分析旨在发现成长前景坚实但被低估的股票。初步分析往往忽略围绕着股票的短期噪音。从这个意义上说，这种方法比自上而下的方法的时间跨度更长。在这个框架内，自下而上的分析师倾向于将精力集中在由具有较高成长潜力的小盘股组成的市场板块上。由于这种情况集中在一小部分市场板块上，而且其时间跨度通常超出可用风险模型所允许的范围，因此投资组合的构建不能完全依赖这些风险模型的帮助。因此，投资组合经理倾向于创建权重大致相等的投资组合。

10.2.1.5　主观判断/定量管理*

在过去，主观判断资产管理通常一直反对定量管理。如今，随着许多定量方法（风险控制、筛选方法……）越来越经常被主观判断资产管理人员使用，这两者之间的区别越来越模糊。下面简要讨论主观判断管理和定量管理之间的主要区别：

（1）主观判断管理

股票的主观判断管理实践千变万化。它是一种基于定性和定量信息的管理风格，通常为股票收益率提供非量化的预测，而量化预测的缺乏意味着不可能应用一个完整的最优化方法来建立投资组合。但可以使用风险模型来评估积极风险。

（2）定量管理

股票的定量管理也是一个包含许多不同方法的领域。这些方法的共同点，是都完全基于股票的定量信息。在完全定量形式下，不使用任何定性或判断性的可用信息。换句话说，这些方法仅依赖于可用数据的一个子集。这一事实可以被认为是非最优的，而且是一种障碍。然而，定量方法有如下几个优点，希望至少可以弥补这一缺点：

- 可以在某一时间点或某一时期利用过去数据，以统一和标准化的方式[①]系统地应用于数百只甚至数千只股票。
- 可以在不被凌驾的基础上不带情感地应用。
- 更多地关注风险控制。在明确量化预测的情况下，充分使用最优化工具可以确保以系统的方式考虑预期积极收益率和风险之间的权衡关系。

10.2.1.6　市场时机选择*

（1）定义

当管理一个相对于纯股票基准的股票投资组合时，通常可以选择持有一些现金。[②] 换句话说，即使基准只与一种资产类别相关，也可以投资两种不同的资产类别。这样就有可能在现金和股票之间战术性地分配所管理的资产。这被称为市场时机选择。

管理市场时机选择的原则是直接根据积极管理的一般原则计算出来的。在陈述这些原则之前，必须定义一些符号。投资组合现金的权重用"$w_{现金}$"表示，现金的贝塔值为零（$\beta_{现金}=0$），假设股票投资组合的贝塔值等于 1（$\beta_{股票}=1$），可以证明投资组合的贝塔值（$\beta_{组合}$）等于：

$$\beta_{组合}=w_{现金}\cdot\underbrace{\beta_{现金}}_{=0}+(1-w_{现金})\cdot\underbrace{\beta_{股票}}_{=1}=1-w_{现金}$$

（2）原则

如果投资组合经理认为能够在一定程度上成功地预测基准相对于现金的相对绩效，那么按照积极管理规则，投资组合经理的做法应该是：

- 如果预测股票绩效比现金差，他就会持有一些现金。在这种情况下，投资组

① 不存在对几个分析师（每个分析师都有自己的偏见）的定性分析结果进行标准化的问题，这是主观判断。定性分析确保了分析的历史同质性，因为随着时间的推移可以应用同样的方法。

② 大多数情况下都会达到预先设定的最高水平。

合经理应该持有股票头寸，使投资组合的贝塔值小于1。投资组合 $\beta_{组合}$公式，这只有在 $w_{现金}>0$（即持有正的现金数额）时才有可能实现。

• 同样地，如果预测股票绩效会比现金好，他就必须确保持有负的现金，以使投资组合的贝塔值大于1。换句话说，必须借钱，以便更多地投资于股票，并通过杠杆获得更大的股票风险敞口。

• 最后，如果预测股票在绩效方面会与现金不相上下，则必须放弃现金持有，使投资组合的贝塔值（$\beta=1$）等于基准值。这样做，不会承担与基准波动率相关的积极风险；因为不能期望承担积极风险会获得任何回报，所以必须持有这一头寸。这种态度是唯一符合信息比率最大化的态度。

（3）评论

在大多数情况下，投资组合经理不允许借钱对投资组合进行杠杆管理。这就造成了一种不对称的情况，即投资组合经理只有在认为股票绩效低于现金时才会承担积极风险。

打破这种不对称性的一种方法，是当预期基准绩效要好于现金时，投资组合经理只持有股票，并确保股票投资组合的贝塔值大于1。这样做，能够创建所需的相对于基准的积极风险敞口。

请注意，迫使投资组合的贝塔值大于1可能会与择股产生积极或消极的相互作用。例如，出于股票选择的原因，投资组合经理可能更喜欢贝塔值较低的股票，而不是贝塔值较高的股票。迫使投资组合的贝塔值提高到更大的值（>1）将推动其减少低贝塔值股票的权重，而增加高贝塔值股票的权重。这很可能会导致择股带来较低的预期积极收益率。

当投资组合经理担心股票相对于现金绩效不佳、认为有必要筹集现金时，他也必须放弃择股带来的积极收益，因为现在这种择股只适用于整个投资组合的一小部分。缓解这种损失的一种方法，是如果与基准相关联的期货确实存在，则使用期货保护。如果是这样，投资组合经理将继续全部投资于股票（并且不会放弃任何股票选择带来的预期回报），并卖出期货，以正确确定投资组合的贝塔值。

10.2.1.7 行业配置*

由于在单个国家范围内，解释风险最有力的因子是与行业/板块相关的因子，因此通常把行业配置与股票选择分开讨论也就不足为奇了。①

① 特别是在自上而下的方法中。

不同行业之间的绩效可能会有很大的差异。例如，2000 年美国绩效最好的部门公用事业板块（+59.5%）和绩效最差的部门技术板块（-40.0%）之间有 100% 的绝对绩效差异。就相对价格变化模式而言，各行业平均表现出 1 个月的价格变化势头和半年的价格反转。这表明，行业之间的轮换应该比风格因子更频繁。

不同行业对商业周期的敏感性也不一样。一些与非必需消费支出相关的行业（如汽车行业），在经济低迷的情况下，销售额会急剧下降。如果消费者感到威胁，或者受到当前经济状况低迷的影响，他可以很容易推迟购买新车。对于其他更直接的消费品，任何延期都会立即影响消费者的健康，销售额的下降通常不会那么突然。换句话说，不同的行业对商业周期的变化有不同的销售敏感性。这并不是商业周期影响行业收益的唯一渠道。行业收益受到的影响还取决于固定成本与可变成本之间的比率以及财务杠杆率。类似的销售额下降可能会导致收益率下降不一样，这取决于这些比率。

不同行业对商业周期的反应间接体现在其不同收益率对市场的敏感性（贝塔），部分行业的敏感性系数列示如下：

- 证券和资产管理：1.38
- 半导体：1.23
- 电子设备：1.08
- 杂货店：0.76
- 烟草：0.73
- 公用电力：0.62

10.2.1.8　股票选择*

在预测收益率方面，大多数主观判断方法都没有提供明确的量化收益率预测。通常要么提供股票的序数排序，要么更明确地提供股票推荐名单。利用这些信息，投资组合经理应按照前面说明的原则构建投资组合。

本节不会进一步详细介绍这些排名和名单是如何建立的，因为本书的不同章节会介绍判断性的股票分析方法。

（1）定量管理

本节介绍几种定量选股方法。首先，考虑基于单一标准的筛选方法。然后，考虑几个标准，通过说明这些标准如何在实践中被整合为复合标准，对定量方法进行归纳。

（2）单一标准筛选

单一标准筛选管理按以下步骤进行：

- 给定股票的财务特征（即某种因子暴露），在时间 t，按降序排列投资范围内的股票；
- 把这些股票分成不同的十分位数组，按降序排列；

- 最终计算从 t 期到 t+1 期每个十分位数组的平均绩效；[①]
- 给定数据可用，对从 t 期到 t+1(t=1,…,T)期的所有时期重复上述步骤。

在这个方法的最后，可以检验不同十分位数组股票的平均收益率在统计上是否显著有差异。例如，如果高十分位数组股票和低十分位数组股票之间的平均收益率差异显著并且严格为正，这就表明高十分位数组股票的绩效呈现优于低十分位数组股票的趋势。

这里的技巧是要识别出一种股票特征，其高十分位数组股票的绩效始终优于低十分位数组股票的绩效。[②] 该方法的预测部分是基于这样的假设，即过去高十分位数组股票好于低十分位数组股票的正的相对绩效在未来仍然保持不变。简单预期过去的行为会延续到不久的将来，从这个意义上来看，这样的预测很幼稚。主要的风险是，假设可能并不成立。

接下来的想法是从高十分位数组股票建立一个股票投资组合，丢弃现有投资组合中低十分位数组的股票。从这里开始，可以考虑构建投资组合的不同方法，这取决于基金经理是否试图明确地预测或量化每只股票的积极收益率。

第一种方法是建立一组属于高十分位数组的理想股票和一个来自低十分位数组的不受欢迎股票名单。根据不受欢迎的股票名单来丢弃投资组合中已经存在的股票。然后，可以使用启发式规则或最优化工具来构建投资组合，以控制风险。

第二种方法是对每个十分位数组中的股票作出明确的预测。例如，可以考虑以下期望（不管怎样有点幼稚）：每个十分位数组股票的过去平均绩效会延伸到不久的将来。经理将对每只股票给出相当于其过去平均绩效的预测。然后，可以充分使用最优化工具来建立投资组合，并平衡与预测的积极收益率相关的风险。第二种方法的危险之一，是预测收益率的方法相当粗糙，对十分位数组股票收益率趋势的任何快速变化反应非常缓慢。

（3）综合筛选

到目前为止，已经考虑了基于单一标准的筛选管理。在现实生活中，有许多标准，可以展现可利用的收益率模式。这就提出了如何将这些不同的标准整合成一个单一的复合标准的问题。不幸的是，这个问题并没有真正很好的答案。这是因为每个标准的鉴别能力都是单独断言的，而没有考虑到其他标准。不同标准的鉴别能力可能确实会是相关的。如果经理不谨慎，可能会认为这些标准的解释力超过了它们的实际作用。

---

① 通常是在同等权重的基础上。

② 在某种程度上，它几乎不能确定累积收益率呈正趋势的单个因子，并将其资产风险敞口作为标准。

获得复合分数的一种常见方法是为每个标准添加每只股票所属的十分位数。表 10－5 是这个方法的一个示例：

表 10－5

股票	标准 1（十分位）	标准 2（十分位）	复合分数
A	1	2	3
B	3	6	9
C	2	3	5
D	6	9	15
…	…	…	…

根据单一标准筛选的第一种方法，可以使用综合评分建立投资组合。如前所述，这个整合方法并不是无风险的。

- 如果两个标准高度相关，这意味着它们加在一起不会比每个标准的鉴别能力更强。然而，整合方案将给事实上的单一标准赋予双倍权重，其结果是风险过度暴露于这一标准。
- 如果两个不相关的标准具有显著不同的鉴别能力①，综合分数赋予这两个标准相同的权重，这与一个鉴别能力比另一个更强大的事实不一致。

整合标准的另一种方法，是根据上一节中描述的第二种方法，为每个单一标准加上明确的预测。如果个体标准是相关的，这种方法也会受到同样的批评。然而，不相关的标准加上明确的预测，以一种合理的方式考虑了单一标准之间鉴别能力的差异。

10.2.1.9　异常现象（异象）*

（1）定义

如果股票市场是有效的，股票收益率不应该在一段时期内呈现出如资产定价（风险）模型所称的任何系统性差异。换句话说，例如，如果资本资产定价模型（CAPM）是相关的风险模型，那么一旦考虑用股票贝塔值来解释它们，这些差异就会消失。

在过去的 20 多年里，实证研究表明，许多不能用 CAPM 来解释的股票收益率系统性差异随着时间的推移在统计上是显著的。这些发现提出关于市场效率的问题。遗憾的是，人们还无法明确地回答这些问题。如前所述，随着时间的推移，股票收益率

① 例如，第一个准则的第一十分位数组股票和最后十分位数组股票之间的过去平均绩效差异为 +5%，而第二个准则的相同数字为 +2%。

的任何显著系统性差异都可以由下列因素来解释：

- 资本资产定价模型中固有的股票风险特征差异；和/或
- 市场无效率。

由于不可能确定哪一种是真正的资本资产定价模型，所有设计用于检测收益率系统性差异的检验都以所选择的风险模型为条件。换句话说，当检测到这种系统性的差异时，它可能是由于：

- 市场无效率；和/或
- 资本资产定价模型的设定错误。

在这些条件下，不可能确定市场确实无效率。因此，这些令人不安的实证证据被称为“异象”，而不是市场无效。

（2）类型

本节简要地介绍一个已提请金融界注意的非详尽异象清单。重点关注美国资本市场的情况，因为它是最好的纪录。对于大多数的异象，在其他主要股票市场中也发现了类似的股票收益率变化模式。以下是美国市场过去发现的主要异象的总结，这些异象自发现以来有的已经消失，有的还没有消失。

①公司规模。在 20 世纪 80 年代初，有研究表明，一家公司的市场价值是一个标准，可以帮助区分股票收益率，或者更准确地说，小公司比大公司呈现出更加优良的绩效。从那时起，证据更加复杂，因为大公司长期绩效超过小公司。这并不与这样一个事实（即公司规模是衡量股票收益率差异的一个鉴别标准）相矛盾，即使这个标准的作用方向现在还不太清楚。进一步的研究还表明，规模异象通常发生在 1 月的上旬，可能与美国 12 月发生的减税销售有关。

②季节性。通过实证研究发现了几种季节性异象。这些异象表明，股票收益率平均而言不会随着时间的推移而保持不变，或者换句话说，它们表现出季节性模式。这些季节影响的时间范围从一年、一周甚至到一天：

- 在一年内，1 月的绩效往往好于其他月份。1 月效应提到的异象主要集中在小企业的股票上。
- 在一周内，平均而言股票收益率在周一为负，其他几天为正。[①]
- 在一天内，股票价格根据一周的不同日子呈现出有趣的模式。一周中几天之间的收益率差异有很大一部分发生在交易的第一个小时。此外，平均而言最后一小时的交易特征是收益率为正。

---

① 请注意，周一的收益率是根据周五至周一之间的收盘价计算出来的。换句话说，所谓的周一收益率包括了周末。

③评价标准。财务评价标准在过去已呈现出对未来股票收益率的鉴别能力。在过去收益率更高（市盈率更低）或账面价格比率更高的股票，比收益率更低（市盈率更高）或账面价格比率更低的股票表现出更高的收益率。[1]

④过去相对绩效。股票过去的相对绩效也有助于预测未来的相对绩效。这些预测关键取决于用于评估过去相对绩效的时期：

- 当对过去的相对绩效进行评估短于 1 个月时，绩效优良（不佳）的股票在随后的相同时期平均倾向于表现绩效不佳（优良）。
- 当对过去的相对绩效进行评估超过 1 个月但少于 1 年时，绩效优良（不佳）的股票在随后的相同时期平均仍倾向于表现绩效优良（不佳）。
- 当对过去的相对绩效进行评估超过 3 年时，绩效优良（不佳）的股票在随后的相同时期平均倾向于表现绩效不佳（优良）。

换句话说，在第一种和第三种情况下，股价似乎会受到价格逆转的影响。采取“反向投资”策略，卖出价格会上涨的股票，买入价格会下跌的股票，应该能够提高绩效。在第二种情况下，股票价格似乎表现出价格的增长势头。在这里，成功的策略包括买入价格会上涨的股票，卖出价格会下跌的股票。

⑤收益惊喜。当一家公司公布其业绩和收益时，会有一个惊喜的空间，因为公布的数据可能与市场预期不同（呈现正的或负的差异）。[2] 在过去，有正（负）惊喜的股票，即公布的业绩比预期更好（更差），在业绩公布后的相当长一段时期[3]仍然表现出平均正（负）的相对绩效。尽管这些相对价格变动中有很大一部分发生在消息发布之后，但令人惊讶的是，这些相对绩效会持续相当长一段时间。[4] 如今，这种异常现象几乎已经完全消失了。在业绩公布后，价格调整几乎会立即发生。在最初的调整之后，那些经历过正（负）差异的股票之间的相对绩效平均没有差异。

⑥预期收益的变化。在过去，市场预期收益率发生了正（负）的变化[5]，随后未来几个月呈现正（负）的相对绩效模式。当然随着时间变化，所有这些在过去发现的收益模式差异并不是有规律的。这些结果集中于估计期间统计上显著的平均值。这并不意味着每月都可以观测到这些收益率差异。自从业绩公布以来，其中一些异象消

---

① 在从 1997 年底开始至 2000 年 3 月结束的期间，发生了非常强烈的相反现象，其特征是收益率（或账面价格比率）更低的股票绩效更优。同样，这些评估标准在鉴别股票收益率方面仍然效力非常强大，即使许多市场参与者对相对绩效的逆转感到惊讶。

② 像 I/BE/S 或 First Call 这样的机构收集分析师的收益率估计值，并提供这些估计值的汇总统计值。平均估计值最能代表市场对预期收益率的看法。

③ 几个月。

④ 例如，用 I/B/E/S 或 First Call 的一致平均值来衡量。

⑤ 也许当系统地利用时，无效率就像预期那样消失了。

失了，其中一些持续存在，而另一些则逆转了。[①]

上述所有异象都可以用以（财务）特征区分的两组股票随后表现出的绩效差异来描述。这给出了一些简单的积极策略[②]，它们旨在创造正的积极绩效。如果未来异象持续下去，就可以增持预期绩效优良的股票，而减持预期绩效不佳的股票。换句话说，这足以使投资组合向所期望的（财务）特征倾斜。这种策略的风险，是异象可能会消失或逆转，异象发生逆转会造成积极绩效不佳。请注意，前面描述的单一标准筛选[③]是利用这些异象的一种方法。

10.2.1.10　技术面分析*

（1）定义

投资的技术面分析方法依赖于这样一种观点，即价格变化会遵循一些趋势和模式，这些趋势和模式反映了投资者对经济、金融和心理影响力的态度。还有一个前提，是投资者态度的变化随着时间的推移足够稳定，因此这些价格趋势和模式会重复出现。技术面分析，以其最简单的形式[④]，研究过去的股票价格，以在早期阶段识别出这些会重复出现的趋势变化和价格模式，进而预测未来的价格走势。直到有足够的证据确定趋势逆转，投资者一直可以保持积极的投资头寸。

（2）效率和基本面分析

请注意，认为价格波动中有反复出现的模式，可以帮助投资者控制市场，这与市场效率性的概念相矛盾。从效率的角度来看，这种模式很快就会被利用，因此套利机会很快就消失。最近，技术面分析得到了行为金融学（认为投资者的行为并不总是理性的，并坚持投资者的非理性）的稳健支持。来自一些异象（价格动量、价格反转）的经验证据也为基于过去价格的价格可预测性概念提供了一些支持。潜在的技术面分析还认为，基本面分析对于成功的投资策略并不是必需的。技术面分析并不关注发挥作用的潜在经济力量，它只能研究价格变化所揭示的市场评估。

（3）使用的方法

如前所述，技术面分析的目的是尽快识别出趋势的变化，以便投资者能够尽快利

---

① 例如，从1997年12月底到2000年3月，美国收益率的异常现象确实出现了强劲的逆转。在此期间，高收益率股票的绩效严重低于低收益率股票的绩效。

② 一些投资组合经理已经取得了一些成功。

③ 参阅10.2.1.8。

④ 更复杂的技术分析还使用了过去价格以外的指标，如情绪指标（来自业内人员、咨询服务机构）、基金流动指标（共同基金、养老基金的现金头寸、新股票发行、保证金债务……）和市场结构指标（成交量、市场广度）。

用这些趋势变化模式进行投资。由于价格总是有起伏，所以趋势上的一些区别是有用的。

①三种不同的趋势：

• 主要趋势通常持续 1 ~ 2 年，反映了投资者对经济周期中正在展开的潜在力量的看法。

• 中期趋势，已知持续 3 周到半年，是主要趋势的暂时中断，对于确定主要趋势是否正在发生逆转很重要。

• 短期趋势持续 1 ~ 3 周，其性质更为随机，因此更难以识别。

要说明在技术面分析中用于确定趋势变化的所有方法当然超出了本节的范围。

②几种广义类型的分析方法。

• 波峰—波谷方法：这种方法是分析中期趋势的一种方法，与主要上升（下降）趋势有一系列上升（下降）波峰和波谷的观点有关。这样一系列趋势的中断都被解释为主要趋势变化的信号。

• 价格模式：在这里，基本的想法是趋势的变化通常发生在过渡时期，这是由非常具体的价格模式发出的信号。这些非常具体的价格模式一旦形成，就被认为是趋势发生逆转或继续出现趋势的信号。有许多这样的价格模式，比如头肩形、双重顶和双重底、喇叭形、三角形、旗帜形、三角旗形、缺口形……

• 移动平均线：移动平均线是平滑统计值，使趋势在应用于价格时间序列时更具可读性。中期移动平均线（200 天）的方向变化或价格交叉被认为是趋势变化的指标。使用指数移动平均值和围绕均值线范围的更复杂方法属于这一类。①

• 动量：为了得到更及时的价格趋势变化信号，市场技术人员提出了加速或减速的价格动态指标。这些指标背后的观点，是通常上升（下降）趋势在经历逆转之前，会经历一些向上（向下）动量的损失。典型的动量指标是变化率（ROC）统计量，它衡量在一个预定义时期价格变化的百分比。变化率（ROC）的上升（下降）通常被解释为看涨（看跌）的信号。更复杂的指标，如相对强弱指标（RSI）、移动平均聚散指标（MACD，也称平滑异同移动平均线）和随机指标，是市场技术人员使用的其他动量工具。

• 点数图：一些技术人员不是用 x 轴表示时间和 y 轴表示价格的图形来描绘时间序列，而是用另一种被称为点数图的方法来表示这种演变。点数图与标准图有两个不同之处。首先，图上只记录了最小振幅的价格波动。其次，当出现价格反转时，时

---

① 比如布林带（Bollinger bands）。

间向前进一个“单位”。这些图的解释方法与其他图相似。

上面列出的方法并非全部。这些方法也可以组合使用，基本上是时机选择方法。在单一股票水平和指数水平上都可以使用这些方法，这些方法也可以用于利率和汇率分析。[①]

市场技术人员也喜欢使用交易量数据，因为这些数据被认为是衡量投资者态度变化强度的一个指标。通常交易量在股价反弹时增加，而在股价下跌时减少。例如，价格上涨导致的交易量下降可以被解释为趋势逆转的早期预警。然而，在采取行动之前，必须通过直接根据价格获得的类似指标来确认信号。

10.2.1.11 专门管理*

一些积极投资组合经理专门研究股票特定板块，如价值股、成长股或小盘股。

本质上，按照同样的一般原则，对这些板块进行积极管理。这并不意味着股票之间的鉴别标准或因子（以随后的收益率来衡量）对每个板块的适应性可能不完全相同。[②] 以下是一些异常的例子，随着所使用的股票子集不同，适应性也不同：

- 相较于成长型股票，收益率更适合价值型股票；
- 相较于价值型股票，收益率修正更适合成长型股票；[③]
- 价格动量似乎更适合（成长型）小盘股。
- 短期价格反转对小型成长型股票更为有效。

投资方法也可能很重要。例如，自下而上的分析似乎更适合小盘股。

10.2.1.12 增强型指数化*

收益率增强型指数化包含几种积极投资方法，其中投资组合经理试图通过承担非常有限和受控的积极风险来提高指数化基金的绩效。没有使用明确的或量化的收益率预测。投资组合的构建仅用于控制风险。这种类型的积极管理在获得积极头寸方面通常不那么积极。

（1）股票和期货市场之间的套利

这种方法提高了收益率，并依赖于股票现货市场和期货市场之间潜在的错误定价。这是一种纯粹的套利方法，这意味着所承担的风险几乎不存在。

---

① 在最近的一篇文章中，Scaillet 和 Bajgrowicz（2008）发现，考虑到交易成本，几乎不可能基于技术交易规则的大量组合构建能够产生显著的风险调整收益率策略。Scaillet O. and Bajgrowicz P. Technical trading revisited: persistence tests, transaction costs, and false discoveries. Swiss Finance Institute, 2008. 5。

② 因此专业化。

③ 尤其是小盘股。

根据期货市场相对于股票现货市场的相对估值，投资组合经理将指数化投资组合转向最便宜的选择，只要估值的差异大到足以补偿交易成本。

例如，假设一个期货合约相对于其公允价值有足够的折扣。[①] 投资组合经理会出售股票指数投资组合，换成廉价的期货合约。因为能够在未来合约到期时以公允价值实现未来合约，通过这样做，确保了与期货合约贴现率相当的正的超额收益率。

但这只是保证在期货合约到期期间获得的最低超额收益率。随后，期货合约的相对估值可能会在其到期前表现出足够的溢价。在这种情况下，投资组合经理会通过完成期货合约并回购股票投资组合来调换头寸。因此，所获得的超额收益率等于在购买期货合约时的折扣，加上出售时的溢价，减去交易成本。这是在期货合同到期前实际获得的。

为了实现这种套利，必须满足以下几个条件：

• 期货合约应以所使用的指数为标的。如果不是这样，那么在评估期货合约被错误定价的程度是否被足够大时，必须考虑到期货合约相对于所使用指数[②]的追踪误差。大多数时候，这个追踪误差太大，以致无法利用实际的期货折扣或溢价。

• 实际股票投资组合应被严格指数化。否则，追踪误差会扩大在不承担过多风险的情况下进行套利所需的期货错误定价。实际上，应该使用完全复制方法。

• 证券交易所中股票的流动性和交易组织应与套利的实施相兼容。这意味着指数中所有股票的交易对市场影响很小，并且与期货交易有足够的同步性。

这种提高收益率的方法在 20 世纪 80 年代的美国带来相当大的正的回报。后来，期货的定价变得更有效，从而限制了这种方法所带来的超额收益率。

最后请注意，在使用合成复制时，也可以在一定程度上应用这种方法。然后，如果交易成本由期货价格之间的价差覆盖，投资组合经理就可以利用不同到期日期货的不同错误定价，换成最便宜价格的期货合约。然而，如果所有期货同时出现溢价，投资组合经理只能将负的积极收益率最小化。

（2）使用评价模型

另一种提高指数投资组合绩效的方法依赖于同时使用股票评价模型。基于这个模型，投资组合经理会列出一些必须剔除的（非常）不受欢迎的股票。然后，在构建指数投资组合、使用分层或最优化抽样方法时，只使用未被剔除的股票。例如，最优化方法为：

---

① 假设折扣大到足以支付出售和回购股票指数化投资组合的成本。

② 而不是期货的相关指数。

$$\underset{\{w_i^P \geqslant 0; i=1,\cdots,N\}}{\mathrm{MIN}} \quad \widetilde{V}(R_A^{P,B})^{T,T+1} \quad \sum_{i=1}^{N} w_i^P = 1$$

对于剔除股票名单中的所有股票 i，$w_i^P = 0$。

通过这种方法，有基于评估模型的隐性预测，即名单上的股票将有负的收益率。由于这些预测没有被量化，所以可以在构建投资组合时通过零权重约束来实现，由此产生的追踪误差增加为所承担的积极风险提供了衡量标准。

如果不受欢迎的股票在指数中的权重很大，那么对其设置零权重约束可能会太突然。在这种情况下，特别是在特定的水平上，对风险的影响可能是非常有害的。指数编制者的解决方法是仅在较小程度上调低股票权重：

对于不受欢迎的高权重股票 j，$0 < w_j^P = w_j^B - e$（$e > 0$）。

最后，估值模型的作用只是设置一个（非常）不受欢迎的股票名单。这对估值模型没有施加最小输出的约束，即使是纯粹的定性判断也可以实现。

（3）倾斜指数法

倾斜指数法是基于一些因子呈现长期正的收益率趋势的证据。例如，在美国，有很长一段时期，高股息收益率的股票或高收益率的股票，大部分时间的绩效都优于市场。

假设风险因子 1 已经表现出了这种趋势模式。倾斜方法只是基于正的趋势将在未来继续下去的想法。然后，通过对这个因子施加正的投资组合积极风险敞口，投资组合经理希望提高指数投资组合的绩效。该最优化方法可概括为：

$$\underset{\{w_i^P \geqslant 0; i=1,\cdots,N\}}{\mathrm{MIN}} \quad \widetilde{V}(R_A^{P,B})^{T,T+1} \quad \sum_{i=1}^{N} w_i^P = 1$$

$$x_{P,1} = x_{B,1} + e$$

其中，$e > 0$。

假设第一个风险因子在过去表现出了 100 个基点的平均年化正收益率。如果指数编制者积极地将第一个因子的指数投资组合风险敞口设为 0.5，那么就可以希望投资组合每年获得 50 个基点的超额收益率，前提是第一个因子在未来平均表现得像过去那样。

该方法的预测部分是假设过去的正趋势将在未来继续下去。积极风险是由于对最优化施加额外约束而导致预测追踪误差的增加。这种方法的潜在问题是对相关因子收益率的预测非常粗略，投资者受到趋势逆转的支配。

（4）期权转权（Option Overwriting）

提高指数投资组合收益率的最后一种方法是虚值看涨期权转权。使用这种方法，指数编制者像往常一样管理指数投资组合。但除此之外，还卖出该指数、子指数或所持股票的虚值看涨期权。

考虑卖出指数看涨期权，投资组合经理关注以下情形：

- 首先，得到所卖出看涨期权的时间价值；
- 其次，希望该指数会低于看涨期权到期时的执行价格。

对于这种情况，应该考虑两种结果：

- 第一，该指数低于看涨期权到期时的执行价格。在这种情况下，期权毫无价值，在到期时不行使。指数投资组合的绩效通过卖出看涨期权的收益而得到改善。
- 第二，该指数高于看涨期权到期时的执行价格。在这种情况下，期权将被执行。指数投资组合的绩效会因到期时的指数水平与看涨期权的执行价格之间的价值差异而受损。[①]

可以很容易地看到，这种收益率提高方法的本质是时机预测。投资组合经理预测，指数将不会高于卖出的看涨期权的执行价格。所承担的风险可以表示为指数投资组合的不对称贝塔值。如果到期时指数低于执行价格，投资组合的贝塔值不会通过卖出看涨期权而改变，[②] 它会等于指数贝塔值。指数高于执行价格，会受到看涨期权的正贝塔值的负面影响，因此投资组合的贝塔值严格低于指数的贝塔值。换句话说，当指数超过看涨期权的执行价格时，基准风险就会出现。

在这个框架中，使用基准的时机选择模型会有所帮助。但是，这是超出本节讨论范围的资产类别配置问题。

卖出指数看涨期权有另一个动机。这些看涨期权可能会很昂贵，因为市场认为这些看涨期权具有很高的隐含波动性。指数投资组合的经理认为，隐含波动性会在到期前下降，并且能够以较低的价格买回。不过，只要做空了看涨期权，就会承担基准的不对称时机风险。

投资组合经理可以根据对市场波动性变化的预期，通过出售波动性互换来消除（市场）定向方法的缺点。由于这些互换的德尔塔为零，因此这种方法的成功并不取决于市场的方向。投资组合经理不需要具备任何对市场时机把握的能力，但必须能在某种程度上成功地预测市场波动性的变化。

10.2.2　消极型管理*

10.2.2.1　股票指数投资组合*

指数投资组合的目的是通过管理投资组合尽可能接近地复制预定基准（通常是

---

① 乘以看涨期权的数量。

② 因此，看涨期权的增量和贝塔值都为零。

一个指数）的绩效。换句话说，投资组合的目标是预期积极收益率和事前追踪错误尽可能地接近于零，即：

$$\widetilde{R}_A^{P,B} \approx 0 \text{ 且 } T\widehat{E}_A^{P,B} \approx 0$$

大多数时候，目标基准（或指数）也是由一个委员会管理的投资组合。[①] 给定所采用的方法和规则，委员会随着时间通过以下操作改变指数成分：

- 引入或剔除股票；
- 反映股票资本运作；
- 引入新国家；
- 其他。

所有这些变化在基准的理想虚拟世界中都是没有成本的，基准的隐含特征是零交易成本。然而，如果试图在实际的投资组合中完全复制这些变化，这些变化就意味着代价高昂的周转率。由于基准组合的这些变化，指数投资组合相对于基准（$\widetilde{R}_A^{P,B}<0$）的绩效有负的减损趋势。[②] 这种减损的重要性取决于基准指数的内部周转率和投资者所面临的交易成本。

投资者和投资组合经理在编制指数时必须作出的最重要的决定是：

- 编制方法的选择；
- 基准的选择；
- 绩效复制的接近程度。

这三个问题将在下文中进行讨论。

10.2.2.2 专业指数基金*

除了普通的指数分析，一个投资者根据其投资目标，可能需要指数编制者巧妙地编制更多的专业基准。下面说明投资者在指数方面提出的一些专业化要求。

（1）定制基准

一些投资者想要定制基准，通常来自官方指数，然后通过一组非常具体的规则进行修改。下面以通用方法列举其中一些规则：

- 股票排除；
- 股票增持或减持（即调高或调低权重）计划；

---

① 最明显的例外情况是同等加权的基准。应避免这些不能被视为投资组合的基准，因为它们意味着指数投资组合的持续或定期重组，这意味着相对于基准，由于交易成本对绩效造成一些减损。

② 如果指数投资组合中有现金进入或流出，特别是如果与基准成分的重要变化同步，那么这种减损可以得到缓解。

- 行业/板块排除；
- 行业/板块增持或减持（即调高或调低权重）计划；
- 国家/地区排除；
- 国家/地区增持或减持（即调高或调低权重）计划。

在其他情况下，一些投资者希望采用 GDP 加权国际指数，而不是通常的市值加权方案。

一些定制也与现有的法规有关。例如，一些基金[①]受到以下限制：

- 单只股票的头寸不得超过 10%；
- 所有头寸超过 5% 的股票权重不得超过 40%。

由于有许多指数不满足这些限制，因此如果选择这些指数作为基准就不可能正确地进行指数化。一种解决方案是通过应用这些限制来定制指数。

在其他情况下，定制指数来自于现有的指数，排除被投资者认为不道德或与伊斯兰教法不相容的股票。

一旦确定了基准，在大多数情况下，管理相关的指数投资组合就没有特殊问题了。

（2）完全投资组合

当一个大型养老基金强制将其资产的一部分（对应于其卫星积极投资组合）交给几个积极的投资组合经理、向每个人指示一个基准时，就有可能确定所有积极基金经理的加总基准构成。这一加总积极基准[②]可能与养老基金的全球战略基准有所不同。在这种情况下，养老基金承担了不必要的长期风险，因为这种差异没有任何回报。解决这个问题的一种方法是为被指数化的核心投资组合设置特定的基准，这样所有积极和消极投资组合经理的加总基准就与总体战略基准相一致了。换句话说，消极持有的核心投资组合基准与战略基准相比有所倾斜，这纠正了加总积极投资组合基准与战略基准的背离。这个特定的基准和被指数化的核心持有投资组合被称为完全基准和投资组合。

在指数化完全投资组合方面，需要注意两点：

- 在本质上，完全基准是动态的。它的构成取决于总体战略基准、相对规模和积极投资组合的基准。请注意，由于市场力量的推动和积极投资基金经理之间的资产配置发生变化，积极投资组合的相对规模会随着时间的推移而变化。在这些条件下，指数编制者必须同时确定完全基准和进行投资组合指数化。
- 有时，由于积极投资组合经理的基准重叠，总体战略基准中的一些股票可能

---

① 如卢森堡 SICAV 的第 1 部分。

② 而不是加总投资组合。

已经在总体积极基准中权重过大。这时，这些股票的完全基准和投资组合必须做空。

（3）风格投资组合

投资组合也可以指数化到更专门的子指数，如小型股、价值股或成长股。同样，除了小盘股，在指数化方面也没什么可说的。大多数小盘股指数或子指数都包括大量流动性通常不太强的股票。这一事实使得指数化更加困难，因此必须预期出现更大的事前和事后追踪错误。

（4）社会责任投资（SRI）

一些投资者一直特别关注其金融投资的社会影响。早在 1971 年，一些共同基金就已经开始提出具有排除标准的投资策略，以保证某些部门（如军事、烟草等）不会被包括在投资组合中。虽然 SRI 最初仅限于有限数量的投资者（宗教团体、大学），但现于美国约占所管理总资产的 11%。[①]

SRI 基金有多种形式，如交易所交易基金、共同基金或结构性产品。一些基金除了采用排除标准外，还采用了（上文讨论过的）标准方法，而另一些基金则更具体地关注道德和社会绩效之间的相互作用。

10.2.2.3　指数化方法*

有四种基本方法可用于指数化。这些方法的使用取决于投资者希望追踪基准的密切程度、指数投资组合的规模、基准中股票的数量及其权重分布。请注意，在所有情况下，都不会使用在基准或股票水平上的绝对或相对收益率的预测；因此，指数化属于消极型管理。

（1）完全抽样[②]

完全抽样包括完全复制基准作为一个投资组合。指数投资组合按照以下规则构建：

- 与基准中的股票相同；
- 每只股票的权重与基准中的权重相同。即：

$$w_P^i = w_B^i \quad (i = 1, \cdots, N)$$

在这些条件下，可以证明：

$$\widehat{R}_A^{P,B} = 0 \text{ 且 } T\widehat{E}_A^{P,B} = 0$$

采用这种方法，每当基准成分发生变化或者从指数投资组合中出现一些资金流出时，理论上指数编制者应该对基准中的所有股票进行交易。在实践中，这并不能总是

---

① 社会投资论坛，2007 年美国社会责任趋势报告。

② 也被称为完全复制。

得到充分的实施，特别是当指数包含了大量的股票时。[①] 因此，可以看到完全抽样的几个缺点：

• 指数编制者可能被要求在股票市场上交易流动性可能很差的板块，而这可能会显著增加建立或重新平衡指数投资组合的成本。

• 如果相对于基准中的股票数量，所管理资金的金额较小，这可能意味着在建立或重新平衡指数投资组合时，对特定股票的交易非常小。由于这些交易的规模小或小批量限制，其实施成本可能非常昂贵。

• 根据所管理资金金额，如果股票数量较大，与交易和指数监控相关的管理成本可能很大。

然而，完全抽样方法有几个优点：

• 所需要的信息很少，因为投资组合经理只需要知道股票名单及其在基准中的权重。

• 当指标投资组合和基准重合时，追踪误差最小。绩效上的唯一差异主要与减损（与基准变化和昂贵转换相关联）有关。

当所管理资金相对于指数较大，或当指数由少量股票（即 SMI、CAC－40 和 DAX－30 等）组成时，通常使用这种方法。在第二种情况下，不使用完全抽样可能意味着太多的特定风险（与指数投资组合中被丢弃的股票有关）。这可能会带来很大的追踪误差。

（2）分层抽样[②]

分层抽样方法试图通过限制指数投资组合中的股票数量来克服完全抽样方法的缺点。它巧妙地允许指数编制者避开基准的非流动性部分，并对所管理投资组合中头寸和交易的最小规模提供更好的控制。另外，指数投资组合和基准之间会有显著差异，这将导致追踪误差。

构建一个指数投资组合需要以下步骤：

• 首先，基准股票的范围根据股票的特征被划分为不同单元。[③] 然后，给定基准中股票的权重，计算每个单元的权重。

• 其次，每只权重超过阈值权重的股票都被包含在指数投资组合中，并有自己的权重。在这一点上，指数投资组合的大多数单元将表现出权重不足，因为有些股票

---

① 单个大国指数包括数百只股票，而大型国际指数中的股票数量可达到数千只。

② 分层抽样是历史上第一种用于创建指数投资组合而不拥有所有构成基准的股票的方法。当所管理资金的数量不足以合理地容纳基准中的股票数量时，分层抽样是对完全抽样相关问题的一个回答。

③ 通常在单个国家的指数投资组合中，最常用的特征是行业/板块和市值。在国际框架中，这个国家也应被包括在内。

被排除在外。[①]

• 最后，通过在这些单元可用的剩余股票中启发式地选择[②]，并使用阈值权重来填补每个单元的权重不足。

股票数量的分配出现在第三个阶段，其中被纳入的股票相对于基准股票的权重过高，因此取代了其他股票。阈值权重越高，指数投资组合中的股票数量就越少。

可以将分层抽样方法解释为一种简单的权重偏差风险控制方法，因为隔开的每个单元的积极权重受到阈值权重的限制。

分层抽样方法的优点有：

• 通过避免基准的非流动性部分、保持交易在合理规模[③]以上以及限制管理成本，部分弥补了完全抽样方法的缺点；

• 所需的信息仍然有限：除了完全抽样所需的信息外，现在还应该提供和保持单元归属所需的相关特征。

分层抽样方法的主要缺点有：

• 该方法有固有追踪误差，但没有提供事前衡量标准。

• 实际上不可能实现所有的特征，例如通过多因子模型，将基准范围的股票划分为单元。换句话说，这种方法提供的风险控制仅限于非常少的因子，通常是国家分配、工业/部门分配以及一定程度上的规模因子。

• 在重新平衡指数投资组合时，还没有办法知道分层抽样所要求的交易所带来的改善是否大到足以证明交易成本是合理的。

从历史上看，当实际投资组合的规模不足以克服完全抽样的缺点时，分层抽样方法一直并仍被用于管理基于广泛或部分非流动性基准的指数投资组合。

（3）最优化抽样

运用风险模型可以克服分层抽样方法的缺点。

首先，通过将风险模型应用于相对于基准的指数投资组合，可以得到积极风险波动率的预测，即为指数投资组合追踪误差的事前衡量指标。其次，可以使用最优化工具来控制事前追踪误差。由于指数化并不意味着对收益率进行预测（$\widetilde{R}_A^{P,B}=0$），因此最优化工具求解以下问题：

$$\underset{\{w_i^P\geq 0;i=1,\cdots,N\}}{\mathrm{MIN}}\quad \widetilde{V}(R_A^{P,B})^{T,T+1}\qquad \sum_{i=1}^{N}w_i^P=1$$

① 其基准权重低于阈值权重。

② 股票的流动性是这里的主要问题，因此倾向于选择可用的最大市值。

③ 因为没有任何交易小于阈值权重。

此外，指数编制者必须添加一个约束条件，将权重严格为正的股票数量限制为 NP。[①] 请注意，这最后一个约束条件是必要的。否则，最优化工具将简单地复制基准作为最优的指数投资组合。通过调整参数 NP，指数编制者就能够选择事前追踪误差。参数 NP 越大，积极波动率就越小。

指数编制者还可能限制对基准股票子集（不包括流动性不足的股票）的优化。通过这样做，指数编制者将承受一些追踪误差，因为所有被排除的股票会加权不足。与此同时，能够避免流动性非常差的基准板块。

最优化抽样显然是对分层抽样的一种改进。它允许指数编制者明确地考虑与多因子模型（MFM）相关的所有因子，可以就不同因子之间的风险进行权衡。最后，指数编制者可以在重新平衡指数投资组合时明确地考虑交易成本。

开发多因子模型（MFM）所需的信息意味着比以前方法中固有的成本要大得多。然而，由于可以使用商业风险模型，这一成本已经在很大程度上降低了。

（4）合成复制

运用合成复制方法，实物股票就不考虑了，而使用股票指数期货和现金工具。合成复制方法简单地通过期货和现金的组合头寸来承担恰当的市场风险敞口。[②] 其优点有：

- 指数投资组合的实施和现金流入或流出非常快，因为指数编制者交易的是几个合约，而不是依存于指数的几百只股票。
- 实施成本更低，因为交易费用、托管费用和交易税金更低，而且没有代扣代缴税金。

然而，合成复制方法并非没有缺点。其中的一些缺点有：

- 投资者所选择的指数可能不存在期货合约。投资者可能不得不使用另一个密切相关的指数的期货合约。然而，这两个指数之间的相关性可能不太完美，这意味着存在追踪误差。
- 用于指数化的期货合约应定期向前滚动，从而产生经常性费用。由于期货可能以其公允价值以外的不同价格交易，因此还有另一个追踪误差的来源。此外，要估计股指期货合约的公允价值，就需要准确地预测属于指数的股票的股息。这是不确定性和追踪误差的另一个来源。
- 为了密切追踪指数，期货管理所涉及的现金应产生与公允价值计算相同的利率。这可能是追踪误差的另一个来源。

① 有了这个约束条件，最小化问题就不再是一个纯二次程序了。它通常是通过启发式算法来求解的。

② 请注意，通过这样做，就承担了期货互换和借入现金的信用风险。

合成复制方法暴露于几个追踪误差来源，这些来源是无法真正量化的。然而，该方法易于执行，使其在管理传统的大型指数基金方面很有用（特别是在处理现金的短期波动时）。

10.2.2.4　指数化的系统性偏差[①]*

前文表达的一个问题是，在建立指数投资组合时，应该避免参考指数的非流动性部分（如果有的话）。此外，一些抽样方法可能导致从指数投资组合中丢弃大量规模非常小的股票。

这意味着，有时候指数投资组合相对于其基准有系统性的偏差，因为有一个股票子集，通常规模非常小、流动性不足、永远不会或几乎不会在所管理的投资组合中表现出来。在这一点上，必须注意到，在风险控制方面，事前追踪误差并不是投资者必须关注的唯一问题。例如，如果舍弃的股票代表约 5% 的参考指数，并假设平均而言这些被舍弃股票将在几年内以每年 5% 的速度系统性地跑赢其他股票，则必须预期每年有 25 个基点的系统性累计追踪误差。此外，事后年追踪误差数字相对于事前年追踪误差可能很大。这可能会导致人们错误地认为，要么风险模型预测的风险不足，要么指数投资组合受到了长期非常负面事件的打击。在现实中，当评估投资组合的事后积极绩效时，特别要注意，必须考虑到收益率的平均差异，因为它并不总是等于零。

10.2.2.5　指数变动时的再平衡*

为了使本节的观点更清楚，考虑通过完全抽样来实现指数化的情况。当参考指数的股票成分发生变化时，指数编制者别无选择，只能机械地在投资组合中复制这些变化，否则就会产生一个严格正的追踪误差。假设指数的变化包括增加一只新股票，在引入指数时占指数的 5% 。

如果指数编制者想根据规则采取行动，在指数投资组合及其基准之间没有造成绩效差异，那么必须在参考指数变化时（通常在前一个工作日收盘时）卖出投资组合中 5% 的现有头寸、买入 5% 的新股票。换句话说，必须按照指数变动前一天的收盘价来执行所有这些交易。通过这样做，指数投资组合将完美地追踪[②]参考指数。

请注意，按照规则操作的每个指数编制者都期望这么做。给定通常采用指数管理的金额，很容易意识到，这些股票的交易状况过热，因为预期交易的规模将远远超过

---

① 请注意，本节中描述的问题对积极投资管理也有效。

② 除了交易成本。

通常的流动性。此外，购买的股票价格很可能会暂时飙升，卖出的股票价格也会暂时下跌。如果是这样的话，投资者愿意建立完美的指数，同时不会造成任何事后追踪误差，但却使投资者以暂时较高的价格买入股票而以暂时较低的价格卖出股票。

因此，暂时放弃纯粹的指数化策略是一个诱惑，在大约收盘时而不是在收盘时进行交易，希望交易能够以更好的价格执行。这是一种积极的投资策略，它押注于实现前面描述的极端价格波动。指数投资组合成分将与基准偏离，造成事前追踪误差。如果该策略成功，那么指数投资组合会暂时表现绩优。

积极收益的这个潜在来源很受关注。许多市场参与者[①]都在采取这种策略，例如，提前买入要增加的股票，然后期待获利，按照纯粹策略卖给指数编制者，从而为其提供所需的流动性。

毫不奇怪，这些策略的应用越来越广泛。在某些情况下，由于流动性过度，收盘时段的特点是价格反向波动。这说明，在积极投资战略中总是存在风险的。

10.2.2.6　基准选择*

在本节中，想讨论在选择指数化基准时要使用的一些标准。一个关键问题与投资者对如下两个有时相互冲突的投资目标所设置的相对重要性有关：

- 第一个目标是其想要的股票风险敞口的大小。只暴露于大盘股就足够了吗？还是需要暴露于中小盘股？
- 第二个目标与指数投资组合所需的流动性有关。投资者是否希望能够快速扩大和/或减少指数化金额？

这两个问题是相互关联的，因为通常在投资组合中包括规模越来越小的股票等同于向市场流动性较差的板块移动。

对于优先考虑其指数投资组合流动性的投资者来说，首选的基准是集中于大盘流动性股票的基准。存在以基准作为标的资产的期货合约，这当然会是一个优势，因为期货允许以快速、廉价和有效的方式进出标的资产。对于这类投资者，他们会根据自己寻求投资的股市，选择如表 10－6 所示的基准。

表 10－6　　股市基准

股票市场	基准
瑞士	SMI
德国	DAX 30

① 如积极投资基金经理、套利者、对冲基金、经纪人等。

续表

股票市场	基准
法国	CAC 40
美国	S&P 500
日本	NIKKEI 225
欧洲	STOXX 50
世界	FTSE Multinationals

这个解决方法的一个缺点是，投资者忽略了由完全有效股票（作为投资工具）组成的大部分市场板块。对于对最后一个问题敏感的投资者来说，基准的选择倾向于定义更广泛的指数，如表 10－7 中提到的指数。

表 10－7　　基准指数

股票市场	基准
瑞士	SPI
德国	FAZ
法国	SBF
美国	RUSSELL 1000、2000、3000 WILSHIRE 5000
日本	TOPIX、TSE2nd Section
欧洲	MSCI Europe、FTSE Europe、STOXX Europe
世界	MSCI World、FTSE World、STOXX World

在选择指数投资组合的基准时，讨论的第二个重要因素是将要投资的资金金额。当投资于指数投资组合的资金相对较少且指数包含大量股票时，根本不清楚指数投资组合是否能够给出指数小盘板块的绩效。① 大盘指数有时会有一个小盘股票的厚尾。例如，包含 1 600 多只股票的 MSCI 世界指数②中，有近 75% 的股票的基准权重小于 5 个基点。所有这些小盘股总共占该指数的 22.5% 左右。对于一个 5 000 万美元的投资组合，这已经是一个不可忽视的规模。认为指数编制者能够建立一个充分代表所有这些小盘股票的投资组合是不现实的。指数投资组合不能代表这些股票的所有特定收益率，因此会出现事前追踪误差。如果出于任何原因，这些小盘股在一段时间内

① 在投资者打算设立独立分离账户的假设下，这个讨论是有效的。如果投资者愿意购买指数化基金，那么这个问题就无关紧要了。

② 截至 2000 年 12 月 31 日。

以一种系统的方式表现得与其他股票不同，那么指数投资组合的绩效可能会经历与基准相偏离的系统性差异（$R_A^{P,B} \neq 0$），给定事前追踪误差，这可能会使投资者感到意外。换句话说，通过选择一个基础广泛的指数，投资者可能会欺骗自己，相信会获得基准绩效。实际上，可能只获得指数子集的绩效，也就是说，指数少了小盘股的尾部。对投资者来说，更现实的方法是选择一个基础不是太广泛的指数，指数编制者会更好地追踪。

另一个很好的例子是在瑞士股市。更广泛的指数 SPI，截至 2004 年 12 月 31 日，包括约 230 只股票，其特点是有约 150 只流动性不足的股票。对 SPI 进行指数化，并剔除这些非流动性股票，会产生约 20 个基点的事前追踪误差。如果投资者现在选择对 SPI 大中盘股（88 只股票）建立指数，会拥有一个与另一个非常相似的指数投资组合，但追踪误差要小得多。在这种情况下，选择不同的基准意味着与不同的所管理投资组合相比有更多不同的追踪误差。

基准选择对指数化方法的选择有明显影响。由于指标基础广泛，采用完全抽样和合成复制方法的可能性较小。相反，对于狭义的指数，唯一实际的方法选择是进行完全复制。

例如，如果瑞士股市的投资者选择 SPI 作为基准，基本上放弃使用完全抽样方法，因为指数存在流动性严重不足的板块；也会放弃合成复制方法，因为相对于 SPI 来说，SMI 期货有非常大的追踪误差。

10.2.2.7　追踪误差选择*

如前一节所述，基准选择对所使用的指数化方法和追踪误差都有影响。由于选择完全复制方法，所以选择狭义的基准通常意味着非常小的追踪误差。在两个指数之间进行选择，一个定义比另一个更广泛，可能意味着不是指数投资组合显著不同，而是追踪误差显著不同。

通常，一个新的指数投资组合是由通常是积极的现有投资组合建立起来的。这意味着现有投资组合必须花费代价进行重组，因为交易不是免费的。对于投资者来说，总是有诱惑要在收紧事前追踪误差和节省交易成本之间进行权衡。因为与追踪误差相关的风险不受时间限制，而交易成本是一次性事件，因此要权衡的两个部分时间范围不相同。所以，这个可比性是虚假的。

如果投资者屈从于节省交易成本的诱惑，从而接受了更高的事前追踪误差，那么必须知道，指数投资组合可能部分继承了前一个投资组合的一些积极风险。这可能是一个不受欢迎的特征。

10.3 金融市场中的交易*

10.3.1 交易的作用*

在市场上有组织的交易已经存在了几千年。其核心是协助两个交易对手以被认为是互利的价格交换两种商品。现代金融市场允许那些资金过剩的人通过当前资本获得未来的收入。因此，金融市场的一些主要储户是养老基金和普通公民和公司的储蓄。这些资金被资金不足的企业家用来生产为整个经济使用的商品和服务。为了促进这种跨期财富转移，市场产生了价格。这些价格可以从资源分配的角度用于经济中，以鼓励生产高价值的商品和服务。

随着市场中交易资产复杂性的演变，市场运行的机制也在演变。本节将重点关注现代交易者参与电子市场的机制——一些人称之为金融部门的“通道”。虽然一般并不是所有交易者都需要了解这些关键基础建设的复杂性，但其对个体交易的执行质量有重大影响。“好”和“坏”执行之间的差异往往是推动现代投资组合经理“阿尔法”的一个重要因素。

10.3.1.1 一级和二级市场比较*

一级市场是指可以产生新资产并出售以换取现金的上市场所。一级股票市场通常由国家证券交易所运营，这些交易所通常有家喻户晓的名字，如欧洲证券交易所、瑞士交易所、纽交所、纳斯达克等。证券（股票）的初次发行被称为首次公开发行（IPO）。这一过程允许企业家“公开上市”其公司，向公众出售股票。

公开上市证券和私人上市证券之间的一个关键区别是该资产是否存在有组织的二级市场。除了促进IPO外，交易所通常还经营其上市证券的二级交易。这让投资者确信，无论其持有期间如何，都将能够轻松、快速、（希望）以低成本出售股票。

10.3.1.2 交易者类型*

要使市场存在，必须有给定资产的买家和卖家。因此，现代资本需要对资产价值的异质性信念。为了促进这一点，有各种各样的参与者参与了交易过程，下面提供一份非详尽的清单：

（1）投资者

投资者可以被认为像沃伦·巴菲特这样的个人。他们对证券进行自己的基本分析，以确定哪些证券是风险和回报之间可接受的权衡结果。这些投资者通常只做多，因为他们希望通过目前过剩的财富投资获得更大的未来回报。个人散户投资者，以及养老基金、对冲基金和私募股权公司都往往属于这一类。大多数投资者会持有其头寸数月或数年。

（2）投机者

投机者与投资者相似，但在分析和所使用的产品方面往往更为复杂。投机者根据他们对未来价格变动的预期来买卖资产，而不是基本价值。他们经常使用大量的杠杆作用，并可能持有数分钟或数月的头寸。投机者会同时做多和做空，并使用多种工具，包括期货、期权和股票，包括对冲基金和自营交易商。

（3）做市商

做市商可以被交易所雇佣，也可以内生（即所谓的电子流动性提供商，或 ELPs）。这些交易商确保市场总是双向的——如果只有买家，他们就会卖出；如果只有卖家，他们就会买进。这些交易商往往有一个理想的库存头寸 0（如果可能的话），他们会买卖相同的数量，这样在每天结束时，他们的库存非常接近于 0 股。通过发布较低的出价和较高的卖出价格，他们确保“低买，高卖”，以赚取少量但稳定的利润。在一个市场上的买卖价格之间的差额被称为买卖价差。

10.3.1.3　交易资产类型*

现代电子市场上有各种各样的资产交易。一般来说，交易的物品是高度标准化的（或完全同质的），可以很容易和自由地交换和用数字表示。它们包括股票、债券、大宗商品、期货、期权、加密货币、信托、交易所交易基金等。也有独特的资产，如艺术品、房地产、葡萄酒等。由于这些资产的独特性质，不倾向于在交易所集中交易。

10.3.2　限价订单簿市场*

大多数现代电子市场使用连续限价订单簿（CLOB）进行连续的双向拍卖。虽然其他方法是可能的（例如，传统的高价格拍卖，如在买房子时看到的那样；或荷兰式次价格拍卖，如在购买电视许可证时看到的那样），但在电子市场交易中，资产的标准化性质对 CLOB 很有利。

10.3.2.1　理解连续限价订单簿（CLOB）*

当通过传统拍卖出售房屋时，愿意支付最高价格的个体会获得该资产。在有大量相同资产出售（即股份）的情况下，出售一股股份并不妨碍继续出售更多的股份。因此，每一次买卖都要约定一个数量。这就导致连续进行两次拍卖（因此有连续双向拍卖的名称）：以最高价格对买家进行拍卖以及以最低价格对卖家进行第二次拍卖。如果最高价买方和最低价卖方愿意交易的价格有重叠，则会以每个交易者定义的最小交易量进行交易。

10.3.2.2　定义委托订单类型*

交易者通过进入已定义的委托订单类型，与不断变化的限价订单簿打交道。虽然现代交易所可能包含数百种独特的委托类型，但所有市场的基本委托类型列示如下：

（1）限价委托

限价委托指定了交易者愿意购买的最高价格，以及交易者愿意卖出的最低价格。因为这些委托不能保证一定能完成，所以它们代表“有耐心的”委托。例如，如果一项资产上次交易价格为100美元，一个乐观的交易者可能会碰到要以10美元买入的限价委托。然而，如果在他面前的“订单簿”（或“队列”）中有多个交易者，价格分别是99美元、98美元和97美元，那么这个限价委托就不太可能被执行了。限价委托为那些有耐心并愿意等待价格达到其愿意交易水平的交易者提供了一个很好的选择。限价委托通常也对所有市场参与者都可见，这可能会导致委托过多而出现问题。

（2）市价委托

市价委托有数量，但没有价格。不指定愿意交易的价格，而是接受市场上盛行的价格——因此得名。例如，如果有交易者愿意分别以100美元、99美元和98美元的价格购买100股资产X，那么出售300股市价委托将首先以最优价格执行（即100美元），然后“顺着订单簿”以连续较低的价格执行，直到委托数量完成。市价委托以价格的确定性换取执行的确定性，并立即执行。市价委托为不耐烦的交易者（担心价格会在委托执行之前远离自己）所使用。在极端情况下，大额市价委托（或非流动性订单簿）可能导致执行价格与上次交易价格或可用的最优报价有显著差异。

（3）可成交限价委托

可成交限价委托指定买（卖）委托在“限价”下执行的最高（或最低）价格。“可成交”成分确保进入委托的价格可使交易能（至少部分）立即执行。回想一下出售 300 股资产 X 的例子，如市价委托以低至 98 美元的价格执行。可成交限价委托要以 99 美元的限价出售，这会确保以 100 美元执行 100 股、以 99 美元执行 100 股，剩下的 100 股以 99 美元的新的“最好”卖出价格执行。这种策略确保了（某些）执行的即时性，同时保证了大额委托（或非流动性设定）不至于以“任何”价格进行交易。

10. 3. 2. 3　优先机制*

连续限价订单簿（CLOB）市场必须确定不同的限价委托是如何相互优先考虑的，这将生成一个执行限价委托的“规则”。所有的机制都从价格部分开始，交易者可以通过提高购买价格或降低报价获得优越的队列优先权。

（1）价格—时间优先

对于相同价格的委托，最典型的第二个特征是进入委托的时间。与在超市排队一样，处于这个价格水平的人早到达优先于晚到达的交易者，这被称为价格—时间优先。如果想“打破”时间优先，就需要提高出价。

（2）价格—经纪人—时间优先

在一些市场，如加拿大，生成委托的经纪公司也有规则。对于购买委托，优先考虑最高价格。对于相同价格的委托，如果提交新市价委托的经纪公司也有一个最优价格的限价委托，那么即使该委托是最后提交的，也会优先被考虑。一旦来自同一新市价委托经纪人的限价委托被执行，剩余的最优价格限价委托将按照时间优先执行。

（3）价格—比例（规模）优先

价格—比例（规模）优先是另一种优先机制，通常用于没有频繁价格波动的资产，例如债券交易。在这种优先机制中，新市价委托由所有交易者按其限价委托的规模按比例“共享”。例如，如果有两个 100 美元的买家，每个人愿意购买 100 股，新市价委托将在他们之间分成 50∶50。Aspris、Foley、Harris 和 O'Neill（2015）的研究表明，这可以鼓励交易者提交远远大于其真实交易意图的委托，导致市场深度加大和大量委托被取消。

10. 3. 2. 4　参考价格*

为计算资产净值（NAV）、进行衍生品结算、执行股票期权和计算高管奖金，基金经理需要参考价格。构建参考价格有三个关键方法。

（1）公开拍卖

大多数证券交易所都进行公开拍卖。所使用的确切算法各不相同，但有共同的特征。在市场开盘前，通常会有“分批”或“预开盘”期。为了防止拍卖拦截或交易者进入操纵委托以试图影响开盘价格，开盘时间通常是随机的，例如在1~3分钟内。

在“不交叉”时，所有高于开盘价格的买入委托，以及所有低于开盘价格的卖出委托都将被执行。与优先机制类似，往往需要在两个潜在的开盘价之间作出决定。通常使用的优先规则是最大化交易量。如果两个价格导致交易量相等，交易所通常会尽量减少可能“错过”委托的交易者数量（即留在限价订单簿中的交易者数量）。

（2）收市竞价拍卖

收市竞价拍卖的运作方式与公开拍卖类似。例如，在下午，连续交易会在一个特定的时间（即下午4点）停止。通常，接下来是10~15分钟的批处理期，允许潜在的委托积累在限价订单簿中而不执行。然后会进行收市竞价拍卖，由此产生的价格将生成收盘价。

（3）固定参考价格

24小时运行的市场（例如大宗商品市场）可能会发现很难通过公开或收市竞价拍卖产生参考价格。在这些市场中，经常使用固定参考价格（例如，伦敦下午4点的外汇固定价格，或上午11点和下午3点的伦敦黄金固定价格）①。在这个过程中，所有跨越很短时间间隔（即1~5分钟）的交易活动都被用来构建交易量加权平均价格（VWAP）。然后交易量加权平均价格成为供外部合同参考的“固定”价格。许多交易者更喜欢以固定价格执行其交易，特别是用参考价格来评估绩效。

10.3.3 交易成本*

交易产生各种成本，其中一些成本是立即可见的（显性成本），而其他成本是不太可见的（隐性成本）。经纪人通常会以牺牲执行质量为代价来降低显性成本。因此，基金经理必须能够对自己的交易成本进行分析，有效地确定交易的总成本。

10.3.3.1 显性成本*

显性成本是可直接观测到的、可衡量和可量化的。这些费用包括由经纪人、交易所和票据交换所收取的费用。

（1）经纪人费用

经纪人会接受来自客户的委托，并在市场执行委托。理想情况下，经纪人的目标

① 关于计算黄金固定价格的详细例子，请参阅Aspris、Foley和O'Neill（2020）。

是以为客户创造最优结果的方式执行委托——最高的销售总价和最低的购买总价。经纪人还需要保持与交易所的实体联系，以及投资于执行软件、法规合规、后台办公服务、投资建议等。

机构经纪业务的典型执行费用范围在 1 ~ 10 基点之间。在线执行的零售经纪费用在 10 ~ 20 基点之间，而全方位服务的零售经纪费用通常在 50 ~ 110 基点之间。

（2）交易所费用

交易所收取撮合买卖双方的费用。这些费用支付运行撮合引擎、监管和后台服务的成本。撮合交易的费用在 1 ~ 3 基点之间，可以由经纪人支付或收费。除了对每一笔交易收费，交易所还经常对定价数据和连接收费。更快的连接（和数据传输）通常要收取额外的费用。

（3）清算和结算费

一旦交易由交易所匹配成功，清算所就会承担委托的"结算"。结算通常发生在交易后的 2 ~ 3 天（即 T + 2 或 T + 3 结算）。虽然支付的价格在交易时确定，但结算决定了股东的权利（如股息或投票权）。虽然今天可能会发生交易，但直到结算时才以现金交换股票，进行所有权转移。在许多司法管辖区都有一个中央清算所（如美国的 DTCC 或澳大利亚的 ASX Clear），而其他司法管辖区（即欧洲）允许每个参与者选择自己的区域清算所。票据交换所的费用各不相同，许多收取固定费用（即每笔交易 1 美元）加上根据交易价值确定的可变费用（即 0.1 ~ 1 基点）。

10.3.3.2　隐性成本*

隐性成本由投资者承担，并代表重大的执行成本。这些包括买卖价差或市价委托"走账"。大额交易也可能产生价格影响——也就是说，执行价格会与作出交易决定时的价格不同，从而侵蚀投资的盈利能力。

（1）报价价差

报价价差代表单股交易的边际成本，通常由做市商"设定"。通过限价委托执行的人会"赚取"差价，而使用市价委托的人会"支付"差价。报价价差是指最优报价和出价之间的差额，通常通过除以中间价（最优出价和报价的平均值）以百分比来报价：

$$\text{报价价差} = \frac{\text{要价} - \text{出价}}{\text{中间价}}$$

（2）有效价差

报价价差衡量的是单股交易的价格，任何超过最优出价或报价的大额市价委托都会"成交"，得到越来越差的价格，直到全部委托执行。为了获取已执行市价委托的成本，可以使用有效价差来衡量。有效价差是交易量加权平均价格（VWPA）与交易中间价之间绝对差的2倍。除以中间价，可以得到相对的有效价差：

$$有效价差 = 2 \times \frac{交易量加权平均价格 - 中间价}{中间价}$$

（3）价格影响/滑落

执行大额委托往往需要时间。在决定交易时的价格与在执行时获得的最终价格（通常是由经纪人获得的）之间的差异被称为价格影响或价格滑落。委托数额越大，执行委托就越有可能导致交易价格越不理想。

10.3.3.3 交易成本分析（TCA）——执行缺口*

为了确定价格滑落的程度，有必要将执行价格与某些参考价格进行比较。参考价格通常被视为决定交易时的价格、当天的交易量加权平均价格（VWPA）或收盘价。虽然基准的选择可能看起来无害，但有些更容易被经纪人操纵，允许“坏的”经纪人“欺骗”其客户，让客户相信其执行得很好。

（1）执行缺口

执行大额委托通常需要时间。衡量经纪人质量或“技能”的一种常见方法是采用执行缺口（IS）这一衡量指标。显性成本和隐性成本的美元价值除以委托交易总价值（以百分比来表示），得到：

$$执行缺口 = \frac{显性成本 + 隐性成本}{委托交易总价值}$$

显性成本通常很容易识别，例如一个经纪人对交易价值收取1%的佣金，为了确定显性成本，只需将收费率乘以交易价值即可。

（2）隐性成本——已执行委托

考虑以下例子：周一晚上，你要求你的经纪人在周二购买1 000股英国石油公司的股票。周一的收盘价为20美元/股。你的经纪人执行了20.25美元/股的委托。周二整个市场的交易量加权平均价格（VWAP）为20.60美元/股。你的经纪人做得好吗？若要进行检查，你需要计算隐性成本。

$$隐性成本(已执行委托) = 平均执行价格 - 参考价格$$

如果将经纪人执行价格与你作出交易决定时的价格（20美元/股）进行比较，好像经纪人做得很差：$IS = (20.25 - 20)/20 \times 100\% = 1.25\%$。然而，价格上涨是经纪人缺乏技能还是同时有其他人试图收购英国石油公司导致的？

如果将经纪人执行价格和交易量加权平均价格（VWAP）进行比较，经纪人又好像做得很好：$IS = (20.25 - 20.60)/20.60 \times 100\% = -1.699\%$。

正如上面所看到的，参考价格的选择是很重要的。为了最小化“博弈”参考价格的机会，大多数交易者会将其经纪人执行价格与交易量加权平均价格（VWAP）或作出交易决定时的价格（或开盘价）进行比较。只有所有经纪人都与相同的参考价格进行比较，并且参考价格不容易受到经纪人的影响（即交易当天的收盘价是特别糟糕的选择）时，经纪人之间的比较才会是“公平的”。

（3）隐性成本——未执行委托

如果仔细考虑经纪人试图使执行委托的隐性成本最优化的所有可选项，就可能会给投资者带来糟糕的结果。例如，经纪人可能会等到一天结束，只有在价格下跌时才会买入。然而，这也给投资者带来了成本——他们得到的股票比他们预期得要少。为了解释这一点，需要计算未执行委托的隐性成本。通常使用参考价格（即 VWAP）和收盘价之间的差额来计算。可以想象，经纪人未能执行的委托数量都会在最后的拍卖中执行。

隐性成本（未执行委托）= 收盘价 - 参考价格

（4）总计隐性成本

总计隐性成本是两个隐性成本组成的交易量加权平均值：

隐性成本 = 未执行委托数量 ×（收盘价 - 参考价格）+ 已执行委托数量 ×（平均执行价格 - 参考价格）

考虑下面的例子：周一晚上，你要求你的经纪人在周二购买 1 000 股英国石油公司的股票。周一的收盘价为 20 美元/股。你的经纪人以 20.55 美元/股的价格执行 900 股股票。周二，整个市场的交易量加权平均价格（VWAP）为 20.60 美元/股，收盘价为 21.10 美元/股。你的经纪人收取 1% 的佣金。总的执行缺口是多少？

隐性成本 $=100\times(21.10-20.60)+900\times(20.55-20.60)=5$（美元）

显性成本 $=0.01\times(100\times21.10+900\times20.55)=0.01\times20\ 605=206.05$（美元）

总成本 = 显性成本 + 隐性成本 $=206.05+5=211.05$（美元）

执行缺口 $=211.05/20\ 605\times100\%=1.024\%$

10.3.4　机构委托执行*

执行小额委托没有“市场影响”或“市场滑落”的重大风险。交易者只是根据所需的即时性来选择限价或市价委托。[①] 然而，在执行大额委托时，往往有必要掩盖交易者的真实意图。如果不这样做，可能会造成“莽撞交易”或市场影响，增加执行成本。

---

① 大额订单通常被认为大于日成交量的 10%，或价值超过 100 万美元。

10.3.4.1 父订单对子订单*

想象一个基金经理想买入一大笔，比如今天买入100万美元的X股票，因为他相信该股票价格明天就会上涨。可以称之为“父订单”。如果这个委托订单最优出价为15美元，所有人都可以看到，那么聪明的交易员可能愿意以略高的价格15.01美元购买少量股票（比如1万美元）。如果大买家变得不耐烦，最终将需要提供更高的价格（比如15.10美元）来实现执行，为非法预先交易者创造利润。如果订单被执行，非法预先交易者知道总是可以以15美元的价格回卖给大买家，最大损失1美分。这种行为降低了大额订单执行的概率，同时增加了执行成本。

为了解决这些问题，机构委托订单现在通常被经纪人（或其算法）分解为“子订单”，以隐藏其打算交易的真实规模，这样做也是为了努力减少总的执行缺口成本。

10.3.4.2 算法执行策略*

有几种方法可以分解这些大额父订单，以便在市场上执行。虽然算法的进攻性通常是可定制的，大多数算法会努力这样执行订单：在继续整个父订单中的下一个子订单之前，以最优出价挂出限价委托订单，等待一段时间执行，不执行的情况下取消限价订单而执行市价订单。最常见的做法取决于以下三种自动化算法：

（1）交易量加权平均价格（VWAP）

该算法旨在实现VWAP基准。为此，历史交易数据用于确定通常在每个时间间隔（即小时、分钟、秒）内交易的总交易量的百分比。然后，该算法假设今天的交易量分布与过去大致相同，并尝试在每个时间间隔执行适当比例的委托订单。例如，如果一个交易日中有5小时，并且在过去的30天里，每小时执行相同比例的交易量，该算法的目标是每小时执行总订单规模的20%。

事实上，往往在一天的开始和结束时会有更多的交易，而在午餐时间交易最少。此外，给定计算机运行这些算法，交易员通常使用分钟或秒为单位的时间间隔，这导致订单规模非常小（通常不规则）。这使得总订单规模更难被发现，因此这些都是很常用的。

（2）时间加权平均价格（TWAP）

与VWAP算法不同，TWAP算法与每个时间间隔内的交易量比例无关。相反，TWAP算法的目标是实现时间加权的平均价格。这涉及在N个相同大小的时间段平等地分割订单。例如，一个订单可以在一个交易日的60×6＝360分钟内平均分配。每分钟，算法将尝试执行 1/360 的订单。在交易频率较低的股票中，这可能会倾向于相对迅速地“泄露”订单的真实规模，从而导致执行质量较差。因此，TWAP 算法的使用并不那么频繁。

（3）交易量百分比算法

交易量百分比算法往往用于大额交易。该算法的目标是执行一天内总交易量的固定百分比。为了实现这一点，该算法将迭代地将他人的总交易量与自己的交易量进行比较。例如，如果一分钟前交易了 1 000 股，而你的目标是获得交易量的 10%，那么该算法将尝试在当前一分钟内交易 100 股。该算法与 VWAP 算法类似，但没有使用历史交易量数据，而是使用了当天同时交易的交易量数据。因此，如果一只股票的交易量有很大的波动，就是一个更好的选择。

10.3.4.3　大宗交易策略*

进行大批交易的另一种方法是进行大宗交易——通常是所发行股票的几个百分点。大多数交易所都规定了可以执行大宗交易的最低门槛（即 100 万美元或以上）。当经纪人执行大宗交易时，会“打电话”给其他其认为可能有兴趣买卖大量股份的经纪人或投资者。这通常涉及“了解”一家公司的股票登记册上还有哪些其他大型投资者。大宗交易可以使交易者受益，好像交易对手很快被发现，对价格的影响会小得多，通常同意在交易量加权平均价格（VWAP）或对当前价格给予小折扣时交易。然而，在大宗交易中必须管理一些重大的风险——如果街上的其他经纪人都知道你想卖出（而不想买），你可能会发现价格迅速下跌！经纪人通常依靠所在行业的“重复博弈”性质来确保这种情况不会发生。

10.3.5　市场分散化*

历史上，股票一直在其上市交易所交易——纽交所股票在纽交所交易，纳斯达克股票在纳斯达克交易。然而，始于 2000 年的电子交易导致各种交易所开始争夺在上市证券交易中的霸主地位。许多另类交易场所并不上市证券，而是交易在国家证券交易所上市的证券。

这就带来了成本增加和交易的复杂性，并要求交易员决定如何“分派”委托订单以获得最优的价格。投资者可能需要从不同的交易场所购买昂贵的数据费用以及投资于智能订单分派技术，以确保可以在不同的市场上获得“最优”的价格。因此，为了确保投资者在这些分散的市场中得到保护，许多法规已经出台。

10.3.5.1 全球市场分散化的历史*

古老的格言“流动性生成流动性”导致国家上市交易所几十年来的垄断地位。通过自2000年引入电子化市场，创业竞争对手的成本大大降低，这带来了股票证券交易之间的激烈竞争。为了促进（并在某些情况下加强）这种竞争，在全球范围内引入了各种法规：

（1）美国国家市场系统管理规则（Regulation National Market System，Reg NMS）

美国国家市场系统管理规则是由美国证券交易委员会（SEC）在2005年引入的。这一规则确保了交易会以在交易纽交所和纳斯达克股票的众多交易场所挂出的最优价格执行。为了确保交易者知道最优价格，引入了证券信息处理机（SIP），并且连接SIP是强制性的。SIP会收集来自区域市场的最优出价和报价，并实时传递“全国最优买卖价格”（NBBO），很像过去的股票行情带。这大大加强了竞争，因为它使那些可能不想向所有交易所支付个人数据费用的交易者知道了最优价格，并让其有机会以可获得的最优价格执行交易。

如今，美国的交易员面对超过35种的替代交易系统（ATS）和其他若干个经纪人/经销商的流动性池，市场执行因此变得特别复杂。

（2）欧盟金融工具市场法规（Markets in Financial Instruments Directive，MiFID）

欧盟金融工具市场法规于2007年11月生效。该法规与市场分散化最相关的组成部分是所谓的“护照”条款。与欧盟国家之间人员自由流动的概念类似，MiFID确保了证券可以跨国界交易。理论上，这使得交易所像伦敦证券交易所可以交易在法国或意大利上市的证券那样。

虽然全国性上市交易所之间达成的“绅士协议”确保交易所“坚持”只交易其上市证券，但MiFID显著降低了在整个欧洲建立替代场所（所谓的多边交易设施，如chix、Bats和Turquoise等）的监管障碍。随着MiFID的实行，这些多边交易设施（MTF）的使用者可以跨越所有欧盟成员国国家交易所，在上市股票的二级交易中自由竞争，使得初级上市交易所的市场份额迅速下降至60%左右。①

如今，在欧盟的交易员可以跨越6家多边交易设施（MTF）以及一些由经纪人/经销商运营的系统内化器（Systematic Internalisers）进行选择。

（3）澳大利亚和大洋洲

由于澳大利亚和亚洲市场的规模相对较小，可能吸引的交易量、另类交易场所进

---

① 关于交易所获得市场份额的策略的更多细节，包括所谓的“大规模战争”，请参阅Foley、Meling和Odegaard（2021）。

入的监管成本相对较高。根据 Aitken、Chen 和 Foley（2017）的研究，Chi - X 于 2011 年进入澳大利亚，在降低显性交易成本（即交易费用）和隐性交易成本（通过更紧密的价差）方面发挥了重要作用。

除澳大利亚外，大洋洲和亚洲市场的大部分二级交易均在一级上市交易所进行，没有任何来自其他场所的重大竞争。虽然这可能降低这些市场交易的复杂性，但通常会导致最终由投资者承担的显性成本更高。

10.3.5.2　委托订单分派：最优执行和委托保护*

在全球分散化市场，尚不清楚如何最好地分派委托订单，以确保客户获得最优的价格和最高的“执行”概率。为了解决这个复杂的问题，出现了两个全球监管“标准”：

（1）委托订单保护规则（美国和加拿大）

作为美国国家市场系统管理规则（Reg NMS）的一部分，美国引入了“穿价交易禁止”，在加拿大也有类似的要求。这就要求进入市场委托的交易员在能够以较低的价格进行交易之前，以最优的价格进行交易。例如，想象一级市场的最优出价为 1.00 美元、有 5 万股，而另类交易场所的最优出价为 1.01 美元、有 100 股。希望出售 9 000 股的交易员被迫以 1.01 美元的“更好的价格”交易 100 股，剩下的 8 900 股才能在一级市场以 1.00 美元的价格出售。

Foley、Liu 和 Jarnecic（2021）认为，这一规定导致许多交易场所的激增。特别是，穿价交易禁止产生的一个潜在的意想不到的后果是，交易员“被迫”从每个场所购买数据，以确保其满足监管要求。这可能导致小型交易所的交易量很少，很大一部分收入来自数据费用。

（2）最优执行

在上面的例子中，虽然技术上有可能获得更好价格 1.01 美元，但可用的数量少，会产生交易者首先执行一小部分的风险。如果流动性提供者正在监控替代市场，并观测到以 1.01 美元的价格出售 100 股股票的执行情况，那么可能会推断出同一交易者打算以 1.00 美元的价格出售更多股票。在这种情况下，流动性提供者可能会取消报价为 1.00 美元的 5 万股股票，并将其重新定价至 0.99 美元。这将导致交易员以高 1 美分的价格执行 100 股，而剩下的 8 900 股以低 1 美分的价格交易。Chen、Foley、Goldstein 和 Ruf（2017）的实证研究证实了这样的行为（称为报价淡出）。

为了让经纪人能够灵活地确定执行委托订单的最优方式，北美以外（特别是欧洲和澳大利亚）的大多数司法管辖区都引入了“最优执行”的要求。这是一个不那么“严格”的要求，允许经纪人考虑诸如执行概率、执行质量、每个交易所的费用结构、执行速度和其他更多因素。这为经纪人提供了关于在分派委托订单时应该考虑什么的指南，但不会以与交易同样的方式通过禁止来强加明确的义务。

10.3.5.3　智能订单分派*

随着交易已经从“交易大厅”转移到计算机上，市场的速度和复杂性需要提高整个交易过程的自动化程度。伴随着全球存在众多的市场、委托类型和法规，智能订单分派系统（SOR）已经成为委托订单执行中的宝贵工具。

SOR 接受交易员的订单，并在各种可用的交易场所执行。SOR 可以进一步编程以适应父订单，然后将其分割成子订单进行执行（使用 VWAP 或 TWAP 等算法）。

智能订单分派系统可能非常复杂，不仅考虑了交易所可用的普遍流动性，还考虑了延迟、历史执行概率和价格影响等方面。加拿大皇家银行创建了“雷神（Thor）”，测量了 SOR 和每个交易所之间的延迟。它会发送订单到速度慢的交易所，并以毫秒计延迟发送订单到速度快的交易所，以确保委托订单在同一时间到达不同交易所，避免报价淡出。

10.3.5.4　订单流量支付（美国）*

美国使用订单流量支付方法，但大多数其他司法管辖区禁止使用该方法。首先，来自零售交易员的订单被“出售”给高频做市商，这些做市商重视与订单相关的低点逆向选择。然后，零售经纪公司支付给做市商每股 1 美分的很小比例。这就是罗宾汉等零售经纪公司能够向客户提供 0 美元佣金的方法。

通过这种方法，“售出”的订单永远不会受到联合限价订单簿（CLOB）的影响。相反，这些订单被高频做市商内在化了。这里的假设是：零售交易员的订单流量是不相关的（不像大型机构有大量的父订单、整天工作）。

10.3.6　发现和隐藏交易意图*

交易行业的自动化关注“切割”和“隐藏”订单的程度显示了能够推断交易员意图的相关价值。虽然这对可能只交易很少部分的散户投资者来说不是特别成问题，但应该密切保护大型基金经理的意图，以确保他们不进行“非法预先交易”——也就是说，机会主义交易者不会在他们前面交易。

10.3.6.1　非法预先交易*

非法预先交易在历史上是指经纪人在大客户订单之前交易小额个人订单的（非

法）做法。例如，想象一下，经纪人 X 刚刚收到了购买价值 100 万美元沃达丰的委托订单。知道这一委托订单将提高沃达丰的价格，经纪人可能会在当天开始以较低的开盘价开出 1 万美元的个人订单。由于他为客户运作订单，价格可能整天都在上涨。经纪人可以在一天结束时以（个人）获利为目的出售股票。当然，这种非法预先交易行为增加了客户的滑落/价格影响，因此是非法的。

监管机构相对容易发现经纪人的非法预先交易，因此这种行为并不常见。然而，在现代市场中，高频交易（HFT）公司经常通过"嗅出"大型机构的意图、进行交易和增加支出而获利。例如，Menkveld 和 Van - Kervel（2019）的研究表明，当进行大额订单交易时，高频交易（HFT）能够在 3 ~ 4 小时后发现这些订单，在开盘剩余时间内与大额交易员的交易方向相同，以增加支出为代价获利。这种行为可以使父订单的执行成本在一天内增加多达 10 个基点。

出于这个原因，机构交易员必须意识到他们可用的选择，以最小化其订单留下的"足迹"，尤其是在执行大额订单时。

10. 3. 6. 2　冰山订单*

冰山（或隐藏）订单已经被交易所使用了一段时间。在传统的 CLOBs 中，限价订单所附加的数量对所有参与者都完全可见。如果一个参与者进入一个非常大的限价订单，这可能会导致非法预先交易，增加执行成本。为了促进更大的限价订单，交易所创造了冰山订单。

与冰山相似，可见的"尖端"比看不见的整体要小得多。当执行可见成分时，更多数量的订单会"刷新"。更复杂的交易所会"随机化"刷新数量，以避免冰山订单的存在。需要注意的一个重点是，大多数交易所强制执行价格——可见性——时间优先，这确保了冰山订单的隐藏部分总是在价格水平的后面，从而使正常限价订单获得优先权。

例如，10 000 股限价订单可以分解为 975 股可见成分（在队列的前面），剩下的 9 025 股"隐藏"在队列的后面。一旦可见的部分被执行，一个新的可见的限价订单（可能为另外 1 000 股）将被重新加载到队列的后面。此过程将持续进行到订单完成为止。

如果除了最优出价的冰山订单之外没有其他限价订单，在转移到下一个价格水平之前规模大于冰山订单的新进入市价订单必须清算掉所有订单。在上面的例子中，如果有 975 股可见的 10 000 股冰山订单是该价格水平上的唯一订单，那么 10 000 股的可成交市价销售订单将完全对冰山订单执行。

10.3.6.3 暗池交易*

一个相对较近期的旨在混淆交易意图的创新是暗池交易。与冰山订单不同，神秘订单是完全隐藏的。也就是说，神秘订单没有可见的部分。此外，许多暗池允许这些神秘订单在没有价格的情况下存在——采取最优出价和要价的中点。这为 VWAP/TWAP 订单切割提供了一种替代选择——大额订单可以简单地放置在暗池中，并将持续以与交易时的流行价格相匹配的价格缓慢执行。

10.3.6.4 风险*

与旨在隐藏交易意图的方法一样，执行情况必须是不可预测的。TWAP 引擎不应该每分钟使用相同的数量，VWAP 算法不应该每分钟或每秒在同一时间输入订单，SOR 不应该总是以相同的比例分派订单。同样，冰山订单的刷新价值应该是随机的，交易员应该小心地确保暗池不会“泄露”其交易欲望。

随着 HFT 运行的算法变得越来越复杂，基金经理意识到市场结构可能带来的风险以及帮助减少执行缺口和保护自己免受掠夺性交易员侵害的解决方案变得越来越重要。

10.3.7 暗池交易*

暗池交易已经成为现代市场的一个普遍特征，即使在没有分散化市场的情况下也会存在。暗池有多种类型，可以由一个交易所运营（作为一个独立的交易所运作，所有的交易员都可以进入），或者由经纪人/交易商独立经营、为自己的客户提供独家使用权。在美国，2020 年超过 45% 的股票交易量在暗池交易。在欧洲、澳大利亚、加拿大和其他发达市场也观测到类似的高水平暗池交易。随着这种执行类型的日益普及，大量的法规和创新也不断产生。鉴于暗池交易的普遍性和受欢迎程度，基金经理了解暗池交易是如何运作的、何时是有益的以及依赖这类执行面临什么风险是至关重要的。

10.3.7.1 暗池交易的类型*

暗池交易通常被定义为与初级（或国家）市场最优出价和报价相比，交易场所允许的价格改善部分。与一般公开市场运行的已知定价网格（定义为“最小报价”）不同，暗池交易通常在最优出价和报价之间定价。除此之外，在所有权结构方面也有一些区别。暗池交易场所的所有者通常可以分为以下三类：一级上市场所、独立另类交易所和经纪人/交易商运营场所。

（1）中点执行场所

中点执行场所的价格在交易员可获得的最优出价和报价的中点。在分散化的市场（如美国和欧洲），通常参照“NBBO”——全国最优报价。例如，假设最优出价是 1.01 美元，最优报价是 1.02 美元，中点暗池交易价格为 1.015 美元。

中点执行场所往往由交易所拥有和运营。这使得交易员可以在最优出价和最优报价之间为订单定价。在许多情况下，这些中点订单会符合“搜索”功能。想象一下，既有买家以 10 美元的价格购买 1 000 股，也有卖家以 11 美元的价格卖出 1 000 股。如果有一个在 10.5 美元价格的暗池交易买家，任何新入市场卖出订单都将根据中点暗池订单执行，而不是根据公开的最优出价执行。这是由于严格的价格优先——10.5 美元是一个比 10 美元更好的卖出价格。

中点暗池往往比部分的同类暗池泄漏更多的信息。这是因为买方和卖家在中点会执行，让外部观测者可以看到不平衡。这种“清算”效应并不存在于部分执行场所。中点执行场所在所有司法管辖区都很受欢迎。在一些国家（如加拿大和澳大利亚），监管已经迫使所有暗池交易在中点定价。[①] 在其他国家，如美国或欧洲，中点执行是交易员可用的几种选择之一。

（2）部分执行场所

部分暗池允许交易员放弃部分价差。例如，一个交易员可能愿意将最优出价（或报价）提高现行价差的 10% 或 20%。这不仅允许他们“打破”最小报价单位，而且也为他们提供了严格的价格优先。

在美国，经纪商把这推到了极端，提供了“毫无意义的”的价格改善，例如提供 1.010000001 美元，比 1.01 美元的最优出价略有改善。虽然 100 股或 200 股的交易员将获得技术上更好的价格，但得到的价格改善可能不到 1 美分。正是对这种“触底竞赛”的担忧，加拿大和澳大利亚等司法管辖区强制实施了中点（或有意义的）价格改善法规。同样，由于担心暗池场所会忽略一般公开场所规定的最小报价单位，MiFID Ⅱ要求欧洲暗池只在自然最小报价单位或中点进行交易。

（3）经纪人/交易商私人暗池场所

经纪人/交易商暗池是私人经营的，向国家级交易所报告其（内化的）交易。这些暗池的好处是，经纪人自己可以控制对暗池的访问，从而应该可以阻止“坏”的

① 有关澳大利亚和加拿大的监管制度的更多信息，请参阅 Foley 和 Putnins（2014）。

交易员进入。因此，交易员被鼓励首先向经纪人暗池提交订单，等待执行，如果找不到交易对手，经纪人将分派订单到一般公开市场。

虽然这种设定可以很好地工作，但严重依赖于经纪人的诚实性。许多大型经纪公司因违反这一信托（基于对暗池中的订单的独家了解预先非法交易其客户的订单）而受到全球监管机构的罚款。

10.3.7.2　机构使用*

机构通常会使用暗池来代替其他算法交易策略（即 TWAP/VWAP）。当在中点执行时，很可能会获得市场上现有的“最优”价格。给定订单规模对市场的其他人员不可见，整个订单可以放入暗池中全天执行（尽管这带有一些风险）。此外，暗池中点订单可以伴随领式价格（双限价格）。例如，只要价格小于等于 1.55 美元，就在中点买入。这样的双限价格可以确保暗池交易只在交易者设定的“界限”内执行。

10.3.7.3　风险*

机构投资者在将全部订单委托给暗池之前，应该意识到几种风险。这些风险通常涉及发现交易员订单的存在（但不一定是规模）。下面将讨论这些风险，以及针对每种风险的潜在缓解策略。

（1）暗池试单

试单指的是向中点发送非常小（即一股或两股）的订单，看看是否执行。如果一个买入订单被发送到中点，并且没有执行，这表明没有卖家耐心等待。如果随后发送一个卖出订单，并立即得到执行，这表明在中点有卖家。如果交易对手在几个小时内每分钟“试单”暗池，确定在过去几个小时中有一个买家在中点，这可能代表了一个大的、耐心的买入订单。

这个（掠夺性的）交易员可以通过市价订单积极买入考虑之中的股票，将价格从 2 美元提高到 3 美元、4 美元和 5 美元。

想要买入的交易员不会面临两难的境地，如价格正在远离他们，他们自己可能想要变得更激进。这可能会让掠夺性交易员以高于 5 美元的价格将这些股票回卖给中点交易者，从而实现可观的利润。

许多交易所已经引入了“最低数量”暗池订单，即允许中点交易者设定一个最低数量阈值，低于这个阈值，他们的订单将不会执行。例如，50 000 股的买入订单可以设置最小规模为 1 000 股，这将确保订单不会根据试单订单执行，减少信息的泄露。

（2）信息泄露

试单并不是可能导致信息泄露的唯一做法。事实上，市场观测者可能根本不交易就能辨别暗池订单的存在。想象一下，NBBO 的价格在 1.11 ~ 1.12 美元之间。在中点存在一个大的买入订单，价格为 1.115 美元。进入市场的买入订单执行的最优报价为 1.12 美元。进入市场的卖出订单得到执行，中点买入订单价格为 1.115 美元。这就形成了一种执行模式——观测到价格分别是 1.115 美元和 1.12 美元，但从来不是 1.11 美元。这将向所有观测者表明，存在一个大买家。

部分暗池不太可能“泄露”信息，因为这种不平衡不是必要的。例如，1.111 美元的小型暗池买家和 1.119 美元的大型暗池卖家会以两种价格执行，但不会揭示数量不平衡的方向。[①] 交易员可能还希望避免“设定和忘记”策略——在一天的时间点取消其暗池交易订单将有助于避免留下可检测到的印迹。

（3）延迟套利

暗池依赖于来自公开交易所的参考价格。在“独立”暗池的情况下，在从公开交易所到暗池的信息传播过程中会有一个延迟。这可以产生比赛条件。想象一下，NBBO 刚刚从 1 ~ 2 美元增加到 2 ~ 3 美元，但暗池还没有更新。在参考价格更新之前，快速交易员可以在暗池中以 1.5 美元的价格买入。然后，他们就可以以 2 美元的最优价格回卖给（新的）公开市场，利润为 0.5 美元。Aquilina、Foley、O'Neill 和 Ruf（2016）的研究表明，这种行为每年会让英国交易员损失数百万英镑的套利利润。

虽然消除这种行为并不容易，但对每笔交易进行交易成本分析，会确定在暗池中出现异常数量的交易是否立即发生在不利的价格波动之前。在分派表中应避免使用这样的暗池。

10.3.8　新老做市商*

几个世纪以来，做市商在促进有序交易方面发挥了关键作用。如果只有卖家，他们就会随时准备购买；反之亦然。在股市的早期，消息传播缓慢，股票交易很少，交易员对临时调动流动性至关重要。也就是说，他们可能今天买进，明天卖出，以确保一般公众总是能够进行交易。

许多交易所甚至向特定的经纪人（指定的做市商）收取提供特定股票流动性的费用，并让其获得报酬、优惠待遇、降低交易成本或其他好处。

① 有关暗池中信息泄露的更多信息，请参阅 Foley 和 Putnins（2016）。

随着市场电子化、流动性越来越强，交易员有效增加流动性的可能性已经减弱，交易员最终被越来越快、复杂和集中的做市商（常见的名称包括 Virtu 和 Citadel）所取代。

10.3.8.1　主机代管和 HFT*

主机代管是市场电子化的主要步骤之一。在 20 世纪 80 年代和 90 年代，当市场首次变成电子市场时，互联网是通过传统的电话线路运行。这使得经纪公司更喜欢布局其办公室使之尽可能接近国家交易所。虽然这增加了靠近交易所的房地产的价值，但这对交易所本身并没有好处。从 2000 年开始，交易所意识到可以将交易架构（所谓的匹配引擎）实际地移出城市，并在同一个房间里出售“服务空间”。通过这种方式，经纪人交易基础设施落在交易所数据中心，交易所可以直接从中获利。

主机代管的出现导致交易员之间的“竞争”成为速度最快的竞争，交易员之间的差异以毫秒和皮秒为单位。在这种环境下，尚不清楚可能持有数秒仓位的电子流动性提供商是否真得为整体市场提供了价值，或者他们是否有效地为真正的投资者提供了中介和“收费”。

10.3.8.2　逆向选择对执行质量的影响*

做市商最终可能在其买卖活动的过程中承担库存。如果价格对其不利，就会在被称为逆向选择的过程中产生库存持有的损失。做市商需要通过赚取“价差”（最优出价和报价之间的差额）来弥补逆向选择的“风险”。如果市场上其他交易员拥有更多的信息，做市商宁愿不进行交易。

10.3.8.3　信息类型*

获得投资者交易信息可以有两种关键形式：一个是基于交易员的基本分析（例如，潜在的业务现金流），另一个是基于交易员本身的订单流量（例如，交易员将对一个特定的股票进行大额投资）。两者都给做市商带来了问题，但其中一些比其他的更容易“避开”。

（1）基本信息

优越的基本信息可以有多种形式。它可能是短暂的（即对即将到来的收益公告的预期），也可能是长期的（对特定行业内相对绩效的预期）。信息越是长期的，交易员在执行订单时就越有耐心。理想情况下，交易员应避免迅速购买被低估的股票，而是耐心地以最优出价挂出限价订单，吸收任何到达的市场卖出订单。

（2）订单流量信息

订单流量信息更有害。掠夺性交易者不需要能够“推断”潜在的信息，而只需要能够识别交易活动的印迹。例如，如果一只股票的交易价格是 10 ~ 11 美元，而你认为它值 12 美元，你可以在 4 个提供这个价格的市场上以 11 美元的价格购买。如果你的订单依次到达市场 1、市场 2、市场 3 和市场 4，一个更快的交易员可以看到你在市场 1 执行的所有可获得数量，然后快速在你前面以 11 美元的价格购买其他三个市场上的所有可获得股票，只需要以 12 美元的价格重新发布，希望卖给你获利。这种行为成为 2014 年《闪电男孩》畅销书的主题。

10.3.9　操纵行为*

基金经理应该意识到有多种类型的操纵。操纵行为不仅会影响对经纪人绩效的评估和资产净值的构建，扭曲期权和外部合同的收益，而且往往会直接增加交易员在市场上的执行成本。本节将讨论一些操纵行为及其识别。

10.3.9.1　收盘价操纵*

收盘价用于确定许多外部合约（期权、衍生品、基金），这使得它们特别容易受到操纵行为的影响。在引入收市竞价拍卖之前，有操纵力的交易者只需要等到交易的最后几秒钟，然后通过大量的买卖订单来影响价格。尽管适用同样的原则，收市批量竞价拍卖使这一点变得更加困难。被操纵的收盘价往往会“错位”高于/低于连续交易中观测到的最后价格。在没有操纵交易者的情况下，这种错位往往在第二天被逆转。这种操纵在大型流动性证券中成本更高，因此在流动性较低的资产中更为常见。

10.3.9.2　参考价格操纵*

收盘价并不是唯一使用的参考价格。Daily Fix（如在外汇和金属市场中使用的），甚至基于报价的价格都可能容易受到操纵。① 与收盘价操纵类似，操纵参考价格往往与巨大交易量和偏离参考期之前的价格有关。

10.3.9.3　欺骗*

欺骗是一种方法，经常用于“欺骗”算法，以寻求预测订单不平衡。想象一下，一个交易员试图在一天内购买相对大量的股票。只要有平衡的订单流量，他们就可以

① 例如，基于报价的无成本操纵，请参阅 Chau、Aspris、Foley 和 Malloch（2021）。

获得最优出价。如果许多其他买家到达（可能带有相同的基本信息），交易员可能会变得更加激进，开始利用市价订单。

欺骗者使用以下两步花招。第一步，以最优报价（或刚好后面）输入一个小额卖出订单。然后，他们在最优价格之后的一到两步进入一个非常大的购买订单（以最小化执行的概率）。看到这种明显的巨大购买压力，有耐心的买家现在可能会变得激进，“高价买入”操纵者的可成交市价订单。然后，操纵者可以移除未执行的大型买入订单，并进行反向操作：在最优报价之后输入一个大额卖出订单，并以最优出价“低价买入”。在这样做的过程中，操纵者欺骗了其他交易员，让他们高买低卖，使操纵者得以获利。这种行为通常与大额订单输入和随后的取消有关。

10.3.9.4　延迟套利*

延迟套利是指在多个市场环境下交易员“比赛”的过程。如果一个交易员有一个“慢”的 SOR，总是在场所 2 之前向场所 1 分派订单，那么一个“快速”的交易员可能会很清楚什么订单可能会相互跟进。例如，在场所 1 以 10 美元的价格买入所有可获得的股票后，可能会在场所 2 获得一个新的可成交买入订单。预料到这一点，一个快速交易员（通常使用微波技术）可能会将交易员“竞争”到场地 2，以 10 美元的价格购买所有股票，并立即以 11 美元的价格替换它，以供新进入的可成交订单执行，从而产生一定的利润。虽然这种行为并不违法，但它会显著增加交易员面临的执行成本，特别是如果这种延迟套利发生在一天内的每个子订单上。

10.3.10　操纵的市场解决方案*

为了创建投资者和操纵者之间的“竞争环境”，许多法规试图保护投资者和起诉操纵者。然而，由于有限的监管资源和操纵者的不断创新，并不总是能依赖监管机构。作为一种替代方案，新的市场创新已经发展起来，以保护交易员免受这种行为的影响。

10.3.10.1　减速带*

减速带是由美国的“投资者交易所”（IEX）首创的，目的是克服暗池参考价格延迟套利。意识到相比于 IEX 暗池收到参考价格更新、许多交易员能更快地发送其订单到交易所，IEX 建立了“神奇的鞋盒”——在一个线轴上有数公里长的光纤电缆——通过匹配引擎在订单到达和执行之间生成 350 微秒延迟。虽然新进入订单被延迟了，但价格反馈本身却不是。这确保了暗池参考价格在交易前有足够的时间进行更新，提高了执行质量，并最大限度地减少了暗池延迟套利。截至 2021 年，减速带只在美国和加拿大的资本市场上使用。

10.3.10.2　频繁批量拍卖*

频繁批量拍卖（FBAs）已被用作高速“军备竞赛”的解决方案。FBAs 不像典型的 CLOBs 那样按顺序处理交易，而是进行类似于公开或收市竞价拍卖那样的“拍卖”。传入的订单被分成 100 毫秒 ~ 1 秒的很多“批量”，然后使用拍卖逻辑完全处理这些订单。

这最小化了速度带给交易员的优势，因为所有处于“最优”价格的订单都会被执行。这也使得延迟套利几乎不可能进行。快速的“批处理”时期造成交易匹配引擎的不连续性，交易员几乎无法察觉到，这可以有效地帮助创造人和机器之间的公平竞争环境。这类 FBAs 已应用于欧洲市场的 CBOE 等交易所。

10.3.10.3　波动性扩展*

拍卖可以进行调整以最小化操纵可能性的一种方法是，如果非交叉价格与上次交易价格的差异超过预先指定的阈值（比如 5%），则创建一个批处理期的“扩展”。这种扩展（类似于防止 eBay 等平台上的攻击）为交易员提供了进入拍卖的机会，并可能“对抗”操纵者。如果操纵者试图推高价格，他们实际上是在以虚涨的价格购买。合法的卖家可以利用这种情况，随时准备以虚涨的价格卖出，从而提供帮助使价格更接近均衡水平。

10.3.11　参考文献

[1] Aquilina, Matteo, Sean Foley, Peter O'Neill, and Thomas Ruf. Asymmetries in dark pool reference prices. FCA Occasional Paper 21 , 2016.

[2] Aspris, Angelo, Sean Foley, Drew Harris, and Peter O'Neill. Time Pro – Rata Matching: Evidence of a Change in LIFFE STIR Futures. Journal of Futures Markets, 2015, 35, No. 6, pp. 522 – 541.

[3] Aspris, Angelo, Sean Foley, and Peter O'Neill. Benchmarks in the Spotlight: The Impact on Exchange Traded Markets. Journal of Futures Markets.

[4] Chau, Ching, Angelo Aspris, Sean Foley, and Hamish Malloch. Quote – Based

Manipulation of Illiquid Securities. Finance Research Letters, 2021, 39, 101556, https://doi.org/10.1016/j.frl.2020.101556.

[5] Chen, Haoming, Sean Foley, Michael A. Goldstein, and Thomas Ruf. The Value of a Millisecond: Harnessing Information in Fast, Fragmented Markets. SSRN Scholarly Paper.

[6] Rochester, NY: Social Science Research Network. https://doi.org/10.2139/ssrn.2860359, 2017.

[7] Foley, Sean, and Talis Putnins. Should We Be Afraid of the Dark? Dark Trading and Market Quality. Journal of Financial Economics 2016, 122, No. 3, pp. 81 – 456.

[8] Foley, Sean, and Tālis J. Putniņš. Regulatory efforts to reduce dark trading in Canada and Australia: how have they worked. Report prepared for the CFA Institute, 2014.

[9] Foley, Sean, Anqi Liu, and Elvis Jarnecic. Forming an Orderly Line – How Queue – Jumping Drives Excessive Fragmentation. SSRN Scholarly Paper. Rochester, NY: Social Science Research Network. https://doi.org/10.2139/ssrn.3484590, 2019.

[10] Foley, Sean, Tom Meling, and Bernt Arne Ødegaard. Tick Size Wars: The Market Quality Effects of Pricing Grid Competition. SSRN Scholarly Paper. Rochester, NY: Social Science Research Network. https://doi.org/10.2139/ssrn.2866943, 2019.

[11] Kervel, Vincent Van, and Albert J. Menkveld. High – Frequency Trading around Large Institutional Orders. The Journal of Finance, 2019, 74, No. 3, pp. 1091 – 1137, https://doi.org/10.1111/jofi.12759.

第 11 章　交易所交易基金（ETF）

本章缩写

ASR	美国存托凭证
AMEX	美国证券交易所
AP	授权参与经纪人
AUM	资产管理规模
CFM	差价合约
CISA	集合投资计划法
CU	创建单元/申购单位
ETC	交易所交易商品
ETN	交易所交易票据
ETP	交易所交易产品
GDR	全球存托凭证
HNWI	高净值个人
iNAV	指示性资产净值
MiFID	金融工具市场指令
MSCI ACWI	摩根士丹利资本国际，所有国家世界指数
MTF	多交易设施
NAV	资产净值
NTR	净总收益
OTC	场外交易
P/E	市盈率
QQQ	纳斯达克 100 信托（股票代码）
RFQ	报价请求
SEC	美国证券交易委员会
SI	系统内部化器
SPDR	标准普尔存托凭证
TCO	总拥有成本

续表

TD	跟踪差异
TE	跟踪误差
TER	管理费占总费用比率
TRS	总回报互换
UCITS	可转让证券集合投资
UIT	单位投资信托
WHT	预扣税

11.1 引言

交易所交易基金（ETF）是一种在证券交易所上市的集合投资工具。在交易所上市和在其他交易所潜在交叉上市允许其股票在整个交易日以市场决定的价格买卖。ETF 可以跟踪一篮子证券的表现，如众所周知的股票或债券指数，但也可以跟踪大宗商品或其他一篮子资产。ETF 的原始形式类似于指数基金，通过持有与构成指数的成分证券成比例的证券来复制指数本身。然而，如今有一些 ETF 使用杠杆和做空，基于集合复制策略，往往超越传统指数，试图代表某类股票的某些特征，如特定主题（如网络安全）或投资风格（如价值投资或动量投资）。与积极性共同基金不同，ETF 的目标是尽可能接近地复制基础指数的收益率和风险特征。

以交易所上市的盘中价格［而不是传统指数共同基金的官方资产净值（NAV）］投资整个市场部门的能力促成了 ETF。当时被称为“指数股份”的最初设计工作是由美国证券交易所（AMEX）（现在是美国纽约证券交易所，NYSE American）的 Nathan Most 完成的，其第一款产品是标准普尔存托凭证（SPDR），于 1993 年在美国证券交易所推出。因为 ETF 的交易方式就像股票一样，所以享有传统（指数）共同基金无法获得的灵活性。它们可以通过不同类型的市场交易指令进行买卖，如市价购买或限价购买，也可以使用杠杆购买或做空，尽管后一种功能通常仅限于 ETF 的机构类用户。另一个不同之处是，ETF 的持股对投资者是透明的，因为 ETF 的经理或发起人每天都向市场披露投资组合成分的信息。最后，与共同基金不同的是，ETF 不收取买卖委托佣金（“负荷”），但投资者将支付经纪佣金和可能的印花税。

作为一个总体类别，无论是在管理的资产规模方面还是在交易量方面，ETF 在推出以来的近 30 年里交易呈指数级增长。

11.2　ETF 的内部运作

ETF 通常是开放式基金，包括注册在欧洲的可转让证券集合投资（UCITS）和注册在美国的交易所交易单位投资信托或交易所交易授予人信托。

11.2.1　美国和欧洲 ETF 的法律结构

法律结构的差异取决于注册地和该基金持有的不同类型的资产，如是期货或大宗商品，还是股票或债券。在美国注册并作为开放式共同基金（例如，Select Sector SPDRs）管理的 ETF 根据 1940 年的《投资公司法》注册，使用与大多数传统共同基金相同的架构。作为该类基金的一部分，它们可以从证券借贷中产生收益，并可以使用抽样或优化技术。这使得投资经理可以通过使用统计工具来配置一篮子模拟指数表现的证券或资产，来复制标的指数，但交易成本更低。美国的第二种结构类型是单位投资信托基金（UIT）。

这些基金（例如，QQQ）被认为是税收目的的信托，因此可以免除公司所得税。与 1940 年的《投资公司法》中的基金不同，单位投资信托（UIT）必须全程完全被动地保持对目标指数的风险敞口，即不能以实现有效的投资组合管理为目的而以任何方式管理证券或现金。此外，不允许对基金的成分证券进行借贷，这就消除了这些基金的潜在收益来源。

注册在欧洲的 ETF 通常是 UCITS（即可转让证券集合投资，在瑞士注册的 ETF 除外），并在多样化、合格资产和风险限制方面遵循相同的规则。它们不应与交易所交易票据（ETN）相混淆，后者是优先级债务票据，例如跟踪一种商品或交易所交易商品（ETC）的价格，后者也跟踪一种标的商品或一篮子商品的表现。虽然 ETN 的发行人信用风险通常是无担保的，但 ETC 的发行人风险通常是有担保的。ETF、ETC 和 ETN 通常被归为交易所交易产品（即 ETP）类。ETC 和 ETN 都不符合 UCITS 的标准，因为它们是债务性证券，而不是基金。这使得 ETC 和 ETN 能够跟踪 ETF 无法获得的资产，但也消除了投资者在 UCITS 框架下享有的保护。

11.2.2　ETF 的实物申购/赎回机制

ETF 的最重要的显著特征之一是用组合证券（一篮子股票）申购新的基金份额

并兑现现有组合证券（一篮子股票）的独特机制。这种基金份额和一篮子股票互换的实物申购或赎回构成了 ETF 一级市场；而 ETF 的盘中交易，就像股票交易一样，构成了 ETF 二级市场（见图 11－1）。

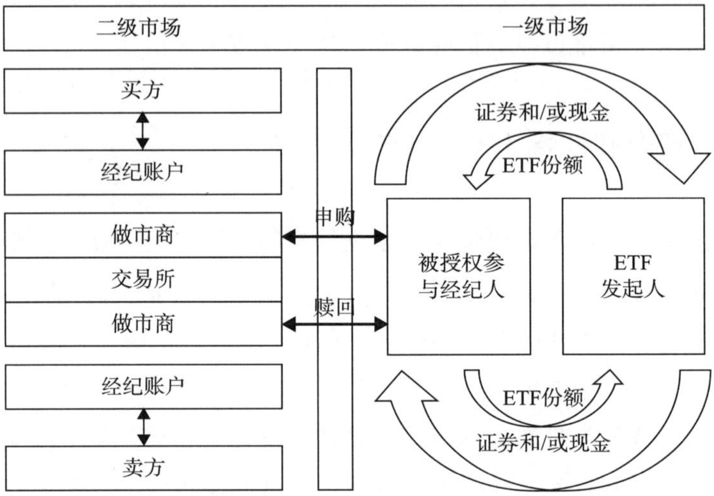

图 11－1　ETF 一级和二级市场

独特的 ETF 设置是共同基金单位的关键差异，共同基金单位通常只能在一天结束时以基金持有的收盘资产净值（NAV）出售，以现金换基金份额的方式出售。

在最简单的形式下，ETF 的申购和赎回包括将 ETF 份额交换为股票组合或用股票组合交换基金份额（例如，将 SMI ETF 交换为 SMI 指数中的 20 只股票）。只有所谓的授权参与经纪人（AP）才能以批量申购单位申购新的基金份额（通常为 50 000 基金份额或其倍数）。这些批量规模申购单位称为申购单位（CU）。除了在所谓的申购篮子中指定的一篮子股票的实物交付外，申购通常还需要支付一笔相对较小的现金，例如扣除基金应计费用后的累积红利。此外，在某些情况下，例如限制授权参与经纪人交易申购篮子中的成分证券，可以支付现金代替某些证券。最后，现金金额通常还包括一个小的“结余现金”金额，这将确保包括现金在内的申购单位存款的总价值，完全等于一个申购基金单位份额总和的资产净值。

作为每一笔申购单位存款的回报，授权参与经纪人将获得固定数量的 ETF 份额，这些份额可以再出售给二级市场的做市商，最终也可以出售给个人投资者。因此，ETF 一级市场实际上是在授权参与经纪人与 ETF 发行人或发起人之间进行的场外交易。发起人通过授权参与经纪人协议对授权参与经纪人进行授权，赋予授权参与经纪人申购和赎回基金份额的权利，而不是义务。授权参与经纪人协议是关键的管理性法律文件。

授权参与经纪人是唯一能够申购或赎回新的 ETF 份额的实体，通常是大型经纪商/交易商或自营交易公司，通常也是各自 ETF 的做市商。除非这样的申购或赎回发生在一级市场中，否则 ETF 的发行者通常对二级市场中的 ETF 交易没有具体了解。ETF 份额只是在二级市场上从一个投资者转移到另一个投资者，并根据该指令发生地交易所的结算程序进行结算。只有一级市场和二级市场之间的过剩需求或供给以及套利机会才会触发 ETF 一级市场的交易，然后涉及 ETF 发起人。申购和赎回的总成本，包括所有成本和费用，由授权参与经纪人支付，他们通过 ETF 市场上报价的价差来收取费用。

独特的申购/赎回机制、与 ETF 二级市场的联系是 ETF 的一个主要优点，即将 ETF 的价格保持在 ETF 所持有的证券投资组合的资产净值附近的一个狭窄范围内。ETF 包装成功的几乎每一个方面最终都可以追溯到申购和赎回 ETF 份额的过程中，例如，消除封闭式基金经常出现的显著溢价，以及消除 ETF 本身的交易成本。ETF 的发行人并不保留可以交付给授权参与经纪人的份额库存，但发起人会发行新份额，作为所谓的“继续发行”的一部分。新份额反映在每天公布的 ETF 流通份额数量和资产管理规模（AUM）中。当然，这个过程也可以相反，授权参与经纪人将 ETF 份额交付给 ETF 发行人，而发行人将一篮子证券和规定的现金金额交付给授权参与经纪人。

11.2.3 ETF 套利机制

除了通过实物申购/赎回机制为基金经理增加投资组合管理效率，该流程还将 ETF 的价格保持在资产净值附近的一个狭窄范围内。反过来，这是因为，如果 ETF 和篮子之间的套利差价超过一定阈值，授权参与经纪人有财务激励从事 ETF 份额和证券篮子之间的套利交易。如果一篮子标的证券的当前市场价值大于 ETF 份额的报价，授权参与经纪人会卖空一篮子证券，购买 ETF 份额以获得套利利润。相反的情况是，如果 ETF 份额以溢价交易，则授权参与经纪人可以通过同时在市场上出售 ETF 份额和购买一篮子证券来获利。

各种因素驱动了 ETF 的买卖价差和在盘中资产净值附近的交易的宽度，如套利成本（例如，向授权参与经纪人收取申购/赎回基金份额的手续费）和风险溢价以弥补流动性风险、波动性或时差，如 ETF 二级市场交易和一篮子证券交易之间的交易时差（例如，在欧洲交易时间内，日本股市关闭时的日本股票 ETF 交易）。然而，对于任何 ETF 来说，套利差价代表了 ETF 份额交易的公允价值范围。

ETF 申购/赎回流程的一个显著优点是，授权参与经纪人承担了为 ETF 投资组合而进行证券交易的所有成本。如前所述，授权参与经纪人将这些成本以出价/要价价差的方式传递给投资者。然而，该机制保护 ETF 的非交易基金份额持有者免受其他投资者进出该基金所造成交易成本的负面影响。经常以 ETF 份额进行交易的 ETF 投资者承担其交易活动的成本，而买入并持有的投资者并没有受到这种交易活动的负面影响。

虽然上述机制通常代表了 ETF 的运作机理，但该机制因所涉及的资产类别和金融工程而存在某些差异。债券 ETF 通常持有大量债券，这些债券可能缺乏流动性，比如某些高收益市场中的债券。因此，ETF 的发起人可以选择不要求授权参与经纪人进行实物申购和赎回，而是接受等价的现金价值，这使得授权参与经纪人的申购和赎回流程更容易，并鼓励其在市场中更活跃，保持价差处于较窄的区间，ETF 份额的报价接近公允价值。

最后，其他类型的 ETF，如大宗商品 ETF，使用 OTC 掉期作为其指数复制的一部分，可能会使用现金进行申购/赎回。这样，管理底层的掉期头寸就变得更容易了，否则授权参与经纪人将不得不参与增加或减少这些掉期头寸。几乎没有例子说明为什么大型机构参与者（除了授权参与经纪人）有理由影响实物赎回：大型投资公司持有 ETF 份额可能决定要给自己留出绩效超过指数的空间，宁愿拥有某些与指数不同权重的股票。针对标的股票，将 ETF 份额做空的另一个原因是在股权投票中拥有直接发言权。为了对管理层提交给股东的公司问题（例如，股息变动、股票分割、治理主题）进行投票，股东必须直接拥有自己的股票，而不是在发起人控制投票的 ETF 中。

11.3　指数复制方法

管理 ETF 跟踪的指数是在密切跟踪指数和尽可能低成本之间保持微妙的平衡。评估发起人（或者更具体地说，是发起人指定的投资经理）跟踪指数能力的两个补充工具是跟踪误差（TE）和跟踪差异（TD）。

11.3.1　跟踪误差和跟踪差异

事后跟踪误差为 ETF 的收益率与其跟踪指数的收益率之差的标准差，计算公式为：

$$TE=\sqrt{\frac{\sum_{i=1}^{n}(R_F-R_B)^2}{N-1}}$$

式中，R_F——ETF 基金收益率；R_B——基准指数（ETF 跟踪的指数）收益率；N——期数。

跟踪误差和跟踪差异应该一起进行分析，以便得出关于指数复制质量的有意义的结论。跟踪误差通常以年化数字表示，是衡量 ETF 复制质量随着时间变化的主要指标。跟踪差异则回答以下问题：ETF 的绩效与其跟踪的指数绩效有多少偏差？它指明 ETF 绩效是高于还是低于其追踪的指数绩效。这两个指标应该同时使用，因为跟踪误差并没有显示 ETF 绩效低于还是高于其追踪的指数绩效的程度，或误差随时间变化分布。

图 11－2 中，这两只 ETF 在此期间有相似的跟踪差异，都从 40 开始，到 160 结束。然而，它们跟踪误差迥异，即 ETF1 的跟踪误差为 0，而 ETF2 的跟踪误差相当高。因为跟踪误差的值可能是几天内集中偏差的结果，也可能是更一致的偏差，所以，观测在更长一段时间内计算的滚动跟踪差异，从而揭示基金费用、投资组合管理技术或基金规模变化等在长期内的累积效应。

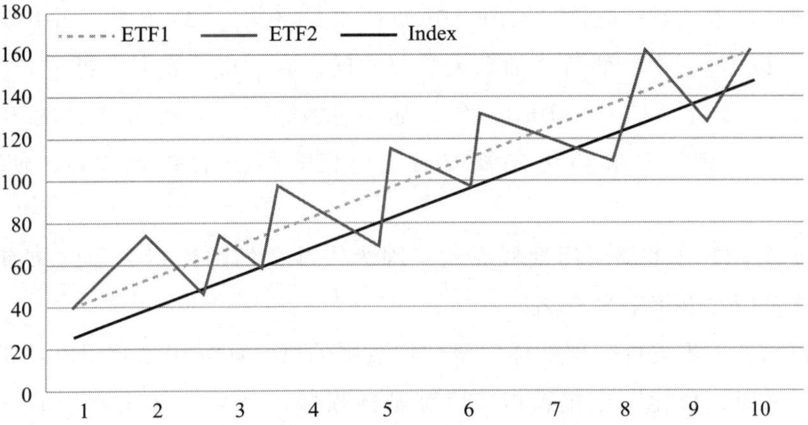

图 11－2　跟踪差异与跟踪误差

11.3.2　实体复制方法

在指数复制方面，最明显的方法似乎是根据指数中各只证券的权重持有每只证券来复制指数。这似乎很有吸引力，因为在原则上，资本化加权指数会自动重新平衡，即随着资产价格的变化，指数中的权重也会自动调整。然而，在实践中，由于公司的行为，如发行新股或并购，使得权重发生变化，因此，需要调整指数中的每项资产。

所有这些活动都会引发交易成本，这对跟踪准确性不利。因此，平衡成本和事前（或预测）跟踪误差的替代复制方法，可能更适合于规模更大的指数，如 MSCI 全球所有国家指数（MSCI ACWI）、富时全球全市值指数（FTSE Global All Cap Index）或罗素 2000 指数（Russell 2000）。它们都被用作知名 ETF 的基础资产。替代方法包括简单的方法（如选择指数中最大的资产或最具流动性的资产），也有非常复杂的计算机辅助优化技术。这些技术是基于预测风险、最小化事前跟踪误差的方法。然而，当计算求出实现的跟踪误差时，它们通常也优于其他事后方法。

一种常见的技术是分层抽样，它试图通过构建具有与指数一致的重要风险维度的投资组合，来最小化跟踪误差。一个公认的实施方案使用市场部门和规模作为风险维度。然而，分层抽样的其他变体，在所采用的风险维度（例如市盈率 P/E、国家）以及匹配指数和跟踪基金风险敞口的技术方面，有所不同。无论使用何种维度，最终目标始终是模仿指数的特征，而不是购买指数中的每一只股票，从而降低交易成本。

可以将相同的逻辑应用于固定收益指数管理，ETF 投资组合经理会把一个指数划分为不同的桶，其中每个桶代表固定收益指数的不同特征，如期限或信用评级。然后，投资组合经理选择将跟踪每个桶的特征的证券，总的来说，它们应该代表被跟踪的指数。例如，负责跟踪在加拿大发行的所有债券的债券指数的投资组合经理，可能会按以下特征对该债券指数进行细分：到期日和/或久期（2～5 年、5～10 年、10～20 年、20 年以上）、市场部门（加拿大联邦政府、省、市、企业、抵押贷款支持等）和信用评级（AAA、AA、A、BBB）等。如果省级债券占该债券指数的 30%，他们就会选择一些在到期日和信用评级方面也会代表指数的省级债券，使之占基金的 30%。

固定收益 ETF 几乎都采用抽样方法，因为该基金的追踪指数通常持有数千种债券，其中许多债券多年来没有交易。

优化技术进一步进行分层抽样，研究指数中的所有证券相互之间以及相对于基准如何关联，从而“优化”或提高指数跟踪基准指数的效果。优化方法的成功取决于投资组合经理关于证券如何相互关联的模型。

除了上述在追踪基准指数过程中所面对的大量可能减少流动性的因素外，采用分层抽样或优化的一个常见理由是 ETF 本身没有足够的资产管理规模（AUM），无法以成本效益原则购买所有构成指数的资产。

11.3.3 合成复制方法

上述所有复制方法都汇总在术语“实体复制”下，因为 ETF 在实体上包含指数成分的全部或一个子集。ETF 不直接投资于基础市场的另一种方法被称为“合成复制”。基金经理不是直接持有指数证券，而是与交易对手（通常是一家投资银行）达成协议，规定基准收益将支付给基金。合成 ETF 于 2000 年首次在欧洲引入，最初是作为实体复制的替代方法，具有某些优势，如相对较低的跟踪误差和管理费。然而，它们越来越多地成为一种获取额外资产类别（如大宗商品或货币市场）的手段。

因为固有的互换交易对手风险嵌入在合成结构中，美国证券交易委员会（SEC）和美联储都对合成 ETF 表示担忧，美国证券交易委员会从 2010 年开始，禁止尚未发起合成 ETFs 的 ETF 发行人推出新基金。

11.3.3.1　无资金支持的互换结构

合成 ETF 主要有两种结构：无资金支持的和有资金支持的。在无资金支持的互换结构中（见图 11－3），ETF 基金经理从授权参与经纪人获得现金，从一个或几个交易对手方购买一篮子证券——即所谓的替代篮子，以创建新的 ETF 份额。然后，基金经理交易总收益互换（TRS），通过该交易，从互换交易对手（通常是附属投资银行）获得指数收益减去互换费用，并支付替代篮子的收益作为回报。在互换交易对手违约时，该基金拥有替代篮子作为金融抵押品。该互换每天都被监控，以限制交易对手风险。

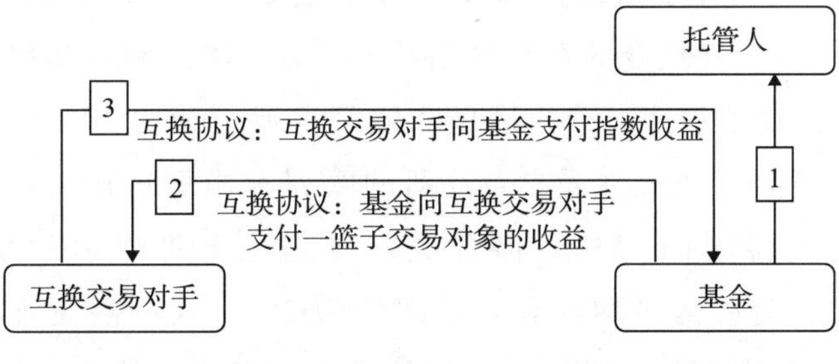

图 11－3　基于互换的 ETF——无资金支持的结构

11.3.3.2　有资金支持的互换结构

在有基金支持的互换复制模型中（见图 11－4），ETF 将其持有的现金（集合投资者从授权参与经纪人获得的资金）转移给互换交易对手。作为交换，互换交易对手向基金支付 ETF 正在跟踪的指数的收益。与无资金模式类似，基金经理与互换交易对手交易总收益互换（TRS），通过该交易获得指数收益。然而，与无资金支持的模式不同的是，抵押品篮子被放入一个由独立托管人以 ETF 的名义设立的环形托管账户中，而不是由 ETF 拥有。

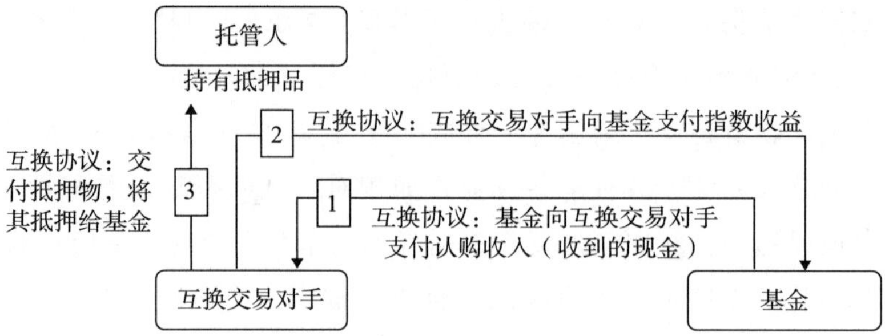

图 11-4　基于互换的 ETF——有资金支持的结构

一般而言，互换交易对手提供的抵押品应使有资金支持的 ETF 对交易对手的净风险敞口降至不超过 ETF 资产净值的 10%。如果互换交易对手不履行其义务，ETF 可立即获得抵押品。同样，互换每天都在受到监控，以限制交易对手的风险。重要的是，ETF 互换提供的抵押品通常与 ETF 必须跟踪的指数无关，但通常包含 G10 政府债券、超国家债券和现金。

合成 ETF 提供一种低成本的方式让投资者进入某些利基市场，否则大多数投资者将无法进入这些市场。此外，合成 ETF 还经常通过较低的管理费费和相对较低的跟踪误差（但跟踪差异不一定低），来削弱其实体竞争对手。

当然，投资者必须注意各自 ETF 的真实成本，包括由于互换费用而导致的合成 ETF 的潜在收益阻力。对于欧洲的 ETF 来说，合成 ETF 可以有一定的税收优惠。至于美国持有的 ETF，互换合约在某些条件下可以免除红利预扣税，避免了爱尔兰实体 ETF 所遭受的 15% 税率，或卢森堡实体 ETF 所遭受的 30% 税率。这意味着对于 MSCI 世界指数 ETF，虽然在爱尔兰注册的欧洲实体复制基金通常能够达到美国持有的 ETF 红利收益率的 85%，但合成基金理论上可以达到全部红利总额的 100%。假设美国大盘股的平均红利收益率约为 2%，这一豁免意味着，合成基金在美国的风险敞口上有可能达到高达 30 个基点的额外收益，这相当于在 MSCI 世界指数上超过 18 个基点。

如果实体 ETF 为了赚取更多的收益借出其证券，那么实体 ETF 也可能受交易对手风险影响，但通常认为合成 ETF 的交易对手风险（互换交易对手破产，因此无法履行其承诺的风险）更大。

这意味着过去几年来，来自媒体和监管机构的大量审查，导致合成 ETF 提供商采取进一步措施减少交易对手风险，如超额提供抵押，使用多个互换对手，每日互换重置和在质量和多样化方面适用于替代篮子的严格标准。

11.3.4　影响跟踪准确性的因素

除了不同的复制方法，以下因素可能会影响 ETF 对其基础指数的跟踪准确性：

- 指数变化：基金经理可能以与 ETF 复制的指数不同的价格和时间交易指数的变化。基金经理可以选择在变化生效之前或之后进行交易，以避免市场的某些波动。

- 费用：指数通常以收盘价进行无摩擦交易，没有维持一篮子指数成分的费用，而 ETF 投资经理则面临运营费用（如基金管理、托管、投资管理、审计和法律费用）、交易佣金和税收，这些都会降低对于指数的收益。在基金进行证券借贷的情况下，这可以被认为是负成本，与指数相比，这会提高收益。

- 税收制度：根据基金的注册地，ETF 可能需要纳税，如外国红利预扣税，这不同于指数计算的假设。

- 金融期货、美国存托凭证（ADRs）、全球信托债券（GDRs）、差价合约（CFDs）：为了有效投资组合管理目的，ETF 可能持有与指数中不同的工具。其原因可能是当地市场缺乏流动性。尽管经济敞口相等，但不同的交易时间会引入跟踪误差风险。

- 基金的会计处理方法：大多数债券 ETF 在股市收盘时对基础债券进行估值。然而，债券指数通常遵循债券市场在早期对债券进行估值的惯例。

11.3.5　证券借贷

在其他条件相同的条件下，证券借贷对基金收益是净利好。这是 ETF 投资组合将其证券借给借用方以收取费用的过程，其目标是通过额外的收益来降低投资者持有 ETF 的净成本。借用人在证券借贷期间向 ETF 支付一笔费用。此外，所有的权利，如在证券借贷时已经支付的利息或股息，都会以人工付款的形式传递给 ETF。费用取决于借用各自证券的难度，差别很大，从每年几个基点到甚至可以抵消 ETF 的整个管理费用，并可能导致相对于指数的更高收益。

ETF 作为指数的跟踪者，往往有相对稳定的投资组合头寸，使得 ETF 成为良好的证券借贷供应方，即与管理更积极、周转率较高的基金投资组合相比，ETF 作为出借人赎回借出证券的可能性较小（股票 ETF 投资组合周转率的中位数约为每年 25%）。

对于证券借贷，如果借用人在证券返还前违约，则存在损失风险，并且由于市场波动，持有的抵押品价值已经下降和/或借出证券的价值已经上升。因此，在证券被出借期间，借用人以股票、债券或现金等其他证券的形式将抵押品转让给出借人，抵押品的价值等于或大于被出借证券的价值。其他风险缓解措施包括供应商的证券借贷政策，即限制其所有的 ETF 可以出借给第三方借用人的资产数量；或由 ETF 发起人提供赔偿，这相当于旨在保护基金份额持有人免受证券借用人违约的保险政策。

除借用人违约风险外，还需考虑抵押物再投资风险。如果发行人收到现金作为抵押品，并将其投资于货币市场基金，以寻求增量投资回报，这种情况下，就存在抵押物再投资风险。为了减轻这些风险，发起人将现金抵押品投资于货币市场基金，这些基金投资于高质量、短期证券的多元化池，并在信贷质量、期限和流动性方面受到限制。然而，抵押品再投资风险可以以市场、流动性或信用风险的形式表现出来，通常不包括在发起人的借用人违约赔偿范围内。

ETF 发起人通常雇佣中介机构（如托管银行和第三方专家）作为代理人，为他们出借证券。这些中介机构受益于规模经济、专业知识、技术以及借用人通道，使他们能够获得最具竞争力的定价。这些机构通常充当借贷代理人，借贷代理人的借用人名单通常要得到 ETF 发起人的批准。收入如何在资金提供者和/或借贷代理人、基金份额持有人之间进行分配，这在预先商定的费用分割协议中已说明清楚。对于所产生证券借贷收入计入投资者（即基金资产净值）的比例，其透明度在 ETF 发起人之间存在显著差异。

11.4　ETF 交易和成本

对 ETF 成本的观点总是需要考虑到 ETF 投资的性质。虽然短期的投机交易将更加强调交易佣金、买卖价差和潜在的印花税，但战略性的长期配置（其他情况保持不变）会更关注按优惠利率计入 ETF 资产的管理费占总费用的比率（TER）。

11.4.1　授权参与经纪人和做市商

如上所述，如果 ETF 份额价格相对于 ETF 持有证券的价值进行溢价或折价交易，由授权参与经纪人代表做市商或（机构）终端客户促成申购/赎回，通常会有经济激励。做市商（即定期向客户提供双向报价的经纪自营商）和授权参与经纪人的角色是不同的，尽管有些公司在给定的 ETF 中既是授权参与经纪人也是做市商。ETF 发起人决定哪些授权参与经纪人有能力在一级市场上与 ETF 进行交易。虽然做市商通常会利用任何可能的套利机会，但是他们没有义务进入市场（如，做市商如果已经进入市场与 SIX 瑞士交易所达成协议，他们有义务在 90% 的每月交易时间内报价一定规模和质量的价差）。授权参与经纪人（通常在每个 ETF 中约有 30 个授权参与经纪人）更倾向于参与在二级市场显示出具有高流动性的 ETF 以及那些在 ETF 所基于的资产类别/风险敞口中具有特定容量的 ETF。授权参与经纪人促成的一级市场活动只是 ETF 二级市场交易量的一小部分，因为只有 ETF 份额的显著过剩需求或供应才能触发一级市场活动。因此，ETF 的实际交易量对 ETF 所管理资产规模（AUM）没有直接影响。同样地，如果一个大型机构客户促成了申购或赎回，那么 ETF 流通在外的份额/所管理资产的规模会发生变化，在二级市场的交易量中却没有必然可见的交易。因此，ETF 的流动性与所管理资产规模并不成正比，因为由于其独特的申购/赎回过程，新的 ETF 份额总是可以被创建出来。因此，ETF 也存在一个常见的误解，即日交易量低或所管理资产规模（AUM）小表明 ETF 的流动性不足（即交易困难和/或交易昂贵）。基础资产的流动性总是决定了 ETF 中可用的最低流动性，同时通常是可获得的流动性的最大来源。

11.4.2　市场结构和流动性的决定因素

市场最明显的流动性是屏幕上的流动性，即二级市场的上市交易所显示的活动。它是通过交易量和买卖价差来衡量的，通常只反映了 ETF 实际流动性的一小部分。至少在欧洲，证券交易所的订单账簿只反映了所有交易订单的一小部分。作为在二级市场上的柜台交易（OTC，场外交易），不通过交易所（显示在交易所的屏幕上），做市商和授权参与经纪人通过柜台交易的大宗交易的交易量很大。在 2018 年 MiFID Ⅱ生效之前，当时将 ETF 作为 MiFID Ⅱ工具，约 70% 的 ETF 交易实际上是隐形的，因为没有要求公司披露场外交易。现在，场外交易需要报告，例如场外交易可以在 SIX 瑞士交易所或伦敦证券交易所或欧洲的其他官方交易所报告。因此，现在 ETF 交易总量的透明度更高。然而，就 MiFID Ⅱ后的场外交易而言，该交易是由彭博社等报价请求（RFQ）机构促成的、还是系统内化器（SI）通常在执行客户订单时以自己的账户自行进行交易的，这仍然是不可见的。报价请求平台是一个专门针对 ETF 交易的电子的、类似拍卖的系统，它允许投资者访问实时拍卖功能并进行大额订单的交易。由于报价请求平台已经获得了多边交易设施（MTF）的地位，这些交易在技术上不能再被归类为 OTC。然而，缺乏一种所谓的证券买卖汇总记录带，可以让投资者在一个地方看到总交易量，这仍然是欧洲市场的一个大问题，因为投资者仍然无法看到他们正在交易的 ETF 的流动性总体情况。

11.4.2.1　买卖价差的决定因素

类似于流动性讨论，决定 ETF 买卖价差的最重要因素是所持有的标的证券的流动性以及市场结构。例如，当具有相同基准的 ETF 在多个交易所或交易场所以不同的货币、具有不同的基金注册地和结算系统等进行交易时，后者可能是不利的，与美国市场相比，欧洲 ETF 市场的阻碍更为严重。

上述所有因素都导致了 ETF 流动性池的分散，并往往通过更大的买卖价差来增加交易成本。需要考虑的其他因素是做市商为对冲各自的风险敞口所承担的成本。显然，可作为对冲工具的期货等其他流动性增量产品的可获得性，对做市商对冲其 ETF 订单头寸的能力有显著正的影响，并往往导致利差收窄。此外，持有在其他市场和不同时区交易的股票的 ETF，往往比在同一交易时间交易的 ETF 的价差更大。

在从标的指数的流动性中获得二级市场 ETF 流动性方面，债券 ETF 面临着一个特别的挑战，因为债券交易几乎只在分散的场外市场进行，缺乏有效的对冲工具，从而导致更广泛的买卖价差。然而，需要强调的是，随着时间的推移，某些债券 ETF 已经发展出了如此显著的每日订单流，以至于 ETF 本身已经发展成为更可靠的价格发现指标，而不是标的指数中各个债券本身，标的指数中的许多债券并不一定每天都在交易。

影响特定交易规模（反映在订单簿的深度）的报价买卖价差的最明显因素，是每日订单流的数量和做市商之间的竞争，因为当其他情况相同时，相同订单流量的竞争加剧，会导致买卖价差更窄。在大型且流动性强的 ETF 中，做市商很有可能找到交易的另一方，因此 ETF 交易匹配得相当快，而不涉及在一级市场上的申购或赎回。对于像 SPY（SPDR S&P 500 ETF）这样流动性非常强的 ETF，其买卖价差可能比标的证券的买卖价差要小得多，因为 ETF 实际上是一篮子多元化的证券（股票的特殊风险较低）。因此，这个篮子的价差可能比其标的的平均价差要窄。

最后，如果做市商在其账簿上持有该头寸，而不是对冲该头寸，那么风险溢价需要考虑买卖价差、任何额外成本［如外汇交易费用、ETF 申购/赎回费用、结算费用、潜在税收（例如，英国每笔交易 50 个基点的印花税）］和预期利润。

影响 ETF 买卖价差定价的另一个主要因素是市场的波动性和风险。在快速变化的市场中，流动性提供商更容易面临风险敞口，他们将无法以预期的速度对冲头寸。这种固有的风险有时可以反映在不断扩大的 ETF 价差上，以补偿做市商在这些市场条件下提供流动性所承担的额外风险。

考虑到所讨论的流动性的不同层次，显然 ETF 投资者不应该假设二级市场流动性仅限于他们在屏幕上看到的证券交易所公布的买卖规模。为了利用他们可获得的更广泛的流动性选择，进行大型交易的投资者被强烈建议要联系 ETF 发行人的资本市场部门。这些专业的部门与授权参与经纪人和机构交易部门保持关系，以帮助促进大型 ETF 客户交易的执行。大多数 ETF 资本市场部门可以帮助投资者评估二级和一级市场的流动性，并帮助投资者与流动性提供商建立联系。他们监控订单簿中的买卖价差和规模，并为客户进行交易前和交易后的分析。

11.4.2.2 溢价和折价的决定因素

除了价差，ETF 溢价和折价是 ETF 交易成本的另一个重要组成部分。如果 ETF 的交易价格高于其资产净值或指示性资产净值（iNAV），则 ETF 被称为以“溢价”进行交易。相反，如果 ETF 的价格低于其资产净值，那么 ETF 就被称为以“折价”进行交易。iNAV 大约每 15 秒由计算主体报告一次，计算主体通常是正在对投资进行交易的交易所，从而代表了几乎实时的基金价值。它是衡量日内投资资产净值（NAV）的方法，基本上使用与基金会计计量资产净值相同的方法。与影响 ETF 流动性和买卖价差的因素类似，ETF 在以下情况下可能会以溢价进行交易：

- 其基础资产的交易时间与证券交易所不同（如大宗商品）；
- 其基础资产交易不频繁（如债券）；
- 市场处于高度不稳定状态。

许多 ETF 追踪知名指数，这些知名指数的业绩数据是由证券交易所或汤森路透或彭博社等金融新闻和数据提供商独立报告的。报价的每日收盘价通常是 ETF 份额在交易时段最后一次交易的价格。对于全天交易不频繁的 ETF，所报的“最后交易价格”将不对应于 ETF 的基础指数或一篮子证券价值的每日变化。在比较官方提供的资产净值（NAV）和“最后交易价格”时，如果不观测时差，可能会导致投资者错误地得出结论，即 ETF 的交易价格较其资产净值溢价或折价。对于在二级市场中所管理资产规模（AUM）相对较小、交易量较少的 ETF 来说，这是一个常见的问题。同样，对于在本地市场交易（但在其基础指数中有非国内成分）的 ETF 来说，资产净值（NAV）是一个不充分的价值指标。考虑在纽约证券交易所 Arca 上市的 ETF 追踪 MSCI 瑞士指数的情景，该 ETF 的价格反映市场情绪的实时变化，而资产净值（NAV）则基于 SIX 瑞士交易所下午 5：20（CEST）收盘时的价格。当两家交易所同时开盘时，ETF 价格和资产净值（NAV）之间的任何显著偏差都有可能消失。因此，通常建议在 ETF 与其标的证券（或大多数证券）的交易时间重叠时下 ETF 订单。

与股票 ETF 相比，债券 ETF 的溢价和折价通常要大得多。由于固定收益证券不是在被连续定价的交易所（而是在分散的场外市场）进行交易、买卖订单没有标准化或广泛传播，对做市商来说，对冲固定收益证券的头寸通常更具挑战性。特别是在压力巨大的信贷市场，现金市场的流动性可能会枯竭，许多买家会逃离，卖家留在了后面。因此，对于提供定价服务，通过准确评估单个债券来计算债券 ETF 资产净值的工作变得极其困难。他们通常使用查看类似债券（涉及行业、到期日、信用质量、息票规模等）的模型，为 ETF 的投资组合中的所有债券以“公允价值”定价。全球金融危机后的新监管规定，要求提高银行和受监管的经纪自营商的融资和资本成本，最终减少了公司资产负债表上持有的债券数量，这个问题就被放大了。

从积极的角度来看，因为债券 ETF 持续在股票交易所定期交易，即使其标的固定收益证券没有进行交易，债券 ETF 也已开始越来越多地作为其流动性较低证券的价格发现机制。换句话说，当要估值其资产净值和标的债券时，债券 ETF 的价格成为一种预测工具。在分析溢价或折价方面，同样重要的是要考虑到有两种方法来确定投资组合的价值。在为债券 ETF 设定日末资产净值时，其资产净值定价是根据债券的中间价或买入价进行的。在适当比较两种不同的 ETF 时，就必须考虑到这种做法。相比之下，债券 ETF 的市场价格是由 ETF 的投资者和做市商共同决定的。如果由于上述原因，标的债券市场中的债券交易减少很多，那么资产净值计算的输入数据将会更少，因此与市场价格存在差异的可能性也会增加。

11.4.3　二级市场交易

如前所述，与美国相比，欧洲交易的 ETF 更加分散，因为欧洲有不同行政辖区的多个交易所、多个清算所和基于同一指数（但有不同的分销政策、可能拥有不同货币计价的不同基金份额类别）的 ETF。此外，市场已经从最初主要由机构参与的市场发展到有不断增加的高净值个人（HNWI）参与的市场。所有这些都解释了为什么在欧洲的 ETF 客户仍然有一系列的交易风格和选项可供选择。图 11 – 5 显示了二级市场上常见的 ETF 交易的三种方式。

根据投资范围的不同，为了能够在二级市场上以较好的成本效益比迅速地调换头寸，有谋略的 ETF 交易员通常会基于交易成本选择 ETF，甚至可能使用有更高管理费或管理费占总费用比率（TER）较高、但买卖价差更窄且双向订单流更为持续的 ETF。

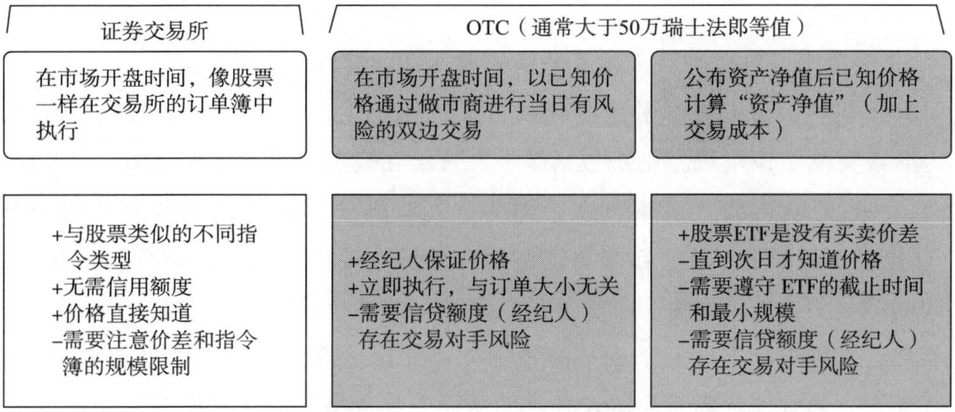

图 11－5　二级市场交易选项

11.4.4　总拥有成本

作为一种更全面的评估 ETF 投资成本的方法，总拥有成本（TCO）概念已经确立了自己作为决定是否选择一种 ETF 而不是另一种 ETF 的一个有用的衡量标准（见图 11－6）。它允许通过不同的复制方法、流动性参数、税收制度等，在其他异质的 ETF 之间创建一定程度的成本透明度。就“内部”成本而言，它包括管理费占总费用比率（TER）。

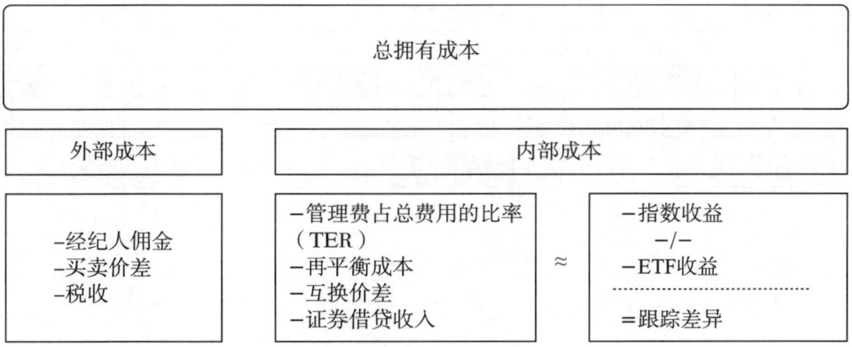

图 11－6　总拥有成本

- 管理费：ETF 供应商为进行指数追踪而产生的管理和运营成本，包括投资组合管理成本、审计和其他运营成本等。
- 指数许可费：ETF 提供商必须为其追踪的指数（成分数据、知识产权等）向各指数提供商支付许可费。
- 托管费用：ETF 投资的证券被存放在单独的托管账户中，在 ETF 的托管银行会产生成本。

- 分销费用：包括产品营销或分销的成本，如编制基金文件等。

TER 不包括由于指数再平衡或红利再投资而发生的基金水平上的交易成本。如果基金合成复制了该指数，则不包括基金支付给互换发行者的互换费用。来自证券借贷的收入则包括在内部“成本”中，因为它们有助于降低 ETF 投资者的拥有成本。除了 TER 外，通常也不能直接获得这些隐含的成本要素。因此，指数回报和 ETF 回报之间的追踪差异可以作为一个很好的代理变量来估计这些内部成本。

当然，这种观点作为未来成本的指标并不完全可靠，因为 ETF 发起人可能会改变某些参数，如管理费或互换协议条款，从而导致业绩阻力比之前更大（或更小）。

11.4.5 税收水平

另一个成本因素是税收，税收随着基金注册地、投资者性质和标的资产的不同而有很大差别。大大简化后，ETF 投资有三个层面的税收：标的资产持有层面、基金层面和投资者层面。预扣税可以在投资层面和基金层面两个层面实施。例如，对于持有美国证券的实体复制 ETF（爱尔兰 UCITS ETF）可以从美国/爱尔兰双重征税条约中受益，该条约将美国股票股息的标准预扣税率从 30% 降低到 15%，而卢森堡注册的 ETF 则适用于 30% 的税率（见图 11－7）。

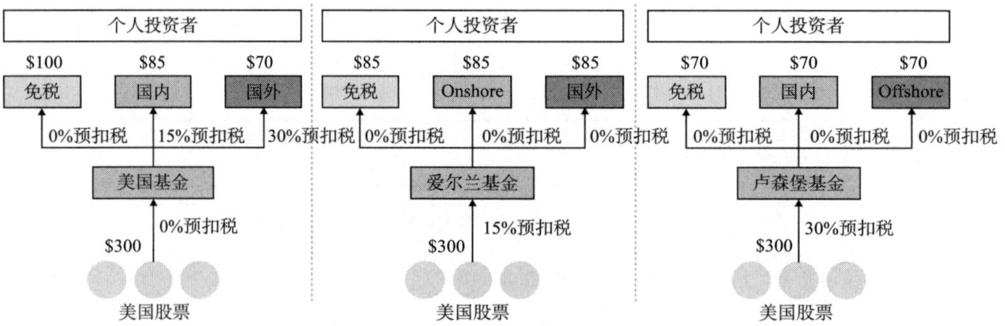

图 11－7 税收水平

由于 ETF 只能根据基金注册地和各自的双重税收条约获得返还一定比例的预扣税，指数提供者通常同时公布毛总收益（GTR）指数和净总收益（NTR）指数。扣除预扣税后的净总收益（NTR）指数将红利再投资，使用（针对国际指数）适用于非居民机构投资者的税率（未从双重征税条约中受益）。欧洲的 UCITS ETF 主要注册地在爱尔兰或卢森堡，主要使用各自指数的净总收益作为基准。

增加和分销瑞士注册的 ETF［通常是集合投资计划法（CISA）下“传统投资的其他基金”类别下的合同集合投资计划］所获得的收入需缴纳 35% 的瑞士预扣税。然而，准予退还已扣的预扣税，对于非瑞士基金并不能退还已扣的预扣税。因此，如果标的成分是瑞士证券，投资者普遍倾向于购买在瑞士注册的 ETF。

在瑞士，根据联邦有关印花税的法律，联邦税务机关要求瑞士的银行和经纪自营商在进行 ETF 购买或出售等金融交易时，扣除瑞士印花税。瑞士注册 ETF 的印花税为 7.5 个基点，非瑞士注册 ETF 的印花税为 15 个基点。

11.4.6　ETF 应用和技术

虽然 ETF 的选择范围，已经从广泛的市值加权指数，发展到如主题 ETF 的利基领域（所谓的智能测试 ETF 或 ESG ETF），但是使用 ETF 的基本决策通常仍然是由投资者主导的［假设对于特定的风险暴露，最好遵循指数策略，而不是试图通过证券选择寻求阿尔法（扣除费用后）收益］。此外，给定特定的指数选择，只有在与（机构）指数基金、可自由支配的指数授权、追踪证书或金融期货相比，ETF 是具有最好的成本效益比的工具时，才会选择 ETF。

甚至在 ETF 被引入欧洲当地市场之前，受欢迎的美国 ETF（如 SPY）在机构投资组合中就扮演了重要的角色，因此，在欧洲注册的 ETF 在财富管理和最终零售银行业务（一个仍处于起步阶段的领域）中扮演更重要的角色之前，在欧洲注册的 ETF 也首次应用于机构投资组合。虽然 ETF 本身遵循被动管理方法，但各自的策略和解决方案通常都有主动元素，使用差异很大。除了常用的短期战术押注和广泛的市场敞口外，还可以观测到以下应用：

• 现金等价：基金经理使用 ETF 进行等价（不是以低利率持有现金），通过将资本流入投资 ETF 迅速实现等价，确保基金充分投资以利用市场上涨行情。同样，一些基金经理可能在 ETF 中持有较小的头寸，因为他们预期可能会有资金流出，从而减少了大量个体证券交易的运营麻烦。

• 转换管理：ETF 用于控制风险，并在基金经理转换期间保持预期的风险敞口。新经理可以逐步减少 ETF 头寸，并使投资组合与新的积极策略保持一致。或者，从成本角度来看，如果目标投资组合与 ETF 投资组合充分重叠，新经理也可能通过授权参与经纪人针对标的证券出售 ETF 头寸。

• 核心卫星投资组合：ETF 可用于全权委托账户，作为被动核心复制核心构建模块的一部分，而卫星投资组合采取主动投资方式，试图在扣除费用后增加阿尔法收益。

- 指数委托书：全权委托书可以在全部工具选择中采用指数方法，投资经理将他们的阿尔法（择股）技能集中在战略和战术资产配置上。

- 投资于特定子细分市场敞口的投资组合：机构或财富资产配置者根据一致的因子指数家族使用ETF来获得特定因子风险敞口（如价值、增长、动量、质量）或实施因子配置。遵循类似的投资逻辑，基金经理（希望继续投资于某一外部基金经理，但希望保持该基金经理暂时加权不足的特定板块或资本化敞口）的基金可能要购买某个板块或小型股ETF以抵消各自的权重不足。

- ETF储蓄计划/机器人顾问：考虑到现有的ETF种类繁多，它们逐步构成此类解决方案的重要或全部组成部分。越来越多更自动化的在线产品正在推出，从预先批准的产品列表中选择ETF，以建立一套基于标准化风险/收益状况配置的资产配置模型。

同样，对于上述应用，投资者需要根据具体情况，考虑税收、投资金额、定制可能性和其他标准，逐个决定机构指数基金或全权委托账户等替代投资工具是否是比ETF更合适的选择。在实施战术观点方面，最近的ETF产品创新围绕基于主题的ETF（如机器人和人工智能、自动驾驶和电动汽车）和ESG（投资于股票和固定收益证券），所有这些都有一个共同点，即被动和主动投资之间的界限越来越模糊。

第 12 章　另类投资

12.1　房地产：混合资产投资组合中的估值、指数和整合*

12.1.1　房地产估值及指数

在融资或投资房地产时的一个需考虑的关键因素是房地产的市场价值。市场价值可以定义为：在公平销售的所有条件下，房产最可能引入竞争性市场和开放市场的价格，买卖双方各自谨慎而明智地行事，并假设价格没有受到不当刺激的影响。

在作出投资决定时，投资者通常不会希望支付超过房产市场价值的价格。同样，贷款人也不会希望贷款会超过房产市场价值，因为如果房产最终由于取消贷款赎回权而被出售，它可能不会超过其市场价值。因此，房产评估报告是贷款人在考虑是否发放抵押贷款时所要求的文件的一部分。因为投资者、贷款人和借款人在决策中使用评估，所以他们应该熟悉人们普遍接受的评估或估值方法。本节阐述估值的通常方法。

本节还回顾了构建商业房地产和住房房地产指数的各种方法。我们需要这些指数，比如计算房地产的收益率和风险，并将这些参数与股票和债券等其他资产类别的参数进行比较。指数还需要用于基准测试，即比较房地产资产组合与所有资产组合的表现，还需要进一步的指数来评估一个特定的房地产市场是否被高估。该指数还使得调查房地产是否应该与投资组合中的其他资产类别进行组合成为可能。稍后将讨论房地产在混合资产投资组合中的作用。

【例 12 –1】 估值调整（见表 12 –1）。

表 12 –1　　调整后对估计值的影响

特征	估值 1（低）	估值 1（平均）	估值 1（高）
可比财富售价	1 000 000	1 000 000	1 000 000
地理位置	0%	5%	10%
可获取性	–5%	0%	5%

续表

特征	估值1（低）	估值1（平均）	估值1（高）
坡度	-15%	-10%	-5%
视野	-10%	-5%	0%
采光	-10%	-5%	0%
估计值	654 000	853 000	1 097 000

注：本表中假设调整是乘式形式的，而不是相加形式的。

12.1.1.1 估值方法

销售比较方法在许多国家（美国、英国、德国、意大利、荷兰等）都有采用。它最适合于交易相对频繁且相对同质的房产交易，即最适合住房（房屋和公寓）和一些类型的商业地产，如仓库。它也被广泛用于空地的估价。

（1）销售比较法

销售比较法是基于最近与被评估房产具有高度可比性的房产销售所提供的数据。销售比较法的基本原理基于这样一个原则：知情的投资者将不愿意为一处房产支付比其他投资者最近为可比房产支付的更多的价格。用于比较的销售必须是不相关的个人之间的销售，代表正常的市场交易，没有异常情况，如不涉及止赎、公共实体的销售等。显然，可比房产的销售必须是最近进行的，因此市场状况与评估标的房产时的普遍情况相似。

如果被估价的财产（标的财产）与可比财产在大小、位置、年龄和建筑质量等属性上存在差异，则必须作出调整以弥补这种差异。通常，该方法是根据每个尺寸单位的价值减少为1个可比信息单位，也就是说，在大多数情况下，比较是以“每平方米”或“每平方英尺”的标准进行的。显然，需要调整的差异越多，相互比较的房产差异就越大，销售比较法的可靠性就越低。此外，评估师可能须搜索其他与标的房产更相似的房产的近期销售情况。

想要成功使用这种方法，选择在所有重要维度上真正具有可比性的房地产数据并进行相对较小的调整是至关重要的。由于建筑经常表现出一些差异，所需的调整可能会非常费时和昂贵，而且估计的价值也相当不精确。在例12-1中，一个房地产的估价需要进行各种调整：中间列给出了平均调整，左列使用的调整比平均调整降低5%，而右列使用调整高于平均调整5%。最终得到一个估计值，它在平均值（853 000）的77%~129%范围内变动，即其取值范围在654 000~1 097 000不等。

（2）折旧成本法

使用成本法来评估房产的理由，是在均衡市场中，任何知情的买家为房产支付的费用都不会超过购买土地和建造建筑的成本。对于一个新的房产，首先要确定建造一个给定的改进项目的建筑成本，然后增加土地的市场价值。就现有建筑物而言，首先估计更换该建筑物的成本。通过估计任何物理、功能或经济折旧，并从新的建筑成本中减去，降低建筑成本，从而产生建筑物的估计值。该房地产的价值是通过加上土地的价值来获得的。该方法在一些国家（美国、德国、瑞士、比利时等）得到了广泛的应用，在法国等国家使用较少，而在英国它只用于通常不在市场上交易的房产。

①标准成本。使用成本方法对房产进行估价的第一步是计算以当下的价格建造房产的成本。评估师通常会使用每平方米或每立方米的标准建筑成本（这种方法通常被称为比较单位法）。这种方法将建筑物的大小或体积乘以被估价的建筑类型（住房/办公室、简单/豪华等）的每平方米或每立方米的标准成本。各种专业机构估计每平方米或立方米的标准成本，并发在专门的出版物或网站上。评估师通常有他们自己的每单位标准成本的个人数据库。

②折旧。随着时间的推移，即使非常小心，大多数建筑和设施也会由于年龄、使用和流行的变化而遭受价值损失。我们可以区分三种类型的折旧：物理性耗损、机能性陈旧和外部性贬值。

物理性耗损是指建筑物物质的老化和分解。建筑的每个组成部分都有一定的使用寿命，超过之后就必须进行更换。设备（厨房、浴室、暖气）的使用寿命相对较短，内饰（地板覆盖物、锁）和外饰（窗户、门、屋顶和室外油漆）的使用寿命中等，建筑地基的使用寿命较长。可以通过部分更换和翻新来增加使用寿命。因此，考虑到维护和翻新，建筑的经济年龄是其组成部分的平均年龄。

机能性陈旧是指由于随着时间的推移，由于错误的设计或建筑的不舒适而失去价值。它主要表现在建筑的设备（厨房、浴室、暖气）和室内装修（使用的材料）。机能性陈旧的一个典型例子是有几层楼高但却没有电梯的公寓楼，如果它与最近的一个有电梯的建筑相比，那么将导致它价值的损失。

外部性贬值是由于邻里妨害和对特定类型建筑的需求减少而造成的价值损失。例如，由于人口变化或某些经济因素，一种给定的房地产类型的价值将会降低。经济贬值的一个例子是位于需求下降的地区的酒店。这些因素也会影响土地价值，但不是在所有情况下。事实上，根据需求的变化，一块土地可能仍然对另一种用途具有吸引力，因此其价值可能保持不变，甚至增加（取决于该地区的分区允许什么）。

在假设建筑有线性衰退（每年都损失同样的价值）的前提下，折旧等于按当期的价格从建筑物的原始价值中扣除相对经济年龄（以百分比计算）。一些专业机构和作者已经利用非线性衰退开发了更复杂的衰退表。然而，对经济年龄和总寿命的主观估计的问题仍然存在。很明显，这是折旧成本方法对房地产估价的主要缺点。随着房产年龄的增长，这种缺点会变得更加严重。

③土地价值。为确定一个房地产的价值，在计算出建筑物的折旧净值后，我们必须加入土地价值。土地价值可以通过比较法或土地剩余收益法得出。后一种方法的基础，是一块土地的价值应取决于该土地的潜在用途。

（3）收入法

在房地产估值中采用的第三种方法是收入法。这种方法的基本原理，是投资者不愿意为一处房产支付比其未来收益的贴现价值更多的价格。理想情况下，应估计所有现金流以及持有期结束时房产的持续价值，这些现金流与价值都应该贴现。贴现率应考虑投资的风险，并应考虑其他投资可能达到的收益率。下面将进一步讨论现金流折现的方法。估价通常是以一个称为资本化率的比率简单地划分（或资本化）下一年的财产收入（总收入或净收入）。在估值术语中，资本化是指将收入转换为估计价值的行为。该方法将在下一节介绍。由于收入方法涉及对收入的估计，使用这种方法很大程度上依赖于被评估房地产的经营报表。因此，该方法特别适合于产生固定收入的房地产资产（公寓楼、办公大楼等）。在后一种情况下，收入流将必须通过被估计得到，而不是通过观察得到。

①直接资本化法。这种技术是评估创收房地产的一种非常简单的方法。它是通过资本化率实现的收入和价值之间的简单关系。

$$\text{财产的价值}(V)=\text{收入}/(WACC-g)$$

这个估值模型只是 Gordon 的增长模型，它被广泛用于普通股估值，其中资本化率等于加权平均资本成本（WACC）减去收入的增长率（g）。评估师通常不能明确 WACC 和 g 的值，只能通过可比销售额来确定资本化率。资本化法可以考虑使用总收入（即租金）或净收入（即扣除经营费用后的租金）。如果对总收入资本化，应对分母进行适当调整，以反映经营费用应得到补偿这一事实。因此，对于某一特定房地产，适用于总收入的资本化率将高于适用于净收入的资本化率。

租金总收入取自建筑物的经营报表，或根据可比（如平方米）标准估算。评估师必须仔细检查当前的租金收入是否是下一年收入的有效预测。例如，房屋空置只能是暂时的，考虑这些空置会导致低估一笔房地产的潜在收入。

如果总收入是基于平方米的标准，那么估价师必须计算净的租金面积，然后选择合适的标准租金，该标准适用于要被估价的建筑的位置和质量。诸如地理位置的质量、环境（噪音、景观等）建筑质量（房间尺寸和高度、隔离度等）以及必须检查的设备等因素。

在理想情况下，应该通过从总收入中扣除营业费用来得到租金净收入。净收入应为一种特定收入，即，一种扣除了为维持建筑质量而应发生的特有费用得出的收入。

资本化率应等于 WACC 减去增长率。WACC 是债务融资成本和股权融资成本的平均值，这将在下一节进行讨论。在估计增长率时应该非常谨慎，因为它代表一个恒定的增长率。选择过高的增长率数值将导致较高的估计值，并且这样增长可能不会实现，并会导致房地产价值下降。

资本化率通常按融资成本（抵押贷款利率）来计算，如果要资本化的是总收入，则资本化率会通过风险和费用的调整而增加。

应当强调的是，价值估计对所选择的资本化率高度敏感。例如，如果 100 的收入流以 5% 的比率进行资本化，则结果值为 2 000，而如果比率为 6%，则结果值仅为 1 670。因此，在估计资本化率时必须非常谨慎。

②现金流折现法。现金流折现法基于公司估值理论，该理论规定一个公司的价值等于其未来现金流折现之和。这里的现金流被定义为自由现金流（FCFs）。所使用的贴现率是加权平均资本成本（WACC），该贴现率分别考虑到债务成本和股权融资成本。自由现金流的计算表见表 12－2。

表 12－2　　房地产自由现金流

该房地产的息税前收益（EBIT）	
－	调整后税收
＋	非现金费用（折旧、应收账款准备等）
－	非现金收入（计提条款的解除）
－	应收账款增加/减少＋
＋	应付账款增加/减少＋
－	增值投资（例如，翻新、增加车库等）
＋	资产清算（部分出售财产，例如土地或建筑物）
＝	自由现金流

息税前营业收入通过估算未来租金收入获得。这种收入应考虑到根据市场状况和租户保护法，是否有可能增加租金。此外，还必须估计未来的空置率。将营业费用（包括非现金项目）从租金收入中减去，从而得到 EBIT。

自由现金流应使用税收净额，即调整后税收，也就是说如果是由全部股权融资构成的投资产生的税收，那么应该把它扣除掉，而不是使用实际的税收。

非现金费用包含所有已计入损益的费用（因此减少了净收益），但这不会引致现金支出。非现金费用最常见的情况是折旧和准备金的产生或净增加。例如，如果设立了法律费用的准备金，那么净收入将会减少，并且不会实际使用任何现金。因此，准备金的金额（以及同样的所有其他非现金费用）必须按照损益表计入净收益。

非现金收入与非现金费用正好相反。它们包括已计入损益的收入（因此增加了净利润），但这并没有引致现金流入。最常见的情况是资产负债表中资产（设备、建筑物）的正值调整以及储备和准备金的使用（减少）。在这些情况下，收入已被计入（这导致了更高的净收益），但并没有相应的可用现金的增加。因此，这些金额必须从损益中的净收益中扣除，以确定正确的自由现金流金额。

应收账款和应付账款的变化使计算净运营资金的变化成为可能。净运营资金的增加将对现金流产生负面影响，而净营运资金的减少则相反。这些更正很重要，因为一些已登记的项目会计期结束时可能仍未实现。

投资或资本支出是指增加资产负债表中资产价值的费用（这意味着不考虑价值维护费用，例如维护费用）。一个典型的例子是对一座建筑的翻新。这些费用并不影响损益，因此必须减去它们，因为它们会对现金流产生负面影响。

出售资产是对投资的反向行动。例如，一个包含在房地产投资组合中的房产被出售。

【例 12－2】根据损益和资产负债表信息计算自由现金流：公寓楼的资产负债表和损益预测如表 12－3～表 12－5 所示。

表 12－3　　某公寓楼的资产负债表　　（单位：元）

资产负债表	第 0 年	第 1 年	第 2 年	第 3 年
资产				
现金	20 000	127 000	36 000	126 000
未付租金（应收账款）	30 000	40 000	40 000	40 000
坏账准备	－10 000	－15 000	－15 000	－15 000
建筑	3 000 000	3 000 000	3 100 000	3 100 000
累计折旧	－800 000	－860 000	－920 000	－980 000
土地	1 000 000	1 000 000	1 000 000	900 000
负债				
应付账款	15 000	15 000	15 000	15 000
抵押贷款（不摊销）	1 000 000	1 000 000	1 000 000	1 000 000
主要维修准备金	75 000	99 000	25 000	53 000
权益	2 150 000	2 150 000	2 150 000	2 150 000
利润（作为股息支付）	0	28 000	51 000	－47 000

表 12－4　**某公寓楼的损益表**　（单位：元）

损益表	第 1 年	第 2 年	第 3 年
费用			
后勤	16 000	16 500	17 000
管理	9 000	9 000	9 000
服务（电、水等）	9 000	8 000	9 000
保险费	4 500	5 000	4 500
维修	30 000	25 000	32 000
地方税	4 500	4 500	4 500
准备金	29 000	26 000	28 000
折旧	60 000	60 000	60 000
抵押贷款利息费用	50 000	55 000	62 500
其他费用	0	0	100 000
损益	28 000	51 000	－47 000
收入			
租金收益	240 000	260 000	280 000

注：第 1 年：由于预计未偿租金会增加，对坏账准备计划增加 5 000 英镑。第 2 年：政府将投资 20 万美元来翻新一些公寓的厨房和浴室。其中的一半将计入维修费用，其中一半已启动。第 3 年：由于计划在该地区开设一个新的机场降落跑道，资产负债表中的土地价值将减少 10%。根据以上信息，我们可以计算出该公寓楼在第 1 年至第 3 年的自由现金流。

表 12－5　**某公寓楼的现金流量表**　（单位：元）

	第 1 年	第 2 年	第 3 年
损益表损益	28 000	51 000	－47 000
＋未偿抵押贷款利息	50 000	55 000	62 500
＋对房地产利润征收的有效税	0	0	0
息税前收益（EBIT）	78 000	106 000	15 500
－调整后的房地产利润税	0	0	0
＋折旧	60 000	60 000	60 000
＋准备金增加	29 000	26 000	28 000
＋资产价值修正	0	0	100 000
经营性现金流	167 000	192 000	203 500
应收账款的－增加/＋减少	－10 000	0	0
应付账款的－减少/＋增加	0	0	0
－按规定计提的费用	0	－100 000	0
投资	0	－100 000	0
自由现金流	157 000	－8 000	203 500

要评估一处房产的价值，自由现金流必须贴现为其现值。大多数房地产所有者筹集的很大一部分资本都是作为长期债务（抵押贷款）。加权平均资本成本（WACC）考虑了融资效应对资本成本的影响，特别是不同融资来源的利息支付的税收可抵扣性和风险溢价。

WACC 的计算方法为：

$$WACC = k_D(1-t)\frac{D}{V} + k_E\frac{E}{V}$$

式中：k_D——税前债务成本；k_E——权益资金成本（投资者自有资金）；t——房地产业主的边际税率；D——有息债务（未偿抵押贷款）；E——权益（初始股权投资加上抵押贷款偿还）；V = E + D。

债务成本应代表持有期间内债务资本的预期成本，并考虑债务风险。在实践中，债务风险是由贷款人计算的，用于确定不同类别的未偿抵押贷款债务的利率。在 WACC 中使用的债务成本应等于未偿债务的实际成本，即未偿抵押贷款的平均利率。

为了准确地贴现自由现金流，我们必须使用房产持有期间的债务成本。因此，我们需要预测抵押贷款利率在持有期间的演变，通常是无穷大。我们所掌握的唯一信息是利率的历史演变。因此，这样的预测是困难的。一般的建议是使用往期抵押贷款利率的长期平均值，这暗含着抵押贷款利率在这个长期平均值附近周期性运行的假设。

权益成本必须等于投资者在类似投资（即具有类似风险的投资）中可预期获得的收益率。

房地产投资可以像一个典型的资本预算问题一样进行分析，类似于那些用于股票估值的工具也可以被用在房地产中，至少它们在应用中的直观组成部分往往受到房地产资产和市场特性的阻碍。让我们考虑一下 Modigliani - Miller 的方法，其对权益成本的定义如下（在一个忽视税收的世界里）：

$$k_E = k_A + (k_A - k_D)\frac{D}{E}$$

式中：D——有息债务（即抵押贷款的金额）；E——权益（即投资中的自筹资金部分）；k_A——资产收益率（即没有任何债务融资的房地产投资所要求的收益率）；k_D——债务成本（即抵押贷款的利率）；k_E——权益资金成本（即房地产投资的必要收益，包括融资在内的收益）。

可以看到，权益成本取决于三个要素：

所需的资产收益率——k_A；债务成本——k_D；债务/权益比率——D/E。

k_E 随着杠杆（D/E）的增加而呈线性增加。

第一部分 k_A 是房地产投资的必要回报，它取决于投资的性质（建筑质量、建筑状况、地理位置、租户质量等)，而且不受资本结构的影响。这种风险被称为投资的商业风险。

权益成本的第二个组成部分$(k_A - k_D)\frac{D}{E}$完全由项目的财务结构决定。对于一个全股权投资，这个组成部分等于零。随着投资开始依赖于债务融资，所需的股本回报率就会上升。财务杠杆增加权益成本的原因如下：随着投资者借入更多的资金，投资的财务风险增加，而商业风险保持不变。

考虑到一个有税收的世界，权益成本可以计算如下：

$$k_E = k_A + (k_A - k_D)\frac{D}{E}(1 - t)$$

式中：t——房地产业主的边际税率。

使用权益成本，我们可以计算出一个房地产的价值为：

$$\text{房地产价值} = \sum_{t=1}^{T}\frac{E(FCF_t)}{(1 + WACC_t)^t}$$

式中：E（.）——期望算子；FCF_t——t 期自由现金流；$WACC_t$——t 期加权平均权益成本。

要使用上述公式来评估一处房产的价值，我们需要知道在预计持有期间（从 t 到 T）内的所有现金流。预测期通常为 10～20 年，在该持有期结束时估计一个持续的价值可以被计算出来。它根据明确的预测期后将发生的所有现金流量计算：

$$\text{T 时刻的持续值} = CV_T = \frac{FCF_t(1 + g)}{WACC - g}$$

式中：T——明确自由现金流预测期结束的时间点；FCF_t——在明确的预测期后，预期的自由现金流水平；WACC——加权平均权益成本；g——T 期后自由现金流的预期增长率。

上述公式假设 T 期后的自由现金流以恒定的速率 g 增长。未来自由现金流的增长率主要取决于租金收入的预期变化。这种变化将必须考虑到现有租约和调整租金水平时可能的法律上限。此外，还必须估计未来的空置率。营业费用的增加也需要进行预测。进行该预测一个主要的障碍是估计维护和翻新的费用。这些应该考虑到财产的使用年龄，也包括已经使用的建筑材料。无论如何，在估计增长率时都应采取谨慎的态度，因为持续的值将对增长率的水平非常敏感。许多评估师都很谨慎，使用的增长率为零。这并不一定是一个好的解决方案，因为它会导致财产价值被低估。

知道如何计算明确预测期后的持续价值，我们可以计算一个房地产的价值，作为明确期间的折现现金流和折现持续价值的和：

$$房地产价值 = \sum_{t=1}^{T}\frac{E(FCF_t)}{(1+WACC_t)^t} + \frac{CV_T}{(1+WACC_t)^t}$$

式中：T——明确自由现金流预测期结束的时间点；CV_T——自由现金流的持续价值。

【例 12-3】 DCF 估值第 1 年、第 2 年和第 3 年自由现金流分别为 157 000 元、-8 000 元和 203 500 元。我们将使用 5.564% 的 WACC。为了确定房地产的价值，我们需要在明确预测期（3 年）后计算持续值。

对于持续的价值，我们将假设 FCF 仍然等于第 3 年的 FCF，即 203 500 元，四舍五入到 200 000 元。此外，我们假设增长率为零增长率。因此，持续价值为：

$$CV_3 = \frac{FCF_4}{WACC - g} = \frac{200\ 000}{0.05564 - 0.00} = 3\ 594\ 536(元)$$

因此，该财产的价值为：

$$现值 = \frac{157\ 000}{1+5.564\%} + \frac{-8\ 000}{(1+5.564\%)^2} + \frac{203\ 500}{(1+5.564\%)^3} + \frac{3\ 594\ 536}{(1+5.564\%)^4} = 3\ 370\ 526(元)$$

（4）土地估值

土地的估值必须既要考虑到空置土地，也要使用折旧成本法来评估现有地产的价值。正如上文所述，对土地的估价主要有两种方法。首先是销售比较法。土地的价值是通过分析可比土地的销售价格（每平方平方米或每平方英尺）来估算。另一种方法是所谓的土地剩余收益法。这种方法是基于在最高最佳使用计划下的一块土地的生产力。

估值的出发点是确定一块土地的分区和在允许土地使用密度下的最高最佳使用（HBU）。HBU 指的是建造一种在未来几年内仍能产生最高收入的房产类型。接着，估计未来自由现金流，并通过取未来现金流贴现的总和来计算构成给定土地 HBU 的房地产的价值。该房地产的总价值有时会使用收入资本化法来计算。接着，从价值中减去构成 HBU 的建筑建造估计成本，所得金额就等于土地的价值，这之中包括开发商从事该项目所需的利润率（这种方法通常被称为开发商法）。给定特定的利润率，土地的价值就可以被测算出来。这种方法很直观，因为一块土地的价值将取决于它的用途。

【例 12-4】 土地剩余收益法。有 3 000 平方米的土地待估值。该土地位于办公楼区，最多允许建造 5 层建筑。若对土地达到最佳使用，就要建造一个拥有 2 500 平方米净办公空间的建筑。预计未来几年的写字楼租金为每年 300 元/平方米。要使用的资本化率（包括维护和其他费用）为 6.5%。这座建筑的总成本估计为 800 万元。让我们进一步假设，开发商需要获得销售价格的 15% 的保证金。

收入资本化价值 =2 500 ×300/6.5% =1 153.8（万元）

包括开发商利润在内的最大土地价值 =1 153.8 −800 =353.8（万元）

最大土地价值 =3 538 −11.538 ×0.15 =180.8（万元）（注，约 603 元/平方米）

（5）协调值

在大多数国家，在对所使用房地产进行估值时都会使用多种方法。这些方法的正确与否取决于被估值的房地产的类型。两种估价方法不太可能对一个给定房地产的价值得出相同的估计。因此，评估师必须协调各种价值估计，以得到一个市场估值。这是估值过程中的一个重要步骤，而协调过程也因国家而异。

在美国，通常建议根据数据的准确性和完整性以及市场情况，权衡使用销售比较、折旧成本和收入法获得估值。大多数估值准则强调这样一个事实，即在任何情况下都不应给这些价值取平均值。在德国，对于房地产主已占用的房产，传统上采用销售比较和折旧成本方法进行估价，而产生收入的房产则采用收入和成本方法进行估价。市场价值是通过在这两种结果之间的协调来估计的。在瑞士，独户住宅的市场价值通常是用收入和折旧成本法得出的价值的平均值来估计的。对于产生收入的房产，更强调使用收入法。

（6）特征估值法

迄今为止所提出的估价方法已经使用了很长一段时间，因此经常被称为传统的估价方法。最近出现了另一种关于房地产估价的方法——特征估值法。这种估价方法基于这样的原则，即复杂商品的价格或价值可以分解为该商品特性的特征价值。一旦确定了每个相关特性的值，整个商品的值就可以计算为其特征或成分的值的总和。

20 世纪 30 年代，美国首次应用了特征法来设定汽车的价格。可以看出，汽车的价值在很大程度上可以用它的特性（年龄、类型、发动机的尺寸、颜色等）来解释。询问消费者愿意为每个特性支付多少钱，汽车制造商可以确定汽车的销售价格。从那时起，特征估值法就被用来评估各种不同的商品，如计算机、谷物、艺术品、陈酿葡萄酒，当然还有房地产。

特征模型将一个房地产定义为一个复合产品：虽然房地产的特征不是单独销售的，但将复合产品的销售价格对特征收益进行回归，就可以得到每个特征对销售价格的边际贡献。形式上：

$$P = a + b_1X_1 + b_2X_2 + b_3X_3 + \cdots + b_nX_n + \varepsilon$$

其中，P——该房产的价格（或每平方米的价格）；X_1 到 X_n——该房产的 n 个特征；a——截距；b_1 到 b_n——每个特征对该房产价值的贡献；ε——一个误差项。

这些贡献被命名为特征或属性的隐含价格。在使用这样一个模型时必须谨慎，因为一些变量和价格之间的关系可能是非线性的，而且一些自变量之间也会相互关联。

在特征回归中，物理属性和位置属性都被用作自变量。虽然一些物理属性可以很容易地测量，如居住面积或地块和房产的年龄，但其他一些特征则更难以测量，需要作出定性判断，比如建筑状况或建筑质量的情况，位置属性甚至更加难以测量。社区特征（收入中位数、税率等）可以用来量化社区的吸引力，但对区域内位置质量的评估更主观。随着地理信息系统（GIS）方面的进展，这些属性变得更加容易测量。

特征模型的实现需要可用或可开发的大型交易价格和属性数据库。鉴于住房的交易比零售房地产或写字楼的交易更为频繁，这种方法主要用于评估住房的价值。一旦确定了每个特征的隐含价格，任何相同类型的房地产都可以根据该房地产的特征进行估值。因此，特征法是一种更加先进的销售比较方法，它根据特征回归中包含的所有属性进行调整，其中占市场上销售的很大一部分的是可比销售，而不是一个社区的三四处房产。

这种方法在几个国家既用于贷款，也用于大规模评估。贷款人计算特征价值，作为设定将发放的贷款金额的基础。例如，这些方法在英国和瑞士被广泛使用。为了进行大规模评估，特征价值被用作评估价值，这样的估值方法将为税收服务。在瑞士，这种模型也可以让个人在线估计其住宅房地产的价值，并让机构投资者定期估计其产生收入的住宅房地产投资组合的价值。这种在线模式也存在于其他国家，如法国和美国。

12.1.1.2 房地产指数*

需要各种资产类别（股票、债券和房地产等）的价格指数，这有诸多原因。例如，可以用来计算持有期收益率，进而可以计算每个资产类别的平均收益率和标准差。此外，可以用来计算每对资产之间的相关系数。有了每个资产类别的平均收益率、标准差和每对资产之间的相关系数，就可以构建最优组合和赋予每个资产类别最优权重（可见于下面的章节）。有了持有期收益率，也使考察各种资产类别的通胀对冲有效性成为可能。最后，在绩效衡量和分析中，指数可以作为基准。房价指数被广泛用于确定是否形成了泡沫，即是否背离了它的基本价值。

对于股票和债券，有关价格的信息很容易获得。这些证券通常在交易所交易，甚至通常是连续交易，而且人们对股票和债券的价格有广泛的了解。这些信息可以在日报、在线系统、金融数据库等文件中获得。证券价格数据非常丰富，几乎每个国家都有指数。事实上，在大多数国家，都有几个股票市场指数。

在构建证券指数时，还需要考虑几个重要的问题。首先，必须决定指数是涵盖整个市场，还是只涵盖一个证券样本。例如，针对美国股票的道琼斯指数只包含 30 只股票，而标准普尔 500 指数则包含 500 只股票。如果只考虑样本，必须商定一个决策规则来决定哪些证券将包括在样本中。其次，该指数可以同时考虑收益率（股票的股息和债券的票息）和价格的变化，或者只考虑价格的变化。前一种指数被称为绩效指数或总收益指数，而后者是价格指数。最后，必须选择个体证券的权重。传统上采用的两种方法分别是市值加权法和等权重加权法。采用前一种方法，每个证券的权重是该公司的市值除以总市值；而采用后一种方法，赋予每个证券相同的权重。

由于缺乏关于房地产交易价格的数据，构建房地产价格指数的问题更大。商业地产市场尤其如此，住宅市场也是如此。即使可以获得价格信息，也必须谨慎比较价格信息，因为房地产资产具有异质性。指数构建方法应考虑质量，使得到的指数的质量恒定。这通常需要我们了解房地产的特征，但鉴于一些市场缺乏透明度，这一过程可能会产生问题。在某些情况下，也不可能获得有关交易价格的信息。

主要投资者的房地产投资策略差别很大。在一些国家，如英国和葡萄牙，重点是投资零售房地产。在其他国家，如德国、意大利、瑞典或芬兰，机构主要投资于写字楼房地产。而在另一些国家，房地产投资的大部分是住宅房地产，例如，在荷兰和瑞士就是这样。可获得的各国创收房地产指数反映了机构的投资政策。由于缺乏关于零售、写字楼房地产、工业和酒店房地产等商业财产交易的价格信息，广泛使用的是基于房地产定期评估的指数。首先，考虑这些被称为基于评估的指数，依赖交易数据的方法在商业房地产市场得到了关注。这些类型的指数也被用于跟踪房地产市场的价格变化。然后，介绍主要用于住宅领域的基于交易数据的方法：可以计算交易价格的平均值或中位数，也可以通过使用特征指数法、重复销售法或销售价格与估值比（SPAR）来构建质量不变指数。最后，考虑证券化房地产指数。

（1）基于评估的指数*

基于评估的指数非常适合于价格信息稀缺的市场，因此主要存在于商业房地产市场。由于考虑一个给定市场的所有房地产是不可行的，因此这些指数依存于一个房地产样本。这种方法的起点是定义一个代表房地产市场的房地产样本。房地产市场可以是全国市场，也可以是地理分级市场，例如一个地区。由于样本中的房地产没有在每个时期都出售，因此必须定期估计包含在样本中的房地产的价值。如果需要季度指数，就会每个季度对这些房地产进行评估。可以想象，定期估计房地产价值的任务繁重。从实际的角度来看，可以选择属于机构的房地产，这些机构由于法律原因需要定期估计其房地产的价值。为增加指数的覆盖面，应引导这些机构向指数提供者提供房地产估值数据。

一些国家有基于评估的指数。在美国，NCREIF 房地产指数（NPI）是使用最广泛的指数。它自1978年就存在，跟踪机构级商业房地产的收益率。公寓楼、工业房地产、写字楼、零售房地产和地理区域都有子指数。截至2022年底，该指数由10 770处房产组成，总价值9 330亿美元。这些指数是按季度计算的。MSCI计算了许多欧洲国家（英国、法国、荷兰、德国、西班牙、瑞士等）的指数，但该指数也适用于欧洲以外的一些国家（澳大利亚、加拿大、韩国等）。根据市场情况的不同，这些指数可按月一次、季度一次、两年一次或年度一次的频率提供。例如，法国MSCI年度指数是根据截至2022年底的7 766处价值2 170亿欧元的房产的数据计算出来的。一些作者认为，基于评估的数据序列被平滑，这意味着这些指数低估了房地产市场收益率的波动性。平滑处理影响指数收益率有两个来源。首先，估值会随着时间的推移而相对稳定。不频繁的交易使得评估师在确定特定时间的市场价值时需要提供的信息很少。这使得评估师将最近可比销售的价值指标与过去的评估价值结合起来，得出每个时间给定建筑实际报告的价值。其次，除了评估过程在分解层级上引入的平滑之外，包含在指数中的房地产价值的加总也会导致额外的平滑。这种现象被称为集聚偏差。如果在每个日历季度的不同时间点对房地产价值进行估计，但所有这些估值实际上都是在指数中被平均化，进而产生该季度的指数值，那么指数值将是现货值的移动平均值。平滑问题一直是许多研究的焦点。① 特别是研究平滑的原因，以设计去平滑方法。有的研究认为房地产市场是有效的（这是不太可能的），因此消除了房地产收益率的所有序列相关性；有的研究认为市场是无效的。在后一种情况下，去平滑方法在大多数情况下要求对指数充分反映市场状况变化所需的时间、房地产的标准差或固定收益的序列相关性水平做一些假设。要求对房地产收益的标准偏差进行假设的方法并不理想，因为房地产指数的目标之一就是能够准确地估计房地产的风险。因此，去平滑法要求对房地产的风险水平做出一个先验的假设，而不是能够使用该指数来衡量风险。这一讨论强调了一个事实，即在确定房地产的风险水平时应谨慎。通常建议使用几种去平滑方法，并检查结果对所使用的去平滑方法的敏感性。如果可能的话，依赖于交易数据也应该是有用的。如上所述，基于交易的指数在商业房地产市场上很具有吸引力。

（2）交易价格的平均指数或中介指数

鉴于商业房地产市场交易的匮乏，长期以来，依靠交易数据构建指数一直局限于

---

① 有关评价平滑的更多细节见：M. Hoesli and B. D. MacGregor，Property Investment：Principles and Practice of Portfolio Management，Pearson Education Limited，2000；C. Lizieri，S. Satchell and W. Wongwachara，Unsmoothing real estate returns：a regime－switching approach，Real Estate Economics，2012，40（4），pp. 775－807；M. Hoesli，Investissement immobilier－Décision et gestion du risque，Economica，Paris，2021.

房地产市场。然而，建模技术已经发展，基于交易的指数正越来越多地用于商业市场和房地产市场。

为了过滤掉房地产资产的一些异质性，该方法的出发点是定义房地产市场的同质部分。例如，这些部分可以是一个城市的社区。然后，将这些社区指数结合起来，得出一个全市范围内的指数。该方法既用于构建住宅物业指标，也用于建立空地指标。在美国，全国房地产经纪人协会公布了不同城市和全国的公寓和房价中值指数。在澳大利亚，分层房价中位数是 CoreLogic 提供的指数的一部分。分层是基于房价水平的社区分组。该方法也被法国全国房地产联合会（FNAIM）使用。

一旦定义了细分市场，就必须收集在每次增量期间出售的交易价格的信息。如果需要年度指数，则收集每年出售的房产价格。对于季度指数，数据是按季度收集的，以此类推。对于公寓，要用交易价格除以房产的面积，所以也需要关于房产大小的数据。每个时间（年、季度、月）增量的平均或中值价格或每平方米的价格都可以很容易地计算出来。通常使用中值而不是平均值，因为这种统计数据受到极端值（即非常高或非常低的交易价格）的影响较小。然后，该指数被简单地根据每个时间增量的平均或中值价格或每平方米的价格来构建（示例见表 12－6）。

表 12－6　　基于交易价格中位数的房地产指数示例

指标	一季度	二季度	三季度	四季度
CU/平方米	4 100	4 000	4 200	4 400
指数	100.0	97.6	102.4	107.3

这种方法有两个主要的优点。首先，每个交易的数据仅限于销售价格和可能的大小的建筑（或土地），对比把房地产的其他几个特性（如建设质量、周边环境质量等）也必须收集起来的情况，这之中的数据收集过程要简单得多。其次，这些指数构建起来相当简单，不需要复杂的计量经济学方法。

然而，由于房地产资产的异质性，这种方法存在一个严重的缺陷。虽然市场被划分为同质的市场，但仍存在一些异质性来源。这些来源包括建筑的状况、建筑的质量、在社区内的位置等。很可能一个时期的交易普遍是高质量的，而下一个时期的交易质量要差得多。事实上，当房地产市场看跌时，很少发生交易，它们涉及的是往往状况较差的建筑物。如果这是真的，指数的价值从 t－1 时期下降到 t 时期可以反映房地产价格的下降和/或在 t 时期出售的建筑物的质量比在 t－1 时期的建筑物出售得更差这样的事实。反之亦然：该指数的上涨可能由其中的任意一个原因或两个原因导致。因此，在大多数情况下，很难根据这些指数来确定房地产市场价格的真实演变。

一些国家也建立了基于网络广告或报纸上报道的平均标价的指数。这些指数的缺点甚至比交易价格的平均水平或中位数更为严重。在广告中出售的房产往往不能代表房地产市场，尤其是当市场看涨时。此外，标价和交易价格之间存在一个价差，这个价差会根据房地产市场的状况而及时变化①。

（3）特征指数*

特征指数法和重复销售法均被设计用来控制房地产资产的异质性，从而使构建质量不变指数（Quality - constant Indices）成为可能。虽然特征指数法最初是用来跟踪汽车价格的，但该模型非常适合用于房地产市场，无论是用于估值还是指数构建。

在实践中，构建特征房地产价格指数的方法有两种：估计每个时期（季度或年）的特征模型，或使用时间虚拟变量估计一个横断面时间序列回归。

第一种方法为每个周期 t 估计了一个新的特征模型。然后，在每个周期 t 上计算具有标准特征的房地产（例如，对所有时间段的样本计算的房地产的平均值或中值特征）：

$$\hat{P}_t = \hat{\alpha}_t + \sum_{k=1}^{m} \widehat{\beta_{kt}} X_k^*$$

式中：$\widehat{P_t}$——在 t 期具有标准特征的房地产的估计值；$\widehat{\alpha_t}$、$\widehat{\beta_{kt}}$——对周期 t 的回归模型的估计系数；X_k^*——房地产特征（随时间变化的常数）。

该指数是根据具有标准（常数）特性的房地产产值随时间变化计算的（$\widehat{P_t}/\widehat{P_{t+1}}$）。第二种方法只需要计算整个时期的特征回归。这是通过使用虚拟变量（或二值变量）来实现的。对于每个时期（月、季度、年等），该模型包含一个虚拟变量。对于每个房地产，如果在该时期出售，则给定时期的虚拟变量赋值 1，否则赋值 0。从基准年开始的价格变化可以根据时间虚拟变量的系数推断出来。

$$P = \sum_{k=1}^{m} \beta_k \cdot X_k + \sum_{t=1}^{T} \delta_t \cdot D_t + \varepsilon$$

式中：D_t——时间虚拟变量（如果房地产在 t 期被出售，则 $D_t = 1$；否则 $D_t = 0$）；β_k——房地产特征的系数；δ_t——时间虚拟变量的系数；ε——误差项。

第二种方法的优点是它要求只估计一个回归。这不仅减少了分析的工作量，而且还减少了所需的样本量。虽然第二种方法假设房地产的价格随时间的变化是恒定的，但它是在实践中应用最广泛的方法。通常对因变量应用对数变换，这样做有两个优点：首先，转换后的变量比原始变量更正常；其次，通过计算时间变量的每个估计增

① S. C. Bourassa, M. Hoesli, D. Scognamiglio and P. Sormani. Constant - quality house price indexes for Switzerland. Swiss Journal of Economics and Statistics, 2008, 144 (4), pp. 561 - 575.

量系数的反对数，直接得到基准年的价格变化百分比。

特征指数方法非常有吸引力，因为它依赖于交易价格（而不是估值），并通过考虑资产的特征来修正资产的异质性。因此，由此产生的指数可以可靠地监测价格的变化。如上文所示，特征指数方法的另一个优点是，它允许根据交易价格而不是评估师的判断来对房产进行估价。特征指数方法也存在一些问题。例如，在回归模型中要决定包含哪些质量变量。此外，通常缺乏关于房地产各种质量特征的数据。一些与估值相关的特征变量可能无法被观测到。

（4）重复出售价格指数

另一种依赖于交易数据并使构建不变质量房地产价格指数成为可能的技术是重复销售法。正如其名称所表示的，该方法依赖于在特定时期售出不止一次的房产的交易价格。由于每次价格变化都是在同一房产上衡量的，资产异质性的影响大大减少，因此直观来说，这种方法很有吸引力。待估模型如下：

$$R = \ln(P_Y/P_X) = \sum_{t=1}^{T} \delta_t D_t + \varepsilon$$

式中：P_X——第一次出售时的房地产价格；P_Y——第二次出售时的房地产价格；R——两次出售的价格差（对数）；D_t——时间虚拟变量（如果房地产第一次被出售，则 $D_t = -1$；第二次被出售，则 $D_t = +1$ 否则 $D_t = 0$）；ε——误差项。

因此，价格变化是通过对一组时间变量上的第二次销售价格与第一次销售价格的比率的对数进行回归而得到的。时间变量的每个系数的反对数表示基准周期（周期 0）与该指数所考虑的每个周期之间的价格变化。

重复销售法的主要优点在于它的简单性，该方法只需要销售价格和销售日期信息。该方法也有一些缺点。首先，一些房产可能会因为它们的投机性或因为它们有缺陷而被反复出售。其次，在一个给定的时期内，只有少数建筑销售不止一次，这使得很难有足够的数据来使用这种方法。最后，资产的属性随时间的变化而保持不变的假设可能不成立。例如，建筑的状况可能会随着时间的推移而改变。它可能由于过时而恶化，也可能由于翻新建筑而得到改善。因此，重复销售指数在某些情况下可能不是真正的不变质量指数。

在市场流动性较强的美国，房地产重复销售指数被广泛使用。美国联邦住房金融局（FHFA）公布了一系列广泛的美国房价指数。该方法也被用于构造加拿大的房价指数。在美国，商业地产的重复销售指数也在越来越多地被使用。MSCI 和 CoStar 等公司开发了此类指数。MSCI 还为欧洲和亚太地区的多个城市发布了一系列的商业房地产指数。

（5）SPAR 指数

在某些情况下，可以将评估价值和交易数据合并起来，产生一个新指数。例如，销售价格评估比率法（SPAR）使用交易价格与往期评估价值的比率。这个比率根据每个已售出的房产计算其平均（或中值）比率。在每个周期重复，以得到 SPAR 指数[①]。然而，该方法要求每隔几年重新估计国家的所有房地产的价值。一些国家为了税收目的会进行重估。SPAR 方法用于构建丹麦、荷兰和新西兰的房价指数。

（6）证券化房地产指数*

鉴于数据缺乏，构建直接房地产投资指数存在困难，运用证券化房地产投资的数据似乎很有吸引力。如果此类投资的行为与直接房地产投资相似，证券化房地产指数可以作为直接房地产市场价格变化的指标。这一直是许多研究的焦点，本节将进一步讨论这一焦点的主要结论。无论如何，证券化房地产指数对于持有此类股票的投资者来说都非常有用。

房地产公司投资于以创收为目的的房地产，其股票在证券交易所进行交易。尽管制度上和法律上存在差异，但几乎所有国家都有这样的公司。例如，一些公司是纯粹的投资公司，而其他公司是开发公司或建筑公司。此外，各国在杠杆水平和公司征税方式方面也存在差异。事实上，在许多国家，如法国、英国和美国，都存在着房地产投资信托基金（REIT），它规定如果房地产投资公司将其净收入的很大一部分作为股息分配，则不缴纳任何公司税。

国际上有许多房地产证券化指数。两个主要的指数提供者是 EPRA/NAREIT 和全球房地产研究公司（GPR）。例如，截至 2023 年 4 月底，EPRA 指数的自由浮动市值超过 1.6 万亿美元。

大量研究表明，房地产证券的收益率与普通股收益率高度相关，而房地产收益率和房地产证券收益率的协同波动要少得多，至少在使用短期增量时是这样[②]。在美国，房地产证券与直接房地产之间的相关系数为 -0.05，而房地产证券与普通股之间的相关系数为 0.63（此为 1984—2022 年的季度数据）（见图 12-1）。对于瑞士，相关性数据分别为 -0.18 和 0.37（1987—2022 年）。然而，从长远来看，证券化的房地产收益更类似于直接的房地产收益，而不是股票收益。这表明，证券化的房地产指数可以用来评估长期趋势，而不是房地产市场的短期走势。

---

① 更多细节，见 S. C. Bourassa, M. Hoesli and J. Sun. A simple alternative house price index method. Journal of Housing Economics, 2006, 15 (1), pp. 80-97.

② 示例详见：M. Hoesli and E. Oikarinen. Are REITs real estate? Evidence from sector level data, Journal of International Money and Finance, 2012, 31 (7), pp. 1823-1850; M. Hoesli and E. Oikarinen, Does listed real estate behave like direct real estate? Updated and broader evidence. Applied Economics, 2021, 53 (26), pp. 3023-3042.

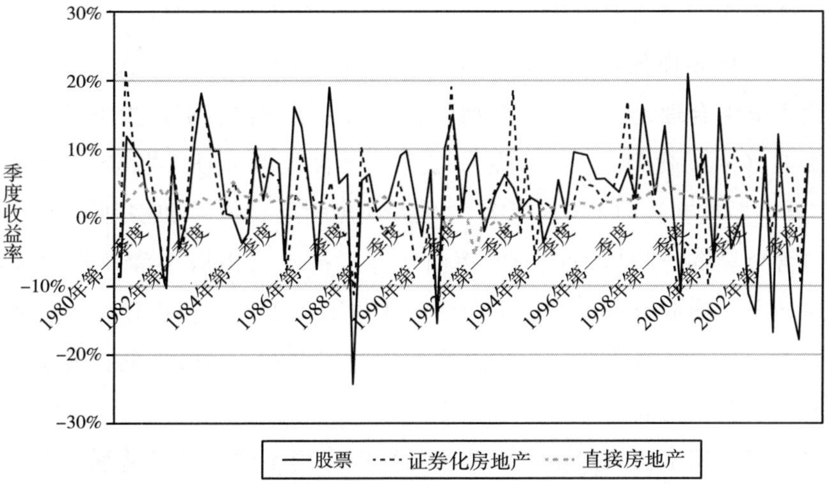

图 12－1　美国 1980—2002 年股票、证券化房地产和直接房地产的季度收益率

附：瑞士的内格利区位分类法

在瑞士，内格利区位分类法有时被用来估计土地的价值，该方法至少能得到最近似的估值。该方法是由沃尔夫冈·内格利开发的，并已成为瑞士和德国著名的土地估价方法。

该方法的原理是：土地位置越好，土地相对于房地产总值的价值就越高。为了使用这种直觉来进行评估，依据位置的质量和可能的使用率来对位置进行分类。最初，纳格利提出了八个不同的区位，它们的定义相当广泛。后来的评估师专业协会定义了更多的区位（通常是 10 个），并有更详细的描述。一个房地产的区位是根据诸如中心度和该位置的吸引力（比如视野）以及可能的使用程度等标准来确定的。

土地相对价值占该房地产总价值的百分比，按如下公式计算：

相对土地价值(%) = 区位 ×6.25%

为了以货币形式计算一处房产的相对土地价值，除了区位外，我们还需要用收入方法计算该房产的总价值。

例如：区位分类法房产总价值 =250 万瑞士法郎（例如：用收入法计算）

土地区位：5.2

相对土地价值 =5.2 ×6.25% =32.5%

绝对土地价值 =32.5% ×2 500 000 =812 500(瑞士法郎)

12.1.2　混合资产投资组合中的房地产整合

12.1.2.1　概述

本部分考察房地产在股票和债券投资组合中所起的作用，并分析房地产应赋予的最优权重，这称为资产间多样化。资产间多样化非常重要，相较于如何投资于资产内每个类别（资产内多样化）的决策，其对投资组合绩效的影响更大。

在现代投资组合理论（MPT）框架内，可以考察在混合资产投资组合中包括房地产的积极影响（多元化效应）。首先，构建只包含股票和债券投资组合的效率曲线（或称为有效边界或有效前沿）。其次，构建包含股票、债券和房地产组合的效率曲线。如果包含金融资产和房地产的效率曲线远远高于仅由股票和债券组成的效率曲线，那么房地产在使混合资产投资组合多元化方面可以发挥积极作用。这意味着，当房地产被视为一种投资选择时，对于给定的收益率水平，风险更低；或者，对于给定的风险水平，收益率更高。

我们将看到，用于代表房地产收益率的数据序列不同，结果差别很大。当使用基于评估的数据序列而没有进行适当的修正来进行平滑时，房地产似乎在多资产投资组合中发挥着非常重要的作用。因此，重要的是要纠正评估平滑，或使用基于交易的指数来评估房地产投资的风险，从而更准确地评估商业房地产对投资组合多样化的贡献。当使用证券化数据时，房地产在降低给定收益水平下的投资组合的风险，或在提高给定风险水平下的投资组合的收益率方面的作用不是太大。这是由于房地产证券和普通股投资之间的相似性，至少在使用短期增量时是这样。结果也取决于所考虑的时期，因此分析房地产在不同资产类别的完整周期内的长期作用是很重要的。作为一个指导方针，这里的“长期”通常是指至少 20 年的时间。考察几个不同国家增加房地产对混合资产投资组合的影响，能就房地产在混合资产投资组合中的作用得出结论。

为了构建效率曲线，需要得到每个资产类别的平均收益率和标准差以及每对资产之间的相关系数。首先，要考察房地产的收益和风险特征，并将其与股票、债券的收益和风险特征作比较；其次，考察不同资产类别之间的相关系数；最后，分析效率曲线。由于房地产的流动性通常低于股票和债券的流动性，因此这至少对于中期投资者来说是很重要的。

12.1.2.2　房地产的回报和风险*

首先，本节解释关于收益率和风险的理论概念。然后，给出关于房地产平均收益率和标准差的主要结论，并比较股票和债券的收益率和风险。如上所述结论因考虑直接投资或证券化房地产投资而不同。以下分别介绍了两种房地产风险（直接和证券化）的收益率和风险特征。在观察各种资产类别的收益（下文）和确定最佳投资组合中的房地产份额（下文）之间的相关性时，也使用了类似的结构。

（1）直接房地产投资的收益与风险

如上文所述，由于缺乏商业房地产的交易数据，商业房地产主要采用基于评估的指数。这些指数的一个问题在于它们难以平滑，因此房地产投资的波动性会被低估。因此，考虑房地产处理前后的风险对评价平滑具有重要意义。另一种替代方法是在这种类型的指数可获取的情况下使用基于交易的指数。

使用 1987—2022 年英国基于评估的一系列房地产，得到的结果如表 12－7 所示。

表 12－7　　英国房地产、股票和债券的回报和风险（1987—2022 年）

资产类型	平均收益率	标准差
房地产（平滑前）	8.4%	6.4%
房地产（平滑后）	7.4%	13.5%
股票	9.1%	15.6%
债券	6.7%	7.6%

这些结果表明，股票构成了收益和风险最高的资产类别。与债券相比，如果不考虑评估平滑处理，房地产似乎是一种非常有趣的资产类别：房地产的回报率高于风险较低的债券。

然而，正如前文讨论的，基于评估的指数已被证明被平滑过。评估师倾向于坚持他们之前的估值，因此减少了价格的变化。此外，由于评估是在给定的时期而不是在给定的时间点上进行的，积聚偏差会导致额外的平滑。由于这些原因，基于评估的收益率方差是房地产收益率真实方差的向下有偏估计。然而，从基于评估的数据序列计算出的平均收益率，应该无偏地反映了房地产的真实收益率。

从表 12－7 中可以看出，当房地产收益下降时，房地产的收益和风险特征介于股票和债券的收益和风险属性之间。当使用基于交易的指数来计算商业地产的收益时，也得到了类似的结论。表 12－8 展示了 1984—2022 年美国的回报率和风险数值。

表 12－8　　美国房地产、股票和债券的回报和风险（1984—2022 年）

资产类型	平均收益率	标准差
房地产（交易）	9.4%	11.3%
股票	12.6%	16.5%
债券	6.9%	8.1%

显然，结论将取决于考虑的特定国家的房地产类型，也取决于是否考虑政府债券和/或公司债券。如果考虑到创收住宅（多户）房地产，如瑞士或荷兰等国的机构投

资者经常面对的情况，那么收益和风险特征将接近债券，甚至低于债券的回报和/或风险，而商办和工业房地产应获得更高的收益和风险参数。表 12 - 9 展示了 1987—2022 年瑞士三种资产的收益率和风险特征。房地产投资指的是多户住宅的房地产。使用了基于交易的特征指数，因此无需对平滑进行修正。可以看出，瑞士的住宅房地产投资比债券投资的收益更高，但风险更低。

表 12 - 9　瑞士房地产、股票和债券的回报和风险（1984—2022 年）

资产类型	平均收益率	标准差
房地产	5.2%	3.8%
股票	9.0%	17.7%
债券	4.1%	6.6%

因此，房地产的收益率和风险特征都低于股票，其参数与债券非常相似。然而，房地产的流动性不足仍未得到解释。由于房地产是一种非流动性资产类别，非流动性溢价被纳入预期收益率，需要从事后收益率中减去。这样与其他资产类别进行比较会更有意义。年度非流动性溢价通常为 50 个（至 100 个）基点。对于长期投资者来说，资产类别的非流动性不构成问题，因此不必要解释这一特征。

（2）证券化房地产投资的收益及风险*

证券化的房地产投资与股市紧密相连，至少在短期（年度或季度）的时间增量内是这样。此外，证券化的房地产投资反映了杠杆率，因为公司使用杠杆率，而直接的房地产指数没有考虑到杠杆率。这些特征将影响证券化房地产投资的收益和风险。表 12 - 10 显示了 1984—2022 年美国房地产投资信托基金（REITs）、股票和债券的回报和风险。房地产投资信托基金的收益和风险似乎与普通股的参数相似。

表 12 - 10　美国证券化房地产、股票和债券的收益和风险（1984—2022 年）

资产类型	平均收益率	标准差
REITs	11.9%	18.5%
股票	12.6%	16.5%
债券	6.9%	8.1%

瑞士房地产共同基金的结果得到了鲜明对比。这些基金的机构设置以及它们只适度使用杠杆的事实导致了不同的结果，如表 12 - 11 所示。

表 12－11　　瑞士证券化房地产、股票和债券的收益和风险（1987—2022 年）

资产类型	平均收益率	标准差
REITs	6.5%	8.6%
股票	9.0%	17.7%
债券	4.1%	6.6%

12.1.2.3　不同资产类别收益率之间的相关系数*

除了平均收益率和方差，决定是否纳入混合资产组合的关键输入是房地产和投资组合中包含的其他资产之间的相关系数。事实上，混合资产投资组合的风险不仅仅是单个资产风险的加权平均值，还取决于资产之间的相关系数。因此，需要研究房地产与不同资产类别之间的相关性。本节讨论了直接房地产投资和证券化房地产投资中房地产与股票和债券的相关系数。

（1）直接房地产投资与金融资产的相关性*

许多研究利用基于评估的序列来代表房地产收益率，主要是在美国和英国，这些国家的基于评估的指数已经定期发布了 40 多年。房地产收益率与股票和债券收益率之间存在低的正相关或负相关关系。相关系数随着时间的推移并不是很稳定，而且很明显，年数对相关性有显著的影响。然而，一般的结论是，房地产收益率与股票和债券收益率之间的相关性较低。相关性似乎不在很大程度上受到评估平滑影响。一些研究利用了基于交易的指数，证实了直接房地产收益率与金融资产收益率之间的相关性较低。美国、英国和瑞士的调查结果见表 12－12。美国和瑞士使用基于交易的指数，而英国使用基于评估的指数。

表 12－12　　美国、英国和瑞士的直接房地产回报与股票和债券回报的相关系数

房地产与其他资产的相关系数	美国（1984—2022 年）	英国（1987—2022 年）	瑞士（1987—2022 年）
股票	0.06	0.15	－0.01
债券	－0.10	－0.14	－0.04

关于这些相关系数，有两种评论。首先，这些点估计值附近的置信区间相当大，所以在解释相关系数水平时必须谨慎。例如，在 95% 的显著性水平上，美国的房地产和股票之间的相关系数介于－0.10～0.22 之间。其次，这些相关系数是按季度或每年的时间增量来计算的，如果可以使用 3 年或 5 年的时间增量，相关系数很可能会更高，特别是股票和房地产之间的相关系数。

（2）证券化房地产指数与金融资产的相关性*

许多国家都存在房地产证券收益率与普通股回报率之间的高度相关性。然而，证券化的房地产回报与债券回报的相关性较低。美国和英国的房地产证券与股票、债券之间的相关系数如表 12 - 13 所示。

表 12 - 13　证券化房地产收益率与股票、债券收益率之间的相关系数：美国和英国

房地产证券与其相关系数	美国（1984—2022 年）	英国（1987—2022 年）
股票	0.63	0.60
债券	-0.02	0.04

房地产证券与股票高度相关的事实表明，这类投资会对股票市场因素以及特定的房地产因素作出反应。这种相关性还源于这样一个事实：证券化的房地产收益和股票收益一样，都是杠杆收益，而直接的房地产收益（根据可用的房地产指数计算）则不是。研究证券化房地产收益和直接房地产收益之间的相关系数也很有趣。对于美国而言，1984—2022 年，房地产投资信托基金回报与直接房地产回报之间的相关系数为 0.05。对英国而言，在 1987—2022 年，证券化房地产回报和直接房地产回报之间的相关系数为 0.40。

随着时间的推移，房地产证券收益与股票收益之间的相关性并不稳定。根据 5 年季度数据的移动窗口计算出的 1984—2022 年美国房地产投资信托基金收益率与股票收益率之间的相关系数如图 12 - 2 所示。第一个相关性是 1984—1988 年，而最后一个相关性是 2018—2022 年。横轴表示每 5 年期间的结束时间。20 世纪 90 年代中期，由于机构对房地产证券的兴趣增加，这种相关性下降。这种相关性在看涨的 pre - GFC（全球金融危机）市场中迅速增加，并在危机期间进一步增加。随着 GFC 期退出五年期窗口期，这一指数再次下降。特别是在新冠病毒危机期间，这种相关性再次增加。

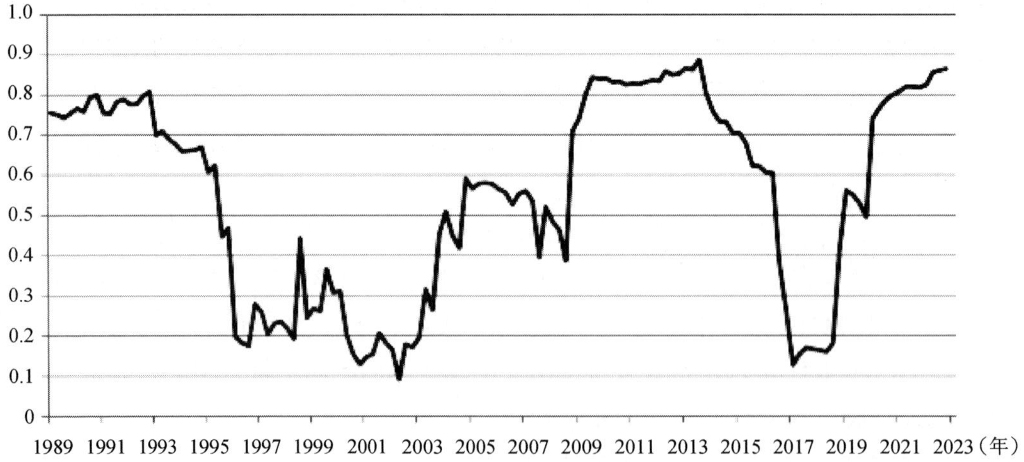

图 12 - 2　美国房地产证券季度收益率与股票回报率之间的相关系数（按五年移动窗口计算）

12.1.2.4　确定房地产在最优投资组合中的份额*

对于在投资组合中添加新的资产，有三件事很重要：新资产和那些已包括在投资组合中的资产之间的相关系数，以及这些资产的收益率/风险比率。相关系数的大小和符号对投资组合中特定资产发挥的作用有很大影响。每个资产类别的收益率和风险特征在确定最优投资组合构成方面也很重要。例如，如果增加了收益率和风险最高的资产，它就必然位于效率曲线上（无论其与其他资产的相关系数是多大）。债券通常位于效率曲线底部，股票在效率曲线的顶端，而包含房地产的投资组合位于效率曲线的中间范围。

在本节中，我们将回顾房地产在最佳投资组合中的角色问题。如上所述，房地产和股票之间以及房地产和债券之间的收益和风险特征以及相关系数差异很大，这取决于是否考虑直接房地产投资或证券化房地产投资。因此，关于房地产在混合资产组合多元化中的作用以及投资组合中房地产的权重的结论将取决于是否考虑直接投资或证券化投资。我们分析了直接的和证券化的房地产投资在一个投资组合中可以发挥的作用。

（1）投资组合中的直接房地产投资

正如我们所看到的，直接房地产收益与金融资产收益的相关性很低。因此，在金融资产投资组合中增加房地产投资的多元化收益应该是显著的。图 12－2 描述了 1984—2022 年美国的三个有效边界。房地产采用了基于交易的指数，从而使评估平滑不构成问题。底部的边界只包括股票和债券。上层边界包括直接的房地产投资和金融资产，但不解释房地产流动性的缺乏。中间边界包含房地产，但资产类别流动性的缺乏是由房地产的平均年回报率减去 50 个基点的非流动性溢价造成的。这一数字清楚地表明将房地产纳入混合资产投资组合的好处：在低风险水平下，对于特定的风险水平，平均年收益率可以提高 50～70 个基点。这一增长是相当可观的，因为它与平均收益率有关。或者，对于给定的收益率水平，标准偏差可以降低[①]（见图 12－3）。此外，房地产也有可能达到较低的绝对风险水平，对于许多投资者来说，这是一个重要特征。在效率曲线的上端，纳入房地产的积极效应比较有限。

大量研究表明，关于直接房地产投资的配置，如果考虑更长的时间增量，最优分配是 20%，甚至更大一些[②]。图 12－4 显示了 1984—2022 年美国沿有效边界的三种

---

① M. Hoesli, J. Lekander and W. Witkiewicz. International evidence on real estate as a portfolio diversifier. Journal of Real Estate Research, 2004, 26 (2), pp. 161－206; J. Lekander. Real estate portfolio construction for a multi－asset portfolio. Journal of Property Investment and Finance, 2015, 33 (6), pp. 548－573.

② G. MacKinnon and A. Al Zaman. Real estate for the long term: The effect of return predictability on long－horizon allocation. Real Estate Economics, 2009, 37 (1), pp. 117－153.

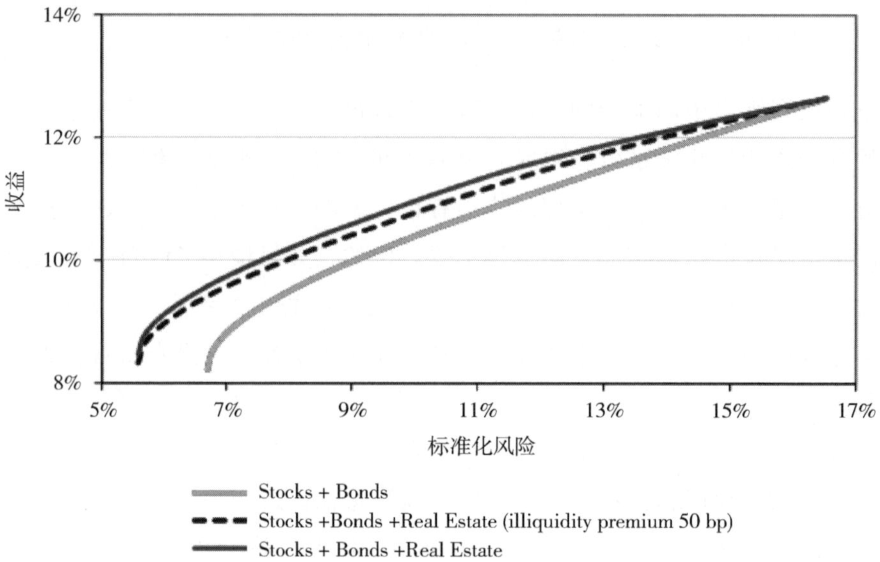

图 12－3 2022 年美国无房地产和无房地产的有效边界

资产类别的最优权重。在边界底部的房地产配置为，并且有效边界上向右移动时略有增加，随后开始减少。房地产一直保持在最优的投资组合中，直到只包含股票的边界的上点。债券在低风险投资组合中占大量比例，对债券的分配在有效边界上减少。在最小方差投资组合中，对股票的分配略小于 20%，并且分配沿边界增加。

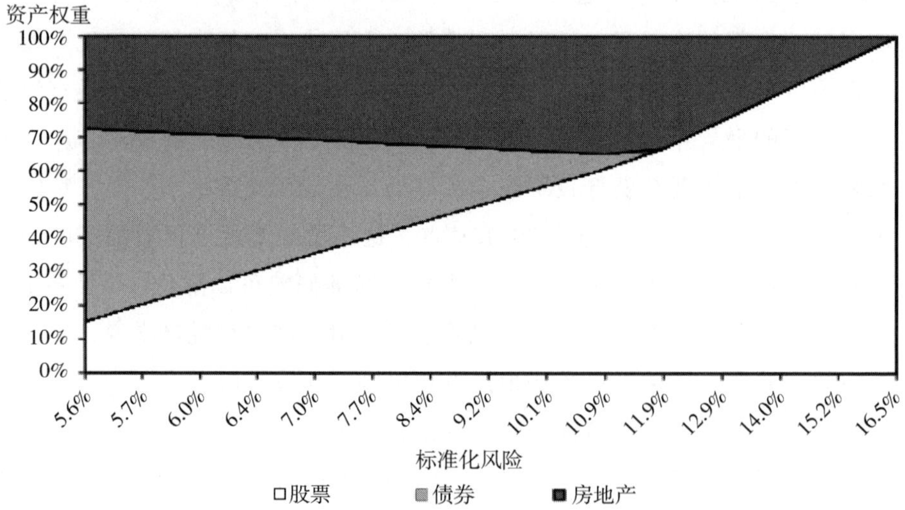

图 12－4 1984—2022 年对美国各种资产类别的最佳配置

投资者通常将其大部分房地产配置控制在国内资产中（这被称为房屋偏见）．这是因为在投资房地产时，当地知识和当地代理非常重要。如果投资者没有足够的了解，相比当地投资者，她或他会承担不知情的风险。此外，位置对房产价值有很大的影响，确定位置的质量需要对当地市场的专门知识。最后，要了解海外房地产投资的法律层面和税收层面。尽管存在这些障碍，投资者对海外房地产投资的兴趣明显增加。除了直接海外投资以外，投资者经常考虑私人间接投资，同时考虑当地的特殊性。与房地产证券不同，这类投资的行为与直接房地产投资非常相似。

（2）投资组合中的证券化房地产

与证券化房地产投资相比，直接投资的多元化收益更受限；然而，随着时间跨度的延长，这些因素往往会增加。这与研究一致，研究表明房地产证券在短期内类似于股票，但更接近于长期内的直接投资。房地产证券的最佳配置在短期内小于 10%，当投资组合中包含直接投资时，这种投资通常提供的收益空间很有限。

12.1.2.5　结论*

在评估将房地产纳入混合资产投资组合的好处时，重要的是要考虑房地产风险敞口的类型，即，这些投资是直接的还是通过房地产证券。

当考虑到这些结果时，可以得出以下结论：与股票投资相比，房地产的收益率和风险似乎更低。房地产通常比债券有更高的收益率和风险，但这一结论取决于所考虑的房地产类型和债券。因此，希望通过从一种资产类别转换到另一种资产类别来增加收益率的投资者将不得不增加其风险敞口。证券化房地产投资的收益率和风险更类似于股票的收益率和风险特征。直接房地产收益率与金融资产收益率的相关性较低，而证券化房地产投资与股票收益率的高度相关，至少在短期内是这样。直接房地产似乎是一个有趣的投资组合多元化，比证券化房地产投资更重要。在混合资产组合中，直接房地产的最优权重约为 20%。如果直接房地产还没有包括在投资组合中，那么证券化房地产投资只在较长的时间范围内是有用的。

所有这些结论都是基于在各国进行的事后研究。对于一个投资组合经理来说，感兴趣的不是事后的结果，而是未来将会发生的事情（即事前的情况）。不确定过去发生的事情将来是否会再次发生。当对事后数据进行长时间分析时，就像本章中讨论的大多数结果一样，结论应该足够有力，以便在未来的时间段内成立。

在任何情况下，投资组合经理都应该概括关于各种资产类别的收益率和风险以及这些资产类别之间的相关性的假设。有了这些数据，能够构建事前高效的投资组合。特别有趣的是要考察最优投资组合对收益率、风险和相关参数变化的敏感性。

12.2　私募股权与对冲基金

当想到“投资”时，通常会想到购买传统的投资工具，诸如货币市场工具、公开交易的债券或股票以及共同基金。在考虑这些知名的资产类别的，也可以考虑大量所谓的“另类投资”。该术语对所有通常不包括在上述资产类别中的投资进行重组。它实际上是一个广义的术语，涵盖了广泛的投资风格和策略，并重组各种类型的资产。这些都获得了一些认可，但仍然没有被广泛接受、被认为是“传统的”。由于其交易或不交易的方式（即投资方法是非传统的）或者交易的内容（即基础资产本身是非传统的），它们是“另类的”。

可以建立一份另类投资的清单吗？答案取决于所考虑的时期。例如，20 世纪 60 年代，股票和积极管理的债券投资组合被视为另类投资；70 年代的国际股票或 80 年代的房地产和新兴市场也是如此。如今，所有这些投资都很可能被视为传统的投资。新的另类资产主要包括私人股权类型的证券（风险资本、未上市证券和夹层融资等）、对冲基金、房地产（REITs 房地产投资信托基金等）、某种程度上的衍生品、基础设施和自然资源（大宗商品和木材等）以及更奇特的投资形式（艺术品、葡萄酒和雪茄等）。下面各节主要关注两个最大的类别，即私募股权类证券和对冲基金。

12.2.1 私募股权

几个世纪以来，上市（即在公共证券交易所上市）一直是筹集大量资本的最重要方式。它还是上市公司的经理声望认可的标志，并向私人和机构投资者促进其证券的市场销售性。不利的一面是，让一家新公司上市通常代价极其高昂——股票交易所需要足够长的、经过审计的业绩记录、最低的市值和最低的自由流通股，这意味着现有股东将失去一定的控制权。此外，上市公司必须采用比私人企业更严格的会计和报告标准以及信息披露要求。因此，在大多数交易所上市的股票往往是蓝筹股已成立的公司。较小的企业往往保持私有，或主要通过私募获得融资。

当然，最近也有过几次尝试，试图对小公司建立要求较不严格的有组织的交易市场。举例来说，1980 年，伦敦证券交易所（LSE）创建了未上市证券市场（USM），用来交易不符合在伦敦证券交易所全面上市条件的中小型公司的股票。USM 于 1996 年底停止使用，取而代之的是另类投资市场（AIM）。AIM 为规模较小的公司提供筹集扩张资金的机会、交易工具和为其股票建立市场价值的方式。AIM 有 1 100 多家公司，总市值为 370 亿英镑，这明显是成功的。但许多其他的尝试都没有那么成功，仍然有大多数公司没有资格全面上市，却需要一些资金来开展经营。这正是私募股权介入的机会。

12.2.1.1　定义*

私募股权是指将股本资本投资于私人公司（即未上市的公司），以帮助它们成长和成功。在实践中，私募股权投资可以在业务生命周期的任何阶段进行，从早期阶段的初创公司到成熟的公司。为了便于比较，通常将私人股本投资领域分为四种策略：风险资本、成长型资本、收购和不良投资。

风险投资关注的是那些正处于生命周期第一阶段的年轻创业公司，它们通常还没有盈利甚至销售收入。在风险投资中，投资阶段如下：

（1）种子/天使融资为企业家提供融资，使其能够发展出可能的创业想法或概念或产品。在很多情况下，这些企业家可能在起步时从朋友和家人那里获得了“种子前”融资。种子/天使融资是投资者获取公司股权的首轮官方正式融资。

（2）A 轮融资通常是初创公司的第一轮重大风险融资。“A 系列”指的是投资者因投资而获得的优先股类别。目标公司通常会有一些适当的管理人员、一个商业计划和一个工作原型。

（3）B 轮和后期资本用于现有业务的增长和扩张。目标公司已经证明了他们的商业模式，改进了他们的产品，并正在寻求额外的融资来扩大他们的市场范围，开发新产品，扩大他们的团队等。

成长型股权资本投资于具有经过验证的产品或服务、积极的单位经济和拥有大量客户基础的公司，但这些公司仍处于相对早期的发展阶段。它的目标是帮助他们扩大或重组业务，使其成为更有利可图、更有吸引力的投资，并最终上市。

收购资本（也称为杠杆收购资本）专注于收购成熟、健康的企业，预计将随着时间持续增长。这些业务通常具有持续的经常性现金流、较高的进入门槛和对客户的强大价值主张。它们可以支持高债务负担，这允许私人股本公司使用相对较少的股本资本，从而放大投资者的回报。有时，这些企业在被收购时会被公开上市，并将被私有化。

不良投资通常被称为“不良贷款控制”或“贷款给自己”。它们通常包括购买一家陷入困境的公司的债务，并将其转换为股权，以获得控股权。然后，该公司被私有化并进行重组。这一策略与一些对冲基金所遵循的“不良证券”策略强烈重叠。

每一个阶段都提供独特的风险和收益率的权衡，并有自己独特的资本周期。然而，它们都有一个共同点：它们所提供的融资与从银行和公共市场等传统融资来源获得的融资非常不同。这有几个原因。首先，私募股权投资者是股东，因此比债权人承担更大的风险，需要更高的收益率。其次，私募股权投资者希望参与决策过程。积极支持公司分析新市场，招聘顶尖人才，建立坚实的客户基础，并提供进入自己的业务和金融联系网络。最后，私募股权投资者的退出可能性通常是在投资之前预先安排好的。

12.2.1.2 为什么要投资私募股权？*

私募股权的主要吸引力在于其长期产生更高收益率的潜力。举例说明，表12-14显示了截至2022年12月，剑桥联合有限责任公司的美国私募股权公司和美国风险投资指数[①]的历史表现。尽管确切的绩效数字随所考虑的时期而变化，但从历史和长期来看，私募股权和风险资本投资者比普通股票投资者似乎获得更高的收益率。

表12-14 在不同的持有期间私募股权/风险资本年化业绩 （单位：%）

指标	3年期	5年期	10年期	15年期	20年期	25年期
PE指数	20.8	18.6	17.2	12.5	15.3	13.3
VC指数	25.0	22.5	18.6	12.7	12.2	25.4
罗素3000指数	7.0	8.7	12.7	9.0	9.8	8.2
S&P 500 TR	8.5	9.5	12.6	8.7	9.4	7.7
纳斯达克综合指数	7.2	9.6	14.4	10.6	10.5	10.5

学者和实践者已经为这种明显的卓越绩效提供了许多解释。下面简要介绍一些：

- 流动性溢价：私募股权投资相对缺乏流动性，投资者必须因承担流动性风险而获得溢价。也就是说，他们希望在短期内获得更高的累积收益率，作为放弃流动性的补偿。
- 关注长期绩效：私募股权投资者不受分析师对短期绩效需求的限制（即季度收益率的增长）。他们可以自由地作出经营决策，提高股东的长期价值，而不用担心自己的股价会受到短期市场预期的打击。
- 利益协调：私募股权集团所拥有公司的经理也是股东。更普遍的是，在私营公司中，经营者手中的所有权比例远远高于上市公司。
- 较高风险：私募股权市场中风险最大的部分（例如，早期风险投资）往往会产生最高的长期收益率。这表明，私募股权存在一些风险，投资者因此得到回报。
- 杠杆的使用：一些私募股权策略，特别是杠杆收购，使用高水平的债务融资，放大了权益报酬率，特别是在利率较低的时期。

---

① 私募股权指数由1 496只美国私募股权基金组成，其中包括在1986—2022年期间成立的完全清算的合伙企业。它在计算中不包括风险投资基金。风险投资指数由2 344只美国风险投资基金组成，其中包括在1981—2022年期间成立的完全清算的合伙企业。收益是扣除费用、支出和附带利息的。

- 机会获取：上市公司的数量有限并受到严格审查；如果市场相对有效，未被发现的价值就较少。相比之下，私营公司不会面临同样的审查，也不会被进行尽职调查并确定有哪些值得投资的资源。

私募股权增强了传统投资组合的多样化。首先，它投资于在公共证券市场上不一定有完全代表性的企业或行业。其次，私募股权收益率往往波动性较低，而且通常被认为与公开交易资产的收益率不相关。这使得私募股权成为传统投资组合中的一个重要补充。然而，这一论点需要谨慎考虑。

根据定义，私募股权是私有的，因此不定期报价。估值是由模型和假设驱动的，而不是对市场而言。因此，不能排除私募股权的低波动性、与其他资产类别的低相关性仅仅是由于缺乏市场，也是因为缺乏官方报价。现实情况是，私募股权的收益率循环运行，其“实际”收益率可能受到市场状况、信贷市场、公司估值和退出流动性的强烈影响。

12.2.1.3　如何投资于私募股权*

对大多数投资者来说，直接投资于私募股权是很困难的。首先，在早期阶段识别和跟踪有前途的公司需要重要而罕见的技能，而这是大多数投资者和传统经理人所没有的。其次，早期阶段的公司通常表现出较低的市场风险，但特有的（经营）风险要高得多。因此，建议分散几家公司的持股，而不是在一家公司进行大规模投资。这通常需要相对大量的资金，例如至少 1 亿 ~5 亿美元。大多数投资者无法将这么多钱分配给私募股权，这就解释了为什么他们更喜欢使用特定的投资工具。一些私募股权通过关联或半关联的公司（如投资公司或投资银行的全资子公司）完成投资。但最常见的安排是私募股权基金。

私募股权基金通常建构为独立的私人有限合伙企业。基金的个人经理被称为无限责任合伙人（GP），而资本提供者（个人和机构投资者）被称为有限责任合伙人（LP）。无限责任合伙人和有限责任合伙人的行为和作用在双方签署的合伙协议中会详细规定。此外，在筹集资金时，私募股权公司通常会有一个私募配售备忘录（PPM）。该文件提供以下详细信息：（i）私募股权公司本身；（ii）其以前和当前管理的资金和投资及其绩效；（iii）未实现投资的估值和估值政策；（iv）公司高管及其相关经验；（v）收费和管理激励；（vi）基金投资策略；（vii）报告方法和报告发布频率的细节。对投资者来说，阅读和理解每一份投资公司的发行文件以确保他们熟悉这些文件是至关重要的。

私募股权基金的生命周期通常限制在 10 年，再加上由基金经理自行决定的 2 个可能的1年延期。它可以分为四个重叠的阶段。

- 筹资阶段：筹资阶段开始于这个周期，通常需要半年到两年的时间。如果没有本金，私募股权基金就无法投资。因此，无限责任合伙人需要建立合伙关系的法律框架，准备发行备忘录，并与潜在投资者进行谈判。在这个阶段，实际的投资并没有具体说明，因为还没有进行。如果投资者被说服了，投资者可能会决定投入资金，成为有限责任合伙人。承诺本质上是应无限责任合伙人的要求向私募股权基金提供一定数额的资金的协议。当投入了足够的资金（但尚未投资）后，无限责任合伙人就会停止筹集资金，并“关闭”合伙关系。对新投资者关闭合作的那一年被称为“酿成年份”。

- 投资阶段：融资阶段结束后，私募股权基金开始投资4～6年。无限责任合伙人会寻找特定的投资机会。每次发现一项有吸引力的投资，无限责任合伙人就会向每个有限责任合伙人发出资本催缴通知，要求其兑现部分承诺。有限责任合伙人通常有几天的时间寄钱给无限责任合伙人。如有必要，可以与承诺一起增加债务。在投资阶段，无限责任合伙人可以购买10～20家不同的相关私人公司的股份。因此，每只私募股权基金实际上都是个体公司的投资组合。目标公司要么是私人控股，要么是上市。在后一种情况下，它们一旦被收购，通常就会被摘牌。

- 持有阶段：在此阶段，对目标公司进行重组或战略调整，以实现价值最大化。可以在利益相关者方面进行改进（例如，通过将管理者的利益与股东的利益相结合）、在运营方面进行改进（实施主动成本控制、重新关注核心活动等）或在财务方面进行改进（重组负债）。持有阶段通常可以持续4～6年，但通常与投资和撤资阶段重叠。

- 剥离阶段：几年后，私募股权基金逐步开始从目标公司撤资。这可以通过首次公开募股（IPO）、交易出售、二次收购，甚至在必要时进行完全冲销来实现。清算的收益通常不会再投资，而是按照合伙协议条款的规定立即分配给有限责任合伙人。随着合伙期的临近，大部分相关资产将被出售。因此，所有的私募股权合伙关系都是通过构建自我清算来实现的，一般为期8～12年。

无限责任合伙人通常会获得管理费和绩效激励费（也被称为“附带权益”“绩效分配”“升级费”“升级权益”或“超额费”）。典型的术语解释如下：

管理费根据投资阶段的承诺总资本收取，通常每年1.5%～2%之间。管理费定期（每季度或每半年）收取，无论投资是否在支付时已出售。投资期结束后，管理费减少到实际投资资本的一定比例。最初，管理费是用于支付运营费用（工资、办公室租金、日常行政费用）。然而，随着基金规模多年来的显著增加，管理费已成为无限责任合伙人有意义的利润来源。

附带权益在实现基础资产时收取。根据最低预期回报率（也称为优先回报率）。这意味着该基金 100% 的收益首先分配给投资者，直到他们收回出资，再加上扣除费用后的净回报 8% 的年利率。接下来，无限责任合伙人开始收取附带权益。为了收回无限责任合伙人在达到最低预期率之前累积的收益份额，大多数基金都有无限责任合伙人追赶条款，该条款允许大于 80% 的分配给无限责任合伙人，直到它完全赶上其全部利润的 20% 。从那之后，80% 的资金分配给有限责任合伙人，20% 给无限责任合伙人。一个重要的区别是，附带权益是在所有交易的基金层面上计算的（“欧洲瀑布模式”），还是在逐个交易的层面上计算的（“美国瀑布模式”）。

除了上面讨论的费用，有限合伙协议通常列出一系列需要支付的费用，通过使用有限合伙人的额外资金由基金支付给无限责任合伙人，由投资组合公司直接支付给无限责任合伙人，或支付给无限责任合伙人的出于出售资产的收益。例如：

- 形成基金时的组织费用（印刷、差旅、法律、会计及其他组织费用）；
- 审计、税务和管理费用；
- 交易费用，其中包括与购买、持有和处置投资相关的所有增量成本（法律费用、尽职调查、咨询费、融资成本等）。

费用是在分析私募股权基金时需要考虑的一个重要因素。对投资者来说，了解无限责任合伙人公开的业绩数字是净额还是只是总值是至关重要的。

私募股权基金的典型净累计现金流模式通常被称为 J－曲线。在早期阶段，私募股权基金在募集资本和投资时，显然产生负现金流，否则它必须支付管理费。在后期阶段，随着基金开始撤资，就会产生正的现金流。典型 J－曲线的说明如图 12－5 所示。

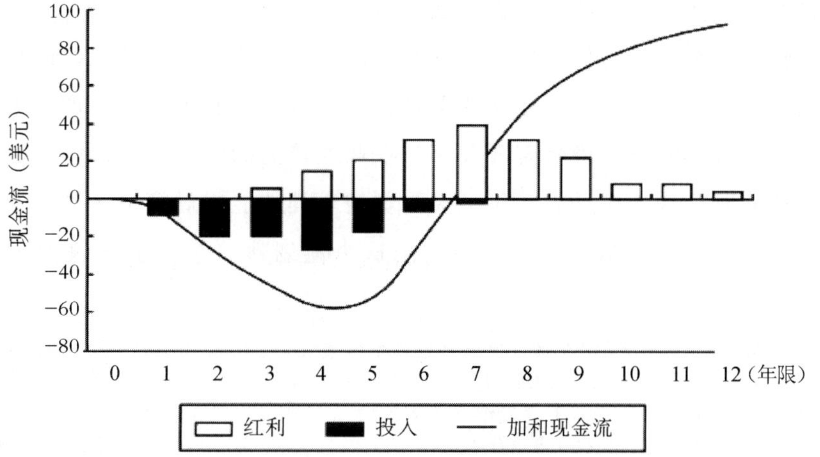

图 12－5　J－曲线效应

显然，私募股权投资者应该有一个相对较长的投资期限，因为早期的收益几乎总是负的，承诺的正收益在几年内不会实现。刚接触私募股权的投资者往往对其投资价值的突然下降感到震惊，但更有经验的投资者认识到，J－曲线效应几乎是不可避免的。此外，J－曲线效应被管理费放大，即由于私募股权基金通常对承诺资本收取管理费，这些费用在早期适用于较小的资产基础，因为还不是所有的资本都已被有效使用。

大多数有限责任合伙人通常允许无限责任合伙人在运营早期的时候为其下一个基金筹集资金。一个共同的规则是，下一阶段的融资应该在至少50%的早期资金被提取和投资后才开始。此外，现有的有限责任合伙人通常在投资下一个年份方面有偏好。

由于其特殊的组织结构，私募股权基金存在两个主要缺点：

- 最低投资额高。因为私募股权基金中合伙人的最大数量通常有限制①，最低个人承诺金额高，通常在500万~2 000万美元之间。这可能代表对私人客户或小型机构投资者来说是一个挑战。
- 流动性低。没有公开交易所可以买卖私募股权基金中的权益。当二手场外交易市场存在时，价格取决于股票的供求关系，而与每股股份对应的资产价值之间只有间接的联系。经常会有，除非基金经理非常有才华，如果有提前退出的需要，有很大的流动性折扣会破坏业绩。因此，投资者基本上是被锁定10年或12年的期间，直到他们收到最终的分配。

此外，上四分位数、中位数和下四分位数基金之间的收益率差异是巨大的，这强调了获得顶级私募股权基金的重要性。但很难获得有关私募股权基金管理公司绩效的信息。而获得那些被认为是绩效最好的风险投资和收购基金也是有问题的，因为基金经理对基金的需求往往大于其所能容纳的需求。

最后但并非最不重要的是，私募股权并不管理投资者承诺的现金，而只管理被投资的部分。这意味着，作为一种独立的工具，它们可能会有出色的表现，但对投资者来说，这种业绩将会因被迫将所需现金存放在业绩较低的流动性资产中而被稀释。

因此，私募股权基金在过去几年中大受欢迎。其功能相对简单：基金经理将许多投资者的资产合并成一个基金池，然后利用这个池创建一个私募股权基金的投资组

① 美国私募股权基金的情况尤其如此。根据1940年的《投资公司法》，私募股权公司可以接受多达499名所谓的“合格投资者”作为其有限合伙人，或最多有99个有限合伙人。根据证券交易委员会条例规则D，私募股权公司不能有超过35名未经认可的投资者作为有限合伙人。要想成为“合格的投资者”，个人投资者必须拥有资产投资500万美元以上，机构投资者投资2 500万美元以上。要“被认可”，个人投资者必须拥有100万美元的净资产（或与配偶的共同净资产），或在前两年每年收入至少为20万美元（或与配偶共同收入30万美元），并且下年有至少相同的金额的合理预期。

合。其中一小部分资产有时用于直接投资（主要是后期投资或过渡性投资）和共同投资。私募股权基金的优势是最低投入较低（通常在 50 万美元左右）、能即时获得多样化私募股权基金投资以及专业管理。主要的缺点是存在基金经理收取的额外费用，通常是每年 1% ~2% 的固定费用加上少量的附带权益或利润分成（在 5% ~10% 之间）。这一层费用是由基金经理收取的管理费（通常为 1.5% ~2.5%）和附带权益（通常为 20% ~30%）之外的。但是，除非基金上市，否则其结构并不能真正解决长期承诺的问题。

最后，由于流动性问题，一些投资者更喜欢上市的私募股权工具。上市私募股权投资工具的一个关键缺点是，其股票交易价格通常低于标的基金的资产净值（NAV）。此外，这些股票通常与股市走势高度相关，这可能是一个潜在的不受欢迎的特征。

12.2.1.4　私募股权的估值问题和绩效评估*

追踪有关在交易所上市的证券的信息很容易。大多数的报纸都列出了主要交易所的每日股票价格，许多在线服务提供了关于交易和价格的最新信息。历史价格的时间序列很容易获得，可用于估计风险参数、投资方式、所需收益、资本成本等。然而，未上市证券的主要问题是，缺乏明确的定价机制造成了信息缺口。因此，很难找到其客观估值，或验证经理的估值，如果有的话。然而，以适当的方式衡量业绩对于所有私募股权基金来说，都是至关重要的，因为无限责任合伙人通常会获得管理费和业绩激励费，也被称为附带利息。附带利息是基于超过一定水平（即最低预期资本收益率）的价值增长。例如，私募股权基金可能指定 10% 的最低收益率和 20% 的附带权益。这意味着一旦有限责任合伙人从初始投资中获得 10% 的收益，所有未来利润的 20% 就被分配给无限责任合伙人，80% 分配给有限责任合伙人。在某些时候，无限责任合伙人通常根据投资资产获得管理费，在资产出售时获得绩效费。此外，有限合伙人将每年对其投资价值征税。

然而，大多数私募股权基金都会定期向其投资者提供资产净值（NAV），即每季度或每半年提供一次。但对于有限责任合伙人来说，仍难以准确衡量其私募股权投资的绩效。首先，对标的公司的投资组合的估值包含相对较大程度的主观性。其次，资本募集和报酬分配的时间和幅度通常是未知的。下面讨论一下这两个问题。

历史上，大多数私募股权基金遵循国际会计准则的一般原则，并以初始投资成本保持其对未上市证券的直接投资，除非必须通过明显的冲销才进行向下修正。这是由无限责任合伙人自行决定的，只有在公司的业绩和潜力显著恶化时才会发生。向上的调整是罕见的，而且只是为了反映个别公司的发展或投资的清算。因此，私募股权基金的“公允价值”包含了相当大的隐藏储备，但其实现高度取决于最终退出的成功。举例来说，以下是由 Vontobel 银行管理的欧洲风险投资基金私募股权控股的既定政策：

“风险投资的资产净值（NAV）按成本计算，只有在特殊情况下才进行调整。只有当投资的发展明显偏离最初预期时，才会贬值（很少，但在 25% 或 50%，相当可观）。只有在进行与下一轮融资有关的重估时才会上调重估。由于市场能力差，投资于盈利和上市公司的投资基于市场进行估值减去折扣。基金经理每年对持有基金进行估值。”①

然而，大多数私募股权基金最近已经逐渐被迫遵循财务会计准则委员会（FASB）的报表 157，并转向公允价值会计政策。这给估值带来了更大的波动性，尽管基金经理仍然有相当大的灵活性。也就是说，投资组合中的每家公司都必须按其估计的公允价值进行估值，才能产生私募股权基金的资产净值。这使得基础公司估值的波动性更大，尽管无限责任合伙人仍有相当大的灵活性。在实践中，主要使用以下三种方法：

- 可比的公司分析（CCA，或“交易比较”），涉及寻找与私人或目标公司最相似的上市公司（即同一行业、规模、年龄、增长率等），并使用其估值倍数的平均值（例如市盈率、市销率、市净率和自由价格的现金流）来估计私人公司的价值。这是一种相对估值的方法。

- 先例交易法（PT），将该公司与最近在同一行业被出售或收购的其他业务进行了比较。应该注意的是，由此产生的价格包括收购溢价，但可能需要注明日期。

- 折现现金流法（DCF），建立了一个财务模型以预测公司未来的无杠杆自由现金流，并按公司的加权平均资本成本（WACC）折现到今天。该方法通常使用 Excel，它是一个允许在各种场景下使用的绝对估值模型。

当衡量私募股权业绩时，资本募集和现金分配通常在现金流框架中使用内部收益率（IRR）计算或投资资本的倍数来进行分析。内部收益率（IRR）是指在考虑所有现金流和剩余估值时，导致净现值为零的折现率。投资资本的倍数是现金流入与现金流出加上剩余估值的比率，该方法忽略了货币的时间价值。如果这个倍数大于 1，私募股权基金就创造了价值。通常，当投资持有时期较长时，私募股权基金能够创造更多的价值。然而，在比较跨伙伴关系的这两种统计数据时，应相当谨慎，因为其计算方法和估值方法可能存在显著差异。具体分析见表 12 - 15。

① Vontobel Bank. Private Equity Investments Going Strongly in Europe. 1998.

表 12-15 私募股权市场中主要发行人的特征

特征	早期新风险投资公司	晚期新风险投资公司	中间市场私人公司	财务困境中的公共和私人公司	公开收购	其他的公共公司
规模	收入在 0~1 500 万美元之间	收入在 1 500 万~5 000 万美元之间	已建立，有 2 500 万~5 亿美元的稳定现金流	任何规模	任何规模	任何规模
财务属性	高增长潜力	高增长潜力	增长前景差别很大	可能出现过度杠杆或者运营问题	表现欠佳高水平的自由现金流	取决于寻求私人权益的原因
寻求私人权益的原因	启动运营	扩大公司及运营 早期投资者现金回收	为改变所有权或资本结构的需要融资 通过收购或购买新企业进行扩张	改变运营方向	为改变管理或管理激励融资	确保机密 少量发行 为了便利 因为产业暂时不受公共权益市场欢迎
私人权益的主要来源	“天使融资”早期风险投资合伙	晚期风险投资合伙	晚期风险投资合伙 非风险投资合伙	“重整”合伙	杠杆收购和夹层融资合伙	非风险投资合伙
进入其他金融市场的程度	对拥有抵押品的较为成熟的公司，有限进入银行贷款市场	可通过银行贷款为运营资本融资	可使用银行借款 对较大较成熟的公司，可使用私募市场	非常有限地进入	一般情况下，可进入所有公共和私人市场	一般情况下，可进入所有公共和私人市场

资料来源：Federal Reserve。

12.2.1.5 私募股权投资者*

人们普遍认为，私募股权作为一种资产类别，通常仅限于少数大型投资者，只能通过特定的投资工具才能获得。但现实情况是，在其他情况下，投资者最终可能会持有非上市证券。以下是几个例子：

- 许多投资者通过员工持股计划（ESOP）或行使股票期权来积累他们所工作的公司的股票。但这些工具通常没有上市。
- 一家上市公司可能会突然决定私有化（通过一家私人公司的收购要约、管理层收购、杠杆收购、反向股票分割等），从而剔除一些持有未上市证券的股东。例如，2013 年 10 月，迈克尔·戴尔达成了一项协议，以 25 美元的价格将戴尔公司私有化，其普通股从纳斯达克股票市场摘牌。

在这两种情况下，私人投资者都可能会发现自己持有未被交易的证券。但到目前为止，私募股权领域最重要的投资者仍然是机构投资者，如公共养老基金、主权财富基金、捐赠基金和保险公司。例如，根据 Preqin 的数据，2018 年，有 359 名投资者将至少 10 亿美元分配给了私募股权——“10 亿美元的俱乐部”中，总额为 1.54 万亿美元。公共养老基金占其中的 30%，占总配置的 37%，而主权财富基金比例分别为 4% 和 14%。企业养老金计划占集团总数的 16%，保险公司占 12%，资产管理公司占 10%，其他公司占 10%，捐赠基金占 6%，银行占 5%，基金会占 4%，家族理财室占 3%。私募股权的平均配置占总资产的 10.6%。除了“十亿美元俱乐部”外，家族办公室和高净值个人投资者在私募股权投资中相对更重要，但其个体配置私募股权的体量更小，且通常可分为直接投资和母基金（组合型基金）投资。

12.2.2　对冲基金*

对冲基金是另类资产的第二大组成部分。近年来，其规模和影响力显著增长。根据行业估计，从 1994—2022 年，全球基金的数量从几百美元增加到 1 万多，管理的资产从几十亿美元增加到全球超过 4.5 万亿美元。因此，对冲基金作为一个集团已经成为一些市场（如不良债券、可转换债券、信贷衍生品等）的关键参与者。

捐赠基金、基金会、保险公司和养老计划等成熟的机构投资者已经投资于对冲基金，并为其快速增长做出了重要贡献。这对对冲基金行业产生了重大的积极影响，因为金融机构在要求更正式的程序和控制方面，通常比个人投资者要求更高。这也导致了资产高度集中在一些公司的手中。到 2022 年底，人们可以将资产超过 10 亿美元的基金与资产少于 1 000 万美元的基金进行比较。前者占基金经理总数的 10.2%，但占对冲基金总资产的 83.5%。后者占基金经理总数的 48.2%，但占对冲基金总资产的 0.08%。因此，在讨论“平均对冲基金”和“对冲基金中管理的平均美元”时，人们应该非常谨慎，因为结果会截然不同。换句话说，该对冲基金的资产中值约为 1 000万美元，这使得大多数配置者都无法投资。

12.2.2.1　定义和主要特征*

尽管金融服务提供商、监管机构和媒体通常指“对冲基金”，但这个词并没有精确的法律或普遍接受的定义。“对冲基金”一词源于第一位对冲基金经理阿尔弗雷德·温斯洛·琼斯为对冲他的市场风险而采用的投资组合的多头头寸。如今，它的应用有些不加区分，超出了其原来意义的范围，指任何综合投资工具（不是传统投资基金），即使用一个或一套策略的任何基金（除了长期投资于债券、股票、货币市场或这些组合）。因此，一些投资基金现在被归类为对冲基金，但它们实际上并不对冲任何东西。因此，对冲基金更好地识别其共同的结构特征，而不是其“对冲”性质。

对冲基金寻求通过积极的管理来增值。由于不接受有效市场假设和传统的现代投资组合理论，这导致了对市场指数的系统跟踪。其观点是，金融市场没有对一些资产进行公平的定价，可以制定策略来利用这些低效率。通过拥有更快的信息收集、更便宜的市场准入、更好的投资机会分析和/或更好的交易执行或投资组合结构来建立竞争优势。

追求各种投资选择的能力提供了更大的突出收益的可能性。因此，对冲基金经理通常对他们将使用的投资类型、资产类别和投资工具有广泛的自由裁量权。通常可以将多头和空头头寸结合起来，专注于特定的投资，而不是多样化，借贷和杠杆化其投资组合，投资于非流动性资产，或交易衍生品和场外证券。然而，重要的是要理解对冲基金不一定在特定的时间点使用所有这些工具，其经理只是在必要时使用这些工具。

由于其特定的投资策略和特定的资产，大多数对冲基金需要（而不是建议）一个长期的展望。因此，对冲基金可能被迫实行锁定期（即新投资的最低期限，通常至少 1 年），并且只允许定期赎回日期（通常是季度）。一些基金也可能会收取较低的赎回费用，以阻止提前赎回。

对冲基金收取的费用通常同时包括管理费和绩效费。管理费通常为所管理资产的 1% ~3%，无论业绩如何，每年或每季度收费。一般来说，大多数管理者都希望能够用这种管理费来支付运营他们的业务的固定成本。相比之下，激励费通常代表年化业绩的 20% ~25%，这是为了鼓励管理者获得最大收益。收费时间表从月到年不等。①

这种特殊的收费结构使基金能够吸引到经营一家成功的对冲基金所必需的高端人才。这也解释了为什么几家对冲基金的目标是绝对收益，而不是传统的投资工具，后者的目标是超越标准的市场基准（如标准普尔 500 指数或瑞士市场指数）。

基于绩效的服务费代表了过度冒险的强烈激励。为了缓解这种情况，对冲基金经理通常会通过持有该基金的大量个人股份，与投资者分享上行和下行风险。结合激励费，这使对冲基金经理的利益与其投资者的利益紧密相连，并鼓励基金经理在谨慎控制风险的同时，寻求实现可观的总收益。

---

① 大多数基金包括“高水位标准”，也被称为“损失结转准备条款”。该条款规定，所有以前的损失必须通过新的利润弥补，才能支付激励费。一些对冲基金还明确规定了最低预期利率，即在基金的绩效超过基准利率［如担保隔夜融资利率（SOFR）或固定比率］之前，不会收取绩效费用。

大多数对冲基金是在海外注册或组成公司的，开曼群岛是最受欢迎的地区（占基金总数的22%），尽管最近爱尔兰（21%）和卢森堡（20%）瞄准欧洲投资者的基金显著增长。这种离岸登记豁免了许多投资保护和披露要求，且提供了优惠的税率。然而，所有这些基金的管理主要是在伦敦和纽约等主要国际金融中心或附近进行的，如纽约（55%）和伦敦（15%）。离岸对冲基金通常与投资顾问签订合约，投资顾问可能会雇佣一个美国实体担任副顾问。美国仍然是最受欢迎的在岸地区（基金大多在特拉华州注册），占在岸基金数量的近2/3，其中欧洲国家占了其余基金的大部分。

对冲基金行业的传统特点是透明度有限。这可以通过两个主要原因来解释。首先，由于其特殊的法律结构和/或离岸注册，对冲基金不需要公布业绩信息、详细的资产配置或收益。然后，根据定义，更多的透明度意味着更多的信息。当一家对冲基金实施或希望实施某一特定的投资策略时，将其公开可能会取消其业绩，甚至使该基金陷入困境。例如，当一个基金在一个流动性不足的市场中做空时，想一想卖空挤压的后果。此外，它还可以激励一些投资者在不支付管理费的情况下免费复制对冲基金策略。因此，对冲基金必须保持独立，有时甚至不透明，至少与共同基金相比是这样。

在某些情况下，对冲基金甚至被禁止宣传它们的存在。然而，这对它们并没有太大的伤害，因为它们甚至不需要或不想吸引新的投资者，因为其容量有限。容量是指在额外边际美元的表现开始恶化之前，存在对冲基金可以管理的最大资产规模。这种限制的出现可能是因为一个基金在一个小的利基市场中运作，或者因为它的研究和投资过程是不可扩展的。

12.2.2.2 对冲基金运营体系*

对冲基金通常依赖于各种外部服务提供商来开展其日常业务。这种功能外包经常让习惯于内部整合的投资者感到惊讶，但它已被证明能带来更好的服务质量和成本效益。对冲基金使用的主要服务提供商包括大宗经纪、基金管理、托管和审计。

一级经纪商提供融资、交易的清算和结算、证券借贷、托管服务、风险管理和运营支持设施、研究、在线报告和咨询。一些一级经纪人还向律师、会计师和投资者提供介绍或推荐。长期以来，大宗经纪业务一直是投资银行的主要成长领域，而投资银行是此类服务的典型提供商。然而，自2008年以来，对冲基金倾向于青睐商业银行等资产负债表强劲的经纪人，并越来越多地使用不止一家一级经纪人的服务，以便在出现问题时能够迅速转换。

基金管理人负责处理外包的会计和报告服务等外包行政职能；参考遵守适用法律的建议；更重要的是，独立为基金的证券组合定价并计算其资产净值。

托管人的主要职责包括保管基金的资产、清算和结算所有交易（即与对方确认交易，在购买证券时提供付款，在证券出售时接受付款）以及监控公司的行为（如股息支付和代理相关信息）。

审计师负责审查和验证该对冲基金的年度财务报表，并必须确保该对冲基金符合会计惯例和适用的法律。

在一个理想的世界中，对冲基金的服务提供商应该是相互独立运行且独立于基金经理的有信誉的公司。此外，任命独立董事[①]担任对冲基金董事会成员以确保适当的公司治理和合规做法已成为行业惯例，以确保合适的公司治理和合规实践，以及提供透明度内部政策和程序处理费用分配、冲突、估值、网络安全、个人交易等问题。

伯纳德·麦多夫是一个很好的案例，可以用来说明当对冲基金的运作设置不佳且不遵循上述原则时会发生什么。伯纳德·马道夫实施了一场 650 亿美元的骗局，欺骗了投资者几十年，直到 2008 年 12 月被捕。据推测，他的策略是在经营庞氏骗局时实现稳定的年回报（通过伪造的账户报表），用新投资者提供的资金向初始投资者支付“回报”。只要做一个简单的尽职调查[②]，就可以证明他同时履行了投资组合经理、主要经纪人、资产管理人和托管人的职能。他的家人也积极参与了董事和合规职能，他的审计师是一家不知名的公司，其实也是一家欺诈公司。

12.2.2.3　对冲基金风格*

必须理解的是，对冲基金作为一个群体，并不存在单一的市场策略或投资方法。事实上，对冲基金并没有形成一个同质的资产类别——它们遵循大量不同的投资策略。即使是在声称使用相同投资策略或在同一资产类别内投资的对冲基金中，也有广泛的投资活动、表现和风险水平。然而，为了比较业绩、风险和其他特征，这些策略通常被分为不同的投资风格。下面，将介绍对冲基金指数的主要供应商之一（CSFB/Tremont/道琼斯）所使用的风格分类。

（1）多头/空头股权对冲基金

多头/空头股权是最被普遍认可和最常用的对冲基金策略。简单地说，多头/空头

---

① 独立董事与为投资经理工作的工作人员或服务于该基金的服务提供商没有个人、经济或商业联系。需要注意的是，亲密的朋友、家人或前同事通常被很多投资者认为不够独立。

② Gregoriou, Greg N. and Lhabitant, Francois - Serge, Madoff. A Riot of Red Flags; Available at SSRN. https: //ssrn. com/abstract = 1335639, 2009.

股权策略包括持有一个多头股权投资组合，而不是被空头股权持有的投资组合（或空头股权指数）所抵消。空头投资组合通常用来对冲市场下跌，但也为基金经理提供了一个机会，通过选择更有可能绩效低于多头头寸的股票来增加价值。

通过下面的例子说明该策略的实现。考虑一个对冲基金，假设有一个初始股本资本，比如1 000美元进行投资。投资经理相信A股票被低估，而B股票被高估。他希望采取多头/空头策略，从这种明显的错误定价中获利。

第一步：基金经理在一级经纪人处开立账户，并存入基金资本（1 000美元）。

第二步：基金经理购买价值900美元的A股票并支付现金。交易结束后，该基金持有900美元的多头股票A头寸，持有100美元的多头现金头寸。到目前为止，这与传统投资基金的头寸非常相似。

第三步：基金经理现在出售价值600美元的股票B。这增加了该基金的现金余额600美元。然而，由于该基金不持有任何B股，这是一次卖空。因此，有必要向第三方借入这些股份，以便将其交付给买方。

第四步：一级经纪人安排从股票贷款机构或大型机构投资者借入价值600美元的所需股份。为了同意借给他的股份，股票贷款人要求支付租金（例如，每年1%的费用，即一年后支付6美元）。为了确保交易的安全，经纪人需要一些抵押品（例如，该基金刚刚兑现的600美元，加上一些A股）。如果股价上涨，该经纪公司将发出追加保证金通知（见图12－6）。

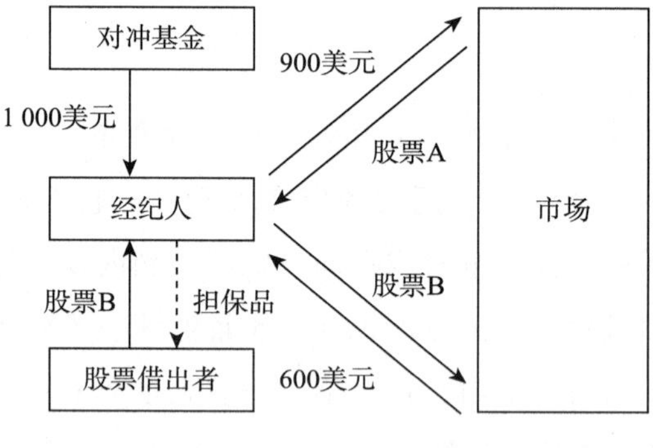

图12－6　多头/空头股权投资的典型现金流

简单的多头/空头投资头寸直接导致杠杆作用的产生。在这个过程结束时，基金资产包括900美元的股票A（多头）、600美元的股票B（空头），加上700美元的现金。在计算杠杆率或风险敞口时，现金通常被忽略了。因此，有人会说，基金的杠杆率是1.5倍或150%（1 500美元的资产除以1 000美元的股权资本）。或者，可以说，基金90%多头60%空头，或者等价地可以说，基金敞口总额为150%，净敞口为

30%。随着标的证券价值的变化，这些数字将不断变化。

多头和空头股权策略可能有四个收益来源：

- 多头和空头头寸之间的绩效差距。
- 卖空所得的利息回扣。
- 经纪人剩余流动性所得利息。
- 多头和空头头寸之间的股息息差。股票借入人需要偿还股票贷款人对借入股票支付的股息，兑现多头头寸股息。

理想情况下，多头股票应该升值，而做空的股票应该下跌。这就是为什么多头/空头投资通常被称为“双阿尔法”策略——一个阿尔法可能来自多头（被低估的股票价值升值），另一个阿尔法可能来自空头（被高估的股票价值贬值）。但多头/空头投资的一个显著特点，是基金经理在选择证券方面可能有部分错误，但只要多头头寸相对优于空头头寸，就仍然有利可图。这就解释了为什么多头/空头基金有能力在熊市和牛市中表现良好的原因。

多头/空头投资的负面影响基本上如下：

- 多头/空头基金的交易金额远高于其初始资本，这意味着相对于初始资本的交易成本通常很高。
- 多头头寸和空头头寸价值通常会随时间而变化，这意味着可能需要进行再平衡，以应对保证金要求，并避免流动性缓存的大幅下降。
- 虽然投资于股票，但基金经理并没有获得任何股票风险溢价，也不能提供只有做多股权投资的长期上行潜力。
- 由于风险敞口减少，基金在牛市中通常会落后于仅仅做多的指数。

最后，多头/空头股权集合通常包含一小部分被称为“股东维权者”的对冲基金。这些基金通常管理中小盘股偏重做多的集中投资组合，并试图影响关联公司的经营管理。

（2）股权市场中性对冲基金

股权市场中性超越做多做空股票一步。股权市场中性基金不是通过把多头和空头股票头寸相结合以降低风险，而是精确地平衡其多头和空头头寸，以确保零或可忽略的净市场风险敞口，从而形成独立于市场波动的绩效模式。应该在广义上考虑“市场敞口”这一术语，投资者需要准确地找出每种策略中什么是中性的，什么不是中性的。市场中立最简单的版本是一个美元中性投资组合，多头账户头寸和空头账户头寸的名义大小相等，这意味着净敞口为0（尽管在实践中，市场中性基金通常允许净敞口范围在 -5% ~ +5% 之间，以避免过度再平衡）。因为基金可以选择美元中性、贝塔中性、行业中性等。

大多数股权市场中性基金使用因子模型来衡量其对各种风险因子的风险敞口。随着越来越多的风险因子被系统对冲，积极收益率可能会下降。理论上，完全对冲的投资组合应该产生无风险利率，减去交易成本。在实践中，由于投资组合没有对一些剩余因子进行对冲，因此该策略仍应产生较小的风险溢价。杠杆通常是为了放大这种小的风险溢价。

（3）专门做空对冲基金

专门做空投资本质上是传统的资产管理（只做多头）颠倒过来。专门做空基金通过主要或甚至完全做空头寸从股票价值下跌中获利，即借入股票并在市场上卖出，然后稍后以较低的价格买回，其绩效取决于其经理的股票选择和选股时机把握技能。

卖空者基金在某些时期非常流行（例如，就在 1987 年或 2000 年崩盘之后），但长期牛市给其带来一段艰难的时期。因此，只专注于卖空股票的基金现在就很少见了。

（4）新兴市场对冲基金

新兴市场对冲基金主要在所有类型的新兴市场资产类别中持仓，包括股票、债券、货币以及最近的信贷。与传统的共同基金相比，这些基金具有更多的灵活性，也更具机会主义性。其投资组合通常与市场指数有显著的不同。然而，新兴市场对冲基金往往偏重做多，因为不允许卖空或者至少在许多新兴国家难以实施。所考虑的资产集合因策略的不同而有所不同。在股权方面，新兴市场对冲基金可以投资于当地证券或美国存托凭证（ADRs①）。在固定收益方面，新兴市场对冲基金可以投资于当地债券、欧洲债券②或布雷迪债券（Brady bonds）③。

（5）固定收益套利对冲基金

固定收益套利对冲基金试图从观测到的相关固定收益证券之间的相对定价低效率和/或市场间价差的预期变化中获利。该策略通常包括对利率敏感的证券持有多头和空头头寸，往往会导致一个看似“市场中性”的投资组合。由于以收益率衡量的各个头寸的价格差异通常是几个基点，因此该策略需要大量的杠杆来放大收益。当证券之间的收益率差缩小并计入利润时，这些头寸就会平仓。然而，如果收益率差向相反的方向急剧变化，而来自主要经纪商的追加保证金通知要求股本金注入，那么仓位可能不得不亏本平仓。从历史上看，这在一些情况下产生了巨大的影响，例如 1998 年

---

① 美国存托凭证是在美国发行的凭证，以美元报价，在美国交易所（如纽约证券交易所）交易，代表美国银行持有的外国公司的股票。

② 欧洲债券在欧洲债券市场上发行，并以任何一种主要货币计价。

③ 布雷迪债券是由美国财政部支持的以美元计价的零息债券，至少用于偿还到期本金。

夏季LTCM崩溃，或2008年3月所有杠杆提供商突然切断了信贷额度，迫使在最糟糕的时候进行大规模投资组合清算。

（6）可转换套利对冲基金

可转换套利的基本假设是，可转换证券通常以低于其理论价值的价格出售。原因有三方面。首先，大多数可转换债券发行人的评级都低于投资级，这使得其只适合有限的一群投资者，并大大降低了其在市场上的流动性。其次，一些可转换债券规模较小，分析师并不一定会关注它们。随着市值的减少，估值被低估的程度通常会增加，这证实了后一种事实。最后，有一些证据表明，不同类型的证券市场，如股票和债券，并没有紧密整合在一起。投资者倾向于喜欢类型明确的证券以及在其期限内可以多次改变类型的证券（如可转换证券）。

可转换套利基金试图从可转换证券的错误定价和/或影响可转换证券价格的因素（波动性、信贷等）的预期趋势中获利。一般来说，可转换套利需要购买被低估的可转换证券（债券、优先股和认股权证），同时通过出售发行人的空头增量（Delta）股票来对冲标的股票风险。[①] 某些基金经理也可能寻求通过出售美国国债期货来对冲利率风险敞口。如果执行得当，该策略将创建一个净对冲头寸，对标的股票、利率和信用质量的波动性基本保持中性，并具有有吸引力的收益潜力，因为错误的定价预期将随着时间的推移而消失。

然而，“套利”一词在某种程度上具有误导性，因为该策略不一定没有风险，也不一定保证获利。尽管剩余头寸为增量（Delta）中性，但仍面临波动性风险（多头Vega）和信贷风险（如果未对冲）。

（7）并购套利对冲基金

并购套利，也被称为风险套利，是一种特殊的投资策略，专门针对参与并购和收购的公司。其目标是创建一个相对简单的头寸，可以在收购或合并成功时产生利润。

现在说明一下现金收购情况下的合并套利过程，即收购公司提供固定数量的现金（比如100美元）以换取目标公司的每股股份。为了说服投资者投标他们的股票，出价通常包括相对于当前市场目标股价（在此例中为80美元）的溢价（如20美元）。在宣布和提交收购要约后，目标公司的市场价格自然应向上调整。在实践中，通常不会达到收购价格。例如，假设新的市场价格是95美元。收购价格与市场价格之间的剩余差距（5美元）称为合并套利价差。从技术上讲，合并套利价差通常被定义为在收购宣布后的第二天的初始收购价格与目标收盘价之间的百分比差。这种价差会随时

---

① Delta是标的股票价格的可转换债券价格的变化，并定期调整。

间波动，反映出其他市场参与者不愿承担基于交易的风险，即交易可能无法完成的风险。这可能是因为监管机构、不满意的股东、管理层的行为或其他原因造成的。并购套利者是精确评估这种交易风险的专家。如果他们相信收购能按时并按照最初宣布的条款成功实现，那么只需购买一些目标公司的股票，然后等待获得相应的价差。然而，如果收购被推迟、重新谈判或放弃，被收购公司的价格通常会下跌，套利者会造成损失，损失通常比交易成功时获得的收益要大得多。

例如，在股票并购的股票中，经典的并购套利策略是做多目标公司的股票，同时卖空收购公司的股票。如果并购成功，这两只股票的价格最终将趋同，套利者将获得价差。如果并购不成功，这两个价格可能会出现偏离，套利者将遭受损失。

事实上，事情要复杂得多。交易成功的可能性取决于几个因素，如管理层的批准、目标公司使用的反收购策略、愿意投标的小股东数量、监管机构的态度，以及积极参与交易的套利者的反应和数量。事实上，试图捕获价差的风险套利者的数量也会影响最终结果，因为他们通常更有可能投标并有利于投标者。这导致了信息的不对称，有利于大型套利者，因为他们知道自己控制的股票的确切数量。这也解释了为什么在提出收购要约后，交易量通常会大幅增长，这在很大程度上是由于风险套利者在积累股票。

（8）不良证券对冲基金

活跃在不良证券领域的对冲基金通常会买入或卖空经历财务、法律或运营困难的公司的证券。这些证券包括但不限于，债务人持有贷款、优先担保银行债务、公共高收益债券、次级债务、贸易债权、次级房地产贷款和抵押贷款、信用证、夹层债务、可转换债券、优先股和普通股。

不良证券市场组织混乱，流动性差，没有固定的出价结构。大部分订单都集中在卖方，传统投资者不愿买入，机构投资者被迫卖出，分析师对这些证券不感兴趣。相比之下，对冲基金可以作为流动性提供者，试图从市场对这些证券真实价值的缺乏了解中获利。一些基金只是以大大低于其公允价值的价格购买这些证券，试图捕捉市场价格与他们所认为的内在价值之间的差异。其他对冲基金更喜欢利用同一家陷入困境的公司发行的两种证券（通常是优先级债券和较次级债券）之间的价格差异。

但与不良证券的真正博弈始于重组过程，这需要广泛的法律、金融和商业知识、强大的估值和谈判技巧，以及强大的关系网络。活跃的对冲基金通常试图在未偿债务中获得重要的头寸，然后利用其持股的规模来影响重组过程，并参与重组、再融资甚至收购过程（如果有的话）。这迫使他们的交易活动受到限制，因为他们可以获得特权信息。当市场不透明时，其中一些基金会毫不犹豫地从事债券投资活动，即威胁其他索赔人并迫使他们做出让步，尽管他们所持有的所有权比例并不使他们成为关键的索赔人。相比之下，被动型对冲基金只是遵循买入并持有的方式，试图搭乘重组者的便车。他们更多以交易为导向，主要依靠公共信息来作出决定。

一般来说，投资不良证券是一种长期策略——因为在困难时期从播种的种子中获利需要时间。典型的时间范围是 2～4 年。投资组合是完全使用自下而上的方法创建的，并是逐笔交易。对冲很小，尽管一些基金已经开始利用信用违约掉期以某种方式对冲其整体信用敞口风险。

（9）全球宏观对冲基金

长期以来，全球宏观对冲基金一直是最成功、最明显的对冲基金类别。其声誉本质上是归功于一些明星经理的非凡成功，如乔治·索罗斯。尽管名叫对冲基金，但并不对冲任何东西；相反，作出了非常大的定向押注，反映了其对受主要经济趋势和/或特定事件影响的市场方向的预测。从某种意义上可以说，宏观对冲基金经理试图在价格变化发生之前预测它们。然后，持有杠杆头寸，等待预期的价格调整发生。

全球宏观对冲基金经理通常采用自上而下的全球策略，专注于预测政治趋势和全球宏观经济事件如何影响金融工具的估值。通过正确预测全球市场的价格变动而获利，并能够灵活地使用广泛的投资委托，有能力在几乎任何市场使用任何工具持有头寸。其优势可以来自研究方面（更低的周转率、消除短期的痛苦，同时关注更长期的收益）或交易方面（高度战术性，从短期收益中获利）。

全球宏观对冲基金通常都不是专门化的，倾向于在全球投资，不论是在发达市场还是新兴市场，哪里有价值就在哪里投资。从一个投资机会转换到另一个投资机会，从一个资产类别转换到下一个资产类别。广泛地使用杠杆和衍生品来持有大量的市场敞口，并提高收益率。因此，与其他对冲基金相比，全球宏观对冲基金的风险和收益率往往有很大的波动。

（10）管理期货对冲基金

管理期货对冲基金是指几乎只投资于期货和远期合约以及在较低程度上投资于期权和掉期的基金。历史上，管理期货对冲基金被称为大宗商品交易顾问（CTA），因为第一批期货合约只针对大宗商品。然而，如今，管理期货不再局限于大宗商品，在世界各地交易股票指数、利率和汇率期货。

管理期货可分为三类：

- 系统性管理期货是最大的类别。交易是基于定量模型的系统和自动应用，这些模型使用移动平均线、价格区间的突破或其他技术规则来为一组市场生成买卖信号。大多数都是长期的趋势追随者，即计算机交易模型试图识别一个趋势的开始，建立一个头寸（多头或空头），并在趋势结束时退出。同一组模型通常同时应用于各种市场。

- 自由裁量权经理同时利用基本面和技术性市场分析，应用机会主义策略。更少地依赖于计算机产生的信号，而更多地依赖于他们的经验和交易技能。
- 活跃和快速系统的交易方法旨在在高流动性的期货市场上抓住短期获利机会。

无论投资方法如何，管理期货通常都有强烈的方向性偏好，即净多头或净空头，但这种偏好可能会随着时间的推移而改变。有些人还称之为“双向策略”。

（11）多重策略对冲基金

多重策略对冲基金由不同的投资组合经理在一个共同的组织保护伞下运用若干种策略。其主要优势是能够非常有效地将资本分配到最佳战略中，并适时转移资本。此外，所有策略都可以通过集中式的风险模型进行监督。这允许在必要时实施快速止损。它们的主要缺点是有污染的风险，因为在不同的投资组合经理的账簿之间不存在隔离。如果其中一个爆雷，他/她可能会把整个基金拖入灾难。例如，在 2006 年 9 月，当时 92 亿美元的多策略对冲基金 Amaranth 顾问公司在天然气期货损失超过 60 亿美元后崩溃。尽管从技术上讲，Amaranth 是一家多策略对冲基金，拥有跨资产类别和策略的头寸，但到 2006 年，它已将很大一部分风险资本用于天然气交易——能源交易约占该基金资本的一半，并产生了约 75% 的利润。

过去几年非常流行的多策略基金的变种被称为对冲基金平台。它由许多“豆荚”或交易员团队组成，他们拥有几乎完全的自主权来交易一些配置资本，但被给予严格的界限来管理他们的投资组合的风险，如严格限制对市场、特定股票或行业，以及对势头和价值等某些因素的总敞口和净敞口。在一些平台上，任何一个在 1% ~3% 之间的资本损失都可能会导致他们被警告，最终被解雇。该平台将交易者的资本杠杆化 5 ~ 10 倍，这意味着在交易者水平上 3% ~5% 的资产回报很容易相当于该平台超 20% 的回报。能够持续提供 3% ~5% 收益的交易员会获得丰厚的收益回报，通常在 15% ~25% 的范围内。除此之外，该平台还向终端投资者收取管理费用和绩效费用，这使总体费用非常昂贵。

12.2.2.4　对冲基金的风险和收益率*

对冲基金的长期绩效如表 12 - 16 所示，以 Credit Suisse 指数[①]来衡量（以美元为单位）。

---

① 瑞士信贷/特雷蒙特的对冲基金指数是使用瑞士信贷/特雷蒙特数据库的资产加权指数，该数据库跟踪超过 5 000 只基金，只包括管理至少 5 000 万美元、跟踪记录 12 个月和财务报表经审计的基金。这些指数按月计算和重新平衡，扣除所有绩效费用和支出。

表 12－16　　**对冲基金的长期绩效**　　（单位:%）

指数	按年计算的收益率	月平均收益率	最高月收益率	最低月收益率	按年计算的标准差	夏普比率
可转换证券套利基金	6.2	0.5	5.8	－12.6	6.1	0.64
新兴市场基金	6.3	0.5	16.4	－23.0	12.6	0.32
股票市场中性基金	3.9	0.3	4.3	－40.5	8.7	0.18
不良证券基金	8.0	0.6	6.0	－12.5	6.2	0.91
风险套利基金	5.6	0.5	6.0	－6.4	4.4	0.75
固定收益套利基金	4.9	0.4	4.3	－14.0	4.9	0.54
全球宏观对冲基金	10.0	0.8	10.6	－11.6	8.6	0.90
多头/空头基金	8.0	0.6	13.0	－11.4	8.9	0.65
期货管理型基金	4.9	0.4	10.0	－9.4	11.1	0.23
多重策略基金	7.0	0.6	4.3	－7.3	5.0	0.96
对冲基金总指数	7.4	0.6	8.5	－7.5	6.6	0.78
标准普尔 500 指数	9.9	0.8	12.8	－16.8	15.2	0.50
道琼斯世界指数	5.2	0.4	12.7	－19.0	15.2	0.20

我们可以看到，对冲基金的平均年收益率与传统股票指数相当，但波动性较低。此外，对冲基金和传统股指之间的相关性仍然相对不太大。举例来说，一般对冲基金指数和标准普尔 500 指数的相关系数为 0.59。这有力地支持了在多样化投资组合中使用对冲基金与传统股票和固定收益投资相结合的想法。在传统投资组合中加入适当的对冲基金组合可以为投资者带来几个重要的潜在优势：

• 更好的回报。在做多投资时期，可以说，对冲基金的平均绩效优于共同基金。当然，不同风格的回报和风险也有所不同，有些风格在这两个方面都提供了优良绩效。一些个体对冲基金已经表现出了非凡的能力，能够在规避风险的同时产生强劲而持续的回报。这些都是人们应该青睐的基金。

• 有更好的下行保护作用。在低迷的股市中，对冲基金通常也往往倾向于比大盘指标或美国共同基金提供更好的回报。因此，在投资组合中加入对冲基金可以减少困难时期的损失。

• 相关性低，有能力进行多样化。尽管收益的幅度在很大程度上取决于对冲基金和传统的投资组合风格，但平均而言，平均对冲基金和传统资产类别指数之间的相关性较低。

然而，我们需要谨慎对待这些统计数据，因为没有人能真正投资于这些对冲基金指数或平均对冲基金。因此，投资者必须为自己的投资组合选择一个小的对冲基金组合，或者把这项任务交给复合对冲基金。在这里，选择技能是成功投资的关键。

如前所述，对冲基金经理可以采用传统资产管理公司被禁止使用的交易策略。因此，如果对冲基金的策略成功了，那么其回报可能会相当可观。然而，人们也应该记住，这些新战略也面临着各种风险。可以回顾一下一些关键风险：

- 市场风险。在大多数对冲基金策略中，由于多头和空头头寸的组合，价格波动的风险降低了，但仍然存在，特别是在存在非空净头寸的情况下。有些战略在本质上也是有方向性的，因此会受到市场变化的影响。
- 流动性风险。许多对冲基金策略使用的资产流动性低于传统股票和债券。此外，对冲基金本身的流动性也相对较差。因此，投资者面临的风险是继续投资于对冲基金的时间超过了他们所希望的时间。
- 杠杆作用。使用杠杆可以放大风险和回报，这可以根据绩效进行双向工作。杠杆还使基金面临杠杆供应商退出并迫使清算的风险——通常是在最糟糕的时候。
- 运营风险。大多数对冲基金仍然是相对较小的精品店，而运营问题的后果可能是巨大的。来看一下欺诈风险，资产被转移到基金外的风险，以及对冲基金资产估值过程中固有的风险。

在投资对冲基金之前，都应该谨慎地分析和了解所有这些风险。此外，在分析最优对冲基金投资组合的问题时，必须考虑到大多数对冲基金策略所表现出的负偏态和过高峰度。将对冲基金纳入股票和债券投资组合可能会显著改善该投资组合的均值/方差特征，但也可以预期会导致显著更低的偏度和更高的峰度。

因此，面对非正态分布，就不再适合使用标准差作为风险的唯一衡量标准。事实上，仅基于标准差的风险分析会导致对这些策略的过度分配和对实际风险的低估。换句话说，传统的均值—方差框架不适用于对冲基金收益分布的非正态性！

由于大多数私人投资者没有时间、技能或意愿来直接选择和监控对冲基金，并进行这些复杂的分析，因此他们通常会投资于对冲基金中的一只基金。对冲基金的资金通过将资本分配到其认为是一系列策略中最好的对冲基金来分散风险。从某种意义上说，其功能与多重策略基金提供的功能非常相似，但它们可以在整个对冲基金范围自由选择投资组合经理，而不是投资平台所运用的投资组合经理子集。它们的缺点，关于基金的私募股权基金，是基金经理的基金会额外收取一层费用，基础资产具有相对非流动性（这使得资本重新分配成为一个相对缓慢的过程）。

12.3　大宗商品投资*

什么是大宗商品？大宗商品是一种经济物品，通常是生产的投入要素，在很大程度上是可替代的，即无论谁生产商品，市场参与者都将大宗商品视为等价物。这通常是通过金融资本和知识资本（如专业技术）的扩散实现的标准化来获得的。

这一点在语言上也很明显，当产品失去了差异化时，将产品称为“大宗商品”，买家可以从许多不同的供应商那里获得质量相当的该类产品。如，包括从民用燃料油或小麦等实物商品，到止痛药扑热息痛等仿制药，再到比特和字节的云存储等服务等。

因此，商品化是指商品和服务在其供应基础上放松差异化的过程。商品化使得更多的消费者和供应商能够在市场上相遇和匹配，这通过增加流动性促进市场的发展。商品交易所的期货市场提供关于合约的公共信息（例如数量、价格等）。通过这种方式，广泛而有效地共享使买卖双方达成一致的价格发现过程，并减少信息不对称性，而信息不对称性已被证明会减少流动性。①

随着日益增长的专业化和劳动分工，贸易越来越重要，原材料意义上的商品在整个人类文明中都很重要。事实上，可以认为，一旦人们能够生产出超过纯生存水平的原材料，就很可能会交易原材料。即使是交易所的制度化大宗商品交易，也已经存在了 1 个多世纪，例如，芝加哥期货交易所最初成立于 1848 年。

最近，金融投资者开始利用大宗商品来寻求多样化和回报。此外，大宗商品可以作为通胀对冲或对事件风险（如战争等地缘政治事件，飓风、干旱和洪水等自然灾害造成的供应中断）的对冲。因为金融投资者基本上是通过期货市场进入大宗商品市场（贵金属是唯一明显的例外）的，本书主要关注大宗商品期货背后的概念和理论。

大宗商品作为一种资产类别，与股票、债券甚至房地产等传统金融资产类别有着根本的不同。虽然金融资产预计会产生现金流，其内在价值是预期未来现金流的贴现值，但大宗商品通常不会产生现金流，因此需要不同的估值方法。大宗商品的价值来源于直接消费或作为生产产品或提供服务的投入资源。

12.3.1　大宗商品行业*

大宗商品的范围相对广泛，因此将之依据不同行业进行阐述很有用。按照生产方式和主要用途将大宗商品归入不同行业。区分“初级大宗商品”（即主要不是从其他商品衍生或生产出来的基础商品）和“衍生大宗商品”（即主要是从其他商品衍生或生产出来的商品）也很有用。例如，民用燃料油、天然气和汽油，都是通过作为精炼过程一部分的分馏，由原油制成的。

---

① 2001 年，George Akerlof、Michael Spence 和 Joseph E. Stiglitz 获得诺贝尔经济学奖，以表彰其“对信息不对称市场的分析”，表明信息不对称导致流动性减少，甚至在极端情况下导致市场失灵。

从投资角度来看，区分大宗商品所属的行业也很有用。行业内大宗商品的超额收益率往往比行业间大宗商品的超额收益率表现出更高的相关性。通过分层聚类分析月度超额收益率的相关性，可以全面找到大宗商品所属的行业，但是美国天然气和棉花等除外。美国天然气与牲畜的相关性略高，而不是与其他能源商品属于一类。棉花与谷物属于一类，而不是与传统上的经济作物属于一类（见图 12－7）。

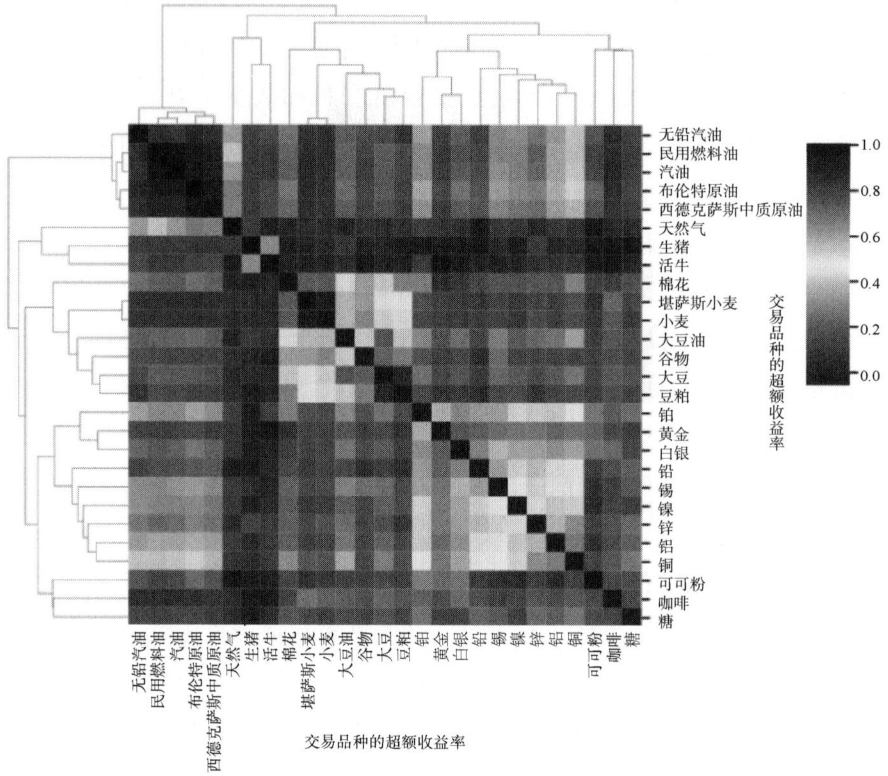

图 12－7　月度超额收益率的分层聚类和相关系数矩阵（1991－02－01 至 2021－06－01）

这里关注的是在商品交易所活跃交易的大宗商品，而不是主要在交易相对清淡的自由市场交易的商品（如铀、奶制品或水）。下面将讨论影响其库存（潜在生产）和流量（原材料库存的利用）的主要因素。

12.3.1.1　能源部门*

能源部门包括主要用作能源、运输燃料、工业生产和发电的大宗商品。初级大宗商品包括原油、天然气和煤炭。① 衍生能源大宗商品包括柴油、民用燃料油和汽油。

① 由于大多数煤炭都是在场外交易的，这对金融投资者来说并不重要。

交易最为活跃的两份原油合约分别是纽约商品交易所（NYMEX）的美国西德克萨斯中质原油（WTI）和美国洲际交易所（ICE）的布兰特原油。由于历史原因，WTI 的一个重要特性，是其交付点地处内陆地区，即美国俄克拉荷马州的库欣。这可能导致并已经导致 WTI 和其他原油合约之间的显著价格差异，因为储存和运输能力更容易成为影响定价的重要因素。

影响原油库存的主要因素包括新油田的发现和耗尽、经济成本以及开采这些油田的政治不确定性。原油衍生品库存主要受炼油能力和计划内和计划外维护的影响。

影响原油流量的因素包括受到可用的管道和油轮、季节性、不利的天气条件（极端寒冷和飓风）、汽车/卡车销售量、地缘政治不稳定性、环境监管和经济（GDP）增长等。

从 1975 年到 2015 年底，根据《能源政策和保护法案》，美国几乎所有的原油出口都被禁止了。在美国石油产量下降和进口量增加的情况下，这项禁令并没有产生重大影响。然而，从 2009 年到 2015 年，美国的原油产量增加了人约一倍，部分原因是钻井技术的进步使页岩油产量的激增成为可能。2015 年 12 月，美国国会有效废除了这项禁令，允许美国在全球自由出口原油（见图 12－8）。

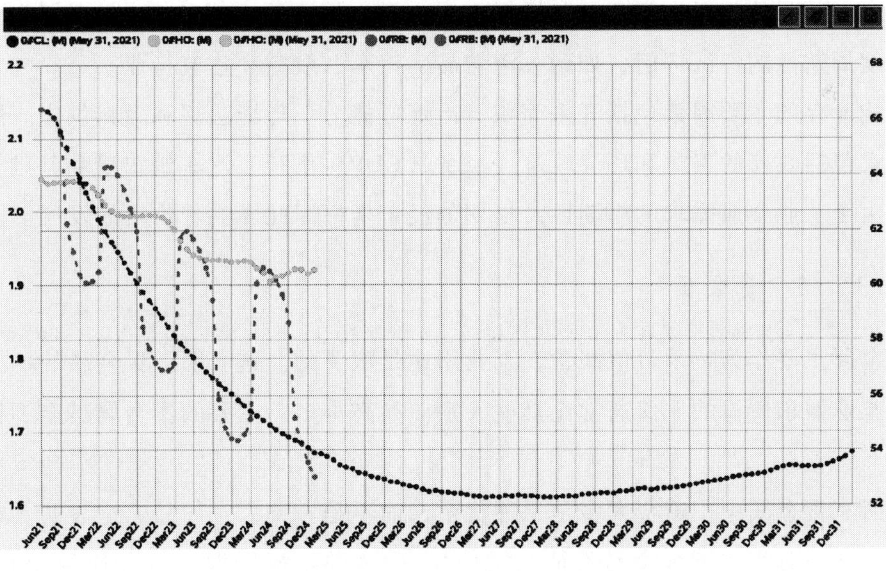

图 12－8　期货价格曲线（2021 年 5 月 31 日）

注：WTI 原油（黑色线，右边的数轴）、纽约商品交易所纽约港民用燃料油（浅灰色线，左边的数轴）和纽约商品交易所氧化混调型精制汽油（灰色线，左边的数轴）。

资料来源：Refinitiv Eikon。

生产和/或消费的季节性并不一定会导致价格的季节性，因为这些模式为市场参与者所熟知，而且大宗商品越容易储存，其价格的季节性就越可以被有效地套利掉。从原油和原油衍生品期货价格曲线的价格季节性来看，氧化混调型精制汽油（RBOB）[①] 汽油期货的季节性尤其明显，如 WTI 原油、纽约商品交易所纽约港民用燃料油和纽约商品交易所氧化混调型精制汽油的期货曲线所示。主要原因是合约规定里德蒸气压从冬季的 15 磅/平方英寸变化到夏季月份的 7.4 磅/平方英寸。[②] 观测到的季节性不仅仅是交货日期的差异，而且实际上源于交付的汽油在物理上的不同，而且冬季汽油可以更容易和更便宜地生产。美国经常被提及的夏季驾驶季节确实导致了汽油需求的季节性，但由于其可预测的性质，其对价格的影响很小。

原油是一种全球大宗商品，而 Henry Hub 天然气则是一个主要以美国为中心的市场，对美国的极端天气非常敏感，因为极端温度推动了冬季的供暖需求和夏季的降温需求。随着 LNG[③] 出口能力的增加，这种情况在未来可能会发生变化。从 2009 年左右开始，采用水力压裂技术的经济的页岩气的开采，导致美国国内天然气供应不断增长。

12.3.1.2　工业/贱金属部门*

贱金属部门的初级大宗商品包括铝、铜、锌、镍、铅、锡和铁。[④] 它们主要被应用于高度周期性的经济部门，如耐久消费品、汽车、航空和建筑行业。

影响库存的主要因素包括开采面积、冶炼厂能力、环境法规和废料供应。影响流量的因素包括政府的工业和环境政策、经济（GDP）增长、汽车销售量和基础设施投资等。由于工业金属需求的周期性，早期的经济指标因此影响着价格的发展。

12.3.1.3　贵金属*

贵金属主要作为货币价值储备，工业用途是次要的。这表明，贵金属的地上库存除以年工业需求所得的比值通常比其他大宗商品高得多。主要的贵金属是金、银、铂和钯。

在所有贵金属中，黄金大多是一种货币，而不是一种大宗商品。这表明，在许多司法管辖区，对实物黄金交易不征收增值税（VAT）。根据世界黄金理事会的数据，2020 年的黄金总需求为 3 803 吨。超过 55% 的需求来自投资和中央银行，约 8% 来自

---

① RBOB 代表氧化混调型精制汽油。

② 有关详细信息，请参阅 https://www.cmegroup.com/content/dam/cmegroup/rulebook/NYMEX/1a/191.pdf。

③ LNG 代表液化天然气。

④ 铁作为铁矿石和半成品（主要是钢筋和热轧钢卷）交易，但对金融投资者来说并不重要。

技术使用，约 37% 来自珠宝需求。由于其高价值和惰性的驱动，几乎所有的黄金都被回收利用。根据世界黄金理事会的数据，到 2020 年，约 27% 的供应来自回收的黄金。

银被用于珠宝、投资和技术。它具有所有金属中最高的电导率，并具有抗菌特性，因此被应用于医疗和消费品领域。

铂和钯主要用于催化转换器（CAT），以清洁来自内燃机的废气。一般来说，催化转化器同时含有铂和钯。汽油发动机的催化转换器使用更多的钯，而柴油发动机的催化转换器使用更多的铂。

12.3.1.4　农产品部门*

与化石类大宗商品不同，农产品是可以再生的，包括玉米、小麦、大豆等谷物，以及大豆油和豆粕等大豆衍生品。主要交易两个主要的小麦品种：堪萨斯城小麦期货的硬红冬小麦（HRW）和芝加哥小麦期货的软红冬小麦（SRW）。在出口市场上，由于 SRW 的蛋白质含量相对于 HRW 较低，SRW 通常不太受欢迎。

软商品，有时也被称为经济作物，是传统上出售获得收入的农作物，而不是自给农业，最初被认为是奢侈品。初级经济作物的例子包括可可粉、咖啡、棉花和糖。咖啡主要有两个品种：罗布斯塔（Robusta）和阿拉比卡（Arabica），阿拉比卡通常被认为具有更高的品质。罗布斯塔的期货合约在伦敦交易，阿拉比卡的期货合约在纽约交易。

影响经济作物库存的主要因素包括可耕地、储运基础设施和农业技术的发展。影响经济作物流量的因素主要包括天气、作物病虫害、消费者偏好、生物燃料生产需求、不断增长的牲畜需求、经济（GDP）增长和消费者购买力。

12.3.1.5　牲畜部门*

供人类食用的交易量最大的动物是活牛和瘦肉猪。育肥用牛是指被饲养到 600 ~ 800 磅重的断奶小牛。新生小牛犊通常是在春天出生，平均体重为 70 ~ 90 磅。当育肥用牛的体重达到 1 200 ~ 1 500 磅后，就被认为是活牛。

瘦肉猪指的是一种大约 275 磅的猪。猪主要在中西部生产，通常一头猪需要大约 6 个月的时间才能上市。上市猪的屠宰后供食用体重约 200 磅，通常会产生约 150 磅的瘦肉，这是瘦肉猪期货合约的标的。

影响牲畜库存的因素主要包括畜群规模、加工能力、饲料（主要是玉米和大豆）成本和消费者偏好。影响牲畜流量的因素包括牲畜体重增加速度、疾病、恶劣天气条件、经济增长和消费者偏好。

12.3.2 作为一个资产类别的大宗商品*

投资传统上被分为各个资产类别。一个资产类别内的投资表现出相似的特征，通常受类似的法律法规的约束。因此，相较于资产类别间投资，资产类别内的投资收益率往往表现出更高的相关性。

从各个大宗商品月度超额收益率的分层聚类分析可以明显看出，从收益率的角度来看，大宗商品是一种不同的资产类别。在股票和债券等传统资产类别中，资产类别内部的相关性，即同一资产类别的各个组成部分之间的相关性，往往更高。考虑到前一节讨论的影响不同商品存量和流量的因素不同，这也并不奇怪（见表 12－17）。

表 12－17 全球股票、大宗商品、美国公司债券和美国政府指数业绩的关键业绩指标（KPI）（基于 1988－01－31 至 2021－05－31 期间总收益率）

指标	摩根士丹利全球指数总收益率	美国洲际交易所（ICE）美银（BofA）3～5 年美国公司债券总收益率	美国政府 7～10 年期债券总收益率	标准普尔高盛大宗商品指数（GSCI）总收益率
复合年化增长率（CAGR）	8.51%	6.26%	6.68%	2.56%
波动性	15.10%	3.02%	6.28%	21.33%
夏普比率（Rf＝0%）	0.56	2.07	1.06	0.12
夏普比率（Rf＝2.82%）	0.37	1.10	0.59	－0.01

鉴于大宗商品的异质性以及它们不会产生现金流，一些投资经理更愿意将大宗商品投资组合归类为另类投资，甚至将它们全部排除在战略资产配置之外。

标准普尔高盛大宗商品指数（GSCI）在 2008 年年中见顶，在金融危机期间崩溃，并在接下来的 10 年里表现出总体负的趋势。以 3 个月期国库券二级市场利率作为无风险利率，甚至在 1988 年 1 月 31 日和 2021 年 5 月 31 日期间就出现负的夏普比率。尽管过去的绩效并不是衡量未来绩效的可靠指标，但从 2008 年年中至 2021 年年中，对一篮子多样化大宗商品只进行做多金融投资的绩效不佳，已经影响了人们对大宗商品资产配置的看法。

大宗商品也有高波动性和高风险性的名声。除此之外，从历史上看，标准普尔高盛大宗商品指数（GSCI）的波动性比摩根士丹利全球指数（MSCI AC World）所代表的全球股票高 1/3 以上，另一个原因可能是金融投资者通常通过衍生品市场获得敞口，这使得投资者很容易获得杠杆化大宗商品投资。此外，实物结算期货的实物交割风险会不时创造头条新闻。

基于 1988 - 01 - 31 至 2021 - 05 - 31 期间的全球股票、大宗商品、美国公司债券和美国政府指数①月总收益率的相关系数矩阵和分层聚类，显示了主要资产类别之间收益率的相互依赖性（见图 12 - 9）。大宗商品收益率和全球股票之间的相关系数与美国公司债券和美国政府债券之间的相关系数大致相同，大宗商品和美国政府债券之间的负相关性与全球股票与美国政府债券之间的负相关性大致相同。因此，大宗商品在多种资产类别的投资组合中提供了多样化的潜力。

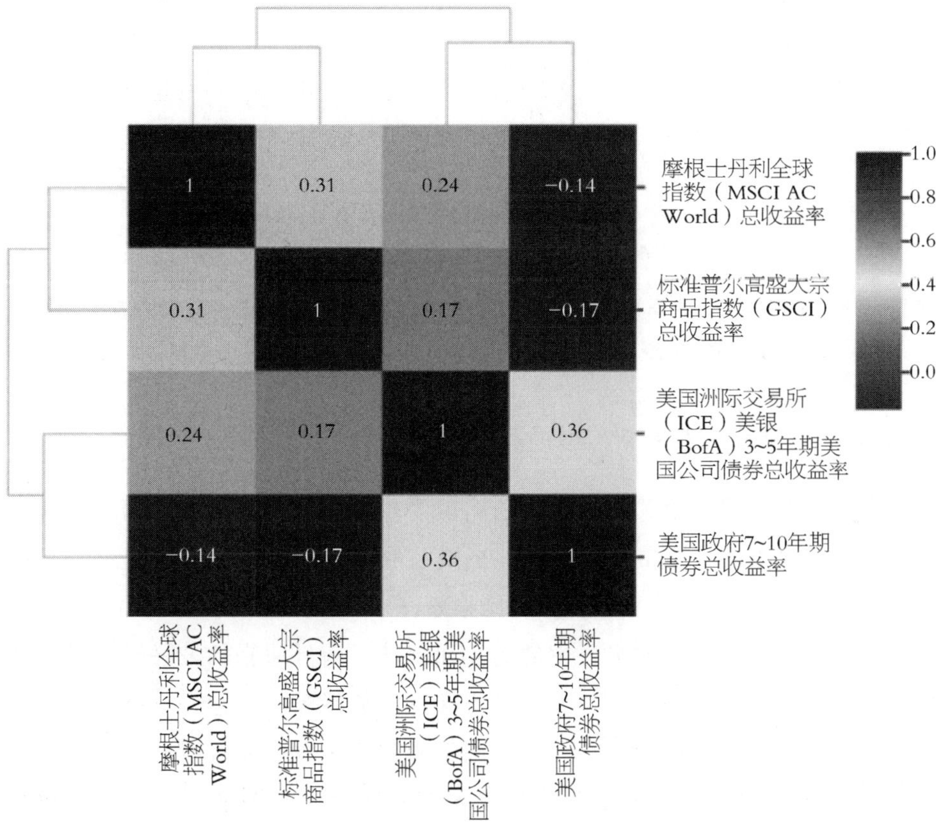

图 12 - 9　全球股票、大宗商品、美国公司债券和美国政府指数的月总收益率的相关系数矩阵和分层聚类（1988 - 01 - 31 至 2021 - 05 - 31）

由于收益率分布的高度非正态性和金融时间序列中典型的非平稳性，股票和债券的历史相关性随时间而变化（见图 12 - 10）。如果说有什么不同的话，那就是大宗商

---

① Refinitive Datastream for MSCI AC World TR [MSACWF $], US Gov 7 - 10y TR [TUSGVG4], S&P GSCI Commodity TR [GSCITOT] and FRED, Federal Reserve Bank of St. Louis for ICE BofA 3 - 5 Year US Corporate Index Total Return Index [BAMLCC2A035YTRIV].

品与传统资产类别的相关性似乎随着时间的推移而增加。原因包括金融化程度的增加[①]、金融投资者更容易获得大宗商品投资、技术变化和商业周期。

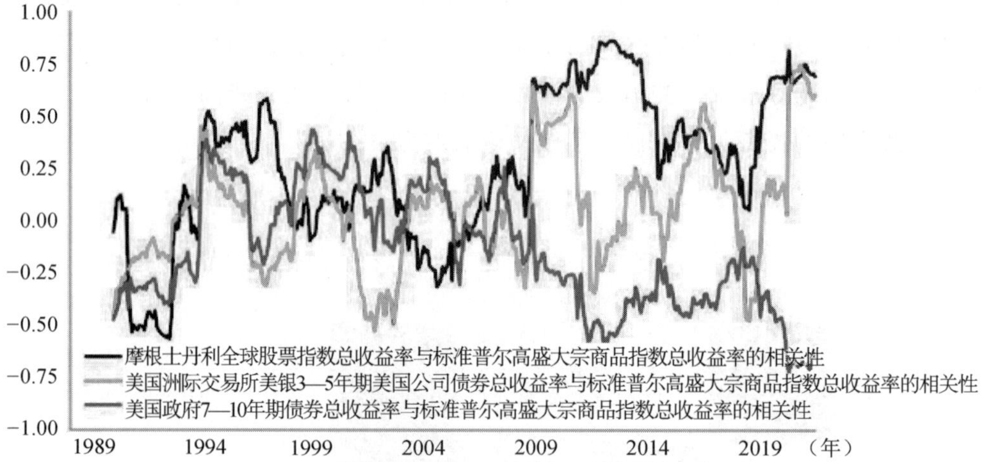

图 12－10　全球股票、大宗商品、美国公司债券和美国政府债券指数的总收益率之间的历史滚动 24 个月相关系数（1988－01－31 至 2021－05－31）

12.3.2.1　作为通胀对冲工具的大宗商品*

通胀在投资中扮演着至关重要的角色，因为投资者最终会关心其回报的真正购买力。购买力是指可以用一个货币单位购买的商品和服务的数量。

通胀是指一个经济体在一段时期内价格水平的普遍上升。因此，随着时间的推移，每一单位的货币往往会购买更少的商品和服务。衡量通胀的方法有很多，通常包括跟踪一篮子商品和服务的价格发展。为了保持相关性和代表性，一篮子商品和服务通常需要随着时间的变化而调整，并因不同的通胀度量方法而有所不同。

生产者价格指数（PPI）衡量国内生产者因其产出而收到的价格平均变化。商品现货价格指数衡量一篮子商品的价格。消费者价格指数衡量的是家庭购买的一篮子消费品和服务的加权平均市场价格水平的变化。由于食品和石油价格往往最不稳定，央行通常关注核心消费者价格指数，有时也被称为“核心通胀”。核心通胀通常被用来在统计上衡量通胀趋势，并为货币政策提供信息。为了接近代表性投资者的购买力，这里使用了美国所有城市消费者的消费者价格指数（CPI－U）——美国城市平均水平（经季节调整后）。

截至 2021 年，CPI－U 包括 13.9% 的食品、6.9% 的能源、20.3% 的除食品和能

① 金融化是指一个国家的金融部门相对于其整体经济的规模和重要性的增加。

源外的大宗商品，58.8%的除能源外的服务。没有直接在大宗商品指数中得到体现的服务是迄今为止最大的组成部分。这已经表明，作为通胀对冲工具的大宗商品投资只能是不完美的。相关资料见图 12－11 和图 12－12。

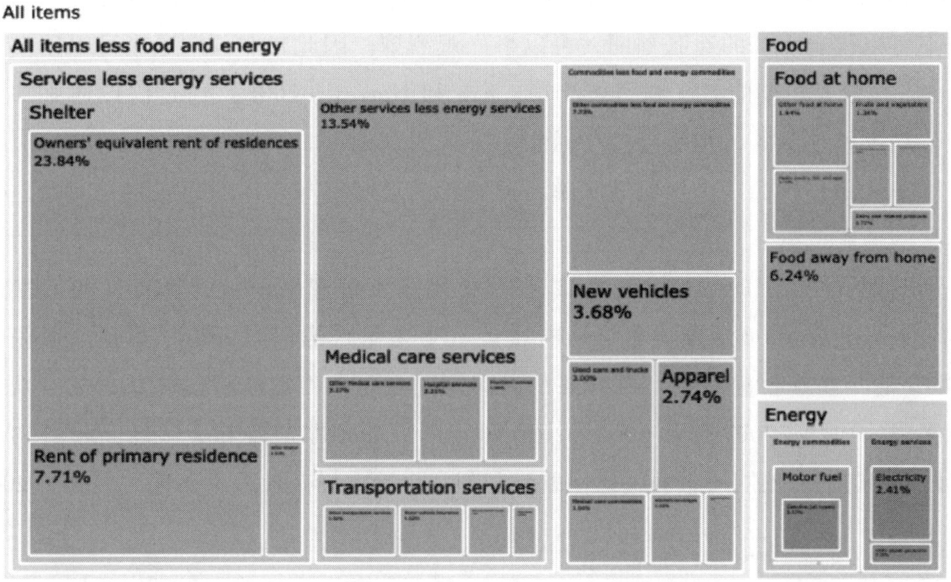

图 12－11　2021 年 5 月按支出类别划分的所有城市消费者的消费价格指数树状图

资料来源：美国劳工统计局最近更新时间：2021 年 6 月 10 日。

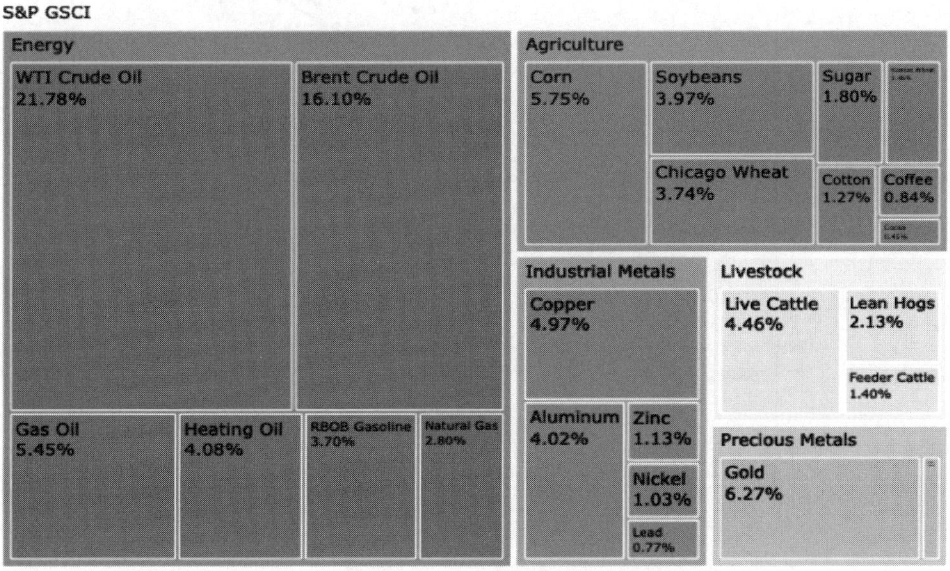

图 12－12　标准普尔 GSCI 2021 权重的树状图

资料来源：标普。

Erb 和 Harvey（2006）、Gorton 和 Rouwenhorst（2006）通过分别分析 1970 年至 2003 年或 2004 年的数据，发现一些大宗商品在历史上一直具有通胀对冲的特性。Gorton 和 Rouwenhorst（2006）区分了通胀、预期通胀和非预期通胀。通胀率是事后用 CPI－U 进行衡量的。如果预期实际利率随时间不变，那么 3 个月期的美国国库券收益率可以代表市场的通胀预期，可以事先观测到。因此，非预期通胀可以用实际的 CPI 通胀率减去短期的名义利率来计算。Erb 和 Harvey（2006）通过假设通胀率的同比变化是不可预测的，将实际 CPI 通胀率分解为预期和非预期两部分。因此，对明年的通胀率的最佳预测是今年的通胀率，而去年的通胀率与今年的通胀率之间的差值是非预期的通胀成分。

回归图（见图 12－13）和表 12－18 重现了 Erb 和 Aarvey（2006）的 CPI 通胀（所有城市 CPI）和非预期通胀（所有城市 CPI 变化）的回归分析。非预期通胀解释了 GSCI 的年超额收益率的大约 40% 的时间序列变化，而实际通胀率为 11%。从学术文献来看，1971—2003 年和 2004—2020 年期间，非预期通胀和大宗商品收益率总体上都较低，但对非预期通胀的敏感性非常相似。尽管市场条件非常不同，但基于 2004—

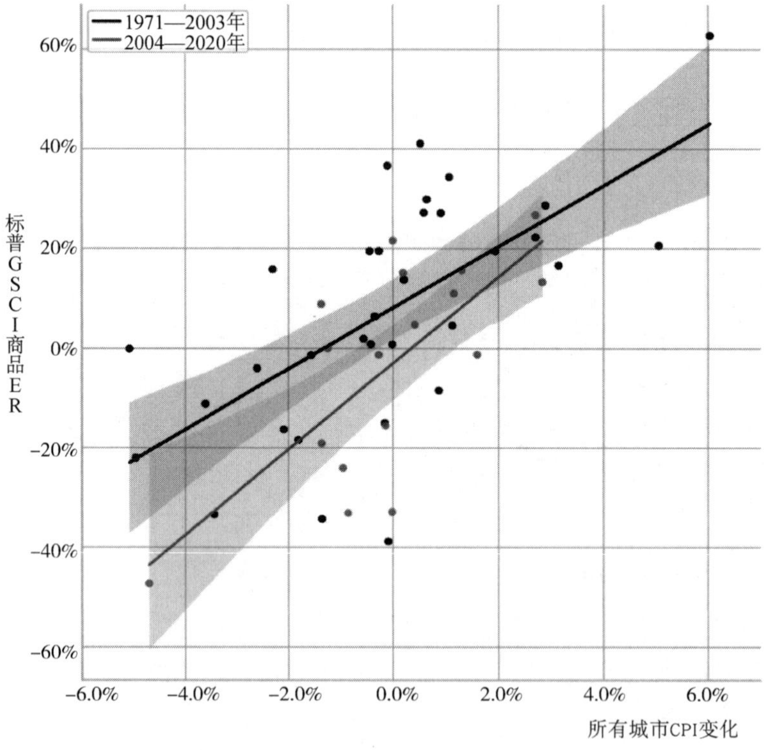

图 12－13　所有城市 CPI 变化与标普 GSCI 大宗商品 ER 指数百分比变化的回归图

注：基于 1970 年 12 月 31 日至 2020 年 12 月 31 日之间的年度收益率数据。通胀变化与金融大宗商品收益率之间的正的关系表现为中等的 $R^2=0.40$，但一直保持非常稳定的状态。

2020 年的样本外期间基本上产生相同的敏感性，因此可以得出结论，对大宗商品期货的金融投资是一种不完美但强劲的通胀对冲。

表 12－18　标准普尔 GSCI 超额收益率（ER）与通胀率的线性回归模型
（基于 1970 年 12 月 31 日至 2020 年 12 月 31 日的年度数据）

指标	被解释变量： 所有城市 CPI 通胀模型 （1）	所有城市 CPI 通胀变化模型 （2）
S&P GSCI 大宗商品 ER	0.044 （0.010，0.079）	0.062 （0.040，0.083）
	t = 2.495 *	t = 5.729 **
常数	3.742 （2.937，4.547）	−0.319 （−0.810，0.172）
	t = 9.108 **	t = −1.272
观测值	51	50
R^2	0.113	0.406
调整后 R^2	0.095	0.394
残差标准误差	2.892（df = 49）	1.748（df = 48）
F 统计值	6.224 **（df = 1；49）	32.817 ***（df = 1；48）

注：* 指 $p<0.05$；** 指 $p<0.01$。

12.3.2.2　大宗商品期货市场*

期货市场通过提供一种高效率、有效果的价格风险管理机制来实现重要的经济功能。美国期货市场始于 1865 年在芝加哥期货交易所交易的农业期货合约，并扩展了工具的数量，包括金属、能源、金融工具、外汇、股票指数等。此外，1982 年引入了期货合约期权交易。

直到 20 世纪 90 年代，期货交易主要是在交易所的场内进行的。交易员们站在一起"交易场"或"交易池"进行交易，大声喊叫，向对方发出出价（买价）和要价（卖价）的信号。这种类型的交易被称为公开叫价。在 20 世纪 90 年代，交易所在非交易时间引入了某些合约的电子交易。从那以后，期货交易已经扩展到公开叫价和电子交易并行运行，以及专门进行电子交易的合约。

期货合约是在未来某一日期以约定的价格买卖商品或金融工具的具有法律约束力的协议。期货合约根据每种商品的质量、数量、交货时间和地点进行标准化交易。唯一的变量是价格。由于标准化，可以在公共交易所交易期货，从而集中流动性，提高透明度，并利用保证金机制减轻交易对手风险。远期合约通常是双边合约［也称为场外合约（OTC）］，在质量、数量、交货时间和地点方面有更大的灵活性。

对于期权合约，买方有权但没有义务在未来的某一天（到期日）以约定的价格（行权价格）购买（看涨期权）或出售（看跌期权）标的商品或金融工具。如果现货价格碰巧低于（高于）看涨期权（看跌期权）的行权价格，该期权被称为"虚值期权或价外期权（处于价外状态）"。如果现货价格高于（低于）行权价格，看涨期权（看跌期权）被称为"实值期权或价内期权（处于价内状态）"。

由于期权合约的持有人有权利但没有义务，他或她在到期时不会行使价外期权。因此，期权价格在理论上必须总是正的。在到期前，即使是价外期权也表现出正价格，因为在到期时价格最终"处于价内"的概率非零。直观地看，价格的预期变化越大，这个概率就越高。在其他条件不变的情况下，标的资产价格的波动性越大，期权的价值就越高。

期货市场提供了一种有效的风险转移机制。利用这种机制，无论是生产者还是消费者，在理论上都可以降低其风险。在实践中，对冲风险的意图可能会导致意想不到的投机性头寸。一个例子是德国大型工业集团冶金股份有限公司的倒闭。1993 年，该公司在短期汽油、燃料油和民用燃料油期货合约中，遭受了有缺陷的、为了防止远期销售承诺的做多对冲策略之害，损失了 13 亿美元。因为现货价格下跌，要追加的保证金超过了该公司的现金储备，迫使该公司赔本完成合约。随后，现货价格上涨，公司的客户承诺损失更大。

12.3.2.3 远期曲线*

商品期货是在未来特定日期在指定地点交付（做空）或接收（多头）固定数量（通常质量）特定商品的标准化合约。现货价格是将实物商品运送到特定地点或从同一地点购买并运输的当前价格。期货价格是指现在约定的在未来某一日期在特定地点交付或接收实物商品的价格。期货价格与现货价格一般不同，其差异一般称为基差。在每一个时间点，一种商品不仅有一个现货价格，而且对不同的交货日期有许多价格。这叫作期货曲线或远期曲线。

如果现货价格低于以后交割日期的期货价格，这种情况称为期货溢价或"曲线处于期货溢价"。如果现货价格高于期货价格，这种情况被称为现货溢价或"曲线处于现货溢价"（见图 12－14）。

对于只做多大宗商品期货的金融投资者来说，现货溢价是有利的。由于金融投资者不能接受实物商品的交割，他们需要出售最接近交割日期的期货合约，并购买交割日期更晚的期货合约，以避免实物交割。这种做法被称为展期合约。在现货溢价期货曲线上，展期期货合约意味着投资者以高价卖出，并以更低的价格买入相同名义货币

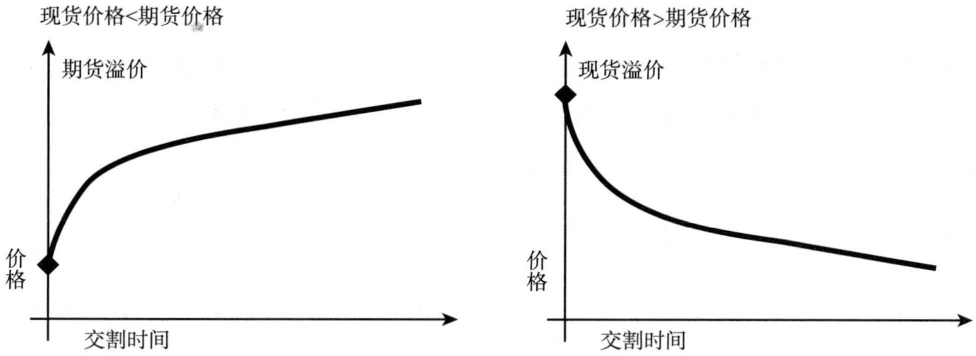

图 12 – 14　远期价格高于即期价格和即期价格高于远期价格的远期曲线示例

金额的实物大宗商品敞口。在这种情况下，同样的名义货币金额，购买了更多的实物大宗商品。这就是为什么在现货溢价市场中，展期商品期货绩效优于现货价格的原因。在期货溢价曲线中，展期期货合约意味着投资者被迫低价卖出，并以更高的价格购买相同名义货币金额的实物大宗商品敞口。当远期曲线处于期货溢价时，自筹资金投资策略失去对实物大宗商品的敞口，因此绩效低于现货价格。绩效不佳或低于现货价格也被称为展期收益。

12.3.2.4　展期大宗商品合约示例*

例如，2008 年 12 月 31 日，投资者以 33.87 美元/桶多头投资 100 单位 CLF09 原油合约。第二个月 CLG9 原油合约的交易价格为 44.6 美元/桶。展期 CLG9 合约意味着以 33.87 美元/桶的价格出售 100 单位 CLF09，以 44.6 美元/桶的价格购买 75 单位 CLG9。由于一份合约的敞口为 1 000 桶，展期前名义金额为 3 387 000 美元，展期后的敞口为 3 345 000 美元。假设敞口完全以 3 387 000 美元现金抵押。由于期货合约的离散性，投资组合略微过度抵押。

2009 年 1 月 30 日，CLG9 合约交易价格为 38.74 美元/桶，下个月 CLH9 合约交易价格为 41.68 美元/桶。平仓 75 单位合约的多头仓位将导致损失 439 500 美元。结果账户价值为 3 387 000 – 439 500 = 2 947 500 美元。为了保持完全担保，并避免 CLG9 合约的实物交割，该投资者以 41.68 美元/桶的价格购买 70 单位 CLH9，导致 WTI 敞口 2 917 600 美元和现金抵押 2 947 500 美元。

2009 年 2 月 27 日，CLH9 合约的交易价格为 38.94 美元/桶，导致损失 191 800 美元。现在，账户的总价值为 2 947 500 – 191 800 = 2 755 700 美元。

尽管对比 2008 年底的最近月期货（the front month future）33.87 美元/桶的价格和 2009 年 2 月底的最近月（front month）期货 38.94 美元/桶的价格，人们可能天真地预期近15%的利润。在远期曲线处于强劲期货溢价的情况下，完全担保的仅多头期货投资者展期风险敞口，实际上导致超过18%的损失（忽略抵押金的利息、交易成本等）。当远期曲线处于现货溢价时，效果是相反的，完全担保的仅多头期货投资者的绩效优于现货价格和最近月的期货。

12.3.2.5 大宗商品期货市场参与者*

期货市场的参与者可以分为不同类别。对冲者是市场参与者，他们在市场上交易以对冲与大宗商品相关的敞口，即试图减少其大宗商品敞口。假设有一位想要通过开发新矿床来提高产能的矿山经营者，通过地质调查，可以很好地估计矿石的质量、数量和位置，以目前的期货价格，生产有望获利。通过提前出售一部分矿石产品期货，生产商可以锁定价格，并减少其价格风险敞口。降低经营的价格风险，是获得生产扩张所需要的担保贷款的先决条件，并可能降低贷款的利息支付，并通过提高风险报酬比使经营中的投资更具吸引力。

短期交易员和长期投资者等投机者对市场方向进行投机，并提供流动性和价格发现，以换取预期盈利。投机者通常会寻求增加他们对大宗商品的风险敞口。常见的投机者包括只有多头的金融大宗商品投资者，他们将大宗商品敞口作为多样化战略资产配置的一部分，并作为对冲通胀或战术资产配置的一部分。另一个大类期货市场的参与者是大宗商品交易顾问（CTAs），通常根据价格动量或更复杂的定量模型或基本面分析持有多头和空头头寸。

其他参与者并不在大宗商品市场交易，而是履行重要的职能。交易所（或清算所）制定交易规则，并提供传递价格和支付的基础设施。分析师收集和使用信息用于非交易目的，如咨询、评估大宗商品业务、创建基于大宗商品期货的产品（如交易所交易基金、掉期和票据），以及作出公共政策决策。分析师还包括参与市场但并不持仓的经纪人和其他金融中介机构。最后，监管机构的存在是为了监管市场，调查不道德行为和渎职行为，并提供投诉场所。

美国大宗商品期货交易委员会（CFTC）由美国国会于1974年成立，为整个期货行业提供政府监督。所有的美国期货交易所都是自律性组织，管理场内经纪人、交易员和成员公司。美国国家期货协会（NFA）监管所有与公众客户进行期货交易业务的公司或个人。在美国以外的大多数国家，同一个机构同时监管期货和证券（即股票和债券）。在中国，监管机构是中国证券监督管理委员会。在欧洲，在欧盟（EU）的层面上有欧洲证券和市场管理局（ESMA）。欧洲最重要的监管法规是金融工具市场指令（MiFID）和随后的金融工具市场指令Ⅱ（MiFID Ⅱ）分别于2007年和2018年1月生效。国际证券委员会组织（IOSCO）是一个汇聚了全球证券和期货监管机构的国际机构。

关于各种市场参与者持仓情况的一个重要来源是由商品期货交易委员会（CFTC）发布的交易商承诺（COT）报告。CFTC 发布四种主要类型的报告：传统报告（Legacy）、补充报告（Supplemental）、分类报告（Disaggregated）和金融期货交易商报告（Traders in Financial Futures）。传统报告将可报告的未平仓头寸分为两类：按交易所分类的非商业交易商和商业交易商。补充报告包括 13 个精选的农产品大宗期货和期权组合头寸合约。补充报告将可报告的未平仓头寸分为三类交易商：非商业交易商、商业交易商和指数交易商。分类报告按农业、石油及其制品、天然气及其制品、电力和金属以及其他实物合约进行分类。分类报告将可报告的未平仓头寸分为四类：生产者/商人/加工商/用户、掉期交易商、托管资金和其他可报告事项。金融期货交易商（TFF）报告包括金融合约，如货币、美国国债、欧洲美元、股票、VIX 和彭博大宗商品指数，并区分了四种分类：交易商/中介机构、资产管理经理/机构、杠杆基金、其他可报告事项。

绘制分类报告（在 COMEX 交易的 1 级铜）随时间变化的数据图（见图 12－15），很明显，生产者净风险敞口和管理净风险敞口在很大程度上相互反映。这表明，总体而言，所管理资金为生产者、商家、加工商和用户提供了流动性。与其他两组投资者相比，掉期交易商的风险敞口差别不大。由于掉期交易商是中介机构，因此有理由假设，在本例中所看到的正的净风险敞口最终是其客户的净风险敞口。

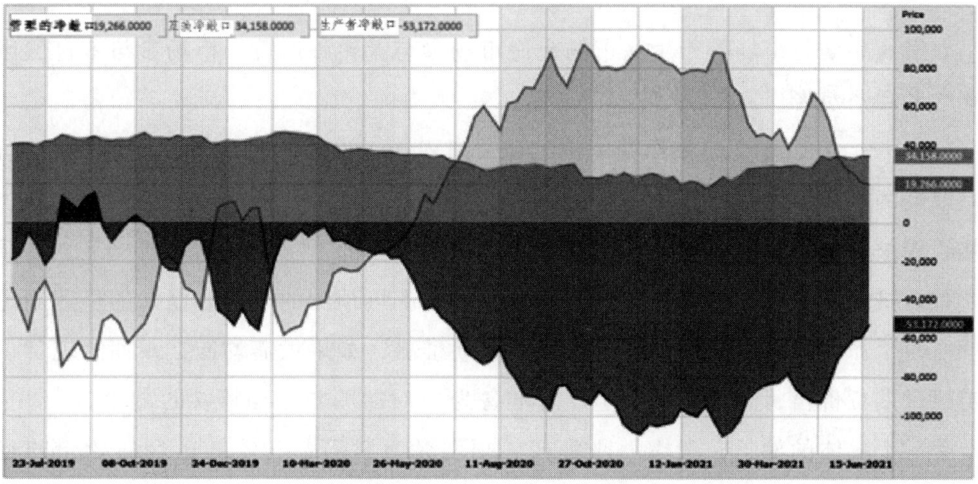

图 12－15　交易员持仓报告数据（在 COMEX 交易的 1 级铜）

注：生产者净敞口（灰色）和管理的净敞口（浅灰色）在很大程度上相互反映。数据从 2019 年 6 月 25 日至 2021 年 6 月 22 日。

资料来源：美国大宗商品期货交易委员会（CFTC）和汤森路透路孚特（Thomson Reuters Eikon）。

12.3.3 期货收益理论*

长期以来，学者们一直在争论期货市场的大宗商品投资者是否应该获得正的收益。毕竟，投资期货合约是一个零和游戏：因为每份合约都有一个卖家和一个买家，一方损失，另一方获利；反之亦然。总的来说，大宗商品期货的市场参与者不能获得正的收益。一个投资者群体要获得持续正的收益，另一个投资者群体必须容忍持续负的收益。

除贵金属外，持有实物大宗商品作为一种投资往往非常昂贵。由于不易腐烂的性质和较高的每单位体积价值比，贵金属的储存成本占名义投资的百分比相对较低。已经有机构试图推出有实物支持的工业金属投资工具，例如，2010 年贝莱德资产管理公司和摩根大通商品 ETF 服务有限责任公司，向证券交易委员会（SEC）提交了 IPO 招股说明书，分别申请 iShares 铜信托和 JPM XF 实物铜信托，但在 2013 年和 2014 年分别撤回。

由于期货价格曲线的形状对大宗商品期货收益有显著影响，下面讨论最重要的期货收益理论：保险理论、对冲压力假说和存储理论。此外，还简要讨论作为实物期权的石油储量及其与原油期货市场中逆价的关系。

12.3.3.1 保险理论*

大宗商品期货市场等衍生品市场允许市场参与者转移风险。市场参与者自然区分为生产者和消费者。

1923 年，著名经济学家约翰·梅纳德·凯恩斯，发表了他的“正常逆价”理论。这一理论的一个关键假设是，典型的商品生产者有相对可预测的产出，而由于对加工商品的需求不断波动，典型的商品消费者有相对可变的需求。在这种情况下，商品生产商有动机使用长期的远期合约来固定销售价格。可预测的产量和已知的长期固定销售价格使生产者更加能够预测其收入。凯恩斯推测，如果供需均衡，预期的现货价格一定超过期货价格，高出数额为生产者准备为“对冲”自己而牺牲的金额。

举一个具体的例子，考虑一个铜矿，很清楚其矿石品位、矿山金属含量的百分比，知道每月可以加工多少矿石。要准确地估计每年会生产多少金属是比较容易的。为了降低价格风险，该铜矿有动机通过较长期的远期合约出售期货产品。另外，一家汽车制造商知道每辆车使用多少金属，但不知道其新电动车型是否会获得成功。汽车制造商有动机购买相对短期的金属，以便对需求的变化作出反应。

平均而言，这会导致期货曲线后面的过度卖出压力，以及期货曲线前面的过度买入压力，凯恩斯称这种模式为“正常的期货负价”（即现货溢价）。今天的期货价格应该会低于未来的预期现货价格。这将使多头大宗商品期货投资者能够获得可被视为保险溢价的正风险溢价。因此，它也被称为保险理论。

不幸的是，预期的未来现货价格无法直接观测到。显著的正收益可以被视为支持这一理论的证据，但经验证据是相当复杂的。Kolb（1992）基于 1957—1988 年之间的 29 种商品期货数据，检验了三个可检验结果：（1）期货收益应该是正的；（2）到期前期货价格应该低于终期期货价格；（3）到期的时间越长、期货价格应该越低，并得出结论，即正常的期货负价（现货溢价）不是期货市场的普遍特征。

特别是根据经验观察，大宗商品期货价格曲线有近一半的时间处于期货溢价中（即，在一个给定的日期，交割日期在未来的大宗商品合约价格高于交货日期在更近时期的相同大宗商品合约价格），而不是凯恩斯提出的正常的期货负价（即现货溢价），引发了所谓的对冲压力假说的发展。

12.3.3.2　对冲压力假说**

对冲压力假说（Cootner，1960）扩展了凯恩斯的“正常的期货负价理论”（即“现货溢价理论”）。“正常的期货负价”假定有来自生产商的在远期曲线之后的过度销售压力。因此，期货价格要低于预期的现货价格。对冲压力假说允许期货价格低于或高于预期的现货价格，这取决于市场上的对冲压力。在这个框架下，期货价格被视为对未来现货价格和风险溢价（可能为正或负）的预测。

根据资本资产市场模型（CAPM）（一个完美的市场模型），资产的风险溢价，与期货收益和所有可交易资产的市场投资组合的收益之间的协方差成正比。Hirshleifer（1988）调查了在存在交易成本（非完美市场）时的期货收益的风险溢价，他认为，期货收益与市场活跃程度较差证券的风险的相关性越高，其潜在的风险溢价就越高，从而吸引边际投机者参与其中。

Bessembinder（1992）通过实证检验 Hirshleifer 的非完美市场模型，发现对冲压力是外汇和农业期货溢价的决定因素。

12.3.3.3　存储理论*

存储理论（Kaldor，1939）强调了库存在沿远期曲线决定商品价格方面的作用。高库存减少了商品生产/运输中断对价格的影响，但库存也有与之相关的成本。当然，开采和储存方面的技术进步可以极大地影响这种平衡，但它为考虑大宗商品回报提供了一个有用的框架。

理论上，应该有一个最优或期望的库存水平，其中收益（也被表示为“便利收益”）等于成本。当库存水平高时，便利收益率低；当库存水平低时，便利收益率高。期货价格可以分为现货价格、存储成本、融资成本和便利收益。

$$P_{期货} = P_{现货} + C_{储存成本} + F_{融资成本} - Y_{便利收益}$$

存储成本包括租用或运营存储容量、保险和存储所需的物流成本。融资成本反映了实物商品的持有者必须承担的资本成本，包括从资本市场上借入资金的利息，或资金被实物商品库存占用而放弃的利息（机会成本）。便利收益率表示持有库存所获得的未来隐含收益。

例如，如果库存水平很高，那么存储成本是现货价格的一小部分，便利收益率接近于零，期货价格和现货价格之间的差异很大程度上是由融资成本决定的。这种情况通常可以在黄金市场上观测到。便利收益率可以被理解为一种风险溢价，它解释了所观测到的期货价格。

高库存表明，与未来某个时候相比，现今该商品的稀缺性相对较低。如果存货的所有者认为持有存货没有任何好处，他/她将出售其存货。因此，预期期货价格应高于当前的现货价格（期货溢价），便利收益率低。

另外，低库存表明，与未来某个时候相比，现今该商品的稀缺性相对较高。因此，预期的期货价格应低于当前的现货价格（现货溢价），便利收益率高。

通过大宗商品期货合约的构建，期货合约离结算或交割越近，期货价格和现货价格的差异必须越收敛。期货溢价通常受到存储成本和融资成本的限制。如果期货价格超过现货价格、存储成本和保险成本以及融资成本之和，那么套利者可以通过贷款购买现货市场大宗商品，并加以存储和进行保险，一旦期货合约到期就交付，从而获得无风险收益。

存储和融资成本对所有的市场参与者来说都是不一样的，特别是存储必须被理解为一个成本曲线。越接近满容量，成本就越高。如果原油市场期货溢价足够大，那么在海上油轮中储存原油（所谓的“浮动储备”）就可以盈利。Working（1949）主要考虑存储成本和便利收益，并给出即使补偿是零甚至是负的也提供大量存储的原因。首先，与存储相关的大部分成本至少在短期内是固定成本。然后，仓储服务由从事原材料销售和加工的企业提供。原材料销售和加工通常需要一些存储量，即使存储运营的回报是负的，销售和加工原材料仍然会获利。

受2019年末新冠疫情的影响，美国原油需求疲软，原油生产持续收紧，储存产能耗尽，2020年5月前一个月WTI原油合约下跌55.90美元，2020年4月20日收于

-37.63 美元。2020 年 6 月的合约以 20.43 美元结算。由于库欣（Cushing）管道枢纽的内陆性质，存储空间根本不可用，套利者无法利用远期曲线前端前所未有的期货溢价情况。2020 年 5 月的布伦特原油合约在 2020 年 4 月 20 日收于 25.57 美元，这一事实可以解释为在整个北欧海岸有更大的储存能力以及固定系泊大型油轮。

将期货价格作为存储理论中的当前现货价格、存储大宗商品放弃的利息、仓储成本和库存便利收益，或作为基于对冲压力理论的预期风险溢价和未来现货价格的预测，两者并不相互排斥。相反，它们是对同一现象的替代观点。Fama 和 French（1987）调查了 1966—1984 年的 21 种大宗商品，发现更有效力的统计检验，使期货价格对存储成本变量的响应更容易被检测到，而不是证明期货价格包含风险溢价或预测现货价格的效力。

12.3.3.4　作为实物期权的石油储量*

Litzenberger 和 Rabinowitz（1995）通过将石油储量视为期货油价的（实物）期权来解释原油期货市场的期货负价（即现货溢价）。石油储量的所有者有选择权，因为他/她可以选择开采但不是必须开采（例如，在当前的原油价格低于开采成本的情况下）。在其他情况下，高预期期货油价波动会增加此类期权的价值，并提高期货负价（即现货溢价）。他们通过分析 1986—1992 年的数据发现实证证据，即美国石油产量与石油期货的隐含波动率成反比，期货负价（即现货溢价）随着隐含波动率的提高而增加。

12.3.4　大宗商品指数*

与其他资产类别一样，大宗商品指数被创建出来以捕捉大宗商品价格和大宗商品投资策略的总体走势，因此被用来作为大宗商品投资的基准，用作考察大宗商品价格变动与其他宏观经济指标之间的潜在关系。

对于金融资产，自然按个体证券流通在外估计值占该资产类别所有证券流通在外估计值的比例赋予权重，并应用指数中证券数量或最小权重的临界值来构建代表性指数。例如，罗素 1000 指数包括了以总市值衡量的美国 1 000 家最大的上市公司。

大宗商品缺乏相当于流通在外估计价值的等价物，如市值或未偿债务的价值。为了构建有代表性的指数，人们使用固定的权重，根据产量和/或交易量确定权重，有时会受到权重制约，以避免过度集中。以美元等价物衡量的年产量是衡量一种大宗商品在经济中的重要性的指标。交易所的交易量很好地反映了大宗商品期货的流动性。

将流动性差的合约纳入指数，增加了跟踪该指数的投资交易成本。

大宗商品指数的重要特征有：

- 其构成是由指数中各个大宗商品合约的资格范围和权重来定义的。根据所使用的方法，权重是固定的，或根据产量和/或交易所交易量调整。
- 展期方法和再平衡频率。展期方法决定指数如何以及何时转换所投资的合约。再平衡是指将权重重置为目标权重。由于各个大宗商品的相对绩效差异，指数中各成分的有效权重通常会偏离目标权重。
- 指数的治理是实施指数规则的过程。指数方法基于规则的程度不同。对于固定权重指数，指数委员会有更多的自由裁量权来定性地选择合格的大宗商品并设定其权重。但即使是在基于规则的指数中，指数委员会也需要检查输入数据的来源，启动对方法的可能改变，并监督来自产品提供商（例如交易所交易基金提供商）的独立性。

12.3.4.1　重要大宗商品指数*

标准普尔 GSCI 指数是首个主要的可投资大宗商品指数之一。它是一个被广泛认可的基准，基础广泛，以产量加权，代表全球大宗商品市场 β（系统风险）。该指数目前包括 24 种大宗商品，并采用流动性筛选，只包括那些具有已经确定最低交易量水平和可用历史定价的合约。展期方法侧重于拥有近期（即短期）合约，这些合约往往表现出最高的流动性和对供需冲击的敏感性。历史上，该指数具有相对较高的能源权重。

彭博大宗商品指数（BCOM）在 2014 年之前是道琼斯 - AIG 大宗商品指数（DJ - AIGCI），在 2009 年之前是道琼斯 AIG。它目前包括 23 种大宗商品。目标权重的 1/3 由过去 5 年世界产量的百分比（滞后两年）决定，目标权重的 2/3 由过去 5 年的市场流动性百分比决定。黄金和白银的目标权重是例外，仅由流动性百分比决定。指数构建规则包括几项权重限制，以有利于多样化：行业最大权重为 33%，行业最低权重为 2%，任何单个大宗商品及其衍生物的总和权重被限制为 25%，任何单个大宗商品权重被限制为 15%。与交易所名义交易量的影响导致的标普 GSCI 天然气敞口（约 2.8%）相比，BCOM 的天然气敞口（约 8%）更大。历史上，天然气一直具有很高的展期成本，与其他美国天然气权重较低的指数相比，它拖累了指数绩效。另一方面，它会对极端天气事件导致的天然气峰值作出反应。展期方法的重点是拥有近期（即短期）合约。

德意志银行流动商品指数（DBLCI）于 2003 年 2 月启动，能源、贵金属、工业金属和谷物行业的六种大宗商品，每年将重新平衡到固定权重。能源合约每月展期一次，所有其他大宗商品期货合约每年展期一次。采用这种展期方法，是为了利用能源曲线处于现货溢价的历史趋势，以及金属和农业远期曲线处于期货溢价的历史趋势。期货合约在每月的第二个和第六个工作日之间进行展期。

瑞士信贷商品基准（CSCB）是一个长期的多样化大宗商品基准。包括 34 种大宗商品在内，它追踪的一篮子大宗商品比大多数竞争对手更广泛。目标权重根据未平仓量、交易量、全球产值确定，并进行各种流动性测试。与每年重新平衡的行业标准相比，实际权重每月重新平衡到目标权重。展期方法将风险敞口扩展到期货曲线的前三个月和 15 个工作日的更长展期。

路孚特/核心大宗商品 CRB ® 指数（The Refinitiv/CoreCommodity - CRB ® Index）跟踪一篮子 19 种大宗商品，包括能源合约、农业、贵金属和工业金属。该指数是大宗商品市场的一个代表性指标，使用固定的权重来实现每月的重新平衡。展期方法侧重于第一个月和第二个月，并采用 4 个工作日的展期。

罗杰斯国际商品指数（RICI）是由小詹姆斯 · B. 罗杰斯在 1998 年设计的。它代表了在全球经济中消费的一篮子大宗商品的价值，从农业到能源再到金属产品。该篮子的价值是通过交易所交易的实物商品期货合约来跟踪的，这些期货合约包括以 4 种不同货币报价的 38 种大宗商品的期货合约，在 4 个国家的 10 家交易所上市。为了代表全球大宗商品篮子，它还包括规模较小、流动性较差的大宗商品合约，如橡胶、木材、燕麦和牛奶。展期方法主要关注沿远期曲线的流动性最强的期货合约，并采用 3 个工作日的展期。

相关资料见表 12 - 19。

表 12 - 19　不同大宗商品指数比较表

项目	罗杰斯国际商品指数（RICI）	路孚特/核心大宗商品 CRB 指数	瑞士信贷商品基准（CSCB）	德意志银行流动商品指数（DBLCI）	彭博大宗商品指数（BCOM）	标准普尔 GSCI 指数
回填开始于	1998 年	1993 年	1998 年		1991 年	1970 年
首次出版于	1988 年	2005 年（当前版本）	2009 年	2003 年	1998 年	1993 年
期货的范围	美国、加拿大、英国、日本和欧美的 12 家交易所	仅美国，伦敦金属交易所的铝和镍除外	全球	仅美国，伦敦金属交易所的铝除外	仅美国，伦敦金属交易所的铝、镍和锌除外	经济合作与发展组织。以美元计价
大宗商品的数量	38 种	19 种	34 种	6 种	23 种	24 种
加权方案	固定权重	固定权重	全球产值，具有市场流动性阈值	固定权重	1/3 全球产值和 2/3 市场流动性阈值	全球产值，具有市场流动性阈值

续表

项目	罗杰斯国际商品指数（RICI）	路孚特/核心大宗商品CRB指数	瑞士信贷商品基准（CSCB）	德意志银行流动商品指数（DBLCI）	彭博大宗商品指数（BCOM）	标准普尔GSCI指数
跟踪的合约	大多数活跃交易的合约	近1个月或近2个月合约	前3个月（近2~3月合约），按单位等权重	能源的近1个月合约和所有其他大宗商品12月份合约	近1个月或近2个月合约	近1个月合约
展期	3个工作日，从该月最后一个工作日开始	每个日历月份的前4个工作日期间	15个工作日，从最后一个工作日之前的第5个工作日开始	该月的第2个和第6个工作日	5个工作日，从该月的第5个工作日到第9个工作日	5个工作日，从该月的第5个工作日到第9个工作日
再平衡	每年	每月	每月	每月	每年	每年
显式加权约束	无	石油产品上限为33%，基于流动性等级	无	无	无，行业最大权重为33%，行业最低权重为2%甚至更多	无

资料来源：各指数赞助商的网站，作者的研究。信息截至2021年5月31日。

12.3.4.2　指数收益成分*

对于金融投资者来说，出于经济或监管原因，购买实物大宗商品通常是不可行的。相反，投资者可通过掉期、结构性产品和ETF/指数基金等指数金融产品，直接或间接地积极交易大宗商品期货。贵金属是唯一明显的例外，金融投资者可通过实物也可通过衍生品市场持有。

为了防止实物交割，期货合约必须在其交割日期之前平仓，并展期到交割日期稍后的合约。为了展期期货合约，投资者在交割日期前不久将其在近月合约中的多头头寸平仓，同时在交割日期较晚的合约中开始建立多头头寸。由于期货是没有资金支持的工具，投资者理论上留存大部分名义本金，能以其他安全和流动性的形式进行投资。传统上，使用美国国库券或其他短期顶级的固定收益证券。

已投资有资金支持的大宗商品期货投资的总收益率可分解为：

$$R_{总体}=R_{抵押}+R_{现货价格}+R_{展期}$$

现货价格收益率和展期收益率加在一起通常被称为超额收益率。如果大宗商品远期曲线处于现货溢价，展期期货构成“买低卖高”。为了保持充分投资，投资者增加了其对各自大宗商品的实物单位（如桶、吨、蒲式耳）的风险敞口，因此绩效优于现货价格。期货溢价的大宗商品情况正好相反。在期货溢价市场上展期期货合约意味着从近月期货转换为溢价高于当前近月的延期期货合约。在自筹资金的完全抵押策略中，即没有资本被撤回或注入，投资者低价卖出，高价买入，因此失去了对绩效低于现货价格的实物单位的敞口。

为了避免时机风险，并由于流动性原因而在较长时间内分散交易量，许多大宗商品指数在几天内每天展期名义金额中的一部分。瑞银彭博 CMCI（固定期限大宗商品指数）将这一想法发挥到极致，并在每个交易日展期一部分风险敞口，以保持固定的平均交割时间。

对于完全抵押的大宗商品期货投资，不需要现金，因为期货保证金通常投资于高流动性的固定收益证券，收益约为无风险利率。初始保证金要求是指在开设一个头寸时所需的保证金。维持保证金，有时也称为价格变动保证金，是未来必须在保证金账户中维持的金额，定期调整和审查。影响保证金的一个主要决定因素是市场的波动性。保证金要求往往会随着波动率的上升而上升，反之亦然。如果投资者持有的现金低于交易所维持头寸所需的现金，作为托管人的经纪人将需要更多的资金（追加保证金）或平仓头寸（买入以回补空头头寸或卖出以消除多头头寸）。因此，可以作为对交易所的保险，投资者可以用抵押品支付损失。由于这种流动性是弥补期货价格波动可能损失的抵押，因此被称为抵押收益率。它是波动性最小的收益率成分（见图 12－16）。

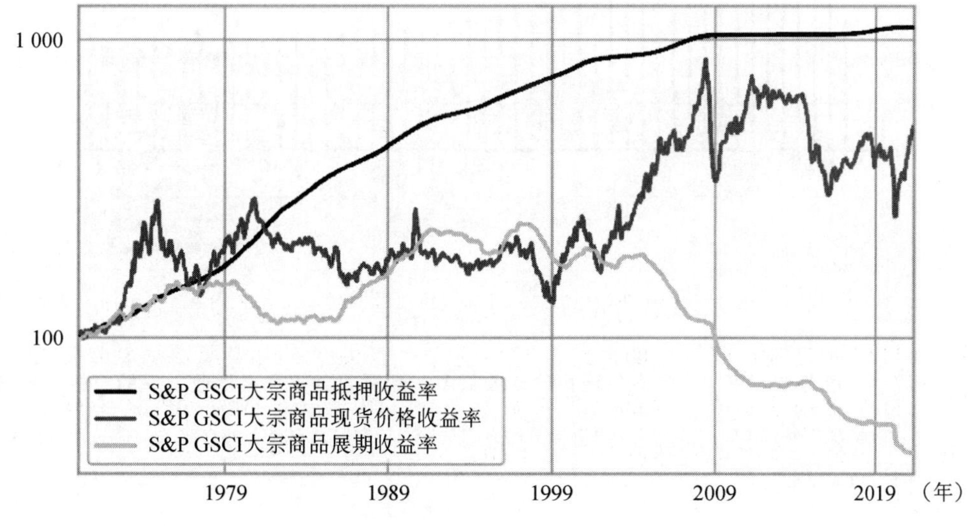

图 12－16　标普 GSCI 大宗商品抵押、展期和现货价格收益率

注：在 1970 年 1 月 30 日的月累积收益指数为 100。最后一个数据点为 2021 年 5 月 31 日。

现货价格收益率是基于现货价格的收益率。现货价格指数被用作衡量大宗商品加工者和消费者的投入成本。金融投资者无法投资于现货价格收益率。一般来说，大宗商品越难存储，指数收益率和现货价格收益率之间的偏差就越大。因此，贵金属的指数收益率和现货价格收益率通常是最接近的。

展期收益率是超额收益率和现货价格收益率之间的差额，也是不可投资的。与现货价格收益率相比，展期收益率相对稳定，这是期货曲线保持相对稳定的结果。标准普尔 GSCI 大宗商品指数展期收益率的自相关方程显示，其与滞后 43 个月的该指数展期收益率的自相关系数显著为正（见图 12－17）。这意味着，如果展期收益率现在是负的，那么在 3 年以上的时间内是负的概率高于 50%。

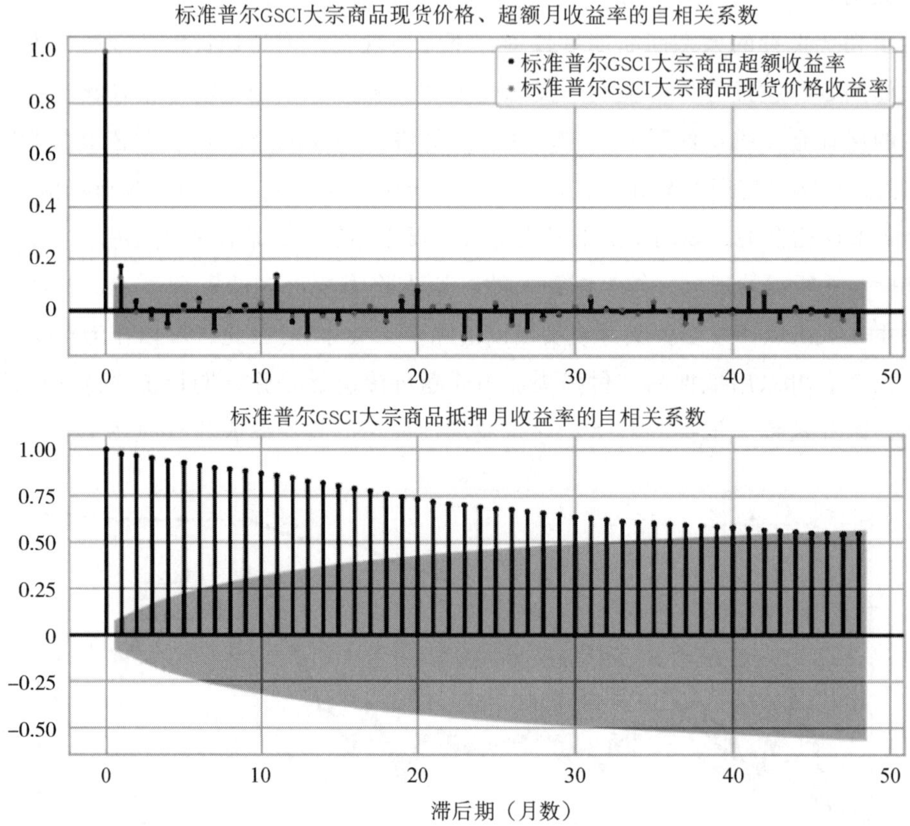

图 12－17　标准普尔 GSCI 大宗商品现货价格收益率、超额收益率和展期收益率的自相关系数

注：现货价格收益率和超额收益率几乎没有显著的自相关性。展期收益率显著的自相关的滞后期长达 43 个月。1970－01－30 至 2021－05－31 期间的月度数据。

尽管现货价格收益率和展期收益率本身都不能进行投资，但对大宗商品投资者和分析师来说，将两者分开仍然是一个有价值的工具。如果金融投资者知道展期收益率往往是稳定的和高度自相关的，那么其可以设定一个相对于现货价格收益率的可以预期的正的或负的预期市盈率。在评估大宗商品投资时，建议将现货价格的目标价格与各自的期货价格（如果可以获得）进行比较，并根据历史展期收益率进行调整。教育终端投资者关于现货收益率和金融产品总收益率之间可能存在的偏差也很重要。

12.3.5　投资工具*

大宗商品期货市场的发展主要是为了促进原材料消费者和生产者之间的风险转移。由于大宗商品期货的大面额、实物交割风险、展期需要、监管和保证金机制，许多金融投资者面临着大宗商品期货交易的障碍。为了方便投资者获得大宗商品敞口，投资者可使用多种投资工具。

交易所交易产品（ETP）是一个国家证券交易所进行交易的定期定价的证券。ETP 的例子包括交易所交易基金（ETF）、交易所交易大宗商品（ETC）、交易所交易票据（ETN）和交易所交易工具（ETV）。个体标的证券，如股票和债券，通常不被认为是交易所交易产品。

发行股票的基金结构在交易所交易的方式与股票交易的方式大致相同。

交易所交易基金（ETF）：基金由在交易所交易的发行的基金份额构成，与股票大致相同。以股票和固定收益债券为基准的 ETF 是根据 1940 年美国《投资公司法》注册的。使用场外衍生品，如总收益掉期，在杠杆产品和大宗商品产品中很常见。一个例子是安硕多样化大宗商品互换欧盟可转让证券集合投资计划 ETF（ICOM）[iShares Diversified Commodity Swap UCITS，ETF（ICOM）]。

交易所交易大宗商品（ETC）是一种资产支持证券，它重新包装了大宗商品或货币的价值，并在证券交易所上市。ETC 在欧洲市场众所周知，在欧洲市场共同基金通常不能投资单一商品，但在美国共同基金可以单一商品。因此，在欧洲，ETC 的分销和营销不受共同基金法的监管，而是受招股说明书指令的监管。大多数贵金属 ETC（黄金、银、铂、钯）通常跟踪现货价格减去成本，并有实物担保。基于完全抵押 ETC 的掉期也有抵押品，主要是现金投资或具有最高信用地位的证券。获得大宗商品敞口是通过超额或总收益掉期获得的。

交易所交易票据（ETN）是指由金融机构或资产管理公司发行和承销的零息票高级无担保、无次级债务证券。ETN 有一个到期日（通常是一个较长的到期日，如 30 年），并由其发行人的信誉来支持。所涵盖的主要资产类别包括股票、大宗商品和货币。

交易所交易工具（ETV）：通常，授予人在美国通过信托投资于大宗商品或货币。与 ETF 的不同之处在于，ETV 是根据 1933 年《证券法》而不是 1940 年《投资公司法》注册的。复制商品基准（通常被称为池）的工具以及针对另类指数收益的基金是根据《商品交易法》形成的，并根据 1933 年《证券法》上市，根据 1934 年《证券交易法》进行报告。ETV 的典型例子是有实物支持的黄金产品。

共同基金是投资大宗商品的另一种方式。共同基金经常采取积极的策略，即基金经理可以偏离基准指数，以实现投资目标。一些共同基金投资于期货和掉期交易等大宗商品衍生品，也投资于大宗商品关联公司的股票。贝莱德（BlackRock）大宗商品策略基金（BICSX）就是一个突出的例子。PIMCO GIS 大宗商品实际收益基金将大宗商品衍生品投资与通胀挂钩债券相结合作为抵押品，以提高其对通胀的敏感性。

在欧洲，可转让证券集合投资计划（UCITS）是欧盟委员会的一个监管框架，在整个欧洲为管理和出售共同基金建立了统一的制度。UCITS 基金可以在欧洲注册，并通过统一的监管和投资者保护要求出售给世界各地的投资者。UCITS 基金不能投资于大宗商品期货，只允许通过大宗商品股票或多样化商品指数关联衍生品获得大宗商品敞口。此外，还要求必须以适当的方式公布指数，为投资者提高透明度。

12.3.6 参考文献

[1] Erb, Claude B, and Campbell R Harvey. The Strategic and Tactical Value of Commodity Futures. Financial Analysts Journal, 2006, 62 (2): 69 -97.

[2] Fama, Eugene F, and Kenneth R French. Commodity Futures Prices: Some Evidence on Forecast Power, Premiums, and the Theory of Storage. In the World Scientific Handbook of Futures Markets, 1987, 79 -102.

[3] Gorton, Gary, and K Geert Rouwenhorst. Facts and Fantasies about Commodity Futures. Financial Analysts Journal, 2006, 62 (2): 47 -68.

[4] Hirshleifer, David. Residual Risk, Trading Costs, and Commodity Futures Risk Premia. The Review of Financial Studies, 1988, 1 (2): 173 -193.

[5] Kaldor, Nicholas. Speculation and Economic Stability. The Review of Economic Studies, 1939, 7 (1): 1 -27. https://doi.org/10.2307/2967593.

[6] Keynes, John Maynard. Some Aspects of Commodity Markets. Manchester Guardian Commercial: European Reconstruction Series, 1923, 13: 784 -786.

[7] Kolb, Robert W. Is Normal Backwardation Normal? The Journal of Futures Markets (1986 -1998), 1992, 12 (1): 75.

[8] Litzenberger, Robert H, and Nir Rabinowitz. Backwardation in Oil Futures Markets: Theory and Empirical Evidence, The Journal of Finance, 1995, 50 (5): 1517 -1545.

[9] Working, Holbrook. The Theory of Price of Storage. The American Economic Review, 1949, 39 (6): 1254 -1262.

第 13 章　金融科技和数据分析

13.1　引言和概述*

作为一个总称，“金融科技”包含由 IT 技术支持的创新金融解决方案。这个词早在 20 世纪 90 年代就出现了，随着金融科技创业公司的不断涌现，金融科技达到了飞速发展的巅峰时期。该领域的特点是，年轻和新兴的创业公司提供支付、投资、融资和保险领域的数字金融服务。尽管尚未完全成熟，但金融科技领域在过去十年中展现出了强劲的发展势头，2020 年共有 20 925 家创业公司（Statista，2021），其中 315 家已达到独角兽地位（截至 2022 年 6 月，市值超过 10 亿美元；www. fintechlabs. com）。例如美国的 Lemonade、Paypal、Robinhood、Stripe 和 Square，德国的 N26，巴西的 Nubank。另一个金融业数字转型的高度动态性质的指标是加密货币的数量。截至 2022 年 2 月该数已经增长到超过 10 397 个（Statista，2022），这突出了另一个重要的驱动因素，即货币和其他形式价值的数字化。

与生机勃勃的初创企业和加密货币形成鲜明对比的是，现在的金融业呈现出一幅截然不同的景象。令人惊讶的是，金融行业并没有为这一变化做好充分的准备，因为该行业一直是信息技术的早期采用者之一，甚至是与所产生的收入有关的信息技术投资最高的行业。尽管后端交易处理、自动柜员机和网上银行服务自 20 世纪 80 年代就存在了，但大多数银行直到最近才开始减少分支机构和员工数量，并将业务数字化。如今，这些变化无处不在，反映了金融科技引发的金融部门转型的多样化和深度。与此同时，从私人、零售、中央银行到保险公司，所有现任者都在讨论其在数字化生态系统中的地位，数字化生态系统目前正发展成为数字时代新的商业模式。虽然工业时代的价值链是层次化和线性的，但这些生态系统是网络化和非线性的，并形成了跨行业关系中市场竞争的新机制。

本部分：（1）概述正在进行的金融科技革命及其从不同角度（例如初创公司、大技术公司、现有公司等）的各种应用（例如数字咨询、数字银行等）；（2）为读者提供这一新兴领域的深入分析，它不仅仅包括概览，还提供工具来更精确地构建该领域；（3）支持读者评估从区块链开放银行到不可替代代币（NFTs）的不同金融技术方法。本章由七部分组成。第一部分提供关于该主题的介绍性观点。第二部分描述金融科技转型的主要支柱，如货币性质的变化、转型的驱动因素、金融部门的数字化阶段和参考框架的引入。第三部分讨论银行信息技术的战略相关性和成本、数字技术的发展以及金融科技和保险科技的定义。第四部分主要关注金融科技的应用，如数字咨询、数字银行、开放银行、区块链和数据分析。第五部分深入探讨可持续数字金融和绿色金融科技。第六部分将客户和供应商互动的新形式描述为数字生态系统的驱动因素和市场竞争的新形式，以及监管和作为监管金融市场新方式的监管科技（regtech）。第七部分总结主要发现，并提出展望。

13.2　金融科技转型*

本部分概述金融业的转型，包括货币的演变和货币的新概念，如加密货币、稳定货币和中央银行数字货币，转型的驱动力以及数字化的阶段。最后介绍参考框架。

13.2.1　货币的演变*

银行业具有悠久的传统，经济意义重大。自 12 世纪第一批金融机构成立以来，银行和一般金融机构的运行环境一直在不断变化。即使无法预测未来，研究银行的起源也有助于理解金融业当前的发展和挑战。这种发展只能用货币的演变来描述，这表明金融业本身从来都不是终点，反而微观整体和宏观经济环境始终是焦点。可数性、可储存性、运输的便利性、均匀性等都是货币作为交换工具的特点，这取决于使用的时间和目的，具体反映货币在国民经济中作为交换手段、作为价值衡量手段以及作为价值转移和储藏手段的功能上（Law，2018）。货币的重要性在经济交易中尤为明显，而经济交易可以作为经济活动的基础。尽管商业和金融系统在历史上是并行发展的，但在 1608 年，阿姆斯特丹证券交易所的创立导致了这两个系统的分离，货币是两者之间的连接。这样，作为金融系统一部分的金融产品就可以进行交易，而不直接参与其所代表的商品和服务的经济交易。货币作为一种交换手段，不断变化，并有了众多创新。然而，从下面的延伸阅读中可以认识到，随着收集、处理和分发信息技术的可用性增强，创新也增多了，而且在最近，可以观察到许多改善原始商品交易的方法。由 IT 驱动的数字化导致了货币的虚拟化，它最初与物理对象紧密相关。例如，随着数字货币的发展，货币作为计价单位、交换媒介和价值储藏的典型功能越来越被剥离出来（Brunnermeier 等，2019）。例如，在一些国家，比特币作为交换媒介的功能比交易成本较高的现有法定货币更好。

延伸阅读

- 大约公元前 700 年：在地中海东部，第一批硬币是由一种天然的金银合金铸造而成的。金属货币为该地区带来了一个经济的鼎盛时期。
- 大约 11 世纪：中国引进纸币，完全取代硬币。因此，“商品货币”（即支付是内在的）被取缔，“代币”（即货币只代表价值）出现。在欧洲，纸币到 15 世纪才被使用。
- 大约 19 世纪：在工业革命中，货币的虚拟化体现在账面价值上。会计程序（账户账簿），不再是实物资金，决定了资金存量。这创造了中央银行系统的先决条件，独立于现金转移的账面资金转移，以及后来在电子信息系统中映射货币。
- 1872 年：西联汇款通过其电报网络启动了电汇计划。
- 1946 年：在布鲁克林推出了第一张银行卡“Charg - It”，允许在商店里进行无现金购物。在这样做的同时，银行平衡了零售商的所有付款要求，并与客户结算了账单。
- 1958 年：美国运通推出了第一张信用卡。
- 1959 年/1967 年：第一台自动柜员机（ATM）于 1959 年在俄亥俄州的阿灵顿市安装。1967 年，紧随伦敦的巴克莱银行之后，欧洲第一台自动取款机出现。
- 1981 年：家庭银行的诞生：花旗银行和大通曼哈顿银行通过终端和在家庭电视上通过电话短信提供网上银行服务。
- 1984 年：由美国软件制造商 Intuit 开发的软件 Quicken 推出，专为个人的家庭银行和财务管理而开发。紧随其后的是其他应用程序，如 Microsoft Money 和 StarMoney。
- 1990 年：大卫·肖姆开发了第一种数字支付方式“数字卡”，并将其投放市场。这种支付程序的基础是加密协议，其目的是确保通过互联网上的信用卡进行支付。1998 年，由于缺乏客户认可，该项目停止了曾投放的市场包括马克·吐温银行、德意志银行和瑞士信贷。
- 1994 年：斯坦福信用社在全球推出了第一家互联网银行业务。同年，必胜客记录了第一次在网上购买披萨的网上货币交易。
- 1998 年：支付服务提供商 PayPal 的基础 - 货币完全数字化的首例。这引发了后续许多创新的支付方法和虚拟货币，通过电子通道和终端进行支付处理。

- 1999 年：挪威福库银行（今天的丹斯银行）提供了第一家移动银行，例如，客户可以使用短信进行账户查询。
- 2002 年：在德国开始实施金融交易服务（FinTS）标准。FinTS 包括一个基于证书的认证系统，以补充基于 PIN/TAN 的银行业务。同年，瑞士邮政金融与 Lindt & Sprüngli 和 Helvetas 一起推出了电子账单通知和支付（EBBP），通过网上银行提供完整的电子发票和支付。
- 2007 年：谷歌和 PayPal 获得了欧洲的银行执照，因此可以提供金融服务（例如，银行转账、支付系统、咨询）。同年，M－Pesa（M 表示“移动”和 Pesa 表示斯瓦希里语的货币），沃达丰（Vodafone）为肯尼亚和坦桑尼亚最大的电信供应商 Safaricom 和 Vodacom 引入了基于移动电话的转账、融资和小额融资服务。
- 2014 年：随着 iPhone 6 的推出，苹果与信用卡供应商美国运通、万事达和 Visa 信用卡合作，推出了移动支付方式 Apple 支付。其基础是通过近场通信技术（NFC）或 iBeacon 在销售点与设备进行本地连接。2015 年 3 月，三星支付发布了竞争解决方案。
- 2018 年：支付服务指令 2 在欧盟启动。该规定使第三方服务提供商能够通过 APIs 访问银行的数据。
- 2019 年：脸书宣布了新的数字货币 Libra（后来更名为 Diem），由 Libra 协会（后来更名为 Diem 协会）开发。Libra 协会的创始成员包括万事达卡、Visa 卡（后来退出了该协会），以及 Stripe 和 Coinbase 等初创公司。2022 年，Diem 和 Diem 协会停止运营。
- 2020 年：巴哈马（Bahamas）推出了第一个中央银行数字货币（Central Bank Digital Currency，CBDC）——“沙币”（Sand Dollar）。沙币与巴哈马元（Bahamian Dollar）挂钩，而巴哈马元本身也与美元挂钩。沙币通过商业银行从中央银行分配给消费者。

虽然创新促进了货币的数字化，但 2017 年全球大约 83% 的金融交易仍是现金交易，仅比 10 年前少了 2%（Williams，2017）。在过去的十年里，大多数国家的现金流通增长速度都超过了 GDP。例如，墨西哥和韩国等一些国家的现金流通增长率与 GDP 增长率相比超过了 100%。只有在挪威或瑞典等北欧国家观察到了现金交易下降的情况，而其他大多数国家则表现出相反的趋势。另外，从 2016 年到 2017 年，全球非现金交易量增长了 12%，2017 年达到 5 390 亿美元（Capgemini，2019）。随着新冠肺炎疫情的暴发，这些非现金交易也有所增加。例如，最近一项针对客户的调查显示，瑞士近 20% 的零售银行客户在危机期间首次使用了至少一种在线服务，只有 6% 的客户根本没有使用这些服务（Spiller 和 Kiefer，2021）。虽然这些数字表明了发达国家的情况，但在 COVID－19 带来的冲击中，使用数字金融服务的加速转变可能是金融包容性的一个意想不到的福音。例如，在卢旺达，从 2020 年 3 月开始封锁后，移动点对点转账的价值和数量急剧上升，并稳定在较高水平，同年 4 月持续缓慢上升（Carboni 和 Bester，2020）。更准确地说，使用点对点传输的用户数量从封锁前一周的 60 万增加了 1 倍，封锁后一周达到 120 万，2020 年 4 月底上升到 180 万。

13.2.2　转型的驱动力*

转型可以定义为从现有状态过渡到未来状态的过程。媒体或电子等行业的转型检验表明，由于技术驱动的转型过程以及管理层无法及时对这些变化的情况作出反应，老牌供应商可能被迫退出市场。创新管理文献提供了许多现在处于“创新墓地”的公司的例子，其中包括美国摄影公司柯达（Kodak）（错过了数字技术的崛起）以及早期的电脑公司尼克斯多夫（Nixdorf）（错过了向个人电脑的转变）。各种因素表明，自金融科技加速了金融业的数字化以来，该行业也面临着类似的颠覆。七个驱动力描述了金融行业的转型力量（Alt 和 Puschmann，2012，2022）（见图 13－1）。

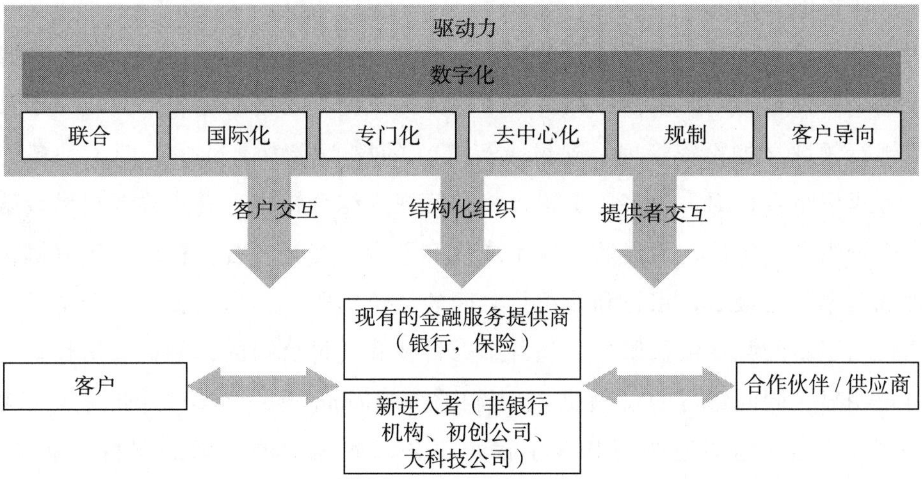

图 13－1　金融业变化的驱动力

第一，银行之间的整合有所增加，而大多数西方经济体的银行数量也在减少。例如，与 2007 年欧盟的 8 383 家活跃银行相比，2020 年只剩下 5 441 家（EBF，2021）。一个重要原因是收入增长下降到平均 3%（Dietz 等，2017），对发达国家来说更为严重（例如，美国为0.9%，西欧为1.1%，英国为0.3%，日本为-4.4%），而亚洲等新兴国家的增长更为强劲（例如，平均为8.1%，拉丁美洲为7.5%，中国为4.3%）。大型银行之间的整合在美国尤其普遍，2015年排名前十的银行控制了整个银行市场的约57%。具体反映在所管理的资产上，1984年至2015年期间，排名前十的银行所管理的资产增长超过800%，而同期属于较小银行所管理的资产几乎保持稳定（Disalvo和Johnston，2017）。大型银行的业绩超过了信用合作社，同期增长了10倍。与银行数量的减少密切相关的是金融业就业人数的下降。例如，2007年欧洲金融业的总劳动力为326万人，2015年为286万人，2020年为224万人，在13年内减少了30%以上（EBF，2016；EC，2021）。

第二，全球化和国际化拓宽了其他国家金融机构的竞争舞台。一方面，新的竞争对手进入了市场，另一方面也解决了新市场问题。与西欧和北美市场的整合趋势相反，新兴市场可能出现显著的增长。例如，2006年排名前十的银行几乎全部来自美国银行、花旗集团和汇丰银行（The Economist，2017），10年后排名前十的四家银行（即中国工商银行、中国建设银行、中国银行和中国农业银行）来自中国（The Economist，2017）。这种转变也反映在全球银行业的收入上，2012年来自新兴市场的银行仅占约30%（Reuttner等，2012），直到2018年才增长到77.4%（McKinsey & Company，2019a）。巴西的Nubank是新竞争对手的一个典型，它成立于2013年，如今已经位于独角兽的地位。

第三，专业化是由于垂直整合的减少，这是企业更多地关注核心竞争力的结果。第一个例子是外包，即内部任务被转移给服务提供商，这些服务提供商定义了其在特定功能银行领域（如投资管理、支付执行等）的核心能力。另一个例子是精简的产品和服务投资组合，因为许多传统银行将自己视为综合银行，并声称要提供金融服务的综合投资组合。相反，通过数字联系或数字平台与互补者合作被许多现有机构认为是一种战略选择。最后，银行和非银行之间的竞争加剧了，这主要是由于金融科技初创公司推出了新的数字银行服务。随着金融科技和支付公司的份额稳步增长，这种转变变得很明显，同时银行的份额也在下降（The Economist，2020）。此外，"大型科技"公司正在越来越多地拓展其数字银行服务，如美国的亚马逊支付、苹果支付、脸书支付和谷歌支付，亚洲的支付宝支付、微信支付和TenPay。

第四，银行已经看到了其活动在两个方向上的分散化。一方面，电子通道的应用已经使人们在支付、投资和融资方面的活动转向了客户。因此，从2013年到2018年，全球数字银行服务的使用平均增长了13%（McKinsey和Company，2019b）。自2020年以来，COVID-19加速了这一发展过程，对1 428家初创公司的全球调查显示，与疫情前的水平相比，新客户增加（22%），现有客户保留率增加（29%）（Ziegler 和 Zhang，2021）。这种增长也同时体现在不同的金融服务领域，包括数字托管（36%）、数字资产交换（33%）、数字储蓄（26%）、医疗技术（24%）和数字支付（21%）。虽然这一发展主要集中在零售银行和财富管理上，但类似的模式也发生在企业银行、资本市场和投资银行中（Dallerup，2017）。例如，41% 的荷兰消费者更喜欢只使用数字通道，而另外 27% 的消费者同时使用在线和线下通道。只有 32% 的人没有使用任何数字通道。另外，非银行在银行商业活动中的份额不断增加。银行的运营业务大部分收入（53%）仍集中在融资和贷款领域，实现的利润仅占 35%（Dietz 等，2017）。销售和咨询贡献了 47% 的收入和 65% 的利润。预计非银行机构将会将其服务扩展到传统银行业务，尤其集中于盈利的分销业务（Dietz 等，2017）。由于分散化，新的、更加网络化的价值创造模式正在演变，这适用于银行及其服务提供商。生态系统的形成就是一个例子。

第五，在 2007 年金融危机爆发后，监管力度有所加强。银行现在必须满足许多管理税收数据传播的监管标准，在发放信贷时必须维护自身资本储备的规定配额，被要求满足风险管理的最低标准以及限制运营风险管理的措施。关于支付交易［例如，欧盟的支付服务指令 2（PSD2）］、各种金融产品的存款和信贷，也有具体的监管标准。由于监管要求往往是特定于某些国家的，国际上活跃的银行需要遵守同一职能领域的几项国家法规。总体而言，金融服务提供商在 2011 年平均已经面临 60 个监管变化（Masters，2011）。另一项研究计算数据显示，2008 年至 2013 年，美国六大银行的所有监管措施支出为 7 020 亿美元（Chaudhuri，2014）。另一项分析得出结论，投资银行、资产管理公司、保险公司等金融机构，一次性成本（截至 2017 年的累计一次性成本）平均为 2%，2017 年持续成本为 4%（EC，2019）。将其净收入的 5% 以上用于合规和监管的金融机构数量从 2015 年的 16% 增加到 2016 年的 23%（Accenture，2017）。与此同时，复杂性和必要的投资（包括在 IT 方面）被认为是新竞争对手（如非银行竞争对手）的进入壁垒，这也是对小型机构的生存威胁。

第六，从客户导向中产生了新的动态。在过去的几年里，客户变得更精通信息技术，除了桌面计算设备，智能手机和平板电脑等移动技术也无处不在。出生于 1980 年以后、伴随互联网发展而成长的这一代人被称为“数字土著”或“Y 世代”，除了对数字设备和服务更敏感，还被赋予了不同的价值（例如，更多的使用权而不是所有权）和沟通风格（例如，较少的个人互动），这是导致银行分行“死亡”的另一个因素。在欧盟，银行分行数量从 2009 年的 238 467 家下降到 2015 年的 188 851 家、2020 年的 143 158 家，自 2009 年以来共减少 95 309 家，减幅近 40%（EBF，2016，

2021)。与此同时，来自客户的分支机构访问量从每人每月三次减少到略多于一次(Picennsetal 等，2009；J. D. Power，2019)，银行和非银行机构都扩大了其电子服务投资组合。分支机构过去是客户互动的主要通道，尤其是签订合同的通道，而现在大多数银行在线通道业务都在增长（Dallerup，2017)。访问银行的客户也发生了变化，因为大多数客户在访问前进行了更广泛的电子研究，让客户顾问准备得更充分以满足更具体的信息需求。此外，客户经常使用多种通道——从分支机构到在线银行和移动银行，再到智能自动取款机或银行终端，并根据需要在这些选项之间进行更换。值得注意的是，与电子通道的相互作用频率高于与物理通道的交互频率，这为银行创造了潜力和竞争的必要性。自 2020 年初以来，这一发展随着 COVID - 19 疫情暴发而恶化，如上所述，它导致数字银行服务使用的急剧增加，并导致许多客户从线下通道转向在线通道。

第七，数字化是一股影响着前文所述诸多驱动因素的力量。它有可能在整个金融价值链中实时共享信息，并使活动不那么局限于地点，而更具交互性。数字化改变了 IT 的作用，长期以来，IT 仅限于是降低成本的工具，是与客户和商业伙伴合作的商业模式和新合作形式的战略需要和战略推动者。其中，关于新流程、产品和商业模式的例子包括针对客户的解决方案，如个人财务管理工具、针对共同投资的在线平台和针对客户咨询的基于平板电脑的应用程序。虽然许多大银行一直表现落后，但许多非银行机构抓住了这个机会，其中包括大型科技公司和金融科技初创公司。通常，这些来自传统银行世界之外的参加者给通常被称为无聊的一个行业——银行业带来了新的视角。例如，在客户中进行自我咨询、公开投资或社交交易，催生了许多新的金融科技服务。为了更详细地讨论这些发展，下一部分将更详细地描述数字化的性质。

13.2.3　数字化阶段*

银行业的发展与 IT 行业的发展密切相关。首先，来自银行的产品几乎都是基于信息的，不像购买汽车等服务，不涉及任何物理部件。相反，信息是银行销售的主要产品。例如，从客户的角度来看，贷款最有趣的是技术信息，如合同期限或总金额，而不是合同，合同本身可能是一张纸。其次，这些流程几乎没有手动交互（除了银行顾问的咨询之外)，而且几乎完全可以通过 IT 技术实现。具体体现在移动支付程序或虚拟货币不断取代实物货币，以及在交易导向的网上银行中增加电子自助服务，如客户咨询和预算规划。尽管银行，如媒体或旅行社一样，受到 IT 利用的巨大影响，但其发展在不同行业中差异很大。在某些情况下，IT 的创新实施以及效率的提高导致了整个价值链的重组。到目前为止，可以确定金融服务中 IT 利用的五个阶段（见图 13－2）。

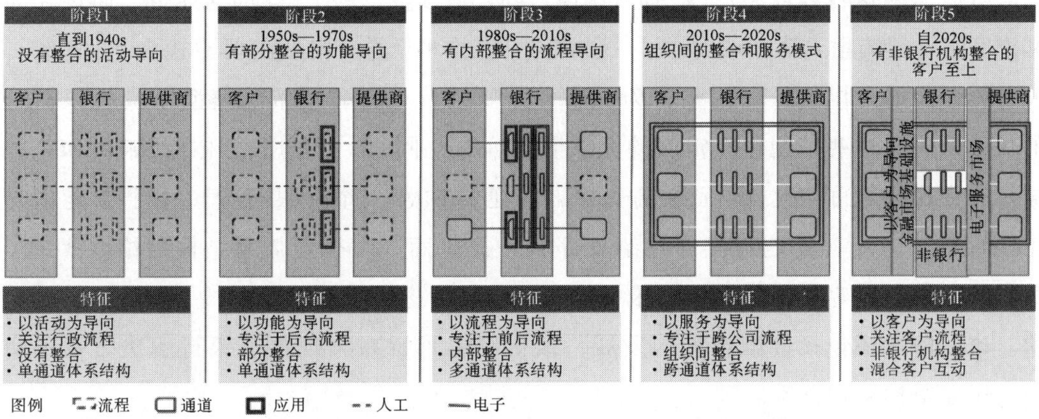

图 13－2　金融部门数字化的各个阶段（Alt 和 Puschmann，2022）

在第一阶段，从公元前 200 年美索不达米亚的银行开始，以书面形式对存款和支付请求进行管理。在公元 17 世纪，纸质账本首次被用来记录权利。这种没有任何电子“信息技术”的银行交易的手工管理已经成为惯例，偶尔会有一些小小的改进，直到 20 世纪 50 年代。

第二阶段，从 20 世纪 50 年代开始，首先基于穿孔卡，随着时间的推移，通过建立 IT（例如 1954 年在德意志银行），金融行业逐渐实现自动化（Lamberti 和 Büger，2009）。在 20 世纪 60 年代，磁带取代了穿孔卡，后来第一台主机完全取代了手动程序。这些主机使更大的银行领域的功能支持（如支付交易或证券执行）成为可能。与此同时，电子系统在银行间部门的服务提供商中出现，使与内部银行系统的初步和部分整合成为可能。通过特定的接口，银行能够无缝地将结构性文件（如转账或股票订单）转发到 SWIFT（全球银行间金融电信协会的简称）或电子网络或电子股票系统。多伦多证券交易所的 CATS（计算机辅助交易系统）在 1977 年被用来提高场内交易的流动性，并在 20 世纪 80 年代初被应用到巴黎证券交易所，它被称为第一个电子证券交易所系统。

在第三个阶段，整合的范围进一步扩大。随着核心银行系统的发展，自动化的功能增强了，而银行最初也是这些系统的开发者。与遍布整个工业部门的集成应用系统（AS，即所谓的企业资源规划系统，或 ERP）一样，这些 AS 旨在协调整个公司的功能（支付交易的功能等），使用具有统一数据格式的中央数据库，以及定义跨功能和部门的流程。

在这一阶段，内部开发由连续的标准软件解决方案加入，其中包含针对特定类型银行的预定义功能。此外，这些核心银行系统，主要集中于后台办公室，即没有直接与客户联系的执行领域，由 AS 加入到前台办公室领域，用于投资组合管理、客户咨询和家庭银行等流程。第三阶段的另一个特点是在许多证券交易所出现了电子交易系统。

第四个阶段以组织间的整合为标志。大型银行正在研究架构模型，从业务和 IT 的角度来看，这些模型包括定制的标准模块。与此同时，面向服务体系结构（SOA）概念的提出导致了核心银行系统模块化构建的加强，允许银行分离单个功能区域（或服务），并更容易地将其外包给外部服务提供商。银行业体系结构网络（BIAN）等行业倡议通过定义国际公认的服务体系结构，为进一步工业化提供了重要的构建模块。这一阶段还包括金融技术的发展，银行制定了旨在实现数字银行解决方案的举措，重点是同客户互动。

在当前的第五阶段，以客户为中心的视角已经取代了以往主导的产品导向范式。这与客户接触中的电子市场等发展有关，包括比较门户网站和众包平台以及后台办公服务的市场。建立在这一原则之上的第一个方法可以在 DNAappstore（后来被 Fiserv 收购）或 Yodlee（后来被 Envestnet 收购）等形式的公司中看到，这两种形式的公司都捆绑了来自不同供应商的服务，使它们同时可互操作和可访问。电子平台已经用一种多边的关系取代了银行和客户或服务提供商之间传统的双边关系，允许客户和服务提供商使用接口（到市场）进行以客户为中心的集成。从客户的角度来看，这促进了一种混合的互动形式，因为客户使用多个通道（例如，移动、社交、网络、分行、非银行等）来交换信息并执行与银行相关的交易。

上述发展说明了整合范围的扩大，以及数字化对所有转型的驱动因素的影响。通过非银行机构的创新解决方案促进整合过程，在线和移动技术在国际市场上更加有效，更加强调客户和服务提供商，从而导致更高程度的专业化。成本密集型的监管还受益于当前 IT 开发中可见的标准化和自动化程度的增加。最后，以客户为导向加强了银行从被视为产品供应商到解决方案开发商的转变。

13.2.4 参考框架*

数字化的发展强调了融合技术的作用，在金融服务价值链中协调模块化服务提供的日益增长的需求。它是基于对数字化的面向应用程序的，以业务和 IT 在转型过程中的成功结合为前提。然而，业务/IT 结合并不是一个直接的过程。早在 20 世纪 90 年代，研究就描述了所谓的“生产力悖论”，即对 IT 资源（新硬件和软件）的更高投资并没有反映在经济生产力指标中，如国内生产总值（GDP）（Wetherbe 等，2007）。已经有研究作出了解释，否定了 IT 的中立性，并指向了微观经济层面。研究表明，IT 的使用和公司的成功之间没有直接的联系，购买新电脑本身并不会带来更高的销售额。相反，当业务流程和策略被重新设计时，业务价值就出现了。为了系统地解决技术、组织和战略设计元素之间的相互作用，自 20 世纪 90 年代以来，人们开发了一些多维的方法，如商业工程（BE）。BE 区分了两个设计维度和三个设计层，以塑造数字流程和战略，并使业务和 IT 之间结合的联系更透明。设计维度包括功能和政治文化方面的设计。后者包括领导力、行为和权力，这些与 IT 驱动的创新的接受度、适应性和扩展性有关，但它们并不是特别针对某个功能领域，而是受项目和变更管理的影响。因此，BE 的主要领域是功能维度，它将三个设计层视为连接业务战略和技术层的组织层（Osterle，1995）。

BE 与企业架构建模紧密相连，该领域已成为 IT 领域。它将公司与服务提供商和/或客户或其部分（Picot et al.，2008，176ff）一起构建成综合模型。企业架构模型的例子包括“Zachman 框架”，它区分了“业务模型”“系统模型”和“技术模型”（Zachman，1999）；或“开放集团结构框架”（TOGAF），它区分了业务、信息系统和技术架构（Open Group，2019）。

结合数字化转型的驱动因素，这三层形成了一个参考框架，可以作为金融科技发展的一部分，应用于金融行业的数字化，并允许定位金融科技的主题和发展：

• 战略。在战略层面上，金融科技为金融领域的新商业模式、新数字产品和服务提供了潜力，加剧了该行业的竞争，有利于消费者的议价能力。根据 IT 降低交易成本的论证，当市场分散化时数字服务和平台会形成中介链条，在信息丰富的市场中会去中介化。降低交易成本也可能改变价值链的配置，因为合作和市场机制可能变得更加可行，并使初创公司所追求的开放银行等策略能够作为现有的客户—银行关系的中介。

• 组织。数字化对改进流程有好处，如流程的数字支持，消除冗余和非必要流程，或流程的并行化；所有这些都使用了新的金融技术方法。从结构的角度来看，数字化甚至可能导致使用分布式分类账技术的所谓分布式自主组织（DAO）。

• 技术。数字化可以消除媒体中断和手动界面，并促进独立应用程序的整合。一个例子是基于分布式分类账技术的系统，被比特币等数字货币所使用，并且不需要任何中间组织。其他重要技术的例子包括开放银行业务和数据分析（见图 13－3）。

这三层还显示了现有低效率的优化潜力。在战略层面上，这意味着网络经济中的新型/一致的商业模式。例如，金融科技为去中介化提供了潜力（例如，通过开放银

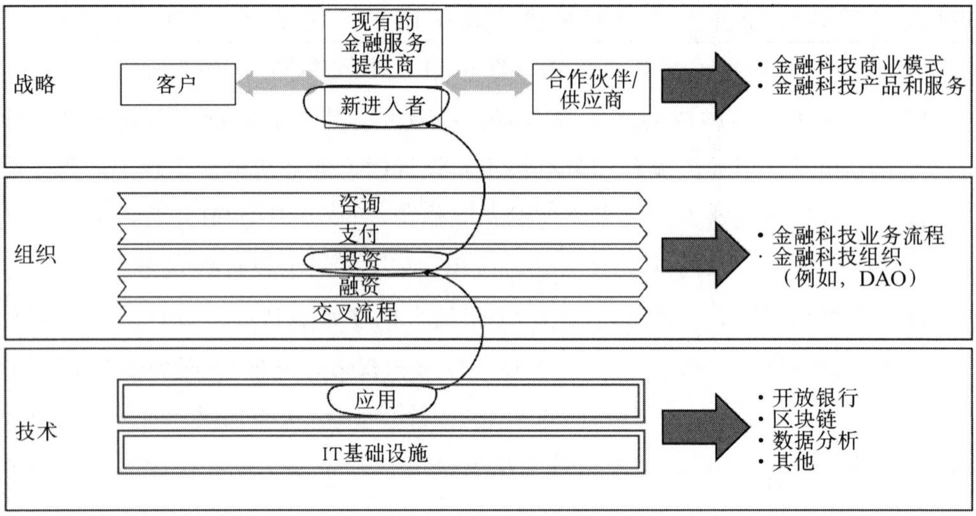

图 13－3 形成金融科技参考框架的业务工程层（基于 Osterle，1995）

行技术、创业公司和大型科技公司）。在组织层，金融科技的数字化提供了对客户流程的全面支持（例如，通过咨询、支付、投资和融资方面的数字银行服务），以及消除非必要的流程，流程的标准化（例如，通过标准和开放银行业务）和活动的并行化。在技术层，金融技术支持消除应用程序之间的媒介中断和手动界面、独立应用程序的整合、实时信息流的设计和跨所有系统的数据透明度。表 13－1 总结了所有三层潜在的低效率和数字化杠杆。

表 13－1 潜在的低效率和数字化的杠杆

层次	潜在的低效率和数字化的杠杆
战略	目标：网络经济中新型/一致的商业模式 价值网络设计的设计原则（Giaglis 等，2002）： －识别基于商业 IT 的商业模式价值主张潜力 －识别中介和去中介的潜力 －确定价值链（重新）配置的潜力
组织	目标：全面无中断流程的数字支持 无中断流程的数字支持（Alt，2008）： －对客户流程的全面支持 －去除非必要的流程 －流程步骤的标准化和模块化 －活动的并行化和序列变化

续表

层次	潜在的低效率和数字化的杠杆
技术	目标：业务流程的 IT 全面覆盖 实时信息系统的设计原则（Alt 和 Österle，2004）： - 消除媒介中断和应用程序之间的手动接口 - 独立应用程序的整合和架构重新设计 - 实时信息流，而不是存储和转发 - 在系统中输入的数据可用于所有功能单元

13.2.5　总结*

数字化是货币变化的一个强大驱动力，因为它导致了货币的虚拟化。有了这种虚拟化，金融体系就会紧随其后，而这也是数字化服务业革命的一部分。

金融部门转型的其他驱动力（都是由数字化作为首要驱动力引起的）有：（1）整合（指银行数量的减少）；（2）由新的竞争对手和新市场导致的国际化；（3）专业化（通过剥离流程和服务导致传统银行的虚拟化）；（4）针对客户和供应商的活动分散化；（5）监管（既是银行复杂性的驱动力，也是创业公司的进入障碍）；（6）顾客导向（是指由于顾客行为的改变而对服务和通道的重新设计）。

这一部分表明，数字化的出现并不是在一夜之间发生的，而是经历了五个阶段的演化，最早可以追溯到第一批计算机在银行出现的 20 世纪 50 年代。本部分最后提供了一个参考框架，它提供了定位不同的金融科技主题的工具。它由相互关联的策略、组织和技术三个层次组成。

13.3　金融科技革命*

本部分将描述金融科技革命、与现有银行 IT 的联系以及在现有金融机构中 IT 的战略相关性和成本。在上一章介绍的参考框架的基础上，探讨数字技术（如人工智能、区块链等）及其在金融科技和保险科技背景下的作用。

13.3.1　相关性和成本*

人事支出在银行成本中占比最大，在 55% ~60% 之间；IT 支出占总成本的 15% ~

20%，位居第二。与其他行业相比，银行在所有行业中的 IT 投资量与整体收入相比最高（Gopalan 等，2012）。这个数字根据公司规模的不同，从 4.7% ~9.4% 不等。其他研究也证实了这一数字，范围在 4.4% ~11.4%（Computer Economics，2019）。相比之下，保险公司和航空公司分别只将其总收入的 3.3% 和 2.6% 投资于 IT 领域。因此，IT 成本在很大程度上影响了银行之间的收入和成本（CIR）之间的关系。总体而言，银行业的 IT 支出总额从 2019 年的 5 391 亿美元增加到 2020 年的 5 478 亿美元（Gartner，2020）。影响成本数额的一个重要因素是银行的规模，这意味着与收入相比，大银行的 IT 成本比例要小于中小型银行。那么，为什么银行之间的成本总体上如此之高呢？是由于对不同的战略 AS 或创新的投资（这两者都与所发生的成本呈正相关），还是有其他原因？可以通过仔细观察价值链的三个领域找到答案：

第一个领域，IT 体系结构的内部设计对于 IT 支出量具有重要意义。与此同时，不同业务领域的 IT 投资也不同，例如在中后台占约 80%，在基础设施、安全、风险和数据管理方面的投资高于前台、仅占约 20%。目前只有大约 1/4 的预算是针对创新的，但预计会迅速增长。与前台办公室日益增长相反，最高的成本发生在（内部）后台办公室。这在一定程度上是由于经常老化、异构的应用架构，在操作和额外开发中表现出高成本（Baskerville 等，2005）。这些体系结构与新的监管需求以及业务调整（新产品或销售通道）相关。减少高维护成本的一个可能的解决方案是放弃使用这些旧系统，然而这些旧系统也有大量的资源和时间投入。例如，引入一个新的核心银行系统需要 4 ~6 年的时间，以及 2 亿 ~4.5 亿美元的成本（Geurden 等，2016）。一个新的核心银行系统实施的平均回收期计算为 4.5 年（Yadav，2014）。

第二个领域是加强与服务提供商合作的投资。虽然这些（外部）采购项目是为了降低成本（在实际中，目标往往是节省 20%），但在实现这种外部化之前，会进行大量的内部标准化项目和组织调整。其中一些措施与对内部和外部执行的活动的精确定义以及引入可以在更广泛的范围内管理合作的组织单位有关。因此，必须首先通过功能、数据和接口的标准化来修改 IT 架构，以降低生产比率和成本。例如，一项研究显示，40% 的被调查银行在其 IT 架构的适应性方面表现出缺陷，从而导致了更高的成本和更低的效率（Hunt，2013）。

第三个领域，客户互动领域对 IT 投资有直接的影响。考虑到个人与客户的互动水平通常会下降，这种投资为未来维持和增强客户关系提供了一个重要的战略因素。从这个意义上说，预计个人通道之间的关系会逆转（Dallerup，2017）：虽然取决于国家，银行分行目前仍占 60% ~90% 的收入，而电子通道落后、收入占比为10% ~40%，预计后者在未来几年将增加（Dallerup，2017）。例如，在包括西班牙、葡萄牙和意大利在内的南欧，2016 年的在线销售额占总销售额的 10%左右，而包括丹麦、芬兰、冰岛、挪威和瑞典在内的北欧国家通过数字通道销售的销售额约为 20%，而英国约占总销售额的 40%。2019 年的一项研究证实了这些数字。该研究表明，75%的销售交易仍涉及人力资源（分支机构或电话）（Rizzi 和 Taraporevala，2019）。这一发展将使跨多个通道的客户互动能力成为银行关注的焦点。多通道和交叉通道管理的各个阶段说明了不同的通道不再是相邻的（多通道）（这在今天的许多银行中都很常见），但在跨通道管理（通道之间的传输是可能的）或有综合客户旅程的混合客户互动（通道综合和协调的混合）的意义上，应该以流动的方式来构建。

13.3.2　数字技术*

当使用“数字化”一词时，要考虑到已经演变出来的两种内涵。尽管数字化在过去十年中受到了很多关注，但这个概念可以追溯到 20 世纪 60 年代初期。其双重含义如下（Matt 等，2015）：

- 数字化是一种技术转型。从技术的角度来看，数字化是指将文本、图像、声音或其他模拟信号转换为二进制格式。这是通过使用模拟/数字转换设备扫描模拟信号来实现的，这些设备在数字信号处理和通信中的性能有所提高。金融行业的一个例子是通过扫描仪捕捉纸质支付单，创建模拟文档的数字表示，并将其转换为数字形式，要么作为像素图像，要么作为光学字符识别（OCR）后的结构化文本文档。数字化的技术维度通常被称为“数字化”，这在信息产业中尤其重要，因为与制造业相反，所有现有的实物（如硬币、纸币、文件）都可以完全转换为数字的表示形式。
- 数字化是一种社会转型。数字化的第二种观点来自于 1978 年由（Nora 和 Minc，1978）创造的“信息化”术语。这个术语指的是 IT 对现代社会生活中所有领域的渗透，以及由此产生的可能性和变化（Rogers，2000）。在商业环境中，它们影响了内部和外部组织、商业模式以及与客户的交互。虽然社会的数字化依赖于这个术语的技术含义，但这两个领域在重要方面有所不同：技术观点与计算机科学和工程科学联系在一起，而社会的数字化更多以社会和经济科学为基础。它与前面所述的金融行业的转型有关，并改变了经济结构、流程和应用。

随着数字化在社会（或应用）维度上的可能性的技术融合，数字化的两个维度之间的相互作用变得可见。这允许将模拟转换为二进制值，并存储以及在数据库和网络中共享这些数值。在过去的几十年里，这个技术世界一直是高度动态变化的，多种技术的融合仍在继续，并增加了数字化的力量。它可以通过四个融合的例子来总结，这些例子是社会（或应用）意义上的数字化转型的基础（Alt，2021）（见图13－4）。

• 组织间的信息基础设施。银行很早就为IT建立了专门的组织单位，负责支持组织流程的技术基础设施和AS，并已成为银行IT的一部分。与此同时，出现了组织间系统（IOS）和电子市场（例如，电子证券交易所）以及在企业系统之间交换电子文件的标准（即所谓的电子数据交换，EDI）。互联网被慢慢地用作基础设施，并取代了用于EDI和网上银行的增值网络服务和视频文本系统。尽管这些技术早在20世纪70年代就发展了，但它们只是部分融合，组织间的信息基础设施长期以来仍然只是一个概念，而不是已实现的技术。然而，与后来的融合技术一起，这些发展可以被视为一个更强大的未来融合的基础（在图13－4中被称为“下一个融合”）。

• 三重/四重融合。第二次融合出现在以前独立的通信、数据处理和娱乐技术领域，这一点自2000年以来就可以观察到，强调两种或两种以上以前独立的技术的融合如何形成了新的结果。今天，所有服务（即电话、互联网、电视、媒体）都通过有线电视或电信提供商的单一线路作为打包服务提供（例如，“IP语音”）。这一发展与智能手机或智能电视等设备上的功能和内容格式的融合密切相关。这一融合阶段已经成为银行服务的基础，这些服务跨各种设备和通道提供，具有当前的全通道管理概念。

• SMAC。另一种融合与四种技术的结合有关。首先，“S”社交媒体平台创造了新的互动形式，并导致了点对点模式（例如，社会交易、金融行业的众筹借贷/融资）。其次，“M”包括智能设备和物联网（IoT）技术，其中包括传感器和执行器，用RFID或NFC等智能设备取代条形码，为基于位置的应用（如非接触式支付）提供了基础。第三，“A”分析包括商业智能和大数据领域，在许多领域推进决策，例如风险管理、欺诈检测或市场营销。最后，“C”云计算技术允许计算基础设施的虚拟化，并代表了越来越多的银行提供的数字平台和服务的基础（例如，法国农业信贷银行的应用商店CA商店）。

• DARQ。作为最新的融合形式，这个首字母缩略词结合了分布式分类账（DLT）、人工智能（AI）、扩展现实（XR）和量子计算（QC）。“D”分布式分类账技术（Distributed Ledgers Technology，DLT）代表了一种新的去中心化形式的计算基础设施和数据库技术，使新的去中心化金融形式（也称为“DeFi”）成为可能。“A”指的是（Artificial Intelligence，AI），即机器模仿人类“认知”功能的能力，比如通过机器学习和自然语言处理来学习或解决问题。“R”指的是扩展现实（Extended Reality，XR）技术，允许增强现实和虚拟现实（所谓的“元现实”），例如可能是承诺与银行顾问的互动会议。“Q”指的是云计算（Quantum Computing），由于在加速复杂计算方面的巨大潜力而受到了关注（见图13－4）。

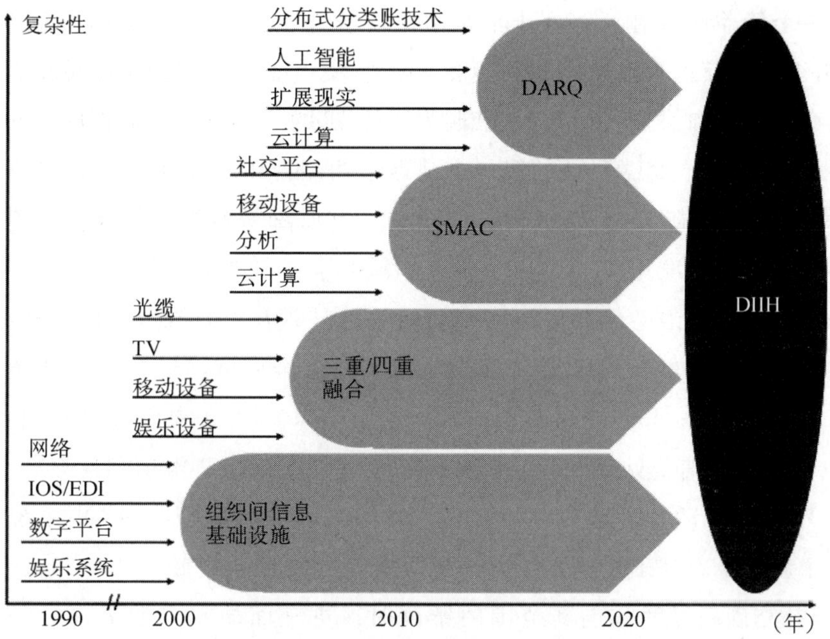

图 13－4　融合技术（Alt，2021）

虽然预测技术融合的社会影响是困难的，“下一个融合”可能支持四个一般方向，也对金融行业有意义，可以用缩写 DIIH 描述：第一，业务操作将伴随分布式基础设施（捆绑数据管理与应用程序逻辑，例如智能合同）变得更加去中心化（“D”，Decentralized）。第二，融合将导致更多的整合（“I”，Integrated）设备和解决方案，它们包含更大的功能束，并涉及在以前独立的设备和服务之间建立更多的网络。第三，数字交易执行和决策支持流程的结合将产生更多的智能信息（“I”，Intelligence）。第四，融合激发希望通过更加自适应的系统和更直观的界面来加强人力资源（“H”，Human）方面。

13.3.3　金融科技

术语“fintech”是“金融科技”的英文缩写，很可能是在 20 世纪 90 年代初由花旗集团董事长约翰·里德在新成立“智能卡论坛”联盟的背景下首次提到，对于公司和跨行业之间合作的语言，花旗集团已经放弃了历史上称为技术调整的坚持。来自智能卡论坛的协调已经吸引了大约 30 名付费用户，其中包括来自金融服务和高科技领域的领导者。另外 30 人也表示有意加入。与花旗发起的另一个名为金融科技的银行研究项目一起，它倾向于消除对花旗傲慢脱离市场偏好的批评（Kutler，1993）。

作为一个涵盖性术语，金融科技包括由 IT 支持的创新金融解决方案（技术的角度），此外经常用于为初创公司提供这些解决方案（机构的角度），也包括现存金融服务提供商如银行和保险公司和大型科技公司谷歌、苹果、脸书和亚马逊（GAFA）（Cornelli 等，2020）。金融科技的第三个观点是功能视角，指建立在数字技术上的创新金融解决方案。与综合银行的传统方法相比，它们通常由数字金融服务组成，其功能范围有限且相当标准化。

这个术语也与术语“金融创新”密切相关，定义为“创造然后推广新金融工具、新金融技术、机构和市场的行为（Tufano，2003）。金融创新区分了不同类别的创新对象（Tufano，2003；Frame 和 White，2014）：（1）产品和服务（如加密资产）；（2）组织结构（如信贷处理外包）；（3）流程（如在线信贷申请和处理），因为金融科技是以 IT 作为推动者，这三个对象还有作为补充的额外类别；（4）系统（如区块链作为一个新的金融基础设施）；（5）商业模式（如众包贷款）（Haddad 和 Hornuf，2016）。当补充创新程度和创新范围的维度时，更全面的观点如下（Tufano，2003；Frame 和 White，2014；Haddad 和 Hordnuf，2016，见图 13－5）。

- 创新对象。根据金融创新的五种不同类别，商业模式、产品和服务、组织、流程和系统可以作为主要的金融科技创新的对象。第一类的一个例子是大众借贷平台，如 Lending Club，使银行信贷变得多余。视频建议是产品和服务领域的一个典型。在这里，客户顾问通过视频聊天与客户进行互动，而不需要进行身体接触。第三类是组织创新，比如将信贷处理从银行外包给服务提供商。其他还有某些流程，例如在线信贷申请和抵押贷款处理，到目前为止通常是基于纸制的流程。最后，在系统创新领域，例如，区块链作为一种新的金融基础设施（Mori，2016）专注于像 DeFi 这样的新型应用程序。

- 创新程度。一般技术，尤其是金融科技，可以有不同的性能影响，可以是增量式的，也可以是破坏性的（Foster，1986）。虽然增量金融科技解决方案会有对质量、时间和/或成本的现状的优化，但颠覆性技术在发展的早期阶段往往性能较差，但在后期发展中会导致整个价值链的根本变化（Bower 和 Christensen，1995）。

- 创新范围。金融科技创新在组织内部或组织间的范围不同。组织内部的创新侧重于五类创新之一的创新对象的内部微观经济变化，而后者则侧重于随价值链变化的宏观经济结构。第一类的一个例子是电子 B2B 市场，比如 DN App Store，它允许银行从基于同质语义平台的不同提供商那里获取并整合不同的应用程序。另一类的一个例子是通过银行、信用卡处理器和 ApplePay 等非银行合作的电子钱包的新支付价值链，这使得在移动支付上银行变得多余。另一个例子是加密货币作为社会支付机构的全新组织间解决方案。

总结这三个维度，本部分将术语“金融科技”定义为通过 IT 发展引起的金融服务业中或相关的增长或颠覆性创新，产生新的组织内部或组织间的商业模式、产品和服务、组织、流程和系统（见图 13－5）。

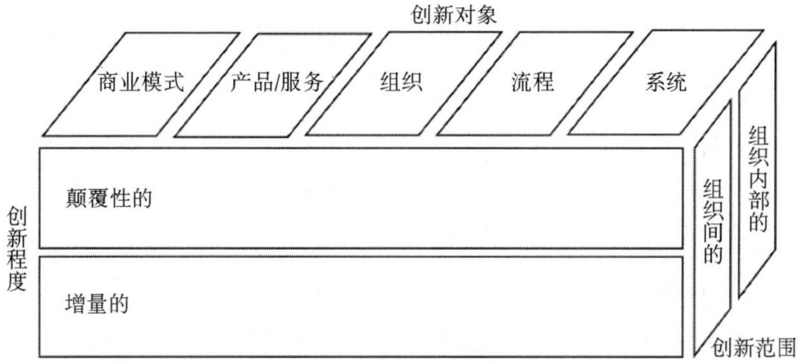

图 13－5 金融科技解决方案的维度（Puschmann，2017）

2010 年以来成长起来的初创公司，有近 15%的独角兽公司属于金融科技/保险科技类别。2013 年金融科技市场估值为 40.5 亿美元（Skan 等，2015），2020 年增长 25 倍以上，2019 年投资额为 1 504 亿美元。以下是 2018 年至 2021 年上半年对金融科技初创公司的投资情况（KPMG，2021，见图 13－6）。在 2018 年和 2019 年的高峰之后，跌至 344 亿美元，2020 年上半年共有 1 731 笔交易，主要受 COVID－19 的影响。然而，与 2020 年相比，2021 年全球对金融初创公司的投资翻了一番，达到了 915 亿美元。

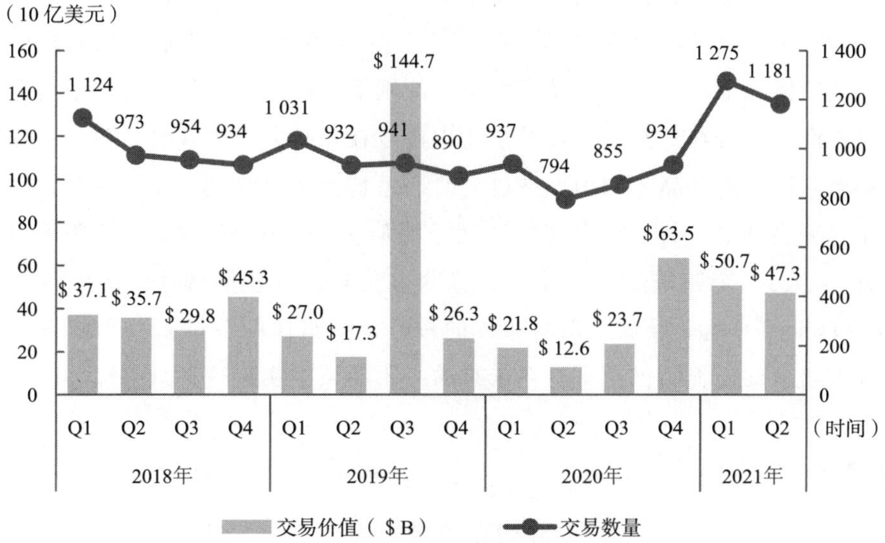

图 13－6 2018—2021 年在金融科技行业的投资（KPMG，2021）

行动的速度和上市的时间可以从技术的角度来解释。通常，现有公司在由创新引起的变化与其现有的组织结构和技术结构之间存在冲突（Lipton 等，2016）。虽然现有结构使现有银行的运营提高效率，但它们阻碍了新的（潜在破坏性的）以客户为导向的战略、创新（实时）流程或移动通道的使用。在许多情况下，银行 IT 系统已经过时，并且已经从销售通道和/或个别产品的内部组织结构中出现，并且未能遵循客户流程的跨通道性质。例如，银行的一项研究证实，银行 IT 应用程序的复杂性景象对银行的响应有重大影响（Barnett，2008）。另一项针对银行高管的调查发现，70% 的银行由于这些限制审查其核心银行平台（Lhuer 等，2019）。尽管，如前所述，与其他行业相比，银行业的投资最高，但具有讽刺意味的是，这种投资的大部分不是用于创新应用的发展，而是现有结构的适应和维护。

由于缺乏传统的架构，金融科技的创业公司具有追求绿色领域方法的优势，可以集中精力在创新上。这导致了功能视角，现有组织的目标通常是涵盖尽可能多的流程类别。反过来，金融科技方法通常与传统的银行服务相结合，更专注和针对特定的流程领域。这些可能来自于提供新的金融产品，如 Covesting（授权数字资产交易）、社区保险或加密货币投资，或来自于其他形式的流程，如客户之间的自我咨询或数字认证程序。

13.3.4　保险科技

由于金融部门也包括保险服务，金融科技也加入了“保险科技”一词（Braun 和 Schreiber，2017）。它可以被解释为保险行业创新型初创公司的金融科技的一个子集。然而，银行服务和保险服务之间存在着重要的区别。例如，在客户互动中，保险公司面临的互动频率明显较低（尤其是与银行相比）：在保险单结束后，只有在服务出现损失或到期的情况下，才会出现新的联系。原则上，由于移动设备和电子服务，对银行业自我咨询和混合客户互动发展的描述也可以在保险公司中找到。例如，保险科技公司提供面向用户的产品，如用户在过境时通过智能手机收到的旅行保险，或远程信息处理保险解决方案，其中客户的行为属于风险分类，并直接影响保费（例如“按里程付费”）。另一个领域是 C2C 平台，像众筹贷款，客户捆绑他们的保险要求（例如 Friendsurance）。这一领域是保险业务的核心，它将风险分配到一个集合中。区块链等金融市场基础设施的创新可以在未来的应用领域中实现这种众筹模型。

13.3.5　总结

IT 的战略意义和成本表明，金融科技对金融部门非常重要，因为与所有其他行业相比，在该行业的投资是最高的。原因是金融产品本质上是数字化的，因此所有与客户和供应商的关系也依赖于数字互动。因此，数字技术是企业未来业务设计以及整个行业设计的关键战略驱动力。本部分表明，不同技术的融合带来了新的应用领域。例如，分布式账本技术、人工智能、扩展现实（元宇宙）和量子计算的融合使新的金融科技解决方案成为可能。

这类金融科技解决方案与创新密切相关，本章提供的金融科技框架有助于更精确地沿着创新程度、创新对象和创新范围三个维度构建该领域。保险科技是另一个新兴的领域，特别专注于保险业，并提供创新的解决方案，如远程信息处理或区块链驱动的保险产品。

尽管 2022 年全球对创业公司的投资有所下降，但新技术的持续发展及融合仍将是金融部门不断变化的强大驱动力。也许金融科技革命的一些早期名字可能会消失（就如像 Napster 这样的早期互联网公司一样），但革命将会继续下去。

13.4　金融科技应用*

本节说明涵盖所有金融流程的金融科技应用程序，包括数字咨询、数字银行服务、开放银行基础设施、区块链应用程序和数据分析应用程序。

13.4.1　数字咨询*

金融科技的一个重要领域是客户咨询，因为金融行业变化的驱动因素对客户互动和供应商互动都有影响。在过去，咨询过程通常只在客户和客户顾问之间的面对面对话中进行。然而，越来越多的去中心化和数字化导致了咨询流程的更大转变。在一项对 258 名数字原生代关于理想通道的调查中，可以看到他们打算使用所有通道的服务（Sachse 等，2012），这也被后来的研究证实（Rizzi 和 Taraporevala，2019）。然而，调查表明，交易过程主要发生在线上并且采用自我服务的方式，但银行分支机构在咨询过程中的支持仍然很重要。更准确地说，客户（目前还没有）不太愿意将数字通道用于投资和抵押贷款等复杂产品。然而，令人惊讶的是，尽管 80% 的客户接触点都在数字通道上，但其占总销售额的比例仍然只有 25 % 左右（约 20% 的在线设备、5% 的移动设备，这取决于国家和机构）。

除了依赖于通过通道执行的流程，还存在不同客户部门的差异。与以前的客户细分方法主要根据资产规模（如零售或富裕银行客户）来区分客户的方法不同，通道视角会根据信息和咨询需求进行额外的细分（见图 13 – 7）。如果后者都很少，那么这些客户通常不接受任何建议（“逃避者”）。另外，自我咨询客户（“自我顾问”）对信息的要求较高，但对咨询的要求较低。咨询客户的特点是具有很高的咨询水平，并使用银行提供的咨询服务来验证其财务决策（高信息要求；“验证者”）或将这些委托给银行（低信息要求；“委托者”）

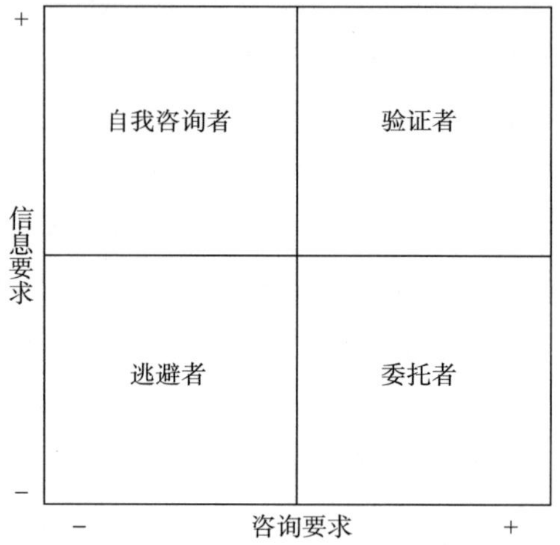

图 13 – 7 根据信息和咨询要求进行客户细分（Niemeyer，2008）

这一发展导致了数字世界和实体世界的融合，使得这两个领域的明确分离越来越困难。因此，消费者在购物街上移动，使用智能手机的摄像头，展示周围商店对特定产品的优惠，既是在购物街的实体世界，也是在移动互联网的数字世界。随着元宇宙的出现，这甚至可能会更加复杂。根据参考框架，这种融合发生在如下三个领域（Nüesch 等，2015）：

- 通道融合（策略）。银行通常经营独立的通道，如互联网或分支机构，作为独立的、组织上孤立的实体，在某些情况下甚至分散在几家公司。电子（基于媒体，如互联网）、固定（本地化，如分公司）和移动通道（非本地化，如现场服务）的融合，从客户的角度来看，需要新的定制客户互动方法，这与融合发展相对应，并解决其分离问题。

- 流程融合（组织）。现今的组织结构和流程往往是面向产品和内部组织结构的。从战略的角度来看，这些通道的融合也意味着在服务提供和递送方面的组织和流程的整合。客户成为这些流程的一部分，并有可能参考依赖于时间和地点的服务（例如，移动支付）。因此，流程步骤不再是依次的，而是并行的，不再是属于特定通道的，而是独立于通道的，最终可以根据客户的需要进行组合和消费。

● 技术融合（技术）。同样，数字化是融合发展的驱动力，也是融合过程的结果。从银行的角度来看，这意味着沿着访问通道和流程整合 AS 和设备，这样客户业务历程就可以动态地出现（例如，网上银行和客户顾问在财务规划中的灵活结合）。此外，新的设备，如平视显示器或语音接口，必须整合并连接到 AS。同样，来自社交媒体上的新功能也会导致全新的客户流程（例如，通过推特进行客户互动）。

然而，在许多银行中，交互通道是单独开发的（见表 13－2）。因此，分支机构或呼叫中心的解决方案往往没有在组织上或在它们的应用程序系统上进行连接。多通道管理的方法创建了一个最初的连接，旨在协调分销通道，但认为这些通道是与它们自己的流程和应用系统相结合的“孤岛”。此外，跨通道管理是一个整合的公司特定的概念，它提供跨通道服务，从而协调流程和应用系统。在这里，通道是跨服务整合的（例如，购买产品可以通过移动方式开始，进一步在线继续和离线完成）。它是同时使用交互通道和由混合客户交互提供的跨通道设计（也称为全通道管理）的先驱。在这里，确定了各个通道的相似性以及它们的特殊特征。混合客户交互结合了所有三个融合维度，从而产生了所谓的无通道系统，其特点是所有相关的内部和外部交互通道的无缝整合，这些通道独立于基础服务。

表 13－2　　通道管理形式

层次	设计标准	多通道管理	交叉通道管理	混合客户交互
战略	通道管理	孤立通道	组织内	组织间
	通道范围	自有	自有	外部
组织	流程设计	孤立	交叉通道	跨公司
	服务提供	通道特定	通道总括	混合
技术	AS	异质性	组织内	组织间
	整合	未整合	组织内	组织间

流畅使用通道的一个例子是在投资过程中的咨询。通常投资过程区分为六个步骤（Hens 和 Bachmann，2009）。第一步，客户分析金融服务提供商及其投资解决方案（信息）；在第二步中，客户在金融服务提供商处开立一个账户，如有必要，则转移其资金（开户）；第三步用于分析客户的风险及其投资策略（客户分析）；第四步提供一个投资组合（投资组合概念）；第五步，客户可以定制这个投资组合，然后通过购买投资权益来执行（投资组合执行）；第六步，托管服务为投资组合的维护和管理提供所有必要的服务（托管服务）。

以下四种类型的咨询模式可以根据通道管理形式、所涉及的供应商以及流程是否由银行顾问、完全电子的机器人顾问或以两种方式（混合）提供来描述（见图 13－8）。

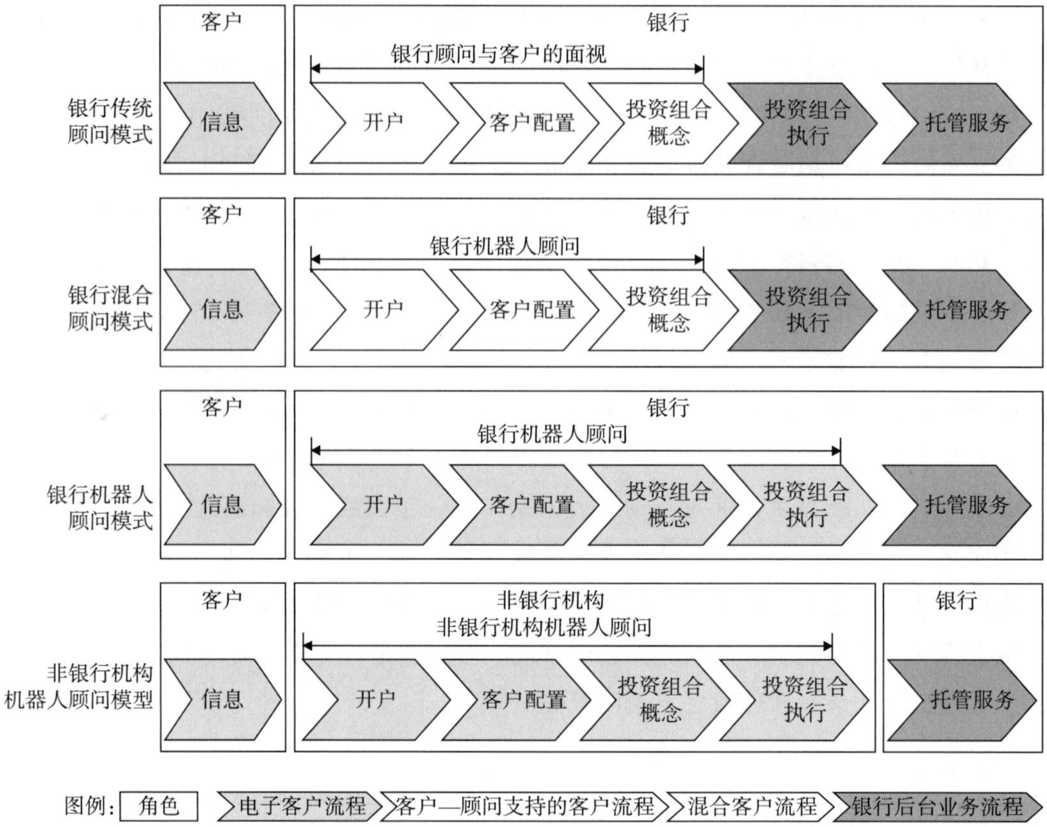

图 13－8　顾问模式的类型

- 银行传统顾问模式。在这种模式中，银行客户会搜索有关投资产品和服务的“信息”。从在银行“开户”“客户分析”“投资组合概念”“投资组合执行”到“托管服务”，全过程都由银行提供。通常，银行顾问在与客户面对面的会议中执行前面提到的前三个流程步骤。该模式通常由私人银行提供。

- 银行混合理财顾问模式。在混合模式中，银行提供了一个机器人顾问，客户可以完全在线管理“开户”“客户分析”和“投资组合概念”的流程步骤。对于有关这些流程步骤的问题（例如，关于特定选择的投资产品），客户可以获得银行顾问的支持。这种模式是混合的，因为客户可以选择仅使用机器人顾问、通过面对面会议、视频聊天或电话等不同通道获得银行顾问的支持。这个模式是由 UBS 提供的。

- 银行机器人顾问模式。在这个模式中，所有流程都完全由银行的机器人顾问以电子方式提供。虽然托管服务仍然是银行后台流程的一部分，但所有其他流程步骤都是由客户触发的。这个模式的一个例子是 Schwab 的智能投资组合，为其客户提供机器人顾问解决方案。

• 非银行机器人顾问模式。与其他三种模式的不同之处在于，银行在这种情况下只提供“托管服务”，而其他流程步骤“开户”“客户分析”“投资组合概念”和“投资组合执行”则由非银行的机器人顾问管理。尽管一些非银行机器人顾问模式开始提供外部顾问的支持，但大多数模式只专注于完全自动化的流程，而不涉及任何人工支持。

13.4.2　数字银行业务*

自 2010 年以来，随着 ATM 服务、网上银行、第一个移动支付解决方案或信用卡无现金电子支付的产生，许多数字银行服务随之出现。这在市场上产生了许多创新的解决方案。通过对其中 150 多项创新的分析，可以得出四个趋势：

第一，数字银行服务与特定的客户需求和流程有关。它们通常关注于销售和咨询、支付、投资、融资或跨流程等领域的活动（Puschmann，2017）（见表 13 – 3）。

• 销售和咨询领域包括：电子自我咨询［如通过货币超市（Money Super Market）比较供应商和产品］、数字咨询助理（例如，Wealthfront 的机器人顾问）、使用数字通道的专家建议（例如，来自 ABN 的基于文本在线聊天和来自 HVB 的视频建议）以及建议客户通过社交网络［如美国银行（Bank of America）、德国 Fidor 银行］咨询。

• 支付领域包括移动支付方式和数字货币，移动支付方式包括用智能手机拍摄存款单（如 Microblink 的 PhotoPay）、数字货币包括比特币和央行数字货币（称中央银行数字货币（CDBC，如巴哈马群岛的沙币）。

• 在投资领域，机器人顾问允许自助式进行投资组合管理，移动经纪业务允许通过手机管理和执行证券存款的交易。此外，“covesting”（其中投资者向他人披露其投资组合）增加了客户的透明度（例如，交互式经纪人资产管理）。

• 融资领域有去中介的趋势，即通过众筹平台（如 Zopa）处理消费者和房地产贷款中的现有服务提供商。此外，区块链允许“标记化”房地产，并允许更少金额的房地产融资（如 Crowdhouse）。

• 跨流程领域被分配给多家银行的解决方案，让客户大致了解他们的金融服务（支付、投资、贷款和保险）。个人财务管理（PFM）解决方案（如 Quicken 和 Outbank）正在发展为独立于设备的云计算服务。在知识传送（金融教育/通识）以及通过社交网络的评论、论坛贡献和金融新闻来确定证券、指数和货币的趋势等领域也出现了新的应用。

第二，数字银行服务是非银行金融服务提供商的核心，而不是传统金融服务提供商的核心，至少在目前的发展阶段而言是这样。因此，新的参与者进入了银行业（如谷歌、苹果、脸书、亚马逊），而没有银行的数字化或基于 IT 的商业模式（如比特币、区块链）正在出现。正如比特币或其他电子支付系统（例如 Alipay）所示，这些基于生态系统的模式的成功取决于用户的临界数量、与其他解决方案的互操作性或技术安全性和可伸缩性等标准。

第三，除了支持客户—银行/客户—非银行互动（B2C）外，许多数字银行服务还关注客户—客户互动（C2C）领域。在接受调查的数字原生代中，76% 的人使用社交网络作为财务问题的被动信息来源，64% 的人提出问题，46% 的人就财务问题提供建议（Sachse 等，2012）。这与一项对 100 家银行进行的研究结果一致。该研究确定，金融教育和咨询是仅次于社交媒体网站营销的第二大服务类别（Bohlin 等，2018）。支持客户交互的数字银行服务，可以在所有银行领域（支付、投资、融资、销售和咨询）中找到。例如，Lending Club 和 Zopa 向个人提供贷款，而美国银行等银行则使用社交网络来相互交换客户。

第四，数字银行服务的互用性水平较低。除了 PFM 工具，大多数解决方案都是基于一个孤立的方法。因此，下一个合乎逻辑的步骤是以综合解决方案的形式将服务连接和捆绑起来，客户可以从一个可用的金融服务投资组合中选择和联合其服务。例如，客户可以通过一个中立的存款审计提供商在其 PFM 系统中自动化存款，或者通过直接在其 PFM 中使用像 Loylogic 这样的解决方案在兑现资产后立即管理其奖励积分。所需互用性取决于复杂程度和成熟度。虽然一些国家在支付领域有标准（例如，德国的 FinTS），但在投资和融资领域的可用解决方案通常仅限于单一供应商的观点，只允许产品比较（例如，货币超市）。表 13－3 概述了数字银行服务，并展示了在客户互动中所提取的潜在解决方案：

13.4.3　开放银行*

金融科技应用中的另一个重要领域是“开放银行”基础设施。开放银行的定义是银行与第三方开发商和公司共享客户数据，以开发新的应用程序和服务，包括提供实时支付、提高账户持有人的财务透明度、营销和交叉销售（BIS，2019）。例如，当今价格比较网站必须通过银行专有应用程序编程接口（API）（例如，经常通过专用数据捕获机构收集的信息）获得中小企业商业贷款的数据，或通过称为“屏幕刮”的流程直接从银行的网页捕获数据。但由于这个流程非常复杂且容易出错，一个标准

表 13－3　　数字银行服务的例子（Alt 和 Puschmann，2022）

提供商＼客户流程		销售和咨询	支付	投资	融资	交叉流程
银行	B2C	实时和移动消息传递：ABN Amro（NLD） 视频会议：HBVA（DEU） 平板咨询：PostFinance（CHE） 个人财务管理（pfm）：PostFinance（CHE） 在线预约安排：Bank of Montreal（CAN）	在线支付：Transfer Wise（GBR），WeChat Pay（CHN） 社交媒体支付：Facebook Messenger，WhatsApp Pay（USA） 移动支付：Züricher Kantonalbank（CHE） 智能手机捕捉存款单：Credit-Suisse（CHE） 电子钱包：PostFinance（CHE）	移动经纪业务：许多银行为移动经纪业务提供智能手机和平板电脑应用程序 基于凭证的储蓄：Monkee（AUT） 冲动性储蓄：Erste Bank（AUT） 自动投资组合优化：UBS（CHE）	按揭比较：Comdirect（DEU） 网上申请消费贷款：Targobank（DEU） 网上按揭贷款申请：Glarner Kantonalbank（CHE）	财务信息：许多银行提供诸如财务信息或分行查找等功能 在线账户/存款账户开立：Fidor（DEE） 多家银行整合：Allianz Heymoney（DEU） 实时移动聊天：Citigroup（USA） 播客：Credit Suisse（CHE） RSS/社交媒体：Deutsche Bank（DEE） 理念管理：Deutsche Bank（DEU） 银行应用商店：Crédit Agricole（FRA） 门票：Royal Bank of Scotland（GBR）
	C2C	客户社区	P2P 支付：Twint（CHE）	股票讨论：Stockopedia（GBR） 股票分析/预测：Stockopedia（GBR） 社区利率：Fidor（DEU）	众贷消费贷款：Fidor（DEU）	论坛：Maxblue（DEU） 社交网络：Fidor（DEU）金融数据分析：Capital One（USA）

续表

提供商 \ 客户流程		销售和咨询	支付	投资	融资	交叉流程
非银行	B2C	客户获取：LinkedIn(USA) 个人财务管理(PFM)：Personal Capital(USA) 在线客户分析和咨询：MoneyPark(CHE)	移动支付：Apple Pay(USA) 支出跟踪和预算：Fyber(DEU) 账户比较：Check24(DEU) 信用卡组合优化器：The Points Guy(USA) 电子钱包：Coinbase(USA)，Google Wallet(USA)	在线投资组合管理：Wealthfront(USA) 在线投资组合分析：Global-ance World(CHE) 面向企业客户的多银行/多资产交易：360t. com(DEU) 基于凭证的储蓄：360t. com(DEU)	利率比较：zinshund(DEU) 抵押贷款比较：Check24(DEU) 企业客户融资：Finpoint(DEU) 信用检查：Kreditech(DEU)	金融教育：iGrad(USA) 投资服务：Moneyland(CHE) 保险服务：Postbank(DEU) 礼券：PostFinance(CHE) 电子数据安全：SecureSafe(CHE)
	C2C	社区咨询：Fidor(DEU)			在线咨询：Studienkredit. de(DEU) 众贷消费贷款：Lendico(DEU) 众贷抵押贷款：Money 360. com(USA) 众筹：Seedmatch(DEU)	社区股票分析/预测：Stockpulse(DEU) 客户顾问比较：Whofinance(DEU) 积分市场：PointsPay(CHE)

的 API 将允许更多的第三方提供商提供可以针对消费者市场的应用程序。一般来说，可以区分三种类型：

• 内部 API 只在组织内使用。它们提高了操作效率，从而通过标准化应用程序之间的接口，降低了内部成本。

• 合作伙伴的 API 只能被预定义的第三方组织（例如，经过认证的供应商等）使用。合作伙伴 API 减少了新组织的整合工作，从而提高了标准化的网络效果。

• 公共 API 可以被所有组织使用。BBVA API 市场就是一个例子。公共 API 使 API 发行商能够利用自己的产品和服务，通过参与第三方组织来创建新的数字银行服务，从而实现开放创新。

图 13－9 表明，开放银行解决了所有三个参考框架层的需求。在战略层面，需要在国家/超国家层面（如争议机制）和组织层面（如银行内部监管等）上定义监管框架。

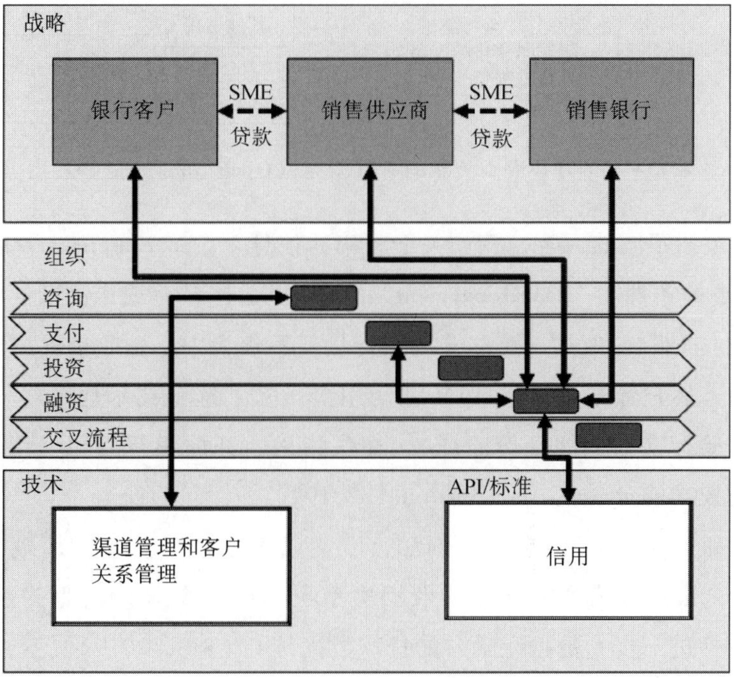

图 13－9　开放银行基础设施

银行还需要定义哪些产品和服务将成为开放银行战略的一部分，以及之后如何将它们捆绑在一个开放银行的 API 目录中。在组织层面上，需要指定每个 API 产品和服务域的流程，并且必须建立一个结构性组织来维护 API 和 API 目录。最后，在技术层面上，需要定义和维护所有涉及的 AS 规范以及潜在的标准（例如，在应用程序被修改的情况下)。图 13－10 中示例的背景是银行客户比较并从第三方销售供应商购买中小企业（SEM）贷款。销售供应商使用来自不同银行的开放银行 API 来整合其数据。

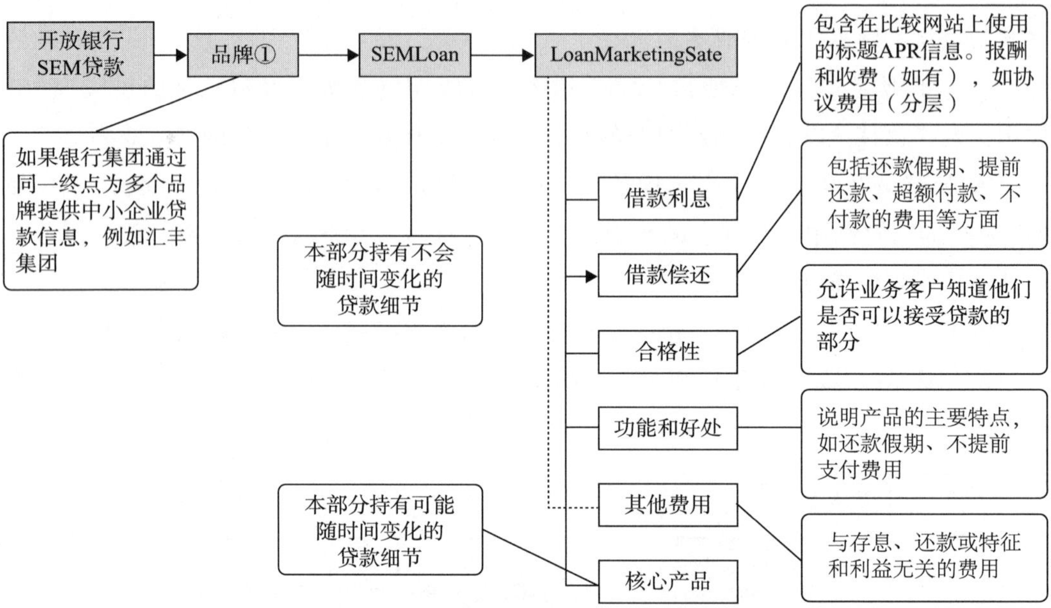

图 13－10 中小企业贷款的 API 规范（Open Banking，2019）

API 规范包括不同的元素，例如关于利率的信息（“LoanInterest”；例如报酬和费用)、贷款偿还的条件（“LoanRepayment”；例如提前还款）或产品功能（“功能和好处”；例如支付假期)。例如，英国开放银行创新不仅为中小企业贷款指定了 API，还为分行、账户、客户数据指定了 ATM 和信用卡。除了这个技术规范之外，英国还支持创建用户体验标准（例如身份验证)、操作指南、开放银行目录、用户争议机制、实施支持和监控功能（Open Data Institute，2019）。

开发开放银行的国家有差异（例如，欧盟已经通过了法律，而瑞士尚未起草，见图 13－11)；银行与第三方共享的数据类型也不同（例如，欧盟关注支付处理数据，而英国包括进一步的数据元素，如贷款数据等）（BIS，2019）。开放银行的范围和数据也有所不同。在比较不同的国家时，开放银行的成熟度也有所不同。欧盟和英国以及其他一些国家遵循“规定性”方式，迫使银行开放接口；而新加坡等其他国家和中国香港地区则采取“促进性”方式，这意味着监管机构通过支持开放银行来促进竞争。第三类国家遵循“市场驱动”的解决方案，第四类国家只是“正在采用或积极考虑”中（BIS，2019）。

一些框架，如欧盟修订后的支付服务指令（PSD2），只适用于特定类型的数据，

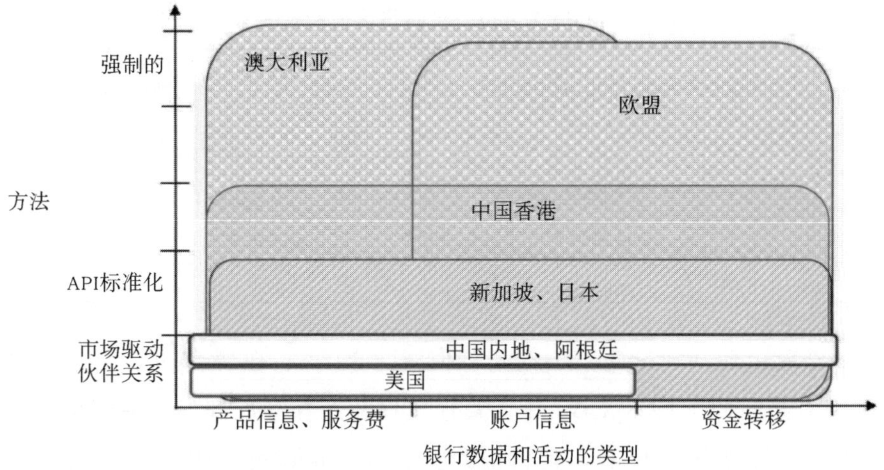

图 13－11　开放银行方法（BIS，2019）

如支付处理数据，并向第三方提供对数据的“读”和“写”访问和支付启动。PSD2并不阻止会员司法管辖区应用于更广泛的范围。相比之下，澳大利亚的框架为数据整合目的提供了“只读”权力，并最终将覆盖银行以外的行业，如电信和能源行业。这可能需要一个新的跨行业框架来实现用户数据共享。例如，开放银行的原则也可以适用于其他部门，数据访问和使用的“竞争环境”也可以以一种新的方式进行分级，金融稳定问题的规模可能会由于网络效应而增加。

13.4.4　区块链*

区块链的概念早在 20 世纪 60 年代就出现了，当时美国的兰德公司开发了一些概念，在对其集中架构的单一节点进行军事打击时保持通信（Baran，1962）。然而，当时的技术仅限于开发完全分布式的系统，能够横跨网络中涉及的所有计算机提供完整的功能。随着时间的推移，这种情况发生了改变，密码学和通信网络变得更加强大，由于全球化和价值链的分裂，行业变得更加分散，这也导致了许多行业的去中介化。

金融行业具有去中介的趋势，这随着金融科技的发展而加剧，并在新兴生态系统中导致了非常多样化、异质的供应商领域。然而，这些机构之间的业务流程的操作需要一个安全可靠的基础设施，不仅在分布式参与者之间进行安全通信，并持续地共享信息，而且避免（组织间和内部）组织应用程序系统之间的接口，使它们在参与的“节点”之间可用。如果将企业系统中的技术替代方案转移到（组织间）金融市场基础设施（FMI），那么根据其组织和技术设计的中心性，可能有四种配置来形成其他整合（见表 13－4）。

表 13 – 4　　IT 基础设施的组织和技术重点

系统重点 \ 组织重点	集中协调	分散协调
集中式系统	由一家公司协调中央基础设施（如瑞士 Six Group 的瑞士价值链）	具有综合协调的分散系统使用（例如，基于账户的 CBDC）
分散系统	系统的分散使用和集中的协调（例如，微软 Excel）	没有总体协调的分散化系统（例如，电子邮件、比特币）

例如，金融市场基础设施，如瑞士价值链（SVC），在协调和系统方面都是集中的：因为 SVC 运营商（即 SIX Group）管理流程和系统（如证券交易所平台，用于处理支付交易的应用系统）中心。到目前为止，客户正在通过银行附属的这些支付基础设施来完成支付。基本原则是，只有中央授权的金融中介机构（如有银行执照的银行）才能接管账户和托管账户的管理。

这种日益增加的分散化需求和整合需求与大多数应用系统的集中式技术方法形成了鲜明对比。作为分散数据库的一种形式，所谓的分布式账本技术随着区块链的出现得到广泛的认识。虽然没有共同的标准定义，但最常用的是“分布式交易分类账”（Halaburda，2018）。因此，许多人将其称为分布式分类账（DLT）。因此，分布式账本或区块链（在这里可以互换使用）可以被定义为谁拥有什么数字记录，没有中央存储，凭借账本的副本存储。共识机制确保每个节点的分类账副本与彼此节点的副本相同。对区块链的写入访问是由矿工或验证者使用共识机制和加密签名进行组织。这样的区块链既可以是开放的，也可以是封闭的。后者描述的区块链要么是私有许可的，要么是只由有限的授权成员使用的，而公共区块链可以被任何人使用。这就导致了四种类型的区块链（见表 13 – 5）。

表 13 – 5　　区块链类型

			读	写	记住	例子
区块链的四种类型	开放式	公开许可	任何人	任何人	任何人	比特币、Ethereum 1.0
		公开被许可	任何人	授权成员	已授权成员的全部或子集	Sovri、CBDC
	封闭式	组织间被许可	授权成员	授权成员	已授权成员的全部或子集	组织间的共享账本（例如，Partior）
		组织内被许可	授权成员	网络操作员	网络操作员	组织内部的共享账本（例如，Allianz captive insurance）

分布式分类账和区块链的一个具体应用是数字货币，由于货币与数字化的相关

性，数字货币已经发展成为一个重要的领域。一般来说，可以区分中央银行数字货币（CDBC；公共被许可）和私人数字货币（如比特币，无公共许可），后者被进一步区分为第一代货币（如比特币）、稳定币（如 Tether）和全球稳定币（如前 Diem）（IMF，2020）。稳定币是通过将某种币的价值与资产池（在大多数情况下是法定货币，比如美元）联系起来来稳定其价格。在这种情况下，中央银行数字货币（CBDC）可以被定义为一种数字钞票，可以被个人用来支付公司、商店或彼此之间的费用（零售 CBDC），或在金融机构之间进行金融市场交易（批发 CBDC）。

图 13－12 的例子说明了区块链在比特币背景下的工作原理。在这个例子中，用户通过电子市场（例如，Huobicoin）购买比特币，通过银行的支付系统将网上银行中的相应金额转移到市场的银行账户。然后，市场将此金额计入，用户可以将其兑换成比特币。电子钱包中的比特币现在可以被客户用于在卖家的网上商店进行购买和交易，或直接转移到其他用户的电子钱包中。更新它们之间的数据需要在涉及共识机制的不同节点之间进行协调，这就是工作证明（PoW）。

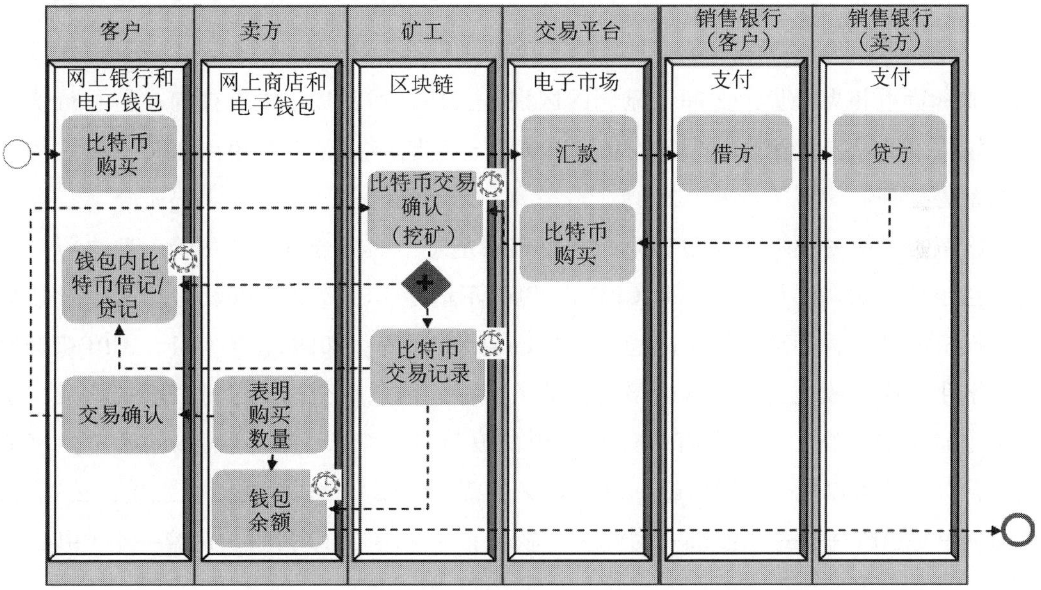

图 13－12　比特币交易（Alt 和 Puschmann，2022）

像比特币这样的数字货币是否可以被视为“货币”的讨论仍在进行中。如前所述，货币有四个核心功能：交换媒介、价值储存媒介、计价单位和法定货币。但这些功能在过去的几个世纪里并不稳定，而且随着时间的推移也发生了变化。数字化现在可能会再次改变这些功能（Hens，2019）。例如，弗里德里希·奥古斯特·哈耶克（Friedrich August Hayek）在其《货币的去国有化》一书中对货币的分散化进行了深入的讨论。反对竞争货币的一个主要论点是较高的信息成本，这意味着对于每一次支付，都必须计算出不同货币的不同价格。如果汇率出现波动，这一点尤其重要。但随着技术的进步，这些成本可以降到最低限度。表 13－6 总结了央行支持的法定货币和数字货币在货币功能方面的特点，并辅以“识别”“发行货币激励”和“危机中的武器”作为进一步的货币功能。

表 13－6　法定货币和数字货币的特征（Hens，2019）

货币功能	法定货币	数字货币
交换媒介	国内转移费用很少，但国际转移费用很高	国内和国际免费。但是采矿成本是在浪费能源
价值储藏	由于通货膨胀而造成的永久损失	由于投机而造成的波动性，除非有担保
账户单位	得到确认	尚未确定
法定货币	得到确认	偶尔
识别	这对一些国家和像欧盟这样的超级国家来说识别度都很高	到目前为止，只有国际加密货币社区高
发行货币激励	一般较高，应为垄断权力，但国际竞争是“美元化”式的，因为灵活的货币供应	由于硬分叉的限制（不接受旧的区块链版本）
危机中的武器		只有当储备已经积累起来

加密货币和央行货币之间最显著的区别是支持。加密货币没有任何支持，价值是由市场决定的。与此相反，“稳定币”以黄金、房地产或法定货币（如 Tether）等价值储备为抵押。

第三类是第一类数字货币和第二类央行法定货币的混合形式。尽管一些央行，如英格兰银行和瑞典央行开始试验 CBDC，但仍不清楚 CBDC 是否以及为什么会导致信贷、投资的减少，甚至破坏金融稳定（Brunnermeier 等，2019）。事实上，CBDC 会通过数字化，明确改变央行隐含的最后贷款人担保，因此只会改变银行资金的构成。这似乎是显而易见的，因为央行仍然是货币的发行者（CBDC）。但很多问题仍然不清楚（例如，你可以换一张面值超过 50% 的新钞票，如果 CBDC 被销毁会发生什么）。延伸阅读中是巴哈马群岛“沙币”的例子，显示了在 2020 年 10 月推出的第一个 CBDC。

延伸阅读　巴哈马“沙币”

巴哈马成为世界上第一个由国家支持并于 2020 年 10 月推出 CBDC 的国家。被称为“沙币”的 CBDC 预计将促进偏远岛屿的金融包容性，并被转移到移动电话数字钱包（见图 13－13）。

93% 的人口使用银行，96% 的人口拥有手机。

沙币与巴哈马元有关，而巴哈马元本身也与美元有关。

在试验阶段发行了 48 000 沙元。

沙币是通过一种间接的方法推出的，即数字货币通过商业银行从央行分配给消费者。商业银行提供 CBDC 培训、KYC 和 AML 服务。

一旦数字货币被转移，商家就可以获得付款，也可以进行点对点支付。

截至 2022 年 4 月，大约有超过 30 万的沙币在流通中使用，使用者有 2 万占总人口（约 40 万）的 5%。

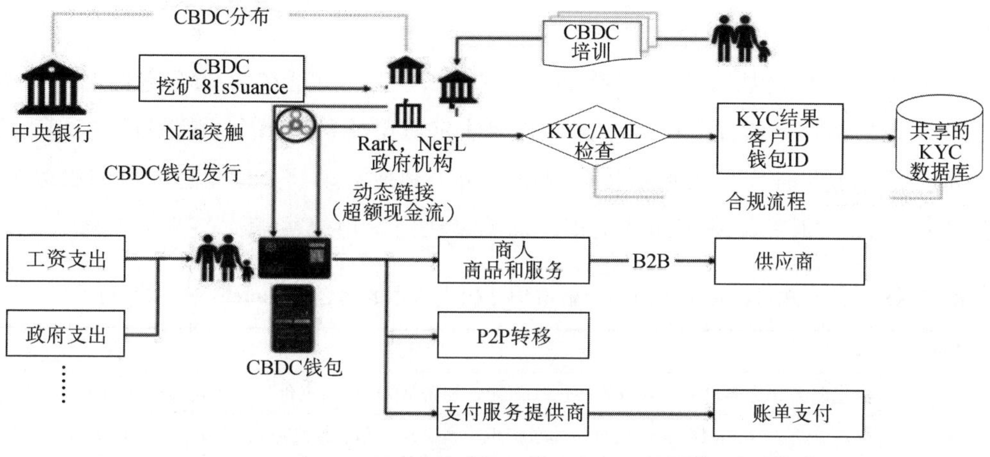

图 13－13　沙币的体系结构（巴哈马群岛中央银行，2019）

然而，分布式基础设施不仅关注数字货币等货币形式的交易价值，还为贸易金融、证券结算等其他银行流程提供功能。表 13－7 概述了金融服务行业中不同的贸易金融相关区块链，它们依赖于不同的技术（如 R3 Corda、Hyperledger），并有不同的应用（如信用证、开户）。

表 13－7　　金融服务业的 DLT 解决方案示例（摩根大通，2019）

名称	流程	技术	应用
Contour	贸易金融	R3 Corda	信用证
We. Trade	贸易金融	Hyperledger	开户
Marco Polo	贸易金融	R3 Corda，Trade IX	开户
Komgo	贸易金融	Quorum	开户，信用证，KYC，证明
VAKT	贸易金融	Quorum	大宗商品交易中的贸易后管理
eTradeConnect	贸易金融	Hyperledger	开户

随着区块链的兴起，目前可能会观测到向去中心化平台提供商进行的移动。这种新颖的基础设施通常被称为“去中心化金融”（DeFi），并显示了价值网络中角色的

出现和重新排列。DeFi 可以被定义为“消除或减少传统上参与提供金融服务的一个或多个中介机构或集中化流程的作用”（Financial Stability Board，2019）。这也可能导致不同程度的权力下放，这取决于消除和/或减少的参与者数量（部分、完全）。DeFi 至少影响三个领域（Financial Stability Board，2019）：

- 治理，这意味着从中央机构转向一群决定金融交易的广泛用户。
- 冒险行为，主要关注金融中介机构资产负债表风险向同行直接匹配的转变。
- 记录保存，专注于从集中保存数据和记录向分散的数据存储、访问和验证的转变。

DeFi 的新角色仍然大多与现有的角色脱钩，但人们正在尝试将它们联系起来。该基础设施的用户目前拥有的唯一链接是将法定货币转移到一个加密货币交易所，然后法定货币在那里被交换为加密货币，可以用于其他活动。其他角色提供的服务类似于现有的 FMIs，但都是基于加密货币，而不是法定货币（见表 13－8）。

表 13－8　在加密货币导向的金融市场基础设施中的角色（Rauchs 等，2018）

角色	服务描述
经纪人	经纪服务支持客户通过其数字钱包（例如，加密 AG）以给定价格获取和/或出售加密货币
加密 ATM	自动柜员机（ATM）允许用户用加密货币交换法定货币，反之亦然（例如，比特币 Depot）
加密交易	用加密货币交换法定货币的数字平台。不同类型可以被区分：托管（有存储，如 Coinbase）、无托管、P2P 和没有中介平台的分散交易所
矿工	专注于挖掘新的加密货币的参与者，这主要发生在应用工作证明等共识机制时。矿工可以是私人公司，也可以是专业公司（所谓的“采矿农场”，如 Bitmain）
挖矿硬件提供商	这些供应商为私人和专业矿工（例如，Bitmain）生产和分发专业的硬件
支付提供商	提供支付服务的供应商，以方便资金的转移。在消费领域，他们专注于信用卡或加密货币支付（如 Visa，Paypal）；而在商界，他们则专注于汇款、跨境支付等
远程挖矿托管服务	这些服务允许私人和专业矿工为他们的采矿活动使用额外的计算能力（例如，Miningsky）
存储提供商	在电子上或物理上将加密货币存储在专用设备上以保护用户加密货币的企业（例如，KeepKey）
交易者	交易服务允许客户基于复杂的交易工具购买和管理投资组合包（例如，SEBA Bank、Sygnum Bank）

DeFi 提供商的一个例子是 MakerDAO（见图 13－14）。该平台于 2015 年推出，将信用与一种名为 DAI 的稳定数字货币相结合。要通过 MakerDAO 获得 DAI 信用，用户需要将基于以太坊的数字资产作为抵押（如 ETH、ZRX、OMG 等）。ETH 对 DAI 的存款比例为 150%，ETH 对 DAI 的汇率为 66%，即可以借 2 单位 DAI 以获得 3 单位 ETH。在历史上至少 0.5% 和高达近 20% 的支付费用必须被支付。管理平台的 MKR 代币持有者（这些是 MakerDAO 采矿者）批准交易。他们还通过决定是否包括额外的

抵押品、稳定费、年利率和抵押品比率来控制平台。MKR 代币持有者也是 DAI 贷款人的最后买家。这表明，如果储存在 MakerDAO 的抵押 ETH 低于所需的金额，则创建 MKR 并在拍卖中进行交易，以筹集所需的额外资本。

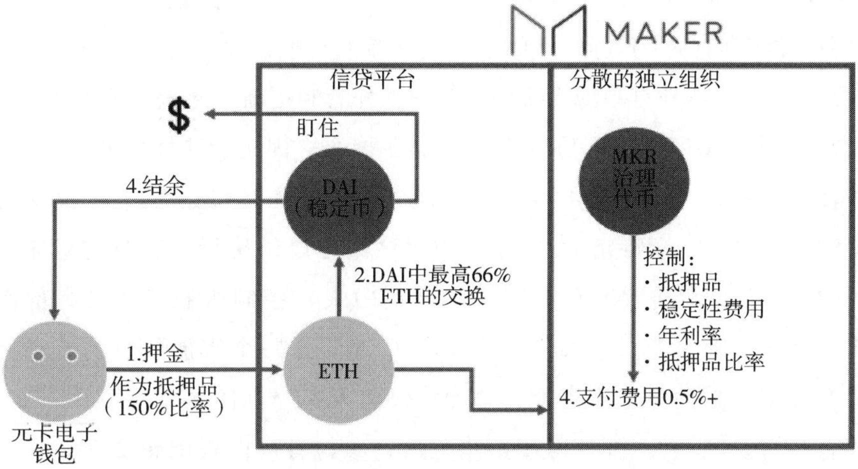

图 13－14　MakerDAO 平台的信贷流程

在对 278 家 DeFi 公司的综合文献和启动分析中，根据参考框架，可以得出关于 DeFi 领域当前结构的以下维度和特征（Puschmann 和 Huang，2022）：

- 战略。战略视角概述了特定 DeFi 解决方案所围绕的不同加密资产（例如，MakerDAO 案例中的以太坊）。这涵盖了 Bitcoin、Ethereum、Terra、BSC、Avanlanche、Cronos、Cardano、Solana、Polkadot、Arbitrum、Fantom、Oasis 和 Velas 等最相关的十大加密资产。战略视角中的第二个相关维度是 DeFi 解决方案的价值主张。有五个价值主张："分散数据基础设施""成员管理""业务流程自动化""加密经济模型""分散治理"（例如，MakerDAO 的 MKR 代币持有者）和"聚合"。此外，代币的类型（可替代，不可替代）是这个视角中的第三个维度。不可替代代币（NFT）是一种不可交换的数字资产，如照片、歌曲或视频，其所有权经过身份验证并存储在区块链上，可以在各种在线平台上收集、出售和交易。另外，"可替代的商品"是可互换的：一个加油站的一升汽油等于另一个加油站的一升汽油。

- 组织。组织视角主要关注 DeFi 解决方案试图处理的业务流程。这里区分特色支付、借贷（如 MakerDAO 的信贷平台）、投资、保险和交易。另一个相关维度是价格发现机制，可以区分制造商提出的智能合约、对等谈判、链外和链上的订单。Schar（2021）将价格发现机制定义为一个促进过程，在此过程中，执行了一个有效的解决方案，以匹配在去中心化交易网络中以一定价格出售或购买给定资产的意愿。

已确定的价格机制包括智能合约（一旦完成预先编程的合同条款后，交易将自动执行；例如，MakerDAOs 的解决方案是基于这种方法）、点对点（P2P）谈判（潜在买方和卖方将参与谈判价格和其他交易条件）、制造商提议（交易发起人会对有意的交易对手方提出交易价格范围）、链上订单（一个完全分散的流程，每个订单为交易匹配都存储在智能合同中）和链外订单（一些分散的交换协议依赖于链外订单，只使用区块链作为结算层。链外订单簿由集中的第三方托管和更新，通常被称为“继电器”）。

- 技术。技术角度区分了协议类型［储备聚合、固定功能做市商（“CFMM”）、P2P 和分散订单交换］以及整合类型（单链与跨链、链上和链外）。“协议类型”指的是交易流程如何被一个特定的 DeFi 应用程序编程以供执行，有时它意味着分散的程度。例如，储备聚集协议通常具有一些（集中式）控制机制，如最高价格或最少数量的流动性提供商（例如，Kyber 网络）。CFMM 是一个智能的合约流动性池，在储备中持有（至少）两笔加密资产，并允许任何人存放一种类型的代币。P2P 协议也被称为“柜台协议”，它主要依赖于两步方法，参与者可以查询想要交易一对加密资产的交易对手，然后协商双边汇率。“分散订单簿交换”收集订单簿中的买卖订单，其中潜在的交易在执行之前实现匹配。在“整合类型”维度中，DeFi 方法是基于它们是在单链网上还是跨多个链网运行来进行聚类的。此外，一些 DeFi 应用程序促进了链上交易，但应用程序本身是独立于任何链网的。一个恰当的例子是 Chainlink，它跟踪潜在资产的外部价格，并将这些信息提供给链上交易。

表 13－9 显示了以与观点和维度相关的百分比表示的所分析的 278 家创业公司的特征识别频率（标注为“E”的维度是排他的，这意味着所分析的创业解决方案只能匹配其中一个特征；标注为“N”维度是非排他的，这意味着解决方案可以映射到多个特征）。

表 13－9　　　　DeFi 创业公司的分类法

<table>
<tr><th>视角</th><th>维度</th><th colspan="6">特征</th><th>E/N</th></tr>
<tr><td rowspan="5">策略</td><td rowspan="2">加密资产</td><td>Ethereum
(36.3%)</td><td>Terra
(7.6%)</td><td>BSC
(16.2%)</td><td>Avanlanche
(6.8%)</td><td colspan="2">Solana
(11.5%)</td><td rowspan="2">E</td></tr>
<tr><td>Tron
(1.8%)</td><td>Fantom
(10.4%)</td><td>Cronos
(1.8%)</td><td>Cardano
(1.1%)</td><td colspan="2">Others
(6.5%)</td></tr>
<tr><td>价值主张</td><td>分散的数据基础设施（11.6%）</td><td>会员管理
(1.7%)</td><td>分析和自动化
(52.0%)</td><td>加密经济模型
(8.0%)</td><td>分散治理
(3.3%)</td><td>聚合
(23.4%)</td><td>N</td></tr>
<tr><td>代币类型</td><td colspan="3">可替代代币
(94.2%)</td><td colspan="3">不可替代代币
(5.8%)</td><td>N</td></tr>
</table>

续表

<table>
<tr><th>视角</th><th>维度</th><th colspan="5">特征</th><th>E/N</th></tr>
<tr><td rowspan="2">组织</td><td>业务流程</td><td>支付
(3.2%)</td><td>借贷
(22.7%)</td><td>投资
(37.8%)</td><td>保险
(1.8%)</td><td>交易
(34.5%)</td><td>E</td></tr>
<tr><td>价格机制</td><td>智能合同
(91.4%)</td><td>P2P 谈判
(0%)</td><td>制造商提议
(1.1%)</td><td>链外订单簿
(0.7%)</td><td>链上订单簿
(6.8%)</td><td>E</td></tr>
<tr><td rowspan="2">技术</td><td>协议类型</td><td>储备聚合
(15.5%)</td><td colspan="2">恒定功能做市商
(7.6%)</td><td>点对点
(62.9%)</td><td>分散的订单簿交换
(14.0%)</td><td>E</td></tr>
<tr><td>整合类型</td><td>单链
(56.8%)</td><td colspan="2">跨链
(43.2%)</td><td>链上
(95.3%)</td><td>链外
(4.7%)</td><td>E</td></tr>
<tr><td colspan="8">如果一个维度是非排他性的，那么累积的相对频率可以不同于 100%</td></tr>
</table>

分析表明，这个话题目前被广泛讨论。尽管基于以太坊的 DeFi 创业公司占样本中所有 DeFi 创业公司的 36%，但替代区块链网络如 BSC、Fantom 和 Solana 包含了大量的 DeFi 创业公司。特别是 Solana 和它自己的 DeFi 生态系统自 2020 年以来增长非常快，因为与以太坊相比，Solana 的交易处理能力更快、更便宜，加强了 DeFi 2.0 和以太坊 2.0、分叉链和分离公共链的潜力。然而，目前，分析样本中只有 4% 的创业公司提供跨链服务，这表明跨链互用性仍然是一个利基市场（例如，跨链价值转移服务，如 Wormhole 和 Stargate）。

13.4.5　数据分析*

数据分析的应用程序依赖于数据。在过去的几十年里，数据的数量（数据量）、速度（数据处理的速度）和多样性（数据来源和格式）有所增加，今天大多数被称为"大数据"：

- 数据量：金融业的数据数量一直在以惊人的速度增长。例如，由计算机进行的高频交易在几秒或不到 1 秒内进出，占目前约 2 万家交易公司的 2%。然而，它们占了 50% 以上（估计占美国所有股票交易量的 60% ~75%）。数据数量随着数据存储成本的减少而增加。
- 数据速度：十年前，股票 OHLC 的价格在第二天被报告（遵循 T+1 规则）。今天，一只股票在 0.001 秒内可以经历大约 500 个报价变化和大约 150 个交易，在 0.1 秒内经历 1 800 个报价和 600 个交易，在 1 秒内经历 5 500 个报价和 700 个交易等。数据的速度随着 IT 速度的增加而增加。

• 数据多样性：金融行业主要处理结构化数据，这些数据是从有限的来源和组织（如交易所、政府、企业、个体、机器等）中收集的。大多数数据来源都是传统的，包括销售数据、消费者行为数据等。然而，近年来，出现了其他的数据来源，包括个体产生的数据（如社交媒体、新闻、网络搜索等）、业务流程产生的数据（例如，交易数据、公司数据等）、通过传感器（例如，卫星、地理定位、物联网）产生的数据。虽然大数据分析在业务决策中提供了潜力，但它也面临着数据质量、选择偏差等挑战。

大数据分析的一种更先进的形式是人工智能（AI），自 20 世纪 50 年代以来，它已经成为计算机科学的主要领域。人工智能“关注的是开发能够参与类脑思维过程的计算机，如学习、推理和自我修正”（新国际韦氏英语综合词典）。这个词可以追溯到 1956 年关于 AI 的达特茅斯夏季研究项目，由 1955 年的一项提案（共同作者是 John McCarthy、Marvin Minsky、Nathaniel Rochester、Claude Shannon）提出，其中包括七个特定领域的人工智能：自动计算机（计算机如何编程使用语言）、神经网络、计算规模理论、自我改进、抽象、随机性和创造力。它通常被称为将人工智能作为一门研究学科发起的标志（Moor，2006）。人工智能至少包括三个组成部分，包括数据、决策和行动以及外部世界（见图 13－15）。

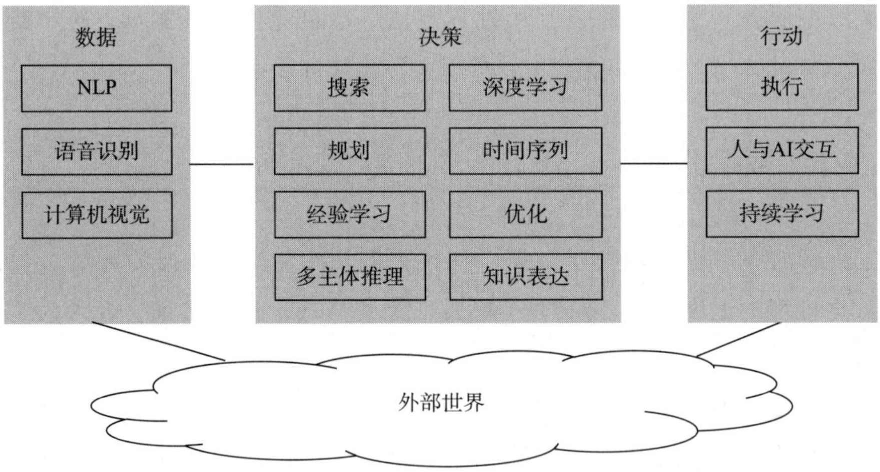

图 13－15 AI 模块

• 数据。数据是人工智能的关键“成分”，可以以书面文本（自然语言处理、NLP）、口头语言（语音识别）和图像（计算机视觉）的形式收集。

• 决策。决策基于推动决策过程的数据。在人工智能算法中，如搜索、规划、经验学习、多主体推理、深度学习、时间序列、优化和知识表达等，都支持这一决策过程。

• 行动。决策最终将导致现实世界中的行动，可以是以流程、人与人工智能交互（例如，聊天机器人或虚拟呼叫中心代理）的形式执行决策。

• 外部世界。数据可以来自内部来源和/或来自外部来源。行动可以触发组织内部和/或组织间的流程。

下面将更详细地解释决策构建模块：

• 搜索允许确定特定问题的解决方案。盲爬山就是一个例子，从一个随机点开始，然后切换到其他点。

• 规划意味着人工智能可以代表世界的状态，并预测利益相关者的行动会如何改变它。

• 从经验中学习意味着从案例中学习，并将其纳入进一步的案例学习中。

• 多主体推理是指人类解决谜题或进行逻辑推论。

• 深度学习可以逐步从原始输入中提取更高级别的特征。例如，在图像处理中，较低层可以识别边缘，而较高层可以识别与人相关的概念，如数字、字母或面孔。

• 时间序列是一种基于时间维度（如天、月、年）的数据分析。

• 解决优化问题的目标是从所有可能的解中找到最优解。

• 知识表达定义人类如何解决问题和表达知识来设计人工智能的形式。

机器学习（ML）是人工智能领域中出现的一个概念。ML 使用算法来学习如何使用大量数据并通过改进数据来完成特定任务。前面提到的多主体市场模拟就是这样一个任务。输入（实时市场数据）用作输入以产生输出（买卖股票）。ML 需要将数据分割为训练数据和验证数据，这允许算法观测输入数据和输出数据之间的关系。它区分了有监督学习和无监督学习。后者使用数据，算法可以将数据结构化并分组为不同的类别，而前者使用标记数据进行训练和预测结果。

下面，更具体地概述数据分析在金融行业的潜在应用领域：

• 咨询：在线和移动通道的增加导致了客户数据在数量和多样性方面的增加。这些数据可以用来设计个性化的产品和服务。例如，服务配置的应用程序（见图 13－16）。阶段 1 定义了产品区域“投资”的服务模块（例如，信用卡：是/否）以及与该区域相关的参数，包括费用或利率。阶段 2 描述产品的特点，如一个年轻储蓄账户。只需要考虑与本产品相关的参数（例如，借记卡不是年轻储蓄账户产品中包含的模块）。阶段 3 通过提供费用、利率等具体参数来实例化产品。

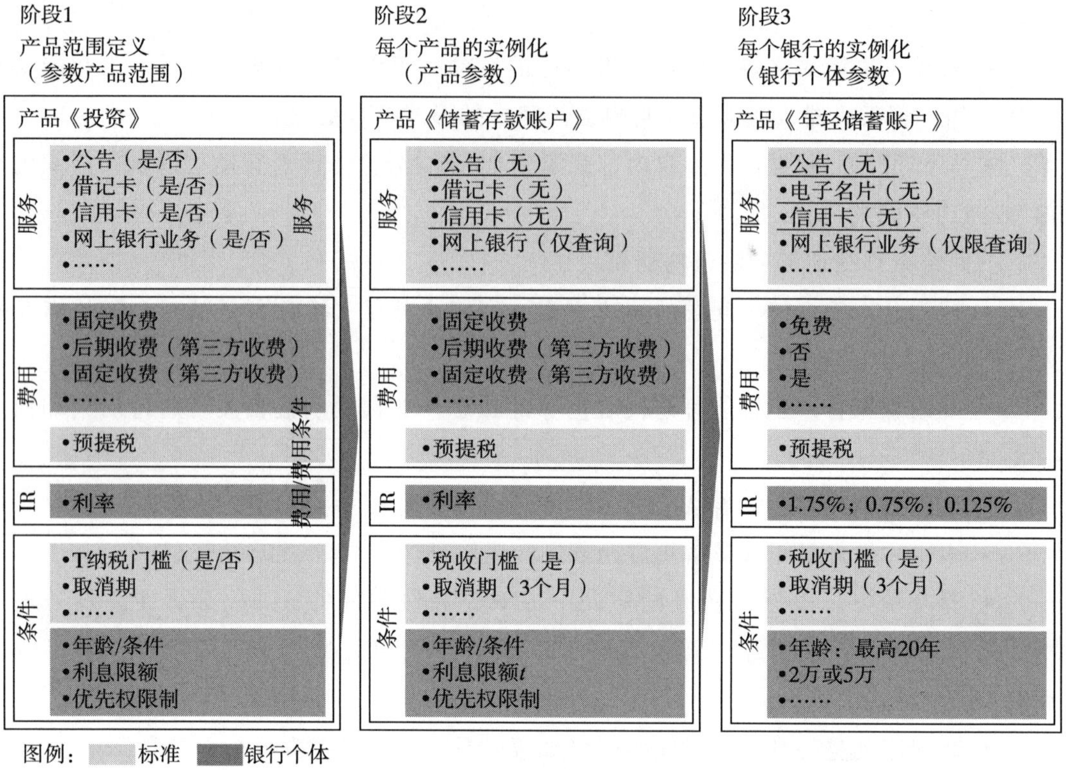

图 13－16　银行产品的标准化和配置（Alt 和 Puschmann，2022）

延伸阅读　摩根大通公司中的人工智能

● 摩根大通拥有约 25 万名员工，其中 6 万名在 APAC 地区，2 万名在 EMEA 地区，3 000 名在拉丁美洲。大约有 5 万人在技术领域工作。

● 该银行为约 6 000 万户家庭和 400 万户小企业以及超过 80% 的财富 500 强公司提供服务。它在美国运营着 5 000 家分支机构和 47 家 Mio。客户都是活跃的数字客户。

● 摩根大通将人工智能理解为一个战略框架。因此，人工智能研究涵盖了所有业务部门，包括企业和投资银行、消费者和社区银行、商业银行、资产和财富管理以及跨公司职能部门。人工智能研究涵盖了更一般的研究问题，但应用人工智能解决了银行内部的特定问题（见图 13－17）。

● 人工智能研究的重点是长期问题（理想的目标），如经济系统的预测、数据安全和金融犯罪、员工授权、改善客户体验和政策合规以及建立道德上和社会上都良好的人工智能。

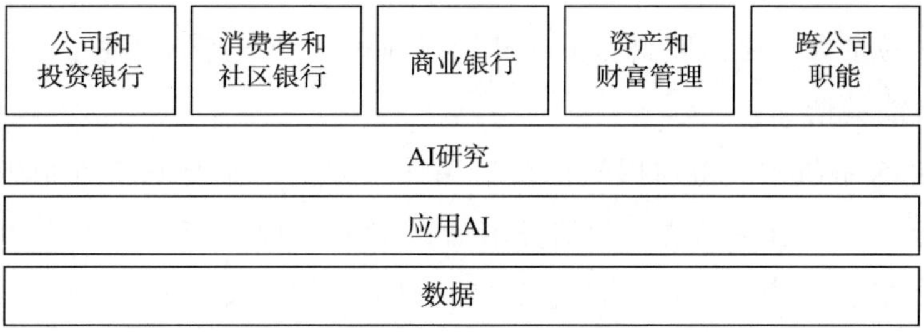

图 13－17　摩根大通的商业和人工智能技术

- 赋予员工决策能力的第一个例子是交易大厅，在交易大厅交易员根据他们面前各种电脑屏幕上看到的图像，决定购买或不购买某些股票。这些决策大多不是由人力交易员基于数学模型或详细数据做出的，而是基于这些非常高的粒度图像。在人工智能中，神经网络能够处理大量的图像（例如，个体照片）。然而，在大多数情况下，这些神经网络大多应用于物体，如汽车、自行车、人等，而不是计算机生成的图表或图像，如时间序列数据（如纳斯达克等）。有了这些图像，就可以训练一个算法来识别这些时间序列中的购买或不购买点数，从而支持人类的决策。在这种情况下，人工智能不仅用于在大多数情况下可用的时间序列数据，也用于没有数据而只有图表存在的图像。
- 第二个例子是多主体市场模拟，它超越了使用历史数据的模式，而是使用实时市场数据（Vadori 等，2020）。在这个模拟中，市场重演主体被成千上万的交互交易主体所取代，这些主体能够在不同场景中创建具体的市场数据。这些场景既可以基于类似配置的议程，也可以基于混合了不同配置的议程。在这里，一个基于强化学习的校准主体可以用来同时估计主体参数和学习主体行为。强化学习主体能够感知和解释其环境，采取行动和通过反复试验来学习。
- 第三个例子是自动化地将数据表示成 MS 幻灯片。例如，通过计算机命令“为 JNJ 创建公司简报平台”，就可以自动创建一个关于 Johnson & Johnson 公司财务数据的完整演示文稿。

- 投资：场内交易的虚拟化通过电子交易系统允许证券交易的实时展现，导致通过使用交易程序进行“算法交易”的现象，其中算法自动生成订单参数（例如，低于一定值就购买证券）。算法交易的一种特殊形式是高频交易（HFT），其中计算机算法用于高速生成和执行订单，这样在自动转售之前就可以非常短暂地持有大量的股票。计算机的共同定位可以用来进一步减少执行交易所需的时间（Law，

2018）。HFT实现了证券交易的成本削减自动化，其特点是在股票、衍生品等不同产品的交易中交易量大、更新频繁和头寸持续时间短。以下案例描述了摩根大通在投资中使用人工智能的情况：

- 融资：金融机构一直使用的传统信用评分方法通常是基于五个组成部分的综合评分，包括：（1）过去的贷款和信贷申请；（2）按时偿还；（3）使用的贷款和信贷类型；（4）贷款和信贷历史的长度；（5）使用的偿债能力。然而，现今可以用于信用评分的数据种类已经扩大。例如，从社交媒体、电子商务网站、地理统计数据等收集到的信息可以用一种比传统方法更复杂的方式来确定个人的信誉。然而，在信用评分中采用这种方法的最大障碍是监管负担。因此，许多创业公司专注于分析此类数据，许多金融机构也将这类非传统数据纳入其中，以增加或补充其仍主要依赖于历史信息的评分方法。

- 风险管理：数据分析可用于金融机构的不同风险领域。例如，在信用风险方面，它不仅可以集合传统结构化数据库的信息，还可以集合移动设备、社交媒体和网站访问等数据库的信息，以便更清楚地了解客户的行为。在操作风险领域，新技术有能力从任何地方收集数据。它不仅包括交易系统、社交媒体和电子邮件，还包括电脑访问日志文件和门禁刷卡活动。一个全面的、综合的数据分析可以在损害达到灾难性水平之前发现欺诈行为。

- 合规性：监管已经导致了复杂性的增加。因此，跨公司连接数据集也在变得更加复杂。例如，需要提取来自电子邮件、推特、语音邮件的非结构化数据中的信息；在某些情况下，这些信息再次需要交叉引用到交易的关键结构化数据集，以促进交易重建和报告。

虽然潜力非常大，但仍有许多挑战。这些挑战包括：（1）数据的孤岛存储（大多数金融机构都有成百上千个现成的应用程序和数据库，连接这些不同的数据孤岛仍然是一个巨大的挑战）；（2）通常在金融机构内部拥有的专业知识仍然非常罕见；（3）安全和隐私经常阻止数据分析应用。

13.4.6　总结

金融科技既是一个理论概念，又是一个具体的应用。本章概述了在数字咨询、数字银行、开放银行、区块链和数据分析等领域中最有前途的金融科技应用。

数字咨询将发展成为一种与主要是面对面的现状相结合的咨询形式。客户通过不同的通道寻求建议。他们会越来越多地在一个通道上开始一个活动，同时在另一个通道上进行该活动。这就要求流程和数据跨所有通道（甚至跨组织）都保持一致。机器人顾问的例子表明，不同的方法可能会共存。虽然创业公司是首批引入此类机器人顾问的公司之一，但银行也开始实施这些措施。

数字银行业务涵盖了客户流程的所有领域，包括销售和咨询、支付、投资、融资和其他交叉流程。十多年来对数百家创业公司的分析表明，这些服务大多由非银行机构提供，互用性水平很低。从客户的角度来看，这表明了进一步整合需求的明显趋势。这个问题可以通过技术解决方案（如 API 的标准化和开放银行）或通过生态系统公司（如亚马逊、谷歌等大型科技公司）的整合来解决，他们已经为其客户提供了一种金融服务。

从客户角度和提供商角度来看，开放银行在这种背景下是数字银行跨组织边界的关键推动者，允许客户通过一个用户界面与多个金融机构建立银行业务，并允许提供商向金融机构和客户提供服务（通过非中介银行）。但这些开放银行创新因国而异。尽管欧盟已迫使银行公布其 API，但瑞士仍倾向于采用市场驱动的解决方案。

随着 2007 年比特币的引入，区块链已经发展成为一个新颖的概念。然而，围绕这项技术的炒作直到大约 10 年后才变得明显。分类账可以在没有中介的情况下运作，并分散在所有相关各方之间，这一概念很有趣。这导致了在金融领域的各种应用，从（私人发行的）数字货币、中央银行数字货币、贸易金融到其他 DeFi 解决方案。这些 DeFi 解决方案在过去几年中出现了巨大的炒作，但直到最近才经历了一些不利条件，因为私人发行的稳定币不能提供足够的“稳定性”。

数据分析是另一个由技术进步推动的核心金融科技应用领域。它包括来自各种来源（图像、语言、文本）的数据、决策能力（搜索、规划、经验学习、多主体推理、深度学习、时间序列、优化、知识表达）和行动触发（执行、人工智能交互和持续学习），可应用于所有流程，如咨询、投资、融资和风险管理，以更好地决策和/或优化流程。

这些金融科技应用处于不同的成熟阶段。例如，虽然一些数字银行的支付解决方案已经在不同的国家实施（例如，移动支付），但有些只是处于发展阶段（例如，中央银行数字货币）。显然，这些解决方案的成功在很大程度上取决于客户和公司内部用户的采用。许多金融科技应用程序的早期成功似乎是未来进一步成长的一个良好指标。

13.5　金融科技可持续性*

本章概述由金融科技支持的可持续性这一新兴主题，包括可持续数字金融和绿色金融科技等领域。可持续数字金融专注于金融科技在所有可持续性领域的应用，而绿色金融科技则特别关注环境。

13.5.1　可持续数字金融*

可持续数字金融分析金融业的两个关键驱动力，即“可持续性”和“数字化”如何相互作用。一段时间以来，就金融系统在实现联合国的17个可持续发展目标（SDGs）方面的作用进行了深入的讨论。一般而言，金融系统具有五个关键功能：（1）预先提供可能有关投资和分配资本的信息；（2）在提供融资后监督投资和实施公司治理；（3）促进交易、多样化和风险管理；（4）调动和集中储蓄；（5）简化商品和服务的交换（Levine，2005）。前三个功能与实现可持续发展目标（SDGs）特别相关。首先，金融机构在其贷款策略中定义了哪些部门和公司有资格获得贷款。如果金融部门选择为可持续发展的企业和创业公司融资，就可以加速向更可持续的经济过渡。这一点尤其重要，因为根据联合国的估计，在2015年至2030年期间，要全面资助可持续发展目标，每年有5万亿~7万亿美元的投资缺口（Vorisek，2020）。其次，投资者可以监控他们所投资的公司的业绩和商业实践，包括他们与可持续发展目标相关的活动。最后，为估值目的确定未来现金流的融资价格风险，这有助于对与气候变化风险等可持续性问题相关的风险进行适当的管理。虽然只有一些大型金融机构开始将其现有的利润驱动型商业模式与可持续发展目标保持一致，但越来越多的面向可持续发展目标的创业公司已经出现、将其最初的商业模式纳入可持续发展目标，认为采用可持续发展目标的方法是其竞争优势，使其能够同时追求商业、环境和社会利益，这通常是由金融科技实现的（Nassiry 和 Wheeler，2011；Rohlfer 等，2020）。虽然许多方法讨论了“数字化”或“可持续性”在金融业中的应用，但只有少数方法研究了这两个主题是如何相互作用的。

下面的分类法和表格显示了文献和创业分析对这个新兴领域的总体看法（Puschmann 和 Shiba，2021）。首先，它提供了一个对不同行业的宏观视角。基于参考框架，它显示了确定的与战略视角相关的维度和特征（维度：商业模式和产品/服务类型）、组织视角（维度：网络类型、利益相关者交互和业务流程）和系统/技术视角（维度：应用类型和应用程序设计），补充了可持续利益视角包括经济（可持续发展目标1、2、3、8、9）、社会（可持续发展目标6、7、12、13、14、15）和环境（可持续发展目标4、5、10、11、16、17）。

金融服务：金融服务部门与其他经济活动密切相关，是数字生态系统中各种利益相关者之间关系的推动者。其中一个应用领域是影响评估，ixo 协议就是一个很好的例子。ixo 假设，已证实的影响数据是所有对资助面向可持续性的活动感兴趣的人的资产。理想情况下，给定项目的影响是由传感器自动测量的；如果不可能，则由一些中介机构进行验证。另一个衡量影响的例子是 yourSRI. com 或 Covalence，它为评估公司的可持续性标准提供了工具。第二个领域是为各种可持续发展项目的解决方案提供融资，如发展中国家的太阳能项目。Ground - Up 项目是一个例子，它汇集了创业公司和投资者；或者 Carbon To Clean，一个致力于可再生能源投资和可持续能源解决方案的投资社区。Wild Finance 是一家可持续发展的金融科技创业公司，它提供一张信用卡，向消费者返还现金，并将奖励与向合作伙伴非营利组织捐款相匹配。第三个领域是风险管理解决方案，如可持续性风险的评估。例如，Carbon Delta 确定了与气候相关的风险，并衡量了其对企业的商业模式及其供应链的未来影响。

能源行业：50% 的创业公司专注于这个领域。能源部门占全球 70% 以上的温室气体排放，因此对环境可持续性产生了巨大影响。通过去中心化、民主化（点对点而不是企业对消费者）和能源管理数字化，可以实现显著的改进。其中包括电动汽车充电平台 Share & Charge、直接连接公司和绿色能源生产商的市场 WePower 和允许买卖可再生能源的能源交易平台 Power Ledger。第二个领域是排放交易，区块链具有广阔的潜力。目前，由于交易成本高，该市场主要集中在大型工业碳污染排放者上。通过将区块链与物联网相结合以及自动分析污染水平，区块链可以降低这些交易成本。由于全球大多数公司都属于中小企业（SME），向小公司的扩张将增加碳交易的范围。这一领域的创业公司有 CarbonX、Climatecoin、Veridium 和 Earth Token。

政府/非政府组织：第三个相关部门是政府和非政府组织。分析表明，目前只有 4% 的创业公司专注于这个领域。第一个重要的领域是对创业和投资的影响。在许多国家，可持续发展目标的实现目前与企业家精神有关。例如，瑞士创业计划侧重于支持其他国家的创新生态系统，而不是为自我发展活动提供资金。然而，可持续发展项目往往与公共资助计划无关。基于区块链的解决方案可以通过区块链上的数字资产提供新的融资和投资方式，从而撬动以可持续性为导向的创新。这一领域的例子包括 DAO IPCI、Planet N Group 集团和 Envest（为投资者提供影响性投资机会的全球小额信贷基金）。第二个领域是共同/公共产品。金融科技支持可持续性，可能通过激励个人或组织的某些行为来实现这一点。这些领域可能是减少能源、保护生物多样性等领域。这个领域的例子是 SolarCoin、Electric Chain 和 Sun Exchange。第三个领域是金融包容。这一领域的一个重要发展是数字身份证，它为许多个人提供了进入金融服务和其他领域的切入点，如土地登记。在此基础上，可以通过允许人们购买食品、药品的数字代金券和钱包提供更多的服务，如更加有效、透明和安全地向无银行账户的现金转账，用手机进行低成本的汇款或者购买保险。第四个领域是防止腐败和欺诈。数字 IDs 是为此提出的一个基本要求。所谓的“了解你的客户”（Know - Your - Customer，KYC）解决方案通过允许数字服务提供商以电子方式搭载其客户来增强其能力。

战略视角：与其商业模式相比，如今的创业公司主要关注卓越的运营能力（89%）。这与许多专门以运营效率为主要目标的金融科技模式相一致，而只有有限的创业公司瞄准客户亲密关系（7%）或产品领导地位（4%）。分析清楚地表明，改进业务流程（卓越的运营能力）是其主要目标之一，而新产品和新的客户互动方式仍处于开发的早期阶段。此外，第一种方法集中在支付基础设施上，而其他形式的投资、融资和保险仍然有限。分析还表明，文献和创业公司有相同的焦点。所分析的创业公司的产品/服务重点相当复杂，包括涵盖商业服务的创业公司（58%），其次是消费者服务（42%）。然而，也有一些方法结合了这两种方法。结合这两种服务类型的一个例子是能源区块链，它整合了来自生产者、提供商和分销商的消费者服务和商业服务。

组织视角：为了获得创业公司的更详细观点，公司按网络焦点（点对点、组织内部、组织间）、产品/服务焦点（消费者服务、商业服务、消费者和商业服务）进行分类。结果表明，对 P2P 网络有强烈关注（48%），而较少数人关注组织内部（33%）和组织间（19%）。组织领域的另一个重要维度是利益相关者交互（它区分了某个网络配置中的利益相关者），通常包括政府对政府（G2G）、政府对企业（G2B）、政府对消费者（G2C）、企业对企业（B2B）、企业对消费者（B2C）和消费者对消费者（C2C）。分析结果表明，B2B（83%）相互作用为主，其次是 B2C（52%）和 C2C（6%）。然而，对于后者，到目前为止，只有文献提供了一些关于这一主题的研究，而创业公司还没有进入该领域。从组织的角度来看，第三个也是最后一个相关维度是特定解决方案所关注的业务流程。从这个角度来看，可以区分咨询、支付、投资、融资、保险、风险管理、交叉流程和交易。分析结果表明，支付、融资和交易特征在创业行业中占主导地位。

系统/技术视角：金融科技（15%）和区块链（85%）应用（这里分开以强调该领域的重要性）是技术领域的核心。在某些情况下，金融科技和区块链的应用程序是混合的。保险技术仍处于 6%，处于起步阶段。分析表明，区块链应用程序引领了系统的视角，目前被视为新的可持续商业模式的推动者。一个例子是能源领域，未来可能通过区块链技术促进创新。例如，对投资者来说，在其他国家仍然几乎不可能支持分散的可再生能源发电。另外，在许多国家（尤其是发展中国家），获得资本是可再生能源生产商的一个巨大障碍，特别是今天的电力生产主要基于集中电网，而社会大多数往往没有连接到这些电网。在这种情况下，金融科技和区块链的应用程序可以通过存储在区块链上的能源代币来解决这个问题，这些代币直接与可再生能源的生产有关。这为改变提供了巨大的机会，因为首次可以在全球范围内对可再生能源以及对此类解决方案的投资和融资进行（P2P）支付。结合分散组织的新方式，这种方法提供了一个强大的工具。区块链应用程序提供最重要的创业解决方案，大多数创业公司在这个领域应用分散应用程序的方法，这意味着与集中的传统数据库相比，区块链技术使用分布式账本存储数据、交易数据以及验证数据。然而，集中式和分散式的系统可以结合起来。一个例子是去中心化的、基于区块链的供应链贸易融资解决方案，它与集中的众筹市场结合使用。

可持续发展效益视角：第四个视角与效益有关。一般来说，文献区分了商业和可持续性的收益，这在某些情况下是相互关联的。从业务角度来看，可以区分收入、成本、质量和时间。从可持续发展的角度来看，这里使用了联合国的 17 个可持续发展目标，将确定的收益映射到可持续发展考虑因素上。分析表明，重点是第 7 个、第 13 个和第 17 个可持续发展目标。在可持续发展方面的明确领导者是第 9 个可持续发展目标，它旨在发展有弹性的基础设施，促进包容性和可持续的工业化和创新，如在线森林信贷平台。

表 13－10 显示了与视角和维度相关的特征频率（维度标记“E”，是排他的，这意味着所分析的创业解决方案只能匹配一个特征；维度标记“N”，是非排他的，这意味着一个解决方案可以映射到多个特征）。

表 13－10　可持续数字金融分类法和创业公司映射（Puschmann 和 Shiba，2021）

<table>
<tr><th>视角</th><th>维度</th><th colspan="18">特征</th><th>E/N</th></tr>
<tr><td rowspan="2">战略</td><td>商业模式</td><td colspan="6">客户亲密关系（7%）</td><td colspan="6">产品领先地位（4%）</td><td colspan="6">运营卓越能力（89%）</td><td>E</td></tr>
<tr><td>产品/服务类型</td><td colspan="6">商业服务（82%）</td><td colspan="6">消费者服务（60%）</td><td colspan="6">政府（0%）</td><td>N</td></tr>
<tr><td rowspan="3">组织</td><td>网络类型</td><td colspan="6">消费者点对点网络（48%）</td><td colspan="6">组织内网络（33%）</td><td colspan="6">组织间网络（19%）</td><td>E</td></tr>
<tr><td>利益相关者交互</td><td colspan="3">政府对政府（0%）</td><td colspan="3">政府对企业（0%）</td><td colspan="3">政府对消费者（0%）</td><td colspan="3">企业对企业（83%）</td><td colspan="3">企业对消费者（52%）</td><td colspan="3">消费者对消费者（6%）</td><td>N</td></tr>
<tr><td>业务流程</td><td colspan="2">咨询（23%）</td><td colspan="2">支付（7%）</td><td colspan="2">投资（26%）</td><td colspan="2">融资（37%）</td><td colspan="2">人寿保险（6%）</td><td colspan="2">非人寿保险（6%）</td><td colspan="2">风险管理（13%）</td><td colspan="2">交叉流程（12%）</td><td colspan="2">交易（33%）</td><td>N</td></tr>
<tr><td rowspan="2">系统</td><td>应用类型</td><td colspan="6">金融科技应用（15%）</td><td colspan="6">保险科技应用（6%）</td><td colspan="6">区块链应用（85%）</td><td>N</td></tr>
<tr><td>应用程序设计</td><td colspan="9">Centralized（20%）</td><td colspan="9">Decentralized（13%）</td><td>N</td></tr>
</table>

续表

视角	维度	特征						E/N
可持续收益	经济可持续性	SDG1 (9%)	SDG2 (4%)	SDG3 (2%)	SDG8 (3%)	SDG9 (83%)		N
	社会可持续性	SDG6(2%)	SDG7(65%)	SDG12(31%)	SDG13(56%)	SDG14(5%)	SDG15(8%)	N
	环境可持续性	SDG4(1%)	SDG5(2%)	SDG10(10%)	SDG11(81%)	SDG16(4%)	SDG17(33%)	N
如果一个维度是排他性的，那么累积的相对频率可以不同于100%								

对可持续数字金融创业公司的分析表明，这一话题目前正在出现。然而，从这一分析中可以得出一些核心发现：首先，对于这些创业公司来说，可持续性不仅仅符合环境、社会和治理（ESG）框架，而且是其商业模式的“DNA”的一部分，即支持可持续性的金融科技作为竞争优势。其次，如今的创业公司还没有利用在这个新兴领域中未来商业模式的新配置形式的潜力。例如，从战略的角度来看，在产品或客户相关领域存在运营效率优化的明显趋势，而不是颠覆性创新。最后，在组织领域，大多数创业公司都专注于B2B、B2C或C2C方法，而政府解决方案（G2C、G2B）并不是现今的主导模式，尽管政府在制定政策方面发挥了重要作用，也可能作为数字公证人或数字身份提供者参与未来的解决方案。

13.5.2　绿色金融科技

环境保护与金融的交叉是“绿色金融”领域讨论的一部分。例如，Hohne等（2012）对绿色金融提出了以下定义：“绿色金融是一个宽泛的术语，可以指流入可持续发展项目和倡议、环保产品和鼓励更加可持续经济发展政策的金融投资。”绿色金融包括气候金融，但并不限于此。它还包括更广泛的其他环境目标，例如工业污染控制、水环境卫生或生物多样性保护。虽然绿色金融在银行和金融领域有着广泛的视野，涵盖了从支付、投资到融资的所有领域，但是术语“绿色金融科技”作为一个分支近年来发展迅速，更侧重于在专门基于技术创新的环境保护和金融背景下讨论的主题。因此，绿色金融科技专注于那些处理环境保护和气候变化的金融科技相关创新。这一事实将可持续发展目标7（负担得起和清洁能源）、11（可持续城市和社区）、12（负责任的消费和生产）、13（气候行动）、14（水下生命）、15（土地上的生命）和17（目标伙伴关系）作为一个可持续发展目标，这一般对所有可持续发展目标都产生影响。根据Arena等人（2018）的少数定义之一，绿色金融科技创新定义为混合价值任务，包括影响目标（例如，增加可持续发展的财政资源流动）和业务目标（例如，维护财务回报，能够持续产生长期影响）的共存。对瑞士绿色金融科技创业公司的全面分析得出了以下结论：

首先，这些创业公司主要专注于绿色金融科技的孤立领域，如支付、咨询或投资，但没有一家创业公司有涵盖所有财务流程的综合方法。令人惊讶的是，尽管气候变化领域和风险相关措施应该对保险行业非常重要，但保险科技创业公司仍然非常罕见。两家保险科技创业公司 CelsiusPro 和 RepRisk 总部都位于苏黎世，而且都面向 B2B 行业。两者都提供非人寿保险，CelsiusPro 还提供咨询和索赔管理服务。在这两个公司中，CelsiusPro 更致力于气候行动、陆地生命和可持续城市目标，而 RepRisk 主要试图与其他交易对手建立战略伙伴关系。

其次，只有少数创业公司对所有环境可持续发展目标都有更广泛的视角。例如，与其他创业公司相比，Beedoo 和 3rd Eyes 覆盖了最多的可持续发展目标。然而，所有这些目标都侧重于特定的可持续发展目标。它们在 B2C 和 B2B 领域运营，专注于咨询、投资和融资服务。第三家也在积极参与实现更广泛的可持续发展目标的金融科技创业公司是 Blomio。它也提供 B2C 服务、投资和融资服务。My Drop in the Ocean 和 Energy Web，试图分别实现 4 个和 3 个可持续发展目标，两者都在 B2C 市场上运行。然而，大多数创业公司都提供 B2B 服务（12 家创业公司），主要为客户提供投资解决方案（15 家创业公司）。在 B2C 市场，11 家创业公司也是主要提供投资解决方案。C2C 领域仅由提供咨询和投资解决方案的 Impaakt 公司为代表。

最后，关于与其他行业的关系，研究表明，只有少数行业有这样的联系。这是令人惊讶的，因为数字生态系统目前在所有行业都在增长，特别是在瑞士，交通、建筑和（外国）供应链领域对瑞士的气候足迹产生了巨大的影响。有趣的是，24 家创业公司中只有 7 家通过间接的绿色金融科技方法连接了这两个领域，从而提供了其他经济部门和金融体系之间的联系。例如 BitLumens，它正在开发一个去中心化的、基于区块链的微型电网，清洁能源平台的蓝色研究院和数字投资平台 Blumio。这是一个明显的迹象，表明跨行业的数字生态系统即将浮出水面，但尚未成为绿色金融科技创业公司的主导模式。

表 13 - 11 总结了绿色金融科技的潜力。

表 13 - 11　　　绿色金融科技的潜力（Puschmann 等，2020）

绿色金融科技的潜力	说明
金融系统	绿色金融科技有潜力改变所有领域的现有金融体系，包括支付、投资、融资、咨询和保险，例如，通过指导绿色投资资本、改善绿色公司的评估数据等
经济影响	随着绿色金融科技推动金融体系的转型，这也对整体经济产生了重大影响，例如，通过创造新的可持续的商业模式、创业公司等

续表

绿色金融科技的潜力	说明
C2C 交易	C2C 交易通过去中介化在出现去中心化领域改善价值链。其中包括能源生产和消费、拼车服务等，这些都通过新的绿色金融科技方法成为可能
跨行业生态系统	将绿色金融科技服务与来自移动、能源、物流等其他行业的服务连接起来所形成的跨行业生态系统，启用全新的应用领域，如移动服务的机器对机器支付等
数据模型和透明度	数据驱动的绿色金融科技解决方案允许公司和价值链的透明度，因为它们结合了外部和内部数据集，从而提供更好的决策工具
创新	提供创新的绿色金融技术解决方案的现有机构和非金融机构的合作，使该领域能够实现更高程度的创新，例如允许跨机构的机制和标准

绿色金融科技将是未来创新的主要途径。首先，精确的概念和定义最近才刚刚出现。例如，由可持续金融技术专家组（TEG）开发的欧盟可持续金融分类法，包含了有关分类法总体设计的建议，以及关于公司和金融机构如何使用分类法进行披露的指导。该分类包含 70 种减缓气候变化活动和 68 种气候变化适应活动的筛选标准，因此为开发金融技术解决方案提供了重要先决条件。然而，采用这种分类法需要额外的标准，以实现不同机构和行业之间的互用性和透明度。例如，瑞士最近刚刚启动了一项关于绿色金融科技网络的新倡议，该倡议将改善环境条件，促进创新。这开启了新的研究领域，如数据分类法、机构间数据交换的技术标准，以及根据数据隐私法规（如机密计算）组合来自不同机构的数据的新方法。其次，绿色金融技术的一个主要驱动因素是数据的可用性、透明度和可靠性。例如，如果将金融科技应用于可持续性，来自公司的数据必须是可信的，这样客户和合作供应商才能确保数据是可靠的。这也适用于投资者。然而，现今对公司的评估通常是基于公司报告的数据，其中来源和可信度水平是不透明的。例如，像彭博社这样的提供商提供的数据通常也来自公司的网站和报告。因此，这一领域的进一步研究可能集中在数据标准开发和区块链技术在协作提供者的生态系统中的作用上。例如，区块链可以通过一个防篡改的公共数字基础设施来帮助提高数据的透明度和可信度，并允许所有利益相关者共享一个联合的数据集。最后，由于气候变化是一项国际努力，许多解决方案都需要国际协调。例如，如果要在全球层面实现可持续性数据的标准化和透明度，来自各国的机构就必须参与。在金融数据中尤其如此，在某些情况下，对安全和/或隐私的担忧可能超过了可持续性的影响。如果将区块链技术用于能源生产、分配和消费或食品供应链上，则需要在技术和政治层面上进行国际协调，这远远超出了当今联合国或其他机构的责任。要在未来建立这样的新模式，甚至可能需要建立新的机构。相关资料参考表 13－12。

表 13－12　　绿色金融科技创业公司的例子（Puschmann 等，2020）

编号	绿色金融科技初创企业	位置	提供者类型		交互类型			直接财务流程									间接作为其他流程的一部分							社会发展目标（SDGs）						
			金融科技	保险科技	C2C	B2C	B2B	咨询	支付	投资	融资	非人寿保险	人寿保险	包销	索赔管理	交叉流程	流动性	健康	教育和工作	娱乐和通信	购物和物流	生活（电力、食物等）	健康	7 负担得起的清洁能源	11 可持续发展的城市和社区	12 负责任的消费生产	13 气候行动	14 水下生命	15 陆上的生命	17 目标伙伴关系
1	Beedoo	Borex	●			●		●		●	●													●	●	●	●	●	●	●
2	Bitlumens	Zug	●			●			●													●				●	●			●
3	Bloomio	Zug	●			●				●	●							●	●	●	●	●		●	●	●	●	●	●	
4	Blueyellow	Dubendorf	●				●			●	●											●		●			●			
5	Carbon Delta	Zurich	●				●			●							●	●	●	●	●	●	●				●			
6	CelsiusPro	Zurich		●			●	●				●			●							●			●		●		●	
7	Covalence	Geneva	●				●	●		●																				●
8	Energy Web	Zug	●			●	●										●					●		●	●		●			
9	greenmatch	Binningen	●				●			●														●						
10	Ground_Up	Geneva	●				●			●	●																			●
11	Guruvest	Rolle	●			●		●		●																				●
12	Impaakt	Geneva	●		●	●		●		●																				●
13	IUCN green List & Porini	Gland	●				●									●													●	
14	My Drop in the Ocean	Geneva	●			●										●								●	●	●			●	
15	Pexapark	Schlieren	●				●			●														●						
16	Plumseeds/Symbiotics	Geneva	●				●			●	●																			●
17	Raisenow	Zurich	●				●				●																			●
18	Raizers	Geneva	●			●				●														●						
19	RepRisk	Zurich		●			●					●																		●
20	Selma Finance	Zurich	●			●		●		●																				●
21	Share & Charge	Zug	●			●	●										●							●						
22	3rd Eyes	Zurich	●				●	●		●														●	●	●	●	●	●	●
23	yourSRI. com	Ruggell	●			●	●		●	●																				●
24	Yova	Zurich	●			●				●																				●

13.5.3　总结*

可持续数字金融是金融科技的最新领域之一。它将金融科技和可持续金融结合起来，寻找更好的解决方案，以提高金融体系内部的可持续性以及在与其他行业的交叉点上的可持续性。这些例子包括从基于区块链的移动平台的支付解决方案到排放交易平台。对创业公司不断发展的格局的分类显示，大多数企业通过提供可持续性数据和简化不同利益相关者之间的流程，关注企业对企业背景下的非破坏性改进，这主要是由区块链技术实现的。

可持续金融的一个特定领域是绿色金融科技，它专门关注环境可持续发展目标。仔细观察瑞士的发展情况表明，潜力不仅是金融体系的绿色转型；而且通过培育新的可持续发展的商业模式，也可能对整个经济产生更广泛的影响，支持跨行业的生态系统和数据模型。

这个话题仍处于起步阶段，并将在未来十年得到发展。例如，瑞士最近刚刚制定了一项绿色金融科技行动计划来发展这一领域。但也有许多公开的监管和标准化问题（例如，可持续性数据的披露等）。

13.6　金融科技生态系统

13.6.1　客户和提供者互动的新形式*

（1）客户互动的新形式

数字银行服务涵盖了所有特定于银行的客户流程——从支付、投资到融资，再到咨询和交叉流程。随着去中心化，金融机构向客户的明显转变，这减少了长期研究的客户与金融机构之间的信息不对称。客户可以使用这些新工具来管理自己的资金，同时自己管理更复杂的任务。除了顾问之外，“众人”的集体智慧在理财建议方面也越来越重要。这还包括与其他客户的比较，比如在消费行为方面。因此，客户顾问的角色也受限于向客户财务经理的变化。

此外，客户不再以线性的方式访问预先分配的个体通道，而是根据情况和位置使用金融服务。移动和社交技术的使用也指向使用多种通道（混合客户交互）。作为主要互动通道的银行分行持续减少。然而，潜在的更高的接触频率甚至可能通过电子通道（如目前新兴的 Metaverse）提供新的销售潜力，因为潜在客户接触的数量相对于线下接触增加。除了利用单个通道各自的优势外，通道的整合和同时使用（在现今大多是孤立的）也处于最显著的位置，使客户能够在流程内变换通道。

这些新颖的客户互动形式是通过融合技术来实现的。这不仅导致了一个更加分散、拥有不同硬件和软件平台的空间，而且也为供应商带来了新的机会。

（2）提供者交互的新形式

数字化作为金融部门的重要转型驱动力，也改变了银行的价值链。银行网络中的服务更接近于面向客户的需求，例如在电子市场（或银行应用商店）中，这反映在单个银行服务的配置中。正如数字银行服务的概述，这些服务既来自银行部门的老牌企业，也来自技术提供商和新的创业公司。从融资到投资再到支付领域，服务范围扩大，客户咨询与投资领域一样以同样方式被大致安排在中间部分。

这些新颖的（数字）形式的客户和提供者互动是新兴的数字生态系统的驱动力，因为它们改变了客户和提供商与金融机构互动的范式。“商业生态系统”被定义为“由相互作用的组织和个人的基础（商业世界的有机体）所支持的经济共同体。”“经济共同体为客户提供有价值的商品和服务，而客户本身就是生态系统的一员。成员有机体还包括供应商、主要生产商、竞争对手和其他利益相关者。随着时间的推移，它们共同发展自己的能力和角色，并倾向于与一个或多个核心公司设定的方向保持一致。那些担任领导角色的公司可能会随着时间的推移而改变，但生态系统领导者的功能受到共同体的重视，因为它使成员能够走向共同的愿景，调整其投资，寻找相互支持的角色。”（Moore，1996）

这些生态系统对于公司有不同的设计选项：（1）公司想要控制价值链（垂直整合），或驱动以及成为满足终端客户需求的生态系统的一部分的程度；（2）对最终客户目标的了解程度（部分或完整）（Weill 和 Woerner，2015）。根据这些设计选项，这些生态系统的具体特征是：（1）提供一个品牌平台；（2）确保良好的客户体验；（3）即插即用的第三方产品；（4）从所有数据中提取客户知识；（5）与供应商匹配客户需求；（6）从供应商那里提取“租金”。

然而，如图 13－18 所示，大多数银行主要从事垂直整合的价值链（图 13－18 中是基于层次结构的价值体系），涵盖了最终客户目标的完整知识。但它们正日益演变成由网络、客户、（非）银行机构和供应商（基于生态系统的价值系统）组成的数字生态系统。这也可能包括来自其他行业公司的服务提供和（或）外包，这越来越导致行业边界模糊，正如大型科技公司所显示的那样。这将生态系统置于市场概念（基于市场的价值体系）的中间位置，客户从不同的供应商中选择和挑选服务。

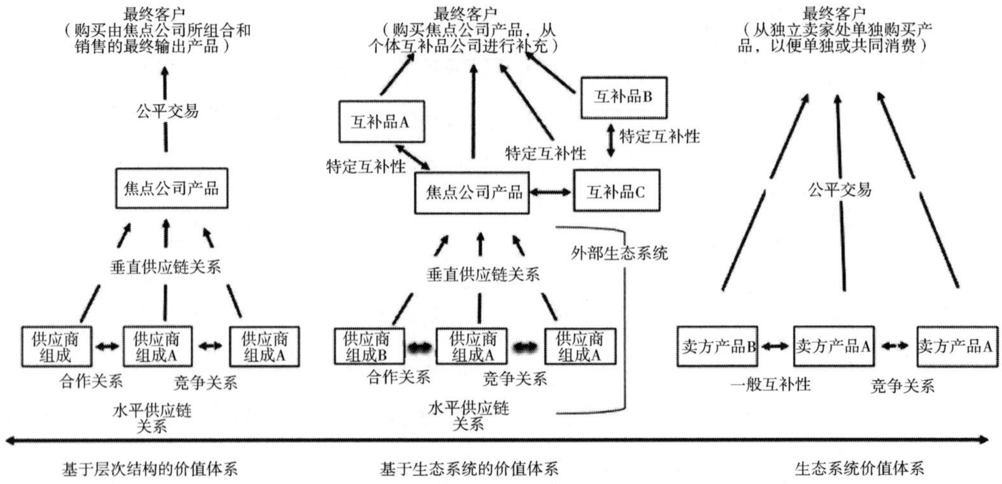

图 13－18 作为层次结构和市场之间网络配置的数字生态系统（Jacobides 等，2018）

最近一个新的数字生态系统的例子是瑞士证券发行、结算和服务价值链的重组，被称为“Helvetia 项目”。

延伸阅读 Helvetia 项目

- Helvetia 项目是瑞士国家银行（SNB）与国际结算银行（BIS）创新中心和 SIX 集团共同开发的一个批发 CBDC 项目。
- 现今的瑞士价值链遵循着不同的流程，交易、清算、证券结算和现金结算都基于不同的 IT 系统［SIX 瑞士交易所、SIXx－清算、SIX SIS（SECOM）、瑞士银行间清算（SIC）］。每个流程都包括两天的时间延迟（T＋2），直到流程完成。
- SIX 集团推出了一个新的 DLT 平台，用于代币化资产的发行、结算、资产服务和托管（SDX 价值链）。该平台是一个私人许可的点对点网络，支持两种交易机制：（1）有多边结算的账面交易；（2）有双边结算的账面外和场外交易（OTC）。为此，SDX 发行了一种基于瑞士法郎的稳定币，以确保在 SDX 平台上的代币化资产的结算。“SDX 币”将由参与者的余额一对一地提供资金，但这将是 SDX 的一种责任。
- 为了消除 SDX 发行 SDX 币的潜在交易对手风险，Helvetia 项目启动了。在这种情况下，基于瑞士法郎的稳定币得到了 SNB 的支持。Helvetia 项目涉及两个概念验证（PoC）：PoC 1 旨在将 SNB 支持的基于瑞士法郎的稳定币整合到新的 SDX 平台（批发 CBDC）中，用于发行和赎回；PoC 2 旨在将现有的实时总结算系统（RTGS）与 SDX 的现金结算基础设施联系起来。

• 对于第一个 PoC，在 SIC 引入了一个 SNB 技术账户，代币化该账户，并允许商业银行向 DLT 平台上的 SNB 节点发行和赎回批发 CBDC。对于第二个 PoC，SDX 和 SIC 系统通过这两个系统之间的电子消息进行同步，以确保 DLT 平台上涉及的银行节点和 SIC 系统上的 SIC 账户依赖于相同的数据。为此，RTGS 和 SDX 的营业时间必须进行同步。这两个概念验证都成功地完成了。这种新架构的主要优势是降低了证券结算的整体系统性风险。其他好处主要体现在银行方面，因为所有流程步骤（包括清算、证券结算和现金结算）都完全整合，没有时间延迟（原子互换）。

相关资料见图 13 – 19

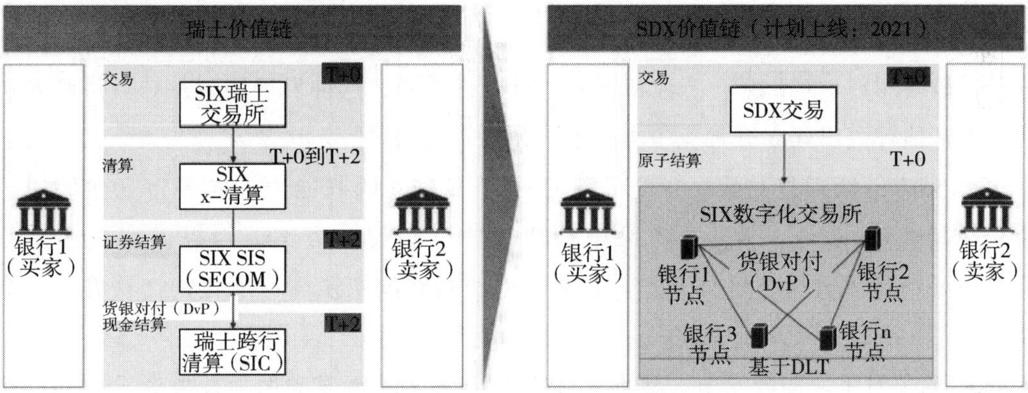

图 13 – 19　瑞士的 AS – IS 和 TO – Be 金融市场基础设施

资料来源：瑞士国家银行（BIS，2020）。

为了在这些新的生态系统中确立自己的地位，许多银行已经重组了其创新管理。可以观测到两种方法：

• 内部组织单位（“制造”）。金融服务提供商至少有三种目前适用的创新管理组织方法。第一，开放的创新平台可以与客户进行直接交流，以开发新的产品和服务（例如，奥地利 Erste 银行的 sLAB）。第二种方法是创新，银行自己运营或经常与 IT 公司（例如，瑞银在苏黎世、伦敦和新加坡的创新实验室，或德意志银行与 IBM、微软和 HCL 技术在柏林、伦敦和帕洛阿尔托的创新实验室）合作。第三，银行进行黑客马拉松，邀请软件开发人员参加为期几天的活动，例如去创新实验室，并由评审团颁发最佳解决方案。

• 外部组织单位（“购买”）。虽然公司应该放弃其创新活动的完全外包，但有两种外部化的可能性。例如，金融服务提供商为风险投资基金或孵化器提供资金，为创业公司及其解决方案提供直接融资［例如，来自桑坦德银行（Banco Santander）、汇丰银行（HSBC）、德国商业银行（Commerzbank）主要孵化器的初创基金］。第二种方法是加速器，得到了几家银行的支持，其中有几家银行作为金融科技创业公司的顾问，开发其解决方案［例如，在伦敦、纽约和香港的埃森哲（Accenture）金融科技创新实验室，或在柏林的 Rocket 互联网］。

13.6.2　生态系统和市场竞争*

总的来说，来自银行网络中竞争供应商、以客户为导向的解决方案的可用性导致了现有行业结构的变化。其他行业的例子在音乐或旅游行业，数字化已经威胁到了现有的中介机构。音乐产业尤其展示了新生态系统的形成（如苹果、谷歌、微软），其中包括最终用户、（市场）平台和服务。对银行来说，这种发展同时意味着风险和机遇。粗略估计可以建立五种竞争力模型（Porter，2001）：

- 买方的谈判力。数字生态系统增强了客户的谈判能力。如果将来他们通过市场在其“financial cockpit”产品中创建个体金融解决方案，则提供商更容易互换，主要与提供的服务区分开来。如果中介机构将购买步骤标准化，交易成本也会降低。
- 竞争对手之间的竞争。标准化和市场透明度的增强增加了竞争对手之间的竞争。这增加了价格的透明度和市场的覆盖范围。一方面，比较平台和 B2C、B2B 领域的电子市场促成了这一点；另一方面，来自非银行类机构的新服务加剧了竞争。
- 进入障碍。数字化有助于减少新服务提供商的进入壁垒。由于银行服务的无形性质，这几乎适用于价值链上的所有领域。特别是，前面提到的标准化从技术角度减少了进入壁垒。从技术的角度来看，最近的努力（例如，英国的 FCA）正在进行中，以公开可访问的 API 和开放银行创新的形式为监管要求制定统一的规则。
- 替代品的威胁。进入壁垒的减少也增加了替代产品和服务的威胁。这显示大量的金融科技创业公司在短时间内通过市场向许多客户提供新服务（如苹果应用商店、谷歌游戏）。由上述两位参与者发起的业务（苹果支付和谷歌钱包）也包括在这一类别中。
- 供应商的谈判能力。尽管金融服务的供应商或提供者可以通过数字生态系统接触到潜在的新客户，但其谈判能力有所下降。更大的透明度，使得所提供的服务的可比性更大（例如，通过服务市场和目录），也导致供应商的谈判能力降低。

所概述的发展强调了银行业日益激烈的竞争。现有的参与者必须考虑其解决方案，因为统一和综合的解决方案为客户提供了价值，但并不总是符合银行的利益。一个观点是金融服务提供商与以消费者为导向的 IT 公司（例如，带有万事达卡的谷歌钱包）的合作，它们有自己的优势，特别是在客户界面和相应的市场方面。与此同时，这也将从客户的角度创建新的产品和服务。例如，在网上银行使用 PayPal，或者将 Kickstarter（美国一家众筹网站平台）整合到银行的传统投资组合中。通过国际化，像谷歌或苹果这样的非银行金融机构几乎可以在全球范围内营业，并可以提供全球服务（已经在许多国家获得了自己的银行营业执照）。此外，亚马逊、苹果、谷歌、PayPal、Square、Stripe 和 Intuit 联合成立了"即时金融创新"（Financial Innovation Now）联盟，以加强此类服务的发展。尽管银行、交易所和金融市场基础设施的运营商已经认识到这一发展，并改善了其全球产品投资组合，但建立它们自己的生态系统需要大量的努力才能达到临界规模。为此，银行至少在三个领域具有发展这类生态系统的能力：

- 产品和流程。目前，金融科技解决方案仍然涉及相对易定义和标准化的应用领域。传统的银行机构不仅了解银行业务的复杂产品和相关业务流程，而且在其核心银行系统中可靠地展现了这些优势。虽然金融科技公司提供创新产品，但账户和存款需要具备会计和清算功能，这是银行的核心竞争力。例如，大多数金融科技公司的交易最终都会以账户预订告终。在此情况下，银行可以通过与金融科技创业公司和大型技术提供商合作，创造多元化的产品（例如，使用传统基金和众筹解决方案的投资策略），从而扩大他们的产品组合。同样地，针对加密资产、电子咨询或合法化的创新解决方案可以减少进一步的媒介中断，从而实现数字化的增值过程。
- 规制。银行熟悉金融部门复杂的监管框架，比非银行具有竞争优势。然而，这只有在许多国家迄今尚未受到监管的金融科技解决方案（如投资和支付平台）也受到监管时，才会有意义。在此之前，社会交易或众包等监管在投资和融资方面都是有限的。银行将能够通过其副产品等方式来抵消非银行或创业公司的时间优势。对于使用区块链技术的支付领域，也可以观察到同样的情况。同样地，银行也可以将监管的监管优势（例如，存款保护）转化为一种竞争优势。
- 安全存储。银行业的特点主要在于对"大量优质资金"的可靠处理。例如，在投资职能部门中，对资产的安全保管可能成为意在增加资金数额的焦点。目前的发展，如窃听丑闻和安全缺口，都表明非银行业务不能被视为无风险的。例如，银行可以为客户提供安全的文件管理，用以保管（电子）文件，如驾照、登记摘录以及来自其他生活领域（如健康、流动或教育）的信息和交易。

13.6.3　监管和监管科技*

全球金融危机、危机后金融科技生态系统的兴起以及新冠肺炎疫情的蔓延，都对全球监管体系造成了巨大的冲击。金融危机带来了一系列规则，如《巴塞尔协议Ⅲ》等；金融科技的发展使一套新颖的监管工具如沙盘（便利化监管条件，与有限的商业活动联系起来，以促进创新）、新型银行许可证等应运而生。另外，从国家和国际的角度来看，对金融科技的监管仍处于早期阶段。因此，确定创新和防范之间的平衡的过程仍在进行中。从特定国家的角度来看，可以辨别区分三种替代监管方法的通用框架（Amstad，2019）（见图 13－20）。

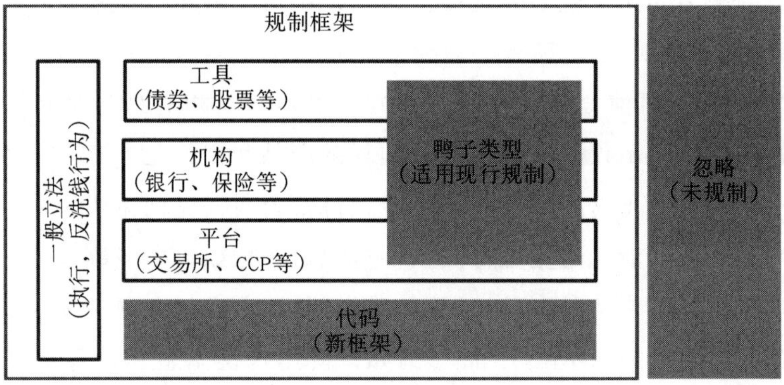

图 13－20　监管方法（Amstad，2019）

- 忽略（“保持它不受监管”）：许多监管机构在金融科技发展的早期就选择了这种方式。一个突出的例子是，中国给不断发展的点对点借贷平台提供了空间，然后在风险失控时对其进行监管。如果没有信息不对称、没有道德风险、没有垄断权力影响投资者保护、金融稳定和市场完整性，则可以适用这类监管。其中一个例子是支付提供商，它只是提供另一种形式的现有支付通道入口（如 Apple Pay）。
- 鸭子类型（“相同的风险，相同的规则”）：第二种方法是对相同类型的工具、机构或平台应用相同的规则。这意味着，数字化现有的工具（以前可能只有一个模拟表示）不能证明对类似工具适用不同的规制。这类监管采用基于原则的监管和技术中立的监管作为两个基本依据。一个例子是属于安全代币类别的代币 ICOs，可以与传统证券一样被对待。
- 代码（“新功能，新规则”）：如果金融科技导致新的工具、机构或平台的出现，由于市场、信贷、流动性和运营风险或这些风险类别变化，监管部门需要提供新的监管方式。例如，这适用于区块链启用的新功能或金融科技启用的商业模式的新组合。一个突出的例子是“分叉”，它将一个现有的区块链分成两个独立的部分，从而创造了一个新的平台、新的工具，最终可能产生新的发明。

这些通用方法可以通过市场准入（沙盘）、数据访问（开放银行）和市场结构（需要银行许可证的非银行）等领域的未来发展来补充。作为市场准入的第一个领域，近年来，人们通过引入英国、新加坡或瑞士等国的沙盘，来降低金融科技创业公司的市场准入障碍。各国在金融数量和监管机构的支持方面的做法有所不同。例如，澳大利亚证券和投资委员会（ASIC）已经将其沙盘限制在 1 万澳元，而瑞士的沙盘则允许创业公司进行高达 100 万瑞士法郎的试验。2018 年，FCA 推出了所谓的“全球金融创新网络”（GFIN），这是一项旨在连接全球监管机构的倡议。第二个领域数据访问在澳大利亚、新西兰、英国、新加坡和欧盟等许多国家都很明显，并涉及开放银行的话题。最后，市场结构领域尤其对涉及金融服务或为金融机构提供服务的非金融机构具有重要影响。一个例子是为银行提供的云服务提供商，它们在未来可能会被监管。

未来监管领域的一个主要探索领域是技术的使用，通常被称为监管技术或简称“监管科技”（Buckley 等，2020）。它侧重于使用 IT 来进行规制、监管、报告和合规检查。监管科技的例子包括电子“了解你的客户”（KYC）系统的解决方案，促进金融机构的客户培训，并在反洗钱（AML）的背景下识别支付模式。虽然金融科技主要与金融业相关，但监管科技也适用于其他受监管行业，如医疗保健。一个全面的定义包括合规控制（“合规科技”）、金融监督（“监督科技”或“监视科技”）和影响立法机构（“政策科技”）（Buckley 等，2020）。欧盟的具体例子是：（1）数字监管报告义务，如 AIFMD 和 AIFMD；（2）GDPR 的数据保护；（3）PSD2 开放银行；（4）数字身份解决方案，如 eIDAS。

监管科技是由需求和供给侧驱动因素推进发展的（见图 13 - 21）。需求侧驱动主要从监管和监管实体的角度来看待监管科技，而供给侧驱动则从技术和数据提供的新机遇的角度来看待。例如，在 COVID - 19 的推动下，所有受调查的金融科技创业公司对 e - KYC 的监管支持度都增加了 33%（Zhang 和 Ziegler，2021）。

监管科技至少涉及三个机构参与者（见表 13 - 13）。首先，金融机构是监管科技发展的主要驱动力，因为它们需要新的工具来应对新的、越来越广泛的监管要求。其次，监管机构也需要开发新系统，但与私营部门相比，如今的系统更滞后。在最近的一项分析中，只有 29% 的监管机构报告称，在 COVID - 19 期间，本国有足够的资源对金融科技进行监管（世界银行和 CCAF，2020）。最后，初创公司通常基于新的业务模式，开发了基于创新技术的新方法和系统，以促进报告和合规的自动化。

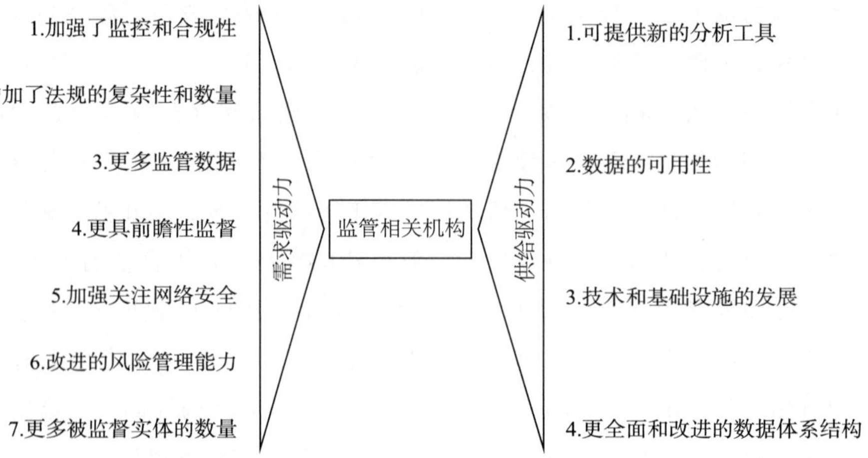

图 13-21 监管科技的需求和供给驱动力（Financial Stability Board，2020）

表 13-13 不同利益相关者的监管科技焦点和特征

特征＼机构	金融机构	监管者	创业公司
焦点	• 监管科技发展的主要驱动力	• 相对于私营部门，监管机构的采用存在滞后	• 为更快地进入市场权衡数据的动机
系统要求	• 需要高效的工具来处理法规和合规需求	• 还需要开发一些系统来处理包含新数据和网络安全的数据流	• 报告的自动化和合规性与精益的业务模式更加一致
收益	• 增强的功能 • 实时监控 • 成本的降低	• 改进的数据收集和可视化 • 实时监控 • 成本降低	• 由技术支持的新型商业模式
风险	• 数据标准化和数据质量 • 第三方依赖 • 改进了资源需求（例如，稀有专家）	• 网络风险和数据安全 • 改善了资源需求（例如，稀有专家） • 数据本地化（例如，跨国间的数据存储） • 被监管机构的监管套利（如，被监管机构的预警系统） • 由于缺乏监管科技工具的透明度而造成的声誉风险	• 与受监管的机构相比，由于复杂性和资源需求，创业公司的竞争障碍

13.6.4 总结*

技术改变客户和供应商交互的方式是转型的基本驱动力。在客户方面，由货币数字化推动的混合客户互动形式使完全虚拟的体验成为可能。目前随着虚拟空间的发展，摩根大通等银行开始开设银行体验室。如果客户能够与虚拟客户顾问交谈，并直接在虚拟空间购买数字产品，这可能会填补实体银行分行在未来的空白。在供应商方面，开放银行、区块链、创业公司和大型科技公司导致了银行价值链向数字生态系统的重组。这不仅导致了竞争更加激烈的环境，而且还要求现有的公司重新定位自己（例如，作为一个销售供应商、后台办公室供应商、产品专家等）。

这些生态系统还需要新的监管方式。如果生态系统是纯数字化的，只有纯数字化的产品和资金，那么监管就必须遵循这种模式。虽然一些金融科技发展可以用现有的规则来监管（遵循原则：相同的活动、相同的风险和相同的规则），但其他一些则需要新的监管形式（例如，将区块链分成两部分的分叉）。此外，监管也必须变得更加数字化。监管科技专注于监管的数字化。当具有智能合约的区块链完全实现了业务伙伴关系和交互的自动化时，相应的法规也必须以代码的形式嵌入其中。

数字生态系统正在许多行业中快速发展。然而，其中许多项目仍处于试点阶段。由于大多数潜在的区块链技术目前仍在开发中，不会在一夜之间产生。监管科技也是如此。世界各地的监管机构仍在努力应对技术的快速发展。相较于目前大多数监管机构可用的监管手段，未来需要更多的专业知识和技能。

13.7　结论

通过技术变革实现转型在金融行业中并不是一种新现象。货币和银行业的悠久历史表明，反复的颠覆已经改变了这个行业。为了解目前金融行业正在进行的数字化转型，本书基于三个主要概念：第一，了解影响金融行业价值链的变革驱动因素（可分为客户、银行和供应商）。第二，数字化设计需要多维方法，区分战略、组织和技术三个层次。第三，各种技术的技术融合，如开放银行、区块链等，通过改进对所有银行特定领域的 IT 支持、培养效率潜力（“业务/IT 一致性”），在“IT 作为推动者”的意义上、促进关于开发新的解决方案和商业模式的效率效应，为数字化提供了新的机会。基于这些发展，可以观察到作为未来趋势的新形式的客户互动和提供者互动，导致由数字化、监管和合作形成的数字生态系统的新形式。

数字化作为金融领域的主要转型驱动因素，改变了在客户和供应商交互方面的银行价值链。这样，银行网络中的服务就更接近于客户的需求。正如对数字咨询和银行服务的概述所表明的那样，这些服务既来自银行业的老牌参与者，也来自技术供应商、其他市场参与者和新的创业公司。这种客户一致性需要所有这些服务之间的互用性。开放银行基础设施和 DLT 架构能够实现这一点，但它们仍然需要在更广泛的范围内进行标准化（例如，国家解决方案与全球解决方案）。但是数字平台是可互用服务的推动者，因为它们捆绑了各种服务，并通过电子市场将它们连接起来。

监管是金融部门数字化的另一个主要推动者。开放银行就是一个例子。例如，欧盟和英国遵循“规定性”的方式，迫使银行开放其接口；而中国香港或新加坡等则采用“促进性”的方式，这意味着监管机构通过支持和推荐开放银行来促进竞争。第三类国家（如瑞士）遵循“市场驱动”的解决方案，即根本没有监管机构参与。监管机构影响金融业创新的方式也可以在 DLT 领域中观察到。例如，欧盟或瑞士在区块链领域的法律调整速度相对较快，而美国更像是一个追随者。因此，在创新和防范之间确定平衡仍在进行中。

与金融科技公司、独立于行业的平台和生态系统运营商的合作是重要的附加行动的一部分。这种数字生态系统的例子来自于大型科技公司。要建立强大的数字生态系统，与金融科技创业公司相比，这些公司已经拥有大量客户的数据和投资于创新解决方案的资本，这可能使它们有资格成为银行的真正竞争对手。这一发展说明了整合、分散化、监管的范围不断扩大，以及数字化对本书中概述的所有转型驱动因素的影响。在这方面，它通过非银行的创新解决方案促进整合流程，通过在线和移动技术在国际市场上实现成本效益比更好的存在，加强活动的分散化、更加强调客户和服务提供商，这样做导致更高程度的专业化。成本密集型的监管也受益于不断增加的标准化和自动化，这在当前的 IT 发展中清晰可见。

金融部门的数字化转型可能是所谓的 Web 3.0 出现的先锋，是指一组包括 DLT、数字资产、分散金融和不可替代代币（NFTs）的技术（a16z，2021）。它扩展了现有的互联网协议 TCP/IP、HTTP 等、另外还有共识机制和智能合同等领域，允许消费者和机构相互转移数字资产。在标准化信息访问（Web 1.0）和服务访问（Web 2.0）之后，Web 3.0 现在专注于货币和其他形式的价值。新的数字金融系统是这个新的 Web 3.0 的先驱，使互联网的基本（数字）转型成为可能。其中包括 Aave（金融服务）、流量（艺术和娱乐）和区块链存储平台 Arweave（身份和个人数据管理）。有了这些新的解决方案，音乐家和内容创造者现在可以通过互联网销售独特的数字制品（如音乐和艺术），直接与他们的粉丝进行交易。

13.8　参考文献*

[1] Accenture. Compliance Costs for Financial Institutions Will Continue to Increase Over the Next Two Years Driven by Regulations and Emerging Risks, According to Global Accenture Survey of Executives. Accenture, 2017.

[2] Alt, R. Business Network Redesign: Overview of Methodologies and Example of Process Portals. In: Grover, V. Markus, M. L. , Business Process Transformation, Advances in Management Information Systems. New York (NY): M. E. Sharpe, 2008, pp. 207 – 233.

[3] Alt, R. , Österle, H. Real – time Business, Springer, Berlin/Heidelberg, 2004.

[4] Alt, R. & Puschmann, T. The Rise of Customer – oriented Banking – Electronic Markets Are Paving the Way for Change in the Financial Industry. Electronic Markets, 2012, 22 (4), pp. 203 – 215.

[5] Alt, R. & Puschmann, T. Digitalization of the Financial Industry – Fundamentals and Models of the FinTech (R) Evolution. Springer: Berlin etc. (in press), 2022.

[6] Alt, R. Electronic Markets on the next Convergence. Electronic Markets, 2021, 31 (1), pp. 1 – 9.

[7] Amstand, M. Regulating Fintech: Ignore, Duck Type, or Code. In: Fatás, A. (ed.), The Economics of Fintech and Digital Currencies, 2019, pp. 91 – 98.

[8] Arena, M. , Bengo, I. , Calderini, M. , Chiodo, V. Unlocking Finance for social Tech Start – ups: Is There a New Opportunity Space? Technology Forecasting Social Change, 2018, 127, pp. 154 – 165.

[9] a16z. How to Win the Future: An Agenda for the Third Generation of the Internet. Whitepaper, Andreessen Horowitz: Menlo Park (CA), https://a16z.com/wpcontent/uploads/2021/10/How – to – Win – the – Future – 1. pdf, 2022.

[10] Bank for International Settlements (BIS). Report on Open Banking and Application Programming Interfaces, 2019.

[11] Basel. Baran, P. , On Distributed Communication Networks. Whitepaper: The RAND Corporation, Santa Monica, California, 1962.

[12] Barnett, G. Application Management: Challenges in the Banking Industry. Cobham: The Bathwick Group, 2008.

[13] Baskerville, R. , Cavallari, M. , Hjort – Madsen, K. , Pries – Heje, J. , Sorrentino, M. & Virili, F. Extensible Architectures: The Strategic Value of Service – oriented Architecture in Banking. In: Proceedings of the 13th European Conference on Information Systems (ECIS). Regensburg, 2005, pp. 761 – 772.

[14] Bohlin, E, Shaikh, A. A. , Hanafizadeh, P. Social Network Banking: A Case Study of 100 Leading Global Banks. International Journal of E – Business Research, 2018,

14（2），pp. 6. Portfolio Management page 71 © 2023 AZEK/ILPIP.

[15] Bower，J. L.，Christensen，C. M. Disruptive Technologies：Catching the Wave. Harvard Business Review，1995，73，pp. 43 –53.

[16] Braun，A. & Schreiber，F. The Current InsurTech Landscape：Business Models and Disruptive Potential. Working Paper No. 62，Institute of Insurance Economics，University of St. Gallen，2017.

[17] Brunnermeier，M. K.，James，H. & Landau，J. – P. The Digitalization of Money. Working Paper，Princeton University，2019.

[18] Buckley，R. P.，Arner，D. W.，Zetzsche，D. A.，Weber，R. H. The Road to RegTech：The（astonishing）Example of the European Union. Journal of Banking Regulation，2020，pp. 26 –36.

[19] Carboni，I. & Bester，H. When Digital Payment Goes Viral：Lessons from COVID –19's Impact on mobile Money in Rwanda. NextBillion，2020.

[20] Central Bank of the Bahamas. Project Sand Dollar：A Bahamian Payments System Modernization Initiative，Nassau：2019.

[21] Chaudhuri，S. The Cost of New Banking Regulation：$70. 2 Billion. Wall Street Journal，2014.

[22] Computer Economics. IT Spending as a Percentage of Revenue by Industry，Company Size，and Region，2019.

[23] Contreras，I. Fintech Investments Have Hit $91. 5 Billion in 2021，Nearly Doubling Last Year's Total. Forbes，2021.

[24] Cornelli，G.，Frost，J.，Gambacorta，L.，Rau，R.，Wardrop，R.，Ziegler，T. Fintech and Big Tech Credit：A new Database. BIS Working Papers，2020，No 887.

[25] Dallerup，K.，Delzi，F.，Grunberger，E.，Noguera，A. N. & Taraporevala，Z. The Future of Customer –led Retail Banking Distribution. McKinsey & Company，2017.

[26] Davies，G. A History of Money（4th ed.）. Cardiff：University of Wales Press，2016.

[27] Dietz，M.，Lemerle，M.，Mehta，A.，Sengupta，J. & Zhou，N. Remaking the Bank for an Ecosystem World. McKinsey & Company，2017.

[28] Disalvo，J. & Johnston，B. Credit Unions' Expanding Footprint – Is there any Evidence new Rules could cause Small Banks to lose Market Share to Credit Unions?. Fed-

eral Reserve Bank of Philadelphia, 2017.

[29] EBF. EBF Facts & Figures 2016. European Banking Federation, Brussels & Frankfurt. Portfolio Management page 72 © 2023 AZEK/ILPIP, 2021.

[30] EC. Study on the Costs of Compliance for the Financial Sector. European Commission, Directorate - General for Financial Stability, Financial Services and Capital Markets Union (FISMA), Brussels, 2019.

[31] EC. The European Economy since the Start of the Millennium - A Statistical Portrait - Data 2000 - 2019. Brussels: European Commission, 2021.

[32] Financial Stability Board. Decentralised Financial Technologies. Report on Financial Stability, Regulatory and Governance Implications, 2019.

[33] Financial Stability Board. The Use of Supervisory and Regulatory Technology by Authorities and Regulated Institutions. Report. Source: https://www.fsb.org/wpcontent/uploads/P091020.pdf, 2020.

[34] Foster, R. Innovation: the attacker's advantage. Summit: New York, 1986.

[35] Frame, W. S., White, L. J. Technological Change, Financial Innovation, and Diffusion in Banking. Federal Reserve Bank of Atlanta & Leonard N. Stern School of Business, Department of Economics, NYU Working Paper No. 2451/33549: Atlanta & New York, 2014.

[36] Gartner. Gartner Forecasts Worldwide Banking and Securities IT Spending to Decline 4.7% in 2020 Before 2021 Rebound. Gartner: Stamford (CT), 2020.

[37] Geurden, W., Loh, M., Muralitharan, J., Reveal, B. Surgically replacing Core Banking Platforms - A Perspective on alternate Approaches. Ernst & Young, 2016.

[38] Giaglis, G. M., Klein, S. & O'Keefe, R. M. The Role of Intermediaries in Electronic Marketplaces: Developing a Contingency Model. Information Systems Journal, 2002, 3 (12), pp. 231 - 246.

[39] Glaser, F. Pervasive Decentralisation of Digital Infrastructures: A Framework for Blockchain enabled System and Use Case Analysis. In: Proceedings of the 50th Hawaii International Conference on System Sciences, 2017.

[40] Gomber, P., Kauffman, R., Parker, C., and Weber, B. On the Fintech Revolution: Interpreting the Forces of Innovation, Disruption, and Transformation in Financial Services. Journal of Management Information Systems, 2018, 35, pp. 220 - 265.

[41] Gopalan, S., Jain, G., Kalani, G, Tan J. Breakthrough IT banking. McKin-

sey Quarterly, 2012, 26, pp. 30 –35.

[42] Haddad, C. ; Hornuf, L. The Emergence of the Global Fintech Market: Economic and Technological Determinants. CESifo Working Paper Series No. 6131. University of Lille: Lille, France and University of Trier: Trier, 2016.

[43] Halaburda, H. Blockchain Revolution without the Blockchain? Communications of the ACM, 2018, 61 (7), pp. 27 –29.

[44] Hens, T. Will the Blockchain help to Denationalize Money? In: The State and Its Limits: The Economic and Politics of Freedom for the Third Millennium: Essays in Honor of Prince Hans – Adam Ⅱ of Liechtenstein, van Eck Publishers: Triesen. Portfolio Management page 73 © 2023 AZEK/ILPIP, 2019.

[45] Hunt, R. Core Banking Systems for the Large Bank Market. Arlington (VA): CEB TowerGroup, 2013.

[46] International Monetary Fund. Digital Currencies Across Borders: Macrofinancial Implications. Washington, 2020.

[47] J. D. Power. Bank Customers Happier Using Branch + Digital than Digital Only. K, 2019.

[48] JP Morgan. J. P. Morgan Perspectives – Blockchain, Digital Currency and Cryptocurrency: Moving into the mainstream? New York City (NY): JP Morgan, 2019.

[49] KPMG. Pulse of Fintech H1 2021, KPMG. Amstelveen, Netherlands, 2021.

[50] Koch, T. W. & MacDonald, S. S. Bank Management (8th ed.). Boston (MA): Cengage Learning, 2009.

[51] Kutler, J. Citibank is shedding individualistic image. American Banker, 1993.

[52] Lamberti, H. – J. & Büger, M. Lessons Learned: 50 Years of Information Technology in the Banking Industry – The Example of Deutsche Bank AG. Business & Information Systems Engineering, 2009, 1 (1), pp. 26 –36.

[53] Law, J. Oxford – A Dictionary of Finance and Banking (6th ed.). Oxford: Oxford University Press, 2018.

[54] Levine, R. Finance and growth: theory and evidence. In: Philippe Aghion, Steven N. Durlauf (Eds.), Handbook of Economic Growth, 2005, Vol. 1, Part A, Elsevier (2005), pp. 865 –934.

[55] Lipton, A., Shrier, D. & Pentland, A. Digital Banking Manifesto. In: Shrier, D., Pentland, S., Frontiers of Financial Technology: Expeditions in Future Commerce,

from Blockchain and digital Banking to prediction Markets and beyond. Boston (MA): Visionary Future, 2016, pp. 117 - 140.

[56] Lhuer, X., Tuddenham, P., Kumar, S. & Ledbetter, B. Next - Generation Core Banking Platforms: A Golden Ticket? New York (NY): McKinsey & Company, 2019.

[57] Masters, B. Financial Groups Hit by Flood of New Rules. Financial Times. December 8, 2011.

[58] Matt, C., Hess, T. & Benlian, A. Digital Transformation Strategies. Business & Information Systems Engineering, 2015, 57 (5), pp. 339 - 343.

[59] Nassiry, D. The Role of Fintech in Unlocking Green Finance: Policy Insights for Developing Countries. ADBI Working Paper Series No. 883; Asian Development Bank Institute (ADBI): Tokyo, Japan, 2019.

[60] McKinsey & Company. Global Banking Annual Review 2019: The last Pit Stop? Time for bold late - cycle Moves. New York (NY): McKinsey & Company, 2019.

[61] McKinsey & Company. Global Payments Report 2019: Amid sustained Growth, accelerating Challenges demand bold Actions. New York (NY): McKinsey & Company. Portfolio Management page 74 © 2023 AZEK/ILPIP, 2019.

[62] Moor, J. The Dartmouth College Artificial Intelligence Conference: The Next Fifty Years. AI Magazine, 2006, 27 (4), 87 - 91.

[63] Nassiry, D. The Role of FinTech in Unlocking Green Finance: Policy Insights for Developing Countries. Asian Development Bank Institute (ADBI): Tokyo.

[64] Niemeyer, V. Segmenting German Financial Consumers. Cambridge (MA): Forrester Research, 2008.

[65] Nora, S. & Minc, A. The Computerization of Society. Cambridge (MA): MIT Press, 1978.

[66] Nüesch, R., Puschmann, T., & Alt, R. Hybrid Customer Interaction. Business & Information Systems Engineering, 2015, 57 (1), 73 - 78.

[67] Open Data Institute. Open Banking - Preparing for Lift off. Report. London: Open Data Institute, 2019.

[68] Open Group. The TOGAF ® Standard, Version 9. 2. The Open Group, 2019.

[69] Österle, H. Business in the Information Age - Heading for new Processes. Berlin etc.: Springer, 1995.

[70] Pickens, M., Porteous, D. & Rotman, S. Scenarios for Branchless Banking in 2020. Consultative Group to Assist the Poor, Washington D. C.: Department for International Development (DFID), 2009.

[71] Picot, A., Reichwald, R. & Wigand, R. Information, Organization and Management. Berlin/Heidelberg: Springer, 2008.

[72] Porter, M. E. Strategy and the Internet. Harvard Business Review, 2001, 79 (3), S. 62 – 78.

[73] Puschmann, T. Fintech. Business Information Systems Engineering, 2017, 59, 69 – 76.

[74] Puschmann, T., Hoffmann, C. H., Khmarskyi, V, How Green FinTech Can Alleviate the Impact of Climate Change – The Case of Switzerland. Sustainability, 2020, 12, 10691.

[75] Puschmann, T., Shiba, S. Developing a Taxonomy for Sustainable Digital Finance. ICIS 2021 Proceedings, 2021.

[76] Puschmann, T., Huang, M. A Taxonomy for Decentralized Finance. Working Paper, University of Zurich, 2022.

[77] Reuttner, I., Glass, T., Drzeniek Hanouz, M., Geiger, T., Koenitzer, M., Duffie, D. & van Horen, N. The Financial Development Report 2012. New York (NY): World Economic Forum, 2012.

[78] Rizzi, W., and Taraporevala, Z. The Balancing Act: Omnichannel Excellence in Retail Banking. Report. New York City (NY): McKinsey & Company, 2019.

[79] Rogers, E. Informatization, Globalization, and Privatization in the New Millennium. The Asian Journal of Communication, (10) 2, pp. 71 – 92. Portfolio Management page 75© 2023 AZEK/ILPIP, 2000.

[80] Sachse, S., Puschmann, T. & Alt, R. Towards customer – oriented electronic markets – A survey among digital natives in the financial industry. 25th Bled eConference, Slovenia, 2012.

[81] Schär, F. Decentralized Finance: On Blockchain – and Smart Contract – Based Financial Markets, Federal Reserve Bank of St. Louis Review, 2021.

[82] Skan, J., Dickerson, J., & Masood, S. The Future of Fintech and Banking: Digitally Disrupted or Reimagined? London: Accenture, 2015.

[83] Spiller, P. & Kiefer, C. COVID – 19 boosts Digitalisation of Retail Bank-

ing. Deloitte Touche Tohmatsu, London, 2021.

[84] The Economist. World's Biggest Banks, The Economist, 2017.

[85] The Economist. Ant Group and Fintech come of Age – A Blockbuster Listing shows how Fintech is revolutionising Finance. The Economist, 2020.

[86] Skan, J., Dickerson, J., Masood, S. The future of fintech and banking: digitally disrupted or reimagined? Accenture: London, 2015.

[87] Vadori, N., Ganesh, S., Reddy, P., Veloso, M. Calibration of Shared Equilibria in General Sum Partially Observable Markov Games. Thirty – fourth Conference on Neural Information Processing Systems, 2020.

[88] Vorisek, D. L., Yu, S. Understanding the Cost of Achieving the Sustainable Development Goals. World Bank Policy Research Working Paper No. 9164. https://papers.ssrn.com/sol3/papers.cfm?abstract_id=3545657, 2020.

[89] Wetherbe, J. C., Turban, E., Leidner, D. E. & McLean, E. R. Information Technology for Management: Transforming Organizations in the Digital Economy. 6th ed., New York (NY): Wiley, 2007.

[90] Williams, J. Reports of the Death of Cash are Greatly Exaggerated. Report, Federal Reserve Bank of San Francisco (CA), 2017.

[91] World Bank and CCAF. The Global Covid – 19 FinTech Regulatory Rapid Assessment Report, World Bank Group and the University of Cambridge, 2020.

[92] Yadav, R. Core Banking Transformation: Measuring the Value. Report, CapGemini, 2014.

[93] Zachman, J. A. A Framework for Information Systems Architecture. IBM Systems Journal, 1999, 38 (5), 454 – 470.

[94] Ziegler, T. & Zhang, B. Global COVID – 19 FinTech Market Rapid Assessment Study. Cambridge: University of Cambridge, 2021.

习题：问题

问题 1：

你负责 SP1 资产管理公司的战术性资产配置，你的团队正在分析 EUROSTOXX50 的三个成分股（简单表示为 A、B、C）的业绩，这与你明年的投资决策紧密相关。

在观察了过去三年的历史价格系列后，你的同事根据基本面的更多信息对事后价值进行了修正。接着，你预计明年的期望回报率为 $\bar{R}_A = 0.12 = 12\%$，$\bar{R}_B = 0.06$，$\bar{R}_C = 0.085$，相应的方差/协方差矩阵如下：

$$\begin{pmatrix} \sigma_A^2 = 0.09 & 0.0175 & 0.041 \\ 0.0175 & \sigma_B^2 = 0.0625 & 0.0225 \\ 0.041 & 0.0225 & \sigma_C^2 = 0.04 \end{pmatrix}$$

其中 $Cov(R_A, R_B) = 0.0175$

a）计算每一个成分股的夏普比率，给定年化无风险回报率为 1%（$R_F = 0.01$）。请对结果以及运用夏普比率作为绩效指标进行评论。（7 分）

b）你计划投资于组合［P1］，其权重为：$x_A = 0.3$，$x_B = 0.5$，$x_C = 0.2$。根据风险/回报权衡，将你选择的组合［P1］与你的团队提出的替代方案［P2］相比较，［P2］是三个成分股等权重的投资组合。用适当的计算证明你的回答。（10 分）

c）现在，你考虑投资于一个股票组合，这个组合仅由三个成分股 A、B、C 中的其中两个组成（不允许卖空）。从方差更低的角度，讨论每组组合是否有分散化的益处。【提示：联系相应的相关系数，比较任意两个成分股的波动率】（9 分）

d）通过运用夏普的单指数模型，你已计算出三个成分股（A、B、C）以及基准 EUROSTOXX 50（M）的下列参数：

	α_i	β_i	Q_i
A	-0.025	0.76	0.15
B	-0.014	1.30	0.07
C	0.030	0.97	0.11
M	0.055	1.00	0.12

其中 $\alpha_M = \bar{R}_M$，$Q_i = \sigma^2_{\varepsilon_i}$，$Q_M = \sigma^2_M$

计算问题 b）中定义的组合 P1 和 P2 的期望回报率，并评论结果。（10 分）

e）你计划投资于一个组合，这个组合相对于基准 EUROSTOXX 50 的贝塔为 1，组合仅由问题 d）中的股票 A 和 B 组成。计算方差并决定仅由股票 A 和 B 组成的投资组合的最优权重。【提示：给定两种风险资产，每种资产的投资权重很容易从计算组合贝塔的公式中得到。】（4 分）

问题 2：

你的公司跟踪了两位投资组合经理的业绩。两位经理加入公司的时间相同。公司在实践中一直遵循从年度业绩较低经理的投资组合中转移 5 000 万美元至业绩较高经理的投资组合。两个组合的记录如下：

	组合 A（百万美元）	组合 B（百万美元）
第一年		
初始投资	100	100
第一年末价值	112	106
第二年		
第二年初现金流入/流出	+50	-50
第二年末价值	178.2	62.72
第三年		
第三年初现金流入/流出	-50	+50
第三年末价值	134.61	123.992

在一次董事会上，出现了关于过去三年哪位经理业绩较好的争论。一位大嗓门的董事会成员认为事实很明显："两位经理被相同对待，每一位初始投资都是 1 亿美元，每一位都得到了另外 5 000 万美元，每一位也都被拿走 5 000 万美元。很清楚，经理 A 有更高的终值和回报率，是更好的经理。"他还建议考核内部收益率（IRR）。

a）指出为什么在这个案例中内部收益率并不是合适的业绩评价指标。（4 分）

b）假设投资经理对现金流入/流出不负责，请对两位经理的相对业绩进行简短分析，并指出哪位经理在过去三年的业绩表现较好。（8 分）

问题 3：

a）一位客户抱怨他的投资组合经理 Joe Hare 没有遵循他的要求采取一种低风险策略，而是在组合中包含了几种高风险资产。客户专门制作了表 I 和表 Ⅱ，列出他关注的股票来支持他的主张。

表 I

股票	贝塔	方差
A	0. 8	400
B	0. 7	441
C	0. 6	625
D	0. 9	529

表 Ⅱ

	A	B	C	D
A	1	…	0. 138240	0. 225391
B		1	0. 115200	0. 187826
C			1	0. 135235
D				1

客户认为低风险策略的风险水平应低于市场风险水平。由于市场方差为 144，他断言将这些股票作为低风险策略组合的一部分风险过高。

a1）运用单指数模型，计算股票 A 回报率与股东 B 回报率之间的相关系数。

（4 分）

a2）以相关系数为基础，向客户解释为什么在组合中包括这四只股票可能实际上与低风险策略相一致。（4 分）

b）Joe Hare 对他过去十年业绩感到很自豪。他的营销资料宣扬他的高平均回报率，根据组合业绩，过去十年的一半年份他位列“金牌经理”前 10 位。Joe 被财经媒体广泛报道，他将资金集中在几只精心挑选的股票上的策略被认为是危险的，但也被广泛赞誉为大胆和自信。奢华的生活方式、在投资者讨论会和电视采访中频繁露面进一步提升了他的声誉。表Ⅲ给出了他的年度业绩。

表Ⅲ **简单收益率（%）**

年份	1	2	3	4	5	6	7	8	9	10
Joe Hare	-15	+29	+3	+28	+40	-13	+35	+1	-10	+31
Tim Tortoise	+15	+11	+12	+14	+12	+10	+13	+15	+10	+11

另一方面，Tim Tortoise 是可靠和谨慎的经理，但是并不像 Joe 一样声誉卓著。Tim 采用了投资于 50 ~ 60 只股票的分散化策略。Tim 从未位列“金牌经理”前 10 位，他的平均年度收益率低于 Joe Hare。Tim 低调，不常进行演讲，也很少出现在电视上。虽然如此，他也吸引了大批的投资者。表Ⅲ也列出了两人的年度业绩数据。

b1）根据表Ⅲ信息，计算 Joe Hare 和 Tim Tortoise 在过去十年获得的年化收益率。（5 分）

b2）选择对于长期投资者而言更好的经理，解释你的选择。（不需要额外计算）

（5 分）

c）贝塔常用作衡量资产风险，可用于确定给定风险水平时的必要回报率。

c1）股票 XYZ 的贝塔为 1.2。预测市场回报率为 10%，无风险回报率 4%。运用资本资产定价模型计算 XYZ 的必要回报率。（3 分）

c2）为什么 XYZ 的实际回报率可能与你的预测不同？说明两条理由。（4 分）

c3）贝塔经常基于历史收益率估算而得。不幸的是，从不同来源估算的贝塔经常有显著差异。讨论这些差异发生的两种原因。（4 分）

c4）在一次关于贝塔衡量风险有效性的小组讨论中，Joe Hare 认为贝塔既有用又稳定。然而小组另一位证券分析师持有不同观点，他表示根据他的经验贝塔既不准确也不稳定。作为小组的第三位成员，你认为其他两位小组成员的经验并非一致，解释并证明你的观点。假设 Joe Hare 作为投资组合经理关注组合贝塔；而证券分析师关注个别证券贝塔。（6 分）

d）在投资组合理论中“有效性”这个概念有两种不同含义。

d1）定义“有效边界”和“有效市场”概念。（4 分）

d2）定义“有效市场”假说的三种形式。（4 分）

d3）描述“有效市场”假说的含义，以及针对下列三点的研究结论：

i）技术分析；

ii）基本面分析；

iii）投资组合管理。（9 分）

问题 4：

你是一位为个人投资者服务的财务顾问。你的客户向你咨询有关资产管理的各个问题。

a）你的一位客户 X 先生是 35 岁的政府雇员，正在考虑以每年投资 100 万元的形式来为退休做准备。X 先生听说就生命周期投资而言，个人投资者除了金融资产以外还拥有人力资本。他问你那意味着什么。

简短解释“人力资本”的含义。（4 分）

b）X 先生正在考虑分散化投资于下表所列全球股票基金和国内公共债券基金。

所考虑的基金的特征

	期望收益率（年化）	风险（标准差，年化）
全球股票基金	7%	20%
国内公共债券基金	2%	4%

–全球股票基金收益率与国内公共债券基金收益率之间的相关系数为 –0.20。

–无风险收益率为 1%（年化）。

b1）有一个投资组合 60% 投资于全球股票基金，40% 投资于国内公共债券基金，计算该组合的期望收益和风险。计算应以百分数表示，四舍五入至小数点后一位。

（5 分）

b2）X 先生考虑投资 100 万元，他想将一年后组合的市场价值低于 80 万元的概率限制在 5% 或以下。计算 b1）中描述的组合（全球股票基金 60%，国内公共债券基金 40%）是否满足这个条件，证明你的结论。假设收益服从正态分布。根据正态分布的累计分布函数 N，N（0.05）= –1.645。【注意：如果你没回答 b1），假设期望收益率和风险分别为 0 和 12%。】（4 分）

c）X 先生得知对冲基金指数在过去五年业绩表现很好，正在考虑将部分资金投资于对冲基金以进一步分散投资。

指出与对冲基金投资相关的两种典型风险并加以描述。（4 分）

d）X 先生投资了 100 万元于 b1）中的组合，一年后由于预期市场大幅增长，又投资了额外的 150 万元。然而与预期相反，第二年市场下跌。第二年末组合的市场价值（包括额外的投资）为 257 万元。如下表所示：

投资组合的市场价值

时间	年末市场价值：V_t（百万元）	来年年初额外资金：NC_t（净现金流）（百万元）	$V_t + NC_t$
起始年（t = 0）	1.00		1.00
第一年（t = 1）	1.30	+1.50	2.80
第二年（t = 2）	2.57		2.57

d1）计算这两年的货币加权收益率（年化），以百分数表示，四舍五入至小数点后一位。（4 分）

d2）计算这两年的时间加权收益率（年化）。以百分数表示，四舍五入至小数点后一位。（4 分）

d3）在第二年年初额外投资的 150 万元是基于 X 先生对于市场大幅增长的预期。考虑到这一点，哪种能更好地衡量这两年的业绩表现，货币加权回报率还是时间加权回报率？简短解释原因。（4 分）

几年后，你成为一家养老金的资产管理顾问。

e）你想向养老金客户解释在资产配置中考虑养老金负债的重要性。

e1）在养老金资产负债管理（ALM）的解释中，有下划线并标注①～⑤的部分可能有错误。如果有错误请改正，否则请指出它们是正确的。

养老金资产负债管理是一种考虑了养老金负债的资产管理方法。一种形式的养老金资产负债管理将资产与负债的差额定义为“盈余”，并试图对其进行适当的管理。要做到这一点，①增加盈余回报的波动性是很重要的。

当考虑养老金负债时，你想从解释资产类别与众不同的特点开始。在确定固定收益型养老计划（DB）中，雇员被承诺未来长期的养老金福利。养老金雇主公司将这些视为负债，可以被认为是②发行了与养老金福利平均期限（久期）相匹配的债券。给定养老金负债端的条件，对于资产端管理，③有较短久期的短期债券更好。另一方面，股票反映了公司的长期增长，对于养老金福利与最终工资成比例的一个 DB，股票被预期与工资增长④负相关。另类投资被预期与股票和债券⑤具有高相关性，出于分散化效应应考虑投资。另类投资包括房地产、私募股权和对冲基金。（10 分）

e2）相对于传统资产（债券和股票），讨论将另类投资加入养老金资产负债管理会带来的问题，指出必须加以考虑的因素。（5 分）

问题 5：

客户养老基金要把资产投资在股票和债券（长期债券）。请你对资产和负债之间的关系进行数据分析，并向客户进行解释。

a）使用如下表所示参数回答下述问题：

<table>
<tr><th rowspan="2">参数</th><th rowspan="2">初始值</th><th rowspan="2">期望收益率</th><th rowspan="2">风险(*)</th><th colspan="3">相关系数</th></tr>
<tr><th>股票</th><th>债券</th><th>负债</th></tr>
<tr><td>股票</td><td>40</td><td>8%</td><td>20%</td><td>1</td><td>0.0</td><td>0.2</td></tr>
<tr><td>债券（长期债券）</td><td>40</td><td>4%</td><td>5%</td><td></td><td>1</td><td>0.8</td></tr>
<tr><td>负债</td><td>100</td><td>5%</td><td>8%</td><td></td><td></td><td>1</td></tr>
</table>

* 此处风险是指收益率的标准差。

a1）计算养老基金的初始融资比率。（3 分）

a2）计算养老金资产初始投资组合的预期收益。（3 分）

a3）计算养老基金的预期盈余收益率。（3 分）

a4）计算养老金初始投资组合的风险（以百分比的形式给出答案，保留小数点后 1 位，例如 12.3%。）（3 分）

a5）计算养老金资产组合和负债之间的相关系数。（4 分）

a6）计算盈余风险。（4 分）

a7）简要评价客户养老基金的期望盈余收益率和盈余风险。（4 分）

b）假设有一个“超长期限债券”，它的久期比基金现在拥有的长期债券的久期更长。超长期限债券具有以下特征：预期收益率 =5%，风险 =6%，债券和养老金负债之间的相关系数 =0.9。你需要检验：相对于把所有的养老金资产投资于目前的股票债券组合，这个客户养老基金是否能够通过全额投资超长期限债券获得更多收益。

b1）当客户养老基金把全部养老金资产投资于超长期限的债券时，计算其期望盈余回报率和盈余风险。（4 分）

b2）利用 b1）的结果，请描述相对于投资在目前的股票债券组合，仅仅投资超长期限债券对期望盈余回报率和盈余风险有什么影响？同时简要评述（无需进一步计算）投资者为什么应该同时投资超长期限债券和股票。（4 分）

问题 6：

一桥大学基金的一个资产配置策略是：50% 投资于股票，50% 投资于债券，二者均投资于国内市场。下表列示了股票和债券的预期收益率、风险（标准差）、相关系数以及无风险资产的假定。下图显示了一条从这些假定中导出的有效前沿。

各资产类别的收益率、风险和相关系数

	预期收益率	风险（标准差）
股票	8%	16
债券	3%	8
无风险资产	2%	0
股票和债券的相关系数		0

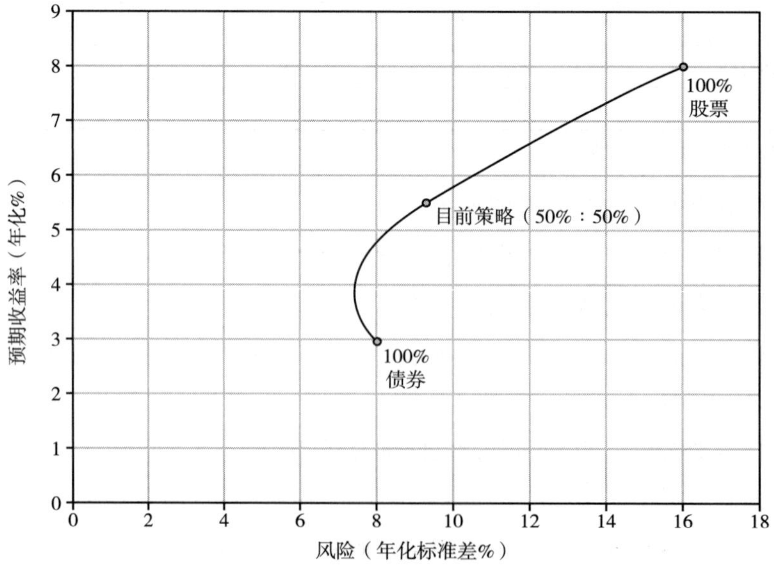

有效前沿

在最近一次董事会会议上，大多数成员同意基金应该降低组合风险，即使其将导致组合预期回报的小幅降低。其中一位董事邦德先生，指出虽然目前表面上组合在股票和债券之间平均配置，但若考虑到股票和债券的风险，实际上严重偏向于股票。

为了达到平均的风险敞口，邦德先生提出采用风险同等策略——一个在最近的资产管理行业内受到许多关注的策略。根据邦德先生所述，由于风险平均配置于股票和债券，组合 R 的预期收益率是高于基金的最低目标收益率的。对风险同等策略的回溯测验显示，该策略自 2000 年到现在的业绩超越了目前的基金组合，在 2008 年金融危机期间更是如此，因为该策略降低了风险。

董事会讨论了风险同等策略，并联系了著名金融理论家埃默里图斯 · 托宾教授以寻求建议。托宾博士认为："你们不应该忘记还有无风险资产。确定一个风险资产组合和确定该组合和无风险资产的配置是两个完全不同的课题。首先，考虑一个由股票和债券组成的最优组合 T，大约比重分配是 60% 股票和 40% 债券，标准差是 10.1。当组合 T 加入无风险资产时，人们能发现合并的组合 P 和风险同等组合 R 相比，有着相同的预期收益率，但有着更低的风险和更高的夏普比率。"

a）写出基于现金流折现（DCF）模型来确定债券和股票价格的公式。用该公式解释预期通胀上升如何影响债券价格，以及经济增长预期下滑如何影响股票价格。

（6 分）

b）计算在采用目前资产配置策略（50% 股票和 50% 债券）的组合的总风险（方差）中，由股票所产生的风险所占的百分比。（5 分）

c）基于以上数据，在风险同等策略中股票和债券的配置权重是怎样的？这时的预期收益率是多少？请以百分比（取两位小数）表示。在前述介绍中提供的有效前沿图中，画出组合 R 的大概位置。

【提示：由于股票和债券是不相关的，你可以在这个问题中使股票和债券的方差贡献相等。】（6 分）

d）风险同等策略可能表现得不如回溯测验所暗示的那样好。在何种经济环境中风险同等策略表现差于回溯测验？请简要评论一下发达国家在过去 10 年中货币政策的效果，这些政策在此期间可能助推了风险同等策略的强势表现。（5 分）

e）关于托宾博士的评论：

e1）下列论述称为什么定理？"确定一个风险资产组合以及确定该组合与无风险资产的配置是完全不同的课题。"（2 分）

e2）在提供的答题纸上画出组合 T（托宾博士建议的最优组合）在有效前沿上的位置。组合 T 叫作什么？它具有什么特征？（4 分）

e3）写出组合 P 的配置权重（股票、债券和无风险资产）（以百分比表示你的答案，取整数）。在答题纸上画出组合 P 在有效前沿上的位置。（7 分）

e4）计算组合 P 的夏普比率。（4 分）

问题 7：

你是退休金计划 A 的投资执行董事，你试图在资产端有效投资以使退休金基金达到它的预期收益率。然而，在目睹了一场令人信服的关于退休金管理应该不仅考虑资产端也要考虑负债端的讨论后，你决定在你的分析中纳入退休金的负债。下表列示了关于资产和负债端的当前信息。所有计算取两位小数。

	起始价值（百万货币单位）	预期收益率	风险（标准差）	与债券的相关性	与股票的相关性
股票	60	8.00%	15.00%	0.3	1.0
债券	90	3.00%	4.00%	1.0	0.3
负债	100	3.50%	6.00%	0.8	0.2

a）请计算退休金计划 A 的融资比率。指出鉴于目前的融资比率水平，退休金计划可能采取的三种措施。（4 分）

b）请计算退休金计划 A 的总体预期收益率和风险（标准差）。（4 分）

c）请计算退休金计划 A 的资产和负债的相关性。（2 分）

d）请计算退休金计划 A 的预期盈余回报和盈余风险。（4 分）

e）请计算要求的盈余回报，假定退休金计划 A 对盈余回报最低要求 $SP_{min} = -10\%$，短缺风险容忍度是 10%。从你的结果说明退休金计划 A 是否满足它的短缺约束。【提示：以 1.28 作为标准正态分布的 10% 分位数】（4 分）

f）此时，你已经研究了一种盈余导向的退休金资产负债管理策略，该策略定义盈余为资产的市值减去负债的市值，并试图维持和管理之。请给出另一种资产负债管理策略的例子，并简要解释。（3 分）

g）盈余导向的策略控制资产和负债之差，而均值方差导向的策略仅仅关注资产端并追求以最小的风险获得目标回报。在这两种导向中，“债券”和“现金”的定位是不同的。下列句子描述了这两种导向的不同。请从旁边的括弧中选择正确的词语来填空并完成下列语句。

“均值方差策略不考虑退休金负债，这意味着：（1）………（现金/债券/股票），有着最小的标准差，是最小风险的资产，而（2）………（现金/债券/股票）带有（3）………（利率/股票）风险，是风险资产。在盈余策略中，由于退休金负债和（2）………（现金/债券/股票）有着高度（4）………（相关性/久期），（2）………（现金/债券/股票）是最低风险资产，但（1）………（现金/债券/股票）是风险资产，因为它和退休金负债间有着（5）………（久期缺口/权益缺口）。”

（1） =

（2） =

（3） =

（4） =

（5） = （4 分）

h）盈余策略基本上是试图将资产和负债的久期相匹配，从而使得利率敏感度也是匹配的。这意味着它的主要投资关注点是债券。然而，许多退休基金，包括退休金计划 A，也投资于股票，这是为什么？ （3 分）

i）退休金计划 A 的债券组合由发达国家发行的国债和各种期货合约的多单和空单构成。债券组合综合了地区/国别配置策略和收益率曲线策略。下表概括了该组合的敞口。对于外汇风险，由于该基金采用了单独的覆盖管理，你可以在答案中忽略外汇风险敞口。请回答下列问题：

	1 ~ 3 年	3 ~ 7 年	7 ~ 15 年	15 年以上	总体
欧元区	-25	70	200	-10	240
美国	-70	-250	10	30	-260
总体	-95	-180	210	20	-20

（修正久期 /相对于市场基准的基点数）

i1）请评价该基金的地区和国别配置策略。你该怎样描述该基金对于美国和欧元区的债券市场的看法？在该基金的配置策略背后可能有什么理由？ （3 分）

i2）请评价美国的收益率曲线策略。你该怎样描述该基金的市场看法，以及在它的收益率曲线策略背后可能有什么理由？ （3 分）

习题：解答

问题 1 答案：

a）计算夏普比率：

$$\frac{\overline{R}_A - R_F}{\sigma_A} = \frac{0.12 - 0.01}{\sqrt{0.09}} = 0.3667$$

$$\frac{\overline{R}_B - R_F}{\sigma_B} = \frac{0.06 - 0.01}{\sqrt{0.0625}} = 0.2$$

$$\frac{\overline{R}_C - R_F}{\sigma_C} = \frac{0.085 - 0.01}{\sqrt{0.04}} = 0.375$$

夏普比率计算投资组合每承受一单位波动率或总风险，会产生多少相对于无风险利率的超额平均回报。夏普比率是最常用的业绩衡量指标之一，可以对有着不同风险与回报水平、难以直接比较的风险性资产进行初步分析。夏普比率越高，单一投资的吸引力越大。

这个比率是对绝对风险的度量，不适用于评估与业绩基准直接关联的金融资产（以及多样化的投资组合）。这种情况下，运用相对风险度量如 TEV 或 IR 是适当的。

在我们的例子中，成分股 C 是最具吸引力的资产。

b）计算两个投资组合 P1 和 P2 的期望收益率和波动率：

$$\overline{R}_{P1} = x_A \cdot \overline{R}_A + x_B \cdot \overline{R}_B + x_C \cdot \overline{R}_C = 0.3 \times 0.12 + 0.5 \times 0.06 + 0.2 \times 0.085 = 0.083$$

$$\overline{R}_{P2} = \frac{1}{3} \cdot (\overline{R}_A + \overline{R}_B + \overline{R}_C) = \frac{1}{3} \times 0.265 = 0.0883$$

$$\sigma_{P1} = \Big(\sum_{i,j\ (P1)} x_i \cdot x_j \cdot \sigma_{ij}\Big)^{0.5} = \begin{pmatrix} 0.3^2 \times 0.09 + 0.5^2 \times 0.0625 + 0.2^2 \times 0.04 \\ + 2 \times 0.3 \times 0.5 \times 0.0175 + 2 \times 0.3 \times 0.2 \\ \times 0.041 + 2 \times 0.5 \times 0.2 \times 0.0225 \end{pmatrix}^{0.5} = 0.2$$

$$\sigma_{P2} = \Big(\sum_{i,j(P2)} x_i \cdot x_j \cdot \sigma_{ij}\Big)^{0.5} = \frac{1}{3} \times (0.09 + 0.0625 + 0.04 + 2 \times 0.0175 + 2 \times 0.041 + 2 \times 0.0225)^{0.5}$$

$$= 0.1985$$

根据风险/回报权衡，组合 P2 更好因为它严格优于组合 P1。事实上，$\bar{R}_{P2} > \bar{R}_{P1}$ 同时 $\sigma_{P2} < \sigma_{P1}$。　（2 分）

c）为了评估每组两种股票组合的分散化作用（就方差而言），我们必须将两种股票波动率之比与相应的相关系数相比较。如果下列关系被证实，则存在分散化作用：

$$\rho_{12} < \frac{\sigma_1}{\sigma_2},\ \sigma_2 > \sigma_1$$

即，可得 $\sigma_P < \sigma_1 < \sigma_2$

【注：这个结果来自于两种风险性资产情况下，马柯威茨最小方差组合的分析解法。特别是我们解不等式 $x_1^* < 1$，其中（x_1^*，x_2^*）是最小方差问题的解，满足限制条件 $x_1^* + x_2^* = 1$】

$$\rho_{AB} = \frac{\sigma_{AB}}{\sigma_A \cdot \sigma_B} = \frac{0.0175}{\sqrt{0.09} \times \sqrt{0.0625}} = 0.2333 < \frac{\sigma_B}{\sigma_A} = 0.8333$$

$$\rho_{AC} = \frac{\sigma_{AC}}{\sigma_A \cdot \sigma_C} = \frac{0.041}{\sqrt{0.09} \times \sqrt{0.04}} = 0.6833 > \frac{\sigma_C}{\sigma_A} = 0.6667$$

$$\rho_{BC} = \frac{\sigma_{BC}}{\sigma_B \cdot \sigma_C} = \frac{0.0225}{\sqrt{0.0625} \times \sqrt{0.04}} = 0.45 < \frac{\sigma_C}{\sigma_B} = 0.8$$

因此，组合（A，B）和（B，C）受益于分散化作用，而组合（A，C）没有。

（2 分）

d）组合 P 的单指数模型期望收益率定义如下：

$$\bar{R}_P = \sum_i x_i \cdot \bar{R}_i = \sum_i x_i \cdot (\alpha_i + \beta_i \cdot \alpha_M)$$

$$= \sum_i x_i \cdot \alpha_i + \alpha_M \cdot \sum_i x_i \cdot \beta_i = \sum_i x_i \cdot \alpha_i + \alpha_M \cdot \beta_P$$

可得：

$$\beta_P = \sum_i x_i \cdot \beta_i$$

$$\beta_{P1} = 0.3 \times 0.76 + 0.5 \times 1.3 + 0.2 \times 0.97 = 1.072$$

$$\beta_{P2} = \frac{1}{3} \times (0.76 + 1.3 + 0.97) = 1.01$$

$$\bar{R}_{P1} = \sum_{i(P1)} x_i \cdot \alpha_i + \alpha_M \cdot \beta_{P1}$$

$$= (-0.3 \times 0.025 - 0.5 \times 0.014 + 0.2 \times 0.03) + 0.055 \times 1.072 = 0.05046$$

$$\bar{R}_{P2} = \sum_{i(P2)} x_i \cdot \alpha_i + \alpha_M \cdot \beta_{P2}$$

$$= \frac{1}{3} \times (-0.025 - 0.014 + 0.03) + 0.055 \times 1.01 = 0.05255$$

当我们比较两个投资组合理论期望收益率时，我们可以声明 P2 比 P1 更具吸引力。这里我们不能像上面问题 b）一样分析风险/回报权衡。这是因为这两个模型运用了不同的风险度量。风险调整后收益或夏普比率，是一种绝对业绩衡量，然而贝塔代表着一种相对风险度量。特别是，参数贝塔衡量组合相对于市场（或者业绩基准）的系统性风险，也就是说市场业绩变化所带来的组合回报的平均变化。

在当前的例子中，贝塔显示相对于 EUROSTOXX 50，两个组合都是积极的（$\beta_P > 1$），但是 P1 比 P2 更积极。

e）目标是计算仅由两种风险性资产组成的每组组合的方差。给定 $\sigma_i^2 = \beta_i^2 \cdot \sigma_M^2 + \sigma_{\varepsilon_i}^2$，可得下列公式：

$$\sigma_P^2 = \sum_i x_i^2 \cdot \beta_i^2 \cdot \sigma_M^2 + \sum_i x_i^2 \cdot \sigma_{\varepsilon_i}^2 = \beta_P^2 \cdot \sigma_M^2 + \sum_i x_i^2 \cdot Q_i$$

现在我们计算相对于基准 EUROSTOXX 50 的中性（即 $\beta_P = 1$）组合的权重。从计算组合贝塔的公式我们可得：

$$x_A \cdot \beta_A + (1 - x_A) \cdot \beta_B = 1 \Leftrightarrow x_A \cdot (\beta_A - \beta_B) = 1 - \beta_B \Leftrightarrow x_A = \frac{1 - \beta_B}{\beta_A - \beta_B}$$

$$\Rightarrow x_A = \frac{1 - \beta_B}{\beta_A - \beta_B} = 0.5556 \qquad x_B = 1 - x_A = 0.4444$$

$$\sigma_{(AB)}^2 = 1^2 \times 0.12 + 0.5556^2 \times 0.15 + 0.4444^2 \times 0.07 = 0.1801$$

问题 2 答案：

a）虽然“每位经理最初得到 1 亿美元，每位均得到额外的 5 000 万美元，每位也被拿走 5 000 万美元”是正确的，但是现金流的时间不同。三年总收益率以及建议的内部收益率指标都受到现金流时间的影响，然而这不是经理可以控制的，因此不应成为业绩评估的一部分。

b）评估应基于时间加权收益率（TWR），计算如下：

第一年	投资组合 A	投资组合 B
第一年年初价值	100 000 000	100 000 000
第一年年末价值	112 000 000	106 000 000
$1 + TWR_1$	1.12	1.06
第二年	投资组合 A	投资组合 B
第二年年初价值	162 000 000	56 000 000
第二年年末价值	178 200 000	62 720 000
$1 + TWR_2$	1.10	1.12

续表

第三年	投资组合 A	投资组合 B
第三年年初价值	128 200 000	112 720 000
第三年年末价值	134 610 000	123 992 000
$1+TWR_3$	1.05	1.10

总的年化时间加权收益率为：

投资组合 A = $(\sqrt[3]{1.12\times1.10\times1.05}-1)\times100\%=8.96\%$

投资组合 B = $(\sqrt[3]{1.06\times1.12\times1.10}-1)\times100\%=9.30\%$

因此，在这三年组合经理 B 业绩表现更好。

问题 3 答案：

a)—a1）资产的相关系数可从下列关系计算而得：

$$相关系数_{i,j}=\beta_i\cdot\beta_j\cdot\frac{\sigma_m^2}{\sigma_i\cdot\sigma_j}=0.8\times0.7\times\frac{144}{\sqrt{400}\times\sqrt{441}}=0.192$$

	A	B	C	D
A	1	0.192000	0.138240	0.225391
B		1	0.115200	0.187826
C			1	0.135235
D				1

a)—a2）即使单个资产的风险相对较高，由于资产之间的低相关性，投资组合的风险（分散化原因）降低。

b)—b1）

两个投资组合间有意义的业绩比较必须以 10 年实际报酬率为基础，通过几何平均计算而得：

$$实际报酬率=\left[\prod_{t=1}^{t=10}(1+R_t)^{1/10}-1\right]\times100$$

其中 R_t 是以小数形式表示的第 t 年的年回报率。10 年实际报酬率计算如下：

Joe Hare 组合实际报酬率 = 10.97%

Tim Tortoise 组合实际报酬率 = 12.29%

【提示：以算数平均值为基础进行评估是不正确的。这种情况下，Joe Hare 平均回报率为 12.9%，Tim Tortoise 平均回报率为 12.3%。】

b)—b2）对于长期投资者而言，Tim Tortoise 是更好的经理。虽然 Joe Hare 在一些年份业绩表现优异，但这些高回报被其他年份的糟糕业绩表现所抵消。长期来看，Tim Tortoise 的良好回报结合更低的波动性带来了更高的实际报酬率。

c)—c1）以资本资产定价模型为基础计算必要收益率：

$$E(R_i)=R_f+\beta_i[E(R_M)-R_f]=[4+1.2\times(10-4)]\times100\%=11.2\%$$

c)—c2）不精确的原因有两个：

i）资本资产定价模型是一种统计关系，其所预测的回报率不是一个离断点，而是对于该资产可能回报分布的期望值，并伴有置信区间。

ii）R_f、$E(R_M)$ 和 β_i 都是估计值，并不确切知道他们的实际值。

c)—c3）有若干因素可能会影响贝塔的测量，最广泛认可的两个因素是：

i）时间间隔——定义回报率所使用的时间间隔，例如周回报率相对于月度回报率。这与使用不同时间段的数据是不一样的，例如 1980 ~ 1990 年相对于 1985 ~ 1995 年，这显然可能导致不同的贝塔值。

ii）市场指数——使用不同的市场衡量指标，例如运用 S&P 500 收益率相对于 NYSE 收益率来衡量市场回报。

c)—c4）另两位小组成员实际上有相当不同的体验。组合经理有组合投资的经验，分析师则有分析个别资产的经验。

CAPM 和贝塔是在多元化投资组合上的运用。在充分分散的组合中，非系统性（可分散）风险较小。这种情况下，估算的贝塔值比通过不分散的组合或个别资产估算的贝塔更准确和有效。也就是说，组合贝塔的 R^2（收益率波动性与贝塔波动性相关的部分）较高。个别资产不具有组合的分散化作用，因此收益率不仅反映了系统性风险，也反映了非系统风险。这种情况下贝塔的准确性和有效性较低，个别资产贝塔的 R^2 较低，因为收益率波动性与系统性风险（贝塔）相关的比例更小。

贝塔的准确性和有效性会受组合平均作用的影响。组合贝塔是组合中资产贝塔的加权平均，可以预期平均值具有较小的方差。

平均化也会影响组合贝塔的稳定性。个别资产的贝塔是不稳定的。但在组合中，平均化的效果变得显而易见。个别资产贝塔的变化不仅对组合贝塔的影响较小，在很多情况下还可以互相抵消（即向相反的方向运动），因此随着时间推移，组合贝塔的变化更慢。

d)—d1）"有效边界"概念是指 $E(R)$、$\sigma(R)$ 空间的一组最优投资组合，即在给定风险水平没有其他组合的收益率更高，或在给定收益率没有组合风险更低。在比较个别资产时，有效边界可以是一组离散点，在比较投资组合时，有效边界更经常是连续的。

“有效市场”概念是指这样一种市场，在这个市场上，信息广泛而快速地传播，股票价格根据新信息迅速调整，从而使得信息在股价中得到“充分反映”。“充分反映”意味着信息不能被用来持续获得异常高的风险调整收益。如果，在另一方面，该信息没有充分反映在股票价格中，将有可能利用这个信息获益。

d)—d2）三种形式的“有效市场假说”的区别在于价格所充分反映的信息组不同。

i）弱式有效：信息组由证券市场信息构成，包括历史价格、交易量、收益率和类似市场信息。

ii）半强式有效：信息组由所有公开信息构成。这包括弱式有效所涵盖的信息，也包括非市场信息例如会计数据、经济和政治新闻等所有公开可得信息。

iii）强式有效：信息组由所有公开所得信息加上所有私人信息所构成。

d)—d3）“有效市场假说”对于投资组合管理有着明确的影响。

i）任何形式的有效市场都意味着技术分析是无用的。技术分析是基于股价按趋势移动的理念，因此需依赖于市场数据作出投资决策。如果这些数据已经反映在股价中，股价根据新信息进行调整，用市场信息来预测未来股价变化将是无效的。

ii）基本面分析依赖于公开可得信息。弱式有效对基本面分析没有影响，但如果市场是半强式有效，公开可得信息已经反映在股价中，股价根据新信息进行调整，那么用公开可得信息来预测未来股价将是无效的，不能用来获取异常高的风险调整收益。但是如果市场不是完全半强式有效，将有可能通过卓越的分析来产生异常高的风险调整收益。

强式有效也意味着基本面分析不会获得超额风险调整收益，因为所有信息，包括公开所得信息已经反映在股价中了。

iii）不同形式的有效性对投资组合管理的影响是不同的。如果市场仅是弱式有效，或不是完全半强式有效，将可能采用依赖于卓越分析的投资策略。但如果市场是半强式有效，依赖于卓越分析的投资策略不会获得超额风险调整收益，并很可能导致风险调整基础上低于预期的利润。因此，如果市场是半强式（或强式）有效，最优投资组合管理策略是充分分散化以将风险降到最小，同时将费用降至最低。

问题 4 答案：

a）“人力资本”代表着投资者通过工作获得收入的能力，是投资者技能的反映。

它可以被看作是投资者未来获得的劳动收入的现值总和。

b)—b1) 期望回报率 $R_P = x_D \cdot R_D + x_E \cdot R_E = 0.4 \times 2\% + 0.6 \times 7\% = 5\%$

风险 $\sigma_P = \sqrt{x_D^2 \cdot \sigma_D^2 + x_E^2 \cdot \sigma_E^2 + 2 \cdot \rho_{DE} \cdot x_D \cdot x_E \cdot \sigma_D \cdot \sigma_E}$

$= \sqrt{0.4^2 \times 4\%^2 + 0.6^2 \times 20\%^2 + 2 \times (-0.2) \times 0.4 \times 0.6 \times 4\% \times 20\%}$

$= 11.78 \approx 11.8\%$

b)—b2) 考虑 b1) 投资组合，期望回报率为 5%，风险为 11.8%。

$VaR(1year, 95\%) = z_{95\%} \cdot \sigma(R) - \mu(R) = 1.645 \times 11.8\% - 5\% = 14.41\%$

对于一个 100 万元的投资组合，VaR 为 144 100 元。

假设正态分布，我们也可得：

$-VaR\ (1year, 95\%) = -1.645 = (X - \mu)/\sigma = (X - 5)/11.8 \rightarrow X = -14.41\%$

运用给定值 $VaR(1year, 95\%) = z_{95\%} \cdot \sigma(R) - \mu(R) = 1.645 \cdot 12\% - 0\%$

$= 19.74\%$

对于一个 100 万元的投资组合，VaR 为 197 400。

因此，有 95% 的概率投资组合一年后价值不会低于 80 万元，满足 X 先生的条件。

c)

- 杠杆风险：如果市场超过某一阈值，基金缺乏追加保证金的资金，那么基金过度杠杆化可能导致强行平仓，面临业绩进一步下降的风险。
- 回报分布不对称：与回报的上升潜力相比，下行风险更大的风险。
- 流动性风险：由于基金的提款期有限或基金持有的资产流动性低，因此无法在需要时出售基金，特别是在下行市场，造成损失超出预期的风险。
- 操作风险：大多数对冲基金由小型组织管理，存在管理结构不充分的风险。

d)—d1) 货币加权收益率为 IRR：

$$CF_0 + \frac{CF_1}{1 + IRR} = \frac{CF_2}{(1 + IRR)^2}$$

$\therefore CF_2 = CF_0 \cdot (1 + IRR)^2 + CF_1 \cdot (1 + IRR)$

$2.57 = 1 \times (1 + IRR)^2 + 1.5 \times (1 + IRR)$

可得：IRR = 2.0%

d)—d2) 时间加权收益率为：

$$1 + TWR_{Tot} = (1 + TWR_1) \cdot (1 + TWR_2) = \frac{MV_{End,1}}{MV_{Begin,1}} \cdot \frac{MV_{End,2}}{MV_{Begin,2}} = \frac{1.3}{1} \times \frac{2.57}{1.3 + 1.5} = 1.193$$

因此年化 $TWR = \sqrt{1.193} - 1 = 0.092 = 9.2\%$

d)—d3）额外的资金是基于 X 先生关于市场大幅增长的观点，因此货币加权法是更优的业绩衡量方法因为它考虑了现金流时间的影响。

e)—e1）

①错误。应为：减少盈余回报的波动性。

②正确。

③错误。应为：有更长久期的长期债券更好。

④错误。应为：正相关。

⑤错误。应为：预期有低相关性。

e)—e2）相对传统资产（债券和股票），另类投资的长期数据通常较少，所以我们需要考虑如何衡量期望回报（风险溢价）和风险，以及如何设定其与传统资产及养老金负债的相关性。此外，另类投资绩效在不同管理公司差异很大，潜在的低流动性也必须加以考虑。

问题 5 答案：

a)—a1）养老基金的初始融资比率（F_0）$=\frac{A_0}{L_0}=\frac{40+40}{100}\times 100\% =80\%$

a)—a2）养老基金资产的预期收益率（μ_A）$= w\cdot\mu_E+(1-w)\cdot\mu_B$

$$=\frac{40}{80}\times 8\% +\left(1-\frac{40}{80}\right)\times 4\% =6\%$$

a)—a3）养老基金的预期盈余收益率（μ_S）$=F_0\cdot\mu_A-\mu_L=80\% \times 6\% -5.0\%$

$$=-0.20\%$$

a)—a4）养老金资产的风险（σ_A^2）$=w^2\cdot\sigma_E^2+2\cdot w\cdot(1-w)\cdot\sigma_E\cdot\sigma_B\cdot\rho_{EB}$

$$+(1-w)^2\cdot\sigma_B^2$$

$$\therefore \sigma_A=\sqrt{(0.5\times 20\%)^2+2\times 0.5\times 0.5\times 20\% \times 5\% \times 0+(0.5\times 5\%)^2}=10.3\%$$

a)—a5）资产和风险的相关系数（ρ_{AL}）$=\frac{w\cdot\sigma_E\cdot\rho_{EL}+(1-w)\cdot\sigma_B\cdot\rho_{BL}}{\sigma_A}$

$$=\frac{0.5\times 20\times 0.2+0.5\times 5\times 0.8}{10.3}=0.39$$

a)—a6）盈余风险：

$$\sigma_S=\sqrt{(F_0\cdot\sigma_A)^2-2\cdot(F_0\cdot\sigma_A)\cdot\sigma_L\cdot\rho_{AL}+\sigma_L^2}$$

$$=\sqrt{(0.8\times 10.3)^2-2\times 0.8\times 10.3\times 8\times 0.39+8^2}=9\%$$

a)—a7）预期盈余收益是负的、盈余风险很大，这表明目前养老金负债没有得到充分管理。

b)—b1）融资比率 =80% 时：

预期盈余回报率 = -1.0%

盈余风险 =4.2%

$\mu_S = 80\% \cdot 5\% - 5\% = -1\%$

$\sigma_S = \sqrt{(0.8\times6)^2 - 2\times0.8\times6\times8\times0.9 + 8^2} = 4.2\%$

b)—b2）在融资率为 80% 的前提下，投资超长期限债券将降低盈余风险，但是也将降低预期盈余收益率，使得它是负的。

只投资超长期限债券得到的预期盈余收益率是不够的，因此要考虑投资股票以提高预期盈余收益率。

问题 6 答案：

a）债券通货膨胀风险：

将票息率表示为 c，本金为 F，收益率为 r，以及未来支付时间为 t（期限为 T），那么债券价格P_{Bond}为：

$$P_{Bond} = \sum_{t=1}^{T}\frac{C_t}{(1+r)^t} + \frac{F_T}{(1+r)^T}$$

通常，利率（分母折现率）将随通货膨胀率上升而上升，所以债券价格将下降。

股票低增长风险：

将分红表示为 D，分红增长率为 g，无风险利率为r_f，以及股票风险溢价为 λ，使用固定增长分红折现模型（高登模型），股票价格P_{Stock}由下式决定：

$$P_{Stock} = \frac{D}{(r_f + \lambda) - g}$$

在更低的经济增长下，r 将大有可能下降，但 λ 通常将上升，g 将下降，而分母作为整体将可能上升。另一面，公司利润将受损，D 将大可能下降。结果是，股票价格 P 将下降。

b）当前组合的总风险（方差）是：

$$\sigma_p^2 = W_E^2 \cdot \sigma_E^2 + W_B^2 \cdot \sigma_B^2 + 2 \cdot W_E \cdot W_B \cdot \sigma_E \cdot \sigma_B \cdot \rho_{E,B}$$

$$= (0.5\times16\%)^2 + (0.5\times8\%)^2 + 2\times0.5\times0.5\times16\%\times8\%\times0 = 80$$

在第三项中的协方差是 0，第一项的股票的方差是 64，股票对总风险的贡献是 $\frac{64}{80}\times100\% = 80\%$

c）因为 $W_E + W_B = 1$，我们得到 $W_B = 1 - W_E$。

前面小题 b）中显示的方差分解公式的前两项等于归于股票和债券的风险分配，如下所示：

$W_E^2 \cdot (16\%)^2 = (1 - W_E)^2 \cdot (8\%)^2$

$\therefore W_E = 33\% \qquad W_B = 67\%$

因此，预期组合收益率 =33% ×8% +67% ×3% =4.67%

［阅题者注意：在下图中画出点 R 将得到附加分 1 分］

d）自 2000 年以来，随着信息科技泡沫的破灭、雷曼兄弟的崩塌，以及欧洲的财政危机，经济环境被扭曲。发达国家的中央银行因此采用宽松的货币政策，驱使债券利率下降到历史低点。风险同等策略有着更高的债券配置，历史业绩较好是因为在宽松货币政策下的债券利率下降，也是因为不断重复的股市崩盘。如果经济恢复通胀率上升，利率将上升，债券价格将下降，这导致风险同等策略可能表现并不如回溯测验所显示的那样好。

e)—e1）这叫作“分离定理”。

［阅题者注意：其他正确的答案，像“两基金分离”“共同基金定理”等都应该接受。］

e)—e2）

T 叫作“切点组合”。

切点组合是从无风险利率出发指向有效前沿上的各点的直线中斜率最大的那一条和有效前沿的交点。

［阅题者注意：在下图中画出点 T 将得到附加分 1 分。］

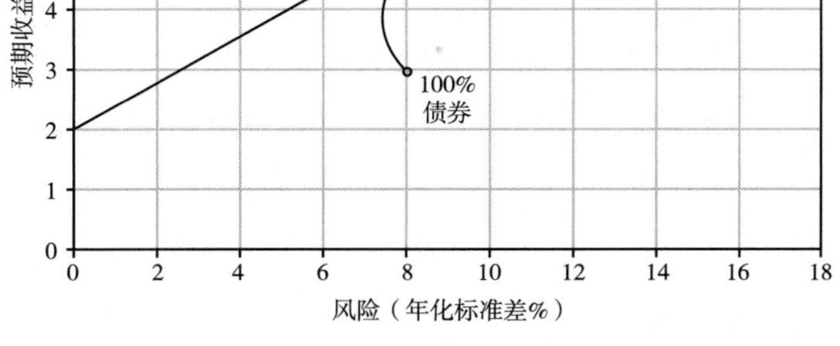

e)—e3）组合 T 的预期回报 =60% ×8% +40% ×3% =6%

风险同等组合 R 的预期回报是 4.67%，所以下面所讲的成立：

如果组合 P 分配到无风险资产的比重是 w，那么2% · w +6% ·（1 - w）=4.67%

因此，解题得出无风险资产的比重是 33%。

股票：60% ×（1 - w）=60% ×67% ≈40%

债券：40% ×（1 - w）=40% ×67% ≈27%

[阅题者注意：在上图中画出点 P 得到附加分 1 分。]

e)—e4）对于夏普比率，P 和 T 是相同的。以 T 来测算：

$$\frac{6\% - 2\%}{10.1\%} = 0.396$$

问题 7 答案：

a）

资金比例(FR) = 资产价值/负债价值 ×100% =(60 +90)/100 ×100% =150%

该退休金计划可能采取三种行动：

- 目前，融资率为 150%，基金处于超额融资状态。
- 降低盈余是可能的，该退休金可能采取下列任一种行动来达成：
- 交款假期（交款豁免）。
- 提升福利水平。
- 出售部分资产并允许退休金资助者抽取多余融资。

【阅题者注意：下列答案可以被接受："退休金恢复"（在花费较高的变现税费的前提下），如果答题者给出详细解释。】

b）

$$\begin{aligned}\text{总体预期资产回报 } \mu_A &= W_E \cdot \mu_E + W_B \cdot \mu_B \\ &= 60/150 \times 8.0\% + 90/150 \times 3.0\% \\ &= 5.00\%\end{aligned}$$

$$\begin{aligned}\text{总体资产风险 } \sigma_A &= \sqrt{(W_E \cdot \sigma_E)^2 + 2 \cdot W_E \cdot W_B \cdot \sigma_E \cdot \sigma_B \cdot \rho_{EB} + (W_B \cdot \sigma_B)^2} \\ &= \sqrt{(0.4 \times 15\%)^2 + 2 \times 0.4 \times 0.6 \times 15\% \times 4\% \times 0.3 + (0.6 \times 4\%)^2} \\ &= 7.1\%\end{aligned}$$

c）

$$\text{资产和负债间的相关性 } \rho_{AL} = \frac{W_E \cdot \sigma_E \cdot \rho_{LE} + W_B \cdot \sigma_B \cdot \rho_{LB}}{\sigma_A}$$

$$= \frac{0.4 \times 15\% \times 0.2 + 0.6 \times 4\% \times 0.8}{7.1\%} = 0.44$$

d)

预期盈余回报 $\mu_{SP} = FR \cdot \mu_A - \mu_L$

$= 150\% \times 5\% - 3.5\% = 4\%$

盈余风险 $\sigma_{SP} = \sqrt{(FR \cdot \sigma_A)^2 - 2 \cdot (FR \cdot \sigma_A) \cdot \sigma_L \cdot \rho_{AL} + (\sigma_L)^2}$

$= \sqrt{(150\% \times 7.1\%)^2 - 2 \times (150\% \times 7.1\%) \times 6\% \times 0.44 + (6\%)^2}$

$= 9.66\%$

e)

要求盈余回报 $= SP_{min} + Z_\alpha \cdot \sigma_{SP} = -10\% + 1.28 \times 9.66\% = 2.36\%$

退休金计划 A 的预期盈余回报：$\mu_{SP} = 4\%$。

退休金计划 A 的预期盈余回报（4.0%）超越了要求盈余回报（2.36%）。这样就满足了短缺限制条件。

f)

• 模拟种类：在风险承受的范围内，使用诸如蒙特卡罗模拟来决定一个有效前沿上的最优政策资产组合，以使资产匹配负债的趋势。

• 现金流匹配种类：也称“专用”，用债券利息和到期的收益来覆盖福利支付这类的负债，以至于负债和资产的现金流或多或少能匹配。

g) “均值方差方法不考虑退休金负债，意味着：（1）现金，它有着最小的标准差，是最小风险的资产，以及（2）债券，因其包含（3）利率风险，所以是风险资产。在盈余方法中，由于退休金负债和（2）债券有着高（4）相关性，（2）债券是最小风险资产，而（1）现金是风险资产因为它有着（5）久期错配。

（1）现金

（2）债券

（3）利率

（4）相关性

（5）久期错配

h)

• 在目前的市场中，债券的预期收益率很低并且仅仅投资债券难以获得要求的收益率。因此普遍的实践是配置部分基金到高风险高回报的权益类资产中。

• 权益类资产也被看作长期对通胀的对冲。

• 因为退休金资助者想要通过提高退休金资产的预期收益率来降低退休金的

投入。

i)— i1)

久期策略：欧元区多/美国空。

市场前景：比较美国和欧元区的债券市场，基金预期欧元区债券市场将上升（利率正在降低），而美国债券市场将下降（利率正上升）。

原因：久期测量债券价值对利率变化的敏感性。美国的相对修正久期是 -260 基点，以应对未来利率的上升。同时，欧元区的相对修正久期是正的 240 基点，所以该头寸寻求从降低利率中获利。

i)—i2)

收益率曲线策略：对于美国，收益率曲线策略是采取短期/中期修正久期的负（空）位置，但对长期修正久期采取正（多）位置。这是种平坦化策略。

市场前景：基金预期联储局提升政策利率，这将导致短期和中期利率的上升，但它并不预期长期利率有许多升（或降）。

后　　记

2024版《注册国际投资分析师考试指定用书》是由中国证券业协会主持翻译、审定、出版的。具体翻译、审译工作分工如下：李明亮、陆宇建、何诚颖、李磊宁、杜冬云和邹洋、涂红、高洁、刘程、彭海兰同志承担了《经济学》《财务会计和财务报表分析》《公司财务》《股票估值与分析》《固定收益证券估值与分析》《衍生产品估值与分析》和《投资组合管理》的翻译工作，陆宇建、梅丹、邹洋、杜冬云、涂红、刘程同志承担了《财务会计和财务报表分析》《公司财务》《衍生产品估值与分析》《经济学》《股票估值与分析》《固定收益证券估值与分析》《投资组合管理》的审译工作。参加教材翻译、审译工作的人员有杨高宇、章耀、林珊珊、戴丹苗、路颖、吴一萍、周洪荣、朱蕾、王伟、臧赢鹏、陈海楠、黄桂勇、王伟豪、张晛、刘琬璐、任天一。

教材的翻译工作还得到了海通证券股份有限公司、国信证券股份有限公司、中航证券有限公司、南开大学、中央财经大学、对外经济贸易大学的帮助。

在本套教材的编辑出版过程中，中国财政经济出版社做了大量工作。

在此对以上各方参与专家、工作人员及相关单位一并表示衷心感谢！

中国证券业协会

2024年7月